Katja Herkommer

Beate Männel
Sprache und Ökonomie

D1726559

Institutionelle und Evolutorische Ökonomik

Herausgegeben von

Birger P. Priddat – Josef Wieland – Gerhard Wegner – Reinhard Penz

Band 18

Beate Männel

Sprache und Ökonomie

Über die Bedeutung sprachlicher Phänomene
für ökonomische Prozesse

Metropolis Verlag

Marburg 2002

Die Deutsche Bibliothek – CIP-Einheitsaufnahme

Ein Titeldatensatz für diese Publikation ist bei Der Deutschen Bibliothek erhältlich

Metropolis-Verlag für Ökonomie, Gesellschaft und Politik GmbH
Bahnhofstr. 16a, D-35037 Marburg
http://www.metropolis-verlag.de
Copyright: Metropolis-Verlag, Marburg 2002
Alle Rechte vorbehalten
Druck: Rosch Buch, Scheßlitz

ISBN 3-89518-388-1

Inhalt

Abbildungsverzeichnis

Vorwort

„Im Anfang war das Wort [...]. Alle Dinge sind durch dasselbe gemacht, und ohne dasselbe ist nichts gemacht, was gemacht ist. In ihm war das Leben, und das Leben war das Licht der Menschen. Und das Licht scheint in der Finsternis, und die Finsternis hat's nicht ergriffen." Die Bibel, Johannes 1, Vers 1-5

Ist all unser Wahrnehmen, Denken und Handeln durch die Sprachregeln und sprachlichen Kategorien, in die wir sozialisiert sind, bestimmt? Diese Frage wurde im Zuge der sogenannten Sapir-Whorf-Hypothese Mitte des letzten Jahrhunderts heftig diskutiert. Am Ende dieser Debatte standen sich verschiedene Positionen gegenüber. Die einen gehen von einer sehr engen Verbundenheit von Denken, Handeln und Sprache aus. Sie stellen keine universalen Sozialtheorien auf, sondern betreiben kulturspezifische und kulturvergleichende Sozialforschung. Andere Forscher und Forscherinnen gehen davon aus, daß allen Menschen bestimmte sprachliche Prozeß- und Strukturregelmäßigkeiten gemeinsam sind (Universalgrammatik). Sie erkennen zwar kulturelle Spezifität an, arbeiten aber durch Kulturvergleich insbesondere die universalen Gemeinsamkeiten menschlicher (Sprach-)Praxis heraus. Zum dritten finden sich diejenigen, die davon ausgehen, daß Sprache bzw. Sprachlichkeit Wahrnehmung, Denken und Verhalten von Menschen in keiner Weise beeinflußt oder restringiert. Zu dieser Gruppe der sprachbezogenen „Finsternis" (s.o.) gehören die Wirtschaftswissenschaften fast ausnahmslos.

Als ich mich an die Erforschung der Bedeutung von Sprache für ökonomische Prozesse machte, schien ich als Volkswirtin aus Sicht meiner scientific community deshalb ein riskantes, vielleicht aussichtsloses, wenn nicht überflüssiges Thema aufzugreifen. Es erforderte in besonderer Weise Vertrauen und Mut, in ein solches „Risiko-Human-Kapital" zu investieren.

Zum einen möchte ich deshalb der Friedrich-Ebert-Stiftung, der Daniela-und-Jürgen-Westphal-Stiftung und der Universität Witten/Herdecke danken, die dieses Forschungsprojekt finanziell ermöglicht und unterstützt haben. Zum anderen bin ich aber insbesondere den Betreuern meiner Dissertation sehr dankbar, die sich auf diese Thematik eingelassen haben: Prof. Dr. Birger Priddat, Universität Witten/Herdecke, hat mich

durch sein intensives Interesse an der Thematik ermutigt, die Fragestellung zu verfolgen, und auch zuallererst die räumlichen und finanziellen
Voraussetzungen dafür geschaffen, daß ich das Projekt an der Universität
Witten/Herdecke durchführen konnte. Durch seine Offenheit, seine
sprachphilosophische und institutionentheoretische Kompetenz hat er
meine Arbeit im kritischen Diskurs immer wieder unterstützt. Prof. Dr.
Wolfgang Kerber an der Universität Marburg danke ich für fruchtbare
Diskussionen und seinen offenen, konstruktiv-kritischen Blick auf meine
neuartige ökonomische Herangehensweise. Mein ganz besonderer Dank
gilt meinem Mentor Prof. Dr. Carsten Herrmann-Pillath, Universität
Witten/Herdecke. Er hat die Arbeit in ihrem Entstehungsprozeß intensiv
begleitet und war mir durch seinen messerscharfen Verstand, sein un-
glaubliches Wissen und seine treffsichere kritische Reflexion jederzeit ein
idealer Forschungspartner. Er ist mir mit einer Menschlichkeit und
Freundschaftlichkeit begegnet, die mich in meiner Forschungsarbeit
immer wieder motiviert, gestärkt und vorangetrieben haben und die im
heutigen Wissenschaftsbetrieb wirklich nicht selbstverständlich sind.

Für ihre konstruktive Kritik, unermüdliche Dialogbereitschaft und
technische Unterstützung bin ich meinen Kolleginnen und Kollegen am
Lehrstuhl für gesamtwirtschaftliche und institutionelle Entwicklung der
Universität Witten/Herdecke, vor allem Uwe Richter, sehr verbunden.
Auch den evolutionsökonomischen Arbeitskreis EVOZELL möchte ich in
diesem Zusammenhang nicht ungewürdigt lassen.

Das hier vorliegende Buch ist Ergebnis eines jahrelangen Ringens um
eine angemessene sprachtheoretische Neu-Fundierung der ökonomischen
Theorie. Für die Bewältigung der damit verbundenen körperlichen, geisti-
gen und seelischen Anstrengungen war die liebevolle und unermüdliche
Unterstützung durch meine Eltern, meine Schwester sowie meine Freun-
dinnen und Freunde und nicht zuletzt durch Günter Hesse eine unersetz-
liche Hilfe und Erquickung.

Ich widme diese Arbeit Ludwig Wittgenstein. Er hat es sich nicht leicht
gemacht.

Witten, im Februar 2002

Beate Männel

TEIL I

POSITIONIERUNG UND VERANKERUNG VON SPRACHE IN DER WIRTSCHAFTSWISSENSCHAFT

1 Ökonomische Relevanz von Sprache

„It makes a difference whether people don't speak or speak"
Paul Goodman [1]

1.1 Sprache und Ökonomie?

Spielt Sprache für ökonomische Prozesse eine Rolle? Betrachtet man das weite Feld ökonomischer Literatur, so muß der Eindruck entstehen, Sprache sei aus Sicht der Wirtschaftswissenschaften vollkommen irrelevant. Sprache und Kommunikation tauchen als Begriffe nur selten auf, z.B. um Nationalsprachen als Teil der spezifischen Kultur von Ländern auszuweisen, die im Rahmen internationaler Wirtschaftsbeziehungen als natürliches Handelshemmnis wirken. Als eigenständiger ökonomischer Untersuchungsgegenstand taucht Sprache nur in einigen partiellen Ansätzen auf, etwa im Rahmen der experimentellen Spieltheorie, die den Einfluß von Preplay-Kommunikation auf die Spielergebnisse untersuchen [2] oder bei McCloskey's Forschungsprogramm der Rhetorik der Ökonomik. [3] Wenn Sprache in der Welt ökonomischer Wirklichkeiten tatsächlich irrelevant wäre, dann könnte diese seltene Thematisierung von Sprache nur als Zeichen effektiver Wissenschaftspraxis gewertet werden. Ist sie aber doch für die Wirtschaftspraxis von Relevanz, dann müßte man einen Blinden Fleck, eine Erklärungslücke innerhalb der Wirtschaftswissenschaften konstatieren.

Welche Fragestellungen könnte eine wirtschaftswissenschaftliche Thematisierung von Sprache auch verfolgen? Eine Nutzen-Kosten-Analyse des Sprachunterrichts an staatlichen Schulen? [4] Ein transaktionskostentheoretischer Vergleich nicht-sprachlicher versus sprachlich vermittelter Transaktionen? Die Suche nach derjenigen Sprache, in der Transaktionen am effizientesten, z.B. am schnellsten, abgeschlossen werden können? Eine impe-

---

[1] Goodman (1971) S. 3

[2] Vgl. Bohnet, Frey (1995), genauer erläutert im dritten Kapitel, Abschnitt 3.2.3

[3] Vgl. McCloskey (1985, 1990, 1994), hier genauer erläutert in Kapitel 2, Abschnitt 2.5.2

[4] Vgl. zu einer sprachsoziologischen Herangehensweise an die Frage nach staatlichen Aufwendungen für Sprache Coulmas (1992) S. 124-195 sowie Coulmas (1985)

rialistische Untersuchung, ob und unter welchen Bedingungen die Verwendung und Entwicklung von Sprache ökonomischen Prinzipien unterliegt?[5] Inwieweit und wie schnell funktioniert die Diffusion von Informationen via Sprache? All dies sind Fragen, die sich ÖkonomInnen aufgrund ihrer Denkgewohnheiten leicht stellen könnten. Dennoch werden solche Fragestellungen in der Ökonomik praktisch nicht bearbeitet.

Daß die vorliegende Arbeit dennoch die Bedeutung von Sprache für das Wirtschaften zum Untersuchungsgegenstand macht, ist zwei Anhaltspunkten geschuldet. Zum einen zeigt die Beschäftigung mit der neueren Sprachphilosophie, Sprach- und Kommunikationswissenschaften, daß sich hier unter dem Stichwort „linguistic turn" die Überzeugung durchgesetzt hat, daß die sozial etablierte Sprachpraxis die Autonomie und Autologik des denkenden, wollenden Subjekts in erheblicher Weise restringiert und in großen Teilen determiniert. Erkennt man diese Entwicklung anderer Disziplinen als Expertenmeinung und state of the art an, muß die Wirtschaftswissenschaft ihre Tradition des methodologischen Individualismus und ihr Menschenbild des vollkommen autonomen, rationalen Wirtschaftssubjekts kritisch hinterfragen und ihre Verweigerung der interdisziplinären Konsistenz zumindest begründen.

Der zweite Anhaltspunkt für die lohnende Beschäftigung mit Sprache liegt in einer internen Entwicklung der Wirtschaftswissenschaften. Es gibt derzeit keine befriedigende Erklärung für die intersubjektive Gleichheit bzw. Unterschiedlichkeit des Verhaltens von Wirtschaftssubjekten in gleichen Situationen. Die Vielfalt ökonomischer Paradigmen läßt sich teilen in solche, die eine universale *Gleichheit* der Orientierung ökonomischer Akteure annehmen (z.B. „das" Rationalkalkül des repräsentativen Wirtschaftssubjekts), sowie in diejenigen, die eine universale intersubjektive *Unterschiedlichkeit* der Orientierung ökonomischer Akteure annehmen (z.B. das Paradigma der Subjective Expected Utility oder die subjektivitätsorientierte österreichische Schule mit ihren Nachfolgern bspw. Evolutorik). Obwohl erstere durchaus intersubjektiv unterschiedliche Verhaltensorientierungen annehmen (Präferenz- oder Budgetunterschiede) und letztere durchaus intersubjektiv partiell überlappende Verhaltensorientierungen annehmen (z.B. kulturelle Gemeinsamkeiten, gemeinsame Interessen), sind und bleiben die Ursachen für intersubjektive (Un-)Gleichheit exogen und innerhalb der Wirtschaftswissenschaften nicht erklärt.

---

[5] Vgl. z.B. Lange (1996)

Diese Erklärungslücke und gleichzeitig die Vermutung, daß die Lücke mittels Rezeption sprachphilosophischer und sprachwissenschaftlicher Erkenntnisse geschlossen werden könnte, macht eine Beschäftigung mit der Bedeutung von Sprache im ökonomischen Untersuchungsbereich interessant.

1.2 Definition und Abgrenzung von Sprache

Bevor wir beginnen, die mögliche Bedeutung von Sprache im wirtschaftswissenschaftlichen Untersuchungsfeld zu erörtern, muß definiert werden, was unter dem Begriff „Sprache" zu verstehen ist. Zunächst wird eine abstrahierende, funktionale Bestimmung von Sprache als Gesamtheit der Verständigungsprozesse vorgenommen, wie sie den sprach- und kommunikationswissenschaftlichen Disziplinen zu entnehmen ist. Anschließend wird Sprache in ihrer Ausprägung in der Gesamtheit aller jemals konkret gesprochenen Sprachen betrachtet, wie sie der Gegenstand der Linguistik, Soziolinguistik und Einzelsprachforschung (z.B. Germanistik, Slawistik) ist.

Sprache kann in einem weiten Sinn definiert werden als die Gesamtheit aller **Verständigungsprozesse unter Verwendung von Zeichen**.[6] Sprachliche Phänomene sind Ereignisse mit zeitlicher Erstreckung: **Prozesse**. Am Verständigungsprozeß sind zwei Seiten beteiligt: die sprechende Seite, die Zeichen äußert, um von der empfangenden Seite verstanden zu werden, und die verstehende Seite, die empfangene Zeichen interpretiert. Die beiden Seiten der Verständigung werden traditionell als *Sender* und *Empfänger* bezeichnet. Um *informationstechnische* Konnotationen zu vermeiden, werde ich im Folgenden von **Sprecherin** und **Verstehendem** reden. Die beiden Kommunikationsseiten werden durch S und V abgekürzt.[7] Die

---

[6] Nach Köck (1991) S. 359 handelt es sich bei Sprache um spezifische intentionale Interaktionen zwischen Lebewesen, die vermittelt über Medien, sprachliche Zeichen, ablaufen. Vgl. für unterschiedliche Definitionen von Sprache Lenke, Lutz, Sprenger (1995) S. 15-75, Bußmann (1990) S. 699, Luhmann (1997) Bd. 1, S. 205-230, Dittmar (1997) S. 1-17, Burkart (1998)

[7] Im folgenden wird das grammatische Geschlecht der Sprecherseite S weiblich und das von V männlich definiert. Das vereinfacht die Schreibweise, ist eine gerechte Aufteilung und impliziert eine im Kommunikationsalltag eher atypische Verteilung von Kommunikationsrollen auf Frau und Mann. Vgl. zu genderspezifischen Sprechweisen Trömel-Plötz (1994, 1996), Mühlen Achs (1993), Heintz, Nadai (1998)

Rollen von S und V können mit einer oder mehreren Personen besetzt sein, je nachdem wird der Vorgang als intrapersonale Verständigung (Selbstgespräch), interpersonale Kommunikation (1:1), Gruppenkommunikation (3 bis ca. 40 Personen) oder Massenkommunikation bezeichnet.[8]

Als Zeichen, die Menschen zur Verständigung verwenden, sind vor allem verbale Zeichen, also Wörter einer gesprochenen Laut- und Schriftsprache sowie bedeutsame körpersprachliche Gesten und verdinglichte Zeichen, wie Uniformen, Firmenzeichen, Flaggen und so weiter, im Gebrauch.[9] Sprachliche Verständigungssysteme werden – entgegen der Praxis des Alltagsverstandes – nicht über ein gleiches Zeichensystem (z.B. „deutsche" Wörter), sondern als **Kodes** abgegrenzt, d.h. als gleichartige Verwendungspraxis, die eine Sprachgemeinschaft von bestimmten Zeichen macht, als gemeinsame Grammatik. Insofern werden unter dem Begriff „Sprache" nicht historische Einzelsprachen wie „Deutsch", „Französisch", „Suaheli" zusammengefaßt, sondern die **Gesamtheit funktionierender** Verständigungssysteme (Kodes). Allerdings werden Kodes unter Rekurs auf Gleichheit und gleiche Herkunft der Zeichenschätze als Varianten *einer* bestimmten Einzelsprache zusammengefaßt.[10]

Ein Verständigungsprozeß erstreckt sich zeitlich von der Zeichenverwendung der S bis zu dem Zeitpunkt, da es V gelingt, die von S gemeinte Zeichenbedeutung zu verstehen.[11] Mit der Rolle der **SprecherIn** ist folglich das **Meinen** von Bedeutung verbunden, mit der Rolle der verstehenden Person ist das **Verstehen** von Bedeutung verbunden. Verständigung gelingt, wenn V die von S gemeinte Bedeutung versteht. Wenn das Verstehen mißlingt, liegt trotz Zeichenverwendung keine Verständigung vor.

---

[8] Vgl. Bateson, Ruesch (1995) S. 25-52

[9] Nicht-Lautsprachen (Taubstummensprache) und besondere Schriftsprachen (Brailleschrift für Blinde) gelten ebenso als Sprache, haben aber einen wesentlich geringeren Ausdehnungsgrad als Lautsprachen.

[10] Wie schwer eine solche eindeutige Zuordnung bzw. Abgrenzung von Einzelsprachen ist, ist eine alltägliche Erfahrung in den Einzelsprachenforschungen.

[11] Dieser Zeitraum kann über die engere Verständigungssituation der bloßen Äußerung und Wahrnehmung sprachlicher Zeichen weit hinausgehen. Streng genommen schließt jede Zeichenverwendung an frühere Verwendungen an, z.B. an jene, in denen die Zeichenbedeutungen zunächst und modifizierend gelernt wurden. Da im Verstehensprozeß das Lernen von Sprache nicht vollständig von der reinen *Anwendung* getrennt werden kann, umfaßt der Verständigungsprozeß im *weiteren* Sinne die gesamte Dauer des Lernprozesses, der zum Verstehen der aktuellen Kommunikation führt.

Sprache ist also **fallibel**.[12] Allerdings handelt es sich nicht um ein 0/1-Phä-
nomen (Verstehen/Nicht-Verstehen). Vielmehr ist ein Kontinuum von
Verstehen in nahezu beliebig großer Tiefe möglich. Und auch die Kriterien für Verstehen können sich im Zuge des Verständigungsprozesses verändern, so daß die „Grenzlinie" zwischen Verstehen, Mißverstehen und
Nicht-Verstehen als beweglicher und verschwommener Übergang vorgestellt werden muß.[13]

Sprache ist vom Verstehen her definiert.[14] Deshalb sind sprachliche
Verständigungshandlungen **Sozialhandlungen**. Im Gegensatz zu individuellen Handlungen, die von einer Einzelperson ausgeführt werden können, z.B. laufen, sprechen, schmecken, Maschinen bedienen, Bäume pflan-
zen, muß für die Realisierung einer Sozialhandlung das Handeln mindestens zweier Beteiligter zusammen spielen. Sozialhandlungen sind „aus
verschiedenen Individualhandlungen zusammengesetzt, [.. können] aber
nicht auf einzelne Individualhandlungen reduziert werden."[15] Typisches
Beispiel einer Sozialhandlung sind ökonomische Transaktionen, z.B. die
des Kaufs, der ohne ein kaufendes *und* ein verkaufendes Wirtschaftssubjekt nicht realisierbar ist. Gleiches gilt auch für ökonomische Transaktion
wie Leihen, Schenken, Mieten, Tauschen, Rauben usw.[16] In Kapitel 6 wird
allerdings gezeigt werden, daß ökonomische Transaktionen schon allein
deshalb Sozialhandlungen sind, weil sie sich notwendig aus sprachlichen
Verständigungen konstituieren, welche selbst – aufgrund der notwendigen
Beteiligung sprechender und verstehender Kommunikationsbeteiligter –
Sozialhandlungen sind.

---

[12] Luhmann geht davon aus, daß das Gelingen von Kommunikation an sich ein höchst
unwahrscheinliches Phänomen ist. Um trotzdem gelingende Verständigung zu realisieren, müssen deshalb einige Bedingungen gegeben sein. Vgl. Luhmann (1997) Band 1, S.
205-212

[13] Vgl. Falkner (1997) S. 181

[14] Die Betonung der Zentralität von Verstehen für Sprache ist nicht trivial. Im Alltagsver-
ständnis scheint bereits die Tatsache, daß S spricht, auszureichen, um vom Vorliegen von
Sprache auszugehen. Diese Ausdruckslastigkeit des alltäglichen Sprachverständnisses ist
nicht adäquat, weil es durch die bloße Äußerung nicht zu Verständigung kommen kann.
Diese Verwirrung des Alltagsverstandes ist allerdings begreiflich, da die realen Aus-
drucksverhalten in der Regel zu gelingender Verständigung genutzt werden können.

[15] Lenke, Lutz, Sprenger (1995) S. 122; der Begriff der Sozialhandlung geht zurück auf G.
Ungeheuer

[16] Sozialhandlungen sind damit auch eine Ausformung sozialen Handelns im Sinne Max
Webers, also „Handeln [..], welches seinem von dem oder der Handelnden gemeinten
Sinn nach auf das Verhalten anderer bezogen wird und daran in seinem Ablauf orientiert
ist." Weber (1972) S. 9

Zentrales Charakteristikum der Verständigung ist die Verwendung sprachlicher **Zeichen**. Die Grundform von Sprache, in der sie in allen menschlichen Gemeinschaften gelernt und praktiziert wird, ist die gesprochene Lautsprache (Sprache der Nähe). Zu den Zeichen der gesprochenen Sprache zählen nicht nur die spezifischen Lautkombinationen (Wörter), sondern nach Wittgenstein auch die Tätigkeiten, Gestik, Mimik, Gebärden, Lautstärke, Sprachmelodie usw., die mit dem Sprechen einer Sprache verbunden sind. Hier spricht man auch von para-verbalen und non-verbalen Zeichen.[17] Von der Lautsprache abgeleitet finden sich geschriebene Sprachen (Sprache der Distanz), deren Sprachgebrauchsregeln wesentlich strenger normiert und eindeutiger reguliert sind. Schriftzeichen sind von ihrer ursprünglichen Verwendung her konservierbar, da nur durch eine gewisse Speicherbarkeit die räumliche oder zeitliche Distanz zwischen S und V überbrückt werden kann.[18]

Sprachliche Mitteilungen haben die Form eines **Satzes**, wobei Sätze durch die Kombination von Worten nach bestimmten grammatischen Regeln gebildet werden. Obwohl i.d.R. Wörter als sprachliche Zeichen angenommen werden, erhalten diese ihre Bedeutung nur in ihrer Verwendung in Sätzen. Zwar sind Ein-Wort-Sätze in der Alltagssprache möglich („Geh!", „Ja."), stellen jedoch nur elliptische Sätze dar, deren restliche Zeichen dann unausgesprochen bleiben können, wenn die vollständige Satzbedeutung aus dem Kontext erschlossen werden kann. „Die" Bedeutung von einzelnen sprachlichen Zeichen (Worten) in einer bestimmten Sprachgemeinschaft kann deshalb nur bestimmt werden, indem man die Bedeutungen ermittelt, die dieses Zeichen in den Sätzen (Zeichenzusammenhängen) hat, in denen es in dieser Sprachgemeinschaft verwendet wird. Sätze können auch als komplexe Zeichen bezeichnet werden.[19]

Der Begriff des Zeichens lenkt in seiner Substantivität von dem Prozeßcharakter der Sprache ab. Zeichen sind **spezifische Handlungsweisen**, expressive Akte einer bestimmten Form, nämlich charakteristische Lautfolgen und verbundene Tätigkeiten, die von menschlichen Akteuren hervorgebracht werden. Allerdings haben Zeichen überindividuellen Charakter,

---

[17] Wittgenstein (1990a) § 7, S. 241; Insofern ist die gesprochene Sprache immer eine kombinierte Lautzeichen- und Gebärdensprache. Wobei im europäischen Kulturkreis der Anteil der Gebärden an der Bedeutungsbestimmung einerseits faktisch erst in den letzten Jahrhundert abgenommen hat, andererseits heutzutage aber auch hoffnungslos unterschätzt wird. Vgl. hierzu Kleinschmidt (1988)

[18] Dittmar (1997) S. 3

[19] Vgl. Lenke, Lutz, Sprenger (1995) S. 33

da sie von den Individuen einer Sprachgemeinschaft in gleicher charakte-
ristischer Form artikuliert werden. Sprachliche Zeichen sind gleichsam
Werkzeuge der Übermittlung von Bedeutungen und treten deshalb mit
zwei Aspekten in Erscheinung: zum einen die Lautgestalt, klangliche, visuelle bzw. energetische Form des geäußerten Zeichens, zum anderen die
Bedeutung, die das Zeichen in der sozialen Verständigungspraxis zum
Ausdruck bringt.

Die Beziehung von Zeichen und Bedeutung ist **arbiträr**, es gibt keinen
wesensmäßigen Zusammenhang, der eine bestimmte Lautfolge zur Bezeichnung eines bestimmten Phänomens prädestiniert. Trotz dieser Beliebigkeit sind **Zeichenbedeutungen innerhalb einer Sprachgemeinschaft
zeitlich stabil und vom Einzelnen**, der verstanden werden will, nicht mehr
frei wählbar. Neue Verständigungspraxis kann sich nur in einem langsamen evolutorischen Prozeß durch Nicht-Mehr-Gebrauchen von Wörtern
und durch die Einführung von Lehnwörtern, Neubildungen, Neuschöp-
fungen, durch Bedeutungsverengung, -erweiterung, -verschiebung, Be-
deutungsverschlechterung oder -verbesserung herausbilden.[20]

Die **Funktion** von Sprache wird allgemein in der Verständigung bzw.
Übertragung in Zeichen kodierter Mitteilungen gesehen. In den folgenden
Kapiteln 2, 4 und 5 wird verdeutlicht, daß Sprache nur unter ganz bestimmten Bedingungen dazu genutzt wird, „Informationen zu übertragen", in dem Sinne, daß die verstehende Person nach der Dekodierung der
Mitteilung um „das" Wissen der Information reicher ist. Allgemein ist die
Funktionsweise von Sprache folgendermaßen zu charakterisieren: Im Falle
gelingender Verständigung können sprechende Personen **durch die
Äußerung sprachlicher Zeichen die Aufmerksamkeit der Verstehenden
lenken.** Die gezielte Ausrichtung der kognitiven Orientierungsprozesse
einer anderen Person auf spezifische von S gemeinte Phänomene führt
einerseits zur mentalen Konzentration auf die gemeinten gespeicherten
oder aktuell wahrnehmbaren Phänomene. Andererseits aber weckt dieser
Bewußtseinsinhalt den Impuls, das zu den aktivierten Bewußtseinsinhalten als zugehörig gelernte, spezifische Verhalten zu zeigen, z.B. einem Befehl nachzukommen, eine Antwort zu geben, das Tauschgeschäft abzuschließen. Die Lenkung kognitiver Aufmerksamkeit des Verstehenden ist
insofern nur notwendiges (aber einziges) Mittel zum Zweck der Lenkung
des *Verhaltens* von V. Sprache ist deshalb der Funktion nach ein
Instrument zur gegenseitigen Beeinflussung von Verhalten.

---

[20] Vgl. Stedje (1994) S. 19-34. Ausführlich zur Evolution von Sprache vgl. Keller (1994)

Der Alltagsverstand definiert Sprache in der Regel nicht funktional, sondern bezeichnet mit dem Begriff „Sprache" die konkret vorfindlichen, historisch-natürlichen Einzelsprachen wie Deutsch, Französisch, Suaheli.[21] Sprache ist demzufolge die **Gesamtheit aller historisch-natürlichen Einzelsprachen**. Betrachtet man diese Einzelsprachen näher, stellt man allerdings fest, daß eine solche natürliche Sprache nicht gesprochen wird. Das heißt, es gibt nicht *einen* klar abgegrenzten Zeichenvorrat, den alle Sprecher einer natürlichen Sprache in *ein und derselben Weise* verwenden. Vielmehr ist nach Ansicht der Linguistik und Soziolinguistik das, was als *eine* Einzelsprache bezeichnet wird, ein Gefüge von sogenannten **Varietäten**. Unter Varietäten versteht man die Realisierungsformen einer Sprache, die sich hinsichtlich bestimmter sozialer und funktionaler Merkmale der Sprachgebrauchssituation unterscheiden. Ein und dieselbe Sprache wird also in Abhängigkeit von den beteiligten Sprechern und Hörern, Umständen, Zeit und Ort, verschiedenen sozialen und Interaktionsbedingungen unterschiedlich praktiziert. Die verschiedenen Varietäten einer Sprache sind nur begrenzt aneinander anschlußfähig. Das heißt, daß nicht alle Sprecher einer natürlichen Sprache sich überhaupt oder in der gleichen Leichtigkeit miteinander verständigen können. Innerhalb dieser Sprachvarietäten ist die sogenannte Hoch-, Normal-, Gemein-, Allgemein-, Gebrauchs- oder **Standardsprache**, welche als überregionale, nicht gruppengebundene Sprache genutzt wird (z.B. heutiges Hochdeutsch), nur *eine* Varietät der Einzelsprache, die für bestimmte Sprechsituationen eingesetzt wird, bspw. von NachrichtensprecherInnen. Sie stellt also nicht die „eigentliche", ideale Sprache dar, von denen die anderen Varietäten nur Abwandlungen sind.

Sprachliche Varietäten bilden sich hinsichtlich folgender Anwendungsspezifika aus: *Dimensionen die sprachwerk*

- **Medium**: Gliederung nach den verwendeten Zeichentypen in chene, Schriftsprache oder Signalsprache.

- **historisch**: Gliederung nach zeittypisch verwendeten W struktionen, Ausspracheregeln, usw. in verschiedene s

---

[21] Im Französischen findet sich bei Saussure (1967) die Unter Sprache als das abstrakte Verständigungssystem und „parol krete Anwendung dieses Verständigungssystems in Spr kann lediglich in „Sprache" zur Bezeichnung des abstrakt zum Hinweis auf konkrete, gesprochene Sprachvarietäte

liche Perioden einer Spache (z.B. Althochdeutsch, Mittelhochdeutsch, Frühneuhochdeutsch, Neuhochdeutsch, Deutsch von heute).[22]

- **regional**: Gliederung nach der geographischen Ausbreitung in Mundarten (*Dialekte*), regionale Umgangssprachen und die überregionale Standard-, Hoch- oder Gemeinsprache.[23]

- **sozial**: Unter *Soziolekten* wurden traditionell schichtspezifische Sprachvarietäten verstanden;[24] heute ist eher die Unterscheidung in eine nicht-gruppengebunde Standardsprache und verschiedene Sondersprachen (Fach- oder Gruppensprachen) üblich. In den letzten Jahren verstärkt untersucht wurden die geschlechtsspezifischen Varietäten (*Genderlekte*)[25] und die alters- bzw. generationenabhängigen Varietäten (*Gerontolekte*, z.B. Jugendsprachen)[26]. Auch das spezifische Sprachverhalten von Migranten kann als Soziolekt interpretiert werden.[27]

- **situativ**: Unterscheidung sprachlicher Varietäten nach der Redesituation und der Domäne des Sprachgebrauchs in *Situolekte*, auch Register genannt.[28] Solche Domänen bestehen aus sozialen Situationen, in denen Gesprächspartner qua (situationsbezogene) soziale Rollen in einem spezifischen sozialen Umfeld/Setting, in privater oder geschäftlicher Beziehung, auf ein kontextspezifisches Thema bezogen interagieren. „Zwischen sozialem Umfeld, Gesprächspartnern, den Themen und ihren interaktiven Funktionen besteht in der Regel eine domänenspezifische Kongruenz. Sie wird durch spezifische soziokulturelle Normenbündel gesichert."[29] Die soziale und situative Dimension von Sprache ist insofern nicht scharf voneinander abgrenzbar, als die rollenspezifi-

---

[22] Vgl. zu einer historischen Untersuchung der deutschen Sprache beispielsweise Stedje (1994)

[23] Neben der reinen Dialektforschung finden sich auch Untersuchungen zu Stadt- und Land-Varietäten, z.B. Kallmeyer (1994)

[24] Die Soziolinguistik beschäftigte sich lange vorrangig mit der Frage, wie stark hichtspezifische Soziolekte die Permeabilität sozialer Schichten restringieren.

Vgl. Gottburgsen (2000), Trömel-Plötz (1994, 1996), Mühlen Achs (1993)

gl. Schlobinski, Heins (1998), Fiehler, Timm (1998), Neumann-Braun, Deppermann)

'. Bommes (1993) oder auch die Phänomene der „Kanaak-Sprak" oder „Creolisie-ı"

bspw. die Studie zu öffentlichem (versus privatem) Sprachgebrauch von Böke, engeler (1996)

ᴦ (1997) S. 206

sche Sprache des Situolekts auch als Gruppensprache (z.B. Beamten-deutsch) definiert werden kann, bzw. bestimmte Gruppensprachen (z.B. das Fachchinesisch von Wirtschaftswissenschaftlern[30]) nur in be-stimmten Domänen verwendet werden.[31]

– **stilistisch**: Unterteilung in einen gehobenen, normalsprachlichen, salopp-umgangssprachlichen oder vulgären Stil. Die Einordnung von Sprachstilen ist kompliziert, da die Stilebene teils vom Thema, teils von der sozialen Situation, Medium und Mitteilungsabsicht abhängt.

– **personell**: Unterscheidung von *Ideolekten* nach subjektspezifischen Va-rietäten.[32]

Jede dieser das Sprachverhalten prägenden Dimensionen ist in jeder Sprechsituation beteiligt. Ein spezifischer Situolekt geht mit jeweils be-stimmten Freiheitsgraden einher, welche regionalen, medialen, personel-len, sozialen usw. Varietäten verwendet werden können und dürfen. Ein Sprecher spricht immer eine bestimmte Mundart oder eine überregionale Sprachvarietät, immer auf einer bestimmten Stilebene, verwendet ein be-stimmtes Medium, hat bestimmte persönliche Spracheigenheiten und hat einen spezifischen Kontextbezug. Aufgrund der Linearität des Sprechens ist es nicht oder nur sehr begrenzt möglich, gleichzeitig verschiedene Va-rietäten einer Dimension zu sprechen. Der Umstand, daß immer nur be-stimmte sprachliche Varietäten realisiert werden können, bewirkt not-wendig, daß eine historische Sprache im Sprechen nicht unmittelbar reali-siert werden kann, sondern *nur über die funktionellen Sprachen*, aus denen sie zusammengesetzt ist. Eine funktionelle Sprache ist eine Sprache, die aufgrund ihrer Einheitlichkeit in räumlicher, schichten- bzw. gruppenbe-zogener und stilistischer Hinsicht unmittelbar beim Sprechen funktioniert. Sie wird auch als **Kode** bezeichnet.

Die Einheitlichkeit der funktionellen Sprache ist gleich zu setzen mit der Einheitlichkeit des Sprachgebrauchs, den bestimmte Personengruppen von einem gemeinsamen Zeichenschatz machen. Denn die funktionelle Sprache funktioniert nur dann unmittelbar, wenn die beteiligten Ge-sprächspartner aufgrund ihrer einheitlichen sprachlichen Kompetenzen in

---

[30] Vgl. z.B. Samuels (1990)

[31] Vgl. zur Untersuchung von politischen Situolekten bspw. Elspaß (1998), Klein (1989; 1996) und Kopperschmidt (1995) sowie zu ökonomischen Situolekten im unternehmeri-schen Alltag Meier, C. (1997), Pothmann (1997), Paschek (2000), Müller (1997)

[32] Vgl. Dittmar (1997), Steedje (1994) S. 182-212

der Situation hinreichend gleiche regionale, soziale und stilistische Ausprägungen praktizieren. Die Ethno- und Soziolinguistik richtet ihr Interesse insofern auf die Identifizierung von solchen funktionellen Sprachen,
die in ihrer Gesamtheit die historische Sprache einer Sprachgemeinschaft
bzw. einer Gesellschaft konstituieren. Die funktionelle Sprache ist selbstverständlich hinsichtlich ihrer Abgrenzung ein Idealobjekt. Abweichungen
in der Sprachpraxis werden nicht zuletzt durch die einfließenden Ideo-
lekte, Genderlekte und Gerontolekte erzeugt. Auch sind in funktionellen
Sprachen durchaus verschiedene Sprecherrollen definiert, die in einem
unterschiedlichen, aber zueinander komplementären Sprechverhalten der
Kommunizierenden zum Ausdruck kommen.

Schließt man sich der (in Kapitel 5 näher erklärten) Annahme an, daß
funktionelle Sprachvarietäten durch die gemeinsame, übereinstimmende
Verwendung eines spezifischen Zeichenschatzes durch eine bestimmte
Personengruppe bestimmt und durch die Reichweite gelingender Verständigung mittels dieser Zeichengebrauchsregeln begrenzt sind, dann läßt
sich der soziolinguistische Begriff der funktionellen Varietät gleichsetzen
mit dem Wittgenstein'schen Begriff des **Sprachspiels**. Sprachspiele sind
Regelsysteme des Gebrauchs sprachlicher Zeichen, mittels derer sich die
regelkompetenten Personen (Sprachspielgemeinschaft) gelingend verständigen können.[33]

Die wissenschaftliche konstruierende Beobachtung funktioneller Sprachen ist deshalb immer auch eine Zusammenfassung aufgrund von Ähnlichkeiten, nicht von Identitäten.[34] Sie beschreibt Muster der denkend geordneten Wirklichkeit und kann das Leben selbst deshalb nicht, sondern
nur ein Sprechen über das (interpretierte) Leben sein.

Verständigungshandlungen im Bereich des Wirtschaftens sind sinnvollerweise als Situolekte zu charakterisieren, wobei „die" Sprache des
Wirtschaftens die Gesamtheit der durchaus unterschiedlichen ökonomischen Situolekte umfaßt. Als Beispiel seien die sehr unterschiedlichen
Transaktionssituolekte der Kaufverhandlung zwischen Käufer und Verkäufer im arabischen Bazar oder in einem typischen europäischen
Lebensmittelsupermarkt genannt oder die Tauschsituolekte innerhalb sogenannter primitiver Stammesgesellschaften oder in modernen Tauschringen. Als rollenspezifische Gruppensprache innerhalb eines ökonomi-

---

[33] Zu den sprachphilosophischen und sprachtheoretischen Hintergründen genauer in Kapitel 2 und 5.
[34] Vgl. auch Coseriu (1988) S. 24-27

schen Situolekt lassen sich z.b. die typischen Spracheigenheiten von Staatsdienern (Beamtendeutsch), der Marketingfachleute, also berufsgruppenspezifische Soziolekte unterscheiden sowie organisationsspezifische Kommunikationseigenheiten, z.b. in Arbeitsteams (das Operationsteam eines Krankenhauses, eine Gruppe in der Automobilfertigung, eine Kolonne im Bau, Abteilungsleitersitzung) oder in hierarchischen Gesprächssituationen (Vorgesetzte-Untergebene). Dabei sind Verständigungen des Wirtschaftens grundätzlich von allen genannten Sprachdimensionen durchdrungen und geprägt.

Sprache kann also als die Gesamtheit aller historischen Einzelsprachen sowie Dimensionen von Einzelsprachenvarietäten definiert werden. Verständigungshandlungen im semantischen Bereich des Wirtschaftens sind somit Situolekte und Soziolekte, d.h. als tätigkeits- und gruppenbezogene Varietäten verschiedener Einzelsprachen. Ökonomische Sprachvarietäten sind ein Teil der Gesamtheit aller Sprachen.

Diese ersten definitorischen Aussagen über Sprache verdeutlichen bereits die zentrale Problematik der Integration von Sprache in die Ökonomik . Einerseits stellt man fest, daß die reale ökonomische Praxis, die den Untersuchungsgegenstand der Wirtschaftswissenschaften konstituiert, in großem Umfang eine Sprachpraxis ist. Wobei diese Sprachaktivitäten nur aufgrund gruppenspezifischer, gelernter, stabiler Zeichengebrauchsregeln gelingen (Kodes). In den sprachbezogenen Fachdisziplinen (Sprachwissenschaften, Linguistik, Semiotik usw.) ist Sprache als eine Praxis erforscht und entdeckt worden, die für die Ergebnisse individuellen und sozialen Handelns in keiner Weise neutral ist. Da sie nur als eine gegenseitige Beeinflussungspraxis funktioniert, *kann* sprachliches Handeln die Autonomie der Kommunikationspartner nicht unangetastet lassen.

Auf der anderen Seite ist bemerkenswert, daß WirtschaftswissenschaftlerInnen bisher trotz dieser eindeutigen, nicht-neutralen Sprachlichkeit der meisten ökonomischen Prozesse davon ausgehen, daß **Sprache als solches nicht thematisiert werden muß.**

Eine Reflektion dieser als nicht-neutral charakterisierten ökonomischen Sprachpraxis ist deshalb ein absolutes Desiderat. In der vorliegenden Arbeit soll eine Vorstellung davon erarbeitet werden, *wie, wodurch* und *inwieweit* nicht-neutrale Sprache ökonomische Prozesse und Ergebnisse restringiert, ermöglicht und determiniert. Obwohl damit eine weitgehend selbstverständliche Grundannahme der Ökonomik (Neutralität von Sprache für Ökonomie) aufgehoben wird, sind die ökonomischen Leserinnen und Leser eingeladen, sich die hier gefolgerten Konsequenzen und Chancen einer sprachintegrierten Ökonomik näher zu betrachten, um sich inspirieren und überzeugen zu lassen.

1.3 Die These der dreifachen Neutralität von Sprache in der Ökonomik

Die Annahme, daß Sprache ökonomisch neutral sei, scheint in der Ökonomik so selbstverständlich zu sein, daß sie bisher nirgends explizit aufgestellt wurde. In der vorliegenden Arbeit wird die angenommene dreifache Neutralität von Sprache ausdrücklich thematisiert, weil ÖkonomInnen die vollkommene Durchsichtigkeit des „Schleiers der Sprache"[35] in drei Bereichen annehmen:

1. **Ökonomische (Inter-) Aktionen** werden grundsätzlich als nicht-sprachliche oder als von Sprache unbeeinflußte Verhaltensweisen angenommen. Tauschen, Kaufen, Verkaufen, Produzieren und Konsumieren, das Setzen und Durchsetzen von Institutionen usw. sind nach der gängigen Meinung Aktivitäten, Handlungen und als solche eben nicht Sprache. Auch für den Fall, daß sprachliche Aktivitäten selbst als Aktivitäten akzeptiert werden (z.B. Verhandlungen s.u.), wird der Umstand, daß sie in Sprache ablaufen, als ökonomisch irrelevant und unerheblich angesehen. Von Interesse seien dagegen die „dahinter" liegenden sozialen Handlungen bzw. Wirkungen, die durch die Sprachaktivitäten bewirkt werden (der Vertragsabschluß, die Transaktion usw.). Sprachtätigkeiten sind lediglich Mittel zum Zweck. Diese sprachlichen Mittel stehen im Prinzip *jedem* Wirtschaftssubjekt unbegrenzt zur Verfügung.
   In der orthodoxen Theorie zeigt sich das sehr deutlich darin, daß die ökonomischen Handlungen nur als Wahlmöglichkeiten (in Form der bewerteten Handlungs*folgen*) in einem Entscheidungskalkül rationaler Akteure vorkommen, wobei die Entscheidung selbst keine Handlung ist. Dieser abstrakte Entscheidungsraum eines isolierten, autonomen

---

[35] Hier wird von „Neutralität" und vom „Schleier" der Sprache gesprochen in Anlehnung an die geldtheoretische Kontroverse darüber, ob monetäre Phänomene das reale ökonomische Geschehen beeinflussen können, vgl. hierzu Kaufmann (1999). In der Philosophie selbst findet man die Metapher des Spiegels, also die Annahme, Sprache diene nur der Abbildung der Welt, wobei sie mit dem Dargestellten in einer vollkommen nicht-intentionalen Beziehung steht. Vgl. Rorty (1992)

Entscheiders ist nicht nur frei von der Prozeßhaftigkeit ökonomischen Handelns, sondern auch jenseits aller Sprache und Kommunikation angelegt. Selbst wenn die Entscheidung kein sprachlicher Prozeß sein könnte, ließe sich daraus aber nicht die gängige (implizite) Annahme folgern, daß Entscheidungen von sprachlichen Phänomenen unabhängig sind.

Die Tatsache, daß sprachliche Aktivitäten nicht nur Entscheidungen beeinflussen, sondern selbst *ökonomische Handlung sind* (z.B. eine Person informiert eine andere über einen ökonomisch relevanten Sachverhalt oder schließt einen mündlichen Vertrag), kommt in der Ökonomik nicht vor. Die Praxisebene ist von der Ebene der sprachlichen Inhalte vollständig getrennt. Die sogenannte „Information" im Beispiel hat selbst nicht die Form der Sprache, sie wird in einen sprachlichen Kode „übersetzt", der die Information *in keiner Weise verändert* – weder bei S noch bei V.

Der sprachliche Kode, der Informationen, Wissen, Präferenzen usw. sozial verfügbar macht, sowie das Medium der Sprache, mittels dessen ökonomische Verhandlungen und Koordination ablaufen, sind neutral, ohne Wirkung auf deren Ergebnis. Unbekannt und nie gefragt bleibt aber bis heute, woraus „der Stoff, aus dem die Informationen sind", eigentlich besteht. Analoges gilt für den „Stoff" des Vertrages, der Verhandlung usw. Obwohl die problematischen Folgen der Möglichkeit betrügerischer Kommunikation (Shirking, Moral Hazard) einen weiten Raum in der Theorie Asymmetrischer Information und der Institutionentheorie einnehmen, sind die sprachlichen Ursachen dieses Problems bis heute für Ökonomen irrelevant. Als ökonomisch relevant wird – und auch das nur in der Transaktionskostenökonomik – lediglich der Zeitverbrauch von Kommunikation angesehen, da dieser Opportunitätskosten erzeugt. Aber auch in diesem Fall wäre die Beschäftigung mit Eigenschaften und Regelmäßigkeiten von Kommunikation wichtig, da nur so Einflußgrößen von Kommunikationsdauer bestimmbar wären.

2. Auch **Wahrnehmung und Erkenntnis** werden als unabhängig von Sprache angenommen. Der gesamte Prozeß der Kognition und mentalen Orientierung, also auch der ökonomischen Entscheidung muß folglich mit einem System von Bedeutungen, „Informationen" über die Wirklichkeit und Wertkategorien operieren, die nicht-sprachliche sind. Ungeklärt und ungefragt blieb auch hier bisher, welche Form, Medium, „Stofflichkeit" mentale Kategorien, Strukturierungen und Prozesse

haben. Solange man annahm, daß im Wahrnehmenden objektive Abbilder der wahrgenommenen Außenwelt entstünden, war diese Frage
qua Annahme unerheblich. Mit der subjektivistischen und konstruktivistischen Wende der Erkenntnistheorie stellt sich diese Frage jedoch
mit erheblicher Brisanz.

Es sei vorweggenommen, daß Wittgensteins Spätphilosophie die Frage
verneint, ob es Kategorien, Begriffe und die Regeln ihrer Verknüpfung
zu Repräsentationen von Wirklichkeiten bzw. Wirklichkeitsbestandteilen jenseits der im sozialen Gebrauch befindlichen Sprache gebe bzw.
geben könne. Die Existenz einer Privatsprache, in der andere Begriffe,
Kategorien usw. existieren als die der im sozialen Gebrauch befindlichen Sprache, also einer Privatsprache, in der wahrgenommen, gedacht,
erkannt und Wissen gehalten wird, kann demgemäß nicht angenommen werden. Wenn Erkenntnis, Denken, Entscheiden sprachgebunden
und nur in Form von Sprache zugänglich sind, werden sie auch nicht in
Sprache „übersetzt", sondern operieren bereits in sprachgebundenen
Formen.

Neutralitätsverfechter gehen allerdings davon aus, daß Wahrnehmungen, Wissen usw. zwar selbst nicht an Formen von Sprache gebunden
seien, aber jederzeit in sprachlicher Form ausgedrückt werden können,
so daß Wissen durch Kommunikation sozial diffundiert werden kann.[36]
Weder bei der Übersetzung in Sprache, noch durch die Regelmäßigkeiten des Kommunikationsprozesses entstünden Veränderungen oder
Verzerrungen der Erkenntnisinhalte. Sprache ist für Wahrnehmung
und Wissen neutrales Medium. In der Ökonomik ist die Wissensübertragung entsprechend meist ein kosten- und restriktionsloser Prozeß.
Wenn die Wissens*produktion* etwas kostet, dann wird die Möglichkeit
nichtkompensierter Wissens-Spillover-Effekte eingeräumt (Neue
Wachstumstheorie). Wenn der Kommunikationsprozeß Zeit verbraucht, dann entstehen Opportunitäts- bzw. Transaktionskosten
(Transaktionskostenökonomik). Die Inhalte des kommunizierten Wissens sind von der Tatsache bzw. dem Prozeß der Kommunikation unbeeinflußt. Dies wird stillschweigend angenommen und nicht begründet. Auch wird nicht untersucht, ob unterschiedliche Arten von Wissen

---

[36] Die Metapher der Diffusion findet sich bspw. in evolutorischen Ansätzen, siehe z.B.
Hesse (1990) S. 70, oder neuen wachstumstheoretischen Ansätzen, siehe Bretschger
(1999) und Klodt (1995).

(differenziert nach Inhalten oder Kommunikationsarten) auch die Höhe der Transaktionskosten unterschiedlich beeinflussen.

3. **Die Wissenschaft der Ökonomie** wird selbst ausschließlich in Form von Sprache, sprich: durch die Formulierung und Publikation von Texten, durch den wissenschaftlichen Diskurs praktiziert. Diese Tatsache geht einher mit der Annahme, daß die Inhalte der Ökonomik von der Sprachförmigkeit der Wirtschaftswissenschaft bzw. des Wissenschaftsprozesses unbeeinflußt sind. Sprache ist das neutrale Medium, in das die Erkenntnisse, Theorien, Hypothesen, Wahrheiten und Kritiken der ÖkonomInnen problemlos und nicht-verzerrend übersetzt werden und in dem sie sich gegenseitig über ihre wissenschaftlichen Überzeugungen informieren. Das heißt, die Neutralität von Sprache für Wahrnehmung und Erkenntnis gilt gleichermaßen für die mentale Orientierung der ökonomischen Akteure wie für die wissenschaftlichen Akteure, welche die Wirtschaftssubjekte beobachten. Auch diese dritte Neutralitätsannahme bleibt im Regelfall implizit und deshalb unbegründet.

Explizit ausgenommen werden muß hier eine recht intensive Debatte von ökonomischen Methodologen, die den rhetorischen Gehalt wirtschaftswissenschaftlicher Sprachpraxis anerkennen und anhand ökonomischer Literatur diskursanalytisch erforschen. Diese hermeneutischen Ansätze beschränken ihr Interesse allerdings i.d.R. auf die Sprachpraxis von Wirtschaftswissenschaften und lassen die ersten beiden Neutralitätsannahmen unangetastet. Zum zweiten bleiben die sprachtheoretischen Grundlagen häufig implizit und vage.[37]

Zu jeder Regel gibt es **Ausnahmen**. So auch hier: Es gibt Gelegenheiten, bei denen Ökonomen einen Einfluß von Sprache auf die Ökonomie behaupten. Die vier gängigsten seien hier nur kurz aufgerissen:

1. **Internationale Kommunikation**: Im Rahmen der Theorie internationaler Wirtschaftsbeziehungen wird Sprache häufig erwähnt, aber nicht theoretisch untersucht. Die Unterschiedlichkeit von historischen Einzelsprachen, die in verschiedenen Volkswirtschaften als Landessprache durchgesetzt sind, wird gleich geologischen Formationen als eine Art

---

[37] Einen Überblick über diese Gruppe ökonomischer Methodologen gewinnt man bei der Lektüre von Henderson, Dudley-Evans, Backhouse (1993), Backhouse (1994), Mäki, Gustafson, Knudsen (1993), Samuels (1990) und Caldwell (1993). Vgl. aber auch Abschnitt 2.4.6.

natürliches Handelshemmnis interpretiert. Unterschiedliche Landes-
sprachen können grenzüberschreitende Transaktionen behindern bzw.
die Transaktionskosten (Verhandlungskosten) verteuern. Sprache
müßte, wie auch die Raumüberwindungskosten, gemäß der außenhan-
delstheoretischen Konventionen wie ein Zoll behandelt werden. Ein
entsprechend verringertes internationales Transaktionsvolumen von
Gütern, Kapital und Arbeit wäre die logische Folge.

Diese „Hinderlichkeit" von unterschiedlichen sprachlichen Zeichen-
schätzen wird als so evident angenommen, daß eine theoretische Begründung, warum und über welche Ursache-Wirkungszusammenhän-
ge Sprachunterschiede handelshemmend wirken, unterbleibt. Zwar gilt
es auch als höchst plausibel, daß eine Lingua Franca eine positive
Netzwerkexternalität für den Außenhandel darstellen würde. Aber die
handelslenkende Wirkung unterschiedlich verteilter sprachlicher Kompetenzen gewinnt als Untersuchungsgegenstand in der Theorie der
internationalen Wirtschaftsbeziehungen bisher kaum an Boden.[38] Auch
der empirische Nachweis des Einflusses von Sprachen auf die Gerichtetheit internationalen Handels im Rahmen von Gravity Modellen[39] hat
den Forschungsdrang in diesem Bereich noch nicht anregen können.

Allerdings gibt es außerhalb der Ökonomik im Bereich der interkulturellen Kommunikationsforschung sehr praxisorientierte Forschung, die
auch das internationale ökonomische Handeln bei unterschiedlichen
sprachlichen Kodes theoretisch zu durchdringen versuchen.[40]

2. **Preise bzw. Geld als Kommunikationsmedium**: Ein Grund, warum
ÖkonomInnen sich nicht mit Sprache im allgemeinen beschäftigen, ist,
daß viele der Überzeugung sind, daß die Mitglieder von Marktwirtschaften über ein eigenes, spezifisches „Sprachsystem" verfügen und
kommunizieren, nämlich das Preissystem.[41] In den relativen, in Geld-

---

[38] Das mag auch daran liegen, daß, wie Herrmann-Pillath (2001) zeigt, sich die Außen-
handelstheorie selten bis nie die Frage stellte, welche Gerichtetheit ökonomische Transaktionen im Raum aufweisen.

[39] Vgl. Frankel (1997)

[40] Vgl. z.B. Maletzke (1996), Kale, Barnes (1992), Shane (1992), Berriane, Hopfinger
(1997)

[41] Ein Grund für die Ablehnung von Zentralverwaltungswirtschaften wird deshalb ja auch
darin gesehen, daß die PlanerInnen mit den Wirtschaftssubjekten *nicht* (oder zumindest
nicht genug) kommunizieren und deshalb die Preise nicht „korrekt" setzen können. Daß
allerdings auch Preissetzung und Preisdurchsetzung Kommunikationsprozesse erfordern,
bleibt hierbei ausgeblendet. Einer der wenigen Ökonomen, die sich mit den Unzuläng-

größen ausgedrückten Preisen, so die Überzeugung, sei die ganze mögliche bzw. relevante Informationen enthalten. Durch Preise werden Knappheiten, Qualitäten, Produktivitäten usw. kommuniziert und für die Marktteilnehmer transparent. Diese Überzeugung gilt sowohl im Sinne der neoklassisch orientierten Gleichgewichtstheorie, obwohl hier die Annahme vollkommener Information noch zusätzlich zur Markttransparenz getroffen wird,[42] als auch im Sinne der österreichischen Schule, welche die Zusammenführung und Kommunizierbarkeit von dezentral verfügbaren Informationen im Preissystem (ohne die Explizierung all dieses Wissens) als Ursache für die Überlegenheit marktlicher Allokation über Zentralverwaltungswirtschaften behauptet.[43] Allerdings ist bei genauerem Hinsehen festzustellen, daß die meisten ÖkonomInnen Geld bzw. Preise dabei als dem linguistischen System Sprache *analog* und als zusätzliches, unabhängiges Kommunikationssystem neben Sprache betrachten.[44] Insofern werden linguistische Verständigungsprozesse weiterhin als „ökonomie-neutral" angenommen. Es wird vernachlässigt, daß in einem nicht sprachgebundenen Preis-Kommunikationssystem lediglich *realisierte* Preis-Mengen-Relationen beobachtet werden können (Zahlungs- und Güterströme), nicht jedoch Angebots- und Nachfragepreisstrukturen sowie potentielle und nichtrealisierte Märkte. Allerdings gibt es innerhalb der österreichisch fundierten Heterodoxie Ansätze der ökonomischen Hermeneutik, welche die auf Geld bezogene Verständigung lediglich als Erweiterung bzw. spezifische Ausprägung von sprachlicher Interaktion verstehen und teilweise versuchen, philosophisch-hermeneutische Theorien über die Funktionsweise von Verständigungssystemen auf die preisliche Interaktion zu übertragen.[45]

---

lichkeiten von Sprache für die Planungsprozesse in Zentralverwaltungswirtschaften befaßt hat (leider ohne Anschlußdiskussionen auszulösen), ist Pelikan (1969).

[42] In der neoklassischen Theorie wird man allerdings selten auf den Begriff „Kommunikation" stoßen. Statt dessen wird üblicherweise von der *Koordination* der Wirtschaftssubjekte via Preise gesprochen. Bemüht man nicht die Science Fiction Gestalt des Walrasianischen Auktionators, so *muß* die preisgesteuerte Verhaltenskoordinierung durch gegenseitiges Kommunizieren von Angeboten und Nachfragen vor sich gehen. Kritisches hierzu ausführlich im Kapitel 3. Zum Fehlen einer echten ökonomischen Koordinationstheorie vgl. auch Siegenthaler (1993) Kapitel III.

[43] Vgl. Hayek (1974; 1969c; 1952)

[44] Vgl. Horwitz (1995)

[45] Vgl. Horwitz (1995), Ebeling (1990, 1995), Hollis (1991)

3. In **Werbung und Public Relations** ist die handlungsbeeinflussende
Wirkung von Sprache und Kommunikation bekannt und das Wissen
um die Wirkungsweise von Sprache eine wichtige Operationsgrund-
lage. Neben der Kraft der Bilder, Klänge, Düfte, die zu Zwecken der
Einflußnahme, Manipulation und Propaganda genutzt wird, ist der
Einsatz von Sprache (Slogans, Schlagwörter usw.) das wichtigste
Instrument dieses Metiers. Hier gehört es zur selbstverständlichen
Überzeugung, daß Sprache kein neutrales Medium ist, das primär oder
allein der Wiedergabe der nicht-sprachlichen Wirklichkeit dient. Sprache, d.h. das ganze Spektrum dessen, was und wie kommuniziert werden kann, wird hier primär von ihrer pragmatischen Bedeutung, also
von ihrer Wirkung innerhalb der sozialen Lebenspraxis der sie verwendenden Menschen, her analysiert.[46] Die Tatsache, daß sich diese Wirkungsweisen für konkrete Menschengruppen und konkrete Handlungssituationen (Kontexte) nur langsam verändern, nutzen Unternehmen,
politischen Parteien, Organisationen strategisch, um das von ihnen gewünschte Verhalten der Zielgruppen manipulativ hervorzubringen.
Deshalb sind die Wahlkampfberater von Politikern auch nicht Fachex-
perten, die möglichst wirkungsvolle wirtschafts-, außen-, familienpoliti-
sche etc. Programme entwickeln, sondern in zunehmendem Masse
Kommunikationsexperten.[47] Aufgrund des starken Praxisbezugs, dem
eher nicht-universalistischen Theorieanspruch und vielleicht auch dem
historisch bedingten Ressentiment gegen die „Propagandawissenschaft"
findet der Theoriebereich der Werbung, Marketing, Public Relations
vor allem in der Volkswirtschaftslehre keine Anerkennung und wenig
Beachtung. Ein weiterer Grund mag sein, daß die Grundannahmen der
Werbung einen fundamentalen logischen und empirischen Widerspruch des orthodoxen Dogmas der Stabilität, Exogenität und Unbeeinflußbarkeit von Präferenzen darstellen.[48]
Ein **Ausnahmefall** im Bereich der Volkswirtschaftslehre findet sich in
der Theorie der Wirtschaftspolitik. Hier wird das Instrument der Überredung („Moral Persuasion" oder „symbolische Maßnahmen") als
mögliches wirtschaftspolitisches Instrument erwähnt, allerdings bleibt

---

[46] Vgl. Bruhn (1997)
[47] Vgl. Halimi (1999)
[48] Vgl. als Gegenbeispiel zu dieser Strategie der Nicht-Wahrnehmung Bianchi (1998)

es in den ökonomischen Lehrbüchern weitgehend bei der Erwähnung.[49] Theoretische Grundlagen, wie eine wirkungsvolle Überredungsstrategie der PolitikerInnen aussehen könnte, werden nicht erarbeitet.

4. Die Theorie der **kommunikativen Wirtschaftspolitik,** wie sie vor allem durch Meier (1988), Meier, Slembeck (1998), Meier, Haudenschild (1991), Ernst (1986) betrieben wird, ist der einzig nennenswerte Versuch, das Wissen um die nicht-neutrale Wirkung von Sprache in der Volkswirtschaftslehre anzuwenden. Die Grundannahme, daß (wirtschafts-)politische Probleme in einem kommunikativen Prozeß unter der Beteiligung vieler Interessengruppen (nicht eines isolierten Entscheiders) wahrgenommen, benannt und gelöst werden, führt diesen von Habermas beeinflußten Theorieansatz aber vor allem zu der Fragestellung, wie dieser Kommunikationsprozeß gestaltet werden kann, um möglichst demokratisch zu sein (Stichwort: Beteiligung der Betroffenen). Die „Theorie" über Regeln, nach denen der Politikprozeß realiter abläuft, ist eher eine Schematisierung der empirisch beobachteten Fallbeispiele (in der Schweiz), als daß hier eine tiefere Auseinandersetzung und Fundierung mit Sprach- und Kommunikationswissenschaften stattfindet.

Ein empirisch sehr relevanter Zweig der kommunikativen Wirtschaftspolitik, der vor allem in der Umweltpolitik immer mehr Aufmerksamkeit findet, ist die Theorie der Mediation, in der der kommunikative Problemlösungsprozeß konfliktärer Interessengruppen von professionellen Mediatoren begleitet wird, um Demokratie und Effektivität des Verfahrens zu steigern. Die ohnehin schwach entwickelte Theorie der Mediation wird in der Ökonomik allerdings kaum rezipiert.[50]

Aktuell gibt es Berührungsversuche in diese (vor allem politikwissenschaftliche) Richtung auch im Rahmen der **kooperativen Wirtschaftspolitik.** Hier wird anerkannt, daß Kommunikation insbesondere wichtig sein kann, wenn die angestrebten Ziele und die Bedingungen zu deren Erreichung auch bei den Beteiligten noch unbekannt und ungeklärt sind, wie bspw. Entwicklungsperspektiven für eine strukturschwache Region. Da die (freiwillige) Kooperation mit privaten Wirtschaftssubjekten für die in ihrer Macht geschwächten nationalstaatlichen Ak-

---

[49] Vgl. z.B. Meier, Slembeck (1998) S. 51 ff., Streit (1991) S. 248 ff., Tuchtfeld (1971a; 1971b) sowie als frühes und seltenes Beispiel die Untersuchung von Geldpolitik als Überredungsstrategie Pohl (1971)

[50] Vgl. Gans (1996) und Kesting (1999)

teure immer wichtiger wird, erfährt entsprechend die Theorie der kooperativen Wirtschaftspolitik immer stärkere Beachtung von der Pra-
xisseite. Dies könnte dazu führen, daß diese auch in der Ökonomik an
Stellenwert gewinnt. Das ist allerdings bislang nicht der Fall. Und auch
in diesem Theoriezweig wird auf die Fundierung mit kommunikations-
theoretischem Wissen oft verzichtet.[51]

Die Ausnahmen von der Regel (Neutralitätsannahme) verzichten also zumeist auf eine Begründung ihrer Nicht-Neutralitätsannahme (etwa durch
eine fundierte Kommunikationstheorie). Eine Forschung über die Wirkung nicht-neutraler Sprache auf die Ökonomie wird von seiten der Ökonomik nur in ganz vereinzelten und thematisch in der Regel eng begrenzten Ansätzen betrieben. Und Theorieansätze, die sich intensiver mit Sprache und Kommunikationsphänomenen in der Ökonomik befassen, werden schnell als heterodoxe Randgruppe (Fall 2 und 4 sowie Gravity Modelle) bzw. schnöde Instrumentalwissenschaft (Fall 3) an den Rand der
Wahrnehmbarkeit im volkswirtschaftswissenschaftlichen Diskurs ge-
drängt.

Die in der Ökonomik selbstverständliche Annahme der dreifachen
Neutralität von Sprache ist vor dem Hintergrund des State of the Art der
Sprachphilosophie, Sprach- und Kommunikationswissenschaften, die
diese Neutralität negiert (vgl. Abschnitt 1.3), problematisch.

Die Tatsache, daß Menschen sich nur innerhalb von Sprachspielgemeinschaften verständigen können, die gemeinsame Regelkompetenzen
für spezifische Sprachvarietäten besitzen, führt dazu, daß wir in Sprachspielen leben und gruppenspezifische[52] Denk-, Sprach- und Verhaltensregelmäßigkeiten aufweisen, eigentümliche, zeitlich relativ stabile Arten
und Weisen, in denen wir unsere Wirklichkeit deuten, uns in ihr orientieren und verhalten.[53] Nur diejenigen, die sich dieser gruppenspezifischen
Sprachstile bedienen können (Sprachkompetenz), welche die üblichen

---

[51] Vgl. Wiesenthal (1998), Elsner (1998), in Teilen Calließ, Striegnitz (1991)

[52] Individualität wird nur als Abweichung von einem Gruppenstandard verstanden. Bei
über eine Gruppe hinausgehenden ähnlichen Sprachstilen (Denk-, Sprach- und Verhaltensregelmäßigkeiten), auch oft als Subkultur oder regionale, ethnische usw. Kultur oder
Institutionen bezeichnet, werden lediglich Gruppen aufgrund ihrer Ähnlichkeiten/Über-
einstimmungen zusammengefaßt – allerdings i.d.R. unter Nichtbeachtung der Tatsache,
daß in diesen großen Gruppen die Wahrscheinlichkeit gelingender Verständigung sinkt.

[53] Es wird zu zeigen sein, daß das Deuten, Interpretieren der jeweils situativen Wirklichkeit und die sinnhaft und praktische Orientierung einschließlich des Handelns im Wittgenstein'schen Begriff der Sprachspiel-*Regel* untrennbar miteinander verbunden sind.

Aussagen machen und nicht zu sehr von dem spezifischen Sprachstil abweichen, können sich mit und in diesen Gruppen verständigen und koordinieren, sind dort anschlußfähig. Inhalt und Form des Ausdrück- und Verstehbaren sind realiter nicht unabhängig voneinander. Deshalb sind die Koordinations- und Entwicklungsmöglichkeiten einer Gesellschaft inhaltlich und in ihrer Form von den Sprachspielen restringiert, die in dieser Gesellschaft sowohl passiv zur Verfügung stehen, also verstanden und potentiell gespielt werden können, primär aber auch durch die Sprachspiele, die aktiv tatsächlich gespielt werden.

Nimmt man z.B. die unterschiedlichen Formen von Marktsprachspielen einer Warenbörse, eines traditionellen Agrargüterwochenmarktes und einer Sotherby-Auktion, ist sofort augenfällig, daß die Verständigungen über Transaktionen in diesen Sprachspielen nach ganz unterschiedlichen Kommunikationsregeln und unter Gebrauch unterschiedlicher Zeichen ablaufen sowie verschiedenartige zeitliche Dynamiken, Motive der beteiligten Akteure (z.B. Spekulation, Versorgung, Snobeffekt) aufweisen. Auch ist nicht unbedingt gesichert, daß erfolgreiche Kommunikanden des einen Sprachspiels sich auch in den anderen Sprachspielen erfolgreich betätigen können, also dort anschlußfähig sind. Ein Börsianer muß die Regeln von Sotherby's ebenso erst lernen, um „mitspielen" zu können, wie eine Marktverkäuferin die Börsenregeln. Da der Ausdruck der „Spielregeln" insbesondere in der neuen Institutionentheorie als metaphorisches Synonym für Institutionen verwendet wird,[54] muß bereits an dieser Stelle betont werden, daß sich die Regeln von Sprachspielen auf *symbolische* Interaktionen beziehen und keine reinen Verhaltensregelmäßigkeiten sind.[55] InstitutionentheoretikerInnen verstehen unter Institutionen in der Regel die von ihnen als wissenschaftliche BeobachterInnen wahrgenommenen Ähnlichkeiten der Verhaltensmuster ökonomischer Akteure. Sprachspielregeln sind jedoch die Regeln, mittels derer sich ökonomische Akteure faktisch verständigen. Ob eine wissenschaftliche Beobachtung und Beschreibung *dieser* Regeln durch eine wissenschaftliche BeobachterIn gelingt oder auch nur möglich sein kann, ist eine andere Frage.

Die Regeln unterschiedlicher Sprachspiele weisen nur begrenzte Ähnlichkeiten und Übersetzbarkeiten ineinander auf. Beispielsweise können nicht alle Güter in allen Transaktionsformen transagiert werden. Das liegt

---

[54] Vgl. exemplarisch North (1991) S. 97 f.

[55] Die hier getroffene Abgrenzung von Institutionen und Sprachspielregeln wird genauer im Abschnitt 5.4.2 erläutert.

nicht nur an von ÖkonomInnen so genannten technischen Eigenschaften der Güter (z.b. standardisierte versus qualitätsunsichere Güter), sondern auch daran, daß für bestimmte Güter (z.B. Liebe) aufgrund ihres tradierten Sinns nur spezifische Formen von Transaktionssprachspielen möglich sind (gekaufte Liebe wird nicht als wirkliche Zuneigung gedeutet). Außerdem sind auch nicht alle Wirtschaftssubjekte gleichermaßen zum Spielen aller Formen von ökonomischen Sprachspielen in der Lage, zum einen weil sie zum jeweiligen Zeitpunkt nur ein bestimmtes Repertoire von Sprachspielregeln erlernt haben, zum anderen weil sie nur bedingt in der Lage sind, ihre persönlichen Kommunikationsstile an die Typik abweichender Sprachspiele anzupassen.

Wenn gelingende Koordination ökonomischer Aktivitäten und damit das mögliche Ausmaß von Arbeitsteilung also von dem geltenden Repertoire der in einer Gruppe verfügbaren Sprachspiele abhängen, dann ist nicht nur die Annahme der dreifachen Neutralität von Sprache für die Ökonomik aufgehoben. Sondern es ist auch wichtig, ein grundlegendes Verständnis für die Wirkungsweise von Sprache, Wesen und Charakter der Sprache bzw. von konkreten Sprachspielen zu bekommen. Außerdem ist die wissenschaftliche empirische Erhebung der real praktizierten ökonomischen Sprachspiele an diese Bedingungen anzupassen.

Dabei ist zu beachten, daß WissenschaftlerInnen bei ihrer Erforschung von Sprache und spezifischen, z.B. ökonomischen Sprachspielen, sich selbst innerhalb ihrer spezifischen Sprachspielregeln und den dazugehörigen Rationalitäten bewegen. Als BeobachterInnen zweiter Ordnung bedienen sie sich also einer Metasprachspielpraxis, die ihrerseits nicht neutral ist und die empirische „Beobachtung" (zweiter Ordnung) restringiert und determiniert. Es gilt hierbei, sich der eigenen wissenschaftlichen Sprachspielpraxis bewußt zu werden und sich bei der Erforschung ökonomischer Kommunikationen immer auf die Gelingensbedingungen der ökonomischen Verständigungen und erst in zweiter Linie der wissenschaftlichen Verständigungen zu konzentrieren.

Nachdem nun die These eingeführt wurde, daß die Annahme der Neutralität von Sprache aufgrund eines grundlegend veränderten Verständnis des Phänomens Sprache in der Philosophie und Kognitions- und Sprachwissenschaften[56] aufgegeben werden muß, ergibt sich hieraus für die Ökonomik die Notwendigkeit, diese veränderten Sprachkonzeptionen zu rezipieren und in die eigenen Theorien zu integrieren. Ein solcher Versuch

---

[56] Diese hier nur angedeutete Entwicklung wird im Kapitel 2 ausführlich beschrieben.

liegt hier in Form der Rekonstruktion der Ökonomie mit Hilfe des Wittgenstein'schen Konzepts der Sprachspiele vor. Da es einer der ersten
Schritte in diese Richtung innerhalb der Ökonomik ist, wird diese Konzeption wahrscheinlich erstens für die meisten wirtschaftswissenschaftlichen RezipientInnen aufgrund der Neutralitätsüberzeugung ungewohnt
und deshalb befremdend wirken und zweitens nicht die Vollständigkeit
und Ausgefeiltheit eines ausgereiften Paradigmas haben. Deshalb wird im
Laufe der Arbeit Wert darauf gelegt, das für ÖkonomInnen unübliche
sprachphilosophische, sprachtheoretische und kognitionstheoretische
Hintergrundwissen darzustellen und somit eine Konzeption nicht-neutraler Sprache einschließlich deren Implikationen für ökonomisches Handeln zu entwickeln. Daß die vorliegende ökonomische Anwendung des
Wittgenstein'schen Sprachspielkonzepts nur unvollständige erste ökonomische Theoriekonzepte entwickeln kann, ist das Ergebnis der notwendigen Themenbegrenzung sowie der systematischen Unabschließbarkeit und
Vieldeutigkeit sprachlicher Phänomene.

1.4 Das Problem der Erklärung interpersonell unterschiedlichen Verhaltens in der Ökonomik

Die Befassung der Ökonomik mit Sprache ist jedoch nicht nur notwendig,
weil sich in Nachbarwissenschaften die Erkenntnis durchgesetzt hat, daß
Sprache – ein bisher für die Ökonomik als exogen erachtetes Phänomen –
für die soziale Praxis und deren Beschreibung nicht neutral ist. Vielmehr
gibt es auch theorieimmanente Gründe, Sprache in ihrer Relevanz für die
Ökonomik zu untersuchen. Es läßt sich in den orthodoxen und heterodoxen Theorieansätzen der Ökonomik eine gemeinsame Schwachstelle dia-
gnostizieren, die viele Theoretiker auch explizit als Untersuchungsgegenstand fokussieren, die bislang jedoch theoretisch weder systematisch, noch
befriedigend fundiert werden konnte. Diese Schwachstelle läßt sich in
einem Bereich lokalisieren, wo ÖkonomInnen versuchen, die empirische
Tatsache zu erklären, warum ökonomische Akteure sich in gleichen
Situationen unterschiedlich verhalten. Für diese Schwachstelle, so wird
sich zeigen, stellt die Konzeption der Sprachspiele einen interessanten
Erklärungsansatz zur Verfügung.

Eine ökonomische Handlungstheorie muß mit dem Anspruch auf
größtmögliche Allgemeinheit operieren. Deshalb bedroht die Unter-

schiedlichkeit von Verhalten in gleichen Situationen sowohl die *Eindeutig-keit* der Theorie, denn es wirken verschiedene Einflußgrößen – nicht nur die Preise – in nicht geklärtem Ausmaß und Zusammenspiel, als auch die *Allgemeinheit* der Theorie, da sich verschiedene Akteure in der gleichen Situation offensichtlich in unterschiedlicher Weise orientieren, entscheiden und verhalten, zu deren Erklärung verschiedene Theorien (Aussagen über Ursache-Wirkungsbeziehungen) herangezogen werden müssen. Man braucht also eine Theorie, die erklärt, warum Menschen unterschiedlich handeln, die aber auch erklärt, warum sie gleich handeln.[57]

Es ist eine Entwicklung dieses Jahrhunderts, daß von der objektivistischen Vorstrukturierung ökonomischen Denkens zu einer eher subjektivistischen Vorstrukturierung übergegangen wurde. Während objektivistische Ansätze davon ausgingen, es gebe *eine* objektive Realität, die identisch ist mit der subjektiven Wirklichkeit der meisten[58] Akteure, an der diese ihr Handeln orientieren, nehmen subjektivistische Ansätze an, daß nur die subjektive Wirklichkeit des Akteurs für die Art seiner Entscheidung und Handlungsorientierung maßgeblich ist (ob diese nun „objektiv" wahr oder falsch ist).[59] Dieser Übergang zu subjektivistischen Vorstellungen findet sich in der Ökonomik etwa wieder im Konzept des subjektiven Erwartungsnutzens, das den Wirtschaftssubjekten unterschiedliche Zeit- und Güterpräferenzen und Risikoneigungen konzediert. Verschärft findet sich dieser Subjektivismus in der österreichischen Schule und der Evolutorik, die sich vom objektiven Realismus gänzlich verabschieden. Eine objektive Wirklichkeit steht hier nicht mehr zur Verfügung und kann auch nicht durch die Wissenschaft je erreicht werden. Es gibt nur noch die intersubjektiv teilweise übereinstimmenden, konstruierten Wirklichkeiten

---

[57] Hier ist natürlich bereits zu fragen, wann und warum gehen ÖkonomInnen und wann Akteure von „gleichen Situationen" aus?

[58] Es gibt natürlich die Ausnahme der dummen, irrenden bzw. geisteskranken und deshalb irrational handelnden Akteure. Auch gibt es unter Ökonomen solche, die sich für eine im Zugang zur objektiv, wahren Wirklichkeit begünstigte Elite halten (etwa Adam Smith, der in die Pläne des „großen Uhrmachers" Einblick erhielt oder Karl Marx, der sich auf einer besonders begünstigten „Passhöhe" wähnte, von der aus er die zu erfolgende Menschheitsgeschichte überblicken konnte, vgl. Hesse (1979)). Diese Wissenschaftler müssen aber annehmen, daß die Wirtschaftssubjekte den von ihnen aufgedeckten verhaltenstheoretischen Gesetzmäßigkeiten gleichsam wie Automaten folgen *müssen*, denn sonst wäre auch hier die Allgemeinheit der Theorie gefährdet. Freiheitsgrade einer bewußten Entscheidung sind hier nicht möglich.

[59] In der Soziologie fand dies als das sogenannte Thomas-Theorem Eingang und große Beachtung in der Theoriedebatte. Vgl. Esser (1996) und Thomas, Thomas (1928)

der ökonomischen *und* wissenschaftlichen Subjekte. Die Anerkennung intersubjektiv unterschiedlicher Wirklichkeiten und Verhaltensweisen als Tatsache kann auch als Folgeerscheinung des Liberalismus des 19. Jahrhunderts interpretiert werden, der in den alltäglichen Lebenswelten eine erhöhte Toleranz und Gleichberechtigung verschiedener Menschengruppen (Ethnien, Nationen, Geschlechter, Altersgruppen usw.) bewirkte.

Für die Ökonomik entstehen mit der Möglichkeit intersubjektiv verschiedener Wirklichkeiten und Handlungsweisen allerdings aus vielerlei Gründen Probleme. Hier nur eine Auswahl:

Eine möglichst gleichartige Konstruktion der Wirklichkeit und gleichartige Orientierung ökonomischen Handelns der Wirtschaftssubjekte ist für die Ökonomik wichtig,

1. weil das die Voraussetzung für eine möglichst einfache, allgemeine (universale), eindeutige Theorie der **Mikroökonomik** ist,[60]

2. weil das in der Ökonomik gängige Vorgehen, Verhaltensänderungen aus der Veränderung der relativen Preise zu erklären, wie Stigler, Becker (1977) betonen, nur dann sinnvoll möglich ist, wenn die **Präferenzen** der Akteure als **stabil** und **interpersonell nur wenig differierend** unterstellt werden. Insbesondere wenn man innerhalb des Rational-Choice-Paradigmas, also mathematisch-formal operieren will, muß die Bedingung interpersonell gleicher Entscheidungskalküle und Präferenzen gegeben sein.

3. weil der ständige Rekurs auf die **as-if-Hypothese** für die Ökonomik als Verhaltenswissenschaft kein befriedigendes Fundament sein kann,

4. weil eine Mindesthomogenität des Verhaltens der aggregierten Akteure die Voraussetzung dafür ist, sinnvolle, aussagekräftige **Aggregate** für die gesamtwirtschaftliche Betrachtung bilden zu können,[61]

---

[60] Hutchison (1937) S. 283 schreibt noch allgemeiner: „Alle nationalökonomischen Probleme, wie sehr sie auch als Preis-, Zinsfuß-, Kapitalprobleme usw. formuliert sein mögen, sind im Grunde Probleme über das verschiedene Verhalten verschiedener Lebensstellungen, wie: Verbraucher, Unternehmer, Sparer, Zentralbankautoritäten, Gewerkschaftsführer usw."

[61] Beispielsweise kritisiert die evolutorische Marktprozeßtheorie, daß bisher der Unternehmenssektor als eine Art homogener Akteure aggregiert wird, obwohl zur Erklärung von Wettbewerbsphänomenen die Disaggregation in mehrere Unternehmensarten (Pionierunternehmen, reagierende Unternehmen) notwendig ist. Hier wurde gezeigt, daß die Aggregation ungleichen Verhaltens zu *einer* Art Verhalten den Blick auf zentrale Phänomene des Untersuchungsgegenstandes verstellen kann.

5. weil die Ökonomik traditionell auf der Basis des **methodologischen Individualismus** operiert, also die ökonomischen Phänomene kausal aus dem Verhalten der ökonomischen Akteure erklären will; hierfür muß eine stimmige Verhaltenstheorie die Basis darstellen, d.h. wenn eine Schwachstelle aufgrund der Pluralität ökonomischen Verhaltens und Handlungsorientierung besteht, wirft dies für alle weiteren Theorieschritte Folgeprobleme auf.

Auch aufgrund realwirtschaftlicher Gegebenheiten ist es für die Ökonomik wichtig, Konzepte zu finden, mit denen man die Unterschiedlichkeit und Überlappung von Wirtschaftsstilen und ökonomischen Wirklichkeiten der Akteure erfassen kann:

1. Es wird eine immer stärkere **Pluralisierung** von Lebenswelten und **Individualisierung** von (ökonomischen) Lebensstilen zumindest in den sogenannten westlichen Gesellschaften konstatiert (und toleriert).[62] Was dies für das Wirtschaften und die Möglichkeiten der Wirtschaftspolitik bedeutet, sollten ÖkonomInnen klären können.

2. Durch die stärkere internationale Verflechtung ökonomischer und politischer Beziehungen – Stichwort: **Globalisierung** – kommt es bei Transaktionen immer häufiger zu Partnern unterschiedlicher sprachlicher und kultureller Herkunft. Die sogenannte **multikulturelle Gesellschaft** ist nur ein Schlagwort dafür, daß Internationalisierung auch innerhalb der Landesgrenzen stattfindet.[63] Es braucht deshalb Theoriekonzepte, mit denen geklärt werden kann, welche Auswirkungen dies auf Richtung, Niveau, Prozeß und Struktur des Wirtschaftens hat.

3. Wenn die ökonomische Entwicklung tatsächlich hin zu einer **Informations**- oder auch **Wissensgesellschaft** geht,[64] sollten ÖkonomInnen Charakter und Wirkungsweise dieses dominierenden Gutes „Information" kennen.

4. Die Tatsache, daß die meisten ÖkonomInnen aufgrund ihrer einseitigen und verengten Definition ökonomischer Rationalität für viele Bereiche der (Wirtschafts-) Politik **keine interessanten und relevanten**

---

[62] Voß (1991) S. 4 ff., Friedrichs (1998)
[63] Vgl. Senghaas (1998), Beck (1997), Hirst (1997) und OECD (1996)
[64] Vgl. Willke (1998), Dumort, Dryden (1997)

Politikberatungsangebote machen können,[65] kann nicht einseitig auf die moralische Verwerflichkeit politischer „Rationalität" zurückgeführt werden.[66] Mangelnde Relevanz für die gesellschaftliche Praxis der Ökonomie und Politik und fehlende Attraktivität für die wirtschaftspolitische Beratung verfehlt auch den Auftrag, den Wissenschaft laut Max Weber hat: einen Beitrag zur Orientierung des handeln-müssenden Menschen in der historischen Situation und d.h. vor allem zur Klärung der historischen Situation zu leisten.[67]

Woran zeigt sich die Unterschiedlichkeit ökonomischen Handelns nun empirisch?

– Ein Beispiel auf mikroökonomischer Ebene sind unterschiedliche Reaktionen auf die Preisänderung eines bestimmten Gutes: die einen kaufen trotz (zugegebenermaßen sehr mäßig) steigendem Benzinpreis mehr Benzin (das Transportaufkommen hat sich in den letzten Jahren drastisch erhöht), die anderen (z.B. sog. „Ökos") weniger,

– die einen lassen sich bei ihrer Lebensmittelnachfrage gänzlich vom Preis leiten, die anderen kaufen nur Lebensmittel mit bestimmten Qualitätsstandards (z.B. „Demeter", „fair Trade").

– Den Preisverfall im Computerbereich interpretiert der eine als Signal, jetzt günstig einen Computer zu kaufen, der andere interpretiert ihn als Signal, daß bald eine neue noch leistungsfähigere Computergeneration auf den Markt kommt, und beschließt den Computerkauf zu verschieben.

– Obwohl die Unternehmen nach der Minimierung ihrer Inputkosten streben, substituieren sie ihre männliche Belegschaft nicht sukzessive durch gleich qualifizierte weibliche Angestellte, die nachweislich immer noch durchschnittlich nur 80% des männlichen Lohnniveaus erzielen, und was der Beispiele mehr sein könnten.

Auf der makroökonomischen Ebene wird beispielsweise von North argumentiert, daß die beobachteten internationalen Wachstumsunterschiede

---

[65] Empirisch zeigt sich das Desinteresse an ökonomischer Politikberatung daran, daß Politiker sich statt dessen zunehmend von Kommunikationsexperten beraten lassen. Vgl. Halimi (1999)

[66] Vgl. zum Problem der mangelnden Integration politischer Rationalität in wirtschaftspolitische Entwürfe Ebert (1999) und Ernst (1986)

[67] Weber (1973a)

von Volkswirtschaften und nicht eintretende Konvergenz von Wachs-
tumspfaden (trotz liberalisierter Weltmärkte) auf intersubjektive Orientie-
rungsunterschiede zurückzuführen sei. Ausgehend von einer nachhaltigen
Persistenz intersubjektiv überlappender Wirklichkeiten (Shared Mental
Models, „Ideologien") *innerhalb* einer Volkswirtschaft und gleichzeitig
von unterschiedlichen Ideologien *zwischen* Volkswirtschaften, erklärt
North die internationalen Leistungsunterschiede durch die verschieden
effizienten institutionellen Regime, die in Korrespondenz zu den jeweiligen (persistenten) Ideologien evolvieren.[68]

Eine ähnliche Argumentation findet sich im Rahmen der Sozialkapital-
debatte. Das Ausmaß (und die Art) von Sozialkapital – verstanden als
„mutual relations, interactions, and networks that emerge among human
groups, as well as the level of trust"[69] – einer Gruppierung wird als ursächlich für den Grad an ökonomischem Erfolg gesehen, den diese Gruppe erreichen kann.[70] Gruppenbindung und intersubjektive Gemeinsamkeiten
werden dabei zwar als Voraussetzung für ökonomische Entwicklung gesehen, aber die spezifischen Arten der Gruppenkultur und Gruppenwerte
lassen nur sehr unterschiedliche Entwicklungniveaus erreichen.[71] Folgt
man diesen Argumentationen, können intergruppal unterschiedliche
Orientierungen auch zu makroökonomisch relevanten Phänomenen beitragen.

Wenn hier in diesem Zusammenhang eine Schwachstelle in der Theorie
konstatiert wird, dann nicht, weil es keine Erklärungsversuche für diese
Phänomene gäbe. Grundsätzlich setzt man bei der Erklärung mit der Annahme an, daß sich die Akteure in *subjektiv* unterschiedlichen Situationen
befinden. Denn es gilt als gegeben, daß sich Akteure innerhalb der für sie
subjektiv gegebenen Situation orientieren und das heißt, ihr Verhalten auf
diese Situation hin ausrichten. Warum aber sind die Situationen der Wirtschaftssubjekte unterschiedlich?

---

[68] Vgl. North (1992), Denzau, North (1994)

[69] Wall et al. (1998) S. 304. Dort wird auch darauf verwiesen, daß Sozialkapital üblicherweise mit den Konzepten Kooperation, Harmonie, Gemeinschaftsgefühl und struktureller
Solidarität, also gemeinsamen Werten, verbunden wird. Vgl. Young, Young (1973)

[70] Vgl. hierzu etwa Turner, J. (2000) S. 96, der Sozialkapital definiert als „those forces that
increase the potential for economic development in a society by creating and sustaining
social relations and patterns of social organization".

[71] Vgl. zu den wenigen Ansätzen, die Sozialkapital nicht nur in einer positiv-verstärken-
den, sondern auch in einer ökonomie-hemmenden Wirkung wahrnehmen Kranton
(1996), Kali (1999)

Es gibt grundsätzlich vier Ansatzpunkte, Verhaltensunterschiede, die auf intersubjektiv unterschiedliche Situationen zurückzuführen sind, zu erklären. Es gibt Unterschiede in der Situation der Akteure (in den „äußeren" Umständen):

- Dies wäre der Fall, wenn für die Individuen unterschiedliche **Preisstrukturen** gelten. Aber erstens könnte die wissenschaftliche BeobachterIn dann nicht von einer gleichen Situation der Akteure ausgehen. Und zweitens müssen für die Verletzung des Law of One Price Gründe vorliegen, bspw. Formen von Marktversagen, Marktunvollkommenheiten, Machtphänomenen, rechtlich-institutionellen Divergenzen. Die Unterschiedlichkeit von **Restriktionen** (Zeit, Einkommen, sonstige Ressourcen) der einzelnen Subjekte, sind zwar mitbestimmend für das real gezeigte unterschiedliche Verhalten. Allerdings lassen Restriktionen die Verhaltensfunktion des jeweiligen Akteurs unberührt und bestimmen lediglich, welcher „Punkt" dieser „Funktion" realisiert wird.

Relevanter ist deshalb die Frage, wie und wodurch sich die subjektive, intersubjektiv unterschiedliche Wahrnehmung, Strukturierung, Bewertung und Verarbeitung der Situation durch die Wirtschaftssubjekte erklären lassen („innere" Umstände).

- Zunächst könnten unterschiedliche Arten der **Rationalität** des Entscheidungsverhaltens unterstellt werden, im einfachsten Fall die beiden Varianten ökonomisch rational und irrational. Dann müßte aber die Gesamtheit der irrationalen Entscheidungsmodi von Wirtschaftssubjekten erforscht, typisiert und auf ihre empirische Wirksamkeit untersucht werden (unterstellt wird ja, daß Rationalität ein eindeutiger Modus ist). Auch müßte die Ökonomik über eine Theorie der Determinanten verfügen, von denen es abhängt, ob ein Akteur rational oder irrational (vom Typ x) entscheidet. Will man den wirtschaftlich weniger erfolgreichen Nationen nicht das normative Etikett der Nicht-Rationalität (mit der Konnotation der Dummheit oder Emotionalität/Hysterie usw.) ihres Verhaltens zur Erklärung der divergenten volkswirtschaftlichen Entwicklungspfade anhängen, dann kann man von verschiedenartigen Entscheidungslogiken, nicht mehr nur von einer Rationalität ausgehen. Von diesen verschiedenen Rationalitätskonzepten lassen sich dann auch echte Irrationalität, i.S. von emotional gesteuertem Verhalten, oder Wertrationalität oder Traditionalität von Verhaltensorientierung abgrenzen.[72] Um einen ökonomischen Theorieansatz pluraler Rationalitäten nicht der völligen Beliebigkeit anheim fallen zu lassen, muß die Ökonomik über eine Erklärung verfügen, warum welches Wirtschaftssubjekt welchem Rationalitätskonzept anhängt und welche Auswirkung die (akzeptierte) Verschiedenartigkeit von Rationalitätsvorstellungen auf den ökonomischen und wirtschaftspolitischen Prozeß und deren Ergebnisse hat. Unterschiedliche Rationalitäten lassen sich dabei nicht einfach auf die „Kultur" oder das Sozialkapital einer bestimmten Gruppe, der ein Wirtschaftssubjekt angehört, reduzieren. Zwar wirken die Handlungskontexte, die innerhalb der Gruppe konstruiert und dem Handelnden zugemutet werden, vereinheitlichend und gegenüber anderen Gruppen differenzierend. Aber auch innerhalb von Gruppen können Akteure unterschiedliche Entscheidungslogiken aufweisen, die sich etwa durch unterschiedliche Rollen innerhalb der Gruppe erklären lassen.

– Erklärt man Verhaltensunterschiede der Wirtschaftssubjekte durch deren intersubjektiv unterschiedliche **Präferenzen** (die eventuell zudem nicht den üblichen Anforderungen der Ökonomik an Präferenzen genügen), werden unterschiedliche Bewertungen, Wertmaßstäbe eventuell auch Bewertungsprozesse zugelassen.[73] Unterschiedliche Präferenzen drücken sich, falls sie den üblichen Anforderungen[74] der Ökonomik genügen, in verschiedenen Nutzenfunktionen aus, was zu Aggregationsproblemen und uneindeutigen Theorieaussagen führt, wenn nicht, werden sie zu „Anomalien"[75], aufgrund derer die orthodoxen öko-

---

[72] Vgl. zu diesen vier Idealtypen menschlicher Verhaltenstheorien Weber (1972)

[73] Gängig ist dies etwa im Rahmen der Zeitpräferenzrate oder bei Risikoneigungen. Allerdings wird in diesen Fällen für den Übergang auf die makroökonomische Ebene gerne mit Durchschnittsgrößen oder der Fiktion des repräsentativen Akteurs gearbeitet, ohne die Durchschnittlichkeit oder Repräsentativität je durch empirische Studien abzusichern. Vgl. Kirman (1992)

[74] Gemäß den Konventionen der Nutzentheorie muß (sollte) die Präferenzordnung die Bedingungen der Vollständigkeit, Transitivität, Reflexivität und Monotonie erfüllen, dann ist es im Sinne der Theorie der rationalen Wahl rational die Handlungsalternative auszuwählen, die vor allen anderen präferiert wird. Vgl. Lohmann (1996) S. 159 f.

[75] Als Anomalien werden bspw. folgende Phänomene bezeichnet: „Konfundierung von Erwartungen und Bewertungen, Umkehreffekte und Intransitivitäten bei den Präferenzen und Erwartungen, Besitztumseffekte, alle möglichen Urteilsverzerrungen und logischen Fehler, die Abhängigkeit der Urteile von Referenzpunkten, sunk-cost-Effekte, die Niedrigbewertung von Opportunitätskosten gegenüber unmittelbaren Kosten und Vorteilen,

nomischen Modelle nicht mehr rechenbar bzw. nicht mehr eindeutig lösbar werden.

Soll die Unterschiedlichkeit der Präferenzen nicht einfach als beliebige „Geschmacksverteilung" verstanden werden, müßten Regelmäßigkeiten von Präferenzen untersucht werden, entweder über Gruppen von Akteuren hinweg, die ähnliche Präferenzen zeigen, oder *innerhalb* der sich nicht ökonomisch rational verhaltenden Person, was z.b. im Konzept der Metapräferenzen versucht wird. Die Ökonomik braucht dann erstens eine Erklärung dafür, warum wer welche Präferenzen hat, welche Arten von Wertmaßstäben (z.b. Metapräferenzen) und Bewertungsprozessen es gibt und wie sie sich auf die Präferenzordnung der Entscheidungsalternativen in der konkreten Situation auswirken.

Auch die Frage nach der Stabilität und Exogenität muß neu gestellt werden, denn nur solange die Präferenzen als nicht zu unterschiedlich, exogen, stabil und den üblichen Anforderungen genügend angenommen wurden, kann auf eine positive Theorie der Präferenzen verzichtet werden, die bei der Annahme unterschiedlicher, evtl. veränderlicher Präferenzen dringend benötigt wird. Wenn Präferenzen endogenisiert[76] werden, ist nicht nur zu klären, wovon bestimmte Präferenzen abhängen, sondern auch, weshalb manche Akteursgruppen ähnliche Präferenzen haben und andere nicht. Nimmt man – was nicht unplausibel ist – an, daß Kommunikationsprozesse, z.B. im Erziehungs- und Ausbildungssystem, Werbung, Propaganda usw., für die Erzeugung und Angleichung bestimmter Präferenzen ursächlich sind, dann braucht es eine kommunikationstheoretisch basierte Präferenztheorie, die klärt, wann und warum ein solcher Kommunikationsprozeß zu gleichen Präferenzen führt und wann nicht.

– Unterschiedliche, unvollständige (z.B. auch asymmetrische) **Informationen** bzw. Wahrnehmungen, auch aufgrund von **Unsicherheit** zukünftiger Ereignisse führen zu unterschiedlichen Vorstellungen über die Situation, in der sich das einzelne Wirtschaftssubjekt befindet – so eine nicht unübliche Annahme z.B. der Konzepte der Bounded

---

Sicherheitspräferenzen, die Verzerrung von kleinen und großen Wahrscheinlichkeiten, moralisches und altruistisches, an Nutzenerfolgen nicht orientiertes und emotionales Handeln, die Erzeugung von Präferenzen und Erwartungen durch das Handeln selbst, die Anpassung der Präferenzen an die Möglichkeiten und die Änderung von Präferenzen und Erwartungen nach Erfolg oder Mißerfolg – unter anderem" Esser (1996) S. 2

[76] Vgl. zu ökonomischen Ansätzen der Endogenisierung von Präferenzen den Übersichtsartikel von Bowles (1998).

Rationality, der Asymmetrischen Informationen, der Evolutorik. Wenn die aufgenommenen und (durch Erwartungsbildung und „Informationsverarbeitung") erzeugten Vorstellungen über die Wirklichkeit aber für die einzelnen Akteure nicht mehr gleich sind, dann braucht die Ökonomik eine Theorie, die den Prozeß der Information, Wahrnehmung und Erwartungsbildung erklärt. Und auch eine Erklärung, wovon es abhängt, daß manche Menschen die Wirklichkeit gleich/ähnlich konstruieren und andere nicht, z.B. warum wir hier von *einer* gleichen Situation ausgehen, in der sich die Akteure unterschiedlich verhalten. Die Konzepte, die hierfür in der Ökonomik vorliegen, werden in Kapitel 3 ausführlich und kritisch diskutiert. Vorweggenommen sei nur, daß letztlich ein Theorie-Vakuum vorliegt für die Frage, ob und welche Regelmäßigkeiten bei der Konstruktion und Weiterentwicklung der subjektiven spezifischen Wirklichkeiten existieren, und ebenso bei der Frage, wie es zur Intersubjektivierung von Wirklichkeiten kommt, wie die „Übertragung von Informationen" von einem Menschen zum anderen von statten geht und wovon das Stattfinden und Gelingen einer solchen „Informationsdiffusion"[77] abhängt. Gerade wenn, wie in der neuen Institutionentheorie und in Sozialkapitalansätzen, die geringe Wirtschaftsleistung eines Entwicklungslandes und die damit verbundenen existentiellen Folgen von Armut, Krankheit, Sterblichkeit usw. auf Informationsmängel, Kommunikationsprobleme und unzulängliche Wissenssysteme zurückgeführt werden, dann brauchen Ökonomen in diesem Bereich der Information und Kommunikation eine tragfähige ökonomische Theorie.

Die bisherigen ökonomischen Versuche auf Fragen nach den Ursachen unterschiedlicher ökonomischer Verhaltensorientierungen und Handlungen Antworten zu generieren, bieten noch keine hinreichend befriedigenden Konzepte an, um diese Erklärungslücke zu füllen.[78] Zwar gibt es sehr gute und interessante Entwicklungen im Bereich unterschiedlicher Rationalitätskonzeptionen, Erklärungs- und Endogenisierungsversuche von

---

[77] Diese Begriffe werden hier in Anführungszeichen gesetzt, da sich im Laufe der Arbeit zeigen wird, daß diese Vorstellung von Kommunikationsprozessen eine unsinnige und mit Grund veraltete ist.

[78] Insbesondere die Modifikationen des Rational-Choice-Modells zur Erklärung dieses so ubiquitären und dauerhaften Phänomens führen zusätzlich zu fundamentalen theorieimmanenten Problemen, daß es das neoklassische Paradigma regelmäßig in seinen Grundfesten angreift, wenn nicht zerstört. Vgl. hierzu Männel (1999)

Präferenzen, relativ präzise Kognitionsmodelle in der Evolutorik und in der Soziologie sehr fortgeschrittene Ansätze bezüglich Sozialkapital, aber die Frage nach den Ursachen *intersubjektiver Gleichheit oder Unterschiedlichkeit* von subjektiven ökonomischen Wirklichkeiten ist insgesamt wenig bearbeitet. Diese Erklärungslücken werden jedoch in der wissenschaftlichen Auseinandersetzung häufig mit Semantiken wie „Wissen", „Information", „Kultur", „Subjektivität", seltener: „Sprache", „Kommunikation" eher dürftig bedeckt, als daß dort Erklärungen dieser nur scheinbar nicht erklärungsbedürftigen Phänomene gegeben würden.

Wenn man sich von dem Konzept der streng getrennten kognitiven Situationswahrnehmung (Ebene vollkommener Informationen) und Situationsbewertung (Ebene der Präferenzen) und dem fest vorgegebenen Rationalkalkül (ökonomische Zweckrationalität) als Entscheidungslogik auch nur in einem Punkt löst, wird deutlich, daß diese drei Phänomene untrennbar miteinander verbunden sind (unvollständige Informationen führen bspw. zu bounded rationality). Es muß in der Folge deshalb auch überdacht werden, ob diese strikt getrennte Konzeptualisierung dieser Instrumente menschlicher Wirklichkeitsbewältigung überhaupt noch sinnvoll ist; die Kognitionswissenschaften zeigen bspw., daß Bewertungsphänomene (Emotionen) auf die Wahrnehmung selbst zurückwirken („man sieht nur, was man sehen will"). Im Laufe dieser Arbeit wird gezeigt werden, daß insbesondere nicht mehr davon ausgegangen werden kann, daß der einzelne Akteur in der Konstruktion seiner situativen Wirklichkeit und damit auch in seiner Entscheidung *autonom* ist. Wenn er oder sie aber in der Wirklichkeitskonstruktion von anderen Menschen und deren Wirklichkeiten abhängt bzw. beeinflußt wird, dann muß geklärt werden:

– Wer warum von welchen Menschen in seiner Wirklichkeitskonstruktion beeinflußt wird und in welcher Weise von wem?

– Worin drückt sich diese Abhängigkeit bzw. Beeinflussung aus?

– Wie manifestiert sie sich in der ökonomischen Realität?

– Welche Auswirkungen hat das für die Ökonomie?

Um der Frage nach den Ursachen unterschiedlichen bzw. gleichen Verhaltens nachzugehen, kann man diese in drei Teilfragen untergliedern:

1. Welcher Zusammenhang besteht zwischen dem einzelnen Menschen und der bzw. seiner Wirklichkeit ? Wie kommt der Mensch zu seinem „Wissen", seinen „Informationen" über „die" Wirklichkeit, zu seinem

Weltbild? Wie orientiert er sich in der bzw. mit Hilfe seiner Wirklichkeit?

2. Welcher Zusammenhang besteht zwischen der (subjektiv oder intersubjektiv) wahrgenommenen Wirklichkeit des einzelnen Menschen und seinem ökonomischen Verhalten?

3. Welcher Zusammenhang besteht zwischen den Wirklichkeiten (Wissen, Information, Handlungen) verschiedener Menschen und wie kann ein solcher Zusammenhang erzeugt werden (Kommunikation, Koordination, Kooperation)? Gibt es Grund zu der Annahme, daß wir gemeinsame, überlappende Wirklichkeiten, gleiche Informationen, gleiche Handlungsmöglichkeiten haben und welche Gründe sind das?

Der Ansatzpunkt der vorliegenden Arbeit ist es, ausgehend von der Analyse und sozioökonomischen Konkretisierung der Philosophie der Sprachspiele von Ludwig Wittgenstein ein theoretisches Fundament zu generieren, das Antworten auf die Frage nach den Prozessen der Wirklichkeitskonstruktion, der Verhaltenssteuerung und der Intersubjektivierung von Wirklichkeiten und Verhaltensorientierungen gibt. Die sprachphilosophischen Grundlegungen werden ergänzt um sprachwissenschaftliche und kognitionstheoretische Erkenntnisse über die Wirkungs- und Funktionsweise von Sprache. Dieses Unterfangen ist deshalb ein erfolgversprechendes, da die Sprachphilosophie des späten Wittgenstein grundsätzliche Antworten auf die drei oben gestellten Fragen gibt. Als Kernthesen lassen sich formulieren:

Sprache (d.h. Sprachspiele) ist das Medium, in dem der/die Einzelne Wirklichkeit deutend wahrnimmt. Privatsprachen, d.h. eine vollkommen autonome, rein subjektive Wirklichkeitsinterpretation, ist nicht möglich. Der/die Einzelne orientiert sich also primär mit Hilfe eines sozial geteilten Mediums. Die wirklichkeitskonstituierende Kraft von Sprache, ihre **epistemische und kognitive Funktion** ist deshalb auch für die Handlungsorientierung maßgeblich.

Sprache ist eingebettet in soziale Praxis (Lebensformen) und entwickelt sich als Sinnhorizont und Interaktionsmedium in Korrespondenz zu und in Abhängigkeit von den sozial geteilten Lebensformen. Die Regeln eines Sprachspiels verbinden deshalb die Wahrnehmungs- mit der Handlungsdimension; die Bedeutung von sprachlichen Äußerungen, aber auch von Äußerungen ökonomischen *Handelns* allgemein, kann deshalb nur von ihrem pragmatischen Gehalt her untersucht und verstanden werden. Sprache hat also eine **pragmatische Funktion** für die Handlungsorientierung des jeweiligen einzelnen.

Sie ist aber auch Interaktionsmedium, in dem sich einerseits zwischenmenschliche Beziehungen ausprägen, andererseits jegliche Form der Kommunikation, Koordination und Kooperation organisiert werden muß. Sowohl **Beziehungsfunktion**[79] als auch **Koordinationsfunktion** von Sprache ist insbesondere für die Ökonomik interessant.

Sprachliche Aktivitäten sind ein bedeutender Teil menschlichen Selbstausdrucks. Da dieses natürliche Bedürfnis nach Selbstoffenbarung nicht unterdrückt werden kann, hat Sprache erhebliche Identität stiftende bzw. markierende Wirkung. Diese **Identitätsfunktion** wird realiter sowohl durch das individuelle Erleben des Selbstausdrucks erfüllt als auch durch den Kommunikationsprozeß inhaltlich gefüllt, der in Gang kommt, wenn andere auf die Selbstoffenbarung des Einzelnen reagieren. Sprachlich geschaffene Identitäten sind ökonomisch relevant, wenn und insofern Vertrauen in Kooperations- und Transaktionspartner Handlungsvoraussetzung ist und Bindungen, z.B. Kundenbindungen, erzeugt werden sollen.

Sprache ist sowohl das Medium, *in dem* soziale Interaktion, Kommunikation abläuft und manifest wird, als auch das Medium, in dem der Diskurs *über* die soziale Interaktion geführt wird, in dem also kollektive Sinndeutung, Produktion von „Wissen" stattfindet (Selbstreferentialität von Sprache). Zusätzlich zur pragmatischen Funktion erfüllt Sprache also auch eine **Reflektionsfunktion**. Daß über sprachliche Prozesse die Diffusion von sog. „Informationen", die Intersubjektivierung von Wissen und die Angleichung von Wirklichkeitsorientierungen möglich, aber nicht zwangsweise der Fall ist, macht die Beschäftigung mit den Charakteristika des Phänomens Sprache für die Ökonomik unumgänglich.[80]

---

[79] Vgl. Sager (1981), der in seiner linguistischen Analyse der Beziehungsebene, die in Sprachsituationen hergestellt wird, feststellt, daß die Beziehungsfunktion von Sprache auch in der Linguistik eher vernachlässigt wird (S. 35). Die Thematisierung der Beziehungsebene ist auch in der Ökonomik eher selten. Vgl. aber Klaus (1984), Zanger, Griese (2000)

[80] Diese sechs Sprachfunktionen, die im Laufe meiner Forschungstätigkeit identifiziert wurden, sind für die ökonomische Analyse wesentlich brauchbarer als manche sprachtheoretischen Analysen, die an den Aussagetypen orientiert sind (z.B. „Kundgabe", „Darstellung" und „Appell" bei Bühler). Die Unterschiede sind auf die unterschiedlichen Interessenfoki der Einzelwissenschaften zurückzuführen, vgl. zu einer sprachtheoretisch orientierten Diskussion der Funktionen von Sprache Busse (1975).

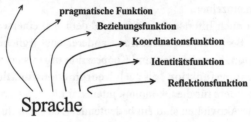

Abbildung 1.1: Funktionen von Sprache

Die Charakteristika und Funktionsweisen von Sprache, die im fünften Kapitel dargestellt und unter Bezugnahme auf die Wittgenstein'sche Sprachphilosophie erörtert werden, liefern mit dem Konzept der Sprachspiele *eine* Antwort auf die oben gestellten erkenntnistheoretischen, handlungstheoretischen und die kommunikationstheoretischen Fragen.

Es schließt sich dann

1. die Lücke zwischen Mensch und Wirklichkeit durch die sinnhafte Konstruktion von Wirklichkeit innerhalb der Regelsysteme von Sprachspielen,

2. die Lücke zwischen Wirklichkeitsdeutung und Handlung durch das Konzept der Sprachspielregel,

3. die Lücke zwischen den nun nicht mehr als vollkommen autonom zu denkenden Individuen (Kommunikation sowohl auf der Wissensebene als auch auf der Handlungsebene: Interaktion, Koordination[81], Kooperation).

---

[81] Hier ist auf die Metaphysik der gängigen Koordinationskonzeptionen aufmerksam zu machen: etwa die unsichtbare Hand, oder der walrasianische Auktionator, der die Wissenserzeugung über Angebot und Nachfrage (inklusive Elastizitäten) in der Weise übernimmt, daß alle Akteure nur mit ihm kommunizieren (es entstehen keine persönlichen Bindungen) und über ihn vom Ergebnis der Wissenserzeugung: über den Gleichgewichtspreis, informiert werden. Da der Auktionator für diesen Kommunikations- und Wissensdiffusionsprozeß im Gegensatz zu normalen Menschen keine Zeit verbraucht und er völlig unpersönlich und unbestechlich ist, kann es sich hierbei nur um eine nicht-menschliche, metaphysische Gestalt handeln.

Daraus, daß die Individuen nicht mehr autonom zu denken sind und daß ihre „Informations"aufnahme und -verarbeitung, ihr Wissen und ihre ökonomischen Handlungen als Sprachlernen, Sprachgebrauch und Sprachentwicklung verstanden werden müssen, folgt die Notwendigkeit, die ökonomische Theorie von Grund auf anders anzugehen. Das heißt, das Schließen dieser Lücke erfordert die Neukonzeption der ökonomischen Handlungstheorie, der Theorie der gesamtwirtschaftlichen Entwicklung sowie, logischerweise, der Theorie der Wirtschaftspolitik.

1.5 Ökonomische Machtphänomene

Erkennt man die Nicht-Neutralität von Sprache an und realisiert die Sprachgebundenheit ökonomischer Prozesse, dann gerät automatisch ein weiteres Phänomen in den Blickwinkel des Interesses, das in ökonomischen Theorien bisher weitgehend verdrängt wird: Macht. Es ist ja gerade das Menschenbild eines autonomen Individuums, das ÖkonomInnen zu der Annahme berechtigt, Machtausübung sei nicht erfolgreich möglich. Ist der rechtlich-institutionelle Rahmen nur korrekt gesetzt und wird wettbewerbspolitisch das Entstehen vermachteter Märkte (im einfachsten Fall durch bestimmte Zahlenverhältnisse zwischen Anbietern und Nachfragern charakterisiert) verhindert, so können Wirtschaftssubjekte frei von Machtausübung ihre optimierenden Entscheidungen treffen. Selbst wenn man annimmt, Wirtschaftssubjekte befolgen Institutionen, die innerhalb ihrer Bezugsgruppe gelten, so wird die Institution eher als objekthafte, exogene Restriktion menschlichen Handelns vorgestellt. Daß die Institutionendurchsetzung und -stabilisierung ein Machtausübungsprozeß ist, von dessen Erfolg die „Existenz" einer Institution abhängt, bleibt dabei außen vor. Auch wenn die Transaktionskostentheorie postuliert, daß die Durchsetzung von Institutionen, politischen Entscheidungen oder konkreten Verträgen Zeit, also Opportunitätskosten, und Ressourcen erfordert, wird die „Durchsetzungstechnologie", die ja notwendig auf Machtausübung basieren muß, nicht beachtet.

Die Einsicht in die Nicht-Neutralität von Sprache als gegenseitiges Beeinflussungsmedium impliziert, daß es zu den grundlegenden Funktionsbedingungen von Sprache gehört, daß Sprachhandeln Machtausübung versucht (vgl. hierzu noch genauer Abschnitt 5.3.2). Grundsätzlich nennen ÖkonomInnen nur solche Verhaltensweisen Machtausübung, wenn ein positiver Machtsaldo zugunsten der AkteurIn vorliegt und ihre versuchten Machtausübungen auch gelingen, d.h. nicht durch die Abwehr, Abwendung oder Gegenmachtausübung der Widerparts verhindert werden. Da Macht aber in einem Kräftefeld zwischen Personen entsteht, folglich Beziehungseigenschaft ist, wird dem Phänomen der Macht in der vorliegenden Arbeit der gesamte Prozeß der versuchten Machtausübung, der Machtdurchsetzung und Machtabwehr zugeordnet. Wenn Machtausübung versucht wird, ist also ex ante nicht per se bekannt, ob diese Machtausübung auch gelingt.

Unter Machtausübung sei allgemein ein Verhalten verstanden, mit dem eine Person A versucht, eine Person B dazu bringen, das Verhalten oder Unterlassungshandeln zu zeigen, das A wünscht. In diesem Moment besteht ein negativer Machtsaldo zuungunsten von A, da sie von B etwas möchte. Die Wahrscheinlichkeit, daß A's Machtausübung erfolgreich ist, ist um so höher, wenn erstens gleichzeitig auch größere, positive Machtsalden von A gegenüber B bestehen (Wünsche von B an A) oder von A erzeugt werden können (z.B. Versprechen einer Belohnung, Drohen, Gewaltanwendung), wenn zweitens Herrschaftsstrukturen, das heißt, verfestigte Machtstrukturen, zugunsten A's bestehen oder wenn drittens B bereit ist, die Machtausübung zuzulassen bzw. wenn B zum Mit-Machen motiviert ist. Die Wahrscheinlichkeit sinkt, je weniger und je weniger dringende Wünsche von B an A bestehen, je mehr Alternativen B hat, seine Wünsche von anderen Personen befriedigen zu lassen, je mehr Schutz- und Abwehrressourcen ihm zur Verfügung stehen (Stärke, HelferInnen) und je geringer seine Motivation zum Mit-Machen[82] ist. Die Verfestigung von Herrschaftsstrukturen kann dabei die Routinisierung einer oder mehrer gelungener Machtausübungen sein, kann aber auch durch die permanente Demonstration sanktionierender Ressourcen (körperliche, finanzielle Stärke, HelferInnen, Waffen usw.) (zusätzlich) stabilisiert werden. Von einer Herrschaftsstruktur zwischen zwei Personen kann nur

---

[82] Bei Kirsch (1997) S. 164 ff. findet sich eine der seltenen ökonomischen Reflexionen des Mit-Machens. Ihm zufolge resultiert es entweder aus einer rationalen Entscheidung (Mit-Machen erhöht den Eigennutzen) oder aus Hingabe. Hingabe wird von ihm aus dem menschlichen Bedürfnis nach Zugehörigkeit und Identifikation mit Gruppen erklärt. Insbesondere charismatische Führungspersönlichkeiten können als Identifikationsfiguren Kirsch zufolge besonderes Bedürfnis nach Hingabe auslösen. Die Herrschaftskomponente spielt bei Kirsch eine große Rolle, da er politische Prozesse analysiert. Machtausübung muß allerdings nicht notwendig mit dauerhaftem Führungsanspruch oder dem Statusdiskurs verbunden sein.

dann gesprochen werden, wenn Machtausübungen dauerhaft zugunsten der einen Person gelingen. Sind die Machtdifferentiale, also die Summe der (in einer Situation aktivierten) negativen und positiven Machtsalden zwischen den Personen gleich null, liegt (situativ) keine Beherrschung vor. Wirtschaftssubjekte kennen allerdings immer nur Ausschnitte von Machtsalden. Ausmaß, Positivität oder Negativität und Gesamtheit aller (situativ relevanten) bestehenden Machtsalden zwischen Wirtschaftssubjekten müssen in Interaktions- und Verständigungsprozessen erst gesucht, interpretierend entdeckt und ausgelotet werden. Neben dem Entdeckungsprozeß selbst wird Größe und Vorzeichen von Machtsalden sowohl durch die Entdeckung von Alternativen beeinflußt als auch durch die Entwicklung neuer Machtausübungsvermögen.

Sprachliche Kommunikationen konstituieren Machtausübungen, die in den Evolutionsprozeß von Herrschaftsstrukturen eingebettet sind und diese Strukturen entweder bestätigen, stabilisieren oder variieren. Daß Sprache notwendig mit dem Versuch von Machtausübung verbunden ist, ist dem Alltagsverstand, der mit Macht immer noch eher Gewaltausübung verbindet,[83] nicht evident. Jedoch ist jede sprachliche Äußerung eine Aufforderung an die KommunikationspartnerInnen, korrekt gemäß des Regelsystems des Sprachspiels fortzusetzen, und in diesem Sinne ein „Befehl"[84]. Der Charakter der Machtausübung kann in sprachlicher Rhetorik sehr verdeckt werden, wenn eine sehr freundliche, werbende, motivierende Form der Überredung gewählt wird oder wenn das Spektrum des Verhaltens, das die Macht ausübende Person als korrekt zuläßt, sehr weit ist.

Betrachtet man also sprachliche Prozesse, ist die Inhärenz von Machtausübung evident. In der gewöhnlichen ökonomischen Handlungstheorie sind diese inhärenten Machtphänomene ökonomischer Sprachhandlungen jedoch ein blinder Fleck. Nur ganz bestimmte ökonomische Handlungen werden als Machtausübungen interpretiert, etwa Dumpingpreisstrategien, der Aufbau von Marktzutrittsbarrieren, Streiks oder Aussperrungen sowie legalisiert und legitimiert die machtvolle Durchsetzung von Staatshandeln. Damit liegt der gesamte Bereich der Koordination sozialen Handelns etwa

---

[83] Diese alltägliche Konnotation von Gewalt kann auch auf den starken Einfluß Max Webers Definition von Macht als der Chance, den eigenen Willen auch gegen Widerstreben durchzusetzen, zurückgeführt werden. Vgl. Weber (1972) S. 28

[84] Daß die Anwendung von Sprachspielregeln dem Folgen eines Befehls analog ist, betont bereits Wittgenstein in seinen Philosophischen Untersuchungen (1990a) §§142-242.

in Organisationen (Unternehmen, Staat, Haushalte) und der Erzeugung
von Transaktionen im Dunkeln. Ökonomische Anreize, die gemäß gelten-
der Ökonomik das einzige Argument zur Überredung selbstinteressierter
Wirtschaftssubjekte sind, stellen jedoch nur *eine* Rhetorik im gesamten
Spektrum der Machtausübung dar. Auch daß staatliche Herrschaft oder
die Führung der Arbeitskräfte durch die Produktionsmitteleigner ein
höchst komplexer *kommunikativer* Machtausübungsprozeß ist, bleibt
außen vor, da das volkswirtschaftstheoretische Verständnis eher an die
Technologie der Steuerung von Marionetten erinnert. Gerade durch die
Debatte um die abnehmende politische Steuerungsfähigkeit von Volkswirtschaften in den 1990er Jahren wurde deutlich, daß die Ökonomik ein
neues Machtverständnis aufbauen muß. Die betriebswirtschaftliche, sehr
differenziert entwickelte Führungslehre blieb in der Volkswirtschaftslehre
weitgehend unrezipiert, weshalb letztere auch das Principal-Agent-Problem nach wie vor mit der „bewährten" Anreizsteuerung zu lösen versucht.

Machtphänomene sind bis heute weitgehend ein Desiderat ökonomischer Forschung geblieben. Die Ursache dafür könnte sein, daß das ökonomische Menschenbild der begrenzt oder vollkommen rationalen, autonomen Wirtschaftssubjekte, die die sozio-ökonomische Wirklichkeit allein
durch individuelles Handeln erzeugen, Machtphänomene gar nicht integrieren kann, da die Akteure als a-soziale Wesen agieren, Macht jedoch
ein Beziehungsphänomen darstellt. Untersucht man ökonomische Phänomene aber als Gesamtheit ökonomischer Sprachspielpraxis und
Lebensformen, so sind Machtphänomene nicht nur integrierbar, sondern
sie sind als inhärenter, notwendiger Bestandteil der ökonomischen
Sprachspielpraxis zu thematisieren. Eine neue Analyse ökonomischer
Machtphänomene, die Stefan Kesting (1999) vorgelegt hat, setzt entsprechend an Kommunikationsprozessen an.

Da sich die vorliegende Arbeit mit der umfassenden Bedeutung von
Sprache für ökonomische Prozesse befaßt, werden Machtphänomene, die
ja nur *ein* Charakteristikum von Sprache darstellen, nicht als zentrales
Thema behandelt. Der Aspekt der Macht wird zwar immer wieder aufge-
griffen (etwa systematisch in Abschnitt 5.3.2. oder 6.2.6), jedoch können
diese Erörterungen nur erste Hypothesen und Schlußfolgerungen sein.
Umfassende Forschung und Reflektion der „ökonomischen Gesichter

sprachlicher Macht", wie es in Kapitel 6 genannt wird, ist jedoch noch notwendig.[85]

Es ist zusammenzufassen, daß die Integration einer nicht-neutralen Konzeption von Sprache in die Ökonomik nicht nur die Erklärungslücke bezüglich der Gleichheit und Ungleichheit ökonomischer Interpretationen von Wirtschaftssubjekten schließen hilft, sondern auch die Erklärungslücke in Bezug auf Machtphänomene in der Ökonomie.

1.6 Verändertes Ökonomiekonzept durch Integration von Sprache

Es wurde nun gesagt, daß sich das Ökonomieverständnis durch die Integration nicht-neutraler Sprache stark verändert. Die Änderungen ergeben sich vor allem in Bezug auf das ökonomische Menschenbild, die Abgrenzung des Untersuchungsgegenstandes und des methodischen Herangangs. Diese Veränderungen werden im Laufe der Arbeit noch genau entwickelt, begründet und ausgeführt, sollen hier aber in Grundzügen schon angedeutet werden.

Das ökonomische Menschenbild, so ergibt sich aus der Rezeption neuerer kognitions- und kommunikationwissenschaftlicher Forschung, muß von der Vorstellung eines vollkommen autonomen, individuell Entscheidenden und Handelnden transformiert werden in die eines an Kognitionsroutinen und gelernten Sprachspielregeln gebundenen Interpretierenden mit Freiheitsgraden, der sowohl individuelle als auch Sozialhandlungen hervorbringt.[86] In arbeitsteiligen Wirtschaften ist individuelles ökonomisches Verhalten zudem immer auf die soziale Wirtschaftsweise bezogen, weshalb jedes ökonomische Verhalten von Personen als Teil einer Sprachspielpraxis, und als soziales Verhalten zu interpretieren ist. Da das Verhalten des einzelnen Wirtschaftssubjekts nur im Kontext des von ihm jeweils praktizierten Sprachspiels korrekt gedeutet werden kann, muß die traditionelle ökonomische Orientierung am Individuum (methodologischer Individualismus) in eine Gruppenorientierung transformiert wer-

---

[85] Für eine allgemeine sozialwissenschaftliche Analyse des Machtphänomens sei verwiesen auf Imbusch (1998). Für die Reflektion bisheriger ökonomischer Ansätze und einen neuen Entwurf zur Analyse ökonomischer Formen sprachlicher Macht sei auf Kesting (1999) verwiesen.

[86] Vgl. zu einer genaueren Charakterisierung menschlicher Verhaltenssteuerung Kapitel 4.

den. Das Individuum wird bei einer solchen Gruppenorientierung nicht
überflüssig, sondern Gruppen sind emergente Phänomene aus Beziehungen zwischen Individuen, wobei Individuum und Gruppe in einem
Spannungsfeld zueinander stehen und sich in einem interdependenten
Ko-Evolutionsprozeß entwickeln. Ein zentrales Charakteristikum des veränderten Ökonomieverständnisses ist die Konzentration auf Sprachspielgemeinschaften und deren Sprachspielpraxis statt auf einzelne Wirtschaftssubjekte und deren Entscheidungen.

Der zweite wichtige Aspekt neben der Gruppenorientierung ergibt sich
aus der Vorstellung eines regelgebunden handelnden Menschen mit Freiheitsgraden. Das sprachintegrierte ökonomische Menschenbild bewegt
sich damit zwischen der institutionentheoretischen Vorstellung des durch
Institutionen vollständig determinierten sozialen Tieres Mensch[87] und der
rationalistischen Idee des vollkommen autonomen einzelnen Entscheider-
Geistes. Die Befolgung von Sprachspielregeln läßt bereits per se immer
einen Spielraum von korrekten Verhaltensantworten zu, der je nach
Sprachspielart größer (entspannte Freizeitunterhaltung) oder kleiner
(militärische Aktion, kirchliches Ritual) ist, engt aber andererseits auch die
Interpretationsmöglichkeiten des einzelnen ein, da er sich über die habi-
tualisierten Regeln nicht jederzeit und in beliebiger Weise hinweg setzen
kann. Die Freiheitsgrade menschlicher Verhaltensorientierung entstehen
neben den grundsätzlichen Spielräumen von „Regeln" auch durch die
Vieldeutigkeit von Wirklichkeit, die gleichzeitig Interpretationen innerhalb ganz unterschiedlicher Sprachspiele zuläßt. Eingeengt wird dieser
Freiheitsgrad allerdings dadurch, daß der/die Einzelne die interpretative
„Brille" nicht frei wählen kann. Auch kreative Neuinterpretationen und
Bedeutungsverschiebungen, die einen Freiheitsgrad des Einzelnen begründen, sind durch die Akzeptanz, die Lernbereitschaft und Lernfähig-
keit sowie die Sanktionspraxis der Bezugsgruppe begrenzt. Der Nachteil
dieses teil-autonomen Menschenbildes, der hier nicht unterschlagen werden soll, ist entsprechend eine geringere Eindeutigkeit und Prognostizierbarkeit menschlichen Verhaltens allgemein sowie ökonomischen Verhaltens insbesondere.

Erschwert wird die Eindeutigkeit einer solchen Sprachspiel-evolutori-
schen Ökonomik nicht nur dadurch, daß sie die Wandelbarkeit und Freiheitsgrade ihres Untersuchungsgegenstandes als konstitutives Merkmal

---

[87] Die völlige Institionendeterminiertheit nehmen natürlich nur bestimmte Vertreter der
Institutionentheorie an. Vgl. Cambell (1998) S. 382

integriert. Zum anderen agieren Wirtschaftssubjekte nicht immer nur innerhalb *eines* Sprachspiels pro Zeiteinheit. Aufgrund der fundamentalen Mehrdeutigkeit von Sprache kann das ökonomische Handeln einzelner oder mehrerer Akteure durchaus in die Sprachspielpraxis mehrerer Sprachspielgemeinschaften eingebettet sein. Die wissenschaftliche BeobachterIn hat dabei die Aufgabe, die *für das Wirtschaftssubjekt* relevanten Sprachspiele und Sprachspielgemeinschaften aufzufinden, deren Regeln korrekt zu explizieren, um sowohl Verhaltenslogiken spezifizieren als auch ökonomisches Verhalten erklären zu können.

Zugleich ist die ÖkonomIn aber auch eigenständiges Mitglied des gesellschaftlichen Diskurses über wirtschaftliche Phänomene. In dieser Eigenschaft (er-)findet sie interpretierend Regeln und Interdependenzen zwischen Sprachspielpraktiken, die von den ökonomischen AkteurInnen in ihrer Wirksamkeit nicht oder noch nicht bewußt sein brauchen. Auch können Wirtschaftssubjekte stimmige wissenschaftliche Regelrekonstruktionen ablehnen, um ihr psychisches Gleichgewicht zu sichern, etwa wenn sie Tabus betreffen oder dem Selbstbild entgegenstehen, oder um (lügend) ihre realen ökonomischen Erfolgschancen zu sichern, etwa wenn die Interpretation soziale Normen bricht. In diesem Spannungsfeld zwischen korrektem Verstehen und explizierendem Annähern an reale ökonomische Sprachspielpraxis ist die WissenschaftlerIn in einem immer zugleich verstehendem Nachvollziehen und kreativem Neu- und Uminterpretieren gefangen.

Die Gruppenrelativität, mangelnde Eindeutigkeit und zeitliche Instabilität ökonomischer Theorien, die sich aus dem veränderten Menschenbild einer sprachspielorientierten Ökonomik ergibt, korrespondiert also zu methodologischen Umstellungen auf der Seite der interpretierenden WissenschaftlerInnen. Soziale Tatsachen können in diesem veränderten Verständnis nicht mehr objektiv beobachtet werden, sondern werden nur innerhalb bestehender und kreativ variierter Interpretationssysteme (Sprachspiele) gedeutet. Das impliziert sowohl, daß das ökonomische Handeln der „beobachteten" Akteure sprachspiel- und sprachspielgruppenrelativ ist (Beobachtung 1. Ordnung), als auch, daß die „beobachtenden" WissenschaftlerInnen (Beobachter 2. Ordnung) die Forschungsergebnisse durch ihre *eigenen* Leitinteressen und Sprachspiele, innerhalb derer sie beobachten, steuern. Der wissenschaftliche Anspruch auf die Erzeugung einer universalen, eindeutigen und im korrespondenztheoretischen Sinne wahren Theorie ist damit nicht mehr zu erheben. Wissenschaft erzeugt nicht mehr möglichst wahre Abbildungen von Wirklichkeit, sondern leistet Beiträge im Selbstverständigungsprozeß (Diskurs) konkreter historischer Gesellschaften über sich selbst. Echte Wahrheitskriterien gibt es nicht mehr. Obwohl die Annäherung an die Interpretationen der Wirtschaftssubjekte durch deren Zustimmung zur wissenschaftlichen Rekonstruktion bestätigt werden kann, ist deren Ablehnung kein sicherer Grund zur Verwerfung der Interpretation. Auch die Zustimmung bestimmter wissenschaftlicher oder anderer gesellschaftlicher Gruppen zu einer ökonomischen Theorie kann kein sicheres Wahrheitskriterium liefern. Letztlich werden die Theorien akzeptiert und stabilisiert, die in irgendwelchen Hinsichten erfolgreiche pragmatische Orientierungen ermöglichen (Viabilität), auch wenn der „Erfolg" etwa nur in der Zusicherung sozialer Anerkennung besteht (z.b. dafür, daß man so kompliziert klingende Sätze äußern kann).

Die veränderte methodologische Herangehensweise an Ökonomik etwa durch die Akzeptanz einer grundsätzlich mehrdeutigen Wirklichkeit und die Verwerfung objektiver Wahrheitsansprüche sollte dabei nicht als Rechtfertigung einer Flucht in die Beliebigkeit gedeutet werden. Gerade unter diesen veränderten Wissenschaftsbedingungen ist die WissenschaftlerIn gefordert, den handeln müssenden Menschen bei ihrer Orientierung in den sich historisch wandelnden Wirklichkeiten in empathischer und intellektuell redlicher Weise in einem endlosen Prozeß beizustehen.[88] Das Wahrheitskriterium der Wissenschaft wird also von pragmatischen und ethischen Qualitätskriterien abgelöst.

Die veränderte Abgrenzung des ökonomischen Untersuchungsbereichs ergibt sich direkt aus der inhärenten Mehrdeutigkeit menschlichen Verhaltens. Ein Tun, z.B. ein körperliches Bewegungsmuster im Raum, kann nicht mehr als ökonomisches Handeln an sich verstanden werden, denn den ökonomischen Sinn erhält ein Tätigkeitsmuster nur durch die zuschreibende Interpretation 1. Ordnung der AkteurIn bzw. Interpretation 2. Ordnung der wissenschaftlichen InterpretIn. Ökonomische Phänomene sind soziale Tatsachen, die sich aus dem kommunikativ vermittelten Umgang menschlicher Gruppen mit natürlicher (physischer) und sozialer Wirklichkeit ergeben. Entsprechend kann der Untersuchungsgegenstand der Ökonomik nicht durch eine Menge objektiv und ausschließlich ökonomischer Dinge, Prozesse und Strukturen, sondern nur als semantischer

---

[88] Vgl. Hesse (1979) S. 90, 159 ff.

Bereich innerhalb der gesamten Sprachpraxis einer Sprachgesellschaft abgegrenzt werden.

Es ist evident, daß Sprache einen wesentlich größeren Umfang in der
Realität des vergesellschafteten Menschseins einnimmt als lediglich den
Bereich des Wirtschaftens.[89] Sie spielt auch in allen möglichen nicht-ökonomischen Kontexten eine Rolle – etwa innerhalb der Familie, in Sport-
vereinen, in der Politik oder in religiösen Gruppen. Andererseits hat die
Ökonomik mit ihrer abstrahierenden Sichtweise bereits ihrerseits fast alle
Bereiche menschlichen Daseins durchdrungen, wenn sie als Gut alles definiert, das einen Nutzen unbestimmter Art stiftet (auch Liebe, Zusammen-
gehörigkeitsgefühl, Anerkennung usw.), wenn sie die Freizeit als Belastung
des ökonomisch nutzbaren Zeitkontos erfaßt, wenn der politische Bereich
als AllokatorIn öffentlicher Güter, die so weit gefaßt sein können wie Gerechtigkeit, Solidarität, Eigentumsrechte, definiert wird. Auch bei einer
solch überbreiten Definition des ökonomischen Untersuchungsbereichs
wäre es absurd und unproduktiv, wenn man Sprache auf ein Instrument
des ökonomischen Systems reduzierte oder gar ihre ökonomische Funktionalität als die einzige kausale Ursache ihrer Entstehung und Praktizierung behauptete. Die (verbale) Sprache ist deshalb nicht selbst ein rein
ökonomisches Phänomen oder Instrument, sondern ein Teil von Sprachpraxis konstituiert den ökonomischen Untersuchungsgegenstand.

Nach dem Verständnis der vorliegenden Abhandlung umfaßt der
Untersuchungsgegenstand der Ökonomik die ökonomischen Lebensformen gesellschaftlich lebender Menschen und die in ihnen verankerten, in
sie eingebetteten ökonomischen Sprachspiele, kurz: die Gesamtheit der
Phänomene des Wirtschaftens. Die Phänomene des Wirtschaftens sind all
jene, die *ihrer Bedeutung nach* auf das Verfügbarmachen und die Sicherung (Beschaffung, Bearbeitung/Produktion, Transaktion, Nutzung und
Verbrauchens) von Lebensnotwendigkeiten, darüber hinaus erwünschten
Gütern und Leistungen[90] und von Vermögen[91] bezogen sind, sowie die

---

[89] Luhmann (1997) geht m. E. deshalb nicht zu weit, wenn er die gesamte Konstitution
gesellschaftlicher Phänomene als Kommunikation definiert. Dabei nennt Luhmann Sprache ein grundlegendes Kommunikationsmedium. Allerdings ist Kommunikation und
sprachliche Kommunikation im Luhmann'schen Verständnis nicht synonym. Vgl. ebd. S.
205-230

[90] Güter sind materiell-energetische Dinge mit raum-zeitlicher Erstreckung. Leistungen
sind Tätigkeiten, die Menschen an Menschen oder Dingen vornehmen. Das Verfügen
über Güter und Leistungen streben Menschen an, weil diese als Lebensnotwendigkeit

Koordination, d.h. die Organisation, Allokation und Verteilung dieser Aktivitäten innerhalb der Gesellschaft bzw. im Raum.[92] Wir gehen davon aus, daß die Phänomene des Wirtschaftens ursächlich durch die Interpretationen und das Verhalten der wirtschaftenden Menschen *in ihrem Zusammenspiel und ihrer Gesamtheit* entstehen (bewirkt werden) und deshalb auch durch sie erklärt werden können.

Nach von Hayek sind drei Arten von Phänomenen im Untersuchungsbereich vorzufinden[93]:

– **Natürliche Phänomene**, die weder Ergebnis menschlicher Planung noch menschlichen Handelns sind. Natürliche Phänomene liegen innerhalb des ökonomischen Untersuchungsbereiches, wenn sie ihrem Sinn nach auf das Verfügbarmachen und die Sicherung von Gütern, Leistungen und Vermögen bezogen sind (s.o.). Eine Frucht, die von Menschen unbemerkt an irgendeinem Baum im Urwald wächst und verfault, ist insofern zwar ein natürliches Phänomen, aber kein ökonomisches. Ein natürliches materielles „Ding" wird erst dadurch zu einem ökonomischen Ding, wenn Menschen in den oben beschriebenen öko-

oder Lebensannehmlichkeit erachtet werden oder weil sie innerhalb des Produktionsprozesses gebraucht werden.

[91] Alle Aspekte, die bewirken, daß es ein Wirtschaftssubjekt vermag, sich Güter und Leistungen relativ kurzfristig verfügbar zu machen und zu sichern, sind als Vermögen zu bezeichnen. Vermögen umfaßt also 1) den dem Wirtschaftssubjekt verfügbaren, zeitlich gespeicherten Vorrat an Gütern, 2) den ihm/ihr verfügbaren Vorrat an relativ wertstabilen, auch zukünftig als konvertibel erwarteten Tauschmitteln (Geld, Finanzkapital), 3) die allgemeinen und spezifischen Fähigkeiten, Kenntnisse und Können eines Wirtschaftssubjektes, im Unternehmens- oder Haushaltssektor bestimmte Leistungen zu erstellen (Humankapital), 4) der dem Wirtschaftssubjekt verfügbare Vorrat an Dingen bzw. Gebrauchsgütern, die für den Prozeß der Verfügbarmachung und Sicherung von Gütern und Leistungen benötigt werden (Naturkapital, Sachkapital sowie deren inkorporierten Prozeßregelmäßigkeiten respektive Technologie), 5) das Netzwerk sozialer Beziehungen des Wirtschaftssubjekts, das die Leichtigkeit bestimmt, mit der ihm/ihr die Verfügung über das Vermögen anderer Personen ermöglicht wird (Sozialkapital). Der Begriff des Vermögens impliziert zeitliche Stabilität sowohl der Dinge, Fähigkeiten und Beziehungen, der Anwendbarkeit von Wissen, als auch der Property Rights, die deren Verfügbarkeit regeln. Die Bewertung von Vermögen ist nur auf Basis einer solchen (zumindest relativen) zeitlichen Stabilität möglich.

[92] Da diese Definition in sprachlichen Begriffen gegeben wird, muß hier explizit darauf hingewiesen werden, daß es sich um eine nur im *historischen* Kontext verständliche Abgrenzung des ökonomischen Sinnbereichs handelt. Nur weil sich die Autorin darauf verläßt, daß die LeserInnen in eine hinreichend ähnliche Verwendungsweise der gebrauchten Begriffe sozialisiert sind, kann sie den infiniten Regreß durchbrechen, der eine immer genauere Definition der Worte durch Worte durch Worte usw. verlangen würde.

[93] Vgl. von Hayek (1969)

nomischen Prozessen Bezug auf dieses Ding nehmen, etwa indem sie eine natürlich gewachsene Frucht oder ein erlegtes Wildtier als Lebensmittel verwenden, eine Höhle als Schutz- und Schlafraum, Öl oder Kohle zum Antreiben von Maschinen in der Produktion, Steine zum Bauen von Häusern, Lehmschichten im Boden als gute Abdichtung von Mülldeponien. Gleichermaßen werden chemische oder kinetische energetische Prozesse nur dann zu ökonomischen Erscheinungen, wenn Menschen im oben genannten ökonomischen Sinne Bezug auf sie nehmen, z.B. die Erdanziehungskraft zur Gewinnung von Energie aus Wasserkraft einsetzen, die Energie aus Kernfusion, Verbrennung von Materie nutzen, um Nahrungsmittel zuzubereiten, Maschinen anzutreiben, wenn durch chemische Synthese- oder Analyseprozesse „brauchbare", also gewünschte Stoffe gewonnen werden. In der volkswirtschaftlichen Produktionsfunktion sind eine Vielzahl natürlicher Phänomene enthalten; J.S. Mill zeigte bereits, daß die Produktion von Gütern ein unauflösliches Produkt von natürlichen und menschlichen Kräften ist.[94] Nicht nur in der Produktionstechnologie, sondern auch in dem mittlerweile vergessenen Produktionsfaktor Boden kommen die natürlichen Phänomene der Ökonomik zum Ausdruck.[95] Auch die biologischen Grundbedürfnisse des Menschen, die ihn bspw. zur Lebensmittelbeschaffung veranlassen, sind natürliche Phänomene, die von ÖkonomInnen ihrem Sinn nach auf den Bereich des Wirtschaftens bezogen werden.

Es wird deutlich, daß die natürlichen Phänomene ihren ökonomischen Sinn oftmals dadurch erhalten, daß sie ihrer ursprünglichen, von Menschen unbeeinflußten Daseinsform und ihrer Einbettung in komplexe ökologische Kreisläufe entzogen werden. Während in der Welt der Jäger und Sammler die natürlichen Phänomene den größten Anteil der Wertschöpfung sozusagen „in Eigenregie erledigten" – das bereits existierende Tier mußte z.B. lediglich gefangen, getötet und zubereitet werden –, nimmt schon in der Welt von Ackerbau und Viehzucht das Ausmaß der Ursprünglichkeit natürlicher Phänomene stark ab. Zwar sind die gesamten Wachstums- und Reifungsprozesse nach wie vor

---

[94] Mill (1852)

[95] Allerdings fand der natürliche Produktionsfaktor Boden bis zum Ende des 19. Jahrhunderts insbesondere deshalb ökonomische Beachtung, weil der *Besitz* dieses produktiven Faktors zur Erwirtschaftung von Einkommen durch die Erhebung einer Bodenrente legitimierte.

natürliche Phänomene, dennoch sind die Eingriffe des Menschen durch Pflanzenzucht und Zuchtauslese von Arten, durch die Nutzung von ehemals selbstorganisiertem Naturraum als Weide und Anbaugebiet so erheblich, daß diese Wirtschaftsform schon fast als rein künstliches Phänomen gewertet werden kann. Entsprechend wird der Anteil von natürlichen Phänomenen an der Wertschöpfung heutiger postindustrieller Volkswirtschaften aufgrund ihrer nahezu vollständigen „Domestizierung" in der alltäglichen Wahrnehmung stark unterschätzt.

– **Künstliche Phänomene**, die sowohl menschlich intendiert/geplant sind als auch als Ergebnis menschlichen Handelns hervorgebracht werden. Streng genommen, sind rein künstliche Phänomene überhaupt nicht möglich, da der Mensch selbst an seine natürliche, d.h. materiell-energetische Verfaßtheit gebunden ist. Entsprechend ist menschliches Handeln ohne die Beteiligung natürlicher Phänomene (z.B. Energieverbrauch beim Denken) gar nicht möglich. Ein Gedicht ist z.B. ein künstliches Phänomen, jedoch seinem Sinn nach kein primär ökonomisches. Es kann jedoch zu einem ökonomischen Phänomen werden, wenn es bspw. als Text in einer Produktwerbung eingesetzt wird (Wertschöpfung in der Werbebranche) oder zur Erzielung von Einkommen führt (Berufslyriker). Typischere künstliche ökonomische Phänomene sind bspw. ein Investitionsprojekt zum Aufbau einer neuen Automobilfertigungsanlage in Eisenach, das Rechtssystem eines Staates, die Erschaffung einer Marke bzw. eines Markenimages in der Wahrnehmung der Konsumenten.

Da künstliche Phänomene nur unter Einsatz natürlicher Phänomene hervorgebracht werden, und da natürliche Phänomene meist durch intentionale Akte von Menschen in die ökonomische Sphäre integriert werden, handelt es sich bei den genannten ökonomischen Phänomenen folglich um Mischformen.

– **Phänomene der dritten Art**, die zwar nicht Ergebnis menschlicher Planung aber menschlichen Handelns und Verhaltens sind. Diese letzteren Phänomene können als wahrgenommene Muster thematisiert werden und ursächlich auf die zugrundeliegenden Verhaltensweisen zurückgeführt werden. „The things in this category resemble natural phenomena in that they are unintended and to be explained in terms of efficient causes, and they resemble artificial phenomena in that they are

the result of human action (..)."[96] Ein Beispiel dafür wären die sogenannten spekulativen Blasen, die von den jeweils beteiligten Börsen-
oder DevisenmarktspekulantInnen nicht planmäßig hervorgebracht
werden und deren Zeitpunkt des Platzens im Prozeß auch nicht vor-
hergesagt werden kann. Ein verwandtes Beispiel sind Bankenkrisen als
Folge eines panikartigen „Runs". Auch das Ozonloch ist ein Phänomen
der dritten Art, obwohl vermutlich durch ökonomische Handlungen
von Menschen verursacht, wird es selbst derzeit nicht so sehr als ökonomisches, denn als Umweltproblem verhandelt. Bei den sogenannten
Umweltproblemen handelt es sich allerdings fast immer um ökonomische Phänomene, da *Menschen* die Zerstörung ökonomisch nutzbarer
und existentiell notwendiger Ressourcen sowie ihre erhöhten Krank-
heits- und Sterberisiken als problematisch empfinden.

Es können also nach von Hayek ganz unterschiedliche Phänomene durch
menschliche Interpretation zu ökonomischen Phänomenen werden. Das
heißt „Dinge" werden von Menschen im ökonomischen Sinne gebraucht.
„Prozesse" werden von Menschen im ökonomischen Sinne durchgeführt;
„Ereignisse" werden von Menschen im ökonomischen Sinne erlebt. „Phänomenen der dritten Art" wird von Menschen (Wirtschaftssubjekten oder
WissenschaftlerInnen) ökonomische Bedeutung zugeschrieben. Wenn
aber Dinge, Prozesse, Ereignisse oder Phänomene der dritten Art erst dadurch zu ökonomischen Phänomenen werden, daß Menschen sie ihrem
Sinn nach auf die Verfügbarmachung und Sicherung von Gütern, Leistungen und Vermögen sowie auf die Koordination ökonomischer Aktivitäten
beziehen, dann liegt das Konstitutive des ökonomischen Untersuchungsgegenstandes im **Deutungsprozeß, durch den Menschen Erscheinungen
der Wirklichkeit mit dem semantischen Raum des Wirtschaftens
verbinden.**[97]

Die Abgrenzung des ökonomischen Untersuchungsbereichs ergibt sich
also als eine spezifische Interpretationspraxis von teilautonomen
Menschen, die innerhalb von gruppenspezifischen Deutungspraktiken
(Sprachspielen) agieren. Dabei handelt es sich sowohl bei der praktischen
ökonomischen Lebensbewältigung durch die Wirtschaftssubjekte als auch
bei der wirtschaftswissenschaftlichen Theoriebildung um regelgeleitete

---

[96] Haakonssen (1981) S. 24
[97] Die Charakteristika und Funktionsweisen menschlicher Interpretationsprozesse werden in Kapitel 4 näher analysiert.

Interpretationspraxis, wobei sich die Regelsysteme ökonomischer und wirtschaftswissenschaftlicher Sprachspiele unterscheiden. Damit bewegt sich das sprachintegrierte Ökonomieverständnis im Rahmen interpretationistischer sozialwissenschaftlicher Konzepte.[98]

Die Vorteile eines solchen veränderten Ökonomiekonzeptes bestehen – kurz zusammengefaßt – in einem Zugewinn an Erklärungstiefe, dem Schließen von Erklärungslücken, Einheitlichkeit und Einfachheit der Erklärung sowie zunehmender interdisziplinärer Konsistenz. Vor dem Hintergrund bisheriger Theorietraditionen besteht der Nachteil in einer abnehmenden Eindeutigkeit, der Gruppenspezifität ökonomischer Theoriebildung, der damit einhergehenden höheren Komplexität und Historizität der Erklärungsansätze sowie dem Verlust eines verbindlichen Wahrheitskriteriums. Diese Nachteile müssen aber zugunsten einer interdisziplinären Konsistenz in Kauf genommen werden.

1.7 Vorgehen

Nachdem nun erläutert wurde, warum und in Bezug auf welche Fragestellungen die Beschäftigung der Wirtschaftswissenschaften mit dem Phänomen Sprache notwendig und potentiell hilfreich ist, wird nun der Bogen aufgespannt, den die vorliegende Arbeit nehmen will. Die im Laufe der Forschungsarbeit gewonnene Erkenntnis, daß ÖkonomInnen sich bisher nur selten systematisch mit Sprache und Kommunikation auseinandersetzen,[99] hat zur Konsequenz, daß dieser besagte Bogen sehr weit gespannt werden muß, da die Arbeit einem möglichst breiten ökonomischen Publikum und nicht nur den wenigen eingearbeiteten Interessierten verständlich sein soll.

Folglich müssen die sprachphilosophischen und -theoretischen Grundlagen aus anderen Disziplinen dargestellt werden, auf deren Basis

---

[98] Vgl. vertiefend zu interpretationistischen Ansätzen in den Sozialwissenschaften Vielmetter (1998) Kapitel 3

[99] Faktisch gibt es dagegen einige ökonomische Arbeiten, die sich mit sehr speziellen Aspekten von Sprache und Kommunikation befassen oder diese – theoretisch unfundiert – in ökonomischen Ansätzen berücksichtigen. Vgl. neben den bereits zur kommunikativen Wirtschaftspolitik genannten beispielsweise Pelikan (1969), Priddat (2000; 1999), Bohnet, Frey (1994; 1995), Hirschman (1970; 1988; 1995a; 1995b), Kuran (1997), Boulding (1974).

erst die Annahme einer nicht-neutralen Sprache in die Wirtschaftswissenschaft eingeführt werden kann. Weiterhin muß der logische Ort, an dem Sprache als Explanans in die Ökonomik eingeführt wird, genau lokalisiert werden, um nicht Mißverständnisse darüber entstehen zu lassen, was mit Sprache erklärt werden kann, hier erklärt werden soll und was nicht. Zum dritten ist die Überzeugung von der dreifachen Neutralität der Sprache unter Wirtschaftswissenschaftlern so manifest, daß sorgfältig gezeigt werden muß, daß die Nicht-Neutralität eine ökonomisch relevante Eigenschaft von Sprache ist und in welchen ökonomischen Phänomenen nicht-neutrale Sprache wirksam wird. Da viele ökonomische Ansätze solche nicht-neutralen Eigenschaften und Wirkungen von Sprache implizit annehmen und thematisieren (z.B. die sprachliche Möglichkeit des Lügens in der Theorie der asymmetrischen Information), muß auch gezeigt werden, ob eventuell die rein implizite Thematisierung sprachlicher Phänomene in der Ökonomik hinreichend ist.

Die Frage nach der Bedeutung von Sprache in der Ökonomik wird also zunächst gründlich in der interdisziplinären Bezogenheit und innerhalb der vielfältigen Fragestellungen der Ökonomik verortet, um die wirtschaftswissenschaftliche LeserIn zu orientieren und eine Vorstellung von der ökonomischen Relevanz der hier erforschten Frage zu vermitteln. Diese Verortung wird im **Teil I** des Buches vorgenommen.

Das folgende **Kapitel 2** stellt dar, wie sich die Vorstellungen von Sprache und ihr Zusammenhang mit dem Prozeß der Wirklichkeitskonstruktion in der Erkenntnistheorie, Sprachphilosophie und Wissenschaftstheorie entwickelt hat. Diese Darstellung dient der Erläuterung, wie sich der Übergang von der Neutralitätsthese zur Nicht-Neutralität der Sprache in den Nachbardisziplinen vollzogen hat. Dabei resultierte die Erkenntnis der Nicht-Neutralität von Sprache zugleich in einer radikalen Hinwendung zu den sprachlichen Fundamenten aller sozialen Praxis und Wissen-Schaffens, dem sogenannten „linguistic turn". Im Anschluß an die Dokumentation des linguistic-turns in den Nachbardisziplinen werden erste Versuche innerhalb der Ökonomik dargestellt, die bereits einen linguistic-turn der Wirtschaftswissenschaften andeuten.

Die Hinwendung zur Sprache wird für drei Nachbardisziplinen erörtert. Zum ersten wird die epistemologische Entwicklung von einer objektiven zu einer radikal-konstruktivistischen, subjektivistischen Erkenntnistheorie betrachtet. Während eine objektivistische Erkenntnistheorie mit dem Konzept einer neutralen, Informationen diffundierenden Sprache

kompatibel ist, muß eine radikal-konstruktivistische Erkenntnistheorie die
Neutralitätsannahme aufgeben und neue Konzepte von der Funktionsweise von Sprache entwickeln. Diese in Abschnitt 2.2 erörterte Entwicklung der Erkenntnistheorie ist für die Ökonomik insbesondere deshalb
interessant, weil sich auch hier eine subjektivistische Wende beobachten
läßt, etwa durch den Übergang von der Annahmen vollkommenen Wissens zu unvollkommenem Wissen oder die Theorie des subjektiven Erwartungsnutzens. Radikal-konstruktivistische Erkenntnistheorien finden
sich etwa in der systemtheoretisch oder evolutorisch argumentierenden
Ökonomik. Die Konsequenzen, die hier logisch aus der radikal-konstruktivistischen Wende für die Konzeption von Sprache abgeleitet werden,
werden allerdings bisher weder in der Erkenntnistheorie, noch in den entsprechenden ökonomischen Theorien reflektiert.

Im Abschnitt 2.3 wird der „linguistic turn" der Philosophie erörtert. Als
„linguistic turn" kann der Übergang zu der Überzeugung bezeichnet werden, daß Sprache der letzte feste Grund ist, der uns zur aktiven, konstruierenden Erkenntnis einer nicht denkunabhängig erfaßbaren Wirklichkeit
zur Verfügung steht, wobei Sprache nicht frei wähl- und gestaltbar ist.
Diese philosophische Übergangsbewegung wird insbesondere mit Bezug
auf ihren Wendepunkt, Ludwig Wittgensteins „Philosophische Untersuchungen"[100], dargestellt.

Zum dritten wird im Abschnitt 2.4 auf die pragmatisch-hermeneutische
Wende innerhalb der Wissenschaftstheorie eingegangen, welche die erkenntnistheoretischen und sprachphilosophischen Entwicklungen zum
Teil integriert und Konsequenzen für die Wissenschaftspraxis zieht. Hier
wird insbesondere die sozialwissenschaftliche Wissenschaftspraxis fokussiert. Der Nachvollzug der erkenntnistheoretischen, philosophischen und
wissenschaftstheoretischen Entwicklungen zeigt auf, welche veränderten
Vorstrukturierungen die Ökonomik im Sinne der Einheitlichkeit der Wissenschaften integriert werden müssen. Allerdings wird dabei auch deutlich, daß die beschriebenen drei Entwicklungen selbst untereinander keine
vollkommen konsistente Position zu Bedeutung und Charakteristika von
Sprache haben. Jedoch können leicht Zusammenhänge und Kohärenz der
heutigen Positionen zueinander hergestellt werden.

Mit der Darstellung erster Ansätze eines „linguistic turns" in der ökonomischen Theorie in Abschnitt 2.5 wird die Reflektion interdisziplinärer
Konsistenzentwicklungen abgeschlossen. Zum einen wird auf Donald

---

[100] Wittgenstein (1990a)

McCloskey eingegangen, der rekurrierend auf die philosophische Richtung der Rhetorik und Austins Sprechakttheorie[101] Wirtschaft als Konversationsprozeß beschreibt. Allerdings ist dieser Theorieansatz noch nicht sehr weitgehend ausgearbeitet. Zum zweiten wird auf das institutionentheoretische Konzept des Signalings eingegangen, daß ökonomische Handlungen nicht mehr ausschließlich als „reines" Tun versteht, sondern als Zeichen, mittels derer anderen Wirtschaftsakteuren Sachverhalte angezeigt werden können, um diese zu bestimmten Reaktionen zu motivieren. Hier wird bereits ein nicht-neutrales Sprachverständnis angewendet, da angenommen wird, daß aus reinen Zeichenprozessen (Kommunikation) reale, materielle Folgen resultieren. Problematisch ist hier, daß sich das Signalingkonzept keiner expliziten kommunikationstheoretischen Fundierung bedient.

In **Kapitel 3** werden Konzeptualisierungen untersucht, die Ökonomik bisher für sprachliche Phänomene und Funktionen bietet, welche von Sprache erfüllt werden. Das heißt, es werden Theorieäquivalente für die hier entwickelte, sprachintegrierte ökonomische Theorie kritisch analysiert. Da Sprache bereits oben in Abschnitt 1.4 sehr weitreichende Wirkungsweisen zugeschrieben wurden (kognitive, pragmatische, Beziehungs-, Identitäts-, Koordinations- und Reflektionsfunktion), werden für diese Analyse ökonomische Theorieansätze mit sehr unterschiedlichen Untersuchungsbereichen herangezogen. Damit soll sowohl die in Abschnitt 1.4 diagnostizierte ökonomische Erklärungslücke ausgelotet werden, die bezüglich der Gleichheit und Ungleichheit ökonomischer Orientierungen besteht, als auch die bisherigen Handhabungen einer Kritik unterworfen werden, mit denen diese Erklärungslücke in der Ökonomik bisher überbrückt, jedoch nicht geschlossen wird.

Es werden insbesondere Theorien untersucht, die sich mit der intersubjektiven Gleichheit, Unterschiedlichkeit und der Angleichung von Wissen, „Informationen", Entscheidungsmodi und/oder Verhalten beschäftigen. Unsicherheit, intersubjektiv unterschiedliche Wissenszustände, die Interdependenz individueller, ökonomischer Handlungserfolge und die Unzugänglichkeit fremdpsychischer Bewußtseinsinhalte sind der Hintergrund, vor dem die Ökonomik individuelle Prozesse mentaler Orientierung in der jeweiligen ökonomischen Situation untersucht. Insbesondere kollektives Handeln (Kooperation) und arbeitsteiliges, über Transaktionen gekoppeltes soziales Handeln (Koordination) setzt die intersub-

---

[101] Vgl. Austin (1962; 1972)

jektive Überlappung von bestimmten Wissensbeständen und mentalen
Orientierungsstilen notwendig voraus. Deshalb wird eine Reihe von Theorieansätzen daraufhin untersucht, welche Erklärung sie für die Gleichheit
oder den Prozeß der intersubjektiven Angleichung bzw. das Ausbleiben
dieser Angleichung von mentalen Orientierungen haben: Rational-
Choice-Theorien, Spieltheorie, Theorie der Externalitäten und öffentlichen Güter, Unvollkommene oder asymmetrische Informationen, Konzepte des Framings und der gemeinsamen mentalen Modelle (Shared
Mental Models). Es zeigt sich, daß sprachliche Kommunikation nicht als
Erklärung für Informationsaustausch oder Angleichung mentaler Orientierung thematisiert wird, oder wenn doch, daß Sprache implizit oder explizit als neutrales Informationsdiffusionsinstrument unterstellt wird. Das
Kapitel 3 deckt eine Vielzahl von offenen Fragen und unerklärten impliziten Vorannahmen auf, die in der Ökonomik bisher selten hinterfragt wer-
den. Rezipiert man allerdings die sprachtheoretischen Entwicklungen der
Nachbardisziplinen, so werden diese Erklärungsschwächen ökonomischer
Theorien deutlich. Insgesamt kommt das Kapitel zu dem Ergebnis, daß die
Wirtschaftswissenschaft bislang keine befriedigende Erklärung der inter-
subjektiven Gleichheit, Ungleichheit und Angleichung von Wissen und
Orientierungsprozessen geben kann.

Nachdem in **Teil I** die Fragestellung der Arbeit innerhalb des gesamt-
wissenschaftlichen und des einzelwissenschaftlich ökonomischen Gebäu-
des positioniert und begründet wurde, widmet sich der **Teil II** der Integration von Sprache in die ökonomische Theorie.

Kapitel 4 schließt im Grunde an die im dritten Kapitel bearbeitete
Frage nach den Grundlagen der mentalen Orientierungsprozesse von
Wirtschaftssubjekten an. In diesem Kapitel wird jedoch eine grundlegende
Erklärung der kognitiven Prozesse menschlicher Verhaltenssteuerung gegeben, die bisherige ökonomische Theorien bisher schuldig bleiben (etwa
weil sie Erklärungen lieber den Nachbardisziplinen überlassen). Es wird
hierbei deutlich gemacht, welche Rolle Sprache für menschliche Verhaltenssteuerung spielt, wie Sprache in den Kognitionsprozeß eingebaut ist
und welche Eigenschaften (z.B. Nicht-Neutralität) Sprache aufgrund dieser kognitiven Verankerung hat. Insbesondere wird aber gezeigt, warum
und inwieweit die durch sprachliche Prozesse dominierte menschliche
Kognition für intersubjektive Gleichheit und Ungleichheit mentaler
Orientierungsprozesse von Wirtschaftssubjekten bedeutsam ist.

Hierzu wird ein kognitionstheoretisches Modell der allgemeinen menschlichen Verhaltenssteuerung entwickelt, das Sprache als Orientierungs- und Verhaltensfaktor integriert. Dieses komplexe kognitionswissenschaftlich gestützte Verhaltenssteuerungsmodell liefert erstens eine stimmige Alternative der Erklärung ökonomischen Verhaltens jenseits der autonomen, vollständig informierten Entscheider (Rational Choice) sowie jenseits institutionenbeherrschter Marionetten. Und zweitens zeigt es, indem es sprachliche Prozesse integriert, die dominante Bedeutung, die Sprachlichkeit für menschliches Wahrnehmen, Denken und praktisches Tun hat. Die Erweiterung des individuellen Kognitionsmodelles, das in evolutorisch-ökonomischen Modellen bereits verwendet wird, um Sprache kann als revidiertes (mikro)ökonomisches Verhaltensmodell verstanden werden. In der Konsequenz ist davon auszugehen, daß individuelles Tun sich zum größten Teil innerhalb der Semantik sozial verfügbarer Sprachspiele bewegt. Als weiteres Ergebnis der kognitionstheoretischen Analyse wird eine veränderte Definition der ökonomischen Begriffe „Information", „Präferenzen" und „Wissen" vorgeschlagen.

Die Schlußfolgerung aus dem kognitionstheoretischen Verhaltensmodell, daß individuelles ökonomisches Handeln primär als Teil ökonomischer Sprachspielpraxis verstanden werden muß, zieht den Übergang der ökonomischen Individualismustradition zu einem an Sprachspielgemeinschaften orientierten Ansatz nach sich. Das Konzept des „Sprachspiels" sowie die Funktionsbedingungen und grundlegenden Eigenschaften von Sprache (als Praxis) müssen für die Ökonomik allerdings erst theoretisch verfügbar gemacht werden, um ökonomische Praxis innerhalb des Konzepts ökonomischer Sprachspiele neu zu formulieren und zu erforschen. **Kapitel 5** erörtert deshalb, nach welchen Prinzipien das in der Ökonomik primär relevante semantische System Sprache funktioniert. Es werden allgemeine Charakteristika, Emergenzbedingungen und Entwicklungsprinzipien von Sprache untersucht. Vor allem unter Bezugnahme auf Wittgensteins späte Sprachphilosophie wird eine semantische Theorie vorgestellt, welche die Bedeutung sprachlicher Zeichen allein durch einen spezifischen, regelmäßigen Gebrauch von Zeichen definiert und entstanden sieht. Diese pragmatisch orientierte Bedeutungstheorie bricht radikal mit der referenztheoretischen Vorstellung, sprachliche Zeichenbedeutungen seien abbildende Verweise auf reale Phänomene. Statt dessen wird die Äußerung von Zeichen als Teil einer sozialen Praxis der gegenseitigen Verhaltensappelle interpretiert. Die theoretische Darstellung und Analyse

sprachlicher Prozesse, von Emergenzbedingung und Entwicklungsregelmäßigkeiten von Sprachen liefert erstens einen Theorietransfer in die
ökonomische Theorie, zweitens nach der kognitionstheoretischen die
sprachtheoretische Erklärung, warum Sprache nicht neutral ist. Und drittens wird mit dem Konzept des Sprachspiels ein Theorierahmen vermittelt, innerhalb dessen ökonomische Prozesse aufgrund ihrer Gebundenheit
an Sprache zu analysieren sind. Am Ende des Kapitels wird deshalb die
Korrespondenz von Termini des Sprachspielkonzepts mit den bisher üblicherweise in der Ökonomik verwendeten Begriffen „Institutionen", „Rationalität", „Handeln" überprüft.

Im anschließenden **Kapitel 6** wird analysiert, welche Änderungen sich
für die Wirtschaftswissenschaften ergeben, wenn man die Gesamtheit
ökonomischer Prozesse als die Summe aller gespielten ökonomischen
Sprachspiele interpretiert. Da sich eine große Fülle von Konsequenzen auf
allen Ebenen ökonomischer Forschung ergibt, werden nur einige davon
allgemein erörtert, um für den Bereich ökonomischer Transaktionen die
Transaktionseigenschaften von Sprache gründlich auszuführen.

Allgemeine Aussagen über ökonomische Sprachspiele sind kaum möglich, da die ökonomische Sprachspielpraxis sich über die konkreten historisch, räumlich und personell unterschiedlichen Sprachspielgemeinschaften stark unterscheiden. An allgemeiner Theorie gelten für ökonomische
Sprachspiele die in Kapitel 4 und 5 dargestellten kognitionstheoretischen
und sprachwissenschaftlichen Grundlagen. Deshalb macht Kapitel 6 zunächst auf die Mannigfaltigkeit konkret praktizierter ökonomischer
Sprachspiele aufmerksam. Da diese Sprachspielpraxis empirisch noch unzureichend erforscht ist, verbietet es sich, jetzt schon generalisierte Eigenschaften empirischer ökonomischer Sprachspiele zu behaupten. Statt dessen werden mögliche Typisierungskriterien der vielfältigen Sprachspielpraxis angeboten. Anschließend wird Sprache in ihrer ökonomischen
Funktionalität und Restriktivität analysiert. Außerdem wird aus dem Umstand, daß Sprache einen unvollendeten und unvollendbaren Entwicklungsprozeß menschlicher Sozialpraxis darstellt, die Konsequenz gezogen
und begründet, daß sprachintegrierte Ökonomik als evolutorische Wirtschaftswissenschaft betrieben werden muß.

Um konkretere Aussagen über ökonomische Sprachspiele zu generieren, wird im Abschnitt 6.2 das Phänomen ökonomischer Transaktionen

fokussiert.[102] Transaktionen sind notwendigerweise sprachgebundene Prozesse. In einer gründlichen Analyse wird gezeigt, warum und welche sprachlichen Fähigkeiten notwendig sind, um ökonomische Transaktionen durchführen zu können. Hierbei wird auch darauf eingegangen, wie das Phänomen der Machtausübung, das sprachlichen Prozessen innewohnt, in Transaktionssituationen wirksam werden kann.

Im letzten **Kapitel 7** wird das Erreichte zusammengefaßt und reflektiert sowie in einem Ausblick Schlußfolgerungen für die noch ausstehenden Forschungsarbeiten innerhalb einer sprachspielorientierten ökonomischen Wissenschaft gezogen. Der über diese sieben Kapitel gespannte Bogen der Arbeit kann keine abschließende Konstruktion einer sprachtheoretisch fundierten Ökonomik anbieten. Er will dennoch Anregungen und Ideen auslösen. Und er stellt einen ersten Schritt dar, das praktisch noch unbearbeitete Gebiet der Frage nach der Bedeutung von Sprache für die Ökonomik nutzbar zu machen.

---

[102] Da es in der Wirtschaftswissenschaft bereits Versuche gibt, Firmen als „discourses", d.h. als Kommunikationszusammenhänge, zu definieren und zu analysieren (vgl. etwa Tsoukas (1996), vgl. zu unternehmensbezogenen linguistischen empirischen Studien Paschek (2000), Meier, C. (1997), Pothmann (1997), Bungarten (1994), Zerfaß (1996), Derieth (1995), Müller (1997)), wurde die Transaktionssphäre als noch wenig kommunikationstheoretisch beleuchteter Bereich der Produktionssphäre vorgezogen.

2 Von der Neutralität zur Nicht-Neutralität von Sprache für Wirklichkeitskonstruktionen

„il n'y a pas de hors-texte."   Derrida 1974

> *„Die Vorstellung, alles menschliche Tun (und insbesondere die For-*
> *schung, die Suche nach Erkenntnis) finde innerhalb eines Bezugs-*
> *systems statt, das sich als etwas den Resultaten der Forschung Vor-*
> *gängiges isolieren lasse – eines bestimmten Systems a priori eruierba-*
> *rer Voraussetzungen –, bindet die zeitgenössische Philosophie an die*
> *Tradition von Descartes, Locke und Kant. Als sinnvoll freilich kann*
> *sie nur erscheinen, wenn man sich diesen Bezugsrahmen als eine*
> *Struktur denkt, die dem erkennenden Subjekt aufgrund der Verfas-*
> *sung seines Erkenntnisvermögens oder des Mediums, mit dem es ope-*
> *riert, aufgenötigt wird."*   Richard Rorty[1]

In dem nun folgenden Kapitel werden philosophische, erkenntnis- und wissenschaftstheoretische Begründungen für die Nicht-Neutralität von Sprache im wissenschaftlichen Theoriebildungsprozeß erörtert. WissenschaftlerInnen gehen traditionell von drei unabhängigen Bereichen aus. Der erste Bereich ist die denkunabhängig gegebene Realität, deren Teil die Menschen sind. Der zweite Bereich sind die Vorstellungen über diese Realität, die innerhalb der erkennenden menschlichen Subjekte entstehen. Der dritte Bereich betrifft die in Sprache formulierten Wirklichkeitsvorstellungen des zweiten Bereichs.

Die Annahme einer neutralen Sprache unterstellt sowohl, daß die strukturierende Wahrnehmung in ihrem Ergebnis nicht durch sprachliche Kategorien und Regeln beeinflußt oder begrenzt wird, als auch, daß die sprachliche Äußerung von Wirklichkeitsvorstellungen von Sprache nicht begrenzt und beeinflußt wird.

Umgekehrt ist die Nicht-Neutralität von Sprache bereits gegeben, wenn allein die sprachliche Formulierung „erkannter" Wirklichkeiten nicht abbildungsgetreu möglich ist. Sprache ist in diesem Sinne nicht wahrheitsneutral. Sie ist zusätzlich nicht erkenntnisneutral, wenn das sprachlich Sagbare den Erkenntnisprozeß restringiert und strukturierend beeinflußt.

---

[1] Rorty (1992) S. 18 f.

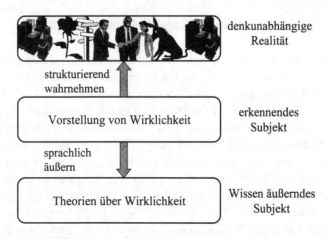

denkunabhängige
Realität

strukturierend
wahrnehmen

Vorstellung von Wirklichkeit

erkennendes
Subjekt

sprachlich
äußern

Theorien über Wirklichkeit

Wissen äußerndes
Subjekt

Abbildung 2.1: Drei Ebenen der Wirklichkeitskonstruktion

Aus (wirtschafts-)wissenschaftlicher Sicht ist die Nicht-Neutralität von Sprache deshalb von Bedeutung, weil sie die „wahre", im Sinne von realitätsgetreue, sprachliche Abbildung erkannter Wirklichkeit unmöglich macht. Entsprechend muß über andere „Wahrheits-" bzw. Qualitätskriterien wissenschaftlicher Theorien nachgedacht werden.[2]

Es werden nun aus der Sicht verschiedener wissenschaftlicher Disziplinen Begründungen der Nicht-Neutralität von Sprache gegeben und die Folgen dieser Nicht-Neutralität für die Ökonomie als Wissenschaft sowie für den ökonomischen Untersuchungsgegenstand reflektiert. Mit der Anerkennung des nicht-neutralen Sprachverständnisses von Ludwig Wittgenstein muß die Vorstellung der drei unabhängigen Bereiche aufgegeben werden. Denn sowohl das epistemische Konstruieren von Wirklichkeiten als auch die sprachliche Äußerung dieser Konstrukte ist durch das Regelsystem der Sprachspiele gebunden und geleitet. Eine objektive Überprüfung der Wahrheit solcher Aussagen über Wirklichkeit ist dann nicht mehr möglich.

---

[2] Vgl. ausführlich zur philosophischen Diskussion von Wahrheitskriterien Skirbekk (1992)

2.1 Der „Linguistic Turn" in der Wissenschaft

Wissenschaften beschäftigen sich mit der Darstellung (von kognitiven
Konstruktionen) realer Gegebenheiten in sprachlichen Satzsystemen.[3] In-
sofern ist Sprache das ureigenste Medium wissenschaftlichen Arbeitens
und wird in ihrer Reflektionsfunktion als Darstellungsmedium[4] genutzt.
Innerhalb der Wissenschaften, welche die Bedingungen und Grenzen wissenschaftlichen Erkennens und Arbeitens reflektieren, also der Erkenntnistheorie, Philosophie und Wissenschaftstheorie, fand im zwanzigsten
Jahrhundert ein Umdenkprozeß statt, der die Möglichkeit objektiver
Wirklichkeitsbeschreibungen anzweifelt und in Teilen als „Linguistic
Turn"[5] bezeichnet wird. Der „Linguistic Turn" beinhaltet die Überzeugung, daß die „Funktionsbedingungen" von Sprache jede wissenschaftliche Theorie, also auch ökonomische Theorien, determinieren und
restringieren.

Wissenschaftliche Texte, ob nun schriftlich (publizierte Artikel, Skripte,
Bücher) oder mündlich (Vorträge, Diskussionen) geäußert, sind demnach
nicht nur spezifische Konstellationen von Wörtern und Sätzen. Sie sind
Teil der jeweiligen wissenschaftlichen Sprachspielpraxis[6], so daß sich ihre
Bedeutung nur aus den Sprachregelsystemen ergeben, die festlegen, welche
Kombinationen von Worten und welche Sätze mit der Absicht, den Untersuchungsgegenstand zu rekonstruieren, gesagt werden dürfen bzw. können, die innerhalb einer bestimmten sozialen Gruppierung als korrekte
und das heißt, in bezug auf (mindestens) eine bestimmte Sinngröße sinnvolle (in der Wissenschaft z.B. „wahre") Zeichenverwendung beurteilt
wird. Da die wissenschaftlichen Sprachregelsysteme nicht beliebig sind,
nicht frei gewählt werden können und nur innerhalb der bestehenden
Wissenschafts-Sprachspiele entwickelt werden können, ist das Erkennt-
nismögliche, Denkbare und Äußerbare durch diese sozial etablierten
Sprachregeln restringiert.

---

[3] Hutchison (1937) nennt Theorien deshalb „Sprachsysteme", bei McCloskey (1985) findet sich die Bezeichnung „Rhetoric".

[4] Hier wird der Begriff der Darstellung gewählt, da der Begriff „Abbildung", der in diesem Zusammenhang auch gebräuchlich wäre, referenztheoretische Wahrheitskonzepte
konnotiert.

[5] Vgl. Rorty, der diesen Begriff von Bergmann (1964) S. 177 übernahm und ihn mit seinem Sammelband „The Linguistic Turn", Rorty (1967), berühmt machte.

[6] Vgl. zum Sprachspielbegriff Wittgenstein (1990a) Philosophische Untersuchungen §7

Zwar ist der „Linguistic Turn" in den Bereichen der Wissenschaftsphilosophie und Methodologie sehr weitgehend vollzogen, aber die Einzelwissenschaften reflektieren die Folgen dieses Diskurses nur in sehr begrenztem Umfang. Insofern ist die Konsistenz einzelwissenschaftlicher Methoden, Forschungsfragen und -ergebnisse mit den zeitgenössischen philosophischen und wissenschaftstheoretischen Vorstrukturierungen nicht erreicht.[7] Dem soll mit dieser Arbeit im Bereich der Ökonomik Abhilfe geschaffen werden.

Die Einzelwissenschaften selbst kategorisieren bisher entsprechend ihre Theorie-Sprachspiele i.d.R. primär von den unterschiedlichen inhaltlichen Aussagen her. Die Theorieinhalte werden weitgehend von dem „Vorverständnis bezüglich der allgemeinen Beschaffenheit des [... zu untersuchenden Phänomenbereichs bestimmt (Anm. B.M.)], insbesondere auf dem Niveau der Weltbildhypothesen sowie die darauf basierende programmatische Auffassung bezüglich der eigenen Disziplin"[8]. Dabei schließt die programmatische Auffassung der Disziplin auch Prinzipien (z.B. Rationalprinzip) und Leitideen (z.B. Mechanismus, Evolution) ein. Das heißt, die Strukturierung von Wissenschaft nach Theorieinhalten faßt vor allem Theorien mit gemeinsamen Weltbildhypothesen und programmatischen Disziplinauffassungen zu „Paradigmen" (Kuhn) mit gemeinsamen „begrifflichen Rahmen", „harten Kernen" (Lakatos), „Strukturkernen" (Stegmüller) zusammen.[9] Dies ist nur möglich, weil Theorien eines Paradigmas einen hohen Anteil übereinstimmender Regeln wissenschaftlichen (Sprach-) Verhaltens aufweisen. Es wird sich zeigen, daß die Abgrenzung nach den (Sprach-)Handlungsregeln die sinnvollere, weil ursächliche ist. Einheitliche paradigmatische inhaltliche Grundannahmen sind letztlich nur der Ausdruck, das Ergebnis, sozusagen die äußere Kehrseite von gemeinsamen Sprachspielregeln.

---

[7] Dies deckt sich mit den Feststellungen von Opp (1970) S. 11, Müller (1979) S. 37, Lamnek (1981) und Lamnek (1995a) S. 17 f., daß die Kommunikation zwischen WissenschaftstheoretikerInnen und den Einzelwissenschaften nur sehr begrenzt stattfindet, was einerseits zu einem Mangel an methodenkritischer Weiterentwicklung in den Einzelwissenschaften führt, andererseits die wissenschaftstheoretische Entwicklung von Methodenkritik und methodologischen Forderungen (Verhaltenskodex für die Einzelwissenschaften) sich von den konkreten Gegebenheiten der alltäglichen Forschungspraxis zu weit entfernt, so daß sie nicht mehr realisierbare Forderungen formulieren.

[8] Radnitzky (1974) S. 160

[9] Vgl. zur Darstellung der Struktur der Wissenschaft und wie begriffliche Rahmen auf höheren Ebenen die Möglichkeiten des Denk- und Sagbaren auf der jeweils tieferen Ebene beschränken: Hesse (1979) S. 159-199

Der „Linguistic Turn" soll hier charakterisiert werden als die Veränderung des wissenschaftlichen (und philosophischen) Selbstverständnisses dahingehend, daß die Sprache der letzte feste Grund ist, auf den das Erkenntnisstreben vergesellschaftlicht lebender Menschen[10] zurückgeworfen ist. Nimmt man die philosophische Metapher auf, daß Sprache der Spiegel sei, der dem Erkennenden ein perfektes, wahres Abbild der Wirklichkeit entgegenhält, dann besagt der Linguistic Turn, daß wir nur noch die Bilder sehen können, die sich auf der Spiegelfläche zeigen, daß eine referenztheoretische Überprüfung des Realitätsgehalts dieser Bilder also nicht möglich ist. Außerdem wird der Spiegel von Menschen als Prozeß (Forschungsprozeß) geschaffen, er ist kein physischer Gegenstand. Und man fragt sich, mit welchen Absichten und wie welche Menschen den konkret vorhandenen Spiegel konstruierten, welche Eigenschaften der „Bilderapparat" folglich hat, welche Bilder darin zu sehen sind und welche „blinden Flecken" der „Spiegel" hat. Daß die wissenschaftliche Spiegelung von Wirklichkeit ein menschliches, sozial gesteuertes Verhalten ist und kein mechanischer Abbildungsmechanismus, zeigt sich schon darin, daß die WissenschaftlerIn ihre (publizierten) Aussagensysteme nicht nur denkend, sondern aktiv handelnd erzeugt, etwa durch Experimente, Simulationen, Überredung von Verlagen, Herausgebern, finanziellen Förderern und so weiter. Die Erkenntnisse und Aussagen, die so produziert werden können, hängen dabei von den konkreten physisch und sozial realisierbaren Versuchsbedingungen, verfügbaren Materialien und Finanzierungsquellen, von der Aufmerksamkeit und Publikationsbereitschaft von Gesprächspartnern

---

[10] Im folgenden wird der Zusatz „vergesellschaftet lebend" weggelassen, ist aber mit zu denken. Denn Sprache ist für die menschliche Erkenntnis (Kognition) nur deshalb von so eminenter Bedeutung, weil Menschen in sozialen Einheiten leben und nur das Glücken der Koordination dieses gemeinschaftlichen Seins die (Über-) Lebensbedingungen der Einzelnen stabilisiert und sichert. Da Menschen von ihrer biologischen Konstitution her zum sozialen Sein gezwungen sind (Hordentiere) und zumindest die ersten Lebensjahre ohne die Zuwendungen anderer nicht lebensfähig sind, ist ein unsozialisierter Mensch nicht vorstellbar. Hinzu kommt außerdem, daß die stark gestiegene Besiedelungsdichte der Erde es schwierig macht, in einer völligen Isolierung von anderen (ohne Koordination) zu leben. Und zum vierten interessiert sich die Volkswirtschaftslehre eben für das Wirtschaften gesellschaftlich lebender Menschen, in dem nicht erst seit der stark gewachsenen Arbeitsteilung Abstimmung und Koordination von Verhalten existentiell für die Handlungsspielräume und Erfolgsmöglichkeiten aller Beteiligten ist.

und den sprachlichen Fähigkeiten und Prägungen der WissenschaftlerIn ab.[11]

Um nun die Integration des „Linguistic Turn" in die ökonomische Einzelwissenschaft zu ermöglichen und so interdisziplinäre Konsistenz herzustellen, werden die zum „Linguistic Turn" gehörigen Entwicklungen der Erkenntnistheorie, Philosophie und Wissenschaftstheorie dargestellt. Hierzu werden wir uns an der Beantwortung zweier Fragen orientieren:

1. Wie läßt sich das Zurückgeworfensein auf Sprache als dem letzten festen Grund, auf den Wissenschaft gestellt werden kann, erklären? Durch welche Entwicklung gaben die WissenschaftlerInnen ihre Überzeugung auf, daß sie durch ihre Beobachtungen und denkende Ordnung von Beobachtungen zu objektiven Wahrheiten über die Wirklichkeit gelangen könnten? Und welche Überzeugung genau ist an die Stelle dessen getreten?

2. Welche Folgen hat dieses Zurückgeworfensein der Wissenschaft auf Sprache als letztem festen Grund *konkret* für die Produktion und Verbreitung *ökonomischer* Theorien?

Um diese Fragen zu beantworten, werden im Folgenden kurz die Kernannahmen und Entwicklungslinien des erkenntnistheoretischen (2.2), sprachphilosophischen (2.3) und wissenschaftstheoretischen Diskurses einschließlich der ökonomischen Methodologiedebatte seit den 1980er Jahren (2.4) skizziert, um der Vielschichtigkeit des Prozesses der linguistischen Wende und seiner Bedeutung für die ökonomische Wissenschaft zumindest ansatzweise gerecht zu werden. In einem letzten Abschnitt (2.5) werden ökonomische Theorieansätze dargestellt, welche die pragmatisch-linguistische Wende bereits explizit (2.5.2) oder implizit (2.5.3) enthalten.

2.2 Die radikal-konstruktivistische Wende der Erkenntnistheorie

Erkenntnistheorien untersuchen die Prozesse, mittels derer Menschen Vorstellungen über ihre Wirklichkeiten gewinnen. Dabei werden Grenzen und Möglichkeiten des menschlich Erkennbaren analysiert. Man beschäf-

---

[11] Vgl. zu der wissenschaftstheoretischen Spiegelmetapher Rorty (1992). Er argumentiert, daß eine hermeneutische Wissenschaftspragmatik, zu der man nach vollzogenem „Linguistic Turn" gelangt, letztlich eine „Philosophie ohne Spiegel" zu Grunde liegt.

tigt sich also mit dem Wahrnehmungsprozeß, mittels dessen erkennende
Subjekte Vorstellungen über die denkunabhängige Wirklichkeit erzeugen.
Am erkenntnistheoretischen Diskurs nehmen neben Philosophen auch
KognitionstheoretikerInnen teil (z.B. Neurobiologen, Neuropsychologen,
Kybernetiker).

Von den vielen Positionen und Entwicklungen innerhalb der Erkennt-
niswissenschaft wird hier auf die kognitionstheoretisch fundierte, radikal-
konstruktivistische Wende der Erkenntnistheorie rekurriert.[12] Gerade weil
die meisten KognitionstheoretikerInnen sehr naturwissenschaftlich orientiert arbeiten, operieren sie oft noch auf der wissenschaftstheoretischen
Basis des Positivismus. Für die Ökonomik mit ihrer weitgehend positivistischen Tradition ist die radikal-konstruktivistische Wende deshalb besonders relevant, da dort unter Annahmen operiert wird, die auch ÖkonomInnen akzeptieren.

Kurz gefaßt ist die radikal-konstruktivistische Position eine Absage an
die Möglichkeit objektiven Erkennens von Wirklichkeit. Die subjektiv
konstruiert „erkannte" Wirklichkeit kann entsprechend auch nicht von
WissenschaftlerInnen wahrheitsgemäß dargestellt werden. Die Begründung für die Unmöglichkeit einer referenztheoretisch wahren („realistischen") Darstellung von Wirklichkeit wird in dieser erkenntnistheoretischen Position folglich aus der Nicht-Neutralität der menschlichen Erkenntnisorgane, nicht aus der Nicht-Neutralität von Sprache begründet.
Da die Rolle von Sprache für den Erkenntnisprozeß in diesen Ansätzen
nicht reflektiert wird, wird dies entsprechend von der Verfasserin geleistet:
Aus der Nicht-Neutralität menschlichen Erkennens kann die Nicht-Neutralität menschlicher Sprachen in Konsequenz abgeleitet werden. Eine veränderte Annahme über die Verbindung der Bereiche „denkunabhängige
Wirklichkeit" und „erkennendes Subjekt" (Abbildung 2.1) hat also Konsequenzen für die Verbindung zwischen den Bereichen „erkennendes Subjekt" und „Wissen äußerndes Subjekt". Diese Art der Argumentation für
die Nicht-Neutralität von Sprache ist ungewöhnlich, denn die Hermeneutik und Sprachphilosophie hat immer umgekehrt argumentiert, nämlich
daß die Sprachgebundenheit menschlichen Handelns und Denkens eine
von Sprache unbeeinflußte Wirklichkeitserkenntnis unmöglich macht.

Aus der inhärenten Verbindung radikal-konstruktivistischer Erkenntnistheorien mit einer nicht-neutralen Sprachkonzeption folgt für ökono-

---

[12] Die philosophischen Ansätze, die sich mit der Beziehung von Erkenntnis und Sprache
auseinandersetzen, werden im Abschnitt 2.3 erläutert.

mische Theorien, die Wirtschaftssubjekte als radikal-konstruierende Individuen unterstellen,[13] daß auch sie die Nicht-Neutralität von Sprache realisieren müssen (Konsistenzprinzip).

2.2.1 Die radikal-konstruktivistische Position

Die radikal-konstruktivistische Wende ist zu verstehen als Übergang von einer realistisch-empirisch orientierten Erkenntnistheorie zu der Überzeugung, daß „Erkenntnis" das Ergebnis eines aktiven, selektierenden Konstruktionsprozesses der Wirklichkeit durch das wahrnehmende Subjekt ist. Mit dieser Position verbindet sich folglich sowohl eine subjektive Erkenntnistheorie als auch eine nicht-realistische Vorstellung des Erkennens. Die denkunabhängig gegebene Wirklichkeit ist dem erkennenden Subjekt nicht mehr zugänglich.

Von der radikal-konstruktivistischen Position ist die empiristische zu unterscheiden, die annimmt, das erkennende Subjekt könnte mit Hilfe seiner Sinnesorgane objektive Informationen (sense data) über die denkunabhängige Wirklichkeit erlangen und daraus induktiv strukturierte Theorien über Wirklichkeit generieren oder deduktiv entwickelte Theorien an diesen Informationen überprüfen.[14] Der radikale Konstruktivismus unterscheidet sich auch von metaphysischen und idealistischen Erkenntnistheorien. Erkenntnis wird demnach nicht aus gegebenen Ideen und Kategorien über Wirklichkeit generiert, sondern emergiert in seinen Strukturen durch die Kommunikation von Sinnesorganen und Wirklichkeit sowie durch den Kognitionsprozeß des „erkennenden" Subjekts.

---

[13] Dies gilt für weite Teile der österreichischen und evolutorischen Schule sowie systemtheoretische Ökonomieansätze. Im weiten Sinne kann man auch Ansätze der bounded rationality darunter fassen, da auch hier die realistische Erkenntnis der Wirklichkeit nicht mehr möglich ist und die Individuen subjektive Weltbilder entwickeln. Vgl. genauer Kapitel 3

[14] Vgl. als klassische Empiristen Hume, Locke, Berkeley, Mill; zu den realistischen, modernen Empiristen Moore, Neurath, Carnap. Zum deduktiven Vorgehen Popper. Der erkenntnistheoretische Empirismus mündet wissenschaftstheoretisch in den Positivismus, nach dem nur die empirisch arbeitenden Erfahrungswissenschaften Erkenntnis (wahres Wissen) erzielen können.

Gemäß der radikal-konstruktivistischen Sicht hat der Erkenntnisprozeß die folgenden Eigenschaften:[15]

– Der Wahrnehmungsprozeß ist ein **aktiver Konstruktionsprozeß**, der den Regelmäßigkeiten der Gestaltbildung folgt, d.h. die Fülle der Sinneseindrücke wird in die Form von **Gestalten**, Mustern gebracht, indem Teile dieser Fülle als wichtig, bedeutsam hervorgehoben wahrgenommen werden – sie bilden die Figur (Text) –, der Rest bildet den Hintergrund (Kontext) der Gestalt.[16] Jede Wahrnehmung ist deshalb **selektiv** in ihrer Auswahl der Situationsanteile, die Figur, und derer, die den Hintergrund bilden. Es sind ganz verschiedene Figur-Hintergrund-Gestaltungen der gleichen Situation möglich, sowohl von Mensch zu Mensch als auch in der Zeit. Da es jedoch *nicht* möglich ist, *nicht* in Figur-Hintergrund-Gestalten wahrzunehmen, ist es auch unmöglich, ein objektives Abbild der wahrnehmungsunabhängigen Realität zu perzipieren. Falls es ein Abbildungsprozeß wäre (dem aufgrund der Beschränktheit unserer Sinnesorgane vom Gesamtbild immer noch ein Anteil unbekannter Größe und Inhalt fehlen würde), dann handelte es sich immer um „verzerrte" Abbilder, da den figurierten Teilen die Hauptaufmerksamkeit zukommt, während der Hintergrund eben Bezugskontext bleibt. Diese Selektion löst das Problem der sogenannten „Enge des Bewußtseins" bei gleichzeitig unendlicher Komplexität und Reizfülle des Seins. Nur durch Selektion, also die letztlich normative Unterscheidung in wichtig und weniger wichtig, ist überhaupt eine Konstruktion (denkende Ordnung der Welt) möglich. Die Kriterien, nach denen selektiert wird, sind weder vollständig als Dispositionen angeboren, also für alle erkennenden Menschen identisch vorgegeben, noch ergeben sie sich objektiv aus der Situation. Das Subjekt selektiert in der Situation interessegeleitet und erfahrungsgeleitet.

– Die wahrgenommene und gedachte (weiterverarbeitete) Ordnung der Wirklichkeit deutet und konstruiert Realität immer von ihrer **praktischen Relevanz** her. Deutungen ohne Handlungsrelevanz, also ohne pragmatischen Gehalt, sind nicht möglich. Selbstverständlich gibt es Wahrnehmungen, auf die hin das wahrnehmende Subjekt keine Verän-

---

[15] Vgl. zu den folgenden Darstellungen insbesondere den Sammelband von Schmidt (1991), Roth (1992), Schnabl (1972), Zimmer (1995) S. 119-163, Maturana (1991), Pöppel (1988), Maturana, Varela (1987), Watzlawik (1976), Wuketits (1988), Piaget (1954; 1992)
[16] Vgl. Roth (1985; 1991)

derung seines Verhaltens auslöst. Aber das ist genau der pragmatische Gehalt der Deutung: das Wahrgenommene ist als für die Handlungspraxis des Subjekts irrelevant beurteilt worden, eine Reaktion ist nicht notwendig. Insofern hat aufgrund der Eigenschaften menschlicher Erkenntnisprozesse auch *jede* Theorie über Wirklichkeit einen pragmatischen, handlungsorientierenden Gehalt.

– Erkenntnis ist **erfahrungsgeleitet**. Sie tendiert zur Wiederholung. Wenn ein bestimmtes Wahrnehmungsmuster und dessen Weiterverarbeitung bis zur pragmatischen Orientierung (Reaktion/Handlung des Subjekts) einmal durchlebt werden konnte, dann steht dieses Muster in zukünftigen Situationen als Wahrnehmungsraster zur Verfügung. Das Subjekt konstruiert seine jeweils aktuelle Situation, indem es die wahrgenommenen Reize mit schon erlebten Reizsituationen, die als Muster vorliegen, abgleicht. Genauer: es mustert seine Wahrnehmung anhand bereits vorliegender Muster; nur wenn das Wahrgenommene dem vorhandenen Mustervorrat nicht hinreichend ähnelt, muß ein neues Bedeutungsmuster daraus entwickelt werden. Ist eine Situation der ursprünglichen hinreichend **ähnlich**, so wird das Subjekt dazu tendieren, die damals erfolgreiche Handlungsreaktion zu zeigen bzw. eine andere als die mißerfolgreiche auszuprobieren, *falls* es nicht bewußt etwas anderes versuchen will (Reflexion). Diese Tendenz zur Wiederholung (Routine) entlastet das Bewußtsein von der Notwendigkeit der permanent neuen Deutung der Situation. Sie schafft also freie Bewußtseinskapazitäten, weil ein Großteil des Verhaltens routinegeleitet ist und unbewußt gesteuert wird. Wenn eine solche wiederholte Muster-Reaktion nicht den gewohnten, erwarteten Erfolg nach sich zieht (Überraschung), beginnt die Neuorientierung (im Bewußtsein), die erst abgeschlossen ist, wenn eine Konstruktion gefunden ist, die sich pragmatisch bewährt, d.h. Überleben ermöglicht und mit subjektiv gewünschten Erfolgsgrößen einhergeht. Solange sich eine bestimmte Wahrnehmungsroutine pragmatisch bewährt, gibt es also keinen Grund, an ihrer Gewißheit zu zweifeln. Gewißheit, ein mentaler Zustand, der oft mit der Überzeugung von der „Wahrheit" der eigenen Überzeugungen gleichgesetzt wird, ist von der pragmatischen Bewährung abhängig. Wahrheit kann in diesem prozessualen Erkenntnisprozeß nicht mehr sinnvoll als Eigenschaft einer bestimmten Wirklichkeitskonstruktion verstanden werden, sondern „Wahrheit" ist ein Begriff, den Menschen

bereit sind, Konstruktionen zuzuschreiben, die sich in der Handlungsorientierung in der Lebenspraxis bisher hinreichend bewährt haben.[17]

– Erkenntnis geschieht **aktiv** vom Subjekt her. Die Trennung von erken-
nendem Subjekt und zu erkennenden Objekten ist aufgehoben. Da die
selektive, gestalt-bildende Wahrnehmung aktiv im „Wahrnehmungs-
apparat" des Subjekts vorgenommen wird und die wahrgenommenen
Muster vom Subjekt in Zusammenhänge gebracht werden, ohne daß
die Regeln der denkenden Ordnung der Wirklichkeit universal für alle
Menschen gleichermaßen geltende Gesetzmäßigkeiten wären (dem
widerspricht die Empirie), ist Erkenntnis immer **subjektiv** und per-
spektivisch. Es gibt keine Möglichkeit, die subjektive Konstruktion mit
der objektiven Struktur abzugleichen. Es ist lediglich möglich, die eine
subjektive Konstruktion mit anderen subjektiven Konstruktionen zu
vergleichen.
Dies kann man als den **Verlust der Wahrheitsgewißheit** bezeichnen.
Da die Sinnkonstitution und das Sinnverstehen gleichermaßen im
Subjekt liegen, ist das korrespondenztheoretische Konzept der „Wahrheit" unsinnig geworden.

– Die aktiv gestaltende Wahrnehmung und die Aufhebung der Trennung
von Subjekt und Objekt ist dadurch bedingt, daß menschliche Erkenntnis notwendig **reflexiv** ist. Die Wahrnehmungsgegenstände selbst sind
reflexiv: denn die Bedeutung des Wahrgenommenen – und irrtümlich
unterstellt man oft, man nehme nur die Figur wahr – ist nur durch
ihren Bezug auf und ihre Einbettung in den Hintergrund, in den vielfältigen Kontext verständlich. Bedeutung ist immer das Muster als
Ganzes. Reflexivität heißt auch, daß die Bedeutung des Wahrgenommenen (Konstruktion, Deutung der Wirklichkeit) nicht aus der strukturellen Gegebenheit der objektiven Welt entsteht, sondern nur unter
Rekurs auf das Subjekt (sein pragmatisch geleitetes Erkenntnisinteresse
usw.) verständlich ist. Da Sinnkonstitution und Sinnverstehen beide in
der Hand des Subjekts liegen, muß das Subjekt selbst Teil der Wirklichkeitskonstruktion sein (mitreflektiert werden). Folglich muß der Erkenntnisprozeß als ein hermeneutisch zirkulärer verstanden werden.

Im Ergebnis betont der radikale Konstruktivismus also die Subjektivität
und Relativität individuellen Erkennens. Menschen können Wirklichkeit

---

[17] Dies entspricht etwa der performativen Theorie der Wahrheit von Strawson (1974), die
auf der Sprechakttheorie aufbaut.

unterschiedlich konstruieren und sie können die Richtigkeit ihrer Konstruktionen grundsätzlich nicht beurteilen. Die Wahrscheinlichkeit intersubjektiv übereinstimmender Wirklichkeitskonstruktionen wird in dieser sich von realistischen Erkenntnistheorien abgrenzenden Position eher als gering eingeschätzt. Es soll hier nicht ausführlich auf die Kritik an der Schule des radikalen Konstruktivismus eingegangen werden.[18] Eine maßgebliche Kritik ist sicher, daß die intersubjektive Ungleichheit individueller Wirklichkeitskonstruktionen eher überschätzt wird und die Ursachen für die Möglichkeiten einer intersubjektiven Angleichung von Konstruktionen nur schwach untersucht sind. Um so interessanter ist das verbundene Sprachkonzept.

2.2.2 Sprache im radikalen Konstruktivismus

Die Verständigungsmöglichkeiten von Individuen stehen im radikalen Konstruktivismus allgemein nicht im Vordergrund des Interesses.[19] Dennoch gilt die Möglichkeit gelingender Verständigung in sozialwissenschaftlichen Herangehensweisen grundsätzlich als gegeben. Denn nur wenn eine Mindestkommensurabilität individueller Konstruktionen gegeben ist und die Individuen mit Bezug auf diese „parallelisierten Zustände interagieren"[20], können sich die sozialen Zusammenhänge herausbilden, die der Untersuchungsgegenstand der Sozialwissenschaften sind.[21] Wie diese gemeinsamen Sinnsysteme allerdings entstehen, wird höchstens mit dem Begriff der Sozialisierung oder Interaktion angedeutet, nicht erklärt.

Der Ansatz des radikalen Konstruktivismus weist einen starken Pessimismus bezüglich der Möglichkeit gelingender Verständigung auf.[22] Dies überrascht nicht, da ja gerade Geschlossenheit der individuellen Kognitionssysteme und ihre intersubjektive Unterschiedlichkeit betont wird.

---

[18] Vgl. aber z.B. Wendel (1990) S. 207-219

[19] Auch Bateson, Ruesch (1995) S. 97 stellen fest, daß ErkenntniswissenschaftlerInnen sich stark auf die Vorgänge in Individuen konzentrieren. Das solipsistische Menschenbild, das in ökonomischen Theorien daraus resultiert, kritisiert bspw. Boettke (1995) S. 29

[20] Hejl (1991) S. 319

[21] Vgl. Hejl (1991)

[22] Dies setzt sich in Luhmanns Diktion der „Unwahrscheinlichkeit gelingender Kommunikation" fort. Vgl. Luhmann (1997) Bd. 1, S. 212

Entsprechend wird Sprache in diesem Paradigma nicht als Medium der Abbildung von Wirklichkeitsvorstellungen angenommen, sondern eher als ein System der gegenseitigen Aktivierung von Interaktionspotentialen durch spezifische Zeichenverwendungs*praxis*.[23] Sprache ist also als *Praxis* gegenseitiger Verhaltensbeeinflussung definiert.[24] Indem sie so aus dem scheinbar zeitlosen Abbildungszusammenhang wissenschaftlicher Theorien gelöst wird, wird sie zum Untersuchungsgegenstand der Erkenntnistheorie. (Problematisch ist, daß sie als Medium der wissenschaftlichen Arbeit in diesem Moment ausgeblendet wird.)

Der radikale Konstruktivismus vertritt damit das Konzept einer nichtneutralen Sprache. Sprachliche Zeichen sind in diesem Sinne weder Abbildungen objektiver Gegebenheiten, noch der inneren Vorstellungen bzw. Konstruktionen von Wirklichkeit. Abbildungen von Teilen der denkunabhängig gegebenen Wirklichkeit können Zeichen nicht sein, da diese dem menschlichen Erkenntnisapparat aufgrund seiner operativen Geschlossenheit nicht zugänglich ist. Da die konstruierende Wahrnehmung die denkunabhängige Wirklichkeit gestaltend, wertend und aus pragmatischen Interessenfoki geleitet subjektiv strukturiert, ist jedem Individuum nur seine jeweilige Wirklichkeitskonstruktion zugänglich, auf die es mit sprachlichen Zeichen verweisen könnte. Zum zweiten ist der neutrale Abbildungscharakter von Sprache aber auch nicht möglich, da die inneren Wirklichkeitskonstruktionen intersubjektiv als sehr unterschiedlich angenommen werden. Da die Kognitionsinhalte (das Fremdpsychische) anderer Personen dem Individuum nicht zugänglich sind, kann nicht gesichert werden, ob sozial verwendete sprachliche Zeichen tatsächlich auf intersubjektiv gleiche Konstruktionen von Wirklichkeit referieren.

Der pragmatische Gehalt subjektiver Wirklichkeitskonstruktionen verhindert zudem, daß sprachliche Zeichen, die auf eine Wirklichkeitskonstruktion referieren würden, tatsächlich allein wirklichkeits*abbildenden* Charakter haben könnten. Die Bedeutungen sprachlicher Zeichen wären entsprechend handlungsrelevante „Abbildungen", keine urteilsfreien Repräsentationen. Sprachliche Zeichenverwendungen nehmen zwar Bezüge zu Situationsmerkmalen wahrgenommener Wirklichkeit auf, jedoch er-

---

[23] Vgl. Köck (1991) S. 361 f.

[24] Dies entspricht auch der hier vertretenen Sprachvorstellung, die bereits in Abschnitt 1.2 angedeutet wurde, allerdings werden wir Sprache in Kapitel 4 und 5 noch als wesentlich facettenreicheres Phänomen erörtern. Die Erörterung von Sprache als Sprachpraxis findet sich auch in Searles Sprechakttheorie, vgl. Searle (1990).

streckt sich die Zeichenverwendung nicht auf die Benennung von Wirklichkeitsaspekten, sondern die Bezüge zu Situationsmerkmalen sind Anlaß zu bestimmten Verhaltensweisen, zu denen mittels Sprachaktivitäten angeregt wird.

Radikal-konstruktivistische Theorien nehmen also an, daß sprachliche Zeichen weder für alle sie verwendenden Personen, noch in allen Situationen und Kontexten immer die gleiche Bedeutung haben. Statt dessen können die gleichen Zeichen in unterschiedlichen Verwendungen und Bedeutung auftreten.[25] Auch wird keine über alle Zeit hinweg fixierte Bedeutung sprachlicher Zeichen angenommen. Da sich die Wirklichkeitskonstruktionen in einem zukunftsoffenen, evolutorischen Prozeß entwickeln, können jederzeit neue Konstruktionen auftreten. Sollte man diese neuartigen Konstruktionselemente in einen sozialen Verweisungszusammenhang einbauen wollen, dann muß auch das Bedeutungssystem Sprache grundsätzlich wandelbar sein.

Fassen wir also zusammen, daß die radikal-konstruktivistische Erkenntnistheorie logisch nur mit einem nicht-neutralen Sprachkonzept verbunden sein kann.

2.2.3 Wissenschaftstheoretische und ökonomische Folgerungen

Aus wissenschaftstheoretischer Sicht ist die nicht-neutrale Sprachkonzeption des radikalen Konstruktivismus nicht unproblematisch.

Grundsätzlich ist zu kritisieren, daß die TheoretikerInnen des radikalen Konstruktivismus ihre Texte in einer Rhetorik verfassen, als stünde ihnen dennoch eine Sprache zur Verfügung, die eine intersubjektiv übereinstimmende Abbildung von Wirklichkeitskonstruktionen ermöglicht. Die nicht-neutrale Sprachkonzeption wird nur auf den Untersuchungsgegenstand, erkennende Menschen im allgemeinen, angewandt, nicht aber auf die erkennenden und „Erkanntes" in Sprache abbildenden WissenschaftlerInnen. Holen wir diese wissenschaftliche Selbstreflektion nach, so ergeben sich aus der radikal-konstruktivistischen Wende der Erkenntnistheorie folgende Konsequenzen für Wissenschaftspraxis.

Wissenschaft muß die Vorstellung aufgeben, daß korrespondenztheoretisch wahre oder rein deskriptive, positiv-erklärende Theorien über reale

[25] Vgl. Köck (1991) S. 368 ff.

Phänomene erkenntnismöglich, geschweige denn in Sprache formulierbar
sind.

Da Sprache als Interaktionssystem zur praktischen Verweisung und
Verhaltenskoordination charakterisiert wurde, muß dies auch für die
Sprachverwendung der Wissenschaftlerinnen gelten. Entsprechend ist zu
hinterfragen, was für eine Art von sozialer Praxis wissenschaftliches Verhalten eigentlich ist. (Hierzu werden wir im Abschnitt 2.4 noch kommen.)
Es kann aber bereits geschlossen werden, daß wissenschaftliche Sprachpraxis sich in ihren inhaltlichen Äußerungen an einer Selektionsumgebung evolutionär ausrichtet, in der sie sich pragmatisch bewährt. Diese
für die WissenschaftlerIn konkret wirksamen Selektionsumgebungen sind
genau zu ergründen.

Das wissenschaftliche Qualitätskriterium „Wahrheit" steht nicht mehr
für die Realitätsnähe der sprachlich geäußerten Konstruktion der denkunabhängig gegebenen Wirklichkeit. Sondern es spiegelt die „Überlebens-
bedingungen" und Erfolgskriterien sprachlicher Äußerungen in der wissenschaftlichen Interaktionspraxis wider. Entsprechend sind die geltenden
Theorien auf diese Selektionsumgebung, in der sie sich bewährt haben, zu
untersuchen. ForscherInnen sollten sich deshalb als gestaltenden Teil ihrer
Sinnkonstruktion möglichst mit reflektieren.

Für die Wissenschaft gilt grundsätzlich, daß sie in ihren Erkenntnis-
gegenständen durch die Grenzen dessen, was sprachlich ausgedrückt werden kann, limitiert ist. Da Sprache in ihren Funktionseigenschaften annahmegemäß auf die Erfüllung ihrer pragmatischen Koordinationsfunktion hin entwickelt ist, ist erst noch zu überprüfen, welche Erkenntnismöglichkeiten sich der Wissenschaft bieten und welche ihr aufgrund der
sprachlichen Restriktionen verschlossen sind. (Selbstverständlich kann
man dieser Aufforderung nur schwer nachkommen, denn wenn etwas
nicht erkenntnisfähig und sprachlich formulierbar ist, kann Wissenschaft
nur schwer Wissen darüber erzeugen.)

Für ökonomische Theorien ist die erkenntnis- und nicht-neutrale
sprachtheoretische Konzeption auf zweierlei Ebenen relevant. Zum einen
sind die Wirtschaftssubjekte als radikal-konstruierende Individuen zu verstehen, die sich aktiv in ihren nicht direkt erfaßbaren Wirklichkeiten
orientieren. Für diese Wirtschaftssubjekte ist genauer zu untersuchen,
unter welchen Bedingungen und wie Sprache als koordinierendes Verständigungssystem funktioniert. Gemeinsame Wirklichkeiten und funk-
tionsfähige Kommunikationssysteme sind nicht automatisch gegeben,

sondern erklärungsbedürftig. Neben dem Untersuchungsgegenstand muß auch die wissenschaffende ÖkonomIn sich als radikal-konstruierendes Erkenntnissubjekt verstehen. Die Bedingung ökonomischer Erkenntnis und die Selektionsumgebung des konkreten wirtschaftswissenschaftlichen Sprachhandelns ist zu erforschen und die praktischen Regeln des Sprachgebrauchs von ÖkonomInnen zu ergründen. Der universale Geltungsanspruch „wahrer" Theorien muß aufgegeben werden.

2.2.4 Evolutionsbiologische Fundierung

Unbefriedigend bleibt am radikal-konstruktivistischen Ansatz, daß gelingende Verständigung und die Zugänglichkeit fremdpsychischer Bewußtseinsinhalte sehr skeptisch gesehen werden, zumindest aber unbegründet bleiben. Zugleich wird diese Skepsis aber paradoxerweise für die wissenschaftliche Ebene nicht aufgebracht. Auch unterstellen sozialwissenschaftliche Ansätze des radikalen Konstruktivismus, daß Individuen zumindest mit bestimmten Menschen in Teilen übereinstimmende Konstruktionen haben. In Ansätzen der evolutionsbiologischen Erkenntnistheorie lassen sich Annahmen und Erklärungen finden, die diese Paradoxie auflösen.[26]

Der radikal-konstruktivistische Ansatz denkt insofern radikal, als er keine erkenntnistheoretischen Aprioris definiert, die sowohl universal für alle Menschen gleichermaßen gelten als auch über die Jahrhunderte oder Jahrtausende hinweg stabil gegolten haben. Daraus entsteht einerseits das fundamentale Problem, daß die denkunabhängig gegebene Realität den Erkenntnisorganen des Menschen nicht zugänglich ist, und andererseits ein fundamentales Verständigungsproblem, das sowohl das soziale Zusammenleben überhaupt (z.B. Koordination von Wirtschaftssubjekten) als auch die Ausdrucksmöglichkeiten wissenschaftlicher Erkenntnisse im Besonderen betrifft.

Die evolutionsbiologische Erkenntnistheorie argumentiert nun, daß die Menschen als Gattung in ihrer genetischen, physischen Verfaßtheit bestimmte, gemeinsame Erkenntnismechanismen aufweisen. Diese für alle Menschen gleichermaßen unhintergehbaren Bedingungen der Möglichkeit

---

[26] Vgl. zur Einführung in die evolutionsbiologische Erkenntnistheorie Irrgang (1993), Mahner, Bunge (1997), Engels (1989) sowie den Sammelband zu verschiedenen Strömungen innerhalb dieses Paradigmas von Plotkin (1982)

von Erkenntnis überhaupt bewirken, daß Menschen Wirklichkeit in einer
weitgehend, wenn auch nicht vollständig übereinstimmenden Weise konstruieren. Damit ist gesichert, daß Menschen sich bei der Verwendung
sprachlicher Zeichen sicher sein können, daß sie auf Situationsmerkmale
und Phänomene Bezug nehmen, die alle Beteiligten weitgehend ähnlich
konstruiert haben. Das solipsistische Dilemma ist gelöst und das fundamentale Verständigungsproblem demzufolge nicht gegeben. Allenfalls
könnten Erfahrungs-, graduelle Unterschiede und unterschiedliche
Lebensumwelten Abweichungen individueller Wirklichkeitskonstruktionen erzeugen.

Da die Verständigungsmöglichkeiten, Sprache und Intersubjektivität
menschlicher Wirklichkeitskonstrukte traditionell eher unbeachtet bleibt,
ist das zentrale Argument der evolutionären Erkenntnistheorie ein anderes. Es bezieht sich auf die Frage, warum und inwieweit realistisches, d.h.
Wirklichkeit korrekt wiedergebendes Erkennen möglich ist. Die evolutionsbiologische Erkenntnistheorie nimmt an, daß menschliche Erkenntnisprozesse durch den physischen menschlichen Organismus geleistet
werden und daß das zentrale Nervensystem (einschließlich Gehirn) in diesem Zusammenhang Erkenntnis und Verhaltensorientierung materiell
hervorbringt. Entsprechend sind die Erkenntnismöglichkeiten menschlicher Organismen an die genetische Konstitution ihrer Erkenntnisorgane
gebunden und werden über die Gene materiell an Folgegenerationen wei-
tergeben. Zusätzlich wird angenommen, daß der einzelne Mensch sich
unter Anwendung der genetischen Grundausstattung mit Erkenntnisorganen und Erkenntnis(verarbeitungs)mechanismen in seiner je spezifischen Umwelt handelnd orientiert.

Einfach formuliert lautet die These: Da Organismen mit schlechten Erkenntnisorganen und -mechanismen, die also falsches Wissen über ihre
überlebensrelevante Wirklichkeit erzeugen, geringe Überlebenschancen
haben, ist davon auszugehen, daß in den Jahrmillionen menschlicher
Phylogenese nur die Mutationen von Erkenntnisapparaten weitergegeben
wurden, die eine erfolgreiche Anpassung an die jeweiligen Umwelten ermöglichten. „Schlechte" Erkenntnisfähigkeiten, die keine oder nur geringe
Anpassung ermöglichten, fielen der Selektion zum Opfer und ihre Träger
starben aus.[27] Eine adäquate Identifikation und Rekonstruktion äußerer

---

[27] Vgl. als frühen biologie-orientierten Vertreter Lorenz (1941; 1987), kritisch reflektie-
rend Vollmer (1985)

Strukturen im erkennenden Subjekt wird daher als überlebensnotwendig angesehen.[28]

Durch die evolutionstheoretische Analyse der biologischen Geschichte der Gattung Mensch lassen sich bestimmte angeborene Erkenntnisregeln identifizieren, die sich über die Jahrmillionen innerhalb der Art durchgesetzt haben, wie etwa die verschiedenen Sinnesorgane, bestimmte Perzeptionsmuster, Kausalitätsregeln und instinktive Verhaltensschemata. Gleichzeitig ist die heutige Ausstattung des menschlichen Erkenntnisapparates kein optimiertes Endergebnis, sondern nur ein Zwischenstand in einem langsamen zukunftsoffenen Entwicklungsprozeß, in dem die Selektion adäquater Mutationen von Erkenntnismöglichkeiten in Bezug auf die sich ändernden Selektionsumgebungen abläuft.

Begriffe wie Passung, Adäquatheit bzw. der Angepaßtheit zeigen dabei an, daß die evolutionsbiologische Erkenntnistheorie durchaus nicht davon ausgeht, daß der angepaßte Erkenntnisapparat Realität objektiv und wahr abbilde. Zwar schreiben einige ihrer Vertreter evolutivem Erfolg „Indizcharakter" für Wahrheit der jeweiligen Weltbilder einer Population zu. Aber da Menschen nur ihre lebensrelevante und überlebensrelevante Umwelt zu erkennen suchten, sind ihre Weltbilder nicht vollständig, sind durch die spezifischen menschlichen Fähigkeiten, Bedürfnisse und Interessen geprägt und sie können sich für verschiedene Überlebensumwelten unterscheiden, wenn die Populationen über sehr lange Zeiträume separiert mit diesen stabil unterschiedlichen Umwelten interagieren. Eine in langen Evolutionsabschnitten entwickelte überlebensstabile (viable) Erkenntnisfähigkeit wird also niemals „die ganze Wahrheit" sein.

Auch kann vom evolutiven Erfolg der jeweiligen Gattungsvertreter nicht auf die Wahrheit aller oder ganz bestimmter konkreter Weltbildausschnitte geschlossen werden. Kritische VertreterInnen der evolutorischen Erkenntnistheorie nehmen deshalb an, daß nur bestimmte „Leitüberzeugungen unseres Alltagswissens, die zur Ausführung eines Grundstockes überlebensrelevanter Handlungen notwendige Voraussetzung sind"[29], tatsächlich überlebensrelevante Erkenntnisse sind, bspw. das Kausalitätsprinzip, bestimmte Merkmalserkennungen (fest/weich, kalt/warm usw.) oder „eingebaute" Rückkopplungsprozesse.[30] Ein großer Teil von Erkenntnissen, auch wissenschaftliche, seien nicht überlebensrelevant. Folglich liefert

[28] Vgl. Vollmer (1987) S. 102, Vollmer (1985) S. 298
[29] Engels (1989) S. 209, vgl. auch Putnam (1982) S. 63
[30] Vgl. Riedl (1984), Wuketits (1981)

der evolutive Erfolg ihrer Erkenntnisträger kein Indiz für die Adäquatheit
dieser Überzeugungen sowie von Einzelerkenntnissen oder abstrakten
Phänomenen.[31] Für einen begrenzten Teil von Erkenntnisprozessen wird
also ein „hypothetischer Realismus" unterstellt: Kausalitätsdenken bspw.
gilt solange als Hypothese über menschliche Wirklichkeit als „wahr", bis es
falsifiziert ist, also nicht mehr zum Überleben bzw. Arterhalt beiträgt.[32]

Aus wissenschaftlicher Sicht bleibt das Problem, den Bereich genetisch
überlieferter phylogenetisch bedingter Erkenntnisanteile herauszufinden.
Dies wird etwa über die Babyforschung, Zwillingsforschung, Neurophysiologie und kulturübergreifende Verhaltensforschung versucht.[33]

Evolutionäre Erkenntnistheorie versteht sich dabei in der Regel nicht
als ein Fortschrittskonzept. Der Wandel phylogenetisch verankerter Erkenntnisfähigkeiten in der Zeit, bei Erhaltung der Anpassung, wird nicht
als eine stetige Verbesserung zu immer realitätsnäheren Wirklichkeitsvorstellungen interpretiert. Vielmehr wird ein fester Bezugsrahmen aufgegeben und versucht, Zusammenhänge zwischen Umweltmustern und Erkenntnisfähigkeiten und -prozessen von Organismen und Populationen zu
erforschen, um so Hypothesen über erfolgswirksame Wirklichkeitsvorstellungen zu generieren.

Die phylogenetisch orientierte Abteilung der biologischen Erkenntnistheorie befaßt sich dabei mit Erkenntnisfähigkeiten, die sich über
Jahrmillionen in extrem langsamen Mutations-Selektions-Prozessen herausgebildet haben. Es ist aber davon auszugehen, daß der Homo Sapiens
Sapiens, den wir als Wirtschaftssubjekt der letzten Jahrhunderte vorfinden, sich in seinen grundsätzlichen genetisch verankerten Erkenntnisfähigkeiten seit ca. 40.000 Jahren nicht maßgeblich verändert hat.[34] Entsprechend muß die Evolution der verschiedenartigsten Wirklichkeitser-
kenntnisse, innerhalb derer Menschen sich orientieren, auf ontogenetische
Erkenntnis- und Lernprozesse zurückzuführen sein.

Radikal-konstruktivistisch orientierte Autoren wie Maturana und
Varela arbeiten deshalb orientiert an der ontogenetischen Entwicklung
von Wirklichkeitsvorstellungen („Wissen"). Überleben ermöglichende
Anpassung eines Organismus ist demnach ein Interaktions- und Rück-
kopplungsprozeß zwischen Organismus und seiner spezifischen Le-

---

[31] Vgl. Engels (1989) S. 208
[32] Zum Begriff des hypothetischen Realismus vgl. Oeser (1988) S. 16 f.
[33] Vgl. Siegmund-Schulze (1998), Damasio (2000)
[34] Vgl. Hesse (1998c) S. 109

bensumwelt, ökologischen Nische, in der er lebt. Maturana und Varela konzipieren das erkennende Lebewesen als informationsmäßig und operational geschlossene, physikalisch offene Systeme, die sich in einem autopoetischen Prozeß stetig reproduzieren. Erkenntnis ist dabei ein Prozeß aktiver, handelnder Orientierung in der jeweiligen Umwelt, mit der das Lebewesen physikalisch verbunden ist.[35] An diesem Punkt müßte geschlossen werden, daß jedes Lebewesen, das in seiner Umwelt mit einigermaßen stabilen Kognitionsroutinen biologisch erfolgreich ist, adäquate, passende Erkenntnisroutinen über seine Umwelt ausgeprägt hat. Doch selbst wenn man die (hypothetische) „Wahrheit" seiner Wirklichkeitsvorstellungen durch den biologischen Erfolg als bestätigt sieht, ist zu fragen: Welcher Teil der Wirklichkeitskonstruktionen ist tatsächlich selektionsrelevant? Welche Wirklichkeitsausschnitte bleiben der nischenspezifischen Konstruktion unerkannt und wie beeinflussen die spezifischen Interessen des Individuums seine Wirklichkeitskonstruktion?

Wie schon für die phylogenetische Orientierung gesagt, kann aus der biologischen Bewährung von Menschen nicht auf die Richtigkeit und Wahrheit seines Gesamtweltbildes oder einzelner seiner Wirklichkeitsvorstellungen geschlossen werden. Auch ist es problematisch, die Angepaßtheit von Erkenntnisroutinen an ihre jeweiligen Umwelten untereinander zu vergleichen und normativ nach dem Grad der Anpassung zu bewerten.

Maturana und Varela leiten aus der evolutionsbiologischen Fundierung ihrer radikal-konstruktivistischen Erkenntnistheorie die Gewißheit ab, die wissenschaftliche BeobachterIn könne aufgrund der Funktionsfähigkeit des menschlichen autopoetischen Erkenntnissystems objektive Wirklichkeitswahrnehmungen vornehmen.[36] Diese Überzeugung muß allerdings Glaubenssache bleiben, da die Realitätsnähe von Wirklichkeitsvorstellungen grundsätzlich nicht überprüfbar ist. In der schwachen Variante der evolutionsbiologischen Erkenntnis muß zumindest einschränkend hinzugefügt werden, daß „Angepaßtheit", und das heißt pragmatische Bewährung, nur für diejenigen Wirklichkeitskonstruktionen (hypothetisch) unterstellt werden kann, die sinnlich wahrnehmbare Aspekte der jeweiligen normal erfahrbaren Lebenswelten betreffen. Die „Realismus"-Unterstellung kann sich jedoch nicht auch auf abstrakte Phänomene oder kulturelle Konstrukte erstrecken, da sich diese der direkten sinnlichen Erfahrbarkeit in der Regel entziehen. Auch können sich nur die Wissensbe-

---

[35] Vgl. Maturana, Varela (1987)
[36] Vgl. Maturana, Varela (1987) S. 12 ff.

standteile pragmatisch bewähren, die zur Handlungsorientierung verwendet werden. Folglich kann die evolutionsbiologische Realismusunterstellung eigentlich nur auf solche pragmatisch bewährten Theorien angewendet werden.

Das zentrale Argument der evolutionsbiologischen Erkenntnistheorie ist also, daß sich im Laufe der phylogenetischen und ontogenetischen Entwicklung diejenigen Organismen in einer Art (Population) durchsetzen, deren Erkenntnisfähigkeiten und Wirklichkeitskonstruktionen sich zur anpassenden Interaktion an ihre Umwelten als am besten erwiesen haben. Damit wird die radikal-konstruktivistische Skepsis an der epistemischen Zugänglichkeit der denkunabhängigen Realität zwar nicht vollständig ausgeräumt, aber dennoch stark gedämpft.

Trotzdem ist diese Skepsis für die Ökonomik und die Sozialwissenschaften allgemein geboten, da die überlebensrelevanten Lebenswelten moderner Wirtschaftssubjekte nur zu einem kleinen Teil aus den konkreten, sinnlich erfahrbaren Wirklichkeitsaspekten bestehen, an deren Erkenntnis der Homo Sapiens Sapiens phylogenetisch angepaßt ist. Mögliche Theorien über die sozio-ökonomische Wirklichkeit sind durch die von der evolutionsbiologischen Erkenntnistheorie ausgezeichneten Beobachtungstatsachen unterbestimmt.[37] Folglich kann aus ihrer „empirischen Bewährung" nicht auf deren Wahrheit zurückgeschlossen werden.

Kommen wir zurück zur Sprache. Widerlegen die Erkenntnisse der evolutionsbiologischen Erkenntnistheorie die obige Argumentation, daß eine radikal-konstruktivistische Erkenntnistheorie ein nicht-neutrales Sprachkonzept zur Folge haben muß? Kurz gesagt: Nein. Schließt man sich der evolutionsbiologischen Fundierung der radikal-konstruktivistischen Erkenntnistheorie an, so wird zwar die Annahme gerechtfertigt, daß die erkennenden Subjekte ihre *sinnlich erfahrbare* Wirklichkeit innerhalb ähnlicher Kategorien strukturiert wahrnehmen und in begrenzten Teilen ähnliche kognitive Verarbeitungsmechanismen aufweisen. Sprachliche Zeichen können in diesem Bereich auf ähnliche/übereinstimmende Interpretationsweisen von Wirklichkeit referieren.[38] Sprache hat aber dennoch keinen Abbildungscharakter. Sie bildet nicht die vom Subjekt korrekt konstruierte denkunabhängige Wirklichkeit isomorph ab. Die intersubjektive Übereinstimmung in Teilen ihrer Erkenntnispraxis ermöglicht, daß Individuen eine eindeutige und einheitliche Praxis der Bezugnahme auf Situa-

---

[37] Vgl. Wendel (1990) S. 72, der hier Quines Position wiedergibt.
[38] Vgl. Zimmer (1995) S. 119-163

tionsaspekte und zeichenbezogene Handlungsmuster entwickeln können. Dabei führt die Praxis der Sprachverwendung dazu, daß die Individuen ihre Konstruktionsweisen und Kategoriebildung feiner und ähnlicher aufeinander abstimmen, als es spontan und bei bloßer Interaktion geschehen würde. Da die Individuen durch die Verwendung sprachlicher Zeichen ihre Aufmerksamkeit gegenseitig lenken, kommt es auch zu einer Beeinflussung der Urteile über Wahrnehmungswertes und über Zusammenhangsbildung. Insgesamt führt Sprachgebrauch zu einer Homogenisierung von Interpretationsmöglichkeiten der Wirklichkeit – innerhalb einer Sprachgemeinschaft.

Ähnliche Erkenntnisapriori, die sich im Laufe der biologischen Evolution des Menschen pragmatisch bewährt haben, schaffen folglich die Grundlagen für eine gelingende Koordinationspraxis von Gemeinschaften in sinnlich wahrnehmbaren Umwelten. Diese Erkenntnisapriori schaffen jedoch nicht die Grundlage für universale wahre Theorien über Wirklichkeit. Denn erstens bleibt Sprache primär ein Instrument von Verständigungspraxis, nicht von Abbildungspraxis. Zweitens sind Sprachen *gruppenspezifische* Medien der Wirklichkeitsbewältigung. Sie sind auf die Anpassung der jeweiligen Gruppe an ihre jeweils spezifischen Lebensumgebungen und damit verbundenen Erkenntnisinteressen hin emergiert. Folglich kann es auf der Ebene konkreter Wirklichkeitskonstruktionen viele einander ausschließende oder ergänzende „wahre", weil viable, Wirklichkeitsvorstellungen geben.

Drittens wird sprachlich auch auf abstrakte, soziale, sinnlich nicht direkt oder einheitlich wahrnehmbare Phänomene Bezug genommen (bzw. diese werden sprachlich für die soziale Gruppe konstruiert). Für diese Aspekte sozialer Realität kann die Erkenntnisbiologie keine Wahrheitsvermutung stützen. Da Sprache aber ein ganzheitliches Sinnsystem ist, „färben" die Abstrakta und sprachlich inhärenten Erkenntnisinteressen auch auf die Bedeutungen konkreter physischer Phänomene „ab" und prägen zumindest Konnotationen der Interpretationen konkreter Phänomene. Folglich werden auch die Konkreta durch gruppenspezifische Deutungspraktiken nicht universal gleich gedeutet.[39] Sprache bildet deshalb nicht nur Wirklichkeitskonstruktionen der Individuen nicht „neutral" ab, sondern sie ist auch nicht erkenntnisneutral, da die Erkenntnisweisen der Einzelnen auf die Gruppengepflogenheiten hin angepaßt werden.

---

[39] Vgl. Wierzbicka (1991)

Viertens sind sprachliche Beschreibungen von Wirklichkeitskonstruktionen auch dann keine objektiv wahren Theorien, wenn die anwendende Gemeinschaft deren Geltung und überlebensförderlichen Erfolg bestätigt. Neben der normativen Färbung und den evolutionsbiologisch unbestimmten Abstrakta impliziert die Unterbestimmtheit von Weltbildern durch die „Beobachtungstatsachen", daß mehrere viable Wirklichkeitsvorstellungen parallel existieren können.

Die Nicht-Neutralität von Sprache ist also für radikal-konstruktivistische Erkenntnistheorien im Allgemeinen, einschließlich deren evolutionsbiologischer Fundierung im Besonderen zu konstatieren.

2.3 Der Linguistic Turn der Sprachphilosophie

Der Begriff des „Linguistic Turn" bezeichnet vor allem eine Entwicklung innerhalb der Philosophie. Im vorangegangenen Abschnitt 2.2 wurde gezeigt, daß aus einer veränderten erkenntnistheoretischen Position ein nicht-neutrales Sprachverständnis folgt. Sprache ist in diesem Sinne als Interaktionspraxis charakterisiert worden, die für wissenschaftliche Aussagen restriktiv ist und auf den Erkenntnisprozeß von Individuen i.d.R. normierend wirkt. Nun wird umgekehrt dargestellt, daß die pragmatisch-hermeneutische Wende der Sprachphilosophie zu einer erkenntnistheoretischen Position führt, die von der Sprachabhängigkeit aller Erkenntnis- und damit auch Wissenschaftspraxis ausgeht.

Die Philosophie ging lange davon aus, daß die Phänomene und Zusammenhänge der Wirklichkeit auch ohne empirische Beobachtung, allein durch den Gebrauch des Verstandes, also durch Denktätigkeiten, möglich sei. Besteht man auf eine empiristische Orientierung, dann dient das philosophische oder theoretische Denken zumindest dazu, Zusammenhänge zwischen empirischen Beobachtungen zu konstruieren. Der „Linguistic Turn" hebt in der Philosophie die Annahme auf, daß das fundamentale Produktionsmittel der PhilosophIn, nämlich der Denkapparat, unabhängig von Sprache operiert. Neben diese althergebrachte Annahme tritt im zwanzigsten Jahrhundert die sprachphilosophischen Position, daß Sprache und Denken unlösbar verschränkt sind und folglich alle Probleme (der Philosophie) als sprachliche Probleme aufzufassen sind. Entsprechend ist

Philosophie = man Sprachphilosophie sein! (handschriftliche Notiz)

die Philosophie in eine Sprachkritik zu transformieren, Philosophie muß Sprachphilosophie sein.[40]

Der Linguistic Turn ist innerhalb der Philosophie also deshalb so fundamental, weil er ihre grundlegende denkende Arbeitsweise als sprachlich restringiertes Tun kennzeichnet.[41] Aus der Sicht der vorliegenden Arbeit ist die sprachphilosophische Wende aber vor allem deshalb interessant, weil auch die Wissenschaftspraxis sowie die Wissensgenerierung und praktische Orientierung von Wirtschaftssubjekten als ein Prozeß charakterisiert wird, der in seiner Ausrichtung, seinem Ablauf und seinem Ergebnis durch die regelgeleitete Sprachpraxis der Individuen bestimmt ist. Konsequenzen ergeben sich daher für die Grenzen des Wahrheitsanspruchs und für die Erkenntnismöglichkeiten von Wissenschafts- und Wirtschaftssubjekten. Wirklichkeit kann nicht mehr erkannt und erklärt werden, sondern nur noch verstanden, wobei der Deutungsprozeß aus der Interaktion von interpretierendem Subjekt und interpretierter Wirklichkeit besteht und in dominanter Weise von den Regeln sprachlicher Verständigungsinteraktionen gesteuert wird.

Innerhalb der Sprachphilosophie läßt sich eine normative und eine deskriptive Richtung ausmachen. Die Vertreter der logischen Sprachanalyse suchen nach einer idealen Sprache, mittels derer immer und notwendig objektiv wahre Erkenntnisse gedacht (und gesagt) werden. Alle anderen Denk- und Sprechweisen jenseits der Idealsprache sind keine wahren Erkenntnisse. Die deskriptive Richtung der Sprachphilosophie gibt dagegen die Möglichkeit einer objektiv wahren Erkenntnis auf. Folglich dient die Untersuchung der faktisch gesprochenen Sprache (Ordinary Language) der Gewinnung von Einsichten in die Formen und Grenzen des Denkens, der Erkenntnis und damit auch in die philosophischen Probleme.[42]

---

[40] Vgl. Braun (1996) S. 29. Mit dieser Annahme, daß Denken in Form von Sprache stattfinde, findet auch eine erhebliche Aufwertung der Funktion von Sprache statt. War sie vorher nur Mittel des Austausches („Transaktion") von Gedanken zwischen Menschen, ist sie nun Medium der Denktätigkeit selbst („Produktion" von Gedanken).

[41] Zu einer kritischen Analyse des Zusammenhangs zwischen Denken und Sprache in der Philosophie vgl. Seebaß (1981)

[42] Vgl. als Einführung in die Grundlagen der Sprachphilosophie Scholz (1999)

2.3.1 Logische Sprachanalyse

In diesem Sinne sieht es die Denkrichtung der logischen Sprachanalyse (Russel, Moore, der frühe Wittgenstein, logische Empiristen) als die Aufgabe der Philosophie an, eine ideale, vollkommene, eindeutig logische Sprache zu konstruieren, die von den Unvollkommenheiten der „natürlichen", d.h. alltäglich gesprochenen Umgangssprache befreit ist. Wer in dieser idealen Sprache denkt, wird notwendig zu wahren Aussagen über die Wirklichkeit gelangen. Es wird insbesondere angenommen, daß die Sätze dieser idealen Sprache nach den Regeln der formal-mathematischen Logik gebildet sein müssen.

Der frühe Wittgenstein nimmt in seinem Tractatus Logico Philosphicus an, daß die zu findende Idealsprache die Gesamtheit aller sinnvollen Sätze umfaßt. Der Gedanke ist der sinnvolle Satz, d.h. Denken findet in Form sprachlicher Sätze statt, ob die Gedanken nun ausgesprochen werden oder nicht. Sinnvolle Sätze können entweder Elementarsätze sein, die von ihrer logischen Form her die gleiche Struktur haben wie die Sachverhalte der Wirklichkeit. Oder sie sind allgemeine Sätze, die wahrheitsfunktional[43] von den Elementarsätzen abhängen und in ihrer logischen Struktur von der gleichen Form wie die allgemeinen Sachverhalte der Wirklichkeit sind (Zusammenhänge, strukturelle Regelmäßigkeiten zwischen Strukturelementen).[44] Diese Annahme der gleichen logischen Struktur von Elementarsätzen und Sachverhalten bzw. allgemeinen Sätzen und allgemeinen Sachverhalten, wird als Isomorphiethese bezeichnet. Sie unterstellt zwar nicht mehr, daß man in den Worten der (Ideal-)Sprache „die" objektive Wirklichkeit abbilden könne, aber daß ihre Struktur in der Struktur der sinnvollen Sätze abbildbar sei.[45] Alles, über das jenseits der idealen Sprache

---

[43] Das heißt, die allgemeinen Sätze müssen logisch aus den tatsächlich beobachteten wahren Basissätzen konstruierbar und mit ihnen vereinbar sein, um wahr sein zu können.

[44] Die Elementarsätze Wittgensteins entsprechen ungefähr den Basissätzen der Beobachtungssprache, die allgemeinen Sätze dagegen den analytischen Sätzen, der Theoriesprache der logischen Empiristen.

[45] Bei Wittgenstein können nur Sätze Sinn haben, die Bedeutung einzelner Worte ergibt sich immer nur aus dem Satz, in dem sie verwendet werden. Damit löst er sich bereits aus der Referenztheorie der Bedeutung. Nicht einzelne Worte referieren zu einzelnen Gegenständen der Wirklichkeit, sondern die Struktur der Wortzusammenstellungen zu Sätzen korrespondiert zu Strukturen der Wirklichkeit. Vgl. zum Wahrheitskonzept in Wittgensteins Tractatus McGuinness (1981)

gesprochen wird, liegt jenseits der „Grenzen meiner Welt"[46]. Über diesen Teil der Wirklichkeit kann sinnvoll nichts ausgesagt werden, weshalb nach Wittgenstein darüber geschwiegen werden muß.[47]

Nach Russel – und dem schließen sich die anderen logischen Sprachanalytiker an – darf die zu konstruierende ideale Universalsprache *nicht reflexiv* sein, da die antinomiefreie Selbstreflexion von Sprache *logisch* unmöglich sei. Russel führt deshalb eine im Prinzip unendliche Hierarchie von Objekt- und Metasprachen ein, also zwei voneinander unabhängige Sprachen, mit deren einer (Metasprache) über die andere (Objektsprache) gesprochen werden kann, aber nicht umgekehrt. Um über die Metasprache zu sprechen, muß man eine weitere Meta-Metasprache entwerfen und so weiter. Die letzte aller Metasprachen, in der alles Wissen über die anderen Sprachen enthalten ist, bleibt unerkannt.[48]

Wittgenstein wendet dagegen ein, daß es von der Sprache als ungegenständlichem Medium kein Wissen gebe, nicht geben kann und auch nicht geben braucht. Da (Ideal-) Sprache und Welt isomorphe logische Strukturen aufweisen, sei die eindeutige reflexionslose Weltabbildung in der Sprache und die Identität der Subjekte[49] garantiert.

Hier wird bei Wittgenstein ein logischer Widerspruch sichtbar: Denn einerseits wird angenommen, daß die universale logische Form der Sprache bereits als transzendentaler Rahmen der Weltabbildung zur Verfügung steht. Andererseits wird diese ideale Sprache von den Sprachanalysten als konstruierbare Zeichentatsache neben den anderen Welttatsachen behandelt, da sie diese Idealsprache selbst konstruieren.[50] Dieser Widerspruch wird von Wittgenstein nicht thematisiert und auch nicht aufgelöst.

Aber auch Russels Position der Trennung von Objekt- und Metasprache und der unerkannten letzten Metasprache ist nicht akzeptabel, denn wenn diese unerkannt bleiben muß, dann kann es kein Wissen über die

---

[46] Vgl. Wittgenstein (1990a) Tractatus 5.6, S. 67: „ Die Grenzen meiner Sprache bedeuten die Grenzen meiner Welt."

[47] Vgl. Wittgenstein (1990a) Tractatus 7, S. 85: „Wovon man nicht sprechen kann, darüber muß man schweigen."

[48] Vgl. auch Frey (1967) S. 52: „ Das entscheidende Charakteristikum aller formalisierten Kalküle besteht darin, daß in solchen Formalsprachen nicht über diese selbst gesprochen werden kann."

[49] Die Subjektivität der Wahrnehmung, die die Erkenntnis verzerren könnte, ist bei der Verwendung der idealen Universalsprache aufgehoben, da dann alle Subjekte nach den identischen (logischen) Regeln sinnvoller Sätze denken.

[50] Braun (1996) S. 37

Möglichkeit des Wissens über die zu konstruierenden und zu deutenden
Systeme geben. Das heißt, wenn das Denksystem, in dem die Konstruktion
der Idealsprache denkend entwickelt wird, nicht selbst analytisch aus den
Elementarsätzen ableitbar ist, mit ihnen logisch vereinbar ist und gewußt
werden kann, dann kann die Wahrheit der Behauptung, diese Idealsprache
sei die wahre Erkenntnisse ermöglichende Sprache, nicht gezeigt werden.
Formal-logische Satzsysteme sind deshalb offene Systeme, die immer abhängig bleiben von der letzten Metasprache, in der reflexive Begriffe (z.B.
„Wahrheit") definierbar und die logischen Schlußregeln vor ihrer Anwendung formulierbar[51] sind. Dies führte letztlich zu der Einsicht, daß die
letzte Metasprache, in der also das Wissen über alle anderen (logisch-for-
malen Objekt- und Meta-) Sprachen und das Wissen über sie selbst (reflexiv) formulierbar und kommunizierbar ist, die Umgangssprache sein muß.
Innerhalb der Philosophie hatte das die Abkehr von der normativen logischen Idealsprache zur Konsequenz und die Hinwendung zur „Ordinary
Language Philosophy". In den Einzelwissenschaften dagegen blieb das
Ideal der formal-logischen Einheitswissenschaft mit vollkommen logischen analytischen Satzsystemen (Theorie) der Theoriesprachen sowie Basissätzen der Beobachtungssprache bis heute sehr einflußreich, nicht zuletzt in der Ökonomik.

In den Einzelwissenschaften löste die Rezeption des Gödelschen Un-
vollständigkeitsbeweises eine gewisse Erschütterung des Glaubens in die
wissenschaftliche Überlegenheit formal-logischer Theorien aus. Der von
Gödel innerhalb der Regeln formal-mathematischer Beweisführung erbrachte „Unvollständigkeitsbeweis" zeigte, daß die vollkommen logische
Sprache der Mathematik wesentlich unvollkommener ist, als bis dahin
(auch von den logischen Sprachanalytikern) unterstellt wurde. Er konnte
beweisen, daß jedes beliebige, aber widerspruchsfreie axiomatische System
der Arithmetik unvollständig ist, da zu jeder von ihnen wahre arithmeti-
sche Sätze konstruiert werden können, die nicht aus diesen ableitbar sind
und unentscheidbar[52] sind.[53] Insbesondere ist in solchen Systemen auch
die Aussage der Widerspruchsfreiheit dieses Systems unentscheidbar. Eine

---

[51] Blaseio (1986) S. 72

[52] Entscheidbar ist eine formale Theorie, „wenn es ein festes Verfahren gibt, das zu jeder
Aussage der Theorie in finiter Zeit entscheiden kann, ob diese aus den Axiomen ableitbar
ist oder nicht." Blaseio (1986) S. 82

[53] Gödel (1931), vgl. auch Hofstadter (1979)

formale Theorie aller Möglichkeiten ist in der Folge unmöglich.[54] Auch hieraus ergibt sich die Notwendigkeit für die Wissenschaft, die möglichst gutes Wissen über „die" Wirklichkeit konstruieren will, sich mit der Umgangssprache zu befassen, in der allein reflexive Zusammenhänge erfaßt werden können.

Zum zweiten ist auch die Isomorphiethese nicht begründbar. Da aber aus ihr die normative Vorrangigkeit der logischen Universalsprache abgeleitet wird, ist das Fundament der logischen Sprachanalysten letztlich brüchig. Die Isomorphiethese übersieht, daß die sprachlich verfügbaren Bedeutungen die wahrgenommenen und wahrnehmbaren Sachverhalte restringieren und determinieren und daß es nicht mehr überprüfbar ist, wie sich die denkunabhängige Wirklichkeit konstituiert.

Die normative Sprachphilosophie ist also gescheitert. Es ist nicht gelungen, die eine ideale Sprache zu erfinden, der man mit guten Gründen zuschreiben könnte, daß sie (allein) wahre Aussagen über Wirklichkeiten formulieren kann. Die positive Sprachphilosophie widmet sich deshalb der Frage, inwieweit tatsächlich mit der Sprache/den Sprachen, die im Gebrauch sind, wahre Aussagen über Wirklichkeit gemacht werden können und wie die Gewißheit bzw. „Wahrheit" solcher Aussagen begründet wird.

2.3.2 Wittgensteins Philosophie der Sprachspiele

Die Ordinary Language Philosophie (Ryle, der späte Wittgenstein, Austin, Searle, Strawson) untersucht deskriptiv die Formen und strukturellen Gesetzmäßigkeiten der realiter gesprochenen, vorgegebenen und unhintergehbaren Umgangssprache, um aus ihr Einsicht in die Formen und Grenzen des Denkens (und damit auch in die philosophischen Probleme) zu gewinnen.

Der späte Wittgenstein vollzieht in den „Philosophischen Untersuchungen" mit seiner Philosophie der Sprachspiele die entscheidende pragmatische Wende. Dort zeigt er, daß die Bedeutung sprachlicher Zeichen (Worte) und Zeichenkombinationen (Sätze) nicht durch ihre Referenz auf bestimmte Sachverhalte oder Gegenstände definiert ist, sondern durch die Art ihrer Verwendung in der menschlichen Sprachpraxis. Semantische Regeln können nur mehr von ihrem pragmatischen Sinn her

---

[54] C.F. v. Weizsäcker (1977) S. 585

verstanden werden. Der pragmatische Sinn gründet in den Lebensformen, die die Gemeinschaft der SprachverwenderInnen miteinander teilen. Die Sprachtätigkeit (die bei Wittgenstein die Tätigkeiten, mit denen sie verwoben ist, einschließt) wird selbst als soziale Praxis erkannt, die in die restliche soziale Praxis der Sprach- und Interaktionsgemeinschaft eingebettet ist, d.h. auf sie bezogen, in sie eingreifend (z.b. indem Sprache die Interaktionspraxis koordiniert und entwickelt) und von den Notwendigkeiten und Interessen, die mit dieser Interaktionspraxis (kontingent) verbunden sind, bestimmt.

Die konkrete Bedeutung eines Satzes ist durch seine Verwendung in einer konkreten Interaktionssituation gegeben, nicht fest durch einen tieferen Sinn, Idee oder ähnliches. Beleg hierfür ist, daß morphemisch identische Sätze in unterschiedlichen Verwendungskontexten ganz unterschiedliche Bedeutungen haben können.[55] Bedeutungen sind sozial jedoch nur dann verfügbar, wenn die Art der Verwendung sprachlicher Zeichen Regelmäßigkeiten aufweist, wenn also morphemisch identische Zeichen (Worte, Sätze) immer wieder im gleichen Sinne, zum Ausdruck gleicher Inhalte, zur Bewirkung gleicher/ähnlicher Reaktionen, in ähnlich strukturierten Situationen, bei ähnlichen Rollenkonstellationen verwendet werden. Denn nur bei (dauerhaft) regelmäßiger Sprachverwendung können verschiedene Subjekte gleiche Sprachregeln einüben und diese für die *erfolgreiche* Interpretation (=Verstehen) sprachlicher Äußerungen verwenden.

Wittgenstein wählt für diese Verwendungsregelmäßigkeiten den Begriff der Familienähnlichkeit, um zu betonen, daß die Situation, sprachliche Intention und die Bedeutung in der Zeit niemals identisch sein müssen (oder können), sondern daß sie einander ähneln wie Mitglieder einer weitläufigen Familie, die sich untereinander in ganz verschiedenen Merkmalen ähneln, aber selten alle in einem bestimmten Merkmal oder in allen Merkmalen übereinstimmen.[56] Dennoch beinhaltet das Konzept der Familienähnlichkeit die Voraussetzung, daß die Sprachverwender Ähnlichkeiten in gleicher Weise beurteilen, daß sie gemeinsame Kriterien dafür entwickeln, wann ein Laut, eine Situation, eine Rollenkonstellation, eine

---

[55] Vgl. das in der Kommunikationstheorie beliebte Beispiel „die Ampel ist grün."; ein Satz der je nach Kontext und beteiligten Personen ganz unterschiedlich zu interpretieren ist (Befehl, Feststellung, Ausdruck von Mißtrauen, Ungeduld usw.). Schulz von Thun (1994) S. 25 ff.

[56] Wittgenstein (1990a) §67, S. 278

Verhaltensantwort als ähnlich gilt. Wittgenstein geht dabei davon aus, daß die sozial gleiche kognitive Urteilspraxis nicht von Geburt an vorhanden ist, sondern erst in einem Lernprozeß eingeübt wird. Dennoch muß angenommen werden, daß jeder Mensch bei seiner Geburt im Prinzip jede der kognitiven Konstruktionspraktiken erwerben kann, die in menschlichen Sprachgemeinschaften gepflogen werden, da eine genetische, kulturspezifische Sprachkompetenz in der Wittgenstein'schen Sprachphilosophie nicht unterstellt wird.

Die Bedeutung eines Wortes/Satzes ist in der Folge nur noch durch die Klärung der Regeln seiner Verwendung in jeweils historisch, kulturell konkreten Sprach- und Interaktionsgemeinschaften zu erklären. Die sprachliche Bedeutungsfunktion ist deshalb erstmalig als sprachimmanent, reflexiv und pragmatisch definiert.

Mit Bezug auf den konstitutiven Zusammenhang von Sprache und Lebensformen[57] führt Wittgenstein in Analogie zum Schachspiel den Begriff des **Sprachspiels** ein. Ein Sprachspiel ist ein Regelsystem, das sowohl den zu verwendenden Zeichenschatz und den Verwendungskontext umgrenzt als auch die Regeln, gemäß derer die Zeichen im Sprachspielkontext zu verwenden sind, konstituiert. Und die Bedeutung eines Satzes ist durch die Regeln seiner Verwendung innerhalb eines Sprachspiels festgelegt. Das, was allgemein „Sprache" genannt wird, setzt sich aus einem kompliziert miteinander verwobenen Netz einer Vielfalt einzelner Sprachspiele, die in konkreten historischen Sprachgemeinschaften gespielt werden, zusammen. Deshalb impliziert Wittgensteins pragmatisch-hermeneutische Wende zugleich einen radikalen kulturellen Relativismus sprachlicher Bedeutungen.[58]

Epistemologisch hat Wittgensteins Sprachphilosophie radikale Konsequenzen, denn er stellt die Privatheit und Individualität von Denktätigkeiten in Frage. Sprache ist in seinem Sinne ein rein soziales Phänomen[59] und die sprachlichen Begriffe in ihrer Bedeutung allein durch die sozialen Verwendungsregelmäßigkeiten bestimmt.[60] Mit der Charakterisierung von Denken (Wirklichkeitskonstruktion) als innerem Erlebnis, das zumindest potentiell in Sprache ausdrückbar sein muß, postuliert Wittgenstein, daß

---

[57] Vgl. Abschnitt 5.2.7 sowie Lütterfelds, Roser (1999)

[58] Vgl. zur Wittgenstein'schen Sprachkonzeption genauer in Kapitel 5

[59] Vgl. Morscher (1981)

[60] Vgl. zum sogenannten „Privatsprachenargument" Wittgenstein (1990a) §§243-292, S. 356-373, Hintikka, Hintikka (1990) S. 307-345

jegliches äußerbare Erkennen, Denken und Wissen in der Form der sozial geteilten Sprache stattfinden muß. Innere Erlebnisse, die nicht geäußert werden können, kann es zwar geben, sind aber kein Denken und Wissen im Wittgenstein'schen Sinne. Wahrnehmung und die denkende Ordnung von „Wirklichkeiten" ist deshalb stark an die Form der Sprachspiele gebunden, in die der jeweilige wahrnehmende Mensch hinein sozialisiert (bei L.W. „abgerichtet") wurde. „Sprache ist das kognitive Instrument, mit dem wir unsere Welt ‚ergreifen' und so zurechtmachen, daß sie in einem intersubjektiv geteilten Universum mit anderen gemeinsam erfahrbare und beschreibungsfähige Wirklichkeitsbereiche schafft."[61] Die gelernte und weiter geltende Sprachspielpraxis restringiert also den Horizont verwendbarer Bedeutungen und folglich auch sinnhafter Wirklichkeitskonstitutionen (Theorien), und dieser Horizont kann nur sehr langsam durch Veränderung der intersubjektiv übereinstimmenden Regelpraxis verschoben werden.

Es lassen sich zwei Arten von Sprachspielen unterscheiden. Einmal sind da die Sprachspiele, in denen sich die interaktive Praxis als Teil einer Lebensform konstituiert. Und zum anderen sind da Metasprachspiele, in denen die soziale „sprachspielende" Interaktionspraxis der erstgenannten Sprachspiele sinnhaft deutend reflektiert werden (Selbstreflexion, Diskurs). Hierzu gehören auch alle wissenschaftlichen Sprachspiele. Die Metasprachspiele sind immer sekundär zu den ersteren, da sich die sprachlichen Bedeutungen, die für das Sprechen *über* Sprachspiele verwendet werden, in der Lebensform-gebundenen Verwendung von Sprache in (primären) Sprachspielen herausgebildet haben und dort ihre sinnhafte Verankerung haben. Gleichzeitig sind natürlich auch reflektierende Sprachspiele interaktive Praxis, deren Zeichenverwendung auf ihren pragmatischen Kontext (Lebensform) hin gedeutet werden muß. Dies ist Ausdruck der Zirkularität der Alltagssprache (Ordinary Language). Auch wenn Metasprachspiele logisch den primären Sprachspielen nachgelagert sind, so kann doch die Reflexion von primärer Interaktionspraxis auf diese zurückwirken und sie verändern. Die Zirkularität und Reflexivität von Sprache führt zur Ko-Evolution von Sprachspielen und Metasprachspielen. Dieser Entwicklungsprozeß von Sprache ist ein grundsätzlich offener. Deshalb ist auch jedes wissenschaftliche Sprachspiel (Theorie, Paradigma), das sich als geschlossenes logisches System konstituieren will, mit dem Zeitpunkt seiner Entstehung immer schon gescheitert, da solche Systeme

---

[61] Fischer (1990) S. 192

nicht ohne Kontradiktionen gebildet werden können.[62] Die Bemühung um interdisziplinäre Konsistenz ist der Versuch, solche Kontradiktionen aufzulösen.

Wittgenstein konstatiert, daß die „Kleider der Sprache" uns die „unsägliche Verschiedenheit aller der tagtäglichen Sprachspiele"[63] nicht zu Bewußtsein kommen lassen, daß also die Verwendung gleicher sprachlicher Zeichenkombinationen uns gleich erscheinen läßt, was aufgrund der Unterschiedlichkeit von Verwendungskontexten nicht notwendigerweise sonderlich gleich ist. Daraus folgert er, daß die einzig sinnvolle Methode für die Philosophie (und die übrigen über Wirklichkeit reflektierenden Sprachspiele) sein kann, festzustellen und zu beschreiben, welche Sprachspiele realiter gespielt werden, und keine *Erklärungen* mehr zu suchen.[64] Er nimmt an, daß es unmöglich sei, *eine* hinter allen Sprachspielen liegende Tiefenstruktur oder Logik der Sprache und damit der praktizierten Wirklichkeitsdeutungen zu finden.[65] Deshalb können problematische Begriffe, in der Ökonomik bspw. „Markt", „Wohlfahrt", „rationales Handeln", „Geld", nur dadurch geklärt werden, indem die Art der Verwendung (Regeln) dieser Begrifflichkeiten in den *alltäglichen*, primären Sprachspielen, in denen diese Begriffe ihren ursprünglichen Sinn haben, untersucht wird.

Da „die" Sprache aber eine unsystematische Sammlung verschiedenartiger Aktivitätsformen (Sprachspiele) ist, wird dieses Vorgehen auch immer nur eklektische, durch Ähnlichkeiten und Unterschiede zusammenhängende Zusammenstellung der Beschreibung konkret gespielter Sprachspiele liefern. Denn jeder Versuch, *eine* Systematik zwischen diesen praktizierten Sprachspielen darzustellen, eine gedachte Ordnung in diese Sprachspiele zu konstruieren (Theorie), ist bereits eine gewichtende Deutung, zu der unzählige andere Deutungen gleichberechtigt konstruierbar sind. Andererseits ist die Beschränkung von Forschung auf einzelne raum-

---

[62] Vgl. Bateson, Ruesch (1995) S. 286

[63] Wittgenstein (1990a) S. 570

[64] Wittgenstein (1990a) §109, S. 298 f.: „Und wir dürfen keinerlei Theorie aufstellen. [...] Alle Erklärung muß fort, und nur Beschreibung an ihre Stelle treten."; und §66, S. 277 f. „denk nicht, sondern schau!" Vgl. auch ebd. §§654-656, S. 476 f.

[65] Diese Annahme vertreten und stützen auch die kulturvergleichenden Linguisten und Anthropologen, da die Grammatiken unterschiedlicher Sprachen als sehr differente Phänomene wahrgenommen werden. Vgl. Wierzbicka (1991), früh: Whorf (1963), Sapir (1961)

zeitliche Verwendungsausschnitte nicht sinnvoll, da Sprachspiele nur im Kontext der gesamten Sprachspielpraxis verstanden werden können.

Theoriebildung in diesem Sinne ist selbstverständlich soziale Praxis, durch die Akteure sich orientieren. Jedoch können auf diesem Wege, weder von WissenschaftlerInnen, noch von Wirtschaftssubjekten wahre Erkenntnisse über „die" objektiven Zusammenhänge der Wirklichkeit oder „das Wesen" des Phänomens Geld, Markt usw. gewonnen werden. Theorien mit einem Erklärungsanspruch sind deshalb immer normative, d.h. Handlungen in bestimmter Weise orientierende, bestimmtes Verhalten ausschließende Wirklichkeitskonstruktionen.[66] VollzeitwissenschaftlerInnen sind folglich Teil einer sehr speziellen Praxis, deren Lebensformen stark von dem sozialen Diskurs wissenschaftlicher Erkenntnisse restringiert werden. Ihr gesellschaftlicher Auftrag liegt nicht in der sprachlichen Abbildung wahrer Wirklichkeitskonstruktionen, sondern in den spezifischen gesellschaftlichen Bedürfnissen. Das kann die Erzeugung kreativer oder unterhaltsamer Wirklichkeitsvorstellungen sein (Erbauung, Inspiration), das Finden und Erfinden z.B. ökonomisch erfolgreicher oder moralisch wertvoller Interpretationspraktiken historischer oder erfundener Sprachspielgemeinschaften (Beratung, Hilfe zur Selbsthilfe), die Entlastung der Gesellschaftsmitglieder von eigener Denk- und Urteilspraxis (Alibi), die Durchführung von Ritualen zur Verminderung oder Erzeugung von Unsicherheitsgefühlen (Beschwichtigung, Stabilisierung, Exotik) und vieles andere.[67] Zudem ist das Verhalten von WissenschaftlerInnen nicht nur durch die gesellschaftlich-ökonomische Seite determiniert, sondern auch von den spezifischen Interessen, Methodenideen und -zwängen der einzelnen ForscherIn und ihrer Bezugsgruppen geprägt. Dies kann weitere wissenschaftliche Verhaltensorientierungen bedingen, welche bei Bestehen einer reinen Wirklichkeitsabbildungsaufgabe evolutionsinstabil sein könnten.

Wittgenstein gewichtet allerdings selbst, wenn er der Philosophie die Methode empfiehlt, sie solle sich bei der Untersuchung der Begriffsverwendung nicht auf die philosophischen Diskurse beziehen, da hier ganz verwirrende, der Alltagspraxis widersprechende Verwendungen vor-

---

[66] Wittgenstein verwendet das Bild, daß Wissenschaften Grenzen um Begriffsbedeutungen ziehen, wo es nur diffuse Übergänge (Grauzonen) gibt, daß solche Grenzlinien aber immer zu einem bestimmten Zweck gezogen werden. Wittgenstein (1990a) §499, S. 432 f.

[67] Vgl. zum Spannungsfeld zwischen Wissenschaft und gesellschaftlicher Wahrnehmung von Wissenschaft Blumenberg (1987) zu einer Diskussion der Aufgaben von Wissenschaft in der (deutschen) Gesellschaft Ermert (1986) S. 129-190

herrschten. Indem er sagt, daß die relevanteren Bedeutungen sprachlicher Begriffe in der ganz existentiellen Auseinandersetzung sprachlich inter- agierender Menschen in und mit ihrer natürlichen und kulturellen Um- welt herausgebildet würden (primäre Sprachspiele), ordnet er die reflektie- renden, sekundären Sprachspiele (Wissenschaft, Philosophie) den primä- ren logisch nach. Bei der Interpretation von Bedeutungen hätten diese sich an den in primären Sprachspielen gebräuchlichen zu orientieren – für den Fall, daß Erkenntnis über einen historisch-kulturell begrenzten Wirklich- keitsausschnitt gewonnen werden soll. Sofern die WissenschaftlerIn bereit ist und beabsichtigt, in die soziale Praxis normativ, orientierend, Möglich- keiten ausschließend einzugreifen, dann wird er/sie scharfe Begriffsdefini- tionen und feste Interpretationsregeln einführen und sich damit von der alltäglichen, unscharfen Bedeutungsgrenzen operierenden Deutungspraxis lösen. Ein solches wissenschaftliches Vorgehen ist erstens immer nur be- zogen auf eine bestimmte Zweckorientierung möglich (auch wenn diese normative Orientierung und Perspektive der TheoretikerIn nicht bewußt ist) und ist zweitens nur das Angebot einer neuen, praktisch zu spielenden Sprachspiel-Variante, über deren pragmatische Bewährung nur die jewei- ligen NutzerInnen urteilen können.[68]

2.3.3 Wittgensteins Erben und Mitstreiter

In der Folge Wittgensteins gibt es ganz unterschiedliche Strömungen, die an seine pragmatisch hermeneutische Wende mal mehr, mal weniger an- schließen. Zunächst sei auf **Austin**[69] und **Searle**[70] eingegangen, die mit der *Sprechakttheorie* vor allem darauf fokussieren, daß jede Sprachtätigkeit tat- sächlich soziales Tun (Akt) ist und daß die Sprache jenseits der theoreti- schen Darstellungsfunktion (konstative bzw. repräsentative Akte) weitere nicht-theoretische Funktionen hat. Aufgrund dieser nicht-theoretischen Funktionen muß die Aufforderung des frühen Wittgensteins, daß man über das schweigen müsse, worüber man (mit der idealen Sprache) nicht sprechen könne, nicht befolgt werden. Mit dem Versuch der vollständigen

---

[68] Vgl. zu den wissenschaftstheoretischen Implikationen von Wittgensteins Sprachver- ständnis auch Finke (1979) und Welsch (1995)

[69] Austin (1962; 1972)

[70] Searle (1990)

Kategorisierung der Funktionen von Sprache ist die Sprechakttheorie eine Theorie im oben beschriebenen Wortsinne.

Jeder Sprechakt ist gleichzeitig lokutionärer Akt (Äußerung von sprachlichen Zeichen/Lauten in bestimmter Anordnung), illokutionärer Akt (der durch den Akt des Sagens selbst eine Handlung vollziehende Akt, z.b. Behaupten, Fragen, Befehlen, Versprechen) und perlokutionärer Akt (der über die durch die sprachliche Handlung hinausgehende Wirkung erzielende Akt, z.b. die Bremshandlung des Fahrers nach der sprachlichen Äußerung, daß die Ampel rot sei). In den sogenannten performativen Äußerungen (z.b. „ich verspreche hiermit...") sind illokutionärer und perlokutionärer Akt identisch. Sprache kann grundsätzlich glückende oder mißglückende Handlung sein, und jeder Sprechakt muß als auf Gelingen ausgerichtete Verständigungs*handlung* interpretiert werden.[71]

Während die Sprechakttheorie einheitliche Strukturen von Sprechtätigkeiten klassifiziert, beginnt in der Nachfolge Strawsons die Suche nach den Strukturen, die den tatsächlichen Sprachgebrauch zuallererst ermöglichen.[72] Diese Suche nach sprachlichen Universalien in den Sprachstrukturen weisen jedoch den entscheidenden Nachteil auf, daß sie von der historisch-konkreten Determiniertheit von Sprachverwendungsmöglichkeiten zu abstrahieren versuchen. Und sie können letztlich nicht angeben, wie und warum es diesen selbst historisch-kulturell-sprachlich restringierten Philosophen und Wissenschaftlern möglich ist, „hinter" die faktisch gesprochenen Sprachen zurückzugehen, den Blick auf die „reinen" objektiven Strukturen zu werfen und das „Gesehene" in einer objektiven, universalen Sprache auszudrücken.[73]

---

[71] Krämer (2001) ordnet Searle dabei als einen „Zwei-Welten"-Theoretiker ein, da seine Sprechakttheorie universal für alle Sprachakte gilt, während ihr partikulärer Vollzug die interkulturellen Sprachunterschiede vollkommen erklärt. Austin hingegen gilt bei ihr als Performanztheoretiker der Sprache, da nach ihm das Phänomen Sprache nicht von den konkreten Sprechaktivitäten unterschieden werden kann, sondern sich durch diese konstituiert.

[72] Vgl. dazu die Diskurse, die sich etwa auf der Basis der strukturellen Linguistik formieren (de Saussure (1967), Jakobson (1979), Hjelmslev (1974)), in der Folge die Übertragung des Modells der strukturellen Linguistik auf die Human- und Sozialwissenschaften durch Strukturalismus Lévi-Strauss (1967; 1971-75), vgl. zu der Reflektion des Zusammenhangs von Macht und Wissen (und Sprache) Foucault (1969; 1971, 1973; 1976), vgl. auch den Versuch Habermas' (1995) eine Universalpragmatik zu generieren sowie die Analyse der Bedeutung von Sprache für die Wissenschaft und die Programmatik der Dekonstruktion bei Derrida (1972; 1974; 1986).

[73] Dies gilt auch für Habermas' Konzept der Universalpragmatik, da die Kategorien des universalpragmatischen Sprachverständnisses nicht mit allen Lebensweltkontexten histo-

Diese Kritik muß man bspw. auch dem Ansatz der „objektiven Hermeneutik" **Oevermanns** machen, der meint, mit Hilfe der objektiv-herme-
neutischen Methode[74], die Realität der objektiv-latenten Sinnstrukturen
freilegen zu können. Latente Sinnstrukturen befinden sich ihm zufolge
unter der Oberfläche subjektiv-intentional repräsentierter Bedeutungsmuster (Weltbilder der Subjekte). Indem der objektive Hermeneutiker diese
Sinnstrukturen sprachlich ausdrückt, behauptet er, die wahre, wirkliche
Bedeutung der untersuchten Kommunikation erkannt zu haben und somit
die objektive Tiefenschicht der „eigentlichen" gesellschaftlichen Wirklichkeit darin sprachlich ausdrücken zu können. Dies sei möglich, weil der
Interpret als sozialisiertes Mitglied der Gesellschaft über eine intuitiv be-
herrschte Urteilskraft verfügt, diese latenten Sinnstrukturen zu verstehen.[75] Im Wittgenstein'schen Sinne ist die Bedeutung kommunikativer
Akte aber nicht eindeutig festzulegen, denn es bestehen erhebliche Freiheitsgrade von Sprecherin und Verstehendem, die Bedeutung gemeinsam
in der jeweiligen Situation festzulegen und auch zu verändern.

Dieser Möglichkeit des Zugangs zu objektiven universalen Strukturen
stehen in der Nachfolge Wittgensteins insbesondere W.v.O. Quine, D.
Davidson und R.Rorty kritisch gegenüber. Die Entscheidung darüber, welches Sprachspiel ein Mensch spricht, in welche Sprachspiele und Sprachkultur er/sie hineinsozialisiert wird, die er/sie aktualisiert und erhält, indem er/sie weiter spricht und sprachverwendend zur Interpretation sei-
ner/ihrer Wirklichkeit nutzt, ist ihm/ihr nicht in vollkommener Freiheit
überlassen, sondern ist ihm/ihr mit der Geburt und weiteren Entwicklung
kontingenterweise mitgegeben. Nach **Quine** gilt: „Das grundlegende Begriffsschema der Wissenschaft und des Common Sense kann der Philo-
soph nicht untersuchen, ohne selbst über ein Begriffsschema zu verfügen,
das seinerseits – ob es das selbe ist oder ein anderes – der philosophischen
Überprüfung bedarf."[76] Die Rekonstruktion einer Konstruktion ist immer

---

rischer Gesellschaften vereinbar sind. Vgl. Fuchs, Wingens (1986) S. 485 ff., Krämer
(2001)

[74] Oevermann u.a. (1979)

[75] Allerdings soll die objektive HermeneutikerIn nicht nur mit der zu interpretierenden
Lebenswelt möglichst vertraut sein, sondern auch nicht ausgeprägt neurotisch, erwachsen, von unmittelbarem Handlungsdruck möglichst entlastet, und die subjektive Inter-
pretationsverzerrungen sollen durch Gruppenkontrolle neutralisiert werden. Vgl. Fuchs,
Wingens (1986) S. 490

[76] Quine (1980) S. 474 f.

selbst eine bestimmte Konstruktion mit eigenen Selektionsentscheidungen, die legitimiert werden müssen.[77]

Diese Auffassung harmoniert mit dem philosophischen Programm **Derridas**[78], der Dekonstruktion. Derrida geht davon aus, daß die Begriffe und Sätze, in denen Philosophie gedacht und geschrieben wird, in ihrer Bedeutung durch die philosophische Tradition bestimmt sind und eine andere Sprache nicht zur Verfügung steht. Deshalb läßt er sich auf diese Tradition ganz ein, um die versteckten Voraussetzungen oder Möglichkeitsbedingungen, und so die Grundlagen philosophischer Sprachspiele, freizulegen. Philosophie ist in diesem Fall ein zweideutiges Unterfangen. Einerseits ist jeder philosophische Ansatz Teil der philosophischen Tradition und andererseits ist er etwas Neues, eine Fortentwicklung, Differenz von der Tradition, die nur auf den Grundlagen der Tradition möglich ist. Und dies gilt auch für de-konstruierende Ansätze. Ist eine Grenzüberschreitung, also die Veränderung des Sagbaren, trotz der Traditionsgebundenheit möglich? Zwar „führt jeder übertretende Schritt, der uns die Abgrenzung faßbar macht, wieder mitten in sie zurück. Aber durch die Vorgänge auf beiden Seiten der Grenze verändert sich der innere Bereich, und es vollzieht sich eine Übertretung, die nirgends als vollendete Tatsache präsent ist".[79]

Rorty zieht die Konsequenz, daß jede Deutung oder Konstruktion der Wirklichkeit, ob nun wissenschaftlich oder alltäglich, einen „ethnozentrischen" Standpunkt beziehen muß, wobei der die Perspektive des Beobachters determinierende „Ethnos" hier nicht mehr die biologisch-homogene Population ist, in die der einzelne hineingeboren wird, sondern die Sprachspielgemeinschaften, in die er hineinsozialisiert ist und auf die er sich mit seinen Äußerungen bezieht. Die Hermeneutik, also das handelnd deutende, konstruierende Verstehen der natürlichen und sozialen Wirklichkeit, das nach Wittgenstein der einzige Zugang zur Wirklichkeit ist und gemäß Rorty die Erkenntnistheorie ablösen muß, wird damit zur „unkontrollierbaren Praxis eines traditionsbezogenen und zugleich offenen Dialogs, die im Sinne einer De-Transzendentalisierung die Verabschiedung aller universalen Geltungsansprüche vollzieht."[80]

---

[77] Vgl. für eine tiefergehende Einführung und Analyse zu Quine, Davidson und Rorty Tietz (1995), zu Quine auch Wendel (1990) S. 69-125, Davidson (1990; 1993)

[78] Allerdings entwickelt Derrida dieses Konzept v.a. von Heidegger beeinflußt.

[79] Derrida (1986) S. 47, vgl. auch Derrida (1972; 1974)

[80] Braun (1996) S. 56, vgl. auch Rorty (1981; 1989; 1991; 1992)

Wittgensteins Sprachspielkonzept bereitet deshalb den Boden für
Lyotards Philosophie der Postmoderne. Nach Lyotard muß von den „großen Erzählungen", den modernen Ideologien, die umfassende Daseins-
deutungen anbieten, Abschied genommen werden. Vielmehr vollzieht sich
mit der Verabschiedung aller universalen Geltungsansprüche der Übergang zu einem postmodernen Gesellschaftszustand, der durch eine Vielfalt
miteinander unvereinbarer (inkommensurabler oder nicht anschlußfähi-
ger) „kleiner Erzählungen" gekennzeichnet ist. Metasprachspiele, „Theorien" über die Wirklichkeit, sind in ihrem Stellenwert unbestimmbar und
im Prinzip kann es unendlich viele solcher „Erzählungen" nebeneinander
geben.[81] In der Wissenschaftstheorie findet sich die ganz ähnliche Position
bei **Feyerabend**, der die Unbestimmbarkeit des Stellenwertes wissenschaftlicher Theorien mit dem Satz „anything goes" zum Ausdruck
bringt.[82]

Da der Anspruch auf eine universale Sprache nicht mehr legitimierbar
ist und sprachliche Universalien empirisch nicht rekonstruiert werden
konnten, kann die PhilosophIn oder die WissenschaftlerIn nur noch versuchen, möglichst viele „Sprachen", also Wirklichkeitsverständnisse, zu
lernen und aktiv zu beherrschen. Das versetzt sie/ ihn in die Lage, sich
erstens mit und in möglichst vielen Wirklichkeitskonstruktionen verständigen zu können, zweitens als ÜbersetzerIn im „Gespräch der Menschheit" tätig zu werden und drittens macht es ihr/ihm für die Orientierung
in der Lebenspraxis ein möglichst umfangreiches Spektrum an Problem-
Strukturierungen und Lösungsmöglichkeiten potentiell verfügbar. Zwischen dem Überreden oder Überzeugen anderer, zwischen Rhetorik und
Logik ist in der Folge nicht mehr trennscharf zu unterscheiden.[83] Das gesellschaftliche Selbstverständnis davon, was als „rational" oder „wahr"
gelten darf, ist (je vorläufiges) Ergebnis eines Diskurses mit historisch-
kulturell kontingenten TeilnehmerInnen und kontingenten gesellschaftlichen Diskursregeln.[84] Diese historisch-kulturelle Relativität ist auch dann
zu konstatieren, wenn man die Aussagen der Evolutionsbiologischen Er-

---

[81] Vgl. Lyotard (1985; 1986; 1989). Die Gesamtheit aller dieser Sprachspiele (Erzählungen) konstituiert dann die gesellschaftlichen Diskurse. Unter Diskurs ist nicht, wie etwa
bei Habermas, eine besondere, z.B. rational argumentierende Kommunikationsform zu
verstehen, sondern alle Stilarten gesellschaftlich zugelassener Diskurssprachspiele. Vgl.
Koller (1996) zu Lyotards Sprachtheorie; zum Diskursbegriff ebd. S. 115

[82] hierzu genauer in Abschnitt 2.4.4

[83] Rorty (1985) S. 584

[84] Vgl. Tomlinson (1989)

kenntnistheorie als gegeben annimmt, demzufolge gewisse universale Erkenntnismechanismen aus der phylogenetischen Entwicklung der
Menschheit unterstellt werden können. Aus diesen genetisch verankerten
Erkenntnisbedingungen lassen sich zwar bestimmte Funktionseigenschaften, Charakteristika und Evolutionsbedingungen natürlicher Sprachen ableiten, jedoch keine universalen sprachlichen Kategorien und verfügbaren Bedeutungen (vgl. Abschnitt 2.2.4).

2.3.4 Erkenntnistheoretische und wissenschaftstheoretische Konsequenzen des philosophischen „Linguistic Turn"

Zwar verfolgt die Sprachphilosophie, innerhalb derer sich der Linguistic
Turn abspielte, andere Interessenschwerpunkte, aber es lassen sich auch
erkenntnistheoretische und wissenschaftstheoretische Implikationen dieses
neuen Sprachverständnisses feststellen und diskutieren. Sprache gilt in
diesem neuen Verständnis nicht mehr als neutral für Kognition, Erkennen, Kommunikation, für den Prozeß des Schaffens von Wissen und die
Vorgänge der individuellen und sozialen Orientierung in der Wirklichkeit
bzw. Praxis.

Das performanztheoretische Sprachkonzept des Linguistic Turn und
der radikale Konstruktivismus sind in vielen Grundannahmen kompatibel.
Insbesondere sind beide evolutorische Konzepte und leiten die historisch
spezifischen Erkenntnisregelmäßigkeiten von den Überlebensbedingun-
gen der jeweiligen Menschen ab. Daß Sprachspiele in die historischen Lebensformen eingebettet sind und sich begrenzt durch die Möglichkeiten
ihres Vollzugs innerhalb dieser Lebenswelten entwickeln, bedeutet, daß
die Selektionsumgebung menschlicher Organismen als eine *sowohl natürliche als auch soziale* verstanden wird. Während der evolutionsbiologisch
fundierte radikale Konstruktivismus vor allem die natürliche Selektionsumgebung als Restriktion menschlichen Erkennens thematisiert, ist die
Evolutionsvorstellung des Sprachspielkonzepts grundlegend an der sozialen, sprachvermittelten Lebensweise von Menschen in dieser natürlichen
Umwelt ausgerichtet. Die tradierte Sprachspielpraxis der eigenen Bezugsgruppe wird hier als maßgebliche selektionsrelevante Restriktion fokussiert, die folglich auch die Erkenntnismöglichkeiten und -grenzen der
Gruppenmitglieder in spezifischer Weise restringieren.

Da die soziale Verständigungspraxis im Sprachspielkonzept die Erfolgsbedingungen und -möglichkeiten des Einzelnen maßgeblich bestimmt, bilden sich folglich vor allem solche Erkenntnisfähigkeiten aus, die innerhalb
der Sprachspielgemeinschaft kommunizierbar sind, also verstanden werden und anschlußfähig sind, die von dieser Sprachspielgemeinschaft nicht
sanktioniert werden und mit denen man innerhalb der Gemeinschaft zum
Erfolg gelangen kann. Entsprechend sind die Erkenntnisfähigkeiten vor allem, aber nicht notwendig ausschließlich, durch die Sprachspielregeln der
jeweiligen Gemeinschaft geprägt. In den radikal-konstruktivistischen, eher
Individuum-zentrierten Ansätzen, wird die Begrenzung der Erkenntnismöglichkeiten von Individuen durch die sprachlich bereitgestellten Wahr-
nehmungsregeln hingegen vernachlässigt oder auch ganz ignoriert.

Von den erkenntnistheoretischen Implikationen sind die wissenschaftstheoretischen zu unterscheiden, da das erkenntnistheoretische Vermögen
eines Subjekts sowohl seine praktisch handelnde Orientierung in der
Wirklichkeit (Know-how) als auch sein formulierbares, explizites Wissen
über seine „Erkenntnisse" und Wirklichkeitskonstruktionen beinhaltet
(vgl. genauer Abschnitt 4.4). Wissenschaftstheorie hingegen beschäftigt
sich nur mit den Erkenntnissen und Denktätigkeiten, die sprachlich formuliert werden (können).

Die Erzeugung von Wissen kann also nur innerhalb der Regeln von
Sprachspielen erfolgen. Wissenschaftliche Erkenntnis ist deshalb nicht
jenseits der sozialisierten Sprachspiele möglich, durch deren „Brille" das
soziale Subjekt „die" Wirklichkeit erkennt, nach deren Regeln es die
Wirklichkeit deutet (versteht), konstruiert und sich in ihr verhält.

Diese verfügbaren Bedeutungen sprachlicher Zeichen sind von ihrem
pragmatischen Sinn her definiert, entstanden und entwickeln sich als die
Bedeutungen, die sie innerhalb der praktischen, gesellschaftlich organisierten Bewältigung der Wirklichkeit haben. Die einzelnen Sprachspiele
weisen eine je spezifische Rationalität auf (haben einen „Witz"), anhand
derer die (Sprech-)Aktivitäten der Teilnehmer beurteilt werden. Diese Rationalitäten und Teillogiken sind für das gesamte Netzwerk der mannigfaltigen Sprachspiele, in denen sich eine Gesellschaft praktisch und reflek-
tierend verhält und orientiert, durchaus unterschiedlich und inkohärent.
Und auch zwischen unterschiedlichen Sprachgemeinschaften lassen sich
Differenzen in Rationalitätsvorstellungen und Denklogiken feststellen. Es
muß deshalb untersucht werden, ob die WissenschaftlerIn in ihrem theoretischen Sprachspiel die Rationalität und Wertorientierung des wissen-

schaftlich interpretierten Sprachspiels aufgreift und integriert oder durch andere Rationalitäten und Wertorientierungen ein positiv oder negativ kritisches Spannungsfeld zu den primären Handlungslogiken erzeugt.

Da die WissenschaftlerIn Teil einer spezifischen gesellschaftlichen Lebensform ist, sind auch ihre Erkenntnisfähigkeiten innerhalb der Gruppenstandards normiert. Insbesondere gelten aber für sie oder ihn die Sprachspielregeln wissenschaftlicher Sprachspiele, die wiederum in spezifischer Weise in die Selektionsumgebung gesellschaftlicher Diskurse eingebettet sind. Es ist wichtig, die soziale Bedingtheit und Gruppenspezifität der Erkenntnismöglichkeiten der jeweiligen WissenschaftlerIn auszuloten, um so die Gründe und Grenzen der jeweiligen Wirklichkeitskonstruktion verstehen zu können.

Die wichtigste Folge des Linguistic Turn für die Wissenschaft ist, daß ein universaler Geltungsanspruch von Theorien, die selbst nur Äußerungen in (reflektierenden) Sprachspielen sind, nicht legitimierbar ist. Entsprechend muß das Wahrheitsziel von Wissenschaft modifiziert und die Vorstellung universaler konsistenter Wirklichkeitskonstruktionen zumindest für die Sozialwissenschaften aufgegeben werden. Theoretisierende Sprachspiele über Wirklichkeit sind notwendig kultur-spezifisch, wobei die Autonomie und Sinnhaftigkeit des jeweiligen kultur-relativen Sprachspiels von außen nicht mehr antastbar ist.[85]

Theorieaussagen können dann nur noch in den gesellschaftlichen Diskurs über „gute", hilfreiche, interessante, gerechte usw. Wirklichkeitskonstruktionen und Verhaltensbewertungen eingebracht werden. Innerhalb dieser Diskurse wird über die Geltung und die Anwendung von Theorien entschieden. Die Kriterien für die Qualität einer wissenschaftlichen Theorie können also nicht mehr mit irgendwelchen „überlegenen" Begründungen außerhalb der Sprachspielgemeinschaft definiert werden.

2.4 Die pragmatisch-hermeneutische Wende der Methodologie insbesondere der Sozialwissenschaften

Die Analyse der erkenntnistheoretischen und sprachphilosophischen Theorientwicklung hat nun zwei unterschiedliche Begründungen für die Nicht-Neutralität von Sprache für Erkenntnis allgemein, für die kognitive,

[85] Vgl. Glock (1996) S. 126 f.

handelnde Orientierung von Menschen sowie für die wissenschaftliche Erkenntnis und Praxis im Besonderen vorgestellt. **Die Wirtschaftswissenschaften müssen in der Folge die Nicht-Neutralität von Sprache gemäß beider Begründungen sowohl auf der Ebene des Erkennens und Handelns von Wirtschaftssubjekten als auch auf der Ebene des Erkennens und Handelns von (Wirtschafts-)WissenschaftlerInnen anerkennen.** Jedes Wissen ist deshalb eine soziale Konstruktion mit Hilfe sozial vermittelter Begrifflichkeiten und Konstruktionsregeln (Grammatik), die sich als viable Interpretationspraxis in Bezug auf die gruppenspezifische Selektionsumgebungen entwickelt und bewährt haben. Die wirtschaftswissenschaftlichen Begrifflichkeiten und Sprachspielregeln können sich zwar innerhalb der spezifischen wissenschaftlichen Selektionsumgebung ausdifferenzieren und von den umgangssprachlichen Bedeutungen und ökonomischen Rhetoriken lösen, aber sie sind in ihrer Begriffsgeschichte immer an die primären Sprachspiele der Wirtschaftssubjekte gebunden und können zweitens durch die Alltagssprachpraxis auch zu aktueller ökonomischer Sprachspielpraxis in Beziehung treten.

Obwohl sich diese wissenschaftstheoretischen Konsequenzen aus der erkenntnistheoretischen und der sprachphilosophischen Debatte ziehen lassen, sind auch interne Entwicklungen in der Wissenschaftstheorie zu konstatieren, die als pragmatisch-hermeneutische Wende oder rhetorical turn[86] bezeichnet werden können. Wissenschaftstheorie sucht nach Beurteilungskriterien für den Prozeß der (kommunikativen) Erzeugung von Wissen und für die Ergebnisse dieses Prozesses, die i.R. in Form von sprachlichen Satzsystemen vorliegen. Traditionell gilt die größtmögliche Annäherung der wissenschaftlichen Konstruktion an die denkunabhängig gegebene Realität bei maximaler Einfachheit und Allgemeinheit der Konstruktion als *das* Qualitätskriterium für Wissenschaft, das auch noch im Logischen Positivismus und vom frühen Popper anerkannt wird. Ergebnis der pragmatisch-hermeneutischen Wende war die Einsicht in die Unmöglichkeit objektiv realistischer Wirklichkeitskonstruktionen und in die Nicht-Neutralität von Sprache zumindest für wissenschaftlich erzeugtes Wissen. Konsequenz hieraus ist die Empfehlung, daß die Einzelwissen-

---

[86] Der Linguistic Turn fand in die ökonomische Methodologiediskussion vor allem durch D. McCloskeys Rekurs auf die „Rhetoric of Economics" Eingang. Vgl. McCloskey (1983; 1985; 1994). Deshalb ist der Begriff der Rhetorik hier verbreiteter als der Sprach- oder Linguistikbegriff.

schaften ihre jeweiligen Sprachspielregeln und rhetorischen Stile in einem kritischen expliziten Diskurs reflektieren und weiterentwickeln sollten.

Die pragmatisch-hermeneutische Wende läßt sich in zwei Phasen und Bereiche wissenschaftstheoretischer Positionsverschiebung unterscheiden. Zum einen die allgemeine wissenschaftstheoretische Diskussion um Popper, Lakatos, Kuhn und Feyerabend, die Ende der 1970er Jahre in der Feststellung sozialer Konstruiertheit *jeglicher* Qualitätskriterien wissenschaftlicher Methoden und die Unmöglichkeit einer Letztbegründung „guter", realitätsnaher Theorien mündet. Dieser Teil der Entwicklung ist eher eine pragmatische Wende. Denn obwohl Sprachtätigkeiten den größten Teil wissenschaftlicher Praxis und der wissenschaftlichen Selektionsumgebung ausmachen (in den Sozialwissenschaften stärker als in den Naturwissenschaften), wurde die Sprachlichkeit des sozialen Konstruktionsprozesses nicht als die Ursache der sozialen Konstruiertheit wissenschaftlicher Qualitätskriterien angesehen, sondern letztlich das konstruktivistisch erkenntnistheoretische Argument. Diese Phase der wissenschaftstheoretischen Entwicklung wird in den Abschnitten 2.4.1 bis 2.4.5 skizziert.

Die zweite wissenschaftstheoretische Phase besteht aus der eigentlichen hermeneutischen Wende, die aus der Diskussion ökonomischer MethodologInnen in den 1980er und 1990er Jahren entstand. Obwohl die allgemeine wissenschaftstheoretische Entwicklung mit Feyerabend vorerst ihren logischen Höhe- und Endpunkt fand, findet sich innerhalb der Ökonomik ein Nebeneinander verschiedener zeitlich und logisch einander verdrängende wissenschaftstheoretische Paradigmen realisiert.[87] Die hermeneutische Wende der ökonomischen Methodologie diskutiert die Konsequenzen Feyerabends und Rortys für die Wirtschaftswissenschaften als primär *sprachliche* Wissenschaftspraxis, deren Untersuchungsgegenstand sich zudem vorrangig aus sozialer, ökonomischer *Verständigungs*praxis konstituiert und deren Theorien sich durch Anwendung auf den Entwicklungsprozeß der Praxis ökonomischer Sprachspiele bewähren müssen. Diese Phase der ökonomisch-wissenschaftstheoretischen Entwicklung wird in Abschnitt 2.4.6 dargestellt.

---

[87] Vgl. etwa die Zusammenstellung ökonomischer Methodologiekonzepte von Caldwell (1993), insbesondere Band III, sowie Sen (1991) und Backhouse (1994a)

2.4.1 Der kritische Rationalismus

In kritischer Auseinandersetzung mit dem logischen Positivismus entsteht der **kritische Rationalismus** als weitere sehr einflußreiche wissenschaftstheoretische Position des vergangenen Jahrhunderts. Vertreter sind in erster Linie K.R. Popper, H. Albert und I. Lakatos. Die wissenschaftstheoretische Position des kritischen Rationalismus trägt diesen Namen, weil sie die wissenschaftliche Forschung auf eine selbstkritische, eigene Annahmen immer in Frage stellen wollende Haltung und auf die Einhaltung bestimmter methodischer Regeln verpflichtet, welche die Auswahl der umfassendsten und realitätsnahesten Theorien sichert.

In Poppers Fall bestehen diese methodischen Regeln aus dem falsifikationistischen Konzept. Ihm zufolge kann es keine wissenschaftliche Methode geben, die auf der Grundlage empirischer Beobachtung (gesichert) wahre Theorien aufstellen und beweisen kann. Popper bezieht die erkenntnistheoretische Position, daß ein unmittelbarer Zugang des Erkennens zu einer denkunabhängigen Realität (objektives Wissen) individuell weder auf empirischem, noch auf rationalem Wege möglich sei. Jedes empirische Beobachten ist selektiv und theoriegetränkt (man erkennt nur, was man schon wissen kann); Deshalb kann es keine gesicherte Wahrheit liefern. Zum zweiten wendet Popper sich gegen die induktive Methode des logischen Positivismus. Aus einer (notwendigerweise) begrenzten Menge von Beobachtungen („dieser Rabe ist schwarz") könne nicht auf die Wahrheit eines induktiv abgeleiteten allgemeinen Gesetzes („alle Raben sind schwarz") geschlossen werden, da die Menge der Beobachtungen niemals abgeschlossen werden kann.[88]

Indem sich Popper von einer naiv-realistischen Erkenntnistheorie verabschiedet, wandelt sich sein wissenschaftstheoretischer Ansatz zum Falsifikationismus. Der Falsifikationismus fordert von Wissenschaftlern folgendes Vorgehen: In einem kreativen, der Kritik nicht zu unterziehenden Prozeß stellt man zunächst eine Hypothese auf, die ein bisher nicht erklärbares Phänomen (z.B. die Ursache eines Problems) erklären kann. (Für die Hypothesenbildung können keine Methoden vorgegeben werden.) Aus der Hypothese werden deduktiv Voraussagen über die Wirklichkeit abgeleitet (das geht auch nachträglich). Mit dieser konkreten und operationalisiert zu treffenden Voraussage werden auch die Bedingungen

[88] Vgl. Popper (1973)

definiert, wann die Voraussage eintrifft und wann nicht.[89] Die Voraussagen werden mit empirischen oder experimentell gewonnenen Beobachtungen verglichen. Widerspricht auch nur eine Beobachtung den gemäß der Hypothese zu erwartenden Wirklichkeitszuständen, so gilt die Hypothese als falsifiziert. Tritt kein Widerspruch zwischen Empirie und Voraussage auf, so bekommt die Hypothese den Status „noch nicht falsifiziert". Auch wenn sie viele Falsifizierungsversuche übersteht, kann sie nicht als verifiziert gelten (siehe Poppers fallibilistische Erkenntnistheorie), sondern nur als gefestigte (corraborated), vorläufig akzeptable Erklärung. Wissen hat entsprechend nur noch den Status einer Meinung (ein System von Meinungen über die Wirklichkeit), aber einer Meinung, die einer kritischen Prüfung (bisher) standgehalten hat.[90]

Wissenschaft ist somit bei Popper ein offener, Erkenntnis schaffender Evolutionsprozeß ohne das feste Ziel einer universalen, zeitlos gültigen Wahrheit geworden, obgleich er davon überzeugt bleibt, daß die falsifikationistische Methodologie wissenschaftlichen Fortschritt im Sinne der Schaffung einer immer größeren Wahrheitsnähe sichern könne. Das kommt auch darin zum Ausdruck, daß Popper Qualitätskriterien für den offenen Wissenschaftsprozeß angibt. Erstens sollen nur falsifizierbare Theorien aufgestellt werden. Je höher der Grad der Falsifizierbarkeit einer Hypothese, desto größer kann deren empirischer Gehalt sein, desto brauchbarer ist sie also für die Orientierung in der Welt. Es müssen Bedingungen angegeben werden können, wann die Theorie als falsifiziert gelten muß. Nicht falsifizierbare Theorien können keinen Wissensstatus erlangen, da sie nicht überprüfbar sind. Gleichzeitig soll die Theorie auch so allgemein wie möglich sein, also einen möglichst umfassenden Phänomenbereich erklären. Aufgrund der Komplexität von Wirklichkeit ist ein trade-off von Falsifizierbarkeit und Allgemeinheit einer Theorie zu erwarten, deshalb ist eine stark allgemeine und falsifizierbare Theorie als eine besonders gute auszuzeichnen. Aufgrund der Komplexitätsproblematik werden im Allgemeinen Ceteris-Paribus-Klauseln eingeführt.[91]

---

[89] Popper (1963) S. 38, Anm.3

[90] Popper (1973)

[91] Obwohl die Testbarkeit von Hypothesen ein wichtiges Qualitätsmerkmal von Theorie ist, steht dies doch nur im Dienst des wissenschaftlichen Fortschritts. Popper vertritt keine instrumentalistische Position, nach der die Bewährung von Theorien deshalb wünschenswert ist, um den Wissen anwendenden Personen eine möglichst erfolgreiche Orientierung in der Wirklichkeit zu gewähren. Vgl. Wendel (1990) S. 203-207

Zweitens sollen laut Popper die Wissenschaffenden mit allen Mitteln die Falsifikation ihrer Hypothesen anstreben. Dieses wissenschaftliche Arbeitsethos („Ehrenkodex"[92]) verpflichtet die WissenschaftlerInnen, gegen die natürlichen Regelmäßigkeiten kognitiver Prozesse anzurennen. Es läßt sich nämlich feststellen, daß Menschen, die eine Erklärung eines Phänomens suchen bzw. die Regel eines Zusammenhangs explizieren sollen, an der von ihnen erfundenen Regel festhalten, wenn sie sich eine begrenzte Menge von Malen bestätigt, auch wenn die folgenden Erfahrungen die Regel falsifizieren.[93] Deshalb stellt das von Popper geforderte Arbeitsethos eine Qualitätssicherungsmaßnahme dar. Es soll verhindert werden, daß auch WissenschaftlerInnen nur das sehen, was sie sehen wollen, und daß sie die Falsifizierung ihrer Theorien übersehen. Nur die Hypothesen, die den hartnäckigsten Falsifikationsversuchen widerstehen, können dann als gefestigt gelten.[94]

Die Kritik an der Position des Falsifikationismus ist eine zweifache: Die erste betrifft den Status der empirischen Basis, die zur Falsifikation der Theorie führen könne. Es ist unverständlich, warum und wie sich die Basissätze über empirische Beobachtungen von Theorieaussagen trennscharf unterscheiden lassen sollten und was den unmittelbaren Wahrheitsgehalt der empirischen Beobachtungen begründen könnte. Diese impliziten Annahmen eines sogenannten naiven, dogmatischen Falsifikationismus wären nur durch die Gleichzeitigkeit zweier unvereinbarer Erkenntnistheorien haltbar. Diese Gleichzeitigkeit ist jedoch aus der Forderung nach Widerspruchsfreiheit nicht haltbar. Lakatos zufolge ist Popper jedoch kein naiver Falsifikationist, sondern vertritt die Position des methodologischen Falsifikationismus. Der methodologische Falsifikationismus nimmt an, daß auch die Basissätze epistemologisch nicht beweiskräftiger sind als andere, statt dessen werde der Wahrheitswert solcher raum-zeitlich singulärer Behauptungen durch Übereinkunft der Wissenschaftler entschieden. Popper ist überzeugt, daß „jeder, der die Technik des betreffenden Gebietes beherrscht", in der Lage ist zu entscheiden, ob der Basissatz annehmbar ist oder nicht.[95] Es handelt sich dann um „Beob-

[92] Lakatos (1974a) S. 110

[93] Vgl. das Feldman-Experiment, beschrieben in Arthur (1992) S. 12-13

[94] Popper gibt selbst zu, daß er den Anteil der Wissenschaftler, die nur mit der Ausarbeitung von Normalwissenschaften im Kuhn'schen Sinne befaßt sind, unterschätzt. Vgl. Popper (1974) S. 53 ff. Nur wer an revolutionären Forschungen interessiert ist, hat aber wirklich einen Grund, sich Poppers Arbeitsethos zu unterwerfen.

[95] Popper (1973) Abschnitt 27

achtungssätze", was, um nicht für einen naiven Falsifikationisten gehalten
zu werden, immer in Anführungszeichen zu setzen ist. Während der naive
Falsifikationist aus der Falsifikation noch etwas über ‚die' Wirklichkeit
lernen kann, ist dies dem methodologischen Falsifikationisten nicht mehr
möglich.[96]

Der methodologische Falsifikationismus weiß um die Gefahr, daß die
Übereinkunft der Wissenschaftler „irrtümlich" sein, d.h. sich nicht auf ein
sicheres Erkennen „der" Wirklichkeit stützen kann, geht dieses Risiko aber
ein. Um es zu mindern, fordert er die Kontrolle durch mehrfache Wiederholung des Experiments, das zur „Beobachtung" führte, sowie die Erhär-
tung eines potentiellen Falsifikators durch eine wohlbewährte „falsifizierende Hypothese". Dabei beruht die Anzahl der geforderten Experiment-
Wiederholungen wiederum auf Konvention. Außerdem können nicht alle
Wissenschaften experimentell arbeiten, können also keine Wiederholungen durchführen, wovon auch die Volkswirtschaftslehre stark betroffen ist.
Und auch die Forderung einer wohlbewährten falsifizierenden Hypothese
führt letztlich nur in den infiniten Regreß. Denn, wie hoch muß der Grad
der Falsifizierbarkeit und das Ausmaß ihrer Bewährung sein, wieviele und
welche Wissenschaftler müssen sich über ihre Anerkennung geeinigt
haben usw., damit diese Hypothese als wohlbewährte gelten und folglich
die falsifizierende „Beobachtung" stützen kann? Das Risiko der „irrtümli-
chen" Falsifikation oder Bewährung kann also letztlich nicht in akzepta-
bler Weise gemindert werden. Die Unsicherheit bleibt und somit kann
auch der methodologische Falsifikationismus keine qualitative Höherent-
wicklung der Wissenschaften sichern.[97]

2.4.2 Kuhns wissenschaftshistorischer Einwand

Der zweite Einwand ist die wissenschaftshistorische, von **Kuhn** aufgestellte
Beobachtung, daß der wissenschaftliche Wandel sogar in den als vorbild-

---

[96] Sind die Basissätze für ersteren noch Stützpfeiler für theoretische Konstrukte, die vom
Grund des Sumpfes nach oben ragen, können letztere nur noch Stützpfeiler von oben in
den Sumpf treiben, ohne zu wissen, ob, warum, wie lange und welcher dieser Pfeiler das
theoretische Konstrukt über die Welt halten kann. Vgl. zur Sumpfmetapher Lakatos
(1974a), Popper (1973) S. 75 f.

[97] Vgl. zu einer Diskussion der Bedeutung von Poppers Wissenschaftstheorie in der Ökonomik de Marchi (1988), Boland (1994) und Hands (1993)

lich erachteten Naturwissenschaften[98] gerade nicht durch falsifikationistische Wissenschaftspraxis charakterisiert ist. Statt dessen lasse sich ein zy-
klischer Entwicklungsprozeß beobachten, in dem unter konkurrierenden
theoretischen Paradigmen sich eines zur sog. Normalwissenschaft auf-
schwingt, von deren Relevanz und Gültigkeit die breite Öffentlichkeit
überzeugt ist. Zu Beginn der Normalisierung eines Paradigmas schwim-
men die Theorien geradezu in einem Meer von Anomalien[99], die, im Sinne
des ernst genommenen Falsifikationismus, bereits frühzeitig zur Verwerfung und Beseitigung der Theorie führen müßten.

Statt dessen arbeiten die Wissenschaftler aber zunächst mit großer Beharrlichkeit und Zähigkeit daran, ihr neues Paradigma wasserdicht zu
machen, indem sie einerseits ihre Antezedenzbedingungen variieren und
Hilfshypothesen einführen, die die Anomalien zu Phänomenen machen,
welche die Theorie stützen, statt zu widerlegen. Die Forscher zwängen die
beobachtete Wirklichkeit systematisch in die begrifflichen Schachteln des
Paradigmas und versuchen, die dabei entstehenden Rätsel, d.h. Probleme,
die dem Grunde nach im Erklärungsbereich des Paradigmas liegen, zu
lösen. Das Mißlingen einer Rätsellösung innerhalb des Paradigmas wird in
der wissenschaftlichen Praxis nicht als Falsifikation gedeutet, sondern der
Unfähigkeit des Wissenschaftlers angelastet, als Nebensächlichkeit abge-
tan, als-ob-Ansätze eingeführt und durch ähnliche Immunisierungsstrategien begründet. In der Folge scheint das Paradigma die „Wirklichkeit"
immer besser erklären zu können.[100]

Gelingt es über längere Zeit auch den anerkanntesten Wissenschaftlern
nicht, als wichtig erachtete Rätsel innerhalb des Paradigmas zu lösen und
mißlingt die Anwendung des Begriffsapparates auf relevante Gegen-
standsbereiche, kann es dazu kommen, daß Zweifel am eigenen Paradigma
entstehen und geäußert werden. Solche Zweifel können dann zur Infrage-
stellung der gemeinsamen paradigmatischen Grundlagen führen und die
Krise der Normalwissenschaft auslösen.[101] Diese Krise kann erst beendet
werden, wenn ein neues Paradigma das alte in seiner vorrangigen Geltung
ablöst, da ein „theoretisches Vakuum"[102] offenbar nicht möglich ist.[103]

---

[98] Die wissenschaftshistorischen Beispiele in Kuhn (1993) befassen sich fast ausschließlich
mit naturwissenschaftlicher Geschichte.
[99] Vgl. Lakatos (1974a) S. 130 ff.
[100] Vgl. Kuhn (1993) S. 49-89
[101] Vgl. Kuhn (1993) S. 79-103
[102] Albert (1969) S. 52

Alternative Paradigmen liegen zum Zeitpunkt der Krise der Normalwissenschaft zunächst nur in Form einiger Beispiele vor, haben also allesamt einen geringeren Erklärungsgehalt als das alte Paradigma. Dasjenige,
das anscheinend den größten Erfolg[104] verspricht (eine Frage subjektiver
Erwartungen), wird durch Überredung und Propaganda langsam den
Status der Normalwissenschaft übernehmen. Zunächst wandern wenige,
i.R. jüngere Anhänger des alten Paradigmas, dann immer mehr zum
neuen Paradigma ab und ändern sozusagen schlagartig ihre Weltsicht. Die
älteren Anhänger sind zu diesem Weltsichtwechsel meist nicht mehr in
der Lage und werden als Konkurrenz entweder beseitigt, indem sie als un-
wissenschaftlich diffamiert werden oder eines natürlichen Todes ster-
ben.[105]
    Das neue Paradigma durchläuft den gleichen Ausreifungsprozeß zur
Normalwissenschaft wie das alte. Und so folgen wissenschaftliche Revolu-
tions- und Friedenszeiten in einer regelmäßigen strukturellen Abfolge aufeinander. Daß Kuhn diesen Prozeß des Paradigmenwechsels dem der Be-
kehrung zu einer neuen Religion verglich, daß also nicht die rationale Einsicht in das bessere Wissen den Paradigmenwechsel auslöst, stand zu dem
traditionell rationalistischen Selbstverständnis der Wissenschaftstheorie
im starken Kontrast.
    Nach Kuhn ist es nun nicht mehr zu entscheiden, ob das neue Para-
digma einen Schritt hin zu größerer Wahrheitsnähe bedeutet, ob die Entwicklung der Wissenschaft tatsächlich ein Fortschritt ist, da die Paradigmen i.R. nicht oder nur teilweise kommensurabel sind und eine neutrale
Beobachtungssprache nicht zur Verfügung steht.[106] Kuhn zeigte, daß das
kritische und selbstkritische Verhalten in der Entwicklung der Wissenschaften eine wesentlich geringere Rolle spielt, als die WissenschaftlerInnen es gerne von sich annehmen wollten. Sowohl die Ausreifung des Paradigmas ist ein Prozeß, der gerade von dem Wunsch getragen wird, die
Kritik aufgrund von Anomalien auszuschalten. Aber auch die Ablösung
des in die Krise geratenen Paradigmas ist ein Prozeß der Überredung, der

---

[103] Vgl. Albert (1969)

[104] Dabei ist es historisch kontingent, was in diesem Zeitraum als Erfolg gilt, welches ungelöste Rätsel z.B. als wichtigstes gilt oder mit welchen methodischen Regeln man am un-
zufriedensten ist.

[105] Vgl. Hesse (1979) S. 126, Lakatos (1974b) S. 281 f.

[106] Vgl. Kuhn (1993), Hesse (1979) S. 123-127

Konvertierung, nicht so sehr der Kritik, denn das neue Paradigma erklärt zu dem Zeitpunkt wesentlich weniger als das alte.[107]

Kuhns wissenschaftssoziologische Untersuchungen legen den Schluß nahe, daß Poppers Falsifikationismus kein Garant für wissenschaftlichen Fortschritt sein könne, da laut Kuhn im historischen Wissenschaftsprozeß die Abschottung vor Falsifikation gerade erst die Ausreifung der erfolgreichen Paradigmen ermöglichte. Und auch die Krise, wenn also falsifizierende Momente nicht mehr geleugnet werden können, führt aufgrund der Unmöglichkeit eines theoretischen Vakuums nicht zur Abwendung vom Paradigma. Poppers Forderung, hartnäckig die Falsifikation zu suchen, hätte genau die Theorien nicht entstehen lassen können, die er als Vorbild für wissenschaftliche Fortschritte nennt, und sie hätte ein theoretisches Vakuum erzwingen müssen, das Menschen offenbar nicht auszuhalten vermögen. Kuhn fordert die Wissenschaftstheorie auf, sich dieser sozialen Regelmäßigkeiten, die wissenschaftlichen Entwicklungen zugrunde liegen, bewußt zu werden und folglich die Suche nach Bewertungskriterien dieser Entwicklungen hinsichtlich ihrer Fortschrittlichkeit und der verschiedenen paradigmatischen Methoden hinsichtlich ihrer Wissenschaftlichkeit aufzugeben.

2.4.3 Lakatos' Wissenschaftstheorie der Forschungsprogramme

Während Popper sich daraufhin auf seine Position der 3-Welten-Lehre und die objektive Erkenntnistheorie ohne erkennendes Subjekt zurückzog[108], trat sein Schüler **Lakatos** an, die Rationalität wissenschaftlichen Wandels zu retten. Er greift Kuhns Einwände auf, modifiziert Poppers Forderungen und propagiert einen sogenannten „raffinierten"[109] oder hochentwickelten Falsifikationismus.

Zum ersten sollen nach Lakatos nicht mehr einzelne Theorien, sondern Forschungsprogramme, also Abfolgen von Theoriereihen, der Bewertung unterzogen werden. Theoriereihen innerhalb eines Forschungsprogramms (bei Kuhn „Paradigma") zeichnen sich durch einen gemeinsamen „harten Kern" aus, d.h. grundlegende, nicht-korrigierbare Annahmen über den

---

[107] Vgl. Hesse (1979) S. 126

[108] Vgl. Popper (1984)

[109] Vgl. Lakatos (1974a) S. 120

Gegenstandsbereich der Theorie, die darin vorkommenden Elemente und
deren Verhalten und Zusammenhänge. Diese durch Konvention verbindlichen Annahmen begründen eine negative und positive Heuristik, die die
Entwicklung der Theoriereihe steuert, und legen den impliziten begrifflichen Rahmen fest.

Während die negative Heuristik den „harten Kern" spezifiziert und vor
Kritik schützt, indem sie unlösbare Rätsel/Anomalien zu immunisieren
hilft, bestimmt die positive Heuristik, welche Probleme in welcher Reihenfolge behandelt werden sollen und wie die widerlegbaren Fassungen
des Forschungsprogramms modifiziert und weiterentwickelt werden sollen, so daß sich der zuverlässige Erklärungsgehalt des Forschungsprogramms erweitert, und Anomalien erfolgreich in Bestätigungen der Theorie verwandelt werden.

Den „harten Kern" und die beiden Heuristiken Lakatos' und auch die
Paradigmen Kuhns kann man im Wittgenstein'schen Sinne bereits als charakteristische Regelsysteme eines wissenschaftlichen Sprachspiels rekonstruieren, das von einer Gruppe allerdings selbst und bewußt *gesetzt* wird.
Eine Gruppierung von Wissenschaftlern, die mit einem intersubjektiv
geltenden spezifischen begrifflichen Rahmen, mit unkorrigierbaren Aussagen und bestimmten Regeln der Begriffsverwendung arbeiten, bildet
eine Sprachspielgemeinschaft. In dieser Gemeinschaft sind Art und Inhalt
des Sprechens und Schreibens (durch die genannten Regeln und den begrifflichen Rahmen) begrenzt. Der Witz des Sprachspiels, also was als
interessant, relevant und normal gilt und woran sich die Handlungen der
ForscherInnen orientieren, ist durch die Heuristik gegeben.

Aber während Kuhn den Prozeß der Ablösung zweier Sprachspiele rein
wissenschaftssoziologisch betrachtet, sucht Lakatos weiter nach Möglichkeiten der normativen Bewertung des wissenschaftlichen Wandels. Nach
Lakatos kann weder die Feststellung logischer Widersprüche, noch empirischer Anomalien (Falsifikation i.S. Poppers) *zu einem Zeitpunkt* ein Forschungsprogramm vernichtend kritisieren. Statt dessen müsse der Prozeß
der Entwicklung des Paradigmas beurteilt werden. Ein Forschungsprogramm nimmt eine progressive Entwicklung, solange sein theoretisches
Wachstum sein empirisches Wachstum antizipiert, also neue Tatsachen
mit hinreichendem Erfolg voraussagt. Es entwickelt sich degenerativ,
wenn es neue Tatsachen, die durch Zufall entdeckt oder von anderen
Paradigmen antizipiert werden, nur post-hoc erklären kann oder es nur in
Widerspruch zu seinem harten Kern antizipieren kann. Um in „raffinier-

ter" Weise falsifiziert zu werden, reicht es nicht, daß sich das Forschungsprogramm degenerativ entwickelt (in die Krise gerät), sondern es muß ein konkurrierendes Paradigma in Erscheinung treten, das in progressiver Weise mehr erklären und antizipieren kann als das alte. Wenn diese beiden Bedingungen erfüllt sind, dann kann man von den Anhängern des alten Paradigmas fordern, sie sollen ihren Forschungsansatz fallen lassen. Progressivität von Forschungsprogrammen ist also ein Indiz dafür, daß sich diese Theorierichtung fortschrittlich, auf eine realitätsnähere Wirklichkeitskonstruktion hinbewegt, es ist aber weder ein Beweis für diesen Fortschritt möglich, noch ist jedes progressiv sich entwickelnde Forschungsprogramm ein wissenschaftlicher Fortschritt.

Problematisch ist dabei: Wer entscheidet wann und wie über Progressivität und Degeneration von Paradigmen? Lakatos zufolge muß nicht jeder Entwicklungsschritt der Theoriereihe progressiv sein. Deshalb ist auch die Feststellung einer längeren degenerativen Entwicklungsphase kein Anhaltspunkt dafür, daß die gesamte Entwicklung irreversibel der Degeneration verfallen ist. Das heißt, zu jedem Zeitpunkt, an dem eine Bewertung versucht wird, müssen alle Beteiligten von einer fundamentalen Unsicherheit der Bewertung ausgehen, in der Zukunft kann sich die Beurteilung wieder verändern. Zum zweiten ist es nicht immer leicht oder eindeutig zu beurteilen, ob ein Entwicklungsschritt progressiv ist, ob die vorhergesagte Tatsache tatsächlich neuartig war und ob die Theorie sie tatsächlich erklärt.

Auch können hier Gewichtungsfragen ins Spiel kommen: „große" oder „kleine" Tatsachen, relevante oder unwichtige Tatsachen usw. Lakatos möchte diese Fragen von einer Jury und deren Mehrheitsbeschlüssen beantworten lassen.[110] Da die Wahrnehmung empirischer Tatsachen nicht theorieunabhängig möglich ist, wird die Bewertung der Progressivität oder Degeneration eines Theoriesschrittes nicht unabhängig von dem Paradigma stattfinden können, dessen Anhänger die betreffende WissenschaftlerIn ist. Und in der Regel ist der/die Wissenschaffende von der Sinnhaftigkeit des von ihm/ihr gewählten Ansatzes überzeugt. Folglich wird die Beurteilung der Theoriereihen vom Machtverhalten, der intellektuellen Kapazität, sich in andere Paradigmen einzuarbeiten, sowie dem Egoismus der jeweiligen Jurymitglieder geprägt sein. Wenn das Juryurteil zudem Einfluß auf die Vergabe von Forschungsressourcen hat, sinkt seine Chance auf „neutrale" Urteile noch weiter ab und sorgt für eine Mono-

---

[110] Lakatos (1974b) S. 287

kulturierung der Wissenschaftslandschaft. Da Kuhn bereits die inhärente Tendenz zur Ausbildung einer jeweils vorherrschenden Normalwissenschaft auch ohne die Existenz einer qualitätssichernden Jury feststellt, wären die Mehrheitsverhältnisse in einer repräsentativ besetzten Jury bereits vorab gegeben. Eine Konsensregel des Urteils bei paritätisch besetzter Jury von Wissenschaftlern aller Paradigmen wäre andererseits vermutlich jenseits des praktisch realisierbaren, da alle Jurymitglieder zunächst alle Paradigmen (Sprachspiele) der anderen verstehen lernen müßten, und dadurch immer noch keine Kommensurabilität hergestellt werden kann. Die Verlagerung von Qualitätsurteilen über wissenschaftliche Theorien auf einen institutionalisierten regulierten Prozeß, hebt geradezu hervor, daß es sich erstens um einen rein kommunikativen Prozeß handelt und daß dieser zweitens von allen Charakteristika sprachlichen Handelns geprägt ist (Überredung, Machthandeln, Sprachspielkompetenz als Voraussetzung) sowie daß er drittens deshalb kein objektiver und wertneutraler Beurteilungsprozeß sein kann. Die Thematisierung der nicht-neutralen Funktionseigenschaften von Sprache wird in diesem wissenschaftstheoretischen Diskurs jedoch nicht vorgenommen.

Lakatos verzichtet auf die logisch konsequente Forderung, daß als degenerativ beurteilte Forschungsprogramme ihre Forschung einstellen sollen, auch wenn er zugibt, daß sie diese vermutlich nur privat fortsetzen können, da er von Geldgebern und wissenschaftlichen Publikationsorganen durchaus fordert, sie mögen solche gebrandmarkten Programme nicht mehr fördern.[111] Diese Inkonsistenz ist nicht verständlich vor dem Hintergrund, daß Lakatos an der metaphysischen Annahme, Wissenschaft könne und solle wahre Theoriesysteme produzieren, festhält: „Ich glaube, daß die Aufeinanderfolge von progressiven Forschungsprogrammen, die einander kontinuierlich überwinden, wahrscheinlich Theorien mit stetig steigender Wahrheitsnähe hervorbringen wird."[112]

Lakatos' wissenschaftstheoretisches Selbstverständnis ist die letzte Position, die die Möglichkeit einer Beurteilbarkeit von Annäherung an Wahrheit behauptet. Da die Entscheidung über die Progressivität oder Degeneration von Forschungsprogrammen jedoch von Menschen getroffen werden muß, die sich nicht von ihren eigenen paradigmatischen Sprachspielregeln lösen können und zudem oft mit ihren individuellen Interessen von dem Urteil abhängen, ist eine „objektive" Beurteilung nicht

---

[111] Lakatos (1974b) S. 286 f.
[112] Lakatos (1971) S. 175

möglich. Wie Wittgenstein auch zeigt, ist die Kritik und Beurteilung der Rationalität eines fremden Sprachspiels von außen nicht möglich. Und die Beurteilung und Kritik des Sprachspiels von innen durch seine Teilnehmer ist von massiven „Blinden Flecken", nämlich den unkorrigierbaren Annahmen der harten Kerne der Teilnehmer geprägt, die nur schrittweise verschoben werden können, aber nicht aufgehoben.[113]

2.4.4 Feyerabend und das Ende des Methodenzwangs

Bei Feyerabend findet sich endlich die radikale Schlußfolgerung aus der fundamentalen Unsicherheit allen Erkennens, indem er die Abschaffung des Methodenzwangs einfordert. Wenn Wissenschaft ihren Wahrheitsanspruch realiter nicht durch empirische Beweise oder Falsifikationsbeweise sichern kann (theoriegeleitete Wahrnehmung), sondern ihn durch Konvention, d.h. Einigung unter Wissenschaftlern auf Regeln, selbst herstellen und begründen muß, dann läßt sich hieraus die Konsequenz ziehen, daß der starke Wahrheitsbegriff, universale Qualitätskriterien für die Wissenschaft und die teleologische Vorstellung einer rationalen, sich der Wahrheit annähernden scientific community aufgegeben werden müssen. Und auch auf die Einengung der Methodenwahl (die Wahrheit sichernde Methoden) muß letztlich verzichtet werden.

Feyerabend stützt seine These, daß eine universale Methodologie nicht aufgestellt werden könne, darauf, daß Paradigmen, also umfassende kosmologische Systeme, untereinander inkommensurabel sind und daß sie so unterschiedliche Sprechweisen zulassen, daß man sie wie unterschiedliche natürliche Sprachen behandeln könne.[114] Da die Methodenwahl (also was als valide Erkenntnisse und Beobachtungen anerkannt wird) direkt von der Hintergrundkosmologie des jeweiligen Paradigmas abhängt, kann nicht *rational* zwischen Methodologien gewählt werden, es kann nur die Stimmigkeit der Methodologie innerhalb der Kosmologie des Paradigmas

---

[113] Vgl. zu einer kritischen Beurteilung von Lakatos' Position in der Ökonomik Hands (1993) und Backhouse (1994b)

[114] Wendel bemerkt zurecht, daß Feyerabend zwischen Sprache und Theorie noch unterscheidet und es sich wirklich nur um einen Vergleich handelt. Aber er sieht Sprache und Theorie grundsätzlich als eine Einheit, daß die kosmologischen Grundannahmen von Theorien immer als Hintergrund von Sprachpraxis involviert sind. Vgl. Wendel (1990) S. 137 ff.

verändert werden. Man kann über die Qualität einer Theorie nur anhand der Maßstäbe der Kosmologie entscheiden, der man kontingenterweise anhängt. Deshalb kann eine universale Methodologie, die zwangsweise die Konventionen inkommensurabler Wissenschaftsstile diskriminierend behandeln müßte, ohne dies letztlich rechtfertigen zu können, als unmöglich abgelehnt werden.[115]

Dies führt zu dem Schluß, daß die Wissenschaftler zwar mit voller Überzeugung ihre jeweiligen Methoden entwickeln und anwenden sollen[116], daß sie aber auch den Vorgehen und Ergebnissen anderer Paradigmen letztlich die Wissenschaftlichkeit und den Anspruch auf Geltung nicht absprechen oder verweigern können. Auch Feyerabends Standpunkt muß als normative Methodologie gesehen werden. Denn sein „anything goes!" erlaubt in keiner Weise Beliebigkeit – die Forscher müssen von ihren Methoden überzeugt sein und zum kritischen Dialog darüber in der Lage sein. Und es fordert Toleranz, offenen Dialog und Anerkennung der Wissenschaftler untereinander. Eine Forderung, der die scientific community auch heute noch selten gerecht wird. Außerdem will er nicht auf das Qulitätskriterium „Konsistenz" von Theorien verzichten, wobei er allerdings betont, daß die Konsistenz innerhalb der Denklogiken des jeweiligen Paradigmas überprüft werden muß.[117]

Bereits bei Kuhn wird deutlich, daß die Tendenz zur Ausprägung jeweils einer Normalwissenschaft die gleichberechtigte Existenz abweichender Paradigmen in den meisten Gesellschaften behindert. Da über die Verteilung der Ressourcen für Wissenschaft in der Regel von Gremien entschieden wird, in denen Normalwissenschaftler die Mehrheit haben oder die von Normalwissenschaften beeinflußt sind, fließt der größte Teil der Ressourcen in Projekte der Normalwissenschaften. Man muß noch nicht einmal eine ökonomische Nutzenmaximierungsstrategie hinter diesem Inklusions-Exklusions-Verhalten wittern. Die Sprachspiele der verschiedenen Paradigmen sind oft einfach so unterschiedlich, daß untereinander kein Verständnis hergestellt werden kann. Ein Vorgehen, dessen Sinn und Zweck man nicht versteht, dessen Grundannahmen den eigenen fundamental widersprechen, wirkt in seinen Erfolgsaussichten riskanter.

---

[115] Vgl. Feyerabend (1976), Wendel (1990) S. 126-180

[116] „Tu was du willst!" ist eine Forderung, die man eben nur erfüllen kann, wenn man tatsächlich etwas will.

[117] Vgl. Hesse (1979) S. 154

Außerdem läßt sich beobachten, daß die verschiedenen Paradigmen ihre Diskurse gegenseitig schließen. Da die Verstehensbarrieren hoch sind, diskutiert man nur mit den Anhängern des eigenen Paradigmas, die Publikationsorgane nehmen nur Artikel der eigenen Leute auf, auf Tagungen, Kongressen treffen sich die altbekannten Gesichter. Fremdparadigmatiker werden oftmals nur eingeladen, um sich an ihnen als Pappkameraden abzuarbeiten und Toleranz zu signalisieren, die dann nicht in Form eines konstruktiven Dialogs gelebt wird. Dieses Verhalten führt auch dazu, daß die Vertreter der jeweiligen Paradigmen die jeweils anderen persönlich einfach nicht kennen. Bei der Verteilung von Ressourcen spielt das mangelnde Wissen und die fehlende Beziehung zu heterodoxen Wissenschaftlern eine mindestens ebenso große Rolle wie die gegenseitige Förderung von Netzwerkmitgliedern (Seilschaften) untereinander zur Stärkung des Netzwerks und damit auch der eigenen Position darin. Gerade für ressourcenintensivere heterodoxe Forschung ist eine solche Exklusion häufig das Aus für die „Wissensgenerierung". Da der Einfluß eines Paradigmas aber nicht nur von seiner Generierung, sondern auch stark von seiner Publikation abhängt, sind alle alternativen Wissenschaftsansätze von einer machtpolitischen Verweigerung oder Verengung der Ressourcenzugänge existentiell betroffen.[118]

Die Inkommensurabilitätsthese kann einerseits zu der postmodernen Position der radikalen Nicht-Übersetzbarkeit führen. Die unterschiedlichen Paradigmen (Wissenschaftsstile, Diskursarten) schließen sich und existieren plural nebeneinander. Hier wird der kritische Dialog transparadigmatisch (Metadiskurs) nicht mehr geführt und muß auch nicht mehr geführt werden, da nach Feyerabend ja alles erlaubt ist. Andererseits verbindet Feyerabend selbst die Legitimierung der Pluralität von wissenschaftlichen Sprachspielen (Wissenschaftsstilen) mit der Forderung an die Wissenschaft, eine grundsätzliche Mehrsprachigkeit herzustellen, da nur so der konstruktiv-kritische Dialog über die Paradigmen hinweg geführt

---

[118] Solche Probleme beim Umgang mit der gesellschaftlich anerkannten „Wahrheit" gibt es nicht nur in der Wissenschaft. Auch um die offiziell anerkannte Geschichte einer Gesellschaft wird gestritten. In jüngeren Zeiten werden sogenannte „Wahrheitskommissionen" eingesetzt, um die „wahre" Geschichte unterdrückerischer Regime möglichst zeitnah und dialogisch herauszuarbeiten. Hier müssen ganz pragmatisch Kriterien definiert werden, wann eine Aussage als „wahr" gilt und wer zur Wahrheitsfindung beitragen darf. Vgl. hierzu Hayner (2001)

werden kann.[119] Diese Forderung kann er jedoch nicht aus seiner Theorie
deduzieren. Mit Feyerabends Wissenschaftstheorie ist sowohl das getrennte Nebeneinander als auch der Diskurs der pluralen Paradigmen vereinbar. Allerdings ist die Hoffnung auf Befruchtung des Forschungspro-
zesses bei einer hohen Diversität der kritisierenden Dialogpartner in der
Regel größer, da hier die eigenen blinden Flecken sowie die der anderen
leichter deutlich werden. Das oben erwähnte Programm der Dekonstruktion ist im transparadigmatischen Diskurs leichter möglich.

Die gegenseitige Anerkennung der Möglichkeit, „daß es auch anders
sein könnte", der Möglichkeit anderer Kosmologien, kann dann auf der
Ebene der Zuteilung von Ressourcen und Nutzungsrechten zumindest
Chancengleichheit schaffen.[120] Entsprechend folgt aus dem jeweils vertretenen wissenschaftlichen Selbstverständnis Verhaltensregeln für gesellschaftlich, politisch und ökonomisch relevantes Handeln von WissenschaftlerInnen. Die Denk-, Forschungs- und Wissenschaftsergebnisse lassen sich nicht mehr von der Wissenschaftspraxis trennen.

2.4.5 Normativität und die Sprachlichkeit von Wissenschaft

Die wissenschaftstheoretische Entwicklung von Popper bis Feyerabend
konstituiert eine pragmatische Wende, da man zu dem Ergebnis kommt,
daß jedes Urteil über die Qualität und Wahrheit einer wissenschaftlichen
Theorie durch die pragmatischen Konventionen der Beurteilenden bedingt ist. Auch keine WissenschaftstheoretikerIn kann sich letztlich über
ihre eigenen pragmatischen Bedingtheiten hinwegsetzen, wenn sie Quali-
tätsurteile über Theorien fällt oder formulieren will. Die allgemeine Wissenschaftstheorie ist in diesem Punkt an ihrem Ende angelangt, da sie den
Diskurs über wissenschaftliche Qualität an die Einzelwissenschaften (bzw.
alle an der Wissenserzeugung zu einer Thematik interessierten Personen)
delegiert. Diese mögen einander kritisch hinterfragen, zur zunehmenden
Konkretisierung theoretischer Wirklichkeitskonstruktionen und zu deren

---

[119] Notwendig ist diese Mehrsprachigkeit in jedem Fall bei der Erforschung sozialer Phänomene, da hier nur die jeweils gesprochene Sprache als Beobachtungssprache dienen
kann, aber auch, um überhaupt eine kritische Diskussion innerhalb der Wissenschaften
führen zu können. Vgl. Feyerabend (1974) S. 216 ff.

[120] In die Richtung geht etwa der Vorschlag di Trocchios (2001) S. 125-131, man solle 5%
der Forschungsressourcen an wissenschaftliche Querdenker und „Ketzer" vergeben.

(innerer) Konsistenz und Kohärenz beitragen sowie die Konsistenz von (wahrnehmend interpretierten) Beobachtungstatsachen und Theorieaussagen gegenseitig überprüfen.[121]

Ursprung der pragmatischen Wende sind eigentlich die konstruktivistisch-erkenntnistheoretischen Zweifel, daß eine realistische Beobachtung von Wirklichkeit möglich sei. Dies führt in der Folge zu der Erkenntnis, daß es auch keine unabhängige Beobachtungssprache gibt, in der wahre Beobachtungen empirischer Fakten ausgedrückt werden könnten. Da diese objektive Beobachtungssprache fehlt, kann weder auf induktivem, noch auf deduktivem Wege Verifizierung oder Falsifizierung von wissenschaftlichen Theorien betrieben werden. Die „Beobachtung empirischer Tatsachen" wird als soziale Konstruktion von Phänomenen entdeckt, deren Eigenschaften vor allem von sozial eingeübten und sanktionierten Konventionen für korrektes empirisches Beobachten bestimmt sind. Daß also selbst natürliche Phänomene nicht objektiv, sondern nur sozial bestimmt („theoriegeleitet") wahrgenommen werden können, entzieht der Wissenschaftstheorie den Boden für gut begründete Kriterien der Wissenschaftlichkeit.

Von der sozialen Konvention zur von Sprachspielregeln geleiteten Wahrnehmung und Theoriebildung ist es nur ein kleiner, aber notwendiger Schritt. Denn wie kann erstens die Entstehung gemeinsamer Konventionen in einer Forschungsgemeinschaft erklärt werden? Und wie können zweitens die intersubjektiv übereinstimmenden Interpretations- und Theoriekonstrukte in die Köpfe der ForscherInnen gelangen? Zu beidem ist die Existenz und die Anwendung von Sprache, das Gelingen von Verständigung und das heißt: die Einübung gemeinsamer Sprachspielregeln, die notwendige Voraussetzung.

Wissenschaftliche Sprachspiele sind Regelsysteme, welche die Wahrnehmungsweise und Tätigkeiten zur korrekten Erzeugung von (guten) wissenschaftlichen Texten festlegen. Diese Kategorisierungs-, Verhaltens- und Qualitätsnormen sind durch die Leitinteressen und Werthaltungen bestimmt, mit denen die Mitglieder der Sprachspielgemeinschaft ihren Forschungen nachgehen. Deshalb steht am Ende der allgemeinen wissenschaftstheoretischen Debatte die Einsicht, daß jede Forschungspraxis in ihrem Prozeß der sprachlichen Konstruktion von Wirklichkeiten *normativ* ist und daß diese Normen den Forschungsprozeß *und* sein Ergebnis determinieren. Die zwangsweise Verordnung einer „besten" Forschungsmetho-

[121] Vgl. zu einer solchen Methodologie als Kritikprozeß Hesse (1979) S. 159-199

de (z.B. Falsifikationismus) würde nicht nur viele Forschungtätigkeiten und deren bedeutsame Ergebnisse verhindern, sondern auch bestimmte normative Orientierungen von ForscherInnen ausschließen, die z.b. eher zur Ausreifung als zur Revolutionierung von Paradigmen führen.[122]

Feyerabends Ergebnis, daß jede methodische Norm und jedes Sprachspielregularium seine Existenzberechtigung hat, so es diese in der wissenschaftlichen Praxis der Gesellschaft behaupten kann, gibt den Anspruch auf die Möglichkeit einer universalen Norm zur Bewertung wissenschaftlicher Normen auf. Die Unmöglichkeit wertfreier Wissenschaft liegt also in der Tatsache ihrer Sprachlichkeit, genauer im unvermeidbaren pragmatischen Gehalt von Sprache begründet. Das Problem liegt darin, daß Wissenschaft keine Sprache erfinden und definieren kann, die sich völlig von den Begrifflichkeiten der Alltagssprache (ordinary language) lösen kann. Und da die Alltagssprache diejenige der primären Sprachspiele ist, in der Menschen also ihr Handeln gegenseitig und individuell orientieren, kann diese nicht frei von pragmatischem Gehalt sein. Alle abgeleiteten Sprachen sind mit diesem Gehalt verbunden.

Ein ganz ähnliches Problem findet sich bei der Unmöglichkeit vollkommen geschlossene, formal-logische, wahre Theorien über die Wirklichkeit zu bilden. Logische Satzsysteme dürfen nicht selbstreferentiell sein, bedürfen also immer Meta-Satzsystemen, in denen ihre Bestandteile definiert sind. Auch hier muß die letzte Meta-Sprache immer die Alltagssprache sein, die aber selbstreferentiell ist und deshalb die vollkommene Logik des Theoriesystems zerstört.[123] Wissenschaftliche Akteure müssen folglich mit der Unmöglichkeit vollkommen logischer und wertfreier Theorien leben und die Unvermeidbarkeit von Paradoxien[124] und pragmatischem Gehalt von Wissenschaft akzeptieren.

Die WissenschaftlerIn ist ihrem Untersuchungsgegenstand nicht unabhängig gegenübergestellt, sondern ist engagierte MitspielerIn in den Deutungs- und Handlungsprozessen, die den Gegenstand erst konstituieren. Das gilt besonders für die anthropologischen Wissenschaften (Psycho-, Sozial- und Geschichtswissenschaften)[125], aber auch für die Naturwis-

---

[122] Daß und warum werturteilsfreie Wahrnehmung und (wissenschaftliche) Theoriebildung nicht werturteilsfrei möglich ist, findet sich bereits hervorragend analysiert bei Max Weber (1973b; 1992)
[123] Vgl. Blaseio (1986)
[124] Vgl. Bateson, Ruesch (1995) S. 286
[125] Vgl. Kremer (1987) S. 302 ff.

senschaften.[126] Paradoxien ergeben sich deshalb schnell, wenn bspw. SozialwissenschaftlerInnen universale Theorien behaupten (z.B. bounded rationality), die für ihr eigenes Selbstverständnis und die Rhetorik, in der sie die Theorie äußern (z.b. Wahrheitsgewißheitsanspruch), nicht als geltend angenommen wird. Oder wenn bspw. in der klassischen Wachstumstheorie die Möglichkeit von Innovationen (technischer Fortschritt) angenommen wird, der Güterraum in seiner mathematischen Handhabung im Modell aber geschlossen und bekannt bleibt.[127]

Auch wenn Paradoxien und „Anomalien" im Wissenschaftsverlauf unvermeidbar sind, gilt es sie dennoch zu erkennen, ihre Ursachen zu ergründen und als Inspiration für wissenschaftlichen Wandel zu nehmen. Auch sollte versucht werden, die eigenen normativen Bedingtheiten und die der Forschungsgemeinschaft, d.h. die jeweiligen Sprachspielregeln, der Reflektion zugänglich zu machen und sie als Teil der Konstruktion und Erklärung des Untersuchungsgegenstandes zu analysieren.

Der pragmatische Gehalt wissenschaftlicher Theorien ist nicht immer offensichtlich, verstehen sich doch viele TheoretikerInnen als „BeschreiberInnen" von Wirklichkeit und nicht als RatgeberIn für Wirklichkeitsgestaltung. Sobald die Theorien aber zur Anwendung gelangen und zu Beratungszwecken konkretisiert werden, wird deren pragmatischer Gehalt deutend abgeleitet und entwickelt. Daß die Anwendung der Theorien den Untersuchungsgegenstand so verändert, daß die Theorie nicht mehr als stimmige Konstruktion funktioniert, ist eine mögliche Wirkungsweise, die wissenschaftliche Paradoxien in der Zeit erzeugen kann. Auch kann der pragmatische Gehalt und die Wirkung einer Theorie in der gesellschaftlichen Sprachspielpraxis den normativen Leitinteressen, mittels derer die Theorie entwickelt wurde, zuwiderlaufen.

---

[126] Arbeiten die Naturwissenschaften experimentell, so bestimmt ihre Versuchsanordnung und -thematik die „realen Gegebenheiten", die sie „erkennen" kann. Dies gilt etwa für den Heisenbergschen, Unschärfe erzeugenden Welle-Teilchen-Dualismus. Aktuelles Beispiel ist die medizinische Genforschung. Zurückgehend auf den Statistiker Fisher gingen die GenforscherInnen bislang davon aus, Merkmale von Organismen seien die Folge der aufsummierbaren Wirkungen vieler Gene und ihrer Mutationen. Entsprechend suchten die ForscherInnen Merkmale auf spezifischen Genen zu lokalisieren. Die Probleme, die sich bisher bei dieser Lokalisierungssuche ergeben, erklären sich aus Sicht eines anderen Paradigmas daraus, daß der Phänotyp des Organismus sich aus den Wechselwirkungen der Gene insgesamt ergibt, Aufsummierbarkeit also nicht möglich ist. Vgl. genauer Weber (2001). Zu einem biologischen Beispiel in der Krebsforschung vgl. di Trocchio (2001) S. 134-172

[127] Vgl. Blaseio (1986)

Die Forderung an die Wissenschaft, mit Paradoxien, pragmatischem Theoriegehalt und Normativität umzugehen, impliziert zuallererst die Notwendigkeit diese drei Phänomene aufzudecken, zu re- und dekonstruieren sowie sie der wissenschaftlichen und gesellschaftlichen Reflektion zugänglich zu machen.[128] Im Idealfall werden die gesellschaftlichen Akteure durch dieses Wissen in eine emanzipierte Situation gebracht, in der sie die Entscheidung über die Theorie, an der sie ihr Handeln orientieren möchten, mit gesteigerter Souveränität treffen können. Allerdings ist die Dekonstruktion immer ein unendliches Programm, da auch eine Dekonstruktion nur eine selektierende Konstruktion (mit pragmatischem Gehalt) ist. Insofern ist eine Emanzipation der Akteure nur begrenzt möglich und hängt neben der Wissenschaftspraxis vor allem von der gesellschaftlich praktizierten Art und Weise der „Bildung" von Menschen und des Umgangs mit Menschen ab.

Die Folgen der pragmatischen Wende der Wissenschaftstheorie, die nun in und um die Sprachspielpraxis von WissenschaftlerInnen erörtert wurde, sind aus Sicht des wissenschaftstheoretischen Diskurses vor allem auf die Reflektion seiner (konstruktivistisch) veränderten erkenntnistheoretischen Grundlagen zurückzuführen. Mit den Ausführungen um die Normativität und den pragmatischen Gehalt wissenschaftlicher Theorien sollte aber deutlich geworden sein, daß neben der konstruktivistischen Wende auch die veränderten sprachtheoretischen und sprachphilosophischen Hintergrundannahmen herangezogen werden können, um die veränderten Vorstellungen über Grenzen, Möglichkeiten, Prozeßeigenschaften und Wirkungen wissenschaftlicher Praxis, d.h. Sprachpraxis, zu begründen. Betrachten wir nun im folgenden Abschnitt, wie der innerökonomische Diskurs über ökonomische Methoden die außer-ökonomischen Entwicklungen reflektiert.

2.4.6 Hermeneutische Ansätze in der ökonomischen Methodologie

Die wissenschaftliche Forschung zu ökonomischer Methodologie stellt heute ein sehr pluralistisches Feld dar.[129] Während in den 1960er und

---

[128] Zum Programm der Dekonstruktion vgl. Derrida (1972; 1974; 1986), einführend: Ruccio (1998)

[129] Vgl. Dow (2001)

1970er Jahren relativ wenig rein ökonomisch motivierte Diskussion über Methodologie-Fragen stattfand (dafür aber in der allgemeinen Wissenschaftstheorie, siehe die vorangegangenen Abschnitte), lebte mit dem Buch von Mark Blaug, „The Methodology of Economics" (1980), eine ökonomisch-methodologische Debatte auf, die das Forschungsgebiet bis heute stark verändert hat. Neben einer verstärkten personellen Ausstattung von Forschungseinrichtungen mit Methodologie-Experten, speziellen Zeitschriften wie dem *Journal of Economic Methodology* und regelmäßigen Tagungen zum Thema, hat sich insbesondere eine vergrößerte Vielfalt wissenschaftstheoretischer Standpunkte zur ökonomischen Methodologie entwickelt.[130]

Einen erheblichen Einfluß auf diese Debatte übten in den 1980er und 1990er Jahren hermeneutische Methodologieansätze aus. Als hermeneutische Methode werden Wissenschaftsansätze bezeichnet, die sich ihrem geistes- und sozialwissenschaftlichen Forschungsgebiet verstehend, interpretierend nähern, im Gegensatz zu logisch-positivistischen Ansätzen, die sich auf das Finden und Erklären quasi „naturgesetzlicher" Kausalitäten innerhalb des Forschungsgebietes konzentrieren.[131] Genauer wäre es, von einer interpretativen Methode zu sprechen, die sich aus hermeneutischen (basierend auf Dilthey, Gadamer, Ricœur) und sozialphänomenologischen Ansätzen (basierend auf Max Weber, Husserl, Schütz, Berger, Luckmann) zusammensetzt.[132] Da beide Ansätze in der Forschungspraxis aber mittlerweile so nahe zusammengerückt sind, bezeichnen sich auch Vertreter der phänomenologisch inspirierten Schule oft selbst als hermeneutisch.[133]

Trotz ihres erheblichen Einflusses auf die Wissenschaftstheorie stellen hermeneutische Ansätze nur einen geringen Teil der ökonomisch-methodologischen *Praxis*. Ökonomische TheoretikerInnen, insbesondere des sogenannten Mainstreams, haben seit Jahrzehnten ein weitgehendes Desinteresse an methodologischen Fragen und Diskussionen entwickelt.[134] Implizit oder bekennend sieht sich die Mehrheit der ÖkonomInnen den wissenschaftstheoretischen Prinzipien des logischen Positivismus ver-

---

[130] Vgl. Backhouse (1994c), Dow (2001), Boland (2001)

[131] Vgl. Hollis (1991) S. 9-36

[132] Vgl. als Grundlagentexte Dilthey (1883), Gadamer (1960), Apel (1979), Weber (1973c), Schütz (1971; 1974; 1982), Schütz, Luckmann (1979; 1984), Berger, Luckmann (1999), Vielmetter (1998) S. 274-282

[133] Vgl. z.B. Lavoie (1994)

[134] Vgl. Frey (2001), Lawson (1994), Boland (2001) S. 3 f.

pflichtet. Als wissenschaftliche ökonomische Theorie gilt also nur, was grundsätzlich mittels empirischer Tests falsifiziert werden könnte.[135] In den 1950er Jahren setzte sich ausgehend von der Makroökonomik Friedmans Argument durch, daß eine Theorie keine plausible Beschreibung realer Phänomene sein müsse, sondern daß sie lediglich zuverlässige Prognosen liefern können sollte.[136] Die Prognosefähigkeit von Theorien kann dann wieder nur durch empirisches Testen überprüft werden. In der ökonomischen Wissenschaftspraxis werden trotz dieses Bekenntnisses zum logischen Positivismus die wenigsten Arbeiten jemals einem empirischen Test unterworfen.[137] Und die Thesen, die empirischen Tests unterworfen werden, werden häufig sowohl bestätigt, als auch falsifiziert, wobei die Experten nicht in der Lage sind, zu entscheiden, welches Ergebnis der ökonomischen Realität mehr entspricht.[138] Da empirisches Testen in den Hintergrund geraten ist, besteht eher Interesse bezüglich der Frage, wie eine gute Modellbildungspraxis auszusehen hat.[139] Insgesamt vertritt der Mainstream der Ökonomik also eher eine desinteressierte Haltung gegenüber methodologischen Fragen, überzeugt, in der positivistischen, Prognose-orientierten Position bereits eine eindeutige Antwort zu haben, obwohl diese Methodologie in der Wissenschaftspraxis weder hinreichend ausgeübt wird, noch befriedigende Ergebnisse liefert.[140]

Die hermeneutische Methode verschaffte sich ihre Bedeutung im wissenschaftstheoretischen Diskurs der Ökonomik über drei Wege.

1. **Postmoderne**: Der erste Weg verlief über die Rezeption der allgemeinen wissenschaftstheoretischen und philosophischen Entwicklung, die nach Feyerabend in den Diskurs des (De-)Konstruktivismus, Strukturalismus und der Postmoderne mündete. Indem ÖkonomInnen die „Wahrheit" ihrer wissenschaftlichen Erkenntnispraxis lediglich durch das Konsenskriterium in wissenschaftlichen Gruppen definiert sahen,

---

[135] Vgl. Sen (1991)

[136] Vgl. Friedman (1974), Mayer (1999)

[137] Vgl. Sen (1991) S. 69

[138] Vgl. Goldfarb (1997)

[139] Diese Frage gehört jedoch nicht zu den fundamentalen methodologischen Fragestellungen. Vgl. Boland (2001), Leijonhufvud (1997)

[140] Innerhalb der ökonomischen Methodologie gibt es deshalb auch eine reichhaltige Debatte zur Weiterentwicklung positivistischer bzw. falsifikationistischer Konzepte. Vgl. Blaug (1980), Backhouse (1994a), Boland (1982; 1997), Caldwell (1991), Hands (1985; 1991a; 1991b; 1996), Klappholz, Agassi (1959), Mäki, Gustafson, Knudsen (1993), de Marchi (1988; 1992)

relativierte sich der Geltungsanspruch der jeweiligen Schulen. Jegliches Wissen wurde als (sozial) konstruiert angenommen, wobei nun interessant wurde, wie verschiedene wissenschaftliche Gruppen ihre Wahrheitsüberzeugungen oder ihren privilegierten Zugang zu wahren Wirklichkeitskonstruktionen begründen.[141] Diese Rezeption postmoderner und (de-)konstruktivistischer Ansätze führte innerhalb der Ökonomik insbesondere zu einer Praxis der Methoden- und Theoriekritik, nicht jedoch zur Entwicklung neuer ökonomischer Theoriekonzepte.

2. **Rhetorics**: Den zweiten, konkreteren Impuls zur Einführung hermeneutischer Methoden in die Ökonomik gab der Aufruf D. McCloskeys, die Ökonomik möge ihre eigene Wissenschaftspraxis auf die Rhetorik, mit der sie einander zu überzeugen versuchen, überprüfen.[142] Ökonomische Wissenschaftspraxis wird hier fast ausschließlich als Sprachpraxis verstanden, so daß die postmoderne Wissenschaftsdiktion (Verhaltensregelkodex innerhalb wissenschaftlicher Schulen definiert das wissenschaftliche Ergebnis) in die Analyse des Regelsystems wirtschaftswissenschaftlichen Sprachverhaltens umgesetzt werden konnte. McCloskey selbst ist sprachphilosophisch und von der Philosophie der Rhetorik motiviert. Ihr hermeneutisches Programm arbeitet (wie in der literaturwissenschaftlichen Hermeneutik üblich) an sprachlichen Texten orientiert. McCloskeys Aufruf, die eigenen wissenschaftlichen Texte hermeneutisch auf ihre Rhetorik zu analysieren, verursachte einerseits ablehnende Kritik, insbesondere weil er als Ablehnung jeglicher Methodologie (miß-)verstanden wurde.[143] Obwohl die Möglichkeit eines privilegierten Zugangs von Wissenschaft zu „besserem" Wissen abgelehnt wird, handelt es sich doch um eine methodologische Position im echten, d.h. normativen Sinne, da die von McCloskey vertretene Sprachethik als normativ ausgezeichnete Art der wissenschaftlichen Konversation als Leitbild definiert wird.[144] Andererseits regte er unter den zustimmenden LeserInnen zahlreiche empirische Untersuchungen

[141] Vgl. Rorty (1981; 1989; 1991), Backhouse (1992) S. 65 ff., Klamer (2001)

[142] Auftakt dieser Debatte war McCloskey (1983; 1985). Vgl zu einer grundlegenderen sozialphilosophischen Diskussion des Rhetoric-Paradigmas Myerson (1994)

[143] Vgl. etwa Backhouse (1992), Solow (1988), Rosenberg (1988), Caldwell, Coats (1984)

[144] Vgl. Backhouse (1992) S. 68. Vgl. zu genaueren Vorschlägen, wie die Kommunikation von (Wirtschafts-)WissenschaftlerInnen verbessert werden kann, Mayer (2001), Ermert (1986)

wirtschaftswissenschaftlicher Rhetorik an.[145] Die Rhetoric-Debatte beschränkt die Anwendung der hermeneutischen Methode auf die
Sprachpraxis von WirtschaftswissenschaftlerInnen und geht praktisch
nicht auf die hermeneutische Praxis von Wirtschaftssubjekten ein.[146]
Insofern hat diese methodologische Debatte praktisch keinen Einfluß
auf den Untersuchungsgegenstand der Ökonomik entwickelt.

3. **Österreichische Schule**: Die dritte und stärkste Verfechterin der hermeneutischen Methode innerhalb der Ökonomik setzt sich aus der
   österreichischen Schule und ihre Epigonen zusammen. Die hier entwickelten ökonomischen Ansätze konzipieren die Wirtschaftssubjekte
   als interpretierende Akteure, die ihr Wissen über ökonomische Wirklichkeit in der Entscheidungssituation durch hermeneutische Konstruktion erst erzeugen müssen und ihr Verhalten an diesen Konstruktionen orientieren. „Social life is comprised of the meaningful constructions of the various actors that dwell within it. The economist is
   not primarily concerned (or should not be) with any physical properties
   of the world as such, but rather the meaningful constructions of social
   actors.“[147] Insbesondere die Interaktionen an Märkten, die Erzeugung
   kooperativer Akte, werden als Zusammenspiel sich einander sinnbezo-
   gen interpretierender Wirtschaftssubjekte erklärt. Das Interesse für diesen Untersuchungsgegenstand ergibt sich vor allem aufgrund der Unzufriedenheit mit dem neoklassischen Marktkonzept, in dem die Koor-
   dinationsleistung von Märkten unerklärt bleibt (siehe genauer Abschnitt 3.1).[148]
   Das hermeneutische Grundverständnis für die Konstitution des sozio-
   ökonomischen Untersuchungsgegenstandes gehört zu den philosophischen Vorstrukturierungen des österreichischen Ökonomieansatzes
   und ist auf die Auseinandersetzungen der frühen Österreicher, insbesondere von Mises, aber auch von Hayek, Machlup, Rothbard, mit den
   phänomenologisch-hermeneutischen Philosophieströmungen ihrer

---

[145] Vgl. etwa Henderson, Dudley-Evans, Backhouse (1993), Samuels (1990), Lavoie
(1990), Goldfarb (1995), Gerrard (1991), Klamer (1984), Klamer, McCloskey, Solow
(1988), McCloskey (1994) sowie Mäki (2000), der die wissenschaftliche Konversation
McCloskeys mit Mäki interpretiert.

[146] Ausnahme ist hier das Kapitel zu Wirtschaft als Konversation in McCloskey (1994)
sowie McCloskey, Klamer (1995)

[147] Boettke (1990) S. 37

[148] Vgl. zu hermeneutischen österreichisch-ökonomischen Ansätzen Bacharach (1989),
Ebeling (1990; 1995), Gerrard (1991; 1993)

Zeit zurückzuführen (Weber, Schütz, Gadamer, Ricœur). In den 1980er Jahren wurde die hermeneutische Methodologiedebatte innerhalb der österreichischen Schule von Lachmann wiederbelebt.[149] Das hermeneutische Grundverständnis, daß menschliche Akteure ihre handlungsrelevante Wirklichkeit nicht gegeben, objektiv wahrnehmend vorfinden, sondern aktiv interpretierend konstruieren, prägt in der Folge nicht nur die alten österreichischen marktprozeßtheoretischen Ansätze, sondern auch die in deren Folge entwickelten modernen Ansätze der evolutorischen Ökonomik.[150]

Hermeneutische Ansätze innerhalb der österreichischen Tradition sind in ihren Aussagen zwar durchaus heterogen, sind jedoch überwiegend mit zwei problematischen Charakteristika behaftet. Zum einen vertreten sie ein atomistisch-subjektivistisches Konzept, zum anderen wenden sie die hermeneutischen Grundannahmen nicht auf sich selbst an.

Die atomistisch-subjektivistische Position ist auf den methodologischen Individualismus zurückzuführen, dem auch die österreichische Schule weitgehend folgt. Die sozio-ökonomische Realität wird also als Ergebnis individueller Handlungen und Handlungsentscheidungen interpretiert. Diese individuellen Handlungsentscheidungen hängen wiederum davon ab, wie das einzelne Wirtschaftssubjekt die relevante Umgebung und die Handlungen anderer Wirtschaftssubjekte interpretiert. Deutungssysteme und Wertungspraxis werden als je subjekt-spezifische Interpretationspraxis definiert. Zwar nehmen manche österreichisch-hermeneutische Ansätze explizit an, daß die subjektive Interpretationspraxis notwendig in sozialen, „öffentlichen" Kategorien und Regeln abläuft,[151] aber in den meisten Ansätzen wird eher von einer privaten, persönlichen hermeneutischen Kompetenz von Wirtschaftssubjekten ausgegangen.[152] Zwar nehmen auch letztere an, daß die Interpretationskonstrukte der Subjekte erfolgreich sind und Verständigungen über Kooperation gelingen können, jedoch können sie aufgrund der atomistisch-subjektivistischen Ausrichtung nicht erklären, wie eine intersubjektiv übereinstimmende Deutungs- und Verständigungspraxis entstehen kann. Es fehlt ihnen der Sinn für die Gruppenspezifität und

---

[149] Vgl. Prychitko (1995b) S. 3, Madison (1994) S. 39, Lachmann (1990; 1986)

[150] In der modernen Diktion wird allerdings vorrangig Bezug auf konstruktivistische Ansätze und Bounded-Rationality-Konzepte genommen, vgl. Abschnitt 3.3.3.

[151] Vgl. McPherson zitiert nach Benton (1990) S. 66 f., Lavoie (1994), Madison (1994)

[152] Vgl. kritisch Benton (1990) S. 66 f., Ingham (1996)

Sprachgebundenheit menschlicher Interpretationspraxis.[153] Grundsätzlich ist unverständlich, wie ein interpretatives Sinnsystem jenseits von
Sprache, vorstellbar ist.[154] Diese ungeklärte Problematik subjektiver
oder intersubjektiver Sinnsysteme ist allerdings auch in der Phänomenologie und Sozialphilosophie nicht eindeutig gelöst.[155]

Die zweite Kritik wird an der aprioristischen Haltung der österreichisch-ökonomischen Hermeneutik geübt. Die Notwendigkeit herme-
neutisch-interpretativer Erschließung der handlungsrelevanten Wirklichkeit wird zwar für die Wirtschaftssubjekte behauptet, aber die theoretische Beobachtung ökonomischer Handlungen und Konstruktion
ökonomischer Wirkungszusammenhänge unterliegt der Begrenztheit
subjektivischer Deutungshorizonte nicht. Vielmehr werden bspw.
marktprozeßtheoretische Strukturen als aprioristische Kategorien und
Erkenntnisse verstanden. Österreichische Ökonomik versteht sich als
eine „objective science of subjective phenomena."[156] Diese Inkonsistenz
fällt allerdings nur dann auf, wenn hermeneutische ÖkonomInnen tatsächlich Aussagen über ökonomische Strukturen oder Prozesse und
nicht nur (wie oft üblich) über ihr ökonomisches Menschenbild machen.[157] Nach Wittgenstein kann es zwar besondere Sätze mit apriori-
schem Status geben, aber immer nur relativ in bezug auf ein bestimmtes
Sprachspiel, in dem das Apriorische das ist, was uns innerhalb eines bestimmten Zusammenhangs „besonders einleuchtend vorkommt"[158].
Solange der Apriorismus ökonomischer Hermeneutik nicht überwunden wird und die ÖkonomInnen ihre hermeneutisch-interpretierende
Position, die immer nur durch ihre eigene Sprachspielpraxis bestimmt
ist, in die Theorie integrieren, bleibt die ökonomische Hermeneutik

---

[153] Vgl. Lavoie (1994) S. 57-58

[154] Diese Vorstellung sprachunabhängiger Kommunikation findet sich etwa bei Horwitz
(1995) und Bazerman (1993). Bazerman stellt fest, daß bereits Adam Smith in seinem
„Wealth of Nations" Geld als das allen anderen Kommunikationssystemen übergeordnete
Symbolsystem klassifizierte (vgl. ebd. S. 194 f.).

[155] Bei Berger, Luckmann (1999) S. 36-48 findet sich ein eindeutiges Bekenntnis zu einer
notwendigen Sprachgebundenheit jeglicher hermeneutischer Interpretationspraxis.
Ebenso bei Lavoie (1994)

[156] Lavoie (1994) S. 59

[157] Diese aprioristischen Tendenzen finden sich noch ausgeprägter in weiten Teilen der
evolutorischen Ökonomik.

[158] Vgl. Wittgenstein (1990a) §158, S. 321

höchst angreifbar.[159]
Obwohl die Hermeneutik innerhalb der österreichischen Tradition verwurzelt ist, finden sich darin insgesamt kaum Ansätze, die mit einer hermeneutischen Methode arbeiten oder ökonomische Praxis fundiert in hermeneutischer Weise modellieren. Hermeneutik bleibt eher Lippenbekenntnis, denn seriöse hermeneutische Forschung.

Betrachtet man die Jahreszahlen der Veröffentlichungen bezüglich ökonomisch-hermeneutischer Methodologie, läßt sich in den 1980er und 1990er Jahren ein heftiges Aufflackern der Beschäftigung mit hermeneutischen Methoden beobachten. Allerdings ist diese Diskussion in den letzten Jahren wieder erheblich abgeflaut. Insgesamt hat die hermeneutische Methodendebatte aller drei Prägungen auf die allgemeine ökonomische Wissenschaftspraxis bisher fast keinen Einfluß ausgeübt. Auch die theorieinterne Kritik innerhalb der österreichischen Tradition an Atomismus, Apriorismus ist weitgehend folgenlos geblieben. Die weitgehend unprofessionelle Hermeneutik von ÖkonomInnen bezüglich ihrer eigenen Kommunikationspraxis (Rhetorik) bringt zwar interessante Geschichten und Interpretationen hervor, ermangelt aber ebenso wie die österreichisch-ökonomische Hermeneutik fundierter Kenntnisse hermeneutischer Methoden und der Rezeption sprach-, literatur- und kommunikationswissenschaftlichen Wissens.[160]

Insgesamt zersplittert sich „die" hermeneutische Methodologie innerhalb der Ökonomik in viele unterschiedliche hermeneutische Essays und wenige Versuche der Ausarbeitung einer Theorie. Eine große Schwäche dieser Ansätze ist es, daß kein gemeinsames Verständnis für die Konstitution und Funktionsweise von Sinnsystemen herausgearbeitet und angewendet wurde. Mit dem Übergang auf eine strenge Sprachorientierung hermeneutischen Arbeitens sowie der Einführung des Sprachspielkonzepts in die ökonomische Theoriebildung bietet die vorliegende Arbeit eine Wiederbelebung und Konkretisierung der methodologischen und ökonomischen Debatte um ökonomische Hermeneutik an.

---

[159] Vgl. O'Sullivan (1987) S. 151-163, Lavoie (1994) S. 59-60
[160] Vgl. als Einführung in die hermeneutische Methode Hitzler, Honer (1997), Massing (1997), Lamnek (1995a; 1995b) sowie Fuchs, Wingens (1986), Kremer (1987), Scholz (1999)

2.5 Ansätze eines Linguistic Turn in der Ökonomik

2.5.1 Übergang zu einer pragmatisch-hermeneutischen Sprachkonzeption

Es wurde im einleitenden Kapitel 1 die These vertreten, daß in der ökonomischen Theorie die dreifache Neutralität von Sprache, ob nun implizit
oder explizit, Common Sense sei. Im nachfolgenden Kapitel 3 werden wir
diese Neutralitätsannahme in verschiedensten Theorieansätzen wieder
finden und die Erklärungsprobleme, die sich daraus ergeben, herausarbeiten. Dennoch gibt es keine Regel ohne Ausnahme. Deshalb werden
nachfolgend zwei ökonomische Theorieansätze vorgestellt, in denen Sprache in ihrer performativen Eigenschaft eine Rolle spielt: einerseits
McCloskeys Konzeption der „Wirtschaft als Konversation", andererseits
signalingtheoretische Ansätze. Zumindest ansatzweise lassen sich die Erkenntnisse des Linguistic Turn also bereits in der Ökonomik wiederfinden.

Ein Grundproblem, das die Neutralitätsannahme von Sprache in ökonomischen Theorien so stabilisiert, ist, daß der Bereich des Wissens und
Entscheidens der Wirtschaftssubjekte als fundamental getrennt vom Bereich praktischen Handelns gesehen wird. Dies reflektiert den cartesianischen Leib-Geist-Dualismus. Wirtschaftliche Realität (Prozesse der Produktion, Transaktion usw.) und Ergebnisse (Einkommen, BSP, Wirt-
schaftsstruktur usw.) konstituieren sich demnach nur aus den reinen ökonomischen Handlungen der Wirtschaftssubjekte. Sprechaktivitäten sind in
dieser Vorstellung keine „wirklichen" Handlungen. Es wird nur *über*
wirkliche Dinge gesprochen. Die Handlungen aber werden als kausales
Ergebnis geistiger Entscheidungsprozesse interpretiert, die auf der Basis
von Wissen, Informationen und Willensbildungsmechanismen (Präferenzen, Werte) stattfinden. Entsprechend kann die ökonomische Verhaltenstheorie in Entscheidungstheorien umformuliert werden. In dieser
Leib-Geist-Trennung ökonomischer Wirklichkeiten spielt Sprache deshalb, wenn überhaupt, höchstens die Rolle eines Informationsübermitt-
lungsinstrumentes, ist also für den mentalen Bereich relevant (hierzu genauer in Kapitel 3). Für den Leib-Teil der Ökonomie wird Sprachhandeln
als irrelevant behandelt.

Daraus entsteht ein massives Erklärungsproblem für die Koordination
ökonomischen Handelns. Die Verhaltenskoordination, die durch Ab-

Lücke in Ökonomie!

stimmung kooperativen Verhaltens oder in Verhandlungen und Einigungen auf ökonomische Transaktionen erzeugt wird, ist in diesem Denksystem nicht erklärbar. Statt dessen wird angenommen, die Absprache und Vereinbarung von bestimmten gemeinsamen Verhaltensweisen der Wirtschaftssubjekte könne dadurch ersetzt werden, daß alle Individuen vollkommen über die Verhaltensmuster (z.B. Angebots- und Nachfragefunktionen) der je anderen informiert sind und sich auf dieser Basis *unabhängig voneinander* entscheiden. Der Preismechanismus wird als Koordinations- oder gar Kommunikationssystem[161] behauptet, das jenseits sprachlicher Kommunikation existiere. Faktisch ist der komplexe Preisbildungszusammenhang aber kein autonomes Kommunikationssystem, sondern ein Zusammenspiel höchst differenzierter sprachlicher Verhaltensweisen, in denen über Preise (Tauschbedingungen, Geldäquivalente) kommuniziert wird sowie Preise beschlossen und durchgesetzt werden. Geldsymbole sind dabei Teil der gesamten sprachlichen Interaktionspraxis.[162]

Nachfolgend werden nun zwei ökonomische Theorieansätze vorgestellt, in denen Sprachhandlungen als „echte" real-ökonomische Handlungen anerkannt und als Lösung fundamentaler ökonomischer Probleme eingeführt werden. Zum einen das Konzept der „Wirtschaft als Konversation" von D. McCloskey, welche sich mit der ökonomischen Bedeutsamkeit sprachlicher Handlungen befaßt, zum anderen die Theorie des Signalisierens, die in der Industrieökonomik (Oligopoltheorie) und der Theorie Adverser Selektion wurzelt. Obwohl in beiden Ansätzen symbolische Interaktionen, also Sprachaktivitäten, als ökonomische Performanzen anerkannt werden, unterscheiden sie sich doch in der Anwendung des performanztheoretischen Sprachkonzepts auf ihre eigene wissenschaftliche Tätigkeit. McCloskey reflektiert auch die wirtschaftswissenschaftliche Praxis als „rhetorische Praxis" und baut so ein konsistentes wissenschafts- und wirtschaftstheoretisches Theoriegebäude auf.[163] Hingegen wird der Performanzcharakter von Sprache in Signaling-Theorien nicht konsequent reflektiert. Innerhalb der Signaling-Theorie werden die real praktizierten Signale nicht explizit als sprachliche Zeichen anerkannt, die innerhalb des

---

[161] Vgl. Horwitz (1995) und Bazerman (1993)

[162] Vgl. Ebeling (1990; 1995)

[163] Die wissenschaftliche Selbstreflektion als Rhetorik nimmt in McCloskeys Werk den größten Stellenwert ein. Vgl. McCloskey (1985). Die theoretische Analyse ökonomischer Sprachpraxis von Wirtschaftssubjekten ist dagegen nur ansatzweise vorhanden, deshalb, wie im nächsten Abschnitt 2.5.2 kritisiert, auch noch nicht hinreichend ausgearbeitet.

sprachlichen Bedeutungssystems in ihrem Sinn bestimmt sind. Insofern steht eine kritische Reflektion der performanztheoretischen Sprachtheorie auf die eigene Wissenschaftspraxis noch aus.

2.5.2 McCloskeys Wirtschaft als Konversation

McCloskeys Theorie der Wirtschaft als Konversation erkennt an, daß bestimmte sprachliche Aktivitäten ökonomische Handlungen und daß ein großer Teil ökonomischer Handlungen Sprachhandlungen sind. McCloskey führt das Konzept der Rhetorik in einer sehr breiten, nicht immer einheitlichen Weise ein. Primär widmet er sich der Rekonstruktion wirtschafts*wissenschaftlicher* Praxis als Rhetorik.[164] Ein kleinerer Teil seiner Forschung, der im Zusammenhang dieser Arbeit interessiert, thematisiert die Kunst des Überzeugens als Bestandteil von ökonomischen Transaktionsprozessen. Die Berufung auf die Tradition der Rhetorik erinnert daran, daß die Rhetorik als erste geistige Disziplin eine Verbindung zwischen Denken und Handlung herstellte, im Gegensatz zur Logik, die Denken und Handeln immer strikt voneinander getrennt hielt.[165]

Der Begriff des Überzeugens (Persuasion) nimmt bei McCloskey insbesondere deshalb eine so wichtige Rolle ein, weil er damit über den traditionellen ökonomischen Informationsbegriff hinausgeht. „Information is not only a property. Humans must judge the information relevant or accurate or interesting for it to be ‚information‘, selected from the blooming, buzzing confusion of the world. Information, to put it another way, is only part of knowledge. [..] Knowledge is information and judgement. An economics of information alone is going to miss the judgement part and is not going to be a complete economics of knowledge."[166] Damit eine sprachlich übermittelte Information zu einem ökonomisch relevanten Wissen des empfangenden Wirtschaftssubjektes werden kann, muß letzteres das *Urteil* fällen, daß die Information relevant, interessant und „wahr" ist. Wenn also zur gelingenden Wissensübertragung eine positive Beurteilung hinsichtlich Relevanz, Interessantheit und Glaubwürdigkeit der Information ge-

---

[164] Vgl. McCloskey (1985, 1990, 1991), vgl. zu einer Kritik an McCloskeys uneinheitlichen Rhetorik-Ansätzen Mäki (1995)

[165] Vgl. Boscolo et al. (1990) S. 111

[166] McCloskey, Klamer (1995) S. 191

hört, dann muß ein Informationsverbreiter den anderen nicht nur ein „Informationspäckchen hinschieben", sondern ihn auch davon überzeugen, es aufzumachen und in Besitz (und Nutzung) zu nehmen. Deshalb weicht bei McCloskey die Vorstellung von Sprache als Medium der Informationsdiffusion der Konzeption des *persuasive talks*.

Geht man an diesem Punkt zurück zu der typischen ökonomischen Annahme, die Marktpreise und ihre Fluktuationen enthielten alle Informationen,[167] dann wird deutlich, daß die vollständig durch Preise gegebenen Informationen nicht ausreichen, um den Marktprozeß in der Weise ablaufen zu lassen, wie es die Markttheorie unterstellt. Die informierte MarktakteurIn muß die Informationen in Wissen transformieren, damit diese für sie transaktionsrelevant werden. Sie muß zum Handeln überzeugt werden und andere Wirtschaftssubjekte zum Handeln überzeugen, damit eine Markttransaktion stattfinden kann.[168]

Unter Bezugnahme auf Austins und Searles Sprechakt-Theorie zeigt McCloskey, daß das Agieren von Wirtschaftssubjekten am Markt illokutionäre Akte im Sinne der Sprechakt-Theorie sind. Wie in Abschnitt 2.3.3 dargestellt, besteht ein Sprechakt aus drei Elementen: dem *lokutionären* Akt (Äußerung sprachlicher Zeichen in einer Reihenfolge), dem *illokutionären* Akt (dialogische Hinwendung an andere Personen, durch den Akt des Sagens vollzogene Handlung, z.B. Behaupten, Fragen, Befehlen, Versprechen) sowie dem *perlokutionären* Akt (der über die sprachliche Handlung hinausgehende, Wirkung erzielende Akt, z.B. die durch die sprachliche Äußerung ausgelösten Gefühle, Gedanken, Reaktionen). Im Falle der Austin'schen performativen Äußerung fallen iIllokutionärer Akt und perlokutionärer Akt in eins zusammen. Musterbeispiel performativer Akte ist das Versprechen.

Die Ökonomik meinte bisher, sich lediglich mit dem perlokutionären Element von Sprechakten beschäftigen zu müssen, und vernachlässigte dabei die sprachliche Bewirkung dieser Perlokutionen bzw. die Sprachlichkeit des Wirtschaftens überhaupt. Entsprechend schien es nur „reine" nicht-sprachliche Handlungen und nicht-sprachliche kausale Wirkungsbeziehungen zwischen Menschen zu geben (z.B. „technologische Externalitäten", „Wissensspillover"). McCloskey dagegen konzentriert sich auf das illokutionäre Element ökonomischer Sprechakte. So können Sprechakte als Ursache bestimmter ökonomischer Erscheinungen und koordinierter

---

[167] Vgl. z.B. von Hayek (1974; 1969c; 1952)
[168] Vgl. McCloskey (1994) S. 376 f.

Verhaltensweisen sichtbar werden, wo vorher die sprachlose Welt realer ökonomischer Praxis zu sein schien.

McCloskey betrachtet als ökonomische Sprechakte zunächst solche, deren perlokutionäres Element auf die Überzeugung anderer Wirtschaftssubjekte zielt. Er sagt aber auch, daß manche ökonomische Illokutionen performative Äußerungen sind (z.B. das verbale Anbieten und das Äußern von Nachfragewünschen) bzw. in bestimmten Kontexten und bei bestimmten Folge-Illokutionen anderer Wirtschaftssubjekte werden können. Eine Markttransaktion kommt nur dann zustande, wenn ein konkretes verbalisiertes Angebot mit der Zustimmung einer NachfragerIn beantwortet wird oder umgekehrt eine konkrete Nachfrage mit der Zustimmung einer AnbieterIn. Erst durch eine bestimmte Antwort und einen bestimmten Kontext wird ein bestimmter sprachlicher illokutionärer Akt (z.B. „Ich gebe Dir fünf Euro für dieses Brot.") zu einem performativen Akt des Kaufs oder Verkaufs.[169]

McCloskey trägt eine Fülle von Argumenten für die ökonomische Relevanz des Überzeugens mit sprachlichen Mitteln zusammen:

− Die Fähigkeit, andere Wirtschaftssubjekte mit **überzeugenden Argumenten zu einem Geschäftsabschluß zu bewegen**, ist eine herausragende Eigenschaft der schumpeterschen UnternehmerIn, indem diese bspw. Kapitalgeber dazu überredet, die Finanzierung einer Innovation zu übernehmen. „At the root of technological progress is a rhetorical environment that makes it possible for inventors to be heard."[170] McCloskey geht davon aus, daß die Pioniergewinne von Innovatoren, aber auch ganz allgemein die Möglichkeit von UnternehmerInnen Profite zu erwirtschaften von deren kommunikativen Überzeugungskraft abhängt. Innovatoren ohne Überzeugungskraft würden lediglich ihre Innovationskosten decken können.

− Sprachliche Kommunikation ist auch ein Medium, in dem Vertrauen und Vertrauenswürdigkeit verhandelt wird. Der ökonomische Erfolg bestimmter ethnischer oder religiöser Gruppen (z.B. chinesische und jüdische Handelsnetzwerke) basiert auf „reputational gossip", d.h. auf der durch Klatsch und Gerücht verbreiteten Reputation möglicher Transaktionspartner. Die Kosten der **Vertrauensbildung** für den einzelnen (durch Versuch und Irrtum) sinken, da innerhalb des Konversa-

---

[169] McCloskey (1994) S. 369
[170] McCloskey (1994) S. 372, vgl. auch S. 370 ff.

tionsnetzwerkes der Ruf der je anderen Kaufleute publik gemacht wird. Dabei ist es laut McCloskey ein Charakteristikum von Konversation, daß man nur das sagt, von dessen Wahrheit man überzeugt ist, da „a conversation of liars would end in paradox".[171]

– Auch Kooperation im Unternehmen, z.B. in Form von Teamwork, basiert darauf, daß die KollegInnen miteinander sprechen.[172]

– Werbung ist eine der offensichtlichsten ökonomischen Konversationsformen, die sowohl auf Information als auch auf Überzeugung anderer zum Kauf abzielt.[173]

– „The chatter in the stock market – that model of economic behaviour – is still another example of talk in the economy. Portfolio managers talk full time to decide on buying or selling. Stockbrokers talk to clients and to each other."[174]

– Da jede Spezialisierung Transaktionen notwendig macht und Transaktionen sprachlich erzeugt und durch kommunikative Vertrauensbildung ermöglicht werden, hängt der Grad der Spezialisierung und Arbeitsteilung einer Volkswirtschaft von dem Ausmaß von Konversation ab, die erfolgreich zur Realisierung von Transaktionen geführt werden (können).

Insgesamt quantifizieren McCloskey und Klamer (1995) den Anteil des US-amerikanischen BSP, der durch auf Überzeugung gerichtete illokutionäre Sprechakte produziert wird, auf ungefähr 25 Prozent.[175] Darin sind keine Sprechakte enthalten, die der reinen Information ohne Überzeugungsabsicht dienen oder Befehlsakte sind. Die beiden Autoren prognostizieren, daß der Anteil des persuasive talk am Sozialprodukt zukünftig weiter steigen wird, da der Anteil der „silent labour", also der rein körperlichen Arbeit, durch die Automatisierung der Produktion zurückgeht.[176] Dieser erhebliche Anteil der Überzeugungsarbeit muß von der neoklassischen Markttheorie als Anomalie gewertet werden, denn hier wird die rationale ökonomische Entscheidung frei und autonom getroffen,

---

[171] McCloskey (1994) S. 373
[172] Vgl. McCloskey (1994) S. 374
[173] Vgl. McCloskey (1994) S. 375
[174] McCloskey (1994) S. 375
[175] Vgl. McCloskey, Klamer (1995) S. 192 ff.
[176] Vgl. McCloskey, Klamer (1995) S. 193

und es wäre zu erwarten, daß die rationalen Wirtschaftssubjekte die Konversation mit solchen Überredungskünstlern meiden würden bzw. daß die Überredungsversuche sie nicht anfechten würden. Wenn persuasive talk keinerlei Chancen auf erfolgreiche Überredung hätte, handelte es sich bei den 25 Prozent des BSP um eine doppelt unerklärliches Phänomen.

Leider ist McCloskeys Ansatz der „Wirtschaft als Konversation" bisher nicht mehr als eine Ideensammlung bezüglich bedeutsamer Aspekte von persuasive talk in der Ökonomie. Eines zieht sich aber durch alle Argumentationen von McCloskey hindurch: Sein Konzept bleibt im Rational-Choice-Kalkül verhaftet, denn ökonomische Illokutionen werden seines Erachtens nach ausschließlich aufgrund von Nutzenmaximierungserwägungen durchgeführt. McCloskeys persuasive talk ist das Instrument ökonomisch zweckrationalen Handelns. Die Überzeugung des anderen dient dem eigenen ökonomischen Vorteil. Zwar kann die Vorteilhaftigkeit auch gegenseitig sein, wenn alle Mitglieder eines reputational-gossip-network von der raschen Informationsverbreitung im Netz profitieren oder wenn die gegenseitige Überredung in einen Kauf- oder Arbeitsvertrag mündet. Klar bleibt aber auch, daß Wirtschaftssubjekte keine ökonomischen Illokutionen durchführen, die sie ökonomisch schlechter stellen würden. Empirisch läßt sich dies selten beobachten.

Besonders deutlich zeigt sich die Annahme rein erfolgsorientierter Sprachverwendung, indem McCloskey unterstellt, daß die Fähigkeit von UnternehmerInnen, Profite zu realisieren, von ihren rhetorischen Künsten abhänge. Aus der Perspektive der gleichgewichtsorientierten Markttheorie muß die Tatsache der Erzielung von Profiten durch Überredung als eine Wohlfahrtsminderung gewertet werden. Denn der einzelne eigeninteressiert Kommunizierende kann sich einen ökonomischen Vorteil verschaffen, indem er seinen Transaktionspartner überredet, jenseits des Gleichgewichtspreises zu transagieren. Die Höhe und Verteilung der Konsumenten- und Produzentenrenten werden folglich nicht in der Aggregation von Angebots- und Nachfragewünschen ermittelt, sondern ausschließlich aus der Summe der bilateral realisierten Transaktionen. Trotz einer hohen Zahl von Anbietern und Nachfragern kann sich mit der Einführung des persuasive talk jedes einzelne Wirtschaftssubjekt als monopolistische oder monopsonistische PreissetzerIn versuchen. Die durch rhetorisches Können determinierte Verhandlungsmacht bestimmt dann, welche gesamtwirtschaftlichen Wohlfahrtseinbußen (Abweichung vom Gleichgewicht) durch die strategische Kommunikation der Wirtschaftssubjekte bewirkt wird. Eine solche Messung der Wohlfahrtswirkungen von persuasive talk an der Referenz des Gleichgewichtsmodells ist allerdings nicht möglich. Da Markttransaktionen ohne Spracheinsatz nicht realisiert werden können, und da es gleichzeitig unwahrscheinlich ist, daß die Überredungskünste der Transaktionspartner immer symmetrisch verteilt sind, ist auch die gesamtwirtschaftliche Realisierung eines Gleichgewichtes extrem unwahrscheinlich. Im Grunde genommen führt McCloskey eine neue Variante eines evolutorischen Marktmodells ein. Zwar sind immer noch Differentialrenten und Profite der Anreiz für kreatives Unternehmertum. Aber diese Profite werden nur durch erfolgreiches rhetorisches Agieren von UnternehmerInnen realisiert. Dabei sind Innovationen nur ein mögliches Argument oder Thema innerhalb des persuasive talk von UnternehmerInnen.

Zwar ist McCloskeys rein ökonomisch-instrumentelles Sprachverständnis aufgrund seiner Konsistenz mit dem Homo Oeconomicus aus Sicht traditioneller ÖkonomInnen verführerisch. Aber es ist nicht hinreichend. Gerade die Theorie der asymmetrischen Informationen legt nahe, daß die aufrichtige Kommunikation bei nutzenmaximierenden Akteuren nicht die stabile dominante Spielstrategie sein wird (vgl. genauer Abschnitt 3.3.4). Es gibt immer einen Anreiz zur strategischen Kommunikation und damit zum Ausspielen seiner rhetorischen Macht im Sprachspiel. Wenn es gelingt, dem überredeten „Opfer" seine Übervorteilung dauerhaft zu verschleiern, dann läßt es sich sogar vermeiden, durch reputational gossips in Verruf zu geraten und das Potential zukünftiger Überredungserfolge zu vermindern. McCloskey führt Vertrauen ein sowie „friendship and other supergames [..] to establish rules of interpretation that cannot be broken cheaply"[177]. Da er die Erzeugung vertrauensvoller Beziehungen selbst wiederum nur durch sprachliche Kommunikation erklärt („Trust is part of an economics of talk"[178]), ist letztlich unklar, wie die Dilemmasituation ökonomisch rationalen Lügens, Verschweigens und Betrügens durchbrochen werden kann. Denn wie entsteht eine Gruppe, die einander vertrauen kann und deren reputational gossips innerhalb der Gruppe glaubwürdig sind? Wie wird Glaubwürdigkeit von Wirtschaftssubjekten überprüft?

---

[177] Mc Closkey (1994) S. 373

[178] McCloskey (1994) S 372. Allerdings rekurriert er auf S. 373 auch auf soziale Normen, die unter Freunden seltener defektiert würden als unter einander relativ fremden Personen. Aus dem Kontext heraus ist nicht eindeutig, ob mit diesen Normen nur die Norm, nicht zu betrügen und zu lügen, gemeint ist oder ob es um außersprachliche Normen geht.

Damit die strategische lügnerische Kommunikation teuer sanktioniert werden kann und damit der Ökonom behaupten kann, daß sie teuer sanktioniert wird und *deshalb* nicht praktiziert wird, müssen die Wirtschaftssubjekte eine sie übervorteilende Kommunikation zuverlässig erkennen können. Wie sie das tun, ist in McCloskeys Ansatz noch nicht geklärt. Der Begriff der Persuasion ist zu nah an der Manipulation und Propaganda, als daß man auf eine Erklärung der Ursachen aufrichtiger, moralisch einwandfreier ökonomischer Überredungspraxis verzichten könnte.

Zu kritisieren ist auch, daß McCloskey der Gruppenspezifität von Kommunikation in keiner Weise Beachtung schenkt. Die sozialen Grenzen, innerhalb derer persuasive talk tatsächlich überzeugt, sind realiter wesentlich enger gesteckt und durch gemeinsames Sprachvermögen gezogen, als man nach McCloskeys Ausführungen annehmen kann. Die gesamte Problematik von Inklusion und Exklusion und dem Vermögenscharakter sprachlicher Fähigkeiten wird in diesem Ansatz ausgeblendet.

Unklar ist auch, wie persuasive talk eigentlich funktioniert und unter welchen Bedingungen er erfolgreich ist. Was überzeugt wen, welche Transaktion durchzuführen? Oder: wer kann wen wodurch wovon überzeugen? Es fehlt McCloskey also sowohl eine Theorie der Vertrauenserzeugung durch Kommunikation, eine Theorie der Kommunikation überhaupt, als auch eine Theorie ökonomischer Rhetorik.

Solange die „Vertrauensfrage" und die Bedingungen des Überzeugungsprozesses nicht geklärt sind, kann die optimistische Vorstellung machtfreier, paretosuperiorer Markttransaktionen nicht mehr unbedingte Geltung erheben.

Es zeigt sich daher, daß McCloskey auf eine *Theorie* der Wirtschaft als Konversation bisher verzichtet. Insofern bietet sein Ansatz bisher keine Alternative zu bestehenden ökonomischen Theorien. Aber er stellt eine Sammlung inspirierender Ideen zur Verfügung, auf denen aufgebaut werden kann.

Stellt man McCloskeys Argumente systematisiert zusammen, so ergeben sich unterschiedliche Typen ökonomischer Sprechakte:

Es gibt erstens sprachliche illokutionäre Akte, die notwendig sind für die *Vorbereitung, Durchsetzung und Kontrolle von Transaktionen*, z.B. Informationsaustausch über Qualitäten, Mengen, Preise, Konditionen, die Sprechaktivitäten von Gerichtsverhandlungen wegen einer Mängelklage, Vertrauensbildung.

Es gibt zweitens ökonomische performative Sprechakte, bei denen der illokutionäre Akt gleich dem perlokutionären Akt ist, nämlich im Fall des Transaktionssprechaktes, dem *Kaufvertrag*.

Zum dritten gibt es Illokutionen bzw. bestimmte Bündel von Illokutionen, die notwendiger Teil einer Dienstleistung sind, welche am Gütermarkt oder Arbeitsmarkt als *Gut* gehandelt wird, z.B. die Sprechleistungen einer VortragsrednerIn, SchauspielerIn, RechtsanwältIn, RadiomoderatorIn oder GesprächstherapeutIn.

Was McCloskey vernachlässigt, ist, daß es viertens Illokutionen gibt, welche die Koordination und Performanz der *Wirtschaftspolitik* hervorbringen.

Zusätzlich determiniert die sprachliche Kompetenz die Produktion, d.h. die Produktivität der Produktionsfaktoren (sprachliche Arbeitsleistungen), Teamleistungen sowie die möglichen Unternehmergewinne und damit die Wettbewerbsdynamik. Außerdem gilt: „The division of labor [..] is limited by the extent of the talk."[179]

Da Sprache in McCloskeys Argumenten alles ist – Produkt, Produktion, Transaktion, Transaktionsvorbereitung, Faktor – schwimmt die Wirtschaft der Konversation quer zum üblichen Begriffsapparat der Ökonomik. Aufgrund der Breite ökonomischer Funktionen, für die Sprache Relevanz zugesprochen wird, ist fraglich, ob das Instrumentarium ökonomischer begrifflicher Unterscheidungen, z.B. ökonomischer Perlokutionen, nicht groß und fein genug ist. McCloskey zufolge gilt Goodmans Satz „It makes a difference whether people don't speak or speak"[180] auch für die Phänomene des Wirtschaftens. Aber welchen Unterschied macht es?

In einer Wirtschaft, in der nicht gesprochen würde, gäbe es keine Markttransaktionen, bestimmte Dienst- und Arbeitsleistungen könnten nicht produziert werden. Die kooperative Zusammenarbeit in Unternehmen könnte nicht gelingen. Eine solche Wirtschaft wäre eine reine Selbstversorgerwirtschaft, in der Eigentumsübertragungen nur durch Zufall (Finden zufällig verlorener Güter) und Gewalt (Raub, Diebstahl) stattfinden würden. Das scheint erhebliche Unterschiede zu den empirisch vorfindlichen Volkswirtschaften aufzuweisen, in denen ökonomische Sprechaktivitäten (in erheblichem Umfang) stattfinden.

Die Wirtschaftswissenschaft begnügte sich bisher mit der Beschäftigung mit dem perlokutionären Element ökonomischer Sprechakte und igno-

---

[179] McCloskey (1994) S. 372
[180] Goodman (1971) S. 3

rierte, daß die gegenseitige Einflußnahme von Menschen sprachlich hervorgebracht wird. Diese Ignoranz ist deshalb nicht legitim, weil die Eigenarten und Funktionsbedingungen von Sprache eine Restriktion dafür sind,
welche Arten perlokutionärer Akte realisiert werden können, von welchen
Personen und in welchem zeitlichen und räumlichen Umfang. Es ist
McCloskeys Verdienst, darauf aufmerksam gemacht zu haben, daß Sprache in der Ökonomie nicht neutral ist sowie daß es bestimmter Sprechaktivitäten notwendig bedarf, um in gegenseitiger kommunikativer
Machtausübung Transaktionen zu realisieren. Auch nimmt McCloskey
eine erste Einschätzung des Wertes vor, den die Wirtschaftsakteure ökonomischen Sprechaktivitäten zusprechen (gemessen am gesamten volkswirtschaftlichen Transaktionsvolumen). Es fehlt allerdings noch eine fundierte Theorie ökonomischer Sprechaktivitäten, die über die Nennung
volkswirtschaftlich relevanter Arten von Sprechaktivitäten und ihren ökonomischen Wirkungen hinausgeht.[181]

2.5.3 Die Theorie des Signalisierens

Die Theorie des Signalings ist im Grunde ein Gegenstück zu McCloskeys
Ansatz. Sie befaßt sich nicht mit dem Umstand, daß auch sprachliche
Handlungen ökonomische Handlungen sein können. Sondern sie arbeitet
unter der Annahme, daß ökonomische Handlungen als Zeichen, Symbole
bzw. „Signale" Teile von ökonomischen Kommunikationsprozessen sein
können.[182] Durch bestimmte Handlungen (oder Komplexe von Handlungen) kann bestimmten anderen Akteuren (Kunden, Anbietern, Konkurrenten) signalisiert werden, welche Handlungspläne, Absichten oder Sanktionspotentiale man hat, welche Qualität die angebotenen Güter oder
Leistungen aufweisen oder welche Eigenschaften man selbst hat, z.B.
Glaubwürdigkeit. Dabei können die Signalhandlungen durchaus auch

---

[181] Während in den Wirtschaftswissenschaften, insbesondere der Volkswirtschaftslehre,
die persuasive Funktion von Sprache also nur in ersten, noch theorieschwachen Ansätzen
konzipiert wird, gibt es bezüglich Public-Relations und Marketing kommunikationswissenschaftliche Ansätze, die entsprechend praxisorientiert arbeiten. Vgl. Avenarius (1995),
Bruhn (1997). Eine gegenseitige Rezeption der beiden Forschungsrichtungen steht noch
aus.
[182] Ein Signal ist nach Spence eine beobachtbare veränderliche Eigenschaft einer Person,
eines Gutes, eines Rechtsanspruchs usw. Vgl. Spence (1973) S. 357

sprachliche Äußerungen sein (z.B. das Versprechen einer Garantieregelung). Es sei vorweggenommen, daß die Theorie des Signaling nicht erklärt, warum bestimmte Handlungen reine ökonomische Handlungen sind und andere auch als Signale dienen. Ungeklärt bleibt auch, warum die jeweilige Handlung genau *jene* Signalbedeutung hat und woher die TheoretikerInnen um diese Signalbedeutungen weiß.

Der Signalbegriff hebt sich vom sprachbezogenen Zeichenbegriff insofern ab, als er konnotiert, daß Signale nur in eindeutigen Bedeutungstexten vorkommen und folglich eindeutig zu interpretieren sind. Der Zeichenbegriff des Linguistic Turns versteht solche Eindeutigkeiten nur als Spezialfall, während Viel- und Mehrdeutigkeit von Zeichenbedeutungen der empirische Normalfall sind.[183]

Die ökonomische Theorie des Signalisierens unterstellt, daß Handlungen mit Signalwirkung eingesetzt werden können, um ökonomische Probleme zu lösen. Die Theorie des Signaling hat zwei zentrale theoretische Standbeine. Im Falle der Theorie Adverser Selektion wird unterstellt, daß Signaling Marktversagen aufgrund von Unsicherheit über Qualität (und der Möglichkeit des Lügens) beseitigen kann. Im Falle der Industrieökonomik, insbesondere der Oligopoltheorie wird behauptet, Signaling könne Marktinstabilitäten aufgrund strategisch interdependenten Verhaltens (grundsätzliche Unsicherheit über das zukünftige Verhalten der Konkurrenten) entgegen wirken.

2.5.3.1 *Signaling innerhalb der Theorie der Adversen Selektion*

Die Theorie der Adversen Selektion führt das Signaling als Lösung zur Überwindung der Unehrlichkeitsproblematik bei Informationsasymmetrien ein.[184] Die Theorie gibt konkrete Verhaltensweisen an, mit denen TransaktionspartnerInnen einander aufrichtig über Güter- und Leistungsqualitäten sowie über ihre Glaubwürdigkeit informieren können. Die Unsicherheit über die Qualität von Gütern oder Transaktionspartnern kann hier unter anderem dadurch überwunden werden, indem der mehrwissende Akteur der Durchführung von Handlungen zustimmt, die a) die tatsächliche Qualität des Gutes bzw. der Person und damit auch seine Unaufrichtigkeit aufdecken kann (z.B. ärztliche Untersuchung für die Kranken-

[183] Vgl. Priddat (2001) S. 205

[184] Vgl. ausführlich zum theoretischen Fundament der Theorie des Signalings sowie empirischen Beispielen Salanié (1998) und Richter, Furubotn (1999)

versicherung, Kontaktaufnahme mit Referenzen/Auskunfteien, Gutachten), oder b) Handlungen durchführt, die ihn im Falle der Unehrlichkeit mehr kosten, als ihm der unehrlich erwirtschaftete Profit einbringt (Garantie) oder indem er c) spezifische Investitionen durchführt, die nur im Falle der langfristigen Kooperation und bei Verzicht auf moral hazard Verhalten rentabel sind (Probezeit oder steil von einem niedrigen Ausgangsniveau steigende Löhne bei Arbeitsverträgen, Investition von Zulieferern/Abnehmern in spezifische Technologien und Organisationsformen).[185]

Diese Signale zeichnen sich im Sinne der Theorie dadurch aus, daß sie im Gegensatz zu bloßen verbalen Behauptungen, die ja auch Lügen sein könnten, glaubwürdige Botschaften (Informationen) über die Vertrauenswürdigkeit des Senders sowie über die Qualität des in Frage stehenden Gutes/Leistung signalisieren. Es fragt sich, wodurch sich diese Signale gegenüber anderen Botschaften an Glaubwürdigkeit auszeichnen.

Zunächst einmal scheinen „echte" Handlungen als Signale überzeugender zu sein, als bloße Behauptungen (über sich selbst, über die Leistung, über die Welt). Es könnte der Eindruck entstehen, „echte" Handlungen seien reine, nicht-sprachliche Handlungen. Bei näherem Hinsehen ist dem aber nicht so. Ein Garantieversprechen ist in jedem Fall zunächst nur ein sprachliches Handeln. Zwar wird es vermutlich in einer besonderen Form geäußert (z.B. schriftlich), aber es ist nicht weniger sprachlich als andere geäußerte „Informationen". Da die Garantie als eine wirksame Signaling-Handlung in der Theorie Adverser Selektion anerkannt ist wie andere „echte" Handlungen (z.B. Investitionen) auch, können wir dies als Beleg dafür nehmen, daß die Theorie des Signalings Sprechhandlungen als echte Handlungen anerkennt. Damit überwindet sie zumindest implizit die erste ökonomische Annahme sprachlicher Neutralität (vgl. Abschnitt 1.3).

Wenn es nun keinen grundsätzlichen Unterschied mehr zwischen Sprechaktivitäten und „echten" Handlungen gibt, dann bleibt noch der Unterschied zwischen glaubwürdigen (Sprach-)Handlungen (wirksame

---

[185] Vgl. auch die in Richter, Furubotn (1999) S. 236-241, 273-277, dargestellten Fälle von „Signalen". Möglich ist auch die umgekehrte Variante des „Market Screenings", bei der die weniger wissenden Akteure im Prinzip eine begrenzte Kommunikation anbieten (verschiedene Vertragstypen) und an der vom wissenden Akteur gewählten Antwort (gewählter Vertragstyp) die wahre Qualität seiner Leistung, Ware und seine Aufrichtigkeit erkennen können. Obwohl auch hier Signale generiert werden, spricht die Theorie von „Market Signaling" nur, wenn die besser informierten Akteure aktiv glaubwürdige Signale über sich aussenden.

Signale) und unglaubwürdigen (Sprach-)Handlungen (bloßes Reden, un-
wirksame bzw. keine Signale). Leider wird diese Frage in der Theorie des
Signalings aufgrund der allgemeinen Sprachblindheit nicht explizit erörtert, dennoch sind aus den empfohlenen Signalhandlungen Aussagen ableitbar.

Erstens sind die von ÖkonomInnen als glaubwürdig ausgezeichneten
Sprechakte (und Handlungen) im Gegensatz zum bloßen Reden *vermö-
genswirksam*. Im Fall der Garantie räumt der Sprecher dem Gesprächspartner einen bedingten Forderungsanspruch ein. Im Falle spezifischer Investitionen schichtet der Sprecher liquides Vermögen in weniger liquides,
spezifisches Vermögen um (eventuell verschuldet er sich auch), erwirbt
eine bestimmte logistische Technologie, baut spezifisches, nur vom Transaktionspartner nutzbares Humankapital auf und so weiter. Die bloße
Vermögenswirksamkeit reicht für Glaubwürdigkeit allerdings nicht aus.

Zum zweiten muß die vermögenswirksame (Sprech-)Handlung mit der
„eigentlich" *verhandelten Transaktion im Zusammenhang* stehen (das tut
das bloße Reden allerdings auch). Wie dieser Zusammenhang hergestellt
wird oder werden kann, ist ungeklärt. Es scheint der Signaling-Theoretike-
rIn evident zu sein.

Und drittens zeichnen Ökonomen genau dann eine signalisierende
Handlung als glaubwürdig aus, wenn ein *rationaler* Lügner sie nicht
durchführen würde. Im spieltheoretischen Sinne wird die Pay-Off-Matrix
des dilemmatische Transaktionsspiels durch die ergänzende vermögenswirksame (Sprech-)Handlung so verändert, daß der Mehrwissende im
Falle des eigennutzmotivierten Lügens (versuchte Übervorteilung) negative oder deutlich niedrigere Pay-Offs realisiert.

Mit diesen drei Charakteristika wurde zwar festgelegt, wann eine
Signal-Handlung von Wirtschaftswissenschaftlern als glaubwürdig beurteilt wird, aber es ist aus der Theorie nicht entnehmbar, ob und woran *die
Wirtschaftssubjekte* erkennen können, daß eine signalisierende Handlung
diese Eigenschaften erfüllt. Die Theorie arbeitet hier mit der Unterstellung, signalisierende Handlungen (z.B. Investitionen) seien objektiv beobachtbar und die genaue Vermögenswirkung und die Spezifität der Handlung könne vom weniger Wissenden eingeschätzt werden. Realiter ist dies
aber nicht immer gegeben. Der signalisierende Akteur muß sein Signal
demonstrativ artikulieren, was aber auch bedeutet, daß er möglicherweise
nebenher weitere Handlungen ausführt, die der andere nicht beobachten
kann, welche die Botschaft des Signals wieder umkehren würden. Bei-

spielsweise wird der Gebrauchtwagen für eine Testfahrt zur Verfügung gestellt, aber so getrimmt, daß er den KäuferInnen wesentlich funktionsfähi-
ger erscheint, als er faktisch ist. Auch ist nicht eindeutig, welche Signalhandlungen tatsächlich in Zusammenhang mit der jeweiligen Transaktion gebracht werden bzw. zu
bringen sind. Den einen lassen gemeinsame Erlebnisse aus der Kindheit
annehmen, der andere sei auch heute noch ehrlich zu ihm, die andere
glaubt, jemand aus ihrer entfernten Verwandtschaft würde sie nicht betrügen, die Dritten vertrauen grundsätzlich nur den Informationen von Menschen mit Professorentiteln oder bestimmten Parteiabzeichen. Welche
Handlungen als Signale mit einer bestimmten ökonomischen Transaktion
verwendet werden, ist empirisch ganz unterschiedlich. Sie muß weder erst
kurz zurück liegen, noch muß es unbedingt eine ökonomische Handlung
sein, noch muß die Handlung das Vermögen des Signalempfängers positiv
verändern. Trotzdem kann sie – so wird festgestellt – empirisch als wirksames Signal fungieren.

Es fehlt also insgesamt eine Theorie der Wahrnehmung und Interpretation von Signalen. Die Theorie des Signalisieren arbeitet mit der empirisch nicht plausiblen Annahme, daß alle Arten von Signalen, ihre Vermögenswirkung und die gesamte Entscheidungssituation (Pay-Off-Matrix)
von allen jeweiligen Akteuren jederzeit eindeutig und objektiv beobachtbar sind. Obwohl empirisch ein großer Umfang von Handlungen Signal-
funktion übernehmen kann, zeichnet die Theorie der Adversen Selektion
nur bestimmte Signalhandlungen als wirksame Signale aus, also Handlungen, die von allen Transaktionspartnern sicher als die gewünschte Botschaft („Ich bin glaubwürdig", „der Transaktionsgegenstand hat *wirklich*
diese Qualität") verstanden werden. Glaubwürdige Signale sind eigentlich
nur die, die eine *rationale* LügnerIn nicht senden würde. Da sich die Theorie weiterhin im Paradigma des Rational Choice bewegt, nimmt sie an, daß
alle Akteure rational agieren und auch wissen, daß die anderen auch rationale Akteure sind. Man könnte sagen, da der rationale Akteur der miß-
trauischste Akteur überhaupt ist, muß das Signal, das der rationale Akteur
für glaubwürdig hält, das Maximum an Glaubwürdigkeit haben. Weniger
rationale, dümmere Akteure sind leichtgläubiger und werden sich mit
größerer Wahrscheinlichkeit täuschen lassen oder werden getäuscht.

ÖkonomInnen unterstellen, daß sie „die" Interpretationskonstrukte
„des" rationalen Akteurs kennen, und können deshalb die Handlungen
angeben, die als wirksame Signale fungieren können. Praktisch gehen sie

allerdings häufig umgekehrt vor, indem sie bestimmten empirisch praktizierten Handlungen eine Funktion (Bedeutung) als glaubwürdiges Signal
zuschreiben, ohne zu überprüfen, ob die Wirtschaftssubjekte selbst (Beobachter 1. Ordnung) diese Handlungen tatsächlich so interpretieren. Zuge-
spitzt muß konstatiert werden, daß die Theorie des Signalings zwar notwendig eine Kommunikationstheorie implizieren muß (Kommunikation
von Signalen), in der Regel aber auf sie verzichtet. Statt dessen bietet sie
ein eigenes Interpretationskonstrukt an, mittels dessen sie (normativ) bestimmte Handlungsweisen als glaubwürdige Signale auszeichnet. Kritisch
ist daran zu bemerken, daß sie keine fundierte Theorie darüber hat, wie
reale Wirtschaftsakteure tatsächlich Signale bzw. Handlungen interpretieren. Auch ist nicht sicher, daß die Wirtschaftsakteure in ihrem Streben
nach Rationalität das von der Ökonomik angebotene Interpretationskonstrukt tatsächlich übernehmen könnten, da einige notwendige Informationen (z.B. andere Handlungen, Pay-Off-Situationen usw.) nicht unbedingt als transparent angenommen werden können und da auch die Ursachen von Rationalität und weniger rationalem Entscheiden (Leichtgläu-
bigkeit) in Ermangelung einer theoretischen Fundierung exogen sind.

Halten wir also fest, daß die Theorie des Signalisierens im Rahmen der
Theorie Adverser Selektion nicht wirklich eine theoretische *Erklärung* von
Kommunikationsprozessen unter Verwendung von Signalen ist. Statt dessen bietet sie normativ ein Interpretationskonstrukt an. Sie zeichnet bestimmte Handlungen als Signale aus, die der weniger Wissende risikolos
als Zeichen der Glaubwürdigkeit bzw. der Qualität deuten könne und die
der mehr Wissende wirksam als Signale zur Überzeugung des anderen von
seiner Glaubwürdigkeit bzw. der Qualität einsetzen könne. Sie versteht
sich also als eine deskriptive Theorie ausgewählter Signale zur Überzeugung von rationalen Akteuren unter Qualitätsunsicherheit.

Immerhin erkennt die Theorie des Signalings an, daß der Wissenserwerb nicht von isolierten Wirtschaftssubjekten in der Sphäre des Geistes,
des Wissens und der Informationen durchgeführt wird, sondern als Prozeß der gegenseitigen „Produktion" von Wissen durch Sprach- und andere
Handlungen. Allerdings stellt sich mit der Einführung von semantischem
Gehalt (Signalbotschaft) für *einige* Handlungen direkt die Frage: Wovon
hängt es ab, ob eine Handlung „nur" eine Handlung ist oder auch ein
Signal? Aus Sicht der Theorie des Signalings scheint diese Differenz so
evident, daß sie weder reflektiert, noch beantwortet werden muß. Hier
zeigt sich ein blinder Fleck in seiner vollen Größe. Konsequenterweise

müßte die Theorie des Signalisierens zu der Annahme übergehen, daß *alle*
Handlungen auch Signale sind und in ihren Bedeutungen erst interpretiert
werden müssen. War die Bedeutung einer ökonomischen Handlung bisher
identisch mit der ökonomischen Vermögenskonsequenz, die einem Wirtschaftssubjekt durch sie entsteht, so haben „Signale" noch weitere, darüber
hinausgehende Bedeutungen, etwa indem sie Eigenschaften des Akteurs
offenlegen, die Transaktionsatmosphäre umgestalten oder das Gegenüber
zu einer bestimmten Handlung (Antwort) auffordern.

Es zeigt sich, daß die Ursache, warum welchen Handlungen (von den
ÖkonomInnen) welche Bedeutungen zugeschrieben werden, warum sie in
welchem Sinne interpretiert werden, unbestimmt, unerklärt und uneindeutig ist. Die Behauptung einer Allgemeingültigkeit dieser Interpreta-
tionsweise wird nicht überprüft. Und sie erweist sich spätestens dann als
kulturspezifisches Konstrukt, wenn in interkulturellen Transaktionssituationen den jeweiligen Signalen „die" objektiven Bedeutungen nicht zugeschrieben werden und sich das Qualitätsunsicherheitsproblem durch sie
nicht lösen läßt. Und sie erweist sich als unvollständige Theorie, sobald die
Wirtschaftssubjekte (Beobachter 1. Ordnung) auch andere Handlungen als
wirksame Signale verwenden, als die wissenschaftlichen BeobachterInnen
2. Ordnung ausgewählt haben. Insofern ist die **Signalingtheorie ein Anfang, um Transaktionen als Kommunikationshandlungen zu verstehen.**
Aber der Signalbegriff, der unbegründeterweise die Eindeutigkeit von
(Signal-)Handlungsbedeutungen unterstellt, muß aufgelöst werden in den
sprachbezogenen Zeichenbegriff, der auch Mehrdeutigkeiten, Uneindeu-
tigkeiten und Sinnlosigkeiten integrieren kann. Erst dann wird klar, welche Interpretationsleistungen die Wirtschaftssubjekte vollbringen müssen,
um die real vorfindlichen Ökonomien zu konstituieren.

2.5.3.2 *Signaling innerhalb der Industrieökonomik*

Das zweite Standbein der Theorie des Signalings fußt in der Wettbewerbstheorie, insbesondere im Zweig der Industrieökonomik und der Oligopoltheorie. In ihrer grundsätzlichen Argumentationsweise unterscheidet
sie sich nicht von der in der Theorie Adverser Selektion. Handlungen sind
nicht nur ökonomische Handlungen, sondern können auch als Signale
verwendet werden. Anders ist nur das Problem, das durch Signaling gelöst
wird.

Im Falle oligopolistischer Märkte werden durch Signalingverhalten zwei eng zusammenhängende Probleme gelöst: einerseits die inhärente Labilität des Marktpreises, andererseits die fundamentale Unsicherheit über das Verhalten der anderen Oligopolisten. Da Oligopolisten im Bereich sinkender Durchschnittskosten anbieten, sind sie Preissetzer, wobei im Gegensatz zum Monopolisten der ökonomische Erfolg des einzelnen Oligopolisten auch vom Preissetzungsverhalten der anderen Oligopolisten und der Vergleichbarkeit ihrer Produkte abhängt. Deshalb können Oligopolisten zwar Preise setzen, aber nicht ihren Gewinn. Aufgrund der Interdependenz ihrer Pay-Offs, müssen die Oligopolisten strategisch und unter Unsicherheit über ihr Verhalten entscheiden. Es erweist sich als rationale Strategie von Oligopolisten, nicht in Preiswettbewerb einzutreten, da aufgrund der sinkenden Durchschnittskosten eine ruinöse Tendenz dieses Preiskampfes wahrscheinlich ist. Jede Veränderung des einmal durchgesetzten Preisniveaus durch einen einzelnen Oligopolisten würde von den Mitbewerbern als Signal zum Eintritt in den ruinösen Wettbewerb interpretiert, an dem auch der First-Mover kein Interesse hat.

Wenn der Preis möglichst stabil gehalten wird, um keinen ruinösen run-to-the-bottom durch Preiswettbewerb auszulösen, dann folgt daraus, daß keine Arbitrageprozesse stattfinden, die die Situation der Konkurrenten und in Ableitung davon sinnvolle Handlungsstrategien gegenseitig transparent machen würden. Der Verzicht auf Preiswettbewerb stabilisiert somit zwar die Transaktionsbedingungen, reduziert dadurch aber die verfügbaren Informationen über die Anbieter über die Unsicherheit ihrer zukünftigen „Spielzüge" hinaus. Dieser Informationsmangel erschwert rationales Agieren am Markt. Und die Wettbewerbsintensität ist durch die Preisstarre gering. Beide Konsequenzen sind aus ökonomischer Sicht ein hoher Preis, der für die Stabilität des Marktes gezahlt wird.

Signaling kann in dieser Situation genutzt werden, um bei stabilen Preisen sowohl die Wettbewerbsintensität hoch zu halten als auch den Mangel an Informationen zu beheben. Handlungen mit Signalwirkung können als Mittel fungieren, um sich trotz starrer Preise in den Augen der Nachfrager hervorheben zu können und/oder Kundenbindung zu erzeugen sowie um die Konkurrenten erkennen zu lassen, daß man aufgrund der technologischen, organisatorischen und/oder finanziellen Überlegenheit im Falle eines Preiskampfes der Überlebende wäre. Der einzelne Anbieter zeigt den Konkurrenten, ob und inwieweit er zu vergeltenden Preissenkungsaktionen in der Lage wäre, falls der Konkurrent mit einer Preissenkung beginnen würde. Indem die eigene ökonomische Stärke wirksam signalisiert wird, werden potentielle Konkurrenten vom Marktzutritt abgeschreckt, aktuelle Konkurrenten von offensiven Wettbewerbsaktivitäten, Kapazitätsausbau, Preiskampf usw. abgehalten. Unter Umständen wirkt ein Signal auf die Empfänger um so überzeugender, je weniger effizient die Handlung aus ökonomischer Sicht ist. Beispielsweise demonstriert die Produktion in Hochlohnländern (bei starrem, einheitlichen Preis) eine erhöhte Wettbewerbsfähigkeit; und dies noch stärker, wenn das Hochlohnland keine überlegene Qualität im Vergleich zu Niedriglohnländern garantiert.[186] Überlegene Wettbewerbsfähigkeit kann neben der Standortwahl signalisiert werden durch protzige Unternehmensarchitektur, durch das Zahlen überdurchschnittlicher Löhne, hohe Investitionen oder Investitionen in reine Prestige-/Demonstrationsprojekte, permanente Modernisierung, Innovationsaktivitäten, Unterlassen von Entlassungen, verfügbare freie Produktionskapazitäten, hoher Marketingeinsatz, der Ausweis eines hohen Grades an Kundenbindung.[187]

Das Signaling gegenüber den konkurrierenden Oligopolen soll nicht nur „Informationen" über die eigene Lage übermitteln, sondern es dient eindeutig als Drohgebärde oder gezielte Einflußnahme auf die Verhaltensstrategien anderer. Zusätzlich kann Signaling auch gegenüber der Nachfrageseite eingesetzt werden, um Qualitätswettbewerb trotz fester Preise durchführen zu können. Typische signalisierende Handlungen gegenüber den Nachfragern sind Werbeaktivitäten, Verpackungsdesign, kostenlose komplementäre Güter oder Dienstleistungen, hohe Variantenzahl, Treueprämien, Markenbildung.

Es läßt sich diskutieren, ob die durch solche Handlungen bewirkbare Kundenbindung auch ein Teil ihrer Wirkung als Signal ist oder ob sie in diesem Sinne eine „reine" ökonomische Handlung ist. Gerade aufgrund der Unlösbarkeit dieser Frage empfiehlt es sich, die Unterscheidung zwischen signalisierenden Handlungen und „echten" ökonomischen Handlungen fallen zu lassen und nur noch von ökonomischen Handlungen mit unterschiedlichen Dimensionen von Bedeutungen zu sprechen. Alle Handlungen sind folglich Signale; und ein und dieselbe Handlung kann als verschiedene Signale interpretiert werden. Wobei auch hier wieder anzumerken ist, daß die ökonomische Theorie bisher nicht erklärt, warum wann welche Handlung in welcher (signalisierenden) Bedeutung von den

---

[186] Vgl. Haucap, Wey (1999)
[187] Vgl. hierzu auch Klein, Leffler (1981)

Wirtschaftssubjekten interpretiert wird und warum diese Interpretations-konstrukte intersubjektiv gleich sind. Denn nur wenn ein Akteur sicher sein kann, daß seine Handlung allgemein als ein bestimmtes Signal ver-standen wird, kann er diese Handlung als wirksames Signal zur Steigerung seines ökonomischen Erfolgs instrumentalisieren.

Innerhalb der Neuen Institutionentheoretischen Markttheorie, die auch auf Erkenntnissen der Industrieökonomik und der Oligopoltheorie auf-baut, findet die Theorie des Signalings ein erweitertes Anwendungsfeld. Insgesamt wird hier davon ausgegangen, daß Märkte nicht schon existie-ren, sondern unter Kostenaufwand organisiert werden müssen, sowie daß diese organisierten Märkte in aller Regel Marktunvollkommenheiten auf-weisen. Bspw. zeigen Carlton (1983, 1986, 1989) und Blinder (1991), daß Preisstarrheit nicht nur ein typisches Kennzeichen von oligopolistischer Konkurrenz ist, sondern die meisten Gütermärkte charakterisiert. Daraus folgt, daß Arbitrageprozesse weder an Preisen orientiert ablaufen, noch am Markt schnell oder überhaupt transparent werden (Mengenanpassung). Folglich tritt an Märkten mit Preisstarrheit ein Mangel an Informationen (und an Wettbewerb) auf, der durch Signalinghandlungen kompensiert werden kann. Im Falle polypolistischer Märkte werden Signale allerdings stärker zur Beeinflussung der Nachfrager als zu der der Konkurrenten ein-gesetzt, da die strategische Interdependenz der Anbieter schwächer ist als im Oligopol. Die Wahrnehmbarkeit eines Anbieters entscheidet nicht nur über Marktanteile, sondern kann ihn auch zu einem Marktführer machen, dessen (gut wahrnehmbaren) Verhaltenssignalen die anderen Anbieter folgen.

Signaling ist insofern nur ein Instrumentarium, um Marktunvollkom-menheiten zu kompensieren. Eine genaue Abgrenzung des Signalings zu institutionellen Lösungen, die ja selbst auch signalisiert werden müssen, findet sich nicht. Beispielsweise werden Garantien sowohl als institutio-nelle Lösungen als auch als Signale bezeichnet. Die Grenze zwischen Signalen und ökonomischen Handlungen verschwimmt in diesem Theo-riebereich gewaltig und wird auch nicht abzustecken versucht.[188]

Deshalb soll hier nur darauf hingewiesen werden, daß Signaling-Argu-mentationen sowohl in der klassischen Oligopoltheorie, in der Industrie-ökonomik und in der allgemeinen Markttheorie der Neuen Institutio-nenökonomik als auch – hier aber nicht diskutiert – im Bereich von politi-

[188] Vgl. Richter, Furubotn (1999) S. 309-341

schen Aktivitäten verwendet werden.[189] Signalisierende Handlungen werden als Lösung angeboten für das Problem von Informationsmängel an
Märkten mit Preisstarrheit und für die Koordination von interdependenten Handlungen bei Unsicherheit über die Handlungsmöglichkeiten und -
absichten der je anderen.

Die oben für die Theorie Adverser Selektion angesprochenen Kritik-
punkte gelten auch für den industrie- und marktökonomischen Anwen-
dungsfall: Es werden objektive, intersubjektiv identische Bedeutungen von
Signalen vorausgesetzt und auf eine fundierende Theorie der Kommunikation und Interpretation verzichtet. „Die" Signalbedeutungen werden
normativ durch die WissenschaftlerInnen gesetzt. Bestimmte Handlungen
werden als Signale ausgezeichnet, die der von Unsicherheit Betroffene risikolos als Zeichen der Überlegenheit im Wettbewerb, der Finanzstärke
oder der Qualität deuten kann und die wirksam als Signale zur Überzeugung anderer eingesetzt werden können. Dabei werden auch hier insbesondere die Handlungen als wirksame Signale ausgewählt, die gemäß der
Interpretation der ÖkonomInnen rationale Akteure überzeugen können.

Sowohl die mangelnde theoretische Fundierung als auch die fehlende
Reflektion des eigenen wissenschaftlichen Signaling-Verhaltens ist in diesem Theoriezweig als problematisch zu beurteilen.

Im zweiten Teil der Arbeit werden die hier angesprochenen Erklärungslücken der Signalingtheorie und McCloskeys Ansätzen angegangen,
indem ökonomische Prozesse als Sprachspielpraxis erklärbar werden und
die grundsätzlich interpretieren müssende Position der ökonomischen
Akteure (und WissenschaftlerInnen) herausgearbeitet und erklärt wird.

Zunächst soll aber im folgenden dritten Kapitel auf die zentralen Erklärungslücken innerhalb der ökonomischen Theorie eingegangen werden,
die durch die Integration von Sprache in die Ökonomik geschlossen werden könnten, nämlich die Frage nach dem Erwerb und der Intersubjektivität von Wirklichkeitsvorstellungen und Verhaltensentscheidungen der
Wirtschaftssubjekte.

---

[189] Vgl. als Einführung Richter, Furubotn (1999) S. 215-242, als grundlegendes Werk zum
Signaling Spence (1973; 1974), als Beispiel für die Modellierung konkreter Handlungsfel-
der Banks (1991) und Haucap, Wey (1999)

Erklärungslücker in der Ökonomik können durch "SPRACHE" geschlossen werden!

3 Sprache und mentale Orientierung ökonomischer Akteure in der Wirklichkeit

„Kommunikation schafft eine partiell überlappende ‚gemeinsame Wirklichkeit' der Kommunizierenden, aber keine ‚gegebene Welt'."

Günter Hesse [1]

Im vorangegangenen Kapitel 2 wurde die interdisziplinäre Konsistenz mit außer-ökonomischen Wissenschaften – Erkenntnistheorie, Sprachphilosophie, Wissenschaftstheorie – als Argument für die Integration von Sprache in ökonomische Theorie angeführt. Nun sollen Erklärungsdefizite innerhalb der ökonomischen Theorie, die durch die Integration von Sprache in den ökonomischen Untersuchungsbereich behoben werden könnten, als Argument dienen.

Die vielfältigen Ansätze innerhalb der Ökonomik haben gemeinsam, daß sie sich fast ausnahmslos auf den methodologischen Individualismus stützen. Nach der Definition von Ludwig von Mises impliziert der methodologische Individualismus die (ontologische oder heuristische) Überzeugung, daß „all actions are performed by individuals" und „a social collective has no existence and reality outside of the individual members' actions".[2] Da folglich versucht wird, ökonomische Prozesse auf individuelles Handeln zurückzuführen, gibt es in den mikroökonomischen Fundamenten letztlich zwei Ausrichtungen der Ökonomik: erstens den entscheidungstheoretischen Ansatz (Rational Choice), der individuelles ökonomisches Handeln als bloße Ausführung (mentaler) ökonomischer Entscheidungskalküle autonomer Individuen erklärt, und zweitens verhaltenstheoretische Ansätze, die ökonomisches Verhalten vergesellschaftet lebender Akteure in seinen kognitiven Grundlagen, im Zusammenwirken der Verhaltensweisen und seinen Folgen zu erklären versuchen.[3]

Es ist das Ergebnis der cartesianischen Trennung von Leib-Seele und der damit verbundenen Vormachtstellung des „Denkapparates" (res cogitans), daß in beiden Ansätzen das Handeln ökonomischer Akteure

---

[1] Hesse (1990) S. 70

[2] von Mises (1949) S. 42, vgl. kritisch zum methodologischen Individualismus Hodgson (1988) S. 43-72, Kincaid (1995), Arrow (1994)

[3] Vgl. Prychitko (1995b) S. 1 f.

kausal auf mentale Prozesse zurückgeführt wird. Sowohl die atomistischen Entscheidungen rationaler Wirtschaftssubjekte, als auch das Verhalten sozialer Wirtschaftssubjekte wird als kausales Ergebnis einer mentalen, kognitiven Orientierung von Individuen in ihrer sozio-ökonomischen Wirklichkeit angenommen. Die Entscheidung oder mentale Steuerungsinstanz wiederum basiert, so nimmt man an, auf **Wissen** (Daten, Informationen, Theorien) über die Entscheidungssituation (Wirklichkeit, Handlungsgrundlagen, Handlungsmöglichkeiten, Institutionen) und auf dem Wirksamwerden von normativen Zielvorstellungen, also dessen, was Ökonomen als **Präferenzen** bezeichnen, die in der Situation wirksamen Ziele, Wünsche, Bewertungs- bzw. Selektionsregeln des entscheidenden Individuums.

Die Annahme dieser strikten Trennung mentaler (Entscheidungs-)Prozesse und praktischen Handelns in Verbindung mit dem methodologischen Individualismus führt dazu, daß der mental-kognitive Bereich des Wissens, der Präferenzen und der Verhaltens*steuerung* die zentrale erklärende Variable ökonomischer Phänomene darstellt.

Eine ökonomische Theorie, die auf diesem Fundament arbeitet, muß mindestens drei Fragen beantworten:

1. **Theorie des Mentalen**: Wie entstehen Wissen und Präferenzen im Wirtschaftssubjekt? Und wie hängen spezifisches Wissen/Präferenzen und bestimmtes Verhalten zusammen?
   Nur durch eine Theorie der Eigenschaften und Entstehung kognitiver Prozesse und Fähigkeiten, die annahmegemäß ökonomisches Verhalten kausal erzeugen, kann eine echte *Erklärung* ökonomischen Verhaltens gegeben werden.

2. **Soziale Gemeinsamkeiten**: Wie entstehen intersubjektiv gleiche Wissensbestände, Präferenzen und Verhaltensweisen von Wirtschaftssubjekten?
   Soziale Übereinstimmung von Wissen, Präferenzen und Verhalten ist eine notwendige Bedingung, um Aggregationen vornehmen zu können und Verhaltenstheorien mit einem gewissen Allgemeinheitsgrad formulieren zu können. Eine allgemeine ökonomische Theorie solipsistischen Verhaltens ist nicht möglich.
   Soziale Übereinstimmung von Wissen und/oder Präferenzen und/oder Verhalten wird außerdem als Voraussetzung für die Durchführung von koordiniertem und kollektivem ökonomischen Handeln angesehen. Um also Phänomene wie kollektive Produktion in Unternehmen, die

Setzung rechtlich-institutioneller Rahmen durch (Wirtschafts-)Politik oder die Koordination marktlicher Transaktionen erklären zu können, muß Ursprung und Entstehungsweise intersubjektiver Übereinstimmungen erklärte werden.

Soziale Unterschiede: Wie entstehen intersubjektiv unterschiedliche Wissensbestände, Präferenzen und Verhaltensweisen von Wirtschaftssubjekten?

Manche ökonomische Theorien bauen auf Wissens-, Präferenz- und Verhaltensunterschieden auf, z.B. die an Schumpeters Unternehmertheorie orientierte evolutorische Marktprozeßtheorie[4]. Im Rahmen der Neuen Wachstumstheorie, Regionalentwicklung und Strukturtheorie werden Wissensunterschiede als Erklärung für Produktionsunterschiede herangezogen.[5] Solche spezifischen Unterschiede können nicht einfach angenommen werden, wenn gleichzeitig auch (grundlos) Übereinstimmungen innerhalb bestimmter Kollektive angenommen werden. Sowohl Unterschiede als auch Wege der Überwindung von Unterschieden (z.B. „Spillovers") sind erklärungsbedürftig.

3. **Kollektives Handeln**: Wie können sich mehrere Wirtschaftssubjekte über ihr kollektives Verhalten abstimmen und sich auf gemeinsame Verhaltensweisen abstimmen?

Kollektives Handeln setzt nicht nur und nicht immer intersubjektiv übereinstimmendes Wissen oder ähnliche Präferenzen von Wirtschaftssubjekten voraus, sondern Sozialhandlungen im Sinne von Kooperation oder Koordination in Produktion, Transaktion, Konsum und Politik müssen zumindest teilweise durch explizite Einigungen erzeugt werden. Im Rahmen solcher Einigungen können Machtphänomene, die in ökonomischen Analysen eher ausgeblendet sind, eine besonders essentielle Rolle spielen. Für solche ökonomischen Abstimmungs- und Einigungsprozesse, aus denen sich so ökonomisch relevante Phänomene wie Unternehmen, Märkte, Rechtsrahmen, wirtschaftspolitische Maßnahmen, öffentliche Güter usw. konstituieren, bedarf es, da kollektives Handeln auch scheitern kann, Erklärungen.

Nachfolgend werden in diesem Kapitel einige ökonomische Ansätze kritisch bezüglich ihrer Antworten auf diese Fragen untersucht, um zu zeigen, daß die bisher kursierenden „Erklärungen" die Fragen letztlich unbe-

---

[4] Vgl. hierzu Schumpeter (1987), Fehl (1987), Oberender (1989) und Heuss (1965)
[5] Helbrecht, Danielzyk, Butzin (1991), Bretschger (1999), Maskell, Malmberg (1999)

antwortet lassen. Der Nachweis des Bestehens dieser Erklärungslücken rechtfertigt den Vorschlag einer neuen theoretischen Herangehensweise, die im zweiten Teil der Arbeit (Kapitel 4 bis 6) unter Bezugnahme auf die Sprachlichkeit menschlicher Verhaltensweisen und Kognitionsapparate entwickelt wird.

Nehmen wir die Antworten in Kürze, ohne ihre in den folgenden Kapiteln dargestellten theoretischen Erklärungen vorweg, lauten sie wie folgt:

Theorie des Mentalen

Das Wissen eines menschlichen Individuums besteht aus der Gesamtheit aller erfolgsorientierten Interpretationen, die es durch situative Kognitionsprozesse bis zu dem jeweiligen Zeitpunkt erzeugt und gespeichert hat. „Wissen" ist deshalb ein Interpretationsvermögen, das durch die jeweils aktivierten Erfolgskriterien immer emotionale Färbungen, eine durch Wertungen entstehende Richtung und Perspektive und pragmatische Handlungstendenzen aufweist. Die Sphären von Wissen, Werten und Verhalten bzw. von Geist und Körper können nicht mehr getrennt werden. Der Prozeß der kognitiven Interpretation ist sowohl ein körperlicher Vorgang in der physischen Sphäre, der zu körperlichen Äußerungen führt, als auch ein Vorgang, der Bedeutung hat, also in der Sinnsphäre wirksam und re-interpretierbar wird. Individuen haben eine sehr begrenzte Autonomie im Erwerb und in der Gestaltung der Sinnsysteme, innerhalb derer sie sich orientieren. Menschen erwerben ihr kognitives Interpretationsvermögen innerhalb sozialer Gemeinschaften, in die sie zunächst unter der Bedingung starker Abhängigkeiten sozialisiert werden. Dieser Sozialisierungsprozeß ist in erheblichem Umfang ein Spracherwerbsprozeß, in dem das Individuum unter Sanktionen darauf trainiert wird, auf gruppenspezifische sprachliche Zeichen mit den in der Gruppe korrekten Verhaltensweisen zu antworten. Sprachliche Kategorien und Zeichengebrauchsregeln werden so zu den dominanten Regelmäßigkeiten, innerhalb derer sich der/die Einzelne wahrnehmend und handelnd in ihrer Wirklichkeit orientiert.

Sozialisierungsprozeß = Spracherwerbsprozeß

Soziale Gemeinsamkeiten und Unterschiede

Intersubjektive Übereinstimmung von Wirtschaftssubjekten in Wirklichkeitskonstruktionen und Verhalten ist zu erklären, erstens universal durch genetisch ererbte Kognitionsregelmäßigkeiten und Interpretationsschemata (menschlicher Organismus, Triebe, Instinkte) und zweitens gruppenspezifisch durch sprachliche Verständigung. Durch sprachliche Verständigungsprozesse werden einerseits Individuen in die Sprachspiele ihrer Gemeinschaft (machtausübend, sanktionierend) eingeübt und erwerben das für ihre Position in der Gruppe spezifische Interpretations- und Verständigungsvermögen. Andererseits wird sprachliche Verständigung auch genutzt, um *über* Wirklichkeit, d.h. individuelle und sozial geteilte Wirklichkeitsvorstellungen, zu kommunizieren („Wissens"- bzw. „Informations"austausch[6]). Sprachliche Verständigung baut Perzeptions-, d.h. Wahrnehmungsähnlichkeiten auf, nicht aber notwendigerweise gleiche Wirklichkeitskonstruktionen und Verhaltensweisen. Innerhalb von Sprachspielen sind unterschiedliche Rollen (sozialer Status und Funktion in der Gruppe) mit Unterschieden im Verhalten und in der sozialen, sprachlichen Selektionsumgebung verbunden. Folglich differieren die Interpretationsvermögen auch zwischen Mitgliedern *einer* Sprachspielgemeinschaft. Kommunikation *über* Wirklichkeitskonstruktionen verursacht nicht notwendig gleiche Überzeugungen der Gesprächspartner, sondern übermittelt zunächst nur Botschaften über die Vorstellungen und Phantasien der jeweiligen SprecherIn.

Intersubjektive Unterschiede sozio-ökonomischer Interpretationen entstehen erstens durch unterschiedliche natürliche Lebensumwelten, in denen je spezifische Verhaltensweisen überlebensförderlich sind. Zweitens werden keine gemeinsamen Interpretationen eingeübt, wenn sprachliche Verständigung ganz unterbleibt (getrennte Sprachspielgemeinschaften). Drittens führt sprachliche Verständigung zu der (machtausübenden, sanktionierenden) Einübung in *unterschiedliche* Rollenrepertoires. Viertens kann der Austausch über unterschiedliche Wirklichkeitskonstruktionen der Anlaß für das Auseinanderdriften der Interpretationsvermögen und den Kommunikationsabbruch sein. Und fünftens entstehen Interpretationsdifferenzen durch die kognitive Kreativität jedes Individuums, die immer wieder neue Variationen wahrnehmender und handelnder Interpretationen erzeugt, welche sich aber in der natürlichen und sozialen Selektionsumgebung durchsetzen müssen.

---

6 Zu der hier vertretenen Definition von Wissen und Informationen vgl. Abschnitt 4.4

Kollektives Handeln

Kollektives Handeln, auch Sozialhandeln genannt, wird durch gelingende sprachliche Verständigung in seinem Entwurf und seiner Durchführung konstituiert.[7] Sozialhandeln erfordert, daß die individuellen Aktivitäten aufeinander abgestimmt werden, so daß sie Teil einer gemeinsamen Handlungsbedeutung werden. Kommunikative Abstimmungsprozesse können dabei sowohl die implizite oder explizite Verhandlung über die Bedeutung des angestrebten Kollektivhandelns als auch über die spezifischen individuellen Handlungen, deren Zusammenspiel die Sozialhandlung hervorbringen soll. Ein Beispiel für explizite Verhandlungen über kollektive Verhaltensweisen ist die „Produktion" politischer Maßnahmen, aber auch in Unternehmen werden strategische Planungen und Reorganisationen in der Regel explizit verhandelt. Auch in der Durchführung von Kollektivhandlungen sind sprachliche Verständigungen notwendig, da die Handlungen der Individuen ineinandergreifen, aufeinander Bezug nehmen und Transaktionen notwendig sind. Offensichtliches Beispiel hierfür ist die kooperative Zusammenarbeit in Unternehmen und die kommunikative Durchsetzung politischer Maßnahmen.

Im zweiten Teil der Arbeit werden diese Kurzantworten auf die drei oben gestellten Fragen ausführlich erläutert und begründet. Sie sollen an dieser Stelle nur den theoretischen Hintergrund skizzieren, vor dem die kritische Analyse der ökonomischen Erklärungslücken nun durchgeführt wird. Wir beschränken uns in der folgenden kritischen Analyse weitgehend auf diejenigen ökonomischen Erklärungslücken, die durch die epistemisch-kognitive, pragmatische und Koordinationsfunktion von Sprache geschlossen werden. Verweise auf die in der Ökonomik ungelöste und weitgehend unthematisierte Problematik von Macht, Beziehung, Reflexion werden aber, wo notwendig und sinnvoll, auch gegeben.

3.1 Rational Choice, Unsicherheit und Präferenzunterschiede

Als erstes wird das Rational-Choice-Paradigma in seinem einfachen Grundmodell mit vollkommener Information betrachtet (3.1.1). Anschlie-

---

[7] Manchmal fallen die Prozesse der abstimmenden Planung sowie der Durchführung einer Sozialhandlung in eins zusammen.

ßend wird auf zwei Variationen dieses Modells eingegangen: die Einführung von Unsicherheit (3.1.2) und Metapräferenzen (3.1.3).

3.1.1 Rationale Wahlhandlungen unter vollkommener Information

Das Paradigma der rationalen Wahlhandlung (Rational Choice) ist die Grundlage der entscheidungstheoretischen, formal-analytisch orientierten Mainstream-Ökonomik.

Theorie des Mentalen

Mit ihrem Menschenbild, dem Homo Oeconomicus, unterstellt die ökonomische Normalwissenschaft vollkommen informierte, autonom und rational entscheidende, atomistische Individuen. Ihre entscheidungstheoretische Konzeption impliziert, daß praktisches Handeln lediglich die Ausführung mental, in einem rationalen Entscheidungskalkül getroffener Entscheidungen einzelner Wirtschaftssubjekte ist. Die wissenschaftlich beobachtbare ökonomische Wirklichkeit ist also das Zusammenspiel der Gesamtheit handelnd realisierter individueller Entscheidungen.

Die mentalen Orientierungen der Akteure setzten sich in diesem Paradigma der rationalen Wahlhandlung (Rational Choice) aus der Gesamtheit an „**Informationen**" sowie „**Präferenzen**" zusammen. Während die Informationslage des Akteurs sein Wissen über die Tatsachen und Gesetzmäßigkeiten seiner handlungsrelevanten ökonomischen Wirklichkeit konstituiert und so den Spielraum möglicher Handlungsalternativen abgrenzt, stellen die Präferenzen die normative Basis der Orientierung zur Verfügung. Präferenzen sind all jene Kräfte, mittels derer die Akteure die Handlungsmöglichkeiten bewerten und in eine Reihenfolge bringen können. Diese Präferenzordnung wird als ordinale Reihe von der als besten bewerteten Handlungsmöglichkeit zur schlechtesten Alternative definiert. Alle Wirtschaftssubjekte streben Maximierung ihres (monetarisierbaren) Gütervermögens an. Die Präferenzordnung wird deshalb die Handlungsalternative, die den größten Nettovermögenszuwachs verspricht, als beste Alternative klassifizieren.

Gemäß dem **Rationalprinzip** wird sich das Wirtschaftssubjekt für die Realisierung der besten Handlungsmöglichkeit entscheiden. Die Präferenzen und die (rationale) Entscheidung werden in diesem Konzept nicht als

Teil der Situation verstanden, sondern lediglich als die subjektive Bewertung dieser objektiv gegebenen Wirklichkeit. Was üblicherweise als Kognition und Wirklichkeitswahrnehmung bezeichnet wird, ist hier folglich allein mit dem Konzept der „Informationen" abgedeckt.

Im Falle **vollkommener Information** ist jedem Akteur das wahre objektive Wissen über *die* jeweilige situative ökonomische Wirklichkeit annahmegemäß gegeben. Es bedarf keines Erkenntnisprozesses und falls doch, geschieht dieser annahmegemäß ohne Zeit- oder Ressourcenverbrauch. Bei der Erfassung und Verarbeitung komplexer Phänomene treten keine Probleme oder Fehler auf. Das objektive Wissen ist in dieser Vorstellung in eine Menge von Informationen gestückelt. Jedes Informationsstück ermöglicht der einzelnen EntscheiderIn eine objektiv wahre innere Repräsentation eines Realitätsausschnitts. Insofern ist Wissen hier die Akkumulation aller möglichen Informationsbündel. Die in den Individuen präsenten Informationen und Wissen sind sprachunabhängige, internale Abbilder äußerer Strukturen, bzw. wenn sie in sprachlichen Kategorien und Strukturen formulierbar wären, dann müßte Sprache referenztheoretisch verstanden werden, was aber mit der erkenntnistheoretischen und sprachphilosophischen Wende (Kapitel 2) nicht mehr angenommen werden kann.[8]

Die Annahme vollkommener Information impliziert, daß Wissen über Wirklichkeit nicht vom Subjekt erzeugt werden muß. Statt dessen ist die objektiv wahre Wirklichkeit ohne Übergangsfriktionen oder -kosten im Subjekt jederzeit präsent – und zwar in jedem Wirtschaftssubjekt in identischer Form.[9]

Die **Präferenzordnung** ist Ausdruck dessen, wie das Individuum sich zu der Situation, insbesondere zu den zu ihr gehörigen objektiv gegebenen Handlungsmöglichkeiten stellt, wie es sie bewertet und welche Handlung es vor allen anderen präferiert. Zwar wird die Wirklichkeit nicht vom Individuum konstruiert, aber mit Hilfe seiner Präferenzen entscheidet das Wirtschaftssubjekt über sein Handeln in der objektiven Wirklichkeit. In dem Moment, da die situative Präferenzordnung gegeben ist, ist gemäß des Rationalprinzips auch die Entscheidung getroffen und die gewählte

---

[8] Vgl. zu den hier dargestellten mental-theoretischen Implikationen des Homo Oeconomicus die üblichen mikroökonomischen Lehrbücher sowie kritisch Blaseio (1986) S. 137-155, Hodgson (1988) Kapitel 4 und 5, Wessling (1991)

[9] Die Annahme vollkommener Information kann auch als As-if-Annahme gesetzt sein, wie etwa bei Grossman (1989)

rationale Handlung wird realisiert. Üblicherweise wird unterstellt, die individuellen Präferenzen erfüllen die Anforderungen, die die Rechenbarkeit des formal-analytischen Ansatzes an sie stellen. Wenn Präferenzen in eine linear homogene Nutzenfunktion übersetzbar sind, dann sind mit den Gleichgewichtsbedingungen zugleich die Entscheidungsregeln (das Kalkül) gegeben, nach denen das Wirtschaftssubjekt entscheiden wird und rationalerweise handeln soll. Auch wenn die Präferenzen als exogen gegeben angenommen und als black box behandelt werden, gibt es doch Standardannahmen darüber, wie normale, durchschnittliche oder repräsentative Wirtschaftssubjekte ihre Handlungsmöglichkeiten bewerten und in eine Reihenfolge bringen: das Gesetz des positiven, aber abnehmenden Grenznutzens in Abhängigkeit von der Menge des Gutes (bei konstantem Preis), keine vollkommene Substituierbarkeit von Gütern gegeneinander (konvexe Indifferenzkurven), das prinzipielle Streben nach Nutzen- und Profitmaximierung. Handlungen tauchen entsprechend nur über ihre Pay-Offs (monetarisierbare Werte der Handlung in der Nutzenfunktion) in der individuellen Wahrnehmung auf, andere Handlungseigenschaften als der individuelle ökonomische Nutzen sind – so die Annahme – nicht entscheidungsrelevant.[10]

Objektives Wissen über die ökonomische Wirklichkeit ist den Akteuren also jederzeit identisch gegeben, und ihr Verhalten bestimmen sie mit Hilfe eines (angeborenen mathematischen) Kalküls aus den ökonomischen Werten (Nettonutzen) ihrer Handlungsalternativen. Begründungen dafür, daß die Annahmen über den Präferenzmechanismus realiter erfüllt seien, werden jenseits von Plausibilitätsüberlegungen normalerweise nicht gegeben. Der Prozeß des Erwerbs von Wirklichkeitskonstruktionen wird also nicht erklärt. Daß die Erfolgsorientierungen, Emotionen und Motivationen des Individuums an der Wirklichkeitskonstruktion beteiligt sind, wird in diesem Modell geleugnet. Man nimmt an, ökonomische Handlungen würden ausschließlich an ökonomischer Nutzenmaximierung orientiert ausgewählt. Verhalten ist also immer rational, intentional und (bewußt) entschieden. Damit wird irrationales, unsinniges, routinegeleitetes und an außer-ökonomischen Motiven orientiertes ökonomisches Verhalten aus dem Untersuchungsgegenstand ausgeschlossen. Zwar wird die Möglichkeit intersubjektiver Nutzenvergleiche negiert, aber die Mechanismen, wie Handlungsalternativen in Präferenzordnungen gebracht werden, werden als universal gleich unterstellt. Deshalb können die Wertun-

[10] Vgl. Lohmann (1996)

gen von Individuen auch zu Indifferenzkurven und Verhaltensfunktionen aggregiert werden. Modelle arbeiten dann in der Regel auf Basis solcher aggregierten Entscheidungskalküle, ohne daß die empirischen Präferenzen von Wirtschaftssubjekten auf diese Eigenschaften untersucht würden.

Soziale Gemeinsamkeiten und Unterschiede

Alle Wirtschaftssubjekte haben identische, nämlich die objektiv richtige Wirklichkeitsvorstellung, gleiche Zielvorstellungen (Nettonutzenmaximierung), übereinstimmende Mechanismen, Präferenzordnungen zu bilden, sowie identische rationale Entscheidungskalküle.

Realiter beobachtbare Unterschiede individueller Handlungen können folglich nur auf die unterschiedlichen Vermögenssituationen (Budgetrestriktionen) und – zur Not – auf unterschiedliche Präferenzen zurückgeführt werden. Allerdings funktioniert das neoklassische Gleichgewichtsmodell eigentlich nur bei nicht zu sehr voneinander abweichenden Präferenzen, weshalb zu starke intersubjektive Unterschiede von Präferenzen normalerweise nicht angenommen werden.[11]

Ansonsten könnten nur exogene Eingriffe, also ein deus ex machina oder staatliche Akteure, unterschiedliche Preisstrukturen *zwischen* Volkswirtschaften bewirken. Unterschiedliche Preisstrukturen wiederum würden Verhaltensungleichheiten zwischen diesen notwendigerweise nicht offenen ökonomischen Systemen erklären.

Die Gleichheit mentaler Wirklichkeitsorientierungen ökonomischer Akteure wird also in einem erheblichen Ausmaß unterstellt. Empirisch beobachtbare intersubjektive und kulturelle Wissens- und Verhaltensunterschiede, Arbitrageprozesse, die aufgrund mangelnder Kommunikationskompetenzen unterbleiben, und die Erzeugung und Beeinflussung von Präferenzen im Marktprozeß u.ä. sind nicht erklärte Anomalien oder werden auf ad hoc benannte exogene Faktoren zurückgeführt.

Gleichheit und Ungleichheit von Wirtschaftssubjekten werden im Modell also nicht erklärt, sondern bleiben theorieexogen. Auf den politischen Bereich, in dem die Produktion des gemeinsamen rechtlich-institutionellen Rahmens verortet wird, kommen wir in Abschnitt 3.4 zu sprechen. Aus Sicht der Wirtschaftssubjekte ist dieser Rahmen Teil des Datenkranzes, mit dem sie ihre „Entscheidungsmaschine füttern".

---

[11] Vgl. Becker, Stigler (1977)

Kollektives Handeln

Koordination sozio-ökonomischen Handelns ist im Rational-Choice-Ansatz nicht erforderlich. Koordiniertes Verhalten ist eine emergente Eigenschaft autonomer, unabhängiger Entscheidungen der Individuen einer Volkswirtschaft. Die gesamten Prozesse der Verhandlung zwischen Anbietern und Nachfragern braucht nicht kommunikativ betrieben zu werden, da der Markt als „neutrale Rechenmaschine"[12] bereits in Form der Angebots- und Nachfragefunktionen sowie der Gleichgewichtspreise die aggregierten Ergebnisse der individuellen Präferenzen in der gegebenen Situation liefert. Für die dafür nötige Einsicht in das Fremdpsychische (die Präferenzen) der (aus Sicht der EntscheiderIn jeweils anderen) Akteure und für den Akt der Koordination wird auch die fiktionale Gestalt des Walrasianischen Auktionators (oder der unsichtbaren Hand) eingeführt, der zeit- und kostenlos gleichsam im inneren Dialog die Marktergebnisse (d.h. entscheidungsrelevanten Marktstrukturen) berechnet.[13] Verständigung über Kooperation in Unternehmen, Haushalten oder anderen Organisationen ist aufgrund der Black Box Annahme überflüssig. Diese kollektiven Akteure werden als *ein* handelndes (repräsentatives) Individuum angenommen, Verständigung untereinander ist also überflüssig.[14]

Kooperierendes und koordiniertes Sozialhandeln kommt im Rational-Choice-Ansatz nicht vor, da entweder geisterhafte Mechanismen als Erklärung für die Koordiniertheit individueller, nicht abgestimmter Handlungen eingeführt werden oder das Problem der Koordination durch die Annahme *eines* Kollektivakteurs wegdefiniert wird.

Fazit: Die einfachste Form der Rational-Choice-Theorie bei vollkommener Information hat eine Theorie des Mentalen, die dem gegenwärtigen erkenntnis- und kognitionstheoretischen Wissensstand (Vgl. Abschnitt 2.2 und Kapitel 4) widerspricht. Sie läßt die Frage nach der Entstehung und intersubjektiven Übereinstimmung von Wirklichkeitsorientierungen sowie nach der Koordination und Kooperation individueller Handlungen unbeantwortet, indem sie diese einfach wegdefiniert oder exogene Mechanismen ohne weitere Erklärungen als Ursache benennt.

---

[12] Vgl. zu diesem Bild Fritsch (1963) S. 545
[13] Vgl. Ebeling (1990; 1995)
[14] Vgl. Kirman (1992)

Sprache und sprachliche Verständigungsprozesse existieren in diesem
Theorieansatz weder als Explanans noch als Explanandum.

Am Verhaltensmodell des Homo Oeconomicus gibt es seit langem und
aus den unterschiedlichsten Gründen Kritik (Abwesenheit von Zeit, Unsicherheit, Macht, Emotionen, Neuem, Subjektivität, Raum, Kulturalität
usw.). Entsprechend entstanden viele Weiterentwicklungen, in denen
unter Abänderungen der Modellannahmen einerseits eine größere Realitätsnähe angestrebt wurde, andererseits die vom einfachen Homo Oeconomicus Modell nicht erklärten Phänomene, z.B. Unsicherheit, mangelnde
Informationen und Wissen, Subjektivität, das Auftreten von Neuem, die
nicht direkte Beobachtbarkeit von fremdpsychischen Bewußtseinsinhalten
(Präferenzen, Handlungspläne) sowie die strategische Interdependenz von
Handlungen, einer Erklärung zugeführt werden sollten. Nachfolgend werden einige dieser Theorieentwicklungen analysiert.

3.1.2 Unsicherheit und Erwartungen

Die Einführung von Unsicherheit in die ökonomische Theoriebildung variiert die Annahme vollkommener Information, hält aber zunächst an der
Annahme des Rationalprinzips und der exogen gegebenen, stabilen Präferenzen mit ihren spezifischen Eigenschaften fest.

Aus ökonomischer Sicht entsteht **Unsicherheit** überall da, wo eine Entscheidung für eine Handlungsalternative mehr als *eine* mögliche Konsequenz zur Folge haben kann. Das heißt, es besteht Unsicherheit darüber,
in welchem Zustand der Welt (state of the world) die EntscheiderInnen
sich befinden, unter der Annahme, daß in jeder einzelnen möglichen Welt
jede Handlungsalternative genau eine bestimmte Konsequenz (eindeutig
determinierter Pay-Off) hat.[15] Unsicherheit kann folglich als Bezeichnung
für einen Mangel an Informationen dienen und zwar sowohl an Informationen darüber, vor dem Hintergrund welches Weltzustandes der/die Einzelne ihre Entscheidung trifft, als auch darüber, wie die möglichen Weltzustände beschaffen sind und welche spezifische Konsequenz einer
Handlungsalternative aus dem jeweiligen Weltzustand resultiert.

Die unangenehme Auswirkung von Unsicherheit ist, daß die Akteure
ex ante nicht sicher sein können, ob ihre Entscheidung vollkommen ratio-

---

[15] Vgl. Savage (1954) Kap. 2, vgl. auch Hirshleifer (1989)

nal ist. Suboptimale Entscheidungen sind bei Unsicherheit um so wahrscheinlicher und ex ante nicht berechenbar, wenn die möglichen states of the world inhaltlich unbekannt (Neues, offene Zukunft) und ihre Eintrittswahrscheinlichkeiten (Risiken) ungenau oder gar nicht bekannt sind. In einer Welt der Unsicherheit gibt es vollkommen rationale Menschen, die sich (im Nachhinein) über ihre Fehlentscheidungen ärgern müssen.

Die Ursachen von Unsicherheit können exogener Natur sein, z.B. Veränderung von Präferenzen oder der sog. „technische Fortschritt", natürliche Faktoren wie Wetter und Klima, Gesundheit und Zufall. Endogene Ursachen von Unsicherheit resultieren für die Akteure daraus, daß sie das Verhalten der anderen Wirtschaftssubjekte nicht einschätzen können. Denn viele entscheidungsrelevante Informationen hängen von dem Verhalten der Gesamtheit der Akteure ab. So kann z.B. Unsicherheit über das Preissetzungsverhalten von Anbietern bestehen oder über die Qualität von bestimmten Gütern oder Faktoren (z.B. bei asymmetrischen Information). Eine dritte, ökonomisch sehr relevante Quelle von Unsicherheit ist Wirtschaftspolitik, d.h. Aktivitäten staatlicher Akteure, insbesondere weil diese realiter nicht immer ökonomischen Rationalitätskriterien genügen und den state of the world (Rahmenbedingungen) für die Entscheider verändern können.

Realiter wird praktisch jede ökonomische Entscheidung unter der Bedingung fundamentaler Unsicherheit getroffen. Fundamentale Unsicherheit, im Sinne von genuin Neuem, kann in den Rational-Choice-Ansatz aufgrund seiner formal-analytischen Methode nicht integriert werden.[16] Deshalb beschäftigen sich ökonomische Theorien über Unsicherheit „nur" mit den ex ante unbekannten Werten, die relevante ökonomische Determinanten (z.B. Preisstrukturen, Nachfrage- und Angebotsfunktionen, Grenzproduktivitäten) in der entscheidungsrelevanten Zukunft annehmen werden.

Theorie des Mentalen

Das entscheidungstheoretische Modell des Rational Choice bleibt mit der Einführung von Unsicherheit grundsätzlich gleich. Daß das einzelne Wirtschaftssubjekt über zukünftige Ereignisse in der Entscheidungssituation

[16] Vgl. Blaseio (1986). Modelle, die sich mit fundamentaler Unsicherheit beschäftigen, unterstellen auch unvollkommene Informationen und heben die Rationalitätsannahme auf. Dazu mehr in Abschnitt 3.3.

nicht vollkommen informiert ist, muß es ausgleichen, indem es **Erwar-tungen** über Anzahl, Art und Wahrscheinlichkeit des Eintretens aller möglichen Weltzustände bildet. Die erwarteten Pay-Offs, die mit den Handlungsalternativen im jeweils möglichen Weltzustand zu erzielen wären, werden mit der Wahrscheinlichkeit, daß dieser Weltzustand eintreten wird, multipliziert (Risiko). Und das Individuum läßt das Rational-kalkül als Maximierung seines *subjektiv erwarteten* Nettonutzens[17] ablaufen. Die Vorstellungen, die das Individuum über mögliche zukünftige Weltzustände generiert, betreffen zentral die Pay-Offs seiner Handlungsmöglichkeiten. Andere Wirtschaftssubjekte kommen im Erwartungsbildungsprozeß nicht als Einzelpersonen, sondern nur in Form der (aggregierten) Verhaltensfunktionen vor.

Es gibt vier Ansätze in der Theorie der Erwartungsbildung, die besonders einflußreich sind.

Zwei davon gehen davon aus, daß die meisten Wirtschaftssubjekte ihre Erwartungen aus vergangenen Werten der entscheidungsrelevanten Variablen, über die alle ja vollkommen und identisch informiert sind, ableiten. Das Konzept der **adaptiven Erwartungen** nimmt an, daß der zukünftige Erwartungswert einer Variablen als ein verteiltes Lag der früheren Variablenwerte gebildet wird, bei dem die Vergangenheitswerte mit zunehmendem Alter mit einem exponentiell sinkenden Gewicht in die Berechnung eingehen. Durch Plausibilitätserwägung kann diese abnehmende Bedeutung älterer Ereignisse entweder damit begründet werden, daß das Gedächtnis um so einfacher auf Informationen zurückgreift, je jüngeren Datums sie sind, andererseits könnte man annehmen, daß die Ursachen, die den früheren Variablenwert bedingt haben, heute um so schwächer wirksam sind, je länger dieser Zeitpunkt zurückliegt.[18]

Im Falle **extrapolativer Erwartungen** wird angenommen, daß die Veränderungsrichtung der zu prognostizierenden Variable in der jüngeren Vergangenheit sich auch in der Zukunft fortsetzen wird (entsprechend ließe sich auch ein zyklisches Veränderungsmuster extrapolieren). Diese Konzepte können um die Annahme ergänzt werden, daß die Akteure aus Fehlern der Erwartungsbildung durch Beobachtung (und z.B. Subtraktion) der Abweichungen ihrer Erwartungswerte von den auftretenden Werten

---

[17] Die Rational Choice Theorie firmiert deshalb manchmal auch unter dem Kürzel SEU-Theorie, vgl. bspw. Esser (1996). Zur Erwartungsnutzentheorie Schoemaker (1982)
[18] Vgl. Fisher (1930), Cagan (1956)

lernen (Bayesianisches Lernen[19]). Insgesamt konnte für die adaptive und extrapolative Erwartungsbildung trotz ihrer intuitiven Plausibilität keine durchschlagende empirische Evidenz gefunden werden.[20]

Im Falle **regressiver Erwartungen** (die manchmal irreführenderweise ebenfalls als adaptive Erwartungen bezeichnet werden) wird angenommen, daß die Variablenwerte sich zukünftig von ihrem aktuellen Niveau stetig einem bestimmten Zielwert annähern. Wenn solche Zielwerte nicht völlig aus der Luft gegriffen sind, dann muß die Höhe solcher plausibel erwartbaren Zielwerte begründbar sein. Die Begründung solcher Zielwerte kann bspw. aus der Theorie der extrapolativen Erwartungen entnommen werden. Dann wird der erwartete Weltzustand deterministisch aus vergangenen Weltzuständen abgeleitet.[21]

Aus wissenschaftlicher Sicht können in vielen Entscheidungssituationen die Vergangenheitswerte keine plausible Erwartungsbildungsbasis sein, z.B. wenn strukturelle Veränderungen (Wirtschaftspolitik, exogene Schocks, Innovationen, Hyperinflation) die Richtungen oder Ausmaße von Korrelationen ökonomischer Variablen untereinander erheblich verändern. Es ist hier einerseits zu fragen, inwieweit die Wirtschaftssubjekte solche Situationen erkennen und wie sie mit ihrer Erwartungsbildung darauf reagieren. Andererseits läßt sich normativ fragen, welche Methoden der Erwartungsbildung (Expertenerwartungen) eine möglichst zuverlässige Antizipation zukünftiger (unsicherer) Ereignisse ermöglichen.

Seit den 1980er Jahren hat die Theorie **rationaler Erwartungen** in der Ökonomik viel Beachtung gefunden. In konsequenter Weise entfernten sich die ÖkonomInnen von der empirischen Erforschung von Erwartungsbildungsverhalten und setzten einfach die Annahme, daß die Akteure rationale Erwartungen bilden bzw. ihre tatsächlichen Erwartungen könnten mit Hilfe rationaler Erwartungen gut angenähert werden („as-if"-Hypothese). Rational heißt Erwartungsbildung dann, wenn die Wirtschaftssubjekte Erwartungswerte unter Anwendung (u.U. sehr komplizierter) ökonomischer Modelle (Gleichungssysteme) und Expertensystemen berechnen und auf dieser Basis ihre ökonomischen Entscheidungen im Rationalkalkül treffen. Diese Vorstellung muß als höchst unplausibel beurteilt werden, da diese Form der Erwartungsbildung sowohl die Fähigkeit, die Bereitschaft als auch das Zeitbudget der meisten Wirtschaftssub-

[19] Vgl. Kalai, Lehrer (1990)
[20] Vgl. Becker, Bolle (1996)
[21] Vgl. Meiselman (1962), Modigliani, Sutch (1966)

jekte erheblich übersteigt.[22] Empirisch wird die Theorie rationaler Erwartungen nicht bestätigt.[23] Die As-if-Hypothese rationaler Erwartungen ist unbefriedigend, da sie gar keine Erklärung realer Phänomene zu geben beabsichtigt.

In neueren Ansätzen zur Erklärung der Preisbildung auf Finanzmärkten wird mit der Noise-Trader-Theorie erstmals eine Erklärung eingeführt, in der die Erzeugung sprachlicher Geräusche (Noise) neben den sogenannten Fundamentaldaten als Ursache für Erwartungsbildung auftaucht. Allerdings bleiben Noise-Trader-Ansätze in ihrer Anwendung bisher auf (spekulative) Finanzmärkte beschränkt.[24]

Sieht man von diesen neueren, eher heterodox gehandelten Ansätzen ab, sind ökonomische Theorien der Erwartungsbildung unter Unsicherheit eher Versuche zu formulieren, warum Wirtschaftssubjekte trotz Unsicherheit vollkommen informiert sein können. Angesichts der Tatsache, daß Erwartungsbildungstheorien in der empirischen Überprüfung nicht bestätigt werden, bleibt die Frage, wie Wirtschaftssubjekte ihre zeitübergreifende Entscheidungssituation tatsächlich konstruieren und ihr Verhalten darin orientieren, unbeantwortet. Problematisch bleibt auch, daß der Erwerb des Wissens, des Entscheidungskalküls und des Erwartungsbildungsmechanismus unerklärt bleiben.

Soziale Gemeinsamkeiten und Unterschiede

Theorien der Erwartungsbildung werden grundsätzlich als universale Theorien konzipiert. Da die Wirtschaftssubjekte gleichen Zugang zu vorhandenen Informationen haben, werden ihre Vorstellungen über erwartbare zukünftige Weltzustände bei gleichem Mechanismus der Erwartungsbildung intersubjektiv gleich sein.

Solange das Set möglicher Welten für alle Akteure gleich ist, die Eintrittswahrscheinlichkeiten dieser Weltzustände von allen Akteuren mit dem gleichen Risiko vermutet wird und sie für die jeweiligen Weltzustände identische Handlungskonsequenzen erwarten, werden bei rationalen EntscheiderInnen keine Verhaltensunterschiede durch die Unsicher-

[22] Vgl. zur Theorie rationaler Erwartungen Barro (1981), Radner (1982), Shiller (1978), Shiller (1988), S. 226-228

[23] Vgl. Becker, Bolle (1996)

[24] Vgl. Shleifer, Summers (1990), Shiller (1990), Shiller (2000) Kapitel 7 und 8, Black (1986)

heit zukünftiger Ereignisse auftreten. In diesem Fall ist die Unsicherheit für die EntscheiderInnen beherrschbar. Da die Risiken, die Eintrittswahrscheinlichkeiten von states of the world, bekannt sind, sind die Akteure auch versicherbar. Optimierungsentscheidungen sind problemlos möglich und Gleichgewichtszustände der Wirtschaft werden erreicht.

Empirisch ist die Gleichheit von Erwartungsbildung jedoch nicht zu erwarten.

Intersubjektiv unterschiedliche Erwartungsbildungen können höchstens auf unterschiedliche **Risikopräferenzen** zurückgeführt werden. Der Begriff „Risikopräferenz" steht für das Phänomen, daß Wirtschaftssubjekte die Pay-Offs zukünftiger Weltzustände, die mit geringen Wahrscheinlichkeiten eintreten werden, um die Risikopräferenzrate abdiskontiert geringer einschätzen. Sie haben eine größere Vorliebe für geringe Risiken. Unterschiedliche Risikopräferenzen erklären zwar intersubjektive Unterschiede in der Erwartungsbildung und im ökonomischen Verhalten. Aber der Optimismus oder Pessimismus, mit dem Risikopräferenzen „die" subjektive Wirklichkeit einfärben, verändert an dem Möglichkeitenraum, an den Eintrittswahrscheinlichkeiten zukünftiger Weltzustände und der erwarteten Höhe tatsächlicher Pay-Offs nichts. „Die" Wirklichkeitskonstruktion bleibt trotz Erwartungsbildung gleich, aber das Entscheidungskalkül ist um die Metapräferenz der Risikoneigung modifiziert und intersubjektiv unterschiedlich.

Kollektives Handeln

Da der Erwartungsbildungsprozeß zur Lösung des Unsicherheitsproblems allein zu einer um Erwartungen veränderten Wissensbasis führt, bleibt die Modellierung des Entscheidungsprozesses und der praktischen Koordination und Kooperation individueller Akteure unverändert. Ein offenes und viel beachtetes Problem bleibt deshalb die Erklärung von spekulativen Märkten, Währungskrisen, Bankenpaniken und ähnlichen Phänomenen, wo Erwartungsinterdependenzen zwischen den individuellen Akteuren auftreten.

Aber auch die Möglichkeit, daß die Wirtschaftssubjekte Unsicherheit durch kollektive Absprache von zukünftigem individuellen und kollektiven Handeln reduzieren können und dies faktisch permanent tun, bleibt durch die cartesianische Trennung im Rational-Choice-Paradigma unsichtbar.

Fazit: Rational-Choice-Modelle stehen auch bei der Integration von Erwartungsbildung unter Unsicherheit in Widerspruch zum erkenntnis- und kognitionstheoretischen Wissensstand. Der Umgang von Individuen mit fundamental neuen Phänomenen, mit Innovationen und Strukturbrüchen, der Prozeß des Lernens wird nicht erklärt. Intersubjektive Übereinstimmung von Wirklichkeitsorientierungen wird mit dem universalen Geltungsanspruch von Erwartungsbildungstheorien einfach unterstellt. Unterschiede können nur durch abweichende Risikopräferenzen (und wie zuvor mit unterschiedlichen Vermögenspositionen) erklärt werden. Die Frage nach der Koordination und Kooperation individueller Handlungen bleibt wie in Abschnitt 3.1.1 unbeantwortet.

Sprachliche Verständigungsprozesse treten nur in modernen Noise-Trader-Ansätzen als mögliche Ursachen für gemeinsame Erwartungsbildungsphänomene in Erscheinung.

3.1.3 Metapräferenzen

Auch das Konzept der Metapräferenzen ist primär eine Modifikation der mentaltheoretischen Fundierung des Rational-Choice-Konzeptes. Allerdings werden hier die Annahmen über Präferenzen modifiziert, was implizit zu veränderten Annahmen über Wissen, Handlungen und Erfolgskriterien von Wirtschaftssubjekten führt.

Das Präferenzkonzept des Homo Oeconomicus-Modells behandelt die Phänomene, die im Individuum situationsbezogene Präferenzordnungen erzeugen, als black box. Es werden also keine Erklärungen für exogene Präferenzen angegeben, sondern lediglich unterstellt, daß Präferenzen die Eigenschaften erfüllen, die der formal-analytische Theorierahmen erfordert (s.o.).

Da sich diese Eigenschaften empirisch nicht nachweisen ließen, entstand eine Vielzahl von Weiterentwicklungen von Präferenz- bzw. Nutzentheorien. Beispiele für empirisch beobachtete ökonomische Verhaltensanomalien, die also mit der strengen ökonomischen Nutzentheorie nicht erklärbar sind, sind etwa: „Konfundierung von Erwartungen und Bewertungen, Umkehreffekte und Intransitivitäten bei den Präferenzen und Erwartungen, Besitztumseffekte, alle möglichen Urteilsverzerrungen und logischen Fehler, die Abhängigkeit der Urteile von Referenzpunkten, sunk-cost-Effekte, die Niedrigbewertung von Opportunitätskosten gegenüber unmittelbaren Kosten und Vorteilen, Sicherheitspräferenzen, die Verzerrung von kleinen und großen Wahrscheinlichkeiten, moralisches und altruistisches, an Nutzenerfolgen nicht orientiertes und emotionales Handeln, die Erzeugung von Präferenzen und Erwartungen durch das Handeln selbst, die Anpassung der Präferenzen an die Möglichkeiten und die Änderung von Präferenzen und Erwartungen nach Erfolg oder Mißerfolg – unter anderem"[25].

Als Ergebnis der verschiedenen Forschungen, die solche Anomalien zu erklären versuchen, rekurriert der Präferenzbegriff heute auf einen sehr weiten Phänomenkomplex:

> „Preferences are reasons for behavior, that is, attributes of individuals that (along with their beliefs and capacities) account for the actions they take in a given situation. To explain why a person chose a point in a budget set, for example, one might make reference to her craving for the chosen goods, or to a religious prohibition against the excluded goods. Conceived this way, preferences go considerably beyond tastes, as an adequate account of individual actions would have to include values or what Amartya Sen (1977) terms commitments and John Harsannyi (1982) calls **moral preferences** (as distinct from personal preferences). Also included are the manner in which the individual construes the situation in which the choice is to be made (Lee Ross and Nisbett 1991), the way that the decision situation is framed (Amos Tversky and Kahneman 1986), compulsions, addictions, habits, and more broadly, psychological dispositions. Preferences may be strongly cognitively mediated – my enjoying ice cream may depend critically on my belief that ice cream does not make me fat – or they may be visceral reactions – like disgust or fear – evoking strong emotions but having only the most minimal cognitive aspects (Robert B. Zajonc 1980; David Laibson 1996; Loewenstein 1996; Rozin and Carol Nemeroff 1990). The term ‚preferences' for these heterogeneous reasons for behavior is perhaps too narrow, and runs the risk of falsely suggesting that a single model of action is sufficient."[26]

Die nähere Erforschung von Präferenzen ergab also, daß folgende drei Phänomenbereiche in den Präferenzordnungsprozeß hineinspielen:

1. Da die Rationalität des Rational Choice als eine Zweckrationalität definiert ist, muß für den Vorgang des Präferenz-Ordnens der **Zweck** be-

[25] Esser (1996) S. 2

[26] Bowles (1998) S. 78 f. Hervorhebungen im Original

kannt sein, auf den hin die Entscheidende in der Situation handeln will. Sie prüft die Handlungsmöglichkeiten auf deren Eignung zum Erreichen dieser Zwecke bzw. Ziele. Der Zweck ist insofern der (ordinale) Bewertungsmaßstab, mittels dessen die Handlungsalternativen in die Präferenzordnung gebracht werden können.

2. Um Präferenzordnungen durchzuführen, muß deshalb **Wissen** darüber bestehen, in welcher Weise, gemäß welcher Regelmäßigkeiten oder angenommener Kausalitäten die jeweilige Handlungsalternative auf die Zielerreichung hinwirken kann.

3. Außerdem können **Gefühle** (Lust, Unlust, psychisches (Un-)Wohlsein, triebhafte Zustände wie Aggression, Angst, die direkt zu bestimmten Handlungen antreiben/motivieren) das Ergebnis der Präferenzordnung stark bestimmen. Gefühle werden üblicherweise als psychische Kosten oder Erträge verstanden und über Vergleichsrechnungen monetarisiert (s.o., bspw. Minderung der subjektiv wahrgenommenen Freizeitqualität) und somit zum Pay-Off der jeweiligen Handlungsalternative gerechnet.[27] Gefühle nehmen eine Zwitterstellung ein, denn einerseits können sie die Zwecksetzung in der Situation stark beeinflussen. Dann gibt das Gefühl (z.B. Angst) das Ziel (Abbau von Angst, Ausschalten von angstauslösenden Momenten) vor und alle Handlungsalternativen werden daraufhin geprüft, welche (Haupt-)Wirkungen sie auf das Ziel (Angstabbau) haben. Andererseits können Gefühle auch einfach als Begleiterscheinung (Nebenwirkung) der Handlung verstanden werden, der Akteur „bekommt Zustände", d.h. er/sie durchleidet Gefühlszustände, wenn er/sie die Handlung realisiert, wobei diese Gefühle (im Extremfall) unabhängig davon sind, wie gut die gewählte Handlungsalternative zur Zweckerreichung beiträgt. In diesem Fall wird das Wissen um diese mit der Handlung verbundenen Gefühlsqualitäten (aus der Sicht des Akteurs) zu Eigenschaften der Handlungsalternative „umgewandelt", die den Pay-off erhöhen oder vermindern. Diese zweite Variante kann als Phänomen des Geschmacks und individueller Vorlieben angesehen werden.

Im Folgenden wird aus dieser Vielzahl präferenztheoretischer Ansätze auf die Theorie der Metapräferenzen eingegangen, da sie ein Konzept für mentale Orientierungen ökonomischer Akteure zu entwickeln versucht,

---

[27] Vgl. Elster (1998) S. 64

das über die einfache ökonomische Pay-Off-Maximierung hinausgeht. Die Standardnutzentheorie muß bereits ökonomisches Verhalten als Anomalie einschätzen, dem ein polyfunktionaler Entscheidungsprozeß zugrundeliegt, in dem neben der reinen ökonomischen Pay-Off-Maximierung bspw. moralische, religiöse Motive, Solidarität, Altruismus usw. für die Orientierung eine Rolle spielten.[28] Nimmt man nun an, daß alle Akteure jeweils alle diese Ziele verfolgen, aber diese Ziele in unterschiedlichen Situationen bzw. intersubjektiv unterschiedlich gewichten, dann können diese Gewichtungsunterschiede mittels (unterschiedlicher) Metapräferenzen erklärt werden.

Nachfolgend wird das Konzept der Metapräferenzen kurz dargestellt, um anschließend dessen Implikationen für unsere drei Fragestellungen zu diskutieren.[29]

Die Modifikation des Rational-Choice-Modells um Metapräferenzen bedeutet, daß neben den Präferenzen über Entscheidungsalternativen in der Situation, die über ihre ökonomischen Konsequenzen (Pay-Off) individuiert werden, auch noch Präferenzen über Präferenzen existieren, eben Metapräferenzen. Metapräferenzen können sinnvoll nur als Präferenz über Eigenschaften der Handlungsalternativen angegeben werden und zwar Eigenschaften, die keine Konsequenzen der Handlung sind, also nicht im (monetarisierbaren) Pay-Off der Handlungsalternative auftauchen.

Betrachten wir, damit das verständlicher wird, folgendes Beispiel. Die Shell AG würde bei einer an rein ökonomischen Zielen orientierten Entscheidung über die Entsorgung einer Ölplattform die kostengünstigste Variante auswählen: Versenkung im Meer. Hier ist ihr Pay-Off (Profit) am höchsten. Die verschiedenen Entsorgungsalternativen haben aber noch weitere Eigenschaften als ihre direkte (Kosten-)Wirkung auf den Ertrag des Unternehmens: etwa Auswirkungen auf die Stabilität und Qualität der je betroffenen Ökosysteme, auf die Sicherheit der an der Entsorgung beteiligten Arbeitskräfte und so weiter. Die Nachfrage nach Produkten (und Aktien) der Shell AG durch ihre (potentiellen) ökonomischen Transaktionspartner (Aktionäre, Kunden) hängt nun – wie dieser Fall real zeigte – nicht allein davon ab, ob die Shell AG Mineralöle zu einem guten Preis-Leistungsverhältnis anbietet bzw. hohe Profite einfährt. Es zählen auch

---

[28] Diese Zielorientierungen können weder sinnvoll in die Nutzenfunktion integriert noch als Restriktionen eingebaut werden. Vgl. Männel (1999) Abschnitt 4.1

[29] Für die Theorie der Metapräferenzen sei verwiesen auf Sen (1970; 1974), Pettit (1991) sowie unter dem Namen „second order desires" auf Frankfurt (1981) und Taylor (1992)

andere (von den NachfragerInnen wahrgenommene) Eigenschaften ihrer
ökonomischen Aktivitäten, über Vertragstreue, Serviceleistungen, Umgang mit Arbeitnehmern und z.b. auch hinsichtlich der ökologischen Auswirkungen ihres Handelns. Aufgrund dieser Eigenschaften werden sich die
Transaktionspartner für oder gegen bestimmte Transaktionen mit der
Shell AG entscheiden.

Die Shell AG wird, eben weil sie annahmegemäß ökonomisch rational
entscheidet, nicht nur die Kosten-Leistungs- und Ertragskonsequenzen
ihrer Handlungen in ihre Entscheidung einbeziehen, sondern auch weitere
Handlungseigenschaften, die aus Sicht ihrer Transaktionspartner hand-
lungsrelevant sind. Im Beispielfall besteht eine Metapräferenz für ökologisches Handeln. Die NachfragerInnen bewerten den Kauf von Mineralöl
von demjenigen Unternehmen als nutzenmaximierend, das die ökologisch
verträglichsten Handlungen durchführt, und unter den ökologieverträg-
lichen Unternehmen das preisgünstigste (respektive aus Aktionärssicht
das profitabelste). Die nach ihren Pay-Offs geordneten Handlungsalternativen werden also durch die Metapräferenz in eine neue Reihenfolge gebracht, nach der dann rationalerweise wieder die beste ausgewählt wird.

Die Einführung von Metapräferenzen hat aus Sicht des Rational-
Choice-Paradigmas den Vorteil, daß das grundsätzliche entscheidungstheoretische Erklärungsmuster einschließlich Rationalitätsannahme, vollkommener Information und atomistisch agierenden Wirtschaftssubjekten
aufrechterhalten werden kann sowie daß zusätzlich die Transitivitätsbe-
dingung für Präferenzen nicht verletzt wird.

Problematisch ist jedoch, daß sich nach Sen kein eindeutiges Entscheidungskriterium für die Auswahl einer Präferenz mittels Metapräferenzen
angeben läßt. Die Entscheidung über Präferenzen gemäß der Metapräferenz ist also nicht analog zu der über Handlungsalternativen in der Situation.[30] Daß Metapräferenzen kein eindeutiges Entscheidungskriterium
bieten, läßt sich in den vorangegangenen Erläuterungen etwa daran erkennen, daß mehrere Metaorientierungen gleichzeitig eine Rolle spielen
können, bspw. der innere Konflikt der Entscheidungsträger bei der Shell
AG zwischen dem Wunsch, einmal getroffene Entscheidungen nicht rück-
gängig zu machen (Führungsstil-Präferenz), geringe Gewichtung ökologischer Folgen eigenen Handelns (Umwelt-Präferenz), dem Streben nach
einem guten (Marken-)Image in der Bevölkerung usw. Für jede dieser
Metapräferenzen würden die Handlungsalternativen in verschiedene Rei-

[30] Vgl. Sen (1970, 1974)

henfolgen gebracht. In der Entscheidungssituation selbst kann aber unter Anwendung aller Metapräferenzen nur *eine* Handlungsalternative ausgewählt werden, die aber nicht eindeutig ermittelt werden kann. Metapräferenzen sind deshalb eher ein Konzept und bieten keine Erklärung dafür an, wie Individuen unter Anwendung von Metapräferenzen tatsächlich entscheiden.

Ein zweites Problem ist, daß Metapräferenzen aufgrund der mangelnden Eindeutigkeit einfach als rein formale Erklärung eingeführt werden, die Willkür und Tautologie Tür und Tor öffnet: Besteht aus neoklassisch-nutzentheoretischer Sicht eine Verhaltensanomalie, wird eine plausible Metapräferenzorientierung erfunden, nach der genau dieses Verhalten die nach Metapräferenz- und Präferenzordnung beste Handlungsalternative war. Damit eine universale, falsifizierbare Theorie der Metapräferenzen aufgestellt werden kann, müssen Metapräferenzen aber plausibel und intersubjektiv eindeutig interpretierbar sein, sowohl für die Akteure als auch für die wissenschaftlichen Beobachter.[31] Damit die Metapräferenzen plausibel interpretierbar sind, müssen die **Handlungen in ihren Eigenschaften vollständig beschreibbar** sein.

Bei einfachen Präferenzen werden die Handlungsalternativen vollständig durch ihre ökonomischen Konsequenzen (Pay-Off) beschrieben. Bei Metapräferenzen bestehen neben dem Wunsch, den Pay-Off zu maximieren, zusätzliche Vorlieben und Abneigungen gegenüber weiteren Eigenschaften der Handlungsalternativen, z.B. ob die Handlung höflich/unhöflich, moralisch/unmoralisch, politisch möglich, z.B. konsens-/mehrheitsfähig oder nicht, pflichtgemäß/pflichtvergessen, altruistisch/egozentrisch, ökologisch/umweltschädigend, gerecht/ungerecht, zur eigenen sozialen Rolle konform/unkonform, ästhetisch/unästhetisch, solidarisch/unsolidarisch ist, ob sie zur eigenen Selbstverwirklichung beiträgt oder nicht und vieles mehr. Die AkteurIn (und die WissenschaftlerIn) muß alle diese entscheidungsrelevanten Eigenschaften vollständig kennen und Metapräferenzen in Bezug auf diese Eigenschaften haben, die den Mindestanforderungen an Präferenzen genügen. Um Metapräferenzen und Präferenzen dann noch wissenschaftlich analysieren zu können, reicht es nicht aus, wenn die Akteure ein rein subjektives Beschreibungssystem für die Eigenschaften von Handlungen haben, also eine „Privatsprache" bzw. ein privates (nicht-sprachliches) Deutungssystem. Denn dieses wäre für die Wis-

---

[31] Vgl. Lohmann (1996) S. 170

senschaft nicht zugänglich, folglich könnte man kein Wissen über Metapräferenzen generieren, sie blieben rein formal und ohne Aussagewert.

Es ist nun insbesondere nach den Ausführungen zum linguistic turn der Sprachphilosophie nicht vorstellbar, daß über die Eigenschaften von Handlungsalternativen vollkommene, intersubjektiv identische Informationen, i.S. einer vollständigen Beschreibung, vorliegen. Die alltäglichen Interpretationssysteme (Alltagssprache) der Wirtschaftssubjekte (und WirtschaftswissenschaftlerInnen) sind veränderlich, nicht abschließbar und insbesondere nicht eindeutig. Deshalb sind auch Handlungen nicht als eine abgeschlossene Menge von Eigenschaften beschreibbar und müssen nicht notwendig von allen Akteuren gleichermaßen beschrieben werden. Metapräferenzen *können* folglich nicht die erforderlichen Eigenschaften aufweisen, die sie für eine Integration in das formal-analytische neoklassische Paradigma bräuchten.

Eigenschaften von Handlungen können nicht als objekt-inhärente Wesenszüge verstanden werden, sondern es sind Bedeutungen, die Handlungsalternativen zugewiesen werden. Handlungseigenschaften sind also eigentlich semantische Phänomene und somit Teil der mentalen Orientierungen der Untersuchungssubjekte, nicht dagegen der Teil der Handlungspraxis selbst. Da Metapräferenzen von Person zu Person unterschiedliche Vorlieben beinhalten können, konstituieren Metapräferenzen *subjektiv* gedeutete „Informationen" über Wirklichkeit. Um Metapräferenzen wissenschaftlich zu untersuchen, müssen die subjektiv gedeuteten Eigenschaften von Handlungsalternativen vollständig explizit gemacht werden. Dies scheitert nicht nur an der Entwicklungsoffenheit individueller und sozialer Interpretationssysteme, sondern auch an dem ungesicherten Zugang der WissenschaftlerIn zur fremden Psyche der Akteure.[32]

Die Annahme von Metapräferenzen erfordert folglich für die Ökonomik eine spezifische begründete Methode der Interpretation (ökonomische Hermeneutik)[33], die innerhalb der ökonomischen Disziplin kaum entwickelt ist und mit dem Rational-Choice-Paradigma aufgrund der Unmöglichkeit der *vollständigen* Interpretation nicht vereinbar ist.

Die Einführung von Metapräferenzen löst auch die Annahme vollkommener Informationen auf, da über die Eigenschaften von Handlungen

---

[32] Abgesehen von dem Zeitbedarf für diesen Interpretationsprozess, ist auch eine vollständige, sprachliche Beschreibung nicht für alle Handlungen möglich. Vgl. Kern, Nida-Rümelin (1994) S. 228 ff.

[33] Vgl. Harsae (1994), Hollis (1991), Stoecker (1993)

keine vollkommene, identische Information vorliegt und auch nicht vorliegen kann. Die Trennung der Wissensseite (Information) und Wertur-
teilsseite (Präferenzen) ist im Konzept der Metapräferenz aufgehoben.
Damit ist ein wichtiger Schritt der konstruktivistischen Wende der Erkenntnistheorie nachvollzogen und mit der neuen Fokussierung semantischer Phänomene auch ein wichtiger Schritt in die Richtung des „linguistic
turn" der Sprachphilosophie eingeleitet worden.

Theorie des Mentalen

Im Konzept der Metapräferenzen besteht neben objektivem Wissen über
die handlungsrelevante Wirklichkeit (Information) auch ein Wissen über
Eigenschaften von Handlungsalternativen, die durch die subjektiv wer-
tende Deutung des Individuums definiert sind. Es wird unterstellt, daß
diese Deutungen nicht durch einen Interpretationsprozeß erzeugt werden,
sondern sie sind ex ante als Teil des Metapräferenzmechanismus im Individuum vorhanden und als solche zeitlich stabil. Faktisch bleibt der Wis-
sensbestand von Wirtschaftssubjekten also exogen gegeben und seine Entstehung unerklärt.[34]
    Da es der ökonomischen Theorie nicht gelingen kann,[35] eine vollstän-
dige Beschreibung der Eigenschaften des Handlungsalternativenraums zu
geben, kann die WissenschaftlerIn (und das Wirtschaftssubjekt) nicht
mehr über die Vollkommenheit ihres Informationsstandes sicher sein.
Vollkommene Information und vollständige Metapräferenzen werden nur
noch behauptet, sind aber nie gegeben.
    Ökonomisches Verhalten wird im Konzept der Metapräferenzen nicht
mehr allein durch Wohlstandsmaximierung erklärt. Wirtschaftssubjekte
optimieren ihre Handlungsentscheidungen polyfunktional, unter Orientierung an verschiedenen Zwecken und Zielkategorien. Innerhalb des Rationalkalküls kann nun auch irrationales, traditionales und wertrationales
Verhalten ausgewählt werden. Da der Ansatz ein formaler ist, können da-

---

[34] In der evolutorischen Ökonomik finden sich in neuerer Zeit Ansätze, die Präferenzen-
genese durch Lernprozesse zu erklären. Diese Endogenisierung von Präferenzen wird jedoch weitgehend unabhängig von sprachlicher Kommunikation und sprachgebundenen
Sinnsystemen diskutiert. Vgl. Witt (2001)

[35] Bisher wurde das auch nicht versucht. Die genannten bzw. jeweils untersuchten Kriterien von Metapräferenzen schienen offenbar jeweils den kompletten Eigenschaftsraum zu
definieren.

mit jetzt zwar bisherige Verhaltensanomalien erklärt werden, aber die Erklärung bleibt eine tautologische, solange der Ursprung spezifischer Metapräferenzen und die Frage, wie zwischen Präferenzen gewählt werden
kann, nicht geklärt sind. Das Sprachspielkonzept könnte in diesem Zusammenhang hilfreich sein (obwohl die formal-mathematische Methode
nicht damit vereinbar ist), da der jeweilige situative Sprachspielkontext
nur bestimmte Wert- bzw. Sinndimensionen aktiviert. Metapräferenzen
können also sprachspielspezifisch definiert sein. Allerdings führt diese
Eingrenzung nicht (unbedingt) dazu, daß bei polyfunktionaler Orientierung *eindeutig* über Präferenzen und Metapräferenzen entschieden werden kann.

Soziale Gemeinsamkeiten und Unterschiede

Das Metapräferenzenkonzept erklärt unterschiedliche Handlungsweisen
bei gleichen ökonomischen Präferenzen. Da es eine universale Theorie ist,
unterstellt es, daß alle Wirtschaftssubjekte über *dieselben* Handlungseigenschaften Metapräferenzen haben, daß aber unterschiedliche Vorlieben bezüglich dieser Eigenschaften bestehen. Als formal-analytisches, neoklassisches Modell muß der Theorieansatz unterstellen, daß es die Handlungseigenschaften und damit auch die Arten von Metapräferenzen vollständig
angegeben hat (was faktisch nicht nur zu bezweifeln, sondern unmöglich
ist). Zeit- und Risikopräferenzen, Altruismusparameter und so weiter sind
also in den Metapräferenz-„Apparaten" *aller* Wirtschaftssubjekte vorhanden, nur mit unterschiedlichen Parameterausprägungen. Abgesehen von
ihren Vermögensausstattungen bleiben die Wirtschaftssubjekte insofern
weitgehend identisch (identisches Wissen, gleiche Präferenzen, gleiche
Metapräferenzkategorien, identisches Entscheidungskalkül). Die gleichartige oder unterschiedliche Ausprägung der Metapräferenzparameter
bleibt exogen gegeben und unerklärt.

Da das Vollständigkeitsproblem sowieso besteht und das formal-analytische Paradigma verlassen werden muß, wäre es denkbar, den Theoriensatz so zu verändern, daß Wirtschaftssubjekte auch unterschiedliche
Metapräferenzen und Entscheidungswege bei der Auswahl von Präferenzen mittels Metapräferenzen haben. So wären gruppen- und kontextorientierte Ansätze möglich. Allerdings bedürfte es auch hier einer Theorie der Entstehung, Veränderung und Spezifität von Metapräferenzen, die
bisher auch nicht in Ansätzen existiert.

Kollektives Handeln

Da das Konzept der Metapräferenzen lediglich eine Modifikation der Theorie des Mentalen vornimmt, bleibt das atomistische Handlungsmodell bestehen. Zwar kann individuelles Entscheiden in einer vollkommen spezifizierten Situation mit diesem Konzept erklärt werden, aber das kollektive Abstimmungsproblem wird mit der Einführung von Metapräferenzen vergrößert. Da der Entscheidungsmechanismus über Präferenzen mittels Metapräferenzen ungeklärt ist und auch situationsabhängig unterschiedliche Metapräferenzparameter existieren können, ist eine Aggregation individuellen Entscheidungsverhaltens in Verhaltensfunktionen nicht unbedingt möglich. Wenn die sozialen Situationsparameter (Nachfrage-, Angebotsfunktion, Preise usw.) nicht eindeutig spezifiziert werden können, fehlt auch den Wirtschaftssubjekten die notwendige vollkommene Information, um unter Abwesenheit von Kommunikation Gleichgewichtssituationen zu erzeugen. Folglich stellt sich der Bedarf an einer Theorie der Abstimmung und Vereinbarung koordinierten und kooperativen Handelns im Konzept der Metapräferenzen in verstärktem Maße.

Fazit: Die Theorie der Metapräferenzen verändert die Annahmen über Eigenschaften von Präferenzen und weicht implizit die Annahme vollkommener objektiver, nicht-normativer Informationen auf. Aber sie liefert keine Erklärung über die Entstehung von Metapräferenzen, von Metapräferenztypen und von subjektiven, normativen „Informationen" (Bewertung von Handlungseigenschaften). Gleiche oder unterschiedliche Verhaltensweisen von Wirtschaftssubjekten werden durch deren übereinstimmende respektive ungleiche Metapräferenzparameter erklärt. Die Determinanten der Parameterwerte bleiben jedoch exogen und unerklärt. Kollektives Handeln ist im Konzept der Metapräferenzen nicht mehr erklärbar. Denn auch der Marktmechanismus kann nur funktionieren, wenn das Aggregationsproblem gelöst ist. Dies ist ohne eine Vervollständigung der Theorie des Mentalen im Metapräferenzansatz nicht möglich.

3.2 Spieltheorie

Die ökonomische Spieltheorie basiert auf dem grundlegenden entscheidungstheoretischen Menschenbild des Rational-Choice-Paradigmas (vollkommene Information, gegebene gleiche Präferenzen, rationale Entscheider), modifiziert aber die Theorie kollektiven Handelns. Die Lösung des Koordinationsproblems, welche die allgemeine Gleichgewichtstheorie vollkommener Märkte im Marktmechanismus bzw. dem Wirken des unsichtbaren walrasianischen Auktionators als gegeben annimmt, wird von der Spieltheorie nicht akzeptiert. Sie versucht zu erklären, wie Individuen sich in Situationen verhalten, in denen ihre Verhaltensweisen, beziehungsweise die ökonomischen Konsequenzen ihres Verhaltens, strategisch interdependent sind. Die Höhe des Pay-Offs, die der einzelne Akteur durch seine jeweilige Handlungsalternative erzielen wird, hängt dann davon ab, welche Handlungsoptionen die jeweils anderen Mitspieler realisieren. Typische Anwendungsfälle sind wettbewerbstheoretische (Oligopole), industrieökonomische, politische und allgemein handlungstheoretische Fragestellungen.

Wie im Falle der Unsicherheit kann in der spieltheoretischen Entscheidungssituation also mehr als ein Weltzustand eintreten, in dem die ökonomische Konsequenzen der Handlungsoptionen allerdings fest und eindeutig definiert sind. Im Unterschied zu allgemeinen Zukunftsunsicherheiten, bei denen die Verhaltensfunktionen der „Mitspieler", d.h. Marktteilnehmer, gegeben sind, hängt das Eintreten des jeweiligen Weltzustands im Fall der Spieltheorie davon ab, wie sich die Mitspielenden entscheiden werden. Da dies für alle Individuen gilt, ist keiner der TeilnehmerInnen eine eindeutige Situation gegeben, in der sie ihre maximierende Handlungsoption einfach auswählen könnte. Die Spieltheorie versucht nun herauszufinden, welche Entscheidungen die Individuen in solchen Situationen strategisch interdependenter Handlungen treffen und warum.

Es gibt dabei zwei unterschiedliche Vorgehensweisen. Der theoretische Zweig der Spieltheorie entwirft in eklektischer Weise Typen von Spielsituationen (z.B. Gefangenendilemma, Chicken Game, Diktatorspiel) und überprüft, welche Verhaltensstrategien rationale EntscheiderInnen (Homo Oeconomicus) wählen würden. Auch der experimentelle Zweig der Spieltheorie entwirft spezifische Spielsituationen (oder übernimmt Typen aus dem theoretischen Zweig), läßt aber reale Menschen als Testpersonen in diesen Spielsituationen entscheiden. An den Ergebnissen werden einerseits die theoretisch erzeugten Prognosen auf ihre empirische Geltung überprüft und andererseits Theorien über Determinanten realen Entscheidungsverhaltens von Menschen entwickelt.

Im folgenden wird zunächst das Grundmodell spieltheoretischen Vorgehens vorgestellt (3.2.1), das anschließend um sogenannte Focal-Point- und Framing-Effekte (3.2.2) erweitert wird. Beide Modelle werden auf ihre Theorie des Mentalen, ihre Erklärung von Gemeinsamkeiten und Unterschieden der Akteure sowie auf ihre Erklärung kollektiven Handelns hin hinterfragt. In Abschnitt 3.2.3 wird empirische Evidenz aus der experimentellen Spieltheorie dafür angeführt, daß sprachliche Kommunikation aus Sicht realer Menschen eine andere und weitaus bedeutendere Rolle für deren Entscheidungsverhalten spielt, als der theoretische Spieltheoriezweig annimmt.

3.2.1 Das Grundmodell: Common Knowledge und Rationalität

Das spieltheoretische Grundmodell besteht aus einer Spielsituation, an der der Einfachheit und Rechenbarkeit halber in der Regel 2 SpielerInnen mit je 2 oder 3 Handlungsalternativen teilnehmen, wobei das Spiel entweder einmalig, wiederholt (iteriert) oder unendlich oft gespielt wird. Die Spielsituation ist durch eine Entscheidungsmatrix definiert, in der die jeweiligen Pay-Offs aller SpielerInnen für die jeweilige Kombination von Handlungsalternativen angegeben sind. Im folgenden wird nur auf einmalige Spiele Bezug genommen. Für iterierte Spiele ist die Entscheidungsfindung schon allein aus kombinatorischen Gründen viel komplexer und der tatsächliche Spielverlauf i.d.R. entsprechend schwerer vorherzusagen. Da das grundsätzliche Erklärungsprinzip in beiden Vorgehensweisen aber gleich ist, können wir uns auf die Darstellung der einfacher strukturierten One-Shot-Games beschränken.

Unsicherheit wird in der Spieltheorie in einer sehr gemäßigten Weise eingeführt, denn die SpielerInnen sind über die meisten Situationsbestandteile vollkommen informiert:

– über die Zahl der Mitspieler,

– über die Art und Zahl der möglichen Handlungsalternativen,

– über die Pay-Offs, die sie selbst und die Mitspieler bei den jeweiligen Handlungskombinationen erzielen,

– über die Spielregeln (es darf keine neue Handlungsweise erfunden werden, und es muß gespielt werden),

– bei iterierten Spielen über alle möglichen Spielzugstrategien (also auch über Meta-Spielregeln wie tit-for-tat, ‚nice'-strategy und ähnliches)

– und darüber, daß die anderen Spieler dieselben Informationen und die gleichen Präferenzen haben (Common Knowledge[36]).

– Und die SpielerInnen haben vorgegebene gleiche Präferenzen:

– alle Spieler präferieren die Handlung, die bei der von ihnen erwarteten Entscheidung der Mitspieler ihren eigenen Pay-Off maximiert (kein Altruismus o.ä.).[37]

Das Problem der strategisch interdependenten Handlungen wird dadurch überwunden, daß die rationale EntscheiderIn das Verhalten ihrer MitspielerInnen in ihrem eigenen Entscheidungskalkül antizipiert. Dies ist nur möglich, weil sie Wissen über das „Innenleben" der Menschen hat, von deren Verhalten der eigene Handlungserfolg abhängt.[38] Im vorliegenden Fall weiß jede SpielerIn von den anderen, daß sie in identischer Weise über die Spielsituation informiert sind, alle gleichermaßen rationale EntscheiderInnen sind, gleiche Präferenzen haben und alle das Verhalten der je anderen antizipieren werden.

Bei rationalem Verhalten werden die Spieler eine Nash-gleichgewichtige Verhaltenskombination realisieren. Ein Nash-Gleichgewicht ist ein Strategieprofil, in dem die Strategie jedes einzelnen Spielers die beste Antwort auf die vom je anderen Spieler gespielte Strategie ist.[39] Es läßt sich zeigen, daß „Rationality alone determines a player's action only when she has a dominant strategy"[40], d.h. wenn genau eine ihrer Handlungsalternativen die beste Antwort auf jede der Handlungen des Mitspielers ist. Im Spielbeispiel 1 der Abbildung 3.1 läßt sich nur das Verhalten von A vorhersagen, da seine dominante Strategie I ist. B's Entscheidung ist nur vor-

---

[36] Unter „Common Knowledge" versteht man die Annahme, daß die Spieler identisch über die Spielsituation, die Präferenzen und die Entscheidungsstile aller Spieler informiert sind und daß sie wissen, daß die anderen dieses Wissen auch haben, und daß sie wissen, daß die anderen wissen, daß sie wissen, daß ... usw. ad infinitum. Vgl. Lewis (1969) Nur bei gegebenem Common Knowledge kann der einzelne Spieler eine rationale Entscheidung versuchen, in die er das Entscheidungskalkül des anderen, der ja wiederum sein eigenes Entscheidungskalkül miteinbezieht, mit einbeziehen kann.

[37] Vgl. zur Einführung in die Spieltheorie Dixit, Nalebuff (1997), Güth (1999), Holler, Illing (2000)

[38] Vgl. Bicchieri (1995) S. 93 f. und Bacharach (1986) S. 181

[39] Vgl. Nash (1951)

[40] Bicchieri (1995) S. 118

hersagbar, wenn B weiß, daß A rational entscheidet (Common Knowledge) und I seine dominante Strategie ist.[41]

„Common Knowledge of rationality does the trick only when successive
elimination of dominated strategies eliminates all but one strategy for each
player."[42] In Spiel 1 wird sich bei Common Knowledge und Rationalität
beider Spieler die Strategie (I,L) durchsetzen, da für A *und* B zu erwarten
ist, daß A die dominante Strategie I spielen wird, folglich B die für ihn
dann beste Strategie L (4 > 2) spielen wird. Im Fall von Spielsituation 2 ist
eine solche Vorhersage trotz Common Knowledge nicht möglich. Zwar
gibt es zwei Nash-gleichgewichtige Lösungen (L,I) und (I,L), aber es gibt
weder für A vorab einen Anhaltspunkt, was B spielen wird, noch für B,
was A spielen wird.

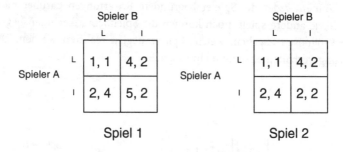

Abbildung 3.1: Spielsituationen 1 und 2

Dagegen kann in Spielsituation 3 (Abbildung 3.2) bei Common Knowledge und Rationalität beider Spieler durch sukzessiven Ausschluß dominanter Strategien eine Handlungskombination gefunden werden, die für
beide Spieler die beste Strategie ist. Für den Fall, daß B Handlung L (resp.
C, resp. R) spielt, ist A's rationale Wahl T (resp. M, resp. D). Umgekehrt
gilt, wenn A T spielt (resp. M, resp. D), entscheidet sich B rationalerweise
für L (resp. R, resp. B). Da B nur annehmen kann, daß A M spielt, wenn A
annimmt, daß B C spielt, B aber nur C spielt, wenn A D spielt, A aber nur
D spielt, wenn A annimmt, daß B R spielt usw., wäre B's Entscheidung für
C in Erwartung einer Spielstrategie (M,C) nicht rational, denn diese Er-

---

[41] Die beispielhaften Spielsituationen sind entnommen aus Bicchieri (1995)
[42] Bicchieri (1995) S. 118

wartung ist nicht logisch konsistent und nicht konsistent mit der Über-
zeugung, daß beide Spieler jeweils die beste Antwort auf die erwartete
Handlung des anderen spielen. In dieser Spielsituation 3 gibt es nur *eine*
Strategiekombination, nämlich (T, L), für die die Konsistenz der gegensei-
tigen Erwartungen (belief rationality) gegeben ist: Wenn A T spielt, wird B
L spielen; und A spielt T genau dann, wenn A erwartet, daß B L spielt.

Während es in Spielsituation 3 also durch Common Knowledge und
Rationalitätsannahmen genau eine zu erwartende Verhaltenskombination
gibt, gibt es auch viele Spielsituationen, in denen kein einziges Nash-
Gleichgewicht existiert, wie z.B. der Spielsituation 4 in Abbildung 3.2, oder
in denen mehrere Nash-Gleichgewichte existieren, bei denen ex ante und
ohne zusätzliche Annahmen nicht vorhersehbar ist, ob und welches davon
realisiert wird (vgl. Spielsituation 5 in Abbildung 3.3). In diesen Situationen können weder die Spieler begründete Erwartungen darüber haben,
was der je andere spielt, noch können die SpieltheoretikerInnen begründete Prognosen abgeben, welche Spielstrategien realisiert werden. Opti-
mierungsverhalten ist dann nicht möglich.

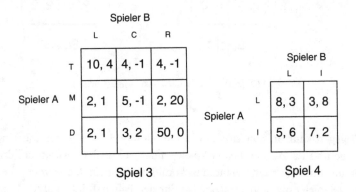

Abbildung 3.2: Spielsituationen 3 und 4

Theorie des Mentalen

Im spieltheoretischen Grundmodell agieren Spieler vom Typ Homo
Oeconomicus. Aufgrund vollkommener Informationen, Common Know-
ledge und identischer Präferenzen kann die einzelne EntscheiderIn im
Rahmen ihres Rationalkalküls ihren Pay-Off zu maximieren versuchen,

wenn in der Spielsituation mindestens ein Nash-Gleichgewicht existiert, wenn durch die sukzessive Elimination dominanter Strategien genau eine Strategie für jeden Spieler gefunden werden kann und die SpielerInnen gegenseitig konsistente Verhaltenserwartungen bilden können.

Die Wirtschaftssubjekte sind in dieser Vorstellung nur deshalb in der Lage, in strategisch-interdependenten Situationen objektiv richtige Vorstellungen über fremdpsychische mentale Vorgänge zu entwickeln, weil es zu ihrem Common Knowledge gehört, daß die anderen Wirtschaftssubjekte identisch informiert sind und identische Entscheidungskalküle haben. Unterschiedliche oder irrtümliche Interpretationen der Wirklichkeit (Spielsituation) können annahmegemäß nicht auftreten.

Wie im einfachen Rational-Choice-Modell wird hier keine Erklärung für die Entstehung von Wissen, Präferenzen und Entscheidungsmodi der Wirtschaftssubjekte gegeben. Da die Verhaltensweisen der Wirtschaftssubjekte durch die jeweilige Spielsituation bestimmt sind, wirft das spieltheoretische Grundmodell die Frage auf, wie und wann Wirtschaftssubjekte in welche Entscheidungssituation oder iterierte Spielsituationen hineingeraten. Im Falle der experimentellen Spieltheorie gibt es jeweils Geschichten, wie die Testpersonen in solche Experimente geraten. Im Fall des theoretischen Ansatzes stellt sich die Frage nicht, da jenseits von Zeit und Raum nur das typische Verhalten in typischen Situationen analysiert wird. Eine Wahl von Spielsituationen ist außerhalb des Modells.

Natürlich ist dieser Grundansatz der Spieltheorie dafür kritisiert worden, daß er so starke und unrealistische Annahmen darüber macht, daß die Spielsituation vollkommen bekannt ist und die Spielregeln von vornherein gegeben. Deshalb gibt es Ansätze der sogenannten Pregame Theory, in denen die Entstehung von Spielregeln (Institutionen) und Wissen durch Spiele vor der eigentlichen Spielsituation untersucht werden. Auch in diesen Ansätzen wird vor allem mit den üblichen spieltheoretischen Modellierungsprinzipien gearbeitet (reine Eigennutz-Rationalität der Spieler, Invarianz der Spielbeschreibung, gegenseitig konsistente Überzeugungen, iterative Dominanz usw.).[43] Deshalb ist auch für eine solche Metaspieltheorie zu kritisieren, daß sie Wissens- und Regelentstehung nicht umfassend erklärt.[44] Mit der evolutionären Spieltheorie hat sich

---

[43] Vgl. Camerer (1997)

[44] Nur ein kleiner Teil der Pregame Theory erforscht mit Hilfe einer empirisch experimentellen Herangehensweise, wie die SpielerInnen in sehr schwach vorstrukturierten Pregames Wissen und Spielregeln selbst erzeugen. Vgl. zu Pregame Theory Neale, Bazerman (1991, 1985) und Bazerman, Samuelson (1983)

deshalb in neuerer Zeit eine Forschungsrichtung etabliert, die Lernprozesse innerhalb von Spielen und Spielfolgen untersucht. Da dieser Ansatz
mit dem spieltheoretischen Grundmodell aber paradigmatisch unvereinbar ist, wird hier nicht weiter darauf eingegangen.[45]

Ein bedeutendes Ergebnis der Spieltheorie ist, daß sie Spielsituationen
spezifizieren kann, in denen rationale EntscheiderInnen mit Common
Knowledge keine optimierende Verhaltensentscheidung treffen *können*.
Wie reale Individuen in solchen Situationen sich dann tatsächlich verhal-
ten (oder rationalerweise verhalten sollten), ist aus dem spieltheoretischen
Grundmodell nicht prognostizierbar und erklärbar. (Im nachfolgenden
Abschnitt 3.2.2 werden aber Modellerweiterungen diskutiert, die Hilfs-
hypothesen zur Erklärung dieser Phänomene entwickeln.)

Soziale Gemeinsamkeiten und Unterschiede

Im vorgestellten Grundmodell sind die SpielerInnen hinsichtlich ihres
Wissens und Entscheidungsverhaltens identisch. Unterschiedliche Verhaltensvarianten wählen sie nur aufgrund unterschiedlicher Pay-Offs, die
sie mit der jeweiligen Option realisieren könnten. Die Spielmatrix definiert
die je dominante Spielstrategie. Gibt es keine oder zu viele gegenseitig
konsistente Spielstrategien, sind rationale Akteure entscheidungsunfähig,
ihr Verhalten und Vermögen dem Zufall ausgeliefert. Ursachen für Gemeinsamkeiten (identische EntscheiderInnen) und Ungleichheiten (asymmetrische Pay-Off-Struktur) werden nicht erklärt.

Kollektives Handeln

Obwohl die Spieltheorie soziale Handlungssituationen zu erklären versucht, gibt sie die Vorstellung unabhängig voneinander entscheidender,
anonymer Wirtschaftssubjekte nicht auf. Die einzelne AkteurIn entscheidet über unterschiedliche Sozialhandlungen (Kombinationen von individuellen Handlungsoptionen) nicht, indem sie sich mit den MitspielerInnen koordiniert, abspricht und verhandelt. Sondern sie ersinnt eine Strategie, von der sie sich vorstellt, daß sie die beste Anpassung an das von anderen rationalen Akteuren zu erwartende Verhalten ist. Diese Vorstellung

---

[45] Vgl. zur evolutionären Spieltheorie Amann (1999), Fudenberg, Levine (1998), Brams
(1990, 1993, 1994), Brams, Mattli (1993)

einer „cooperation in anonymity" ist an sich absurd. Im Modell ist es jedoch nur deshalb möglich, daß die kooperierenden Akteure einander trotz Anonymität vollkommen kennen, weil sie identisch sind und vollkommenes Common Knowledge übereinander haben. Kooperation und Koordination sozialer Handlungen, wie sie in der ökonomischen Praxis abläuft, ist in dieser spieltheoretischen Grundmodellierung strategischer Einzelhandlungen nicht erklärbar.

Daß die SpielerInnen ihr Verhalten nicht wirklich koordinieren können, wird vor allem in unterdeterminierten Spielsituationen deutlich, wenn mehrere Nash-Gleichgewichte bestehen, zwischen denen die Akteure indifferent sind. Hier müssen Zusatzannahmen eingeführt werden, wie die in den folgenden Abschnitten erläuterten Focal-Point- und Framing-Effekte, damit die atomistischen SpielteilnehmerInnen überhaupt entscheidungsfähig sind. Der Mangel an Verständigung wird an dieser Stelle überdeutlich.

Das spieltheoretische Grundmodell erklärt kollektives, interdependentes Handeln auch gerade deshalb nicht, weil die Wirtschaftssubjekte nicht als GestalterInnen der Spielsituation auftreten, in der sie spielen.[46]

Fazit: Da sich das Grundmodell der Spieltheorie auf das Homo-Oeconomicus-Modell stützt, hat es keine theoretische Erklärung, wie Wissen, Präferenzen und Entscheidungsmodi wirtschaftlicher Akteure entstehen, sondern setzt sie nur als vollkommen und gegeben voraus. Verschärft wird die Annahme vollkommenen Wissens und identischer mentaler Orientierungen nur noch durch die Annahme von Common Knowledge, die auch die vollkommene Information der Wirtschaftssubjekte über fremdpsychische Bewußtseinsinhalte voraussetzt. Daß die ökonomischen Akteure bis auf ihre individuellen Pay-Offs in der Spielsituation identisch konzipiert sind, bleibt eine unrealistische Annahme. Verhaltensunterschiede, die durch diese Pay-Off-Struktur determiniert sind, bleiben unerklärt, da die Spielsituation einfach als exogen gegeben gesetzt wird. Koordiniertes kollektives Verhalten wird nicht durch Koordinationshandlungen von Wirtschaftssubjekten erklärt, sondern weiterhin als Ergebnis isolierter Einzelentscheidungen. Eine Theorie kollektiven Handelns wird also nicht entwickelt.

---

[46] Dieses Urteil gilt auch für evolutionäre lerntheoretische Spieltheorieansätze, da dort zwar Lernen zwischen verschiedenen Spielen auftreten kann, die Spielsituation selbst aber weiterhin gegeben ist. Vgl. zu lerntheoretischen Ansätzen Vgl. z.B. Crawford (1995), Roth, Erev (1995), Camerer, Ho (1997)

3.2.2 Focal-Point-Effect

Das spieltheoretische Grundmodell ist wegen seiner unrealistischen Annahmen heftiger Kritik ausgesetzt und wird in seiner empirischen Gültigkeit von den Ergebnissen der experimentellen Spieltheorie in Frage gestellt. Mit dem Focal-Point-Effect wird eine Weiterentwicklung der Spieltheorie vorgestellt, mit der eindeutiges Entscheiden in vieldeutigen Spielsituationen erklärt werden kann.

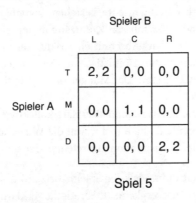

Abbildung 3.3: Spielsituation 5

In der Spielsituation 5 in Abbildung 3.3 (ein reines Koordinationsspiel, da
die Interessen der beiden SpielerInnen perfekt übereinstimmen) existieren
nun drei Nash-gleichgewichtige Lösungen: (T, L), (M, C) und (D, R). Wie
kann A begründete Erwartungen bilden, welche Alternative B wählt (und
umgekehrt)? Beide können bei Rationalität und Common Knowledge davon ausgehen, daß auch der Mitspieler eine Nash-gleichgewichtige Lösung
realisieren möchte. Mit Hilfe der Zusatzannahme, daß beide Spieler das
Pareto-Kriterium anwenden, könnte angenommen werden, daß beide die
Strategie (T, L) oder (D, R) der Strategie (M, C) vorziehen, da hier beide
einen höheren Pay-Off realisieren. Da aber die Spielsituation keinen Anhaltspunkt dafür bietet, wer welcher der beiden pareto-optimalen Strategien den Vorzug gibt, da also vorab keine begründeten Erwartungen für
die Strategiewahl des anderen gebildet werden können, könnte das Risiko,
bei einer (0, 0) Situation zu enden, es beiden rational erscheinen lassen,

sich für das Gleichgewicht (M, C) zu entscheiden, da dieses eine *einmalige* Lösung ist.

Spieltheoretisch wird eine solche Erwägung als „**focal-point-effect**"[47] bezeichnet, gemäß derer bei mehreren gleichgewichtigen Lösungen, von den Spielern und TheoretikerInnen diejenige zu erwarten ist, die in irgendeiner Weise für beide Spieler einzigartig ist und von der beide Seiten wissen, daß auch der andere sie für einzigartig hält. Das Pareto-Kriterium, Gerechtigkeitsüberlegungen, Einmaligkeit und viele andere Eigenschaften können einen solchen focal-point-effect begründen und eine bestimmte Verhaltensstrategie erwartbar und prognostizierbar machen. Dabei setzt man voraus, daß die SpielerInnen identische Interpretationen darüber haben, welche Gleichgewichtslösung als in bestimmter Hinsicht einzigartig auszuzeichnen sind.

Diese Annahme ist problematisch. Die Qualitätskriterien, die einen focal-point bestimmen lassen, sind nicht in der Spielstruktur gegeben. Vielmehr sind sie Interpretationsleistungen der Akteure bzw. der TheoretikerInnen. Die Art der Interpretation der Spielsituation hinsichtlich focal-points ist *nicht logisch zwangsläufig gegeben, eindeutig oder abschließbar*. Wie in der Theorie der Metapräferenzen werden hier zusätzlich zu den Pay-Offs Eigenschaften von Strategiekombinationen als Kriterien definiert, die die Entscheidungen beider Akteure eindeutig vorhersehbar machen (sollen). Um hier eine begründete Erwartung über die Eigenschaftszuschreibungen (Interpretationen) der Spieler bilden zu können, bedarf die ökonomische Spieltheorie aber einer Theorie der Interpretation.

Theorie des Mentalen

Auf der Ebene der Theorie des Mentalen führt die Focal-Point-Theorie also zusätzliche Wissensbestandteile ein, nämlich das Wissen um intersubjektiv gleich interpretierte Eigenschaften gleichgewichtiger Spielstrategien. Anhand dieses Zusatzwissens können in unbestimmten Spielsituationen eindeutige Verhaltensstrategien prognostiziert werden.

Problematisch ist hierbei, daß unerklärt bleibt, warum welche von vielen möglichen Eigenschaften als relevante Focal-Point-Kriterien herangezogen werden. Da eine Theorie der Interpretation fehlt, sind die jeweils angegebenen Focal-Point-Kriterien als reine Ad-Hoc-„Erklärungen" zu sehen.

---

[47] Vgl. Schelling (1960)

Soziale Gemeinsamkeiten und Unterschiede

Es bleibt bei der bloßen, theoretisch nicht fundierten Annahme identischer Spieler, erweitert um die Annahme identischer Focal-Point-Interpretationen. Grundsätzlich wäre es aber möglich, daß die SpielerInnen unterschiedliche Focal-Point-Kriterien haben. Sie müßten dann gegenseitig um die Kriterien des je anderen wissen (Common Knowledge), damit Focal-Point-Interpretationen unterdeterminierte Entscheidungen entscheidbar machen.[48]

Kollektives Handeln

Der Mangel einer Theorie der Verhaltenskoordination besteht in diesem Ansatz ebenso wie im Grundmodell. Nur daß über die Annahme von identischem Wissen bzw. von Common Knowledge ein zusätzlicher Teil von koordiniertem Interpretationsverhalten (Auswahl und/oder Angleichung von Focal-Point-Kriterien) erklärungsbedürftig wird.

Fazit: Zwar erklärt die Focal-Point-Theorie, warum SpielerInnen in an sich uneindeutigen Spielsituationen eindeutige rationale Spielstrategien selektieren können. Eine Theorie der Interpretation, die vollständig *und* intersubjektiv übereinstimmend angeben könnte, nach welchen Kriterien Wirtschaftssubjekte in realen Spielsituationen die Einmaligkeit bestimmter Gleichgewichtslösungen interpretativ bestimmen, fehlt jedoch. Ähnlich wie im Fall der Metapräferenzen werden hier ad-hoc „plausible" Zusatzinterpretationen eingeführt, ohne diese Focal-Point-Kriterien jedoch begründen zu können.

3.2.3 Bedeutung von Kommunikation in der experimentellen Spieltheorie

Die experimentelle Spieltheorie hat gezeigt, daß das empirisch gezeigte Verhalten von Wirtschaftssubjekten (bzw. Testpersonen) den spieltheore-

---

[48] Bei Unterschiedlichkeit der Focal-Point-Kriterien bleiben allerdings bestimmte Spielsituationen unentscheidbar.

tischen Erklärungen nicht entspricht.[49] „In most games neither of these [weder Rationalität noch Common Knowledge, B.M.] occurs, so there is no clear-cut prescription how to act."[50]

Die bekannteste Anomalie, der sogenannte **„Framing Effect"**[51], bezeichnet deshalb das Phänomen, daß eine identische Spielsituation, gegeben durch eine Pay-Off-Matrix, zu unterschiedlichem Verhalten führt, je nachdem, mit welchen Rahmenbedingungen die SpielerInnen in das Spiel geschickt werden. Ein Beispiel: In Frame A gibt man den Spielern vorab 10 DM und fragt sie, ob sie lieber 5 DM sicher verlieren wollen (Nettogewinn 5 DM) oder eine Münze werfen, um 10 DM oder 0 DM zu verlieren, je nach dem Ergebnis des Münzwurfs. In Frame B erhalten die Spieler kein Geld vorab und müssen entscheiden, ob sie sicher 5 DM erhalten wollen oder durch Münzwurf 10 DM oder 0 DM gewinnen wollen, je nach Ergebnis des Münzwurfs. Man fand heraus, daß die SpielerInnen unter Frame A systematisch häufiger den Münzwurf wählen als die B-SpielerInnen. Risiken werden also eher gewagt, wenn der Spieler etwas zu verlieren hat, als wenn er aus der Sicht vor Spielbeginn möglicherweise einen Zugewinn machen kann.[52] Im Fall der experimentellen Spielsituation wurden die unterschiedlichen Frames den SpielerInnen durch sprachliche Verständigung intersubjektiv gleich vermittelt. Es ist aber auch vorstellbar, daß die SpielerInnen eigenständig interpretierend Frames konstruieren, die weder intersubjektiv gleich, noch Common Knowledge sein brauchen. Die Entdeckung von Framing-Effekten gibt dringenden Anlaß für die Entwicklung einer Theorie der subjektiven und intersubjektiven Interpretation. In jedem Fall zeigt sie, daß die Art, wie die Spielsituation sprachlich kommuniziert wird, auf die Entscheidungen *innerhalb* des Spiels Einfluß hat.[53]

---

[49] Vgl. für die Widerlegung der Annahme reinen Eigennutzes Berg, Dickhaut, McCabe (1995) (Altruismus und Mißgunst in Diktatorspielen), Ledyard (1995), McDaniel, Rutström, Williams (1994) (Reziproke Fairness), für die Widerlegung der Invarianz der Spielbeschreibung (Framing Effekte) und gegenseitig konsistenter Verhaltenserwartungen Neale, Bazerman (1985), Camerer, Lovallo (1996) sowie für Belege, daß (interpretierte) Eigenschaften von Spielsettings jenseits der reinen Pay-Off Höhe, die Spielerentscheidungen in starkem Maß beeinflussen können (Focal-Point Effect) Schelling (1960), Cooper et al. (1993), Bacharach, Bernasconi (1997).

[50] Bicchieri (1995) S. 118, Hervorhebung B.M.

[51] Camerer (1997) S. 172

[52] Vgl. Tversky, Kahneman (1986; 1991)

[53] Der „Frame"-Begriff steht über die Spieltheorie hinaus für individuelle Interpretationen von Wirklichkeit und wird wie „(shared) mental models" als Schlagwort für die subjek-

Gerade weil die anonyme Koordination strategisch interdependenten
Verhaltens so problematisch ist, wäre die Kommunikation der Spieler eine
einfache Lösung, um bei uneindeutigen Spielsituationen pareto-optimale
Strategien sicher auswählen zu können. Die Theorie der „preplay communication" untersucht deshalb, inwieweit der Umstand, daß die Spieler sich
vor dem Spielen sprachlich verständigen, das Ergebnis ihrer Entscheidungen beeinflussen kann. Es wird unterschieden in kooperative Spiele, wo die
Spieler vorab bindende Vereinbarungen über Spielstrategien treffen und
Vertragsbrüche auch sanktionieren können, und nicht-kooperative Spiele,
wo die vorab vereinbarten Strategien nicht durch Sanktionen gesichert
werden können. Während es in kooperativen Spielen von der Höhe der
Sanktion abhängt, ob die vereinbarte Strategie auch realisiert wird, ist es
bei nicht-kooperativen Spielen offensichtlich so, daß die sprachliche Interaktion Unsicherheit in ökonomischen Entscheidungssituationen reduzieren *kann*, aber nicht notwendigerweise reduziert.

In einem reinen Koordinationsspiel wie in Abbildung 3.3 kann die
Vorab-Kommunikation dazu dienen, daß die Spieler sich auf eines der
beiden pareto-optimalen Nash-Gleichgewichte, zwischen denen beide indifferent sind, einigen können. Es müßte als Common Knowledge unterstellt werden können, daß keiner der beiden Spieler einen Anreiz hätte,
diese Vereinbarung zu brechen.

Im Falle einer typischen Prisoner's Dilemma Situation (Spiel 6, Abbildung 3.4) dagegen müßte man annehmen, daß eine mündliche Einigung
der Spieler keine selbstverstärkende Wirkung hätte. Für beide Spieler ist
Defektation (D) die strikt dominante Lösung, (D, D) folglich die zu erwartende Spielstrategie. Obwohl (C, C) zu (D, D) für beide Spieler eine

tive Konstruiertheit von Entscheidungssituationen verwendet. Bei Esser (1996) und Lindenberg (1993) findet sich ein um „Framing" erweitertes ökonomisches Entscheidungs-
modell. Intersubjektive Gemeinsamkeiten werden hier auf die nicht näher erläuterte
„Kultur" zurückgeführt, die den Wirtschaftssubjekten ein bestimmtes Set an Frames zur
Verfügung stellt. Das Konzept ist statisch und erklärt weder Frame-Erwerb, noch Veränderung im Framebestand. Aus der Politikwissenschaft ist ein dynamisches Framing-Mo-
dell von Schön, Rein (1994), Schön (1978; 1983) zu erwähnen. Den Autoren geht es
darum, ein (design-rationales) politisches Verhandlungssystem zu entwerfen, in dem Re-
Framing-Prozesse und damit Einigungsmöglichkeiten unterschiedlicher Interessengruppen geschaffen werden. Das Modell der „Frame-Reflection" adressiert insbesondere
MediatorInnen und ist eine pragmatisch orientierte Argumentation. „Frames" sind in der
Ökonomik zwar eine beliebte Hilfs-„Erklärung" für das Phänomen subjektiver/inter-
subjektiv abweichender Orientierungsmodi von Wirtschaftssubjekten, jedoch bleiben der
Ursprung und die Entwicklungsregelmäßigkeiten individueller „Frames" bislang unerklärt.

Verbesserung wäre, wäre eine mündliche Vorab-Einigung auf (C, C) für beide nicht glaubhaft. Die Existenz der dominanten D-Strategie wäre ein zu großer Anreiz für beide, den anderen in der Kommunikation zu täuschen, d.h. zur Strategie (C, C) zu überreden und dann zu defektieren. Der ökonomische Spieltheoretiker und die rationale Akteurin erwarten also daß Sprache hier nicht zur Informationsverbreitung, sondern zur strategischen Fehl-Information genutzt wird.

Sprache als Täuschung

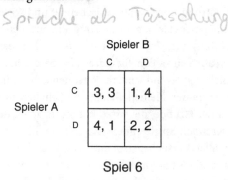

Abbildung 3.4: Spielsituation 6

Aus Sicht der Rational-Choice-TheoretikerIn werden rationale Wirtschaftssubjekte nur dann das Angebot der Vorab-Kommunikation nutzen, wenn sie den mündlichen Vereinbarungen Glauben schenken, d.h. wenn kein Anreiz zu lügen besteht. Preplay-Kommunikation wäre beispielsweise im Gefangenendilemma sinn-, weil nutzlos, da die Struktur des Spiels Anreiz zum Lügen (Moral Hazard) gibt und so die Glaub- und Vertrauenswürdigkeit der Kommunikanden auf Null reduziert. Ein Beispiel für die Dominanz opportunistischer Kommunikation ist die inhärente Instabilität von Kartellen.

Soweit die Theorie. Die empirisch experimentelle Spieltheorie, die die Bedeutung von Kommunikation für die Wahl der ProbandInnen zwischen kooperativem und nicht-kooperativem Handeln untersucht, kommt zu einer ganz anderen Einschätzung der Wirkung und Möglichkeiten von Kommunikation.[54]

hier Komm. ja!

---

[54] Die ersten Untersuchungen zum Einfluß von Kommunikation in PD-Situationen wurden nicht von ÖkonomInnen, sondern SoziologInnen und PolitikwissenschaftlerInnen

Dawes, van den Kragt und Orbell führten in den letzten zwanzig Jahren eine Serie von Experimenten durch, in deren Verlauf sie Kleingruppen von Testpersonen erlaubten, sich zehn Minuten miteinander zu unterhalten, bevor sie im Experiment eine Dilemma-Situation durchspielten (Assurance-Spiel). Die Ergebnisse wurden mit Kontrollgruppen verglichen, die vor der Spielsituation keine Gelegenheit zu preplay-communication hatten.

In der Kontrollgruppe waren zwischen 30 und 45 Prozent der Testpersonen bereit, einen kleinen Geldbetrag einzuzahlen (Kooperation), der sich zum Nutzen aller auswirkte, falls eine vorher festgelegte Menge von SpielerInnen auch einzahlen. Sie waren also bereit, diesen Betrag zu verlieren, falls nicht genügend andere Personen auch einzahlten. Alternativ dazu konnten sie den kleinen Geldbetrag behalten und die Spielsituation verlassen. In der Gruppe, die vorab kommunizieren durfte, lag der Anteil der kooperierenden SpielerInnen dagegen signifikant höher, nämlich bei 75 bis 85 % aller Versuchspersonen.[55] Das bedeutet, obwohl Kooperation in einmaligen PD-Situationen[56] gemäß Rationalitätserwägungen nicht zu erwarten ist, sind erstens viele Menschen realiter dazu bereit und zweitens erhöht die Gelegenheit zu preplay-Kommunikation die Wahrscheinlichkeit kooperativen Handelns erheblich. Dawes et al. folgerten daraus, daß Kommunikation eine Gruppen-Identität aufbaut, die wiederum wesentliche Voraussetzung für kooperatives Verhalten ist, z.B. weil sie soziale Kontrolle ermöglicht.

Bohnet und Frey führten anstelle von Assurance-Spielen PD-, Diktator- und Ultimatum-Spiele durch und versuchten außerdem, andere Gründe für Kooperation (als Kommunikation) auszuschließen. Sie kommen zu dem Ergebnis, daß die besten Resultate bezüglich kooperativen Verhaltens durch Vorab-Kommunikation erzielt werden (78%), während der Einfluß von Gruppenidentität, die aufgrund nicht-sprachlicher Identifikation (Blickkontakt) entsteht, wesentlich geringer ist (23%). Von der unter Anonymität agierenden Kontrollgruppe kooperierten immerhin 12 % der ProbandInnen.[57] Weitere Experimente untersuchten den Einfluß von Ge-

durchgeführt. Vgl. z.B. Radlow, Weidner (1966), Jerdee, Rosen (1974). Auch hieran läßt sich erahnen, wie tief die Überzeugung sitzt, daß Sprache für ökonomisches Handeln neutral ist.

[55] Vgl. Dawes et al. (1990) S. 104 ff. Die Bandbreite der Anteile streut in Abhängigkeit von einigen Details der jeweils durchgeführten Spielsituation.

[56] „PD" wird als Abkürzung für Prisoners-Dilemma verwendet.

[57] Vgl. Bohnet, Frey (1995) S. 178

schlecht, Religiosität, sozialem Druck, Kenntnis des Spiels, Studienanfang und Studienfach auf die Kooperationsbereitschaft. Auch wurden Experimente so gestaltet, daß die ProbandInnen gefragt wurden, ob sie ein Gespräch wünschten[58]. Die Nachfrage nach Kommunikation ist selbst für Diktatorspiele überraschend hoch. Im Diktatorspiel, wo ein sogenannter Diktator einen Geldbetrag zwischen sich und zwei weiteren Versuchspersonen aufteilen soll, ließ sich zeigen, daß die DiktatorIn signifikant eher bereit war, eine Person zu begünstigen, mit der ein Gespräch stattgefunden hatte, als Personen, die ihr unbekannt waren. Kommunikation kann also auch Ausschließungseffekte haben.[59]

Allerdings erhöht Kommunikation die Kooperationsbereitschaft auch dann, wenn die Diktatoren vorab mit ganz anderen Personen kommunizieren, als denjenigen, mit denen sie den Geldbetrag teilen sollen (30% kooperieren, im Vergleich zu 20% ohne Kommunikation): Outgroup-setting. Dagegen steigt die Kooperationsbereitschaft im Ingroup-setting (Kommunikationspartner- und MitspielerInnen sind identisch) von 38% durch Kommunikation auf 79%.[60]

Die dargestellten Ergebnisse machen deutlich, daß das Durchführen oder Unterlassen sprachlicher Kommunikation ökonomische Wahlentscheidungen signifikant beeinflußt und zwar auch in Spielsituationen, in denen dominante Spielstrategien existieren und die Glaubwürdigkeit der Kommunikanden aufgrund von Anreizen zu moral-hazard-Verhalten stark geschwächt ist. Auch ist der Wunsch nach Kommunikation mit den ökonomischen Mitspielern sehr hoch, *auch wenn* dominante Strategien existieren und obwohl die Kommunikation systematisch zu ökonomisch nicht-rationalem (kooperativem) Verhalten verleitet.

Daraus läßt sich folgern,

---

[58] Die Frames waren hier verschieden: Entweder war die Ausgangslage A, daß Vorab-Kommunikation stattfinden solle und die SpielerInnen sich gegen Kommunikation entscheiden konnten, oder Ausgangslage B war Spielen unter Anonymität (resp. nichtsprachliche Identifikation) und die Spieler konnten sich für Kommunikation entscheiden. Interessanterweise ist bei Ausgangslage A die Entscheidung gegen Kommunikation systematisch geringer (12 %) als bei Ausgangslage B pro Kommunikation (70%). Wenn bei A ein Preis für Anonymität gezahlt werden muß, lehnt keiner Kommunikation ab, muß der Preis für Kommunikation gezahlt werden, zahlten immerhin 20% 3 Franken, und 9% 5 Franken, um vorab kommunizieren zu dürfen. Vgl. Bohnet, Frey (1995) S. 181.

[59] Vgl. Frey, Bohnet (1997) S. 30 f.

[60] Vgl. Frey, Bohnet (1997) S. 31

1. daß Preplay Kommunikation realiter auch dann bindende Wirkung haben kann, wenn die Spielstruktur keinen selbstverstärkenden Einfluß auf die Einigung ausübt.

2. Kommunikation hat nicht nur bindende Wirkung, sondern bestärkt in diesem Sinne insbesondere *kooperatives* Verhalten.

3. Wie oben erläutert, führt die Rational-Choice-basierte Spieltheorie Preplay Kommunikation ein, um deren Einfluß auf die Eindeutigkeit und Vorhersagbarkeit auf die Spielergebnisse zu untersuchen. Die Forschungsergebnisse der experimentellen Spieltheorie machen deutlich, daß Kommunikation die Spielergebnisse eindeutiger vorhersagbar macht, in der Weise, daß eine Tendenz zu kooperativem Verhalten entsteht. Allerdings ist das durch Kommunikation als wahrscheinlich zu erwartende Spielerverhalten nicht unbedingt identisch mit dem, das auf der Basis von Rational-Choice-Überlegungen eindeutig erwartbar wäre, sondern kann auch dominante Strategien und eindeutige Nash-Gleichgewichte aushebeln.

4. Auch in Situationen (PD), in denen die Spieler hohen Anreiz haben, in der Kommunikation zu lügen (moral hazard), läßt sich empirisch trotzdem Vertrauen und Aufrichtigkeit in der Kommunikation beobachten. Dies ist bei ökonomisch-rationalen Akteuren nicht erklärbar, insbesondere da die experimentellen Situationen nicht in den lebensweltlichen Kontext der Testpersonen eingebunden waren, bzw. die ProbandInnen und ExperimentatorInnen nicht innerhalb eines bestehenden sozialen bzw. ökonomischen Netzwerks dauerhaft interagierten.

Abschließend bleibt zusammenzufassen, daß die ökonomische Spieltheorie die Erklärung koordinierten Handelns, die sie intendiert, nicht wirklich liefern kann. Soziale Gemeinsamkeiten, Unterschiede und Kooperation von Wirtschaftssubjekten werden nicht erklärt. Und die Wissens-, Interpretations- und Entscheidungshintergründe der Individuen werden einfach als vollkommen, identisch und exogen gegeben angenommen. Die experimentelle Spieltheorie legt nahe, daß sprachlich kommunizierende Wirtschaftssubjekte ganz anders agieren und sich mental orientieren, als das Rational-Choice-Modell annimmt. Und auch der florierende Zweig der evolutionären Spieltheorie signalisiert, daß der Erwerb von Wissen und die selbständige Gestaltung von Spielsituationen durch die ökonomischen Akteure im Modell erklärbar sein muß, wenn die Spieltheorie eine Erklärung realen strategisch interdependenten Verhaltens sein will.

3.3 Unvollkommene Information

3.3.1 Ursachen von Informationsunvollkommenheiten

Die Annahme der vollkommenen Informiertheit ökonomischer Akteure im Rational-Choice-Paradigma wurde im wirtschaftswissenschaftlichen Diskurs (zurecht) stark kritisiert. Vollkommene Informationen anzunehmen, ist unplausibel und zudem unbefriedigend. Denn die Rational-Choice-Theorie kann keine theoretische Begründung angeben, wie die Wirtschaftssubjekte in den Zustand vollkommener Information geraten und warum alle Wirtschaftssubjekte identisches und objektiv wahres Wissen haben. Daß die Annahme vollkommener Information im Widerspruch zum state of the art der Kognitionswissenschaften und Erkenntnistheorie steht, ist ein weiterer Mangel.

Aufgrund dieser Kritik haben sich in der Ökonomik einige sehr unterschiedliche Theorieansätze entwickelt, die sich mit spezifischen Unvollkommenheiten von „Informationen" und Wissenszuständen ökonomischer Akteure befassen, diese erklären zu versuchen und bestimmte ökonomische Phänomene durch Informationsunvollkommenheiten zu begründen versuchen. Die Aufweichung der Annahme vollkommener Informationen führt zu erheblichen Konsequenzen für die Möglichkeit rationalen, nutzenmaximierenden Entscheidungsverhaltens, so daß in der Folge auch die Theorie kollektiver Handlungen nicht mehr im neoklassischen, gleichgewichtstheoretischen Rahmen abgehandelt werden kann.

Es werden ganz unterschiedliche Ursachen für die Unvollkommenheit von Informationen unterstellt:

1. Objektiv nicht vorhandene Informationen: vor allem **fundamentale Unsicherheit** über zukünftige Ereignisse,

2. qualitativ begrenzte Kapazität des Individuums, „Informationen" aufzunehmen: Art der Sinnesreize, die von den individuell gegebenen Sinnesorganen wahrgenommen werden können sowie deren Reichweite (räumlich, Wellenspektren usw.),

3. quantitativ begrenzte **Informationsaufnahmekapazität** pro Zeiteinheit,

4. zeitlich und in ihrer Zuverlässigkeit begrenzte **Informationsverarbeitungskapazität** des Individuums,

5. qualitativ unterschiedliche **Informationsverarbeitungmodi,**

6. **Komplexität** der Wirklichkeit, die aufgrund der Zeitrestriktionen bei Informationsaufnahme und -verarbeitung nicht hinreichend durchdrungen werden kann,

7. **verborgene Eigenschaften:** Qualitäten von Gütern und Leistungen, die man nur durch ihre Nutzung aufdecken kann, Fähigkeiten, Einstellungen, Handlungsabsichten und Glaubwürdigkeit von Menschen, die man nur im Kontakt und Kommunikation mit dem jeweiligen Menschen entdecken kann, die z.B. einen Kredit aufnehmen möchten, die man als Arbeitnehmer einstellen möchte, die eine Gesundheitsversicherung abschließen möchten.

Innerhalb des breiten Spektrums von Theorieansätzen die mit unvollkommener Information arbeiten, werden immer nur bestimmte Ursachen von Informationsunvollkommenheit angenommen. Alle gehen jedoch davon aus, daß bei unvollkommenen Informationen kein solches nutzenmaximierendes Entscheidungsverhalten möglich ist, wie bei vollkommener Information.

Informationsunvollkommenheiten führen zu einem ökonomischen Menschenbild, in dem

– in einem bestimmten Zeitraum zumindest ein Teil der Wirtschaftssubjekte nicht über die vollständige Menge von objektiv wahren Informationen über die Wirklichkeit verfügt (**asymmetrische Informationen**) oder

– zumindest über Teilbereiche der Wirklichkeit keine Informationen vorliegen (**Unsicherheit**) und auch durch Erwartungsbildung kein objektiv wahrer Informationsersatz geschaffen werden kann (Ausnahme: rationale Erwartungen)[61] und/oder

– jedes Wirtschaftssubjekt aufgrund begrenzter Informationsaufnahme- und Informationsverarbeitungskapazitäten entweder nur unvollständiges, aber in den Ausschnitten wahres oder unvollständiges fehlerhaftes Wissen über die Wirklichkeit hat (**bounded rationality**) und/oder

– jedes Wirtschaftssubjekt mit einer **unwahren Wirklichkeitskonstruktion** arbeiten *muß* (Daumenregeln, Hilfshypothesen, trial-and-error-Orientierung), immer dann wenn die Komplexität seiner handlungsre-

---

[61] Zum Thema Unsicherheit siehe Abschnitt 3.1.2

levanten Wirklichkeit seine kognitiven Fähigkeiten überschreitet (Institutionentheorie, evolutorische Ökonomik).[62]

Während manche dieser Ansätze die objektive Erkenntnis der Wirklichkeit noch für möglich, aber nicht immer realisierbar halten (asymmetrische Information, Informationsökonomik), gehen andere auf eine teilweise heuristische Konstruktion der komplexen Wirklichkeit über (Teile der Institutionentheorie) und dritte auf eine radikal konstruktivistische Theorie der nicht mehr objektiv erkennbaren Wirklichkeit (evolutorische Ökonomik, Teile der Institutionentheorie).

Nachfolgend werden nun vier verschiedene Theorieansätze diskutiert, in denen das theoretische Konzept des Mentalen bezüglich der Informationsannahme je unterschiedlich modifiziert wird. Das einfache informationsökonomische Modell in Abschnitt 3.3.2 ist ein Rational-Choice-Modell, in dem Kosten der Informationsannahme eingeführt werden. Lerntheoretische Ansätze (3.3.3) werden als Beispiel für konstruktivistische bounded rationality Konzepte des Wissenserwerbs angeführt. Das Konzept asymmetrischer Informationen (3.3.4) steht für die Annahme, daß zwar vollkommene Informationen möglich sind, daß aber aufgrund verdeckter Eigenschaften nicht alle darüber verfügen. Das Konzept der Wissens-Spillover-Effekte (3.3.5) beschäftigt sich mit dem Phänomen, daß Wissen von einem Wirtschaftssubjekt auf andere übergehen kann, Informationsbestände von Individuen also interdependent sein können.

3.3.2 Informationsökonomisches Modell

In der sogenannten Informationsökonomik werden Informationen selbst zu ökonomischen Gütern, die nur unter Ressourcenaufwand, z.B. aufgrund zeitaufwendiger Informationssuche und Informationsverarbeitung oder materieller, knapper Informationsträger (z.B. Zeitung), genutzt werden können. Die Wirtschaftssubjekte könnten zwar theoretisch alle Informationen besitzen, aus Kostengründen werden sie sich aber nur einen Teil

---

[62] Vgl. Denzau, North (1994) S. 26, Blaseio (1986) S. 83 ff., Leijonhufvud (1993) S. 3 ff., Nagel, Newman (1979) zeigen zudem, daß nicht nur ein zeitliches Kapazitätsproblem besteht, sondern daß ein konkretes Entscheidungsproblem bei einer zu großen Komplexität seiner Axiomsysteme (z.B. aufgrund einer großen Alternativenzahl) schlicht nicht mehr algorithmisch entscheidbar werden kann.

der Gesamtwissensmenge aneignen. Sie sind also unvollständig informiert. Ein Ursprung der „Entdeckung" von Informationskosten war der von Stigler entwickelte Suchkostenansatz. [63] Hier fehlen den Akteuren Informationen darüber, wo sie welche Transaktionspartner und zu transagierenden Güter finden können. Informationsaufnahme wird charakterisiert als „durch die Abbildung der Umwelt bestimmten Prozeß der Veränderung des Wissens eines Individuums und der damit verbundenen Wirkung auf das zielgerichtete Handeln"[64].

Theorie des Mentalen

Im informationsökonomischen Modell agiert der „normale" Homo Oeconomicus des Rational-Choice-Paradigmas, der sein Zeit- und Ressourcenbudget nicht mehr nur auf Konsum und Freizeit (resp. Arbeit) und in der Zeit optimal verteilen muß. Sondern er muß zusätzlich zu Gütern Informationen erwerben, auf deren Basis er seine Wahlhandlungen durchführen kann. Er weiß, daß er die beste, d.h. nutzenmaximierende Verhaltensentscheidung nur dann sicher treffen kann, wenn er alle bestehenden Informationen erwirbt. [65] Da annahmegemäß der Informationserwerb aber mit steigenden Grenzkosten einhergeht, und der Grenznutzen durch die verbesserte Optimierungsentscheidung annahmegemäß sinkt, wird er sich – im Modell – für die optimale Informationsmenge entscheiden.

Der einzelne kann prinzipiell *alle* Informationen aufnehmen, wenn er die Zeit dazu hat und es seinen Präferenzen entspricht. Insbesondere wird unterstellt, daß der einzelne ex ante zwar keine vollständigen Informationen hat, aber er hat ein vollkommenes Metawissen, d.h. er weiß, welche Informationen er haben müßte, um vollkommen informiert zu sein.[66] Genauer müßte man sagen, er hat die vollständige, wahre Theorie über die Wirklichkeit, ihm fehlen nur die Daten zur Berechnung des Optimums. Die rationale MaximimiererIn höherer Ordnung muß dann unter der Re-

---

[63] Vgl. Stiger (1961)

[64] Wessling (1991) S. 26

[65] Gilbert (1991) und Gilbert, Tafarodi, Malone (1993) zeigen beispielsweise in Experimenten, daß die Überprüfung der Vertrauenswürdigkeit perzipierter Informationen unter Zeitdruck oder bei Ablenkung durch andere Ereignisse nicht mehr zuverlässig durchgeführt wird. Mit zunehmendem Zeitdruck oder Ablenkung steigt die Fehlerwahrscheinlichkeit und entsprechend steigen die Kosten, die aus der fehlerhaften Information für die Entscheidung resultieren.

[66] Vgl. Wessling (1991) S. 49 ff.

striktion ihres Zeit- und Einkommensbudgets den Nettonutzen des ökonomischen Entscheidungsproblems maximieren, die Informationsaufnahme optimieren und gleichzeitig die Fehlentscheidungskosten, die aus einer unvollständigen Informationslage resultieren, minimieren.[67]

Die maßgeblichste Kritik an diesem Modell ist, daß der mathematische Beweis erbracht wurde, daß eine solche simultane Super-Optimierung unmöglich ist, wenn die Lösung des Metaentscheidungsproblems selbst etwas kostet.[68] Wenn also in das Rational-Choice-Modell Kosten für die Informationssuche oder -verarbeitung eingeführt werden, ist eine Optimierungsentscheidung und vollkommen rationales Verhalten nicht mehr möglich.

Aus Sicht der vorliegenden Arbeit ist aber insbesondere kritisch festzustellen, daß die Annahme vollkommener Informationen nur geringfügig aufgeweicht wird. Zwar verfügt das einzelne Wirtschaftssubjekt nicht mehr über alle Informationen, aber es hat vollkommenes Metawissen darüber, welche Informationen es grundsätzlich haben könnte und welchen Grenznutzen sie zu seiner Entscheidungsfindung beitragen könnten. Ein bedeutender Teil der Informationen wird weiterhin als gegeben angenommen, sonst wäre eine Superoptimierung nicht einmal denkmöglich. Diese exogen angenommene Gegebenheit von Information entbehrt weiterhin jeder Erklärung und Plausibilität.

Obwohl ein Teil Informationen erworben werden muß und auch die Kosten des jeweiligen Informationserwerbs theoretisch bekannt sind, fehlt doch eine Erklärung, wie der Prozeß dieser Informationsaufnahme eigentlich funktioniert, wo gesucht wird, von welcher Qualität „Informationsgüter" sind, wer sie wie und wo anbietet und wie die Information in die mentale Verfügung des Wirtschaftssubjekts gelangt. Ohne eine Theorie über den Leistungsprozeß des Informierens ist das postulierte Wissen über seine Kostenverläufe aber aus der Luft gegriffen.

Ungeklärt ist auch, wie aus nur fragmentarisch vorhandenen Informationen eine Wirklichkeitskonstruktion zusammengesetzt werden kann, aus der rational Handlungsempfehlungen abgeleitet werden könnten. Denn es wird im Modell immer noch unterstellt, daß auch aus der beliebigen

---

[67] Vgl. zu diesem Modell, das weitgehend im Politikbereich eingesetzt wird, Downs (1968), Herder-Dorneich, Groser (1977) S. 153-158, Frey, Kirchgässner (1994) S. 364-373, Kirsch (1997) S. 214 ff.

[68] Vgl. zu dem Beweis Gottinger (1982) S. 229, vgl. außerdem Bretzke (1978), Day (1993) S. 66, Dosi, Egidi (1991) S. 154, Heiner (1988) S. 34, Pingle (1992). Die Superoptimierung führt in einen unendlichen Regreß, sie ist notwendig zirkulär.

Kombination von Wissensfragmenten eine „ganze" Wirklichkeitskonstruktion synthetisiert werden könne, in der rationale Wahlhandlungen möglich sind. Denkbar wäre jedoch auch, daß das Wirtschaftssubjekt keine Informationen über Handlungsoptionen hat, ergo entscheidungsunfähig wäre. Aber selbst wenn Handlungsoptionen bekannt sind, ist unklar, wie es innerhalb verschieden synthetisierter „Wirklichkeiten" Wissen über die jeweiligen Pay-Offs der Handlungsoptionen generieren kann. Ein eindeutiger Zusammenhang von spezifischer Wirklichkeit und darin jeweils optimaler Verhaltensoption wird unterstellt, bleibt aber theoretisch unbegründet.

Eine echte Theorie des Mentalen liegt im infomationsökonomischen Modell nicht vor, wenn auch die plausible Annahme eingeführt wird, daß mentale Prozesse nicht außerhalb von Zeit, Raum und Materie ablaufen.

Soziale Gemeinsamkeiten und Unterschiede

Obwohl die Informationsökonomik weitgehend identische Wirtschaftssubjekte unterstellt, führt sie mit ihrer Annahme unvollständiger Informationen eine Begründung für die Unterschiedlichkeit mentaler Prozesse und daraus resultierender ökonomischer Handlungen ein. Da der Prozeß der Auswahl aufzunehmender Informationen aus der Gesamtwissensmenge von der Theorie nicht erklärt wird, ist nicht anzunehmen, daß die Individuen automatisch die gleiche Informationsauswahl treffen. Außerdem können ihre unterschiedlich großen Zeit- und Ressourcenbudgets (oder unterschiedlichen Informationspräferenzen) bewirken, daß sie unterschiedlich große optimale Informationsmengen haben.

Die Informationsökonomik kann also eine Erklärung dafür geben, warum Wirtschaftssubjekte unterschiedliche Wirklichkeitskonstruktionen haben und unterschiedlich agieren. Aber sie kann nicht angeben, unter welchen Umständen und warum Wirtschaftssubjekte gleiche Ausstattungen von Informationen haben. Da identisches, vollkommenes Metawissen aller Akteure angenommen wird, muß deren grundsätzliche Wirklichkeitsvorstellung weitgehend übereinstimmen. Insofern können eigentlich nur Unterschiede in Informationsbeständen über Daten bestehen. Grundlegend unterschiedliche Wirklichkeitsinterpretationen oder Entscheidungsmodi von Wirtschaftssubjekten sind nicht erklärbar.

Kollektives Handeln

Da die Informationsökonomik mit der Superoptimierung das gesamte Informationsproblem gelöst zu haben glaubt, übersieht sie, welches Problem aus der Unterschiedlichkeit individueller Informationszustände entsteht. Es ist nicht garantiert, daß die Koordination individueller Handlungen unvollständig informierter Akteure über den walrasianischen Marktmechanismus noch funktioniert, da unsicher ist, daß alle Wirtschaftssubjekte ein kollektiv aggregierbares Angebots- und Nachfrageverhalten entwickeln. Wenn die Verhaltensweisen der anderen Akteure aber nicht fest in einer objektiven Marktsituation gegeben sind, muß die einzelne EntscheiderIn Wissen über die Entscheidungen der anderen generieren. Da Wirtschaftssubjekte aufgrund unterschiedlicher Informationsbestände aber sehr unterschiedlich sein können, verhilft die Introspektion der Einzelnen nicht mehr zu einem Wissen über fremdpsychische mentale Leistungen.

Durch Kommunikation kann dieser Wissensunterschied auch nicht überbrückt werden, da dann die Annahme neutraler Sprache aufgegeben werden muß. Während in einer Welt vollkommenen objektiven Wissens über die ökonomische Wirklichkeit eine neutrale Sprache für Informationsdiffusionszwecke zumindest denkmöglich (wenn auch überflüssig) wäre, ist ein solches Sprachkonzept bei unvollständigen Informationen nicht mehr möglich (siehe Abschnitt 2.2.2). Eine nicht-neutrale Sprachkonzeption ist aber mit dem Rational-Choice-Paradigma nicht vereinbar.

Da keine Möglichkeit bekannt ist, wie der anonyme Marktmechanismus bei unvollständig informierten, interindividuell unterschiedlichen Akteuren funktionieren könnte, fehlt eine Theorie der Koordination und Kooperation individueller Handlungen nun vollständig.

Fazit: Die Informationsökonomik hält weitgehend an der Annahme gegebener vollkommener Informationen fest. Die Kriterien und Prozesse der Auswahl und des Erwerbs fehlender Informationen sind theoretisch nicht erklärt. Ursachen von Informationskostenverläufen bleiben theoretisch unbegründet. Soziale Unterschiede von Wirtschaftssubjekten werden durch verschiedene Informationszustände erklärlich, es gibt innerhalb der Theorie jedoch keine Vorstellung, wie unterschiedliche Wirtschaftssubjekte ihre individuellen Handlungen kollektiv koordinieren können. Mit dem Verlust objektiver, identischer Informationen wird das Problem des Fremdpsychischen akut.

3.3.3 Bounded Rationality

Da eine Superoptimierung bei unvollständigen Information über Wirklichkeit nicht möglich ist, muß die Modellierung ökonomischer Entscheidungsprozesse (vollkommenes Rationalkalkül) modifiziert werden. Herbert Simon hat gezeigt, daß bei unvollständigem Wissen auch kein vollkommenes Metawissen mehr unterstellt werden kann. In einer solchen Welt, in der „Informationen" nicht mehr gegeben sind, sondern Wissen über die Wirklichkeit von ökonomischen und wirtschaftswissenschaftlichen Akteuren selbst erzeugt werden muß, kann nicht mehr gewußt werden, was man wissen sollte, und man kann sich auch nicht mehr der Wahrheit, sprich: Realitätsnähe der jeweiligen Wirklichkeitskonstruktion sicher sein. In dieser Welt unvollkommen Wissens kann echte Verhaltensoptimierung nicht mehr durchgeführt werden. Die Individuen sind begrenzt rational (bounded rationality) und werden ihre Verhaltensentscheidung nach dem Satisfizierungsprinzip treffen.[69]

Vor dem Hintergrund des bounded rationality Konzepts haben sich in der Institutionentheorie und evolutorischen Ökonomik Theorieansätze entwickelt, die versuchen, ökonomisches Verhalten bei unvollkommener Information und ergo beschränkter Rationalität zu erklären bzw. ökonomische Phänomene auf die Entscheidungen begrenzt rationaler Akteure zurückführen. Während die Institutionenökonomik sozial etablierte Verhaltensregeln (Institutionen) als Entlastung individueller Entscheidungsprozesse einführt und begrenzt rationales Verhalten gleichzeitig zu einem *sozial koordinierten* Verhalten erklärt, betont die evolutorische Ökonomik den subjektiven Charakter jeglicher Wirklichkeitskonstruktionen und Verhaltenssteuerungsmodi. Letzteren steht eher das Problem der Orientierung in einer ex ante nicht gegebenen und sozial nicht stabilisierten Wirklichkeit im Vordergrund. Koordination entsteht einerseits als spontane Ordnung (Selbstorganisation), andererseits durch institutionelle Regelung, die sich beide im Rahmen eines evolutionären Variations-Selektions-Prozesses weiterentwickeln.

Die Institutionentheorie betont, daß Institutionen zum einen dem einzelnen Wirtschaftssubjekt bei der Orientierung in einer Wirklichkeit helfen, über die erst noch Wissen erzeugt werden muß. Institutionen, so die

---

[69] Vgl. Simon (1955; 1957; 1976; 1979; 1982; 1983), vgl. zu formalisierten Modellen eingeschränkt rationalen Verhaltens Knight (1921), Selten (1990, 1991), Klopstech, Selten (1984)

Annahme, strukturieren die Entscheidungssituation und geben situativ gebotenes Verhalten vor bzw. schließen Handlungsmöglichkeiten aus. Indem die Komplexität der Situation reduziert wird, ist der Wissenserwerb für das Wirtschaftssubjekt vereinfacht.[70] Zum anderen definieren Institutionen Strukturen, innerhalb derer *koordiniertes* individuelles Verhalten ermöglicht wird. Welcher durch Institutionen bestimmte Modus von Verhaltenskoordination in einer Gesellschaft gilt, wird unterschiedlich erklärt. Entweder nimmt man an, die Idee einer neuen Institution wird etabliert und durchgesetzt, wenn sie eine Effizienzverbesserung des Koordinationsmechanismus verspricht. Oder wie von Hayek vermutet: Regeln entstehen in einem evolutiven Prozeß der innovativen Variation und Selektion[71]; Die „besseren" Institutionen setzen sich durch, indem weniger erfolgreiche Gesellschaften die Regelwerke der erfolgreichen kopieren (Imitation).[72] Andere sehen die Entwicklung formaler Institutionen als Ergebnis eines politischen Willensbildungsprozesses, in dem Interessengruppen die von ihnen gewünschten Institutionensysteme durchzusetzen versuchen.[73] Die Durchsetzung von Institutionen innerhalb einer Gesellschaft wird bei eher verhaltenstheoretisch argumentierenden Autoren auf Sozialisierung und Habitualisierung sowie auf Sanktionierungssysteme zurückgeführt. Institutionentheoretische Ansätze, die dem Rational-Choice-Paradigma nahe stehen (New Institutional Economics) nehmen dagegen an, daß rationale Akteure sich nur für die Befolgung von Institutionen entscheiden, die ihnen eigene Vorteile bringen, und sich gegen Trittbrettfahrerverhalten nur entscheiden, wenn die befürchtete Sanktion höher ist als der zu erwartende Profit aus dem Regelverstoß.[74]

Unabhängig davon, wie die Entstehung von Institutionen erklärt wird, sie erscheinen als ontische Entitäten, denen sich das einzelne Wirtschaftssubjekt in gewisser Weise gegenüber gestellt sieht, obwohl Institutionen

---

[70] Vgl. North (1992) Denzau, North (1994)

[71] Vgl. zur spontanen Ordnung Hayek (1969a)

[72] Schlicht (1998) S. 14 f. unterstellt, daß dies auch innerhalb von Gruppen gilt: Die best Informierten, ergo Erfolgreichsten, werden Führungspersonen, deren Verhalten vom Rest der Gruppe imitiert wird (ein natürlicher Trieb zur Konformität wird zusätzlich angenommen).

[73] Vgl. North (1992)

[74] Vgl. Richter, Furubotn (1999). Vgl. zu spieltheoretischen Erklärungen von Institutionengenese Schotter (1981), Axelrod (1984; 1986), Hirshleifer (1982) und Sugden (1989). Da diese Ansätze aber rationale, vollkommen informierte EntscheiderInnen unterstellen, sind solche Erklärungen nicht mit bounded rationality Ansätzen konsistent.

ein System von Verhaltensregelmäßigkeiten sind, die nur als emergente
Eigenschaft des sozialen Zusammenspiels individueller Handlungen verstanden werden können. Definiert man Institutionen als komplexe situationsgebundene Handlungsregeln, stellt sich nicht nur die Frage, wie das
einzelne Individuum diese sozial gegebenen Handlungsregeln internali-
siert (lernt), sondern auch, wie es diese Regeln anwendet. Denn um eine
sozial übereinstimmende Anwendung hervorzubringen, müssen die Wirtschaftssubjekte die Situationen, an welche die jeweilige Institution gebunden ist, korrekt und intersubjektiv übereinstimmend erkennen. Eine
Theorie der Interpretation ist innerhalb der Institutionentheorie aber
nicht vorhanden. Statt dessen wird, wenn überhaupt, auf der kognitiven
Ebene auf bereits gegebene Ideen, Ideologien, Kultur, (sozial geteilte)
Conceptual Schemes verwiesen, an welche die Institutionen gebunden
sind, da die jeweiligen Verhaltensregelmäßigkeiten vor dem Hintergrund
der jeweiligen Ideologie normativ ausgezeichnet seien.[75] Wiederum fehlt
eine Erklärung, wie Ideologien (soziale Wirklichkeitsvorstellungen) dem
Einzelnen kognitiv verfügbar werden sowie warum und wie spezifische
Verhaltensweisen an die jeweilige Ideologie in intersubjektiv gleicher
Weise gebunden sind.[76]

Theorie des Mentalen

Die Institutionentheorie geht davon aus, daß die ökonomischen Akteure
beschränkt rational sind und auf Basis begrenzter Informationen subjektive Wirklichkeitskonstruktionen erzeugen.[77] Während viele von einer
grundsätzlichen, universal gegebenen Rationalität der Individuen und
rationalen Prozessen der Entscheidungsfindung ausgehen, nehmen andere
Theoretiker an, daß auch die Regelmäßigkeiten der Entscheidung gelernt

---

[75] Vgl. Hodgson (1997; 1998), der zwar betont, daß kognitive Aspekte und Lernen für die
Institutionentheorie schon immer eine zentrale Rolle spielte, aber über die Angabe einer
„Linkage" zwischen Denken und Handeln letztlich nicht hinausgeht. Vgl. auch Denzau,
North (1994), Schlicht (1998)

[76] Vgl. Campbell (1998) S. 381 ff.; Veblen (1990) S. 239 betonte mit seinem Konzept der
Institution als „habit of thought", daß die Anwendung und damit Hervorbringung von
Institutionen notwendigerweise ein kognitiver Prozeß ist. Auch bei Schlicht (1998) wird
der kognitive Anteil von Institutionen betont, der Prozeß ihrer Intersubjektivierung aber
nicht untersucht.

[77] Vgl. z.B. Hodgson (1998) S. 175, der Lernen als „building up new representations of the
environment" definiert.

werden. Institutionen werden eingeführt als Entlastung der begrenzt rationalen EntscheiderInnen in einer komplexen, unbekannten Welt. Sie reduzieren die Zahl relevanter Handlungsalternativen, so daß die Individuen die komplexe Entscheidungssituation bewältigen können. Innerhalb der institutionentheoretischen Argumentation sind diese Institutionen aber immer schon existent und es wird nur überlegt, welche institutionellen Systeme aus ökonomischer Sicht besser oder schlechter sind, und wie man welche neuen formalen Institutionen einführen könnte. Da Institutionen als sozial geteilte Verhaltensregeln definiert sind, sind die Wirklichkeitskonstrukte der beschränkt rationalen Akteure in der Institutionenökonomik bereits gleich, sobald Institutionen als gegeben gelten. Es können nur intersubjektive Unterschiede zwischen Gruppen mit unterschiedlichen Institutionen auftreten. Andererseits gibt es auch Akteure innerhalb der Gruppe, die auf die Idee kommen können, Institutionen zu brechen. Wie deren Wirklichkeitskonstrukte entstehen, bleibt letztlich genauso ungeklärt, wie die Frage, wie die Individuen institutionengebundenes Verhalten kognitiv lernen und auf die vorgefundene Wirklichkeit (Situationen) korrekt anwenden.

Indem die Entstehung intersubjektiver Gleichheit mentaler Orientierungen (Institution) nicht erklärt wird, vernachlässigt die Institutionenökonomik die zentrale Frage, die sich mit der Einführung beschränkter Rationalität stellt: Wie können fundamental unterschiedliche Subjekte einen Prozeß der gegenseitigen Verhaltenskoordination hervorbringen? Wie könnte es möglich sein, daß sie sich verständigen, wo sie sich doch in ganz unterschiedlichen Kategoriesystemen bewegen? Da Bounded Rationality die Unterschiedlichkeit der Informationsstände und Entscheidungsverarbeitungsmodi impliziert, verdeckt das Setzen von Institutionen, daß die Frage der Angleichung nicht gelöst ist.

Soziale Gemeinsamkeiten und Unterschiede

Soziale Übereinstimmung von Verhalten wird in der Institutionentheorie durch Institutionen erklärt. Institutionen sind gruppenspezifische und innerhalb der Gruppe homogene Verhaltensregelmäßigkeiten. Soziale Unterschiede können nur durch die Zugehörigkeit zu verschiedenen Gruppen erklärt werden. Indem die Institutionentheorie Institutionen als sozial übereinstimmende Verhaltensregelmäßigkeiten definiert,[78] übersieht sie in aller Regel, daß Individuen zur Hervorbringung ein und derselben Institution intersubjektiv ganz verschiedene Verhaltensregelmäßigkeiten zeigen müssen, die in ihrem Zusammenspiel das Muster der Institution ergeben. Es ist deshalb zu konstatieren, daß reale Institutionen zwar sozial koordiniertes, aber nicht notwendig sozial homogenes Verhalten erklären.

Da die Intersubjektivierung der mentalen Bestandteile von Institutionen (Theorie der Interpretation) nicht erklärt ist, sind letztlich auch die sozialen Gemeinsamkeiten und Unterschiede, die mit dem Schlagwort Institution „erklärt" werden, theoretisch nicht begründet. Gerade weil Menschen als *lernende* Individuen angenommen werden und weil in der Zeit wechselndes Wissen, Präferenzen und wechselnde Entscheidungsmodi unterstellt werden, ist die Annahme solcher jederzeit sozial homogenen und stabilen Institutionen in einer Gesellschaft eigentlich unplausibel.

Kollektives Handeln

Institutionen sind nicht nur eine Entlastung mentaler Prozesse beschränkt rationaler Individuen, sondern zugleich Koordinationsmodi zur Abstimmung sozialen individuellen Handelns. Da vollkommene, identische Information und Rationalität nicht mehr als Garant für die Abgestimmtheit individueller Handlungen angenommen werden kann, greift die Institutionentheorie das spieltheoretische Problem der Koordination strategisch interdependenter Entscheidungen auf. Institutionen sind damit kollektiv verankerte, eindeutige Lösungen vieldeutiger Koordinationsprobleme, innerhalb derer die Individuen über den letzten Rest ihrer Freiheit verfügen, um die Transaktionen ihrer Wünsche zu realisieren. Eine gemeinsame Verständigungsbasis zur Information, Verhandlung und Durchsetzung von Transaktionen wird dabei immer als gegeben vorausgesetzt, obwohl dies den realen Gegebenheiten nicht unbedingt und immer entspricht (z.B. bei Transaktionen zwischen Gruppen mit verschiedenen Institutionen). Da das Problem der Institutionengenese und des Institutional Change in seiner mentaltheoretischen Fundierung nicht gelöst ist, fehlt auch die theoretische Begründung der institutionell gegebenen Koordinationsmechanismen einer Gesellschaft. Auch die Beziehung zwischen

---

[78] Vgl. Richter, Furubotn (1999), Denzau, North (1994). Zu einer ausführlichen Diskussion des Institutionenbegriffs vgl. Kubon-Gilke (1997) S. 23-33, Penz (1999) S. 30-57

Ideologien (mentale Ebene) und daraus abgeleiteten institutionalisierten Verhaltenskoordinationen (Praxisebene) ist ungeklärt. Zwar werden eindeutige Beziehungen zwischen Ideologien und spezifischen Institutionen angenommen, jedoch ist die Art ihres (logischen?/kausalen?) Zusammenhangs unklar.

Fazit: Institutionen sollen eine Möglichkeit definieren, wie Wirtschaftssubjekte trotz beschränkter Rationalität Verhaltensentscheidungen durchführen können. Institutionen werden nicht nur überhaupt zur Begründung der Entscheidungsfähigkeit in unbekannten, komplexen Wirklichkeiten, sondern auch für intersubjektiv übereinstimmendes, koordiniertes ökonomisches Verhalten herangezogen. Spieltheoretische Erklärungen der Institutionengenese können aufgrund ihrer Inkonsistenz zur bounded ratonality nicht herangezogen werden. Andere tiefergehende Erklärungen zur mentalen Entstehung und Verankerung sowie zur sozialen Reichweite von Institutionen existieren nicht. Insofern bleibt sowohl die Entstehung, die Intersubjektivität und Unterschiedlichkeit von Institutionen als auch die institutionengeleitete Koordination individuellen Handelns bei beschränkt rationalen Akteuren unerklärt.

Auch die Ansätze der evolutorischen Ökonomik arbeiten mit der Annahme beschränkt rationaler Akteure. Ebenso wie in der Institutionenökonomik gibt es eine Vielfalt unterschiedlicher Ansätze, die sich unter dem Schlagwort der evolutorische Ökonomik versammeln. Im Folgenden wird auf marktprozeßtheoretische Ansätze rekurriert, die in der Nachfolge oder Rekurs auf die österreichische Schule operieren und ökonomische Prozesse als kumulative Variations-Selektions-Phänomene erklären.

Theorie des Mentalen

Aufgrund ihrer österreichischen Tradition[79] modelliert die evolutorische Ökonomik die Wirtschaftssubjekte streng subjektivistisch, d.h. es werden sowohl subjekt-spezifische Wertesysteme (in neoklassischer Diktion: Präferenzen), Wissen, Wirklichkeitsvorstellungen und Deutungen, in denen die jeweiligen individuellen Verhaltensweisen ihren Sinn erhalten, unter-

---

[79] Als Begründer der österreichischen Ökonomietradition gelten Menger, Böhm-Bawerk, von Wieser, Schumpeter, von Mises und von Hayek, später: Kirzner, Rothbard, Lachmann. Vgl. Boettke (1994)

stellt.[80] Kognitionsprozesse des Wirtschaftssubjekts entsprechen der Sichtweise der radikal-konstruktivistischen Erkenntnistheorie.[81] Wie in Abschnitt 2.2 erörtert besteht im Rahmen konstruktivistischer Ansätze das Problem, daß intersubjektive Gleichheit und die Möglichkeit intersubjektiver Verständigung nur schwer erklärt werden können.

Unter dieser Annahme sind deshalb zwei Vorgehensweisen möglich: Zum Ersten kann man versuchen, mit Hilfe der hermeneutischen Methode die ökonomischen Aktivitäten und Verständigungen realer Wirtschaftssubjekte interpretierend herauszuarbeiten, und entwickelt Theorien über empirisch vorfindliche ökonomische Prozesse im Rahmen der spezifischen, vorfindlichen Deutungssysteme. Hier erforscht die Marktprozeßtheorie etwa Regelmäßigkeiten kapitalistischer Marktwirtschaften industrialisierter Volkswirtschaften.[82] Zum zweiten kann man aber auch das Gemeinsame zwischen den real vorfindlichen ökonomischen Praxissystemen herauszuarbeiten versuchen. Aufgrund der Inkommensurabilitäten der jeweiligen Sinnsysteme ist hier aber insbesondere die Erforschung subjektiver Wirklichkeitskonstruktions- und Lernprozesse relevant. Deshalb findet sich in der evolutorischen Ökonomik eine vielfältige Forschung zu Wahrnehmungs- und Lernfragen.[83]

In der heutigen Lerntheorie werden zwei Arten von Lernen unterschieden: „first and second order learning"[84] oder auch „single loop and double loop learning"[85]. Das Lernen erster Ordnung beinhaltet parametrische Wissensveränderungen bei gleichbleibenden Strukturierungsprozessen, d.h. „learning to do existing things better (more efficiently)". Individuen steigern die Effizienz, mit der sie die ihnen gegebenen Ressourcen, Kom-

---

[80] Vgl. Horwitz (1994)

[81] Vgl. etwa bei Hesse (1990; 1987), Koch (1996), Ebert (1999), Kerber (1996; 1994)

[82] Es soll nicht geleugnet werden, daß evolutorische ebenso wie neoklassische TheoretikerInnen ihre Theorien formulieren, als seien sie universale Gesetzmäßigkeiten (siehe der Apriorismus-Vorwurf in Abschnitt 2.4.6). Vgl. z.B. Alchian (1950), Oberender (1988), Vernon (1979). Der Geltungsbereich ist aufgrund der institutionellen Bedingtheiten aber für viele evolutorisch-ökonomische Forschungsbereiche wie oben abgegrenzt. In einem breiter abgegrenzten Rahmen agiert Hesses Erklärung der Entstehung industrialisierter Volkswirtschaften, vgl. Hesse (1982; 1992; 1998c), sowie die soziologisch inspirierte Netzwerkforschung, vgl. etwa Messner (1995), Braczyk, Cooke, Heidenreich (1998).

[83] Vgl. beispielsweise Hesse (1983; 1987; 1990), Nooteboom (1999), Dawid (1996), Arrow (1962), Freel (1998), Krogh, Roos (1995), Lorange et al. (1993), Kogut, Zander (1996), Siegenthaler (1997), Schlicht (1998)

[84] Hedberg, Nystrom, Starbuck (1976), Fiol, Lyles (1985)

[85] Argyris, Schön (1978)

petenzen und Fähigkeiten ausbeuten (Exploitation). Lernen zweiter Ordnung bezeichnet dagegen Prozesse, in denen die Einzelne neue Handlungsmöglichkeiten, neue Ressourcen und neue Nutzungsmöglichkeiten von Ressourcen lernt, neue Fähigkeiten erwirbt (Exploration). Dieses Lernen verändert die Strukturen und Theorien, das Metawissen, innerhalb dessen das Lernen erster Ordnung praktiziert wird, in seiner Architektur.[86] Dadurch verändern sich die Bedeutungen, die bestimmte Daten-Informationen innerhalb des Gesamtwissens haben.

Evolutorische Ansätze nehmen an, daß sowohl Lernen erster Ordnung als auch zweiter Ordnung auftritt. Die Wirtschaftssubjekte nehmen nicht nur Informationsdaten auf, die sie innerhalb eines festgefügten Wirklichkeitsverständnisses eindeutig zu interpretieren wissen, sondern sie nehmen auch Informationen auf oder erfinden sie, die zu Veränderungen des Deutungssystems, der Strukturbildungsgewohnheiten bzw. des Denkgebäudes führen, so daß die identische Dateninformation vorher eine andere handlungsrelevante Bedeutung hatte als nach der Veränderung (Innovation).[87] Lernprozesse verändern nicht nur den Stand der „Informationen" eines Individuums, sondern auch seiner Produktivität bzw. seiner unternehmerischen Fähigkeiten. Die Annahme von Lernprozessen erfordert die Endogenisierung der Produktivität („Humankapital"), d.h. technologischen und organisatorischen Wissens. Sie hebelt also die statische neoklassische Produktionstheorie aus. *Lernen = Informationsaufnahme*

Die Wirtschaftssubjekte probieren ihre Wissensneuerungen (kreative Wissensvariation), die z.B. in Form ökonomischer Innovationen auftreten, in ihren sozio-ökonomischen Umwelten aus und werden nur diejenigen Innovationen speichern, die zu positiven Erfolgen im Rahmen ihres je subjektiven Wertesystems führen. Die Bewährung von Wissen in seiner handelnden Anwendung ist das Qualitätskriterium, das spontane Kreativität in dauerhaft gelerntes neues Wissen umwandelt.[88] Aus Sicht der evolutorischen Ökonomik ist „Wissen" also immer ein praktisch anwendbares und pragmatisch bewährtes Wissen über Wirklichkeit. Leider liest sich der Wissensbegriff immer noch häufig so, als handelte es sich um Wirklich-

Stichwort: evolutorische Ökonomik

---

[86] Vgl. auch das korrespondierende Begriffspaar „parametric change" (Langlois, Robertson (1995)) und „architectural change" (Henderson, Clark (1990)). Die Unterscheidung von Exploitation und Exploration geht auf March (1991) und Holland (1975) zurück.

[87] Vgl. Nooteboom (1999)

[88] Vgl. z.B. Kerber (1996), Hesse (1990)

(handschriftlich: Wissen = Wirklichkeit)

(handschriftlicher Randvermerk: Fehler!)

keitsabbildungen, während pragmatisch bewährtes Wissen doch eine erfolgreiche Regel zur handelnden Orientierung in der spezifischen Wirklichkeit konstituiert.

Insgesamt sind evolutorische Lerntheorien ein weitverbreiteter aktueller Forschungszweig, dem lediglich eine Theorie der Interpretation fehlt. Zwar wird häufig vorausgesetzt, Individuen könnten Wissen „diffundieren", von anderen Wirtschaftssubjekten lernen, aber es ist ganz unklar, wie Wirtschaftssubjekte mit radikal subjektiven Wirklichkeitsvorstellungen von anderen lernen können. Ein Verweisen auf gemeinsame Aspekte der Wirklichkeit ist nicht möglich, wenn man die Wirklichkeit verschieden konstruiert. Sollte Sprache tatsächlich als Verständigungsinstrument, wie angenommen, funktionsfähig sein, kann sie keinesfalls als neutrales Wirklichkeitsabbildungsmittel funktionieren. Denn radikal-subjektive Individuen könnten die je abgebildeten fundamental verschiedenen Wirklichkeiten der anderen Wirtschaftssubjekte nicht verstehen (es sei denn, sie hätten doch identische Konstruktionen, was ja ausgeschlossen ist).

Es fehlt insgesamt eine Theorie der Interpretation, mit Hilfe derer die WirtschaftswissenschaftlerInnen oder die Wirtschaftssubjekte die subjektiven Wirklichkeitskonstruktionen ihrer Untersuchungssubjekte verstehen könnten. Auch eine Theorie der Kommunikation, die begründen könnte, wie subjektivistische ökonomische und wissenschaftliche Akteure sich gelingend über Wirklichkeitskonstruktionen verständigen könnten, steht noch aus.

Soziale Gemeinsamkeiten und Unterschiede

Die Möglichkeit des Lernens und das radikal-subjektivistische Wissenskonzept führt eine fundamentale Erklärung für die intersubjektive und intertemporale Unterschiedlichkeit ökonomischer Akteure ein. Sie unterscheiden sich in ihren ökonomischen Verhaltensweisen aufgrund unterschiedlicher Wirklichkeitskonstruktionen, Wertorientierungen, Zielvorstellungen, Ziel-Mittel-Konzeptionen und Entscheidungsmodi sowie unterschiedlicher sozio-ökonomischer Selektionsumgebungen, die durchaus gleichen Wirklichkeitskonstruktionen unterschiedliche Erfolge bescheiden können.

Trotz der intensiven Erklärung von Unterschieden, die ja für das Konzept der Marktprozeßtheorie essentiell notwendig sind, fehlt eine Theorie zur Erklärung sozialer Gemeinsamkeiten. Wie die korrekte Imitation anderer bei subjektivistischen Wirklichkeitskonstruktionen möglich ist, bleibt noch unklar, da eine Theorie der korrekten Interpretation fremden Wissens fehlt. Viele evolutorische Theorien führen an dieser Stelle Institutionen ein, deren Entstehung jedoch, wie oben beschrieben, im bounded rationality Konzept noch nicht erklärt ist. Die derzeitige Thematisierung der Nachfrageseite und ihr Versuch, Präferenzenerwerb im Rahmen von sozialen Lernmodellen zu erklären, entwirft eine Möglichkeit, wie intersubjektive Übereinstimmungen in Wertesystemen und damit in Handlungsorientierungen entstehen können, aber auch hier fehlt eine Theorie der Verständigung, weshalb die Begrenztheit von Verständigungsmöglichkeiten eher unterschätzt wird.[89]

Kollektives Handeln

Ökonomische Marktprozesse, kooperierende Produktion und die kollektive Aushandlung von Wirtschaftspolitik werden in der evolutorischen Theorie als Verhandlungsprozesse verstanden, in denen sich die einzelnen Wirtschaftssubjekte kreativ an die jeweiligen Selektionsumgebungen anpassen und diese gestaltend orientieren. Problematisch ist hierbei, daß das Problem intersubjektiver Interpretation sowie eines gemeinsamen sozial verfügbaren Verständigungssystems als bereits gelöst angenommen wird. Zwar werden annahmegemäß im Zuge von Transaktions- oder politischen Verhandlungen Ressourcen verbraucht, aber eine Theorie zur Erklärung der Möglichkeit von Kommunikation sowie der Determinanten von Kommunikation besteht nicht. Gerade der Prozeß der Innovation, der in Marktprozeßtheorien zentral ist, erfordert die erfolgreiche Überredung von NachfragerInnen, da sich nur so Innovationen auf Märkten durchsetzen können. Das Wissen von Marktakteuren darf zwar, wie von Hayek betont, dezentral sein, aber es muß innerhalb des dezentralen sozialen Bezugssystems (in Teilen) intersubjektiv sein. Die Abhängigkeit der InnovatorInnen von ihrer semantischen Bezugsgruppe und verfügbaren Kommunikationskanälen und die soziale Spezifität ökonomischen Handelns ist innerhalb der evolutorischen Ökonomik deshalb noch weitgehend unbeachtet.

---

[89] Vgl. Witt (2001)

Fazit: Obwohl evolutorische Theorieansätze über eine ausgereifte Theorie mentaler Prozesse und der Erklärung sozialer Unterschiede verfügen, fehlt ihnen eine Erklärung intersubjektiver Übereinstimmung und Verständigungsmöglichkeiten, die in den evolutorischen Erklärungen kollektiven ökonomischen Verhaltens als gegeben vorausgesetzt werden.

3.3.4 Asymmetrische Informationen

Die Theorie der asymmetrischen Informationen ist ein Spezialfall der Theorie unvollständiger Informationen. Es wird angenommen, daß Wirtschaftssubjekte über bestimmte Informationen, nämlich Eigenschaften von Gütern, Leistungen oder Faktoren, nur verfügen können, wenn sie eigene Erfahrungen mit diesen Gütern, Leistungen und Faktoren machen. Wenn diese Dinge verborgene Eigenschaften haben, so wird angenommen, können die Eigenschaften nur bei bestimmten Nutzungsweisen aufgedeckt werden, wobei Nutzungen in der Regel Nutzungsrechte voraussetzen. Problematisch ist der Mangel an Informationen über verborgene Eigenschaften, wenn das weniger informierte Wirtschaftssubjekt an einer Transaktion interessiert ist. Aufgrund der fehlenden Information ist es nicht in der Lage, den Nutzen bzw. die Produktivität des Transaktionsgegenstandes zu ermessen, und kann folglich nicht in rationaler Weise ein angemessenes Tauschäquivalent bestimmen. Qualitätsunsicherheit kann folglich Transaktionen verhindern. Die besser bzw. vollkommen informierte TransaktionspartnerIn (EigentümerIn) ist für rationale Wirtschaftssubjekte als InformantIn inakzeptabel, da diese einen Anreiz hat, in lügnerischer Kommunikation die Qualität zu beschönigen, um ihren Transaktionsgewinn zu steigern. Sie kann nicht glaubwürdig erscheinen, da *die Situation* ihre Glaubwürdigkeit in Zweifel stellt. Wenn sie den Anreizen zu lügnerischer Übervorteilung nachgibt, nennt man dies Moral-Hazard-Verhalten.

Asymmetrische Informationen verursachen Marktversagen, wenn das Problem der unvollständigen Information nicht gelöst wird. Eine einfache, aber irrationale Lösung ist Vertrauen als „riskante Vorleistung"[90]. Als rationale Lösungen werden deshalb sogenannte Geiseln (Hostages) vorgeschlagen. Da die Transaktion für die schlecht informierte AkteurIn riskant

---

[90] Luhmann (1973) S. 20 f.

ist, fordert sie von der besser informierten TransaktionspartnerIn eine „Geisel" ein, ein Gut, Leistung oder Vermögensanspruch, welches sie zurückerhält, wenn sich der Transaktionsgegenstand in der versprochenen Qualität erweist. Typische „Geiseln" sind von Banken geforderte Kreditsicherheiten, Garantieverpflichtungen, Geld-zurück-Garantien, Mietkautionen, besondere Tarifvereinbarungen (hohe Tarife für neue Mitglieder in Krankenkassen, niedrige Einstiegsgehälter für Mitarbeiter mit der Zusage einer Steigerung, falls die Leistungen den versprochenen Qualitäten entsprechen). Ehrliche, vollkommen informierte Transakteure können sich durch Markenbildung, Unternehmensketten (Franchising u.ä.) wiedererkennbar machen und gleichbleibende Qualität signalisieren. Außerdem werden unabhängige Informanten, z.B. Zertifizierungseinrichtungen, Zeugnisse, Gutachter, eingeführt, die glaubwürdig über Qualität informieren können. Institutionelle Regelungen werden also als notwendige Lösungen für das Marktversagensproblem bei asymmetrischer Information vorgeschlagen.[91]

Theorie des Mentalen

Die Theorie asymmetrischer Information ist ihrem Kern nach ein Rational-Choice-Modell. Selbst die nicht ganz vollständig informierten Wirtschaftssubjekte haben vollständiges Metawissen. Sie wissen also, was sie eigentlich wissen sollten, um rational entscheiden zu können. Das rationale Wirtschaftssubjekt verzichtet lieber auf eine solche Transaktion (Marktversagen), als sie durchzuführen ohne sicher optimieren zu können.

An der Diskussion von Lösungsvorschlägen kann man die impliziten Theorien erkennen, mit denen TheoretikerInnen erklären, wie die Wirtschaftssubjekte an ihre fehlenden Informationen kommen können: Einerseits durch Beobachtung eigener und fremder Erfahrungen mit dem Transaktionsgegenstand, andererseits durch Kommunikation mit glaubwürdigen Informanten, drittens durch Strukturierung der Transaktionsvereinbarung in der Weise, daß nur ehrliche TransaktionspartnerInnen einwilligen würden. Da diese Lern- und Kommunikationstheorien implizit bleiben, sind sie als Fundierung der Theorie des Mentalen mangels Ausar-

---

[91] Vgl. zur Theorie der asymmetrischen Information ursprünglich Akerlof (1970), Richter, Furubotn (1999), Kreps (1990) Kapitel 16 und 17

Stichwort: Altruismus

beitung nicht geeignet und zum Teil sind sie empirisch falsch. Die Theorie nimmt z.B. an, daß Menschen immer lügen, wenn sie in der Situation einen ökonomischen Anreiz dafür haben. Aus der experimentellen Spieltheorie wurde aber deutlich, daß reale Menschen auch dann kooperieren und sich altruistisch verhalten, wenn sie keinen Anreize dafür haben (siehe 3.2.3). Das gleiche muß für kooperative Ehrlichkeit und grundloses Vertrauen angenommen werden.

Da die impliziten Annahmen über Wissensentstehung und über Mechanismen zur Sicherung der Wahrheit/Glaubwürdigkeit von Informationen nicht wirklich zu einer Theorie ausgearbeitet und ausformuliert werden, ist die Frage der Wissensentstehung nicht wirklich theoretisch geklärt. Kommunikationsprozesse werden implizit als neutrale Informationsdiffusionsprozesse angenommen. Da rationale Akteure unwahre Informationen aufgrund ihres zuverlässigen Vermögens, Glaubwürdigkeit zu erkennen, nicht rezipieren, können auch keine falschen subjektiven Wirklichkeitskonstruktionen entstehen. Informationen bleiben objektive Wirklichkeitsabbilder.

Soziale Gemeinsamkeiten und Unterschiede

Die Wirtschaftssubjekte werden im Prinzip als identisch konzipiert (identisches vollkommenes Metawissen, weitgehend identischer Informationsstand, gleiche Präferenzen, Rationalkalkül). Ihr einziger Unterschied (neben exogen gegebenen Vermögenspositionen) besteht bezüglich verborgener Eigenschaften von Gütern, Leistungen und Faktoren. Sofern Property Rights exklusiv zugeteilt sind, haben nur die jeweiligen Eigentümer und Besitzerinnen vollkommene Informationen bezüglich dieser Eigenschaften. Die Informationszustände der Wirtschaftssubjekte überlappen also nur partiell. Und jedes Subjekt hat auch exklusives Wissen. Da aber vollkommenes Metawissen herrscht, können sich die Wirtschaftssubjekte dennoch rational für ihr individuelles Verhalten entscheiden.[92]

Da eine Theorie der Ursachen für die Verstecktheit von Eigenschaften fehlt und auch der Weg des Erwerbs von Informationen über verborgene Eigenschaften unerklärt ist, ist die Bindung der Information an Eigentumsrechte eine Erklärungskrücke, die auf reale Wissenserwerbsphäno-

---

[92] Vgl. als einen der neueren Erklärungsversuche, die Ausbreitung und Veränderlichkeit von Wissen (auch Metawissen), das nicht allein auf transaktionsspezifische Informationen reduziert werden kann, Bikhchandani, Hirshleifer, Welch (1998)

mene nicht zutrifft. Im folgenden Abschnitt 3.3.5 zeigt sich am Phänomen der sogenannten Wissens-Spillover-Effekte, daß Wissen über verborgene Eigenschaften auch erworben werden kann, wenn keine Eigentumsrechte bestehen. Eigenschaften, Qualitäten, Fähigkeiten und Absichten sind realiter nicht unbedingt an sich verborgen, sondern sie werden zum großen Teil von Menschen aktiv verborgen, respektive aktiv „entdeckt" oder erfunden. Diese Möglichkeit kommt in der Theorie asymmetrischer Information nicht vor.

Kollektives Handeln

Die Theorie der asymmetrischen Kommunikation kommt zu dem Ergebnis, daß koordiniertes Sozialhandeln unterlassen wird und der Markt versagt, wenn Informationsasymmetrien bestehen. Es müssen zusätzliche Koordinationsmechanismen genutzt werden, damit sozial abgestimmtes Handeln möglich wird. Diese Koordinationsmechanismen – Vertrauen, Kommunikation, institutionelle Regeln – fallen wie Mannah vom Himmel. Es gibt sie, die TheoretikerInnen und Wirtschaftssubjekte wissen um sie, aber es ist unerklärt, woher die Wirtschaftssubjekte die Kompetenzen haben zu kommunizieren, Glaubwürdigkeit zu beurteilen, Institutionen zu entwickeln und durchzusetzen. Eine Theorie der Koordinierung von Verhalten wird also nicht entwickelt. Zumindest wird aber implizit die Vorstellung anonymer Kooperation isolierter EntscheiderInnen aufgegeben (denn nur dann kann kommuniziert werden und Personen Glaubwürdigkeit zugesprochen werden), wenn sie auch explizit aufrechterhalten wird, was Inkonsistenz impliziert.

Fazit: Die Theorie asymmetrischer Information verzichtet auf eine *Theorie* mentaler Prozesse. Sie wirft zwar durch ihre Annahmen die Frage auf, wie Wirtschaftssubjekte zu Informationen (über verborgene Eigenschaften) gelangen können, unterstellt implizit auch interpretierende Beobachtung und sprachliche Kommunikation als mögliche Wege. Aber sie stellt diese Annahmen ebensowenig auf ein theoretisch begründetes Fundament wie die Annahmen über zusätzliche Koordinationsmechanismen kollektiven Handelns, die über den anonymen walrasianischen Markt hinausgehen. Wirtschaftssubjekte werden als weitgehend identisch konzipiert, haben aber exklusives und folglich unterschiedliches Wissen über verborgene Eigenschaften von denjenigen Gütern, Leistungen und Faktoren, über die sie Verfügungsrechte haben.

wie wieder Infos aufgenommen?

3.3.5 Spillover-Effekte von Wissen

Stichwort: Neue Wachstumstheorie

Wissens-Spillover-Effekte sind eng mit dem Phänomen der Informationsasymmetrien verwandt. In der klassischen Theorie asymmetrischer Information kann Wissen über verborgene Eigenschaften nur durch die Übertragung von Eigentums- und Nutzungsrechten, also Transaktionen, von einer Person auf die andere übergehen. Als Wissens-Spillover werden Phänomene bezeichnet, in denen Wissen auch ohne Übertragung von Eigentums- und Nutzungsrechten von einer Person auf die andere übertragen wird. Es wird in ihr redupliziert, ohne daß eine freiwillige Transaktion oder Gegenleistung besteht.

Während in der Theorie asymmetrischer Informationen Wissensunterschiede nur bezüglich transaktionsrelevanter Informationen bestehen, beziehen sich diese Unterschiede in Theorien des Wissens-Spillovers vorrangig auf produktionsrelevantes, also technologisches Wissen. Anwendungsbereiche des Spillover-Konzeptes finden sich in der Neuen Wachstums-, Regionalentwicklungs-, Technologietheorie und evolutorischen, marktprozeßtheoretischen Ansätzen.[93] Die Annahme *einer* gegebenen, für alle Unternehmen identischen Produktionsfunktion wird hier aufgegeben. Statt dessen verfügt jedes Unternehmen über ein spezifisches, zwischen Unternehmen nur begrenzt gleiches technologisches (und organisatorisches) Wissen, das die für das Unternehmen gültige Produktions- (und Transaktions-)funktion determiniert.

Auf Basis dieser unterschiedlichen Wissensausstattungen treten die Kollektivakteure „Unternehmen" miteinander an Märkten in Wettbewerb. Unternehmen, denen es gelingt, Innovationen, also neues technologisches Wissen zu erzeugen, können dies nutzen, um am Markt erfolgreich Pionierrenten zu erwirtschaften. Allerdings gelingt dies nur dann, wenn sie Nachfrage auf sich ziehen und die gewünschten Monopolpreise durchsetzen können. Aus Sicht der evolutorischen Marktprozeßtheorie ist die Möglichkeit, Pionier- und Differentialrenten zu erzielen, der Anreiz für innovatives und wettbewerbliches Verhalten. Die Imitation von Innovatoren führt dazu, daß solche Wissens- und Profitvorsprünge·im Wettbewerbsprozeß abgebaut werden. (Innerhalb evolutorischer Modelle be-

---

[93] Vgl. zu Wachstums- und Technologiepolitik Klodt (1995), Meyer-Kramer (1993), Romer (1986, 1987; 1990) und Lucas (1988), Hanusch, Cantner (1993), Krugman (1991), Maskell, Malmberg (1999), Rudd (2000), Bretschger (1999) zu neoklassischer, respektive evolutorischer Regionaltheorie.

zeichnet der Imitationsbegriff das Phänomen, mit dem eher Rational-Choice-orientierte Ansätze Wissens-Spillover bezeichnen.) Evolutorische Ansätze akzeptieren einen temporären Schutz pionierunternehmerischer Positionen immer dann, wenn die Imitationsprozesse so schnell erfolgen, daß Kosten der Innovationstätigkeit nicht mehr kompensiert werden. Denn dann würden Innovationen tendentiell unterbleiben und die Wettbewerbsdynamik erlahmen[94]. Imitationsprozesse werden im Rahmen evolutorischer Lerntheorien untersucht.

Die Neue Wachstumstheorie führt unternehmensspezifisches technologisches Wissen ein, um die zuvor unerklärte Größe des technischen Fortschritts erklärbar zu machen. Technischer Fortschritt wird unter Einsatz von Produktionsfaktoren (Ressourcen) von einzelnen Unternehmen produziert und geht durch technological spillovers in die Verfügung der je anderen Unternehmen über. Da die Profitfunktion des Unternehmens von seiner spezifischen Wissensausstattung abhängt und Wissens-Spillover in die Lage versetzen, ohne Ressourceneinsatz in den Besitz technologischer Neuerungen zu gelangen, werden Spillover-Effekte auch „Wissensexternalitäten" genannt. Der wachstumstheoretische (respektive regionalökonomische) Ansatz postuliert, daß der technische Fortschritt und das gesamtwirtschaftliche Wachstum (einer Region) um so größer ist, je mehr technologisches Wissen erzeugt wird und durch Spillover-Effekte an alle Unternehmen (der Region) diffundiert. Da ein Anreiz zu Trittbrettfahrerverhalten besteht, demotiviert die Wissensdiffusion durch Spillover-Effekte die Wissensproduktion, weshalb die Innovatoren entweder kompensiert oder temporär geschützt werden müssen.

In diesen Ansätzen wird also kein wettbewerbstheoretisches, sondern nur ein wachstumstheoretisches Argument vertreten. Während das evolutorische Wettbewerbsargument durch die Möglichkeit der freiheitlichen Verfolgung individueller Ziele (echter, unterschiedlicher *Subjekte*) motiviert ist, dient das wachstumstheoretische Argument der Maximierung der volkswirtschaftlichen Ausstattung mit materiellen Gütern. Obwohl die politischen Implikationen also sehr ähnlich sind, sind die zugrunde liegenden Menschenbilder ganz unterschiedlich (Bounded Rationality versus Rational Choice).

---

[94] Vgl. zum evolutorischen Marktkonzept ursprünglich Schumpeter (1987), Hayek (1963; 1969c), Alchian (1950) sowie Witt (1985; 1987; 1992a), Dosi (1993), Dosi et al. (1988), Nelson (1995), Nelson, Winter (1994)

Theorie des Mentalen

Wissens-Spillover-Effekte charakterisieren die Reduplikation des Wissens *eines* Individuums in einem andern. Wissen ist ein mentaler Zustand. Als fremdpsychischer Bewußtseinsinhalt kann es anderen Personen nicht transparent sein. Wie kann also dieser Wissensübergang entstehen? Kurz gesagt, gibt es keine theoretische Erklärung dafür. Das Bild des Spillover (überquellen) bzw. der Externalität ist alles, was an Erklärung gegeben wird. Die Verbreitung von Wissen, indem es sich überquellend ausdehnt, läßt eine materielle Ausdehnung, statt einer semantischen Reduplikation konnotieren. Der Begriff der Externalität läßt endgültig offen, *wie* es zum Wissensübergang kommt und bewertet lediglich die Folgen. In der Theorie der New Economic Geography finden sich implizit Vorstellungen, daß Spillover-Effekte räumliche Nähe erfordern, aber eine Erklärung für diese Vermutung wird nicht gegeben. Eine Theorie der mentalen Phänomene, die Wissens-Spillovers ermöglichen, fehlt also. Ebenso fehlt eine Theorie der mentalen und sozialen „Produktion" von technologischem Wissen. Es wird vorausgesetzt.

In evolutorischen Ansätzen gibt es konstruktivistische und lerntheoretische Ansätze, um die Erzeugung von Wissen über andere durch Wahrnehmung zu erklären.[95] Es können deshalb nur diejenigen Wissensbestandteile imitiert werden, welche die InnovatorIn in Verhaltensweisen äußert. Bei der Re-Interpretation (Verstehen) dieses geäußerten Wissens kann es zu Falsch- und Mißverstehen kommen. Eine Imitation ist deshalb keine identische Reduplikation von Informationen, sondern eine Reinterpretation von Wissen (subjektiven Wirklichkeitskonstrukten). Problematisch ist in diesem Ansatz, daß die mentale Theorie streng individualistisch argumentiert. Im Rahmen dieses fast solipsistischen Individualismus ist gelingende sprachliche Verständigung (ob neutral oder nicht) und damit auch die objektive Ähnlichkeitsbeurteilung von Imitationen durch die wissenschaftliche BeobachterIn nicht erklärbar.

Soziale Gemeinsamkeiten und Unterschiede

Innerhalb der Spillover-Theorien sind die Wirtschaftssubjekte identisch konzipiert, wie in jedem Rational-Choice-Ansatz. Die unterschiedlichen

---

[95] siehe Abschnitt 3.3.3

Wissensbestände, die alltagssprachlich intersubjektive Persönlichkeits-
unterschiede erwarten lassen, sind in diesem Konzept nur eine Art von
unterschiedlicher Ressourcenausstattung, die im Rational-Choice-Ansatz
ja die einzige Erklärung für Verhaltensunterschiede darstellt. Da eine
Theorie der Produktion, Verbreitung und des Erwerbs von Wissen fehlt,
bleiben diese Verhaltensunterschiede letztlich unerklärt. Wissensunterschiede sind exogen gegeben und werden durch exogen gegebene Spill-
over-Phänomene abgebaut. Da Wissen seinem Wesen nach wenig Gemeinsamkeiten zu materiellen und finanziellen Ressourcen aufweist, ist
diese Konzeption unbefriedigend.

In evolutorischen Ansätzen werden echte Subjekte, also intersubjektiv
unterschiedliche Akteure mit je subjektiven, lernend weiterentwickelten
Wirklichkeitskonstruktionen unterstellt. Ihre Unterschiede können auf
unterschiedliche sozio-ökonomische Selektionsumwelten, Zielvorstellungen, Kreativität und Verhaltenssteuerungsmodi zurückgeführt werden.
Allerdings können die intersubjektiven Übereinstimmungen, welche für
die in den Modellen unterstellte, gelingende Verständigung notwendig
sind, nicht erklärt werden.

Kollektives Handeln

Wissens-Spillover-Effekte sind ein soziales Ereignis, da mindestens zwei
Personen von diesem Phänomen betroffen sind. Da theoretisch nicht bestimmt ist, wie dieser Prozeß funktioniert, ist unklar, wie die individuellen
Verhaltensweisen koordiniert werden, um dieses soziale Ereignis hervorzubringen. Intuitiv kann man sich leicht die Aktivitäten eines Industrie-
spions vorstellen sowie Aktionen, mit denen ein Unternehmen seine Ideen
vor der Beobachtung anderer schützt (Tresore, Sicherheitsabteilungen
usw.). Es braucht eine Theorie, die erklärt, wie Wirtschaftssubjekte in koordinierten Aktionen das Spilling-Over von Wissen aktiv herbeiführen
und/oder verhindern. Die Koordination individueller Entscheidungen in
der Weise, daß gleichgewichtige Märkte entstehen, bleibt hier im Konzept
der unsichtbaren Hand verhaftet, also unerklärt.

Die evolutorische Imitationstheorie bedarf zusätzlich einer Vorstellung,
wie es zu korrektem Verstehen der Innovationshandlungen anderer kommen kann. Eine Verständigungs- und Interpretationstheorie ist hier auch
zur Erklärung von Markttransaktionen notwendig.

Fazit: Die theoretische Handhabung von Wissens-Spillovers behandelt Wissen nicht als mentales Phänomen und stellt auch keine Erklärung für den Übergang von Wissen zwischen unterschiedlichen mentalen Systemen bereit. Zwar kann die unterschiedliche Wissensausstattung als Ursache für intersubjektive Unterschiede angesehen werden. Sowohl Unterschiede als auch die Angleichung durch Spillover oder Imitation werden aber nicht theoretisch erklärt. Die Verhaltenskoordination zur Erzeugung oder Verhinderung von Wissens-Spillover-Effekten und Imitationsprozessen wird nicht erklärt.

3.4 Öffentliche Güter

Öffentliche Güter sind spezifische Muster sozial koordinierter Handlungen, die eine Gesellschaft oder gesellschaftliche Gruppe als wünschenswert beschließt, sozial durchsetzt und erzeugt. Beispiele für öffentliche Güter sind gesetzliche Regulierungen, wie Eigentumsrechte, die Konflikte aufgrund von Nutzen- oder Profitinterdependenzen (externen Effekten) lösen (z.B. Emissionsstandards, Ökosteuer), meritorische Güter, in denen eine gesellschaftliche Gruppe der Gemeinschaft ein Verhaltensmuster gemäß ihrer „wahren", subjektiv unterschätzten Präferenzen aufzwingt (z.B. Versicherungszwang, Gesundheitsvorsorge, Arbeitszeitregulierung), sowie staatliche Regulierung oder monopolistische Bereitstellung von Gütern mit mengen- oder zeitabhängig sinkenden Durchschnittskosten (statische, dynamische Economies of Scale, Fixkosten, natürliche Monopole wie Wasser- und Energieversorgung) bzw. nachfrageseitigen Netzwerkexternalitäten (z.B. Verkehrs-, Kommunikationsnetze, Standards).

Öffentliche Güter können zwar mit materiellen Dingen und Leistungen verbunden sein (Straßen, Wasserleitungen), aber sie bestehen nicht allein aus diesen materiellen Leistungen, sondern aus dem gesamten Muster der sozial koordinierten Handlungen, das die Erzeugung, Bereitstellung und Nutzung dieses „Gutes" hervorbringt.[96] Insofern zielt die Theorie öffent-

---

[96] Diese Definition entspricht nicht der in der Ökonomik üblichen. Öffentliche Güter werden dort gerne wie andere materielle Güter behandelt, die lediglich besondere Eigenschaften aufweisen (Nicht-Rivalität und Nicht-Ausschließbarkeit im Konsum). Vgl. Ahrns, Feser (1997). Daß die Annahme gegebener öffentlicher Güter mit gegebenen Eigenschaften nicht aufrechterhalten werden kann, wird im Folgenden noch erläutert (3.4.1).

licher Güter insbesondere auf eine Theorie kollektiven Handelns ab, obwohl sie in diesem Rahmen selbstverständlich auch Aussagen über ihre Theorie des Mentalen und über soziale Gemeinsamkeiten und Unterschiede macht.

Es ist Common Sense, daß die Koordination kollektiven Handelns über Märkte (vollkommene Konkurrenz) im Falle öffentlicher Güter nicht möglich ist, da die individuelle Nutzenorientierung durch das Auseinanderfallen individueller und sozialer Grenzkosten/Grenznutzen (Externalitäten) an Märkten nicht zum gesamtwirtschaftlichen Wohlfahrtsoptimum führt (Marktversagen). Deshalb erörtert die Theorie öffentlicher Güter anderweitige Koordinationsmechanismen, insbesondere das politische System (Wahlen, Interessengruppenbildung und Lobbying), die ex ante eine soziale Entscheidung über die koordinierte Bereitstellung öffentlicher Güter (welche? und wieviel?) erzeugen können. Anders als im spieltheoretischen Fall wird hier nicht von 2 bis 3 Akteuren ausgegangen, sondern von größeren Gruppen (Clubs, Vereine, Interessengruppen) und ganzen Volkswirtschaften (große Gesellschaften).

Die Theorie der öffentlichen Güter ist ein wohlfahrtstheoretisches Konzept und operiert auf der Basis des Rational-Choice-Modells. Die Wirtschaftssubjekte haben deshalb neben dem vollkommenen Rationalkalkül als Entscheidungsmodus und gegebenen Präferenzen, vollkommene Informationen (auch über die Produktionstechnologie öffentlicher Güter) *außer über die Präferenzen der anderen Wirtschaftssubjekte*, da diese nicht über den Preismechanismus in Form einer aggregierten Marktnachfrage vorliegen. „Das Grundproblem öffentlicher Güter besteht darin, daß Individuen keinen Anreiz haben, ihre ‚wahren' Präferenzen bekannt zu geben, wenn die von ihnen geäußerte Zahlungsbereitschaft positiv mit der für die Bereitstellung des Gutes zu entrichtenden Summe verknüpft wird."[97] Die Koordination der Bereitstellung öffentlicher Güter beschränkt sich aus ökonomisch-theoretischer Sicht deshalb traditionell auf die Lösung des Wissensproblems über die in der sozialen Einheit vorliegenden Präferenzen bezüglich öffentlicher Güter. Aus der so ermittelten Nachfrage wird die abgeleitete Menge kollektiv in der gegebenen Bereitstellungstechnologie verfügbar gemacht.[98]

---

[97] Pommerehne (1987) S. 5

[98] Evolutorische Wirtschaftspolitiktheorien, die sowohl den Prozeß der Generierung öffentlicher Wahrnehmung sozialer Probleme, als auch den Prozeß der Entwicklung von kollektiven Lösungen für diese Probleme als kreativ-diskursive Wissensproduktion

Im folgenden wird die Theorie öffentlicher Güter daraufhin untersucht, wie sie erstens die Existenz konkreter öffentlicher Güter erklärt (3.4.1). Anschließend werden die Modi kollektiver Bereitstellung öffentlicher Güter diskutiert (3.4.2), wobei insbesondere auf Parteien und Ideologien eingegangen wird (3.4.3).

3.4.1 Erkennen öffentlicher Güter

Theorie des Mentalen

Da die Theorie öffentlicher Güter vom Rational-Choice-Ansatz ausgeht, gibt es kein Problem, konkrete öffentliche Güter zu erkennen. Der Güterraum privater und öffentlicher Güter ist abgeschlossen, statisch, und alle Wirtschaftssubjekte sind über den Güterraum vollkommen und identisch informiert.

Diese Annahme ist um so problematischer, als sie den empirischen Gegebenheiten widerspricht. Nicht jedes konkrete öffentliche Gut wurde schon immer (z.B. Umweltschutz), in allen Gesellschaften gleichermaßen (z.B. Gleichstellung von Frauen und Männern, Personalausweiserstellung) oder wird noch immer (z.B. Eisenbahn, Telekommunikation) als öffentliches Gut anerkannt, obwohl sich die nützlichen Eigenschaften oder die produktionstechnologischen Grundlagen dieser Güter nicht maßgeblich in dieser Zeit verändert haben. Historische und interkollektiv unterschiedliche Vorgänge von Privatisierung, Verstaatlichung, Regulierung und Deregulierung bestimmter Branchen deuten darauf hin, daß die Eigenschaft „öffentliches Gut" nicht aus technischen Eigenschaften besteht, die dem betreffenden Gut bzw. Leistungsmuster innewohnen. Die „Öffentlichkeit" von Gütern ist ein Interpretationskonstrukt, das vergesellschaftet lebende Menschen in ihrem sozialen Umverteilungsdiskurs und zur Legitimation ihrer Verteilungspraxis von Eigentums- und Handlungsrechten verwenden. Öffentliche Güter geraten ebenso wie private Güter erst dann in Existenz, wenn sie erfunden werden, sich innerhalb einer sozialen Gemeinschaft als Wirklichkeitskonstrukt durchsetzen und ihre „Öffentlichkeit" geteilte Interpretationspraxis innerhalb der Gemeinschaft wird, bspw. das

—▷ Diskus!

modellieren, sind nicht unter das Paradigma „öffentlicher Güter" zu subsumieren. Vgl. hierzu insbesondere Ernst (1986), Meier, Slembeck (1998), Meier, Haudenschildt (1991), Meier, Mettler (1988), Koch (1996; 1998)

Gut „Umweltqualität", das in den 70er Jahren „erfunden" und durchgesetzt wurde.[99]

Im Fall meritorischer Güter muß lediglich ein Teil der Bevölkerung der
Überzeugung sein, die Gesellschaftsmitglieder müßten ein spezifisches
ökonomisches Verhaltensmuster zeigen. Wenn sie mächtig genug sind,
können sie dieses gewünschte Verhaltensmuster durch Zwang einführen
und werden ihr überlegenes Wissen über die „wahren" Präferenzen anderer, z.B. durch die Argumente elitärer „Experten", legitimieren. In diesem
Fall wird die Entscheidung über die Eigentums- und Handlungsrechte sowie -pflichten eines Kollektivs von einem geringen Teil des Kollektivs getroffen. Diese Ausschaltung des Verteilungsdiskurses geht nur, wenn die
Machtverhältnisse entsprechend verteilt sind. In modernen, egalitären Gesellschaften sind solche elitären Wissensanmaßungen eher verpönt, weshalb nur selten mit „meritorischen" Gütern, statt mit externen Effekten
argumentiert wird.

Um die Produktionstechnologie eines Gutes vollständig zu kennen,
muß die Produktion auch durchgeführt werden und in einer Weise, daß
Economies of Scale tatsächlich feststellbar sind. Das Vorliegen hoher Fix-
kostenblöcke (set-up-costs), die ex ante eher abgeschätzt werden können,
muß kein zwingender Grund für die öffentliche Bereitstellung eines Gutes
sein (z.B. Flugzeugindustrie). Insofern ist das „Erkennen" eines „natürlichen" Monopols zur Legitimierung staatlicher Bereitstellung eines Gutes
an die Erfindung dieses Gutes, seine Produktion, an empirische Erfahrungen über die Marktreichweite und sich einstellende Konkurrenz sowie an
die Durchsetzung dieser Argumentation im kollektiven Diskurs gebunden.

Insbesondere im Fall von externen Effekten wird deutlich, daß diese
ökonomische Argumentation maßgeblicher Teil des Umverteilungsdis-
kurses von Rechten, Pflichten und Vermögen innerhalb einer Gesellschaft
ist. Als Externalitäten werden Vermögensumverteilungen bezeichnet, die
jenseits des Marktes und in der Regel zumindest auf einer Seite unfreiwillig geschehen.

---

[99] Als Ausnahme der Literaturlandschaft findet sich bei Guy Kirsch zumindest die Behauptung, daß die Existenz einer artikulierten politischen Sprache die notwendige Voraussetzung für das Erkennen von kollektiven Bedürfnissen bzw. öffentlichen Gütern sind.
Wie dieser Prozeß der interaktiven Entwicklung einer politischen Sprache und des demokratischen Lehr- und Lernprozesses des Erkennens öffentlicher Güter allerdings
funktioniert und was die Bedingungen seines Gelingens sind, wird auch hier nicht spezifiziert. Vgl. Kirsch (1997) S. 208 ff.

Umweltschädigende Emissionen industrieller Produktion wurden nicht immer als gesellschaftliches Übel „erkannt". Die damit verbundenen Schädigungen von Gesundheit und Ökosystemen waren lange gesellschaftlich zulässige Handlungsrechte von Unternehmen. Erst die politische Thematisierung als negative externe Effekte führte zu öffentlichen Lösungen, sowohl im Rahmen der Rechtssprechung als auch durch Veränderung des gesetzlichen Rahmens (Zulassungsauflagen, Verbote usw.).

Auch im Fall der Allmendeproblematik, in der die Leistungsfähigkeit kollektiven Eigentums (Weide- und Ackerland, Wasserzufuhr, Wälder) mit zunehmender Nutzungsintensität sinkt, wird das Gut erst dann als kollektives Koordinationsproblem „erkannt", wenn der Pro-Kopf-Ertrag der NutzerInnen unter das sozial als angemessen oder notwendig anerkannte Maß absinkt oder mächtigere NutzerInnen Vorrechte sichern wollen.

Bei Konsum- oder Produktionsexternalitäten wird also kollektiv darüber entschieden, ob die Folgen bestimmter individueller Handlungen von den Betroffenen geduldet werden müssen (z.B. verschlechterte Marktpositionen durch Innovatoren), ob und welchen Aufwand sie zum Schutz ihrer Vermögensposition persönlich zu leisten haben (z.B. Schutz vor Wissens-Spillovern), die Gemeinschaft (z.B. Sozialversicherung) oder die schädigende Person (z.B. Kompensationen, umgekehrte Beweislast) zu leisten haben. Nur wenn Nutzen- und Profitinterdependenzen von Wirtschaftssubjekten gesellschaftlich als Problem, als ungerecht beurteilt werden, gelten sie als externe Effekte und werden öffentliche Güter erfunden und durchgesetzt, um eine gesellschaftlich als angemessen empfundene Verteilung von Eigentums-, Handlungsrechten und Vermögen zu gewährleisten. Alle anderen, aus Theoriesicht externen Effekte, sind in der Ökonomik nicht existent.[100]

Daraus ist zu schließen, daß die Öffentlichkeit von Gütern und die kollektive Problemhaftigkeit externer Effekte weder in der Wirtschafts-, noch in der Wissenschaftspraxis aus den Eigenschaften spezifischer Güter abgeleitet wird, sondern nur aus der kollektiven Wahrnehmung und Beurteilung von Verteilungskonflikten.

—⊃ Kommunikation & Sprache

---

[100] Vgl. Hesse (1983), Hesse (1979) S. 309-328

Soziale Gemeinsamkeiten und Unterschiede

Da in der Theorie öffentlicher Güter alle Wirtschaftssubjekte identisches Wissen über den Güterraum haben, wird ihre unterschiedliche Nachfrage neben ihren gegebenen Präferenzen vor allem durch ihre unterschiedlichen Budgetrestriktionen erklärt. Da Präferenzen und Budgetrestriktionen aber als exogen gegeben unterstellt werden, werden Gemeinsamkeiten und Unterschiede also nicht erklärt.

Die Annahme vollkommener Information über den öffentlichen Güterraum verdeckt das empirische Phänomen, daß sich Gesellschaftsmitglieder oder unterschiedliche Gesellschaften in ihren Konstruktionen, welche öffentlichen „goods" und „bads" es gibt und was warum als „good" oder „bad" gelten sollte, stark unterscheiden können. Präferenzen für öffentliche Güter enthalten deshalb notwendigerweise Wirklichkeitskonstruktionen, die eigentlich unter „Informationen" subsumiert werden. Die Annahme einer kollektiv übereinstimmenden Güterraumkonstruktion zieht folglich Inkonsistenzen nach sich, weil die Eigenschaften öffentlicher Güter nicht allein durch die objektiven Eigenschaften eines Dings oder einer Leistung bestimmt sind, sondern auch durch die bewertende Wirklichkeitskonstruktion der Gesellschaftsmitglieder.

Kollektives Handeln

Wie das intersubjektiv übereinstimmende Wissen über die Existenz eines konkreten öffentlichen Gutes in einem Kollektiv entsteht, wird nicht erklärt, da die Information über diese „objektive Tatsache" als gegeben gilt. Kollektives, z.B. politisches Handeln, das zur gesellschaftlichen Festlegung der Definition von öffentlichen Gütern und externen Effekten führt, wird ausgeschlossen. Die Notwendigkeit der kollektiven Koordination besteht nicht in Bezug auf das Erkennensproblem, sondern nur bezüglich der Entscheidung über Angebotsmengen öffentlicher Güter (siehe 3.4.2).

Fazit: Das Problem des Erkennens, also der diskursiven Erzeugung konkreter „öffentlicher Güter" wird in der Theorie öffentlicher Güter durch die Annahme vollkommener Informationen über den gegebenen Güterraum ausgeschlossen. Daß manche Gesellschaftsmitglieder ein öffentliches Gut nicht als solches wahrnehmen, wird auf deren Präferenzen, also auf keine oder negative Nachfrage nach diesem Gut zurückgeführt. Der Prozeß der kollektiven Definition (Erkennen) öffentlicher Güter ist von der kollektiven Festlegung des Angebots dieser Güter in seiner empirischen Ausprägung nicht zu trennen. In der Theorie öffentlicher Güter wird aber lediglich kollektives Handeln zur Bestimmung gesellschaftlich gewünschter Angebotsmengen angenommen.

3.4.2 Bereitstellung öffentlicher Güter

Die Nachfrageunterschiede innerhalb einer Gesellschaft bezüglich öffentlicher Güter, gleichgültig ob durch Präferenz- oder Budgetunterschiede verursacht, sind aus ökonomischer Sicht problematisch. Denn bei der ex ante Festlegung des Angebots kann erstens aufgrund der Nicht-Rivalität im Konsum nur *eine* Menge und Qualität des Gutes für alle bereitgestellt werden und zweitens aufgrund der Nicht-Ausschließbarkeit vom Konsum keine nutzungsäquivalente Finanzierungsbeteiligung durchgesetzt werden. So wird es je nach bereitgestellter Menge zu einer Über- und/oder Unterversorgung mit dem öffentlichen Gut sowie zu einer unter- oder überäquivalenten Beteiligung der NutzerInnen an der Bereitstellungsfinanzierung kommen. Um die Nutzeneinbußen, die den Kollektivmitgliedern hieraus entstehen, möglichst gering zu halten, gilt es, eine Angebotsstruktur öffentlicher Güter und Abgabenstruktur zu deren Finanzierung zu entwickeln, die den Präferenzen und Nutzungsstrukturen innerhalb des Kollektivs möglichst nahe kommen.

Hierzu muß ex ante Wissen über Präferenzen, Nutzungsstrukturen und Leistungsfähigkeiten erzeugt werden, das sich nicht aus den realisierten Verhaltensweisen der Individuen interpretieren läßt, da ja gerade die fehlenden Strukturen (Marktversagen) verhindern, daß sie ihr optimierendes Verhalten zeigen könnten. Kollektiver Wissensbedarf besteht insbesondere hinsichtlich folgender Fragen:

1. Welche öffentlichen Güter des gegebenen Güterraums sollen bereitgestellt werden?

2. Welche Angebotsstruktur entspricht am ehesten der Gesamtheit der Präferenzen im Kollektiv?

3. Wie lassen sich die individuellen Nachfragewünsche am besten (realistischsten) zu einer Information über die Gesamtnachfrage aggregieren?

4. Welche konkreten Maßnahmen (Produktionstechnologien) sollen er- griffen werden, um das jeweilige gewünschte Gut in der gewünschten Menge und Qualität bereitstellen zu können?

5. Wer ist für die Bereitstellung öffentlicher Güter zuständig?

Während die letzte Frage der ökonomischen Theorie der (rationalen) Wirtschaftspolitik zur Lösung vorbehalten ist,[101] sind die ersten drei Fra- gen genuine Fragen der Theorie öffentlicher Güter, der Theorie der Wirt- schaftspolitik und der Neuen Politischen Ökonomie. Da in der Regel unterstellt wird, daß auch öffentliche Güter arbeitsteilig produziert werden sollten und daß staatliche Akteure aufgrund ihres Gewaltmonopols diese Produktion übernehmen sollten,[102] liegt es an diesen, das notwendige Wis- sen über die sozialen Präferenzen zu erzeugen, falls sie an der „optimalen Allokation knapper Güter" nach dem „Gemeinwohl" interessiert sind, was bis zum Aufkommen der Theorie der Neuen Politischen Ökonomie unter- stellt wurde.

Nachdem der Versuch, die pareto-optimale Versorgung mit öffent- lichen Gütern in einem neoklassischen Optimierungsansatz zu berechnen gescheitert war (Samuelson, Lindahl)[103], wurde der Koordinationsmecha- nismus der Abstimmung und Wahlen als Lösung des Wissensproblems eingeführt. Wicksells Vorschlag, unter allen vorgeschlagenen Angebots- strukturen öffentlicher Güter und zugehörige Finanzierungsmodellen die- jenige zu realisieren, der das Kollektiv einstimmig zustimmt (Einstimmig- keitsregel), scheitert an den hohen Verfahrenskosten und der Möglichkeit, seine Zustimmung durch vorgetäuschte Veto-Vorhaben kaufen zu las- sen.[104] Deshalb wurden anschließend qualifizierte Mehrheitsregeln (mit oder ohne Minderheitenschutz) als der Abstimmungsmodus bestimmt, der Information über und Aggregation von kollektiven Präferenzen für

---

[101] Deshalb wird im Folgenden auf diese Frage nicht mehr eingegangen. Jedoch sei nur auf von Hayeks (1974) Kritik der staatlichen „Anmaßung von Wissen" verwiesen, daß kollektive Wissensprobleme auch die „Produktionstechnologie" öffentlicher Güter be- treffen und von der Wissenschaft weder eindeutig, optimal, noch endgültig beantwortet werden können.

[102] Auch bei Clubgütern und nicht staatlich bereitgestellten Kollektivgütern wird in der Regel unterstellt, daß (gewählte) Repräsentanten die Bereitstellung der Güter organisie- ren. Deshalb gelten die anschließenden Argumentationen analog. Nur in Unternehmen wird der erzwungene „Konsum" von Kollektivgütern nicht durch Wahl der Hierarchie- spitze, sondern durch Privateigentum an den Produktionsmitteln legitimiert.

[103] Vgl. Samuelson (1954), Lindahl (1919), Noll (1979) S. 81-89

[104] Vgl. Wicksell (1896), Mackscheidt, Steinhausen (1977) S. 38-41

öffentliche Güter am besten herstellen kann. Nachdem Arrow schon früh gezeigt hat, daß kein Abstimmungsverfahren möglich ist, das in allen Fällen eine widerspruchsfreie Abbildung der individuellen Urteile in einer gesellschaftlichen Präferenzordnung (sozialen Wohlfahrtsfunktion) erlaubt,[105] gelten Wahlen nur noch als praktisches Instrument zur Erzeugung hinreichender Informationen, aber nicht als realistische Abbildung der Präferenzen des Kollektivs.[106]

Theorie des Mentalen

Bei all diesen Ansätzen wurde zunächst vorausgesetzt, daß die abstimmenden Kollektivmitglieder über die Angebotsoptionen bestimmter öffentlicher Güter vollkommen informiert sind und dann entweder nacheinander über jedes einzelne öffentliche Gut oder über das gesamte Spektrum möglicher Kombinationen bestimmter Mengen bereitzustellender öffentlicher Güter abstimmen. Sie verhalten sich dabei als rationale EntscheiderInnen. Die Entstehung individueller Wirklichkeitskonstruktionen wird also nicht erklärt.

Soziale Gemeinsamkeiten und Unterschiede

Intersubjektive Übereinstimmung oder Unterschiedlichkeit wird in diesen Modellen nur auf exogen gegebene, unterschiedliche Präferenzen respektive Budgetrestriktionen zurückgeführt, also nicht erklärt.

Kollektives Handeln

Die dargestellte Entwicklung in der Theorie öffentlicher Güter kam letztlich zu dem Ergebnis, daß eine rationale Optimierung der Allokation öffentlicher Güter auch bei vollkommen informierten, rationalen AkteurInnen nicht möglich ist, da kein Koordinierungsmechanismus entwickelt werden kann, mit dem aus individuellen Präferenzen Wissen über *eine*

---

[105] Vgl. Arrow (1951)

[106] Vgl. zu anderen Verfahren zur Aufdeckung kollektiver Präferenzen Pommerehne (1987), zur Problematik des Lügens bei der Aufdeckung sozialer Präferenzen Kuran (1997). Zudem zeigt Hesse (1979), daß die Bestimmung öffentlicher Aufgaben (Erkennen öffentlicher Güter) nicht unabhängig von dem politischen Prozeß getroffen werden kann, in dem die Mengengerüste öffentlicher Güter bestimmt werden.

kollektive Präferenzordnung über öffentliche Güter erstellt werden könnte. Damit ist die Theorie öffentlicher Güter als wohlfahrtstheoretische Allokationstheorie an ihrem Ende. In der Folge werden nicht mehr normative Theorien für Verfahren zur Entwicklungen kollektiver Präferenzen erstellt, sondern positiv-theoretisch die politischen Verfahren untersucht, mit denen über die Bereitstellung öffentlicher Güter realiter entschieden wird.

Fazit: Wohlfahrtstheoretische Verfahren zur Bestimmung des Angebots öffentlicher Güter unterstellen intersubjektiv identisch, vollkommen informierte rationale Akteure. Die Koordination kollektiven Handelns wird durch Abstimmungen erklärt. Obwohl die kollektiven Handlungsmöglichkeiten vollständig bekannt sind, können kollektive Präferenzen durch den Abstimmungsmechanismus nicht transparent gemacht werden. Ohne dieses Wissen über die kollektiven Präferenzen kann aber auch keine rationale Entscheidung über die Bereitstellung öffentlicher Güter getroffen werden. Da die Theorie des Mentalen aber nur Rationalkalkül-Entscheidungen für möglich erklärt, kann die Theorie öffentlicher Güter die sozialen Verhaltensmuster, mit denen empirisch vorfindliche Kollektive ihre Entscheidungen über öffentliche Güterangebote treffen, nicht erklären und modellieren.

3.4.3 Ideologien und Parteien

Im folgenden werden nun die Antworten der Neuen Politischen Ökonomie (NPÖ), als dem gegenwärtigen State of the Art, hinsichtlich unserer drei Fragestellungen analysiert. Dieser Theorieansatz befaßt sich mit den kollektiven Abstimmungsprozessen und politischen Systemen, in denen die Bereitstellung öffentlicher Güter entschieden wird.

Zum ersten führt die NPÖ die Annahme ein, daß die Wählerinnen nicht vollkommen informiert sind. Es gibt also intersubjektiv unterschiedliche Informationsbestände. Im Rahmen des oben (3.3.2) dargestellten informationsökonomischen Modells wird argumentiert, daß der individuelle Grenznutzen der Informationsbeschaffung bei Kollektivabstimmung extrem gering ist, da die Einzelstimme das Gesamtergebnis der Abstimmung nur marginal beeinflußt und folglich das votierte Ergebnis nicht automatisch mit der Stimmabgabe durchgesetzt wird. Die Grenzkosten der In-

formationsbeschaffung seien aber hoch, deshalb werde die rationale Wäh-
lerIn sich nur wenig informiert an der Wahl beteiligen (rational igno-
rance).[107] „Wenige Informationen bedeuten aber schlechte Entscheidungen. Für die Gruppe als Ganzes kann der Schaden beträchtlich sein."[108] Die
Annahme schlecht informierter WählerInnen beinhaltet aber auch, daß
die Wähler selbst nicht ihre „wahren" Präferenzen aufdecken können, da
sie ja über die Optionen nicht richtig informiert sind. Wenn schon die einzelnen Wirtschaftssubjekte ihre Präferenzen nicht kennen, kann die Ökonomik nicht mehr hoffen, durch Wahlen eine Aggregation der „wahren",
im Kollektiv vorhandenen Präferenzen auch nur annähernd zu erzielen.

   Da die Informationskosten für die WählerInnen zudem extrem hoch
wären, wenn über alle Möglichkeiten konkreter Haushaltspläne (öffentliche Gütermengenstruktur) abgestimmt würde, werden im politischen
Prozeß nur wenige Optionen von Personen, die auch mit der Durchführung dieser Optionen beauftragt werden sollen (VolksvertreterInnen, PolitikerInnen), zur Wahl gestellt. PolitikanbieterInnen, die ähnliche Ange-
botsstrukturen öffentlicher Güter präferieren, schließen sich zu Parteien
zusammen. Parteien formulieren ihr geplantes Angebot an öffentlichen
Gütern nicht als konkretes Mengengerüst, sondern in Form von eher abstrakten „Ideologien", mit denen eher Bewertungskriterien offengelegt
werden, die bei der Entscheidung über das Angebot an öffentlichen Gütern angewendet werden sollen.[109] Indem Parteien Ideologien anbieten,
werden die Informationskosten der WählerInnen gesenkt, da nur über
wenige Optionen und sehr allgemeine, ungefähre Angebotspläne öffentlicher Güter informiert wird.[110] Allerdings ist hier zu beachten, daß diese
Selektion von Ideologien systematisch Nicht-Wissen erzeugt, denn ein Bedürfnis nach öffentlichen Gütern, die in den Ideologien nicht auftauchen,
kann nicht offengelegt werden. Selbst wenn die Wirtschaftssubjekte über

---

[107] Vgl. Downs (1968), Herder-Dorneich, Groser (1977) S. 153-158, Frey, Kirchgässner
(1994) S. 364-373, Kirsch (1997) S. 214 ff.

[108] Herder-Dorneich, Groser (1977) S. 157

[109] Vgl. zu Definitionen des Ideologiebegriffs, der innerhalb der Ökonomik durchaus
unterschiedlich verwendet wird, etwa Downs (1968) S. 99, Converse (1964) S. 206 ff.,
Denzau, North (1994) S. 4. Auch in den Nachbardisziplinen Politikwissenschaften und
Soziologie ist der Begriff der Ideologie noch nicht einheitlich gefaßt. Allerdings gibt es
Ansätze einer stärkeren Differenzierung des Begriffs und der Wirkungen von „ideas", vgl.
Campbell (1998)

[110] Vgl. zu den folgenden Ausführungen über Ideologien und Parteien Olson (1985),
Schmidt (1992), Herder-Dorneich, Groser (1977) S. 173-179, Kirsch (1997) S. 232-264,
Downs (1968), Frey, Kirchgässner (1994), Sturm (1995)

die Existenz dieser Güter „vollkommen informiert" wären, könnten sie realiter im Kollektiv nicht existent werden. Die mentale und kollektivreale (Möglichkeit der) Existenz fallen also auseinander.[111]

Obwohl das informationsökonomische Modell bereits in Abschnitt 3.3.2 aufgrund der Unmöglichkeit der Superoptimierung kritisiert wurde, soll hier eine interessante Modifikation dieses Modells in der NPÖ betrachtet werden. An die Stelle eines reinen Informationsmodells, wo nur über die aufzunehmende Menge wahren Wissens über Wirklichkeit entschieden wird, tritt nun ein Modell der *Einflußnahme* durch Informationen. Es wird also nicht mehr angenommen, daß durch Informationen die Vollständigkeit und Realitätsnähe der Wirklichkeitskonstruktionen der Akteure verändert wird, sondern daß durch spezifische selektive Informationsbündel auch bestimmte Wahlhandlungen der Akteure gezielt ausgelöst oder wahrscheinlicher gemacht werden können. Da sich die WählerInnen im informationsökonomischen Modell sowieso selektiv informieren, werden die Parteien die Kosten der Informationssuche und -aufnahme für die Informationsbündel subventionieren, die die Wahrscheinlichkeit erhöhen, daß die WählerInnen die jeweilige Partei wählen. Die Informationshandlungen der Parteien werden folglich nicht als reine, neutrale Informationsdiffusion vorgestellt, sondern als Machthandlung zur Lenkung des WählerInnenverhaltens.[112] Allerdings wird angenommen, daß sich die Parteien im Wettbewerb um die WählerInnengunst die Erfolge der Manipulation gegenseitig einschränken.[113]

Die Annahme, daß lediglich die Informationsbeschaffung Kosten verursacht, wird dann auch modifiziert um die Kosten der Informationsbereitstellung: Die subventionierte Bereitstellung ausgewählter Informationen findet sich so als „Produktion" von Einfluß mit den Inputfaktoren Geld und Zeit. Die Beeinflussungstechnologie wird als gegeben vorausgesetzt (exogen), wobei die verfügbare Zeit und Geldressourcen einflußneh-

---

[111] Der Modus der Entscheidung über die bereitzustellende Menge öffentlicher Güter ist also implizit auch eine Entscheidung, darüber welche öffentlichen Güter „erkannt", d.h. öffentlich anerkannt werden. Wie in Abschnitt 3.4.1 beschrieben, muß auch das „Erkennen" öffentlicher Güter in der Folge als Problem behandelt werden.

[112] Vgl. Herder-Dorneich, Groser (1977) S. 158-164, Kirsch (1997) S. 222. In der Spezifikation von Formen der Einflußnahme von Meier, Slembeck (1998) S. 119-125 würde sich die selektive Informationspolitik als Überzeugen (bei offengelegter Intention) oder Manipulieren (falls die Intention der Einflußnahme bzw. falls die Urheber der Informationen verschleiert werden) eingeordnet werden. Die beiden Autoren nehmen auch „reine" Handlungen, bspw. Bestechung, in den Kanon der Einflußnahme auf.

[113] Frey, Kirchgässner (1994) S. 324

mender Gruppen die Produktionsmenge und gewählte Technologie (zeit-
intensiv/geldintensiv) determiniert. Entsprechend müßten größere Gruppen mehr Einfluß „produzieren" können.[114] Diese Modelle ignorieren
allerdings die von Olson herausgearbeiteten Organisations- und Kommunikationskosten, die zur Koordination und Vereinheitlichung kollektiven
Handelns nötig sind. Olson prognostiziert deshalb für größere und hinsichtlich ihrer Interessen heterogenere Gruppen eine wesentlich geringere
Effektivität der Einflußnahme.[115]

Diese informationsökonomischen Ansätze der Information und Beeinflussung von WählerInnen sind insgesamt dafür zu kritisieren, daß ihnen
eine Theorie der Kommunikation und Interpretation fehlt. Zwar sind die
TheoretikerInnen überzeugt, daß die Parteien genau wissen, welche
(immer noch als wahr unterstellten) selektierten Informationen zur erfolgreichen Wählermanipulation führt, aber es ist unklar, warum erstens bei
allen WählerInnen das gleiche Informationsset einflußreich sein sollte,
wenn sie doch unterschiedliche Präferenzen haben, und zweitens, wie ein
solcher Zusammenhang zwischen Informationsset und Wahlhandlung
den PolitikerInnen bekannt sein kann, wenn sie die Präferenzen der
Wählerinnen gar nicht kennen. Eine gezielte Einflußnahme und „Infor-
mationssubventionierung" in Form der aktiven Überredung von WählerInnen ist nur sprachlich möglich, d.h. durch einen Prozeß, in dem sowohl
PolitikerInnen wahrnehmend und kommunizierend „Informationen"
über WählerInnen erwerben können, als auch sprachlich über ihre wahren
oder unwahren Angebotsabsichten öffentlicher Güter informieren können.

Da der Prozeß der Information und Einflußnahme nicht explizit als
Kommunikationsprozeß benannt wird, werden die Eigenschaften sprachlicher Verständigungsprozesse nicht als relevanter Untersuchungsgegenstand erachtet, obwohl nur mit einer Theorie der Durchführung von
„Information" und „Einflußnahme" auch die Kostenverläufe dieser Prozesse geschätzt werden könnten. In der Theorie der NPÖ kursieren statt
dessen lieber Annahmen über Grenzkosten- und Grenznutzenverläufe, die
blind aus den üblichen gütermarktlichen Modellen übernommen werden.
Daß die sich Informierende den (Grenz-)Nutzen einer Information, wenn
überhaupt, immer erst dann beurteilen kann, wenn sie die Information bereits erworben und die Beschaffungskosten bereits geleistet hat, ist eine

---

[114] Vgl. Breton (1974) S. 101 ff., Herder-Dorneich, Groser (1977) S. 161 ff.
[115] Vgl. Olson (1985)

Eigenschaft von „Informationsgütern" die in diesem Modell insgesamt übersehen wird. Die Modellierung des Informationsprozesses als Beeinflussung macht aber deutlich, daß zumindest implizit die nicht-neutrale Wirkungsweise von Sprache erkannt wird, obwohl die Ursachen und Funktionszusammenhänge dessen unbekannt und unerklärt bleiben.

Das Problem der kollektiven Aufdeckung und Aggregation von Präferenzen für öffentliche Güter wird mit der Einführung des parteipolitischen Wahlmodus von der gesamten Wählerschaft auf die Parteien verschoben. Denn auch hier ist unklar, wie eigentlich aggregierte politische Präfererenzen entstehen. Implizit wird unterstellt, daß es den Akteuren transparent ist, wer welche Präferenzen hat und welche Präferenzen intersubjektiv ähnlich sind. Aufgrund dieser gegebenen Information können sich die Gruppen dann zu Parteien formieren, ihr politisches Programm formulieren und die WählerInnen informieren.[116] Indem Ähnlichkeit und Art der Präferenzen für öffentliche Güter als bekannt vorausgesetzt wird, ist hier das Wissensproblem als gelöst angenommen, das mit Hilfe des politischen Abstimmungsmodus gelöst werden sollte, nämlich die Aufdeckung und kollektive Aggregation der Präferenzen.[117] Die Behandlung des intersubjektiven Wissensproblems ist inkonsistent.

Andere Theorien, wie der Medianwähleransatz, argumentieren, daß die Parteikollektive gar nicht ihre eigenen homogenen Präferenzen zur Grundlage der Parteiideologie machen, sondern ihre kollektiven Vermutungen über die Präferenzen der Wählermehrheit. Hier wird das Wissensproblem noch merkwürdiger als gelöst angenommen: denn während die Vermutung nahe liegt, daß die Individuen wenigstens über ihre eigenen Präferenzen informiert sind, spielen für die Ideologieproduktion nun nur noch Annahmen über die unbekannten Präferenzen anderer eine Rolle.[118] Da in der Regel unterstellt wird, die Parteien könnten ex ante, also vor der Wahl, Wissen über die Präferenzen der anderen erzeugen, wird auch hier wieder das Problem als gelöst angenommen, das durch Wahlen gelöst werden sollte. Es müßte Möglichkeiten der intersubjektiven Ver-

---

[116] Diese Modelle gehen zurück auf Almond (1958)

[117] Auch Olsons (1985) Ansatz, der ja die Organisationskosten bei der Bildung von Interessengruppen thematisiert, arbeitet nicht wirklich kommunikationsbezogen.

[118] Dieser Annahme folgt auch Olson (1985), nach dem das Common Interest von Parteimitgliedern nicht die gemeinsame Ideologie ist, sondern die Möglichkeit durch die Partei in Regierungsposten zu gelangen. Diese These ist jedoch empirisch widerlegt, vgl. van Waarden (1992).

ständigung, also Koordinationsmöglichkeiten von Wissen eingeführt werden, die diese kollektiven Wissensbestände erklären können.

Obwohl das Wissensproblem also eigentlich als parteiintern gelöst angenommen wird, sind Wahlen dann nicht mehr nötig, um zu klären, was gewünscht wird, sondern um festzulegen, *wer* das Angebot öffentlicher Güter entscheiden und bereitstellen soll. Dann muß nur noch das Vertrauensproblem, das durch die sprachliche Möglichkeit des Lügens entstehen kann, durch periodisch wiederkehrende Wahlen gelöst werden. In diesem Fall besteht zwar vollkommene Information über kollektive Präferenzen für öffentliche Güter, aber asymmetrische Information über zukünftiges Verhalten politischer Delegierter.

Die dargestellten NPÖ-Modelle unterscheiden sich zwar teilweise in ihren Annahmen, sollen nun aber trotzdem gemeinsam einer Beurteilung vor dem Hintergrund unserer drei Fragestellungen bewertet werden.

Theorie des Mentalen

In Modellen der NPÖ werden rationale EntscheiderInnen unterstellt, die entweder vollkommen informiert sind (z.B. parteiintern über Mitglieder-Präferenzen) oder aufgrund rationaler Entscheidungen unvollständig informiert (z.B. WählerInnen). Es wird angenommen, daß bestimmte Informationen im Rahmen sozialer, marktähnlicher Prozesse erworben werden (Information über Partei-Angebote), andere über Abstimmungen erzeugt werden (Informationen über kollektive Präferenzstrukturen für delegierte Anbieter öffentlicher Güter). Allerdings wird der Prozeß dieser Informationsverbreitung und Informationserzeugung nicht durch eine Theorie der Kommunikation und Interpretation fundiert. Die Annahmen über kollektive Transparenz von Wissen über Präferenzen sind teilweise inkonsistent (z.B. parteiintern – gesellschaftlich).

Informationen werden nicht mehr als reine Wirklichkeitsabbildungen modelliert, sondern als Machtmittel zur Beeinflussung von Verhalten. Diese implizite Konzeption der Nicht-Neutralität von Kommunikation und der Zusammenhang zwischen bestimmten Informationssets und spezifischen Handlungsweisen ist allerdings theoretisch nicht ausgearbeitet. Während die TheoretikerInnen *nicht* über das Wissen über erfolgreiche Informationspolitik, also sprachliche Machtmethoden, informiert sind, wird jedoch vollkommene Information der Parteien über diese Erfolgsrhetorik unterstellt.

Soziale Gemeinsamkeiten und Unterschiede

Intersubjektive Unterschiede von Wissensständen und Verhaltensweisen können hier auf die unterschiedliche Zusammensetzung des jeweils verfügbaren Sets an Informationen der Wirtschaftssubjekte zurückgeführt werden. Eine gelingende Verständigung unter unvollständig informierten, rational ignoranten Akteuren kann realiter eigentlich nicht möglich sein, kann aber in der Theorie durch vollkommenes Metawissen und universal identische Kommunikationsvermögen begründet werden. Allerdings können die PolitikerInnen bei vollkommenem identischen Metawissen ihre WählerInnen nicht mehr wirksam beeinflussen, da diese dann ja wüßten, welches Wissen ihnen zur richtigen Einschätzung der Situation noch fehlen würde.

Auch unterschiedliche Präferenzen, also Interessenunterschiede, werden zur Erklärung von sozialen Unterschieden genannt, aber ihre Ursachen nicht erklärt.

Soziale Übereinstimmung besteht hinsichtlich des Anteils intersubjektiv-identischer, vollkommener Informationen und der rationalen Entscheidungsmodi der Akteure.

Insgesamt besteht allerdings das Problem, daß in inkonsistenter und unerklärter Weise die gleichen intersubjektiven Wissensunterschiede mal als gelöst angenommen werden, etwa bei der Formierung von Parteien nach gleichen Common Interests, mal als ungelöst, z.B. zwischen PolitikerInnen und Parteien.[119]

Kollektives Handeln

Obwohl die Verständigungsprozesse, die kollektive Koordinationsphänomene wie Abstimmung, Wahlen und politische Einflußnahme hervorbringen, theoretisch nicht erklärt werden, wird weder klar, wie durch diese kollektiven Koordinationshandlungen tatsächlich sozial verfügbares Wissen über kollektive Präferenzen entstehen kann. Der Prozeß der sozialen Wissensgenerierung über kollektive Präferenzen entpuppt sich letztlich als

---

[119] Diese Wissensproblematik kann noch weiter ausgedehnt werden auf die Koordination zwischen Regierung und Bürokratien, Bürokratien und Bürgern, Parlament und Regierung, Parteien und Politikern, Interessengruppen (Lobby) und Politikern und so weiter. Die Wissensprobleme, die sich stellen, sind allerdings immer die selben und werden immer ohne Rekurs auf das Kommunikationsmittel Sprache theoretisch „gelöst".

Prozeß der *Einigung* über konkrete Anbieter von öffentlichen Gütern, ohne daß die Art, Qualität und Mengengerüste öffentlicher Güter noch bekannt sind oder konkret zur Abstimmung vorgestellt werden (unvollständige Information). Die NPÖ beschreibt also den politischen Prozeß als kollektive Koordination individueller Verhaltensweisen, ohne daß den Individuen die Kollektivhandlung, zu der der Auftrag erteilt wird, noch bekannt wäre.

Fazit: Die Theorie der Neuen Politischen Ökonomie kann letztlich nicht erklären, wie das Problem der Intersubjektivierung und Aggregation von (Wissen über) Präferenzen über öffentliche Güter gelöst werden kann. Entweder sie nimmt an, daß der politische Prozeß durch rational ignorante WählerInnen und selektiv beeinflussende PolitikerInnen nicht die „wahren" Präferenzen aufdecken kann. Oder sie nimmt an, die „wahren" Präferenzen seien schon bekannt und die Gesellschaft könne sich problemlos in Gruppen mit homogenen, wahren Präferenzen aufteilen und organisieren (Parteienbildung). Auch die Abbildung von Parteipräferenzen in sprachlich formulierte Ideologien ist in der Theorie problemlos und neutral möglich. Zwar „erklärt" die Neue Politische Ökonomie die Hervorbringung kollektiver Handlungen, aber die Akteure sind sich bei der „Koordination" dieser Handlungen nicht bewußt, welche Handlung sie eigentlich hervorbringen bzw. welchen Kollektivhandlungen sie zustimmten. Und sie können nicht mehr beurteilen, ob diese koordinierten Kollektivhandlungen tatsächlich ihren Wünschen entspricht.

3.5 Shared Mental Models

Zuletzt wird nun auf den Ansatz der Mental Models bzw. Shared Mental Models von North und Denzau eingegangen, die sich im Prinzip genau der Problematik annehmen, daß intersubjektive Übereinstimmung von mentalen Wirklichkeitskonstruktionen mit dem Übergang auf ein konstruktivistisches Menschenbild nicht mehr erklärt werden kann. Auch nehmen ÖkonomInnen immer wieder Bezug auf das Konzept der Shared Mental Models, um darauf zu verweisen, daß Wirtschaftssubjekte ja gemeinsame Wirklichkeitskonstruktionen hätten. Allerdings wird in der Regel übersehen, daß die Theorie, mit der Denzau und North die soziale Übereinstimmung von Wirklichkeitskonstruktionen erklären, höchst problematisch ist.

Bevor die Theorie sozial geteilter Wirklichkeitskonstruktionen (Shared Mental Models) genauer analysiert wird, soll sie kurz in den theoretischen Hintergrund, vor dem sie entstanden ist, eingeordnet werden. Letztendlich versucht North zu begründen, warum Volkswirtschaften weltweit dauerhaft unterschiedliche ökonomische Niveaus und Wachstumsraten ihrer Bruttosozialprodukte aufweisen. Die Argumentation lautet, daß die unterschiedlichen Wirtschaftsleistungen durch die Unterschiedlichkeit der institutionell definierten Anreizstrukturen in Politik und Wirtschaft zu erklären sind. Institutionelle Rahmen wiederum sind „a function of the Shared Mental Models and ideologies of the actors"[120] einer Ökonomie. Da das Lernen von (gemeinsamen) Mentalen Modellen Pfadabhängigkeiten aufweist, können auch „schlechte" Mentale Modelle, wenn sie für die praktische Orientierung nur hinreichend erfolgreich sind, persistent sein, in der Folge auch die abgeleiteten institutionellen Rahmen, ergo die suboptimale Wirtschaftsleistung der Gesellschaft.[121]

Für die folgende Diskussion des Theorieansatzes muß vorweg festgehalten werden, daß Denzau und North implizit unterstellen, daß es „bessere" und „schlechtere" soziale Wirklichkeitskonstruktionen gibt, wobei die besseren die sind, die ein höheres BSP erwirtschaften lassen. Diese eindeutige normative Bewertung ist mit dem konstruktivistischen Erkenntniskonzept, das Denzau und North in ihrer Theorie der Shared Mental Models vertreten, nicht konsistent! Eigentlich können sie nur die Unterschiedlichkeit ökonomischer, politischer und sozialer Sinnsysteme feststellen. Das Sozialprodukt kann aber aufgrund der Einführung gruppenspezifischer Wertsysteme nicht mehr als eindeutiger Wohlfahrtsmaßstab fungieren.[122] Obwohl die Argumentation, in die die Theorie sozial geteilter Mentaler Modelle letztendlich eingebaut wird, logisch inkonsistent ist und nicht übernommen werden kann, soll nun das Theoriekonzept von Denzau und North hinsichtlich unserer Fragestellung analysiert werden. Dabei wird analog zur Unterscheidung von Denzau, North zunächst die Erklärung individueller Wirklichkeitskonstruktionen (mental models) dargestellt (Abschnitt 3.5.1), dann die Erklärung sozial geteilter, intersubjektiv identischer Wirklichkeitskonstrukte (Shared Mental Models) (Abschnitt

---

[120] Denzau, North (1994) S. 27, Institutionen werden ebd. S. 4 auch definiert als „external (to the mind) mechanisms inidividuals crate to structure and order the environment".

[121] Vgl. zur der Argumentation Denzau, North (1994), S. 27. Sie klingt unter Rekurs auf „Ideologien" statt „Shared Mental Models" bereits in North (1992) an.

[122] Vgl. zu dieser Kritik auch Hesse (1997)

3.5.2), um abschließend die Theoriekonzeption hinsichtlich ihrer Theorie des Mentalen, Erklärung sozialer Gemeinsamkeiten und Unterschiede sowie kollektiver Handlungen zu beurteilen (Abschnitt 3.5.3).

3.5.1 Mentale Modelle

Ausgehend von der Annahme fundamentaler Unsicherheit unterstellen Denzau und North ein konstruktivistisches Erkenntnismodell. „... cognitive systems construct models of the problem space that are then mentally ‚run‘ or manipulated to produce expectations about the environment."[123] Mentale Modelle sind folglich einerseits Ergebnisse von Kognitionsprozessen, deren Konstruktion nach bestimmten Regeln (Systemregeln) abläuft, andererseits aber gleichzeitig auch selbst Strukturen (Mechanismen), mit deren Hilfe Erwartungen über die Wirklichkeit gebildet werden können, also Unsicherheit reduziert wird.[124] „The mental models are the internal representations that individual cognitive systems create to interpret the environment.[125]" Individuen modellieren ihre Erfahrungen als Vorstellungen über die natürliche und soziale Umwelt im Bewußtsein. Diese Modelle bestehen aus Kategorien (Klassifikationen von Ereigniselementen), die zueinander in Beziehung gesetzt werden, es wird also eine Struktur entwickelt „by which to make sense out of the varied signals received by the senses"[126]. Im ganzen Artikel erscheinen Mentale Modelle rein positiv-theoretische Vorstellungen über Wirklichkeit zu sein, „Action-Outcome-Mappings", anhand derer Folgen ökonomischer Handlungsmöglichkeiten eingeschätzt werden können.[127] Damit bleibt der mentale Teil der Gefühle, Werte, Wünsche („Präferenzen") implizit weiter von den Wirklichkeitskonstrukten („Wissen") getrennt konzipiert.

---

[123] Holland et al. (1986) S. 12, zitiert nach Denzau, North (1994) S. 4

[124] Denzau, North (1994) S. 12

[125] Denzau, North (1994) S. 4

[126] Denzau, North (1994) S. 13

[127] Zwar wird unterstellt, daß die mentale Modellierung „typically in ways relevant to some goals" erfolge (Denzau, North (1994) S. 13). Aber die normativen Wertungen bzw. Entscheidungskriterien (analog zu Präferenzen) werden nicht als integraler Bestandteil von Mentalen Modellen erwähnt, die Art der Zielrelevanz bleibt ungeklärt. Auch in der empirischen Forschung mentaler Modelle werden sie als positiv-theoretische Wirklichkeitskonstrukte unterstellt, vgl. bspw. Gentner, Stevens (1983).

Mentale Modelle werden durch Lernprozesse anhand von erlebten Erfahrungen erworben und in der Zeit verändert. Es findet sowohl Lernen erster Ordnung statt, in dem dem Bewußtsein Kategorien zur Bezeichnung bestimmter Phänomene der Wirklichkeit (Unterscheidungen) verfügbar gemacht werden, und durch bestimmte Arten der Strukturbildung zu einem Modell (oder auch „mappings") über die Wirklichkeit geformt werden. Denzau und North nehmen an, daß genetisch nur die ursprüngliche Architektur der Strukturierung gegeben ist, daß in der Folge die Art der Strukturbildung realer Phänomene von den Erfahrungen des Subjekts abhängen, also von den Sinnesdaten, die dieses zu verarbeiten hat. Wenn die sinnlich erfahrene Wirklichkeit von den durch die Mentale Modellierung erwarteten Umweltentwicklungen abweicht, wird das Individuum sein Modell durch die Wahrnehmung dieser Abweichung (Feedback) korrigieren und eine Konzeption der Wirklichkeit entwickeln, die mit der aktualisierten Menge an Sinnesdaten konsistent ist. Dabei ist nicht nur *eine* Modellierung mit den gegebenen Sinnesdaten konsistent. Aufgrund des kleinen und begrenzten „Datenmaterials" aus empirischen Erfahrungen, das häufig zu multidimensionalen, komplexen Strukturen mit z.T. nicht-linearen Beziehungen verknüpft wird, können unterschiedliche, unvereinbare Modellierungen erzeugt werden. Die Mentale Modellierung, so Denzau, North, geht induktiv vor und ist nicht verifizierbar.[128]

Beim Lernen zweiter Ordnung kann das Individuum innerhalb eines gegebenen Sets von Kategorien und von Konzeptualisierungen Veränderungen vornehmen: es können verschiedene Mentale Modelle miteinander verknüpft werden (Komplexität steigt). Die Annahmen über die Anwendbarkeit eines gegebenen Modells können verändert werden, entweder indem es auf eine bisher nicht so interpretierte Situation angewendet wird (Erweiterung des Anwendungsbereiches), und/oder nicht mehr auf Situationen angewendet wird, für die es vorher galt (Verschiebung oder Verkleinerung des Anwendungsbereichs von Deutungsmustern). Eine Anwendungsverschiebung kann ein solches Muster auch auf ein höheres Abstraktionsniveau verschieben.[129] Dieses, als „representational rediscription"[130] bezeichnete Lernen tritt kurzfristig auf und kann größere qualitative Umorganisationen des Wissens nach sich ziehen. Dagegen ist erstere

---

[128] Denzau, North (1994) S. 8, 13f.

[129] So genau wie die hier gegebene Beschreibung ist die von Denzau, North allerdings nicht. Dort finden sich eher vage Vermutungen, denn tatsächliche Definitionen.

[130] Vgl. Clark, Karmiloff-Smith (1993)

Lernart ein kontinuierlicher, langsamer Prozeß gradueller Veränderungen, bei dem, sobald ein Individuum über einen hinreichenden Grundbestand einigermaßen erfolgreicher Mentaler Modelle verfügt, auch längere Pausen entstehen können, in denen sich das Wissen nicht sonderlich verändert.

Obwohl Denzau und North ein konstruktivistisches Erkenntnismodell unterstellen, gehen sie davon aus, daß mentale Wirklichkeitskonstrukte innere Repräsentationen von Wirklichkeit sind. Eine realistische, in der Verhaltensorientierung erfolgreiche Wirklichkeitsabbildung ist um so eher möglich, je weniger komplex die Entscheidungssituation, je häufiger die betreffende Entscheidung getroffen werden muß, je eindeutiger und schneller das Individuum aus der Wirklichkeit erkennen kann, ob seine Orientierung richtig und die Entscheidung erfolgreich war (feedback) und je motivierter das Individuum bei der Modellierung (Orientierung) ist, was davon abhänge, mit welchem Interesse und Aufmerksamkeit es sich orientiert sowie wie stark der Einfluß ist, den das Individuum durch seine Entscheidung und sein Handeln tatsächlich auf das Ergebnis nehmen kann. In solchen Situationen sei das Entscheidungsverhalten durch das Rational-Choice-Modell gut wiedergegeben.

Ambiguität, Komplexität und Unsicherheit über Zukunft oder Verhalten anderer Akteure bewirken, daß die begrenzte Informationsverarbeitungskapazität der Individuen überfordert wird,[131] so daß sie vereinfachende, weniger realistische Wirklichkeitskonstrukte (einfache Handlungsregeln, Dogmen, Mythen, wissenschaftliche Theorien, sonstige Überzeugungen[132]) aufbauen und innerhalb dieser Konstrukte Verhaltensentscheidungen treffen. Mentale Modelle werden hier zur Komplexitätsreduktion genutzt, also um die Zahl der Handlungsmöglichkeiten zu reduzieren und Vermutungen, wenn auch keine objektiv wahren, über Handlungsfolgen zu generieren. Der Entscheidungsmodus bleibt also ein Rational-Choice-Modus. Nur die Informationsbasis über Handlungsoptionen und Pay-Offs ist bei Mentalen Modellen eine unvollständige und unwahre,

---

[131] Hier rekurieren die Autoren auf Heiner (1983), der beschränkte Rationalität trotz objektiver Informationen auf begrenzte, fehlerhafte Informationsverarbeitung zurückführt.

[132] Ohne es innerhalb ihres Theorieansatzes erklären zu können, gehen Denzau und North davon aus, daß wissenschaftliche Theorien bessere, realistischere Mentale Modelle komplexer Wirklichkeiten erzeugen können als Mythen, Dogmen und Religionen. Vgl. Denzau, North (1994) S. 12. Dieses Urteil ist mit den modellinternen Annahmen der Autoren unvereinbar.

aufgrund dessen die (begrenzt) rational entschiedenen Verhaltensweisen mit hoher Wahrscheinlichkeit suboptimal sind.[133] Insofern impliziert der Ansatz Mentaler Modelle zwar eine konstruktivistische, aber keine radikalkonstruktivistische Erkenntnistheorie, da ein innerlich abbildender Zugang des Kognitionsapparates zu realen Phänomenen *grundsätzlich* für möglich gehalten wird.

Problematisch ist, daß die Grenze zwischen realistisch modellierten („einfachen") und vereinfachend konstruierten („komplexen") Situationen nicht angegeben werden kann. Denn Denzau, North nehmen an, daß dem Individuum eine Situation subjektiv um so weniger komplex erscheint, je vertrauter sie ihm ist, weil ihm die inhärente Komplexität nicht auffällt.[134] In diesem Fall kann der subjektive Eindruck von Komplexität aber nicht mehr als Gradmesser für den Realismus jeweiliger Mentaler Modelle herangezogen werden. Denzaus und Norths Annahmen, daß es nicht-komplexe Situationen gebe, in denen eine Rational-Choice-Optimierung möglich sei, ist folglich von ihnen selbst widerlegt.

Neben Mentalen Modellen erfinden Individuen Institutionen, „the external (to the mind) mechanisms individuals create to structure and order the environment"[135], um ihre komplexen Entscheidungssituationen zu vereinfachen. Da sie als Reflex auf individuelle Mentale Modelle eingeführt werden, muß es sich bei Institutionen um situationsgebundene Verhaltens*routinen* handeln, also nicht um sozial regulierte Verhaltensmuster. „An institution improves the ability to perceive the environment"[136], indem es die Zahl möglicher Handlungsoptionen verringert (im Extremfall auf eine), was den Prozeß der Prognose und Bewertung von Handlungsfolgen (vermutlich) verkürzt[137]. Der so verengte und vereinfachte Entscheidungsspielraum ermöglicht eine institutionengebundene, subjektiv rationale Wahlhandlung dann auch für komplexe, unsichere Situationen. Problematisch ist bei dem so definierten Institutionenkonzept, daß Institutionen keinen kognitiven Anteil haben (siehe auch Abschnitt 3.3.3). Es ist also völlig ungeklärt, erstens wie Institutionen *„als Reflex"* Mentaler Modelle entstehen und zweitens wie ein Subjekt in Situationen erkennt,

---

[133] Vgl. Denzau, North (1994) S. 5-12

[134] Vgl. Denzau, North (1994) S. 7

[135] Denzau, North (1994) S. 4

[136] Denzau, North (1994) S. 12

[137] Vgl. North (1992) S. 4

welche Institution relevant ist. Der Zusammenhang von Institutionen und Mentalen Modellen bleibt folglich ein dubioser.

Eine weitere offene Frage betrifft Innovationen. In Denzaus und Norths Lerntheorie tritt nur adaptives Lernen auf. Mentale Modelle werden nur modifiziert, wenn die Verhaltensweise nicht mehr den gewohnten Erfolg bringt. Mit dieser Annahme wird die Möglichkeit spontaner, kreativer Neudeutungen von Umwelt ausgeschlossen und der empirischen Erkenntnis widersprochen, daß Individuen bewährte Interpretationen auch bei negativen feedbacks nicht sofort aufgeben.[138] Auch bleibt die Frage, in welcher Weise und Richtung Neu- und Umkonstruktionen Mentaler Modelle in Korrespondenz zu negativen Feedbacks erzeugt werden.

Zusammengefaßt besagt die Theorie individueller Mentaler Modelle (abgesehen von einigen inneren Widersprüchen), daß Individuen Wirklichkeit subjektiv, erfahrungsgeleitet konstruieren und diese Konstruktionen zur Verhaltensorientierung anwenden. Pragmatisch bewährte Wirklichkeitskonstruktionen (ohne negative Feedbacks) werden gespeichert und zur Verhaltensorientierung wiederholt angewendet. Ein realistischer Zugang zur Wirklichkeit wird grundsätzlich für möglich gehalten, aber insbesondere durch die Komplexität realer Zusammenhänge und die begrenzte mentale Verarbeitungskapazität verhindert. Das Wissen von Wirtschaftssubjekten hängt folglich von der Gesamtheit ihrer Mentalen Modelle ab, die sie im Laufe ihrer Erfahrungsgeschichte aufgebaut und die sich bewährt haben.

3.5.2 Sozial übereinstimmende Mentale Modelle

„Shared Mental Models" liegen nach Denzau, North vor, wenn Mentale Modelle, also kognitive Konzeptualisierungen von Teilausschnitten der Wirklichkeit, verschiedener Individuen gleich sind, wenn also die Kategorien und Konstruktionsweisen bestimmter Individuen übereinstimmen. Sie gehen davon aus, daß *nicht alle* Mentalen Modelle der Individuen übereinstimmen. Die Differenz und Divergenz individueller Mentaler Modelle erklärt sich aus den unterschiedlichen Erfahrungen, die die Individuen aufgrund der Spezifität ihrer jeweiligen lokalen, physischen, soziokulturell-linguistischen Umwelt machen. „Accordingly each individual has

---

[138] Vgl. Watzlawick (1976)

to some degree unique perceptions of the world"[139], folglich auch einzig-artige Mentale Modelle.[140] Innerhalb ihrer Shared Mental Models sind die Wirtschaftssubjekte aber intersubjektiv identisch strukturiert und ziehen auch die gleichen Verhaltenskonsequenzen.

Denzau, North bezeichnen Shared Mental Models auch als „social features" oder „cultural links"[141], wobei es die Verwendung des Kulturbe-griffs über den gesamten Artikel offen läßt, ob „Kultur" und Shared Men-tal Models identisch sind, ob „Kultur" eine Folge Shared Mental Models auf der Handlungsebene ist, oder ob Kultur die Voraussetzung für die Ausbildung übereinstimmender Mentaler Modelle ist bzw. diesen Anglei-chungsprozeß erleichtert. Was unter „Kultur" zu verstehen ist, wie Kultu-ren bzw. Kulturgemeinschaften untereinander abgegrenzt werden, wird – wie unter Ökonomen üblich – nicht bestimmt.

Ökonomisch besonders relevant sind laut Denzau, North **Ideologien**, die hier als ein komplexer Zusammenhang von Shared Mental Models de-finiert werden, „that provide both an interpretation of the environment and a prescription as to how the environment should be structured."[142] Im Gegensatz zur Ebene individueller Mental Models werden auch normative Teile (Visions) geteilter Mentaler Modelle eingeführt. Da dies rein affir-mativ geschieht, ist unklar, wie die normative Orientierung auf der indivi-duellen Ebene funktioniert, aber auch, was die normativen von den positi-ven Teilen der Shared Mental Models unterscheidet und wie sie zusam-menhängen.[143]

Institutionen werden als „reflection of the evolving mental models"[144] auch auf der Ebene sozial geteilter Mentaler Modelle eingeführt. Da die

---

[139] Denzau, North (1994) S. 14, vgl. auch ebd. S. 4 sowie Arthur (1992), auf den Denzau, North sich beziehen.

[140] Unklar bleibt, ob nur bestimmte Typen Mentaler Modelle zu Shared Mental Models werden können. Das behaupten Denzau, North (1994) auf S. 4, ohne jedoch diese über-einstimmungsfähigen Modelle genauer zu charakterisieren.

[141] Denzau, North (1994) S. 4

[142] Denzau, North (1994) S. 4

[143] Diese Unklarheit ist doppelt kritisch, da die Trennung von normativen und positiven Ideologieteilen explizit ausgesprochen wird (S. 4), wissenschaftliche Theorien als eine Sorte Ideologie benannt werden (S. 12) und dennoch als qualitativ hochwertigere Orien-tierungen bzw. „Erklärungen" und Glaubenssysteme beurteilt werden.

[144] Denzau, North (1994) S. 22. Daß Institutionen zusammen mit Ideologien, ebd. S. 4, als „classes of Shared Mental Models" bezeichnet werden, sollte der Leser keinesfalls ernst nehmen. Denn dieser Versuch, Institutionen selbst als Shared Mental Models zu definie-ren, führt zu einer völligen Wirrnis (Paradoxie) des Institutionenbegriffs, die dann so-

Kausalbeziehung zwischen Institutionen und Mentalen Modellen nicht geklärt ist (s.o.), wäre es nicht logisch zwingend, daß Akteure mit Shared Mental Models gleiche Verhaltensroutinen (Institutionen) entwickeln. Denzau, North setzen aber voraus, daß Shared Mental Models intersubjektiv übereinstimmende Institutionen mit sich bringen. Problematisch bleibt, daß der Institutionenbegriff keine komplexen sozialen Muster individuell unterschiedlicher Verhaltensweisen umfaßt, die einen Großteil realer Institutionen konstituieren.

Shared Mental Models (und Institutionen) werden wie individuelle Mentale Modelle eingesetzt um Verhaltensentscheidung unter fundamentaler Unsicherheit und bei begrenzter mentaler Verarbeitungskapazität zu ermöglichen. Denzau, North behaupten aber, daß das „Sharing" Mentaler Modelle noch weitere ökonomisch vorteilhafte Konsequenzen hat, etwa daß es den Lernprozeß des Einzelnen beschleunigt, da ihm mehr Erfahrungsdaten zur Verfügung stehen und bereits bewährte Modelle anderer direkt übernommen werden können.[145] Zweitens wird die Diversität des individuellen Wissens erhöht, da das Individuum auch Wirklichkeitsorientierungen anderer für Situationen übernehmen kann, in denen es selbst noch keine Erfahrungen gesammelt hat.[146] Zum dritten kann das Individuum durch das „Sharing" Mentaler Modelle Kategorien und Strukturregeln anderer übernehmen, ohne seine knappe mentale Kapazität für die eigenständige Modellierung zu verbrauchen.[147] Viertens können durch „Sharing" komplexere Mentale Modelle über Wirklichkeit erzeugt werden, als die knappe mentale Kapazität des einzelnen und sein begrenzter Erfahrungsschatz hervorbringen könnte. Fünftens erleichtern bzw. beschleunigen Shared Mental Models die Kommunikation, was, wie gleich genauer erklärt, den Prozeß des Sharings Mentaler Modelle vereinfacht und beschleunigt (Selbstverstärkungsprozeß).[148] Sechstens können durch Shared Mental Models gemeinsame institutionelle Rahmen für Gruppen von Akteuren geschaffen werden, innerhalb derer gemeinsames und arbeitsteiliges Wirtschaften koordiniert werden kann. Es wird davon

---

wohl als Bewußtseinsinhalt als auch als „external to the mind" Verhaltensregeln der Gesellschaft definiert sind. Die Schludrigkeit der Definitionen und Begriffsverwendung in diesem Artikel ist insgesamt problematisch.

[145] Vgl. Denzau, North (1994) S. 23

[146] Vgl. Denzau, North (1994) S. 15

[147] Vgl. Denzau, North (1994) S. 15

[148] Dies bleibt allerdings bloße Behauptung und wird nicht begründet. Vgl. Denzau, North (1994) S. 20

ausgegangen, daß manche Shared Mental Models bessere Institutionen hervorbringen als andere, in dem Sinne, daß durch diese Institutionen höhere Gewinne aus arbeitsteiligem Verhalten möglich sind.[149] Zwar werden Shared Mental Models als um so „besser" beurteilt (erfolgreiche Verhaltensorientierung ermöglichend), je realitätsnäher sie sind, aber ob, warum und wie sich aus diesen Wirklichkeitskonstrukten „bessere" Institutionen (große Wirtschaftsleistung) ableiten, ist theoretisch nicht begründet. Als Nachteil kann sich erweisen, daß der Wandel angewendeter Mentaler Modelle sich durch „Sharing" Mentaler Modelle insgesamt verlangsamt, da Inkonsistenzen von Shared Mental Models aufgrund ihrer größeren Komplexität schwerer erkannt werden können (Problem der Zurechnung negativer Feedbacks).[150] Die Pfadabhängigkeit der Entwicklung von Shared Mental Models kann sich dann auch zu Lock-In-Situationen verdichten.[151]

Die Behauptung dieser positiven ökonomischen Wirkungen von Shared Mental Models sei der Erklärung über die Entstehung gemeinsamer Mentaler Modelle vorausgeschickt, um die von Denzau und North vermutete Bedeutung intersubjektiver mentaler Übereinstimmung von Wirtschaftssubjekten zu illustrieren.

Der grundlegende Prozeß der Erzeugung Mentaler Modelle wird im Individuum verortet. Der Mechanismus, durch den Mentale Modelle zu sozial geteilten Modellen werden, ist nach Denzau, North **Kommunikation.** Allein aus dem Kontext läßt sich erschließen, daß die beiden Autoren nur von sprachlicher Kommunikation ausgehen, wobei sie sich auf eine Kommunikationstheorie beziehen, die der von Shannon, Weaver (1949) weitgehend entspricht[152].

Kommunikation geschieht in dieser Auffassung wie folgt: ein Sender S hat in seinem Bewußtsein eine Idee, eine Vorstellung. Diese übersetzt er in einen Kommunikationskode (hier: Kodierung in sprachliche Zeichen), der den Abstand zwischen Sender und Empfänger E überwinden kann (z.B. Schallwellen). Nachdem die kodierte Nachricht den Kommunikationskanal durchquert hat, wobei sie durch Störungen und Rauschen abgeändert worden sein kann, wird sie von E dekodiert, d.h. er übersetzt die Nachricht aus dem Kode in seine eigenen mentalen Ideen, Vorstellungen. In der von

---

[149] Vgl. Denzau, North (1994) S. 20, North (1992)
[150] Vgl. Denzau, North (1994) S. 22-26
[151] Vgl. Denzau, North (1994) S. 21 f., unter Bezug auf Arthur (1990)
[152] Sie wählen die Kommunikationstheorie nach Churchland (1989)

Denzau, North gewählten Variante kann es durch „pre-existing patterns"
im Bewußtsein von E (Mentale Modelle, die E bereits hat) zu einer „fehlerhaften" Dekodierung, also zu einer Uminterpretation der Nachricht
kommen.[153]

Durch Kommunikation werden Mentale Modelle in zwei Weisen in
Übereinstimmung gebracht:

Zum einen kann S eines seiner individuellen Mentalen Modelle in
Sprache übersetzen und dem E als Nachricht senden. Dieser nimmt das
gesendete Mentale Modell in sein Bewußtsein auf und speichert es. In der
Folge – falls die Kommunikation nicht gestört war – haben beide dasselbe
Mentale Modell als Shared Mental Model. Dieser Prozeß, bei dem ein Individuum das aus den Erfahrungen anderer gewonnene Wissen einfach
übernimmt, wird als *indirektes Lernen* bezeichnet.[154] Kommunikation ist
in diesem Sinn eine reine Informationsübergabe. Sie ist selbst kein Erlebnis, aus dem Erfahrungen geschöpft werden, nur Mittel der Erfahrungs-
weitergabe.

Der zweite Weg, Mentale Modelle intersubjektiv in Übereinstimmung
zu bringen, ist die Kommunikation von Individuuen, die für den betreffenden Teilbereich der Wirklichkeit beide bereits individuelle, intersubjektiv aber unterschiedliche Mentale Modelle haben. Hier wird behauptet,
daß diese Modelle immer ähnlicher werden, je länger die beiden Ge-
sprächsseiten miteinander kommunizieren. In leicht mystischer Weise
führt das reine Miteinanderreden entweder dazu, daß sich eines der ursprünglichen Mentalen Modellen für beide durchsetzt, oder daß sie einander ähnlicher werden, indem ein gemeinsames Mischmodell entsteht.[155]
Dieser nur behauptete, zweite Weg ist deshalb interessant, weil das Ergebnis von Kommunikation nun nicht mehr eindeutig ist. Entweder ist ein
vor der Kommunikation vorhandenes Mentale Modell in identischer Art
nachher bei beiden Beteiligten verfügbar, oder alle Beteiligten haben ein
ganz anderes als ihre ursprünglichen Modelle, die dafür aber intersubjektiv übereinstimmen. Das Ergebnis ist nicht prognostizierbar.

Die Angleichung der Mentalen Modelle durch Kommunikation kann
sowohl in einem Lernen erster Ordnung (Angleichung der Datenbestände)

---

[153] Warum diese Pre-existing Patterns nicht auch beim Sender angenommen werden,
bzw. diese die Kodierung nicht stören, erscheint mir vollkommen unlogisch.
[154] Vgl. Denzau, North (1994) S. 15
[155] Vgl. Denzau, North (1994) S. 20

als auch in Lernen zweiter Ordnung (Angleichung der Konstruktionen) resultieren.

Diese Theorie der Erzeugung intersubjektiv identischer Shared Mental Models ist in mehrfacher Hinsicht problematisch und unplausibel.

– **Kommunikation als Informationsübertragung**: Das unterstellte Kommunikationsmodell entspricht nicht dem kommunikationswissenschaftlichen und sprachphilosophischen State of the Art (siehe Kapitel 1, 2 und 5). Es wird die starke Voraussetzung als erfüllt angenommen, daß *alle* Menschen über einen gemeinsamen Kommunikationskode verfügen. Das widerspricht sowohl jeder Erfahrung, als auch Denzaus und Norths eigener Annahme, daß Menschen *ohne* Mentale Modelle (Wirklichkeitsdeutungssysteme) geboren werden. Wie aber Menschen mit unterschiedlichen mentalen Kategorien und Strukturierungssystemen eine gemeinsame Sprache erwerben können sollen, ist nicht erklärt. Wenn sie aber die Kommunikationspartner immer verstehen könnten, müßten sie paradoxerweise die Bedeutungen sprachliche Begriffe und Konzepte kennen, von denen sie weder Erfahrungswissen, noch mentale Kategorien und Strukturen aufgebaut haben. Wenn der gemeinsame Kommunikationskode aber nicht gegeben ist, kann Kommunikation nicht gelingen, ergo nicht zu Shared Mental Models führen. Das Postulat von Kommunikation als ein reines, neutrales Informationsübertragungssystem ist nicht nur unplausibel, sondern dient insbesondere der weiterhin getrennten ökonomischen Modellierung von mentaler Wissens- und praktischer Handlungsebene. Da Kommunikation nur genutzt wird, um Wissen zu diffundieren, wird Verhalten weiterhin als atomistisch, von individuellen Entscheidungen gesteuert angenommen. Kommunikation dient in dieser Vorstellung also nicht *Fehler* der Aushandlung und Durchführung koordinierter und kooperativer Sozialhandlungsmuster, sondern lediglich der Angleichung individueller Wirklichkeitskonstruktionen. Die Verbindung von mentaler und Praxisebene (Mentale Modelle – Institutionen – Handlungen) bleibt unthematisiert.

– **Glaubwürdigkeit**: Neben der Ignoranz pragmatischer Kommunikation ist auch die Annahme zu kritisieren, daß die Individuen nur wahrhaftig über ihre Mentalen Modelle kommunizieren, d.h. „informieren", können. Das dargestellte Kommunikationsmodell unterstellt, daß kein Glaubwürdigkeitsproblem besteht. Entweder muß angenommen werden, daß alle Wirtschaftssubjekte ihre Mentalen Modelle immer ehrlich

mitteilen, oder daß die Kommunizierenden *immer* in der Lage sind,
korrekt einzuschätzen, ob die Gesprächspartner von der Wahrheit und
pragmatischen Bewährung der mitgeteilten Wirklichkeitskonstruktionen tatsächlich überzeugt sind. Beide Varianten sind gleichermaßen
empirisch unplausibel. Solange das Glaubwürdigkeitsproblem im Modell aber nicht gelöst ist, kann nicht davon ausgegangen werden, daß
jede Kommunikation automatisch zu einer verbesserten Ausstattung
des Individuums mit Mentalen Modellen führt. Die verfügbaren Mentalen Modelle können auch „schlechter", also pragmatisch erfolgloser
werden.

– **Konvergenz oder Divergenz**: Abgesehen davon, daß das unterstellte
  Kommunikationsmodell mangels ex ante identischer Sprachkompetenzen keine gelingende Kommunikation erklären kann, ist es zudem fraglich, ob Kommunikation immer zu einer interindividuellen Angleichung Mentaler Modelle führt. Es ist ein alltägliches Phänomen, daß
  man sich mit manchen Menschen immer schlechter versteht und die
  Welt immer unterschiedlicher sieht, je länger und je mehr man miteinander kommuniziert. Aber Denzau und North führen selbst Ursachen
  an, warum Kommunikation divergierende Mentale Modelle erzeugen
  kann. Erstens seien den Wirtschaftssubjekten immer Teile ihrer Mentalen Modelle unbewußt (tacit knowledge). Diese Teile können nicht als
  Nachricht kodiert werden. Wenn Mentale Modelle aber unvollständig
  kommuniziert werden müssen, fragt sich, wie die EmpfängerIn das gesamte Modell annahmegemäß rekonstruieren können soll. Zum zweiten könne „Rauschen im Kommunikationskanal" die Nachricht verändern, so daß sie falsch reinterpretiert wird. Und drittens wird die EmpfängerIn durch ihre „pre-existing patterns" (mentale Kategorien und
  Modelle) die Nachricht in „verfälschter" Weise interpretieren. Da die
  tabula rasa Situation aber annahmegemäß nur beim Gespräch mit einem neugeborenen Säugling stattfinden kann, wird die „Uniqueness"
  aller individuellen Wirklichkeitskonstruktionen zu nicht-identischen
  Reinterpretationen kommunizierter Mentaler Modelle führen. [156]
  Da nun vor allem die erste und dritte Ursache bei jeder Kommunikation wirksam wird, kann es nicht logisch konsistent sein, daß Denzau,
  North dennoch davon ausgehen, es komme automatisch und immer zu
  einer Angleichung bzw. Übertragung Mentaler Modelle durch Kom-

---

[156] Vgl. Denzau, North (1994) S. 19

munikation. Im Rahmen des von ihnen gewählten Kommunikations-
modells können Shared Mental Models also gar nicht durch Kommunikation entstehen.

– **Gruppen**: Nach Denzau und North werden Shared Mental Modells in
  Gruppen erworben und weitergegeben. Z.B. wird angenommen durch
  die Kommunikation erwerbe das Individuum (indirekt lernend) das
  „kulturelle Erbe" seiner GesprächspartnerInnen. Kultur wird vorgestellt
  „as incapsulating the experiences of past generations of any particular
  cultural group".[157] Denzau und North erklären aber weder, warum es
  überhaupt Gruppen gibt, wie kulturelle Gruppen abzugrenzen sind und
  warum die Individuen in Gruppen kommunizieren, statt eratisch mit
  jedem beliebigen Menschen zu kommunizieren und von diesen zu lernen. Da Denzau, North keine Determinanten angeben, was die Motivation des S zur Weitergabe von Mentalen Modellen ist, welche Kommu-
  nikationskonstellationen wahrscheinlicher sind als andere, weil es keinen Anhaltspunkt gibt, ob räumliche Distanz, Familie, Ethnie, gemeinsame Interessen in irgendeiner Weise Gerichtetheit von Kommunikation auslösen,[158] ist es aufgrund der Konzeption des Kommunikations-
  modells unwahrscheinlich, daß sich *überhaupt* „Gruppen" mit sehr
  übereinstimmenden Mentalen Modellen bilden. Wenn aber kein Anhaltspunkt dafür existiert, warum Individuen in geschlossenen Gruppen kommunizieren sollten (universale Sprachkompetenzen sind ja gegeben), so ist weder klar, inwiefern gruppenspezifische Institutionen
  entstehen könnten oder sollten, noch kann das Argument eines Lock-
  Ins und von Pfadabhängigkeit mentaler Modelle verstanden werden.
  Denn jedes Wirtschaftssubjekt könnte ja mit erfolgreicheren anderen
  Gruppen kommunizieren, von ihnen lernen und deren Verhalten ad-
  aptieren. Da die Gruppenspezifität von Kommunikation und Shared
  Mental Models nicht erklärt wird, kann auch die Übertragung kulturellen Gruppenerbes oder die Etablierung gruppenspezifischer Institutionen nicht angenommen werden. Damit bricht auch die Erklärung
  internationaler Divergenzen von Wirtschaftsleistungen durch Shared
  Mental Models zusammen.

---

[157] Denzau, North (1994) S. 15

[158] Gerade weil ja die Metapher des Erbens verwendet wird, eine Weitergabe, die erhebliche personelle bzw. gruppenspezifische Gewichtungen vornimmt, ist es unbefriedigend,
daß Kommunikation völlig zufällig bleibt.

Es ist zusammenzufassen, daß Denzau und North mit ihrem Kommunikationsmodell genau das nicht erklären können, was sie erklären wollten: den Prozeß der Erzeugung intersubjektiv identischer mentaler Wirklichkeitskonstruktionen und Verhaltenssteuerung. Zwar ist die Konzeptionierung sprachlicher Kommunikationssysteme als reine Informationsdiffusion schon aus dem Grund interdisziplinärer Inkonsistenz inakzeptabel, aber zusätzlich ist es auch mit Denzaus und Norths eigenen Theorieaussagen unvereinbar. Die Annahme identischer, universaler Sprachkompetenz kann nicht begründet werden, und zusätzlich bewirkt die interindividuelle Ungleichheit sowie die Implizitheit Mentaler Modelle (tacit knowledge) nicht-identische Reinterpretationen kommunizierter Mentaler Modelle, also Wissensdivergenz. Das Fehlen einer Theorie, die den konkreten Zusammenhang der reflexartigen Erzeugung von Institutionen aus (Shared) Mental Models erklärt, bringt es mit sich, daß Denzau und North auch gemeinsames, gleiches Verhalten von Wirtschaftssubjekten nicht erklären können. Ohne sozial geteilte Institutionen bricht aber auch ihre Erklärung international unterschiedlicher Wirtschaftsleistungen zusammen.

3.5.3 Beurteilung des Theoriekonzepts der Shared Mental Models

Theorie des Mentalen

Denzau und North entwickeln unter Rückgriff auf Lerntheorien eine elaborierte Theorie mentaler Prozesse bei konstruktivistischer Erkenntnis und fundamentaler Unsicherheit. Neben vielen Inkonsistenzen ihrer Theorieaussagen ist insbesondere zu kritisieren, daß das indirekte Lernen aus Erfahrungen anderer via Informationsdiffusion für möglich erklärt wird, allein weil universal identische Kommunikationskompetenzen als exogen gegeben angenommen werden. Das unterstellte Kommunikationsmodell hat letztlich keine Anhaltspunkte dafür, ob Wirklichkeitskonstruktionen durch Kommunikation eher konvergieren oder divergieren, ob indirektes Lernen also tatsächlich korrekt möglich ist.

Die Annahme der grundsätzlichen Möglichkeit realistischer Wirklichkeitskonstruktionen wird nicht konsistent begründet und wirft logische Widersprüche zum erkenntnistheoretischen Fundament der Theorie Mentaler Modelle auf. Denzau und North erhalten letztlich das alte Rational-Choice-Modell aufrecht und versuchen, lediglich den Bestandteil der

„Informationen" durch „Mentale Modelle" zu ersetzen, wobei Präferenzen und (rationaler) Entscheidungsmodus unverändert modelliert werden. Die Trennung der mentalen und der Handlungs- bzw. Institutionen-ebene ist insbesondere deshalb problematisch, weil grundlos bestimmte inhärente eindeutige Zusammenhänge zwischen Mentalen Modellen und Institutionen unterstellt werden, die für die gesamte Argumentation um Shared Mental Models und ihrem Einfluß auf die Wirtschaftsleistung essentiell sind.

Soziale Gemeinsamkeiten und Unterschiede

Denzau und North meinen, Verhaltensunterschiede auf mangelnde Kommunikation zwischen Gruppen zurückzuführen sowie soziale Gemeinsamkeiten (Institutionen) auf Kommunikation zur Angleichung Mentaler Modelle. Oben wurde jedoch gezeigt, daß Denzaus und Norths Kommunikationsmodell die Konvergenz Mentaler Modelle und Institutionen weder eindeutig, noch mit großer Wahrscheinlichkeit vermuten läßt. Verhaltensunterschiede werden also sowohl durch unterlassene Kommunikation (zwischen Gruppen) als auch durch falsch reinterpretierende Kommunikation (in Gruppen) erklärt. Da die reflexartige Ableitung von Institutionen aus (Shared) Mental Models nicht erklärt wird, sind auch Institutionen als Ursache von Verhaltensübereinstimmung unbegründet.

Kollektives Handeln

Kollektiv koordiniertes individuelles Verhalten wird durch die Existenz von gruppenspezifischen Institutionen erklärt. Innerhalb der Institutionen können die Individuen autonom und atomistisch über ihr ökonomisches Verhalten bestimmen, daß durch die gegebenen Institutionen automatisch koordiniert ist. Da aber weder das Konzept stabiler Gruppen, noch die Ableitung von *gemeinsamen* Institutionen aus Shared Mental Models, noch der Modus, wie interindividuell gleiche Verhaltensroutinen (als die Institutionen hier bestimmt wurden) entstehen, erklärt sind, ist dieser unterstellte Koordinationsmechanismus theoretisch unbegründet. Daß weder ökonomische Sozialhandlungen eingeführt werden, noch Kommunikation zum Zweck der Verhandlung von kollektivem Verhalten (statt allein zur Informationsdiffusion), läßt Denzaus und Norths Theorie der Shared Mental Models implizit als (inkonsistente) Reformulierung des

Rational-Choice-Konzepts erscheinen, in denen die Akteure über das gruppenspezifische Wissen vollkommen informiert sind und ihr Verhalten durch mystisch prästabilisierte Institutionen anonym koordinieren.

Fazit: Die Theorie sozial geteilter Mentaler Modelle bietet entgegen ihrem Untersuchungsziel weder eine plausible, noch eine konsistente Erklärung der Entstehung gruppenspezifischer Modi der Orientierung und Koordination ökonomischen Verhaltens. Die postulierte Unterschiedlichkeit („Uniqueness") und Kreativität individueller Wirklichkeitsorientierungen kommt in der ausgearbeiteten theoretischen Erklärung ökonomischer Phänomene nicht mehr als Explanans oder Explanandum vor. (Shared) Mental Models begründen kein evolutorisches Modell, sondern ein letztlich statisches Allokationsmodell.

3.6 Konsequenzen aus der Analyse

Die kritische Analyse verschiedenster grundlegender ökonomischer Theorieansätze hat gezeigt, daß in der Ökonomik massive Erklärungsprobleme hinsichtlich der Entstehung subjektiver und intersubjektiver Wirklichkeitskonstruktion, hinsichtlich sozialer Gemeinsamkeiten und Unterschiede sowie bezüglich der sozialen Koordination und Kooperation individuellen Handelns bestehen. Die Annahme vollkommener, intersubjektiv identischer Informationen hat zwar eine einfache, empirisch unplausible Theorie des Mentalen und sozialer (Un-)Ähnlichkeiten, kann aber zudem auch die Koordination kollektiven Handelns nicht erklären. Löst man die Annahme vollkommener Informationen auf, entsteht das Problem, daß zwar intersubjektive Unterschiede erklärbar werden, aber daß die gelingende Verständigung der mental unterschiedlichen Wirtschaftssubjekte unbegründet und unplausibel unterstellt werden muß, um soziale Verhaltenskoordination überhaupt für möglich erklären zu können.

Die herausgearbeiteten Erklärungslücken sollen den untersuchten Theorieansätzen nicht „angelastet" werden. Denn aufgrund der Komplexität des Untersuchungsgegenstandes müssen immer vereinfachende Annahmen getroffen werden. Da nicht alle der dargestellten Theorien mit ihren Untersuchungen das Ziel verfolgten, diese drei Themenbereiche zu erklären, ist es verständlich, daß sie gerade diesbezüglich radikale Vereinfachungen setzen. Kritisiert wurden jedoch Inkonsistenzen und ungeklärte fundamentale Annahmen innerhalb der Theoriesysteme. Der Nachweis, daß diese Erklärungslücken bestehen, ist also nicht primär als Kritik zu verstehen, sondern als Legitimation der hier vorgeschlagenen theoretischen Herangehensweise in der Ökonomik, mittels derer diese Erklärungslücken geschlossen werden können.

Im nun anschließenden zweiten Teil der Arbeit wird eine Sprachfundierung ökonomischer Theorie ausgearbeitet, die sowohl die Entstehung ökonomisch relevanten Wissens, die Gleichheit und Ungleichheit individueller Interpretationen als auch die Koordination sozialen, ökonomischen Handelns durch spezifische gesellschaftliche Sprachspielpraxis erklärt.

Teil II

Integration von Sprache in die ökonomische Theorie

„All models are false, but some are useful"
Thomas Mayer [1]

Nachdem im ersten Teil der Arbeit inter- und innerdisziplinäre Gründe erörtert wurden, warum sprachliche Phänomene in den Untersuchungsbereich der Ökonomik integriert werden sollten, bietet nun der zweite Teil eine Möglichkeit an, wie diese Integration aussehen könnte.

Das folgende Kapitel 4 analysiert, wie Sprache im kognitiven Verhaltenssteuerungsprozeß menschlicher Individuen verankert ist. Damit wird anschließend an die in Kapitel 3 ausgeloteten ökonomischen Erklärungslücken eine „Theorie des Mentalen" entwickelt, in der das Wirtschaftssubjekt als zugleich individuelle und soziale, Wirklichkeit gleichermaßen wahrnehmende und gestaltende, Interpretationen erzeugende und anwendende Person modelliert wird. Es wird herausgearbeitet und begründet, warum und wie Sprachspielpraxis kognitive Interpretationen und damit auch individuelles ökonomisches Verhalten dominiert, so daß die Wirtschaftssubjekte ökonomische Wirklichkeit vornehmlich durch die „Brille" ihrer Sprachspiele wahrnehmen.

In Kapitel 5 werden auf sprachtheoretischer Basis Funktionseigenschaften von Sprache bzw. Sprachspielen erläutert. Da in der Ökonomik die unsinnige Konzeption einer neutralen Sprache, die als reines Informationsdiffusionsinstrument funktioniert, vorherrscht, sollen die sprachtheoretischen Erläuterungen herausarbeiten, wie und unter welchen Bedingungen die realiter von Menschen verwendete Sprache funktioniert, welche Eigenschaften sie hat und wo ihre Grenzen liegen. Das Individuumzentrierte Verhaltenssteuerungsmodell des vierten Kapitels wird hier synthetisiert zu einer Modellierung von Sozialhandlungen, die durch je mindestens zwei kognitiv interpretierende Akteure in einem regelgeleiteten Zusammenspiel hervorgebracht werden.

Nach der Erläuterung allgemeiner sprachspieltheoretischer Zusammenhänge im fünften Kapitel wird in Kapitel 6 der Untersuchungsgegen-

---

[1] Vgl. Mayer (1999) S. 319

stand der Ökonomik als Gesamtheit aller ökonomischen Sprachspiele charakterisiert und die daraus folgenden Konsequenzen erörtert. Am Beispiel der Transaktion werden sprachliche ökonomische Sozialhandlungen analysiert und die notwendige Sprachlichkeit dieser Aktivitäten begründet. Im letzten Kapitel 7 wird das Resümee der Arbeit gezogen.

Die Realismusdiskussion in Erkenntnis- und Wissenschaftstheorie, die im zweiten Kapitel reflektiert wurde, verneint in ihrer Konsequenz die Möglichkeit einer realistischen Beschreibung ökonomischer Wirklichkeit. Der oben zitierte Slogan, „all models are false, but some are useful", soll deshalb die Zielsetzung der hier entwickelten Theorie verdeutlichen. Mit der Integration von Sprache in die ökonomische Theorie kann keine objektiv wahre Beschreibung der Wirklichkeit gegeben werden. Aber es soll ein Theorieangebot entwickelt werden, von dessen Nützlichkeit sich die LeserIn selbst überzeugen lassen soll. Argumente für den Nutzen einer sprachintegrierten Theorie wurden bereits im ersten Teil der Arbeit entwickelt: interdisziplinäre Konsistenz mit dem erkenntnistheoretischen, sprachphilosophischen und wissenschaftstheoretischen Stand der Wissenschaft sowie die Schließung fundamentaler wirtschaftswissenschaftlicher Erklärungslücken bezüglich einer Theorie des Mentalen, Erklärung sozialer Gemeinsamkeiten und Unterschiede und hinsichtlich der Erklärung koordinierten und kooperativen ökonomischen Handelns. Es zeigt sich, daß aufgrund der Funktionseigenschaften von Sprache auch (bislang negierte) Machtphänomene als integraler Bestandteil ökonomischer sprachgebundener Prozesse in den Untersuchungsgegenstand eingebunden werden können und müssen.

Wenn die Verfasserin des Textes davon überzeugt ist, daß die vorgenommene theoretische „thick description" ein „gutes" Instrumentarium zur Beschreibung ökonomischer Wirklichkeit liefert, dann aufgrund der genannten Argumente seiner Nützlichkeit. Selbstverständlich will das hier gemachte Theorieangebot auch die LeserIn von der „realisticness"[2] dieser sprachintegrierten Ökonomik überzeugen. Denn es ist Teil wissenschaftlicher Sprachspielpraxis. Es wäre aber bereits ein befriedigendes Ergebnis, wenn die entwickelte Theoriekonzeption verstanden wird und zu neuen Ideen und konstruktivem wissenschaftlichen Dialog inspiriert.

---

[2] Vgl. Mäki (1989)

4 Kognition und Sprache

*„Denken ist kein unkörperlicher Vorgang, der dem Reden Leben und
Sinn leiht, und den man vom Reden ablösen könnte [...]."*[1]

Das vorangegangene dritte Kapitel hat gezeigt, daß innerhalb der Ökonomik erhebliche Erklärungslücken hinsichtlich einer Theorie des Mentalen, der Erklärung intersubjektiver Gemeinsamkeiten und Unterschiede sowie der Erklärung kollektiver Handlungen bestehen. Es soll nun ein sprachintegriertes kognitionstheoretisches Modell der menschlichen Verhaltenssteuerung entwickelt und dargestellt werden, das ein Theorieangebot zur Schließung dieser Erklärungslücken macht.

Dazu wird zunächst der Kognitionsbegriff bestimmt und die kognitionstheoretische Herangehensweise zur Beantwortung ökonomischer Fragen erläutert und begründet (4.1). Anschließend wird eine kognitionstheoretische, modellhafte Erklärung menschlicher Verhaltenssteuerung entwickelt, die auch die Verankerung sprachlicher Phänomene im Kognitionsprozeß erläutert und erklärt (4.2). Das sprachintegrierte Kognitionsmodell analysiert und expliziert Eigenschaften und Funktionsbedingungen menschlicher Verhaltenssteuerung, die zum Teil von den bisher üblichen wirtschaftswissenschaftlichen Grundannahmen abweichen. Als Konsequenz werden aus dem Kognitionsmodell ökonomisch relevante Eigenschaften des Verhaltensorientierungsprozesses abgeleitet und insbesondere die Rolle der Sprachgebundenheit von Kognition reflektiert (4.3). Zuletzt werden die ökonomischen Grundbegriffe „Präferenzen", „Informationen" und „Wissen" vor dem Hintergrund des sprachintegrierten Kognitionsmodells einer Neudefinition unterzogen.

4.1 Kognitionsprozesse in der Ökonomik

4.1.1 Mentale Fundierung ökonomischer Verhaltenstheorie

Aufgrund der Tradition des methodologischen Individualismus konstruiert die Ökonomik ihren Untersuchungsgegenstand als Ergebnis des Zu-

---

[1] Wittgenstein (1990a) § 339, S. 387

sammenspiels individueller ökonomischer Handlungen und Verhaltensweisen (mikroökonomische Fundierung). Dabei werden die individuellen
ökonomischen Verhaltensweisen als reine Ausführung mental getroffener
Entscheidungen interpretiert, so daß das eigentliche mikroökonomische
Explanandum die Charakteristika und Prozeßregelmäßigkeiten von ökonomischen Entscheidungsprozessen bzw. allgemeiner: Verhaltenssteuerungsprozessen umfaßt. Während die älteren ökonomischen Theorieansätze davon ausgingen, daß den Wirtschaftssubjekten ihre jeweilige Entscheidungssituation bekannt und gegeben ist, werden in modernen ökonomischen Theorien die Aspekte der „Information", des „Wissens" und
„Lernens" immer wichtiger, da sie nicht mehr als vollkommen und abgeschlossen vorausgesetzt werden können. Mentale Prozesse, nämlich der
„Informationsaufnahme", der Konstruktion von Entscheidungssituationen
und der Entscheidung in diesen konstruierten Situationen, werden als
kausale Ursache der ökonomischen Handlungen der Wirtschaftssubjekte
angenommen, aus denen sich der wirtschaftswissenschaftliche Untersuchungsgegenstand konstituiert. Um ökonomische Praxis erklären zu
können, müssen also auch die Eigenschaften und Prozeßregelmäßigkeiten
der mentalen Verhaltensorientierung erklärt werden. In Kapitel 3 wurden
bereits einige Versuche der Ökonomik, solche mentale Theorien zu entwickeln, mit ihren Schwächen dargestellt. Ein Indiz dafür, daß Kognitionsprozesse in der Ökonomik zunehmend an Beachtung gewinnen, ist der
Ausdruck des „kognitiven Marktversagens", der sich bei Dunning zur
Charakterisierung von Transaktionsproblemen findet, die aufgrund unvollständiger oder asymmetrischer Informationen beteiligter Individuen
auftreten.[2]

Im Zuge des vorliegenden Kapitel 4 wird nun ein kognitionstheoretischer Theorieansatz zur Erklärung mentaler Verhaltenssteuerung eingesetzt. Die mikroökonomische Fundierung ökonomischer Theorie wird
also in Gestalt einer sprachintegrierten kognitionstheoretischen Fundierung der Verhaltenstheorie konzipiert. Zwar rezipieren auch andere ökonomische Konzeptionen kognitionstheoretische Forschungsergebnisse[3],
aber sie verzichten auf die Integration von Sprache in ihre kognitionstheo-

---

[2] Vgl. Dunning (1993) S. 78 f.

[3] Beispielsweise verweisen manche evolutorische Theorieansätze auf kognitionstheoretische Fundierung, vgl. z.B. von Hayek (1952; 1962; 1969b), Hesse (1990), Koch (1996),
Meier, Slembeck (1998), sowie Framing-Ansätze wie Esser (1996) und Lindenberg (1993)
oder andere Konzepte der Bounded Rationality, z.B. Heiner (1988), Denzau, North
(1994):

retischen Verhaltensmodelle. Dies ist, wie sich zeigen wird, eine folgenschwere Unterlassung, da die individuelle Verhaltenssteuerung in einem weitgehenden Umfang von sprachgebundenen Kognitionen dominiert und restringiert wird. Zum anderen ist dieser Mangel auch verständlich, da sich ein großer Teil der Kognitionsforschung auf die Prozeßregelmäßigkeiten der sinnlichen Wahrnehmung (Perzeption) bezieht, also auf einen Ausschnitt kognitiver Konstruktionsprinzipien von Wirklichkeit, und folglich die eigentliche Verhaltenssteuerung außer Acht läßt. Im nachfolgenden Modell wird der Kognitionsprozeß jedoch nicht definitorisch auf die Konstruktion von Vorstellungen und Wissen über Wirklichkeitsaspekte beschränkt, sondern als die gesamte wahrnehmend konstruierende und praktisch handelnde Interpretation von Wirklichkeit, einschließlich der realisierten körperlichen Aktivitäten, bestimmt.

4.1.2 Kognition – Begriff und Forschungsgegenstand

Die Kognitionstheorie ist ein Zweig der Erkenntnistheorie, der vorrangig empirisch arbeitet. Der Begriff „Kognition" ist vom lateinischen *cognoscere* abgeleitet, bedeutet ursprünglich „verstehen"[4] und wird heute im Sinne von „die Erkenntnis betreffend" „wahrnehmen, erkennen, wissen" verwendet.[5] Die Kognitionswissenschaften fassen unter Kognition Gedächtnisleistungen, Aufmerksamkeit, Denken, logisches Schließen, Probleme lösen, die Verwendung von Sprache und sonstige mentale Prozesse der Verarbeitung sogenannter „Informationen". In der Regel wird auch die Perzeption der Kognition zugerechnet, also der gesamte Prozeß der Aufnahme und Verfügbarmachung sinnlicher Wahrnehmungen für die weitere mentale Verarbeitung.[6] Unter Kognition werden hier also die Prozesse des Wahrnehmens, Denkens, der Verhaltenssteuerung und Speicherung verstanden. Kognition ist nicht auf *bewußte* mentale Prozesse beschränkt, auch nicht-bewußte Kognitionsprozesse gehören dazu.[7]

Die Kognitionswissenschaften arbeiten als interdisziplinäres Projekt. Sowohl Philosophie, Neurophysiologie, Kybernetik, Neurobiologie, Neu

[4] Vgl. Colman (1994) S. 279
[5] Vgl. Strube et al. (1996) S. 303
[6] Vgl. Colman (1994) S. 279
[7] Vgl. zum Kognitionsbegriff auch Ciompi (1997) S. 70 ff.

ropsychologie, Neurolinguistik, psychologische Anthropologie, als auch Ingenieurswissenschaften (Roboter, Künstliche Intelligenz) und Informatik beschäftigen sich mit Kognitionsfragen. Der Kognitionsbegriff ist insofern nicht immer einheitlich abgegrenzt und die Forschung hat je eigene Schwerpunkte.[8] Die starke Beschäftigung der Neurobiologen und Neuropsychologen mit Perzeptionsvorgängen erweckt z.b. oft den falschen Eindruck, als umfasse die Kognition allein die sinnliche Wahrnehmung der Wirklichkeit.

Im Gegensatz zu den meisten philosophischen Erkenntnistheorien basieren kognitionstheoretische Forschungen auf der Grundannahme, daß „Informationen" (gemeint sind: Wahrnehmungsinhalte, Interpretationen, „Wissen") der Substanz und/oder der Energie bedürfen, um sich in ihr auszuprägen, daß Information selbst aber weder Substanz noch Energie ist.[9]

Bestes Beispiel hierfür ist die Gehirnforschung, welche die chemischen und elektrischen Abläufe und Muster im Gehirn in Korrelation zu beobachtetem Verhalten und Selbstbeschreibungen der Probanden untersucht. Gehirnforschung arbeitet grob formuliert mit der Unterstellung, daß die spezifischen Erregungsmuster in verschiedenen Gehirnbereichen für die menschliche Verhaltenssteuerung ursächlich verantwortlich sind. Das subjektive Empfinden von Wahrnehmungsinhalten, Wissen, Orientierung in der Wirklichkeit ist dabei jedoch nicht auf die Selbstwahrnehmung dieser Hirnprozesse ausgerichtet und wird lediglich als systematisches Korrelat dazu interpretiert. Auf der Grundlage der materiell-energetischen Gegebenheiten (z.B. neuronale Prozesse, somatische Veränderungen, Bewegungen usw.) wird dann untersucht, nach welchen Regeln und Prinzipien der Prozeß der Interpretation realer Umwelt, Gefühlszuständen und der darauf bezogenen pragmatischen Reaktion abläuft, wie also der kognitive Prozeß der Orientierung in „der" Wirklichkeit zu erklären ist. Bei der Rezeption kognitionstheoretischer Literatur ist dabei zu beachten, daß der dort verwendete Begriff „Information" von dem ökonomisch üblichen Informationsbegriff abweicht. In der Ökonomik wird unter „Informationen" üblicherweise objektiv wahres Wissen über Ausschnitte der *einen*

---

[8] Die folgenden Ausführungen stützen sich vor allem auf konstruktivistische, kybernetische, neurobiologische und neuropsychologische Ansätze. Vgl. für einen umfassenden Einstieg in die Kognitionswissenschaften Osherson (1990), Posner (1989), Colman (1994), Münch (1982) sowie die Zeitschriften „Cognition" und „Cognitive Science".

[9] Vgl. Hassenstein (1965), S. 96

Wirklichkeit verstanden. Der kognitionstheoretische Informationsbegriff bezieht sich dagegen streng auf den Prozeß der *Veränderung* des subjektiven Wissens wahrnehmender Subjekte. Dies ist auch im folgenden mit zu denken.

Kognitionswissenschaften arbeiten sehr weitgehend empirisch, experimentell und naturwissenschaftlich orientiert. Methodologisch sind sie deshalb weitgehend von positivistischen Positionen geprägt. In ihrer methodologischen Begrenzung und ihren paradigmatischen Grundannahmen stellen sie nur *eine* mögliche Theorie der individuellen Erkenntnis und mentalen Verhaltenssteuerung dar. Kognitionstheorie wird hier nicht als Verkünderin objektiver Wahrheiten menschlicher Verhaltenssteuerung eingeführt. Getreu der in Kapitel 2 entwickelten Position des linguistic turns werden diese wissenschaftlichen Äußerungen als Beschreibungen verstanden, die innerhalb der wissenschaftlichen Sprachgemeinschaft derzeit als pragmatisch am besten bewährt gelten.

Das nachfolgend entwickelte kognitionstheoretische Verhaltenssteuerungsmodell fokussiert die Verhaltenssteuerung einzelner menschlicher Individuen, andere Menschen tauchen jeweils als Aspekte der Handlungssituation des Individuums auf. Diese auf das Individuum konzentrierte Analyse bestimmt als den „Ort" des Erkennens, an dem Interpretationen der Wirklichkeit entstehen, gespeichert, verfügbar sind, verarbeitet werden und das dazugehörige Verhalten ausgelöst wird, das kognitive System[10] (hier auch „Kognitionsapparat" bezeichnet). Das Kognitionssystem ist Teil des biologischen Organismus eines Lebewesens, wobei aber das Zentrale Nervensystem (bestehend aus Rezeptoren, Nervenbahnen, Rückenmark und Gehirn) und dabei insbesondere das Gehirn für die zentrale *Steuerung* des „Kognitionsapparates" zuständig ist.

Obwohl die Erforschung der materiell-energetischen Grundlagen der Kognition und ihre Verbindung zu den semantischen Korrelaten menschlicher Wirklichkeitsdeutung zentrale Teile der Kognitionswissenschaften beschäftigt, wird der Kognitionsprozeß im Folgenden beschrieben, weitgehend ohne eine Lokalisierung der jeweiligen Prozeßaspekte auf der organischen, materiellen Ebene vorzunehmen oder materielle Entsprechungen zu nennen. Das Modell unterscheidet lediglich funktionale Einheiten

---

[10] „System" ist hier im Sinne des Konstruktivismus gemeint, nicht im engeren Sinne der Systemtheorie Luhmann'scher Prägung, obwohl der hier beschriebene erkenntnistheoretische Ansatz dazu nicht im Widerspruch steht. Trotz eventueller mechanistischer Konnotationen werde ich auch von „Kognitionsapparat" sprechen.

und geht folglich nicht auf die Ebene einzelner Neuronen oder neuronaler Verknüpfungen hinunter. Auch werden keine „Landkarten" der Repräsentation verschiedener Funktionen im Organismus (z.B. im Gehirn) angegeben. Denn aus ökonomischer Sicht ist lediglich die Funktionsweise kognitiver Prozesse von Interesse, nicht jedoch die genaue Lokalisierung der materiell-energetischen Grundlagen, die wiederum z.b. für die Neurophysiologie oder Medizin relevant sind.

4.1.3 Denken, Sprache und Identität

Die vorliegende Arbeit rekurriert auf das Phänomen „Kognition", um eine ökonomische Theorie mentaler Verhaltensorientierung zu konstruieren. Sie bezieht sich insofern auf eine biologische, naturwissenschaftliche Erklärung mentaler, d.h. „geistiger" Prozesse und setzt sich von rein logischen, philosophischen, zeit-, raum- und materiefreien Konzeptionen des Mentalen ab. Es ist hier kurz der Begriff des „Denkens", der eng mit dem Konzept des Mentalen verknüpft ist, von dem der „Kognition" abzugrenzen.

Der Begriff „Denken" ist weniger ein kognitionstheoretischer, denn ein alltagssprachlicher, weil im Grunde jedes kognitives Problemelösen und Verhaltenorientieren, ob bewußt oder unbewußt, oft als Denken bezeichnet wird.[11] Auch in der Philosophie herrscht ein sehr weitläufiger Denkbegriff vor. Philosophisch bezeichnet „Denken" im Prinzip alle Tätigkeiten des Geistes (d.h. des „Mentalen" oder des „Verstandes"). Als Zweck von Denktätigkeiten wird die Erzeugung von Wissen angenommen, wobei in der Regel angenommen wird, daß rationales, den Gesetzen der Logik folgendes Denken „besseres", d.h. wahreres Wissen erzeugt als Denktätigkeiten, in die emotionale Urteile und ad-hoc-Behauptungen einfließen.

Die Kognitionstheorie fokussiert hingegen die Prozesse und Ergebnisse des menschlichen Kognitionsapparates. Die Phänomene, die üblicherweise als das „Mentale", „Verstand", „Bewußtsein" oder „Geist" bezeichnet wer-

---

[11] Außerdem ist der Begriff „Denken" natürlich auch in der Philosophie reichhaltig und unterschiedlich belegt. Während einige die These vertreten, alles Denken sei in Sprache ausdrückbar (Neutralitätsannahme), behaupten andere, daß Denken vollständig von Sprache determiniert sei Vgl. als Überblick zum Thema „Denken" den gleichnamigen Sammelband von Graumann (1965) sowie Seebaß (1981) zur philosophischen Debatte des Zusammenhangs von Denken und Sprache.

den, sind ein Bestandteil des Kognitionsapparates, dessen unbewußte Funktionsleistungen in mentalistischen Ansätzen in der Regel als nicht existent angenommen werden. Der Kognitionsapparat hat nicht den Funktionszweck der Erzeugung von wahrem Wissen über Wirklichkeit, sondern dient der Erzeugung lebens- und arterhaltender Verhaltensweisen des jeweiligen Organismus. Die Erzeugung von Wirklichkeitsvorstellungen (Wissen), innerhalb derer das Individuum erfolgreiche Verhaltensweisen selektieren und durchführen kann, ist in der Folge ein Nebeneffekt des Kognitionsprozesses, der zwar kein „wahres", also realistisches, sondern viables Wissen erzeugt. Als viabel wird pragmatisch bewährtes Wissen bezeichnet, also Wirklichkeitskonstruktionen, mittels derer Verhalten ausgelöst wird, das die Überlebensfähigkeit des Individuums sichert. Kognitionsapparate erzeugen deshalb in einem großen Umfang Wissen im Sinne von Know-how, also ein kognitives Orientierungs-Können, das zudem in erheblichen Teilen nicht bewußt (tacit knowledge) ist. Der Begriff des Denkens wird jedoch insbesondere in der philosophischen Tradition mit Wissen assoziiert, das dem Individuum bewußt ist, das eine reine Beschreibung (nicht: Handlungsorientierung) von Wirklichkeitszusammenhängen ist und das vom Individuum in Sprache ausgedrückt werden kann.

Indem wir uns in dieser Arbeit auf ein kognitionstheoretisches Verhaltenssteuerungsmodell konzentrieren, werden in der Folge auch die kognitionstheoretischen Annahmen von Denken, Wissen und Bewußtsein übernommen.

Wissen umfaßt im kognitionstheoretischen Sinne alle gespeicherten Ergebnisse von Kognitionsprozessen (einschließlich Denktätigkeiten), die, wie oben erklärt, in ihren evolutionär entstandenen Funktionsbedingungen der Erzeugung viabler Verhaltensorientierung dienen. Wissen besteht deshalb sowohl aus Know-how als auch aus Wissen über Know-how (Knowledge, reflektiertes Wissen). Wissen über Know-how ist dem Individuum grundsätzlich (potentiell) bewußt, während Know-how nur teilweise bewußt ist. Nur die bewußten Teile des Wissens können (leichter oder schwerer) in Sprache kodifiziert zum Ausdruck gebracht und mitgeteilt werden. Auf den kognitionstheoretisch zu modifizierenden ökonomischen Wissensbegriff wird in Abschnitt 4.4.3 eingegangen.

Denken umfaßt hier nicht alle Arten von Kognitionsprozessen, sondern lediglich drei Bereiche „weiterverarbeitender" kognitiver Tätigkeiten: abstrahierende Reflexion, Verhaltensplanung und Phantasien über zukünftige Ereignisse. Denken wird allgemein als ein Prozeß der Schlußfol-

gerung definiert. Durch interferierende Kombination zweier Repräsentationen von „Wissen über die Welt" werden entweder darin implizite
Eigenschaften der Welt abgeleitet (Deduktion) oder neue gemeinsame
Eigenschaften der Welt abgeleitet (Induktion: Generalisierung und analogiebasiertes Schließen).[12] Wie solche Schlußfolgerungsprozesse auf der
materiell-energetischen Ebene des Kognitionsapparates funktionieren, ist
im Prinzip noch nicht wissenschaftlich erklärt. Es muß als eine Abfolge
bestimmter Erregungsmuster des Gehirns gesehen werden, wobei neue
Verknüpfungen von Neuronen aufgebaut werden, alte Verknüpfungen
verstärkt oder geschwächt werden. Warum, wie und nach welchen Gesetzmäßigkeiten ein solcher Prozeß abläuft ist unklar.[13] Deshalb werden
nur diese drei besonders relevanten Kognitionsbereiche aufgezeigt, in
denen Schlußfolgerungsleistungen auftreten. Denken *muß* nicht als Prozeß ablaufen, der mit dem Gefühl des Bewußtseins verbunden ist, nimmt
aber häufig die knappen Ressourcen bewußter Aufmerksamkeit in Anspruch. Obwohl Denken nicht unter Anwendung des Systems sprachlicher
Bedeutungen ablaufen *muß*, sind Denktätigkeiten aufgrund ihrer Bewußtheit grundsätzlich in der Regel sprachlich explizierbar.[14] Auf kognitive
Denkprozesse wird in Abschnitt 4.2.8 genauer eingegangen.

Weder Denktätigkeiten noch die Erzeugung von Wissen ist notwendig
mit **Bewußtsein** verbunden, weshalb hier als Subjekt des Denkens und
Wissens nicht „das Bewußtsein", „der Verstand" oder der „Geist" angegeben werden, sondern das **kognitive System** (Kognitionsapparat). „Bewußtsein" wird im kognitionstheoretischen Sinne als ein spezifischer Ge-
fühlszustand der zentralen kognitiven Verarbeitungsinstanz verstanden
werden, der jedoch nicht notwendig mit allen Kognitionsprozessen bzw.
nicht mit allen Anteilen von Kognitionsprozessen einhergeht. Beispiels-

---

[12] Vgl. Holland, Holyoak, Nisbett, Thagard (1986), Johnson-Laird, Byrne (1991)

[13] Zumindest finden sich in diesem Zweig der Kognitionsforschung keine Aussagen
hierzu. In der Regel befassen sich Neurowissenschaftler und Hirnforscher mit den „einfacheren" Prozessen der Perzeption oder mit pathologischen Störungen des Zentralen Nervensystems. Diese sind schon komplex und unerforscht genug.

[14] Wittgenstein schlägt vor, „Denken" solle man nur diejenigen Bewußtseinsinhalte nennen, die (potentiell) in Sprache ausgedrückt werden können. Vgl. Wittgenstein (1990a)
§§327-332, S. 383-385. Aufgrund der kognitionstheoretischen Ausrichtung der hier aus-
geführten Gedanken werden hier zwar *spezifische*, auch sprachunabhängige Kognitionsleistungen unter „Denken" gefaßt, jedoch ist die Wittgenstein'sche Bedingung der potentiellen Ausdrückbarkeit in Sprache aufgrund der weitgehenden Bewußtheit von Denkprozessen in der Regel gegeben. Vgl. zu einer kritischen Darstellung des Zusammenhangs
von Sprache und Denken Dauses (1995) S. 71-93, sowie Zimmer (1995) S. 119-163

weise wird die meiste Zeit nicht bewußt geatmet, dennoch wird die Atmung über ein Teil des Kognitionsapparates gesteuert. In der Regel sind die phylogenetisch älteren Teile der kognitiven Selbstorganisation wenig oder gar nicht bewußt (z.B. die Feinmotoriksteuerung des Kleinhirns, das Atemzentrum, hormonelle Regelkreise), während die „neueren" Verarbeitungsweisen im Großhirn tendentiell häufiger mit dem Gefühl „Bewußtsein" korrelieren.[15]

Damasio unterscheidet Bewußtsein in das sogenannte „Kernbewußtsein" und das „erweiterte Bewußtsein". Das Kernbewußtsein umfaßt den Wachzustand eines Individuums, in dem das Individuum sich selbst aufmerksam und emotional beteiligt in der gegenwärtigen Situation (Hier-und-Jetzt) empfindet und wahrnehmend orientiert. Kernbewußtsein kennt weder Vergangenheit noch Zukunft und kann gegeben sein, ohne daß ein (menschliches oder tierisches) Individuum über ein funktionierendes Gedächtnis oder sprachliche Kompetenzen verfügt. Das komplexere erweiterte Bewußtsein baut auf dem Kernbewußtsein auf und umfaßt viele Ebenen und Abstufungen von Selbst-Bewußtsein, die sogenannte „höhere" kognitive Leistungen wie Identität, Personalität, Kreativität, Sprache, Gewissen und die Verortung des Selbst an einem bestimmten Punkt in der individuellen historischen Zeit usw. möglich machen. Gedächtnis und Denkprozesse sind notwendige Voraussetzungen erweiterten Bewußtseins. Und sprachliche Fähigkeiten sind erst im Rahmen erweiterter Bewußtseinsfähigkeiten möglich.[16] Bewußtsein umfaßt also insgesamt das dynamische Beziehungsgefüge des erweiterten Bewußtseins, das den Organismus, die internale Lebensregulation und Vorstellungen über äußere Phänomene vielgestaltig im Gehirn repräsentiert. Da diese Repräsentationspraxis aus evolutionsgeschichtlichen Gründen an die Aufrechterhaltung von Lebensprozessen geknüpft ist, handelt es sich bei Bewußtseinsinhalten um viable Wissensbestände. Obwohl nicht alle Bewußtseinsphänomene mit sprachlichen Kognitionsleistungen verbunden sind, gilt doch umgekehrt, daß Sprache eine höhere Bewußtseinsleistung ist, die das Vorhandensein von Gedächtnisfunktionen voraussetzt und notwendig unter dem Gefühl des Bewußtseins operativ ausgeübt wird.

---

[15] Vgl. Heinz Hoeris und David Chalmers in: bild der wissenschaft 10/1998, S. 64-67. Vgl. auch Pöppels (1988) S. 163-168 getroffenen Unterscheidungen von „un-, vor-, nach-, mit-, neben- und außerbewußt". Vgl. zu unterschiedlichen Definitionen des Bewußtseinsbegriffes Calvin, Ojeman (1995) S. 29 ff., Churchland (1997) S. 219-266

[16] Vgl. Damasio (2000) S. 28-32

Das Kernbewußtsein begründet ein sogenanntes *Kernselbst*, in dem das kognitiv aktive Individuum seiner selbst in der gegenwärtigen Handlungssituation gewahr wird. Es hat ein Gefühl seines emotionalen, deutenden Erlebens der Situation. Das Kernselbst ist „ein flüchtiges Phänomen, das für jedes Objekt, mit dem das Gehirn interagiert, neu erschaffen wird."[17] Das erweiterte Bewußtsein hingegen erzeugt eine komplexere, zeitlich umfassende fühlende Wahrnehmung des Individuums, das sogenannte *autobiografische Selbst*. Es beruht auf den systematischen Erinnerungen an Situationen, in denen dem Kernselbst die grundlegenden Ereignisse im Leben des Organismus zur Kenntnis gelangt sind (z.B. Vorlieben, Abneigungen, gewöhnliche Reaktionen auf Konflikte). Auch das autobiografische Selbst ist ein Gefühl des individuellen emotionalen Erlebens von Situationen. Aufgrund seines Gedächtnisses und der Möglichkeit von phantasievollen Vorstellungen (Zukunft, Fiktion) umfaßt es aber ein Gefühl der Gefühle in der Gesamtheit oder einem größeren Ausschnitt wichtiger Situationen des Individuums. Während das Kernselbst unterschiedliche Zustände einander flüchtig abwechseln läßt, umfaßt das autobiografische Selbst eine integrierte und vielschichtigere Deutung des Individuums seiner selbst. Dieses Selbst-Bewußtsein kann sich, seine Gefühlsqualität und die Annahmen über zeitlich stabile Selbstähnlichkeiten im Laufe der Erfahrungsgeschichte des Individuums qualitativ verändern.[18]

Das Bewußtsein eines Individuums seiner selbst, das gewöhnlich **Identität** genannt wird, bezieht sich auf das autobiografische Selbst. Auch die Wahrnehmung der Identität (Selbstähnlichkeit in der Zeit) anderer Individuen beruht auf längeren Abfolgen bewußter Wahrnehmungen des anderen in Interaktionen. Identität bedarf also aus Sicht des Individuums spezieller Bewußtseinsleistungen des autobiografischen Selbst. Aus Sicht der sozialen Umgebung wird Identität dem Individuum jedoch zugeschrieben auf Basis der interpretierenden und gespeicherten Wahrnehmungen seines (regelmäßigen) Verhaltens in der gemeinsamen Interaktionsgeschichte. Wobei die öffentliche Verhandlung solcher Identitäten nur unter Verwendung von Sprache möglich ist.

Diese Klärung des Identitäts- und Bewußtseinsbegriffs ist notwendig, da sie in der Kognitionstheorie ganz anders verstanden werden, als in den erwähnten mentalistischen Ansätzen. Aus Sicht der meisten mentalistischen, philosophischen oder handlungstheoretischen Ansätze wird das

---

[17] Vgl. Damasio (2000) S. 30
[18] Vgl. Damasio (2000) S. 204-282

„Ich" als ein notwendig bewußtes, rational und bewußt über Verhalten entscheidendes Subjekt verstanden, dem seine individuelle Identität als objektive, dauerhaft gleiche Eigenschaft anhaftet. Diese Vorstellung herrscht auch in den Rational-Choice-Ansätzen der Ökonomik vor.[19] Hingegen operieren kognitionstheoretische Ansätze unter der Annahme, daß der Kognitionsapparat Verhalten sowohl in nicht-bewußten Prozessen steuert als auch unter dem Gefühl der Bewußtheit (Kernbewußtsein), und daß der Kognitionsapparat in konstitutiver Weise auf der Basis emotionaler Empfindung und Wertung operiert. „Das Bewußtsein" ist nicht der verhaltenssteuernde Kognitionsapparat selbst, sondern nur ein spezifisches Begleitgefühl für das Gefühl der Aufmerksamkeit und andere Emotionen, die das Selbst im Hier-und-Jetzt (Kernbewußtsein) und unter Integration seines autobiographischen Selbsterlebens (erweitertes Bewußtsein) erlebend gewärtigt.

Die Person, das über Verhalten entscheidende Individuum, seine Identität, ist folglich nicht mit „dem Bewußtsein" gleichzusetzen. Die individuelle Person konstituiert sich aus dem Organismus einschließlich des Kognitionsapparates und der Geschichte der Aktivitäten des Organismus (Kognitionsapparates) in seiner Verhaltensumgebung. Das Selbst und die Identität, als die diese Person sich erlebt und interpretiert, ist ein Teil der Bewußtseinsinhalte, bei denen der Kognitionsapparat seine eigenen Gefühlsqualitäten zum Wahrnehmungsgegenstand macht. Die Identität, die der Person von anderen zugeschrieben wird ergibt sich aus deren kognitiven Deutungen von kontextbezogenen Verhaltensinvarianzen des Individuums in der Zeit, von denen auf die zeitlich stabile, selbstähnliche „innere" Verfaßtheit des Individuums (Identität) zurück geschlossen wird. Die nach außen erscheinende und innen empfundene Selbstähnlichkeit von Individuen ist kognitionstheoretisch durch dem Kognitionsprozeß immanente Tendenzen der Routinebildung zu erklären. Um Identität sozial explizit auszudrücken und zu verhandeln sind sprachliche Verständigungsprozesse notwendig. Für das fühlende Empfinden von Identität gilt dies nicht, wobei die Sozialisierung in Sprache dem Kognitionsapparat eine wesentlich feinere Differenzierung im Selbst-Erleben ermöglicht.

Rolle von Sprache

---

[19] Kirsch (1995) weist darauf hin, daß auch die Ökonomik selbst-identische Akteure unterstellt, deren Identität unverändert bleibt, auch wenn sich deren Präferenzen oder Verhaltensweisen verändern. Vgl. zum Phänomen „Selbst" und „Identität" auch Frank (1994), Kienzle, Pape (1991), Auwärter, Kirsch, Schröter (1976), Nellesen (2000), Buchinger (2000), Ohlmeier (2000), Taylor (1989)

Es wurde nun die kognitionstheoretischen Grundbegriffe „Denken",
„Wissen", „Bewußtsein", „Identität" definiert und von mentalistischen
Konzepten, die in der Ökonomik breite Anwendung finden, abgegrenzt.
Dabei wurde auch darauf eingegangen, inwieweit Sprache an diesen Prozessen beteiligt ist oder sein muß. Allerdings werden diese Aussagen erst
nach der Lektüre der kognitionstheoretischen Ausführungen in Abschnitt
4.2 zur Gänze verständlich sein.

4.1.4 Gründe für ein komplexeres, kognitives Menschenbild
in der Ökonomik

Das sprachintegrierte kognitionstheoretische Verhaltenssteuerungsmodell,
das in Abschnitt 4.2 entwickelt wird, bietet im Vergleich zu den einfacheren entscheidungstheoretischen Vorstellungen von Rational-Choice-Ansätzen oder der Institutionentheorie eine mikroökonomische Fundierung
von erheblicher Komplexität an. Aufgrund der wissenschaftlichen Maxime
der Einfachheit kann ein solches komplexes Modell, auch wenn es bereits
durch seine Schematisierung vereinfacht ist, nicht nur als Vorteil gewertet
werden. Es handelt sich hierbei jedoch um einen Preis, der gezahlt werden
muß, wenn man eine allgemeine ökonomische Verhaltenstheorie anstrebt,
die eine fundierte Theorie des Mentalen, sozialer Gemeinsamkeit und
Unterschiedlichkeit sowie des kollektiven Handelns anstrebt. Auch muß
die Komplexität menschlicher Verhaltenssteuerung theoretisch aufgegrif-
fen werden, da hier ja die Einbindung sprachlicher Phänomene in den Kognitionsprozeß erklärt werden soll. Und die Art der Integration von Sprache in den Erkenntnisprozeß ist eben komplizierterer Natur.

Komplexität entsteht im hier entwickelten Kognitionsmodell insbeson-
dere deshalb, weil das kognitive System der Verhaltenssteuerung als ein
dezentrales System verstanden wird, dessen Subsysteme unterschiedliche
Funktionsweisen und Zielorientierungen aufweisen. Für dieses Zusammenspiel dezentralisierter verhaltenssteuernder Subsysteme, welches das
Verhalten von Wirtschaftssubjekten letztlich determiniert, wird hier der
Begriff des **kognitiven Steuerungskomplexes** eingeführt. Den Begriff des
Steuerungskomplexes und die hier vorgenommene Auffächerung in fünf
Ebenen (Reflexe, dezentrale Steuerungssysteme, Triebe/Instinkte, direkte
individuelle sowie indirekte soziale Steuerungsebene) findet sich so nicht
in der Literatur. Bei den Kognitionsforschern Calvin und Ojemann wer-

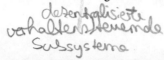

den parallel ablaufende, dezentrale Steuerungsprozesse erwähnt, in die sich das Bewußtsein abwechselnd mit „einschaltet". Hier werden jedoch keine systematischen Typen von Steuerungssystemen unterschieden.[20] Eine wesentlich stärker differenzierte Unterscheidung kognitiver Subsysteme findet sich bei dem Neurologen Damasio, der Schichten nacheinander entstandener und aufeinander aufbauender Bewußtseinsleistungen analysiert.[21] Für ein ökonomisches Verhaltenssteuerungsmodell ist diese Feindifferenzierung von Bewußtseinssystemen jedoch zu weitgehend. Der hier eingeführte kognitive Steuerungskomplex unterscheidet deshalb auf der Basis der kognitionstheoretischen Literatur fünf Typen von Steuerungssystemen, in denen die fünf wesentlichen unterschiedlichen Einflußgrößen, welche in ihrem Zusammenspiel die menschliche Verhaltenssteuerung determinieren, wirksam werden.

Der erste Grund, der für eine Erhöhung der expliziten Komplexität des kognitiven Steuerungsmodells spricht, ist, daß es die diffizilen Ursachen menschlicher Verhaltensweisen lokalisieren und/oder erklären kann, die in anderen Entscheidungstheorien implizit und exogen bleiben müssen. Beispielsweise läßt die Rational-Choice-Theorie (oder auch die Evolutorik) mit der komplexen Black Box der Präferenzen alle Motivationen und bewertenden Kräfte sowie deren Zusammenspiel untereinander undifferenziert. Oder kognitionstheoretische Ansätze nehmen eine einzige abstrakte Steuerungsfunktion oder allgemeine, nicht näher unterschiedene Verknüpfungsmodalitäten von „Input" und „Output" an.[22] Gerade wenn – wie hier – die Bedeutung der Sprachpraxis von Menschen erfaßt werden soll, ist es notwendig zwischen der individuellen direkten Steuerungsebene und der indirekten sozialen Steuerungsebene unterscheiden zu können. Nur aus deren Zusammenspiel ist verständlich, wie Sprachlichkeit in die Kognition und Orientierungsweise von Subjekten eingreifen kann, wie also die solipsistische Subjektivität in eine soziale Individualität verwandelt wird.

Der zweite Grund, der dafür spricht, das ökonomische Verhaltenssteuerungsmodell komplizierter zu gestalten, ist, daß die kognitionstheoretischen Erkenntnisse belegen, daß es *eine* einfache, einheitliche, allgemeine Entscheidungstheorie nicht geben kann. Verhaltenssteuerung wird

---

[20] Vgl. Calvin, Ojemann (1995)

[21] Vgl. Damasio (2000)

[22] Vgl. etwa die „Steuerungsfunktion" bei Schnabl (1972) S. 99 ff., oder die konnektionistischen Modelle wiedergegeben in Strauss, Quinn (1997) S. 59-71

nicht allein von bewußten Steuerungsprozessen durchgeführt, sondern parallel von unterschiedlichen Steuerungssystemen gleichzeitig. Auch ist „das" Bewußtsein keine integrierte zentrale Entscheidungsinstanz, die unter Beachtung aller relevanten Umweltdaten eine Verhaltensweise pro Zeiteinheit ermittelt, denn erstens gibt es auch außer- und nicht-bewußte Verhaltenssteuerungsprozesse und zweitens gibt es verschieden Arten von Verhalten und Handlungen, die gleichzeitig geäußert werden können. Außerdem ist das Individuum keine vollkommen integrierte Persönlichkeit, die in allen Situationen nach den gleichen Erfolgskriterien und Denklogiken des Entscheidungsprozesses operiert. Vielmehr steuert es sein Verhalten bezogen auf spezifische Situationstypen und Sprachspielgemeinschaften unterschiedlich. Ökonomische Verhaltenstheorien versuchen bisher jedoch eine solche einheitliche Entscheidungstheorie zu finden, ob sie nun vollkommen autonome, bewußte und rationale EntscheiderInnen (Rational Choice) annehmen oder vollständig durch (exogen gegebene) Institutionen in ihrem Verhalten determinierte ökonomische „Tiere" (bestimmte Richtungen des Institutionalismus[23]) oder eine Verhaltenssteuerungsform zwischen diesen beiden Polen. Mit der folgenden strukturierenden Darstellung des kognitiven Steuerungskomplexes sollen solche polarisierten Modelle überwunden werden. Statt anzunehmen, es gäbe nur *eine einzige* Form der Steuerung, wird gezeigt, daß es *sowohl* Bereiche determinierter Verhaltenssteuerung gibt, *als auch* Orientierungsbereiche mit sehr hohen Freiheitsgraden.

Die fünf Teilsysteme des kognitiven Steuerungskomplexes sind durch unterschiedliche Operationsmodi, Input- und Outputarten gekennzeichnet, durch unterschiedliche (potentielle) Bewußtheitsgrade, Zugänglichkeit für Reflektion und damit auch durch grundsätzlich verschieden hohe Grade an Autonomie der Entscheidung. Grundsätzlich stellen die Steuerungsebenen mit geringen Freiheitsgraden **Restriktionen** für die höheren Ebenen dar. Umgekehrt sind die „niedrigeren" Ebenen aber auch als ausführende oder durch Umwelt- und Zustandsveränderungen von den Steuerungsergebnissen der „höheren" Ebenen betroffen. Es wird erklärt welche Grade an Autonomie und Reflektiertheit von Entscheidungen über Verhalten *möglich* und welche in der alltäglichen ökonomischen Praxis *wahrscheinlich* sind. Indem eine erhöhte Komplexität in das Modell der kognitiven Verhaltenssteuerung explizit hineingenommen wird, sinkt das

---

[23] Vgl. Campbell (1998) S. 381 ff.

Ausmaß an Überraschungen über empirisch vorfindliche Verhaltensweisen von Wirtschaftssubjekten.

Es zeigt sich, daß die Instanz, die für die Verhaltenssteuerung von Wirtschaftssubjekten verantwortlich ist, nach allem, was man weiß, nicht ein isoliert, autonom und vollkommen frei operierendes „höheres Entscheidungsgremium" ist. Statt dessen reicht das Spektrum von Verhaltenssteuerung von behavioristisch beschreibbaren deterministischen Reiz-Reaktionsschemata bis zu komplexen, kreativen und reflektierenden Entscheidungsprozessen bei einer pluralen Motivations- und Zielstruktur. Dabei sind die „niedrigeren" Ebenen des Steuerungskomplexes in der jeweiligen Situation auch immer aktiv und aktivieren entsprechende Verhaltensimpulse. Die je „höhere" Ebene des Steuerungskomplexes kann diese Impulse jedoch zum Teil oder ganz schwächen, unterdrücken, ganz blockieren oder natürlich auch in das Verhaltensprogramm integrieren, verstärken und ergänzen.

Da die verschiedenen Ebenen des kognitiven Steuerungskomplexes einander substituieren (hemmen) können oder auch in komplexer Weise verhaltenssteuernd zusammenwirken können, ist weder das Verhalten des einzelnen Subjektes deterministisch vorhersagbar, noch ist das Ineinanderwirken der verschiedenen Steuerungsebenen für alle Menschen gleich. Es gibt weder eine thematische Arbeitsteilung der Steuerungssubsysteme, noch sind die Prioritäten, wann welches „die Oberhand gewinnt", determiniert. Ein Mensch vom Typ „Untertan" unterdrückt bspw. zu einem Großteil seine individuellen und biologischen Steuerungsmechanismen und orientiert sein Verhalten in Anpassung an von Dritten oktroyierten Anforderungen. Der Autist prägt indirekte soziale Steuerungsimpulse kaum aus. Ein Mensch diszipliniert sich im Arbeitsleben und lebt in der Freizeit fast nur triebgesteuert. Der andere wird buddhistischer Mönch und übt sich in der Beherrschung und Überwindung seiner Triebe und instinktiven Leidenschaften.

Da es also keine allgemeine Theorie des menschlichen kognitiven Steuerungskomplexes geben *kann*, stellt das komplizierte Modell des fünf-Ebenen-Steuerungskomplexes ein Verhaltenssteuerungsmodell bereit, das

- die grundsätzlichen Steuerungsmodi (in ihrem Zusammenspiel) darstellt,

- die biologische Determiniertheit und soziale Prägung individueller Verhaltenssteuerung erklärt und

– die Ursachen und Grenzen menschlicher Verhaltensautonomie offen-
legt.

zwei Ziele

Neben der Erhöhung des Erklärungsgehaltes mikroökonomischer Verhaltenstheorie liegt das Interesse auf der Erläuterung des Einflusses von
Sprache innerhalb des Verhaltenssteuerungsprozesses.

Aus dem hier entwickelten linguistisch-kognitiven Verhaltenssteuerungsmodell ergeben sich Veränderungen des ökonomischen Menschenbildes.

Die **Autonomie** des einzelnen Wirtschaftssubjektes sowie seine Freiheit, Art, Richtung und Strukturierung von Wahrnehmungsinhalten sowie
sein Verhalten in bezug auf die wahrgenommene Wirklichkeit auszuwählen, werden als stark begrenzt erkannt. Einerseits aufgrund der Tendenz
des Kognitionsapparates zu Routinen, andererseits aufgrund der Dominanz intersubjektivierter Deutungssysteme für die individuellen Kognitionsprozesse. Diese stark begrenzte individuelle Entscheidungsautonomie
widerspricht der in der Ökonomik weitverbreiteten Homo Oeconomicus-
Vorstellung.

Zum zweiten zeigt sich, daß der Kognitionsapparat in weiten Bereichen
hohe Freiheitsgrade aufweist. Er operiert **nicht** auf die **Maximierung** einer
bestimmten Zielgröße hin, sondern lediglich auf das Erreichen und Ein-
halten von zumeist mehreren Mindesterfolgswerten gleichzeitig hin. Da
dieses Satisfizierungsprinzip ganz unterschiedliche kognitive Orientierungsprozesse und Verhaltensweisen gleichermaßen als erfolgreiche Pro-
blemdefinitionen und -bewältigungen auszeichnen kann, ist auch nicht
nur eine einzige Denk- und Entscheidungslogik als rational ausgezeichnet.
Vielmehr gibt es vielfältige qualitativ unterschiedliche Arten von **Rationalitäten** nebeneinander. In Kapitel 5 wird sich zeigen, daß sich Rationali-
tätsmodi vor allem relativ zu den jeweils situationsspezifischen Sprachspielen ausbilden.[24]

Obwohl der Kognitionsapparat zu routinisierten und an kollektive
Interpretationsregeln angepaßten Verhaltensorientierungen neigt, ist die
Veränderung kognitiver Prozesse durch kreative Neuordnung oder Zweifel an der Sinnhaftigkeit bestehender Kognitionsroutinen nicht ausschließ-
bar. Diese durch Kreativität und zweifelnder Reflektion bedingten Freiheitsgrade von Entscheidungsprozessen haben zur Folge, daß menschli-

---

[24] Zu einer kritischen Reflektion des ökonomischen autonomen und eindimensional
orientierten Entscheiders vgl. Wiesenthal (1990)

ches Verhalten fundamental ungewiß und **nicht sicher prognostizierbar** ist. Andererseits sind aber unsichere, pragmatisch einigermaßen zuverlässige Erwartungsbildungen über Verhalten möglich, sowohl aufgrund der Dominanz intersubjektiver Deutungssysteme im individuellen Kognitionsapparat, als auch aufgrund von sozialer Kontrolle korrekten individuellen Verhaltens innerhalb von Sprachspielen. Die grundsätzliche Offenheit und Flexibilität subjektiver Kognition wird also durch die kognitive Intersubjektivierung von Sprachspielregeln stabilisiert, ohne sie starr zu machen.

Der hier erörterte Ansatz einer allgemeinen, auch auf ökonomisches Handeln anwendbaren Verhaltenstheorie, welche auf Kognitionstheorie basiert und Sprachlichkeit miteinbezieht, macht den Versuch, die Ursachen und Regelmäßigkeiten menschlichen Verhaltens zu bestimmen, ohne die grundsätzlichen Unbestimmbarkeiten menschlichen Verhaltens zu leugnen.[25]

Der Kognitionsapparat ist ein evolutionär entstandenes System, das in seinen Funktionsbedingungen auf die lebenserhaltende und arterhaltende Steuerung der Aktivitäten des jeweiligen Organismus ausgerichtet ist. Kognitionsprozesse erzeugen deshalb keine wertfreien Vorstellungen von Wirklichkeit, sondern normative Verhaltensorientierungen in nach jeweiligen Leitinteressen selektiv konstruierten Wirklichkeitskonstrukten. Das „Wissen" das von Kognitionsapparaten erzeugt werden kann, ist deshalb immer ein **normatives** und **praxisrelevantes**.

Individuelle Kognitionsprozesse werden von sozialen Interaktions- und vor allem Verständigungsstrukturen (Sprachspielen) dominiert. Individuelles Verhalten ist in seiner Ausrichtung deshalb in aller Regel nicht verständlich, wenn man es nicht als Teil eines Verständigungsprozesses betrachtet. Ein kognitionstheoretisches ökonomisches Menschenbild kann deshalb nicht auf mikroökonomische autonom entscheidende Einzelakteure abstellen, sondern immer nur auf Individuen, deren **Bewußtsein** und Verhaltenssteuerungsmodus **dialogisch**, also sozial **verfaßt** ist. Die jeweils relevante Bezugsgruppe und der situative soziale Handlungskontext sind folglich immer maßgebliche Einflußgrößen des Kognitionspro-

---

[25] Die Subjektivität und Eigenartigkeit des einzelnen Menschen wird zum einen erklärbar als Folge der Kontingenz seiner Erfahrungsgeschichte, zum anderen schimmert sie auf in der Art und Weise, wie der/die Einzelne sich in die Sprachspielpraxis ihrer Bezugsgemeinschaften eingliedert.

zesses.[26] Die Steuerung ökonomischen Verhaltens wird durch sprachgebundene Sinnsysteme in zentraler Weise bestimmt.

Die kognitionstheoretische Fundierung ökonomischer Verhaltenstheorie konzipiert die Wirtschaftssubjekte als Personen, die aufgrund von
Selbst-Bewußtsein eine **individuelle Identität** und aufgrund von Zuschreibungen ihrer Bezugsgruppe(n) **soziale Identität**(en) haben. Das bisher in der Ökonomik vernachlässigte Phänomen „Identität" ist in mehrfacher Weise ökonomisch relevant.[27] Zum einen bewirkt Identität, daß ökonomische Akteure füreinander (wieder-)erkennbar sind. Wiedererkennbarkeit ist eine grundlegende Voraussetzung für Vertrauen, das zur Überwindung von Marktversagen aufgrund von Informationsasymmetrien
notwendig ist. Wirtschaftssubjekte entwickeln ihre Identität dialogisch in
Bezugsgruppen. Insofern ist die Sprachspielkompetenz und der Verständi-
gungsstil, den ein Wirtschaftssubjekt entwickelt, ein wichtiger Teil seiner
Identität, der jedoch nur in der jeweiligen Bezugsgruppe verstanden und
erlebt werden kann. Die Gruppenspezifität von Identität und in der Folge
auch von „Präferenzen", „Wissen" und Verhaltensweisen ist insofern ökonomisch bedeutsam, als sie ökonomische Verständigungen, Handeln und
Verhalten über die jeweiligen Gruppengrenzen hinaus eng restringiert und
zum Teil unmöglich macht. Die dialogische, kognitive Prägung der Identität von Individuen bewirkt auch die Entstehung von Gruppenidentität,
die sowohl durch Zugehörigkeitsbedürfnisse als auch Ähnlichkeiten der
individuellen Identitäten ihrer Mitglieder geprägt ist. Gruppenidentitäten
ermöglichen verallgemeinernde Aussagen über Wirtschaftssubjekte und
damit auch aggregierte ökonomische Betrachtungen entlang der Gruppen-
identitätsgrenzen.

Da die soziale Identität eines Wirtschaftssubjektes zum größten Teil
durch seine Sprachspielkompetenzen determiniert ist, werden seine Fähigkeiten hinsichtlich der Bereiche Produktion, Transaktion, Konsum und
kollektiven Handelns (Politik) durch eben diese soziale Identität inhaltlich
definiert. Das Humankapital, die Produktivität, die Präferenzen des Wirtschaftssubjekts sowie die Organisations- und Transaktionstechnologien,
mit denen wirtschaftliche Kooperation und Koordination „produziert"

---

[26] Auch Sutter, Charlton (1994) S. 45 weisen darauf hin, daß eine rein individualistische
Betrachtung menschlicher Kognition, unter Mißachtung der sozialen Bedingtheit von
Kognition fehlleitet. Zu einer sozial orientierten Betrachtung von Kognition vgl. deshalb
Sutter, Charlton (1994), Semin, Fiedler (1992), Strauss, Quinn (1997)

[27] Vgl. hierzu auch Kirsch (1995)

werden, sind in ihrer Spezifität durch die soziale und individuelle Identität des Wirtschaftssubjekts und die jeweilige Gruppenidentität bestimmt. Da sich die Identität von Individuen durch Lernen und Erfahrungen qualitativ verändern kann, ist weder das Individuum über die Zeit hinweg immer identisch, noch bleiben die Sprachspiele seiner Gemeinschaft, mit denen soziale Identitätszuschreibung betrieben wird, in der Zeit stabil. Insofern sind Wirtschaftssubjekte aus kognitionstheoretischer Sicht als im Zeitverlauf selbstähnliche und wiedererkennbare Organismen zu definieren, deren Identität in der Zeit und je nach spezifischer Situation wandelbar ist.

Nachdem nun die Gründe für ein komplexeres kognitionstheoretisch fundiertes Menschenbild der Ökonomik erläutert wurden und erste Charakteristika des Veränderungen, die durch die kognitionstheoretische Konzeption ökonomischer Verhaltenstheorie entstehen, angedeutet wurden, soll nun das sprachintegrierte Kognitionsmodell menschlicher Verhaltenssteuerung erläutert werden.

Hier wird besagtes Modell entwickelt.

4.2 Ein Phasenmodell des Kognitionsprozesses

Da der Kognitionsprozeß in der Zeit abläuft, kann er anhand seiner Abfolge von Phasen erläutert werden. Zwar läßt sich das zeitliche Nacheinander dieser Phasen auch experimentell nachweisen. Aber es zeigt sich auch, daß auch Elemente „späterer" Kognitionsphasen auf die Abläufe vorangehender Phasen einwirken können. Das Wirkungsgefüge zwischen Kognitionsphasen ist folglich kein rein zeitlich und logisch lineares.[28] Die Komplexität dieses Wirkungsgefüges und die durch diese Komplexität hervorgerufenen Charakteristika des Kognitionprozesses werden im Abschnitt 4.2.10 erläutert.

Es wird nun ein kybernetisches, zu konnektionistischen Ansätzen kompatibles Kognitionsmodell vorgestellt. Das Attribut *kybernetisch* besagt dabei, daß der Kognitionsapparat als ein Selbstregulierungssystem verstanden wird, das den Organismus in einem Zustandsbereich der Leben-

---

[28] Vgl. hierzu Schnabl (1972) und die Reflektion über die Zeitlichkeit von Bewußtseinsprozessen bei Calvin, Ojemann (1995) S. 313-342

digkeit und (hinreichenden) Zufriedenheit zu erhalten dient.[29] *Konnektio-*
nistische Ansätze, als Weiterentwicklung sogenannter Schematheorien,
gehen davon aus, daß der Kognitionsapparat als neuronales Netzwerk
operiert, d.h. basierend auf Erfahrung werden Sinnesdaten, Ideen, situativ
erfolgreiche Verhaltensoperationen, Gedächtniselemente und ähnliche Erregungszustände verknüpft. Es werden solche Verknüpfungen verstärkt,
die häufig zusammen auftretende Kognitionselemente verbinden. Andere
Verknüpfungen, deren zeitgleiches Auftreten selten vorkommt oder als
irrelevant bewertet wird, werden geschwächt oder blockiert. Solche kognitiven verfestigten Assoziationen, im Rahmen des Konnektionismus auch
„Schema" genannt, bilden die prozessuale Grundlage für die Verarbeitung
weiterer Wahrnehmungen. Assozierte Elemente werden durch die Verknüpfung mit wachgerufen und in die Verarbeitung mit einbezogen.
Durch neue Erfahrungen können bestehende Verknüpfungen gestärkt
oder geschwächt werden sowie neue Elemente dazu verknüpft werden.[30]
Während in einer konnektionistischen Vorstellung auch Perzeptionsmuster (verknüpfte Muster bestimmter Sinnesdaten) als *ein* Schema interpretiert werden könnten, arbeitet das hier verwendete Modell mit der Basis-
kategorie sogenannter Engramme, in denen ein Schema immer mindestens die Verknüpfung von Perzeptionen, emotionalen Einstellungen und
darauf bezogenen Verhaltensreaktion umfaßt.

Es wird angenommen, daß das kognitive System operational bzw. semantisch von seiner Umwelt abgeschlossen ist.[31] Das heißt, der Organismus kann nur ausgewählte Teile der Umwelt wahrnehmen und dies nicht
in einer analogen Form, sondern nur in einer kodierten Form. Maturana
geht dabei von einer strukturellen Kopplung des wahrnehmenden Systems
und der Umwelt aus, d.h. der Kodierungsprozeß sei zumindest z.T. struk-

---

[29] Begründet wurde die Wissenschaft der Kybernetik 1948 von N. Wiener (Vgl. Wiener
(1992)). Für die vorliegende Erörterung wird auf den kybernetischen Ansatz von Schnabl
(1972) zurückgegriffen, welcher die Integration von Sprache in den Kognitionsprozeß als
einer der wenigen thematisiert.

[30] Vgl. zu einem Überblick zum Konnektionismus Strauss, Quinn (1997) S. 48-84 sowie
die dort zitierten Vertreter des Konnektionismus. Aktive Konnektionisten sind zum
größten Teil weniger mit der Erklärung menschlicher Kognitionsprozesse befaßt. Statt
dessen wenden sie diese Theorien an, um Systeme/Maschinen künstlicher Intelligenz zu
erzeugen, die möglichst menschenähnlich operieren. Dieser Teil der konnektionistischen
Literatur ist für die vorliegende Betrachtung irrelevant.

[31] Vgl. Maturana (1991) S. 98 f.

turerhaltend.[32] Dieser Strukturerhalt ist jedoch aus logischen Gründen nicht nachweisbar, da ja keine unmittelbare Wahrnehmung realer Strukturen möglich ist, anhand derer der Strukturerhalt überprüft werden könnte. Insbesondere die sogenannten „kulturellen" Unterschiede von Wirklichkeitsdeutung deuten darauf hin, daß scheinbar gleiche Strukturen von Menschen auch unterschiedlich gedeutet werden können. Die Forschungsergebnisse deuten darauf hin, daß die kognitiven Regelmäßigkeiten der Bildung von „Gestalten" aus perzipierten Sinnesdaten auf der tiefsten Ebene der Perzeption für alle Menschen sehr ähnlich sind, daß jedoch die Verknüpfungsmuster dieser Basiswahrnehmungen „kulturell" und erfahrungsabhängig sehr unterschiedlich sein können.[33] Wir werden im Folgenden von der Annahme ausgehen, daß erstens die Sinnesorgane von Menschen alle in physikalisch-chemisch gleicher Weise operieren und zweitens gleiche Strukturen von Umweltreizen gleiche Perzeptionsmuster von Sinnesdaten hervor rufen.

Der menschliche Kognitionsprozeß besteht aus drei Phasen:

1. **Perzeption**: Die von den Sinnesorganen rezipierten Reize werden als Reizmuster dem Grundfeld der kognitiven Erregungsverarbeitung verfügbar gemacht.

2. **Apperzeption**: im Grundfeld der kognitiven Erregungsverarbeitung werden aktuelle Perzeptionen, emotionale bzw. konkreter Wollenszustände und aktivierte Gedächtnisinhalte mit motorischen Verhaltensanweisungen, die innerhalb des Apperzeptionsprozesses bestimmt werden, in spezifischer Weise verknüpft.

3. **Speicherung**: das Ergebnis von Perzeption und Apperzeption wird den Speicherungsprozessen des Kognitionsapparates unterworfen.

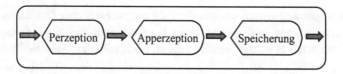

Abbildung 4.1: Die Grundphasen des Kognitionsprozesses

[32] Der Strukturerhalt kann auch als Ergebnis eines evolutionären Prozesses angenommen werden, innerhalb dessen Organismen, deren Wahrnehmung einen höheren Grad struktureller Kopplung erreicht, eine höhere Überlebenschance bot.

[33] Vgl. Zimmer (1995) S. 119-163

Die ersten beiden Phasen reichen aus, damit sich das Lebewesen in der Situation orientieren kann. Die Speicherung von Kognitionen (Verknüpfungen im neuronalen Netzwerk) verändert zukünftige Kognitionsprozesse. Gespeicherte Apperzeptionen bewirken eine Tendenz zur Wiederholung erfolgreicher Orientierung sowie zur schnellen Identifikation ähnlicher Ereignisse. Insbesondere bewirkt Speicherung durch die inhärente Tendenz zur Wiederholung die Entlastung *bewußter* Teile des Kognitionsapparates und macht un- bzw. vorbewußte Steuerung möglich.

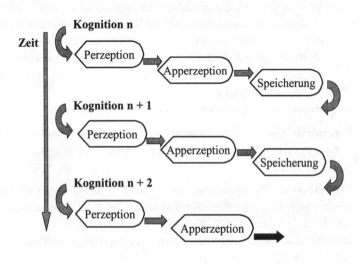

Abbildung 4.2: Der Kognitionsprozeß im Zeitablauf

Der Kognitionsprozeß ist, was die Zahl unterschiedlicher Qualitäten von Sinnesreizungen und verschiedener Komponenten von Apperzeptionen, die zeitgleich bewältigt werden, angeht, hoch komplex. Teile der Verhaltenssteuerung laufen deshalb unbewußt und/oder dezentral als Parallelprozesse zu bewußten Verhaltenssteuerungen ab. Da diese parallelen Kognitionsprozesse den gleichen phasenstrukturellen Ablauf aufweisen und da diese Parallelprozesse auf ihre Konfliktträchtigkeit untereinander überprüft und zum Teil ineinander integriert werden müssen, kann hier von *einem* Drei-Phasenschema *eines* komplexen Kognitionsprozesses gesprochen werden.

Ein menschliches Lebewesen ist als Prozeß aufeinander folgender Kognitionen in der Zeit zu interpretieren. Zu einem gegebenen Zeitpunkt sind seine Fähigkeiten, sich in seiner ihn umgebenden Umwelt zu orientieren, durch die angeborenen Kognitionsfähigkeiten und seine gespeicherten Kognitionen (Erfahrungen) bestimmt. Ein vollständiger dreiphasiger Kognitionsablauf kann auch als Deutungsprozeß verstanden werden, an dessen Ende die gespeicherte **Bedeutung** als Ergebnis vorliegt, welches für Folgekognitionen weiterverwendet wird.

In der folgenden Darstellung des Kognitionsprozesses nimmt die Phase der pragmatischen Apperzeption den größten Teil ein, da hier die komplexen Prozesse der „Entscheidung über Handlungen", das heißt eigentlich Steuerung von Verhalten, stattfinden, welche die empirisch vorfindlichen Untersuchungsgegenstände der ökonomischen Verhaltenstheorie konstituieren.

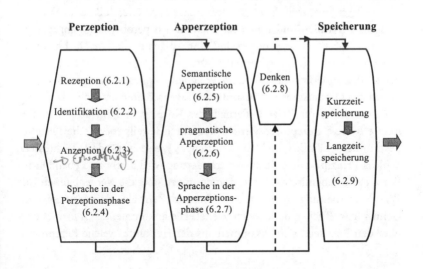

Abbildung 4.3: Feingliederung des Kognitionsmodells

Die zunächst dargestellte Phase der Perzeption besteht aus drei Phasen: Rezeption (von Sinnesdaten) (4.2.1), Identifikation (von bereits bekannten Mustern von Sinnesdaten) (4.2.2) und der Anzeption (Weiterleitung identifizierter Rezeptionen an apperzeptive Instanzen) (4.2.3). Die Apperzeptionsphase untergliedert sich in die sogenannte semantische (4.2.5) und die pragmatische Apperzeption (4.2.4). Die Speicherungsphase untergliedert sich in die Modi der Kurz- und Langzeitspeicherung (4.2.9). Zwischen Apperzeption und Speicherungsphase wird hier eine fakultative Denkphase eingeführt (4.2.8). Denken könnte aber auch als besonderer kognitiver Modus verstanden werden, der in der apperzeptiven Phase gleichsam „zugeschaltet" werden kann. Wie sprachliche Prozesse in den Kognitionsphasen integriert sind wird am Ende der jeweiligen Phase erläutert (4.2.4 und 4.2.7). Zuletzt wird auf die Wirkungsbeziehungen zwischen den Kognitionsphasen eingegangen (4.2.10).[34]

4.2.1 Perzeption I: Rezeption

In der Rezeptionsphase werden sogenannte Sinnesdaten erzeugt. Sinnesdaten liefern die Grundlage von „Informationen" über äußere und innere Ereignisse. (Außen und innen sei über die Körperoberfläche abgegrenzt definiert.[35]) Bildlich gesprochen sind Sinnesdaten der innere Nachhall von Ereignissen, die sich an dezentralen Orten des Organismus durch äußerliche oder innerliche Einwirkung ereignen. Sinnesdaten werden durch Zellen des Organismus mit bestimmten Eigenschaften erzeugt: sogenannten Rezeptoren für Reize außerhalb des Körpers und Intrazeptoren für innere Reize.[36] Rezeptoren werden nur durch jeweils spezifische Reize in bestimmter, nämlich elektro-chemischer Weise verändert (Schlüssel-Schloss-Prinzip). Diese Zustandsveränderung wird direkt und ebenfalls in Form elektrochemischer Zustandsänderungen über die Nervenbahnen zur Weiterverarbeitung an eine zentrale Instanz (Zentrales Nervensystem) im Gehirn bzw. Rückenmark weitergeleitet. Die ankommende „Information" über den Reiz setzt sich zusammen aus der Herkunft (welche Rezeptoren

---

[34] Die Bezeichnungen der Kognitionsphasen sind weitgehend übernommen von Schnabl (1972).

[35] Die Innen/Außen-Unterscheidung ist also nicht gleichbedeutend mit der Grenze zwischen Psyche und Physis bzw. Bewußtsein und Umwelt.

[36] Innen und außen werden in diesem Fall über die Körperoberfläche abgegrenzt. Im Allgemeinen orientiert sich die Innen/Außen-Unterscheidung an der Trennung zentrales kognitives Steuerungssystem (oder in der Philosophie: Bewußtsein) vom Rest der Welt. Es soll hier mit der Verwendung der Innen/Außen-Unterscheidung nicht an die Leib-Seele-Dichotomie angeschlossen werden.

senden Reizung?) und der Intensität des Reizes (wieviele Rezeptoren senden und in welcher Frequenz wird die Erregung gesendet?).

Die Rezeption funktioniert für alle Lebewesen bei gleicher Rezeptorausstattung gleich, die „Sprache der Sinne" ist insofern eine universelle. Unterschiede treten erst im weiteren Verstehensprozeß dieser „Sprache" auf. Die Art der angeborenen und funktionierenden Rezeptoren, beim Menschen sind es z.B. verschiedene Rezeptoren für Sehen, Hören, Tasten (Kälte, Schmerz, Druck), Riechen, Schmecken, sowie einige Intrazeptoren, bestimmt den Ausschnitt der Umwelt, von dem überhaupt Sinnesdaten erzeugt werden können. Der Rest, ob er nun relevant ist oder nicht, kann höchstens über bestimmte Apparaturen in von uns wahrnehmbare Reize umgewandelt werden (z.B. Geigerzähler für Radioaktivität, Infrarotkameras für großräumige Wärmewahrnehmung usw.). Ob die Umwandlung eine gute ist, d.h. strukturerhaltend erfolgt, ist nicht feststellbar. Die Qualität wird in der Regel an ihrer pragmatischen Bewährung gemessen.

4.2.2 Perzeption II: Identifizierung

In der Phase der Identifizierung wird die Flut eintreffender Sinnesdaten auf ihre Ähnlichkeit mit in der Vergangenheit wahrgenommenen Reizstrukturen oder angeborenen Schemata von Reizstrukturen überprüft. An dem „Ort" des Kognitionsapparates, der jeweils die Identifizierung vornimmt, liegt eine Vielzahl gespeicherter Perzeptionsmuster vor, die mit den spezifisch strukturiert eintreffenden Reizen verglichen werden. Durch die gleichartige Kodierung können auch die Reize verschiedenster Sinnesarten als Bestandteil *eines* Musters identifiziert werden. Bei diesen Perzeptionsmustern handelt es sich noch nicht um Bedeutungen, sondern lediglich Typisierungen von Perzeptionen, z.B. bestimmte Lauttypen, Geräuschmuster, Farb- und Formtypen usw. Teilweise sind solche Muster bereits angeboren. Ansonsten wird der Musterspeicher im Laufe des Lebens aufgefüllt. Er hält zum identifizierenden Abgleich Muster bereit, die das Individuum in seinem bisherigen Leben und insbesondere in der jüngeren Vergangenheit häufig perzipiert hat, sowie solche, die die verarbeitende Instanz als wichtig gekennzeichnet hat, z.B. Gefahrenanzeichen oder Elemente, die in der alltäglichen Bewältigung von problematischen Zuständen eine Rolle spielen. [37]

In der Phase der Identifizierung findet gemäß den Gesetzen der Gestaltbildung eine Verdichtung der ankommenden „Informations"flut zu sogenannten Superzeichen statt, die alle wesentlichen Informationen über die Reizstruktur zusammenfaßt, so daß die folgenden Verarbeitungsinstanzen geringere Informationsmengen (in bits gemessen) erhalten und dennoch alles wesentliche gemeldet bekommen. Die Rezeption und Identifikation (Gestaltbildung) ist ein *ereignisförmiger Prozeß*, der nicht kontinuierlich verläuft. Als ein eigenständiges Ereignis wird also die Gesamtheit aller rezipierten Reize (auch der Intrazeptoren) *innerhalb einer bestimmten Zeitspanne* bezeichnet, die gestaltförmig strukturiert und identifiziert werden. Ein solches Ereignis ist situativ, d.h. es findet an einem bestimmten Ort, innerhalb einer bestimmten Zeitspanne statt, das wahrnehmende Wesen ist körperlich anwesend und nimmt alle Reizungen in seinem Hier-und-Jetzt, d.h. aus seiner eigenen Situiertheit (Perspektive) auf und wahr. Jedes Ereignis ist einmalig und gegenwärtig. [38]

Eine Reizfolge kann als Folge *verschiedener* Ereignisse nur wahrgenommen werden, wenn sie einen Mindestabstand von im Normalfall 30 bis 40 tausendstel Sekunden aufweisen. Anders gesagt: pro Sekunde können maximal etwa 25 bis 33 einzelne Ereignisse identifiziert werden und zwar unabhängig davon, welches Sinnesorgan diese Reize meldet. [39] Wo die

---

[37] Angeborene Reizschemata sind bspw. das Kindchenschema, Frau-, Mann-Schemata. Allerdings sind diese keine reinen Perzeptionsschemata, da mit ihnen auch bestimmte instinktive Verhaltensprogramme verknüpft sind. Auch die Farbwahrnehmung ist offenbar angeboren. Im Zwischenhirn existieren vier spezifische Zelltypen, die die vom Auge eintreffenden Sinnesdaten über bestimmte Wellenlängen des Lichts mit den vier Fokalfarben abgleichen (Blau (440 nm), Grün (500 nm), Gelb (600 nm) und Rot (630 nm)) und so die Ähnlichkeit der wahrgenommenen Farben mit den angeborenen „prototypischen" Farben feststellen. Vgl. Zimmer (1995) S. 139 f. Angeborene Schemata werden u.a. durch die Babyforschung erforscht. Vgl. Siegmund-Schulze (1998)

[38] Vgl. zu den Gesetzen der Gestaltbildung genauer Pomerantz, Kubovy (1986), Ertel, Kemmler, Stadtler (1975), Lindsay, Norman (1972) und Metzger (1954)

[39] Andererseits kann die korrekte zeitliche Abfolge dieser Reize erst ab einer langsameren Frequenz wahrgenommen werden, die für die unterschiedlichen Sinnesorgane sehr unterschiedlich sind (das Ohr arbeitet z.B. wesentlich schneller als das Auge. Wäre das Auge so schnell wie das Ohr, so sähen wir auf den Bildschirmen tatsächlich die einzelnen Pixelsignale, die nacheinander aufleuchten. Andererseits ist das Ohr auch von der Entfernung von der Schallquelle abhängig. Bei weiter Entfernung hört es den gesandten Reiz erst sehr spät (z.B. Echo), während das Auge hier wesentlich schneller die entfernten Reize erkennen kann.

zeitliche Obergrenze des Identifizierungsprozesses liegt, ist nicht so klar, aber man nimmt an, daß auch für Reizmusterfolgen eines längeren Intervalles, z.B. die Lautfolge von einzelnen Worten, Perzeptionsmuster aufgebaut werden, so daß z.B. das vollständige Wort identifiziert wird. Eine weitergehende Integration von Ereignisketten kann in der Apperzeptionsphase stattfinden und kann Ereignisse in einem Zeitintervall bis zu etwa 2,5 bis 3 Sekunden (im Durchschnitt) zu einer einheitlichen Bedeutung verschmelzen (s.u.).[40] Das „Jetzt" hat folglich eine zeitliche Erstreckung, die dem Individuum als *eine* Gegenwart erscheint, und wird vom nächsten Jetztmoment abgelöst.

Der Identifizierungsvorgang kann aufgrund des Vergleichs mit den schon vorhandenen (ebenfalls gestaltförmigen) Perzeptionsmustern zu folgenden Ergebnissen kommen:

a) richtige Identifizierung: das Reizmuster zeigt hinreichende Ähnlichkeit zu einem vorhandenen Muster,

b) falsche Identifizierung: aufgrund von gewissen Ähnlichkeiten in einigen charakteristischen Merkmalen, wird ein Reizmuster irrtümlich für ein schon vorhandenes Muster gehalten,

c) keine Identifizierung (die Reize sind den vorhandenen Mustern so unähnlich, daß sie mit keinem identifiziert werden können).

Bei Identifikation (a+b) wird die Gestaltbildung zusätzlich aktiv verschärft. Die Signalelemente werden so strukturiert, daß Unwesentliches unterdrückt und Wesentliches hervorgehoben wird; die charakteristischen Merkmale werden selektiert und betont (Prägnanzprinzip). Dieser Konzentrationsprozeß bewirkt, daß sich die identifizierte Figur (Gestalt) stärker vom „Hintergrund" abhebt, als die Sinnesdaten selbst es beinhalten. Das wahrgenommene Reizmuster wird eindringlicher, der Hintergrund (die restlichen Reize) gehen dabei aber nicht verloren. Das Herausbilden solcher Perzeptionsmuster und die Identifikation von Reizmustern anhand dessen, ist eine Art der **Kategorisierung**. (Weitere Kategorisierungsprozesse finden in der Apperzeptionsphase statt.) Kategorien sind Muster, die zur Wiedererkennung und Unterscheidung von Umwelteindrücken befähigen. In Kategorien werden Klassen hinreichend ähnlicher Rezeptionsmuster zu einem Prototyp zusammengefaßt, mit dem zukünftige Rezeptionen abgeglichen werden und ihre Prägnanz erhöht wird.

---

[40] Vgl. Pöppel (1988)

Die grundsätzliche Funktionsweise des kognitiven Systems ist bis hierher für alle Menschen (und viele Tiere) gleich, die „Sprache" der Sinne in der Rezeptionsphase und das Befolgen der Gesetze der Gestaltbildung bei der Strukturierung der Reizflut zu bestimmten Mustertypen, der Identifikationsprozeß. Unterschiede gibt es jedoch in der Ausstattung mit Rezeptoren (Art und Anzahl) zwischen den Arten. Die Ausstattung von Menschen ist jedoch weitgehend gleich, hier ergibt sich die übereinstimmende Identifikation von Umweltreizen jedoch aus dem Inhalt des bis zu einem bestimmten Zeitpunkt aufgebauten Perzeptionsmusterspeichers. Da die Perzeptionsmuster zum Teil aus Erfahrungen aufgebaut werden, kommt es je nach Erfahrungsumfeld zu unterschiedlichen Inhalten des Musterspeichers. Die hohe Übereinstimmung in den Urteilen über äußere Merkmale, die Menschen herstellen können, liegt also angeborenermaßen an der gleichen „Sprache" der Sinne und dem Identifikationsprozeß, der vermutlich bei allen Menschen ähnliche Toleranzschwellen für Ähnlichkeit hat und aufgrund der Abweichungstoleranzen Fehlidentifikationen zuläßt. Diese Gleichheitsurteile über äußere Reize nehmen jedoch alle, nicht nur die sprachbegabten Lebewesen vor. Auch Menschen können solche Gleichheitsurteile über äußere Reize unabhängig davon durchführen, ob sie über sprachliche Unterscheidungen der äußeren Reize verfügen, also auch unabhängig davon, ob das Wahrgenommene gedeutet werden kann. Und in diesen Gleichheitsurteilen über Rezeptionen stimmen Menschen weitgehend überein, wenn auch nicht in ihren Perzeptionsmusterspeichern.

4.2.3 Perzeption III: Anzeption

In der Anzeptionsphase werden identifizierte Gestalten zunächst an eine nichtbewußte zentrale Verarbeitungsinstanz weitergegeben und nicht identifizierte Perzeptionen direkt an eine bewußte zentrale Verarbeitungsinstanz (das sogenannte Bewußtsein). Ob wahrgenommene Reize also bewußt werden oder nicht, hängt davon ab, ob sie anhand vorhandener Muster identifiziert werden können. Das Bewußtwerden nicht identifizierter Perzeptionen muß nicht automatisch dazu führen, daß ein hohes Maß an Aufmerksamkeit auf diese irritierende, neuartige Perzeption verwendet wird. Im Rahmen der Apperzeption kann diese u.U. schnell als nicht von Interesse oder als irrelevant beurteilt werden. Die Identifikation von Perzeptionen durch den Perzeptionsmustervorrat beruht immer auf Ähnlichkeitsurteilen und ist insofern nicht exakt. Es kann also auch geschehen, daß bestimmte Sinnesdaten fehlidentifiziert werden oder daß neuartige Phänomene, die von den bisherigen Perzeptionen nicht zu sehr abweichen, lange Zeit nicht als solche wahrgenommen werden. In der nachfolgenden Abbildung sind die drei Phasen der Perzeption schematisch zusammengefaßt.

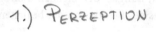

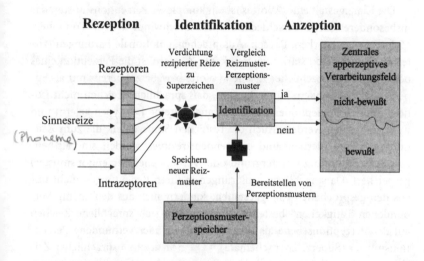

Abbildung 4.4: Perzeption

4.2.4 Sprachliche Zeichen in der Perzeptionsphase

Sprachliche Zeichen kommen in der Perzeptionsphase in ihrer Klanggestalt (Phoneme[41]) vor, die als bestimmte Geräuschtypen identifiziert wer-

---

[41] Phoneme sind diskrete Lauttypen, die in jeder Sprache eine abgeschlossene Liste bilden, im Deutschen bspw. 37. Z.T. werden entlang der Phoneme die Buchstaben bzw. Schriftzeichen gebildet, jedoch erstens nicht vollständig (z.B. stimmlose und stimmhafte Form des s) und zweitens nicht in allen Sprachen, siehe Chinesisch.

den. Bereits im Mutterleib hört der Embryo so viel gesprochene Sprache, daß ein umfassender Perzeptionsmusterspeicher angelegt werden kann. Menschen können deshalb schon ab dem Zeitpunkt ihrer Geburt sprachliche Laute von allen anderen Geräuschen unterscheiden, obwohl sie die symbolische Bedeutung der Zeichen natürlich noch nicht verstehen können.[42] Die Perzeption selbst hervorgebrachter sprachlicher Äußerungen besteht nicht nur aus der Wahrnehmung der Klanggestalt, sondern zusätzlich aus den Sinneswahrnehmungen der eigenen Bewegungen von Mund und Zunge, des Vibrierens des Brustkorbs, der begleitenden Gesten usw.[43]

Die Klanggestalt eines Wortes ist ein komplexes Perzeptionsmuster, das insbesondere durch verschiedene Sprechgeschwindigkeiten, Tonhöhen, Melodien, Lautstärken, Pausen, Aussprachen, emotionale Färbungen (zitternde Stimme etc.) stark variieren kann. Insofern ist die Perzeption eines oder mehrerer sprachlicher Zeichen (Worte bzw. Sätze) bereits nur als Superzeichen zu denken. Hinzu kommt, daß sprachliche Zeichen nicht isoliert von den Perzeptionen anderer Sinne als reine Lauttypen gelernt und wahrgenommen werden. Auch die restlichen Sinnesdaten, die zum Zeitpunkt des Sprachlernens und -verwendens rezipiert werden, sind als neuronale Verknüpfung (Hintergrund oder verbundenes Perzeptionsmuster) gespeichert. Da sprachliche Äußerungen in ihren Bedeutungen nicht nur aus den gesprochenen Klanggestalten, sondern auch aus den „damit verbundenen Tätigkeiten" bestehen, konstituieren sich sprachliche Zeichen auf der Perzeptionsebene als komplexe miteinander verbundene Perzeptionsmuster (Superzeichenschemata).[44] Die *Bedeutungen* sprachlicher Zeichen werden allerdings nicht im Perzeptionsbereich wahrgenommen, sondern werden im apperzeptiven Bereich der Kognition gebildet bzw. identifiziert.

Universalgrammatik

[42] Vgl. Siegmund-Schulze (1998) S. 75. Es gibt allerdings auch Vertreter der These, daß das Identifizieren sprachlicher Laute angeboren ist, also auf angeborenen Schemata oder zumindest einer angeborenen und folglich universalen Sprachkompetenz beruht. Dieser Ansatz basiert auf Chomskys Forschung, vgl. Chomsky (1973; 1980; 1986).

[43] Vgl. zu einer ausführlichen Analyse der Perzeption sprachlicher Zeichen Dörner (1999) S. 595-600

[44] Vgl. Schnabl (1972) S. 32-60

4.2.5 Apperzeption I: semantische Identifikation

L> = Weiterverarbeitung [handwritten]

Die Phase der *Apperzeption* umfaßt die gesamte Weiterverarbeitung der in
der Anzeption an die zentralen kognitiven Verarbeitungsfelder weiterge-
leiteten Sinnesdaten.

Manche dieser zentralen Verarbeitungsfelder steuern die Aktivitäten
des Organismus vollkommen autonom und ohne das Beigefühl des Bewußtseins (z.B. Atmung, Kreislauf, Verdauung, Wärmeregulierung). Sie
können aber auch indirekt von „höheren" kognitiven Systemen beeinflußt
werden (entweder auf neuronalem Weg oder über hormonale Steuerung),
und sie stellen selbst Restriktionen für diese „höheren" Systeme dar.[45]

Bezüglich der semantischen Phase der Apperzeption wird hier nur auf
diese „höhere" zentrale Verarbeitungsinstanz Bezug genommen, die auf
dem sogenannten **zentralen apperzeptiven Verarbeitungsfeld**, teils mit
dem Gefühl des Bewußtseins, teils ohne, operieren. Die „pragmatische
Steuerungsfunktion", die in Abschnitt 4.2.6 analytisch in den **pragmatischen Steuerungskomplex** zerlegt wird, steuert die sensorischen und
motorischen Reaktionen des Individuums auf seine Wahrnehmungsinhalte.[46] Input des zentralen apperzeptiven Verarbeitungsfeldes sind nicht
nur die perzipierten Sinnesdaten, sondern auch die emotionale Stimmung
und der Aufmerksamkeitszustand des Individuums.

Die Weiterverarbeitung (Apperzeption) umfaßt die Phase der *semantischen Identifikation*, in der überprüft wird, ob die gestalteten Sinnesdaten
und Emotionen aufgrund von Ähnlichkeiten mit bereits gespeicherten Bedeutungen wiedererkannt werden, und die Phase der *pragmatischen Steuerung*, hier wird eine Beziehung zwischen Verstandenem und der wahrnehmenden Person hergestellt und eine Steuerungseinheit veranlaßt eine
sensorische oder motorische Reaktion auf das Wahrgenommene (vgl.
4.2.6).

Die semantische Dimension ist im Prinzip eine weitere Phase der Identifizierung (siehe 4.2.2), in der ein Abgleich mit Interpretationen (pragmatischen Wirklichkeitsdeutungen) aus dem Erfahrungsschatz des Wahr-

---

[45] Z.B. die bewußte Steuerung der Atemfrequenz oder die Ausschüttung von Streßhor-
monen bei Angst.

[46] Diese Unterscheidung der Leistungsbereiche des apperzeptiven Kognitionsapparates ist
angelehnt an Schnabl (1972). Sie sind lediglich nach Funktionen unterschieden, eine
räumliche Abgrenzung ist nach heutigen Erkenntnissen nicht möglich. Es erscheint allerdings gesichert, daß Bewußtseinsprozesse im Großhirn zu lokalisieren sind. Vgl. Pöppel
(1988) S. 116-125

nehmenden vorgenommen wird. Gelingt keine erfahrungsgeleitete Identifizierung, wird direkt die pragmatische Verarbeitungsdimension wirksam.[47]

Kognitiv erarbeitete Bedeutungen früherer Ereignisse sind also der
Filter, durch den neue Ereignisse interpretiert werden. Bereits verfügbare
Bedeutungen der erkennenden Person werden in das aktive Erregungsmuster hineingelegt. Konnektionistische Ansätze gehen davon aus, daß frühere Ereignisse als neuronale Verknüpfungen gespeichert werden. Die
apperzeptive Identifikation von ähnlichen Erregungsmustern aktiviert
auch die restlichen gespeicherten Verknüpfungen und erleichtert eine
Weiterverarbeitung der Erregung in der früher realisierten pragmatisch-
apperzeptiven Weise. Insofern handelt es sich bei dieser Phase der Apperzeption um den Versuch, in der aktuellen gestalteten Reizsituation Situationsbestandteile wiederzuerkennen, mit denen die Person schon einmal
erfolgreich oder erfolglos umgegangen ist. Reizstrukturen, die nicht mit
Hilfe des vorliegenden Repertoires an Bedeutungen interpretiert werden
können, werden ebenso wie nicht identifizierte Rezeptionen in den Bereich des Bewußtseins weitergeleitet, wo über die pragmatische Deutung
der Situation entschieden wird.

Die Phase der „semantischen" Identifikation wird als semantisch bezeichnet, weil eine Identifikation anhand von Bedeutungen vorgenommen
wird. Man geht davon aus, daß „Bedeutungen" in Form sogenannter *Engramme* im Gehirn gespeichert sind. Ein Engramm könnte man als die
dauerhafte Repräsentation eines Erlebniseindrucks im Zentralen Nervensystem bezeichnen. Es ist die Spur eines Erlebnisses im Gedächtnis. Eine
solche Spur wird jedoch erst als Engramm gespeichert, wenn ein rezipier-
tes Ereignis den Prozeß der „Informations"verarbeitung, also auch die
pragmatische Apperzeption, durchlaufen hat.[48] Wird ein Erlebnis als Engramm gespeichert, so ist diese Gedächtnisspur der Beginn einer Regel. Im
Engramm ist zusammengefaßt, was in einem solchen Erlebnis als *ein* Zusammenhang (Struktur) erlebt wurde: die gestaltend anzipierten „Informationen" (Erregungsmuster) der verschiedenen Sinne, die zu einer einheitlichen Wahrnehmung integriert werden (Ganzheitlichkeitsprinzip),
dazu die emotionale (psychische) Gestimmtheit im Moment des Erlebens,

---

[47] Vgl. Schnabl (1972) S. 85-97

[48] Bei zusammenhaengenden komplexeren Ereignissen werden auch mehrere Engramme
zu sogenannten Syntagmen assoziiert, verbunden gespeichert und stehen für die semantische Identifizierung zur Verfügung.

sowie die pragmatische Bedeutung, die das Ereignis *für das Lebewesen* hat(te), d.h. die Bewertung, ob und inwiefern das Erlebte wichtig, interessant und angenehm ist, und die Entscheidung, mit welchem Verhaltensmuster das Lebewesen auf das Ereignis reagiert hat. Insofern kann ein Engramm aus mehreren neuronalen Verknüpfungen (Schemata i.S. des Konnektionismus) zusammengesetzt sein.

Indem ein solches „raumzeitliches Erregungsverarbeitungsmuster" gespeichert wird, steht es für die erfahrungsgeleitete Interpretation zur Verfügung. Wird eine hinreichende Ähnlichkeit von Perzeptionen und Emotionen festgestellt, dann wird das entsprechende Engramm aktualisiert. Das Wachrufen eines Engramms wirkt so, daß die Erregungsverarbeitung nach dem alten Muster (Assoziation, Integration, Bewertung, Verhaltensreaktion) gleichsam „empfohlen" wird. Diese Empfehlung kann man sich so vorstellen, daß die gespeicherten neuronalen Verknüpfungen, „Schaltungen", Bahnen fixieren (wenn sie satisfizierende Konsequenzen hatten), auf denen die Erregung schnell weitergeleitet wird und der Verarbeitungsprozeß schnell abgeschlossen werden kann. Führt ein bestimmtes Erregungsverarbeitungsmuster zu unbefriedigenden Konsequenzen, dann werden bestimmte „Schaltungen" erschwert, blockiert oder nicht ausgebildet. Eine Weiterverarbeitungsweise, die zu Mißerfolgen führt, wird also nicht zur Wiederholung empfohlen. Auf sie kann zukünftig nicht oder nur erschwert zugegriffen werden, die Verarbeitung muß neue Bahnen suchen.

Engramme (gespeicherte Erregungsverarbeitungsmuster) etablieren sich als neuronale Regelmäßigkeiten der Bedeutungsinterpretation und zugehörigen Reaktionen. Sie sind Grundlage der erfahrungsgeleiteten Interpretation neuer Reize, der Vergegenwärtigung vergangener Erlebnisse (Erinnerung) und stehen für die Weiterverarbeitung (Problemlösungen, Denken) zur Verfügung.[49]

In der Phase der apperzeptiven Identifikation stehen nicht alle Engramme gleichermaßen schnell zur Verfügung. Man geht davon aus, daß vor allem solche Kategorien (gestaltförmiger) Erlebnisstrukturen als feste Gedächtnisspuren engrammiert werden, die entweder häufig, wiederholt wahrgenommen werden oder als wichtig (bedeutsam) erlebt wurden bzw. bedeutsame, intensive Erlebnisse begleitet haben. Wenn diese Erregungsverarbeitungsmuster häufiger durchlaufen werden, verstärkt das auch die Verbindung der „Schaltungen", die Erregungsbahnen werden gefestigt. Die wichtigeren, häufigeren, naheliegenden (in Raum und Zeit) En-

---

[49] Vgl. Roth (1992) S. 124 ff., Schnabl (1972) S. 46-50

gramme sind deshalb in der Regel leichter verfügbar und aktualisierbar, werden schneller „gefunden". Also kann auch in der aktuellen Situation schneller erkannt und reagiert werden. Die Gedächtnisinhalte sind also situationsabhängig in unterschiedlicher Weise aktivierbar.

„Bedeutungen" im kognitionstheoretischen und neurobiologischen Sinne sind in der bisherigen Betrachtung erstmal nicht-sprachlicher Natur. Bedeutungen entstehen aus gespeicherten Erregungsverarbeitungmustern, die sich in der Kommunikation des jeweiligen Lebewesens mit seiner Umgebung bis zu diesem Zeitpunkt als erfolgreich bewährt haben. Kognitive Bedeutungen lassen sich unterscheiden in subjektive und sprachgebundene, bei denen das Engramm oder Engrammkombinationen mit bestimmten sprachlichen Zeichen assoziiert ist. Aufgrund der erheblichen Bedeutung sozialer Verständigung für menschliches Überleben (vgl. 4.2.6.5) ist davon auszugehen, daß der größte Teil menschlicher Engramme mit sprachlichen Zeichen assoziiert ist. In der Phase der semantischen Apperzeption werden nicht nur auf einer basalen Ebene Sinnesreize und emotionale Erregungsstrukturen auf Basis früherer Erfahrungen wiedererkannt, sondern es werden auch die zugehörigen sprachlichen Zeichen und die mit den Zeichen verbundenen Verwendungsregeln aktiviert. Umgekehrt gilt: wird in der semantischen Apperzeptionsphase ein perzipiertes Klangereignis (visualisiertes Schriftzeichen) als sprachliches Zeichen wiedererkannt, dann werden auch auf der basalen Ebene die assoziierten Engramme aktiviert.[50] Semantische Apperzeption aktiviert also immer zugleich ein Wiedererkennen auf der basalen Ebene praktischen Erlebens und auf der symbolischen Ebene des Zeichengebrauchs (vgl. auch Abschnitt 4.2.7.4).

Die apperzeptive Identifikation von anzipierten Reizgestalten mittels Engrammen führt zu einer weiteren Verdichtung und zur Integration von Reizgestalten zu einem Zusammenhang (Einheit der Wahrnehmung). Ähnelt dieser strukturierte Zusammenhang von Perzeptionen Wahrnehmungen der Vergangenheit, so werden die entsprechenden Engramme aktualisiert (wachgerufen), d.h. die erfahrungsgemäß erfolgreiche Erregungsverarbeitung erleichtert und angereizt. Diese erfahrungsgeleitet interpretierte Deutung führt dann zu dem Teil der pragmatischen Weiter-

---

[50] Vgl. Schnabl (1972)

verarbeitung der Apperzeption. Dabei liegen Reaktionsmuster der Vergangenheit erstmal „näher" als andere, da sie bereits aktiviert sind.[51]

Sowohl „wiedererkannte" Rezeptionen, die also auf der Basis früherer Kognitionen als bestimmten erlebten Ereignissen ähnlich identifiziert wurden, als auch die in Rezeption und Apperzeption nicht identifizierten Reizmuster werden nun in der pragmatischen Dimension der Apperzeption weiterverarbeitet.

4.2.6 Apperzeption II: pragmatische Steuerung

Die pragmatische Apperzeption umfaßt die Prozesse, die Ökonomen üblicherweise mit „Informationsverarbeitung" und „Entscheidung" über Handlungen bzw. Verhaltenssteuerung bezeichnen. In konnektionistischer Sprechweise wird in dieser Phase der Kognition die Verbindung zwischen eintreffenden Inputs (Perzeptionen, Emotionen, aktivierte Engramme) und den auszuführenden Outputs (motorische und sensorische Reaktionen) prozessiert.

Da die Gesetzmäßigkeiten, nach denen neuronale Erregungszustände wohin weitergeleitet, verstärkt oder behindert werden bzw. nach denen neuronale Verknüpfungen aufgebaut werden, auch in den Kognitionswissenschaften noch nicht restlos erforscht sind, wird der apperzeptive Prozeß im Folgenden *modellhaft* dargestellt. Mit der modellhaften Darstellung ist nicht der Anspruch verbunden, die Realität kognitiver Prozesse ontologisch korrekt abgebildet zu haben, jedoch wird auf Basis des bestehenden Wissens versucht, funktionale Elemente, wie sie in realen Kognitionsprozessen wirksam werden, zu rekonstruieren.[52]

In der pragmatisch-apperzeptiven Phase wird eine Beziehung zwischen dem wahrnehmenden Subjekt und dem Wahrgenommenen hergestellt.[53] Das Subjekt ermittelt, welche Bedeutung die erlebte Situation *für es* hat. Der Kognitionsapparat legt prozessierend fest, wie sich der Organismus in

---

[51] Vgl. zur zeitlichen Strukturaspekten der Apperzeption genauer Schnabl (1972) S. 52 ff., Kruse, Stadler (1992), Kruse (1988), Pöppel (1988) S. 51-87

[52] Wer sich in die neurobiologischen und neurophysiologischen Grundlagen bzw. Forschungen vertiefen will, sei verwiesen auf Pöppel (1988), Pöppel, Edingshaus (1994), Colman (1994), Calvin (1993), Calvin, Ojemann (1995), Dowling (1992), Nicholls, Martin, Wallace (1992)

[53] Vgl. Schnabl (1972) S. 92

der konstruktiv-perzipierten Situation verhalten wird, und löst die jeweiligen sensorischen und motorischen Reaktionen aus. Es gibt verschiedene Wege der pragmatisch-apperzeptiven Verarbeitung, die mit verschiedenen Freiheitsgraden der Verhaltens(re)aktion verbunden sind. Das funktionale Element, das diese verschiedenen Wege der Verbindung von Eindrücken (Inputs) und Äußerungen (Output) betreibt, wird hier als **kognitiver Steuerungskomplex** bezeichnet. Im folgenden wird dieser Steuerungskomplex in fünf Ebenen unterschieden.

Stark biologisch determinierte Steuerungsmechanismen:

1. Reflex,

2. autonome, komplexe Steuerungssysteme,

3. Triebe, Instinkte

Sowie freiere Steuerungssysteme, die sowohl instinkt-inspiriert, als auch interagierend mit dem psychisch-emotionalen System Verhaltensreaktion ermitteln:

4. direkte individuelle Steuerungssysteme

5. indirekte sozial-orientierte Steuerung

Die Trennlinie zwischen den fünf Teilsystemen wird einerseits gezogen nach den unterschiedlichen Operationsmodi, Input- (Perzeptionen) und Outputarten (expressive Akte), nach den unterschiedlichen (potentiellen) Bewußtheitsgraden der Verarbeitung, Zugänglichkeit für Reflektion und damit auch durch grundsätzlich verschieden hohe Grade an Autonomie der Entscheidung sowie dem Umfang, in dem aus Erfahrungen mißlungener Verhaltensstrategien gelernt werden kann (Reaktivität).[54]

Grundsätzlich stellen die Steuerungsebenen mit geringen Freiheitsgraden **Restriktionen** für die höheren Ebenen dar. Umgekehrt sind die „niedrigeren" Ebenen aber auch als ausführende oder durch Umwelt- und Zustandsveränderungen von den Steuerungsergebnissen der „höheren" Ebenen betroffen. Es wird erklärt, welche Grade an Autonomie und Reflek-

---

[54] Piaget (1992) S. 361 ff. hebt die große Bedeutung der Reaktivität menschlicher Verhaltenssteuerungssysteme hervor. Menschliche reaktive Verhaltenssteuerung zeichnet sich dadurch aus, daß nicht nur lernendes Satisfizierungsverhalten möglich ist (negative Feedbackschleifen auf den ersten drei Ebenen, single loop learning), sondern daß auf den letzteren beiden Ebenen zusätzlich Erfahrungen auch die Basis darstellen, auf der Lernen gelernt werden kann (double loop learning) und Lernen aus dem Lernen von Lernen (deutero learning). Vgl. Argyris, Schön (1978) sowie Bateson (1972)

tiertheit von Entscheidungen über Verhalten *möglich* und welche in der alltäglichen ökonomischen Praxis *wahrscheinlich* sind. Indem eine erhöhte Komplexität in das Modell der kognitiven Verhaltenssteuerung explizit hineingenommen wird, sinkt das Ausmaß an Überraschungen über empirisch vorfindliche Verhaltensweisen von Wirtschaftssubjekten.

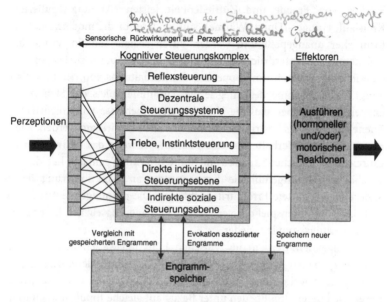

Abbildung 4.5: Apperzeption

Es zeigt sich, daß die Instanz, die für die Verhaltenssteuerung von Wirtschaftssubjekten verantwortlich ist, nach allem, was man weiß, nicht ein isoliert, autonom und vollkommen frei operierendes „höheres Entscheidungsgremium" ist. Statt dessen reicht das Spektrum von Verhaltenssteuerung von behavioristisch beschreibbaren deterministischen Reiz-Reaktionsschemata bis zu komplexen, kreativen und reflektierenden Entscheidungsprozessen bei einer pluralen Motivations- und Zielstruktur. Wir gehen von einem weitgehend integrierenden Zusammenspiel der Steuerungsebenen aus. Da die biologischen, angeborenen Steuerungsdimensionen Ergebnis der natürlichen Auslese sind, ist davon auszugehen, daß sie zu einem großen Teil die selbstregulierende Sicherung existentieller Bedürfnisse und überlebenssichernder Verhaltensweisen (von in Horden lebenden Jägern und Sammlern) umfassen. Während manche Motivationen und Verhaltensimpulse auch in heutigen von weitläufiger Arbeitsteilung und Industrialisierung geprägten Volkswirtschaften dem einzelnen Individuum gute Dienste für den körperlichen Selbsterhalt und für das Erleben von Freude und Zufriedenheit leisten (Atmungsregulierung, Kreislauf, Hunger-/Durst, Wärme), sind andere für die moderne Lebensform eher unangepaßt und werden durch soziale Sanktionierung und Selbstkontrolle unterdrückt oder umorientiert (Impulse zu körperlicher Gewalt oder Faulheit, Entkoppelung des Sexualtriebs von der Fortpflanzung). Die Annahme des integrierten Zusammenspiels der Steuerungsebenen besagt dabei, daß die Verarbeitungsergebnisse von „niedrigerer" Ebene einerseits als Restriktion für höhere Ebenen wirksam werden, andererseits auch als Verhaltensimpulse, zumindest wenn das Individuum (in hinreichend ähnlicher Situation) nicht die Erfahrung gemacht hat, daß ein erhebliches Unlustgefühl die Konsequenz war (Sanktionierung durch andere, der erwartete Erfolg tritt nicht ein). Die nachfolgende Abbildung gibt das Zusammenspiel der verschiedenen Steuerungsebenen im kognitiven Steuerungskomplex wieder.

Im folgenden werden die typischen Funktionsweisen der jeweiligen Steuerungsebenen vorgestellt. Während Reflexe und dezentrale Steuerungssysteme weitgehend autonome Verarbeitungsmodi darstellen, operieren die oberen drei Ebenen unter Bezug auf gleiche Input- und Outputarten. Die Interpretationen dieser Steuerungsmodi werden deshalb gemeinsam auf dem zentralen apperzeptiven Verarbeitungsfeld zu nicht konfligierenden Verhaltensmustern des Individuums integriert.

4.2.6.1 Reflexe

Der Reflex ist die einfachste Steuerungsform und besteht in der Regel aus der direkten Verbindung einer von bestimmten Reizrezeptoren kommenden Nervenbahn mit einer anderen, die direkt zu einem Effektor führt, der eine bestimmte Bewegung ausführt (z.B. Kontraktion eines Muskels). Die Verbindung zwischen Input und Output besteht in der einfachen Verschaltung, so daß die Stimulation durch einen bestimmten Reiz direkt in die Stimulation einer bestimmten Verhaltensantwort umgesetzt wird. Beispiel für Reflexe sind etwa der Kniereflex, Schluck-, Kaureflex, Lidschlußreflex.

Manche Reflexe können durchbrochen werden, wenn der Effektor über zusätzliche Nervenbahnen mit der bewußten Steuerungsebene verbunden ist, über die der Impuls zur Unterdrückung der Reflexbewegung bereits gesendet wird, bevor der Reiz die Rezeptoren trifft. Reflexverhalten werden in der Regel nicht innerhalb des semantischen Bereichs der Ökonomik gedeutet. Entweder tragen sie zum störungsfreien Ablauf komplexerer Aktivitäten bei, für die eigene Begriffe bestehen (z.b. der Schluckreflex zur Eßtätigkeit), werden nicht beachtet, oder sie werden in Sprachspiele eingebaut, in denen sie eine ganz andere Bedeutung als ihren biologischen Sinn haben (z.B. der Arzt überprüft die Reflexe).

Da bei Reflexen kein Freiheitsgrad bei der Wahl der Verhaltensreaktion besteht, findet auf dieser Steuerungsebene keine Bewertung statt. Menschen könnten lediglich die Interpretation vornehmen, daß die lange zurückliegende (blinde) Auslese der biologischen Evolution die jeweilige Reiz-Reaktions-Koppelung als positiven Beitrag zur Stabilisierung menschlicher Organismen „bewertet" hat. Diese Zuschreibung spezifischen funktionalen Sinns setzt natürlich nicht außer Kraft, daß die Steuerung von Reflexen keinen Bewertungsvorgang enthält. *Reflex ist unwichtig.*

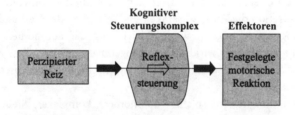

Abbildung 4.6: Pragmatische Steuerung I: Reflexe

4.2.6.2 Komplexe, autonome Steuerungssysteme

Unter den Begriff der komplexen, autonomen Steuerungssysteme fallen Verhaltenssteuerungen, die homöostatische Prozesse regulieren.[55] Das heißt, diese Systeme erhalten einen bestimmten physiologischen Gleichgewichtszustand aufrecht, bspw. die Körpertemperatur, Blutdruck, ph-

---

[55] Vgl. zum Begriff der Homöostase Piaget (1992) S. 34 f.

Wert oder Sauerstoffgehalt des Blutes. Sie sind im Verhältnis zu Reflexen komplexer, da in diesem Steuerungsprozeß erstens Rückkopplungsschleifen eingebaut sind, zweitens Sollabweichungen identifiziert werden, drittens i.d.R. die Meldungen mehrerer Reizrezeptoren verwertet werden und weil viertens häufig nicht nur über Nervenbahnen bestimmten Effektoren Impulse gegeben werden, sondern auch indirekt über die Regulierung von Hormonkonzentrationen eine ganze Bandbreite organischer Aktivität beeinflußt werden kann. Die Systeme operieren weitgehend autonom, d.h. der bewußten, willkürlichen Steuerung entzogen, die von ihnen verarbeiteten Sinnesdaten (z.B. CO_2-Gehalt des Blutes) sind häufig der bewußten Wahrnehmung auch nicht zugänglich. In sehr engen Grenzen ist willentliche Einflußnahme auf solche Systeme manchmal möglich (z.B. Beeinflussung des Atemrhythmus).

Die funktionale Ausrichtung dieser Steuerungssysteme auf den Erhalt bestimmter physiologischer (lebenswichtiger) Gleichgewichtszustände schließt nicht aus, daß solche Steuerungssysteme auch – im Sinne einer Restriktion – ökonomisches Verhalten beeinflussen können. Beispielsweise sorgt ein von der physiologischen Konstitution sehr stabiler Verhandlungspartner dafür, daß die Luftzufuhr zum Verhandlungsraum unterbunden wird. Da er sich darauf verlassen kann, daß die abnehmende Sauerstoffkonzentration die Aufmerksamkeit und Wachheit der Verhandlungspartner langsam schwächen wird (Auswirkung der autonomen Steuerung), kann er, wenn er wirklich den „längeren Atem" hat, diese Schwächung zur Steigerung seiner Verhandlungsmacht und Durchsetzungsfähigkeit nutzen.

Die Funktionsweisen solcher autonomer, komplexer Steuerungssysteme sind zum Teil bereits gut erforscht. Solche physiologischen Regelmäßigkeiten können als Restriktionen, denen sich erfolgreiches Verhalten anpassen muß, in die Entwicklung feindifferenzierter (ökonomischer) Verhaltensstrategien einbezogen werden. Die eigene Restringiertheit durch diese Systeme wird dabei u.U. in andere Handlungskonsequenzen umgesetzt als die Restringiertheit anderer Personen (siehe Beispiel).

Die komplexen autonomen Steuerungssysteme enthalten, anders als Reflexe, eine Bewertungsebene, indem ein Abgleich zwischen einer Sollwertbandbreite und Istwerten vorgenommen wird. Die relevante „Normgröße" ist funktional auf den physiologischen Erhalt und Stabilität des Organismus ausgerichtet. Der Freiheitsgrad dieser Steuerungssysteme ist gering, da sowohl die Normgröße, als auch die pragmatische Reaktion genetisch vorgegeben ist. Er ist dennoch nicht gleich null, da interpersonell unterschiedliche Sollwerte existieren können und die Bandbreite des Wertes das System bereits zu einem nicht vollständig deterministischen macht. Angeborene organische Störungen oder Krankheiten, die zu einem schlechteren Funktionieren des jeweiligen Systems und/oder beschleunigten Ableben des Organismus führen (z.B. Zuckerkrankheit) können nicht aus dem Steuerungssystem selbst behoben werden. Aber die höheren Steuerungsebenen können bewertend einen bestimmten Sollwert des Organismus (Gesundheit) definieren, den sie auch bei schlechter funktionierenden autonomen Steuerungssystemen durch technische Eingriffe (z.B. regelmäßige Insulinspritzen) herzustellen versuchen. Diese Normsetzungen können jedoch nicht die angeborenen Normwerte dieser Steuerungsebene verändern. Die komplexen, autonomen Steuerungssysteme enthalten also eng bestimmte Bewertungsprozesse und weisen geringer Freiheitsgrade ihrer Operationen auf.

Abbildung 4.7: Pragmatische Steuerung II:
Komplexe, autonome Steuerungssysteme

4.2.6.3 Triebe, Instinkte

Unter Trieben und Instinkten faßt man die Summe angeborener Antriebe zusammen, die das Handeln des Individuums auf seinen Inhalt, Richtung und Intensität hin beeinflussen. Auch diese Ebene der Verhaltenssteuerung ist funktional auf den Selbst- und Arterhalt gerichtet.

Mit „*Trieben*" bezeichnet man Motivationen, die auf ganz bestimmte Verhaltensweisen oder Verhaltensfelder ausgerichtet sind. Nach diesen inhaltlichen Bereichen werden sie in der Benennung auch unterschieden, bspw. Sexualtrieb, Hunger, Durst, Wärmebedürfnis, Schlaftrieb, Fürsorgetrieb, Sozialtrieb, Neugierde. Triebe entsprechen in etwa dem, was in der Motivationstheorie als menschliche Grundbedürfnisse kategorisiert wird, wobei der Begriff des Triebes stärker darauf hinweist, daß es sich hierbei um einen inneren Impulssetzer („Motor") für bestimmte Verhaltensweisen handelt, nicht um ein eher passives Reagieren auf Umweltsituationen. Ein Trieb ist ein Grund, sich in Bewegung zu setzen (Beweggrund), der Antrieb, um die spezifische Bewegung durchzuführen. Die Empfindung eines Mangels (Bedarf) kann *ein* Beweggrund sein, der Wunsch oder Impuls, genau *diese* Aktivität zu tun, ein anderer.

Während Triebe i.d.R. nach ihren Themenfeldern kategorisiert und so ganze Trieb- bzw. Motivationsstrukturen konstruiert werden, ist der *Instinktbegriff* etwas allgemeiner und bezeichnet letztlich alle Verhaltensweisen, in denen in der Situation spontan ein Verhaltensimpuls wirksam wird, ohne daß das Individuum weiß, warum es die Situation so schnell *in dieser Weise* interpretiert. Instinkte als Steuerung der Verhaltensorientierung sind insbesondere spürbar, wenn man in Situationen, die bisher erlebten sehr unähnlich sind, sehr schnell, mit großer Gewißheit genau „weiß", was zu tun ist. Nur angeborene Verhaltensinstinkte sind hier so schnell und ganz ohne bewußte Apperzeptionstätigkeit verfügbar. Von der schnell verfügbaren, vorbewußten Deutung wird dann deshalb darauf geschlossen, daß ursächlich angeborene Instinkte zugrunde liegen. Da Instinkte keine beobachtbaren Objekte sind, muß diese tautologisch wirkende Beschreibung der üblichen Verwendung des Begriffs „Instinkt" als unexakte Begriffsdefinition ausreichen.

Trieb- und Instinktverhalten wird entweder durch äußere oder innere Schlüsselreize oder innere Impulsgeber aktiviert. Schlüsselreize sind angeborene Schemata, also komplexe Prototypen von Perzeptionsmusterkombinationen. Solche u.U. sehr groben Schemata können durch erlebte Erfahrungen auch zu sehr differenzierten Schlüsselreizen ausgebaut werden (Prägung). Werden perzipierte Sinnesdaten als familienähnlich zu einem solchen Schema identifiziert, löst die Identifikation den Impuls zu bestimmten Verhaltensweisen aus. Beispielsweise besteht eine Konnektion zwischen Kindchenschema und der Motivation zu Fürsorge und Beschützerverhalten, zwischen Spinnenschema und Angstverhalten, zwischen

Frau-/Mannschema und der Motivation zu Balz- und Paarungsverhalten. Je höher die Ähnlichkeit der perzipierten Sinnesdaten zum prototypischen Schlüsselreiz, desto intensiver die triebhafte Motivation.

Innere Impulsgeber zur Aktivierung bestimmter Triebe können entweder über Intrazeptoren empfangene Schlüsselreize sein, etwa der Blutzuckergehalt oder Magenfüllungszustand als Auslöser von Hungergefühlen, erhöhter Aufmerksamkeit zur Perzeption von Eßbarem sowie als Auslöser des Verhaltensspektrums Nahrungssuche und -aufnahme. Zum anderen können Zeitgeber bestimmte Triebe in einem bestimmten zeitlichen Rhythmus auslösen, etwa Müdigkeit und Schlafbedürfnis in Abhängigkeit vom Tag- und Nachtwechsel. In diesem Fall ist der innere Zeitgeber durch den äußeren Zeitgeber Sonne (hell-dunkel-Phasen) geeicht. Fällt der äußere Zeitgeber aus, orientiert man sich allein am inneren Zeitgeber, der zwischen Menschen sehr unterschiedlich sein kann (z.B. 15-Stundentage versus 46-Stundentage).

Die angesprochenen Beispiele zeigen, daß bei Trieben und Instinkten die Freiheitsgrade der Verhaltenssteuerung relativ hoch sind. Zum einen ist das Individuum nicht gezwungen, dem Verhaltensimpuls nachzugeben. Dies legt nahe, daß Trieb- und Instinktverhalten nicht als autonome Steuerungssysteme operieren, sondern zumindest immer *auch* Input für die nächsthöhere Steuerungsebene liefern. Zwar löst die Aktivierung des Sexualtriebes auch autonom, d.h. nicht bewußt steuer- und kontrollierbar, die Ausschüttung aller möglicher Hormone aus, aber sie ruft auch eine Ausrichtung eines besonders wachen Interesses und Aufmerksamkeit für passende Perzeptionsmuster (Schlüsselreize) hervor, die innerhalb des zentralen apperzeptiven Verarbeitungsfeldes verarbeitet werden.

Umgekehrt erhalten Trieb- und Instinktbereiche auch Input von diesem Verarbeitungsfeld (wahrgenommene oder erinnerte Schlüsselreize). Außerdem kann der triebgesteuerte Impuls die Arbeitsweise dieses zentralen Verarbeitungsfeldes beeinflussen. Nehmen wir als ökonomisches Beispiel den Fall, daß ein Mann und eine Frau eine ökonomische Transaktion mit einem hohen Transaktionsvolumen verhandeln. Empfindet bspw. der Mann die Frau als sexuell attraktiv, kann die positive Interessiertheit sein Kritikvermögen bezüglich der Verhandlungsweise und ökonomischen Vorteilhaftigkeit der Angebote der Verhandlungspartnerin mindern. Das sexuelle Triebverhalten läuft also weder völlig autonom als Restriktion neben dem übrigen Verhalten, noch dominiert es automatisch das zentrale Verarbeitungsfeld der pragmatischen Apperzeption. Je weni-

ger der Verhandelnde des Wirkens des erwachten Triebimpulses im zentralen Verarbeitungsfeld gewahr wird, desto schwerer kann er sich durch
bewußte, reflektierte „Gegensteuerung" dieser unterschwelligen Verar-
beitungs- und Verhaltensbeeinflussung erwehren. Gerade in der Produktwerbung läßt sich gut beobachten, wie vermittels Stimulierung bestimmter
Triebe intensive Aufmerksamkeit und positive Gefühle erzeugt werden,
die vom direkten Schlüsselreiz auch auf das in Verbindung gezeigte Produkt abfärben. (Weil Wahrnehmung ganzheitlich gestaltbildend arbeitet,
werden auch die erzeugten Empfindungen mit dem gesamten wahrgenommenen Ereignis verbunden.)

Trieb- und Instinktverhalten ist aufgrund seiner genetischen Determinierung eine sehr starre Verhaltensteuerung, da sie nicht an sich ändernde
Umwelten angepaßt werden kann. Sie sind nur geringfügig reaktiv, lassen
Lernprozesse kaum zu. Allerdings zwingen sie auch nicht, ein eindeutig
festgelegtes Verhaltensmuster abzuspulen, da eine Vielfalt realer Situationen aufgrund von Schema-Ähnlichkeiten als Schlüsselauslöser dienen
können und das Instinktverhalten in Rücksicht auf situative Gegebenheiten variiert werden können. Aufgrund der relativen Starrheit von Instinktverhalten war das „Zerbrechen des Instinkts"[56], d.h. die Ablösung starrer
Schemata durch eine flexible Orientierung in der wahrgenommenen
Situation, eine wichtige Entwicklung in der Evolution menschlicher Verhaltenssteuerung. Heutige Menschen zeigen aufgrund der Überformung
der Triebsteuerung mittels der direkten und indirekten individuellen Verhaltenssteuerung, kaum noch „reines", unkontrolliertes triebgesteuertes
Verhalten. Triebe und Instinkte fungieren deshalb vor allem als Input für
die nächsthöhere Steuerungsebene, da ihre Steuerungsautonomie zu stark
beschränkt ist.[57]

Inwieweit sind auf der Steuerungsebene der Triebe und Instinkte Bewertungsprozesse zu beobachten? Zum Einen ist die Anregung bestimmter Antriebe auch mit bestimmten Gefühlsstimmungen verbunden, die
(durch Erfahrung modifizierbar) als positiv oder negativ erlebt werden.
Zum Anderen ist die durch Instinkte ausgelöste Verhaltenstendenz, bestimmte Reize zu suchen („Informationsappetenz") bzw. bestimmte Reize
zu fliehen („Kommunikationsaskese") eine Selektionsentscheidung, die zu
einer bestimmten Gewichtung von Verhaltensalternativen beiträgt. Die
typischen menschlichen Grundmotivationen (Hunger, Durst, Wärme,

---

[56] Piaget (1992) S. 375
[57] Vgl. Piaget (1992) S. 370-379

Schmerzabwehr, gewaltfreie soziale Kontakte usw.) können folglich als grundlegende Werte/Wertkriterien bezeichnet werden, an denen menschliches Handeln und Verhalten realiter orientiert wird.

Instinktive Impulse können in der Regel ein hinreichend hohes Maß an Aufmerksamkeit im gesamten Steuerungskomplex erzielen, um auf die pragmatische Ereignisverarbeitung Einfluß zu nehmen. Insofern sind diese „natürlichen" Grundwerte für menschliches Verhalten in weiten Teilen relevant, sowohl was den Inhalt, die Richtung als auch die Intensität menschlicher Aktivitätsfelder bestimmt. Zwar spielen diese menschlichen triebgeleiteten Grundmotivationen mitunter auch eine wichtige Rolle bei der Diskussion um die Werte menschlichen (Zusammen-) Lebens (vgl. z.B. die Menschenrechtserklärung), aber der Begriff des „Wertes" ist zu stark moralisch und metaphysisch aufgeladen, als daß er in einer kognitionstheoretischen Analyse von Trieb- und Instinktverhalten sinnvoll eingebaut werden kann. Man denke sich die Ausdrücke „Wert", „bewerten" usw. deshalb im folgenden nicht als moralische Größen, sie sollen lediglich das faktisch normative, d.h. selektive Wirken von Trieben und Instinkten im Kognitionsprozeß bezeichnen.

Triebe und Instinkte implizieren also Bewertungen (Selektion), die von ihrer evolutionsbiologischen Funktion her auf den Selbst- und Arterhalt ausgerichtet sind. Die Bewertung findet nicht im Sinne eines moralischen gut und böse statt. Sondern was den jeweiligen Trieb befriedigen hilft, wird als interessant, relevant, attraktiv und positiv, weil effektiv, erlebt. Die erwachte, unbefriedigte Triebmotivation wird als Unruhezustand, u.U. als negativ bis quälend oder auch als nervenkitzelnd oder positiv herausfordernd erlebt. Triebe und Instinkte helfen also, in der jeweiligen Situation zwischen relevanten und irrelevanten Reizen zu unterscheiden, und lösen Impulse für bestimmte Verhaltensweisen aus. Die letztere Selektionsleistung ist dabei keine Auswahlentscheidung zwischen gegebenen Alternativen, sondern eine angeborene Verknüpfung von Erregungsleitungen, die durch erfolgreiche Erfahrungen verstärkt und ausdifferenziert werden kann. Obwohl Triebe und Instinkte also nach bestimmten Mustern zur Selektion bestimmter Verhaltensorientierungen beitragen können und folglich in einem schwachen Sinn normativ sind, sind sie als wirksam werdende „Werte" nicht wählbar.

Auch die starken Gefühlszustände, die mit Trieben und Instinkten einhergehen (Angst, Freude, Lust, Ekel, Aggression, Schmerz, Traurigkeit usw.), können als Bewertungsprozesse, die von Instinkten ausgelöst werden, interpretiert werden. Da das emotionale Erleben hier aber als Teil der nächsthöheren apperzeptiven Steuerungsebene verstanden wird, wird dieser Bewertungsaspekt im nächsten Abschnitt (4.2.6.4) behandelt.

Insgesamt geben Triebe und Instinkte also starke Impulse zur Verhaltenssteuerung. Allerdings sind diese Steuerungssysteme nur bedingt eine eigene Steuerungsebene, da sie autonom nur bestimmte körperliche und sensorische Erregungszustände auslösen können, nicht jedoch spezifische, komplizierte Verhaltensabfolgen. Die Steuerungsebene der Triebe und Instinkte weist einen hohen Freiheitsgrad auf, da ihre Impulse nicht immer automatisch und nicht immer in hohem Maß auf die Verhaltenssteuerung Einfluß nehmen (können). Sie ist jedoch für die Verhaltensorientierung von menschlichen Individuuen von großer Bedeutung, einerseits bei der Interpretation von inneren und äußeren Situationsmerkmalen, andererseits durch die Vorselektion von Verhaltensneigung. Diese Steuerungsebene liefert schnell Beiträge zur pragmatischen Interpretation von Situationen, wirkt allerdings durch das beschränkte Spektrum der vorhandenen Triebstruktur auch schematisierend auf individuelle Interpretationsprozesse.

Für die Wirtschaftswissenschaften ist diese Steuerungsebene ein sehr relevanter Orientierungsbereich individuellen Verhaltens, da Triebe und Instinkte in hohem Maße existentielle Bedürfnisse motivieren, also die Konsumnachfragestruktur (und -niveau) determinieren. Allerdings werden nicht alle trieb- und instinktgesteuerten Motivationen durch marktfähige Güter befriedigt und nicht alle Phänomene, die zur Befriedigung dieser Motivationen beitragen, werden von wirtschaftenden oder wirtschaftswissenschaffenden Sprachspielgemeinschaften als ökonomische Güter gedeutet. Aufgrund der hohen Freiheitsgrade und der Unspezifität von trieb- und instinktgeleitetem Verhalten ist diese Steuerungsebene zur Erklärung realer ökonomischer Prozesse nicht geeignet. Je nach Sprachspielgemeinschaft differieren sowohl die Interpretationen, was im sozialen Raum als ökonomisches Gut gilt und welcher Weg der Bedürfnisbefriedigung nicht, als auch die spezifischen Dinge oder Leistungen, die als übliche („normale") Form der Bedürfnisbefriedigung gelten, es differieren die üblichen Produktions- und Allokationsformen (Eigenarbeit, Zwangsverteilung, Staat, Markt, Solidargemeinschaftlicher Tausch usw.).[58] Deshalb muß die Ökonomik zur Erklärung der realen historischen Wirtschaftsprozesse die spezifischen ökonomischen Lebensformen und

---

[58] Vgl. hierzu ausführlich auch Abschnitt 6.2.3

Sprachspiele fokussieren. Ökonomische Lebensformen und Sprachspiele werden jedoch über die beiden nachfolgenden Ebenen des kognitiven Steuerungskomplexes ausdifferenziert und prozessiert.

Die drei bisher vorgestellten Ebenen des kognitiven Steuerungskomplexes sind dadurch charakterisiert, daß sie genetisch übertragen werden und folglich universal, für alle Artmitglieder weitgehend identische Impulse für Verhaltenssteuerungsprozesse auslösen. Die Freiheitsgrade der Steuerung nahmen dabei von der ersten bis zur dritten Form zu, die Autonomie, also Unbeeinflußbarkeit und Unkontrollierbarkeit durch (potentiell) bewußte Steuerungsprozesse, dagegen ab. Während einerseits alle drei Steuerungsarten in einem evolutionsbiologischen Sinne als für den Selbst- und Arterhalt funktional interpretiert werden können, muß andererseits konstatiert werden, daß diese in biologisch-funktionaler Hinsicht effektiven Systeme auch in einem großen Maß prägen, was Menschen in ihrer bewußten Interpretation und Reflektion für wertvoll, wichtig und relevant halten.

4.2.6.4 Direkte individuelle Steuerung

Die direkte individuelle und die indirekte soziale Steuerungsebene (siehe Abschnitt 4.2.6.5) konstituieren zusammen den Teil der Verhaltenssteuerung, der dem, was ÖkonomInnen unter einer „Entscheidung" verstehen, am nächsten kommt. Auf dem zentralen apperzeptiven Verarbeitungsfeld findet im Zusammenspiel von direkter und indirekter Steuerungsebene sowie instinktgesteuerten Verhaltensimpulsen eine Auswahl von Verhalten in der Situation statt, die zumindest teilweise potentiell mit dem Gefühl des Bewußtseins prozessiert wird. Allerdings unterscheidet sich der Kognitionsprozeß von den Entscheidungsmodellen der Ökonomik. Der auf diesen Steuerungsebenen ablaufende Auswahlprozeß von raum-zeitlichen Verhaltensmustern findet weder auf der Grundlage einer gegebenen Situation statt (denn diese muß auf Basis der Sinnesdaten erst konstruiert werden), noch ist in der Situation ein bestimmter Alternativenraum möglicher Handlungen einfach per se gegeben.

Die Ebenen der hier sogenannten direkten individuellen und der indirekten sozialen Steuerung finden – von der neuronalen „Hardware" her gesehen – an denselben Orten statt. Sie werden hier nur als verschiedene Steuerungsebenen kategorisiert, weil das Individuum sich bei ersterer Steuerungsebene am *eigenen* Lusterleben bzw. Satisfikationskriterien orientiert, hingegen bei der indirekten Steuerung am Lusterleben oder Satisfikationsniveaus *anderer* Menschen orientiert. Die indirekte Steuerung kann allerdings insofern als Teilbereich der direkten Steuerung angesehen werden, als die Satisfizierung anderer Menschen als notwendiges Mittel oder als Restriktion für die Erreichung eigenen Lusterlebens bzw. Satisfikationsstrebens gelernt wird. Da es sich deshalb um eine mittelbare Verhaltenssteuerung handelt, wird dieser für Menschen wesentliche Bereich getrennt von der direkten Steuerungsebene behandelt. Die beiden Bereiche, an denen das Individuum seine Verhaltensentscheidung orientiert (eigenes Lustempfinden, Wünsche anderer Menschen), operieren letztlich nicht getrennt, sondern müssen durch alle Zielkonflikte hindurch zu *einem* Verhaltensprogramm integriert werden. Die unten beschriebene Funktionsweise des Steuerungsprozesses (4.2.6.4.1 bis 4.2.6.4.6 gilt deshalb analog für die indirekte soziale Steuerungsebene, nur daß dort andere Motivationen wirksam sind und die an das individuelle Verhalten anschließenden perzipierten Verhaltensantworten anderer als Teil der engrammierten Bedeutung syntagmatisiert und gespeichert werden.

Die Ebene direkter, individueller Steuerung beansprucht weite Teile des Zentralen Nervensystems, insbesondere das Großhirn ist involviert. Diese Steuerungsprozesse betreffen (potentielle) Bewußtseinsinhalte, wenngleich die Steuerung selbst nicht oder nur sehr bedingt Teil der bewußten Wahrnehmung ist. Sie stellen Verbindungen her zwischen sensorischen Inputs (Sinnesdaten, Perzeptionen, identifizierte Engramme), Emotionen[59] sowie motorischen und sensorischen Outputs (Handlungsdurchführung durch Effektoren, neue Ausrichtung von Aufmerksamkeit). Solche Verbindungen dieser drei Elemente zu einer Einheit konstituieren eine **Bedeutung**. In ihrer gespeicherten Form wird sie als Engramm (Gedächtnisspur einer Bedeutung) bezeichnet, bei komplexeren, synthetisierten Engrammen als Syntagma (vgl. 4.2.5).

Da es sich bei der direkten individuellen Steuerungsebene um die zentrale und komplexeste Form der Verhaltenssteuerung handelt, wird sie nachfolgend ausführlicher in gegliederten Unterabschnitten erörtert. Zunächst werden die Freiheitsgrade dieser Steuerungsebene untersucht.

---

[59] Emotionale Zustände scheinen von ihrem qualitativen Spektrum her für alle Menschen gleich zu sein (Freude, Wut, Traurigkeit, Interesse, Neugier, Haß, Ekel, Angst, Schmerz, Genuß, Lust usw.). Jedoch können intersubjektive Unterschiede bestehen, welche Ereignisse mit welchen Gefühlen erlebt werden sowie welche Gefühle in welchen Situationen von der jeweiligen Bezugsgemeinschaft für angemessene, positiv sanktionierte Gefühle gehalten werden. Emotionen sind nicht nur Input, sondern, wie unten gezeigt wird, auch Teil der normativen Faktoren im Steuerungsprozeß.

Diese sind sehr hoch, wenn das Individuum sich in einer Tabula-Rasa-, also noch nie zuvor so ähnlich erlebten Situation befindet, wesentlich geringer in bereits ähnlich erlebten Situationen (4.2.6.4.1).[60] Die kognitive Tendenz zur Routinisierung von Verhaltensentscheidungen auf dieser Steuerungsebene macht deutlich, daß die Annahme vollkommen autonomer, rationaler ökonomischer EntscheiderInnen nicht aufrechterhalten werden kann.

Die zentralen Größen, durch die kognitive Verhaltenssteuerungssysteme situativ „passende" Verhaltensoptionen auswählen und auslösen können, sind die Bewertungskriterien. Während die Sollwerte und die damit verbundenen Verhaltensreaktionen im Falle der unteren drei Steuerungsebenen genetisch fest vorgegeben sind, sind die Wertorientierungen der oberen beiden Steuerungsebenen flexibel angelegt. Es bestehen Freiheitsgrade der normativen Beurteilung sowohl von spezifischen Situationsstrukturen als auch von bestimmten Verhaltensweisen in den Situationen. Die zentralen Kräfte, die innerhalb des Kognitionsprozesses selektierend und normativ aktiv sind, werden deshalb ausführlich analysierend dargestellt. Ökonomisch ist dies um so mehr von Interesse, als so in Funktionseigenschaften von Phänomenen Einblick genommen wird, die in der Theorie als black box der „Präferenzen" behandelt werden.

Zunächst werden die allgemeinen und grundsätzlichen Orientierungsgrößen erläutert. Diese sind evolutionsbiologisch motiviert und keine Zielkategorien im normativen Sinne. Das Individuum bildet jedoch situationsspezifische Konkretisierungen dieser allgemeinen Orientierungskräfte aus, die es sinndeutend als „Ziele", „Werte", „Motivationen" oder „Erfolgsgrößen" unterschiedlichster Art kategorisieren kann (4.2.6.4.2). Im kognitiven Prozeß der Verhaltenssteuerung sind zwei Instanzen an der „Entscheidungsfindung" über Verhalten beteiligt. Zum einen wird die knappe Ressource Aufmerksamkeit durch eine selektierende Instanz auf die je relevanten Entscheidungsinhalte (Perzeptionen, Emotionen, Sollvorstellungen, Verhaltensalternativen) gelenkt (4.2.6.4.3). Zum anderen bestimmen emotionale und motivationale (Input der Triebsteuerung) Empfindungen als normative Instanz, was das Individuum in der jeweiligen Situation als besonders relevant bewertet (4.2.6.4.4).

Durch das Wirksamwerden dieser beiden Instanzen wird die Verhaltensauswahl (Output) bestimmt. Innerhalb der Ökonomik wird dieser

---

[60] Der Begriff der Tabula-Rasa-Situation ist der konnektionistischen Modellwelt bei Strauss, Quinn (1997) entnommen.

Prozeß i.d.R. als „Entscheidung" bezeichnet (4.2.6.4.5). Im letzten Abschnitt werden die typischen Lernmodi dieser Steuerungsebene charakterisiert (4.2.6.4.6).

4.2.6.4.1 Freiheitsgrade

Wie kommt nun auf der Basis der Inputs die Auswahl ganz bestimmter Outputs zustande? Dieser Verhaltensauswahlprozeß weist grundsätzlich sehr hohe Freiheitsgrade auf. Die perzipierte Situation legt allein auf Basis der Sinnesdaten nicht *eine* einzige pragmatische Situation nahe. Und das Spektrum möglicher Kombinationen und Sequenzen von Verhaltensmustern ist theoretisch nahezu unbegrenzt. Allerdings stehen zu Beginn der kognitiven Entwicklung auch nur einfache Verhaltensmuster zur Verfügung. Komplexere Verhaltensmuster und Feinmotoriken müssen; ebenso wie komplexere Situationstypisierungen, erst gelernt und aufgebaut werden, um dem Individuum zur Verfügung zu stehen.[61] Trotzdem besteht immer noch für die situative Auswahl eines Verhaltensmusters das Charakteristikum hoher Freiheitsgrade.[62]

Nur durch einen Prozeß der Selektion und Gewichtung wird die selbstgewählte Freiheitsbeschränkung, nämlich die Auswahl *einer* Alternative, möglich. Die Individuen bauen ihre Selektions- und Gewichtungsprozesse dieser und der nächsten Steuerungsebene erst im Verlauf ihrer – historisch singulären – Entwicklung auf.[63] Eine universale, für alle Menschen identische Entscheidungstheorie kann es deshalb nicht geben.

[61] Vgl. Müsseler, Aschersleben, Prinz (1996)

[62] Die Einführung unterschiedlich hoher kognitiver Freiheitsgrade kennzeichnet eine Kompromißhaltung. Sowohl in der Ökonomik (Rationalisten – Institutionalisten) als auch in der Soziologie und Anthropologie gibt es konträre Lager, die entweder die vollkommene Entscheidungsautonomie des Menschen über ihr Verhalten postulieren, oder Verhalten allein durch gelernte Institutionen/Kognitionserfahrungen determiniert sehen oder andere, die Verhalten in überwiegendem Umfang als genetisch programmiert sehen. Vgl. hierzu Strauss, Quinn (1997). Da menschliche Verhaltenssteuerung sowohl von angeborenen Kognitionsregeln, als auch gelernten Interpretationen geprägt ist, Routinetendenzen *und* Abweichung von Routinen aufweist, ist die relativierte Position unterschiedlicher Freiheitsgrade, die auch schon Schnabl (1972) verwendet, m.E. die passendste.

[63] Vgl. Damasio (2000) S. 76 ff. Im hier vorliegenden Kognitionsmodell kommen Entwicklungsprozesse nur allgemein durch die Unterscheidung von Tabula Rasa-Situationen und erfahrungsähnlichen Situationen zum Tragen. Tatsächlich verlaufen solche Entwicklungsprozesse natürlich in sehr komplexer Weise, die unterschiedlichen kognitive Fähigkeiten werden in einer jahrelangen Entwicklung aufgebaut und im Zuge dessen werden Interpretationsvermögen auch immer wieder umstrukturiert. Vgl. aber Schröder

In einer Tabula Rasa Situation, wenn also ein Individuum ganz neuartige, nie ähnlich erlebte Situationen gewärtigt, sind die Entscheidungskriterien in hohem Maß undeterminiert. Erleichtert wird die Entscheidung
unter diesen hohen Freiheitsgraden dadurch, daß der Bereich möglicher
Verhaltensreaktionen verengt wird.

1. Die physische Grundverfassung, in der das Individuum die Situation
   vorfindet, restringiert die Verhaltensreaktionen, die unmittelbar möglich sind, und die Geschwindigkeit, mit der bestimmte Verhaltensweisen abrufbar sind. Da die physische Grundverfassung weitgehend von
   dezentralen autonomen Steuerungssystemen reguliert wird sowie von
   vorangegangenen Verhaltensentscheidungen bestimmt ist, werden diese als Restriktion aktueller Verhaltensmöglichkeiten wirksam.

2. Die Steuerungsebene der Triebe und Instinkte kann mittels der in ihr
   aktualisierten Motivationen ein bestimmtes Leitinteresse der höheren
   Steuerungsebenen hervorrufen (z.B. Hunger), das sowohl zur Fokussierung von Perzeptionen genutzt wird, als auch mögliche, passende Verhaltensprogramme aktiviert (z.B. Anregung der Produktion von
   Magensäften) bzw. andere deaktiviert. Triebe und Instinkte stellen ein
   wichtiges und umfassendes Programm von Selektions- und Gewich-
   tungselementen bereit, die den Verhaltenssteuerungsprozeß in nicht
   unerheblichem Umfang kanalisieren.

3. Die emotionale Vor-Gestimmtheit, die das Individuum in die Situation
   mit einbringt, restringiert die Strukturierung und Konstruktion der
   Situation. Sie bestimmt sozusagen die „Färbung" und das vorherr-
   schende Leitinteresse innerhalb derer die Wahrnehmungen interpretiert werden. Allerdings kann die Situation selbst Emotionen und starke
   Stimmungswechsel hervorrufen, die dann die Vor-Gestimmtheit verdrängen. Solche emotionalen Deutungen sind jedoch nicht verengende
   Restriktion, sondern bereits Teil der normativen Instanzen, die die
   Verhaltenssteuerung aktiv bewirken. Emotionen sind selbst mit bestimmten, angeborenen sensorischen und motorischen Verhaltensprogrammen verbunden. Das betrifft sowohl psychosomatische Reaktionen, wie etwa Adrenalinausstoß bei Wut oder Schreck-Gefühlen, als

(Handschriftliche Randnotiz: Einschränkung der Freiheit → Entscheidung wird vereinfacht)

(1989) der in seiner sehr differenzierten theoretisch und empirischen Studie über kognitive Entwicklungsverläufe von Kindern und Jugendlichen sowohl Einblick in die Theorie
kognitiver Entwicklung gibt, als auch der Komplexität, der Vielzahl von Einflußgrößen
und der nicht-deterministischen Richtung kognitiver Entwicklungen Rechnung trägt.

auch den Gefühlsausdruck, also die Mimik, Körperhaltung usw. von
Schmerz, Traurigkeit (Weinen), Freude (Lachen/Lächeln). Zwar kann
das Individuum lernen, diese Verhaltensprogramme z.T. zu unterdrücken oder in neue Formen zu kanalisieren, aber die angeborenen
Impulse restringieren, zu welchem Verhaltensspektrum das Individuum überhaupt körperlich disponiert ist.

Diese drei Bereiche bewirken also auch in einer Tabula Rasa-Situation bereits eine Verengung des Raums möglicher Verhaltensreaktionen. Aus diesem verengten Spektrum wird die zu realisierende Verhaltensoption weitgehend kontingent ausgewählt. Es kann zusätzlich die Phase phantasievollen Denkens ausgeführt werden, in der die jeweilige Verhaltensoption
in der imaginierten Situation auf ihren Erfolg überprüft wird. Aber letztlich ist das Handeln in Tabula Rasa Situationen ein kontingenter Versuch.

   Kommt die Phase der semantischen Apperzeption zu dem Ergebnis,
daß die perzipierten Wahrnehmungen einer früheren Situation hinreichend ähnlich ist, dann evoziert die Identifikation sowohl eng mit dem
jeweiligen Engramm verbundene Engramme (assoziierte Syntagmen), als
auch die im Engramm enthaltene gespeicherte Verhaltensantwort, also die
Erinnerung an früher realisiertes Verhalten in der ähnlichen Situation.
Dieses Verhalten ist dann zunächst die naheliegendste Option. Sofern sie
in der Vergangenheit zu hinreichender Satisfikation geführt hat, wird mit
der Evokation des Engramms auch der Impuls ausgelöst, dieses Verhalten
wieder auszulösen. Diesem Impuls wird entweder direkt nachgegeben
(Routine-Handlung).[64] Oder, wenn das Individuum zweifelt, wird ausgehend von dieser Verhaltensoption nach einer der aktuellen Situation angemesseneren, den angestrebten Satisfiaktionsniveaus dienlicheren Handlungsalternative gesucht.

   War die Verhaltensoption nicht erfolgreich, so wird zwar auch ein Impuls ausgelöst, *dieses* Verhalten nicht zu versuchen, aber es bleibt dasjenige, von dem aus nach Verhaltensmöglichkeiten gesucht wird. Bei dieser
Suche sind nicht alle Verhaltensmuster, die das Individuum beherrscht,
ebenso naheliegend wie die evozierte Verhaltensoption. Diejenigen Verhaltensweisen, die in sehr ähnlichen Situationen, bei gleichen instinktiven
Motivationen und/oder ähnlichen emotionalen Zuständen und ähnlichen
Erfolgswirkungen bereits früher realisiert wurden, sind enger mit dem
identifizierten erinnerten Verhalten assoziiert als andere. Sie werden des-

[64] Vgl. Dörner (1999) S. 479-484

halb bei der Suche nach anderen, neuen, eventuell erfolgsversprechende-
ren oder in der aktuellen Situation angemesseneren Verhaltensoptionen
schneller in Betracht gezogen als andere. Da kognitive Verhaltenssteuerung oft auch unter Zeitdruck abläuft, werden in den Alternativenraum
nur eng assoziierte Verhaltensweisen aufgenommen, unter denen dann im
Hinblick auf das angestrebte Satisfikationsziel das geeignete ausgewählt
wird.

Insofern sind die Freiheitsgrade der Verhaltenssteuerung jenseits der
Tabula Rasa Situation stark verringert, da erstens durch semantische
Identifizierung eine starke Tendenz zu Verhaltenswiederholungen (Routi-
nehandeln) ausgelöst wird, und da zweitens in der Regel nur die in als
ähnlich erfahrenen Situationen eng assoziierten Verhaltensmuster als
Verhaltensoptionen berücksichtigt werden. Solche Ähnlichkeitsassoziatio-
nen sind einerseits von der Geschichte der Erfahrungen des jeweiligen
Individuums abhängig und damit kontingent, andererseits ist die Weitläufigkeit von assoziativen Verknüpfungen intersubjektiv unterschiedlich,
was in unterschiedlichen „Kreativitätsniveaus" zum Ausdruck kommt.

4.2.6.4.2 Allgemeine Orientierungsgrößen

Die Verbindung zwischen Input und Output wird durch selektive und
normative Instanzen hergestellt, in denen eine große Vielfalt unterschiedlicher Interessen und Motivationen wirksam wird. Verallgemeinernd lassen sich jedoch vier Orientierungsgrößen benennen, denen die selektiven
und normativen Steuerungsinstanzen in je unterschiedlichem Maße
dienen.

– Existenzerhalt (Überleben),

– das Streben nach lustvollen, angenehmen Gefühlen,

– die Vermeidung schmerzlicher, unangenehmer Gefühle und

– die Aufrechterhaltung eines emotionalen Gleichgewichts innerhalb gewisser Bandbreiten,

so könnten die „Ziele" kategorisiert werden, die den selbstorganisierten,
erfolgreichen Erhalt eines physischen Organismus funktional bewirken.[65]

---

[65] Vgl. Schnabl (1972) S. 99-112, 125 f.; Diese vier Grundorientierungen gehen über die
neoklassische eindimensionale Vorstellung der Nutzungmaximierung, welches sich höchstens in die zweite und dritte Orientierung hineininterpretieren ließe, weit hinaus. Es ist

Wer zu einer solchen Orientierung seines Verhaltens nicht in der Lage ist, hat geringe Überlebenschancen. Diese kategorisierten Orientierungsgrößen sind entsprechend auch keine frei wählbaren Ziele, sondern im Evolutionsprozeß internalisierte Funktions- und Erfolgsbedingungen.[66]

Sowohl auf der Ebene der direkten individuellen als auch der indirekten sozialen Verhaltenssteuerung richten die genannten vier allgemeinen Orientierungsgrößen die Verhaltenslenkung aus. Die hohen Freiheitsgrade dieser Ebene implizieren aber, daß das Individuum nicht von Anfang an „weiß", welche Verhaltensmuster in bezug auf welche Phänomene der wahrgenommenen Wirklichkeit erfolgsträchtig sind. Es muß dies erst durch Lernprozesse herausfinden. In diesen Lernprozessen wird ein (wachsendes) Spektrum von Situationstypen mit je situationsspezifischen Erfolgsdefinitionen sowie darin als erfolgreich bewährten Verhaltensreaktionen zu unterscheiden gelernt.[67]

Eine solche nicht „vorprogrammierte" Verhaltenssteuerung hat aus evolutionsbiologischer Sicht den Vorteil, daß die Individuen sich flexibler an die von ihnen vorgefundene Umwelt anpassen bzw. auf sie einstellen können. Die Art wird dadurch insgesamt mobiler, sowohl in räumlicher Hinsicht, als auch was die Eroberung bestimmter ökologischer Nischen (Spezialisierungsmuster) angeht.

Die Erfolgsgrößen, an denen die direkte individuelle Steuerungsfunktion das Verhalten orientiert, sind also *situative Ausprägungen* der vier oben kategorisierten allgemeinen Steuerungsziele. Die biologisch determinierten allgemeinen Orientierungsgrößen von Verhalten haben keinen „Sinn"[68]. Sie sind als „Ziele" nicht wählbar und als orientierendes Moment vor aller interpretierenden oder normativen Tätigkeit gegeben.[69]

---

ein Satisfizierungsansatz unter fundamentaler Unsicherheit, indem sowohl die pure Überlebensorientierung, als auch die Neigung zu psychischen und physischen Gleichgewichtszuständen das Streben nach Lust begrenzt.

[66] Erfolgs- und Funktionsbedingung wird hier synonym verwendet. Der Erfolgsbegriff ist hier also kein normativer, semantisch bestimmter.

[67] Vgl. Damasio (2000) S. 76 ff., der insbesondere den Konditionierungsprozeß bestimmter emotionaler Reaktionen hervorhebt.

[68] (Einen bestimmten) Sinn kann etwas nur haben, indem ein Individuum diesem Phänomen eine Bedeutung zuweist, wenn jemand sich in Beziehung zu diesem Phänomen setzt und diese Beziehung in bestimmter Weise bewertet. Nur Phänomene, die in der subjektiven (oder auf intersubjektivierte Sinnsysteme bezogenen) Kognition eines Individuums vorkommen und gedeutet werden, haben einen, nämlich genau diesen gedeuteten Sinn.

[69] Jedoch stellen die vier oben verwendeten Begriffe, die ihnen soeben zugewiesen wur-

Die Vielfalt höchst komplexer, spezifischer Ziele, die auf der direkten Steuerungsebene verfolgt werden, sind jedoch nur als situative Ausprägung der vier genannten Zielkategorien zu sehen. Die Orientierungsgrößen, denen man auf dieser Ebene folgt, werden vom Subjekt nach spezifischen Situationstypen unterschieden. Unterscheidungsmerkmale können sein: a) äußere Situationsmerkmale, b) in der Situation aktivierte Motivationen, c) spezifische Qualitäten der emotionalen Situation, d) nach Verhaltensweisen, die er in der Situation zeigt, e) Zielsituationen, die in der Situation als Erfolg imaginiert werden, oder f) nach bestimmten Kombinationen von a) bis e). Die sprachlich je gängigen Bezeichnungen (Unterscheidungen) von individuell verfolgten, situationstypischen Erfolgs- bzw. Zielgrößen benennen also einerseits nur Ausprägungen nicht sinngeladener, die Kognition orientierender Kräfte. Andererseits sind sie jedoch Sinnzuschreibungen zu diesen situationsspezifischen Erfolgsgrößen, die sich an der kognitiven Unterscheidungspraxis der Individuen eines Kollektivs orientieren.

Die Gewichtung, welche der vier Teilziele in den jeweiligen Situationstypen stärker berücksichtigt werden, sowie das Urteil, welche Aspekte perzipierter oder gefühlter Situationsmerkmale besonders erfolgsrelevant sind, bilden sich in einem *Versuchs- und Lernprozeß* aus. Es gibt zwei Instanzen, die auf der direkten individuellen Steuerungsebene die kognitive Verhaltensauswahl selektierend und gewichtend ermöglichen: eine *selektive Instanz*, die für die Fokussierung der knappen Ressource Aufmerksamkeit zuständig ist, und eine eher *bewertende Instanz*, nämlich das gesamte Spektrum der Gefühle (Freude, Genuß, Zufriedenheit, Angst, Schmerz, Schreck, Trauer, Wut, Aggression, Ekel, Zärtlichkeit, Neugier usw.).[70] Diese Instanzen ermöglichen, daß auch in Tabula Rasa Situationen vom auf sich gestellten Individuum Verhaltensäußerungen ausgewählt werden können.

---

den, eine Sinndeutung dar. In diesem Fall wurden die grundlegenden orientierenden Kräfte des kognitiven Steuerungskomplexes von der Autorin funktional interpretiert. Innerhalb des Sinnhorizonts (Kontextes) der Evolutionstheorie wird die Bedeutung dieser Orientierungsgrößen als „Existenz- und Arterhalt im Evolutionsprozeß von Organismen" angenommen. (Andere Deutungen und Kategorisierungen wären möglich.)

[70] Tatsächlich sind die „Zentralen" dieser beiden Instanzen auch im Gehirn als räumlich getrennt voneinander lokalisiert worden. Vgl. Calvin, Ojemann (1995) Kapitel 4, 5 und 10

4.2.6.4.3 Selektion durch Aufmerksamkeit

Im Prinzip wird bei allen selektiven Kognitionsvorgängen, etwa bei der Gestaltbildung von Perzeptionen oder der spezifischen Verknüpfung von Perzeptionen, Aufmerksamkeit ausgerichtet und fokussiert. Hier geht es nur um selektierende Aufmerksamkeitsprozesse in der pragmatischen Apperzeptionsphase (v.a. auf der Ebene der direkten individuellen Steuerungsebene), die allerdings sensorisch auf die anderen Kognitionsphasen und deren Selektionsprozesse zurückwirken (vgl. 4.2.10). Aufmerksamkeit nimmt dabei unterschiedliche Qualitäten und Formen an.

Zum einen ist die Aufmerksamkeit, mit der ein Individuum die Apperzeption von Ereignissen vornimmt, ein geistiger Erregungszustand, der je nach Wachheit oder Müdigkeit, Konzentration oder Verwirrung mehr oder weniger stark sein kann. Es gilt, daß erfahrungsgemäß bei erhöhter Wachheit der Aufmerksamkeit erstens eine bessere Konzentration auf die Verarbeitung des aktuellen Ereignisses möglich ist. Zweitens werden ablenkende Reize, die als für das aktuelle Leitinteresse irrelevant identifiziert wurden, leichter unterdrückt (Interferenz); eine bessere Fokussierung ist möglich. Drittens können mehr relevante Aspekte in den individuellen Verhaltenssteuerungsprozeß einbezogen werden. Bei verringerter Aufmerksamkeit, so das Ergebnis der neuropsychologischen Forschung, geschehen mehr „Verarbeitungsfehler". D.h. es werden mit erhöhter Wahrscheinlichkeit mißerfolgsträchtige Handlungsoptionen ausgewählt (deren mangelnde Eignung das Individuum bei aufmerksamer Verarbeitung zuverlässig zu erkennen imstande ist).

Neben unterschiedlichen Qualitäten nimmt Aufmerksamkeit zum anderen unterschiedliche Formen an. Das hat nun mit dem Gefühl, daß ein Kognitionsinhalt „bewußt" ist, zu tun. Grundsätzlich ist zu vermerken, daß nicht nur der Kognitionsinhalt, auf den wir uns bewußt konzentrieren, unsere Aufmerksamkeit hat. Allerdings muß angenommen werden, daß er den *höchsten Grad* an Aufmerksamkeit auf sich zieht. Grundsätzlich haben alle aktuellen Bewußtseinsinhalte (Perzeption äußerer und innerer Phänomene, Gefühle, Erinnerungen) ein Mindestmaß an Aufmerksamkeit des Kognitionsapparates. Man ist zumindest ihres Vorhandenseins im Hier und Jetzt gewahr. Manche Teile des Bewußten werden dabei mit Interesse, d.h. mit erhöhter Aufmerksamkeit fokussiert, andere Teile als Hintergrund mitkonfiguriert. Aber auch nicht- oder nur schwach bewußte Kognitionsinhalte ziehen Aufmerksamkeit auf sich.[71] Zwar gilt, daß bewußte, fokussierte Kognitionsinhalte hohe Aufmerksamkeit haben, umgekehrt gilt aber nicht, daß nicht-bewußte Kognitionsinhalte nur einen sehr schwachen Grad an Aufmerksamkeit auf sich ziehen können.

Wann wird intensive Aufmerksamkeit worauf ausgerichtet? Aufmerksamkeit wird grundsätzlich selektiv ausgerichtet. Der Aufmerksamkeitsfokus liegt jeweils nur auf einem Teil der kognitiven Bedeutung, während die anderen Teile Hintergrund der Bedeutung sind (emotionale oder perzeptive Konnotation, pragmatischer Gehalt usw.).[72] Aufmerksamkeit wird auf das ausgerichtet, was dem Individuum am interessantesten erscheint.[73] Interessant ist:

1. was in der Situation vor dem Hintergrund der jeweils aktivierten Leitmotivation als Problem empfunden wird (z.B. noch unbekannte Wirkungszusammenhänge von Umweltvariablen, die zum Scheitern von Verhaltensweisen führen, oder die Auswahl oder Durchführung eines Verhaltens mit hoher Erfolgswahrscheinlichkeit),

2. intensive Gefühle auslöst (Angst, Freude, Wut usw.),

3. dem Individuum neu und unbekannt ist,

4. worauf es sich willentlich konzentrieren möchte und

5. angeborene oder gelernte Schlüsselreize, also Perzeptionsmuster, die mit intensiven Gefühlen, Überraschungen oder Problemen verbunden sind.

Aufgrund der hohen Freiheitsgrade der direkten individuellen Steuerungsebene bestehen keine zwingenden Zusammenhänge, worauf *alle* Menschen in gleichen Situationen ihre Aufmerksamkeit ausrichten müßten. Der eine lenkt seine Aufmerksamkeit eher auf das permanente Austüfteln technischer Problemlösungen, die andere achtet aufmerksam auf ihr inneres fühlendes Erleben, die dritte konzentriert sich auf das Durchführen von Handlungen, der vierte nimmt aufmerksam alle möglichen

---

[71] Vgl. Schnabl (1972) S. 82 f.

[72] Eimer (1996) wählt hierfür die Metapher der Ausrichtung eines Lichtkegels. In der Tat scheint man Aufmerksamkeit mit der Ausrichtung eines mehr oder weniger hellen Lichtkegels vergleichen zu können, während Emotionen als die unterschiedlichen „Farbtöne" charakterisiert werden können, die in diesem Lichtkegel wahrnehmbar werden; allerdings sind Emotionen auch als „Beleuchter" an der Ausrichtung des Lichtkegels beteiligt.

[73] Vgl. zu den physiologischen Grundlagen dieses Selektionsprozesses Dörner (1999) S. 442-456

Perzeptionen wahr, ohne sich mit deren Handlungsrelevanz für ihn zu beschäftigen, die fünfte ist aufmerksam auf die Kategorisierung und ord-
nende Strukturierung von Perzeptionsmustern und versucht interpretierend Wirkungszusammenhänge zu erkennen und so weiter.

Es gibt zwar einen Teil angeborener Regeln, was wann Aufmerksamkeit
zieht, beispielsweise, daß die Bewegung von (hinreichend großen) Dingen
mehr Aufmerksamkeit zieht als Geräusche (Gesten, Bewegung im Raum
mehr als reines Sprechen), oder daß hohe Stimmen mehr Aufmerksamkeit
erhalten als tiefe (Gefahrensignal) oder daß in Gefahrensituationen (Angst,
Schreck) ein Handlungsdruck entsteht, d.h. instinktiv wird der schnellen
Durchführung einer Reaktion Priorität gegeben vor dem langen Analysieren des Problems.

Solche angeborenen Prioritätsregeln für Aufmerksamkeit werden
jedoch überlagert von den Interessen und Problemen, die sich dem Einzelnen in seiner kontingenten Erfahrungsgeschichte stellen. Da Apperzeptionsprozesse zur Routinisierung tendieren, werden auch Aufmerksam-
keitsprioritäten, die der Einzelne in seiner kognitiven Apperzeption setzt,
in der Zeit eine Stabilisierungstendenz aufweisen. Die „Identität" eines
Individuums, also seine Selbstähnlichkeit in der Zeit, läßt sich folglich gut
an den Prioritätsregeln für Selektion und Ausrichtung von Aufmerksamkeit festmachen, die es in einem kontingenten kognitiven Orientierungsprozeß erworben hat.[74]

4.2.6.4.4 Bewertung durch Emotionen

Die Ausrichtung von Aufmerksamkeit ist zu einem großen Teil durch die
emotionale Situation des Individuums bestimmt. Was in der Situation als
Problem erlebt wird und warum und wann eine Situation intensiv erlebt
wird, hängt von den Gefühlen ab, die im Individuum situativ entstehen.[75]
Der Begriff des Gefühls bzw. der Emotion steht hier als Oberbegriff für
den unten genauer erläuterten, weiten Bereich von Empfindungen, Motivationen und gelernten Wertkategorien. Neben der selektiven Ausrichtung

---

[74] Wie die Aufmerksamkeit selektierende Instanz auf neurophysiologischer Basis funktioniert, ob es z.B. im Gehirn eine solche zentrale Instanz gibt und welche Selektionsgesetz-
mäßigkeiten wirken, ist in der Kognitionsforschung noch nicht umfassend erforscht. Vgl.
Eimer (1996) S. 306

[75] Vgl. zum Zusammenhang von Aufmerksamkeitsselektion und Motivationen/Gefühlen
(Konzentration) Dörner (1999) S. 474-477

von Aufmerksamkeit, die den Verlauf des Perzeptionsverarbeitungsprozesses bestimmt, konstituiert das emotionale Erregungsmuster in der Situation die Gesamtheit der Wichtungen und „Werte", die im je aktuellen Entscheidungsprozeß relevant werden. Stellt man sich pragmatische Apperzeption so vor, daß ein Verbindungspfad zwischen Input und Verhaltensoutput hergestellt wird, dann sind Emotionen die Wegweiser, welche dem Erregungsstrom im Verarbeitungsprozeß Richtung geben.

Das kognitive Zentrum der Emotionen wird hier der direkten individuellen Steuerungsebene zugeordnet.[76] Emotionen stehen im Zusammenhang mit perzipierten Situationen, einerseits als emotionale Reaktion auf Wahrgenommenes, andererseits als von inneren Impulsen hervorgerufene Stimmung, Motivation und Wahrnehmung kanalisierende Perspektive. Jedoch ist das emotionale Zentrum nicht auf diese Steuerungsebene beschränkt, sondern erhält sowohl von der Instinktebene, als auch von der indirekten, sozialen Steuerungsebene Erregungsimpulse. Auf die ersten beiden Steuerungsebenen kann emotional nur reagiert werden, indem deren Prozesse zum Gegenstand sinnlicher Perzeption der direkten Steuerungsebene gemacht werden (Reflektion).

Einerseits erhält es von der vorangegangenen Ebene der Triebe und Instinkte Impulse in bezug auf Motivationen. Beispielsweise geht die Motivation zur Nahrungssuche einher mit einem Hunger*gefühl* oder dem Vor*gefühl* der Lust, welche die Nahrungsaufnahme bereiten wird. Die langfristige Vermögensbildung wird durch das *Gefühl* der Unsicherheit und Angst vor existentieller Bedrohung gespeist. Die Motivation zu schlafen basiert auf dem *Gefühl* der Müdigkeit.[77]

Andererseits erhält das emotionale Zentrum Impulse von der darauffolgenden Ebene der indirekten sozialen Steuerung. Gefühle werden nicht nur von einem Individuum erlebt, das autonom in vielfältigen, wechselnden Umwelten emotional reagiert. Sondern der/die Einzelne lebt immer auch in mehr oder weniger stabilen Beziehungen zu Menschen, die erstens

[Handschriftliche Randnotiz: Zum Theme mfbfa]

---

[76] Manche Autoren nennen den emotionalen Anteil an der Situationsinterpretation auch „psychische Situation".

[77] Elster (1998) S. 49, grenzt instinktgeleitete motivationale bzw. emotionale Zustände vom Emotionsbegriff aus, obwohl er selbst sagt, daß sein Abgrenzungskriterium („Emotions are triggered by beliefs") zu einer trennscharfen Unterscheidung nicht taugt. Dem Umstand, daß es grundlegende Unterschiede zwischen diesen Arten von Emotionen gibt, wird hier durch die verschiedenen Steuerungsebenen Rechnung getragen, in deren Verhaltenssteuerungsprozesse diese Emotionen jeweils einfließen, vgl. auch Loewenstein (1996).

durch ein je spezifisches Spektrum beziehungsüblicher Gefühle geprägt
sind (Liebe, Achtung, Fürsorge, Verachtung, Haß usw.). Zweitens bedingt
der Status des Einzelnen, also sein Set an Handlungsrechten innerhalb der
Beziehung bzw. Gemeinschaft, daß mit ihm/ihr in einer bestimmten
Weise umgegangen wird, so daß bestimmte Situationen (mit den damit
verbundenen Gefühlen) häufiger vorkommen. Außerdem umfaßt der
Status des Einzelnen aber auch die Zuschreibung von angemessenen, korrekten Gefühlsreaktionen, die zum Teil so vollkommen gelernt werden
können, daß individuelle abweichende Gefühlsimpulse daneben kaum bewußt werden. Drittens können Gefühle als „ansteckend" erlebt werden.
Emotionale Stimmungen übertragen sich von einem auf den anderen. Dies
läßt sich nicht nur daraus erklären, daß alle Beteiligten auf die gemeinsame Situation (einer erzählt einen Witz) eben gleich reagieren (alle
lachen), sondern kann bei Phänomenen wie massenhysterischem Verhalten auch als reine Gefühlsübertragung unabhängig von der kognitiven
Verarbeitung der Situation auftreten. Aus den erläuterten drei Gründen –
beziehungstypische Gefühle, Status, Gefühlsübertragung – enthält das
emotionale Zentrum also Impulse von der indirekten sozialen Steuerungsebene.

Emotionen werden unterschieden in *primäre* oder auch *universelle*
Emotionen wie Freude, Trauer, Furcht, Ärger, Überraschung oder Ekel,
sowie *sekundäre* bzw. *soziale* Emotionen, wie bspw. Verlegenheit, Eifer-
sucht, Schuld, Stolz. Von diesen eher durch das Erleben äußerer Situationen verursachten Emotionen werden sogenannte *Hintergrundemotionen*
unterschieden, wie bspw. Wohlbehagen, Unbehagen, Ruhe oder Anspannung, die eher auf interne Auslöser zurückzuführen sind.[78]

Die emotionale Situation eines Subjekts kann also eine Vielfalt unterschiedlichster emotionaler Impulse umfassen, die z.T. durchaus gleichzeitig aktiviert sein können. Teilweise unterdrücken bestimmte Emotionen
aber auch andere, so daß die Selektion von Handlungsmöglichkeiten in
Hinblick auf eine dadurch eindeutigere Erfolgsorientierung hin erleichtert
wird.

Emotionen nehmen im Kognitionsprozeß eine Dreifachrolle ein:

1. Erstens prägt die emotionale Situation, mit der das Individuum in die
   kognitive Verarbeitung einer Situation hineingeht, das Leitinteresse
   und damit die Perspektive, in der es die Situation interpretierend kon-

---

[78] Vgl. Damasio (2000) S. 67 ff.

struiert. In diesem Sinn sind Emotionen **Restriktion** dafür, in welchen Bedeutungsfeldern die Konstruktion der Situation vorgenommen werden kann.

2. Zweitens entstehen in der Situation selbst Gefühle, die – da zeitlich korrelliert – häufig als durch bestimmte Situationsaspekte kausal verursacht interpretiert werden. Die Gefühlslage ist in diesem Sinne die Beziehung, die das Individuum zur Situation hat, und als solche ein **Bestandteil** der zu interpretierenden Situation.

3. Drittens sind Emotionen die **normativen Kräfte,** die eine pragmatische Orientierung in der wahrgenommenen Situation zur Verfügung stellen (in Form von Zielvorstellungen, Erfolgskriterien, angestrebten Satisfikationsniveaus usw.). In diesem Sinne sind Emotionen maßgeblicher Teil des Steuerungsapparates, mittels dessen die pragmatische Orientierung in der Situation operativ durchgeführt wird. Sie sind gleichsam **Wegweiser** in der Situation. Da für viele Arten von Emotionen angeborene Verhaltensschemata des Gefühlsausdrucks existieren (mimisch, gestisch), wird der emotionale Teil der pragmatischen Situationsdeutung – wenn nicht willentlich unterdrückt – in der Regel unbewußt gesteuert und direkt ausgeführt. Hierbei sind Gefühle nicht nur Wegweiser, sondern haben den gesamten Weg gleichsam „im Gepäck".[79] Gefühlsausdruck ist jedoch nur ein Teil der pragmatischen Situationsinterpretation.

Emotionen geben dem Subjekt in der Situation einen Handlungs(entscheidungs)impuls, indem sie die aktuell kognitiv konstruierte Situation (oder Situationsaspekte) bewerten und somit Verhaltenstendenzen vorgeben[80]. Dabei umfaßt die aktuell konstruierte Situation nicht nur aktuell perzipierte Sinnesreize, sondern auch erinnerte oder imaginierte Phänomene sowie die aktuell empfundenen Emotionen selbst. Situationen oder Situationsaspekte, die als existenzbedrohend erlebt werden, lösen hohe Aufmerksamkeit, „Alarmbereitschaft" und Tendenz zu Flucht- oder Kampfverhalten (Reizabwendung) aus. Nicht-existenzbedrohende Situationen geben den Impuls, das Erregungsmuster, da als handlungsirrelevant beurteilt, ohne Speicherung zerfallen zu lassen, oder den Impuls zur Unterlassung von Flucht- oder Kampfverhalten, wenn dies in der Situation

---

[79] Vgl. zur weitgehenden Universalität und unbewußten Steuerung des Gefühlsausdrucks Paul Ekman und Charles Darwin in Darwin (2000).

[80] Vgl. Damasio (2000) S. 70 ff.

zunächst als angemessenes, korrektes Verhalten angereizt war. Situationen oder Situationsaspekte, die emotional als gewünscht (respektive nicht gewünscht) beurteilt werden, beantwortet der Kognitionsapparat mit Reizzuwendungsverhalten (respektive Reizabwendung). Werden emotionale Zustände mit sehr starker Intensität und oder zu lange erlebt, tritt sowohl sensorische als auch motorische Reizabwendung in Kraft. Das heißt, entweder stumpft das Individuum gegenüber den Situationsaspekten empfindungsmäßig ab (Gewöhnung, Taubheit, Schock, Koma) und/oder wendet sich von der Situation aktiv ab. Zu schwache emotionale Erlebnisse über lange Zeit lösen ein Unruhegefühl aus (z.B. sogenannte „Langeweile") und geben den Impuls zur Suche nach neuen emotional anregenden Situationen.[81] Es gibt also auch Verhaltensimpulse, die den Gefühlshaushalt innerhalb von bestimmten Bandbreiten zu regulieren helfen (Regelkreise). Insofern sind die grundsätzlichen Handlungsimpulse, die durch emotionales Erleben ausgelöst werden, der konkrete Ausdruck der vier unter 4.2.6.4.2 erläuterten Orientierungsgrößen der Verhaltenssteuerung.[82]

Emotionen, wie sie hier definiert wurden, lassen sich kaum trennscharf vom Begriff der **Motivation** unterscheiden. Motivation hebt i.d.R. auf eine Zielorientierung ab, mit ihr ist also sowohl ein Grund verbunden, warum man sich in Bewegung setzt (Beweggrund, Motiv), als auch eine bestimmte Zielvorstellung, eine Richtung auf die hin der Motivierte sein Handeln orientiert. Alltagssprachlich wird der Begriff „Emotion" meist reduziert auf das starke innere Erleben eines Gefühls, also auf den Kognitionsinhalt, den man hat, wenn man die Aufmerksamkeit auf das Gefühl selbst konzentriert. Der hier definierte Emotionenbegriff geht über dieses Gefühlserleben hinaus und referiert auf die kognitiv-pragmatische Funktion, die Emotionen im Verhaltenssteuerungsgeschehen erfüllen. In diesem funktionalen Sinne sind Emotionen gleichbedeutend mit Motivationen. Emotionen umfassen: Motivation zu bestimmten Handlungsweisen, Ausrichtung von Aufmerksamkeit auf Kognitionsinhalte, die aufgrund der emotionalen Bewertung von Interesse sind, sowie Inspiration von Zielvorstellungen, gewünschter Wirklichkeitszustände, Wünschen, Sollvorstellung.

---

[81] Wenn diese Suche dauerhaft nicht erfolgreich bleibt, kann die dauerhafte Emotionslosigkeit auch dem Individuum zugeschrieben und als schwere Erkrankung an Depressionen interpretiert werden. Vgl. Pöppel (1988) S. 126.

[82] Vgl. zur Rolle von Emotionen für die Kognitionsorientierung auch das Modell der fraktalen Affektlogik von Ciompi (1997)

Auch alltagssprachliche theoretische Begriffe wie „Werte", „Normen", „Ziele" oder „Zwecke" sind aus kognitionstheoretischer Sicht nicht getrennt vom Begriff der Emotionen zu behandeln:

Eine verbreitete Definition von **Werten** bestimmt diese als „Vorstellungen über das Wünschbare"[83]. Was ein Subjekt sich als wünschbar vorstellen kann, ist zunächst eine konkrete positive emotionale Erregungsstruktur. Diese kann in der Vorstellungswelt, aufgrund von früheren Erfahrungen oder imaginierten Phantasieerlebnissen, mit bestimmten Situationsmerkmalen als kausal assoziiert gedacht sein. Die Situation, in der solche wünschbaren Gefühle erlebt werden, kann in der Vorstellungswelt des Individuums aber auch unspezifisch sein oder es gibt eine Vielzahl unterschiedlichster Situationen, über die hinweg ein „Wert" mit einem allgemeinen Begriff abstrahiert wird (z.B. „Freiheit", „Liebe", „Gerechtigkeit"). Begriffe, mit denen konkrete „Werte" benannt werden, können also sowohl auf typische Situationsaspekte („Steuerehrlichkeit"), als auch auf die gewünschten Gefühlszustände („Liebe") referieren. Sie können nach konkreten, situationsspezifischen Vorstellungen über Wünschbares benannt sein sowie abstrakte Verallgemeinerungen bestimmter wünschbarer Gefühlszustände oder mit ihnen typischerweise verbundenen Situationsmerkmalen sein. Der Wertbegriff wird in der Regel nicht zur Bezeichnung von biologischen Grundbedürfnissen verwendet, vermutlich weil diese biologisch determinierten Vorstellungen über Wünschbares nur mit geringen Freiheitsgraden einhergehen.

Während Werte auch rein subjektiv gewünschte Gefühlszustände umfassen können, beziehen sich **Normen** auf Bewertungsmaßstäbe, die in einem (relevanten) Personenkollektiv Geltung haben und die Interaktionen zwischen mindestens zwei Akteuren regeln.[84] Normen sind also gelernte soziale Regeln der Verhaltensbewertung. Sie betreffen emotionale Zustände, die über die indirekte, soziale Steuerungsebene ausgelöst werden. Deshalb können die direkten, individuellen Emotionen in der aktuellen Situation durchaus in Widerspruch stehen zu den Wunschvorstellungen, die das Individuum laut Kollektivregeln in der Situation zu haben und zu verfolgen hat. Der Kollektivbezug von Normen macht es notwendig, daß die Bezeichnung und Umschreibung von Normen sich auf typische äußerliche Merkmale der Situation beziehen muß, in der die Norm zu

---

[83] Vgl. Kluckhohn, C. et al. (1967), S. 395, zitiert nach Okruch (1999) S. 54

[84] Vgl. zu einer ausführlichen Diskussion und Abgrenzung des Normbegriffs Okruch (1999) S. 22-59

einem bestimmten Verhalten anreizen soll. Zum anderen ist der Bezug
möglich auf äußere Merkmale des emotionalen Zustandes, in dem die
Norm angewendet werden soll. Drittens können Normen nach den typischen Verhaltensweisen bezeichnet werden, welche die Orientierung an
ihnen anreizt.

Werte und Normen werden zwar in Verbindung mit ganz konkreten
situativen Handlungsimpulsen gelernt oder eingeübt, aber ihre Bezeichnung kann letztlich auch ganz abstrakt auf bestimmte emotionale Zustände reduziert sein. „Ziele" und „Zwecke" dagegen machen Vorstellungen über Wünschbares bzw. faktisch Gewünschtes an konkreten, spezifischen Sollzuständen der (i.d.R. äußeren) Wirklichkeit fest. Der Begriff des
Ziels stellt ab auf eine bestimmte Situationsstruktur, die als nicht nur
wünschbarer, sondern als faktisch in der konkreten Situation gewünschter
Zustand bewertet wird. Die gewünschten Emotionen treten in der verbalen Beschreibung von Zielen in unseren Sprachgewohnheiten häufig hinter
die Explikation der als dazugehörig vorgestellten Situation (Sollzustand
der Wirklichkeit) zurück. Mit „Zielen" ist üblicherweise die Bedingung
konnotiert, daß das wünschende Individuum durch sein eigenes Tun
effektiv zur Zielerreichung beitragen kann. Bei **Wünschen** dagegen
schwingt in der Begriffsverwendung die Überzeugung mit, daß die Taten
des Wünschenden für die effektive Zielerreichung nicht unbedingt ausschlaggebend sind. Ziele sind deshalb meist mit Vorstellungen darüber
verbunden, durch welche Handlungsweisen das Individuum zur Erreichung des jeweiligen Ziels beitragen kann. Ein Individuum „hat ein Ziel
X", wenn es den Zielzustand X wünscht und motiviert ist, die Situationsstruktur durch dasjenige Verhalten herbeizuführen, das seines Wissens
nach zur Zielerreichung beiträgt.

Zwecke oder **Intentionen** bezeichnen den instrumentellsten Aspekt der
Wirkung von Emotionen auf Verhaltenssteuerung. Konkret gezeigte
Handlungen werden mit dem Zweck realisiert, zur Erreichung bestimmter
situativ verfolgter Ziele beizutragen. Die Zweckmäßigkeit ist ihre Eignung,
gleichsam technisch effektiv die Instrumentvariablen zu beeinflussen. Wissen über zweckmäßige Verhaltensweisen wird durch Lernen erworben.
Der Zweckbegriff lenkt die Aufmerksamkeit seiner Verwender stark auf
dieses Erfahrungswissen über kausale Zusammenhänge. Der Eindruck, der
Kognitionsapparat könne sich für die Verfolgung eines Zwecks entscheiden, der den emotional gewünschten Wirklichkeitsvorstellungen zuwi-
derläuft, ist nicht falsch. Denn die Zweckmäßigkeit eines Tuns ist in vielen

Fällen unabhängig davon, ob die Person die Annäherung an den speziellen Zielzustand aktuell wünscht. Eine solche instrumentell zweckorientierte Verhaltensentscheidung ist dann aber entweder ein sinnloses bzw. sinnwidriges Tun oder der emotionale Konflikt besteht zwischen gewünschten Emotionen, die man in der Zukunft durch das zweckmäßige Verhalten zu erreichen glaubt, und den Emotionen, die in der Jetzt-Situation andersartige gewünschte Handlungsimpulse auslösen.

Der Begriff der „Intention", „Sinn" oder „Bedeutung" bezeichnet den Sinn, in welchem bestimmte Handlung oder ganze Verhaltenssequenzen ausgeführt wird. Und das ist wiederum identisch mit der Bedeutung, welche die Handlung im kognitiven Akt der handelnden Person selbst hat. Auch diese drei Begriffe sind auf die emotionalen Erregungsmuster bezogen, die Kognition gewichtend und bewertend zur situativen Verhaltensentscheidung führen. Allerdings steht diesen hochabstrakten Begriffen eine riesige Vielfalt verbaler Bezeichnungen für konkrete Intentionen, Sinn oder Verhaltensbedeutungen zur Verfügung. Nur auf der Basis von Wissen über diese konkreten Intentionen können die emotionalen Zustände bestimmt werden, die mit der intentionalen Tat erreicht oder vermieden werden sollen.

Es gibt also eine Vielzahl der Begrifflichkeiten, die zur Bezeichung von emotionalen Erregungszuständen und ihrer verhaltensentscheidungsleitenden Wirkungen zur Verfügung stehen. Diese Begriffe referieren auf durchaus unterschiedliche Aspekte von Emotionen und ihrer kognitiven Funktion. Sie sind jedoch alle auf Emotionen rückführbar und nicht von ihnen zu trennen.

In Abkehr vom entscheidungstheoretischen Rational-Choice-Modell kann der kognitiv verhaltenssteuernde Mensch als vernünftig bezeichnet werden. Die Vernunft bzw. Vernünftigkeit individueller Verhaltenssteuerung läßt sich beurteilen hinsichtlich ihrer Emotionalität und ihrer Rationalität. Emotional vernünftig ist ein Verhalten dann, wenn es in Verfolgung aktueller (auch langfristiger) emotionaler Wunschzustände und damit verbundenen Erfolgskategorien ausgeführt wird. Rational vernünftig ist Verhalten aus subjektiver Sicht dann, wenn das realisierte Verhalten gemäß des Erfahrungswissens des Subjekts zur wirksamen Realisierung der emotional angestrebten Erfolgskategorien beiträgt. Aus sozialer Sicht ist ein Verhalten dann rational vernünftig, wenn es sich gemäß der deutenden Erfahrung des Kollektivs als besonders sicher und erfolgsversprechend zur Realisierung von (sozial kategorisierten) Erfolgsgrößen erwiesen hat.

Es dürfte deutlich geworden sein, daß eine genauere Analyse der Wirkungsweisen von Emotionen auf Verhaltensentscheidungen nicht vorgenommen werden kann. Gründe hierfür sind:

1. **Fehlen einer universalen Taxonomie von Emotionen**: Eine *vollständige* sprachliche Taxonomie von kognitionswirksamen Emotionen ist aufgrund der Mannigfaltigkeit sowie der häufig situationsbezogenen Bezeichnung emotionaler Qualitäten nicht möglich. Da sprachliche Verständigung über emotionale Zustände jeweils unterschiedliche Teilphänomene von Emotionen (Gefühle, Werte, Zwecke usw.) fokussiert, können diese aufgrund ihrer teilweisen Inkommensurabilität nicht zusammengefaßt werden.[85]

2. **Intersubjektive Unterschiede emotionaler Gewichtung**: Im Zusammenspiel mehrerer aktivierter Emotionen (z.B. von verschiedenen Steuerungsebenen) gewichten Individuen diese Emotionen intersubjektiv durchaus unterschiedlich, aufgrund von unterschiedlichen Erfahrungen (z.B. unterschiedlich starke soziale Sanktionierungen), unterschiedlichem Wissen über effektiv Erreichbares, aufgrund unterschiedlicher Phantasie oder Risikobereitschaft.

3. **Flexible Verknüpfung zwischen Emotion und Verhaltensimpuls**: Zwar sind Emotionen mit bestimmten Verhaltensdispositionen verknüpft, auf die der Körper gleichsam „automatisch" eingestellt wird. Jedoch kann das bewährte Wissen darüber, welches konkrete Verhaltensprogramm in einer bestimmten perzipierten und emotionalen Situation den emotional gewünschten Sollvorstellungen mit hoher Erfolgswahrscheinlichkeit herbeiführt, ganz unterschiedlich sein. Und zwar sowohl für ein Individuum oder ein Kollektiv in der Zeit (Lernen),

---

[85] Ein jüngerer Versuch, eine Typologie von Motivationen zu erstellen, findet sich bei dem amerikanischen Psychologen Reiss (2000). Er kategorisiert 16 Grundmotivationen, von denen er 14 für angeboren und daher universal einstuft. Allerdings sieht auch er, daß Motivationen sowohl kulturell unterschiedlich ausgelebt werden, als auch, daß die je individuelle Kombination von Leitmotivationen (Persönlichkeitsprofil) sich in ihrem Zusammenspiel in ganz unterschiedlichen situativen Verhaltensweisen zum Ausdruck bringen kann. Unter ÖkonomInnen bekannter ist Maslows Ansatz der Bedürfnishierarchie, der in neoklassische Nutzentheorien leichter integriert werden kann, als Reiss' höchst individualistisches Motivationsmodell. Frühere Typologien, etwa der Anhänger der Instinktlehre William Mc Dougalls, die in den 1920er Jahren 10.000 Arten von Motivationen unterschieden, verdeutlichen die Probleme emotionaler Kategorisierungsversuche.

als auch zwischen Kollektiven. In der Folge können auch die konkreten Handlungsimpulse, die bestimmte Emotionen situativ auslösen, zeitlich, interpersonell oder interkulturell verschieden sein. Das heißt, es besteht kein eindeutiger, universaler Zusammenhang mehr zwischen spezifischen Emotionen und den daraus resultierenden Bewertungen und Gewichtungen in kognitiven Entscheidungsoperationen.

Obwohl eine allgemeine Theorie über Reiz-Emotions-Handlungsimpulse aufgrund von begrifflichen Inkommensurabilitäten, Subjektivität, Sprachspielgruppenrelativität und zeitlicher Flexibilität nicht möglich ist, besteht dennoch für die Wissenschaft die Möglichkeit, in Fallstudien zeitlich invariante Regelmäßigkeiten von Perzeption-Emotion-Verhaltens-Korrelationen zu rekonstruieren. Diese Fallstudien müssen an Einzelpersonen ansetzen, die wiederum bestimmten Sprachspielgemeinschaften angehören, welche ihren Mitgliedern spezifische Normen vermitteln. Ergebnis dieser Fallstudien können subjektspezifische und gruppenspezifische Taxonomien von Emotionen sein, die mit dem Lebensformkontext der jeweiligen Gruppe in untrennbarem Zusammenhang stehen. Zum anderen können durch interpersonellen und Intergruppen-Vergleich in solchen Fallstudien Konstruktionen von Kultur und kulturellen Differenzen herausgearbeitet werden. Der Umstand, daß die WissenschaftlerInnen bei dieser Arbeit (Beobachtung, Beschreibung) ihre eigenen, gelernten sekundäre Sprachspiele des Sprechens über Situationen, Emotionen und Verhalten nicht verlassen können, beinhaltet dabei immer die Gefahr der kolonialisierenden Konstruktion einer Taxonomie von Emotionen.

Die Behauptung der wertenden, Verhalten selektierenden Funktion von Emotionen im Kognitionsprozeß kann hier also nicht weiter konkretisiert werden. Der hohe Freiheitsgrad von Verhaltensentscheidungen auf der direkten individuellen Steuerungsebene kommt gerade in dieser Unmöglichkeit einer allgemeinen emotionalen Taxonomie zum Ausdruck.

Zusammengefaßt erfüllen Emotionen im Kognitionsprozeß folgende Funktionen:

– sie konstituieren eine spezifische Qualität von Interesse;

– sie definieren Erfolgskriterien (gewünschte emotionale Zustände);

– sie lenken die Richtung, in der die Situation aus Sinnesdaten, Gefühlsdaten und Erinnerungen konstruiert wird;

– sie sind genetisch oder durch gemachte Erfahrungen mit bestimmten Verhaltensimpulsen verknüpft, die im apperzeptiven Kognitionsprozeß

vorrangig zur Auswahl der pragmatischen Situationsbedeutung zur
Verfügung stehen;

– sie lenken den Pfad, auf dem die kognitive Aufmerksamkeit in der Apperzeptionsphase von Input bis Output ihre Ausrichtung erhält.

Folglich ist die Rolle von Emotionen im Kognitionsprozeß nicht vorrangig, daß sie Wahrnehmungsinhalt sind, sondern in ganz grundlegender
und umfassenderer Weise, daß sie die Perspektive determinieren, aus der
heraus sich das Individuum in der Situation orientiert. Aufgrund der genannten Eigenschaften des emotionalen Zentrums ist diese Perspektive
nicht (oder nur ganz begrenzt) frei und bewußt wählbar, sondern wird in
der Apperzeptionssituation jeweils „vorgefunden".

4.2.6.4.5 Selektion von Verhalten

Was von ÖkonomInnen üblicherweise „Entscheidung" genannt wird,
konstituiert sich aus kognitionstheoretischer Sicht als situationsbezogene
Auswahl (Selektion) von Verhaltensweisen, also als Initiierung bestimmten Verhaltens und deren kognitiv gesteuerte Durchführung.[86] Aufmerksamkeit und Emotionen wurden als maßgebliche Instanzen eingeführt, die
den Auswahlprozeß von Verhalten ausrichten und operativ durchführen.
Das Problem des hohen Freiheitsgrades auf der direkten, individuellen
Steuerungsebene konnte bis hierher nur durch die immer weitere Einführung von Restriktionen abgeschwächt werden. Fakt ist jedoch, daß es sich
nicht vollständig lösen läßt. Es bleibt ein absoluter Freiheitsgrad erhalten,
der das Verhalten von Individuen, das über die direkte individuelle Steuerungsebene gesteuert wird, in fundamentaler Weise **unberechenbar** und
kontingent macht (während die vorangehend beschriebenen Steuerungsebenen eine hohe Prognostizierbarkeit und intersubjektive Ähnlichkeit aufweisen).

Da aus ökonomischer Sicht traditionell die Frage beschäftigt, welche
Verhaltensweisen situativ ausgewählt werden, wird dem auch hier nachge-
gangen. Jedoch bedarf auch die Steuerung insbesondere für komplexere
Aktivitäten erheblicher kognitiver Arbeit und Übung. Insofern bedarf der
Aufbau von Steuerungskönnen auch Zeit und Übung, so daß der jeweilige
Bestand an Verhaltenssteuerungsvermögen als Restriktion für die Verhal-

---

[86] Vgl. Müsseler, Aschersleben, Prinz (1996) S. 310

tensauswahl wirksam wird. Nehmen wir diese Restriktion nun als gegeben[87] und wenden uns der Frage zu, wie die direkte individuelle (verschränkt mit der indirekten sozialen) Steuerung trotz bestehender Freiheitsgrade bestimmte Verhaltensweisen initiieren, also selektieren und
auslösen kann.

In der *Tabula Rasa Situation*, wenn das entscheidende Individuum also
noch keine Erfahrungen mit den vorliegenden Situationsmerkmalmustern
gemacht hat, wird es dem Handlungsimpuls folgen, den es aus welchem
Grund auch immer (bspw. Instinkt) in der Situation verspürt. Eine Vorab-
reflektion möglicher Handlungsfolgen ist nur dann nicht völlig beliebig,
wenn irgendwelche Situationsbestandteile bereits Ähnlichkeiten mit früheren Erfahrungen aufweisen, denn nur dann können induktiv Wirkungszusammenhänge vermutet werden. Dann liegt aber auch keine reine
Tabula Rasa-Situation mehr vor. In Tabula Rasa Situationen auf der Ebene
direkter, individueller Steuerung müssen Verhaltensauswahlentscheidun-
gen also in Form von **Trial-and-Error** getroffen werden.

Außer spontanen Handlungsimpulsen kann sich das Individuum auch
durch seine Beobachtungen inspirieren lassen. Indem es interpretierend
beobachtet, wie sich andere, ihm ähnliche Individuen (Menschen oder
Tiere) in der von ihm konstruierten Situation verhalten, kann es auf die
Idee kommen, diese Verhaltensweisen zu imitieren. Ein solches **Nachah-
mungsverhalten** wird empirischer Forschung zufolge nicht nur dann
praktiziert, wenn das Individuum bereits den Nachweis beobachtet, daß
dieses Verhalten zu Erfolg in seinem Sinne führt (rationale Imitation),
sondern es besteht wohl auch ein innerer spielerischer Impuls, die Verhaltensweisen anderer zu imitieren (unreflektierte Imitation). Letzteres ist
bei Kindern ganz leicht zu beobachten, aber auch bei Erwachsenen durchaus nicht unüblich.[88] Imitationsverhalten ist auf der direkten Steuerungsebene wohlgemerkt *nicht* von sozialen Motiven geleitet, etwa im Sinne
eines Anpassungsverhalten an soziale Verhaltensregeln einer Gruppe (indirekte, soziale Steuerungsebene). Die Verhaltensweisen anderer geben
lediglich eine Inspiration, welche aller möglichen, nicht durch andere
Restriktionen ausgeschlossenen Verhaltensvarianten das Individuum in

---

[87] Diese Setzung empfiehlt sich auch deshalb, weil die Erforschung kognitiver Handlungs-
steuerung im Verhältnis zur Erforschung von Perzeptionsprozessen schwächer ausgeprägt ist, und sich (aus Machbarkeitsgründen) stärker mit einfachen Handlungen und
standardisierten Verhaltenssituationen beschäftigt. Vgl. als Einführung in diesen For-
schungsbereich Müsseler, Aschersleben, Prinz (1996) und die dort angegebene Literatur.
[88] Vgl. Cialdini (1993)

seinem Versuch-und-Irrtum-Prozeß ausprobieren will. Wenn sich Imitation als Entscheidungsregel durch Erfolg bewährt, kann diese auch routinemäßig als Handlungsimpulsgeber Einsatz finden.

Nicht-Tabula-Rasa-Situationen sind solche, in denen ein mehr oder weniger großer Teil der Situationsmerkmale eine Ähnlichkeit zu früher bereits apperzeptiv verarbeiteten Situationen aufweist. Ähnlichkeiten können ansetzen an Teilen der perzipierten äußeren oder inneren (körperlichen) Wirklichkeit, an der eigenen Stellung in der Situation (emotional-motivationale Lage, Selbstempfinden), an Beziehungsmustern zu anderen Personen sowie an Kombinationen daraus. Findet eine solche Identifikation statt, wird die Erinnerung an die erfolgreiche Verhaltensreaktion evoziert und als Handlungsimpuls angereizt, bei mißerfolgreichen Handlungsversuchen die Unterlassung dieses Verhaltens, d.h. Suche nach abweichenden Handlungsmustern angereizt.

Im Verlaufe der Lebenszeit wird allerdings ein großer Schatz pragmatisch verarbeiteter Apperzeptionen (Bedeutungen) gespeichert. Deshalb wird es immer wahrscheinlicher, daß Perzeptionen über Ähnlichkeiten zu früheren Ereignissen identifiziert werden können.[89] Das heißt auch, daß viele Interpretationen gleichermaßen zur Identifikation der Jetzt-Situation zur Verfügung stehen. Die Situation ist dann vor dem Hintergrund eines gewissen Bestandes an Deutungsmustern mehrdeutig. In diesem Moment kann das Subjekt entweder eine dieser Ähnlichkeiten[90] als relevante und dominante herausgreifen und routinemäßig, das damit verbundene Verhalten reproduzieren. Oder es bildet aus der Neu-Kombination von Situationsmerkmalen eine neue Bedeutung heraus, in der folglich auch über das angemessene Verhalten darin entschieden werden muß.

Was ist der Grund dafür, daß nicht einfach eine der möglichen, ähnlichen Bedeutungen als relevantes pragmatisches Verhaltensvorbild ausgewählt wird (reine Routine), sondern eine Neudeutung auf Basis mehrerer Engramme vorgenommen wird? Kurz gesagt, die Gründe hierfür sind wissenschaftlich nicht vollständig geklärt. Aber es besteht die Vermutung,

---

[89] Neuartige Situationsaspekte werden dann um so wahrscheinlicher als Hintergrundbestandteile wahrgenommen und ignoriert.

[90] Hierbei könnte es sich z.B. um die Deutung mit dem höchsten Passungsgrad handeln, diejenige, die zeitlich am kürzesten zurückliegt, diejenige, die zu der emotionalen Situation, mit der man in die Situation gekommen ist, am besten zusammenpaßt. Es ist weder geklärt, ob es im Kognitionsapparat hierfür eindeutige Auswahlregeln gibt, noch, wie der Kognitionsapparat den „Passungsgrad" genau ermittelt. Vgl. hierzu etwa Strauss, Quinn (1997) S. 47 76.

daß die Entscheidung für eine Neudeutung anstelle von Routineverhalten nicht nach dem Zufallsprinzip getroffen wird.

Sicher ist aber, daß solche Neudeutungen immer dann wahrscheinlich sind,

1. wenn *Grund* zum Zweifel an der Erfolgswahrscheinlichkeit besteht.[91] Das ist vor allem dann der Fall, wenn die früher probierten Verhaltensreaktionen keine Satisfizierung des situativ verfolgten Erfolgskriteriums erbracht haben.

Wenn das Individuum wahrnimmt, daß die vorliegende Situation zwar der früheren ähnelt, aber nur einen relativ geringen Ähnlichkeitsgrad hat, dann könnte es auch deshalb befürchten, daß die Erfolgswahrscheinlichkeit des früheren Verhaltens deshalb geringer ist.

Ein Spezialfall für solche Unähnlichkeiten drückt sich in Erfolgskonflikten aus. Kommt das Individuum mit einer sehr starken Motivationslage in die aktuelle Situation (z.B. Hungergefühl), wird es nicht immer möglich sein, daß die durch Situationsidentifikation evozierte Motivation (z.B. Lust am Verfassen eines wissenschaftlichen Textes) die erstere dominiert. Das aktive starke Erfolgskriterium (Hunger beseitigen) steht im Widerspruch zum früher aktivierten (Komposition eines guten Textes), und dieser Widerspruch kann zu Zweifeln an der Zieladäquanz der früheren Verhaltensantwort anregen. Folglich wird nach Handlungsideen gesucht, die zur Hungerbeseitigung vermutlich besser beitragen als das Nachdenken über Formulierungen über Kognitionsprozesse. Eine Unähnlichkeit der emotionalen Situationen (aktuelle und identifizierte) ist nur ein Spezialfall für einen geringen Ähnlichkeitsgrad von aktueller Situation und identifiziertem Engramm, da hier der emotionale Teil der Situation unähnlich ist. Er ist aber ein besonders relevanter Spezialfall, da Emotionen als Bewertungsinstanz die Richtung des Verhaltenswahlprozesses steuern und insofern nicht leicht als irrelevant unterdrückt werden können.

2. wenn das Individuum *Zeit* hat, also Abwesenheit von unmittelbarem Handlungsdruck, um über eine Neudeutung zu reflektieren. (Diesen Prozeß bezeichnet man umgangssprachlich auch als „nachdenken".) Diese Form der Kreativität, also die nicht „not"gedrungene, kann meist ungewohntere Neukombinationen relevanter Situationsmerkmale und

[91] Vgl. Schnabl (1972), Dörner (1999) S. 484 f.

möglicher, damit verbundener Verhaltensweisen hervorbringen. Sie
kann eher spielerisch operieren.[92]

Die Entscheidung über Verhalten auf der direkten, individuellen Ebene
kann also innerhalb der durch andere Steuerungsebenen gesetzten Restriktionen entweder nach dem Zufalls-Prinzip getroffen werden, als
Nachahmung des Verhaltens anderer, oder als routinemäßige Wiederholung bereits realisierter, erfolgreicher Verhaltensentscheidungen. Eine
Abweichung von Routineverhalten ist nur bei begründeter Erwartung
eines Mißerfolgs oder bei Abwesenheit von Handlungsdruck wahrscheinlich. Dann werden nach dem trial-and-error-und Nachahmungsverfahren
neue Kombinationen aus Perzeptionsmustern, emotionaler Situation und
realisierte Verhaltensweise (Bedeutung) ausprobiert. Hier ist die Auswahl
neuer Verhaltensweisen allerdings restringiert durch die negative Selektion der von Mißerfolg gekrönten bisherigen Handlungsversuche, sowie
durch die Vorabempfehlung identifizierter, evozierter Engramme.

4.2.6.4.6 Lernen durch Erfolgskontrolle

Während bei den biologisch motivierten Ebenen des Steuerungskomplexes
der Apperzeptionsvorgang mit der Durchführung der ausgelösten Aktivität beendet ist, endet die pragmatische Apperzeption auf der direkten
individuellen Steuerungsebene mit dem Schritt der Erfolgskontrolle. Der
„Erfolg" oder „Mißerfolg" einer realisierten Verhaltensweise wird nicht als
deren objektive Wirkung ermittelt, sondern kann allein als subjektive Bewertung der vom Subjekt beobachteten Folgesituation(en) festgestellt werden. Die eigene Beobachtung, ob der realisierte, ausgewählte Handlungsimpuls den gewünschten und erwarteten Zielerreichungsgrad (Satisfikation) zur Folge hat, wird als Teil der Gedächtnisspur über den Kogni-
tionsvorgang (Engramm) gespeichert. Erst mit dem realisierten Erfolg
oder Mißerfolg ist die Bedeutung des Ereignisses für das Individuum vollständig, und das gedeutete Ereignis zeitlich abgeschlossen.

In dieser Vollständigkeit steht die Bedeutung – nach den entsprechenden Speicherungsprozessen (vgl. Abschnitt 4.2.9) – für Identifikations-
und Denkprozesse in der Zukunft zur Verfügung. „Neutrales", also rein
positives Wissen über „die" Wirklichkeit entsteht im Kognitionsprozeß
nicht nur aufgrund der Emotionshaltigkeit von Bedeutungen nicht, son-

---

[92] Vgl. Pöppel (1988)

dern auch weil die in Bedeutungen mit gespeicherten Handlungsversuche bei Wiedererkennen direkt angereizt oder zur Unterlassung empfohlen werden. Der Kognitionsprozeß ist ein Orientierungs- und kein Wirklichkeitsabbildungsprozeß, deshalb enthält kognitiv gewonnenes Wissen (sprich: Deutungen) sowohl normative und selektierende Urteile (Emotionen, Aufmerksamkeit), als auch pragmatische Wertungen (Handlungsempfehlungen).

Die Prozeßphase der „Erfolgskontrolle" erfüllt eine wichtige Funktion auf der direkten und indirekten Steuerungsebene: sie ermöglicht Lernen aus schlechter Erfahrung, ohne die Freiheitsgrade dieser Steuerungsebene zu senken. Diese Freiheitsgrade, so wurde festgestellt, ermöglichen, daß ein Individuum durch einen Entdeckungsprozeß in unterschiedlichsten, unbekannten Situationen erfolgreiche Verhaltensweisen entwickeln kann. Die negative Feedback-Schleife der Erfolgskontrolle führt zu einer Anpassung an die Umweltbedingungen und löst die Verhaltensauswahl sowohl von der reinen Zufallswahl, als auch von der stupiden Routinewiederholung. Während auf den vorangegangenen Steuerungsebenen des kognitiven Steuerungskomplexes die Erfolgskriterien angeborene Zielgrößen (-bandbreiten) sind, ist es auf der direkten Steuerungsebene zudem möglich, die angestrebten Zielgrößen in der Zeit zu verändern, so daß eine neue, erfolgreich angepaßte Orientierung in der dafür relevanten Wirklichkeit ausgelöst wird.

Die pragmatische Deutung X einer Situation wird immer dann als erfolgreiche Verhaltensantwort beurteilt, wenn in der zeitlichen Folge kein Unzufriedenheitszustand auftritt, der mit der Situationsdeutung X in Zusammenhang gebracht wird. Eine solche eintretende Zufriedenheit kann folgende Ursachen haben:

1. Eine Veränderung der emotional-motivationalen Situation des Individuums läßt dieses seine vorherige Problemdefinition als irrelevant empfinden. Im Prinzip kann hier keine Erfolgskontrolle mehr stattfinden. Das Problem wird aber trotzdem als „gelöst", also wiederverwendbar abgespeichert. (Exogene Veränderung des Sollzustands)[93]

[93] Ein solcher Fall liegt etwa vor, wenn ein Kind von den Schmerzen beim Zahnarzt durch die Umlenkung seiner Aufmerksamkeit auf ein anderes Thema abgelenkt und vom Fortrennen abgehalten wird. Es wird dann aufgrund der Irritationen sein Stillhalteverhalten als erfolgreiches abspeichern und wiederholen. Wirtschaftspolitisch kann dies relevant werden, wenn das Problem der Arbeitslosigkeit zwar steigt, aber durch die mediale Aufbauschung anderer Themen das Problemempfinden der Bevölkerung schwächer wird. Vgl. Heschl (1989)

2. Das ausgewählte Verhalten hat die Situationsmerkmale in der Weise
   verändert, daß die Situation als satisfiziert erlebt wird. (Endogene Satisfizierung)

3. Die Situationsmerkmale haben sich (unabhängig von der eigenen Verhaltensantwort) so verändert, daß die Situation nun satisfiziert erlebt
   wird. (Exogene Satisfizierung)

Diese drei Ursachen des Erfolgs einer Verhaltensweise können vom Individuum nicht bzw. nicht zuverlässig unterschieden werden. Insbesondere
kann der kausale Beitrag des eigenen Verhaltens zur Zielerreichung nicht
ermessen werden. Um als erfolgreiche Verhaltensstrategie beurteilt und
gespeichert zu werden, reicht die reine Korrelation von realisiertem Verhalten und zeitlich korrelierter Satisfizierung bzw. positiver Empfindung.
Andersartige Kausalitätsvermutungen und somit die Umdeutung von Regeln können zu späteren Zeitpunkten auftreten, wenn die routinemäßig
wiederholte Verhaltensantwort auf eine als ähnlich identifizierte Situation
nicht mehr mit der Satisfizierung korrelliert. Allerdings ist aus der experimentellen Lerntheorie auch bekannt, daß ein Individuum die einmal
„gefundenen" Regelmäßigkeiten nicht unbedingt beim ersten Mißerfolg
der Routinehandlung aufgibt. Die Erfolgsabweichung kann dann auch als
Zufälligkeit oder Willkürverhalten anderer Personen interpretiert werden
oder kausal auf die Kontextunähnlichkeiten zurückgeführt werden.[94]

Umgekehrt gilt: eine Handlungsweise wird als nicht erfolgreiche Antwort auf die Situation beurteilt, wenn in ihrer zeitlichen Folge ein Unzufriedenheitszustand auftritt oder bestehen bleibt, der mit der Situationsdeutung X in Zusammenhang gebracht wird. Die Unzufriedenheit kann
wieder drei Gründe haben:

1. Aufgrund einer verstärkten Aufmerksamkeit (Sensibilität) für das Problem oder aufgrund einer Veränderung der emotional-motivationalen
   Situation beurteilt das Individuum die Situation tendentiell verstärkt
   oder weiterhin als problematisch. Gesteigerte Sensibilität kann etwaige
   positive Wirkungen der Verhaltensantwort konterkarieren. Die veränderte emotionale Situation spiegelt unerwünschte Nebenwirkungen der
   Verhaltensantwort wider. Eine solche Veränderung der emotional-motivationalen Situation tritt insbesondere dann schnell auf, wenn in der
   Entscheidungssituation mehrere Motivationen gleichzeitig aktiviert wa-

---

[94] Vgl. die Schilderung des sog. Feldman-Experiments bei Arthur (1992) S. 12-13

ren und die Verhaltensantwort hinsichtlich einer als dominant ausgewählten Zielgröße selektiert wurde. Nach Befriedigung *einer* Zielgröße können die anderen (noch unbefriedigten) Motivationen schnell dominant werden und zusätzlichen Handlungsbedarf signalisieren. Die versuchte Verhaltensantwort wird als ungeeignete Lösung des Problems abgespeichert. (Exogene Veränderung des Sollzustands)

2. Die Auswirkungen der realisierten Verhaltensweise auf die relevanten Situationsmerkmale lassen letztere weiterhin als so unbefriedigend erscheinen, daß Handlungsbedarf besteht. (Endogenes Mißlingen)

3. Die Situationsmerkmale haben sich so verändert, daß die Situation trotz eventueller problemmindernder Wirkungen der Verhaltensantwort immer noch als unzufriedenstellend erlebt wird. (Exogenes Mißlingen)

Auch wenn der „Mißerfolg" einer Verhaltensantwort festgestellt wird, ermittelt der Kognitionsapparat nicht die objektive Eignung einer Verhaltensalternative zur Erreichung eines bestimmten Ziels, sondern nur ihren nicht-hinreichenden Beitrag zur Satisfizierung des Individuums in der Situation.

Der dargestellte Lernprozeß ist eine abstrahierende Darstellung unterschiedlicher Lerntypen. Er rekurriert auf *Gewöhnungsprozesse* (nachlassende Reaktion auf einen gleichbleibenden, wiederholten Reiz ohne hohe Verhaltensrelevanz), *Sensitivierungsprozesse* (zunehmende Reaktionsbereitschaft auf einen wiederholten Reiz, der sich als verhaltensrelevant erweist), wie auf Fälle *assoziativen Lernens* (klassische und operante Konditionierung, Erzeugung neuer Reiz-Reaktionsbeziehungen), Prägungslernen, deklaratives (Erwerb explizierbarer Interpretationen) und prozedurales Lernen (Erwerb von Interpretationskönnen).[95]

Es wurde gesagt, daß das Erlebnis der Satisfizierung in der zeitlichen Folge zur Realisierung der Verhaltensantwort stehen müsse und vom deutenden Individuum *in Zusammenhang* mit dem ursprünglich pragmatisch beantworteten Ereignis gebracht werden muß. Über den Zeitraum, innerhalb dessen die apperzeptive Erfolgskontrolle vorgenommen wird, ist damit zunächst nichts gesagt. Als angeborener Kognitionsmechanismus, werden jedoch zunächst nur die zeitlich unmittelbar anschließenden Ereignisse in Zusammenhang mit dem Verhalten in Situation₁ gebracht. Er-

---

[95] Vgl. näher zu Lerntypen Menzel, Roth (1996) S. 241-249

eignisse, die im Kurzzeitgedächtnis gespeichert sind, scheinen relativ schnell bezüglich ihrer Erfolgswirkungen modifiziert und umgespeichert werden zu können.

Kausale Zusammenhänge von Verhalten und Situationsveränderungen über längere Zeiträume hinweg zu vermuten, ist nur möglich, wenn Bedeutungen aus dem Langzeitgedächtnis reaktiviert, durch die neue Beobachtung und Bewertung ergänzt werden und als modifizierte Bedeutung wieder abgespeichert werden. Solche Denkprozesse erfordern 1) Zeit, sind also ressourcenintensiv, und 2) einen Anhaltspunkt für die Vermutung eines solchen langfristigen Wirkungszusammenhanges. Längerfristige Wirkungszusammenhänge können insbesondere dann leicht vermutet werden, wenn die motivationale und äußere Situationsstruktur dauerhaft über eine längere Frist unverändert bleiben. Aus dem Erleben solcher erst langfristig eintretenden Erfolge eines Verhaltens kann gelernt werden, auch dann Beziehungen zwischen aktuell beobachtbaren Phänomenen und zeitlich zurückliegenden eigenen Verhaltensweisen zu vermuten und aktiv wahrnehmend zu überprüfen, wenn sich das Individuum in den dazwischen liegenden Zeiträumen in bezug auf ganz andere Erfolgskriterien und in ganz andersartig strukturierten Situationsmustern orientiert. Anhaltspunkte für solche langfristigen Erfolgswirkungen können auch wieder in aktuellen Situationsmerkmalen gefunden werden, die Erinnerungen an die ursprüngliche Situation bzw. Handlung wachrufen.

Die Kontrolle langfristiger Erfolgswirkungen ist ein gelernter, reflektierender Denkprozeß (vgl. Abschnitt 4.2.8). Es ist also möglich, langfristige erfolgsrelevante Wirkungen von Handlungen zu beobachten oder längerfristige Rhythmen sich wiederholender Ereignisse zu "erkennen", d.h. als regelmäßige Korrelation mit bestimmten Zeitgebern zu konstruieren. Während die kurzfristige Erfolgskontrolle von eigenen Handlungen als spontaner Prozeß der Korrelation von Folgesituationen zu vorangehenden pragmatischen Situationsdeutungen auftritt, muß das „Beobachten" von langfristigen Erfolgswirkungen entweder mit Situationsähnlichkeiten einhergehen (Evokation aus dem Gedächtnis) oder gelernt werden. Denn je komplexer die Wirkungsketten sind, die zwischen der ursprünglichen Handlung und der Erfolgswirkung liegen, desto schwerer fällt es dem Kognitionsapparat, den eigenen Verursachungsbeitrag auszumachen.

Zusammenfassend läßt sich sagen, daß die kognitive Erfolgskontrolle ausgewählten Verhaltens keine Wahrheitskontrolle eines ursprünglich gemachten „Mentalen Modells" darstellt, sondern lediglich situationsbezogen die *hinreichende pragmatische Eignung* eines Verhaltensprogramms überprüft (Satisfizierung). Die pragmatische Eignung bzw. die vorläufige Bewährung situativer Verhaltensprogramme ist Teil der im Kognitionsprozeß erzeugten Bedeutungen und führt im Folgenden zur Anreizung routinemäßigen Wiederholens dieser Deutungen und Verhaltensweisen.

Während sich die vorangegangenen Steuerungsebenen des kognitiven Steuerungskomplexes an angeborenen „Erfolgskriterien" zur homöostatischen Annäherung des Organismus an Zielzustände orientieren, baut die direkte individuelle (und auch die indirekte soziale) Steuerungsebene erst Erfahrungen über situative Erfolgskriterien und geeignete Handlungen auf. Der hohe Freiheitsgrad dieser Steuerungsebene ist die einzige Möglichkeit, durch die Menschen sich flexibel auf unterschiedlichste Lebensumwelten einstellen können.

Das direkte individuelle Erwerben kognitiver Orientierungsroutinen (individuelles Lernen) kennt nur das Erfolgskriterium der pragmatischen Eignung von Verhalten. Diese Eignung bzw. vorläufige Bewährung ist an kontingente, streng subjekt-relative emotionale Erregungsstrukturen gebunden sowie an der Lebensumwelt orientiert, der sich das Individuum selbst aussetzt bzw. ausgesetzt ist.

4.2.6.5 Indirekte soziale Steuerungsmechanismen

Diese Steuerungsebene ist, wie oben gesagt (4.2.6.4), auf der funktionalen Ebene nicht getrennt von der direkten individuellen Steuerung. Die indirekten Steuerungsmechanismen sind eher ein abhängiges Subsystem der direkten individuellen Steuerung. Eine Unterscheidung der beiden Steuerungsebenen wird hier deshalb vorgenommen,

- weil jeweils unterschiedliche Bereiche des emotionalen Zentrums involviert sind,

- weil die inhaltliche Bestimmung der Erfolgskriterien bei der direkten Steuerung allein beim apperzipierenden Individuum liegt, bei der indirekten Steuerung sowohl beim Individuum, als auch bei der sozialen Einheit, auf die das Individuum Bezug nimmt,

- weil die soziale Selektionsumgebung dem Individuum in der Regel dabei behilflich ist, die extern bestimmten, erfolgswahrscheinlichen situativen Verhaltensweisen herauszufinden, so daß das Individuum des völlig offenen trial-and-error-Verfahrens enthoben ist,

– und weil die Orientierung an einer sozialen, sich selbst aktiv gestaltenden Selektionsumgebung für menschliches Verhalten *die* zentrale Art der kognitiven Orientierung darstellt.

4.2.6.5.1 Ursachen sozialer Bedingtheit kognitiver Steuerung

Insbesondere für die Erklärung ökonomischen Handelns ist diese apperzeptive Steuerungsebene des Kognitionsapparates hochrelevant. Grundsätzlich wäre es zwar möglich, die soziale Umwelt des Individuums lediglich als besonders relevanten Teil der Selektionsumgebung des Individuums zu modellieren. Allerdings würden hierbei die Besonderheiten der indirekten sozialen Steuerung nicht so deutlich hervortreten. Außerdem ist diese kognitive Steuerungsebene für das Erlernen von Sprachverhalten maßgeblich.

Es läßt sich beobachten, daß menschliche Individuen (zeit- und situationsweise) darauf verzichten, nach Lustzuständen zu streben, um statt dessen Dinge zu tun und Eigenschaften zu zeigen, die andere Menschen von ihnen wollen, angenehm finden oder einfordern. Das Individuum macht in diesem Fall die Wünsche anderer Menschen zu seinen eigenen Erfolgskriterien. Das angestrebte Satisfikationsziel ist hier, den anderen Menschen zu satisfizieren. Die Aktivitäten, die hierzu erforderlich sind, erfüllen das Individuum selbst *nicht notwendig* direkt mit angenehmen Gefühlen (*möglich* kann es aber sein). Die Orientierung individuellen Handelns an den Satisfikationszielen und Lusterleben anderer Menschen wird hier deshalb als indirekte, sozial bestimmte Steuerung bezeichnet.[96]

Die indirekte Verhaltenssteuerung von Individuen durch andere Menschen ist möglich, weil und solange Menschen von anderen Menschen abhängig sind. Für diese Abhängigkeit gibt es im Wesentlichen drei Ursachen.

▷ Menschen sind in dreierlei Weise abhängig von anderen Menschen.

1. **emotional**: Menschen haben (jeweils in bestimmten Dosierungen) das Bedürfnis nach zwischenmenschlichem Kontakt. Dazu gehört Körperkontakt bzw. räumliche Nähe, sprachlicher Austausch und auch gemeinsames Tun oder Erleben. Zwischenmenschlicher Kontakt ruft

---

[96] Umgekehrt kann das Ziel auch die Schlechterstellung, Provokation, Unlusterzeugung anderer Personen sein, insbesondere wenn Ego eine mächtige Position inne hat. Da aber die Satisfizierung Ego's auch in diesem Fall vom Satisfizierungsniveau anderer abhängt, verfolgen wir hier nachfolgend nur den oben genannten Fall.

[Dies spricht gegen Eigenschaften des homo oeconomicus!

direkt angenehme Gefühle hervor, Freude, Zufriedenheit, Geborgen-
heit, Angeregtheit und ähnliches. Allerdings gibt es interindividuelle
Unterschiede, welche zwischenmenschliche Kontaktformen und der
Kontakt mit welchen Menschen diese angenehmen Gefühle hervorrufen. Denn es gibt für jeden Menschen auch Menschen oder Kontaktformen, die die emotionalen Bedürfnisse nach sozialem Kontakt nicht
befriedigen und eher unangenehme Gefühle wecken (Angst, Aggression
usw.), welche zur Situationsveränderung motivieren. Zwar geht man
davon aus, daß bestimmte Grundtypen des Kontakts von allen Menschen als emotional befriedigend erlebt werden, z.B. Abwesenheit von
Gewalt und Schmerz, „stimmige Chemie". Aber diese ursprünglichen,
als angenehm empfundenen Kontaktprototypen können durch die
individuelle Entwicklungsgeschichte umgeprägt werden, so daß ganz
andere Kontaktformen gesucht werden. Das angeborene Bedürfnis
nach zwischenmenschlichem Kontakt ist als instinktgeleitete Motivation zu interpretieren, die folglich im emotionalen Zentrum eine besondere Art von Erregungsmustern hervorruft.

2. **sozial**: Menschen sind von ihrer biologischen Abstammung Gruppen-
tiere. Bewußtsein und Identität werden von Anfang an dialogisch ausgeprägt und entwickelt.[97] Selbstverständnis und rollenspezifisches Verhalten, das der/die Einzelne an den Tag legt, ist immer Ausdruck des
Status, der Funktion und der Rolle, die er/sie sich in einem permanenten Aushandlungsprozeß in der Gruppe erworben hat bzw. zugewiesen
bekommt. Da die Identität und das eigene „normale" Verhalten in großem Umfang auf (regelgeleitetem) Interaktionsverhalten mit Gruppenmitgliedern basiert, besteht eine soziale Abhängigkeit, die über den
reinen emotionalen Genuß sozialer Kontakte hinausgeht. Indem die
Motivationstheorie auf individueller Ebene ein Bedürfnis nach sozialer
Anerkennung verortet, wird die Ebene indirekter sozialer Steuerung an
die direkte, individuelle Steuerung angekoppelt. Die soziale Abhängigkeit des Einzelnen ist jedoch nicht nur eine Frage der Lust, die aus der
positiven Anerkennung durch andere entsteht. Sondern das Individuum ist in seiner Identität zum großen Teil ein Netzwerk sozialer
Rollen. Es ist für die Stabilität seines Selbsterlebens darauf angewiesen,
daß die Bezugsgruppe diese Rollenidentität bestätigt. Unabhängig da-

---

[97] Vgl. Pöppel (1988) S. 158-162

von können diese Rollen außerdem sowohl mit positiver Anerkennung als auch mit negativer Reputation verknüpft sein.

3. **ökonomisch**: In den ersten Lebensjahren ist das menschliche Individuum davon abhängig, daß andere Menschen es mit Lebensnotwendigkeiten (Ernährung, Wärme, Schutz usw.) und Lebensannehmlichkeiten versorgen, weil es dazu selbst körperlich und geistig noch nicht in der Lage ist.[98] Diese existentielle ökonomische Abhängigkeit weicht später einer sozial bedingten. Wenn Gesellschaften arbeitsteilig wirtschaften, dann sieht sich der Einzelne aufgrund seiner sozialen Abhängigkeit i.d.R. dazu veranlaßt, sich auch zu spezialisieren und sich folglich im Gütererwerb von den anderen in einer ökonomischen Abhängigkeit halten zu lassen. Wenn es dem Einzelnen gelingt, sich weitgehend aus sozialen Abhängigkeiten zu lösen, dann kann er sich dennoch entscheiden, die ökonomische Abhängigkeit beizubehalten, z.B. wenn er das höhere Outputniveau und den vielfältigen Güterraum der arbeitsteiligen Ökonomie denen der autarken Selbstversorgung vorzieht.

Während die emotionale Abhängigkeit aus angeborenen instinktiven Motivationen resultiert, kann dies für die sozialen Abhängigkeiten nicht sicher gesagt werden. Da Menschen aufgrund ihrer ökonomischen Abhängigkeiten in der Kindheit existentiell gezwungen sind, in Gemeinschaft zu leben, sind sie auch der Sozialisation durch andere und der dialogischen Prägung von Bewußtsein und Identität zwangsläufig ausgesetzt und können diese gelernten Deutungs- und Orientierungsregeln nicht wieder aus dem Gedächtnis und den Funktionsweisen ihrer Kognitionsapparate auslöschen. Es ist lediglich möglich, die Wahrnehmung direkter individueller Emotionen zu schärfen und gegenüber sozialen Erfordernissen bevorzugt anzustreben, um sich so langfristig aus sozialen Abhängigkeiten zu lösen (Authentizität). Dies ist aber erst möglich, wenn die ökonomischen und emotionalen Abhängigkeiten der Kindheit überwunden sind. Ob bei sozialen Abhängigkeiten auch angeborene, instinkthafte Motivationen eine Rolle spielen, oder ob diese soziale Motivationen (Akzeptanz, Identitätsbestätigung) nur aufgrund der ökonomischen und emotionalen Abhängigkeiten gelernt werden müssen, kann nicht entschieden werden.

Aus den genannten drei Gründen ist der einzelne Mensch nicht von allen Menschen *grundsätzlich* abhängig, sondern *bestimmte* Menschen sind in *spezifischer* Weise wichtig und interessant für ihn. Um seine emo-

---

[98] Fine solche Abhängigkeit besteht auch für Kranke oder altersschwache Personen.

tionalen, sozialen und ökonomischen Bedürfnisse zu befriedigen und deren Befriedigung in der Zukunft zu sichern, versucht das Individuum, durch das eigene Tun das Verhalten anderer in der für es erwünschten Weise zu beeinflussen. Diese Verhaltensbeeinflussung ist zum größten Teil keine strategische Manipulation anderer oder die machtvolle Beherrschung und Tyrannei, sondern die korrekte Erfüllung der Erwartungen, Wünsche und Zumutungen anderer, um erstens nicht negativ sanktioniert zu werden (aktive, für Ego unangenehme Handlungen anderer), um zweitens Unterlassungshandlungen für Ego angenehmer Aktivitäten anderer zu verhindern sowie um drittens Meinungen anderer über Ego zu bestätigen und viertens um spezifische Aktivitäten anderer zu bewirken („verdienen").

Aufgrund der dreierlei Arten von Abhängigkeiten stellen die Aktivitäten und Unterlassungen anderer Menschen hochrelevante Situationsmerkmale der individuellen Umwelt dar. Die Steuerungsweise, die im kognitiven Steuerungskomplex aufgrund der dreierlei Ursachen von interpersoneller Abhängigkeit ausgeprägt wird, funktioniert nun so, daß Wünsche, sog. „Werte" und Wollen anderer Personen als Orientierungskriterium des sich orientierenden Individuums genommen werden. Obwohl die individuellen Motivationen, aufgrund derer die emotionalen, sozialen und ökonomischen Abhängigkeiten entstehen, auf der Trieb- und Instinktebene angesiedelt sind, sind die konkreten Erfolgskriterien, auf die hin auf der indirekten sozialen Steuerungsebene Verhalten ausgelöst wird, nur in Bezug auf die Erfolgskriterien (Wünsche und Verhaltenserwartungen) anderer Menschen bestimmbar.

4.2.6.5.2 Interaktion

Da die Kognitionsapparate (einschließlich der emotionalen Zentren) von Individuen fundamental getrennt sind, kann das Individuum keine direkte Einsicht in das Wollen und geplante Tun anderer gewinnen. Perzipieren kann das Individuum lediglich die situativen *Verhaltenäußerungen* anderer Personen innerhalb der Reichweiten seiner Sinne. Diese sind die Anhaltspunkte, anhand derer das Individuum soziale, d.h. auf das Verhalten anderer bezogene Handlungsmuster entwickeln kann.

Daß das Verhalten eines Individuums indirekt, also durch andere Personen „gesteuert" wird, kann nur die Folge eines Lernprozesses des Individuums sein. Es können zwei Arten dieses Lernprozesses unterschieden

werden: erstens die grundsätzliche Form der strukturellen Kopplung an
Verhaltensregelmäßigkeiten anderer Menschen, d.h. **Interaktion**, und
zweitens soziales Einüben von **Verständigung** (vgl. hierzu Abschnitt
4.2.6.5.3).

Der erste Fall der strukturellen Kopplung entspricht im Prinzip der
systemtheoretischen Vorstellung über die Entstehung sozialer Systeme bei
fundamental getrennten, operativ geschlossenen psychischen Systemen.
Diese Art der indirekten Steuerung wird als Such- und Entdeckungsverfahren sich bewährender Verhaltensweisen in einer sozialen Umwelt gelernt. Sie unterscheidet sich vom Lernen kognitiver Orientierung auf der
direkten individuellen Ebene nur dadurch, daß das Individuum Wissen
über Verhaltensregelmäßigkeiten anderer Menschen aufbauen muß, insbesondere über korrelierende Situationsmerkmale, die es als Schlüsselauslöser für das Verhalten des anderen deuten kann.

Hat das Individuum induktiv Vermutungen gewonnen über die auslösenden äußeren Situationsmerkmale oder Rhythmen, in denen das gewünschte Verhalten auftritt, so kann es nach seinen Wünschen gestaltend
auf die Situationskonstellationen Einfluß nehmen oder sich im vermuteten
Rhythmus günstig zur anderen Person positionieren, und so seine Vermutungen bestätigen lassen oder kompliziertere, spezifischere Zusammenhänge ersinnen. Andersherum kann das Individuum aber auch grundsätzlich vermuten, daß Verhaltensäußerungen (Abwendung, Zuwendung, Be-
günstigung, Sanktionierung) anderer, die auf eigenes Verhalten zeitlich
folgen, die kausale Folgereaktion darauf sind. Bewertet das Individuum
diese Reaktionen als positive, erfolgreiche Wirkung, dann wird es diese
Verhaltensweise bei entsprechender Motivationslage wiederholen. Nur
wenn regelmäßig positive Erfolgswirkungen auftreten, sich das eigene
Verhalten also als Schlüsselauslöser bewährt, wird sich diese soziale Bedeutung des individuellen Verhaltens im Individuum verfestigen. Das
Individuum erlebt sich dann strukturell an eine soziale Einheit gekoppelt,
indem bestimmtes Verhalten bestimmte Perzeptionen nach sich zieht.
Notwendige Bedingung für diesen blinden evolutionären Lernprozeß ist,
daß andere Personen tatsächlich Regelmäßigkeiten ihres Verhaltens aufweisen bzw. daß das Individuum wiederholt mit den gleichen, sich regelmäßig verhaltenden Personen zusammentrifft.

Diese Art der Einübung indirekter, sozialer Steuerung nenne ich **Inter-aktionsregelmäßigkeiten**.[99] Hier ist es charakteristisch, daß die Individuen einander gegenseitig Restriktion sind und die Invarianzen des jeweiligen restriktiven Gegenübers erst in einem Versuch-und Irrtums-Entdeckungsprozeß herausgefunden werden müssen. Die subjektiven Bedeutungen, mit denen die je andere Person die Situation kognitiv interpretiert bleibt dem Einzelnen unbekannt, unzugänglich und irrelevant. Relevant sind lediglich Korrelationen von äußeren Situationsmerkmalen (einschließlich eigener Verhaltensäußerungen) und Verhaltensäußerungen der anderen. Die Ziele, normativen Kräfte und Motivationen des anderen bleiben uneinsehbar, lediglich die eigenen Motivationen bestimmen die Bedeutung, die das Individuum engrammiert. Interaktionsregelmäßigkeiten führen zu sozial koordiniertem Verhalten, d.h. zu Konfliktminderungen.

Allerdings ist dieser blinde gegenseitige Anpassungsprozeß kontingent, keineswegs an Effizienz oder Gerechtigkeit orientiert. Welche Regelmäßigkeiten wer über wen durch einen Versuch- und Irrtumprozeß „blinder" Interaktionen herausfindet, ist nicht vorhersehbar. Es spielt auch Zufall eine Rolle, wer wessen Verhalten(sregelmäßigkeit) zuerst als wahrscheinlich zu erwartendes Verhalten extrapoliert und in die eigene Entscheidung einbezieht. Es ist nicht notwendigerweise so, daß sich diejenigen Interaktionsregelmäßigkeiten einspielen, die für beide Seiten am vorteilhaftesten sind. In der Regel wird eher die schwächere, abhängige Person die stärkere, mächtigere, vermögende Person als exogene Restriktion wahrnehmen und sich in ihre Verhaltensmuster einfügen.

Bei der Entwicklung von Interaktionsregelmäßigkeiten ist nicht immer klar, inwiefern ein Individuum von den vermuteten Orientierungen anderer Personen „gesteuert" wird, oder ob es nicht selbst, deren Verhalten durch Erzeugung vermuteter Schlüsselimpulse „steuert", wer sich an wem orientiert oder ob beide/alle Seiten aneinander. Dennoch fallen Interaktionsregelmäßigkeiten unter die indirekte soziale Steuerungsebene, da die definitorische Unterscheidung allein anhand der Zielorientierung auf die Erwartungen und Verhaltensweisen anderer Personen hin getroffen wurde.

---

[99] Zwar spricht die Systemtheorie bereits hier von „Kommunikation", aber dieser Begriff würde nur zu Verwirrungen führen, da die anschließend erläuterte Lernweise hier unter dem Begriff „Verständigung" gefaßt wird.

4.2.6.5.3 Verständigung

Die zweite Lernweise, die soziale Einübung von **Verständigung**, baut auf den Fähigkeiten zur Einübung von Interaktionsregelmäßigkeiten auf und geht über sie hinaus. Der Unterschied zwischen beiden ist, daß im Falle von Verständigung nicht nur bereits bestehende Verhaltensregelmäßigkeiten zu Orientierungszwecken genutzt werden, sondern daß beide beteiligten Seiten einander gezielt zu Verhaltensauslösern werden. Da beide Seiten um die zuverlässige Reproduktion der Signal-Verhaltensantwort-Regel wissen müssen, damit Verständigung vorliegt, muß Verständigung *gelernt* und *wiederholt* werden, bis beide Seiten die ritualisierte Interaktionsabfolge zuverlässig reproduzieren können. Als verhaltenauslösende Signale können nur sinnlich wahrnehmbare, bewußt und genau steuerbare Verhaltensäußerungen dienen, also äußere, von beiden Seiten wahrnehmbare, strenge Musterregelmäßigkeiten aufweisende Situationsmerkmale: Körperbewegungen, Mimik, Gestik, Laute sowie die Einbeziehung dinglicher Objekte in die Körperäußerungen (Symbole).

Typischerweise wird das Lernen bzw. Lehren von Interaktionsritualen in menschlichen Gemeinschaften von mindestens einer der beteiligten Seiten aktiv betrieben und nicht dem Zufall überlassen. Das heißt, das weniger abhängige Individuum A wartet nicht ab, bis die abhängige Seite B zufällig ein Verhalten zeigt, das A satisfiziert, und belohnt B dann, damit sie dieses Verhalten wiederholt. Statt dessen macht A B das Verhalten vor, das B zeigen soll, oder zeigt es an anderen Personen. Wenn B korrekt imitiert, zeigt A ein Tun oder Unterlassen, das B gefällt (dies muß durch Ausprobieren herausgefunden werden).

A kann außerdem B's Aufmerksamkeit gezielt auf bestimmte Situationsmerkmale (A's Aktivitäten, situativ anwesende Dinge oder Ereignisse) lenken, die als Auslöser für das zu imitierende Verhalten dienen sollen, indem angeborene (also universelle) kognitive Aufmerksamkeitsregeln genutzt werden (Signalfarben, schnelle Bewegungen, schrille Laute, manuelle Ausrichtung von B's Sinnesorganen usw.). Auf diese Art der Konditionierung kann A B beibringen, auf ein bestimmtes äußeres Signal (spezifische Verhaltensäußerung von A oder Auftreten bestimmter äußerer Situationsmerkmale) hin, ein spezifisches Verhalten bzw. eine komplizierte Aktivitätsabfolge hervorzubringen. Aufgrund der Routinisierungstendenz des Kognitionsapparates wird B diese Art der Verhaltensorientierung in ähnlichen Situationen langfristig auch dann wiederholen, wenn die Belohnung oder unterlassene Sanktionierung irgendwann ausbleibt, solange sich dieses Verhalten nicht anderweitig als nachteilig erweist.

Abgesehen davon, daß die physische *Möglichkeit* zum Erlernen von Verständigungshandlungen gegeben sein muß: Welche Motivationen treiben Menschen zum Erlernen von Verständigung an? In abhängigen Situationen wird Verständigung, d.h. bestimmte Abläufe von Interaktionsritualen, gelernt, weil und insoweit in dessen Verlauf zuverlässig ein Verhalten anderer Personen ausgelöst wird, das emotionale, soziale und ökonomische Bedürfnisse eines Individuums befriedigt. Bevor das Individuum aber die Erfahrung dieser positiven Folgen des Lernens spezifischen Verhaltens gemacht hat, kann entweder ein spielerischer Nachahmungstrieb eine Rolle spielen. Oder der/die Lehrende verstetigt spontan gezeigtes Verhalten der Lernenden durch differenzierendes Belohnen oder Bestrafen.

Das aktive Lehren einer Verständigungsabfolge kann im Fall von Kinderaufzucht durch Beschützer- und Fürsorgeinstinkte motiviert sein, eine reine Nachahmung der beobachteten Interaktionen anderer Erzieher-Kind-Konstellationen oder das Kind wird zur Befriedigung eigener individueller oder sozialer, emotionaler oder ökonomischer Wünsche instrumentalisiert. Gerade bei Abhängigkeitsverhältnissen besteht eine große Motivation zu Verständigungsinteraktionen, entweder damit die mächtigere Person der abhängigen schnell bei der Befriedigung von differenzierten Bedürfnissen behilflich sein kann (Erkennen der spezifischen Bedürfnisse, Empfehlen bewährter oder eigenes Durchführen von Aktivitäten, die zum Stillen dieser Bedürfnisse beitragen), oder damit mächtigere Personen der abhängigen Person signalbezogene Verhaltensantworten beibringen, die zu ihrer eigenen Bedürfnisbefriedigung beitragen (z.B. Nutzung als Arbeitskraft).

In Beziehung zu Kindern oder sonstigen stark abhängigen Personen sind die Motivationen zum Erlernen von Verständigungsritualen so stark, daß sich die abhängige Person diesem prägenden Prozeß in keinem Fall entzieht. Entzieht sich die mächtige Person, so kommt es zumindest zum Einüben von Interaktionsregelmäßigkeiten. Auch bei erwachsenen Menschen kann es ein- oder zweiseitige Motivationen zum Einüben von Verständigungsinteraktionen geben, einerseits aufgrund zwar schwächerer, aber immer noch bestehender (emotionaler, sozialer, ökonomischer) Abhängigkeiten von anderen bei gegebener Verteilung von Verfügungsrechten, andererseits um Ziele zu erreichen, die ein Individuum allein nicht erreichen kann. Insgesamt ist hier die Möglichkeit des erzwungenen Lernens aber nicht so leicht möglich, da der je andere über ein erhebliches Spektrum alternativer Verhaltensweisen zur Stillung seiner existentiellen Bedürfnisse verfügt und zur Not, d.h. falls ihm die ihm zugewiesene Rolle zu unangenehm ist, aus der bisherigen sozialen Einheit abwandern kann.

Es wird der LeserIn längst klar sein, daß die hier „Verständigung" genannte Interaktionsweise die grundlegende Funktionsweise von Sprache widergibt. Allerdings könnten menschliche Gruppen auch mit ganz wenigen basalen Verständigungsmöglichkeiten auskommen. Mit „Sprache" verbinden wir allerdings eher das heute vorfindliche feindifferenzierte Verständigungssystem, mittels dessen zahlreichen, unterscheidbaren vor allem Laut-Signalen menschliche Gemeinschaften ihre Interaktionspraxis regulieren und steuern können. Es liegt auf der Hand, daß sich diese heutigen Sprachen nur in einem sehr langen Evolutionsprozeß entwickeln und ausdifferenzieren konnten, in dem die je nachfolgenden Generationen in ihren stark abhängigen Phasen aktiv in das je vorhandene Verständigungsrepertoire ihrer Gemeinschaft eingeübt wurden und ihrerseits zur Abwandlung, Erweiterung und Verfeinerung beitrugen.[100]

4.2.6.5.4 Charakteristika von Interaktion und Verständigung

Die wesentlichen Charakteristika und Unterscheidungsmerkmale zwischen bloßen Interaktionsregelmäßigkeiten und Verständigung sind folgende:

– Während sich das Individuum bei ersterem allein an seinen situativ vorherrschenden Bedürfnissen orientiert und andere Menschen als Erfolg-determinierende Selektionsumgebung erlebt, orientiert es sich im Falle von Verständigung nur auf einer Metaebene an der Befriedigung seiner abhängigkeitsbehafteten Bedürfnisse: der primäre Erfolg wird durch die in beider Seiten Sinne korrekte Durchführung des Inter-

---

[100] In Kapitel 5 wird sich zeigen, daß die beschriebene Sozialisierung des individuellen Kognitionsprozesses der Wittgenstein'schen Vorstellung des Lernens von Sprache als einer Art Abrichtungsprozeß entspricht, in dem die Lernenden nicht allein eine Technik (Vollzug bestimmter motorischer Outputs) lernen, sondern lernen, richtige (die aus der Sicht der anderen gebotenen) Urteile zu treffen; d.h. insbesondere richtige Urteile, welches Muster spezifischer Situationsmerkmale das Signal (der Aufruf) zur Ausführung einer bestimmten Verhaltensequenz darstellen, sowie Urteile, welches ihrer eigenen Verhaltensweisen sie zur Erwartung welcher Verhaltensantworten anderer berechtigt. Vgl. Wittgenstein (1990a) §§ 243-315, S. 356-380 sowie S. 574 f., Niesen (1991) S. 95

aktionsrituals bestimmt. Bei Verständigungsinteraktionen muß das Tun selbst also nicht jederzeit ein individuell verspürtes Bedürfnis erfüllen, sondern die Erfolgswirkung kann auch allein durch die Verhaltensantwort des anderen Menschen (mögliche Sanktion oder Belohnung) verursacht werden.

— Beide Modi sind durch stabile Erwartungen des Individuums über das situationsbezogene und spezifische Verhalten anderer Menschen charakterisiert. Während diese durch Erfahrung stabilisierte Erwartung im Falle der Interaktionsregelmäßigkeit aber auch bloß einseitig sein kann, müssen im Falle von Verständigung *gegenseitige* stabilisierte Erwartungen vorliegen, d.h. ein Erwartungsgleichgewicht im Sinne von Hayeks. Das Vorliegen stabiler, intersubjektiv gleicher Erwartungen über eine bedingte Interaktionssequenz kann nur durch wiederholtes Durchspielen genau dieser Sequenz festgestellt werden.

— Während bei Interaktionsregelmäßigkeiten die soziale Umwelt nur durch ihre relative Stabilität zum Erlernen des individuellen Verhaltensmusters beiträgt (wenn sie diesen unintendierten Beitrag überhaupt leistet), geschieht das Erlernen von Verständigung unter aktiver Beteiligung der relevanten sozialen Umwelt. In diesem durch Abhängigkeiten, also Machtdifferentiale, geprägten Einübungsprozeß hängt es von der aktiven Machtausübung beider Seiten ab, wer das Verständigungsritual in welchem Ausmaß gestaltet. Bei gegenseitigen Abhängigkeiten haben beide Seiten in jedem Fall Mitwirkungsspielräume. Bei einseitiger starker Abhängigkeit ohne personelle Alternativen für die abhängige Person, kann die mächtigere Person ihr das spezifische Verständigungsmuster vollständig aufoktroyieren, soweit die andere dazu körperlich und kognitiv fähig ist.

— Bei Interaktionsregelmäßigkeiten werden keine intersubjektiv übereinstimmenden Kognitionsroutinen ausgeprägt. Für Verständigung ist die intersubjektive Angleichung der Kognitionsroutinen notwendig (gleiche Urteile über verhaltensrelevante Situationsmerkmale), insbesondere wenn lange Sequenzen mit häufigen „Sprecherwechseln" (turntaking), also Wechsel der antwortenden Äußerungsaktivitäten zwischen den Beteiligten, eingeübt werden. Beide Seiten müssen zunächst nur wissen, was für sie selbst Verhaltensauslöser ist oder nach Ansicht des anderen sein soll, sowie mit welchem Verhalten die andere Person auf das eigene Verhalten antwortet.

Ist dessen Antwort aber wieder ein spezifisches Zeichen zur Ausführung eines neuen Verhaltens, muß das Individuum auch die Interpretationsroutine der anderen kennen. Die kognitive Bedeutung der Situation durch andere Personen besteht aus der selektierende, gestaltbildenden Perzeption relevanter Selektionsmerkmale, den relevanten Verhaltensäußerungen, mit denen sie die Perzeptionen apperzeptiv beantworten, sowie aus den Verhaltenserwartungen, die sie mit dieser Antwort dem Individuum „zumuten". Im Falle von Interaktionsregelmäßigkeiten muß das Individuum nur die regelmäßigen, seinen Erfolg beeinflussenden Folgeereignisse und Folgehandlungen anderer kennen, um sich erfolgsorientiert an die soziale Situation anpassen zu können.

– In der Ökonomik werden in der Regel beide Arten von sozialen Interpretationsroutinen, ob sie sich als Interaktionsmuster oder Verständigung in den Aktivitäten von Individuuen ausdrücken, als *Institutionen* bezeichnet. Um den Unterschieden der beiden Arten sozialen Handelns gerecht zu werden, ist es m.E. sinnvoller, nur die Verhaltensregelmäßigkeiten, die dem individuellen Sinn nach auf Verhaltensregelmäßigkeiten anderer bezogen sind als **Interaktionsroutinen** zu bezeichnen. Der Begriff der **Institution** wäre demnach nur für Verständigungsregelmäßigkeiten reserviert und in diesem Sinne vollständig synonym mit dem Begriff der **Sprachspielregeln**. Hierauf wird in Abschnitt 5.4.2 noch genauer eingegangen.

Fassen wir die gewonnenen Erkenntnisse über die kognitive Steuerung sozialen Verhaltens zusammen, dann gilt:

Die Ebene der indirekten, sozialen Steuerung baut auf der direkten, individuellen Steuerungsebene auf. Sie unterscheidet sich von letzterer insofern, als hier zusätzlich zu den individuellen Motivationen auch die Befriedigung von Wünschen und Erwartungen anderer Menschen als Erfolgskriterien des Individuums berücksichtigt werden, was in bestimmten Fällen zu einem vollständigen temporären Lustverzicht führen kann. Zumindest auf einer Metaebene ist soziales Handeln aber aus Wünschen und Erfolgskriterien des Individuums motiviert. Soziales, d.h. auf das Verhalten anderer bezogenes Verhalten ist dabei *immer* ein gelerntes. Es beruht auf durch Erfahrung stabilisierten Erwartungen über bedingte Verhaltensregelmäßigkeiten anderer Menschen.

Die abschließende apperzeptive Phase der Erfolgskontrolle ist im Fall der Interaktionsregelmäßigkeit wie auf der direkten Steuerungsebene allein an den Erfolgskriterien des Individuums orientiert. Im Verständigungsfall muß das Individuum zusätzlich aus der perzipierten Verhaltensantwort der anderen beurteilen, ob das eigene Verhalten die korrekte, vom anderen gewünschte Aktivität war.

4.2.6.6 Menschliche Verhaltenssteuerung als Zusammenspiel innerhalb des kognitiven Steuerungskomplexes

In den vorangegangen Abschnitten 4.2.6.1 bis 4.2.6.5 wurden die fünf Ebenen des kognitiven Steuerungskomplexes dargestellt. Es wurde gezeigt, daß die pragmatische Apperzeption, also der kognitive Prozeß, in dem Aktivitäten menschlicher Organismen in der Zeit gesteuert werden, nach fünf unterschiedlichen Funktionsweisen und an unterschiedlichen Zielkategorien orientiert stattfindet. Zum Teil sind die verarbeiteten Inputs und zu steuernden Outputs inhaltlich so unterschiedlich, daß die Steuerungsebenen getrennt voneinander operieren können, wobei die „tieferen" und damit phylogenetisch älteren Steuerungsebenen als Restriktion für die höheren Ebenen auftreten.

Insbesondere die Trieb- und Instinktebene sowie die direkte, individuelle und die indirekte, soziale Ebene sind in ihren Operationen eng verzahnt und in dem sogenannten zentralen apperzeptiven Verarbeitungsfeld zusammengeführt. Da ihre Outputarten (motorische, sensorische und chemische Aktivitäten) im Wesentlichen übereinstimmen, könnten von den drei Steuerungsebenen sonst Aktivitätsmuster erzeugt werden, bei denen die Effektoren entweder widersprüchliche Befehle erhalten oder die verschiedenen Effektoren sich gegenseitig in ihren Erfolgswirkungen neutralisieren oder behindern. Die Zusammenführung der drei Steuerungsebenen findet sich deshalb bereits in der normativen Instanz (oben auch emotionales Zentrum genannt), welche für die selektierende Ausrichtung von Aufmerksamkeit und die Richtung des konnektionistischen (d.h. neuronale Verbindungen knüpfenden) Verlaufs des Apperzeptionsprozesses maßgeblich ist. Das Zusammenspiel der unterschiedlichen, in der Situation aktiven Interessenlagen im emotionalen Zentrum kann nicht auf eine einfache, universell und intrasubjektiv gleiche Formel gebracht werden. Die Art und Weise, wie Individuen mit spezifischen, situativen Zielkonflikten umgehen, ist ein kontingenter Prozeß, der allerdings auch zur Verstetigung in der Zeit tendiert.[101]

---

[101] Innere Interpretationskonflikte werden in der Ökonomik unter dem Stichwort „Theorie kognitiver Dissonanzen" thematisiert; vgl. Festinger (1983), Schlicht (1984) und für

In der Abbildung 4.8 wird das komplexe Zusammenspiel der Instinkt-
und Triebebene, der direkten individuellen, der indirekten sozialen Steuerungsebene sowie den Aufmerksamkeit selektierenden und den normativen Instanzen schematisch dargestellt. Innerhalb des zentralen apperzeptiven Verarbeitungsfeldes spielen sich die verschiedenen Wechselwirkungen
zwischen den unterschiedlichen Steuerungsarten und den selektierenden
und normativen Instanzen ab, und hier werden letztlich Verhaltensprogramme ausgewählt. Dieses Verarbeitungsfeld soll jetzt nicht als „die"
zentrale Steuerungsinstanz gedacht werden, welche die Steuerungsebenen
des kognitiven Steuerungskomplexes koordiniert, organisiert und harmo-
nisiert. Es stellt lediglich den gedachten „Raum" dar, in dem sich die Ko-
ordinationsprozesse und Wechselwirkungen der Steuerungsebenen vollziehen.

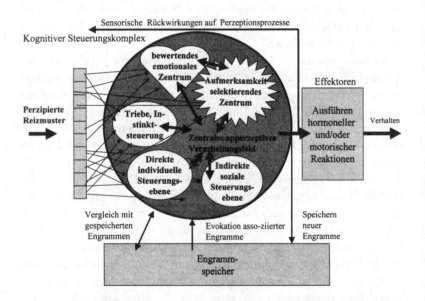

Abbildung 4.8: Pragmatische Steuerung III:
Instinkte, direkte und indirekte Steuerungsebene

eine Anwendung auf Dissonanzen zwischen sprachlich geäußerten Interpretationen und
„innerlich" gefühlten Interpretationen (Lügen) Kuran (1997) In neoklassischen Theorien
lösen sich solche Probleme innerhalb der black box „Präferenzen" ja von selbst.

Bereits dieses einfache Modell des Kognitionsprozesses hat gezeigt, daß wir die Vorstellung aufgeben müssen, es gebe eine einzige und eindeutige Instanz, z.B. die Person, das „Ich" oder ähnliches, die über „das" Verhalten des einzelnen Menschen entscheidet.[102] Das durch einen in der Zeit selbstähnlich bleibenden Organismus identifizierbare Individuum ist in seiner Persönlichkeit durch ein Netzwerk dezentraler, miteinander verbundener, unterschiedlich operierender Steuerungszentren konstituiert. Eine zentrale Führungsfigur gibt es nicht, lediglich in einem weitgehend kontingenten Prozeß erworbene strukturelle Kognitionsregelmäßigkeiten, die bei gleichzeitig aktivierten Interpretationen den Ausscheidungsprozeß konfligierender Bedeutungen konstituieren.[103] Insofern ist die Einführung eines multiplen, sprachspielspezifisch orientierten Selbst als ökonomisches Menschenbild sinnvoll.[104]

Neben dem Abschied von der einzelnen Entscheidungsinstanz wird damit auch die Verabschiedung der Vorstellung notwendig, ein Individuum führe zu einem bestimmten Zeitpunkt immer nur *eine* Handlung aus. Da auf den und innerhalb der verschiedenen Steuerungsebenen gleichzeitig mehrere verschiedene Deutungen aktiv verfolgt werden können (sofern die Verhaltensäußerungen keine motorischen Widersprüche aufweisen), kann das Individuum synchron mehrere Aktivitäten (bedeutsames Tun), d.h. mehrdeutiges Verhalten, ausführen. Die zweite Ursache für die Mehrdeutigkeit individuellen Tuns liegt in den deutenden Wahrnehmungen anderer Personen. In den Kognitionsprozessen anderer Individuen erhalten die Verhaltensäußerungen des Individuums Bedeutungen, die es nicht unbedingt selbst gemeint haben muß. In diesem Fall liegt ein Mißlingen von Verständigung vor.

4.2.7 Sprache in der Apperzeptionsphase

4.2.7.1 Lokalisierung von Sprache auf der indirekten sozialen Steuerungsebene

In der Apperzeptionsphase findet die Deutung von Wahrnehmungsinhalten und die pragmatische Reaktion darauf statt. Sprache kann in dieser

---

[102] Selbstverständlich ist der sprachliche Begriff des „Ich" damit nicht obsolet. Man muß lediglich erkennen, daß die Verwendungsweise dieses Begriffs nicht aus dem Verweis auf eine einheitliche, eindimensional verhaltenssteuernde Persönlichkeit besteht.
[103] Vgl. Calvin, Ojemann (1995) S. 162 ff.
[104] Vgl. hierzu auch Wiesenthal (1990)

Phase in zweierlei Weisen auftauchen. Erstens kann es sich um die apperzeptive Verarbeitung perzipierter sprachlicher Zeichen handeln: Verstehen sensorisch erfaßter Zeichenschemata, und/oder zweitens kann Sprache als Ergebnis der Apperzeption die Artikulation sprachlicher Äußerungen zur Wahl stehen: Sprechen/Meinen motorischer Zeichenschemata.[105]
Die Äußerung sprachlicher Zeichen kann hierbei ein einmaliges Ereignis
innerhalb einer Interaktion sein oder Teil einer längeren Verständigung,
in der die Rolle des Sprechenden/Meinenden in einer bestimmten Reihenfolge immer wieder zwischen den Beteiligten gewechselt wird.[106]

Mit dem Begriff der Sprache ist hier wieder das auf Lautzeichen basierende Verständigungssystem sowie die mit dem Sprechen verbundenen
Tätigkeiten, auch symbolischen Gesten und verdinglichten Zeichen gemeint.[107] Sogenannte körpersprachliche Äußerungen, soweit sie auf angeborenen Verhaltens- und Gefühlsausdrucksschemata bestehen, mögen
zwar als Bedingung für die Möglichkeit der Etablierung einer Sprache
notwendig sein. Da sie aber über andere Steuerungsebenen (dezentrale
Steuerungsmechanismen, Instinktebene) ausgelöst werden, ist Körpersprache zwar selbst keine Sprache, ist aber in Sprachverhalten integriert
und insoweit sprachlich bedeutsam. Soweit der Körper gelernte, also nicht
angeborene bedeutungstragende Aktivitäten ausführt, handelt es sich eben
um die „mit dem Sprechen verbundenen Tätigkeiten".

Grundsätzlich ist verbalsprachliche Sprache das zentrale Verständigungssystem zwischen Menschen und folglich im apperzeptiven kognitiven Steuerungskomplex auf der indirekten, sozialen Steuerungsebene angesiedelt.[108] Das Verständigungssystem Sprache funktioniert entsprechend

---

[105] In der Regel sind sensorische und motorische Wortschemata miteinander verknüpft,
vgl. Dörner (1999) S. 600. Aber nicht notwendig kann eine Person alle Zeichen, die sie
richtig zu verstehen weiß, auch selbst artikulieren.

[106] Bei den eher perzeptionsverarbeitenden Verstehensleistungen (Verstehen) sind realiter
auch andere Hirnregionen („Wernicke-Areal") beteiligt als bei den eher sprachmotorisch
orientierten Äußerungsleistungen (Meinen) („Broca-Areal"). Insgesamt sind die zentralen Vermögen zur *Organisation* von Sprache aber in aller Regel in der linken Großhirn-
hemisphäre angesiedelt. Vgl. Zimmer (1995) S. 105 ff. Die Deutung und pragmatische
Verarbeitung sprachlicher Perzeptionen bezieht jedoch alle Hirnbereiche ein, die mit den
sprachlichen Zeichen verknüpft sind.

[107] Die kognitive Verarbeitung von Gebärdensprachen bei tauben Menschen funktioniert
ganz analog; es ist allerdings zu beachten, daß das Kognitionssystem sich auf *ein* Zeichensystem als primäres Sinnsystem Sprache spezialisiert.

[108] Schriftsprache, also Schreiben und Lesen, ist grundsätzlich nur *nach* Erwerb sprech-
sprachlicher Fähigkeiten möglich. Die zeichenverwendende Verständigung kann nur im

genau nach den im Abschnitt 4.2.6.5 dargestellten Regeln und weist die dort beschriebenen Charakteristika von Verständigung und dem Lernen von Verständigung auf.[109]

Die Praxis der Verwendung von Sprache umfaßt, wie in Kapitel 5 noch gezeigt wird, einen großen Teil menschlicher Lebenspraxis. Insofern beschäftigt sich auch die Phase kognitiver Apperzeption menschlicher Individuen in hohem Umfang mit der Verarbeitung und Steuerung sprachlicher Verständigungsprozesse. Nachfolgend wird deshalb kurz auf die Besonderheiten dieses zentralen kognitiven Prozesses eingegangen.

4.2.7.2 Sprachlernen und Sprachpraxis

Sprachliche Äußerungen haben an sich keine Bedeutung. Instinktgeleitet verarbeitet ein menschliches Individuum die beobachtete Körperartikulation anderer. Mit relativ hohen Freiheitsgraden interpretiert es den Klang von deren Stimme (angenehm oder nicht, Warnsignal oder nicht usw.). Das, was wir referenztheoretisch „die Bedeutung" eines sprachlichen Zeichens nennen, ist aus der energetischen, visuellen und Klanggestalt dieser Zeichen aber nicht zu erkennen. Nur weil Sprache als ein zentrales Verständigungssystem mit fest-ritualisierten Signal-Verhaltensantwort-Regeln gelehrt und gelernt wird, werden im individuellen Kognitionsapparat bestimmte Klanggestalten mit bestimmten kognitiven Apperzeptionsroutinen verbunden. Wie wird diese Verknüpfung von sprachlichen Klanggestalten mit bestimmten Apperzeptionsroutinen hergestellt? Anders formuliert: wie entstehen die Bedeutungen sprachlicher Zeichen im menschlichen Kognitionsapparat?

Sprachverhalten wird gelernt. Aber es ist auch wissenschaftliche Überzeugung, daß Menschen eine angeborene Disposition zum Sprachlernen haben. Diese prägende Phase, in der ein Mensch besonders mühelos die Erstsprache erlernt, umfaßt etwa die Zeit vom ersten bis zum zehnten Lebensjahr, danach läßt die Fähigkeit, Sprachen zu erlernen langsam nach. Mit Einsetzen der Pubertät ist in der Regel der normale Umfang der Alltagssprachkompetenz des jeweiligen sozialen Umfelds vollständig erworben. Es gilt die wissenschaftliche Beobachtung, daß ein Mensch grundsätzlich nur die (Erst-) Sprache zu verstehen lernt, die er selbst auch aktiv

---

direkten Kontakt gelernt werden. Beim anschließenden Lernen von Schriftsprache wird nur noch eine *Variation* von Zeichentypen und Sprachregeln erworben.

[109] Vgl. Maturana (1985) 258 ff.

hervorbringt. Es reicht nicht, daß man einer Sprache lediglich passiv (hörend) ausgesetzt ist.[110]

Der Spracherwerbsprozeß vollzieht sich, wie in Abschnitt 4.2.6.5 beschrieben, als ein evolutionärer Prozeß, in dem das lernende Individuum in einem jeweiligen Handlungskontext spontan und imitierend Sprechlaut-Varianten (in Kombination mit sonstigen Aktivitäten) hervorbringt.[111] Diese Variationen werden von der jeweiligen sozialen Umwelt (zunächst i.d.R. Eltern, später auch andere Mitglieder der relevanten sozialen Gruppe) sowohl selektiert, als auch aktiv motiviert und gelenkt. Nicht korrektes Sprachverhalten wird durch Unterlassen der vom Kind gewünschten Verhaltensantwort, Ignorieren oder aktives Strafen sanktioniert. Korrektes Sprachverhalten hat zur Folge, daß die Verständigung des Kindes im vorgegebenen Sprachspiel gelingt, die erwarteten Verhaltensäußerungen der anderen (und zu Beginn des Sprachlernens i.d.R. belohnendes Verhalten, Zuwendung usw.) erfolgen. Die soziale Umwelt motiviert die Lernenden aktiv durch Vorsprechen bestimmter Lautmuster zum imitierenden Sprechen. Dabei wird durch Gesten, Mimik usw. die Aufmerksamkeit der Lernenden auf die Dinge, Prozesse oder Strukturen gelenkt, auf die mit den sprachlichen Zeichen Bezug genommen werden soll. Kinder lernen i.d.R. zunächst Einwortsätze (z.B. „Wauwau"), die ganz unterschiedliche vollständige Sätze der geltenden Alltagssprache eliptisch repräsentieren (z.B. „Ich will den Hund streicheln." oder „Oje, da ist ein Hund. Ich will weg."). Im fortschreitenden Sprachlernprozeß lernen Kinder unterschiedliche Worte (Worttypen) nach bestimmten Regeln zu Mehrwortsätzen zu kombinieren. Die Eliptizität sprachlicher Äußerungen nimmt mit dieser Ausdifferenzierung der Satzbildungskompetenz ab, bleibt aber in gewissem Umfang immer erhalten.[112]

Insgesamt entsteht die extreme Komplexität und Bedeutungsvielfalt menschlicher Sprache durch die letztlich unendliche Zahl von Kombinationsmöglichkeiten der Lautsilben (Phoneme) und Worte(-arten) zu Sätzen bzw. Satzfolgen, also lineare Wortsequenzen, sowie durch die Verbin-

---

[110] Vgl. Zimmer (1995) S. 23 ff., Menzel, Roth (1996) S. 248, Pinker (1996)

[111] Das mehr oder weniger korrekte Hervorbringen von Sprachlauten in den ersten Jahren auch ohne Verständigungsabsicht des Kindes dient dabei dem Ausbilden der motorischen Fähigkeiten, die zum Sprechen erforderlich sind. Vgl. zum Lernen motorischer Fähigkeiten allgemein Annett (1994)

[112] Vgl. Zimmer (1995) S. 33

dung bestimmter Zeichen mit kontextspezifisch variierenden Bedeutungen.[113]

Der Prozeß des Sprachlernens weist zwei Arten von Gerichtetheit auf: erstens wird ein Wortschatz akkumuliert, der von einem mittleren Konkretheitsgrad („Ball", „da!", „Hund") beginnt und nach und nach immer feinere Unterscheidungen („Fußball", „hinter dem Mauervorsprung, links, 10 cm über dem Boden", „Dackel") bzw. höhere Abstraktionsgrade („Wurfgeschosse", „in Frankreich", „Säugetiere") möglich macht. Zweitens wird parallel zur Akkumulation von Zeichen gelernt, diese Zeichen in unterschiedlichsten (intersubjektiv sinnvollen) Kombinationen von Zeichen zueinander und Zeichen, Körperaktivitäten und situativen Kontexten zu verwenden. Solche Kombinationen erhöhen die Vielfalt sprachlich kommunizierbarer Bedeutung, da unterschiedliche Kombinationen durch die bestimmte Art ihrer Sequenzierung (Reihenfolge und Simultanität) eindeutig voneinander unterschieden werden können. Auch ist festzustellen, daß Sprechsequenzen nicht aus „Wörterwürmern" unbegrenzter Länge erzeugt werden, sondern immer aus maximal 3 Sekunden dauernden Intervalleinheiten aufgebaut werden, zwischen denen kurze Pausen gemacht werden. Dieser Umstand verdankt sich der rhythmischen Funktionsweise des Gehirns (sowohl in der Planung des Sprechablaufs, als auch in der Verarbeitung von Gehörtem).[114]

Der Gebrauch von sprachlichen Zeichen kann zunächst nur *situativ* gelernt werden, d.h. die zu lernenden Zeichen müssen im Hier-und-Jetzt sinnlich wahrnehmbare Phänomene (Dinge, Tätigkeiten, Eigenschaften, Muster, Ereignisse) bezeichnen.[115] Die Perzeption des/der von den Lehrenden artikulierten Sprachlaute(s) wird dann *als Teil* des sinnlich wahrgenommenen und direkt-individuell apperzeptiv verarbeiteten Ereignismusters engrammiert.

Kinder lernen also zunächst nicht einen konkreten Namen für ein konkretes Ding, sondern sie lernen, eine Sprechpraxis mit einer situationsbezogenen Perzeptions- und Handlungspraxis zu verbinden. In jedem Sprachspiel, in dem ein Kind scheinbar nur Benennungen lernt, wird es von seiner sozialen Selektionsumwelt dahingehend beeinflußt, daß es

---

[113] Vgl. Dörner (1999) S. 604-611

[114] Vgl. Pöppel (1988) S. 71-81

[115] Allerdings kann die Sprachmotorik, also die korrekte Artikulation bestimmter Sprachzeichen auch situationsfern geübt werden (Vorsprechen, Nachsprechen). Hierbei können aber nicht die Bedeutungen, also der korrekte Gebrauch, vermittelt werden.

erstens in Situationen bestimmten Perzeptionen (darunter Sprachlaute) erhöhte Aufmerksamkeit zuwenden soll, daß es zweitens daraufhin bestimmte Verhaltensweisen zeigen soll bzw. darf und andere nicht. Bei diesen Verhaltensweisen handelt es sich sowohl darum, die sprachlichen Benennungen korrekt aussprechen zu können, als auch sonstige von der sozialen Umwelt als korrekt selektierte Verhaltensweisen (Bewegungen, Körperhaltungen usw.) zu reproduzieren.

Neben **Benennungssprachspielen** werden in den ersten Phasen des Sprachlernens auch Sprachspiele implementiert, in denen das Kind auf ein bestimmtes Sprachlautmuster bestimmte Verhaltensweisen zu zeigen lernt. Hier gehört die eigene Reproduktion des vom anderen Gesagten nicht dazu, es sei denn, dieser spricht dem Kind die Antwortsätze vor, die es zu artikulieren hat (z.B. „Sag: ‚danke'!"). Solche befehlenden Sprachspielen sind durch asymmetrische Sprecher- und Hörerrollen charakterisiert, während bei Benennungssprachspielen in der Regel alle die gleichen Rechte der Benennungsartikulation haben. Neben der Asymmetrie der Rollen, kennzeichnet es befehlende, oder auch: **Koordinationssprachspiele,** daß sie pragmatisch weniger auf das sprachliche Deuten auf Wirklichkeitsbestandteile aus sind, als vielmehr auf bestimmte sequentielle Abfolgen und Ineinander-Spielen von Verhaltensmustern bestimmter Personen. Was hier als gegensätzliche Pole aufgemacht wird, ist realiter natürlich nicht voneinander zu trennen. Denn Benennungssprachspiele können auch einfach als eine besondere Art des Koordinationsspiels verstanden werden (umgekehrt gilt dies nicht!).

Indem die Wortartikulation mit dem dazugehörigen Verhalten und Sanktionierung ständig und immer wieder wiederholt wird, bildet der/die Lernende eine Kognitionsroutine zur Durchführung der ihm beigebrachten Verständigungsinteraktionen aus. Die perzipierten und selbst geäußerten Sprechlaute werden zunächst als Teil der apperzipierten Bedeutung gespeichert. Als gespeicherte Bedeutungen stehen diese mit Sprache verknüpften Engramme in der semantischen Apperzeptionsphase als Interpretationsmuster zur Verfügung.

Das Verstehen sprachlicher Äußerungen in der Sprachpraxis läuft dann wie folgt ab: Wird in einer Folgesituation ein Sprechlautmuster perzipiert, das dem zuvor mitengrammierten gleicht, so wird in der Phase der semantischen Apperzeption dieses gesamte Engramm identifiziert und aktiviert. Wie in 4.2.6 beschrieben, bewirkt die Aktivierung des identifizierten Engramms, daß auch die darin gespeicherte pragmatische Bedeutung der

Situation (frühere pragmatisch-apperzeptive Verarbeitung) zur Wiederholung angeregt wird. Sensorisch wird also die Aufmerksamkeit verstärkt nach Perzeptionen suchen und sich ausrichten, die den vorangegangenen Aufmerksamkeits-„Senken" ähneln. Motorisch werden die früheren Verhaltensmuster ausgelöst oder zumindest – wenn Grund oder Zeit zum Zweifeln an deren Erfolgsträchtigkeit besteht – zum Ausgangspunkt für die Verhaltensmustersuche gemacht. Da die Wahrnehmung des Sprachzeichens gespeicherte Situationsmerkmale evoziert, die im Hier-und-Jetzt nicht anwesend sein müssen, und trotzdem zur Äußerung bestimmter Handlungsmuster anregt, wird aus kognitionstheoretischer Sicht deutlich, wie Sprache situationsferne Kommunikationen möglich machen kann.

Auch umgekehrt ist die Verbindung geknüpft: perzipiert das Individuum Situationsmerkmale, die den früheren gleichen (etwa ball-ähnliche Gegenstände, es wird etwas gerollt, geworfen etc., die lehrende Person), werden in der Phase der semantischen Apperzeption auch die dazu gelernten Sprachlaute evoziert. Der pragmatisch-apperzeptiven Verarbeitung wird die gesamte dazugehörige Verhaltensantwort vorgeschlagen, also die sprachliche Artikulation korrekter Antworten und/oder bestimmte Aktivitäten und Unterlassungshandlungen.[116]

Beide Richtungen der Verknüpfung gelten auch für komplexere Sprachverwendungen. Während situativ zunächst stark eliptische Einwortsätze und einfache Benennungen gelernt werden, werden später längere Wortkombinationen (Sätze, längere Texte) zu verstehen gelehrt.[117] Der Kognitionsapparat verschmilzt die in der semantischen Apperzeptionsphase als zu den sprachlichen Zeichen gehörig identifizierten Engramme zu Syntagmen. In der Folge sind mit einem bestimmten Wort nicht nur die Engramme seiner bisherigen, (typischen) praktischen Verwendung verknüpft, sondern auch im Syntagma die üblichen Positionierungen in Sätzen und üblichen Kombinationen mit bestimmten Wörtern und Wortarten. Insofern setzt die Perzeption sprachlicher Zeichen nicht nur Assoziationen (Evokationen) auf der Ebene basaler pragmatischen

---

[116] Vgl. Schnabl (1972) S. 85-112, vgl. für detaillierte Ausführungen zu den Vorgängen des Spracherwerbs Zimmer (1995) sowie Chomsky (1986), Piatelli-Palmarini (1980), Pinker (1984, 1996).

[117] Wie Wittgenstein, weist auch Dörner (1999) S. 619 f. darauf hin, daß Menschen sich immer in Sätzen verständigen, daß einzelne Wörter an sich also keine Bedeutung haben, es sei denn als Teil von Sätzen oder in Einwortsätzen.

Orientierungen in Gang, sondern auch im Sprachverwendungssystem selbst.[118]

Diese starke, festgespeicherte Verknüpfung von Sprachperzeptionen und Sprachäußerungen mit sonstigen Kognitionen entsteht nur, weil die relevante soziale Umwelt das abhängige Individuum mit einer so starken Intensität in die Sprachgebrauchspraxis einübt. Eine weitere Ursache könnte sein, daß der „language instinct" das Kind auch intrinsisch zur Sprach(re)produktion motiviert. Außerdem spricht die Beobachtung, daß sprachliche Laute im menschlichen Gehirn grundsätzlich sehr hohe Aufmerksamkeitswerte erzielt, dafür daß Sprechaktivitäten des Kindes eine hohe soziale Erfolgswirksamkeit haben.[119] Das Kind kann durch Sprachtätigkeiten seine Bedürfnisse nach sozialem Kontakt und emotionaler Zuwendung stillen und kommunikativ Erfahrungen seiner sozialen Identität machen. Sprachbezogene Kognitionen sind also von hoher Aufmerksamkeit, und deshalb von *bewußter* Verarbeitung und von intensivem Beziehungserleben geprägt.[120] Da intensive Ereignisse in jedem Fall gespeichert werden und leichter und schneller wieder evozierbar sind, als die nur mit schwacher Intensität erlebten Ereignisse, gilt dies auch für sprachliche Ereignisse.

Im Laufe des Sprachlernens nimmt der Anteil praktizierter Benennungssprachspiele ab und der Anteil von Koordinations- und Reflektionssprachspielen unter Verwendung bekannter sprachlicher Zeichen zu. Durch die Unterschiedlichkeit von perzipierbaren Situationsmerkmalen differenzierbar können in ungleichen Situationen gleiche sprachliche Zeichen in unterschiedlichen Bedeutungen gebraucht werden. Um das situationsferne Verstehen solcher mehrdeutiger Zeichen zu ermöglichen, müssen durch die Spezifität der Kombination sprachlicher Zeichen eindeutige (sprachliche) Kontexte der Zeichenverwendung erzeugt werden. Die Ausdifferenzierung und spezifische Kombinatorik sprachlicher Zeichen ist

---

[118] Vgl. zu den funktionalen Vorgängen sprachbezogener Kognitionen Schnabl (1972) S. 85-112, Levelt (1994), genauer zu komplexen sprachlichen Verständigungen Dörner (1999) S. 620-690

[119] Neurophysiologisch wird beobachtet, daß die Aufmerksamkeit des Kognitionsapparates für sprachliche Zeichen die Aufmerksamkeit für andere Sinneseindrücke hemmt, jedoch nicht umgekehrt. Vgl. Calvin, Ojemann (1995) S. 104 f.

[120] Bewußt meint hier, daß der Sinn des Gehörten bzw. selbst geäußerten der Person bewußt und tendenziell erinnerbar ist, nicht jedoch, daß alles Gesagte und Gehörte reflektiert wird. Auch bei Sprechtätigkeiten sind Verarbeitungsroutinen wirksam, so daß schneller geredet wird, als überhaupt gedacht wurde. (Wer kennt das nicht?)

also die notwendige Bedingung situationsferner sprachlicher Verständigung und auch der absichtsvollen Gestaltung *sozialer* Situationen mittels Sprache.[121]

4.2.7.3 Intersubjektivität von Kognition durch Sprache

Ein zentraler Grund, warum sich die vorliegende Arbeit mit Sprache beschäftigt, ist die These, daß Sprache die intersubjektive Angleichung von Kognitionen bewirkt. Anhand des nach evolutionären Variations-Selektionsprinzipien funktionierende Prozeß des Sprachlernens kann nun genauer analysiert werden, wie und inwieweit eine intersubjektive Angleichung von individuellen Kognitionen aneinander stattfindet.

Kognitionsroutinen zweier Personen werden genau dann als intersubjektiv gleich beurteilt, wenn sie in einer Situation, die aus einer weitgehend identischen Landschaft von Sinnesreizungen besteht, perzipierte Sinnesdaten in einer ähnlichen Weise gestaltbildend strukturieren, wenn sie emotional und hinsichtlich der Ausrichtung von Aufmerksamkeit ähnliche Interpretationsfoki ausbilden und gleiche Muster von sensorischen und motorischen Verhaltensreaktionen zeigen.[122]

Die grundlegende Ursache und Bedingung gegenseitiger Angleichung von Kognitionsroutinen ist die inhärente Routinisierungstendenz des menschlichen Kognitionsapparates. Nur deshalb können lehrende Personen eine hinreichend stabile Selektionsumwelt für lernende sein. Da eine zu hohe Variabilität von Kognitionen die Lehrenden permanent zu intensiven Sanktionierungen und Lehranstrengungen zwingen würde, wäre erstens der zeitliche Vermittlungsaufwand extrem hoch und zweitens könnte nicht auf stabilisierte Kognitionsroutinen aufgebaut werden, so daß das Verständigungssystem ein extrem einfaches (geringer Zeichen-

---

[121] Selbstverständlich können Situationen auch materiell und energetisch inszeniert werden (Anordnung und Bewegung von Dingen usw.). Durch die Verwendung von Sprache setzt die Gestaltung jedoch direkt auf der Bedeutungsebene an, bei der physischen Inszenierung ist das Risiko (wenn auch nicht viel) höher, daß es nur zu sozialer Interaktion, Nicht-Verstehen, kommt.

[122] Durch die Begriffe „ähnlich" bzw. „gleich" ist diese Definition selbstverständlich ungenau. Es liegt aber in der „Natur" der Sache, daß eine genauere Definition nicht möglich ist, da die Ähnlichkeit in der Urteilspraxis der Betrachter liegt. Entsprechend gelten für die Aussage, „Personen X und Y haben übereinstimmende Kognitionsroutinen/gleiche Mentale Modelle ihrer situativen Umwelt usw." unterschiedliche Anforderungen hinsichtlich des Ausmaßes an Übereinstimmung – je nach Beobachtergruppe, Beobachtungszweck und Art/Situation der Kognitionspraxis.

schatz, mit genau spezifizierten Anwendungskontexten und eindeutiger, relativ einfacher Verhaltensantwort) bleiben müßte.

Die Grundursache für die Angleichung von Kognitionsroutinen ist der in Abschnitt 4.2.7.2 beschriebene Sprachlernprozeß. Dieser zeichnet sich insbesondere dadurch aus, daß lehrende Personen aktiv auf die Ausrichtung von Aufmerksamkeit des Lernenden Einfluß nehmen bzw. sprachliche Bedeutungen unter Bezug auf Situationsmerkmale lehren, auf die die Aufmerksamkeit des Lernenden bereits gerichtet ist. Insofern die Richtung des Interesses an äußeren Ereignissen relativ sicher von Lehrenden erkannt werden kann,[123] können Benennungssprachspiele für sinnlich wahrnehmbare Entitäten und Prozesse recht genau eingeübt werden.

Die (relative) Exaktheit sprachlicher Bedeutungsextensionen hängt deshalb positiv erstens von der Intensität und Genauigkeit der Sanktionspraxis Sprachlehrender ab und zweitens von der Spezifität der Konkretisierung und Standardisierung der Verständigungssituation sowie der zu zeigenden Kognitionsroutine.

„Die" jeweils sprachspielspezifische Bedeutung sprachlicher Zeichen wird allerdings nicht *einmal* situativ gelernt und steht dann unveränderbar fest. Vielmehr werden alle Situationen, in denen diese Zeichen verwendet oder assoziativ wachgerufen wurden, in Verknüpfung mit diesen Zeichen engrammiert und gespeichert. Da die wiederholte Beteiligung ähnlicher Situationsmerkmale und Verhaltensreaktionen die neuronalen Verknüpfungen dieser Verarbeitungsprozesse verstärkt, werden diese im Lauf der Zeit als typische Charakteristika der Zeichengebrauchssituation gespeichert. Hingegen werden wechselnde, die Reaktionen der Sprachpartner nicht systematisch verändernde Situationsmerkmale als nicht-typische Sprachspielbestandteile gespeichert. Insofern organisiert sich die Bedeutung sprachlicher Zeichen als die Verknüpfung dieser Klangereignisse mit prototypischen, engrammierten Apperzeptionen, in denen diese Zeichen sprechend, hörend oder kognitiv assoziierend verwendet wurden. Wenn diese Prototypen nicht durch angeborene Schemata universal für Menschen mit gleicher Organausstattung gleich sind (wie etwa bei der Farbunterscheidung[124]), können sie sich erstens in der Zeit durch neue Erfah-

---

[123] Bspw. richten Individuen ihre Sinnesorgane auf die Reizquelle aus, nähern sich dieser, die sie besonders interessiert.

[124] Vgl. zu den angeborenen kognitiven Prototypen der Farbwahrnehmung und deren Beziehung zu Farb-Sprachspielen in unterschiedlichen natürlichen Sprachen Berlin, Kay, McDaniel (1978)

rungen des Individuums verändern und zweitens zwischen den Individuen aufgrund unterschiedlicher Erfahrungshorizonte sehr unterschiedlich sein.[125]

Sinnlicher Erfahrungshorizont: Durch den evolutorischen Prozeß des Sprachlernens werden die Kognitionsroutinen Lernender solange selektierend beeinflußt, bis deren Relevanz- und Verhaltensauswahlurteile für eine gelingende Verständigung hinreichend ähnlich sind. Intersubjektive Unterschiede im sinnlichen Erfahrungshorizont und der individuellen situativen Perspektive können die Kognitionsroutinen der Einzelnen und damit die Bedeutungsextensionen sprachlicher Zeichen jedoch stark differieren lassen. Zum einen können prägende Sprachlehrer bzw. Kommunikationspartner, von denen das Individuum stark abhängig ist, in unterschiedlicher Weise sanktionieren, so daß entweder eine partnerspezifische Ausdifferenzierung von Sprachgebrauch stattfindet oder eine Bedeutungsverschiebung in der Zeit. Weiterhin bewirkt die spezifische raum-zeitliche Position, in die die Einzelne in Sprachpraxis eingeübt wird, daß sie jeweils eine ganz eigene unmittelbare Perspektive zu den äußeren Situationsmerkmalen hat, aus der aufgrund der Rivalität von Materie im Raum kein anderer Mensch die Situation wahrnehmen kann. Diese Perspektivität bewirkt die Einzigartigkeit jedes individuellen Bedeutungssystems. Da im Prozeß des Sprachlernens jedoch trotz Perspektivität ein gemeinsamer Bezug auf die gleichen relevanten Situationsmerkmale hergestellt werden muß, drückt sich die Perspektivität vorrangig in unterschiedlichen „Hintergrund"-Anteilen kognitiver „Gestalten" und emotionalen Erlebniszuständen aus.[126]

Emotionen/Werte: Der normativ-emotionale Bewertungshintergrund des geäußerten Interesses kann nur insoweit von Lehrenden korrekt beobachtet und sanktionierend gezielt abgewandelt werden, als diese Emotionen nach individuell gleichbleibenden oder universellen Verhaltensmustern zum Ausdruck gebracht werden (emotionale Körpersprache). Da der/die Lernende ihre (kontrollierbaren) direkten, individuellen emotionalen Zustände der Beobachtung sanktionierender Lehrender entziehen kann, wenn er/sie der Sanktionierung entgehen will, kann eine Differenz gezeigter und empfundener, kognitiv wirksamer normativer Instanzen auftreten (Lügen, Täuschen). Diese Differenz kann nicht gegen den Willen

---

[125] Vgl. zur konnektionistischen Modellierung kognitiver Prototypen Strauss, Quinn (1997) S. 48-84
[126] Vgl. auch Zimmer (1995) S. 130

des/der Lernenden im Sprachlernprozeß reduziert werden. Da sich die lehrende Person in ihrer Selektionstätigkeit nur auf die von ihr beobachteten emotionalen und Verhaltensäußerungen der Lernenden beziehen kann, wird sie die erfolgte Angleichung von Perzeptionsstrukturierung-Aufmerksamkeitsausrichtung-Verhaltensäußerung nur an eben diesen beobachteten Äußerungen beurteilen. Insofern können Bedeutungen sprachlicher Zeichenverwendung zwar in ihrer pragmatischen Dimension relativ gut intersubjektiviert werden, nur begrenzt jedoch hinsichtlich des emotionalen, wertenden Gehalts.

Asymmetrie: Eine weitere Grenze der intersubjektiven Gleichheit sprachlicher Bedeutungen liegt im Maß der Asymmetrie der gelehrten Sprachspiele. Während Benennungs- oder Hinweissprachspiele tatsächlich die intersubjektive Gleichheit von Kognitionsroutinen zum Ziel haben und folglich sprachliche Zeichen mit intersubjektiv gleichen Bedeutungen verwendet werden, trifft dies auf Koordinationssprachspiele nicht unbedingt zu. Hier können Lehrende den Lernenden Kognitionsroutinen beibringen, die sich von ihren eigenen unterscheiden. Es muß lediglich zu einer überlappenden Wahrnehmung kommen, daß die vom Lernenden gezeigte Verhaltensantwort der vom Lehrenden als korrekt erwarteten entspricht. Lernende werden hierbei im Trial-and-Error-Verfahren Vermutungen entwickeln, auf welche Situationsmerkmale als Signale sie wie zu reagieren haben. Lehrende können also auch asymmetrische, d.h. für Lehrende und Lernende unterschiedliche Bedeutungen sprachlicher Zeichen vermitteln. Da der funktionale Sinn von Koordinationssprachspielen nicht in der Angleichung von Kognitionsprozessen, sondern in der gelingenden gezielten Einflußnahme auf die Aktivitäten anderer Personen liegt, ist diese Unterschiedlichkeit der je subjektiven Bedeutungen irrelevant und fällt aus der typischerweise egozentrierten Perspektive des Kognitionsapparates nicht auf.

Es ist trotzdem zu beachten, daß auch in asymmetrischen Sprachspielen eine gewisse Intersubjektivität der Kognition vorhanden ist. Zwar werden die sprachlichen Zeichen aus je subjektiver Sicht in unterschiedlicher, nämlich rollenspezifischer Bedeutung verwendet. Aber alle Beteiligten selektieren wahrnehmend gleiche Situationsmerkmale und Aktivitäten als die relevanten Signale und korrekten Verhaltensantworten. Die Perzeptions-Verhaltens-Verknüpfungen sind folglich ähnlich, wenn auch die Rollen je unterschiedlich auf Ego und andere aufgeteilt sind. In einer gelingenden hierarchischen Verständigungssituation, z.B. Chefin kündigt Angestelltem, steuern die beiden beteiligten Seiten ihr je eigenes Verhalten also nach unterschiedlichen Regeln, haben aber gleiche Vorstellungen darüber, welchen Sprachspielregeln der/die andere korrekterweise zu folgen hat. Insofern den Teilnehmern asymmetrischer Sprachspiele *alle* rollenspezifischen Regelmäßigkeiten im Verständigungsverhalten bekannt sind, liegt Intersubjektivität vor, ohne daß die Bedeutungen der verwendeten sprachlichen Zeichen und die Kognitionsroutinen für die Beteiligten intersubjektiv ähnlich sind.

Da der Übergang von Benennungssprachspielen zu Koordinationssprachspielen ein fließender ist, muß auch der Grad der intersubjektiven Ähnlichkeit von Bedeutungen sprachlicher Zeichen als ein stufenlos gleitender (von hoch (Benennungssprachspiele) über mittel (relativ symmetrische Koordinationssprachspiele) bis gering (stark asymmetrische Koordinationssprachspiele)) angenommen werden. Weil Verständigung aber nur gelingen kann, wenn eine Mindestähnlichkeit der mit den jeweiligen sprachlichen Zeichen verbundenen Kognitionen gegeben ist, muß Verständigung bei Unterschreitung dieser Mindestähnlichkeit mißlingen. Die beteiligten Sprachverwender gehören dann keiner gemeinsamen Sprachspielgemeinschaft an.

Konklusion ist also, daß die Sozialisierung in Sprache in gewissem Maß zu einer Angleichung von Kognitionsroutinen führt (v.a. von relevanten Perzeptionsmustern) bzw. zur Intersubjektivierung von Zeichen-Verhaltensreaktions-Verknüpfungen. Ein absolutes Maß für den Übereinstimmungsgrad von Kognitionsroutinen kann grundsätzlich nicht angegeben werden, sondern ist durch die Einheitlichkeit und Strenge der Sanktionspraxis der jeweiligen Sprachspielgemeinschaft (im jeweiligen Sprachspieltyp) bestimmt. Die Bedeutungen sprachlicher Zeichen sind auch bei gelingender Verständigung intersubjektiv nur sehr begrenzt gleich (auch wenn das perzipierte Klangereignis der gesprochenen Worte u.U. ähnlich wahrgenommen wird), da sie fest an das je subjektive, erfahrungsgebundene Sinnsystem des geschlossenen Kognitionsapparates des einzelnen Individuums assoziiert sind. Die Sozialisierung des sich kognitiv orientierenden Menschen in Sprache führt also nicht zu intersubjektiv identischem Wissen über die Welt (Shared Mental Models im North'schen Sinne), sondern zu gleichen oder komplementären Kognitionsroutinen, die durch die Äußerung sprachlicher Zeichen gezielt ausgelöst werden können.

4.2.7.4 Die kognitive Zweiebenenstruktur durch Sprache

Sprachliche Ereignisse sind aus Sicht des Kognitionsapparates besondere Ereignisse. Sie haben nicht nur *an sich*, also aus dem dezentral-gesteuerten, instinktiven, direkt-individuellen Erleben heraus eine Bedeutung, indem das Individuum etwa einen bestimmten Klang als erschreckend-lautzum-Davonlaufen erlebt. Sprachliche Zeichen haben zusätzlich eine indirekte Bedeutung, indem sie einen verfestigten (appellativen) Hinweis auf ein bestimmtes kontextuelles Verhaltensspektrum konstituieren.

Grundsätzlich verweisen alle Bestandteile eines kognitiv als „typische Situation" zusammengefaßten Musters aufeinander und evozieren bei einzelner Wahrnehmung das gesamte Engramm. Für Sprache gilt das aber in einer verschärften Weise. Denn Menschen können sprachliche Zeichen als besondere Ereignisse, nämlich als Kommunikations*mittel* von anderen unmittelbaren gefühlsmodulierten Wahrnehmungen unterscheiden (Sprachinstinkt und Lernen). Entsprechend hat der menschliche Kognitionsapparat zwei Ebenen der Bedeutungsverarbeitung von Sprache ausgebildet. Sprachliche Zeichen werden erstens auf der unmittelbaren Bedeutungsebene als bestimmte Muster kombinierter Sinnesreize (Klanggestalt oder visuelle (Schrift-)Gestalt, bestimmte Bewegungen anderer Menschen usw.) identifiziert und auf den ersten vier Steuerungsebenen apperzeptiv weiterverarbeitet. Zweitens bewirkt die Identifikation dieses Reizmusters *als sprachliches Zeichen*, daß in der Phase der semantischen Apperzeption das passende, mit dem Zeichen verknüpfte Engramm evoziert wird, also die Kognitionsroutine, für die das Zeichen als appellatives Symbol steht.

Es lassen sich also zwei Ebenen von Bedeutungen im Kognitionsapparat unterscheiden: erstens die Ebene der engrammierten unmittelbaren kognitiven Orientierungen eines Individuums in seiner Umwelt, zweitens die Ebene der engrammierten sprachlichen Zeichen. Während die erste Ebene die basale, für jeden Organismus mit Kognitionssystem gegebene Bedeutungsebene ist, wird die zweite Bedeutungsebene in Abhängigkeit von der ersten entwickelt.[127] Gerade für die Widerlegung der strengen Sapir/

---

[127] Diese Zweiebenensystematik ist der kybernetischen Modellierung sprachlicher Kognitionsprozesse von Schnabl (1972) entnommen. Bei Kasenbacher (1999) findet sich ein erster Ansatz einer systemtheoretischen Modellierung von Kognitionssystemen (hier dann „psychische Systeme" genannt), die auch eine Zweiebenenstruktur aufweist. Der Begriff der Ebenen verweist dort wie hier nicht auf eine Höherstellung von Sprache, sondern auf eine logische Abhängigkeit und Selbstreferentialität (Indexikalität) von Sprache im Kognitionssystem.

Whorf-Hypothese, daß *jede* kognitive Orientierungsleistung sprachabhängig sei, war die Erkenntnis bedeutsam, daß die Ebene der Bedeutungsrepräsentationen auch sprachunabhängig im Kognitionsapparat existiert und genutzt werden kann. Denken oder Orientierung in der Wirklichkeit ist also unabhängig von Sprache möglich. Umgekehrt gilt dies aber nicht.[128]

Kein sprachliches Bedeutungssystem kann unabhängig von der basalen (aufgrund der Geschlossenheit des Kognitionsapparates zunächst rein subjektiven) Bedeutungsebene aufgebaut werden. Dennoch wird im Prozeß des Spracherwerbs auf das basale Kognitionssystem von den Sprachlehrenden so stark Einfluß genommen, daß letztlich der Anteil von Sprache unbeeinflußter Kognition auf der basalen Bedeutungsebene rudimentär wird. Diese Einflußnahme geschieht einerseits, indem die Lehrenden die äußere Lebensumwelt der Lernenden aktiv *gestalten* und andererseits deren wahrnehmende Strukturierung durch Lenkung von Aufmerksamkeit und Sanktionierung unerwünschter Verhaltensantworten bestimmte Richtungen geben. Es werden also sowohl die Perzeptionsmöglichkeiten restringiert, als auch, welche dieser Möglichkeiten die Lernenden als relevant und interessant auswählen sowie welche ihrer Verhaltensweisen mit (emotionalem, sozialem oder ökonomischem) Erfolg beantwortet werden.

Indem die Sprachlehrenden bestimmte Kognitionsroutinen der Lehrenden fest mit leicht erzeugbaren Schlüsselsignalen (sprachliche Zeichen) verknüpfen, kann durch diese Schlüsselsignale jederzeit wieder von außen Einfluß auf die kognitiven Prozesse des Individuums genommen werden. Da die Interaktion mit der erfolgsrelevanten Umwelt für Menschen aber zentral durch die Kommunikation via sprachliche Zeichen (Verständigung) dominiert ist, sind die an sprachliche Zeichen gebundenen Kognitionsroutinen diejenigen, auf die das basale kognitive Bedeutungssystem primär Bezug nimmt. Durch die Routinetendenzen des Kognitionsapparates werden diese sprachverknüpften Kognitionsroutinen auch dann zur Orientierung in der Wirklichkeit verwendet, wenn das Individuum sich nicht in einer sozialen Verständigungssituation befindet.

Das basale Bedeutungssystem wird durch Sprachvermittlung also nach intersubjektiven Kognitionsregeln überformt.[129] Da die Sprachpraxis em-

---

[128] Vgl. Zimmer (1995) S. 126 f.

[129] Hier ist an das Wittgenstein'sche Begriffspaar Lebensform und Sprachspiel zu erinnern. Lebensformen wären als synonym mit der basalen Kognitionsebene zu sehen, während die Sprachspielpraxis – in die Lebensformen „eingebettet" – diese Lebensformen auch bestimmt und verändert.

pirisch ein so dominanter Teil menschlicher Lebenswelt ist (hinsichtlich
Zeit und ökonomischer Überlebensmöglichkeiten), wird deutlich, daß die
direkte Steuerungsebene in der Apperzeptionsphase stark von den durch
Verständigungslernen überformten Kognitionsroutinen der indirekten
Steuerungsebene beeinflußt ist. „Die Möglichkeit, daß auch ein Individuum [..] Sinnstiftungen vornimmt, ist natürlich keinesfalls zu leugnen.
Jedoch sind die Chancen solipsistischer Sinnkreationen begrenzt. Die Un-
kommunizierbarkeit erschwert die Erhaltung solcher Bedeutungsschöp-
fungen."[130] Sprache schränkt die Denk- und Orientierungsmöglichkeiten
also nicht vollkommen ein, beeinflußt sie aber erheblich. Vollkommen
restringiert werden durch Sprache jedoch diejenigen Denk- und Orientierungsmöglichkeiten, die eine Person anderen Menschen kommunizieren
kann. Gerade weil die gegenseitige Anschlußfähigkeit zur Erwartungsstabilisierung individueller Kognitionen (und erfolgreichen Orientierung in
sozialen Umwelten) notwendig ist, verändern sich Verständigungssysteme
(Sprachspielregeln) und sprachdominierte Kognitionsroutinen nur langsam.[131]

Sprache hat die Funktionsprinzipien des menschlichen Kognitionsapparates nicht nur zu einem Zweiebenensystem von Bedeutungsorganisa-
tion umgewandelt. Die Dominanz von Sprachlichkeit in menschlichen
Lebensformen bewirkt zudem, daß dieses Prozessieren in aller Regel unter
Einbeziehung von *beiden* (Zeichen- und Ereignis-) Ebenen und unter
Verwendung von intersubjektiv gleichen bzw. komplementären Kognitionsroutinen abläuft.

Abgesehen von den Überlebens- und Erfolgsvorteilen, die Sprachlichkeit für menschliche Individuen mit sich bringt (z.B. gewaltarme Koordination großräumig verteilten oder zukünftigen kollektiven Handelns), ist
davon auszugehen, daß auch der Kognitionsapparat selbst durch dieses für
Sprache notwendige Zweiebenensystem effektiver bzw. kreativer funktioniert. Da Sprache nicht nur zur unmittelbaren gegenseitigen Verhaltenslenkung verwendet wird, sondern auch (in sekundären Sprachspielen)
zum Reden über Ereignisse, die anderswo, früher oder zukünftig geschehen könnten oder über Phantasievorstellungen („Lügen"), können im Kognitionsapparat Engramme und Engrammkombinationen evoziert werden, die zwar mit der im Hier-und-Jetzt gegebenen handlungsrelevanten
Situation zunächst nichts zu tun haben. Dennoch wird durch die Evoka-

---

[130] Halm (1988) S. 671
[131] Vgl. hierzu auch Saussure (1967) S. 86 f.

tion eine mental reale Situation erzeugt, in der der Kognitionsapparat eine pragmatische Orientierung durchführt. Allerdings wird er die Ausführung der gefundenen pragmatischen Bedeutung unterdrücken, wenn das Individuum sich des Fiktiven der evozierten Situation bewußt bleibt. Dieses kognitive Durchleben von allen möglichen und unmöglichen sprachlich erzeugten Situationen impliziert, daß ein großer Vorrat von Orientierungsroutinen (neuronalen Verknüpfungen) auch bei ereignisarmen Lebensumwelten angelegt werden kann, die zur schnellen Verhaltensreaktion befähigen, wenn eine solche vorgestellte Situation einmal eintritt. Reaktionsschnelligkeit in neuen Situationen kann ein erheblicher Überlebensvorteil sein.

Zum zweiten kann die Zweiebenenstruktur sprachinduzierter Kognitionsroutinen zu einer kreativeren apperzeptiven Verarbeitung genutzt werden. Dadurch daß sprachliche Zeichen nicht nur mit ihren Bedeutungen auf der basalen Ebene verknüpft sind, sondern auch durch die flexible Kombination in Sätzen mit vielen anderen sprachlichen Zeichen, stehen zwei Bereiche der Assoziation für die apperzeptive Suche nach erfolgswirksamen Verhaltensreaktionen zur Verfügung. Durch die doppelten Assoziationsmöglichkeiten wird die Kreation von Alternativen und neuen Verhaltensideen erleichtert.

4.2.8 Denken

Grundsätzlich besteht ein vollständiges Phasenschema des (ständig revolvierenden) Kognitionsprozesses aus Perzeption, Apperzeption und Speicherung. Die Phase des Denkens ist fakultativ und wird nur eingeschoben, wenn a) freie Kognitionskapazität besteht, also Zeiten ohne unmittelbaren Handlungsdruck, oder wenn b) bisher erfolgreiche kognitive Orientierungen nicht mehr hinreichend Erfolg bringen und insofern neue Strategien entwickelt werden müssen.

Unter Denken im engeren Sinne werden hier drei Bereiche „weiterverarbeitender" kognitiver Tätigkeiten gefaßt: abstrahierende Reflektion, Verhaltensplanung und Phantasien über zukünftige Ereignisse. Diese drei Arten von Denkprozessen sollen im folgenden kurz charakterisiert werden.[132]

---

[132] Vgl. zum Begriff des Denkens genauer Abschnitt 4.1.3

Denken wird allgemein als ein Prozeß der Schlußfolgerung definiert. Durch interferierende Kombination zweier Repräsentationen von „Wissen über die Welt" werden entweder darin implizite Eigenschaften der Welt abgeleitet (Deduktion) oder neue gemeinsame Eigenschaften der Welt abgeleitet (Induktion: Generalisierung und analogiebasiertes Schließen).[133] Wie solche Schlußfolgerungsprozesse auf der materiell-energetischen Ebene des Kognitionsapparates funktionieren, ist im Prinzip noch nicht wissenschaftlich erklärt. Es muß als eine Abfolge bestimmter Erregungsmuster des Gehirns gesehen werden, wobei neue Verknüpfungen von Neuronen aufgebaut werden, alte Verknüpfungen verstärkt oder geschwächt werden. Warum, wie und nach welchen Gesetzmäßigkeiten ein solcher Prozeß abläuft ist noch nicht ganz klar.[134] Deshalb werden nur drei besonders relevante Bereiche aufgezeigt, in denen Schlußfolgerungsleistungen auftreten.

Diese Art kognitiver Tätigkeiten ist immer nur dann möglich, wenn das Individuum von einem akuten zeitlichen Handlungsdruck enthoben ist. Zusätzlich können sie auch eingesetzt werden, wenn bisher erfolgreiche Verhaltensstrategien plötzlich nicht mehr zu satisfizierenden Ergebnissen führen. In diesen Fällen können Denkprozesse zu Modifikationen und Erweiterung des für die Verhaltensauswahl genutzten „Wissens" über die aktuelle Situation und ihre zukünftige Entwicklung genutzt werden.

4.2.8.1 Verhaltensplanung – komplexes Handeln in der Zeit

Die Feinsteuerung komplexer Verhaltensweisen in der Zeit ist eigentlich noch der apperzeptiven Phase zuzurechnen. Was ÖkonomInnen als „Handlung" bezeichnen, ist in aller Regel ein höchst komplexes Bündel von simultanen und sequentiellen Aktivitäten eines oder mehrerer Individuen. Damit eine Handlung genau die Bedeutung *dieser* Handlung (z.B. „Anstellen eines Akkordarbeiters", „Fusion der Unternehmen X und Y") hat, müssen nicht nur bestimmte Aktivitäten (z.B. formulieren und beidseitiges Unterschreiben eines schriftlichen Anstellungsvertrags) und Unterlassungshandlungen (z.B. Unterlassen der Stornierung des überwie-

---

[133] Vgl. Holland, Holyoak, Nisbett, Thagard (1986), Johnson-Laird, Byrne (1991)

[134] Zumindest finden sich in diesem Zweig der Kognitionsforschung keine Aussagen hierzu. In der Regel befassen sich Neurowissenschaftler und Hirnforscher mit den „einfacheren" Prozessen der Perzeption oder mit pathologischen Störungen des Zentralen Nervensystems. Diese sind schon komplex und unerforscht genug.

senen Akkordlohns) durchgeführt werden, sondern diese auch in der richtigen, aufeinander bezogenen Reihenfolge (z.B. reicht es nicht, seine Unterschrift auf irgendein Papier, eine Blume oder in eine U-Bahn zu schreiben, sondern sie muß eben auf dem Vertrag selbst erscheinen; ist der Arbeiter angestellt, kann ihm i.d.R. der Zutritt zu seinem Arbeitsplatz nicht verweigert werden usw.). Solche komplizierten Abfolgen von Teilhandlungen komplexerer Gesamtaktivitäten müssen im Kognitionsapparat bestimmt werden, da es sonst zu konfligierenden Aktivitäten (Schreiben und Nicht-Schreiben, Kontakt zulassen und nicht-zulassen, Erfüllung des Vertrages ohne Erhalt der Gegenleistung usw.) kommen kann. Solche Konflikte werden den Erfolg, auf den hin der Kognitionsapparat die Aktivitäten steuernd auslöst, mindern oder ganz in das Gegenteil verkehren.

Die kognitive Sequenzierung komplizierter Aktivitätsmuster in der Zeit ist in jedem Fall eine höhere Intelligenzleistung. Insoweit dieser Planungsprozeß eine vorwegnehmende Reflektion über die Erfolgschancen beinhaltet, ist er zusätzlich als ein Denkprozeß zu beurteilen. Da komplexe Handlungen in der Regel keine Routinehandlungen sind, wird die Sequenzierungsplanung auch Schlußfolgerungsprozesse beinhalten. Erfahrungen über Selektionsumgebungen, in denen sich ausgewählte Teilhandlungen bereits bewähren mußten, werden zusammengefügt in das Gesamtbild einer aktuell relevanten Selektionsumgebung, die in dieser Kombination aller Wahrscheinlichkeit nach noch nicht aufgetreten ist. Die Neuartigkeit von Kombinationen selektionsrelevanter Wirklichkeitsbestandteile, kann dazu führen, daß die Erfolgsgrößen individuellen Handelns durch ganz andere Faktoren beeinträchtigt werden. Wird durch kognitive Interferenzen eine mentale Vorstellung dieser neuartigen Selektionsumgebung entwickelt, an der die Verhaltenssequenzierung dann ausgerichtet wird, handelt es sich um einen Denkprozeß. Er zeichnet sich sowohl durch Reflektion (der Erfolgswahrscheinlichkeit bisheriger Verhaltensroutinen in der neuen Kombination), durch Plausibilitätsüberprüfung (der selektionsrelevanten Umweltfaktoren), als auch durch Kreativität aus, wenn kombinatorisch neue Qualitäten der Handlungssituation erzeugt werden.[135]

4.2.8.2 Abstrahierende Reflektion

Abstrahierende Reflektion ist der typische Fall kognitiver Denkleistungen. *R*eflektion weist schon darauf hin, daß etwas *wieder*betrachtet wird. Dieser

---

[135] Vgl. zu solchen reflektierenden Verhaltensplanungen Dörner (1999) S. 485-512

Denkprozeß geht also über das unmittelbare situative Handeln hinaus. Für die abstrahierende Reflektion ist es nötig, gleichzeitig mehrere engrammierte Kognitionen zu aktivieren. Unter diesen werden nun Gemeinsamkeiten „erkannt", indem etwa gleiche neuronale Erregungsmuster zu einem gemeinsamen Erregungsnetz führen oder wenn bei gleichen Bedeutungsbestandteilen auch jeweils gleiche Neuronengruppen beteiligt sind. Der Prozeß der Verallgemeinerung müßte dann dazu führen, daß die ungleichen Erregungsbestandteile der Engramme unterdrückt, deaktiviert werden, so daß gleichsam ein destilliertes Erregungsmuster übrigbleibt, welches als eigenständiges Perzeptionsmuster apperzeptiv verarbeitet werden kann. Generalisierendes Denken kann also auch der Weiterentwicklung und Differenzierung von Perzeptionsvorgängen dienen, da solche abstrahierten Muster nur dann eigenständige begriffliche Kategorien werden, wenn sie apperzeptiv verarbeitet werden.

Neben der generalisierenden Reflektion ist auch die analytische Reflektion möglich. Hier werden spezifische Unterschiede zwischen Engrammen als neues Erregungsmuster abstrahiert, während irrelevante Unterscheidungsmerkmale und Gemeinsamkeiten deaktiviert werden.

Ein besonderer Fall der abstrahierenden Reflektion ist die Selbstreflektion oder das sich in andere Kognitionssysteme (Personen oder Tiere) „Hineinversetzen". Selbstreflektion ist nur möglich, wenn der Kognitionsapparat die Perzeptionen des eigenen Tuns von der Perspektive des „Ichs" abstrahiert und von diesen Perzeptionen durch Vergleich mit der Wahrnehmung andererleuts Tun abstrahiert. Das Sich-Hineinversetzen in andere ist ein induktiver (daher mit fundamentaler Unsicherheit behafteter) Vorgang, in dem von eigenen regelmäßigen Verbindungen innerer Zustände mit äußerem Tun unter Interpretation des äußeren Tuns anderer auf deren innere Zustände geschlossen wird. Nimmt Ego wahr, daß die Situation des anderen von allen selbst erlebten abweicht, muß Ego, um sich einzufühlen, die eigenen inneren Zustände u.U. in der Phantasie erst durchleben. Auch solche durch Imagination erworbenen Vermutungen über eigenes Empfinden, werden vermutlich nach Prinzipien analogiebasierten Schließens erzeugt.[136]

Insgesamt führen abstrahierend, reflektierende Denkleistungen zu feiner differenzierenden, hierarchisch feiner geschichteten und intern stärker vernetzten Kategoriesystemen.

---

[136] Zu genaueren Darstellungen der Bedeutung von Selbstreflexion im Kognitionsprozeß und für individuelles Handeln vgl. von Cranach (1983).

4.2.8.3 Phantasien über zukünftige Ereignisse – Erwartungen

Die innere Vorstellung von inneren und äußeren Situationsmerkmalen, die im Hier-und-Jetzt nicht perzipiert werden, ist eine zentrale Fähigkeit des menschlichen Kognitionsapparates. Während im Traum-, Trance- oder Halluzinationszustand keine Distanz zu diesen Vorstellungen eingenommen werden kann (sie werden für real gehalten), ist es dem jeweiligen Individuum klar, daß Phantasien und Erwartungen keine real vorgefundenen Ereignisse sind.

Phantasien, d.h. Vorstellungen über noch nicht erlebte Ereigniskonstellationen, und Erwartungen, also Vorstellungen über zukünftige Ereignisse, können nicht vollständig gegeneinander abgegrenzt werden. Denn jede Erwartungsbildung, die nicht davon ausgeht, daß alles bleiben wird, wie es immer war (streng adaptive Erwartungen), wird auch in gewissem Maß Phantasie einbeziehen. Da das Erleben unerwarteter Ereignisse in heutigen menschlichen Gesellschaften häufig geschieht und eine langsame, nach dem Chaosprinzip ausgewählte Lösung zu oft Überlebensproblemen, Mißerfolgen und unangenehmen psychischen Ungleichgewichten führt, wird eine streng adaptive Erwartungsbildung des Kognitionsapparates der Sonderfall sein.

Andererseits erfordert das phantasievolle Durchleben und kritische Prüfen auf Plausibilität und Wahrscheinlichkeit *Zeit*. Diese zeitlichen Kapazitäten muß ein Kognitionsapparat, der sich ständig in einer reizstarken, veränderlichen Umwelt befindet, erst erübrigen können. Je kreativer, also vom Normalfall des Erfahrungsalltags abweichend, die Phantasievorstellungen des Individuums sein sollen, desto neuartiger muß auch das neuronal verknüpfte Erregungsmuster des Kognitionsapparates sein, das diese Phantasie im Zentralen Nervensystem repräsentiert. Diese Überlegungen machen deutlich, daß sich der Phantasieanteil der Erwartungsbildung vermutlich eher in Grenzen hält. Statt dessen wird die denkende Erwartungsbildung schon dann eine kreative sein, wenn neuartige Kombinationen von (bekannten) Situationsbestandteilen aufgrund der Extrapolation ihrer Entwicklungspfade antizipiert werden (etwa eine Schuldenkrise bei fortgesetzt gleichem Einkommens- und Konsumverhalten).

Wie oben angedeutet (4.2.7.4), liegen die (biologischen und folglich ökonomischen) Vorteile des phantasievollen Durchlebens und Durchdenkens nicht-realer Situationen in einer schnelleren, flexibleren kognitiven Orientierung, sollte das Individuum doch einmal in ähnliche Situationen geraten. Phantasiekognitionen können auch rein zur Bekämpfung der

Unlust durch Langeweile in reizarmen Situationen oder zum Verdrängen von Unlust durch absolute Reizüberforderung eingesetzt werden. Die weitverbreitete Konvention, daß Menschen sich gegenseitig mit erfundenen oder wahren Geschichten unterhalten, hat sich sicher aus beiden Gründen als stabile Routine menschlicher Gruppen durchgesetzt.

Wenden wir uns nach dieser kurzen Darstellung der fakultativen Kognitionsphase „Denken" der letzten Phase und notwendigem Bestandteil des Kognitionsprozesses zu: der Speicherung.

4.2.9 Speicherung

Die Kognitionsphase der Speicherung macht den Kognitionsprozeß vollständig. Die Phasen der Perzeption und Apperzeption vollbringen ohne Speicherungsprozesse nur die Orientierung des Individuums im jeweiligen Hier-und-Jetzt. Durch die Speicherung solcher Orientierungsleistungen werden die Vorteile von Routinisierungsprozessen in späteren Kognitionen nutzbar, Lernen aus Erfahrung, komplexere Denkprozesse und Sprache werden überhaupt erst möglich. Über die im Menschen ablaufenden komplexen Prozesse der Speicherung und Erinnerung von Kognitionsinhalten kann viel gesagt werden.[137]

Gespeicherte Kognitionsinhalte sind das, was als **Wissen** eines Individuums bezeichnet wird. Gespeichert werden **Bedeutungen**, also das vollständige Netzwerk verknüpfter Perzeptionen, Emotionen und Verhaltensreaktionen sowie Verknüpfungen vollständiger Bedeutungen untereinander. Gespeichert werden die Konnektionsmuster des Netzwerks neuronaler Erregungsmuster, die diese Bedeutungen auf „materieller" Ebene konstituieren. Der Erwerb bzw. Aufbau von Wissen durch Speicherung von Interpretationen sowie die Nutzung des in vorangegangenen Kognitionsprozessen erworbenen Wissens für erfahrungsgeleitete Orientierung wird als **Lernen** bezeichnet.

Es findet auch die Speicherung von Teilwissen statt, das selbst nicht bedeutungsförmig ist, etwa wenn Perzeptionsmuster gespeichert werden oder die gelernte reibungslose Durchführung komplizierter Bewegungsmusterfolgen im motorischen „Gedächtnis" festgehalten wird. Der **Per-**

---

[137] Vgl. neben den zitierten Autoren als Einführung hierzu auch Goschke (1996) und die dort angegebene Literatur sowie Menzel, Roth (1996) S. 247-277

zeptionsmusterspeicher wird allerdings nur mit solchen Mustern ange-
füllt, die im Zuge der Apperzeption zu Bedeutungen verarbeitet (verknüpft) wurden. Insofern ist dieses Teilwissen von bedeutungsförmigem
Wissen abhängig und mit diesem assoziiert. Das **motorische Gedächtnis**
ist einerseits mit einem nicht-bedeutungsförmigen Teilwissen befaßt, genauer: mit einem „Know-how-to-process-action-smoothly (frictionless)".
Hierin liegt der Grund dafür, daß bestimmtes tacit knowledge über Verhaltensabläufe nicht expliziert werden kann. Andererseits ist auch dieses
„Durchführungswissen" in der Regel mit bedeutungsförmigem Wissen fest
assoziiert, da die Anweisung zur Durchführung komplizierterer Bewe-
gungsfolgen meist aus der apperzeptiven Verarbeitung menschlicher
Interaktionen stammt. Und diese Ereignisse werden primär auf den höheren Ebenen des kognitiven Steuerungskomplexes verarbeitet.[138]

Gedächtnisleistungen setzen sich zusammen aus der **Speicherung** und
der **Wiedergabe** gespeicherter Kognitionsinhalte. Die Wiedergabe, oder
wie oben bezeichnet das „Wachrufen", wird ausgelöst a) durch das Wiedererkennen von ähnlichen situativen Aspekten, also in den perzeptiven
und apperzeptiven Identifikationsphasen, b) durch das wiederholte Tun,
also das wiederholte Durchführen sensomotorischer Abläufe (Training),
oder c) durch das Wachrufen von assoziierten Gedächtnisinhalten bei
Denkprozessen (Denkregelmäßigkeiten).

Es gibt mehrere Gedächtnissysteme, die zusammenspielen und teilweise
arbeitsteilig vorgehen, wobei man insbesondere das **Kurzzeit**- und das
Langzeitgedächtnis unterscheidet.[139] Bedeutsam ist im Kognitionsprozeß
jes vor allem der sogenannte **Arbeitsspeicher**, der bewirkt, daß die zu ver-
arbeitenden Wissenselemente (Perzeptionen, Gefühle, Handlungsalternativen, Engramme und Syntagmen sowie aus dem Langzeitgedächtnis evozierte Bedeutungen) während der Zeit ihrer kognitiven Verarbeitung präsent gehalten werden, z.B. indem nach dem periodisch notwendigen Zerfallen von neuronalen Erregungsmustern (Deutungen) diese schnell wieder neu aufgebaut werden. Der Arbeitsspeicher kann jeweils nur eine begrenzte Menge von Wissenseinheiten, sogenannte „chunks", verarbeiten
(sieben plus/minus zwei chunks). Ein chunk kann entweder aus einer einzelnen Silbe bzw. Perzeptionsmuster oder einem ganzen Satz bzw. kom-

---

[138] Vgl. Baddeley (1994) S. 282-289, Pöppel (1988) S. 88-95
[139] Das Langzeitgedächtnis untergliedert sich in die Subsysteme prozedurales, episodi-
sches und semantisches Gedächtnis. Vgl. zu Gedächtnisphänomenen genauer Kluwe
(1996), Pöppel (1988) S. 71-81, Calvin, Ojemann (1995) Kapitel 6-9, Tulving (1985)

plexen Syntagmen bestehen. Es kann sich also aus konkreteren, einfacheren oder abstrakteren, komplexeren „Informationseinheiten" konstitutie-
ren. Sind die im Arbeitsspeicher verarbeiteten chunks neue, dem Individuum unbekannte Phänomene, können weniger chunks pro Zeiteinheit
verarbeitet werden. Sind die Phänomene bereits im Langzeitgedächtnis gespeichert, können mehr verarbeitet werden.

Wie schnell und wie situationsunabhängig eine feste Langzeitspeicherung und deren Wiederabruf möglich ist, hängt positiv von der **Intensität**
des Ereignisses ab, der Aufmerksamkeit und dem Interesse (eigen- oder
fremdmotiviert), mit dem das Individuum dem Ereignis begegnet, der
Zahl der Wiederholungen bzw. der Dauer, in der das Individuum dem
Phänomen ausgesetzt ist.

Vergessen ist gleichbedeutend mit mangelndem Zugriff auf gespeichertes Wissen. Ursachen von Zugriffsproblemen sind der Zerfall von Gedächtnisspuren (Auflösung neuronaler Verknüpfungen) oder, daß der Zugriff mit mehr oder weniger großen „Hindernissen verstellt" ist oder durch
andere aktivierte Erregungsmuster gehemmt wird (hemmende Interferenz). Bspw. können perzipierte Hinweisreize das Erinnern erleichtern
(cued recall). Im krankhaften Fall (z.B. Alzheimer) sind einzelne Gedächtnissysteme oder deren Zusammenarbeit (z.B. Kurzzeitspeicher und Langzeitgedächtnis) ge- oder zerstört.

Die zentrale **Funktion** der Gedächtnissysteme ist es, auf der Basis gespeicherter Kognitionsinhalte neue Situationen zu interpretieren, Ähnlichkeiten von Aspekten zu identifizieren und sich aufgrund dieser wie-
dererkannten Ähnlichkeiten (Recognition) in routinemäßiger Weise
pragmatisch zu orientieren. Durch **Routinehandlungen** werden kognitive
Kapazitäten entlastet, die langfristig zum Aufbau eines großen Vermögens
differenzierter Bedeutungen (Bedeutungsgenerierung) und komplexer
Wirklichkeitsstrukturierungen (Syntagmenverschmelzung) genutzt werden können, wobei jeder erreichte Grad an **Komplexität** und **Differenziertheit** selbst wieder routinisiert werden kann.

Zum zweiten sind Gedächtnisleistungen für **Denkprozesse** erforderlich, sowohl in denkprozeduraler Hinsicht, als auch hinsichtlich des Zu-
griffs auf gespeichertes, in der aktuellen Situation nicht durch Hinweisreize gegebenes Wissen. Nur so sind komplexe und kreative Planungs-
und Entscheidungsprozesse möglich.

Drittens ist **Selbstreflektion** des Individuums nur durch Gedächtnisleistungen möglich. Hierfür stehen allerdings nur die Teile des gespeicherten Wissens zur Verfügung[140], die bewußt (*noetic*) genutzt werden können.

Mit dieser letzten Phase des Kognitionsprozesses ist ein vollständiges Modell menschlicher Verhaltenssteuerung beschrieben worden. Im nächsten Abschnitt werden noch die Wechselbeziehungen zwischen unterschiedlichen Kognitionsphasen beschrieben. Es wird deutlich, daß es zwar eine eindeutige Richtung der kognitiven Wahrnehmungsverarbeitung und Verhaltensorientierung gibt, daß aber Art, Inhalt und Orientierungsrichtung der Kognition nicht nur von perzipierten Inputs, sondern auch von sensorischen Outputs des Steuerungskomplexes determiniert werden.

4.2.10 Wirkungsbeziehungen zwischen den Kognitionsphasen

Versteht man unter einer Wirkungsbeziehung die kausale Beeinflussung eines Phänomens durch ein anderes Phänomen, so sind zwei Arten von Wirkungsbeziehungen der Kognitionsphasen aufeinander zu beobachten.

Die einfachere Weise der Wirkungsbeziehung sind die mit der zeitlichen Abfolge der Kognitionsphasen bereits beschriebenen Zusammenhänge. Eine Phase folgt auf die nächste. Und der Output der zeitlich vorgelagerten Phase liefert den Input für die folgende Phase. Diese bereits durch das Phasenmodell angelegten Wirkungsbeziehungen müssen hier nicht über das in den vorangegangenen Abschnitten Erörterte hinaus ergänzt werden.

Interessanter sind insofern die Rückwirkungen späterer Kognitionsphasen auf vorangehende Phasen. Eine einfache Rückwirkung besteht darin, daß die Speicherung von situativen Kognitionsprozessen des Subjekts die **Differenziertheit** und **Geschwindigkeit** der Perzeptions- und Apperzeptionsprozesse erhöht. Bereits erlebte, gedeutete und pragmatisch bewältigte Situationsmerkmale werden sowohl zum Anfüllen der Perzeptionsspeicher, als auch zur Erweiterung der Basis für die semantische Apperzeption verwendet. Je mehr Erfahrungen ein Subjekt sammelt, desto differenzierter und schneller kann es auf im Hier-und-Jetzt wahrgenommene Situationen reagieren. Die Entscheidung über Verhaltensäußerungen wird hierbei insofern beschleunigt, als einerseits die Vorschläge für

---

[140] nämlich das deklaratorische Wissen, welches sich aus den semantischen und episodischen Gedächtnisinhalten zusammensetzt.

bereits erfolgreich realisierte Verhaltensoptionen direkt mit der semantischen Identifizierung wachgerufen werden, und andererseits mißerfolg-
reich durchgeführte Verhaltensoptionen durch eine negative „Verschaltung" der zuständigen Neuronen direkt daran gehindert werden, in den
Alternativenraum des kognitiven Steuerungskomplexes zu geraten.

Nicht nur die Differenziertheit der Wahrnehmungsstrukturierung und
die Geschwindigkeit der Situationsinterpretation nehmen also zu, auch die
(routinisierte) **Spezifität** der situativen Verhaltensreaktionen, die **Geschwindigkeit der Selektion von Verhaltensreaktionen** in der Situation
sowie (basierend auf den Feedbacks eines wachsenden Erfahrungsschat-
zes) die **Erfolgswahrscheinlichkeit** von selektierten Verhaltensalternativen.

Weitere Rückkopplungsmechanismen können direkt, in der Situation
selbst wirksam werden und bewirken, daß die wahrnehmende Person
nicht nur als weitgehend reagierender (strukturierender) Automat auf die
je von außen wahrgenommenen Situations"informationen" eingehen
muß. Statt dessen kann sie auch gezielt (oft aber nicht bewußt) bestimmte
Perzeptionsmuster suchen oder ausblenden. Wenn die Aufmerksamkeit
und das Interesse einer Person ein bestimmtes Thema – eine Emotion,
eine Erinnerung, eine bestimmter Denkschritt oder bestimmte Perzeptionsmuster – fokussiert, dann wirkt diese Aufmerksamkeitskonzentration
so, daß die Meldung von thematisch nicht verwandten, unähnlichen Perzeptionen oder Bedeutungen unterdrückt wird. Erfahrungsgemäß als relevant bekannte Perzeptionsmuster liegen in der Identifizierungsphase
gleichsam schon bereit und werden mit erhöhter Wahrscheinlichkeit als
Figur in ein Superzeichen gestaltet. Im Gegensatz dazu werden thematisch
nicht verwandte Perzeptionen eher als Hintergrund figuriert. Und als
schwach relevante „Informationen" werden solche Erregungen in der
Regel in den nicht bewußten Grundfeldern der Apperzeption verarbeitet
und zerfallen. Je nach der Stärke der Konzentration der Aufmerksamkeit
auf eine bestimmte Denktätigkeit oder auf ein bestimmtes Emotionieren
können die Perzeptionen nahezu vollständig ausgeblendet werden. Denk-
inhalte können Gefühls- oder Bedürfnismeldungen unterdrücken (z.B.
beim Formulieren dieses Kapitels) und umgekehrt. Der Spruch „Man sieht
nur, was man auch sehen will" gewinnt in diesem Zusammenhang seine
theoretische Fundierung. Da die gezeigten Rückwirkungsprozesse zwischen Kognitionsphasen die Ursache dafür sind, daß auf Sinnesdaten nur
in vorselektierender Weise zugegriffen wird. Von der sinnlich wahrge-

nommenen Welt werden nur die Perzeptionen als relevante „Figur" verarbeitet, für die der kognitive Steuerungskomplex bzw. das wahrnehmende Individuum in seiner gegenwärtigen Gestimmtheit hinreichend Interesse hat.[141]

Die sensorische Rückwirkung der apperzeptiven Phase auf die perzeptive Phase bewirkt also die Steuerung der Ausrichtung und Stärke von Aufmerksamkeit für (bestimmte) Sinnesdaten bzw. Perzeptionsmuster. Diese Art der Rückwirkung innerhalb der Kognitionsphasen ist als sehr effektiver Umgang mit der extrem knappen Ressource Aufmerksamkeit („Enge des Bewußtseins") zu deuten. Die so erzeugte **Selektivität der Wahrnehmung** ist deshalb neben der Spezifität, erhöhten Geschwindigkeit und Erfolgswahrscheinlichkeit von Kognition die vierte wesentliche Konsequenz von Wechselwirkungsprozessen zwischen den Kognitionsphasen.

4.3 Konsequenzen aus dem Kognitionsmodell für die ökonomische Theorie

Im vorangegangenen Abschnitt 4.2 wurden die sehr komplexen Prozesse und Strukturen modelliert, die die menschliche kognitive Verhaltenssteuerung konstituieren. Die erhöhte Eignung dieses Modells, Verhaltenssteuerungsprozesse wissenschaftlich zu formulieren, ergibt sich im wesentlichen aus dem geringen Grad an Überraschungen, die sich bei der Verwendung des Modells zu empirischen Beobachtungszwecken ergeben, sowie aus der Differenzierung unterschiedlich arbeitender Prozeßebenen und Prozeßelemente. Neben der Steigerung interdisziplinärer Konsistenz sind als Vorzüge dieses Verhaltenssteuerungsmodells zu nennen:

Es impliziert neue Erkenntnisse über das Phänomen „Wissen" und den Prozeß des individuellen und sozialen Wissenserwerbs. Es beantwortet Fragen, die mit Hilfe bisheriger ökonomischer Theorien – wie in Kapitel 3 dargelegt – nicht beantwortet werden konnten, insbesondere die Ursachen für intersubjektive (Un-)Gleichheit von Verhaltensorientierungen. Es nimmt die Sprachlichkeit menschlichen Verhaltens explizit in den Verhaltenssteuerungsprozeß auf und erklärt die Auswirkungen von Sprachlichkeit im prozessuralen Gefüge menschlicher Kognitionsapparate. Im

---

[141] Vgl. Schnabl (1972) S. 102-112

Spannungsfeld von institutionen-determinierten „Automaten" und dem
völlig frei, autonom, rational entscheidenden Homo Oeconomicus wie es
von institutionentheoretischen und neoklassischen Mikromodellen aufgemacht wird, stellt das hier dargestellte Kognitionsmodell einen Mittel-
weg dar, indem es erstens Ursachen für zeitlich invariante Verhaltensmuster nennt, zweitens Restriktionen von Verhaltensauswahl, aber drittens auch Bedingungen formuliert, unter denen Kreativität wahrscheinlich
ist.

In den folgenden drei Abschnitten werden die grundlegenden Schlußfolgerungen und neuen Erkenntnisse, die sich für ökonomisch-theoreti-
sche Fragen aus dem in 4.2 dargestellten kognitionstheoretischen Verhaltensmodell ergeben, nur kurz genannt und zusammengefaßt. Eine gesonderte Begründung ist aufgrund des ausführlichen kognitionstheoretischen
Modells nicht mehr erforderlich.

4.3.1 Ökonomisch relevante Eigenschaften des Kognitionsprozesses

Kognitionsprozesse menschlicher Individuuen sind aus ökonomischer
Sicht relevant, weil sie die Ursache für Art, Richtung und Struktur ökonomischer Handlungen sind. Ökonomische Handlungen sind lediglich
körperliche Ausführung kognitiver Deutungen von Wirklichkeit.

1. Der Kognitionsapparat ist semantisch geschlossen und an die Umwelt
   nur strukturell gekoppelt, ohne daß Strukturerhalt gesichert ist.[142] Obwohl durch die Sozialisierung in Sprache die semantischen Systeme von
   Individuen teilweise intersubjektiv angeglichen werden können, liegt in
   der operativen Geschlossenheit des Kognitionsapparates die Ursache,
   daß Menschen **Subjekte**, in unserem Fall: wirtschaftende Subjekte, mit
   intersubjektiven (Gemeinsamkeiten aber immer auch) Unterschieden
   der Kognitionsroutinen sind.[143]

2. Der Kognitionsprozeß findet in der **Zeit** statt. Die sich rhythmisch wie-
   derholenden Abläufe der Kognitionsphasen (Perzeption, Apperzeption,
   (Denken,) Speicherung) können eine maximale Dauer nicht über-

---

[142] Vgl. zu den Begriffen „strukturelle Kopplung" und „Strukturerhalt" Maturana (1991)
[143] Diese Annahme teilt das Modell mit der Theorie subjektiver Erwartungsnutzen sowie
mit dem Menschenbild evolutorischer Ökonomieansätze.

schreiten. Dann zerfällt das jeweilige neuronale Erregungsmuster, das den semantischen Kognitionsprozeß im Zentralen Nervensystem konstituiert, wieder und muß neu aufgebaut werden, wobei es zu Veränderungen kommen kann. In der Abfolge von Kognitionen in der Zeit, wird auf jeweils vorangegangenen Kognitionen aufgebaut und auf in der Vergangenheit gespeicherte Perzeptionsmuster, Apperzeptionsmuster (engrammierte Bedeutungen) sowie auf sensorische Apperzeptionsergebnisse, die, orientiert am gegenwärtigen Interesse, die Aufmerksamkeit steuern. Im Zeitablauf werden sowohl Kognitions- und Denkroutinen zur Orientierung in unterschiedlichen Situationen akkumuliert als auch durch ihre Wiederanwendung mit sich veränderndem Selektionserfolg qualitativ verändert. Der Evolutionsprozeß der permanenten Weiterentwicklung dieses individuellen Vermögens von Kognitions- und Denkroutinen ist findet in der **historischen Zeit** statt.[144] Er ist **endzieloffen** und am Prinzip des Überlebens und der hinreichenden Satisfizierung situativer Erfolgskriterien orientiert.[145] Ein angeborener Mechanismus, der den Kognitionsapparat dazu triebe, eine vollkommene, wahre „Theorie" über die Wirklichkeit zu erstellen, existiert nicht.

Daß Kognitionsprozesse in der Zeit ablaufen, impliziert auch, daß sie Zeitressourcen binden und Energie verbrauchen. Die Orientierung in neuen Situationen, der Aufbau neuer Kognitionsroutinen oder deren Abwandlung durch Denkprozesse, die Akkumulation und qualitative Veränderung von „Wissen", all das braucht Zeit. Und je neuartiger, vielfältiger und interdependent miteinander verwoben die zu interpretierenden Phänomene und Aktivitäten sind, desto mehr Zeit wird der Orientierungsprozeß tendentiell brauchen, um eine erfolgssichere Kognitionsroutine zu entwickeln.

3. Die Orientierung von Individuen ist nach dem Prinzip der **Ähnlichkeit** organisiert und auf in der Situation aktivierte Motivationen (welche die situativen Erfolgskriterien definieren) hin ausgerichtet.[146] Verhaltens-

---

[144] Diese Annahme teilt das Modell mit dem evolutorischen Verhaltensmodell und widerspricht der zeitlosen Entscheidungslogik des Rational-Choice-Ansatzes.

[145] Diese Annahmen hat das hier vertretene Modell mit dem Konzept der bounded rationality (das z.B. auch North vertritt) und evolutorischen Verhaltenstheorien gemein.

[146] Diesem kognitionsmäßig bedingten Umstand trägt Blaseio (1986) mit seinem Kognos-Prinzip Rechnung. Er reflektiert hier die Theoriebedingungen ökonomischer Theorie und setzt das sogenannte Fuzzy-Reasoning (mit vagen, weil auf Ähnlichkeitsurteilen beruhen-

entscheidungen in der jeweiligen Situation werden also nicht vor dem Hintergrund *aller* möglichen Verhaltensalternativen, die allesamt einer Bewertung und Erwartungswertbildung unterzogen werden, getroffen. Statt dessen evozieren perzipierte Sinnesdaten die engrammierten Kognitionen, welche die größten Ähnlichkeiten zu den perzipierten Mustern haben und auf der Basis der gegebenen Interessenlage am interessantesten erscheinen. Entweder werden die in diesen evozierten Engrammen enthaltenen Verhaltensoptionen direkt ausgelöst, oder es wird von diesen ausgehend nach verwandten, erfolgswirksamen Verhaltensweisen gesucht. Diese Annahme einer erfahrungsbasierten Orientierung in der Wirklichkeit findet sich auch in den neueren ökonomischen Theorien, die von einer begrenzten Rationalität menschlicher Verhaltensorientierung ausgehen.[147] Zwar läuft das emotionale Zentrum durch seine spontanen affektiven und instinktgeleiteten Aktivitäten der Routinetendenz des Kognitionsapparates zuwider und kann veränderte Erfolgskriterien in ähnliche Situationen einbringen und zu Umdeutungen führen. Aber durch die Evokation identifizierter Engramme werden auch die früheren Erfolgsmotivationen aktiviert, so daß diese die spontanen Affekte überdecken und verdrängen können. Dies gilt gerade für Verständigungssituationen, da diese aufgrund der vermachteten, mit Sanktionserinnerungen verbundenen Lerngeschichte starke Impulse zur Wiederholung bewährten Verhaltens auslösen.

4. Wirtschaftssubjekte haben nicht nur ex ante **unvollkommenes Wissen** über „die" Wirklichkeit, sondern werden, indem sie sich in ihren subjektiv gedeuteten Wirklichkeiten zu orientieren lernen, auch niemals (ex post) den Stand vollkommener Information erreichen können. Lediglich die Entwicklung von Kognitionsroutinen, die sich als hinreichend erfolgswirksame Orientierungen pragmatisch bewähren, ist möglich.

Kognition bildet „die" Wirklichkeit nicht im Inneren des Individuums ab. Da Kognition der tätigen Orientierung des Handeln müssenden Menschen in seiner Umwelt dient, hat sich der Kognitionsapparat im Zuge der phylogenetischen und ontogenetischen Evolution zu einem System mit Freiheitsgraden entwickelt, das auf die Erzeugung viabler

den Prädikaten) an die Stelle der alten Vorstellung exakter Begriffe. Bemerkenswert ist hierbei insbesondere, daß er das epistemische Vorgehen über Ähnlichkeiten als Grund- und Vorbedingung für Kreativität annimmt. Vgl. Blaseio (1986) S. 115-134

[147] Vgl. Arthur (1990; 1992) und Holland et al. (1986)

Verhaltensorientierungen hinsichtlich pluraler Erfolgskriterien ausgerichtet ist. Der Kognitionsprozeß umfaßt in der Folge die aktiv Gestalt-
bildende, normative, selektive sowie pragmatische Deutung von Wirklichkeit. Bedeutungen sprachlicher Zeichen weisen diesen Charakter
der pragmatischen Orientierung folglich ebenfalls auf. Menschliches
Wissen über die Umwelt hat die Form von „Bedeutungen", also nicht
von abgebildeten Wirklichkeitsausschnitten. Nur ein Teil des Wissens
kann in Form sprachlicher Bedeutungen formuliert werden.

5. Verhalten ist sowohl in der Zeit **stabil**, da Routine- und Verstetigungs-
tendenzen unterworfen, als auch kreativ und **kontingent**. Die Intersubjektivität von Kognitionsroutinen, mittels Verständigung hergestellt, wirkt durch die hohe Relevanz sprachlicher Interaktionen für den
Erfolg kognitiver Orientierung als zusätzliche Verstetigungstendenz.
Obwohl also jederzeit kreative Veränderungen von Kognitionsroutinen
auftreten können, wird der Veränderungsprozeß von Kognitionsroutinen in der Zeit aufgrund der Routinetendenz des Kognitionsapparates
und der Praxis sprachlicher Verständigung immer ein **langsamer
Wandel** individueller, wie auch kollektiver Verhaltensweisen sein.

6. **Dominanz sprachgeleiteter Kognition**: Aufgrund emotionaler, sozialer und ökonomischer Abhängigkeiten ist die mitmenschliche Umwelt
der zentrale Teil der Selektionsumgebung eines Individuums. Die
Gruppe, der ein Individuum zugehört, nimmt passiv (in Interaktionen)
und aktiv (in Verständigung) gestaltenden Einfluß auf die kognitive
Orientierung des Individuums. Dies gilt insbesondere in den ersten
Jahren, in denen die Grundlagen der kognitiven Orientierung in der
Wirklichkeit aufgebaut werden. Am Ende dieses Entwicklungsprozesses
sind die Kognitionsroutinen des Individuums so stark durch die in der
Verständigung erworbenen Interpretationsmuster seiner Sprachspiel-
gemeinschaft(en) überformt, daß er/sie sich kognitiv fast ausschließlich
durch die „Brille" seiner aktiv beherrschten Sprachspiele orientiert bzw.
daß die sprachliche Kognitionsebene fast immer im Kognitionsprozeß
mit aktiviert ist.

Deshalb und weil wissenschaftliche Beschreibungen notwendig sprachlich operieren, lassen sich individuelle Aktivitäten nicht als subjektives
Handeln beschreiben, sondern lediglich als intersubjektivierte oder
intersubjektiv angeglichene Deutungen. Partielle, rein individuell subjektive Sinnsysteme können sich nur bei gleichzeitigem Verzicht auf
sprachliche Kommunikation entwickeln. Durch die grundlegende ur-

sprüngliche sprachliche Prägung von Kognitionsroutinen ist eine vollständig subjektive Kognition aber nicht mehr zu erreichen. Sowohl durch Abhängigkeitsverhältnisse zu anderen Menschen, als auch durch die praktische Durchführung sprachlicher Kommunikation wird der Aufbau von Sprache unbeeinflußter subjektiver Bedeutungssysteme behindert.

7. Neben der Überformung subjektiver Kognitionssysteme durch Sozialisierung in Sprache ist die sogenannte **Familiarization** und Imitation eine weitere Ursache intersubjektiv ähnlicher Interpretationen. Subjekte treffen in ihren ersten kognitionsprägenden Jahren auf eine von anderen Menschen gestaltete Umwelt. Sie gewöhnen sich daran, die konkreten Anordnungen von Objekten zueinander im Raum, Strukturierungen und Abgrenzungen von Räumen für normal zu halten und werden in der Regel dazu neigen, diese Anordnungsregelmäßigkeiten zu wiederholen, auch wenn sie die Aktivitäten, mit denen andere Personen diese Strukturierungen erzeugen, nicht unmittelbar beobachten. Insofern enthalten auch die „Dinge" der sozial gestalteten Umwelt pragmatische Bedeutungen, die aufgrund angeborener Perzeptionsregelmäßigkeiten von Individuen zu gleichen Kognitionen Anlaß geben.[148]

Hinzu kommt, daß die reine Imitation und Habitualisierung beobachteter Verhaltensweisen und Umweltstrukturierungen anderer zu Angleichungen von Situationsmerkmal-Verhaltens-Kombinationen führen. Gewisse Übereinstimmungen im Kognitionsprozeß implizieren aber immer dann keine intersubjektiv gleichen Bedeutungssysteme, wenn der normative Hintergrund, vor dem die Situationsdeutung vorgenommen wird, unterschiedlich ist. Subjektive Kognitionsroutinen, die eine einigermaßen konfliktfreie soziale Interaktionspraxis ermöglichen (Koexistenz), also eine gewisse intersubjektive Komplementarität von Verhalten aufweisen, können für die BeobachterIn so koordiniert wirken, als läge ein Koordinationssprachspiel vor. Im Unterschied zu letzteren liegt hier aber nur ein blinder Anpassungsprozeß, kein aktives Verständigungslernen und -lehren vor. Die Wahrscheinlichkeit, daß sich hier intersubjektiv gleiche Bedeutungen ausprägen, ist gering, es sei denn, instinktgeleitete Bewertungen sind dominant.

---

[148] Die Betonung des Aspekts der Familiarization und des in den Dingen enthaltenen sozialen Wissens findet sich bei Bourdieu (1976).

8. Die Möglichkeiten **gelingender Verständigungsprozesse** zwischen Menschen sind **begrenzt.** Grundsätzlich gilt, daß Menschen, die der **gleichen Sprachspielgemeinschaft** angehören, sich miteinander verständigen können, da sie in ihrem Spracherwerbsprozeß intersubjektiv komplementäre und übereinstimmende Kognitionsroutinen ausgebildet haben.

9. Für die (begrenzte) Möglichkeit gelingender Verständigung zwischen Angehörigen **verschiedener Sprachspielgemeinschaften** gilt folgendes: Grundsätzlich können in einem gegenseitigen Sprachlernprozeß gemeinsame Kognitionsroutinen ausgebildet werden. Es muß gelernt werden, andere sprachliche Zeichen mit gleichen Engrammen zu verknüpfen (Übersetzung) oder neue prototypische Kognitionsroutinen, die mit sprachlichen Zeichen des anderen verknüpft sind, aufzubauen (Lernen neuer Interpretation). Ein solcher Lernprozeß braucht aber Zeit und die Bereitschaft. Verständigung zwischen verschiedenen Sprachspielgemeinschaften wird also nicht von Anfang an gelingen. Neben der Bereitschafts- und Zeitrestriktion besteht das Problem, daß sich die Zeichensysteme, die semantischen Felder von Sprachspielgemeinschaften sowie die Lebensformen und Lebensumwelten unterscheiden.

Die Unterschiedlichkeit der Zeichensysteme kann durch Übersetzungslernen überwunden werden. Bedingung für die Verknüpfung alternativer Zeichen (Klangperzeption und -artikulation) mit bestehenden Engrammen ist, daß die Bedeutungen semantisch *und* pragmatisch übereinstimmen. Die Sprachforschung zeigt, daß eine solche Übereinstimmung insbesondere für Benennungssprachspiele von sinnlich wahrnehmbaren konkreten Dingen und Prozessen relativ wahrscheinlich ist. Da hier angeborene (universelle) Mechanismen der Gestaltwahrnehmung wirken, wozu auch die Regelmäßigkeit der Bildung prototypischer Konzepte, Unterklassen und übergeordneten Kategorien gehören.[149] Sind die Umweltgegebenheiten oder die Erfolgsorientierungen der beiden Sprachspielgemeinschaften sehr unterschiedlich, ist es wahrscheinlich, daß allein mangels sinnlicher Erfahrungen (Perzeptionsmöglichkeiten) mit bestimmten Phänomenen keine Engramme vorliegen, die mit den sprachlichen Zeichen der anderen verknüpft werden können. Neue, ungefähr passende Engramme können entweder

[149] Vgl. Zimmer (1995) S. 145-163

durch Anreicherung des sinnlichen Erfahrungshorizonts aufgebaut
werden oder indem verbal über Vergleiche mit bekannten Phänomen
eine Vorstellung vom Bezeichneten erzeugt wird.[150]
Wesentlich problematischer ist der Umstand, daß die in Benennungssprachspielen verwendeten Zeichen vieldeutig sind.[151] Die hohe Wahrscheinlichkeit, daß insbesondere abstrakte Bedeutungen zwischen den
Sprachspielen differieren, führt zu weiteren fundamentalen Verständi-
gungsproblemen.[152] Da die kognitive Identifikation eines sprachlichen
Zeichens nicht nur die situativ passendste evoziert, sondern – mit
schwächerer Erregung – auch alle assoziierten Verwendungen des Zeichens in anderen Sprachspielen (Konnotationen), werden auch bei
konkreten Zeichenverwendungen abstrakte (tendentielle unterschiedliche) Bedeutungen mit aktiviert, was eine gelingende Verständigung
nachhaltig behindern kann, da die Thematisierung solcher eher impliziten und kaum bewußten Assoziationen schwer möglich ist.
Verwenden die Sprachspielgemeinschaften zwar gleiche Zeichen einer
natürlichen Sprache, aber in unterschiedlichen Bedeutungen, ist das
Lernen des neuen Codes oft doppelt schwierig, weil die Routinetendenzen des Kognitionsapparates bei dem vertrauten Klang spontan immer
die übliche Bedeutung evozieren werden. Die Leichtigkeit des Rückfalls
in das eigene Sprachspiel macht mißlingende Verständigung hier hoch
wahrscheinlich. Dem wirkt nur entgegen, daß die unterschiedlichen
Codes *eines* Zeichensystems auf gemeinsame Wurzeln zurückgehen, als
Variationen im Zuge des (langsamen) Sprachevolutionsprozesses entstanden sind und sich insofern zwar in den Bedeutungen auseinander-
entwickelt haben. Ihre nähere oder fernere Verwandtschaft führt aber
zu hohen grammatischen, semantischen und pragmatischen Ähnlichkeiten, so daß die Überbrückung der Unterschiedlichkeit von Sprachspielen u.U. auch leicht sein kann. Die Verständigung mit Mitgliedern
anderer Sprachspielgemeinschaften erfordert aufgrund der Eigenschaften des Kognitionsprozesses also sowohl Zeit, knappe Bewußtseinskapazitäten, Widerstand gegen Routinemechanismen, als auch
Lernbereitschaft und wird auch dann nur begrenzt möglich sein.

---

[150] In diesem Sinne ist die Aussage Hocketts (1966) zu verstehen „Die Sprachen unterscheiden sich weniger in dem, was in ihnen gesagt werden kann, sondern darin, wie leicht
es sich sagen läßt." (zitiert nach Zimmer (1995) S. 134 f.)

[151] Vgl. hierzu auch genauer Abschnitt 5.2.5 und 5.2.7

[152] Dies belegt Zimmer (1995) S. 159 f.

4.3.2 Methodische Konsequenzen für die Ökonomik

Der vorangegangene Abschnitt zeigt, daß das ökonomische Menschenbild aufgrund der Ergebnisse des sprachintegrierten Kognitionsmodells modifiziert werden muß. Zumindest falls die Ökonomik eine interdisziplinäre Konsistenz mit anderen Wissenschaftszweigen anstrebt.

Das gängige mikroökonomische, entscheidungstheoretische Fundament kann in seiner strengen Dreiteilung Information/Wissen-Präferenzen-Handlungen aus der Perspektive einer sprachintegrierten kognitionstheoretisch fundierten ökonomischen Verhaltenstheorie nicht aufrechterhalten werden. Die kognitionstheoretischen Positionen zeigen, daß eine Getrenntheit dieser Konzepte im realen Kognitionsprozeß nicht beobachtet werden kann. Normative Aspekte (Gefühle, Steuerungsinstanzen) beeinflussen die Strukturierung von Wirklichkeitskonstrukten und sind selbst unablösbar Teil solchen bedeutungsförmigen Wissens. Handeln ist wiederum selbst Gegenstand des Erlebens und hat jenseits seines Beitrags zu einer ökonomisch definierten Zielerreichung Auswirkungen auf die emotionale Situation. Rückkopplungsprozesse zwischen den kognitiven Phasen verursachen die Selektion von Aufmerksamkeit, den Rückgriff auf beschränkte Teile von Wissen. Es ist aus ökonomischer Sicht nicht entscheidbar, ob die vom Kognitionsapparat vorgenommene Auswahl optimales ökonomisches Verhalten bewirkt oder auch nur bewirken könnte. Die Differenzierung von ökonomischer Praxis in Handeln, Verhalten und Erleben ist vor dem Hintergrund der Kognitionstheorie also nicht mehr möglich.

Insgesamt kommen wir zu dem Ergebnis, daß die heutige Kognitionstheorie die üblichen mikroökonomischen Begrifflichkeiten, die eine Hinterlassenschaft des Leib-Seele-Dualismus, Subjekt-Objekt-Trennung und Subjekt-Subjekt-Trennung sind, sprengt. Die Unterscheidungen, die diese Begrifflichkeiten ermöglichen, sind aus kognitionstheoretischer Sicht keine passende Beschreibung für die Orientierung von Wirtschaftssubjekten in der ökonomischen Wirklichkeit. Bedeutungen, im Sinne von stabilisierten Kognitionsroutinen des Subjekts, sind ein fester Zusammenhang von (perzipierter) Umwelt, selektiv-normativer Deutung sowie erfolgsbezogenen Aktivitäten. Orientierungswissen von Akteuren ist die Gesamtheit von gespeicherten Bedeutungen, die der Akteur zur materiell-energetischen und semantischen Kommunikation mit seiner Umwelt einsetzt. Dieses Orientierungswissen, das Vermögen an verfügbaren **Interpreta-**

tionskonstrukten, besteht aus Prozeßregelmäßigkeiten, in denen positive, normative und Praxis-Bestandteile zu einer Einheit verbunden sind. In der im Kognitionsprozeß erzeugten Bedeutung sind deutendes Subjekt, wahrnehmend gedeutete und handelnd interpretierte Wirklichkeit zu einer Einheit mit zeitlich, räumlich und semantischer Ausdehnung zusammengefaßt. Das kognitiv aktive Subjekt ist ein Subjekt *in* Beziehung zu sich selbst und seiner menschlichen und sonstigen Umwelt.[153]

Der Umstand, daß individuelle Sinnsysteme in dominanter Weise durch sprachliche Verständigung in interindividuelle, intersubjektiver Sinnsysteme überformt werden, bewirkt zusätzlich, daß ein Individuum nicht nur in Beziehung ist, sondern sich und „die Welt" zum großen Teil in Verständigungs-, d.h. sozialen Beziehungen interpretiert, die Welt gleichsam durch die „Brille" seiner Sprachspiele begreift.[154] Da die in Sprachspielen gelernten Bedeutungen in eine Verständigungspraxis eingebundenen sind, ist eine mit Sprachspielregeln verbundene Kognitionsroutine, auch wenn es nicht bewußt ist, Teil dieser Verständigungspraxis. Die Verhaltensäußerung ist deshalb notwendig uneindeutig: Sie ist meinender Appell an das Gegenüber (Selbst, anwesende oder vorgestellte Bezugsperson, nicht-menschliche Umwelt) *und* verstehende Verhaltensantwort auf perzipierte oder vorgestellte Äußerungen dieser inneren und äußeren Gegenüber.

Ein Tun ist folglich keine „Handlung an sich", sondern Ausdruck eines kognitiven Interpretationsprozesses im Zuge eines Verständigungsprozesses mit an- oder abwesenden Mitgliedern der Sprachspielgemeinschaft. Dies gilt für individuelles Tun. Aber in noch stärkerem Ausmaß gilt dies für Tätigkeiten mehrerer Individuen, die in einem spezifischen Neben-, In- und Nacheinander zu Sozialhandlungen zusammengefügt werden (z.B. die Unternehmung, Tausch, Kauf, Transaktionen allgemein, wirtschaftspolitische Maßnahmen). Diese komplexen raum-zeitlich-semantischen Tätigkeitsstrukturen sind nicht nur Interpretationen, die nach gelernten Formen sprachlicher Bedeutungen durchgeführt werden,

---

[153] Hier zu beachten: Beziehung ist nicht eine feste Struktur, sondern Ereignis zwischen den beteiligten Bezugspersonen. Bei wiederholten Beziehungsereignissen zwischen gleichen Personen läßt sich häufig feststellen, daß sich die Beziehungsmuster in der Zeit stabilisieren, Musterähnlichkeiten aufweisen. „Eine Beziehung *haben*" weist darauf hin, daß die Beteiligten dauerhaft Beziehungsereignisse erleben. Eine bestimmte Art von Beziehung zu haben (Liebes-, Geschäfts-, Freundschaftsbeziehung usw.) hebt hervor, daß das stabile Beziehungsmuster bestimmte Charakteristika und Rollenkonzepte beinhaltet.

[154] Vgl. auch Fischer (1990)

sondern sie sind Verständigungshandlungen, die *innerhalb* dieser gelernten intersubjektiven Kognitionsroutinen durchgeführt werden. Der kognitive Orientierungsapparat ist dialogisch angelegt.[155]

Wenn wir also davon ausgehen, daß Wirtschaftssubjekte sich anhand sozialer Konstruktionen von Wirklichkeiten orientieren, so beinhaltet dies viererlei.

1. Ein großer Teil der handlungsrelevanten Wirklichkeit eines Menschen setzt sich aus sozial, d.h. im Zusammenspiel von Menschen, hervorgebrachten Phänomenen zusammen.

2. Das Individuum übernimmt (durch Lernen in Verständigungen) einen großen Teil der Interpretationspraxis der für ihn relevanten Gruppen, so daß es zur Orientierung in seiner Umwelt intersubjektiv komplementäre und gleiche Interpretationen (soziale Konstruktionen) anwendet.

3. Das Individuum versteht sich aufgrund der Dialogik seines Kognitionsapparates als Teil der sozialen Gruppen, in denen es agiert; Es wird so zum aktiven Mitgestalter der sozial konstruierten Wirklichkeit.

4. Das Individuum nimmt Teil am sozialen Diskurs seiner Bezugsgruppen über die gemeinsam vorgefundene und erzeugte Wirklichkeit (und sei es nur durch Selbstreflektion). Auch die sozial erzeugte, sprachlich explizierte Deutung der gemeinsamen Wirklichkeit ist ein Prozeß der (reflektierenden) sozialen Konstruktion von Wirklichkeit.

In allen vier Aspekten zeigen sich die dominanten Einflußkanäle sozialer Interpretationen auf individuelle Wirklichkeitskonstruktionen.[156]

Unser sprachintegriertes Kognitionsmodell zeigt folglich nicht nur, daß die semantische und materiell-energetische Dimension von Handlungen in der „Interpretation" (definiert als *durch kognitive Deutung kontextuierte Verhaltensäußerungen von Individuen*) untrennbar verbunden sind. Sondern es zeigt auch, daß die Interpretationen von Subjekten in der Regel Teil von Sprachspielen sind. Ökonomische Akteure vollziehen insofern Tätigkeiten in Beziehung zu bestimmten Mitgliedern *ihrer* Sprachspielge

---

[155] Vgl. Pöppel (1988) Kapitel 17

[156] Vgl. zur sozialen Konstruktion von Wirklichkeit grundlegend Berger, Luckmann (1995; 1999), empirisch konkret für das Beispiel gesellschaftlicher Konstruktion von „Krankheit" resp. „Gesundheit" Jacob (1995)

meinschaft(en), und diese Tätigkeiten sind im Sinne der innerhalb dieser
Sprachspielgemeinschaften intersubjektiven Interpretationen gemeint.[157]

Wenn man die Aufgabe der Ökonomik als die sprachliche Rekonstruktion bestimmter Aspekte empirischer ökonomischer Sprachspiele versteht,
dann muß es hier um die von den AkteurInnen gemeinten und verstandenen, kognitiv geschaffenen und motorisch-sensorisch geäußerten Interpretationen gehen. Der traditionelle Untersuchungsgegenstand der Mikroökonomik, nämlich ökonomisches Handeln bzw. Verhalten, besteht vor
dem Hintergrund der hier erläuterten Kognitionstheorie nicht aus den
motorischen (materiell-energetischen) Aktivitäten menschlicher Körper,[158]
sondern letztere sind Teil der Äußerung kognitiver Interpretationen durch
die AkteurIn selbst *und* die gemeinten VerständigungspartnerInnen *und*
die beobachtenden WissenschaftlerInnen. Man kann nun entweder den
ökonomischen Handlungsbegriff umdefinieren als kognitive und geäußerte Interpretation, oder, um Verwechslungen auszuschließen, den Untersuchungsgegenstand der Theorie ökonomischen Verhaltens als „kognitive und geäußerte ökonomische Interpretationen durch Wirtschaftssubjekte" bezeichnen. Damit wäre der Handlungs- bzw. Verhaltensbegriff in
eine soziale Interaktionspraxis eingebettet.

Die WirtschaftswissenschaftlerIn kann dann im Rahmen einer deskriptiven Theorie versuchen, unter Verwendung ihrer eigenen sprachgebundenen Interpretationsvermögen die Verständigungsregeln (Kognitionsroutinen) ökonomischer Sprachspiele sprachlich zu explizieren. Oder sie
kann kreativ neue Interpretationen entwickeln, an denen bestimmte Tätigkeitsmuster ein oder mehrerer Akteure als Verhaltensantwort anschließen oder welche Verhaltensantworten sinnvollerweise daran anschließen
könnten (therapeutische Neubeschreibung[159]). Da die kognitiven Routinen, die zur Realisierung eines Sprachspiels genutzt werden, vom Wirtschaftssubjekt zum größten Teil nicht explizit gewußt werden, kann die
Unterscheidung deskriptiver und kreativer Sprachspiele aus Sicht des
Wirtschaftssubjekts nicht genau gezogen werden. Schließlich kommt es

---

[157] Die zentrale Kategorie „Interpretation" schließt aufgrund der Dominanz intersubjekti-
vierter Kognitionsroutinen auch an den ökonomischen Begriff der Institutionen an (vgl.
Abschnitt 5.4.2). Der Wechsel zum Begriff der Interpretation betont aber die kognitive
Komponente, die jede Institution haben muß, und entfernt sich deshalb von der traditio-
nellen, dem Leib-Seele-Dualismus verhafteten Institutionenvorstellung i.S. einer reinen
Verhaltensregelmäßigkeit bzw. -ähnlichkeit.

[158] Vgl. Fuchs, Wingens (1986) S. 481

[159] Vgl. Rorty nach Fischer (1990)

darauf an, welche Sprechweise seiner eigenen Selbstbeschreibung seiner ökonomischen Sprachspielpraxis am nächsten käme.

Auch die WissenschaftlerIn kann letztlich nicht entscheiden, wann ihre sprachliche Sprachspielbeschreibung ein deskriptives, sekundäres Sprachspiel ist oder eine kreative Neubeschreibung, eine Umdeutung, die letztlich ein Angebot ist, die ökonomische Interpretationspraxis zu verändern. Sie versteht das ökonomische Sprachspiel, wenn sie darin korrekt agieren kann. Wann sie es aber korrekt beschrieben hat, kann sie weder aus der Zustimmung der Akteure, noch der wissenschaffenden KollegInnen erfahren.

Insgesamt rufen die Erkenntnisse der sprachintegrierten Kognitionstheorie sofort die Beobachterproblematik wach. Wie kann Wissenschaft überhaupt gemacht werden? Wie kann die „realisticness" von Theorien überhaupt noch geprüft werden? Diese Fragen können hier nicht abschließend beantwortet werden. Grundsätzlich legen die hier erläuterten Erkenntnisse aber nahe, daß die WissenschaftlerIn ihre Sprachspielgebundenheit und die der Wirtschaftssubjekte anerkennen und diese Restriktionen ihrer Rekonstruktionstätigkeit reflektieren sollte.

Zum anderen besteht Grund zu der Annahme, daß die empirische Forschung schwerpunktmäßig mit der wissenschaftlichen Methode der Fallstudie operieren sollte. Die Fallstudie bietet sich insofern an, als sie die spezifische Deutungspraxis sozialer Gruppierungen als die Ursache und zugleich die Folge von deren ökonomischer Verhaltenspraxis mit in die wissenschaftliche Beobachtung einbeziehen kann. Bezieht sich die wissenschaftliche Forschung nicht auf Sprachspielgemeinschaften, sondern auf bunt gewürfelte Individuen, dann sind deren semantische Bezugssysteme tendentiell so inkommensurabel, daß keine einheitliche soziale Deutungspraxis als wichtigste Erklärungsbasis ihrer individuellen Verhaltensweisen herangezogen werden kann. Insofern ist bei solchen Studien die Gefahr von Fehlinterpretationen besonders hoch. Fallstudien, die sich über die Grenzen gelingender Verständigungspraxis (Sprachspielgemeinschaften) abgrenzen, können hingegen das individuelle ökonomische Verhalten in seiner Abhängigkeit vom semantischen Kontext beobachten und verstehen. Verallgemeinernde Aussagen sind nur über vergleichende Studien der jeweiligen sozialen Interpretationspraktiken möglich. Ökonomische Forschung muß in der Folge anerkennen, daß sie mit den ganzen

Problemen ethnologischer, kulturwissenschaftlicher Wissenschaften behaftet ist und dafür Lösungen finden muß.[160]

Da aufgrund der Vieldeutigkeit sprachlicher Zeichen und der Kontextualität von Bedeutungen *eine, vollständige* korrekte Beschreibung von Sprachspielregeln sowieso nicht möglich ist, wird die wissenschaftliche Theorie notwendig ein Text sein, der eliptische, reduzierende, deskriptiv oder kreativ gemeinte Aussagen über die wichtigsten, relevanten Aspekte ökonomischer Interpretationspraxis anbietet.[161] Daß ökonomische Theorien notwendig unvollständig und eliptisch sein müssen, hat seine Ursache in der Vieldeutigkeit von Verständigungsereignissen.[162]

Im Bewußtsein der Vieldeutigkeit von kognitiven Bedeutungen arbeitet die neue kognitionstheoretisch fundierte ökonomische Verhaltenstheorie interpretationszentriert und hermeneutisch an der deskriptiven und kreativen sprachlichen Rekonstruktion ökonomischer Sprachspiele von konkreten Menschengruppen in konkreten Umwelten und innerhalb eines bestimmten Zeitraums. Die Reflektion von kulturellen Übereinstimmungen und Unterschieden von Sprachspielpraxis in der Zeit oder zwischen Sprachspielgemeinschaften ist darüber hinaus möglich, um allgemeinere Aussagen über ökonomische Praxis und über Erfolgswirksamkeiten bestimmter Sprachspielpraktiken zu generieren. Da die Ökonomik dabei notwendigerweise selektiv und eliptisch vorgehen muß, bedarf es der Reflektion, erstens was die Selektionskriterien der jeweiligen ÖkonomIn sind und zweitens auf welche (inter)subjektiven Erfolgskriterien hin die Theorieäußerung getätigt wird und welche Sprachspielgemeinschaft(en) die gemeinten Verständigungspartner sind.

Daß aufgrund von Vieldeutigkeit ökonomischer Verhaltensäußerungen keine vollständigen und universal gültigen Theorien möglich sind, ist vor dem Hintergrund älterer wissenschaftlicher Ideale ein unschönes Ergebnis und verpflichtet die WissenschaftlerIn zu Bescheidenheit in Geltungsansprüchen. Eine zweite Unannehmlichkeit besteht in darin, daß Wissenschaffende, weil sie sich sprachlicher Zeichen bedienen müssen, nur schwer neue Phänomene und Singularitäten entdecken, beschreiben und erklären können. Die routinegeleitete Kognition bewirkt, daß neuartige

---

[160] Vgl. zur Methodenreflektion der Sozialwissenschaften Lamnek (1995a; 1995b), ethnomethodologischer Forschung Garfinkel (1967; 1986) sowie als Einführung in die Problematik des Kulturbegriffs Wimmer (1996), Herrmann-Pillath (1999)

[161] Vgl. zur Eliptizität von Sprache auch Lenke, Lutz, Sprenger (1995) S. 84 f.

[162] Vgl. zur Problematik der Vieldeutigkeit auch Abschnitt 5.2.5

Phänomene und Wandlungsprozesse dem wahrnehmenden Subjekt tendentiell nicht auffallen.

Falls das neuartige oder singuläre Phänomen doch das subjektive Interesse weckt (Neugier, Ähnlichkeit zu angeborenen Schemata oder weil bisherige kognitive Orientierungen nicht mehr wie gewohnt zum Erfolg führen (Überraschung)), dann wird es unter Einbeziehung basaler, nichtsprachlicher Deutungssysteme interpretiert, weil ja aufgrund der Neuartigkeit keine sprachlichen Konstrukte dafür existieren. Versucht die WissenschaftlerIn das subjektiv gedeutete Phänomen in Sprache auszudrücken, muß sie sich sprachlicher Zeichen bedienen, die mit Bedeutungen verknüpft sind, welche mit Aspekten der subjektiven Interpretationen größtmögliche Musterähnlichkeiten aufweisen (Übertragung von Bedeutung). Wird aber durch Sprache auf Ähnlichkeiten des Neuen mit bereits Bekanntem hingewiesen, wird das Neue nicht mehr sehr neu und das Singuläre nicht so spezifisch wirken. Da Sprache immer über Ähnlichkeiten zu früheren Wirklichkeitsstrukturen beobachtet, können eben immer nur Ähnlichkeiten oder über die Verneinung Unähnlichkeiten thematisiert werden.

Singuläres Neues wird wissenschaftlich über Metaphernbildung und Neukombinationen um so wahrscheinlicher dann zugänglich, wenn das Phänomen oder seine Folgen dauerhaft und menschliches Interesse erregend fortexistieren. Und auch dann wird die wissenschaftlich beschriebene Wirklichkeit tendentiell stetiger und einförmiger wirken, als reale Phänomene vermutlich sind. Die Aufgabe, Neues zu entdecken und so den wissenschaftlichen Fortschritt voranzutreiben, ist durch die Sprachgebundenheit von Wissenschaft deshalb erschwert. Zu exotische Metaphern (also aus sehr entfernten Sprachspielen) wirken oft zu fremd und unseriös, als daß eine wissenschaftliche „cross-fertilization" angenommen wird, obwohl sie die Neu- oder Einzigartigkeit des Entdeckten am ehesten signalisieren könnten. Die bloße Umdeutung bestehender Begrifflichkeiten ist schwer, da die bestehenden Kognitionsroutinen stabil sind und der Diskurs unter WissenschaftlerInnen nur begrenzt über direkte Sanktionspotentiale verfügt (Reputation, soziale Diffamierung, Forschungsgelder, Zugang zu Zeitschriften oder Vortragseinladungen). Der Rückgriff auf fremdsprachige Zeichenschätze ist eine traditionellere Möglichkeit, um Neuartigkeit zu signalisieren und trotzdem seriös zu wirken, hat aber den Nachteil, daß die Theorie als „Fachchinesisch" nur noch für Minderheiten verständlich ist.

Als letzter Punkt ist die Frage zu stellen, inwieweit es wahrscheinlich ist, daß sich die wirtschaftswissenschaftliche Diskurspraxis in eine interpretationszentrierte Ökonomik umorientieren wird. Es wurden zwar reichlich Gründe dafür angegeben, warum die traditionellen Unterscheidungen nicht mehr sinnvoll zu treffen sind. Auch der Vorteil der interdisziplinären Konsistenz zu Kognitions- und Kommunikationstheorien, linguistischen Wissenschaften, Semiotik und Teilen der Ethnologie muß hier nur der Vollständigkeit halber erwähnt werden.

Gegen eine sprachspiel- bzw. interpretationsorientierte Ökonomik, die sich nicht mehr als Entscheidungstheorie versteht, könnte kritisch eingewendet werden, „Interpretation" klinge nicht real, nicht ernsthaft genug. „Wirtschaftssubjekte interpretieren nur noch und machen nichts mehr". Ein solches Verständnis des Interpretationsbegriffs steht allerdings in der Tradition der dreifach neutralen Sprachvorstellung, deren Obsoleszenz in dieser Arbeit zur Genüge dargestellt wurde. Jede LeserIn weiß bis hierher, daß Interpretationen den realen, physischen Ausdruck pragmatischer Bedeutung mit einschließt. Jedes Individuum ist Interpret oder Interpretin seiner/ihrer kognitiven Interpretationen. (Der Ausdruck „Interpret" ist hier durchaus analog zu der Bezeichnung von Künstlern, die einem Publikum Musikkompositionen darbringen, zu verstehen.)

Obwohl der Übergang zu „Interpretationen" als Kernphänomen ökonomischer verhaltenstheoretischer Untersuchungen also als *logische Konsequenz* kognitionswissenschaftlicher Erkenntnisse geboten ist, ist der Optimismus der Autorin, daß die Ökonomik einen solchen Paradigmenwechsel vornehmen wird, sehr begrenzt. Gerade aufgrund der Persistenz von Sprachspielregeln ist kaum zu erwarten, daß ÖkonomInnen ihre traditionellen Begrifflichkeiten (Information, Präferenz, Handlung usw.) all zu schnell aufgeben. Gerade die in Kapitel 1 und 3 dargestellte traditionelle Verhaftung der Ökonomik an einer neutralen Sprachkonzeption zeigt, daß die Ökonomik ganz tiefe Schichten ihrer paradigmatischen Grundannahmen und ihres begrifflichen Rahmens verändern müßte, wollte sie sich in eine interpretationsorientierte Ökonomik transformieren. Andererseits gibt es auch Anlaß zu einem gewissen Optimismus, denn mit den Ansätzen der hermeneutischen und der systemtheoretischen Ökonomik existieren bereits Theorien, die Interpretations- und Verständigungsprozesse fokussieren, und sowohl institutionentheoretische, als auch viele evolutorische Ansätze können mit einem interpretationsorientierten ökonomischen Paradigma leicht kompatibel gemacht werden.

4.4 Korrespondenz ökonomischer Termini mit dem sprachintegrierten Kognitionsmodell

Das vorgestellte sprachintegrierte Kognitionsmodell kann der Ökonomik als allgemeine verhaltenstheoretische Fundierung dienen. Es wird im folgenden überprüft, welche Modifikationen ökonomischer Begriffe vor dem Hintergrund dieses Modells notwendig sind.

Modifikation ökonomischer Begriffe.

4.4.1 Präferenzen

Mikro.

Der Begriff der „Präferenzen" steht in der Ökonomik für eine „Black Box", in der Erwägen, Gewichtung und Bewertung von gegebenen Handlungsalternativen in der Entscheidungssituation stattfindet. Das Wissen über die ökonomische Situation sowie die möglichen Handlungsalternativen werden als unabhängig von diesen präferenzordnenden normativen Kräften des Wirtschaftssubjektes und als gegeben angenommen. Wie die Darstellung des Kognitionsprozesses gezeigt hat, ist die Vielfältigkeit und Komplexität der Wirkungsbeziehung der normativen und selektiven Kräfte, die letztendlich zum Auslösen eines bestimmten Verhaltens führen, so groß, daß eine Black Box-Betrachtung hierfür ein sinnvolles Mittel der theoretischen Vereinfachung sein könnte.

Aus der Sicht der Kognitionstheorie erweist sich jedoch die Annahme als falsch, daß die präferenzordnenden Kräfte unabhängig von der gedachten Ordnung der Wirklichkeit, also dem mentalen Konstrukt der Situation, seien. Das Gegenteil ist der Fall, da die jeweiligen Leitinteressen, die bei der Interpretation von Wirklichkeit aktiviert sind, den selektierenden und strukturierenden Prozeß der Situationskonstruktion maßgeblich lenken.

Zum zweiten muß auch die Gegebenheit des Raums von Handlungsalternativen kritisiert werden. Für den Normalfall ökonomischer Handlungen ist der Alternativenraum nicht und auch nicht unabhängig von „den Präferenzen" gegeben. Wie gezeigt wurde, muß das Wirtschaftssubjekt sich den Alternativenraum seiner Handlungen erst lernend durch Versuch und Irrtum sowie Beobachtung anderer erarbeiten. Eine Handlung wird nur dann als situationsadäquate Alternative in das Handlungsspektrum aufgenommen, wenn sie sich als erfolgreich (satisfizierend) erwiesen hat. In diesem Fall wird sie aber durch die kognitive Tendenz zur

Routine auch immer wieder realisiert werden, es sei denn, Mißerfolge oder Kreativität geben Anlaß, nach neuen Handlungsideen zu suchen. Alternativen werden also vor allem generiert, wenn bestehende Handlungsmuster nicht mehr als satisfizierend empfunden werden. Da die Erfolgskontrolle nur unter der Beteiligung der normativen Kräfte, die auch für Präferenzordnungen tätig sind, möglich ist, ist zum einen die Generierung von Handlungsalternativen nicht unabhängig von präferenzordnenden Kräften möglich. Zum anderen ist der Alternativenraum nicht vor aller Zeit vollständig und intersubjektiv identisch gegeben, sondern wird erfahrungsabhängig vom Individuum aufgebaut. Dabei können auch bewährte Alternativen mit der Zeit in Vergessenheit geraten, wenn sie durch erfolgreicheres Verhalten abgelöst werden oder die jeweilige Situation im Leben des Individuums nicht mehr auftritt. Der Alternativenraum, innerhalb dessen Akteure ihr Verhalten bestimmen, nimmt also in der Zeit nicht nur zu. Zum dritten wird in diesem Aufbauprozeß kein neutrales, positives Wissen über die Handlungsmöglichkeiten gebildet, sondern sie werden direkt hinsichtlich ihrer situativen Erfolgswirksamkeit wahrgenommen und direkt in die Verhaltenssteuerung aufgenommen. Die Suche nach dem vollständigen Handlungsraum und nach der Handlung, die sich als maximierende erweist, ist im Kognitionsprozeß, wie gezeigt wurde, nicht angelegt. Vor allem ist die Generierung des Raums von Handlungsalternativen nicht unabhängig von „Präferenzen" möglich.

Die getrennte Betrachtung von „Präferenzen", „Informationen" und „Handlungen" ist also aus kognitionstheoretischer Sicht eine nicht zutreffende Beschreibung realer Entscheidungsprozesse von Wirtschaftssubjekten über ökonomisches Handeln.

Außerdem hat sich gezeigt, daß die von Ökonomen gewünschten Eigenschaften von Präferenzen (zeitliche Konstanz, Transitivität, Monotonie, Vollständigkeit usw.) im Rahmen menschlicher Verhaltenssteuerung nicht gegeben sind. Die Kräfte und verschiedenen Ebenen, die im kognitiven Steuerungskomplex selektierend und bewertend wirksam werden, weisen eine hohe Komplexität und innere Verflechtung auf. Es tritt aufgrund der teilweisen Autonomie von Steuerungssystemen und aufgrund der möglichen Gleichzeitigkeit bestimmter Motivationen *regelmäßig* eine erhebliche Vielfalt von Zielkonflikten und (unter Umständen) von Ambivalenzen auf. Diese Zielkonflikte werden auf intersubjektiv unterschiedlichste Weise, zum Teil arbiträr und in der Zeit nicht unbedingt stabil in der Entscheidung für ein einziges innerlich konsistentes

Verhaltensprogramm einer Lösung zugeführt. Da die Verhaltensentscheidung innerhalb der komplexen normativen Landschaft in der Regel unter
gewissem Zeitdruck prozessiert wird, muß man sich den Auswahlprozeß
(Präferenzordnung) eher als einen kontingenten Operationsmodus vorstellen, der aber strukturell zu Pfadabhängigkeit neigt.

Vor dem Hintergrund der kognitionstheoretischen Theorie ökonomischer Verhaltensorientierung ist der eingebürgerte Begriff der „Präferenzen" also insgesamt als unbrauchbar zu beurteilen. Fraglich ist, ob die
Ökonomik einen Ersatz für diesen Begriff braucht. Das betrachtete Kognitionsmodell hat gezeigt, daß normative und selektive Kräfte an vielen
unterschiedlichen Punkten des Prozesses und in ganz unterschiedlicher
Weise wirksam werden. Es ist deshalb nicht möglich, diese sinnvoll zu
einem einheitlichen Begriff zusammenzufassen, würden doch sowohl genetisch fixierte Leitinteressen, die auf Überlebenssicherung und Arterhalt
zielen, als auch Emotionen oder durch Sozialisation übernommene moralische Werte und Normen in einen Topf geworfen.

Aufgrund der Abhängigkeit der Wirklichkeitskonstruktion von situativ
wirksamen selektiven und normativen Leitinteressen ist ein simpler Wort-
ersatz für das Black Box-Konzept „Präferenzen" sowieso nicht geboten.
Statt dessen ist es sinnvoller von einer **kognitiven Orientierung** von Verhalten zu sprechen. Denn der Begriff der Orientierung impliziert bereits
die untrennbare Einheit von mental konstruierter Wirklichkeitsvorstellung und den bei dieser Konstruktion wirksam werdenden selektiven und
normativen Leitinteressen. Der Orientierungsprozeß verweist darauf, daß
es sich bei Kognition um einen Such- und Entdeckungsprozeß handelt, in
dem das zu lösende Problem, die als „Lösung" empfundene Satisfikations-
größen und das „Wissen" über die realen Ursachen der Problementstehung simultan herausgefunden werden müssen.

Auch wenn die Phänomene, die üblicherweise unter dem Begriff „Präferenzen" zusammengefaßt werden, vielgestaltig und von sehr unterschiedlicher Natur sind, kann die Ökonomik nicht darauf verzichten, die
situationsspezifischen Motivationsstrukturen der Wirtschaftssubjekte sowie die typischen Wirkungsweisen des emotionalen und Aufmerksam-
keitszentrums differenzierter zu betrachten. Aufgrund der Routinetendenz
des Kognitionsapparates, der in ähnlichen Situationen tendenziell ähnliches Verhalten auslöst, können stabilisierte Verbindungen zwischen spezifischen Interessenstrukturen und spezifischen Situationstypen unterstellt
werden. Instinktive und triebhafte Schemata sind angeborene Verbindun-

gen von Situationsaspekten-Motivationen-Verhaltenstendenzen, die allerdings erfahrungsgeleitet und durch die höheren Steuerungsebenen spezifiziert und konkretisiert werden. Aber auch durch Erfahrung erwerben die
Wirtschaftssubjekte z.T. kontingente kognitive Verknüpfungen von situationsspezifischen Motivationen und Verhaltensmustern.

Neben den Routinetendenzen berechtigt auch die Sprachdominiertheit
individueller Kognitionen dazu, stabilisierte Verknüpfungen von Situationsspezifika, Motivationen und Verhaltensweisen anzunehmen. Allerdings stellen Sprachspielregeln insbesondere eine Verknüpfung von Situationsspezifika, sprachlichen Zeichen und sonstigen Verhaltensweisen her.
Bezogen auf die spezifische Sprachspielsituation bestehen zumindest teilweise interindividuell gleiche Motivationsstrukturen. Sprachspiele könnten also einen Anhaltspunkt bieten, um die Black Box „Präferenzen" zwar
nicht in ein intersubjektiv identisches, historisch unwandelbares, univer-
sales Bewertungsgerüst aufzulösen, jedoch um sprachspiel-, gruppen- und
rollenspezifische typisierte Motivationsstrukturen individueller Verhaltensorientierungen in spezifischen Verhaltenssituationen zu identifizieren.

4.4.2 Information

Wie in Kapitel 3 erörtert steht der Begriff der „Informationen" in der
Ökonomik an exponierter Stelle, da angenommen wird, daß die Wirtschaftssubjekte ihre Verhaltensentscheidungen auf der Basis von und
orientiert an ihren Informationen über Wirklichkeit treffen. Das Ausmaß
der Vollständigkeit und der intersubjektiven Übereinstimmung war in
diesen Vorstellungen von entscheidender Bedeutung für die mögliche Rationalität und Effizienz individueller Verhaltensstrategien.

In der Ökonomik wird der Begriff der Information im Wesentlichen in
zwei Bedeutungen verwendet:

1. Information als der *Prozeß* der Wissensveränderung eines Subjektes.
   Indem das Wirtschaftssubjekt sich informiert, verändert sich sein Wis-
   sensbestand. In der Regel wird diese Wissensveränderung als quantita-
   tive gedacht (Wissensakkumulation).

2. Information als objektiv wahres Wissen über einen Ausschnitt der
   Wirklichkeit (Wissenspartikel). Es kann sowohl ontisches Wissen über
   die Existenz von Dingen und Menschen sowie von Eigenschaften oder

Prozessen umfassen, als auch Wissen über Kausalitäten und Regelmäßigkeiten zwischen solchen kategorisierten Phänomenen.

Sprechen ÖkonomInnen davon, daß Wirtschaftssubjekte „sich informieren" (Wissensakkumulation), werden in der Regel implizit Informationen
im zweiten Sinne (objektive Wissenspartikel) unterstellt. ÖkonomInnen
der bounded rationality oder Evolutorik gehen aber auch von der Möglichkeit qualitativer Wissensveränderungen aus: ein altes Wissen wird
durch ein neues, besseres, wahreres Wissen ersetzt (Wissenssubstitu-
tion).[163] Dieser Prozeß der Wissensveränderung, der sowohl akkumulie-
renden, als auch substituierenden Wissenserwerb umfaßt, wird mit dem
Begriff des *Lernens* bezeichnet. *in Ökonomik*

Es ist unterschiedlich, wie sehr hierbei von der Annahme der Möglichkeit objektiven Wissens abgegangen wird. Im einfachsten Fall wird unterstellt, daß sich „das" objektiv wahre Wissen (bzw. Informationen) und sein
Wahrheitsgrad im Zuge der sich verändernden sozio-ökonomischen
Wirklichkeit ändern kann. Dann dient der Erwerb neuen objektiven Wissens der Bemühung, „auf dem neuesten Stand" zu bleiben und von diesem
ausgehend die erfolgssichersten Verhaltensentscheidungen zu treffen (so
etwa bei der Annahme der unvollständigen Information). „Informationen" sind hier nur noch die *in einem bestimmten Zeitraum* wahren Wissensbestandteile. Sie haben sozusagen ein „Verfallsdatum". Unterstellt
wird hierbei, daß es Personen gibt, die „das" aktuell wahre Wissen fehler-
frei von falschem Wissen unterscheiden können, die entweder ein privile-
giertes Kognitionsvermögen oder privilegierten Zugang zu bestimmten
Sinnesdaten haben.

Dies trifft auch auf die Theorie der asymmetrischen Information zu.
Hier können bestimmte Personen systematisch vom Erwerb bestimmter
Informationen (nämlich über individuelle Verhaltenspläne und Qualitäten) ausgeschlossen werden und durch falsche, erlogene „Informationen"
desinformiert werden. In dieser Welt wahren, unwahren und unsicheren
Wissens, zeichnet der Begriff „Information" nur noch die wahren bzw.
sich real verwirklichenden Wissenspartikel aus, der Rest sind Lügen und
Phantasien. Angenommen wird hierbei immer noch, daß alle Wirtschaftssubjekte die selben Wissensbestandteile als „Informationen" auszeichnen
würden, wenn ihnen nur alle Wirklichkeitsphänomene zugänglich ge-

---

[163] Vgl. Wessling (1991)

macht würden. Sie haben also alle die selben Wahrheitskriterien und Methoden der Wahrheitsfindung.

Im Sinne der ÖkonomInnen, die sich mit Ideologien, Interessengruppen und kulturellen Frames befassen, trifft auch das nicht mehr zu, d.h. die Wahrheit von „Informationen" wird gruppen- oder subjektrelativ. „Informationen" haben innerhalb der Gruppe oder des Subjekts identische Bedeutungen, aber aus der Sicht verschiedener Gruppen oder verschiedener Subjekte unterschiedliche Bedeutungen. Auch von Hayeks Behauptung, daß Wissen dezentral verteilt sei und daß aus der Gesamtheit aller Informationen für die einzelnen Wirtschaftssubjekte unterschiedliche Informationen handlungs- und erfolgsrelevant seien, impliziert, daß „Informationen" (trotz interpersonell gleicher Repräsentation von Wirklichkeitsausschnitten) intersubjektiv unterschiedliche Bedeutungen – aufgrund der unterschiedlichen Erfolgsrelevanz – haben. Hier ist zu unterstellen, daß Wirtschaftssubjekte mit gleichen Handlungsfeldern und Selektionsumgebungen Informationen ähnliche Bedeutungen zuschreiben, da für sie ähnliche Phänomene erfolgsrelevant sind. Denn die in der Neuen Wachstumstheorie und Evolutorik so viel beachteten Wissens-Spillover-Effekte unterstellen letztlich wieder den traditionellen ökonomischen Begriff objektiv wahrer Informationen, die intersubjektiv identische Bedeutung haben.[164]

Ein streng subjektiver Informationsbegriff macht für die Ökonomik letztlich keinen Sinn. Zwar gehen österreichische und evolutorische Ansätze von Subjektvität, d.h. intersubjektiv unterschiedlichen, veränderlichen Wissensbeständen, Zielorientierungen und relevanten Selektionsumgebungen aus. Für die Theorie ist die Subjektivität der Sinnsysteme insofern irrelevant, als sie davon ausgeht, daß die denkunabhängig gegebene ökonomische Realität (Selektionsumgebung) die ökonomischen Erfolge des *Verhaltens* der jeweiligen Wirtschaftssubjekte determiniert. Sowohl das Verhalten, als auch der „Erfolg" der Wirtschaftssubjekte wird von den TheoretikerInnen in sozialen, sprachlichen Kategorien beschrieben und die Erfolgsgröße (Profit) als intersubjektiv übereinstimmend angenommen. Allerdings wird in der Regel angenommen, daß die Handlungsorientierung mittels möglichst vollständiger, aktuell wahrer, relevanter Informationen die Erfolgswahrscheinlichkeit erhöht. Außerdem kann das kreative Wirtschaftssubjekt neue „Informationen" erfinden und sich in der Realtität bewähren lassen (in einem Such- und Entdeckungsverfahren)

---

[164] Vgl. hier beispielhaft Klodt (1995)

und so den Wissens- und Realitätswandel mitbetreiben. Es wurde bereits erläutert, daß mit einem solchen streng subjektiven Informationsverständnis ein sprachliches Verständigungssystem nicht funktionieren kann sowie daß die soziale Koordination ökonomischen Handelns folglich unerklärbar wird. Inkonsistent ist dann auch, daß ÖkonomInnen davon ausgehen, diese streng subjektiven Informationen seien ihnen zugänglich und „die" ökonomische Realität von ihnen rekonstruierbar.[165]

Diese kleine dogmenhistorische Betrachtung über die Entwicklung des ökonomischen Informationsbegriffs zeigt, daß er heute letztlich sehr verschwommen und uneindeutig geworden ist. Zwar gibt es viele Entwicklungen fort von objektiv wahren, intersubjektiv identischen „Informationen". Verwendet man dieses Wort aber im ökonomischen Diskurs, konnotiert letztlich jedeR diese traditionelle Bedeutung. Da diese Bedeutung des Informationsbegriffs sich so hartnäckig hält, ist vor dem Hintergrund des obigen sprachintegrierten Kognitionsmodells eine Neudefinition ratsam. Diese Neudefinition sollte möglichst nicht zu sehr vom traditionellen Verständnis des Informationsbegriffs abweichen, sich aber im Paradigma des kognitionstheoretischen Verständnisses von Verhaltensorientierungsprozessen bewegen.

Im Abschnitt 4.2 und in den erkenntnis-, wissenschaftstheoretischen und sprachphilosophischen Erörterungen in Kapitel 2 wurde gezeigt, daß die Kognitionsapparate von Wirtschaftssubjekten keine „Informationen" (wahre, innere, bewußte Repräsentationen von Wirklichkeitsausschnitten) erzeugen, sondern Bedeutungen, pragmatische Interpretationen, also allenfalls viable kognitive Orientierungen (mit mehr oder weniger zuverlässiger Erfolgssatisfizierung). Die Selektivität, Normativität und Interessegeleitetheit der Perzeption zeigt auch, daß es unmöglich ist, objektive *Daten*[166] bzw. Informationen[167] über Umweltparameter, -strukturen und -prozesse zu erhalten. Zudem werden ja nur diejenigen Perzeptionen als

---

[165] Vgl. hierzu auch die Kritik an den hermeneutischen Ansätzen in Abschnitt 2.4.6

[166] Datum als ökonomischer Ausdruck für die Ausprägung einer Variable ist eine einfacher strukturierte „Information". Sowohl die Kategorisierung der jeweiligen Variable (z.B. „Beschäftigung"), als auch der jeweilis interessierenden Eigenschaftsausprägung (z.B. „gemeldete sozialversicherungspflichtige abhängig beschäftigte Erwerbspersonen") sowie das interessierende Ausprägungsspektrum (z.B. Erfassung nach Zahl der beschäftigten Personen oder Umrechnung von Teilzeitstellen in Vollzeitstellen usw.) muß zur Erfassung von Daten bereits intersubjektiv identisch definiert sein und problemlos durchgeführt werden.

[167] Bei Informationen ist im Gegensatz zu Daten die Kategorisierung und Strukturierung von Wirklichkeit Teil der Aussage.

Wissen verfügbar, die in der jeweiligen Situation identifiziert und als relevant beurteilt werden und via Apperzeption als Teil von Bedeutungen verarbeitet werden. Da Bedeutungen immer auch pragmatische Implikationen haben, kann die Bedeutung von Informationen auch keine reine Abbildung äußerer Zustände ohne Handlungsrelevanz sein. Außerdem zeigte sich, daß nicht alles Wissen und kognitives Können, auf deren Grundlage Wirtschaftssubjekte ihre Entscheidungen treffen, den Akteuren bewußt ist oder von ihnen sprachlich anderen Personen zugänglich gemacht werden kann.

Ich schlage deshalb vor, den Informationsbegriff vom Wissensbegriff zu lösen. „**Wissen**" soll das gesamte kognitive Können einschließlich des individuellen Vermögens an Interpretationskonstrukten bezeichnen, mittels dessen sich die jeweils untersuchten Wirtschaftssubjekte in der historischen Situation orientieren. In diesem Sinne umfaßt Wissen sowohl subjektives, als auch intersubjektives sowie kodiertes, kodifizierbares und nicht explizierbares Wissen.

„**Informationen**" dagegen sind ontische Aussagen über Wirklichkeit, die erstens in einer Gruppe von Menschen mittels übereinstimmender Interpretationskonstrukte gleich verstanden werden und zweitens deren Geltung als wahre Aussagen den in der Gruppe üblichen Methoden der Glaubwürdigkeitsüberprüfung standgehalten hat. Als Informationen sollen also nur explizite, sprachlich kodierte Äußerungen über Wirklichkeitsbestandteile, -zustände, -prozesse und -strukturen bezeichnet werden, die innerhalb einer bestimmten Sprachspielgemeinschaft intersubjektiv gleich gedeutet werden. Damit Ereignisse in Raum und Zeit als Informationen bezeichnet werden können, muß also innerhalb einer Gruppe eine spezifische, standardisierte Interpretationsroutine dieser Ereignisse bestehen.[168]

---

[168] Um Informationen in diesem Sinne geht es übrigens auch in den heutigen Trendthemen des „Informationszeitalters", „Informationstechnologie", „Informationsindustrie". Hier befaßt man sich mit den technischen Möglichkeiten der „Übertragung" von Informationen zwischen Personen. Es wird, wie in der alten Informationstheorie Shannon, Weavers (1949), davon ausgegangen, daß Sender und Empfänger die expliziten, codierten und transferierten Informationen identisch interpretieren. Dies ist allerdings ein typischer Sprachneutralitätsirrtum. Realiter werden über die modernen Kommunikationsmedien selbstverständlich kaum Informationen transferiert, da in einer pluralistischen Gesellschaft die Sprachspielgemeinschaften eher klein sind und die Kongruenz der Interpretationen über alle Sprachspielgemeinschaften der Gesellschaft eher gering einzuschätzen ist. Wer von den Menschen, die heute miteinander sprechen, versteht sich schon noch?

In dieser strengen Form der Definition wären Informationen nur bei intersubjektiv gleichen Bedeutungen gegeben. In der ökonomischen Praxis halten Wirtschaftssubjekte einen Informationstransfer in der Regel bereits dann für gelungen, wenn der andere die „Information" in dem Sinne interpretiert, die sie seinen rollengemäßen Sprachspielregeln nach hat. „Informationen" hätten gemäß dieser weiteren Definition nicht unbedingt intersubjektiv identische Bedeutungen, sondern wären Mitteilungen, die innerhalb komplementärer, intersubjektiver kognitiver Interpretationen einer sozial geteilten Sprachspielpraxis interpretiert werden. In einer schwachen Form liegen Informationen also bereits vor, wenn sprachliche Beschreibungen von Wirklichkeit in intersubjektiv gleichen Perzeptionsmustern strukturiert werden, der kognitiv bestimmte pragmatische Bedeutungsaspekt jedoch rollenspezifisch unterschiedlich ist.

In der hier gegebenen Definition wird Objektivität von Informationen durch Intersubjektivität ersetzt. Der referenztheoretische Wahrheitsanspruch weicht einem begründeten, in einer geteilten Interpretationspraxis fundierten Geltungsanspruch. Dabei sind gruppenspezifische (kulturelle) Interpretationspraktiken sowie Eigenarten der Glaubwürdigkeitsüberprüfung (Orakel, Statistiken usw.) und unterschiedlich entwickelte Sprachkompetenzen verantwortlich dafür, daß nicht alle Menschen gleiche Informationen über Wirklichkeit generieren.[169] Zudem bestimmt die Unterschiedlichkeit der gruppenspezifischen Lebensformen und Umweltbedingungen die Unterschiedlichkeit der Wirklichkeitsbereiche, an deren ontischer Beschaffenheit die jeweilige Gruppe interessiert ist.

Der Umstand, daß Informationen als *Aussagen* über Wirklichkeit definiert wurden, weist darauf hin, daß Informationen entweder sprachförmig sind, erworben und/oder weitergegeben werden oder potentiell in Sprache ausgedrückt werden können müssen, um z.B. WirtschaftswissenschaftlerInnen als „Informationen" bekannt zu sein. Wenn konstitutives Merkmal von Informationen ist, daß sie in einer Gruppe als realistische, plausible Wirklichkeitsbeschreibungen gelten, dann muß diese Geltung überprüfbar sein. Überprüfbar ist die Geltung aber nur, wenn die Information explizierbar ist. Folglich muß sie in sprachlichen Zeichen explizierbar sein. Wenn Ökonomen mit „Information" nicht schlichtweg jedes irgendwie interpretierte sprachliche oder nicht-sprachliche Ereignis, einschließlich falscher Informationen, Irrtümer, Wahnvorstellungen, Lügen, Fiktionen

---

[169] Vgl. Lenke, Lutz, Sprenger (1995) S. 139-143

usw. bezeichnen wollen, dann müssen sie die Bedingung der Explizierbarkeit in Sprache und der Geltung in Gruppen anerkennen.

Informationen wurden lediglich als ein Ausschnitt des gesamten Wissens charakterisiert, auf Basis dessen Wirtschaftssubjekte ihr Verhalten orientieren. Gehen wir zu einer genauen Spezifizierung des umfassenderen Wissensbegriffs im nächsten Abschnitt 4.4.3 über.

4.4.3 Wissen

Der ökonomische Wissensbegriff weist ähnlich dem Informationsbegriff unter ÖkonomInnen eine gewisse Unbestimmtheit auf. Alle reden darüber, aber keiner sagt, was er genau meint. Implizit oder explizit konnotiert man, es handle sich um den Akteuren bewußte, rein positiv-theoretische, jederzeit dritten Personen bedeutungsidentisch übermittelbare, strukturerhaltende innere Repräsentationen sozio-ökonomischer Wirklichkeiten. Man nimmt an, die Wirtschaftssubjekte könnten frei entscheiden, auf welche ihrer Wissensbestandteile sie ihre situative Verhaltensentscheidung stützen. Während Wissen aus traditionell neoklassischer Sicht subjektiv und kollektiv nur akkumulierbar ist, bestehen in evolutorischen Ansätzen zwischen den im Lernprozeß erworbenen Wissensbestandteilen sowohl additive (quantitatives Lernen), als auch substitutive (qualitatives Lernen) Beziehungen. Aufwertung und Entwertung von Wissen ist hier möglich und aufgrund der Kreativität der Wirtschaftssubjekte und der Veränderlichkeit sozio-ökonomischer Wirklichkeiten immer wieder zu erwarten. Wissen erweist sich interpersonell und in der Zeit als mehr oder weniger wahr/unwahr, relevant/irrelevant.

Gemäß des prototypischen, in der Regel impliziten Wissensbegriffs der Ökonomik ist „Wissen" also lediglich der dem Wirtschaftssubjekt verfügbare Teil des weltweit verfügbaren Gesamtbestandes an Informationen.

Definieren wir „Wissen" ökonomisch funktional, so umfaßt Wissen das gesamte kognitive Vermögen[170] von Wirtschaftssubjekten, mittels dessen sie sich tätig in ihrer jeweiligen ökonomischen Wirklichkeit orientieren – sei dieses Vermögen bewußt oder unbewußt, subjektiv oder intersubjektiv, explizierbar (sprachlich kodifiziert/-bar) oder nicht (tacit), eine als wahr

---

[170] Ein Vermögen ist alles, was eine Person zu tun vermag. Also ein auf einen Zeitraum bezogenes Potential an Aktivitäten.

geltende Beschreibung der Wirklichkeit, eine individuelle (Handlung) oder komplexe soziale Verhaltenspraxis (Institution), extrem situationsspezifisch, konkret oder abstrakt.[171] Wissen ist also primär ein Interpretations*können*, ein Know-how, über das ein Subjekt zu einem gegebenen Zeitpunkt verfügt. Während Kognitionen den Prozeß des Aufbaus und der Anwendung von Wissen umfassen (Stromgröße), bezeichnet Wissen die gespeicherten, für zukünftige Kognitionen wiederverwendbaren Interpretationen (Bestandsgröße).

Teile ihres Interpretationskönnens mögen der AkteurIn bewußt, in Sprache explizierbar sein und intersubjektiv gleiche Informationen (im oben (4.4.2) definierten Sinne) sein. Diese Fähigkeit eines Wirtschaftssubjekts, sein eigenes Interpretationskönnen in sprachlichen Begriffen zu interpretieren (und eliptisch zu beschreiben) wäre ein Interpretationskönnen zweiter Ordnung, ein „Know-that" bzw. Knowledge. Für ökonomische Fragestellungen ist jedoch nicht nur dieser Bruchteil des Wissens ökonomischer Akteure relevant und interessant, sondern alle kognitiven Interpretationen, die die volkswirtschaftlichen empirischen Gegebenheiten hervorbringen, so wie sie sind oder wie sie zukünftig sein könnten. Für die wissenschaftliche Erklärung ökonomischen Verhaltens einzelner Wirtschaftssubjekte sind deren konkrete kognitive Interpretationen unter Einsatz deren Interpretationsvermögens relevant. Für eine mikro-fundierte Erklärung gesamtwirtschaftlicher Phänomene interessiert das Zusammenspiel der Interpretationspraxis aller beteiligten AkteurInnen. Für eine Einschätzung zukünftiger Entwicklungen interessieren tatsächlich die Interpretationsvermögen, die Wahrscheinlichkeitsbedingungen von deren Anwendung sowie deren möglicher Wandel.

Die allgemeine Definition von „Wissen" als das Gesamtvermögen aller Wirtschaftssubjekte an ökonomischen Interpretationen kann nur ein Ausgangspunkt für weitere Unterscheidungen von Wissenstypen sein. Die Probleme der Ökonomik, mit Wissensphänomenen umzugehen, liegen vor allem darin begründet, daß es keine hinreichend verbindlichen und genauen Unterscheidungen verschiedener Wissensarten gibt. Beschäftigen sich Ökonomen mit „Wissen", so taucht es entweder (unbegründet) als ökonomisches Gut auf, das produziert, transagiert und konsumiert bzw. als Vorleistung eingesetzt wird, oder es wird als Produktionsfaktor thema-

---

[171] Diese Definition entspricht in etwa psychologischen Ansätzen, die Wissen als den relativ dauerhaften Inhalt des Langzeitgedächtnisses kennzeichnen. Vgl. Strube et al. (1996) S. 799

tisiert (Humankapital und Sozialkapital) bzw. als eine Größe, welche die Produktivität, Produktionsbedingungen und Wettbewerbsposition von Unternehmen determiniert. Die Frage, ob Wissen Gut oder Faktor, Leistung oder Bestand ist, wird dabei von Machlup (1962) und Lachmann (1986) so gelöst, daß Wissen einen spezifischen Zustand eines Wirtschaftssubjekts, also einen Bestand konstituiert, während der Aufbau, die Transaktion und Nutzung von Wissen Ströme von Wissen (von diesen in der alten Diktion „Informationen" genannt), also Lernprozesse implizieren.

Die Ursache, warum sich die Ökonomik des Phänomens „Wissen" angenommen hat, ist, daß es bestimmte Arten von Wissensknappheiten gibt, die als Restriktion ökonomischer Prozesse und Entwicklungen wirksam werden. Dabei handelt es sich

— erstens um einen Mangel an kollektiv übereinstimmenden und intersubjektiven Wissens, der Art, Volumen und beteiligte Personen möglicher Transaktionen restringiert,

— zweitens um einen Mangel an profitablem neuen oder abweichenden Wissen, das den Güterraumwandel beschleunigen und die Wettbewerbsdynamik stärken könnte (Pionierrenten für Innovationen als Wettbewerbsanreiz),

— drittens um fehlende Möglichkeiten, „wahres" und „unwahres" Wissen sicher unterscheiden zu können (Glaubwürdigkeitsüberprüfung), was zur Unterlassung von Transaktionen führen kann, sowie

— viertens um mangelhafte Schutzmöglichkeiten von Eigentumsrechten an Wissen, was die Produktion von Wissen restringieren kann (Wissen als öffentliches Gut).

Über die Beschäftigung mit den Problemen, die aus Wissensknappheiten entstehen, werden in der Regel die Wissensbestandteile auf der „Außenseite der Knappheit" vergessen, also warum und inwieweit gibt es intersubjektiv gleiches Wissen, warum findet Innovationsgeleiteter Wettbewerb statt, warum vertrauen Transaktionspartner einander und warum existieren Märkte für Wissensgüter? Letztlich hängen alle diese Fragen mit der Grundfrage zusammen: wie wird Wissen produziert und wie wird es intersubjektiv gleich reproduziert?

Führen wir nun einige Unterscheidungen von Wissensarten ein, die zur Beantwortung dieser ökonomischen Fragestellungen notwendig sind.

1. **Reflektion**: Mit der Erkenntnis, daß der Mensch sich im Zuge seiner kognitiven Verhaltenssteuerung nur sehr begrenzt bewußt ist, *was* er tut und warum er seine Wirklichkeit *so* interpretiert und nicht anders, wird die Unterscheidung von Wissen in Know-how und Knowledge notwendig. Mit **Know-how** bezeichnet man Wissen, das ein reines Interpretationskönnen darstellt. Alle gespeicherten Kognitionen, die über die „oberen" drei pragmatischen Steuerungsebenen erzeugt werden, stellen Know-how in diesem Sinne dar, da nur auf diesen Ebenen Bedeutungen generiert werden und nur diese Interpretationen potentiell bewußt gemacht werden können. Grundsätzlich könnte ein erweitertes Know-how-Verständnis auch das homöostatische Interaktionsvermögen der unteren Steuerungsebenen umfassen, wobei diese Steuerungsmechanismen nur durch genetische Variationen, nicht aber durch kognitive Prozesse selbst verändert werden können.

Knowledge hingegen ist ein Wissen *über* Know-how, also über (Teile der) eigenen Interpretationen. Es ist eine Interpretation eigener Interpretationen und Interaktionen mit der natürlichen und sozialen Um- und Innenwelt, deren sich die interpretierende Person bewußt ist. Das Individuum ist sich dann bewußt, daß es *dieses* Tätigkeitsmuster in Raum und Zeit ausführt, daß es *dieses* Muster von Sinnesreizen aufmerksam wahrnimmt und in *dieser* Gefühlslage erlebt, daß es *diesen* Wirkungszusammenhang zwischen Ereignis X (Frieren) und Y (Schnupfen haben) vermutet, daß es *diesen* Menschen, mit *diesem* Aussehen, *dieser* Stimme, *diesen* Augen, *diesem* Geruch usw. „Vater" nennt, daß *diese* Wortkombination in seinem Kollektiv als korrekte, wahre Aussage interpretiert wird und so weiter. Die Bewußtheit seiner eigenen Interpretationen und Interaktionen beinhaltet, daß der Kognitionsapparat Teile seiner eigenen Aktivitäten reflektiert, sich selbst widerspiegelt und so zum Kognitionsgegenstand macht.

Die Unterscheidung von Wissen in Know-how (Interpretationskönnen) und Knowledge (Interpretation von Interpretations- und Interaktionskönnen) hängt also davon ab, ob der Kognitionsapparat Aufmerksamkeit auf Reflektionsprozesse verwendet. Knowledge ist dabei keine („wahre") Abbildung von Wirklichkeit, sondern lediglich eine Interpretation eigener Kognitionen, also selektiv, normativ und durch die auch hier wirksamen Routinetendenzen von früheren Selbst-Interpretationen abhängig. Reflektiertes Wissen kann also mit Know-how kongruent sein, muß aber nicht und kann auch nur teilweise überlappen.

2. **Bewußtheit**: Das oben (4.2) dargestellte Kognitionsmodell hat gezeigt, daß die komplexe menschliche Verhaltenssteuerung in sehr weiten Teilen ohne das Beigefühl der Bewußtheit operiert. Die knappe Ressource Bewußtsein ist vor allem für problematische und hoch interessante Verarbeitungen vorbehalten. Die traditionelle Annahme „Wissen" könne man nur, was einem auch bewußt ist (alles andere sei kein Wissen), ist bereits durch Polanyis Einführung des Begriffs „tacit knowledge" für nicht-bewußte und nicht-reflektierte Kognitionsroutinen aufgehoben worden. Das gesamte Wissen eines Menschen umfaßt also sowohl bewußte als auch unbewußte, nicht-reflektierte Kognitionsvermögen (Know-how) als auch bewußte, reflektierte Interpretationen (Knowledge), wobei Knowledge nicht permanent bewußt sein muß, sondern lediglich erinnerbar. Kognitive Prozesse der Sprachverwendung sind in der Regel bewußte Prozesse. Bewußte Kognitionsprozesse sind der Umsteuerung durch reflektierende Instanzen leichter zugänglich und auch für innere Erinnerungsprozesse leichter aktivierbar. Nicht-bewußte Kognitionen werden dagegen eher durch äußere Ähnlichkeiten von Situationsmerkmalen oder assoziierte bewußte Kognitionen wachgerufen. Aus ökonomischer Sicht ist die Unterscheidung in bewußtes und nicht-bewußtes Wissen relativ uninteressant, bis auf den Umstand, daß der hohe Anteil nicht-bewußten Wissens dafür verantwortlich ist, daß ökonomische Verhaltensmuster z.B. in Organisationen nur schwer und langsam thematisiert und einem bewußt gesteuerten Umlernprozeß unterworfen werden kann. (Die Macht der nicht-bewußten Gewohnheit.)

3. **Codifizierbarkeit**: Die Möglichkeit, Wissen zu codifizieren, d.h. unter Gebrauch sprachlicher Zeichensysteme in ontischen Aussagen auszudrücken, besteht grundsätzlich nur für Knowledge. Know-how wird angewendet, und pragmatische Deutungsteile werden neben rein motorischen oder sensorischen Tätigkeiten z.T. auch durch den Gebrauch sprachlicher Zeichen zum Ausdruck gebracht. Jedoch wird Know-how nicht selbst codiert geäußert.[172] Wenn Know-how Gegenstand der eige-

---

[172] Hier ist daran zu erinnern, daß die Verwendung von Sprache eben nicht nur und auch nicht primär der Funktion dient, „Wissen" zu äußern oder „Informationen" auszutauschen, sondern primär als Mittel gegenseitiger Einflußnahme genutzt wird.

nen oder anderleuts Reflektion wird, dann kann man dieses Knowledge über Know-how zu codifizieren versuchen. Reflektiertes Wissen kann (in fließenden Klassen) unterschieden werden nach der Leichtigkeit, mit der es eindeutig verständlich in Verständigungssysteme (sprachliche Zeichen) codifiziert werden kann.

Codifizierbarkeit ist deshalb eine relative Eigenschaft, die einerseits von der Auswahl der Gruppe abhängt, für die eine verständliche Codifizierung erstellt werden soll, zum anderen von dem Wissen, das codifiziert ausgedrückt werden soll, und drittens von der Art der Codes, die zur Verwendung kommen sollen. Wissen ist um so leichter codifizierbar, je homogener die Sprachspielpraxis der ausgewählten Gruppe ist, zweitens auf je konkretere, sinnlich wahrnehmbare Phänomene sich das Wissen bezieht und je bedeutsamer diese Phänomene innerhalb der Lebensformen der ausgewählten Gruppe sind, sowie drittens je stärker der ausgewählte Code zur alltäglichen Verständigung innerhalb der Gruppe bereits verwendet wird. Grenzen der Codifizierbarkeit wurden in Abschnitt 4.3.1 erörtert.

Zu beachten ist, daß die Äußerung eigenen Wissens in codifizierter Form nicht mit der Äußerung von „wahren Aussagen über reale Phänomene" identisch ist. Vielmehr handelt es sich um den sprachlichen Ausdruck dessen, wovon ein Individuum als eine gute Beschreibung seiner bewußt interpretierten Interpretationen und Interaktionen *überzeugt* ist. Diese Überzeugungen des Individuums müssen weder in seiner Zuhörerschaft als „wahr" gelten (sondern z.B. als Wahn, Irrtum, Witz, Aberglaube), noch muß das Individuum gute Gründe haben, warum es diese Überzeugungen hat. Codifiziertes Wissen hat ungefähr die Form „So ist es eben (aus meiner Perspektive)". Es kann „normative Urteile („das ist ungerecht") ebenso umfassen wie „positive" („die Farbe des Stuhls ist blau"), äußere („es regnet") ebenso wie innere ("ich fühle mich leer").

Die Leichtigkeit der Codifizierung von Wissen ist insbesondere deshalb ökonomisch von Interesse, weil die für einen „Wissensaustausch" benötigte Verständigungszeit („Opportunitätsinformationskosten") mit zunehmender Leichtigkeit sinken wird und die Wahrscheinlichkeit gelingenden Wissensaustauschs steigt.

Die Unterscheidung von Wissen, das zwischen bestimmten Personen bis zu einem bestimmten Zeitpunkt codifiziert oder nicht-codifiziert wurde, kann zwar Anhaltspunkte dafür liefern, welches Wissen zwischen den Beteiligten intersubjektiviert wurde. Da die Codifizierung von Wissen aber noch nicht beinhaltet, daß die anderen Personen dieses Wissen verstanden haben und für wahr halten, führt die Unterscheidung von codifiziert/nicht-codifiziert nicht sonderlich weiter.

Unterschei-dungskriterien	Wissenstypen	
	Know-How	Knowledge
Reflektion	Interpretationen	Interpretation von Interpreationen
Bewußtsein	nicht bewußte Interpretationen	bewußte Interpretationen
Codifizierbarkeit	nicht-codifizierbar	schwer-codifizierbar / leicht codifizierbar

Abbildung 4.9: Wissenstypologie:
Kriterien Reflektion, Bewußtsein, Codifizierung

4. **Explizitheit**: Explizit ist Wissen dann, wenn die jeweilige Interpretation durch kontextbezogene sprachliche Äußerungen, Tätigkeiten, Objektivierung (Gestaltung von Dingen, Räumen, Prozessen) in äußeren Situationsmerkmalen zum Ausdruck gebracht wird.[173] Nur expliziertes Wissen (Interpretationen) kann Gegenstand der Interpretationen anderer sein und damit potentiell intersubjektiviert werden[174]. Allerdings ist expliziertes Wissen immer nur eine eliptische Andeutung der gesamten Interpretation, die ja ein kognitiver, also im „Inneren" des Subjekts vor sich gehender Prozeß ist. Teile der explizierten Bedeutung, der innere und äußere Kontext, auf den die Explizierung der Interpretation bezogen ist, bleiben implizit, können aber z.T. durch die Ausrichtung des

---

[173] Ich weiche hiermit von Polanyi (1985) ab, der unter explizitem Wissen offenbar nur codifiziert expliziertes Wissen (Knowledge) versteht.

[174] Gegenstand der Selbstwahrnehmung können neben explizitem natürlich auch Teile des impliziten Wissen, nämlich bewußte Interpretationen, sein.

Äußernden zu den Situationsmerkmalen oder explizite Kontextver-
weise explizit gemacht werden.

Das eliptisch explizierte Wissen ist immer ein Verweis auf das Ganze,
also die ganze Interpretation, das die BeobachterInnen der Explikation
interpretierend zu re-konstrieren versuchen können. Aufgrund dieser
Eigenschaft der Reflexivität und Indexikalität explizierten Wissens,
muß derjenige, der explizites Wissen verstehen will, implizite Wissensbestandteile erzeugen (bzw. reproduzieren); und wer implizites Wissen
(anderer) erforschen will, muß dies durch die Interpretation explizierten Wissens tun.

Explizites Know-how kann also und explizites Knowledge muß unter
der Verwendung von Sprache (Codes) geäußert werden. Implizites
Wissen kann dem Wissenden unbewußt oder bewußt sein, potentiell
codifizierbar oder nicht, reflektiert oder nicht. Der ökonomischen Forschung und sozialen Interaktion allgemein ist nur solches implizites
Wissen zugänglich, das expliziert wird, also durch bestimmte Verhaltensweisen zum Ausdruck gebracht wird, welche im Kontext zu bestimmten beobachtbaren Situationsmerkmalen stehen.

Die Unterscheidung von explizitem und implizitem Wissen teilt nicht
in zwei Arten von Interpretationen ein. *Jede* Interpretation ist implizit,
aber diejenigen, die geäußert werden, sind *auch* (teilweise) explizit.
Durch die Explizierung von Wissen (tätige Interpretation) verändern
menschliche Lebewesen zum einen die materiell-energetische, denkunabhängige Wirklichkeit, zum anderen eröffnet die Explizierung von
Wissen die Möglichkeit, daß das dazugehörige implizite Wissen von
anderen Subjekten re-interpretiert werden kann. ÖkonomInnen befassen sich folglich mit explizierten ökonomischen Interpretationen. Und
arbeitsteilig wirtschaftende Wirtschaftssubjekte befassen sich als Teil
ihrer ökonomischen Interpretationspraxis mit der Re-Interpretation
explizierten ökonomischen Wissens anderer, für sie relevanter Wirtschaftssubjekte.

5. **Wahrheit**: Die Unterscheidung in wahres und nicht-wahres Wissen ist
eine altmodische, wenn sie mit dem Anspruch auf Abbildung der objektiven Gegebenheiten verbunden ist. Sinnvoll kann das Attribut
„wahr" für Know-how im Sinne von viablen, erfolgssicheren Verhaltensorientierungen (erwartungsstabile Satisfizierung) verwendet werden. Ein „wahres" Wissen wäre demnach ein Interpretationsvermögen,
mit dem man seine Erfolgskriterien in Auseinandersetzung mit der Um-

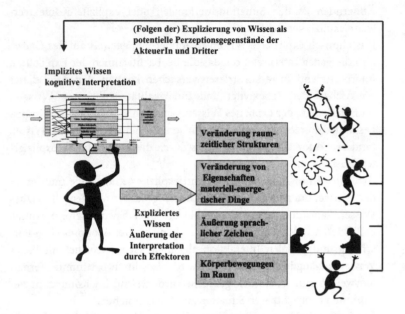

Abbildung 4.10: Explikation impliziten Wissens

welt hinreichend oft und gut erreicht.[175] Will man diese Definition auf
Knowledge anwenden, so besteht das Problem, wie sich die Viabilität
des durch Reflektion gewonnenen eigenen Wissens über eigene Interpretationen prüfen ließe. Oder anders gefragt: welche Selektionsumgebung wählt „gute" reflektierende Interpretationen eigener Kognitionen aus?

Ob das, was man an perzipierten Dingen, Prozessen und Phänomenen
und eigenen Tätigkeiten, Gefühlen für wahre, real existierende bzw. ge-
schehende Sachverhalte hält, tatsächlich real, also eine strukturerhaltende Abbildung der Wirklichkeit ist, kann das Subjekt über das Gefühl
einer „Stimmigkeit" hinaus für sich nicht zuverlässig beurteilen (z.B.
Phantomschmerzen, Halluzinationen, Amnesie, Irrtum, Verdrängung).
Überprüfbar ist die Interpretation der Interpretation insofern nur,
wenn sie expliziert wird, d.h. bei Knowledge, daß die Interpretation

---

[175] Vgl. zum evolutionstheoretischen Konzept der Viabilität Penz (1999) S. 99-142

codifiziert explizit geäußert werden muß. Solche Überprüfungen finden aber nicht nur hinsichtlich der „Wahrheit" von Äußerungen über Wirklichkeit statt, sondern hinsichtlich verschiedenster Kriterien, wie etwa Ästhetik, Gerechtigkeit, Höflichkeit, logische Konsistenz usw., wobei die Auswahl des je interessierenden Kriteriums von der Situation und den Beteiligten abhängt. **„Wahres" Wissen** ist dann solches codifiziert expliziertes Wissen, das in einer Gruppe als gute Beschreibung von Wirklichkeitsbestandteilen gilt.

Wovon die Zustimmung einer Gruppe zur Geltung ontischer Aussagen abhängt, kann wiederum von Gruppe zu Gruppe verschieden sein. In jedem Fall wird sie von den Funktionen abhängen, die „Wahrheits"-Sprachspiele in der jeweiligen Sprachpraxis haben (Art der Einbettung in primäre Sprachspiele). Da diese Funktionen von Gruppe zu Gruppe unterschiedlich sein können, sind sowohl soziale Wahrheitsfindungspraktiken als auch was in verschiedenen Gruppen als wahr gilt, höchst unterschiedlich, weshalb hier keine weiteren Typisierungen vorgenommen werden. Es ist in jedem Fall bemerkenswert, daß ein doppelter Selektionsprozeß für Wahrheitsurteile über Knowledge besteht: Zum einen können nur diejenigen Knowledgebereiche der Selektion unterworfen werden, die codifizierbar sind (und auch dies nicht gleich leicht), und zweitens wird die Qualität der Knowledge-Formulierung an den Kriterien, d.h. Praxis, der jeweiligen Gruppe gemessen (Glaubwürdigkeitsüberprüfung, Plausibilität, Relevanz, Einfachheit usw.).

Aus ökonomischer Sicht ist die Äußerung wahren Wissens insbesondere bei nicht problemlos im Hier-und-Jetzt sinnlich wahrnehmbaren Qualitäten von Bedeutung (innere Phänomene, Verhaltenspläne, implizites Wissen, Erfahrungen, Erinnerungen), wenn also Knappheit an Informationen herrscht. Wenn sich die informationsbedürftigen Wirtschaftssubjekte dieses knappe Wissen nicht oder nur unter hohem Ressourcenverbrauch durch direktes Lernen verschaffen können, sind sie auf indirekt gelerntes, codifiziert expliziertes Wissen angewiesen. Hier kann (vorsätzliches) Lügen unter Anpassung an die üblichen Benennungs- und Koordinationssprachspiele einer Gruppe von den Wissenden dazu genutzt werden, um andere zu manipulieren oder sich selbst besser zu stellen. Solche Lügenpraxis wird in der Regel sanktioniert. Andererseits gibt es aber auch legale fest institutionalisierte Lügensprachspiele – wie Schauspielerei, Filme, Kunst, Märchen, Science Fiction u.ä., für die Menschen auch zum Ressourcenverzicht (Eintrittsgel-

der) bereit sind. Das Gegenstück zu „wahrem" Wissen ist also nicht nur
„falsches" Wissen (nach den üblichen Geltungskriterien überprüft und
für unwahr befunden), sondern auch **ungesichertes Wissen** (Probleme
der Überprüfung an den üblichen Geltungskriterien) und **Phantasie**
(codifizierte Wissensexplikationen, die überprüft an den üblichen Geltungskriterien als „falsch" gelten (würden), deren Unwahrheit aber unproblematisch und irrelevant ist).

6. **Veränderbarkeit/Flexibilität**: Wissen kann unterschieden werden,
   nach der Leichtigkeit, mit der sich die Interpretationsregelmäßigkeiten
   verändern. **Angeborenes Wissen**, sowohl bestehend aus physikalisch-
   chemischen Gesetzmäßigkeiten, nach denen die neuronalen Prozesse
   funktionieren, aus Reflexsteuerung und dezentralen Steuerungssystemen, Gestaltwahrnehmungs- und Interferenzregelmäßigkeiten als auch
   aus angeborenen Schemata, Instinktreaktionen und Gefühlsausdrucks-
   regeln, ist grundsätzlich nicht veränderbar. Seine Bedeutungen können
   sich aber dadurch ändern, daß es mit gelerntem Wissen assoziiert und
   so umgedeutet oder auch unterdrückt wird (z.B. kulturell gelernte
   Scham für triebhaftes Verhalten).
   Auch das im permanenten Ablauf von Kognitionen in der Zeit **gelernte
   Wissen** wird nicht nur akkumuliert, sondern durch Umdeutungen
   auch variiert oder substituiert und kann auch wieder verlernt werden.
   Aufgrund der Speicherung und Routinisierungstendenz kognitiver Prozesse tendiert auch gelerntes Wissen zur Stabilisierung. Es wird jedoch
   flexibel, wenn die Erfolgssicherheit dieser Orientierung nach subjektivem Ermessen nicht mehr befriedigt oder wenn eigenes Denken bzw.
   Anregung von außen Lust auf das Ausprobieren neuer Orientierungen
   erzeugen. Je lustvoller eine stabilisierte Kognitionsroutine erlebt wird,
   je früher ein Individuum die Interpretation gelernt hat (Prägung) und
   je stärker es sie zur alltäglichen Orientierung verwendet, desto schwerer
   kann die Interpretation flexibilisiert werden.

7. **Speicherungsformen**: Wissen kann nach der Art und Weise seiner
   Speicherung unterschieden werden. Implizites Wissen ist entweder als
   angeborenes Wissen genetisch gespeichert oder wird als gelerntes Wissen kurzfristig durch elektrochemische Strukturveränderungen des
   Nervensystems, langfristig durch feste neuronale Verknüpfungen gespeichert. Der Zugriff auf gespeichertes implizites Wissen (Erinnern)
   kann unterschiedlich leicht möglich sein, etwa, weil es selten oder in
   ganz anderen Zusammenhängen genutzt wurde, als uninteressant oder

traumatisch erlebt wurde. Der Übergang zum Nicht-Wissen (Nicht-Mehr- oder Noch-Nicht-Wissen) ist daher fließend.

Expliziertes Wissen bleibt nicht notwendig stabil, wird also in seiner Explikation nicht unbedingt gespeichert. Zum einen kann sich die explizierende Person selbst interpretieren und diese Interpretation als implizites Wissen speichern. Zum Zweiten kann es durch die Re-Interpretation des explizierten Wissens durch andere Personen zumindest in der abgewandelten Form in einem zweiten Kognitionsapparat als implizites Wissen gespeichert werden (Wissensgleichheit ist nicht garantiert!). Drittens kann die Explikation des Wissens eine dauerhafte Umweltveränderung hervorrufen (Objektivierung, Veränderte raum-zeitliche Verteilung von Materie und Energie im Raum), in der dieses Wissen gespeichert bleibt. Anschauliches Beispiel sind die Fundstücke, mit denen sich Archäologen beschäftigen, Pyramiden, Kultgegenstände und ähnliches.

Ein ökonomisches Beispiel sind „Güter": Bäume werden erst dadurch zu Tischen, indem Menschen ihr Interpretationsvermögen explizit werden lassen und zur Erzeugung eines Tisches einsetzen. Der fertige Tisch, der beispielsweise konsumtiv in einem Kollektiv genutzt wird („Esstisch"), stellt eine materialisierte Speicherung explizierten Wissens dar. Was wir „Ozonloch" nennen ist, wie wir vermuten, eine objektivierte Speicherung unseres explizierten Wissens im Umgang bestimmten Chemikalien. Normalerweise denken die meisten bei der Speicherung explizierten Wissens allerdings an codifiziertes Wissen, bspw. in Form von Schriftzeichen auf Papier, Stein etc., Knotenschriften, magnetische oder digitalisierte Ton- und Bildaufzeichnungen. Auch die Speicherung explizierten Wissens durch Objektivierung hält nicht ewig. Zum einen werden die Objektivierungen durch andere Menschen oder andere natürliche Kräfte umstrukturiert und unkenntlich (Erosion, Umnutzung, Zerstörung usw.). Zum anderen geht das Re-Interpretationswissen verloren, mittels dessen eine erfolgreiche intersubjektive Re-Interpretation des enthaltenen impliziten Wissens möglich wird, so daß zwar noch Steine des Inkatempels da liegen, aber die Menschen, die auf sie stoßen, haben so andere Lebensformen, daß das „in den Steinen enthaltene" implizite Wissen nicht rekonstruierbar ist[176]. Objektivie-

---

[176] Führt man sich vor Augen, daß manch heutiger Mensch allen Ernstes extraterrestrische Erdbesucher für die Erklärung antiker, monolithischer Baudenkmäler verantwortlich machen will, leuchtet unmittelbar ein, daß ihm die hermeneutische Einfühlungsgabe

rungen von Wissen sind der zentrale Untersuchungsgegenstand der
Ökonomik, da nur objektiviertes, expliziertes Wissen also entfremdete
Arbeit transagierbare Leistungen und sogenannte technologische Externalitäten generiert.[177]

8. **Intersubjektivität:** Eine weitere zentrale ökonomische Unterscheidung
von Wissen orientiert sich am Ausmaß der intersubjektiven Übereinstimmung von Kognitionsroutinen. **Subjektives Wissen** konstituiert
sich aus Interpretationen des subjektiven Sinnsystems (direkte individuelle Steuerung und Interaktionen); es ist intersubjektiv unterschiedlich und zunächst nicht codifizierbar. Da aber auch subjektives Wissen
expliziert wird, kann langfristig im sozialen Verständigungsprozeß
eine Intersubjektivierung einsetzen. Bedeutsam sind subjektive Interpretationen insbesondere, da sie Innovationen in den ökonomischen
Prozeß einbringen.

Die Teile des Interpretationsvermögens eines Individuums, die innerhalb von Verständigungsprozessen gelernt und aufgebaut werden, sind
Teil des intersubjektiven Sinnsystems und werden in Abgrenzung zu
subjektivem Wissen als **intersubjektives Wissen** bezeichnet. Die Intersubjektivität individuellen Wissens besteht für das einzelne Individuum aber immer nur in bezug auf bestimmte Bezugspersonen oder
Bezugsgruppen. Deshalb kann ein und dasselbe Interpretationsvermögen einer Person intersubjektiv komplementär, gleich oder ungleich
sein, je nachdem, in Relation zu welcher Bezugsgruppe die Interpretationen betrachtet werden. **Intersubjektiv ungleiches, nicht-komplementäres Wissen** geht mit einer hohen Wahrscheinlichkeit mißlingender Interaktion und Verständigung einher. Im Zuge gegenseitiger
Lehr- und Lernprozesse können jedoch in gewissem Rahmen und im
Zeitablauf komplementäre und gleiche Interpretationsvermögen aufgebaut werden und so die Wahrscheinlichkeit gelingender Verständigungen gesteigert werden.

in frühzeitliche Lebensformen fehlt.

[177] Herrmann-Pillath (1997) unterscheidet zwischen referentieller und nicht-referentieller
Information. Nicht-referentielle Informationen sind wahrnehmbare Umweltzustände,
einschließlich explizierter Interpretationen, die keinem erkennenden Subjekt zugeordnet
sind. Indem sie von erkennenden Subjekten bewußt interpretierend wahrgenommen und
zur Grundlage zielorientierten Verhaltens gemacht werden, verwandeln sich diese Informationen in referentielle Informationen. Da im Sinne der vorliegenden Arbeit jedoch ein
streng kognitionsgebundenes Wissenskonzept verfolgt wird, können definitionsgemäß
keine „Informationen" ohne interpretierendes Subjekt existieren.

Intersubjektiv komplementäres Wissen setzt sich aus Interpretationen zusammen, an die andere Menschen in (zeitlich und inhaltlich) regelmäßiger Weise anschließen, die also in Interaktions- und Kooperationsverständigungsroutinen eingebunden sind. Intersubjektive Komplementarität impliziert nicht notwendig, daß die interagierenden Personen die Interpretationen des anderen vollständig kennen, es reicht, daß sie die Explizierung *desjenigen* subjektiven Wissens korrekt erkennen, an welche die regelgemäße Verhaltensantwort anschließen sollte. Es bestehen also intersubjektiv übereinstimmende Interpretationen, was Schlüsseläußerungen (Schlüsselsignalmuster) sind. Diese Interpretationen können jedoch in intersubjektiv unterschiedliche, z.B. rollenspezifische oder kulturspezifische Sinnsysteme eingebunden sein. Intersubjektiv komplementäres Wissen ist die semantische Kehrseite eines u.U. komplexen sozialen Zusammenspiels, in dem sich vermittels eines evolutorischen Prozesses Interaktionsmuster verfestigt haben, so daß immer wieder gleiche Konfliktlösungen reproduziert und nicht ständig neue, aus individueller Sicht erfolgsträchtigere Interaktionen gesucht werden.

Intersubjektiv gleiches Wissen setzt sich aus den gleichartigen Interpretationen der jeweils betrachteten Gruppe zusammen. Da angeborene Wissensbestandteile genetisch übertragen werden und deshalb extrem langsamen Entwicklungen unterliegen, stimmen diese Wissensbestandteile für die meisten Menschen stark überein (Ausnahme: Hirnschädigungen, fehlende Sinnesorgane, Geisteskrankheiten usw.). Da dieses Wissen aber durch erworbenes Wissen mit bestimmten kulturellen und erfahrungsabhängigen Kognitionsregelmäßigkeiten überformt und ausgebildet wird, weisen auch angeborene Wissensbestandteile nicht universale Bedeutungsbestandteile auf. Intersubjektive Gleichheit oder Komplementarität von Wissen ist folglich eine gruppenrelative Eigenschaft von Wissen, die davon abhängt, inwieweit die ausgewählten Personen eine Sprachspielgemeinschaft darstellen, gelingende Benennungssprachspiele spielen können und wie intensiv und umfangreich sie gemeinsame Lebensformen teilen. Während intersubjektive Komplementarität sich in, aus Sicht der Beteiligten gelingender (satisfizierender) Interaktionspraxis ausdrückt, impliziert intersubjektiv gleiches Wissen auch erfolgreiche Benennungssprachspiele, also die erfolgreiche Verständigung über codifiziertes Wissen.

Der spieltheoretische Begriff des **Common Knowledge** kennzeichnet dasjenige Wissen, das nicht nur intersubjektiv gleich ist, sondern bei dem sich die Beteiligten auch dessen bewußt sind, daß es intersubjektiv gleich ist. Ein solches gegenseitiges intersubjektiv übereinstimmendes und Meta-Wissen ist aufgrund der geschilderten Funktionsweise des Kognitionsapparates nur schwer und für begrenzte Personenkreise herzustellen und noch schwieriger nachzuweisen. Insbesondere die Flexibilität menschlicher Sinnsysteme impliziert einen permanenten Abbau von Common Knowledge. Es ist zu vermuten, daß ÖkonomInnen aufgrund ihres traditionellen Objektivismus und ihrer Sprachneutralitätsannahme das Ausmaß an Common Knowledge überschätzen. Unproblematisch ist diese wissenschaftliche Überschätzung aus Praxissicht vermutlich deshalb, weil davon auszugehen ist, daß das Funktionieren ökonomischer Sprachspiele lediglich intersubjektive Komplementarität von Wissen voraussetzt. Zusätzlich ist intersubjektiv gleiches (Benennungs-)Wissen für den gelingenden Austausch von Informationen (im hier definierten Sinne) notwendig.

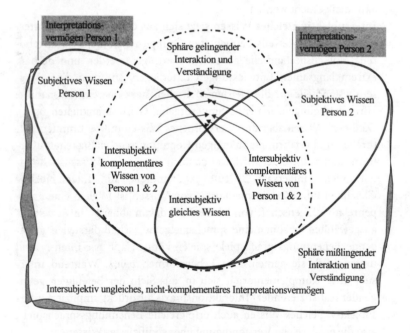

Abbildung 4.11: Subjektivität und Intersubjektivität von Wissen

Es ist jedoch relativ irrelevant, ob die Wirtschaftssubjekte gegenseitig bewußtes, explizites Wissen über die Gleichheit ihrer Interpretationen haben, ob sie also Common Know-how oder Common Knowledge haben.[178] Die „Gewißheit" über Common-Knowledge kann immer nur aus der Erfahrung gelingender Verständigung, also ex post, erwachsen und bleibt trotzdem für zukünftige Verständigung ungewiß. Realiter kommunizieren Individuuen aber in der Regel mit der *unbegründeten* Gewißheit, es liege Common Knowledge vor.

Ich halte die hier getroffene Unterscheidung von subjektivem, intersubjektiv komplementärem, intersubjektiv gleichem Wissen und Common Knowledge für hinreichend genau. In der Ökonomik findet sich auch das Begriffspaar **individuelles** und **kollektives Wissen**. Es ist aber überhaupt nicht klar abgegrenzt und wird sehr diffus und nach hier definiertem Verständnis oft auch unsinnig verwendet.

9. **Technologisches versus Soziales Wissen**: Für Sozialwissenschaften ist neben der Intersubjektivität von Wissen auch relevant, worauf es sich bezieht. Als **technologisches** Wissen sind solche Interpretationen zu bezeichnen, bei denen ein Subjekt sein Verhalten in Bezug auf nicht-menschliche Etwasse (Dinge, Lebewesen, Prozesse) orientiert. In diesem Zusammenhang ist „Wissen" eine Auszeichnung für viable, also regelmäßig zu erfolgreichen Orientierungen führende Interpretationen. Die Explizierung technologischen Wissens nennen wir „Technik" oder „Technologie".

Soziales Wissen umfaßt solche Interpretationen, die zur Verhaltensorientierung in Interaktionen und Verständigungen mit anderen Menschen verwendet werden. Die Interpretationen, die zur Durchführung der Verkaufstransaktion eines Hechts zwischen dem Fischer und dem Fischhungrigen nötig sind, umfassen sowohl technologisches Wissen (z.B. wie übergibt man den schleimigen Fisch, ohne daß er dabei aus den Händen glitscht und dreckig wird?) als auch soziales Wissen (wie ist das Verkaufsgespräch zu einem befriedigendem Ende zu führen?). Soziales Wissen unterscheidet sich insbesondere deshalb von technologischem Wissen, weil menschliche Verhaltenssteuerung so hohe Freiheitsgrade aufweist, während nicht menschliche Umwelten zwar unter

---

[178] Will die WissenschaftlerIn jedoch sicherstellen, daß die Interpretationen tatsächlich „common" sind, wird sie dies i.d.R. durch sprachliche Verständigung überprüfen. Da die Codifizierung von Wissen aber Reflektiertheit voraussetzt, wird es sich bei überprüftem Common Knowledge tatsächlich i.d.R. um „Knowledge" handeln.

Umständen hoch komplexe, aber doch sehr große Regelmäßigkeiten
aufweisen. Die Entwicklung erwartungsstabilen technologischen Wissens ist wesentlich sicherer möglich als bei sozialem Wissen, wobei hier
Machtausübung, angeborene Verhaltensschemata und die Routinisierungstendenzen des Kognitionsapparates Erwartungsstabilisierung er-
lauben *können*. In Anlehnung an Habermas Handlungstypen läßt sich
Wissen (Interpretationskönnen) wie folgt unterscheiden.[179]

		Zur Orientierung genutztes Sinnsystem	
		subjektives Sinnsystem	intersubjektives Sinnsystem
Handlungs-situation	nicht-sozial	**technologisches subjektives Wissen**	**Sozial gelerntes technologisches Wissen**
	sozial	**Interaktionswissen**	**Verständigungs-wissen**

Abbildung 4.12: Technologisches und soziales Wissen

10. **Wissenserwerb**: Eine weitere Differenzierung von Wissen setzt an den
    unterschiedlichen Formen des Wissenserwerbs an. Die Unterschei-
    dung von über genetische Reduplikation erworbenen angeborenen
    Wissens und gelernten Wissens wurde bereits unter Punkt 5. ge-
    troffen. Gelerntes Wissen wird aber noch unterschieden in **direkte**
    und **indirekte Lernprozesse**. Üblicherweise erwirbt ein Individuum
    durch direktes Lernen Erfahrungswissen in der Situation; hingegen
    übernimmt es bei indirektem Lernen das durch Erfahrung auf Erfolg
    geprüfte Wissen anderer Menschen.[180] Indirektes Lernen müßte so-
    wohl imitierendes Lernen, Familiarization und Lernen via Benen-
    nungssprachspiele umfassen, als auch innerhalb intersubjektiv gleicher
    Codes die Aufnahme codifizierten, explizierten Wissens anderer Men-

---

[179] Abbildung 6.12 lehnt sich an die Darstellung Habermas' Handlungstypen in Abb. 3-6
in Picot, Reichwald, Wigand (1996) S. 80 an.
[180] Vgl. etwa Denzau, North (1994) S. 14

schen ermöglichen.

Ein typischer Ökonomen-Irrtum findet sich aber bspw. bei North und Denzau, die davon ausgehen, daß indirektes (von ihnen auch kulturell genanntes) Lernen nur die Übermittlung sprachlich codifizierten Wissens umfasse, wobei die reinen Kommunikationsakte zur intersubjektiven Angleichung des Wissens führten. Zum einen wurde gezeigt, daß über Imitationsprozesse auch nicht-codifiziert expliziertes Wissen anderer re-interpretierend gelernt werden kann. Zweitens muß nochmals darauf hingewiesen werden, daß das (indirekte) Lernen von anderen Menschen nicht automatisch zur intersubjektiven Angleichung von Interpretationen führt. Sowohl codifiziertes Wissen (z.B. die Inhalte von Tageszeitungen) als auch nicht-codifiziertes, z.B. auch nicht-bewußt expliziertes Wissen (z.B. Ticks) kann in abweichender Weise re-interpretiert werden. Dies ist um so wahrscheinlicher, wenn die lernende Person einer ganz anderen Sprachspielgemeinschaft angehört als die Person, von der sie indirekt Wissen erwirbt. Und zum dritten sind die Grenzen der Möglichkeit, Wissen zu codifizieren und zu übertragen, sowohl bezüglich des Personenkreises, als auch der Inhalte, wie gezeigt, enger gefaßt, als die Anhänger der Sprachneutralität vermuten.

Obwohl der Erwerb von codifiziertem, reflektierten, intersubjektiv weitgehend gleichen Wissen (Informationsweitergabe, Story Telling) nicht die einzige Form indirekten Lernens ist, handelt es sich hierbei aus ökonomischer Sicht um eine besondere und relevante Eigenart menschlicher Gruppen. Da so in reizarmen Situationen ohne Handlungsdruck bereits in der inneren Vorstellung neuartige Situationen erzeugt und interpretierend durchlebt werden können, können die Individuen dann auch in solchen Situationen schnell reagieren, die sie noch nicht durch direktes Lernen interpretiert haben. Außerdem können bei indirektem Lernen Syntagmen generiert und Denkstrukturen geübt werden, die sich dem Lernenden im direkten Lernprozeß aufgrund der hohen emotionalen Intensität nicht aufdrängen. Indirektes Lernen führt insgesamt dazu, daß das individuelle Vermögen schnell verfügbarer und zum Teil auf Erfolgswirksamkeit überprüfter Interpretationen wächst.

Bei den hier eingeführten zehn Unterscheidungskriterien für unterschiedliche Wissensarten soll es nun belassen werden. Zwar sind natürlich noch viele andere Unterscheidungen möglich, jedoch reichen die hier behan-

delten aus, um sich innerhalb der typischen ökonomischen Problematisierungen von Wissen orientieren und genau ausdrücken zu können.[181] Da es
sich um eine allgemeine Ergründung des Wesens von „Wissen" handelt,
wurde davon abgesehen, die ökonomisch-theoretischen Unterscheidungen
von Wissen als freiem oder öffentlichem Gut respektive von Wissen als
Gut oder Produktionsfaktor zu übernehmen, da diese nur spezifische
theoretische Reflektionen der Verwendung von Wissen in ökonomischen
Sprachspielen darstellen, nicht jedoch Eigenschaften von Wissen im allgemeinen kognitions- und verhaltenstheoretischen Sinne.

   Das vorliegende Kapitel entwickelte auf der Basis eines sprachintegrierten Kognitionsmodells eine neue Fundierung zur allgemeinen Erklärung
der Verhaltenssteuerung von Wirtschaftssubjekten. Zentrale Konsequenz
dieser ökonomischen verhaltenstheoretischen Konzeption ist erstens, daß
das Verhalten von Wirtschaftssubjekten von ihrem Wissen, also von ihren
jeweiligen Interpretationsvermögen determiniert wird. Zweitens werden
diese individuellen ökonomischen Interpretationsvermögen durch die jeweiligen sozialen Bezugsgruppen (Sprachspielgemeinschaften) stark dominiert, geprägt und stabilisiert, so daß ökonomisches Verhalten ohne Rekurs auf die Sprachspiele, innerhalb deren Interpretationen das Verhalten
geäußert wird, nicht verstanden (und wissenschaftlich korrekt benennend
beschrieben) werden kann. Drittens ist die intersubjektive Komplementarität von Interpretationsvermögen eine zentrale Restriktion für arbeitsteiliges Wirtschaften. Verständigungs- und Lerngrenzen zwischen Gruppen
beschränken also Art und Zahl der möglichen Wirtschaftspartner und die
Szenarien möglicher ökonomischer Aktivitäten. Viertens ist der Prozeß
der Erzeugung kodifizierter, ontischer Aussagen über ökonomische Inter-
pretationsakte von Individuen bzw. Gruppen (Wirtschaftswissenschaft)
selbst Teil einer Sprachspielpraxis, deren Viabilitätsbedingungen und Benennungssprachspiele von denen der Wirtschaftssubjekte u.U. stark abweichen können. Die notwendige Eliptizität sprachlicher Beschreibung
von Realitäten macht das Erfinden *einer* „wahren" allumfassenden Theorie
unmöglich.

   Im Kapitel 6 werden auf Basis der hier erläuterten kognitions- und verhaltenstheoretischen Erkenntnisse erste Ansätze einer sprachintegrierten
Wirtschaftswissenschaft entworfen.

---

[181] Vgl. zu Arten von Wissen und deren Entstehung auch Nonaka et al. (2000)

5 Funktionseigenschaften von Sprache

> *„Wir reden von dem räumlichen und zeitlichen Phänomen der Sprache; nicht von einem unräumlichen und unzeitlichen Unding."*
>
> Ludwig Wittgenstein[1]

5.1 Ansatzpunkte für die Integration von Sprache in ökonomische Theorie

Das vorangegangene Kapitel 4 stellte dar, wie Sprache in den kognitiven Verhaltenssteuerungsprozeß von Individuen eingegliedert ist, und erklärte, wie und warum sprachliche Prozesse diese Kognitionsvorgänge dominieren. Kapitel 5 wechselt nun die Perspektive von der Betrachtung der *individuellen* Verhaltenssteuerung zu *sozialen* Verständigungsprozessen. Ziel ist die Klärung der Funktionseigenschaften von Sprache.

Sprachliche Deutungssysteme dominieren nicht nur ganz allgemein die kognitive Verhaltenssteuerung menschlicher Individuen, sondern sie sind insbesondere für Sozialhandlungen konstitutiv, also für Verhaltensmuster, die von mehreren Menschen im geregelten Zusammenspiel hervorgebracht werden. Da praktisch alle menschlichen Gesellschaften arbeitsteilig wirtschaften, sind ökonomische Aktivitäten entweder selbst Verständigungshandlungen oder ihrem Sinn nach in Sprachspiele arbeitsteiligen Wirtschaftens eingebunden. Die kognitive Steuerung ökonomischen Verhaltens ist deshalb Teil intersubjektiver Sinndeutungssysteme. Will die Volkswirtschaftslehre die Ökonomie arbeitsteiliger Volkswirtschaften aus den Verhaltensweisen ihrer Wirtschaftssubjekte erklären, muß dies unter Bezugnahme auf die intersubjektiven Sinndeutungssysteme geschehen, in denen die jeweiligen Gesellschaften ihre ökonomischen Sozialhandlungen konstituieren. Intersubjektive Sinnsysteme werden üblicherweise als **Sprachen** bezeichnet.

Da Sprache in der Ökonomik, wie in Kapitel 2 und 3 gezeigt, bisher selten oder falsch konzipiert wird, scheint im Rahmen dieser Arbeit eine genauere Erklärung der Entstehung, Persistenz, Entwicklung und Funktionsweisen von Sprache geboten, um die notwendigen theoretischen

---

[1] Wittgenstein (1990a) §108, S. 298

Grundlagen der Integration von Sprache in die Ökonomik zur Verfügung zu stellen.

Der Untersuchungsgegenstand der Ökonomik wurde zu Beginn der Arbeit (Abschnitt 1.6) als semantischer Raum abgegrenzt. Ökonomische Aktivitäten umfassen deshalb solche, die ihrem Sinn nach auf das Verfügbarmachen und die Sicherung (Beschaffung, Bearbeitung/Produktion, Transaktion, Nutzung und Verbrauchens) von Lebensnotwendigkeiten, darüber hinaus erwünschten Gütern und Leistungen und von Vermögen bezogen sind, sowie die Koordination, d.h. die Organisation, Allokation und Verteilung dieser Aktivitäten innerhalb der Gesellschaft bzw. im Raum betreffen. Ökonomik interessiert sich deshalb für die spezifischen Sinnsysteme, innerhalb derer Gesellschaften ihre Ökonomie interpretieren und handelnd erzeugen. Diese spezifischen Sinnsysteme umfassen intersubjektiv aneinander angeglichene Perzeptionsmuster, sozial verbindliche Werturteilspraxis,[2] die individuell im emotionalen und Aufmerksamkeitszentrum verankert wird, und aufeinander bezogene Handlungsregeln, in denen die Wirtschaftssubjekte situativ, rollenspezifisch und interagierend ihre Wirtschaftspraxis hervorbringen, gestalten und entwickeln.

Innerhalb der ökonomischen Sinndeutungspraxis sind sprachliche Prozesse in direkter, konstitutiver Weise insbesondere dort von Bedeutung, wo 1.) Wirtschaftssubjekte die interindividuelle Intersubjektivierung von Bewußtseinsinhalten bzw. mentalen Orientierungen anstreben, 2.) Wirtschaftssubjekte (ex ante) *gemeinsames*, also kollektives *Handeln* abstimmen und koordinieren, 3.) Wirtschaftssubjekte sich auf ein bestimmtes Muster interaktiven Verhaltens *einigen* oder 4.) Wirtschaftssubjekte (versuchen) einander (zu) belügen. Indirekt sind sprachliche Sinndeutungssysteme aber auch für alle ökonomischen Handlungsorientierungen relevant, die sinnhaft auf sprachliche Interaktionen bezogen sind (z.B. Produktion von Transaktionsgegenständen) oder in ihren Erfolgsbedingungen von sprachlichen Verständigungen abhängen.

Die ökonomische Sinnorientierung muß bei der einzelnen Verhaltensweise nicht im Vordergrund der emotionalen Motivation des einzelnen Wirtschaftssubjektes stehen, da es situativ auch mehrere verschiedene Interessen miteinander koordinierend oder konfligierend verfolgt. Die ökonomische Bedeutung der einzelnen Tätigkeit kann deshalb auch ein nicht bewußter Teil oder Nebenaspekt ihrer Gesamtbedeutung sein. Der Prozeß, durch den Wirtschaftssubjekte ihre ökonomische Wirklichkeit als ökono-

---

[2] Vgl. zu in Sprache verankerten kulturspezifischen Wertsystemen Wierzbicka (1991)

mische deuten, ist auch kein notwendig bewußter oder Reflektionsprozeß, sondern ökonomische Interpretationen sind eine besondere Art und Weise kontextbezogenen situativen Verhaltens in der menschlichen Alltagspraxis.

Zur interpretierenden Wahrnehmung, Reflektion und Beschreibung ökonomischer (Interpretations-)Praxis bedienen sich WirtschaftswissenschaftlerInnen wiederum ihrer eigenen gesellschaftlichen Sinndeutungssysteme, in die sie kognitiv eingebettet sind. Damit eine korrekte Reinterpretation der ökonomischen Interpretationen von Wirtschaftssubjekten gelingt (und nur dann kann sich eine wissenschaftliche Beschreibung der historischen Situation annähern), muß die ÖkonomIn deren soziale Sinnsysteme erlernt haben oder zu verstehen lernen. Stimmen die zu ökonomischer Interpretation und wissenschaftlicher Reinterpretation verwendeten Sinnsysteme nicht überein, werden „therapeutische Neubeschreibungen" (Rorty) erzeugt, die entweder als Interpretations-Variation im Diskurs „überleben" und Evolution der ökonomischen oder wirtschaftswissenschaftlichen Sprachspielpraxis auslösen, oder selektiert, nicht wiederholt, werden. Selbst wenn die passende historisch und kulturell begrenzte Verstehenskompetenz der WissenschaftlerIn gegeben ist, müssen Teile der subjektiven Deutungssysteme von Wirtschaftssubjekten für die Wissenschaft unbeschreibbar bleiben. Nämlich die Teile, die das jeweilige Subjekt nicht in dem intersubjektiv verfügbaren Sinnsystem ausdrücken (übersetzen) kann, und die subjektiven Deutungen, die die WissenschaftlerIn von ökonomischen Phänomenen vornimmt, welche sie selbst nicht in das intersubjektive Sinnsystem „übersetzen" kann oder darf.

In der Beschäftigung mit den Funktionsbedingungen intersubjektiver Deutungssysteme werden auch die Grenzen der Verfügbarkeit eines intersubjektiven Deutungssystems, also die Grenzen gelingender Verständigung, aufgezeigt. Ein Typus von „Störquelle", welche die Funktionsweise von Sprache beeinträchtigen und verändern kann, sind die individuellen Deutungssysteme. Insofern wird sich auch bei einer vorrangigen Fokussierung intersubjektiver Deutungssysteme die Thematisierung subjektiver Deutungssysteme (Grenzmarker) nicht vollständig vermeiden lassen.

Der Untersuchungsbereich der Ökonomie ist nun abgegrenzt worden als die Gesamtheit der Phänomene, die Menschen *primär* unter Verwendung eines intersubjektiven Sinnsystems als ökonomische Phänomene deuten. Ökonomie wird also nicht mehr abgegrenzt über reale Objekte, Prozesse, Strukturen und Prozeßergebnisse, die objektiv ökonomischer

Natur sind, sondern der Deutungsprozeß der Wirtschaftssubjekte selbst
(und der WirtschaftswissenschaftlerInnen) konstituiert, was in einer
historischen Gesellschaft als der Ökonomie zugehörig gilt. Insofern ist der
Bereich des Wirtschaftens einerseits Teil der Welt der real existierenden
„Dinge", andererseits aber *immer* auch Teil der semantischen Welt der
sinnhaft gedeuteten „Dinge". Die Fundierung der Ökonomik mit einer
Theorie der Sprache und insbesondere der Bedeutung ist deshalb einerseits notwendig, um ökonomische Verständigungsprozesse zu erklären,
andererseits um den Prozeß der Konstituierung und Abgrenzung ökonomischer Untersuchungsgegenstände als semantische Räume zu verstehen.

Die folgende Erläuterung der Funktionseigenschaften rekurriert insbesondere auf das von Ludwig Wittgenstein in seinen „Philosophischen
Untersuchungen" entwickelte Sprachverständnis sowie auf damit konsistente linguistische und Kommunikationstheorien.[3] Diese Fokussierung
der Wittgenstein'schen Sprachphilosophie hat mehrere Gründe. Erstens
hat diese philosophische Position maßgeblichen Einfluß auf die Entwicklung der Sprachwissenschaften, Linguistik usw. insgesamt gehabt und findet sich folglich mit seinen Prämissen in diesen wieder. Insofern wird auf
Weiterentwicklungen dieses Ursprungsansatzes nur eingegangen, sofern
es im Rahmen der hier untersuchten Thematik notwendig ist. Zweitens
findet bei Wittgenstein eine sehr grundlegende, auch erkenntnistheore-
tisch relevante Erörterung der Entstehung und der Charakteristika intersubjektiv gleicher *Bedeutungen*. Dies wird weder in hermeneutischen Ansätzen geleistet, noch ist diese fundamentale Frage unbedingt Thema für
Linguistik, Kommunikationswissenschaftler usw., da diese die grundlegenden Funktionsweisen von Sprache i.d.R. als erklärt voraussetzen und
Art, Unterschiedlichkeit und Entwicklung konkreter Sprachpraxis (sowie
deren Einbettung in Gesellschaft, Kultur usw.) erforschen. Diese grundlegende Bedeutungstheorie ist im Zuge der vorliegenden Untersuchung
aber entscheidend, da ja im dritten Kapitel gezeigt wurde, daß die Ökonomik bisher keine Erklärung für die Entstehung und Ursachen intersubjektiv gemeinsamer mentaler Orientierungen hat und daß sie der Sprache
aufgrund ihrer unhaltbaren Neutralitätsüberzeugung in diesem Zusammenhang bisher keine kausale Kraft zuschreibt. Zum dritten kann hier

---

[3] Vgl. als Einführung in unterschiedliche kommunikationstheoretische Ansätze Burkart
(1998), Auwärter, Kirsch, Schröter (1976), Lenke, Lutz, Sprenger (1995) sowie als Kurz-
überblick aus ökonomisch-praxisorientierter Sicht Picot, Reichwald, Wigand (1996) S.
63-113

auch aus Raum- und Übersichtlichkeitsgründen nicht die Gesamtheit aller paradigmatisch unterschiedlichen Sprachphilosophien und -theorien zu dieser komplexen Thematik erörtert werden. Mit Wittgensteins Sprachspielkonzept wurde deshalb ein maßgeblicher, im Fachgebiet nachhaltig wirksamer und für sozialwissenschaftliche Fragestellungen gut kompatibler Theorieansatz ausgewählt. Zum vierten spricht für die Auswahl des spätwittgensteinschen Ansatzes, daß dieser sich explizit mit der Verwobenheit und Einbettung sprachlicher Praxis in soziale Handlungspraxis befaßt. Damit thematisiert er genau die ökonomische Erklärungslücke, die in den vorangegangenen Kapiteln aufgezeigt wurde.

Die im folgenden analysierten Charakteristika und theoretisch fundierten Funktionsweisen von Sprache gelten allgemein für Sprachpraxis, folglich entsprechend auch für den Teil von Sprache, der im semantischen Bereich der Ökonomie praktiziert wird.

Die hier vorgenommene Erläuterung der Funktionseigenschaften von Sprache kann für sich genommen zur Integration sprachlicher Phänomene in ökonomische Theorie dienen. Sie kann aber auch als eine weitergehende Fundierung hermeneutischer Theoriekonzepte in der Ökonomik genutzt werden. Ein sprachbezogener Ansatz ist hier besser geeignet als die in Abschnitt 2.4.6 beschriebenen, phänomenologisch basierten Hermeneutikansätze. Denn erstens wird der Verständigungsprozeß in seiner Zeichengebundenheit, Fallibilität und Nicht-Neutralität grundlegend erklärt. Und zweitens wird die Sinnkategorie, die in phänomenologisch-hermeneutischen Ökonomieansätzen unerklärt bleibt, gefüllt. Sinn bzw. Bedeutung wird im folgenden Sprachmodell immer als im intersubjektivierten Sinnsystem verankerte sprachliche Bedeutung verstanden. Sprachliche Sinnsysteme konstituieren sich durch sprachliche Zeichen und den kognitiven, praxisgebundenen Zeichendeutungprozeß der ZeichenverwenderInnen. Insofern bietet die Verankerung einer ökonomischen Hermeneutik in einer Theorie sprachlicher ökonomischer Verständigung den Vorteil, daß nicht nur der kognitive Interpretationsprozeß, sondern auch der zeichenvermittelte Interaktionsprozeß wissenschaftlich fundiert erklärt werden kann.

In den folgenden Abschnitten werden zunächst die Charakteristika und Funktionsbedingungen von Sprache analysierend dargestellt (5.2). Anschließend wird die Nicht-Neutralität von Sprache als logisches Implikat aus den Funktionseigenschaften und Emergenzbedingungen von Sprache abgeleitet (5.3). Schließlich wird die Korrespondenz gegebener ökonomischer Begriffe mit dem Sprachspielkonzept überprüft (5.4).

5.2 Allgemeine Charakteristika von Sprache

5.2.1 Definitionsmerkmale von Sprache

Def. von Sprache aus 1.2 nehmen.

Sprache ist definiert als Gesamtheit aller menschlichen interaktiven Verständigungsprozesse unter Verwendung von Zeichen (vgl. Abschnitt 1.2). Abbildung 5.1 verdeutlicht die grundlegenden Charakteristika von Verständigungsprozessen.

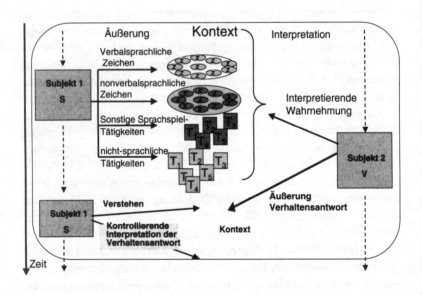

Abbildung 5.1: Sprachliche Verständigung

1. Es handelt sich um einen **Interaktionsprozeß** von mindestens zwei Personen (S und V). Interaktion bedeutet, daß die Aktivitäten mindestens einer der beiden Personen die Interessen der je anderen berührt. Sprachliche Verständigungen beinhalten zudem, daß die Interaktion

von der SprecherIn (S) intendiert ist. Sofern sich die Verstehende (V) auf den Verständigungsprozeß einläßt, ist die Interaktion durch ihre Verhaltensantwort auch intendiert.[4] Wie in Kapitel 4 gezeigt, sind Verständigungsprozesse also besondere Arten von Interaktionen.

2. Sprachliche Interaktionen laufen unter der spezifischen Verwendung von **Zeichen** ab. Ein Zeichen ist „eine materielle Erscheinung, der eine Bedeutung zugeordnet (worden) ist.[...] es *deutet* auf etwas hin, das von ihm selbst verschieden (!) ist."[5] Im Regelfall umfassen sprachliche Zeichen verbale, oral oder schriftlich geäußerte Lautzeichen und körpersprachliche Äußerungen (Mimik, Gestik, sonstige Bewegungsmuster, Lautstärke, Sprechrhythmus usw.). Die Grundform von Sprache, in der sie in allen menschlichen Gemeinschaften gelernt und praktiziert wird, ist die gesprochene, orale Lautsprache (Sprache der Nähe). Von der Lautsprache abgeleitet finden sich geschriebene und gerätevermittelt übertragene Sprachen (Sprache der Distanz).[6] Sprachliche Äußerungen umfassen regelmäßige Kombinationen von Zeichen, **Sätze**, die in Ausnahmefällen elliptisch zu Ein-Wort-Sätzen verkürzt werden.

3. Die sprachlich interagierenden Personen üben verschiedene, reziprok aufeinander bezogene Sprachtätigkeiten aus. Die **SprecherIn** (auch: Kommunikator, Quelle, Sender, Produzent, Adressant) äußert sprachliche Zeichen in einer bestimmten, von ihr **gemeinten** Bedeutung und kontrolliert, ob V verstanden hat, indem sie V's Verhaltensantwort auf die Äußerung interpretierend wahrnimmt. Die **verstehende** Person (auch: Rezipient, Empfänger, Konsument, Adressat) nimmt die von S geäußerten Zeichen **interpretierend** wahr und äußert eine verbale oder nonverbale Verhaltensantwort. Sprachliche Prozesse setzen sich oft aus einer Abfolge solcher Verständigungen zusammen, in deren Ablauf die beteiligten Personen ihre Rollen als SprecherIn und Verstehende abwechseln (Turn-Taking).[7]

4. Nur wenn die gemeinte Bedeutung mit der verstandenen Zeichenbedeutung übereinstimmt, ist die Verständigung gelungen. Indem S die von V gegebene Verhaltensantwort mit der von ihr erwarteten korrek-

---

[4] Intentionalität setzt weder *Bewußtheit*, noch *Vorsätzlichkeit* voraus. Vgl. Keller (1994) S. 26 ff.

[5] Burkart (1998) S. 42. Hervorhebungen im Original

[6] Vgl. Burkart (1998) S. 36

[7] Vgl. Lenke, Lutz, Sprenger (1995) S. 76-79

ten Verhaltensantwort vergleicht, stellt sie anhand von Abweichungen den Grad des Mißlingens von Kommunikation fest. Umgekehrt überprüft V an der Reaktion von S auf seine Verhaltensantwort, ob er korrekt verstanden hat. Verständigung ist also **fallibel**.[8]

5. Sprachliche Verständigungen sind notwendig **Sozialhandlungen**, ihre Bedeutung(en) wird (werden) durch das Zusammenspiel individueller Interpretationen erzeugt.[9] Die Sozialhandlung ist eine Teilmenge von sozialem Handeln, das nach Max Weber definiert ist als „solches Handeln [..], welches seinem von dem oder der Handelnden gemeinten Sinn nach auf das Verhalten anderer bezogen wird und daran in seinem Ablauf orientiert ist."[10] Ökonomisches Verhalten ist in arbeitsteiligen Wirtschaften vor allem soziales Handeln. Daß sprachliche Verständigung eine Sozialhandlung ist, impliziert, daß ein Sprechakt sowohl die meinende Äußerung von sprachlichen Zeichen als auch den Verstehensakt des V umfaßt.

	Kognition auf der direkten, individuellen Steuerungsebene	Kognition auf der indirekten, sozialen Steuerungsebene
nur eine Person beteiligt	**Individuelles Handeln**	**soziale Individualhandlung**
mehr als eine Person beteiligt	**Verhaltensinterdependenzen**	**Sozialhandlung Interaktion, Verständigung**
	= individuelles Handeln	= soziales Handeln

Abbildung 5.2: Individuelles, soziales Handeln, Sozialhandeln

6. Durch die Verwendung sprachlicher Zeichen in einem spezifischen situativen **Kontext** versucht S, die kognitive Aufmerksamkeit von V in spezifischer Weise zu lenken, so daß V Wirklichkeit in spezifischer Weise konstruiert und in spezifischer Weise darin agiert. Trotz der fundamentalen Uneinsehbarkeit des Fremdpsychischen und Getrenntheit der Kognitionsapparate kann im Falle gelingender Verständigung eine **gezielte, ausrichtende Einflußnahme auf Aufmerksamkeit und**

---

[8] Vgl. Falkner (1997) S. 181
[9] Lenke, Lutz, Sprenger (1995) S. 122
[10] Weber (1972) S. 9

Verhalten anderer Individuen ausgeübt werden. Die Art der gewünschten Einflußnahme wird als „Zweck" oder auch „Intention" bezeichnet, die vermittelt durch die Zeichenverwendung erreicht werden sollen. Die Trennung von Zweck/Intention und Mittel (spezifische Zeichenverwendung) ist im Wittgenstein'schen Sprachverständnis aufgehoben, da die Zeichenbedeutung als identisch mit dem regelgeleiteten Zeichengebrauch definiert ist.[11] Die Bedeutung sprachlicher expressiver Akte setzt sich zusammen aus der allgemeinen Intention, nämlich der Verständigung selbst, und speziellen Intentionen, also bestimmten Erfolgswünschen auf der sachlichen Mitteilungs-, Selbstoffenbarungs-, Beziehungs- und Appellebene sowie im Rahmen von Metakommunikationswünschen (Sprechen über die Verständigung).[12]

Nach der Darstellung allgemeiner Charakteristika von Verständigungsprozessen wird nun auf die theoretische Erklärung sprachlicher Verständigung eingegangen.

5.2.2 Das Konzept des Sprachspiels

Wittgensteins Sprachphilosophie der Philosophischen Untersuchungen liefert insbesondere eine Erklärung für die Entstehung und Entwicklung sozial verfügbarer Bedeutungen sprachlicher Zeichen. Diese Bedeutungstheorie kristallisiert sich im Konzept des Sprachspiels.

Wittgenstein überwindet damit die bis dahin übliche referenztheoretische Auffassung, die Bedeutung sprachlicher Zeichen sei entweder der durch das Zeichen bezeichnete Gegenstand, Prozeß usw. oder die Vorstellung, Idee von diesen Phänomenen, die sich in den Bewußtseinen der Zeichenverwender findet. Wittgenstein setzt dagegen die Definition: „Die Bedeutung eines Wortes ist sein Gebrauch in der Sprache"[13]. Die Art und Weise, wie Menschen bestimmte Zeichen in ihrer Verständigungs- und

---

[11] Es muß hier jedoch erwähnt werden, daß die kommunikationswissenschaftliche Literatur häufig immer noch von einem „hinter" der Kommunikation liegenden Zweck ausgeht, zu dem die Verständigung nur das Mittel sei. Vgl. etwa Burkart (1998) S. 58 f., Lenke, Lutz, Sprenger (1995) S. 74 f.

[12] Vgl. Schulz von Thun (1994)

[13] Wittgenstein (1990a) §43, S. 262

Interaktionspraxis verwenden, bestimmt also nicht nur die Bedeutung, sondern *ist* die Bedeutung des Zeichens.

Die Loslösung der Zeichenbedeutung von dem Referenzgegenstand hat massive Konsequenzen. Zum einen wird hierdurch die erkenntnisleitende, gegenstandskonstitutive Kraft der Sprache deutlich. Erst die sprachliche Bezeichnungspraxis erzeugt die Dinge und Strukturen, auf die Menschen in Sprachgemeinschaften Bezug nehmen können. Die Wirklichkeit existiert nicht an sich, immer schon und für alle Menschengruppen gleichermaßen in der identischen Strukturiertheit und gedachten Ordnung.

Zum anderen stellt sich, da die Zeichenbedeutung nicht mehr durch „die Dinge" eindeutig gegeben ist, die Frage, wie menschliche Verständigung überhaupt gelingen kann. Da die Art und Weise, *wie* eine Person ein Zeichen verwendet, worauf sie sich dabei bezieht, allein dem Kognitionsapparat dieser Person bekannt ist, muß es Ursachen geben, die Personen den verstehenden Zugang zu den Zeichenverwendungsweisen anderer ermöglichen. Wittgensteins Antwort auf diese Frage ist, daß Sprechen eine von Regeln geleitete Aktivität ist, und zwar von Regeln, die innerhalb einer Sprache verwendenden Gruppe einheitlich sind. Zur Verdeutlichung der Regelgebundenheit des Sprechens setzt er Sprache in Analogie zum (Schach-)Spiel und nennt den regelgeleiteten Sprachgebrauch „**Sprachspiel**". Drei Punkte sind bei dieser Analogie hervorzuheben:

Merkmale des Sprachspiels

– Wie in einem Spiel gibt es für jede sprachliche Varietät **konstituierende Regeln**, die den Raum der möglichen korrekten (d.h. nicht zuletzt sinnvollen) Züge bzw. Äußerungen begrenzen.[14] Dies sind im Spiel eben die Spielregeln, die z.B. die erlaubten Züge verschiedener Kategorien von Spielfiguren festlegen, im Falle der Sprache die Grammatik des jeweiligen Sprachspiels, bspw. die Regel, daß im Sprachspiel „Marktwirtschaft" nur freiwillig getätigte Transaktionen erlaubt sind. Grammatik umfaßt hier die Gesamtheit aller semantischen, syntaktischen und pragmatischen Regeln des Zeichengebrauchs, wie auch die Regeln des Vorhandenseins von Sprache überhaupt, die mit Sprache verbundenen nicht-sprachlichen Handlungen (Gestik, Mimik usw.), die Regelmäßigkeiten der gegenwärtige Sprechsituation und den Gesamtkontext histo-

---

[14] Die konstitutiven Regeln bestimmen nur die Korrektheit der Zeichenverwendung. Es handelt sich nicht um strategische Regeln, die Erfolgsbedingungen regulieren. Vgl. Glock (1996) S. 193

rischer und kultureller Faktoren, die in die aktuelle Situation einfließen.[15]

- Die **Bedeutung** der sprachlichen Zeichen (Worte, Sätze) ist ihr Gebrauch in der Sprache und wird also durch die geltenden **Regeln** (das
Regelsystem Sprachspiel) bestimmt. Wie im Schachspiel die Bedeutung
der einzelnen Spielfigur („Turm") durch die Spielregeln (wie darf der
Turm gezogen werden? aber auch: wie kann ich in einer bestimmten
Spielsituation den Turm einsetzen, um Schach herbeizuführen? usw.)
bestimmt ist, definiert sich auch die Bedeutung verwendeter Wörter aus
den geltenden Regeln für ihren Gebrauch.

- Die Bedeutung ist außerdem immer nur durch den **Verwendungskontext** bestimmbar. Das heißt, das Regelsystem muß in der und auf die
konkrete Situation angewendet werden. Im Schachspiel müssen die Regeln, welche die Zugmöglichkeiten des Turms bedingen, in der Situation einer bestimmten Figurenkonstellation des Brettes sowie in der
(physischen oder virtuellen) Existenz eines Spielbrettes angewandt
werden. In der Sprache ist der Verwendungskontext von Worten oder
Sätzen durch die von den Gesprächspartnern wahrgenommene und erzeugte Sprechsituation in ihrer raum-zeitlichen Erstreckung, durch die
historisch-kontingenten Sprachkompetenzen der Gesprächspartner
und damit auch die Geschichte der Zeichenverwendungen spezifiziert.[16]
Um die Bedeutung der Zeichen zu verstehen, muß man auch ihre Bezogenheit auf den situativen Kontext verstehen.[17]

Sprache ist bei Wittgenstein nicht ein System, das sich allein aus verbalsprachlichen Zeichen und ihren regelgeleiteten Kombinationen untereinander konstituiert, sondern es ist an eine bestimmte Sprach- und Handlungspraxis gebunden. Wie umfassend Wittgenstein den Sprachspielbegriff meint, wird in §7 der Philosophischen Untersuchungen deutlich: „Ich
werde auch das Ganze: der Sprache und der Tätigkeiten, mit denen sie

---

[15] Vgl. Fromm (1978) S. 97
[16] Wittgenstein (1990b) §143, S. 300
[17] „Was ich ‚Satz' nenne, ist eine Spielstellung in einer Sprache." Wittgenstein (1991a)
§124, S. 172

verwoben ist, das ‚Sprachspiel' nennen."[18] Sprache ist nach Wittgenstein die **Gesamtheit der Mannigfaltigkeit aller praktizierten Sprachspiele**. [19]

5.2.3 Bedeutung von Zeichen

Die **Bedeutung** sprachlicher Zeichen (Worte bzw. Wortkombinationen/Sätze) ist durch das Sprachspiel, in dem sie verwendet werden (Regelsystem, Tätigkeiten), und ihren Verwendungskontext festgelegt.[20] Worte sind also nicht Bezeichnungen für sprachunabhängig gegebene Objekte (in „der" realen Welt), sondern Zeichen, die innerhalb bestimmter Sprachspiele, nach den innerhalb einer Sprachgemeinschaft geltenden Regeln verwendet werden. „Die Bedeutung eines Wortes ist sein Gebrauch in der Sprache."[21]

Durch die regelhafte Verwendung in der Sprachpraxis wird die Beziehung zwischen Worten und „Dingen", also die Bedeutung, werden aber auch die „Dinge" selbst in ihrer Bedeutung für die Sprachgemeinschaft hergestellt (gegenstandskonstitutive Kraft der Sprache s.o.). Die Bedeutung ist der sozial übereinstimmende Gebrauch. Das „Wesen", also der Charakter, die Eigenschaften des bedeuteten Dinges (Objekt, Tätigkeit, Attribut, Subjekt usw.) ist in der Grammatik, in den sozialen Regeln der Zeichenverwendung, ausgesprochen.[22]

Die Freiheit des einzelnen Menschen, eigene Verwendungsarten zu erfinden, ist dadurch beschränkt, daß er sich, wenn er verstanden werden will, an die Sprachspielregeln der spezifischen Sprachgemeinschaft halten muß.

Die Entstehung gemeinsamer Bedeutungen (Sprachspielregeln) umfaßt zum einen die Emergenz von Sprache im Zuge menschlicher Evolution,

---

[18] Wittgenstein (1990a) §7, S. 241

[19] Vgl. Wittgenstein (1991a) §122, S. 170: „ ‚Sprache', das sind doch die Sprachen." Als Beispiele nennt er die Sprachspiele des Befehlens, nach Befehlen handeln, des Berichtens eines Vorgangs, eine Hypothese aufstellen und prüfen, Bitten, Danken, Fluchen, Lügen, aber auch Sprachspiele, die über den Gebrauch bestimmter Worte charakterisiert sind, das Sprachspiel mit dem Wort „Lesen" usw., Vgl. Wittgenstein (1990a) §23, S. 250, §249, S. 358, §363, S. 395, §71, S. 281, §156, S. 318

[20] „Darum besteht eine Entsprechung zwischen den Begriffen ‚Bedeutung' und ‚Regel'." Wittgenstein (1990b) §62, S. 132

[21] Wittgenstein (1990a) §43, S. 262

[22] Vgl. Wittgenstein (1990a) §371 ff.

zum anderen das Lernen bereits existierender Sprache durch Sprachneulinge. Bezüglich der ersten Frage, wie Sprache überhaupt entstanden ist, gibt es unterschiedlichste Erklärungsversuche. Sie ist also noch nicht wirklich beantwortet.[23] Sprache entsteht aber zudem immer wieder neu, indem sie von Menschen gelernt und in der evolutionären Sprachpraxis weiterentwickelt wird. Die Einübung in intersubjektivierte (kognitive) Interpretationsregeln (Sprachspiele) wurde bereits in Kapitel 4 durch unterschiedliche Arten von Abhängigkeiten und die damit verbundene asymmetrische Machtverteilung in Sprachlernsituationen erklärt.

Ist durch das Lehren/Lernen von Sprachspielregeln eine Einigung erreicht, werden die Mitglieder einer solchen Sprachspielgemeinschaft die vereinbarte Verwendung immer wieder wiederholen und Regelbrecher sanktionieren, so daß die Zeichenverwendung stabilisiert werden kann. Die Sanktionierung von Regelverstößen wird nur dann unterlassen, wenn die abweichende Zeichenverwendung eine erfolgreichere soziale Handlungspraxis zuläßt (Sprachwandel tritt ein). Ansonsten führt die umfassende Nicht-Sanktionierung von Regelverstößen zu einem Zerfall der Sprachspielgemeinschaft bzw. des Sprachspiels.

Der regelhafte Zeichengebrauch ist also an Gruppen, in denen übereinstimmende Sprachspielregeln gelten, und an das Lernen und Lehren dieser Regeln gebunden. Wenn ein bestimmtes Zeichen erst mal im gemeinsamen Gebrauch ist, ist es nicht mehr beliebig, und auch nur langsam in seiner Bedeutung veränderbar. Das heißt, der gemeinsame Gebrauch fixiert die Zeichenwahl. Trotzdem ist der Gebrauch in der Zeit nicht völlig fest und unveränderlich, die Bedeutung nicht immer wieder dieselbe. Die verschiedenen Verwendungen eines Wortes sind, wie Wittgenstein sagt, miteinander auf unterschiedlichste Weisen (näher oder entfernter) verwandt.[24] Die Situationen, in denen man geneigt ist, das Wort zu verwenden, werden einander in verschiedensten Weisen ähnlich (z.B. „Evolution" in der Biologie und in der Ökonomik). Ein Wort/Zeichen wird in ähnlichen, also nicht in identischen, sondern in unterschiedlichen, aber nicht völlig unterschiedlichen, Bedeutungen gebraucht. Die Verwendungen

---

[23] Vgl. Zimmer (1995), Keller (1994), Spektrum der Wissenschaften (2000)

[24] „Statt etwas anzugeben, was allem, was wir Sprache nennen, gemeinsam ist, sage ich, es ist diesen Erscheinungen gar nicht Eines gemeinsam, weswegen wir für alle das gleiche Wort verwenden, – sondern sie sind miteinander in vielen verschiedenen Weisen *verwandt*. Und dieser Verwandtschaft, oder dieser Verwandtschaften wegen nennen wir sie alle ‚Sprachen'." Wittgenstein (1990a) §65, S. 277

ähneln sich, sie sind regelmäßig, untereinander auf verschiedenste Weise
verwandt, deshalb spricht Wittgenstein von „Familienähnlichkeit".

Betrachten wir all die Fälle, in denen ein bestimmtes Zeichen verwendet
wird, stellen wir fest: „Wir sehen ein kompliziertes Netz von Ähnlichkeiten, die einander übergreifen und kreuzen. Ähnlichkeiten im Großen und
Kleinen."[25] Und nur weil den in ihrer äußeren Gestalt einheitlichen
sprachlichen Zeichen das Prinzip der Familienähnlichkeit ihrer Verwendung zugrunde liegt, sind Menschen in der Lage, die Vielfältigkeit der
Phänomene der Wirklichkeit in Sprache zu fassen und uns über diese
Vielfalt und in ihr sprachlich verständigen zu können. „... so ist auch für
die Einheitlichkeit von Begriffen und von Sprache insgesamt kein durch-
gängig gemeinsames Element erforderlich. Eine partielle Überlagerung
von Merkmalen bzw. Merkmalsgruppen ist völlig ausreichend, um Gemeinsamkeit, Zusammenhang oder Einheit zu erklären - und mehr noch:
dies ist die den Phänomenen gerecht werdende, die analytisch richtige Erklärung. Alle ›begriffslogisch‹ reklamierbaren Züge werden dadurch eingelöst – die Annahme eines einheitlichen Wesens oder eines durchgängi-
gen Merkmals aber erweist sich als unzutreffend."[26]

Das Konzept der Familienähnlichkeit macht die Bedeutung von sprachlichen Zeichen vage und nicht klar abgegrenzt. Die Grenzen der Anwendung eines Wortes können nicht angegeben werden, sie sind (auch in der
Zeit) offen. Selbstverständlich gibt es Dinge oder Situationen, die nach
intersubjektiv übereinstimmender Auffassung einander mehr ähneln als
andere (prototypische Zeichenverwendungen).[27] Innerhalb der Entwick-
lungsgesetze der Sprache können sich Bedeutungen auch verschieben, so
daß zunächst untypische Phänomene zu typischen Auslösern der Zeichenverwendung werden.[28] Die Regeln, aus denen sich das Regelsystem eines
Sprachspiels zusammensetzt, sind keine Gesetzmäßigkeiten, sondern eine
familienähnliche Sprachpraxis; ähnliche Aspekte der Situation werden als
ähnlich interpretiert (Impression) und in ähnlichen Situationen wird
(rollengebunden) ähnlich gehandelt (Expression). Ähnlichkeit bezieht sich

---

[25] Wittgenstein (1990a) §278, S. 368
[26] Welsch (1995) S. 406 f.; Die kognitionstheoretische Erklärung der Organisation von
Sprachverwendung über Ähnlichkeitsurteile wurde bereits durch die perzeptiven und apperzeptiven Identifizierungsmechanismen in Kapitel 4 wiedergegeben.
[27] Vgl. Zimmer (1995) S. 141 ff.
[28] Obwohl bspw. der heutige Begriff des Vermögens in seiner indoeuropäischen ursprünglichen Form Vieh bedeutete, zählt heute nicht mehr das Ausmaß des Viehbesitzes
als typisches Zeichen für Vermögen. Vgl. Stedje (1994) S. 40

sowohl auf einen Vergleich in der Zeit (Wiederholung) als auch zwischen zeitgleich anwesenden Dingen/Ereignissen (Zusammenfassen, Kategorisieren) sowie auf interpersonelle Vergleiche (Imitation).

Über die „Familienähnlichkeiten"[29] entsteht nicht nur die Regelmäßigkeit und Regelhaftigkeit *eines* Sprachspiels, sondern auch die Verknüpfung unterschiedlicher Sprachspiele zu einem komplizierten Netzwerk von Sprachspielen, das als Ganzes „die" Sprache konstituiert.[30]

Da der Gebrauch immer innerhalb eines konkreten regelgeleiteten Sprechens, also innerhalb eines Sprachspiels stattfindet, ist das einzelne Zeichen bedeutungslos und unsinnig, ohne seinen jeweiligen **Verwendungskontext,** auf den es regelhaft bezogen ist. Ein bestimmtes Zeichen (Wort) kann in verschiedenen Verwendungskontexten sehr unterschiedliche Bedeutungen erlangen. Ist ein sprachliches Zeichen durch die Regeln seines Gebrauchs nicht an den situativ gegebenen Kontext gebunden, so löst der Gebrauch dieses Zeichens Unverständnis, mißlingende Verständigung und Irritation aus. Wenn V sehr interessiert ist, S zu verstehen, wird V den Kontext nach Familienähnlichkeiten absuchen, d.h. V wird nach Kontextaspekten suchen, die denen ähneln, in denen die von S vollzogene Zeichengebrauchspraxis nach V's Sprachspielregeln üblich ist.

Wenn das geäußerte Zeichen (Wort, Satz) der Text ist, dann besteht der Verwendungskontext aus dem gesamten Textumfeld: die zuvor (und danach) geäußerten Worte und nicht-sprachlichen Aktivitäten, die gesellschaftlichen Bereiche, in denen der Text gebräuchlich verwendet wird (die verwandten Verwendungen), der SprecherIn, der ZuhörerInnen und ihre Beziehung zueinander (Rolle, subjektive Wirklichkeit usw.), der momentanen Situation (räumlich, sozial, kulturell usw.), ihrer Geschichte und die Lebensweisen der Menschen, die diese Zeichen äußern. Und wie im Schachspiel definieren Regelsystem und Situation zusammen, welche Züge sinnvoll sind und welche nicht.[31]

---

[29] Wittgenstein (1990a) §66, S. 278
[30] Vgl. Wittgenstein (1990a) §66 f., S. 278 f.
[31] Glock (1996) S. 193 f.

5.2.4 Regeln

Der Begriff der Regel ist im Sprachspielkonzept zentral. Das Sprachspiel selbst ist als ein System von Regeln der Zeichenverwendung charakterisiert. Die Bedeutung sprachlicher Zeichen ist durch die Regeln, nach denen sie gebraucht werden, definiert. Das Gelingen von Verständigung hängt davon ab, ob S und V bei Meinen und Verstehen den Regeln des gleichen Sprachspiels folgen. Insofern ist mit der Definition des Regelbegriffs auch die Sprachspielkonzeption bestimmt. Die Möglichkeit, sprachlich Wirklichkeit zu beschreiben, ist durch die Regeln praktizierter Sprachspiele definiert und restringiert. Insofern umgrenzt die Gesamtheit praktizierter Sprachspielregeln auch das Sagbare und die Wahrheitsbedingungen der Wissenschaft.

Der sprachbezogene Regelbegriff ist zunächst ein anderer als der ökonomische. Der ökonomische Regelbegriff wird aufgrund der Tradition des methodologischen Individualismus vor allem für situationsgebundene Verhaltensregelmäßigkeiten *einzelner* Wirtschaftssubjekte angewendet (Institutionen, regelgeleitetes Handeln). Damit soll nicht unterschlagen werden, daß der ökonomische Institutionen- oder Regelbegriff in seinen Definitionen und in der Forschungspraxis sehr weit gefaßt wird und *auch* die im folgenden definierten Sprachspielregeln einschließt, z.B. die North'sche Definition von Institutionen als „Spielregeln, von Menschen erdachte Beschränkungen menschlicher Interaktionen"[32] oder bei Neale „the regular, patterned behaviour of people in a society and [...] the ideas and values associated with these regularities"[33]. Aber es werden auch Verhaltensroutinen, Denkgewohnheiten oder Entscheidungsregeln *einzelner* Wirtschaftssubjekte unter den Institutionenbegriff subsummiert.[34] Dagegen gelten Sprachspielregeln *immer* für das Verhalten in sprachlichen Interaktionen, an denen notwendig mindestens zwei Seiten beteiligt sind.[35]

---

[32] North (1992) S. 3

[33] Neale (1993) S. 402

[34] Vgl. zu einer ausführlichen Diskussion des durchaus uneinheitlichen ökonomischen Institutionenbegriffs Penz (1999) S. 30-45, Kubon-Gilke (1997) S. 23-33 und Okruch (1999)

[35] Das Selbstgespräch oder der „innere" Dialog ist eine abgeleitete Gesprächssituation, in der sich die einzelne Person in beiden Rollen (S und V) an sozial etablierte Sprachspielregeln hält. Das sog. Privatsprachenargument Wittgensteins leugnet die Möglichkeit, daß ein Individuum eine private Sprache entwickeln kann, deren Zeichen und Zeichenbedeutungen nur ihm selbst verständlich sind. In diesem Fall liege keine Sprache vor. Vgl.

Definition: Eine sprachliche Regel ist der auf bestimmte äußere Situationsmerkmale[36] Bezug nehmende expressive Gebrauch bestimmter sprachlicher Zeichen(-kombinationen), auf den von der verstehenden Seite eine spezifische Verhaltensantwort innerhalb eines abgegrenzten Verhaltensspektrums erwartet/gewünscht wird. Bei gleichen, d.h. familienähnlichen Situationen können die gleichen Zeichen(-kombinationen) verwendet werden, und das gleiche Verhaltensspektrum gilt als korrekte Antwort. Die Wiederholung des regelgeleiteten Verhaltens in der Zeit ist konstitutiv für den Regelbegriff. „Um das Phänomen der Sprache zu beschreiben, muß man eine Praxis beschreiben, nicht einen einmaligen Vorgang."[37] Damit entspricht die Wittgenstein'sche Sprachspielregel auf kognitionstheoretischer Basis Kognitionsroutinen, die erstens im Rahmen sozialer Verständigung gelernt wurden, zweitens deren Erfolgskriterien sich auf von Menschen kontrollierte Dinge und Ereignisse beziehen und die drittens die Perzeption oder Expression verbalsprachlicher Zeichen umfassen oder die über Gedächtnisprozesse mit verbalsprachlichen Zeichenverwendungen fest assoziiert sind.

Sprachliche Regeln kommen nicht als einzelne Regeln vor, sondern stehen immer im Zusammenhang mit dem gesamten Regelsystem eines (oder mehrerer) Sprachspiele. Regelbefolgen findet immer vor dem Hintergrund jeweils eines bestimmten Sprachspiels statt.[38]

Ein Sprachspiel „hat nicht nur Regeln, sondern auch einen *Witz*."[39] Es umfaßt *wesentliche* und *unwesentliche* Regeln. Wenn wesentliche Regeln nicht befolgt werden, dann wird der „Witz" des Sprachspiels so verletzt, daß nicht mehr erkennbar ist, daß dieses bestimmte Sprachspiel gespielt wird. Die Verletzung oder Variation unwesentlicher Regeln führt zwar zu Irritationen, aber es bleibt erkennbar, daß das spezifische Sprachspiel ge-

für Inflation 8[E] : Regeln d. Sprachspiels & "Witz". analysieren

genauer zum Privatsprachenargument Wittgenstein (1990a) §§243-315, S. 356-380, Hintikka, Hintikka (1990) S. 307-345, Kripke (1987)

[36] Teile der äußeren Situationsmerkmale können aus der Erinnerung erzeugt werden, müssen also nicht im Hier-und-Jetzt äußerlich anwesend sein.

[37] Wittgenstein (1991b) S. 335. Allerdings kann auch nicht angegeben werden, wie oft eine Regel wiederholt werden muß, um eine Regel zu sein.

[38] Zwar charakterisiert und analysiert Wittgenstein den Regelbegriff in seinen Schriften fast immer in der Einzahl, aber die Beziehung zwischen Wort und Bezeichnetem wird nicht durch eine spezielle Regel oder ein spezifisches Kriterium hergestellt, sondern durch das gesamte Sprachspiel. Vgl. Hintikka, Hintikka (1990) S. 244 ff.

[39] Wittgenstein (1990a) §564 S. 450, Hervorhebung im Original

spielt wird.[40] Der „Witz" bezeichnet das, was innerhalb dieses Sprachspiels als rational, vernünftig, korrekt und zu erwarten gilt.[41]

Beispielsweise wäre aus Sicht von Ökonomen eine wesentliche Regel für marktwirtschaftliche Sprachspiele, daß die vertragliche Einigung freiwillig zustande kommt. Da einseitig vermachtete Allokationsformen mit Zwang operieren (bspw. Mafiastrukturen), weisen sie weder die Prozeßeigenschaften, noch die Ergebnisse von Märkten auf. Sie verletzen den „Witz" marktwirtschaftlicher Sprachspiele so massiv, daß sie auch dann eine differente Allokationsform sind, wenn sie oberflächlich gleich scheinen, z.B. weil vertragliche Kaufinteraktionen stattfinden („Schutzgeld").

> „Rules are standards of correctness; they do not describe, for example, how people speak, but rather define what it is to speak correctly or meaningfully. ... There is a difference between a rule and its expression, a rule-formulation, just as between a number and a numeral (e.g. the same rule can be expressed in different languages). But the difference is not one between an abstract entity and its concrete name, but one between a normative function, and the linguistic form used to perform that function."[42]

Der Begriff der Regel unterscheidet sich von dem der gesetzmäßigen Notwendigkeit, da sie Ausnahmen ausgesetzt sein kann. Diese Ausnahmen sind durch das Konzept der Familienähnlichkeit gegeben: die Zeichenverwendung ist nicht jedesmal an ein identisches Set äußerer Merkmale gebunden, sondern die Kontext-konstituierenden Merkmale ähneln einander wie Verwandte in einer Familie. Auch die Art, wie die korrekten Antwortverhalten ausgeführt werden müssen, um als solche erkennbar zu sein, ist nicht vollständig determiniert, sondern läßt Ähnlichkeitsspielräume offen.[43] Den Situationen, in denen ein Zeichen korrekterweise verwendet werden kann, und den gezeigten Verhaltensantworten ist gar nicht immer *Eines* gemeinsam, sondern es besteht zwischen ihnen ein „kompliziertes Netz von Ähnlichkeiten, die einander übergreifen und kreuzen. Ähnlichkeiten im Großen und Kleinen."[44] Da auch das Ausmaß und die

---

[40] Vgl. Fromm (1978) S. 104-108, Hintikka, Hintikka (1990) S. 242-261

[41] Vgl. zu der These pluraler Rationalitäten bzw. der konkreten, je sprachspielspezifischen Vernünftigkeit Welsch (1995) S. 396-418

[42] Glock (1996) S. 324

[43] Vgl. Wittgenstein (1990a) §68, S. 279

[44] Wittgenstein (1990a) §66, S. 278. Vgl. zum Begriff der Regel auch Wittgenstein (1990a) §§65-90, S. 276-292

Art der Ähnlichkeiten in einem sozialen Regeldurchsetzungsprozeß bestimmt wird, ist der regelgemäße Sprachgebrauch nicht nur in der Zeit und zwischen Menschen nicht vollkommen identisch, sondern er ist auch offen für Veränderung von Ähnlichkeitsspielräumen und folglich grundsätzlich offen für Sprachwandel.

Dieses Regelverständnis läßt sich kognitionstheoretisch bestätigen. Da der Kognitionsapparat Situationsmerkmale über Ähnlichkeiten zu vergangenen Ereignissen organisiert (Identifikationsprozesse), hängt es von der emotionalen Stimmung und der persönlichen Erfahrungsgeschichte des Einzelnen ab, welche sprachliche Kognitionsroutine in der jeweiligen Situation als die passendste identifiziert wird. Solche Deutungen können interindividuell also unterschiedlich sein, weshalb situativ nicht immer hundert Prozent gleiche Regeln zur Anwendung kommen. Auch durch das Prinzip der kognitiven Kreation können in der Situation Abweichungen von situationstypischen Sprachspielregeln auftreten.

Sprachspielregeln sind nicht direkt beobachtbar. Beobachtet werden kann lediglich das Verhalten von Menschen, die diesen Regeln in ihren Handlungen folgen und diesen dadurch Ausdruck verleihen. Das Phänomen der Sprache ist deshalb als eine regelmäßige und regelgeleitete Praxis zu definieren und zu erforschen. Wenn man Sprachspielregeln zu beschreiben versucht, muß man eine Praxis beschreiben und zwar eine soziale Praxis des Regel-Folgens.

Die Voraussetzung dafür, daß eine regelgemäße Sprachpraxis ausgeübt werden kann, also die Bedingung der Möglichkeit der Regel, ist die *Übereinstimmung* der Menschen in ihren Urteilen und ihrer Lebensform (in ihren Tätigkeiten). Mit „Urteilen" sind nicht Meinungen, was man wovon zu halten hat, moralische oder glaubensmäßige Überzeugungen gemeint, sondern Urteile darüber, was gleich ist und was ungleich ist, was einander – in welchen Aspekten und in welchem Grad – ähnelt. Es müssen also in der jeweiligen Situation gleiche Perzeptionsmuster und ähnliche Interessen/Motivationen aktiviert sein. Die Übereinstimmung gilt sowohl für einen Menschen, dessen Handlungsweisen, Definitionen usw. in der Zeit regelmäßig sind, sich wiederholen, als auch die übereinstimmende Praxis von mehreren Menschen gleichzeitig und/oder im Zeitablauf.[45] Bei der Befolgung von Regeln sprachlichen Zeichengebrauchs sind vier verknüpfte Urteilsbereiche zu unterscheiden:

---

[45] Wittgenstein (1990a) §§202-205, S. 259, Wittgenstein (1991b) S. 334 ff.

1. In der Wahrnehmung äußerer und erinnerter Situationsmerkmale gelangt S zu dem Urteil, welche Ähnlichkeiten zu welchen früheren
   Sprachspielereignissen bestehen. (So-Auffassen)

2. S äußert sprachliche Zeichen und damit verbundene Tätigkeiten, die
   nach S' Urteil den üblichen, im jeweiligen Handlungskontext möglichen Äußerungen gleichen, welche die von S gewünschten Verhaltensantworten V's erwartbar macht. (So-Fortsetzen)

3. V beurteilt die Gleichheit zwischen S' Äußerungen im jeweiligen Kontext der von V wahrgenommenen Situationsmerkmale und den Situationen, in denen V die Verwendung dieser Äußerungen gelernt hat und
   bisher erfolgreich verstanden hat oder erfolgreiches Verstehen anderer
   Gruppenmitglieder beobachtet hat. (So-Auffassen)

4. Anhand seines Urteils über die Gleichheit der spezifischen Äußerungs-
   elemente und Situationsmerkmale zu früher erlebten Sprachspielpraktiken entscheidet V sich für die Verhaltensantwort, die derjenigen
   üblichen, korrekten Verstehensantwort im identifizierten Sprachspielkontext am meisten ähnelt, die V's aktuelle Erfolgskriterien satisfiziert.
   (So-Fortsetzen)

Während die ersten beiden Urteilsbereiche den aktiven Sprachgebrauch
durch die Sprecherseite regulieren, sind die Gleichheitsurteile 3. und 4.
Regeln des Sprachverstehens. Meist ist das aktive Sprachvermögen, also
die Sprachaktivitäten, die ein Individuum als Sprecher praktiziert, geringer
als das passive Sprachvermögen, also die Kompetenzen des Individuums,
sprachliche Äußerungen zu verstehen und – zumindest potentiell – korrekt auf sie zu reagieren. Die Wittgenstein'sche Aussage, im Regel-Folgen
seien „So-Auffassen und So-Fortsetzen in Eins"[46] zusammengezogen, wird
hier daran deutlich, daß die Regeln, denen S und V in ihrer Sprachspielpraxis folgen, immer einen perzeptiven Teil, d.h. die vergleichende, aktiv-
konstruierte Wahrnehmung der Situation, und einen pragmatisch apperzeptiven Teil, d.h. die Entscheidung über satisfizierendes Verhalten unter
Abgleich mit vergangenen Erfahrungen, umfassen. Diese beiden Teile von
Regeln sind, wie auch die Kognitionstheorie allgemein für Interpretation
zeigt, nicht voneinander trennbar.

Werden sie durch die Praxis des Zweifelns getrennt, so wird die Regel
nicht mehr korrekt befolgt; eventuell wird versucht, eine neue Regelmä-

---

[46] Wittgenstein (1991b) S. 331

ßigkeit zu etablieren. Definiert als Übereinstimmung von Menschen in ihren (kognitiven) Gleichheitsurteilen entsprechen Sprachspielregeln ungefähr dem Institutionenbegriff bei Veblen als „shared habits of thought".[47]

Verständigung gelingt, wenn S und V die gleichen Urteile über gleich und ungleich fällen. Diese Urteilsregelmäßigkeiteneines Sprachspiels umfassen immer alle vier genannten Urteilsbereiche. S hat immer auch eine Vorstellung darüber, wie V das Gesagte im Kontext auffaßt und handelnd fortsetzt. Und V hat immer auch eine Vorstellung davon, in welchem Kontext S seine Äußerung formuliert. Sprachspielregeln sind nicht auf bloße Routinen einzelner Personen reduzierbar.

Sprachspielregeln erfüllen eine normative Funktion. Sie beschreiben nicht nur Regelmäßigkeiten im Sprachverhalten von Menschen („Das ist der regelmäßige Wortgebrauch"), sondern schreiben diese Regelmäßigkeit auch gleichzeitig vor („*so* sollst Du sprechen!") Sie bestimmen die Korrektheit des Zeichengebrauchs innerhalb spezifischer sozialer Handlungskontexte. Diese Normativität zielt aber auf nichts anderes ab, als auf den Zweck der Sprache selbst, in der Regel den der Verständigung[48], also keine ethischen oder ästhetischen Normen, die sagen, es ist gut, gerecht oder schön, den Regeln zu folgen. Es gibt allerdings auch Sprachspiele, in denen Regeln durch ethische Sanktionierung normativ verstärkt werden, bei denen der Regelverstoß nicht nur das Nicht-Verstehen bzw. Nicht-Verstanden-Werden nach sich zieht, sondern auch die Ächtung, Nicht-Anerkennung der sozialen Gruppe, in der man sich bewegt (Normen). Aber hier ist die ethische Normativität im Witz bzw. der Eigenart des jeweiligen Sprachspiels begründet, und damit dem grundsätzlichen normativen Charakter von Sprachspielregeln nachgelagert. Der „Witz", also die spezifische Rationalität eines Sprachspiels *kann* folglich auch einen normativen Sinn des Sprachspiels implizieren, *muß* es aber *nicht*.

Die Grammatik, das Regelsystem des Sprachspiels, beschreibt nur, aber erklärt in keiner Weise, den korrekten Gebrauch der sprachlichen Zeichen. Insofern sind die Regeln willkürlich, denn es gibt keine „tieferen" Normen, die begründen, warum die Regeln genau so sein sollten, wie sie momentan gelten. Aber Regeln sind auch nicht beliebig, denn nur wenn genau den *geltenden* Regeln gefolgt wird, kann Sprache gelingen, d.h. man kann meinen und verstehen bzw. verstanden werden. Und so umgrenzen

---

[47] Vgl. Veblen (1990)
[48] Vgl. Niesen (1991) S. 93

die Regeln das Gebiet der Sprache und bestimmen, wie und wovon sinnvoll geredet werden kann und was als Unsinn aus dem Verkehr gezogen
wird.[49] Normative sprachliche Aktivitäten (5.2.6) tragen dazu bei, daß Regeln ihre normative Funktion erfüllen können.

Sprachspielregeln stellen keine rein empirische Übereinstimmung
menschlicher Definitionen, Urteilen und Sprechaktivitäten dar (ein hoher
Grad an Korrelation). Sondern die Regelmäßigkeit tritt ein, indem Menschen diesen Regeln aktiv folgen. Die Regeln sind also untrennbar von
ihrer (regelgemäßen) Anwendung. Zwar gibt es einen kategorialen Unterschied zwischen der Regel und ihrer Anwendung, wie zwischen einer Fähigkeit und der Ausübung dieser Fähigkeit, aber keine Lücke, die überwunden werden müßte, z.B. durch Instinkte, einen Mechanismus/Natur-
gesetz, Intuition, Interpretation, Inspiration oder ähnliches.[50]

„Darum ist ‚der Regel folgen‘ eine Praxis"[51], nämlich die etablierte Praxis, daß eine soziale Gruppe der Regel in übereinstimmender Weise folgt
und bestimmte Verhaltensweisen übereinstimmend als korrekte, andere
als inkorrekte Anwendung der Regel bzw. Gebrauch der Sprache charakterisiert. Sprachpraxis beruht auf der Beherrschung einer Technik, nämlich
der Beherrschung übereinstimmenden Sprachgebrauchs. Um Regeln folgen zu können, muß man sie verstanden haben, also die Beherrschung der
Technik übereinstimmender Gleichheitsurteile gelernt haben (siehe Abschnitt 5.2.6.2).[52] Sie müssen einem dennoch nicht bewußt sein und sind
i.d.R. tacit knowledge. Man kann keinen privatimen, sondern nur sozial
verbindlichen Regeln folgen, und Sprachspielregeln sind aus den beobachtbaren Situationsmerkmalen, Zeichen und Tätigkeiten unterdetermi-
niert, lassen Freiräume offen. Die Kompetenz, Sprachspielregeln korrekt
zu folgen, wird innerhalb einer Sprachspielgemeinschaft gelernt, die ein
Arsenal von normativen Aktivitäten praktiziert, um die Stabilität des
Sprachspielregelsystems hervorzubringen.

---

[49] Vgl. Wittgenstein (1990a) §§109, S. 296 f., 499. Es ließe sich natürlich evolutionstheo-
retisch argumentieren, daß das reibungslose Funktionieren von Verständigung zumindest in manchen Sprachspielen die biologische Überlebenswahrscheinlichkeit determiniert (z.B. Intensivmedizin, Allokation knapper Güter des autonomen Konsums). Aber
diese tieferen normativen Ursachen für bestimmte Sprachspielregeln könnten nicht als
universal gültige Prinzipien angenommen werden.

[50] Vgl. Glock (1996) S. 327 f.

[51] Wittgenstein (1990a) §202, S. 345

[52] Vgl. zum Begriff und Konzept der Regel auch Wittgenstein (1990a) §§87, 169, 197, 229,
654

5.2.5 Verständigung

5.2.5.1 Bedingungen gelingender Verständigung

Sprachliche Verständigung gelingt, wenn die von S gemeinte Bedeutung mit der von V verstandenen Bedeutung übereinstimmt.

Die gemeinte Bedeutung ist S' Zeichengebrauch innerhalb eines bestimmten Sprachspiels, das S beherrscht. Die gemeinte Bedeutung[53] entspricht also den Sprachspielregeln, denen S bei dem Ausdruck des Gemeinten folgt. Nach diesen Regeln wählt S die verwendeten sprachlichen Zeichen, die Reihenfolge und Art ihrer Artikulation, die Mimik, Gestik und Bewegung und so weiter. Da S' Aufmerksamkeit auf dem ruht, was sie zum Ausdruck bringen will, weiß sie (nicht notwendig bewußt und explizierbar), was sie mit dem Ausgedrückten meint. Das Wissen um das, was man als S meint, ist vor allem ein *Können*, eine Sprachspielkompetenz: Nur wer sprachliche Zeichen gemäß Sprachspielregeln verwendet, deren Befolgung er/sie gelernt hat und nun beherrscht, weiß, was er/sie mit dem Gesagten meint. S weiß, in welche Richtung sie V's Aufmerksamkeit lenken will, in welcher Beziehung sie sich zu V empfindet, welches Verhalten V's sie als korrekte Möglichkeit der Antwort akzeptieren würde.

Meinen ist also kein geistiges Hinweisen, keine Tätigkeit, keine geistige Einstellung oder Empfindung, die die Worte begleitet, sondern ein Können. Die gemeinte Bedeutung ist in aller Regel identisch mit der Bedeutung der ausgesprochenen (verbalen und nonverbalen) Zeichen. In untypischen Situationen wird man nach den „richtigen" Regeln, die das gemeinte zum Ausdruck bringen und die gewünschte Reaktion von V bewirken, suchen müssen. Eine solche Unsicherheit und ein unaufmerksamer Zeichengebrauch kann dazu führen, daß man etwas sagt, was man nicht zum Ausdruck bringen will, und daß man mit dem Gesagten etwas meint, das mit dem inneren Erleben der eigenen Bewußtseinsinhalte nicht übereinstimmt.[54] Die Sprachspielregelkompetenz von S kommt im kompetenten, korrekten, regelgeleiteten Zeichengebrauch zum Ausdruck.[55]

---

[53] Aus dem englischen Begriff „meaning" ist wesentlich leichter ersichtlich, daß eine Bedeutung eine *gemeinte* Bedeutung ist.

[54] Während Meinen nicht notwendig Bewußtheit dessen, was man meint, voraussetzt, muß der Umstand, etwas auszudrücken, was man nicht meint, Bewußtsein dieses „Nicht-Passens" der Zeichenverwendung voraussetzen.

[55] Wittgenstein (1990a) §693, S. 485, Wittgenstein (1990b) §§19-24, S. 269 f.

Damit die Verständigung gelingt, muß V verstehen, was S meint. Dies ist dann der Fall, wenn V bei der Interpretation von S' Äußerung die Regeln des selben Sprachspiels befolgt, das S spielt. Entsprechend ist Verstehen nach Wittgenstein ein Können, das Beherrschen einer Technik.[56] V muß das gleiche Sprachspiel spielen können, das S in dem Moment spielt, also eine grundsätzliche Sprachspielkompetenz haben. Das heißt, V und S müssen irgendwann das gleiche Sprachspiel erlernt haben. V muß zum zweiten aber auch tatsächlich erkennen, daß S mit ihrem Sprechakt den Regeln genau dieses Sprachspiels folgt und keinem anderen, in dem diese Zeichen auch vorkommen können und nach anderen Regeln gebraucht werden. Und umgekehrt muß auch S erkennen, daß V's Interpretation den Regeln des von ihr gespielten Sprachspiels folgt.

Das Gelingen von Verständigung muß überprüfbar sein, gerade weil die Kognitionsvorgänge anderer Menschen dem Einzelnen nicht zugänglich sind. Sprache kann deshalb nur als ein Verständigungssystem entstanden sein und funktionieren, in dem sprachliche Zeichen *pragmatische* Bedeutungen haben, d.h. sowohl Verstehen (V) als auch die Kontrolle des Verstehens (S) anhand spezifischer Verhaltensäußerungen wahrnehmbar gemacht werden muß. Denn nur wenn die Sprachspielregeln pragmatisch bestimmt sind, kann das Gelingen von Verständigung sicher festgestellt werden.

Mentalistische Vorstellungen von Sprache müssen deshalb inadäquat sein. Diese nehmen an, daß Verstehen dann gelinge, wenn S ihr geistiges Bild, ihren Bewußtseinszustand oder Bewußtseinsprozeß, Gedanken(fluß), Idee so in Zeichen übersetzt/ausdrückt, daß in V (nach Übersetzung in dessen innere Privatsprache) dieselben bzw. ähnliche Ideen, inneren Bilder, Bewußtseinszustände, Gedanken entstehen. Die Erzeugung bestimmter Vorstellungen im Inneren einer anderen Person kann aber grundsätzlich von anderen nicht überprüft werden. Also wäre es unmöglich, jemals zu beurteilen, ob Verstehen stattgefunden hat. Aufgrund der Subjektivität und Kreativität der Wahrnehmung ist zudem davon auszugehen, daß Menschen mit gleichen Worten durchaus unterschiedliche innere Erlebnisse assoziieren. Nur die geäußerte pragmatische Deutung (welches Verhalten ist zu zeigen?) kann in der Verständigungssituation intersubjektiv verfügbar gemacht werden.

---

[56] Vgl. Wittgenstein (1990a) §150, S. 315, §199, S. 344. Meinen und Verstehen sind insofern keine Tätigkeiten, keine Prozesse, sondern Zustände, nämlich spezifische Kompetenzen von Personen.

Die Definition, daß Verstehen dann gelingt, wenn S und V in der Situation das gleiche Sprachspiel spielen, klingt zunächst einfach, bezeichnet aber eben nur eine Bedingung, unter welchen Umständen Verständigung gelingt. Diese Bedingung ist nicht immer erfüllt.

5.2.5.2 Gründe für die Unwahrscheinlichkeit gelingender Verständigung

Die größte Ursache für geringe Wahrscheinlichkeit gelingender Kommunikation ist, daß die beteiligten Personen unterschiedliche Sprachspiele beherrschen. Gerade weil in den modernen, höchst mobilen Gesellschaften oft Menschen aufeinander treffen, die in ganz verschiedenen Sprachspielgemeinschaften sozialisiert wurden, bewirken ihre unterschiedlichen Erfahrungshintergründe und in der Folge unterschiedlichen Sprachvermögen, daß gleiche Zeichen in unterschiedlichen Bedeutungen verwendet, abweichende Verhaltensreaktionen gezeigt werden, ganz verschiedene Zeichenschätze verwendet werden und in der Folge Kommunikationen scheitern. Die Unterschiedlichkeit von Sprachvermögen kann nur durch Sprachlernen reduziert werden. Dazu sind aber nicht alle Individuen in jedem Fall bereit und fähig, so daß aus diesem Grund interkulturelle Verständigung häufig mißlingt.

Aber selbst wenn wir voraussetzen, daß S und V die Regeln der gleichen Sprachspiele gelernt haben, ergeben sich Probleme der Verständigung. Denn wie erkennt V, welchen Sprachspielregeln S folgt? Antwort ist: aus den Regelmäßigkeiten der Zeichenkombination, aus bestimmten Kombinationen von verbalen und nonverbalen expressiven Handlungen und der Beziehung der Zeichen zum Verwendungskontext. Als Ausgangspunkt des Verstehens hat V aber nur a) seine Wahrnehmung der von S verwendeten sprachlichen Zeichen und b) der – je nach Medium – gezeigten Gesten, Mimik, objektivierten Zeichen (Uniformen, Statussymbole, Schriftarten) usw. sowie c) die im Hier-und-Jetzt von V wahrgenommenen Kontextmerkmale. Und auch S hat zur Kontrolle von V's Verstehen nur seine verbal oder nonverbal gezeigten Reaktionen in bezug auf den von S wahrgenommenen Kontext. Diese Ausgangspunkte können unzureichend sein, um die Art des von S oder V gesprochenen Sprachspiels zu identifizieren. Es treten im wesentlichen fünf Probleme auf:

1. **„Innere", kognitive Anteile von Sprachspielregeln**: V kann *nicht beobachten*, welchen Sprachspielregeln S folgt, da die Zeichenäußerung nur die Expression des „inneren" Kognitionsprozesses und Könnens ist.

Dieses Problem gefährdet Verstehen um so stärker, je mehr S sich in seinen sprachlichen Äußerungen auf Dinge bezieht, die im Hier-und-Jetzt nicht sinnlich wahrnehmbar sind (situationsferne Kommunikation). „Innere" Aspekte von Verständigungen beziehen sich aber auch auf Gefühle und innere Erlebnisqualitäten, die S oder V bei ihren Interpretationen empfinden. Diese können dem anderen nicht direkt zugänglich gemacht werden.

2. **Vieldeutigkeit**: Sprachliche Zeichen sind *vieldeutig*. Es ist das Ergebnis des langen Evolutionsprozesses von Sprache, daß das gleiche Zeichen in ganz unterschiedlichen Sprachspielen vorkommt und in verschiedenen Situationen mit unterschiedlichem Sinn verwendet wird (z.B. in der originären oder einer abgeleiteten, übertragenen Bedeutung). Aus den geäußerten Zeichen kann folglich nicht unbedingt eindeutig auf das spezifische Sprachspiel geschlossen werden. Und auch innerhalb eines Sprachspiels weisen die Verwendungsweisen eines sprachlichen Zeichens nur Familienähnlichkeiten auf, werden nicht identisch gebraucht.

3. **Synchrone Botschaften**: Verstehensprobleme können durch synchron geäußerte Botschaften entstehen. Menschen können auf verschiedenen Kommunikationskanälen gleichzeitig kommunizieren und – allerdings begrenzt – verschiedene Botschaften zugleich äußern.

Als Kommunikationskanäle für eigenständige Botschaften können dienen: a) auf der Ebene verbaler Äußerungen: die Auswahl der Worte, die Wahl ihrer jeweiligen Flektionen von Kasus und Genus durch Endungssysteme oder Kombination mit Funktionswörtern, die Reihenfolge ihrer Äußerung (Syntax) und ihrer Trennung durch Pausen, die phonologische Qualität der Zeichen[57] usw.,

b) auf der Ebene paraverbaler Äußerungen: die Sprechgeschwindigkeit, Lautstärke, Deutlichkeit der Artikulation, Melodik, Stimmhöhe usw.,

c) auf der Ebene nonverbaler Äußerungen: mimische Kanäle wie: Augen-, Mundsprache und sonstige Beeinflussung der Gesichtsmuskulatur (Stirnrunzeln, Nasekräuseln usw.), gestische Aspekte wie: verschiedene Arten von Hand- und Armhaltungen und Bewegungen, die Körperhaltung, Haltung des Kopfes zum Körper, Bewegungen von

---

[57] Bspw. lassen sich Dialekte und auch Sprachen daran unterscheiden, welche Lautmuster und Akzente sie einem Begriff durchaus gleicher Herkunft und Bedeutung geben. Z.B. wird im Mittelfränkischen ein hochdeutsches langes „o" als „ou" ausgesprochen und „a" als „o". Vgl. Stedje (1994) S. 17 f., 191-197

Körperteilen zueinander und/oder gerichtete Bewegungen des Körpers im Raum, Körperhaltungen und -bewegungen relativ zu V, aktive Bezugnahme auf Situationsmerkmale, wie Verwendung von Dingen (z.b. Zeigestock, Stuhl zum Sitzen), Arten der Atmung usw.[58],

d) auf der Ebene der Situationsmerkmale sind diejenigen zu unterscheiden, die von S oder V *aktiv* gestaltet werden: z.b. Kleidung, Dinge, die in Handlungs- und Verhaltensabläufe integriert werden (siehe nonverbale Äußerungen)[59], nonverbale Tätigkeiten von V usw., und die übrigen im Hier-und-Jetzt wahrnehmbaren Situationsmerkmale, ob nun von Menschen gestaltet oder nicht, wie: Landschaftsgestalt, Wetter, Klima, Temperatur, Architektur von Bauwerken, Stadtstrukturen, Vegetation, Fauna, Bodenbeschaffenheit, Menschen, Dinge (technische Apparate, Lebensmittel, Möbel usw.) und Ereignisse (Aktivitäten anwesender Menschen und Tiere), Geräusche, Farben, Gerüche, Formen, Materialien, Common Knowledge über gemeinsame Erinnerung (z.b. der Ereignisse der vorangegangenen fünf Minuten) und so weiter.[60] Während die von S aktiv gestalteten Situationsmerkmale Teil der von S kommunizierten Botschaft sein können, konstituieren die restlichen Situationsmerkmale die für das jeweilige Sprachspiel typischen, untypischen und irrelevanten Komponenten des Kontextes der Zeichenverwendung.

Da immer zugleich unter Verwendung aller Kommunikationskanälen kommuniziert wird, kann die geäußerte Bedeutung höchst komplex strukturiert sein. Allerdings sind nicht für jede spezifische sprachliche Bedeutung alle Kommunikationskanäle in gleicher Weise relevant. Da eine gewisse Tendenz zur Ökonomisierung sprachlicher Verständigung zu beobachten ist, ist es sogar wahrscheinlich, daß Botschaften bereits unter Bemühung relativ weniger Kommunikationskanäle eindeutig verstanden werden können. Andererseits wird die Botschaft tendentiell um so schneller verstanden und für glaubwürdiger gehalten, je mehr Kommunikationskanäle die gleiche Botschaft ausdrücken (Redundanz).

---

[58] Vgl. zu nonverbaler Kommunikation auch Key (1977), Bull, Frederikson (1994)

[59] Ein Beispiel hierfür ist die Gestaltung des Sitzszenarios zwischen Chef und Angestellten (bequemer Sessel mit hoher Sitzhöhe hinter einer Festung von Schreibtisch gegenüber unbequemen, niedrigen Stuhl), das bereits einige Anteile der zu vermittelnden Botschaften transportiert.

[60] Vgl. zu den verschiedenen Kommunikationskanälen Schulz von Thun (1994) S. 33-38

Wenn bestimmte Kanäle zur Kommunikation der Hauptbotschaft[61]
nicht verwendet werden, können diese synchron entweder Botschaften
senden, die der Hauptbotschaft widersprechen (widersprüchliche Botschaften), neutral zu ihr sind (zusätzliche relevante oder irrelevante
Botschaften) oder sie verstärken (redundante Botschaften). Widersprechen sich die Botschaften auf den verschiedenen Kommunikationskanälen, so nennt Schulz von Thun dies „inkongruente Nachrichten"[62],
Kleinschmidt spricht von „desintegrierter" Kommunikation[63]. Im Gegensatz dazu sind stimmige, nicht-konfliktäre Botschaften auf allen Ka-
nälen „kongruente Nachrichten" bzw. „integrierte" Sprechweisen.

Die Forschung zum Bereich nonverbaler Kommunikation zeigt, daß die
nonverbalen Kommunikationskanäle in aller Regel in komplementärer,
d.h. verstärkender oder ergänzender Weise verwendet werden. Wider
sprüchliche, inkongruente Botschaften sind dagegen der seltenere Fall.
Sie können entweder Teil einer geregelten Sprachspielpraxis sein (z.B.
Ironie) oder aktuelle Ambivalenzen, innere Widersprüche zum Ausdruck bringen (z.B. Schamesröte während man vorsätzlich lügt).[64]
Dennoch impliziert die pure *Möglichkeit* der Inkongruenz ein weiteres
Mißverstehenspotential.

4. **Situationsferne Kommunikation**: Der Verwendungskontext, auf den S
seine Zeichenverwendung bezieht, ist in unseren alltäglichen Gesprächssituationen nicht immer vollständig im Hier-und-Jetzt von V
wahrnehmbar. Es ist uns ganz selbstverständlich, situationsfern kommunizieren zu können, also uns im Gespräch auf Dinge und Ereignisse
zu beziehen, die zeitlich zurück oder in der Zukunft liegen, die sich
anderswo oder im Innenleben von S befinden oder rein fiktiv oder abstrakter Natur sind. Der Umstand, daß sie außerhalb der von V in der
Gesprächssituation wahrnehmbaren Kontextbestandteile liegen, be-

---

[61] Wenn hier nun der Begriff der „Hauptbotschaft" auftaucht, dann deshalb, weil Menschen aufgrund der begrenzten mentalen Kapazitäten (sog. „Enge des Bewußtseins") nur
einen Teil ihrer expressiven Äußerungen bewußt steuern können, in der Regel gehören
die verbalen Äußerungen dazu. Ausnahmen sind das Sprechen im Schlaf, in Trance, der
sogenannte Freud'sche Versprecher. Die „Hauptbotschaft" ist die von S primär gemeinte
Bedeutung geäußerter Zeichen. Das heißt nicht, daß sich S im Moment der Äußerung
aller dieser Bedeutungen in ihrer Tiefe und komplexen Verbindungen und der Art und
Weise, wie sie V's Verhaltensantwort auslösen will, bewußt ist.

[62] Schulz von Thun (1994) S. 35 f.

[63] Kleinschmidt (1985) S. 56

[64] Vgl. Bull, Frederikson (1994)

deutet, daß V für diese Kontextbestandteile keine Anhaltspunkte hat –
außer den sprachlichen Zeichen und Tätigkeiten, mit denen S diese
Kontextbestandteile in das Hier-und-Jetzt hineinholt. Da diese Zeichen
aber, wie erwähnt, selbst vieldeutig sind und von V mit anderen Bedeutungen belegt sein können, kann der für V wahrnehmbare Verwendungskontext zu schmal sein, um V korrektes Verstehen zu ermöglichen. Sprachsituationen wie der telefonische oder rein schriftliche
Kontakt sind von ihrer Struktur her bereits so angelegt, daß die Überlappung der situativen Umwelten von S und V extrem gering ist.

5. **Unterschiedliche Sprachgebrauchsgeschichte**: Die Verwendung von
   Zeichen mit Bezug auf situationsferne oder „innere" Phänomene erschwert Verständigung um so eher, je unterschiedlicher die Kommunizierenden die Zeichenverwendung in der Vergangenheit gelernt und
   praktiziert haben. Während bei situativen und äußeren Phänomenen
   das Gelingen von Verstehen durch Feedbackprozesse meist schneller
   überprüft werden kann, kann die Kontrolle bei situationsferner Kommunikation unter Umständen stark verzögert auftreten.

6. **Zeitaspekte**: In bestimmten Verständigungen liegt der Zeitpunkt, zu
   dem V seine Verstehensantwort gibt, weit von dem der sprachlichen
   Äußerung S' entfernt, z.B. wenn sich ein Maschinenbauunternehmen
   heute mündlich mit einem Kunden auf den Bau einer Spezialmaschine
   einigt, den es erst ein halbes Jahr später beim Kunden aufbauen wird.
   Folglich kann S erst nach dieser Zeitspanne das Gelingen von Verständigung kontrollieren. Oder die korrekte Verhaltensantwort muß über
   einen längeren Zeitraum gezeigt werden. Wenn V Teile seiner Verhaltensantwort (mit oder ohne Absicht) nicht in S' Wahrnehmungsreich-
   weite äußert, kann Verständigung mißlingen oder gelingen, ohne daß
   die Beteiligten das sicher feststellen können (das gleiche gilt auch für S'
   Kontroll-Feedback). Gelingende Verständigung wird also nicht nur
   durch die unterschiedlichen Interpretationstechniken von S und V gefährdet, sondern auch durch eine mangelnde zeitliche Überlappung der
   Verständigungssituationen der Beteiligten.

5.2.5.3 Überwindung fundamentaler Verstehensprobleme

Die im vorangegangenen Abschnitt erläuterten Verständigungshindernisse der Innerlichkeit, Vieldeutigkeit und Situationsferne sprachlicher Bedeutungen können zum Teil überwunden werden.

Innerlichkeit

Das Problem der „Innerlichkeit" kognitiver Interpretationen läßt sich nur dadurch lösen, daß spezifische innere Empfindungen *regelmäßig* mit spezifischen expressiven Äußerungen verbunden werden und so zum Ausdruck gebracht werden. Zudem muß die äußernde Person mit dem geäußerten inneren Erleben eine *Verhaltenserwartung* an ihr verstehendes Gegenüber verbinden und/oder das Gegenüber *regelmäßig* eine bestimmte *Verhaltensreaktion* daraufhin zeigen, damit die Äußerung des inneren Erlebens eine sozial bestimmte Bedeutung erlangen kann.

Der Prozeß der evolutionären Entstehung von Sprache und auch der Prozeß des Ersterwerbs von Sprache durch Kinder zeigt, daß das Problem der Innerlichkeit von Interpretation nur dann und in dem Maße überwunden werden kann, in dem Sprache an bereits existierende kognitive Interpretationsregelmäßigkeiten und stabilisierte Interaktionsmuster anknüpft.[65] Ausgangspunkt für die Sprachemergenz sind zunächst angeborene, instinktive Verhaltensprogramme, z.B. das Spektrum des mimischen und gestischen Ausdrucks von Gefühlen (Wut, Freude, Ärger, Angst, Schmerz usw.) und von Interesse (Ausrichtung der Sinnesorgane auf den interessierenden Gegenstand) und Aufmerksamkeit.[66] Da diese als innerlich erlebten Zustände mit üblichen, kognitiv verankerten (zunächst nicht

---

[65] Während sich der ko-evolutive Prozeß der Sprachevolution (Emergenz und Ausdifferenzierung von Sprachspielen, Zeichen, Zeichenbedeutungen und Verhalten) über einen Zeitraum von geschätzt 250.000 bis 35.000 Jahren erstreckte (vgl. Zimmer (1995) S. 174), ist der Erstspracherwerb eines heute geborenen Menschen genau deshalb in einem Zeitraffertempo möglich, weil die ihn umgebende Sprachgemeinschaft über eine feste, ausdifferenzierte Sprach- und (Inter-)Aktionspraxis verfügt, in die er durch positive und negative Verstärkung eingewiesen wird. Andererseits natürlich auch, weil sich die genetisch weitergegebene „Hardware" und damit die Sprachkompetenzen (Lernen, Sprechen, Verstehen) heutiger Menschen im Rahmen der biologischen Evolution seit den Ursprüngen menschlicher Sprachentwicklung extrem weiterentwickelt hat. Vgl. Zimmer (1995) S. 172-180

[66] Vgl. dazu die Ergebnisse der vergleichenden Verhaltensforschung, die ein solches kultur- und zum Teil auch artenübergreifendes Gefühlsausdrucksverhalten belegen.

unterdrückbaren) expressiven Begleiterscheinungen einhergehen, dienen sie den Mitmenschen als sich wiederholende Anzeichen des inneren Zustandes. Auf diese angeborenen Verhaltensregelmäßigkeiten hin lassen sich sogenannte *physiognomische* Sprachspiele etablieren, in denen die entsprechenden inneren Zustände benennbar werden, da ihr Vorliegen von der Umwelt an den typischen Kennzeichen erkennbar ist. Die Benennbarkeit innerer Zustände bietet die Möglichkeit, verschiedene innere Zustände anderer Personen *schnell unterscheidbar* zu machen, auf ähnliche Empfindungen, die nicht mit einem so typischen physiognomischen Repertoire einhergehen, *verweisen* zu können und *schnell* das typische Reaktionsverhalten auslösen zu können, mit dem die Gruppe üblicherweise auf Freude, Wut, Schmerz usw. ihrer Mitglieder reagiert.

Das Sprachspiel des Zeigens kann bspw. aufgrund solcher physiognomischen Verhaltensregelmäßigkeiten ausgebildet werden. Da die visuelle Aufmerksamkeit mit einem bestimmten Augenausdruck und der Ausrichtung und Fokussierung des Gesichtsfeldes auf das interessierende Phänomen einhergeht, kann S relativ genau kontrollieren, wohin sich V's visuelle Aufmerksamkeit richtet, wenn sie eine Lautäußerung macht. Die zeigende Geste der Hand wiederum bindet als Bewegung Aufmerksamkeit, die sich sonst auf die auffälligen Laute von S richten würde, und führt die Aufmerksamkeit zu dem Gegenstand/Ereignis, das V nach S' Willen wahrnehmen soll. Allerdings muß auch für V erkennbar sein, ob S tatsächlich seine Aufmerksamkeit lenken will oder einfach nur eine ausladende Bewegung macht. Deshalb muß die Zeigegeste unterscheidbar gemacht werden, einerseits durch spezifische begleitende Laute, andererseits durch spezifisch geformte Gesten (Zeigen mit dem Zeigefinger oder der ganzen flach gestreckten Hand usw.).

Ist die visuelle Zeigegeste gelernt und mit bestimmten Lauten verbunden, dann können diese deiktischen, d.h. zeigenden, sprachlichen Zeichen auch auf Zeigesituationen *übertragen* werden, die nicht im Hier-und-Jetzt oder nicht mit dem visuellen Sinn beobachtbar sind.[67] Das Sprachspiel des räumlich-visuellen Zeigens ist hier das primäre Sprachspiel, in dem die Zeichenbedeutung aufgrund der sicheren Möglichkeit der Verstehens-

---

[67] Deiktische, also zeigende Zeichen können unterschieden werden in räumliche Deixis, z.B. „hier", „dort", „links/rechts", und davon abgeleitet zeitliche Deixis, z.B. „jetzt", „früher/später", Rollen- bzw. soziale Deixis, z.B. „Ich", „Du", „Sie", „Wir", oder Diskurs-Deixis, mit denen innerhalb eines Diskurses auf bereits Gesagtes oder noch zu Sagendes gezeigt wird. Vgl. hierzu ausführlich Lenke, Lutz, Sprenger (1995) S. 148-162

kontrolle gelernt werden kann. Alle übertragenen Zeigearten (sekundäre Sprachspiele) können nur gelernt werden, wenn die Zeichenbedeutung im primären Sprachspiel erworben wird.

In ähnlicher Weise lassen sich sogenannte *physiologische Sprachspiele* etablieren. Während die physiognomischen Sprachspiele auf den angeborenen Impulsen typischer mimischer und gestischer Gefühlsausdrücke beruhen, sind es bei physiologischen Sprachspielen die typischen physischen Folgen eines inneren Erlebens, die als typische äußere Anzeichen innerer Merkmale dienen. Beispielsweise die zitternden Knie, das Erbleichen aufgrund eines Schreckens, Schweißausbrüche, Erröten bei Nervosität, Angst oder Scham, Bewußtlosigkeit bei inneren Überlastungssituationen und ähnliches. Physiognomische und physiologische Sprachspiele sind nicht vollkommen trennscharf zu unterscheiden, da durchaus Merkmale beider Kategorien genutzt werden können, um die „innere" Reaktion des anderen von „außen" zu deuten. Wittgenstein nennt Sprachspiele, die auf solchen natürlichen physiognomischen und physiologischen Empfindungsausdrücken basieren, **primäre Sprachspiele**. Indem über die typischen nichtsprachlichen Ausdrucksweisen innerer Zustände Benennungen dieser inneren Zustände möglich werden, können diese nun zusätzlich auch dann zum Ausdruck gebracht werden, wenn S diese inneren Zustände weder im Hier-und-Jetzt noch selbst hat oder wenn S sie nicht in einer Weise hat, die mit den typischen, von außen wahrnehmbaren Begleiterscheinungen einhergeht. Sprachspiele mit einer solchen abgeleiteten Verwendung sprachlicher Zeichen, die in primären Sprachspielen geprägt werden, sind nach Wittgenstein **sekundäre Sprachspiele**. Ihre Bedeutung bleibt immer an die primäre Bedeutung gebunden, auch wenn der Gebrauch in sekundären Sprachspielen davon abweichen kann. Sekundäre Sprachspiele können sowohl Sprechen über primäre Sprachspielsituationen sein (Reflektion) als auch Variationen des primären Sprachspiels in einer abgeleiteten Bedeutung (Metaphorisierung).[68]

Neben den angeborenen Verhaltensprogrammen können dann auch sozial erworbene Verhaltensmuster als Orientierung von S und V im Verständigungsprozeß dienen. Durch gegenseitige Konditionierung mittels positiver und negativer Verstärkung von Imitation und Wiederholung ist es auch Tieren möglich, eine regelmäßige Verhaltenspraxis zu etablieren, bspw. indem der Angstschrei eines Gruppenmitgliedes als Auslöser des

---

[68] Vgl. zu den physiognomischen und physiologischen Sprachspielen sowie zur Unterscheidung primärer/sekundärer Sprachspiele Hintikka, Hintikka (1990) S. 346-369

Fluchtverhaltens für alle anderen dient. Auch ein solches, rein auf Konditionierung beruhendes Gruppenverhalten ist eine Form der (dauerhaften) Koordination, allerdings ist diese Art der Koordination auf relativ einfache, an das situative Hier-und-Jetzt gebundene Reiz-Reaktions-Schemata begrenzt. Sofern die konditionierte Verhaltenspraxis stabil ist und annähernd so zuverlässig realisiert wird wie die angeborenen physiognomischen und physiologischen Regelmäßigkeiten, kann auch sie als Anhaltspunkt zur Entwicklung von Sprachspielen dienen.

Feste Reaktionsschemata entweder auf innere Reize (Gefühle, Interesse usw.) oder auf äußere Stimuli sind die zuverlässige Grundlage für Verhaltenserwartungen von S, um kontrollieren zu können, ob V die Äußerung von S im Rahmen desselben Sprachspiels interpretiert.

Eine Gemeinschaft (auch mit Sprachneulingen und Kindern) kann zunächst nur solche Sprachspiele entwickeln, in denen auf solche festen, intersubjektiv gleichen Verhaltensschemata aufgebaut werden kann. Alles andere, inneres Erleben ohne typische „äußere" Begleiterscheinungen, Verhaltenspraxis, die sich nicht wiederholt, kann nicht als Basis für Sprache dienen. Hier kann nicht via Zeichengebrauch gehandelt werden, da das Gelingen der Verständigung nicht kontrollierbar ist und die mangelnde Wahrnehmbarkeit des Inneren oder situationsferner Aspekte nicht überwunden werden können.

Die als sprachliche Zeichen etablierten Worte der primären Sprachspiele können nun aber genutzt werden, um trotz Situationsferne der üblichen Verhaltensstimuli das gewünschte Verhalten auszulösen (appellative Funktion) oder auf diese Verhaltensmerkmale Bezug zu nehmen und diese so in die Situation des Hier-und-Jetzt hinein zu nehmen (evokative Funktion). Hierbei ist die appellative Funktion der evokativen logisch vorgelagert. Zunächst ist also die Evokation eine notwendige, für den sprachlich Agierenden aber uninteressante Vorbedingung dafür, daß der Appell von V befolgt wird. Erst wenn V die etablierte Regel durchbricht, eine Ausnahmesituation schafft und das von ihm erwartete Verhalten trotz Verstehen nicht ausführt, den typischen Gefühlsausdruck, die Geste nicht zeigt usw., erst dann wird allein die evokative Funktion erfüllt.

Das Durchbrechen der etablierten Regel kann man als das Prinzip des *Zweifels* bezeichnen. Zweifel birgt die Möglichkeit, neue Reiz-Reaktionen-Kombinationen zu versuchen und neue Unterscheidungen treffen zu können. Die Etablierung sprachlicher Zeichen als Verhaltensauslöser erleichtert die verstärkte kognitive Praxis des Zweifelns, da sprachliche Zeichen *auch situationsfern erzeugt werden können.* Es läßt sich insofern immer zweifeln (auch wenn man dies aufgrund der Routinetendenzen des Kognitionsapparates zunächst nicht macht), ob die geregelte Situation, in der die typische Reiz-Reaktion sinnvoll (überlebenssichernd, problemlösend, angenehm etc.) ist, faktisch im Hier-und-Jetzt gegeben ist, ob S V durch die situationsferne Verwendung der Zeichen gegen seinen Willen manipuliert. Und der Zweifel kann V anregen, auszuprobieren, ob er durch ein anderes Antwortverhalten sich seinerseits besserstellen kann, sei dies nun situationsfern oder situationsnah.

In einer solchen Situation, in der Zweifel ein nicht regelgemäßes Verhalten V's auslösen, werden neue, unerwartete Verhaltensweisen mit einer etablierten sprachlichen Äußerung verknüpft. Solche neuen Varianten werden sich in einem Selektionsprozeß stabilisieren oder wieder untergehen, je nachdem, ob sich die neue Variante für V als vorteilhaft erweist und er sie wiederholt und ob S, bzw. die restliche Sprachgemeinschaft, diese Variation zuläßt oder sanktioniert. Sprachliche Zeichen werden in der Folge auch als Auslöser für bestimmte neue Varianten des sozialen Handelns fest etabliert. Durch Zweifeln an unähnlichen (sekundären) Sprachverwendungen und Variation von Sprachverwendung wird die Sprachpraxis ausdifferenziert.

Die Konditionierung von Verhalten auf sprachliche Zeichen hin funktioniert grundsätzlich nicht anders als die Konditionierung auf Stimuli der natürlichen Umwelt (zu denen auch die angeborenen Verhaltensweisen der Mitmenschen zählen). Jedoch während letztere sich nur auf Reize beziehen kann, die in der Situation für die Akteure jetzt und hier sinnlich wahrnehmbar sind, können nun solche verhaltensauslösenden Schlüsselreize durch Äußerung bestimmter sprachlicher Zeichen erzeugt werden, deren Bezugskorrelate in der Situation nicht materiell-physisch anwesend sind bzw. die sich im Hier-und-Jetzt nicht ereignen. Die situationsferne Verwendung des Zeichens kann in einem langsamen Variations-Selektionsprozeß zur Konditionierung anderer Verhaltensreaktionsweisen als bei situativer Verwendung genutzt werden.

Die Verbindung zwischen der konditionierten neuen Verhaltensweise und dem sie auslösenden sprachlichen Zeichen wird immer schwächer sein, als die Verbindung zwischen angeborenen und instinktiven Reizen und dem dazugehörigen expressiven Verhalten. Es handelt sich eben um *gelernte* Regeln, von denen Ausnahmen (Abweichungen, Nicht-Befolgung) leichter möglich sind. Andererseits kann die Konditionierung von Verhalten auf sprachliche Zeichen aber auch dazu führen, daß die Enge der Verbindung angeborener Reiz-Reaktions-Schemata abgeschwächt wird. Die Schwächung der Verbindung kann darin bestehen, daß der einzelne sich konditioniert, den ursprünglichen Impuls nicht vollständig auszuführen, indem bspw. ein Agressionsimpuls sich nicht im Schlag ausdrückt, sondern nur in einer Anspannung der Schultermuskulatur, oder die Mimik unter Kontrolle gehalten wird (poker face, unbewegte Mine). Zum anderen kann der ursprüngliche Impuls in eine bestimmte sozial akzeptierte Form umgeformt werden, bspw. die asiatische Sitte, daß Frauen sich beim Lachen die Hand vor den Mund halten.

Aufgrund der gegenseitigen Kontrolle und Sanktionierung der Zeichenverwendungs- und Antwortverhaltenspraxis innerhalb der Sprachgemeinschaft kann die Verbindung zwischen situativem Zeichengebrauch und Antwortverhalten ähnlich fest gekoppelt werden, wie in den physiognomischen und physiologischen Sprachspielen.

Pragmatische Zeichenverwendungen, also solche mit einem appellativen, bestimmte Tätigkeiten auslösen wollenden Gehalt, sind als Folge der Emergenzbedingung von Sprache die Grundform der Sprachverwendung. Bedeutungen sprachlicher Zeichen haben ihre Verankerung immer in einer solchen sozialen Praxis, in der die Verwendung sprachlicher Zeichen mit spezifischen regulären Aktivitäten (nach Wittgenstein: Lebensformen, vgl. Abschnitt 5.2.7) verbunden/verwoben ist. Deshalb haben sprachliche Zeichen von ihrem primären Sinn her immer eine appellative Funktion, der eine evokative (Aufmerksamkeit lenkende) Funktion logisch vorausgeht.

Die hier dargestellten Emergenzbedingungen von Sprache bedingen, daß nicht jedes innere Erleben sprachlich ausgedrückt werden kann. Innere Zustände können deshalb nur insoweit Teil von Sprachspielpraxis werden, als sie *pragmatische* soziale Bedeutung erhalten.

Vieldeutigkeit

Das Problem der Vieldeutigkeit sprachlicher Zeichen wird durch die Kombinatorik von Äußerungen und Situationsaspekten gelöst.

Wortbedeutungen werden näher bestimmt a) durch die umgebenden Wörter, mit denen es einen Satz bildet,[69] und die vorangegangenen Sätze, b) durch die mit der sprachlichen Äußerung verbundenen Tätigkeiten von S (Mimik, Gestik, begleitende Handlungen und Verhaltensweisen) sowie c) durch die in der Situation vorhandenen, von den Kommunizierenden gestaltbaren oder nicht gestaltbaren Merkmale, z.B. räumliche Merkmale, nonverbale Tätigkeiten und Expressionen von V (z.B. Rollensymbole), andere nicht an der Kommunikation beteiligte Personen, Dinge, ablaufende Prozesse, Verhältnisse dieser Merkmale zueinander (Größenverhältnisse, Komplementarität oder Konflikte usw.).

Ein Zeichen, dessen Bedeutung innerhalb eines Sprachspiels festgelegt ist (situationsnahe Verwendung), ist folglich nicht nur das Wort, sondern ein Wort, das in einer bestimmten Worte-Tätigkeiten-Kombination verwendet wird und in einen situativen Kontext mit einer bestimmten raumzeitlichen Erstreckung eingebettet ist. Ein Satz ist der verbale Teil eines expressiven Akts, der sowohl verbale als auch nonverbale Teile umfaßt, die wiederum in einen situativen Kontext eingebettet sind.

Die Unterschiedlichkeit von Sprachspielen, in denen das gleiche Sprachzeichen vorkommt, ist für die Sprachspielenden und die BeobachterIn bei genauerer Betrachtung deshalb durch drei Aspekte erkennbar:

– Unterschiede in den Mustern äußerlicher Situationsmerkmale[70] und/oder

– Unterschiede in den verbalen Zeichen, mit denen das/die jeweilige(n) Zeichen kombiniert werden und/oder

– Unterschiede in den mit den Sprechakten verbundenen nonverbalen Tätigkeiten von S und/oder V.

Es kann dabei von Sprachspiel zu Sprachspiel unterschiedlich sein, welchen Umfang der Zeichenverwendungskontext, der zur hinreichenden Reduzierung von Vieldeutigkeit notwendig ist, in Zeit, Raum und nach qualitativen Dimensionen einnimmt.

---

[69] Hier sei nochmals erinnert, daß der *Satz* die kleinste Einheit sprachlich Äußerungen ist. Ein-Wort-Sätze sind eliptische Äußerungen vollständiger Sätze, deren Gebrauch so etabliert und deren Bedeutung so bekannt ist, daß sie auf wenige Worte reduziert immer noch verständlich sind.

[70] Hier gibt es in Sprachspielen wesentliche Situationsmerkmale, von denen ein Mindestmaß vorhanden sein muß, und unwesentliche Merkmale, die variieren können, ohne auf ein anderes Sprachspiel zu verweisen.

Grundsätzlich muß die Spezifität von situationsbezogenen Zeichenbedeutungen im Zuge des Lernens von Sprache langsam aufgebaut werden. Das heißt, es müssen zunächst einfache Zeichen-Reaktions-Verhaltensmuster gelernt werden, die dann anhand von Situationsspezifika ausdifferenziert werden. Dieser Ausdifferenzierung entspricht im Kognitionsapparat der Aufbau von höchst komplexen Perzeptionsmustern bzw. Kombinationen von Perzeptionsmustern, die als assoziierte Bestandteile von engrammierten Interpretationen verknüpft werden.[71]

Das Problem der Zeitaspekte läßt sich nur bedingt lösen. Sprachspiele, in denen das Äußern einer Botschaft zeitlich weit von der Verstehensantwort von V entfernt ist, werden nur in Verständigungen riskiert werden, in denen das Verstehen keine existentiellen Folgen für S oder V mit sich bringt, oder wenn die soziale Kontrolle innerhalb der Verständigungsgemeinschaft so zuverlässig funktioniert, daß Fehlverstehen von V auch später noch adäquat sanktioniert werden kann (Gruppenvertrauen), sowie wenn S und V aufgrund mehrfacher Erfahrungen bisher gelungener Verständigungen von der Komplementarität ihrer Sprachspiele überzeugt sind (Vertrauen). Grundsätzlich kommt es in solchen Verständigungen aber mit größerer Wahrscheinlichkeit zu mißlingender Verständigung.

Situationsferne

Sitationsferne Zeichenverwendung kann nur gelingen, wenn die VerständigungspartnerInnen *in* der Situation, auf die Bezug genommen wird, übereinstimmende Sprachverwendungsregeln gelernt haben. In der situationsfernen Verständigung kann die Intersubjektivität der Sprachvermögen aber nur begrenzt überprüft werden. Verständigung kann situationsfern nur dann gelingen, wenn S sich mit dem Vertrauensvorschuß äußert, daß V sie verstehen wird, und wenn V seine, ihm subjektiv als passend erscheinende Interpretation mit dem Vertrauensvorschuß äußert, daß er S korrekt verstanden hat. Nur dann kann S anhand V's Verhaltensantwort Vermutungen entwickeln, ob die Verständigung gelungen ist.

Das Berichten von vergangenen Erlebnissen oder der Austausch von „Informationen" ist ein Beispiel für eine teilweise situationsferne Kommunikation. In solchen Sprachspielen gehört es zum korrekten Verhalten, dem anderen zuzuhören und eventuell einen verstehenden Gesichtsaus-

---

[71] Vgl. auch die konnektionistischen Modelle von Strauss, Quinn (1997)

druck zu haben. S kann aber nur überprüfen, ob V den Inhalt ihrer Erzählungen verstanden hat, wenn V sich etwa durch Nachfragen zum Teil der fiktiv erörterten Situation macht und sein (fiktives) Verhalten beschreibend anzeigt.

Insofern kann Situationsferne als Verständigungshindernis nur durch Rückbezug zu einem praktischen Handlungskontext überwunden werden, und nur so weit, als die VerständigungspartnerInnen in diesen primären Praxis-Sprachspielen gemeinsame Regelkompetenzen gelernt haben oder entwickeln.

5.2.6 Normative Aktivitäten

5.2.6.1 Stabilisierung von Sprachspielen

Um über ein nachhaltig funktionsfähiges Verständigungssystem verfügen zu können, muß eine Sprachspielgemeinschaft normative Aktivitäten ausüben. Hierzu gehört das Lehren und Lernen der Erstsprache, zusätzlicher Sprachspiele nach dem Erwerb einer Grundgrammatik sowie die Praxis permanenten gegenseitigen Korrigierens unkorrekten Sprachgebrauchs im Alltag. Ein Regelsystem zur Korrektur fehlerhaften Sprechens ist integraler Bestandteil jeden Sprachspiels.

Übereinstimmung im Sprachgebrauch „zielt ab auf beobachtbare Konformität, mit der Möglichkeit, wahrgenommene Abweichung zu korrigieren."[72] Da diese Übereinstimmung die zentrale Bedingung gelingender Verständigung ist, muß Sprachgebrauch – wie oben gezeigt (5.2.4) – an äußere Merkmale äußerer und innerer Situationen sowie an geäußerte Verhaltensantworten geknüpft sein. Nur dann ist Verstehen kontrollierbar. Nur dann kann abweichender Sprachgebrauch wahrgenommen und korrigiert werden.

Normative Aktivitäten bestehen einerseits aus dem Demonstrieren und Vorleben korrekten Sprachgebrauchs, andererseits aus der Sanktionierung inkorrekten Sprachgebrauchs. Sanktionen können umfassen: die offene Thematisierung, daß V eine Äußerung von S oder S eine inkorrekte Verhaltensantwort von V nicht innerhalb des von ihnen je aktivierten Sprachspiels verstehen kann (z.B. verbales Nachfragen, Sagen oder fragender,

[72] Niesen (1991) S. 94

verständnisloser Blick), das Ignorieren und Nicht-Anerkennen des Sprechers und seiner Äußerungen, Nicht-Reagieren auf oder Nicht- oder Anders-Anschließen an inkorrekte Äußerungen, Vorsagen oder Vormachen korrekter sprachlicher Äußerungen und Tätigkeiten und ähnliches. Bei Unterlassung korrigierender, also lehrender Tätigkeiten wird inkorrektem Sprachgebrauch lediglich eine (sanktionierende) Restriktion entgegengestellt, Lehren dagegen versucht, den Lernenden mit Verhaltensvarianten auszustatten, die in der sprachlichen Selektionsumgebung viabel sind.

Das Lernen von Sprachregeln und den normativen Aktivitäten zu ihrer Stabilisierung kann sowohl direkt durch eigene Erfahrung in Gesprächssituationen als auch indirekt durch das beobachtende Erleben der Sprachspielpraxis anderer vor sich gehen.[73] Da aber das korrekte, erfolgreiche Lernen nur festgestellt werden kann, wenn der oder die Lernende selbst aktiv an der Sprachspielpraxis teilnimmt, kann indirektes Sprachlernen immer nur ex post (nach Anwendung gelernter Regeln) als Lernen identifiziert werden.

5.2.6.2 Lernen von Sprachspielen

Der Erwerb der Primärsprache (erste gelernte Sprache) stellt Lernende und Lehrende vor das doppelte Problem, daß die lernende Person sowohl lernen muß, überhaupt mit anderen Menschen innerhalb einer Sprachspielpraxis zu interagieren, als auch, den Regeln bestimmter Sprachspiele zu folgen. Sie lernt, daß es überhaupt intersubjektiv definierte Bedeutungen (und bedeutungstragende expressive Akte) gibt, und sie lernt, konkrete Bedeutungen zu äußern und auf sprachliche Äußerungen korrekt zu reagieren. Nach dem Aufbau einer grundlegenden Sprachkompetenz hat die Lernende Regeln des Sprach-Lernens gelernt und lernt in der Folge konkrete Sprachspiele. Keppler konstatiert, daß die Sprachspielpraxis, die in den primären Sprachspielgemeinschaften (Familie) gelernt werden, den Kommunikationsstil des einzelnen maßgeblich bestimmt und restringiert (auch wenn die familientypischen Normen, Überzeugungen und Einstellungen nicht übernommen werden). Dennoch ist es grundsätzlich mög-

---

[73] Vgl. zu direktem und indirektem Lernen auch Nooteboom (1999)

lich, daß bei dem weiteren Sprachspiellernen auch neue Lern- und Lehrregeln gelernt werden.[74]

Zusätzlich zum materiellen Körper wird Sprache lernend gleichsam ein „Bedeutungenkörper" (Sprachkompetenz) aufgebaut, mit dessen Hilfe man sich im sozialen Raum via Äußerung und Interpretation von bedeutsamen Akten gerichtet bewegen und bewegt werden kann. Dabei lernt der einzelne aktiv die Sprachrepertoires und Rollen, die ihm von seiner Umgebung zugestanden werden. Er lernt aber auch passiv die Rollen und Repertoires anderer, d.h. er kann auf diese reagieren oder zumindest die Unterschiedlichkeit des Sprachverhaltens anderer wahrnehmen. In dem „Bedeutungenkörper" einer sozial geteilten Sprache entsprechen die korrigierenden normativen Aktivitäten dem Immunsystem und die Lehr- und Lerntätigkeit dem Aufbau, Abbau, Umbau und Reproduktion von Körpermasse.

Nach Wittgenstein ist der Prozeß des Lernens und Lehrens von Sprache im wesentlichen der einer Abrichtung.[75] In dieser besonderen Gesprächssituation (Sprachlernen) wird die lernende Person abgerichtet, bis sie das Sprachspiel beherrscht, d.h. bis sie die Zeichen des Sprachspiels regelgemäß (korrekt) verwenden (meinen und verstehen) kann. „Ich mach's ihm vor, er macht es mir nach; und ich beeinflusse ihn durch Äußerungen der Zustimmung, der Ablehnung, der Erwartung, der Zustimmung, der Ablehnung, der Erwartung, der Aufmunterung. Ich lasse ihn gewähren, oder halte ihn zurück; usw. [...] Es würde kein Wort durch sich selbst erklärt, kein logischer Zirkel gemacht."[76] Einem, der die Begriffe noch nicht besitzt, „den werde ich die Worte durch *Beispiele* und *Übung* gebrauchen lehren."[77]

Strenggenommen lernt man nicht einzelne Regeln des neuen Sprachspiels, sondern man lernt immer die Beherrschung des gesamten neuen Sprachspiels, solange, bis man auch die dazugehörigen Regeln beherrscht. „Das Kind, möchte ich sagen, lernt so und so reagieren; und wenn es das nun tut, so weiß es damit noch nichts. Das Wissen beginnt erst auf einer späteren Stufe"[78], nämlich wenn das Kind das Sprachspiel sicher spielt

---

[74] Vgl. Keppler (1994)

[75] Die genauen kognitiven Prozesse, die Sprachlernen im Individuum ermöglichen, wurden bereits in Kapitel 4 erläutert.

[76] Wittgenstein (1990a) §208, S. 347

[77] Wittgenstein (1990a) §208, S. 347

[78] Wittgenstein (1990b) §538, S. 442

—▷ Sprache als Werkzeug.

(beherrscht). Es muß den Regeln folgen können und nicht nur in Übereinstimmung mit den Regeln handeln. Einzelne Regeln lernt man nur, wenn das konstitutive Regelsystem, dessen Teil diese Regel ist, bereits gelernt ist.[79] Man lernt die Bedeutung der Wörter, indem man lernt, wie sie zu verwenden sind, mit dem Zeichen lernt man ein bestimmtes, zu dem Zeichen gehöriges, regelmäßiges, in der Sprachgemeinschaft übliches Benehmen. Im Sprachspiel wird gleichzeitig die Bedeutung des Textes und des Verwendungskontextes, der Situation, gelehrt, wobei der Text die exponiertere Stellung in der Aufmerksamkeit des Lernenden erhält. Anders als durch Abrichtung und den ständigen regelmäßigen Gebrauch innerhalb einer Sprachgemeinschaft ist der logische Zirkel der in der Luft hängenden Sprache nicht zu überwinden.

In der üblichen Situation des Sprechenlernens ist die lernende Person in der „Minderheit" und Abhängigkeit anderer. Die anderen der sozialen Gruppe beherrschen die Sprachspiele bereits und können sich verständigen. Die Lernende wird sich aufgrund der abhängigen Situation an die bereits geltende Sprachpraxis anzupassen haben. Ob diese Anpassung die Eigenheiten, das Selbst der Lernenden achtet, mitverwirklicht oder mißachtet, unterwirft, ob die Abhängigkeit des Lernenden mißbraucht wird, wie also die Situation des Lernens, Übens, Abrichten (Erziehung) erlebt wird und üblicherweise in der Gesellschaft praktiziert wird, wird erhebliche Auswirkungen darauf haben, wie tolerant, partnerschaftlich und offen Sprachspielgemeinschaften mit ihren Mitgliedern umgehen und welche Rolle Macht und Gewalt in der sprachlichen Thematisierung und Bewältigung der gesellschaftlichen Wirklichkeit ausüben können. In dieser Form des Überlappens der Generationen, in der die Lernenden in Minderheit und Abhängigkeit lernen, ist jedenfalls die Hauptursache für die Stabilität der Sprachspiele über die Zeit und in bestimmten Gesellschaften zu sehen.

Wittgensteins behavioristisch anmutende Darstellung der Abrichtung vernachlässigt allerdings die Fähigkeiten und Aktivitäten, die die Sprachlernenden von sich aus einbringen. Der Primärspracherwerb gestaltet sich als ein evolutorischer Prozeß, in welchem Kinder ab einem gewissen Alter spontan Sprachaktivitäten zeigen, eine Vielzahl von Varianten produzieren, die von den Lehrenden gemäß den geltenden Standards of Correctness (Sprachspielregeln) selektiert werden. Die angeborene Sprachkompetenz (nach Chomsky Universalgrammatik) ermöglicht diesen evolutori-

---

[79] Vgl. Hintikka, Hintikka (1990) S. 259

schen Sprachlernprozeß, aber sie restringiert die in Gemeinschaften ausdifferenzierbaren Sprachspielregeln und die in ihnen kommunizierbaren Bedeutungen nur sehr begrenzt.[80] Durch reine Rezeption kann die Beherrschung von Sprachspielen nicht vermittelt werden. Dies belegen auch die jüngeren sprachwissenschaftlichen Erkenntnisse.[81]

Der „Glaube an die Gleichförmigkeit des Geschehens"[82] stützt die konstruierte Regel, und dieser Glaube besteht, bevor der Zweifel einsetzen kann oder bevor die mißglückte Erprobung die Regel scheitern läßt. Auch Wittgenstein betont, daß der Lehrende nur an den (Sprech-) Aktivitäten der Schüler feststellen kann, ob sie das Sprachspiel korrekt spielen. Mit Hilfe der angeborenen Fähigkeit der induktiven Regelbildung und -generalisierung (Mustererkennen) wird also in der Lernsituation die Lernende auf die *geltende* Regelpraxis normiert, d.h. in bezug auf die Urteile, die Definitionen und das Verhalten. Sie lernt die Regeln kennen und ihnen zu folgen, die in der sozialen Gemeinschaft, in der sie lebt, gelten und die im ständigen Gebrauch institutionalisiert sind.[83]

Durch die Abrichtung bekommt die Lernende mit der Zeit eine solche Routine der Zeichenverwendung, daß ihr die Bedeutung der Zeichen selbstverständlich wird, „unendlich wohlvertraut [...] ganz wie wohlvertraute Gesichter"[84], bei denen man sich nicht mehr fragen muß, wer das eigentlich ist. In der alltäglichen Sprachpraxis reflektiert man die Zeichenbedeutung gewöhnlich nicht mehr, man beherrscht die Zeichenverwendung so, daß einem die Bedeutung als fest mit dem Zeichen verbunden erscheint. Daß die verschiedenen Fälle der Verwendung eines bestimmten Zeichens nur durch die Familienähnlichkeiten verbunden sind, wird nicht bewußt. „Die unsägliche Verschiedenheit aller der tagtäglichen Sprach-

---

[80] Die Kontroverse um Universalgrammatik versus vollkommenem kulturellen Sprachrelativismus ist nach wie vor unentschieden und umstritten. Vgl. zu den ursprünglichen Positionen Chomsky (1980; 1986) und Sapir (1961), Whorf (1963) sowie außerdem Zimmer (1995) S. 119-163, Keller (1994). Vgl. zu einer der zentral diskutierten evolutorisch orientierten Spracherwerbstheorien Piaget (1954; 1972; 1992)

[81] Vgl. Zimmer (1995) S. 23

[82] Wittgenstein (1990a) §472, S. 426

[83] Vor diesem Hintergrund wird auch Wittgensteins Schreibstil verständlich: er lehrt die LeserInnen anhand von Beispielen das „Wesen" der Sprache, weil er sich darauf verlassen kann, daß sie sein sprachphilosophisches Sprachspiel anhand von seiner beispielhaft aufgeführten Sprachpraxis viel eher verstehen (die Regelmäßigkeiten darin erkennen), als wenn er nur mit linguistischen Formen von Regeln arbeiten würde (die Generalisierung vorgeben).

[84] Wittgenstein (1990a) §167, S. 326 f.

spiele kommt uns nicht zum Bewußtsein, weil die Kleider unserer Sprache alles gleichmachen.“[85]

5.2.6.3 Neues und Sprachwandel

„Das Neue (Spontane, ›Spezifische‹) ist immer ein Sprachspiel.“[86] „Jede sprachliche Veränderung beginnt als abweichender Gebrauch einzelner Sprecher und setzt sich erst allmählich durch, was mehrere Generationen dauern kann.“[87] Wenn jemand beginnt, ein neues Sprachspiel zu spielen bzw. ein vorhandenes Sprachspiel neu zu spielen, muß er oder sie verstanden und von anderen wiederholt werden, damit sich die neue Sprechweise durchsetzt. Um verstanden zu werden und anschlußfähig zu bleiben, wird er/sie die Neuerung nur wenig vom bisherigen Sprachgebrauch abweichen lassen oder sie so in einen Kontext einbetten, daß die neue Bedeutung aus dem Kontext evident wird. Ansonsten wird er/sie andere dieses Sprachspiel lehren müssen, wie jedes Sprachspiel gelehrt wird, durch Abrichtung, Erklären, Angeben der Regeln, Beispiele geben und Üben, z.B. mit bestimmten Marketingaktivitäten in eine ganz neue (pragmatische) Semantik für neue Produkte einführen. Das Neue bedarf einer regelmäßigen, sozial teilbaren Praxis, um sprachlich existent und d.h., sozial bedeutsam zu werden.

Anlässe für innovative Sprachspielpraxis sind erstens neue, zu früheren Sprachspielen unähnliche, untypische Konstellationen der äußeren Situationsmerkmale, d.h. neue Phänomene, zweitens neue Erfolgsorientierungen von Akteuren in der Situation, drittens spontane Kreativität und in der Folge abweichende Interpretation von Ähnlichkeiten durch S oder V, viertens Emergenz neuer Lebensformen in der Sprachspielgemeinschaft.

Sprachspielpraxis muß täglich Neues integrieren. Konkrete Handlungssituationen, die aufgrund der Linearität von Zeit nie mit bereits erlebten Situationen vollkommen identisch sind, werden anhand von interpretierten Ähnlichkeiten in den äußeren Situationsmerkmalen (und den verbalen und nonverbalen Äußerungen) in bestehende sprachspielende Koordination menschlichen Lebens eingeordnet. Neues, also zu bisherigen inneren oder äußeren Merkmalsmustern untypisches, muß in Variation des Be-

---

[85] Wittgenstein (1990a) S. 570
[86] Wittgenstein (1990a) S. 570
[87] Stedje (1994) S. 16

kannten sprachspielend bewältigt werden. Die üblichste Variation besteht in Neukombination von Zeichen und Tätigkeiten mit etablierten Bedeutungen, was meist mit der Übertragung in bisher unübliche Handlungskontexte verbunden ist. Solche Übertragungen können als generative Metaphern bezeichnet werden. [88] Mit der zunehmenden Etablierung eines solchen metaphorischen Sprachgebrauchs wird die Übertragung mit der Zeit immer weniger bewußt. Mit der Wiederholung, Gewöhnung und Etablierung neuer Regeln wird „Neues" gebräuchlich und damit nicht mehr neu.

Weil dieser Sprachwandel so mühelos und unbemerkt stattfindet, ist die Sprache flexibel genug, sich den verändernden historischen Situationen anzupassen, ohne daß für neue Phänomene Kunstworte geschaffen werden müßten. Die gänzliche Neuschöpfung von Wörtern ist deshalb das seltenste Instrument zur Weiterentwicklung von Sprache.[89] Dies kann man an Sprachen für technische Neuerungen erkennen, wie „Radioapparat", „Flugzeug", „Taschenrechner" usw., veränderten Bedeutungen von Worten wie „Subjekt" nach dem Zeitalter der Aufklärung, die Veränderungen im Sprechen über Ausländer in Deutschland als Ausdruck der gemeinsamen Geschichte oder innerhalb von wissenschaftlichen Fachsprachen, die teilweise alltagssprachliche Ausdrücke, wie „sparen", „Arbeit", „Wachstum"[90], in abgewandelten Bedeutungen verwenden und etablieren. Abweichender Sprachgebrauch kann die Aussprache verändern (Laut, Klang), die Morphologie und Syntax der Zeichen, den Wort*bestand* (Nicht-mehr-Verwenden bestimmter Zeichen, Wiederbelebung untergegangener Wörter, Einführen neuer Zeichen, vor allem durch Entlehnung aus anderen Sprachen oder Neubildung aus vorhandenem Wortmaterial), die Wort*bedeutungen* (Bedeutungsverengungen, -verschiebungen, -erweiterungen, -auf/abwertung) und die mit dem Sprachgebrauch verbundenen Tätigkeiten. Vor allem die Veränderung von Wortbedeutungen und des Wortbe-

[88] Vgl. Schön, Rein (1994) S. 26-28

[89] Von einer Neuschöpfung spricht man, wenn eine ganz neue Wort-Wurzel erfunden wird. Oft bedient man sich dazu der Lautmalerei, z.B. „bimmeln", „klatschen", „krachen". Vgl. Stedje (1994) S. 22

[90] So ist der Wachstumsbegriff der neoklassischen Ökonomik, der von einem dauerhaft möglichen exponentiellen Wachstum ausgeht, mit den natürlichen Wachstumsprozessen, wo Wachstum auf einem bestimmten Niveau stagniert und der Organismus sich nur noch selbst erhält, zwar verwandt, aber doch nur entfernt. Freilich nutzt die Theorie die positiven Konnotationen des Begriffs aus (natürlicher Prozeß, Antriebskräfte aus sich selbst heraus, Naturnotwendigkeit usw.), obwohl sie in treffenderer Analogie von „Wucherungsprozessen" reden müßte.

stands, die durch das grundsätzliche Sprachprinzip der Familienähnlichkeit so niederschwellig Neuerungen in den Sprachgebrauch einführen können, machen Sprache zu einem flexiblen Verständigungsinstrument.

Wie beim Lernen von Sprache geht auch Sprachwandel als evolutorischer Prozeß der Selektion spontaner Variationen vor sich, welche ihren Ursprung entweder in Veränderungen des Lebens des Abweichlers bzw. der Lebensweise seiner Bezugsgemeinschaft haben können, oder Ergebnis spontaner Kreativität oder Zweifelns einzelner Sprachverwender sein können. Für die allgemeine Durchsetzung der Variation ist vor allem die pragmatische Bewährung vor dem Hintergrund der jeweiligen veränderten oder gleichgebliebenen sozialen, religiösen, politischen, technischen, ökonomischen, geographischen, natürlichen Lebensbedingungen zentral (Selektionsumgebung). Umgekehrt führt aber auch die allgemeine soziale Durchsetzung von Sprachvariationen zu Veränderungen der Lebensbedingungen, was einen weiteren Sprach- und Verhaltenswandel notwendig machen kann.[91]

Der übliche Fall der Integration von Neuem in soziale Sprachspielpraxis ist also die permanente, stetige Akzeptanz geringfügiger Regelvariationen für untypische Phänomene. Aufgrund dieser Geringfügigkeit der Abweichung und weil sich weniger die geäußerten Worte, als vielmehr die üblichen Kombinationsweisen von Worten, die unausgesprochenen situativen Kontexte sowie die mit Sprache verbundenen Tätigkeiten verändern, wird der permanente Sprachwandel meist nicht in seinen Ausmaßen bewußt. Die Kleider der Sprache scheinen alles gleich zu machen.[92] Allerdings kann durch eine reflexive Bestandsaufnahme von Zeit zu Zeit das bis dahin erreichte Ausmaß an Veränderung bewußt gemacht werden.

Der unüblichere Fall sind Situationen, in denen ein Übermaß an Neuem, zu früheren Situationen unähnlichem auftritt (Neuerungsschock). Über solche Neuerungen, ob es nun singuläre Ereignisse (z.B. Katastrophen) oder dauerhafte Veränderungen (z.B. Revolutionen, Terror-Regime) sind, kann auch längere Zeit nach ihrem Geschehen oder Auftauchen zunächst nicht kommuniziert werden. Sie führen zunächst nur zu

---

[91] Beispielsweise schwächte im Germanischen die Verschiebung des Wortakzentes auf die erste Silbe die Betonung der Endsilben so sehr, sie wurden so undeutlich im Klang, daß von einer synthetischen (die Wörter werden über bestimmte Endsilbenformen gebeugt wie im Lateinischen) auf eine analytische Syntax (Kasus und Tempus werden durch einzelne vorangestellte Wörter, Pronomen/Artikel, angezeigt) übergegangen werden mußte. Vgl. Stedje (1994) S. 46 f.

[92] Vgl. Wittgenstein (1990a) S. 570

irritierenden (Inter-)Aktionen und Mißerfolgen früherer Interpretationsroutinen. Sie werden nur nach und nach in der Sprachspielpraxis faßbar
und in das intersubjektive Deutungssystem integrierbar.

Zunächst muß ein solcher Neuheitsschock auf der Ebene der je subjektiven kognitiven Verarbeitung der Individuen verarbeitet werden, insbesondere wenn sich diese Neuerungen mit Gewalt Aufmerksamkeit verschaffen. Auf der subjektiven Ebene wird auf der Basis bereits verfügbarer
Interpretationsmuster nach zumindest geringfügigen Ähnlichkeiten gesucht und entsprechend die dazugehörige, erfahrungsgemäß erfolgreiche
Verhaltenspraxis ausprobiert. Da die soziale Kompatibilität und Verstän-
digungsfähigkeit für Menschen von hoher Bedeutung sind, wird sich auch
die individuelle Suche nach möglichen Bewältigungsformen des Neuen
primär an etablierten sozialen Verhaltensmustern orientieren. Gerade in
einer solchen Verunsicherungssituation beobachten Menschen sehr aufmerksam, wie die sie umgebenden Menschen das Neue interpretieren, und
orientieren sich daran. Die Kommunikationsintensität steigt, und tendentiell macht jeder erst mal, was die anderen Mitglieder seiner Lebensge-
meinschaft machen. Mit der Zeit werden sich dann individuell/grup-
penspezifisch adäquatere Sprachspiele des Neuen ausdifferenzieren. Bei
singulären, in kleinen Zeiträumen auftretenden Neuigkeitsschocks ist es
wahrscheinlich, daß sie die ausdifferenzierte Sprachspielpraxis höchstens
kurzfristig stören, aber weder langfristig, noch nachhaltig verändern.

Durch das Ausnutzen von bereits geltenden Ähnlichkeiten können also
neue Phänomene und die Veränderung bekannter Phänomene intersubjektiv Bedeutung erlangen. Dabei verändert sich immer nur die Art der
Sprachspiele, die gesprochen werden, nicht dagegen die Tatsache, daß,
wenn gesprochen wird, Sprachspiele gespielt werden.[93]

Die Veränderung menschlicher Sprachspielpraxis verläuft **langsam**.
Sprachwandel und damit auch kultureller Wandel vollzieht sich zwar
schneller als die Veränderung von Merkmalen im Zuge der biologischen
Evolution, aufgrund der häufigeren Reproduktionsprozesse im sprachlichen Zeichensystem. Da Voraussetzung gelingender Verständigung
jedoch eine starke Übereinstimmung im Sprachgebrauch ist, werden Abweichungen (Fehler/Innovationen) in der Regel nicht wiederholt, sondern
direkt via normative Aktivitäten korrigiert. Deshalb setzen sich immer nur

---

[93] Dieser Satz ist eine Basisaussage (Tatsachenbehauptung) des Wittgensteinschen
Sprachspielkonzepts, die allgemeine, universelle Gültigkeit für menschliche Gesellschaften behaupten und letztlich innerhalb des Konzepts nicht kritisierbar ist.

wenige und nicht zu stark abweichende Sprachvariationen pro Zeiteinheit in einer Sprachgemeinschaft durch. Schließlich würde das Sprachsystem bei zu starker Variation schnell zusammenbrechen[94]. Auch die Lerngeschwindigkeiten, mit der der einzelne Mensch neue Sprachen bzw. Begrifflichkeiten lernen kann (Sprachwandel durch reine Akkumulation), sind begrenzt. Langfristig sind allerdings auch starke Veränderungen von Standardsprachen möglich, die jedoch pfadabhängig sind.

5.2.7 Lebensformen

Der Begriff der „Lebensform" ist, obwohl er wesentlich seltener thematisiert und uneindeutiger charakterisiert bleibt, ebenso bedeutend im Sprachspielkonzept wie der Begriff der „Regel". Der Rekurs auf „Lebensformen" ist im Zuge der zentralen Aussage zu verstehen, daß semantische Regeln der Sprache von ihrem pragmatischen Sinn her untersucht werden müssen. Sprachliche Bedeutungen – und das sind die einzigen intersubjektiv verfügbaren Bedeutungen überhaupt – bestimmen sich aus der Funktion, die sprachliche Zeichen als Instrumente zur Lenkung und Beeinflussung sozialer Praxis erfüllen. Sprachliche Zeichen (Worte, Sätze und non-verbale Äußerungen) werden ähnlich Werkzeugen genutzt im Zusammenhang konkreter sozialer Praktiken.[95] Insofern gilt: „[...] eine Sprache vorstellen, heißt sich eine Lebensform vorstellen."[96]

Im Sprachspielkonzept sind Sprache und Praxisebene untrennbar verbunden: „Das Wort ‚Sprachspiel' soll hier hervorheben, daß das Sprechen der Sprache ein Teil ist einer Tätigkeit, oder einer Lebensform."[97] Zum einen werden sprachliche Aktivitäten – wie in der Sprechakttheorie – selbst als (echte) Handlungen und damit als Praxis verstanden. Erweiternd wird die Sprachpraxis zudem als grundsätzlich mit der Gesamtheit allen nonverbalen Tuns (Lebensformen) verwoben, in sie eingebettet und nur aus ihr heraus verstehbar begriffen. Sprache und sprachliche Bedeutung kann nur verstanden werden „if one tells a story about how they fit in with the overall practice of the fictitious community."[98]

---

[94] Vgl. Luhmann (1997) S. 209
[95] Vgl. Wittgenstein (1990a) §§54, 569, S. 270, 452
[96] Wittgenstein (1990a) §19, S. 246
[97] Wittgenstein (1990a) §23, S. 250
[98] Glock (1996) S. 125

„It is characteristic of our language that the foundation on which it grows consists in steady forms of life, regular activity. Its function is determined *above all* by the action which it accompanies."[99] Eine regelmäßige Verhaltenspraxis ist, wie oben gezeigt, auch deshalb der Sprachpraxis logisch und zeitlich vorrangig, weil nur unter dieser Gegebenheit stabiler Verhaltenspraxis (Lebensformen) Sprache emergieren kann. Der Begriff der Lebensform steht also für eine Sprach- und Bedeutungstheorie, die als pragmatistisch orientiert bezeichnet werden kann.

Während die Stellung, die Lebensformen innerhalb der Wittgenstein'schen Sprachphilosophie haben, relativ eindeutig bestimmt werden kann, ist der Begriff der Lebensform dort nicht eindeutig definiert.[100] Als Synonyme oder Beschreibungen für „Lebensform" findet man bei Wittgenstein „Kultur", „Tatsachen des Lebens"[101], „Tätigkeiten"[102], die „übrigen Handlungen" (neben den Sprechaktivitäten)[103], „das Hinzunehmende, Gegebene"[104].[105]

Und auch unter den Rezipienten wird der Lebensformbegriff unterschiedlich interpretiert. Fünf mögliche, relevante Positionen sind hervorzuheben:

1. **Lebensform als anthropologische Konstante**: Die Lebensweise von Menschen, was sie tun, wie sie leben, was ihnen wichtig erscheint und worüber sie sich verständigen, wird als Ausdruck der biologischen Veranlagung und Bedingtheiten der menschlichen Art verstanden. Zu sol-

---

[99] Wittgenstein (1976) S. 404. Die vorrangige Stellung der Lebensform zur Determination von Bedeutungen zeigt auch das folgende Zitat: „Das Hinzunehmende, Gegebene - könnte man sagen - seien *Lebensformen*." Wittgenstein (1990a) S. 572

[100] Vgl. auch Garver (1999)

[101] z.B. „die Tatsache, daß wir *so* und *so* handeln, z.B. gewisse Handlungen *strafen*, den Tatbestand so und so *feststellen*, *Befehle geben*, Berichte erstatten, Farben beschreiben, uns für die Gefühle der Anderen interessieren" Wittgenstein (1991c) §630, S. 122

[102] Wittgenstein (1990a) §23, S. 250

[103] „Unsere Rede erhält durch unsere übrigen Handlungen ihren Sinn." Wittgenstein (1990b) §229, S. 164

[104] Wittgenstein (1990a) S. 572

[105] Auch wenn ungeklärt ist, von wem Wittgenstein den Begriff der Lebensform aufgreift (z.B. Hamann, Herder, Hegel, von Humboldt), ist doch sicher, daß er damit nicht auf die vier klassischen Lebensformen (Begierde-, Erwerbs-, politisches und theoretisches Leben) verweist. Allerdings setzt der aristotelische Lebensformbegriff, Leben mit Praxis, deren Ziel die Tätigkeit selbst, kein durch sie zu schaffendes Werk ist, gleich und ist damit kompatibel mit der Wittgenstein'schen Verwendung des Begriffes. Vgl. auch Baruzzi (1985) S. 126-135, 158-163

chen spezies-spezifischen Lebensformen gehören etwa „gehen, essen, trinken, spielen", aber eben auch der Umstand, daß Menschen Sprache verwenden. In diesem Sinne sind Lebensformen leicht als „Unhintergehbares, Gegebenes" zu verstehen, weil sie für biologisch determinierte Verhaltensprogramme stehen. Daß sprachliche Äußerungen nur verständlich sind unter Rekurs auf die Lebensformen, in die sie eingebettet sind, führt dann dazu, daß Menschen die sprachlichen Äußerungen anderer Arten, z.b. Löwen, aufgrund deren andersartiger Lebensformen nicht verstehen könnten, auch wenn sie sprechen würden. Umgekehrt hieße das, daß alle Menschen einander grundsätzlich verstehen können müßten, da die grundsätzlichen Lebensformen universal gleich wären. Aus dieser Perspektive sind allerdings die realiter beobachtbaren Verständigungsprobleme unterschiedlicher Kulturkreise und Subkulturen unerklärliche Phänomene.[106]

2. **Lebensformen als sozio-kulturelle Determinante**: Diese sehr weitgehend vertretene Position sieht eine Lebensform als umfassenden Begriff für alle spezifischen Verhaltensmuster einer spezifischen Lebens- und Sprachgemeinschaft. „*A form of life is a culture or social formation, the totality of communal activities into which language-games are embedded.*"[107] Gemäß dieser Definition werden Lebensformen über menschliche Gemeinschaften abgegrenzt, sowie über die je gemeinsame, für sie typische Lebensweise, die diese Gemeinschaft miteinander teilt. Einzelne Aktivitäten und Sprachspiele, z.B. kaufen und verkaufen, sowie ganze Praxisbereiche, z.B. Wirtschaft, sind Teile dieser gesamten Lebensweise, in diese eingebettet, mit ihr verbunden und auf die restlichen Aktivitäten der Gemeinschaft abgestimmt. Insofern gibt es nicht *eine* universale menschliche Lebensform, sondern eine Pluralität von Lebensformen, die das Ergebnis der „Naturgeschichte" der Menschheit ist, welche die sogenannte Sozialgeschichte mit einschließt.[108]
Lebensformen, ebenso wie die in sie eingebetteten semantischen Systeme (Sprachspiele), wären folglich radikal kulturrelativistisch zu interpretieren, ganz im Sinne der These von Sapir und Whorf.[109] Die in den letzten Jahrzehnten diagnostizierte „Pluralisierung von Lebensfor-

---

[106] Vgl. zu dieser Position Garver (1984)
[107] Glock (1996) S. 125. In diesem Sinn ist die Aussage zu verstehen: „Unsere Rede erhält durch unsere übrigen Handlungen ihren Sinn." Wittgenstein (1990b) §229, S. 164
[108] Vgl. Wittgenstein (1990a) §415, S. 411, Welsch (1995) S. 410, FN 58, und S. 408-414
[109] Vgl. Sapir (1961), Whorf (1963)

men" ist dann letztlich der Ausdruck dafür, daß homogene, ähnliche Lebensformen von Großgruppen (Gesellschaften) sich aufspalten in kleinere Gruppen mit unterschiedlichen, nicht kompatiblen Lebensweisen und Orientierungen. Gerade daß Wittgenstein den Lebensformbegriff gleichbedeutend mit Begriffen wie Kultur, Brauch und zugleich als „Tatsache unserer Naturgeschichte" nimmt, spricht dafür, daß diese Position der von Wittgenstein vertretenen am nächsten kommt.[110] Die Grenzen von Sprachen werden entsprechend entlang der Grenzen (Unterschiede) von Lebensformen von bestimmten Gemeinschaften gezogen, nicht entlang bestimmter sprachlicher Zeichensysteme. Dieses Vorgehen entspricht auch dem der Sozio- und Ethnolinguistik.

3. Eine Verbindung der Positionen 1) und 2) schlägt Ferber vor, der Lebensformen als das Evolutionsergebnis differenter, getrennt entwickelter Gruppierungen auf der Basis gemeinsamer spezies-spezifischer Grundlagen annimmt, z.B. gleiche Sinnesorgane, Reflexe, Instinkte, natürliche Bedürfnisse, aber kulturell ausdifferenziert unterschiedliche Wertorientierungen, Wege der Bedürfnisbefriedigung, Bräuche usw.[111] Eine solche Synthese, mit denen die Wittgenstein'schen Aussagen durchaus vereinbar wären, käme auch Chomskys Position nahe, daß es einerseits eine angeborene universale Tiefengrammatik der Sprache gibt, die andererseits durch kulturell unterschiedliche, gelernte Transformationsregeln die praktizierte Sprachpraxis an der „Oberfläche" differieren läßt.

4. **Lebensformen als einzelne Tätigkeiten**: Während die ersten drei Positionen eine Lebensform als den Gesamtzusammenhang aller spezifischen Verhaltensmuster einer Gemeinschaft bezeichnet, geht die vierte Interpretation davon aus, daß mit „Lebensformen" einfach nur verschiedenartige, (regelmäßige) soziale Verhaltensmuster, also Tätigkeiten, Aktivitäten, inhaltlich nicht näher kategorisierte Ways of Being, gemeint sind.[112] Auch für diese Position lassen sich in Wittgensteins Werk Anhaltspunkte finden.[113] Und sie trägt den Gegebenheiten moderner

---

[110] Vgl. als Vertreter dieser Position Haller (1984), Welsch (1995) S. 396-418, Glock (1996) S. 124-129

[111] Vgl. Ferber (1993)

[112] Vgl. von Savigny (1988) S. 57

[113] Z.B. bei Wittgenstein (1990a) S. 489, wo „Hoffen" und „Kummer" als eine Lebensform bezeichnet wird, die zudem in unterschiedlichen Modifikationen bzw. Variationen in Erscheinung treten könne.

Gesellschaften eher Rechnung, in denen Menschen in der Regel nicht ihre gesamten Lebensbereiche innerhalb *einer* Gruppe verbringen, organisieren und koordinieren. Statt dessen ist der Einzelne gleichzeitig Mitglied verschiedener Gemeinschaften, innerhalb derer bestimmte Lebensausschnitte interagierend bewältigt werden. Im Gegensatz zu stark integrierten Lebensgemeinschaften ist es hier die Aufgabe des Einzelnen, seine verschiedenen Lebensbereiche miteinander abzustimmen, in Einklang zu bringen und Konflikte zu bewältigen.[114]

Die Abgrenzung verschiedener Lebensformen voneinander verläuft hier eher willkürlich, je nachdem durch welche übrigen Handlungen die BeobachterIn die Sprachspielaktivitäten in ihrem Sinn determiniert sieht. Da sie somit beschreibungsabhängig ist, hängt die Grenzziehung zwischen unterschiedlichen Lebensformen von verfügbaren Sprachspielen ab. Weil Lebensformen jedoch als das Gegebene, über Sprachspiele Hinausgehende definiert sind, wären Lebensformen nicht nur unhintergehbar, sondern auch keiner korrekten Differenzierung zugänglich. Dieses Problem (für die Wissenschaft) muß allerdings nicht heißen, daß diese vierte Interpretation nicht das geeignetere, sinnvollere Konzept ist.

Während die ersten beiden Positionen sich in der dritten zu einer Synthese verbinden lassen, stehen die ersten drei der vierten eher unvereinbar gegenüber. Der Nachteil der vierten Position, daß Lebensformen nur beobachter- und sprachabhängig unterscheidbar sind, steht dem Nachteil der zweiten und dritten Position gegenüber, die von einer alles integrierenden Lebensweise von Gemeinschaften ausgeht, was in heutigen Gesellschaften, die als partikularisiert, pluralisiert oder auch individualisiert charakterisiert werden, für die meisten Individuen nicht der Fall ist.

5. Ein Ausweg aus diesem Dilemma könnte eine **soziologische Definition** von Lebensform als „das kooperative Zusammenwirken von individuellen Formen der Lebensführung auf der Ebene primären sozialen Zusammenlebens"[115] bieten. Diese kooperative Lebensführung „beruht auf komplexen Abstimmungen und Aushandlungen [der sozialen Arbeits-, Aufgaben- und Rollenverteilung], mehr oder weniger stabilen sozialen

---

[114] Vgl. beispielhaft zur These der Individualisierung und Pluralisierung Friedrichs (1998), Berger, Luckmann (1995)

[115] Voß (1991) S. 314, in Anlehnung an Zapf (1987)

Routinen und Funktionsaufteilungen und impliziert eine große Zahl
von Konfliktpotentialen und Regelungserfordernissen.[116]"

Der zitierte Ansatz betont einerseits, daß die Gesamtlebensweise des
Einzelnen mit *einer* primären Gruppierung abgestimmt wird, mit der er
oder sie eine Lebensform im Sinne von 3) bildet.[117] Andererseits kann
man als Ebene primären sozialen Zusammenlebens etwas freier auch
jede Gruppierung interpretieren, in der auch thematisch begrenzte
Lebensbereiche kooperativ zusammenwirkend bewältigt werden, wie
z.B. Teams bzw. Belegschaften in Unternehmen, Betreuungs- und Bil-
dungszusammenhänge, Organisationen, Vereinen, Netzwerken und
ähnliches. In diesem Sinne würden Gemeinschaften mit gemeinsamen
Lebensformen entlang von Sprachspielgrenzen verlaufen. Gemeinsame
bzw. übereinstimmende Lebensformen sind hier nicht gleichbedeutend
damit, daß jedes Gruppenmitglied das gleiche macht, sondern daß
Konflikte normaler Bestandteil des kooperativen Prozesses der kollektiven Lebensführung sind. Die Grenzen unterschiedlicher Lebensformen
werden hier also entlang der (nur schwer abgrenzbaren) Sprachspielgrenzen bzw. entlang der sich historisch mehr oder weniger fest zu-
sammenfindenden Sprachspielgemeinschaften gezogen. Nachteil hieran
ist allerdings, daß Lebensformen wieder nicht unabhängig von Sprachspielen identifiziert werden können oder daß eine eigenständige Definition von Gruppen mit gemeinsamen Lebensformen in Abgrenzung
zu Interaktionen in Nicht-Gruppen gefunden werden muß.

Insgesamt hat also auch dieser definitorische Kompromiß Schwächen,
wird aber dem fließenden und pluralistischen Charakter heutiger Lebensformen am besten gerecht.

---

[116] Voß (1991) S. 314

[117] Ganz im Sinne des soziologisch Üblichen rekurriert Voß (1991) hier mit der Ebene
primären Zusammenlebens auf die Gruppierungen („primäre Lebensgemeinschaften"),
welche die Ökonomik „Haushalte" nennt. Meines Erachtens ist es in diesem Zusammenhang allerdings sinnvoller, von primären sozialen Netzwerken zu sprechen, innerhalb
derer auch einzeln wohnende Menschen ihr Leben orientieren, abstimmen und bewältigen. Zwar spielen diese primären sozialen Netze eine zentrale Rolle für die Orientierung
des Einzelnen im Gesamtzusammenhang seiner Lebensführung und seine Sozialisierung
in bestimmte Kommunikationsstile, jedoch für die Orientierung in der jeweils relevanten
Handlungspraxis ist auch stark die Gruppierung ausschlaggebend, mit der diese Aufga-
benbewältigung kooperativ abgestimmt werden muß (z.B. Kollegen im Unternehmen,
der jeweilige Kunde usw.). Für das Sprachspielkonzept greift der soziologische Lebensformbegriff folglich zu kurz.

Sprachspiele, d.h. Sprech- und Verstehensakte sowie die damit verbundenen Tätigkeiten werden als Teil von Lebensformen definiert, allerdings als abhängiger Teil, da das Verstehen sprachlicher Bedeutungen nur unter Rekurs auf die gesamte Lebensform verständlich ist. Was unter der Eingebettetheit bzw. Verwobenheit von Sprache und Lebensformen konkret zu verstehen ist, wird in Wittgensteins Philosophie und deren Nachfolge nicht wirklich näher bestimmt. Zum einen kann diese These in dem Sinn zu verstehen sein, daß ein sprachliches Verständigungssystem nur bei Vorhandensein und unter Rekurs auf eine bereits bestehende Verhaltensregelmäßigkeit emergieren kann und sich die Verhaltenspraktiken koevolutiv zur Entwicklung der Sprachpraxis ausdifferenzieren und verändern (können).

Der Verzicht auf eine nähere Charakterisierung des „Embedding" kann auch darauf zurückzuführen sein, daß die Art der Einbettung von Sprachspielen in Lebensformen ganz unterschiedlich sein kann. Beispielsweise gibt es Bereiche gemeinschaftlicher Tabus, bei denen in die soziale Verhaltenspraxis Sprachspiele des Schweigens, Verschweigens, indirekten Sprechens und der Gesprächsumgehung eingebettet werden, und zum anderen Bereiche, in denen keine gleichzeitige Reflektion des Handelns erlaubt wird (z.B. Militär, Notfallmedizin), dann wieder sehr freie Bereiche, in die eine Vielzahl unterschiedlicher Sprachspiele gleichberechtigt eingebettet ist, Bereiche, in denen starke Rollenschemata existieren und in anderen nicht.

Diese Bereiche fordern nicht aufgrund ihrer „Wesensart" eine bestimmte Art der Einbettung von Sprachpraxis, sondern die jeweilige Gesellschaft bestimmt simultan sowohl über die Art der Sprachspiele und die Art ihrer Einbettung in Verhaltenspraxis als auch über die Angemessenheit und ko-evolutive Weiterentwicklung von Sprache und verbundenen Lebensformen. Aufgrund dieser Gleichzeitigkeit können keine eindeutigen, klar in ihrer Richtung bestimmten Kausalitäten des Embeddings angegeben werden. Es kann nur für jeden Einzelfall zu interpretieren versucht werden, welche Ursache-Wirkungsbeziehungen und Interdependenzen am Werke sind.

Obwohl Lebensformen als das Unhintergehbare charakterisiert sind, sind sie nicht in einem absoluten Sinne determiniert. Zum einen sind die sozialen Lebensformen für den einzelnen Menschen, der in Abhängigkeit von einer bestimmten Gruppe lebt, unhintergehbar, da er diese vorfindliche Praxis nur begrenzt verändern kann. Zu einer machtvollen Revolu-

tionierung von Lebensformen braucht der Einzelne die Unterstützung anderer und mächtiger Technologien. Er muß sich also wiederum sozial bestimmter Praktiken bedienen, kann bei der Revolutionierung von
Lebensformen immer nur im Rahmen von Lebensformen agieren. Zum
anderen enthalten Lebensformen ein implizites „Wissen" darüber, welche
Aspekte der nicht direkt beobachtbaren, denkunabhängigen Wirklichkeit
sich für bestimmte Tätigkeiten als unhintergehbar erwiesen haben. Die
Widerstände, welche die denkunabhängige Wirklichkeit den kognitiven
Interpretationen der (vergesellschafteten) Individuen geleistet hat, indem
sie als Selektionsumgebung deren Erfolge determinierte, haben sich in der
routinisierten Praxis dieser Gesellschaft niedergeschlagen. Die Lebensformen haben sich also in Auseinandersetzung mit der Selektionsumwelt,
über die kein abbildendes, wahres Wissen bestehen kann, herausgebildet.
Insofern sind Lebensformen einerseits flexibel, da andere Gesellschaften
aufgrund ihrer andersartigen Motivationen oder Kreativität abweichende
Lebensformen bei gleicher Umgebung ausbilden können. Andererseits
können Lebensformen aber auch nicht beliebig flexibel sein, da es zumindest der Überzeugung der Wissenschaft entspricht, daß der „stumme Widerstand" der denkunabhängigen Wirklichkeit eine gleichbleibende Qualität und „(Ver-)Formungskraft" von Lebensformen hat.[118]

5.3 Nicht-Neutralität von Sprache

Die vorangehend beschriebenen Eigenschaften und Funktionsbedingungen von Sprache bewirken in ihrer Konsequenz, daß Sprache kein neutrales Informationsdiffusionsinstrument sein kann, wie es in den Wirtschaftswissenschaften bislang weitgehend unterstellt wird. Es werden nun
die wichtigsten Aspekte dieser Nicht-Neutralität von Sprache zusammenfassend dargestellt.

Der Umstand, daß die fundamentale Verstehensproblematik nur dadurch gelöst werden kann und konnte, daß die Sprachverwendung an eine
feste, sozial verbindliche Verhaltenspraxis gebunden ist, restringiert einerseits die von Sprache erfüllbaren Funktionen und ihre typischen Charakteristika, zum anderen verändert die Emergenz des Sprachgebrauchs in Ge-

---

[118] Vgl. weiterführend die aktuelle (philosophisch orientierte) Diskussion des Wittgenstein'schen Lebensformbegriffs bei Lütterfelds, Roser (1999)

meinschaften auch die sozialen Evolutionsbedingungen dieser Gemeinschaften. Sprachliche Verständigung kann also nur dann gelingen, wenn sie in doppelter Weise nicht-neutral ist, einerseits weil sie dem Grunde nach auf spezifische Verhaltensbeeinflussung zielen muß, andererseits weil die Begrenztheit des Gelingens sprachlicher Verständigung und die Restriktionen sprachlicher Evolution den Bereich einschränkt, innerhalb dessen Menschen sich verständigen und gewaltlos koordinieren können, sowie den Bereich, auf den hin sich diese Verständigungspraxis entwickeln kann.

5.3.1 Sprache als regelgebundene gegenseitige Verhaltensbeeinflussung

In Abschnitt 5.2.5.3 wurde erklärt, daß primäre Sprachspiele nur entstehen können und sekundäre sich nur auf Basis der primären Sprachspiele entwickeln können, wenn sie auf eine stabilisierte, regelmäßige Interaktions- oder Handlungspraxis aufbaut und Verhaltensbeeinflussung intendiert oder zuverlässig bewirkt. Der Umstand, daß die pragmatische Zeichenverwendung aufgrund der Emergenzbedingungen von Sprache die Grundform der Sprachverwendung ist, hat zur Folge, daß *Sprache nicht neutral* ist.

S appelliert mit ihrer sprachlichen Äußerung nicht nur an V, das regelgemäße Antwortsverhalten auszuführen. Sondern es ist auch hoch wahrscheinlich, daß V dieses Verhalten ausführt, sofern er S' Äußerung korrekt verstanden hat. „Hoch wahrscheinlich" gewöhnlich nicht deshalb, weil V sich bewußt dafür entscheidet, sondern weil er darauf in einer starken Weise konditioniert ist.[119] Sprachprozesse ähneln deshalb stark dem Muster „einen Befehl geben (S) – einem Befehl Folge leisten (V)".

5.3.2 Sprache als Machtausübung

Der Umstand, daß Sprechakte einen grundsätzlich auffordernden Charakter in fest etablierten sozialen Lebensformen haben, impliziert, daß die

---

[119] Daß es hoch wahrscheinlich sein muß, ist eine Implikation des faktisch weitgehend stabilen Gelingens sprachlicher Verständigung in menschlichen Gesellschaften.

Ausübung von Sprache dem Grunde nach ein Versuch der Machtausübung ist. In Wittgensteins Argumentation zeigt sich die Machtgeladen-
heit sprachlicher Verständigung in seiner Gleichsetzung von „Verstehen"
und „einem Befehl folgen". [120] Auch der Begriff der „Abrichtung", mit dem
die Sprachlernsituation charakterisiert wird, deutet auf Machtausübung
hin. Allerdings steht der Aspekt der Machtausübung in Verständigungen
auch bei Wittgenstein und in sprachwissenschaftlichen Erörterungen eher
im Hintergrund. Die folgenden Reflektionen der Machtproblematik sind
deshalb Schlußfolgerungen aus den vorangegangenen Charakterisierungen
von Spracheigenschaften.

Macht ist das Vermögen einer Person A, einen anderen Menschen B
(oder auch sich selbst) dazu zu bringen, das zu „machen", was A will, daß
B machen soll. Diese Definition setzt zunächst allein am Wirkungsvermögen des Einzelnen an. Jeder Versuch eines Einzelnen, etwas zu bewirken,
ist demnach Machtausübung. In Form der „power to.." ist Macht die ermöglichende Fähigkeit des Einzelnen, allein oder zusammen mit anderen
bestimmte Ziele zu erreichen. Als „power over .." weist der Begriff auf prä-
ventive Machtausübung, die im Wesentlichen Kontrolle über das Verhalten oder Unterlassen anderer anstrebt, hin. [121] Die Macht der einzelnen
Person, also das Ausmaß ihres Wirkungsvermögens („to" und „over")
wird nicht nur von ihren physischen oder psychischen Fähigkeiten determiniert, sondern auch von ihrer Rolle und Legitimation innerhalb einer
sozial figurierten Machtstruktur. Damit bezeichnet Macht das Vermögen
eines Einzelnen in seiner gesellschaftlichen Restringiertheit.

Die gelingende Ausübung von Macht gegen den Willen eines anderen
wird als „Gewalt" bezeichnet. [122] Auch Gewalt muß nicht an sich ethisch
negativ bewertet werden. Beispielsweise wird das Gewaltmonopol des
Staates (im besten Falle) zur Durchsetzung gesellschaftlich-institutioneller
Regeln angewendet, die z.B. auf den Abbau gesellschaftlicher Machtdifferentiale ausgerichtet sind (Kartellbehörde, Strafverfolgung von Gewalttä-

---

[120] Vgl. Wittgenstein (1990a) §206, S. 346. In den §§142-242 der „Philosophischen Untersuchungen", in denen Wittgenstein sich mit der Erklärung von „Verstehen" auseinandersetzt, wird der Vergleich mit „Befehlen" häufiger herangezogen.

[121] Vgl. Imbusch (1998) S. 10 f.

[122] Eine Vorform der physischen Gewalt ist der *Zwang*. Zwang kann ausgeübt werden,
indem dem Adressaten im Falle wunschgemäßen Verhaltens von ihm gewünschte Vorteile in Aussicht gestellt werden, Gewalt oder Strafe angedroht wird oder indem mittels
Kommunikation die Werte, Motivationen und Handlungen des Adressaten (wunschge-
mäß) zu verändern gesucht werden. Vgl. Imbusch (1998) S. 12

tern usw.).[123] Die Faktizität von Prozessen der Machtausübung, ob sie nun positiv oder negativ bewerteten Zielen dient, ist nicht zu verwechseln mit der Frage nach der Legitimation von Macht, die im Folgenden zunächst außer Acht gelassen wird.

Sprache ist insofern ein Versuch der Machtausübung, als eine Person S (oben „A") durch den Vollzug eines Sprechaktes versucht zu bewirken, daß eine Person V (oben „B") die sprachspielgemäße Verhaltensantwort äußert. Es ist insofern eine *Machtausübung*, als V's Konditionierung auf Sprachspiele (Lernen, Sanktionierung) diesen in einer starken Weise zur Artikulation des regelgemäßen Verhaltens motivieren wird, wobei dieser „Motivationsprozeß" in aller Regel ein unbewußter sein wird. Es handelt sich andererseits aber nur um einen *Versuch* der Machtausübung, da V S' Appell nicht befolgen *muß* (im Gegensatz zur Gewaltausübung, bei der körperliche Energieübertragung V zur gewünschten Bewegung zwingt).

Mögliche Ursachen für das Mißlingen versuchter Machtausübung sind Unterschiede der von S und V gelernten Sprachspielregeln (Nicht-Verstehen), V's Fehldeutung, welches Sprachspiel von S im Hier-und-Jetzt faktisch gespielt wird (Mißverstehen), oder V's Weigerung den üblichen Sprachspielregeln zu folgen (Variation oder Abbruch des Sprachspiels). V kann seine eigene Macht also für oder gegen S' Macht einsetzen, indem er entweder mit-macht und das von S begonnene Sprachspiel mitspielt, oder indem er seine eigenen Ideen und Bedingungen (kreative Variation) in das Sprachspiel hineinbringt bzw. selbst ein anderes Sprachspiel zu spielen anbietet (Abbruch bzw. Wechsel des Sprachspiels). V's Variation, Abbruch oder Wechsel des Sprachspiels stellt S (die durch die unerwartete Antwort irritiert sein wird) vor die selbe Wahl, entweder ihre Macht einzusetzen, um ihr ursprünglich gewähltes Sprachspiel einzufordern und durchzusetzen (Wiederholen, Sanktionieren) oder um in V's Sprachspiel mit-zu-machen.

Welches Sprachspiel gespielt wird und ob überhaupt ein Sprachspiel realisiert wird, diese Fragen entscheiden sich folglich in einem untrennbar mit Sprache verbundenen Komplex wechselseitiger Machtausübung. S' Macht speist sich dabei aus der Stabilität und aktiven Durchsetzung des

---

[123] Der verbreitete Machtbegriff Webers, der als Macht „jede Chance" definiert, „innerhalb einer sozialen Beziehung den eigenen Willen auch gegen Widerstreben durchzusetzen, gleichviel worauf diese Chance beruht" (vgl. Weber (1972) S. 28 f.) assoziiert Macht zu stark mit Gewalt, indem er das Wirkungsvermögen des Einzelnen an der Möglichkeit gewaltsamer Durchsetzung mißt.

jeweiligen Sprachspiels durch die gesamte Sprachgemeinschaft, der S angehört, sowie aus S' eigenem Vermögen, V durch nachhaltig ausgeführte
normative Aktivitäten in das von ihr gemeinte Sprachspiel hinein zu bewegen. Dagegen hängt V's Macht mit-zu-machen von seiner Sprachspielkompetenz ab, seine Macht, sich S' Machtausübung (gewollt) zu widersetzen, von seiner Fähigkeit zu zweifeln (also die unmittelbare Regelbefol-
gung zu unterbrechen, die korrekte, erforderliche Antwort zu reflektieren
und autonom eine eigene, abweichende Verhaltensantwort zu generieren)
sowie von der Nachhaltigkeit, mit der V seinen Regelbruch vor S aufrecht-
erhält bzw. aufrechterhalten kann. Auch V's Macht speist sich aus der
Sprachspielgemeinschaft. Diese legt für unterschiedliche Sprachspielsituationen differenzierte Machtspielräume sowohl für S als auch für V fest.

Beispielsweise hat V in einer freien Gesprächssituation (zufällige Tisch-
nachbarn in einer Gaststätte) einen sehr weitgehenden Freiraum, The-
menwechsel vorzunehmen, frei zu assoziieren, ohne von S allzu stark
sanktioniert zu werden; beide Seiten haben die Freiheit, das Gespräch ab-
zubrechen (allerdings sind auch höfliche Formen des Gesprächsabbruchs
reguliert). Hingegen hat ein Angeklagter in einer Gerichtsverhandlung relativ wenig Möglichkeiten, sich den „Gesprächsangeboten" der Gerichts-
mitglieder zu verweigern und in neue oder andere Sprachspiele zu wechseln. Die Sanktionsgewalt, die Definitions- und Interpretationsmacht ist
hier von der sozial definierten Sprachspielstruktur her in einem starken,
an Rollen verankerten Machtgefälle vorverteilt. Innerhalb des aufoktroyierten Sprachspiels bestehen aber für beide Seiten wiederum sehr differenzierte Möglichkeiten, die Richtung der Konversation zu beeinflussen. An
diesen Beispielen zeigt sich, daß in Sprachspielen rollenspezifische Machtpositionen bereits angelegt sind, die von den individuellen Machtpoten-
tialen der jeweiligen Sprachspielenden überlagert und verstärkt oder geschwächt werden können. Auch zeigt sich, daß Machtausübung in verschiedenen Sprachspielen auf unterschiedliche Weise legitimiert wird. Die
Frage nach der Legitimation von Macht kann also nicht unabhängig von
dem Hintergrund der jeweiligen Verständigungssituation beantwortet
werden.

Das Gelingen von Machtausübung wird zusätzlich auch von materiellen Machtasymmetrien determiniert. Wie in Kapitel 4 gezeigt, bedingen
emotionale, soziale und ökonomische Abhängigkeiten und ungleich ver-
teilte Wünsche, daß manche Kommunizierende sich der Machtausübung
anderer schwerer widersetzen können oder widersetzen zu können glau-

ben, als andere, die in ihren Erfolgsorientierungen relativ unabhängig sind. Das Verbinden von Sprachtätigkeiten mit gewaltsamen, aggressiven oder drohenden Gebärden, mit dem Entzug von Zuwendung oder von Dingen sowie die verbale Androhung desselben kann V's Freiheit, sich dem von S gespielten Sprachspiel zu entziehen, beschränken oder umgekehrt V in die Lage versetzen, S zum Unterlassen seiner Machtausübung zu zwingen. Materielle Machtasymmetrien sind Ursache für das Sprachlernen von Kindern, also für das Erzwingen gelingender Kommunikation. Von Erwachsenen bzw. unabhängigen Personen können diese Asymmetrien aber eingesetzt werden, sowohl um gelingendes Sprachspielen zu erzwingen als auch dessen Unterlassen.

Daß sprachliche Verständigung dem Grunde nach als (wechselseitiger) Versuch der Machtausübung verstanden werden muß, ist als Implikat der Emergenzbedingungen von Sprache nicht trivial. Die allgemeine Neutralitätsannahme von Sprache würde zu der Annahme verführen, daß das Moment der Machtannahme von der Sprache getrennt ist und daß die Macht ausübende Person Sprache nur zum *Zweck* der Machtausübung benutzt. Es wurde aber gezeigt, daß Sprache nur emergieren und gelernt werden kann, wenn Macht (ohne Wertung) ausgeübt wird. Deshalb sind sprachliche Zeichen, die mit Bedeutungen belegt sind, inhärent machthaltig, da sie als Auslöser in eine feste soziale Interaktionspraxis eingebaut werden.

Der Umstand, daß sprachliche Kommunikation als mit einem Höchstmaß der Freiwilligkeit versehen erlebt wird, scheint zu der hier festgestellten Sprache als Machtausübung kontraintuitiv zu sein, insbesondere, wenn man sich dazu den alltagssprachlichen, mit „Gewalt" konnotierten Machtbegriff vorstellt. Richtig wäre wohl die Aussage, daß Sprache weder so viel Freiheit und Freiwilligkeit garantiert, wie man meint, noch im Allgemeinen so gewaltsame Machtausübung beinhaltet, wie der weit verbreitete Machtbegriff vermuten lassen würde.

Zum einen wird Macht in Sprachsituationen *verhandelt* und nicht einfach exerziert, d.h. V hat Möglichkeiten, sich der Machtausübung von S zu widersetzen bzw. seine Macht für eine Variation des gemeinsamen Verständigungsereignisses einzusetzen. Weiterhin kann sprachliche Machtausübung zu Macht im positivsten Sinne der obigen Machtdefinition führen, d.h. die Koordination von Verhalten ermöglichen, so daß kooperativ Leistungen erstellt werden, die vom Einzelnen nicht realisierbar wären. Auch ermöglichen die Ausdifferenzierungsprozesse von Sprache eine sehr feine Differenzierung von Verhaltenskoordinationen einer sozialen Gruppe. Da S weiß, was sie gleich tun wird, kann sie V *vorab* auffordern, ein Verhalten zu zeigen, das sich mit ihrem Verhalten zu einer erfolgreichen Realisation der Gruppenziele verbindet. Das routinisierte Mit-Machen von V bedeutet nicht nur eine Re-Aktualisierung sozialer Machtkonfigurationen, sondern auch die Erhöhung seiner eigenen Erfolgschancen und Handlungsspielräume durch die Teilnahme am kommunikativ koordinierten Interaktionsmuster.

Außerdem ist die Wahrscheinlichkeit der Etablierung ausschließlich despotischer Sprachspiele, in denen Einzelne sprachliche Macht über andere ausüben, um ausschließlich ihre eigennützigen Ziele zu erreichen, gering, wenn diese Sprachspiele nicht mit gewaltsamen Aktivitäten durchgesetzt werden. In solchen Sprachspielen sind die nonverbalen gewaltsamen Tätigkeiten und Gewalt androhenden Zeichen notwendige Begleiter der verbal geäußerten sprachlichen Zeichen und differenzieren so die Zeichenbedeutungen aus. Es ist dennoch davon auszugehen, daß Sprache primär eine kooperative Funktion erfüllt. Durch reine Gewalt hätten sich die Bedeutungen sprachlicher Zeichen nicht durchsetzen lassen und folglich hätte es auch nicht zu einer Ausdifferenzierung der sprachlich vermittelten Handlungspraxis kommen können. Aufgrund der existentiellen Bedeutung, welche die Erfahrung von Gewalt für ein Lebewesen hat, wird ein gewaltsam durchgesetztes Zeichen immer die Bedeutung der Gewalt haben; der Bezug auf andere Situationsmerkmale würde von V als nachrangig erlebt. Deshalb ist eine gewaltsame Emergenz von Sprache, wie wir sie kennen, unplausibel. Gewalt ist insofern Teil der Lebensformen, kann aber in Sprachspiele durchaus nach Regeln verwoben werden.[124]

Auch wenn Sprache grundsätzlich ein kooperatives Instrument sein muß, heißt das nicht, daß sprachliche Machtausübung ausschließlich harmonische („pareto-optimale") Verständigung realisieren kann. Interessenkonflikte von Gesprächspartnern führen nicht notwendig zum Mißlingen der Verständigung, sondern können auch gerade *durch* den Verständigungsprozeß einer Kompromißlösung *trotz* bestehender Interessenkonflikte zugeführt werden. Sprachlich inszenierte Koordinierung von Kooperation schafft zusätzlich zur gewaltsamen Interaktion oder der reinen ad-

---

[124] Bei Wittgenstein wird der Einfluß der Art und Weise des Umgangs in Lernprozessen und Sanktionierungen auf das jeweilige Bedeutungssystem etwa in folgendem Satz deutlich: „Ich will sagen: eine ganz andere Erziehung als die unsere könnte auch die Grundlage ganz anderer Begriffe sein." Wittgenstein (1990b) §387, S. 362

aptiven Konditionierung eine Möglichkeit der kooperativen Verhaltenskoordination, der kreativen Entwicklung sozialer Verhaltensmuster und
einer Konfliktbearbeitung, die eine Eskalation von Gewalt vermeiden kann
(aber nicht muß).

Daß Sprache (wechselseitige) Machtausübung ist, wird in manchen der
in Kapitel 2 und 3 behandelten ökonomischen Theorien anerkannt.
McCloskeys Ansatz der „economics as conversation" nimmt Sprechakte
als Versuch, nicht nur eine Information auf eine andere Person zu übertragen, sondern diese auch von der Wahrheit und Relevanz dieser Information zu *überzeugen*. Während McCloskey unerklärt läßt, wie das Überzeugen des anderen gelingen kann, ist „Überzeugen" im Sinne der vorangegangenen Erläuterungen mit *gelingendem Verstehen innerhalb eines
ökonomischen Sprachspiels* gleichzusetzen. Allerdings geht es in ökonomischen Sprachspielen weniger darum, einen anderen von der Wahrheit und
Relevanz von Informationen zu überzeugen, sondern vielmehr, ihn zum
Äußern der regelgemäßen Verhaltensantworten zu „überreden".

Die eher negative Konnotation von Machtausübung findet sich im Ansatz der Asymmetrischen Informationen oder im Politikmodell der Einflußnahme via selektive oder lügnerische Informationspolitik (Propaganda). Auch hier dominiert die Vorstellung des begrenzt autonom entscheidenden Wirtschaftssubjektes, das aufgrund seiner jeweiligen Informationsbasis freie Entscheidungen über seine Handlungen trifft. Nur der
Umstand, daß situationsferne Sachverhalte entscheidungsrelevant sein
können, macht ihn von Informationen anderer Personen abhängig. Wie
hier gezeigt, übermittelt ein Sprechakt aber nicht einfach eine „Information", erfüllt nicht nur eine evokative Funktion, sondern fordert zu sprachspielspezifischen Verhaltensweisen auf, welche gemäß den Gepflogenheiten der Sprachgemeinschaft auch in aller Regel nicht verweigert werden.
Wenn der Einzelne auf die sprachliche Evokation hin nicht regelmäßig bestimmtes Verhalten zeigen würde, könnte sich keine funktionierende
Sprache etablieren. Eine Gruppe, die die Vorteile funktionierender Sprache nutzen will, muß die Entscheidungsautonomie ihrer Mitglieder durch
die Durchsetzung von Sprachspielregeln restringieren.

Die Charakterisierung von Sprache als ein Prozeß wechselseitiger
Machtausübung impliziert also für die Ökonomik nicht nur, daß sie die
Vorstellung von Sprache als neutralem Instrument der Informations-
übermittlung aufgeben muß. In Anerkennung, daß heutige Ökonomien in
einer sehr weitgehenden Weise sprachlich operieren und koordinieren,

muß die Ökonomik auch ihr Menschenbild von einem autonomen Entscheider in einen von Sprachspielregeln geleiteten Akteur umwandeln. Sie
muß sich daran gewöhnen, daß die Wirtschaftssubjekte sich nicht nur
dann für die Befolgung bestimmter Routinen und Institutionen entscheiden, wenn diese für sie ökonomisch vorteilhaft sind. Menschen leben als
soziale Wesen in Sprachgemeinschaften. Die machtvolle Sozialisierung in
Sprachspielpraxis läßt dem Einzelnen aufgrund kognitiver Routinisierung
und normativer Sprachaktivitäten anderer nur selten die Möglichkeit,
erstens zu zweifeln und zweitens kreativ neuen Sprachgebrauch zu etablieren. Es ist auch zu beachten, daß der Einzelne sich in aktuellen Sprachspielen häufig so verhält, als bewege er sich in Machtkonstellationen früherer Sprachspiele. Die Machtausübungen in Situationen des Lernens und
der Sanktionierung haben folglich einen nachhaltigen Einfluß auf an-
schließende Verständigungen, auch wenn die Machtasymmetrie nicht
fortexistiert. Deshalb hängt das Gelingen versuchter sprachlicher Machtausübung nicht nur von der in der aktuellen Situation vorfindlichen Verteilung von Machtattributen ab, sondern auch von den erworbenen
Machtausübungsstilen der Beteiligten und von deren subjektiven Assoziationen und deutenden Bezugnahmen auf frühere Machtkonstellationen.

5.3.3 Grenzen gelingender Sprache

Sprache ist auch deshalb nicht neutral, weil sie nur unter bestimmten Bedingungen gelingt. Es gibt also sowohl die Möglichkeit mißlingender Verständigung als auch von sprachlichen Vakuen in bestimmten Lebensformen. Wie ausführlicher unter 5.2.5.2 und 5.2.5.3 gezeigt, restringieren die
Emergenzbedingungen und Funktionseigenschaften von Sprache restringieren, zu welchen Themen, worüber, inwieweit und wessen sprachliche
Verständigung gelingen kann. Wenn nicht alles sprachlich verhandelbar
ist, nicht alle Menschen gleichermaßen und jederzeit in beliebig tiefer
Weise Verständigung erzielen können, sind bestimmte sprachliche Kooperationen nicht oder nicht zwischen allen Menschen möglich. Die Grenzen
gelingender Sprache und existierender Sprachspiele begrenzen in der
Folge auch die Art und Weise vergesellschafteten Wirtschaftens. Dies wird
etwa in der Debatte um Sozialkapital, ökonomische Netzwerke und Probleme interkulturellen Wirtschaftens (z.B. internationale Unternehmens-
zusammenschlüsse) deutlich.

5.3.4 Sprache als Bedingung für die Ausdifferenzierung menschlicher sozialer Praxis

Sprache beeinflußt durch ihre Emergenz- und Funktionsbedingungen die Muster des sozialen Miteinanders und die Richtung und Geschwindigkeit sozialer Entwicklung. Auch hierdurch restringiert Sprache ökonomische Prozesse.

Es wurde gezeigt, daß Sprache die Möglichkeit des Zweifelns und damit auch die einer veränderten Verhaltensweise (Regelbruch, Regelmutation) erleichtert. Daraus läßt sich folgern, daß Sprachwandel ein Ereignis mit hoher Eintrittswahrscheinlichkeit ist und daß die Emergenz des sprachvermittelten Handelns die Ausdifferenzierung gesellschaftlicher Praxis ermöglicht und den Wandel sozialer Wirklichkeit begünstigt.

Die Ausdifferenzierungsgeschwindigkeit gesellschaftlicher Sprachspielpraxis hängt davon ab, inwieweit die Mitglieder der Sprachgemeinschaft situationsferne Zeichenverwendung zulassen und an sie regelmäßig mit einem Verhalten anschließen, das der neuen Situation (bereits etabliertes Zeichen plus andersartige Situation) angepaßt wird. So werden synchron neue Zeichenbedeutungen und neue Typen von Situationen mit je spezifischen Situationsmerkmalen entwickelt.

5.3.5 Ermöglichung situationsferner Kommunikation durch Sprache – Lügen, Fiktionen, Tradierung, Koordination von Handlungsplänen

Die Verwendung sprachlicher Zeichen wird in spezifischen Situationen gelernt, in denen das jeweilige korrekte Antwortverhalten sinnvoll ist, d.h. eine erfolgreiche Orientierung im Sinne des Individuums bzw. der Gruppe darstellt. Grundsätzlich können sprachliche Zeichen auch in anderen, neuen Situationen verwendet werden, die den ursprünglich üblichen, typischen Situationen in ihren Situationsmerkmalen mehr oder auch weniger ähneln. Dies ist möglich, da die verwendeten Zeichen auf den verbalen und nonverbalen situativen Kontext ihrer üblichen Verwendung verweisen und diesen Kontextverweis auch im Gegenüber evozieren (Indexikalität und Reflexivität).[125]

---

[125] Vgl. Lamnek (1995a) S. 25

Die situationsferne Verwendung sprachlicher Zeichen ist die wichtigste Antriebskraft der Ausdifferenzierung der Bedeutung sprachlicher Zeichen und damit auch der Ausdifferenzierung menschlichen sozialen Handelns. Neue Zeichen-Verhaltens-Kombinationen können sich einstellen, wenn die Zeichen in einer neuen, weniger typischen Situation als der im primären Sprachspiel verwendet werden. Die äußeren Situationsmerkmale des Zeichengebrauchs sind anders, die Tätigkeiten, mit denen S ihre Zeichenverwendung verbindet, können andersartig sein, die Verhaltensantworten, mit denen V verstehend auf die Zeichen reagiert, können andere sein als in dem typischen, primären Sprachspiel, in dem sich die Zeichenbedeutung zunächst interaktiv herausgebildet hat. Im Falle, daß alle Verstehenden den Anschluß an die situationsferne Zeichenverwendung grundsätzlich verweigern, wird sich kein neues Sprachspiel ausdifferenzieren.

Die situationsferne Zeichenverwendung kann unterschiedliche Funktionen erfüllen. 1) S signalisiert ihrer Gemeinschaft, daß eine ähnliche Situation vorliegt bzw. daß das im primären Sprachspiel übliche Verhalten in der jetzigen Situation sinnvoll und von ihr erwünscht ist. 2) S möchte die ursprünglich, typische Situation in den anderen wachrufen und erzeugen, obwohl die Situation des Hier-und-Jetzt jener nicht sonderlich ähnelt. Sie erzeugt sprachlich Situationsmerkmale, welche die im Hier-und-Jetzt vorhandenen ergänzen, überlagern, dominieren oder ersetzen können. 2.1) Bei einer dominanten, substitutiven Situationserzeugung können Menschen ihre mentale Orientierung von der unmittelbaren, aktuell gegebenen, sinnlich erfahrbaren Welt lösen. Situativ anwesende Sinnesreize werden ersetzt durch erinnerte Interpretationen von Sinnesreizen, die u.U. durch empirisch noch nicht erlebte Zeichenkombinationen zu ganz neuartigen oder fiktiven Situationen zusammengestellt werden können. Sprache ermöglicht so, daß Menschen sich und ihre mentalen Orientierungsprozesse von aktuellen Situationen lösen und durch menschlich erzeugte Situationen ersetzen. Die sogenannte sozio-kulturelle Umwelt ist nicht deshalb ein so wichtiger Bestandteil menschlicher Realität, weil die Handlungsweisen anderer den eigenen Ressourcenzugang restringieren, sondern auch weil durch das Verfügen über Sprache das *mentale*, nicht nur das materiell-energetische Hier-und-Jetzt von Menschen gestaltbar wird. Hieraus ergibt sich die (partielle) Freiheit von Menschen, die Möglichkeit der Befreiung vom reinen Reiz-Reaktionsmechanismus.[126] 2.2) Die

---

[126] Partiell ist diese Freiheit insoweit, als die Ursachen, warum wer welche Situation für wen erzeugt, nicht der vollkommenen Souveränität des Willens unterworfen sind. Man

sprachliche Ergänzung des Hier-und-Jetzt um situationsferne Situationsbestandteile löst die Akteure nicht vollständig von der sinnlich erfahrbaren Umwelt, sondern reichert diese nur mit vorzustellenden Situationsbestandteilen an. Die Situation wird so in einen Sinnzusammenhang gebracht, der vorher nicht bestand. S kann diesen Sinnzusammenhang herstellen, um entweder V in Kenntnis zu setzen, daß sie die in ihren Merkmalen untypische Situation in diesem Sinne interpretiert, oder S „überträgt" etablierte Bedeutungen, um die Aufmerksamkeit auf Ähnlichkeiten zu lenken, wo Unähnlichkeit überwiegt, oder sie bindet die aktuelle Situation in den Sinnzusammenhang anderer Ereignisse ein, macht sie zu einem Teil eines komplexeren, großräumigeren oder länger andauernden Geschehens, an dem auch noch weitere Menschen, auch in anderer Weise, beteiligt sein können.

Die eher substitutive Situationsgestaltung (2.1) und die eher komplementäre Situationsgestaltung (2.2) durch situationsferne Zeichenverwendung sind nicht streng voneinander trennbare Varianten. Denn im Fall (2.1) wird immerhin das situativ anwesende Gesprächsgegenüber in die sprachlich inszenierte Situation integriert, also auch Teile des Hier-und-Jetzt in den erzeugten Sinnzusammenhang gestellt. Im Fall (2.2) wird die durch sprachlich erzeugte Merkmale ergänzte Situation zu einer anderen Gesamtsituation, also durch eine umfassendere oder andersartige Situation substituiert.

Die Möglichkeit, sprachliche Zeichen situationsfern zu verwenden, verändert die Grundsituation menschlicher Orientierung. Sie ermöglicht die Loslösung vom sinnlich aktuell wahrnehmbaren Hier-und-Jetzt, dessen Eingliederung in einen komplexeren Sinnzusammenhang und die schnellere Verständigung über die Interpretation neuer und untypischer Situationen. Die Möglichkeit situationsferner Zeichenverwendung kann verschiedene Kommunikationsformen annehmen, die für eine Sprachgemeinschaft bzw. für Einzelne vorteilhaft (win-win-Situation), aber auch nachteilig sein können (Trittbrettfahrerverhalten):

– Handlungspläne können im Vorhinein für ein Kollektiv abgestimmt werden, indem **fiktive zukünftige Wirklichkeiten erörtert** werden.

---

weiß es einfach nicht, warum dem Einzelnen dies oder jenes einfällt. Aber es spricht viel für eine sehr begrenzte Gestaltbarkeit. Die Gestaltungsimpulse werden i.d.R. an Erfahrungen anschließen, die mit situativ anwesenden inneren oder äußeren Reizquellen in Verbindung gebracht werden (Ähnlichkeiten von Personen, Dingen, Ereignissen, momentane innere Stimmungen und Denktätigkeiten).

Durch das Offenlegen und Verbindlich-Machen von Handlungs- und
Interaktionsplänen wird fundamentale Unsicherheit über die Zukunft
reduziert. Allerdings nur in dem Ausmaß, in dem eine Gemeinschaft
diese Pläne auch durchsetzen kann und Trittbrettfahrer an der strategischen Ausnutzung dieses Wissens effektiv hindern kann (Sanktionen,
Ausschluß aus der Gruppe usw.).

– Reizarme Umwelten können durch selbsterzeugte Situationsbestandteile angereichert werden. Dies kann zur **Bewältigung von Langeweile**
  oder Kompensation von Frustrationen beitragen. Die sprachliche Erzeugung von denkmöglichen Wirklichkeiten bei Abwesenheit akuten
  Handlungsbedarfs ermöglicht ein mentales Üben von Situationsbewäl-
  tigungen und gegenseitiges Lernen von der Orientierung und Kreativität der je anderen. Die bereits **mental durchgespielte Situationsbewäl-
  tigung** ermöglicht bei Eintreten einer solchen Situation ein schnelleres
  Re- und Inter-Agieren, da die Individuen bereits vor-orientiert sind.

– In diesem Zusammenhang kann auch das **Erzählen von Geschichte(n)**
  gestellt werden. Hier werden Ereignisse der Vergangenheit oder fiktive
  Ereignisse sprachlich vermittelt. V kann daraus sowohl Wissen beziehen, welche Situationstypen in einer realen oder fiktiven Wirklichkeit
  möglich waren und wieder sein könnten, als auch, wie die Mitglieder
  des eigenen Kollektivs oder anderer Kollektive sich in diesen Situationen orientiert haben sowie welche Folgen deren Verhalten nach sich
  zog. Das Wissen über vergangene Erfahrungen seiner Gemeinschaft
  kann V zum besseren Verstehen der sozialen Praxis und deren Entwicklung dienen und zur kreativen Anpassung an die kollektiven Interaktionsmuster. Und er kann seine eigene Haltung zu und seine vermutete Handlungsorientierung in diesen Situationen durchspielen und
  bewerten.

– Das **sprachliche Benennen der aktuell vorliegenden Situation** ist
  häufig ein situationsferner Zeichengebrauch, der jedoch zur beschleunigten Auslösung des üblichen korrekten Interaktionsprogramms in
  der Gruppe führen kann. Insbesondere in Gefahrensituationen, für un-
  geduldige Menschen oder für Ökonomen kann sich eine solche Be-
  schleunigung als Vorteil darstellen.[127] Die Benennung der Sprachspielsi-

---

[127] Allerdings gibt es auch kulturelle Vorlieben für die Implizitheit von Sprechen, so daß
allzu deutliche Benennung in Widerspruch zu sonstigen Korrektheitsstandards treten
kann. Vgl. Boback (1995)

tuation stellt als Reden *über* die Situation Metakommunikation dar und ist häufig Teil eines sekundären Sprachspiels. Sekundäre Sprachspiele umfassen oftmals andere Zeichen, Zeichenkombinationen und andere Regeln des Zeichengebrauchs als das Sprachspiel, dessen sprachliche Verständigungspraxis es reflektiert.[128] Ausnahme hierfür sind die performativen Sprechakte, bei denen das Getane durch den Sprechakt getan werden muß, der die Benennung der Tat oft umfaßt (z.B. Versprechen). Das Benennen kann aber bei Ritualisierung auch Teil des primären Sprachspiels sein oder werden (z.B. bei Versammlungseröffnungen). Diese Form situationsferner Zeichenverwendung ist also nicht immer eindeutig als solche erkennbar.

- Eine sehr einfache Form situationsferner Zeichenverwendung ist **Ironie**. Hier praktiziert S eine abweichende non-verbale Kommunikation, um ihre (ironische) Distanzierung vom „Ernstfall" des primären Sprachspiels zu kennzeichnen.

- **Lügen** und Betrügen ist durch die Möglichkeit situationsferner Zeichenverwendung überhaupt erst praktizierbar. Obwohl die Zeichenverwendung zunächst zuverlässig die übliche Bedeutung evoziert und einen Impuls zur typischen Verhaltensantwort gibt, kann V sich durch die Praxis des Zweifelns vor lügnerischen Sprachspielern schützen, allerdings nur, wenn er die möglichen negativen Folgen der Lüge kennt.[129] Zweifeln überprüft, ob die von S evozierte Situation (Kontext) vorliegt und ob V's übliche korrekte Verhaltensantwort auch für den Fall, daß S lügt, zu einem befriedigenden Erfolgsniveau für V führt. Bei der Situationskontrolle wird sowohl das Vorliegen typischer Muster von Situationsmerkmalen, einschließlich nonverbaler Tätigkeiten von S (Plausibilität), als auch Wissen über die Erfahrungen mit S' Glaubwürdigkeit abgeprüft. Die Orientierungskontrolle prüft, ob eine Umorientierung der Verhaltensantwort durch den Zweifel an S' Aufrichtigkeit oder die Gewißheit über S' lügnerisches Verhalten notwendig ist. Allerdings kann auch der Prozeß des Zweifelns nicht immer vollständige Sicherheit über das Vorliegen von Lüge herbeiführen. Gerade auch die Möglichkeit substitutiver Situationsgestaltung durch Sprache redu-

---

[128] Zum Beispiel verwenden ökonomische Akteure bei der Realisierung ökonomischer Kommunikationen in der Regel ein ganz anderes Vokabular als WirtschaftswissenschaftlerInnen.

[129] Lügen müssen auch nicht immer oder ausschließlich für den Belogenen nachteilig sein. In diesem Fall führen Zweifel nicht nur zu einer Situationsverbesserung.

ziert die im Hier-und-Jetzt für eine Glaubwürdigkeitskontrolle verfügbaren Situationsmerkmale. Die Praxis der Lüge erhöht die Erfolgswahrscheinlichkeit des Zweifelnden, macht diesen Erfolg aber nicht sicher. Auch verbraucht die Praxis des Zweifelns Zeitressourcen, während bei Vertrauen schnell reagiert werden kann. Das notwendige Zögern des Zweifelnden ist bereits selbst ein expressiver, von S interpretierbarer Akt, auf den S sich entsprechend einstellen kann. Bereits bei der Thematisierung der Theorie asymmetrischer Information war die ökonomische Relevanz des Zweifelns und der Möglichkeit des Lügens erläutert worden.

Es liegt im Wesen der Möglichkeit situationsferner Zeichenverwendung, daß sie sowohl Unsicherheit erhöhen als auch reduzieren kann. Es hängt also davon ab, *wie* Sprachzeichen situationsfern verwendet werden und welche Kontroll- und Sanktionsmöglichkeiten für nachteilige Verwendungen (z.B. Lügen) bestehen, ob dies letztlich dazu führt, daß ein Kollektiv Unsicherheit über Zukunft und Verhalten anderer reduzieren kann oder – auf einem höheren Komplexitätsniveau – eher erhöht. Im Ergebnis führt situationsferner Zeichengebrauch zu einer ko-evolutiven Ausdifferenzierung sozialer Praxis sowie von spezifischen Bedeutungen und Zeichen, d.h. zur Steigerung der Komplexität menschlich interpretierter Wirklichkeit. Insgesamt muß man feststellen, daß die Möglichkeit und Formen situationsfernen Gebrauchs sprachlicher Zeichen in ihren Implikationen und Auswirkungen für menschliche Gesellschaften gar nicht bedeutsam und strukturprägend genug eingeschätzt werden kann.

Zusammengefaßt läßt sich die Nicht-Neutralität von Sprache auf ihren pragmatistischen Charakter, die sprachliche Grundsituation der versuchten Machtausübung, die Begrenztheit ihrer Reichweite, ihren Einfluß auf die Ausdifferenzierung sozialer Praxis und die Konsequenzen situationsferner Verständigung zurückführen.

5.4 Korrespondenz ökonomischer Termini mit dem Sprachspielkonzept

In den vorangegangenen Abschnitten wurden die allgemeinen Charakteristika und die Funktionsweisen intersubjektiver Bedeutungssysteme (Sprache) sowie die Bedingungen von deren Emergenz, Selbsterhaltung und

Evolution aus einer sprachphilosophischen und sprachtheoretischen Perspektive erläutert. Sprache wurde als eine soziale Praxis des Gebrauchs von Zeichen nach intersubjektiv übereinstimmenden Regeln charakterisiert. Die Bedeutung sprachlicher Zeichen wurde definiert als die in Lebensformen eingebetteten regelgemäßen Verwendungsweisen sprachlicher Zeichen. Damit sind Zeichenbedeutungen notwendig aus ihrer Pragmatik zu interpretieren. Aus den Funktionseigenschaften und Emergenzbedingungen von Sprache wurde ihre Nicht-Neutralität logisch abgeleitet.

Es wird nun kurz darauf eingegangen, wie die sprachwissenschaftliche Terminologie zu der ökonomischen Terminologie in Beziehung steht.

5.4.1 Sprachspiele und ökonomische Praxis

Der Untersuchungsgegenstand der Ökonomik konstituiert sich aus **ökonomischen Lebensformen**, d.h. dem Teil der menschlichen Praxis, der mit der Erwirtschaftung von Gütern und Vermögen befaßt ist. Aufgrund der in Abschnitt 5.2.7 gegebenen Definition von „Lebensformen" wird deutlich, daß ökonomische Lebensformen einerseits nur einen, wenn auch sehr bedeutsamen Teilbereich des kooperativen Zusammenwirkens individueller Lebensführungen darstellen. Andererseits hängen die anderen Bereiche der Lebensführung mit diesem Bereich konfligierend, neutral oder positiv verstärkend zusammen, und diese Interdependenzen können Koordinationsbedarf sowohl individuell als auch auf der sozialen Ebene auslösen.

Der Lebensbereich des Wirtschaftens ist in fast allen menschlichen Gemeinschaften arbeitsteilig organisiert.[130] In modernen Volkswirtschaften ist der Grad der Verflechtung und Arbeitsteilung, gemessen an der Zahl je beteiligter Personen und den räumlichen Verflechtungen, zudem immer stärker gestiegen. Dagegen ist der Fall vollständig autarker Eigenarbeit ohne soziale Koordination empirisch die absolute Ausnahme.[131]

Aus Arbeitsteiligkeit und dem Umstand, daß Menschen in Gruppen bzw. vergesellschaftet leben, folgt, daß Wirtschaften eine Interaktions- und Verständigungspraxis ist. Da der Bereich des Wirtschaftens aufgrund der

---

[130] Vgl. zu den Ökonomien sogenannter „primitiver" Gesellschaften Sahlins (1999)

[131] Soziale Koordination ist selbst in diesem Fall immer dann notwendig, wenn die EinsiedlerIn und andere Menschen auf die gleichen knappen Ressourcen zugreifen.

starken Arbeitsteiligkeit Abstimmungen und Aushandlungen der sozialen Arbeits-, Aufgaben- und Rollenverteilung von erheblicher Komplexität erfordert, sind ökonomische Lebensformen in höchstem Maße mit **Sprachspielpraxis** verwoben und Sprachspiele in sie eingebettet. Im Zuge der Ausdifferenzierung von Sprachspielen sind heutige ökonomische Lebensformen praktisch nicht mehr unabhängig von sprachlichen Bedeutungen und Sprachhandlungen möglich.

Konkret heißt das beispielsweise, daß ein Mensch zwar die Produktionsaktivitäten eines Brotes alleine und unter Rückgriff auf ein zwar sozial gelerntes, aber individuelles Verfahren durchführen kann, daß er sich in einer arbeitsteiligen Wirtschaft dennoch in seinem Handeln an dem von anderen Menschen orientieren muß. Das heißt, er backt ein bestimmtes Brot auf eine Transaktion und damit die (Nachfrage-)Aktivitäten anderer hin. Die Deutung der Verhaltensweisen anderer und der Stabilität von Interaktionsmustern geschieht auf der Basis einer stabilen Sprachspielpraxis. Die Regelmäßigkeit der Sprachspielpraxis wird auch in die Zukunft hinein vermutet, und die Zukunft wird mit den beherrschten Sprachspielregeln deutend in eine gedachte Ordnung gebracht. Das einzelne Wirtschaftssubjekt agiert nicht vollständig autonom, sondern es reaktualisiert bereits stabile Sprachspiele, variiert sie und bietet Innovationen neuer Sprachspiele an. Indem Wirtschaftssubjekte ihr Handeln als Teil einer komplexen sozialen Interaktionspraxis orientieren und die meisten ihrer Verhaltensweisen innerhalb eines sozialen Lern- und Sozialisationsprozesses erwerben, orientieren sie auch ihre Kognitionsprozesse innerhalb der Regeln des intersubjektiven Deutungssystems ihrer (je relevanten) Sprachspielgemeinschaft oder können zumindest ihre subjektiven Deutungen in dieses „übersetzen".

Sprachspielpraxis kennzeichnet nicht nur den Bereich, in dem direkte Koordination von Verhalten notwendig ist, wie beispielsweise Transaktionsprozesse, kooperatives Produzieren, Bereitstellen öffentlicher Güter (Umverteilung). Auch Aktivitäten, die auf diese Koordination sinnhaft bezogen sind, sind als Teile dieser Sprachspiele oder als mit ihnen eng vernetzte Sprachspiele zu verstehen. Der Sinn dieser mit Koordination verbundenen Aktivitäten ist innerhalb dieser Sprachspielpraxis bestimmt/determiniert.

Aufgrund der ganzheitlichen Vernetztheit und Verwobenheit der Gesamtheit von Sprachspielen zu Sprache sind nicht nur ökonomische Sprachspiele in ökonomische Lebensformen eingebettet. Und ökonomische Sprachspiele sind nicht nur in ökonomische, sondern auch in rechtliche, moralische, religiöse, künstlerische Lebensformen eingebettet und so weiter. Ökonomische Praxis ist deshalb auf polyfunktionales Verhalten zurückzuführen und in ihrem Sinn durch verschiedene Werthorizonte und Sprachspielrationalitäten bestimmt. Gesellschaftliche Sinnsysteme sind untereinander vernetzt und bedingen folglich in interdependenter Weise gegenseitig die jeweils relevanten Selektionsumgebungen sozialer, u.a. auch ökonomischer Verständigungen.

5.4.2 Sprachspielregeln und Institutionen

In B.A. klar machen, dass auch ich in ein Sprachspiel eingebunden bin!

Wirtschaftswissenschaften untersuchen ökonomische Sprachspiele und die Lebensformen, in die diese Sprachspiele eingebettet sind. Da aber *über* Lebensformen wiederum nur in Sprachspielen reflektiert werden kann, deren Zeichenbedeutungen in einer primären Sprachspielpraxis entstanden sind, können ökonomische Lebensformen nur zum Teil der wissenschaftlichen Beschreibung zugänglich gemacht werden. Bei den interessierenden ökonomischen Sprachspielen handelt es sich um Alltagssprache, d.h. die alltäglich vorzufindende Verständigungspraxis des Wirtschaftens, keine künstlichen Sprachsysteme wie die Mathematik oder Logik.[132] Da die ökonomische Wirklichkeit eine Wirklichkeit sprachlicher Interaktionen und durch das Befolgen von Sprachspielregeln gedeutete Wirklichkeit ist, muß diese ökonomische Wirklichkeit als Zeichensystem erkannt, beschrieben, verstanden und erklärt werden.

Da die Bedeutung von Zeichen und die Funktionsweise von Zeichensystemen auf den regelhaften Gebrauch in der Sprachpraxis gründet, setzt die Erforschung von Sprachspielen bei der Erkundung der **Sprachspielregeln**, also der „Grammatik des Sozialen"[133], an. Der Begriff der Sprachspielregeln korrespondiert zum Teil mit dem ökonomischen **Institutionen**begriff – je nach dessen Definition natürlich.

Veblen definiert Institutionen bspw. als „settled habits of thought and action common to the generality of men", die sich in der Auseinandersetzung mit der materiellen Umwelt und ihren praktischen Erfordernissen als erfolgreich erwiesen und deshalb verfestigt haben. In der Folge setzen sich

---

[132] Vgl. Kremer (1987) S. 310
[133] Vgl. zu diesem Programm Reucher (1987)

diese Denk- und daraus folgenden Verhaltensgewohnheiten aufgrund
ihres Erfolgs innerhalb einer Gemeinschaft durch („by habituation and
general acceptance") und werden so als Institution stabilisiert und tra-
diert.[134] Dieser Institutionenbegriff kommt den Sprachspielregeln insofern
nahe, als Veblen Institutionen als Kognitionsroutinen (einschließlich Verhalten) versteht, ebenso wie in Sprachspielregeln die Deutung von Situation und geäußerten Zeichen (So-Auffassen) und das Auslösen adäquaten,
korrekten Verhaltens (So-Fortsetzen) in eins zusammengefaßt sind. Problematisch ist jedoch, daß die intersubjektive Übereinstimmung institu-
tionengemäßen Verhaltens bei Veblen vorrangig in der intersubjektiven
Gleichheit *individueller* Verhaltensroutinen besteht, während Sprachspielregeln intersubjektives Common Know-how *sozialer* Interaktionsabfolgen
umfassen. Zwar schließt Veblens Begriff Sprachspielregeln nicht aus, aber
Sprachspielregeln schließen rein individuelle Routinen aus, selbst wenn
viele Menschen ähnliche individuelle Routinen aufweisen. Diese Routinen,
ob kollektiv geteilt oder nicht, wären statt dessen dem Begriff der Lebensform (regular patterns of behaviour) zuzuordnen.

Nach J.R. Commons sind Institutionen „collective action in control,
liberation and expansion of individual action. Its forms are unorganized
custom and organized going concerns"[135]. „Nur kollektive Handlungen
seien in der Lage, mittels ‚working rules', knappheitsinduzierte gesellschaftliche Interessenkonflikte zu entschärfen und in kooperative Beziehungen oder nützliche Wettbewerbsformen zu überführen."[136] Diese Definition korrespondiert mit dem Begriff der Sprachspielregeln insofern, als
sie Institutionen als Sozialhandlungen begreift, als reguliertes Zusammenspiel bestimmter Verhaltensweisen mehrerer Individuen. Auch betont dieser Ansatz, daß die institutionalisierte Verhaltenspraxis (bei uns: Sprachspielpraxis) der individuellen Handlungspraxis vorgelagert ist und der
letzteren (hier erklärt durch die Ausdifferenzierung spezifisch abgestimmter Interaktionsweisen) Handlungsmöglichkeiten und Spielräume
erst eröffnet.

Problematisch ist allerdings, daß die Art, wie diese Kollektivhandlung
von einem Kollektiv hervorgebracht wird, in Commons Ansatz nicht erklärt wird, auch nicht, warum „der" kollektive Akteur eine solche Ver-
nunftorientierung aufweisen sollte oder könnte. Ähnlich der Theorie

---

[134] Vgl. Veblen (1990)
[135] Commons (1931) S. 648
[136] Penz (1999) S. 36

öffentlicher Güter (Abschnitt 3.4) bleibt der Hervorbringungsprozeß kollektiven Handelns unklar, während Sprachspiele als regelgeleitetes Netzwerk von (koordinierten, koordinierenden) Konversationen gleichzeitig den Hervorbringungsprozeß und den Inhalt dessen, was hervorgebracht wird, konstituieren. Eine zweite Differenz von Commons Institutionenbegriff ist, daß seine „Institutionen" nicht kognitiv verankert sind.[137] Sie sind also keine übereinstimmende kognitive Praxis von Gleichheitsurteilen, sondern lediglich (beobachtete) Musterähnlichkeiten von situativ geäußertem Interaktionsverhalten.

Zum dritten orientiert sich Commons' Erkenntnisinteresse an der Darstellung der ökonomischen (und sozialen) Funktionalität und Vorteilhaftigkeit der Existenz von Institutionen. Diese normative Orientierung ist dem Sprachspielkonzept im Prinzip fremd. Während es eine Erklärung dafür liefert, unter welchen Bedingungen und Charakteristika menschliche Verständigung gelingen kann, unterstellt es doch nicht, daß Sprachspielgemeinschaften *bestimmte* Sprachspielregeln (ob nun intendiert oder nicht) wählen, weil diese das Zusammenleben der Gruppe besonders gut regulieren. Indem das Sprachspielkonzept Machtausübung als ein grundsätzliches Charakteristikum von Sprechaktivität anerkennt, macht es bei bestimmten Machtkonfigurationen auch die Emergenz von sozial weder zweck-, noch wertrational ausgezeichneten Sprachspielregeln erwartbar (z.B. Faulenzersprachspiele, Sprachspiele von Sklavereigesellschaften). Bedenkt man, daß viele Ökonomen, z.B. Williamson, Buchanan,[138] auf den Institutionenbegriff von Commons aufbauen und dabei seine normative Orientierung, die fehlende kognitive Verankerung und den Blinden Fleck der *Entstehung* von übereinstimmender kollektiver Praxis übernehmen, dann sind die meisten wirtschaftswissenschaftlichen Verwendungen des Institutionenbegriffs mit dem der Sprachspielregeln nicht kompatibel.

Der North'sche Institutionenbegriff ist zwar wieder weiter gefaßt als der von Commons. Er versteht darunter „informal constraints (sanctions, taboos, customs, traditions, and codes of conduct), and formal rules (constitutions, laws, property rights)"[139] und geht damit auf situative Verhaltensregelmäßigkeiten im Veblen'schen Sinne zurück. Aber er behält Commons fehlende kognitive Verankerung bei sowie die normative

---

[137] Vgl. Penz (1999) S. 36

[138] Buchanan reduziert Institutionen allerdings auf formelle, also von Menschen gesetzte Regelsysteme. Vgl. Buchanan (1991) S. 4 f.

[139] North (1991) S. 97

Orientierung, indem er annimmt, der Prozeß institutionellen Wandels in einer fundamental unsicheren Welt bringe jeweils transaktionskosteneffizientere institutionelle Arrangements hervor. Zwar wird die Persistenz „ineffizienterer" institutioneller Settings als Folge persistenter wirklichkeitsferner Ideologien erklärt und somit eine Verbindung von institutioneller und kognitiver Ebene behauptet,[140] doch wie in Abschnitt 3.5 gezeigt, werden Shared Mental Models (Ideologien) selbst nicht als (Teil der) Institutionen verstanden. Die Verbindung zwischen Kognitionen und Institutionen kann North nicht schlüssig erklären.

An diesen exemplarischen Vergleichen von ökonomischen Institutionenbegriffen und dem der Sprachspielregeln zeigt sich, daß teilweise überlappende Charakteristika zu finden sind.[141] Wenn ökonomische Forschung den Institutionenbegriff im Sinne der Sprachspielregeln modifizieren würde, ergäben sich folgende Vorteile: Die kognitive Verankerung von Institutionen in intersubjektiven kognitiven Deutungssystemen (Sprachspielen) wäre im Sprachspielkonzept bereits erklärt. Die kognitive Verankerung von Institutionen vermeidet die Erklärungslücke zwischen mentaler Orientierung und praktischem Handeln von Wirtschaftssubjekten sowie die Erklärungslücke bezüglich intersubjektiv geteilter Verhaltenspraxis. Zum dritten umfassen Sprachspielregeln explizit auch differenzierte Regeln für unterschiedliche Mitglieder von Sprachspielgemeinschaften, also rollenspezifische Interaktionsregeln, während die ökonomischen Institutionenbegriffe häufig suggerieren, die Allgemeingültigkeit einer Institution bedeute, *alle* Individuen agierten in der gleichen Weise. Sanktionsbewehrtheit, die in der Ökonomik häufig als Charakteristikum von Institutionen gesehen wird,[142] ist auch bei Sprachspielregeln gegeben – einerseits gleichsam „mikrokosmisch" durch die allgemeinen normativen Aktivitäten innerhalb *jedes* Sprachspiels, andererseits durch die Ausdifferenzierung von Sanktionssprachspielen (z.B. Gerichtsverhandlungen, Schmähungssprachspiele, symbolische Gewalt).

Individuelle, ökonomisch relevante Verhaltensregelmäßigkeiten, die nicht Teil eines primären Kommunikationsaktes sind, können wirtschaftswissenschaftlich nur innerhalb eines sekundären Sprachspiels gedeutet thematisiert werden. Sie sind damit zwar (primär) Teil einer unge-

---

[140] Vgl. North (1992) S. 87 ff., 109 ff.
[141] Zu einer genauen vergleichenden Analyse des Wittgenstein'schen Regelbegriffs und dem sozialwissenschaftlichen bzw. ökonomischen Institutionenbegriff vgl. Bloor (1997)
[142] Vgl. Penz (1999) S. 33 f.

deuteten sozialen Lebensform, aber (sekundär) Teil einer deutenden sozialen Lebensform (Wissenschaft) und damit mit Bedeutungen aufgeladen, die sie für die AkteurIn zunächst nicht haben. Auch Interaktionsformen, die auf den je anderen auch dann einwirken, wenn sie nicht als bedeutsame Akte intersubjektiver *Verständigung* gemeint sind (z.B. Gewalt, Raub, Enteignung, intendiert oder nicht), können als Teil ungedeuteter Lebensformen verstanden werden, aber auch als Teil sekundärer Sprachspiele – einerseits die Interpretationen der je Beteiligten, andererseits die der wissenschaftlichen Beobachter, die eine ökonomisch relevante Interaktion deutend feststellen. Als Beispiel für eine solche Interaktion könnte man die Chemiefabrik und die Fischer, die am gleichen See angesiedelt sind, nehmen (Coase-Fall). Nimmt man an, die Fabrik leitet die Chemikalien nur im Sinne einer Entsorgungshandlung in den See. Die Fischer nehmen zunächst nur eine Abnahme oder Erkrankung der Fischbestände wahr. In diesem Sinne liegt keine Verständigung zwischen den beiden Seiten vor. Sobald der Zusammenhang zwischen der ökonomischen Enteignung der Fischer und der Entsorgung der Fabrik durch Verständigung für beide Seiten offenbar wurde, kommuniziert die Fabrik mit der Einleitungsaktivität auch, daß sie eine Schädigung der Fischer vornimmt. Eine bewußte und intendierte Schädigungsabsicht muß dieser expressiven Äußerung nicht zugrunde liegen. Sie hat diese Bedeutung, da die Fabrikmitglieder wissen, daß die Fischer ihr Handeln so interpretieren.

5.4.3 Lebensformen und ökonomische Aktivitäten

Als ökonomische Aktivitäten von Individuen hatten wir solche definiert, die ihrem subjektiven Sinn nach auf den semantischen Raum des Ökonomischen, also auf das Verfügbarmachen und die Sicherung von Lebensnotwendigkeiten, darüber hinaus erwünschten Gütern und Leistungen und von Vermögen sowie auf die Koordination, d.h. die Organisation, Allokation und Verteilung dieser Aktivitäten innerhalb der Gesellschaft bzw. im Raum, bezogen sind. Ökonomische Aktivitäten (Handlungen, Verhalten, Unterlassungshandlungen und Erleben) können folglich wissenschaftlich nicht als objektive Tatbestände mit der eindeutig abgrenzbaren Zugehörigkeit zum ökonomischen Untersuchungsgegenstand beobachtet werden. Vielmehr werden die einzelnen Aktivitäten von den Wirtschaftssubjekten selbst sowie von den WirtschaftswissenschaftlerInnen selektiv wahrnehmend als spezifische Aktivitätsmuster *gedeutet*, kategorisiert und als ökonomische Phänomene thematisiert.

Es sind vier Typen ökonomisch relevanter Aktivitäten zu unterscheiden:

Ökonomische **Handlungen** sind expressive verbale oder nonverbale Tätigkeiten, die ihrem von der handelnden Person selbst gemeinten Sinn nach ökonomische Bedeutung haben. Ökonomisches **Verhalten** umfaßt expressive Tätigkeiten, denen von *verstehenden* Akteuren ökonomische Bedeutung zugeschrieben wird, ohne daß diese Bedeutung von der sich verhaltenden Person selbst intendiert sein muß. Solche verstehenden Akteure können andere Wirtschaftssubjekte, die sich selbst wahrnehmende, Verhalten ausführende Person und wirtschaftswissenschaftliche BeobachterInnen sein.

Handlungen und Verhalten umfassen ökonomische Aktivitäten, bei denen die tätig bewirkte Zustandsänderung kausal den Akteuren zugeschrieben wird.[143] Da Handlungen und Verhalten eine bestimmte Bedeutung haben, sind sie nicht im behavioristischen Sinne auf motorische Bewegungsabläufe reduzierbar, sondern der Sinn der sinnhaften Aktion oder Interaktion muß interpretierend erschlossen werden.[144] Der Übergang zwischen Handlungen und Verhalten ist insofern ein fließender, als den Akteuren bei ökonomischen Routinehandlungen und habitualisierter Praxis in der Regel nicht bewußt ist, daß ihr Handeln ökonomische Bedeutung intendiert. Umgekehrt unterstellen die interpretierenden BeobachterInnen ökonomischen Verhaltens häufig, daß die AkteurIn die ökonomische Bedeutung auch meint. Die angeschlossenen Verstehenshandlungen der BeobachterInnen können die AkteurIn ex post dazu veranlassen, ihr nicht ökonomisch intendiertes Verhalten nachträglich in der verstandenen Weise zu reinterpretieren und so in ökonomisches Handeln umzuwandeln. Die Bedeutungen ökonomischen Handelns und Verhaltens werden also entweder einseitig interpretierend oder in einem Verständigungsprozeß erzeugt.

Ökonomische **Unterlassungen** sind spezifische Handlungen und Verhaltensweisen, die, indem sie in einer spezifischen Situation *nicht* realisiert

---

[143] Vgl. Luhmann (1993) S. 140 f.
[144] Vgl. Fuchs, Wingens (1986) S. 481. Schatzki (1996) S. 41 spricht von einem „expressive body"; Der Körper wird nicht als rein materiell-energetisches Instrument technischen Bewirkens genutzt, sondern er ist expressiv. Das heißt, körperlich werden nicht nur bedeutsame Handlungen und Verhalten ausgeführt, sondern körperlich kommen auch kognitive und intellektuelle Zustände, Gefühle und Stimmungen zum Ausdruck.

werden, entweder von den Unterlassenden intendiert (Handlungen) oder von anderen verstanden (Verhalten) als ökonomisch relevanter, spezifischer Tätigkeitsverzicht interpretiert werden. Da jedes Handeln und Verhalten zugleich eine Unmenge von Unterlassungen erzwingt, werden hier ökonomische Unterlassungen nur diejenigen Aktivitäten definiert, deren Realisierung *eigentlich* im gegebenen Kontext zu erwarten gewesen wäre. Ökonomische Unterlassungen müssen also Teil einer Sprachspielpraxis sein, in der sie spezifische, regelmäßige Abweichungen von der korrekten Verhaltensantwortpraxis darstellen. Unterlassungen führen ökonomische Vermögenskonsequenzen herbei, ohne daß die VerursacherInnen aktive Tätigkeiten ausführen müßten. Dennoch wird die unerwartete Untätigkeit als expressiver, ökonomisch bedeutsamer Akt interpretiert. Beispiele für Unterlassungen können sein: eine Erbschaft nicht antreten, einen abgeschlossenen Transaktionsvertrag nicht oder nicht vollständig erfüllen, bestimmte Einkommen bei der Steuererklärung nicht angeben, das Dulden eines vermögenswirksamen Übergriffs, Spillovers, externer Effekte.

Bei ökonomischem **Erleben** erfährt ein Wirtschaftssubjekt eine ökonomisch relevante Zustandsveränderung, die ursächlich nicht seinen eigenen Tätigkeiten zugeschrieben wird.[145] Ökonomische Erlebnisse verändern entweder die Vermögensposition der AkteurIn ohne deren aktives Zutun (z.B. Enteignung, pekuniäre externe Effekte durch Marktpreisschwankungen oder Innovationen) oder die relevante ökonomische Wirklichkeit, in der sich die AkteurIn orientiert, verändert sich in ihrer subjektiv wahrgenommenen Zusammensetzung, ihren Wirkungsbeziehungen und Erfolgsbedingungen (z.B. Klimaveränderungen, Bevölkerungswachstum, radikale Neugestaltung des Wirtschafts- oder Rechtssystems, Strukturwandel, veränderte Nachfragerwünsche, Inflation).

Unterlassungen und Erleben ähneln einander insofern, als die Wirtschaftssubjekte keine expressiven Aktivitäten entfalten. Ökonomisches Erleben kann der Auslöser für Unterlassungshandlungen sein, etwa wenn die extern ausgelöste Vermögensveränderung (z.B. Industriespionage oder Arbeitslosigkeit) nur durch duldendes Unterlassen (z.B. von scharfen Besucherkontrollen oder Bewerbungsaktivitäten) wirksam werden kann. Innerhalb von ökonomischen Sprachspielen bestehen also Verhaltenserwartungen, wie die Mitglieder der Sprachspielgemeinschaft *bestimmte* Situationsmerkmale, Ereignisse und Aktivitäten anderer zu interpretieren und auf sie zu reagieren haben. Ökonomisches Erleben hat deshalb sozial

---

[145] Vgl. Luhmann (1993) S. 140 f.

spezifizierte Bedeutungen, mit denen ein begrenztes Spektrum pragmatischer Deutung verbunden ist. Ökonomische Unterlassungen können nur als Abweichung von sozial spezifizierten Verhaltenserwartungen beobachtet werden.

Ökonomische Aktivitäten von Individuen sind also kausal nicht auf das einzelne Wirtschaftssubjekt reduzierbar, sondern müssen den Verständigungsprozeß, der die Bedeutung der jeweiligen Aktivität erzeugt bzw. zuweist, mit einschließen. Der methodologische Individualismus muß insofern zugunsten einer Orientierung an ökonomischen Sprachspielgemeinschaften aufgegeben werden.

Aktivitäten auf π anwenden!

	spezifische expressive Tätigkeiten	keine spezifischen expressiven Tätigkeiten
Bedeutung von der AkteurIn gemeint	**Handeln**	**Erleben**
Bedeutung von der AkteurIn zugeschrieben	**(z.T. Verhalten)**	**(z.T. Unterlassen)**
Bedeutung von anderen zugeschrieben	**Verhalten**	**Unterlassen**

Abbildung 5.3: Handeln, Verhalten, Unterlassen, Erleben

Alle vier Arten ökonomischer Aktivitäten sind wissenschaftlich nur als Teil von Sprachspielpraxis zugänglich: immer als Teil der Sprachspielpraxis, innerhalb derer sich die WissenschaftlerIn interpretierend bewegt, möglichst aber auch als Teil der ökonomischen Sprachspielpraxis, innerhalb derer die Wirtschaftssubjekte ihre ökonomischen Aktivitäten interpretierend hervorbringen. Ökonomische Bedeutungen von Verhalten und Unterlassungen können (und müssen teilweise) durch einseitig interpretierendes Verstehen zugeschrieben werden, da die tätigen AkteurInnen den ökonomischen Sinn nicht bewußt meinen bzw. ökonomische Motivationen in der situativen Verhaltenssteuerung keine oder eine sehr untergeordnete Rolle spielen. In solchen Fällen sind die Aktivitäten der Wirtschaftssubjekte Teil ihrer Lebensformen, in welche die ökonomische Sprachspielpraxis eingebettet ist. Es kann sich sowohl um Interaktionspraxis als auch um routinisierte, habitualisierte Interpretationen handeln, die von den Individuen nicht mehr in bewußten kognitiven Verhaltenssteuerungsprozessen ausgelöst werden müssen. WissenschaftlerInnen können die Korrektheit ihrer einseitig zugeschriebenen Bedeutungen ökonomischen Verhaltens und Unterlassens nur mittels sozialer Sprachspielpraxis kontrollieren. Die Korrektheit ihres Sinn-Verstehens wird einerseits überprüft, indem kontrolliert wird, ob auch andere Wirtschaftssubjekte und/ oder WissenschaftlerInnen die zugeschriebene Bedeutung als passend, angemessen und sinngemäß beurteilen, andererseits, ob die Unterlassungshandlung tatsächlich in Abweichung von einer bestehenden ökonomischen Sprachspielpraxis stattgefunden hat. Die WissenschaftlerIn überprüft hier nicht die Wahrheit ihrer Beschreibung, sondern die Zustimmungsfähigkeit ihrer (kreativen) Deutung.

Bei der deutenden Wahrnehmung von Handlungen und Erleben muß die WissenschaftlerIn nicht nur allgemein Zustimmungsfähigkeit und die Ähnlichkeit von Deutungspraxis kontrollieren, sondern durch Vergleich mit den gemeinten *Interpretationen der AkteurInnen* überprüfen, ob sie die jeweiligen Aktivitäten korrekt wahrgenommen und verstanden hat. Ökonomisches Handeln und Erleben ist *immer* Teil von Sprachspielpraxis und als kognitive Interpretationen an sprachliche Sinndeutungssysteme gebunden. Sie sind immer Verständigungshandlungen oder Teile davon. Auch Unterlassungen sind immer Teil von ökonomischer Sprachspielpraxis von Wirtschaftssubjekten, wobei die Unterlassung auch ohne Ausdrucksabsicht der unterlassende AkteurIn in ihr Tun hinein interpretiert werden kann. Während die Interpretation von Unterlassungen in Sprachspielen von *Wirtschaftssubjekten* gedeutet werden muß, kann ökonomisches Verhalten auch allein innerhalb der deutenden Sprachspielpraxis von *WissenschaftlerInnen* „festgestellt" werden.[146]

Es ist denkmöglich, daß ökonomische Aktivitäten existieren und hervorgebracht werden, die (bisher) nicht innerhalb von Sprachspieldeutungen beschrieben wurden oder werden können. Diese Aktivitäten sind als Teil de ökonomischen Lebensformen zu verstehen und beeinflussen den wirtschaftswissenschaftlichen Untersuchungsgegenstand als „stumme", nicht wahrnehmbare Teile der Selektionsumgebung. Eine Ursache für die „Unsichtbarkeit" ökonomischer Phänomene kann darin bestehen, daß sie nicht regelmäßig auftreten (einmalig, keine spezifischen Kombinationen von Situationsmerkmalen). Zum anderen restringiert das derzeit bestehende, je spezifische Sprachvermögen der WissenschaftlerInnen die Gren-

---

[146] Vgl. zum Problem der Kontrollierbarkeit korrekten Verstehens am empirischen Sozialforschungsbeispiel Raeithel (1991)

zen der je wahrnehmbaren, formulierbaren und logisch oder kausal asso-
ziierbaren ökonomischen Phänomene. Die WissenschaftlerIn bewegt sich
also an den und innerhalb der Grenzen ihrer Sprache. Über die ökonomischen Phänomene, die auch durch Grenzverschiebungsversuche (Sprachwandel) nicht der sozialen Verständigung zugänglich gemacht werden
können, können nicht in spezifischer Weise als existent angenommen
werden. Über sie muß so lange geschwiegen werden.

Ein wichtiger Aspekt ökonomischer Aktivitäten ist auch ihre Kontextbezogenheit. Da der ökonomische Handlungsbegriff in der Regel Handlungen nur in Form ihrer Auszahlungskonsequenzen (Pay-Off) konzipiert,
wird die Kontextabhängigkeit von Verhaltensoptionen häufig übersehen.
Ein Teil des Kontexts kann aus den spezifischen beteiligten Personen bestehen, so daß bestimmte ökonomische Aktivitäten nur mit bestimmten
Kooperationspartnern durchgeführt, mit anderen, unähnlichen, verweigert werden. Kontextspezifität kann auch auf örtlichen, sozialen, zeitlichen, klimatischen Gegebenheiten beruhen, wenn etwa das Kölsch nur im
Kölner Karneval die echte Stimmung aufkommen lassen kann oder wenn
die Zuckerwatte zu Hause nicht, auf dem Rummel aber doch schmeckt
oder wenn das Brot nur bei der Herstellung zu bestimmten, nachtschlafe-
nen Tageszeiten auf das nötige Luftklima trifft, das seinen Geschmack am
besten entfalten hilft.

Auch die übrigen Sprachspiele sind Kontext für das jeweilige ökonomische Sprachspiel, innerhalb dessen Aktivitäten ökonomischer Sinn zugeschrieben wird. In einer Gesellschaft, in der Korruption weitgehend üblich
ist, stellt der Versuch der Beamtenbestechung des Einzelnen nur den Versuch dar, überhaupt ökonomisch aktiv werden zu können, und kann zur
wirtschaftlichen Leistung des Landes insgesamt beitragen. In Ländern, in
denen Korruption nicht üblich ist, wird Bestechung hingegen genutzt, um
Privilegien für eventuell nicht wettbewerbsfähige Akteure zu erkaufen und
wird deshalb als volkswirtschaftlicher Rückschritt gewertet (rent-seeking).
Kontextspezifität ökonomischer Aktivitäten ist ein bisher noch wenig be-
achteter Aspekt ökonomischer Phänomene, weshalb die Universalität und
allgemeine Beschreibbarkeit ökonomischer Aktivitäten in der Regel überschätzt wird.

Familienähnlichkeit, die Möglichkeit einseitiger, kreativer Bedeutungs-
zuschreibungen und Kontextbezogenheit ökonomischer Aktivitäten bedingt, daß ökonomische Phänomene nicht unbedingt eindeutig und in fest
gezogenen begrifflichen Grenzen beschrieben werden können. Die Regeln

von Sprachspielen sind unscharfe Grenzen. Da sie insbesondere zu einer pragmatischen Orientierung in realen Situationen dienen, ist die Ungenauigkeit ihrer Grenzen und die Vieldeutigkeit ökonomischer Phänomene kein Problem der ökonomischen Praxis, sondern nur der wirtschaftswissenschaftlichen Praxis, da sie keine universalen, eindeutigen und objektiven Theorien, sondern nur noch sprachspiel-spezifische Deutungen ökonomischer Praxis zulassen.

Ökonomische Aktivitäten werden notwendig innerhalb von Sprachspielen als *ökonomische* Phänomene gedeutet. In der Institutionentheorie wird die Ebene der Institutionen und der Handlungen getrennt behandelt. Die Institutionen definieren den Rahmen, innerhalb dessen die Wirtschaftssubjekte über ihre Einzelhandlungen entscheiden. Innerhalb des Sprachspielkonzepts läßt sich die Trennung so nicht vornehmen. Ökonomische Aktivitäten sind Realisierung *spezifischer* Interpretationen unter Befolgung von Regeln *konkreter* ökonomischer Sprachspiele. Aber die Wirtschaftssubjekte sind, wie das kognitionstheoretische Kapitel 4 zeigte, nur begrenzt frei, zwischen Sprachspielen oder innerhalb des Spektrums regelgemäßen, korrekten Sprachspielhandelns zu wählen. Gerade weil ökonomische Handlungen, Verhaltensweisen, Unterlassungen und Erleben sich durch ihre semantische Ebene als spezifische ökonomische Phänomene konstituieren, müssen sie Ausdruck von Sprachspielverhalten sein. Ihre Existenz ergibt sich aus dem Gelingen von Verständigung. Die Bedeutung ökonomischer Aktivitäten ist ihr Gebrauch in gelingender sprachlicher Verständigung. Deshalb sind ökonomische Aktivitäten je aktuell realisierte Sprachspielregeln („Institutionen"). Das Sprachvermögen des einzelnen Wirtschaftssubjektes (Regelkompetenz) und die Komplementarität von Sprachvermögen Sich-Verständigen wollender Wirtschaftssubjekte restringiert zwar, welche ökonomischen Aktivitäten grundsätzlich und potentiell von ihnen realisiert werden könnten. Da aber die jeweiligen kognitiven, sprachspielbezogenen Interpretationsroutinen nicht frei gewählt werden können, kann die realisierte ökonomische Handlung nicht logisch getrennt von den befolgten Sprachspielregeln betrachtet werden.

Pay-Off = Auszahlungskonsequenz

5.4.4 Rationalität

Aufgrund ihrer langen Mainstream-Tradition der Rational-Choice-Argumentation, herrscht in der Ökonomik die Überzeugung vor, es gebe nur *eine* Form der ökonomischen Rationalität: die der Nettonutzenmaximierung, respektive der Maximierung subjektiven Erwartungsnutzens. Rational verhält sich, wer die Handlungen durchführt, die seines Wissens nach den maximalen ökonomischen Nutzen, Pay-Off – in der Regel am realen Pro-Kopf-Einkommen gemessen – bewirken werden. Die gleiche Rationalitätsdefinition gilt für die Österreichische Schule oder Evolutorische Ökonomik, außer daß hier eine Pluralität möglicher Indikatoren für ökonomische Ziele zugelassen wird (Subjektivität) und auch unvollkommenes, intersubjektiv ungleiches Wissen und Kreativität die Ursache dafür sein können, daß die Wirtschaftssubjekte ganz unterschiedliche Handlungsoptionen als das rationale oder effiziente Mittel zur Erreichung ihrer persönlichen Ziele interpretieren und realisieren. In Kombination mit intersubjektiven Wissens- und Zielunterschieden wird der Begriff ökonomischer Zweckrationalität allerdings empirisch nicht mehr handhabbar, Effizienz nicht mehr überprüfbar.[147]

Das Sprachspielkonzept bietet die Möglichkeit, viele unterschiedliche Arten ökonomischer Rationalität einzuführen, die dennoch nicht subjektiv beliebig definiert sind. Was innerhalb eines ökonomischen Sprachspiels als „rational", „vernünftig" gilt, ist durch den „**Witz**" eines Sprachspiels bestimmt.[148] Während die korrekte Befolgung der Sprachspielregeln nur gewährleistet, daß das jeweilige Sprachspiel tatsächlich effektiv gespielt wird, gibt es für jedes Sprachspiel Beurteilungsregeln, wann Akteure das Sprachspiel „besser" spielen als andere, d.h. dem Witz des Sprachspiels besser gerecht werden. Der Begriff des „Witzes", mittels dessen zwischen wesentlichen und unwesentlichen Regeln unterschieden werden kann, ist nicht mit Rationalität gleichzusetzen, sondern der Witz eines Sprachspiels begrenzt das Verhaltensspektrum, das ein Mitglied der jeweiligen Sprachspielgemeinschaft ausführen kann, ohne als unnormal, unvernünftig, irrational bzw. a-rational, verrückt zu gelten.

Der Witz eines Sprachspiels ist eine Orientierungsgröße in doppelter Hinsicht. Zum einen umfaßt er Mindestbedingungen (wesentliche Regeln), die erfüllt sein müssen, damit überhaupt gesagt werden kann: „Die-

---

[147] Vgl. zu dieser Argumentation auch Männel (1999)
[148] Vgl. Wittgenstein (1990a) §564, S. 450

ses Sprachspiel wird gespielt." Zum anderen kann der Witz einen (oder mehrere) Prototypen des jeweiligen Sprachspiels konstituieren, in Abweichung von dem das bessere, vollkommenere bzw. schlechtere Spielen des Sprachspiels beurteilt wird. In diesem Sinne stecken hinter dem Witz eines Sprachspiel ein (komplexer) **Standard of Correctness** bzw. die **prototypische** Weise, das Sprachspiel zu realisieren. Je nach Sprachspiel und Sprachspielgemeinschaft kann dieser Standard die Orientierung an ganz verschiedenen (Kombinationen von) Zielkategorien umfassen. Vernunft ist insofern nicht universal definierbar, sondern sprachspielspezifisch und sprachgemeinschaftsspezifisch. „Vernunft ist in erster Linie nicht eine Sache weltenthobener oder subjektiver Reflexion, sondern ein Implikat von Lebensformen. [..] Unter dem Stichwort ‚Vernunft' geht es bei Wittgenstein [..] um die immanente Rationalität konkreter Lebensformen."[149] Der Begriff des „Witzes" eines Sprachspiels weist gerade auf die Immanenz von Rationalität hin, da Witz im üblichen Wortsinn primär auf eine erzielte Wirkung hinweist und nicht inhaltlich füllt, wodurch diese Wirkung erreicht wird. „Witz" läßt auch zunächst offen, ob ein korrektes Sprachspielverhalten tatsächlich eine Orientierung an moralisch oder funktional aufgeladen Normen impliziert oder nicht. Neben der Immanenz von Rationalität impliziert die Gebundenheit von Vernunft an Lebensformen auch einen radikalen kulturellen Relativismus von Rationalitäten.

Im Gegensatz dazu geht die Ökonomik in der Regel von einem universalen Konzept ökonomischer Rationalität aus: Die allgemeine individuelle Motivation zur Nutzenmaximierung wird rationalerweise durch effizienzorientiertes Handeln am besten erreicht. Aber auch andere sozialwissenschaftliche Ansätze vertreten ein eindeutiges Beurteilungskriterium, etwa die aprioristische, liberale Effizienzvorstellung der Österreichischen Schule oder von evolutorischen Konzepten, wie der Pfadabhängigkeit.

Auch innerhalb der Systemtheorie wird beispielsweise davon ausgegangen, daß in einem kommunikativen Teilsystem der modernen ausdifferenzierten Gesellschaften immer nur *ein*, nämlich der jeweilige Funktionsprimat (in unserem Sinn Rationalität) und der dazugehörige Code realisiert werden kann, der andere Funktionslogiken wirkungsvoll ausschließt. Organisationen funktionieren deshalb, je nachdem welchen „Mutter"-Kontexten sie zuzuordnen sind (z.B. Unternehmen (Wirtschaft), Parteien (Politik), Krankenhäuser (Gesundheitssystem) usw.), nach ganz unterschiedlichen Regeln und Leitorientierungen. Die monofunktionale Orien-

---

[149] Vgl. Welsch (1995) S. 417

tierung innerhalb sozialer Teilsysteme ist in diesem Theorieansatz die
Folge der gesellschaftlichen Ausdifferenzierung geschlossener, autolo-
gischer Funktionalsysteme. In diesem systemtheoretischen Sinne wäre der
eindimensionale universale Rationalitätsbegriff der Ökonomik als dominante Logik der Teilsysteme Wirtschaft bzw. ökonomischer Organisationen zu interpretieren. Allerdings gesteht auch Luhmann zu, daß manche
Organisationen sich keinem gesellschaftlichen Teilsystem (ganz) zuordnen
lassen. Simsa und Zauner vertreten gegen die Luhmannsche These der
Monofunktionalität sozialer Teilsysteme die Position, daß *alle* Organisationen Mehrfachzugehörigkeiten zu mehreren Teilsystemen aufweisen,
wobei die Wertigkeit der Einflußnahme verschiedener Teilsystemlogiken
auf die Operationen der Organisationen sehr unterschiedlich und auch
zeitlich flexibel sein können. Diese These würde die Annahme *einer* ökonomischen Rationalität in ökonomischen Organisationen widersprechen.[150]

Die ökonomische Engführung des Rationalitätsbegriffs kann durch die
Vernunftvorstellung innerhalb des Sprachspielkonzepts aufgelöst werden.
In diesem Sinne müßte die Vielzahl ökonomischer Sprachspiele, die realiter von Sprachspielgemeinschaften praktiziert werden, auf ihren jeweiligen
„Witz" untersucht werden und so eine (sich historisch entwickelnde) Typologie ökonomischer Rationalitä*ten* erstellt werden. WirtschaftswissenschaftlerInnen würden erkennen, daß ihre Vorstellungen von ökonomischer Rationalität nur eine von vielen darstellt, die in manchen ökonomischen Interaktionssystemen zwar als Orientierung dominiert, in vielen
anderen aufgrund anderer Rationalitätsorientierungen aber nicht integriert werden kann oder nur eine untergeordnete Rolle spielt.

Die Ökonomik verfolgt bisher vor allem zwei Immunisierungsstrategien zur Rettung ihres universalen Rationalitätsbegriffs: Zum einen geht
sie zum subjektiven Nutzenbegriff über, so daß jede Ziel- und Wertvor-
stellung eines Wirtschaftssubjektes als Orientierung seines ökonomischen
Handelns akzeptiert werden kann – z.B. auch Verschwendung. Aufgrund
der Unbeobachtbarkeit von Präferenzen ist Rationalität von Wirtschaftssubjekten dann nicht mehr empirisch überprüfbar. Zum anderen erklärt
sie Abweichungen von ökonomischer Zweckrationalität mit dem Einfluß
außerökonomischer Handlungsorientierungen (Metapräferenzen), z.B.
ethische Werte, kulturelle Traditionen, Affekte. Diese außerökonomischen
Einflüsse auf ökonomisches Entscheiden und Handeln können die an sich

---

[150] Vgl. Luhmann (1997), Willke (1996), Simsa (1999), Zauner (1998)

universal gleiche ökonomische Rationalität überlagern, so daß realiter ganz unterschiedliche Verhaltensweisen des Wirtschaftens beobachtet werden können. In diesem Fall bleibt es vollständig exogen, unter welchen Umständen und in welchem Ausmaß eine solche außerökonomische Orientierung ökonomische Rationalität störend überlagert. Aufgrund der Probleme, die diese beiden Immunisierungsstrategien mit sich bringen (mangelnde Rechenbarkeit, Erklärungslücken), braucht die ökonomische Theorie eine Erklärung der situativen Orientierung von Wirtschaftssubjekten,

– deren ökonomische Sinnhaftigkeit intersubjektiv überprüfbar ist und

– die *alle* Orientierungsgrößen, die bei ökonomischem Handeln eine Rolle spielen, berücksichtigen kann.

Im Konzept des Sprachspiels sind diese Bedingungen erfüllt. In ökonomischen Sprachspielen kann sich die relevante Verhaltensorientierung durchaus im Spannungsfeld mehrerer konfligierender oder komplementärer Orientierungsgrößen, sogar von unvernünftigen Orientierungen, bewegen und wird doch als *eine* Art von Orientierung betrachtet. Dabei spiegeln die Sprachspielregeln bzw. die regelmäßige Praxis der Lebensformen *stabilisierte Orientierungsmuster* in diesem komplexen Feld relevanter Orientierungen wider. Der linguistische Handlungsbegriff kann deshalb nicht auf eine monofunktionale, zweckrationale Orientierung reduziert werden, sondern er umfaßt auch polyfunktionales (z.B. ökonomisch *und* ökologisches Tun), nicht-funktionales, aber sinnvolles (z.B. ein Gespräch, Unterhaltung, die nicht mit Blick auf ein bestimmtes Ziel geführt wird) sowie sinnloses, wenngleich sinnbezogenes Handeln (z.B. eine Wette nach gelaufenem Rennen, die Heirat mit einem Esel, dadaistische Handlungen).[151] „Rationalität" ist insofern „letztlich ein interner Effekt von Stil – der Effekt der konsequenten Befolgung eines Stils – während die grundlegende Wahl zwischen verschiedenen Stilen keine Frage von Rationalität, sondern eine des Geschmacks ist"[152] sowie der Macht, mit der eine Gemeinschaft ihre Mitglieder zur konsequenten Befolgung dieses Stils veranlaßt.

Sprachspielspezifische Rationalität definiert also eine Zwischenstellung zwischen dem universalistischen Rationalitätskonzept des Rational Choice

---

[151] Zur dieser Art von Handlungsabgrenzung innerhalb der Linguistik vgl. Hermanns (1987)

[152] Vgl. Welsch (1995) S. 420

und dem subjektivistischen Rationalitätskonzept des subjektiven Erwartungsnutzens bzw. subjektiver Orientierungen in Konzepten der Bounded Rationality. Dabei wird die Rationalität aus dem Sprachspiel selbst heraus begründet. Nur die kompetenten Spieler wissen (Know-how), wann die Rationalitätsbedingungen, das, worum es im Sprachspiel geht, verletzt werden und unter welchen Umständen der Witz des Sprachspiels durch unkorrektes Verhalten mißachtet wird.

Selbstverständlich muß Wissenschaft versuchen, die Schwammigkeit des Begriffs „Witz eines Sprachspiels" zu überwinden. Die Alternative zu dieser Schwammigkeit ist in der ökonomischen Praxis jedoch in aller Regel nicht eine monofunktional, zweckrationale Verhaltensausrichtung. Analysiert man wissenschaftlich, was innerhalb eines Sprachspiels „Correctness" und Konsequenz der Befolgung eines Stils beurteilen hilft, so muß man die Struktur des inhärenten Systems von Relevanz(en) rekonstruieren.[153] Solche Strukturen können im Einzelnen hierarchisch, aber auch diskursiv organisiert sein. Spontane Motivationen und rational vertretbare Ziele und Werte können zusammen wirken. Die komplexen, pluralen Relevanzstrukturen sind für verschiedene ökonomische Sprachspiele durchaus unterschiedlich. Ein Beispiel hierfür sind die unterschiedlichen ökonomischen Lebensformen privater Marktorganisationen, staatlicher Organisationen und Nonprofit-Organisationen. Zum anderen lassen sich branchen- und sektorspezifische Relevanzstrukturen ausmachen (z.B. im Ausmaß der Kundenorientierung). Zum dritten ändern sich Relevanzstrukturen je nach der Mitgliederzahl (Konzerne, Großunternehmen, kleine und mittelständische Unternehmen), nach der kulturellen und Genderzusammensetzung.

Es ist mit Sicherheit ein schwieriges Unterfangen, die Relevanzstrukturen bzw. die Rationalitäten von Sprachspielen zu rekonstruieren und einer expliziten wissenschaftlichen Analyse und Vergleich zu unterwerfen. Maßgebliche Ursache hierfür ist, daß der Witz eines Sprachspiels diesem zutiefst inhärent und kein Objekt, sondern die Art und Weise einer Praxis ist. Aus der beobachteten Viabilität bestimmter Sprachspielregeln kann zunächst lediglich auf die Korrektheit, also Regelgemäßheit bestimmten

---

[153] Insbesondere Alfred Schütz arbeitet in dem Bereich mit dem Begriff der Relevanz. „Relevanz" deutet darauf hin, daß es eine Urteilspraxis über relevant und irrelevant gibt, ohne jedoch die Kriterien dieser Urteile zu spezifizieren. Vgl. Schütz (1982) Wenn Relevanz allgemein für eine je kontextspezifische Interessenfokussierung steht, dann ist unmittelbar deutlich, daß Relevanzstrukturen in den Regeln von Sprachspielen inkorporiert sind, da diese ja die Selektion von Wahrnehmung und Handlungsorientierung leiten.

Handelns geschlossen werden. Um die Konsequenz beurteilen zu können, mit der einem bestimmten Sprachspielstil zum Ausdruck verholfen wird, müßte sich die wissenschaftliche BeobachterIn von ihren eigenen Relevanzstrukturen befreien können. Das heißt, es ist nicht hilfreich, wenn die ÖkonomIn eine bestimmte Relevanzstruktur als ökonomisch rational erklärt und die Relevanzstrukturen realer ökonomischer Lebensformen in der Differenz von der eigenen als ökonomisch oder nicht bzw. als ökonomisch mehr oder weniger rational beurteilt. Vielmehr muß ein Verständnis für die Gesamtheit ökonomischer Orientierungen entwickelt werden, Ähnlichkeiten und Unterschiede realer Relevanzstrukturen untersucht und in einem sozialen Diskurs der Teilnehmer ökonomischer Sprachspiele über ökonomischen Sinn und Unsinn solcher Sprachspielpraxis gestritten werden. Innerhalb dieses Diskurses können die unterschiedlichen Relevanzdogmata von WirtschaftswissenschaftlerInnen *eine* Stimme sein, so etwa der Effizienzgedanke der Rational-Choice-Theorie oder die Innovations- und Flexibilitätsorientierung der Evolutorik.

Nachdem nun die allgemeinen Charakteristika und Funktionseigenschaften von Sprache erläutert wurden, die Nicht-Neutralität von Sprache begründet und erklärt wurde sowie die Korrespondenz von Begrifflichkeiten des Sprachspielkonzeptes zu ökonomischen Termini untersucht wurde, soll im folgenden Kapitel 6 die allgemeine Sprachtheorie und sprachintegrierte Kognitionstheorie spezifisch auf den Untersuchungsgegenstand der Ökonomik angewendet werden.

6 Sprachintegrierte ökonomische Theorie

„Worte sind Taten."
Ludwig Wittgenstein [1]

Die bisherigen Ausführungen haben gezeigt, daß die Sprachlichkeit menschlichen Lebens für Art, Richtung und Verlauf ökonomischen Verhaltens von erheblicher Bedeutung ist. Es ist nicht möglich, lediglich zur Kenntnis zu nehmen, daß soziales Handeln sprachvermittelt ist, und bei der Annahme zu verharren, daß diese Sprachlichkeit für ökonomische Prozesse ohne Belang ist. Mit dem Aufgeben der dreifachen Neutralitätsannahme von Sprache ergeben sich für ökonomische Theorien erhebliche Konsequenzen, die in der vorliegenden Arbeit allerdings leider nicht in ihrem ganzen Umfang und der nötigen Ausführlichkeit erörtert werden können. Ausführlich erklärt und begründet wurde, wie Sprache in den kognitiven Orientierungsprozeß von Wirtschaftssubjekten hinein wirkt und wie ökonomisches Verhalten an die Orientierung in Sprachspielen gebunden ist (Kapitel 4) sowie wie Sprachspiele, und damit auch ökonomische Sprachspiele, *grundsätzlich* strukturiert sind und funktionieren (Kapitel 5). Über die nun gelegten mikroökonomischen Grundlagen und die sprachtheoretischen Fundamente hinaus sollen auch unter Verwendung der neu abgegrenzten ökonomischen Grundbegriffe in dem vorliegenden Kapitel nun die wichtigsten Implikationen einer sprachintegrierten ökonomischen Theorie erläutert werden. Die Integration von Sprache in ökonomische Theorien beginnt, indem die Sprachgebundenheit ökonomischer Phänomene zum Ausgangspunkt der Theoriebildung genommen wird. Die vorliegende Arbeit muß sich tatsächlich auf einen bloßen *Beginn* beschränken, in der Hoffnung darauf, auch andere ÖkonomInnen zur Fortsetzung dieser Forschungsrichtung inspiriert und überzeugt zu haben.

Die Notwendigkeit der Beschränkung wird in diesem Kapitel wie folgt gelöst:

Zunächst werden im Abschnitt 6.1 einige Implikationen einer sprachintegrierten Ökonomik erörtert. Allgemeine Aussagen über ökonomische Sprachspiele sind kaum möglich, da die ökonomische Sprachspielpraxis

---

[1] Ludwig Wittgenstein (1990b) S. 515

sich über die konkreten historisch, räumlich und personell unterschiedlichen Sprachspielgemeinschaften stark unterscheiden. An allgemeiner
Theorie gelten für ökonomische Sprachspiele die in Kapitel 4 und 5 dargestellten kognitionstheoretischen und sprachwissenschaftlichen Grundlagen. Deshalb macht Kapitel 6 zunächst auf die Mannigfaltigkeit konkret
praktizierter ökonomischer Sprachspiele aufmerksam. Da diese Sprachspielpraxis empirisch noch unzureichend erforscht ist, verbietet es sich,
jetzt schon generalisierte Eigenschaften empirischer ökonomischer
Sprachspiele zu behaupten. Statt dessen werden mögliche Typisierungskriterien der vielfältigen Sprachspielpraxis angeboten (6.1.1). Anschließend wird Sprache in ihrer ökonomischen Funktionalität und Restriktivität analysiert (6.1.2). Außerdem wird aus dem Umstand, daß Sprache
einen unvollendeten und unvollendbaren Entwicklungsprozeß menschlicher Sozialpraxis darstellt, die Konsequenz gezogen und begründet, daß
sprachintegrierte Ökonomik als evolutorische Wirtschaftswissenschaft
betrieben werden muß (6.1.3).

Um konkretere Aussagen über ökonomische Sprachspiele zu generieren, wird im Abschnitt 6.2 das Phänomen ökonomischer Transaktionen
fokussiert. Transaktionssprachspiele wurden ausgewählt, da es sich bei
Transaktionen um notwendigerweise sprachgebundene Prozesse handelt
und deren Sprachspielcharakter entsprechend leicht gezeigt und verortet
werden kann. Die Sphäre kooperativer Produktion (Unternehmung, Organisation, Haushalt) wurde dagegen hintangestellt, da bereits erste ökonomische Ansätze existieren, die beispielsweise die Unternehmung als
„discourses", d.h. Kommunikationszusammenhänge analysieren[2]. Die
Sphäre sozialen Konsumierens (Haushalte, consumption communities)
bleibt zunächst weiterhin ein Desiderat ökonomischer Sprachspielforschung, obwohl auch in der Nachfragetheorie bereits kompatible Theorieansätze zu beobachten sind. Natürlich gibt es sehr verschiedene Arten von
Transaktionssprachspielen, die auf ihre spezifischen Sprachspielregeln
empirisch zu erforschen sind. Im Bereich der spekulativen Märkte gibt es
beispielsweise etwa mit den Noise-trading-Ansätzen Ansatzpunkte für
eine Integration von Sprache in ökonomische Erklärungsmuster.[3] Da in

---

[2] Vgl. etwa Tsoukas (1996), vgl. zu unternehmensbezogenen linguistischen empirischen
Studien Paschek (2000), Meier, C. (1997), Pothmann (1997), Bungarten (1994), Zerfaß
(1996), Derieth (1995), Müller (1997)

[3] Der Lärm (noise), der hier von sog. „noise traders" (Empfehlungen von Brokern und
Finanzgurus) hervorgebracht wird, ist kein sinnfreies Geräusch, sondern „verbal noise".
In den Theorieansätzen werden die Marktwirkungen solcher verbal noises analysiert, die

der vorliegenden Arbeit ein theoretischer, kein primär empirischer Ansatz verfolgt wird, soll in Abschnitt 6.2 mittels einer gründlichen Analyse gezeigt werden, warum und welche sprachlichen Fähigkeiten notwendig sind, um ökonomische Transaktionen durchführen zu können. Hierbei wird auch darauf eingegangen, wie das Phänomen der Machtausübung, das sprachlichen Prozessen innewohnt, in Transaktionssituationen wirksam werden kann. Mit dieser gründlichen Analyse des Phänomens der Transaktion wird das Argumentationsmuster der Arbeit aufrecht erhalten, zu erklären, wo und wie nicht-neutrale Sprache notwendiger Bestandteil ökonomischer Praxis ist, allerdings hier (6.2) am konkreten Beispiel ökonomischer Transaktionspraxis.

6.1 Ökonomie als Gesamtheit ökonomischer Sprachspiele

Bereits im einleitenden, ersten Kapitel (Abschnitt 1.6) wurde der Untersuchungsgegenstand der Wirtschaftswissenschaft abgegrenzt als „die ökonomischen Lebensformen gesellschaftlich lebender Menschen und die in ihnen verankerten, in sie eingebetteten ökonomischen Sprachspiele. Dabei sind *ökonomische* Sprachspiele bzw. Lebensformen all jene, die ihrem Sinn nach auf das Verfügbarmachen und die Sicherung (Beschaffung, Bearbeitung/Produktion, Transaktion, Nutzung und Verbrauchens) von Lebensnotwendigkeiten, darüber hinaus erwünschten Gütern und Leistungen und von Vermögen bezogen sind, sowie die Koordination, d.h. die Organisation, Allokation und Verteilung dieser Aktivitäten innerhalb der Gesellschaft bzw. im Raum. Die in Kapitel 5 erläuterten sprachtheoretischen Grundlagen, insbesondere der Zusammenhang von Lebensform und Sprachspiel, haben deutlich gemacht, daß die Erforschung von Lebensformen nicht direkt, sondern nur mittelbar über die Interpretationskonstrukte von Sprachspielen möglich ist. Da die Phänomene des Wirtschaftens ursächlich durch die Interpretationen und das Verhalten der wirtschaftenden Menschen *in ihrem Zusammenspiel und ihrer Gesamtheit* entstehen (bewirkt werden), ist der Ansatzpunkt wirtschaftswissenschaftlicher Forschung die sprachspielgebundene Interpretationspraxis der Wirtschaftssubjekte in ihrem Zusammenspiel, also Sprachspielpraxis und

nicht den Charakter von Informationen oder Daten haben, sondern auch einfache „Ahnungen", Gefühle oder „Bauch-Annahmen" sein können. Vgl. hierzu etwa Shleifer, Summers (1990), Shiller (1990), Shiller (2000) Kapitel 7 und 8, Black (1986)

die sie konstituierenden Regeln. Dabei ist zu beachten, daß die Interpretationen, welche den Verständigungsakten und (Inter-)Aktionen der Wirtschaftssubjekte zugrunde liegen, diesen nicht oder nur teilweise bewußt
oder Reflektionen zugänglich sind. Insofern müssen die wissenschaftlichen
Rekonstruktionen dieser Interpretationspraxis einerseits hermeneutisch
einfühlend vorgehen, andererseits auf Deutungshypothesen innerhalb der
wissenschaftlichen Sprachspielroutinen beruhen.

Auch die kognitionstheoretische Verhaltenstheorie des vierten Kapitels
bietet Argumente für diese Herangehensweise. Das dort erörterte Kognitionsmodell zeigt, daß ökonomisches Handeln und Verhalten von Menschen der expressive Teil der Interpretationspraxis der jeweiligen AkteurIn
ist. Diese Interpretationspraktiken weisen aufgrund der integralen Routinetendenzen des Kognitionsapparates und angeborener Gestaltbildungs-
regeln Regelmäßigkeiten *in der Zeit* auf. Zudem bestehen aufgrund angeborener Kognitionsmechanismen und aufgrund der Sozialisierung in Verständigungspraktiken auch Interpretationsregelmäßigkeiten *zwischen
Individuen*, die sich in zeitlich stabilen Interaktionsritualen (intersubjektiv
komplementäre Interpretationen)[4] und intersubjektiv gleichen Interpretationen äußern. Während angeborene Kognitionsmechanismen universal
übereinstimmende Interpretationsregelmäßigkeiten bewirken, führt die
sprachliche Sozialisierung zu intersubjektiven Interpretationen, die nur die
Reichweite der jeweiligen Verständigungsgemeinschaft aufweisen. Außerdem mindern die Einbindung und Überformung angeborener Kognitions-
schemata in soziale Verständigungspraktiken den universalen Übereinstimmungsgrad von Interpretationen.

Geht man streng nach der ökonomischen Tradition des methodologischen Individualismus vor und fokussiert allein die kognitiven Interpretationen *einzelner* Individuen, so scheint die Frage, ob ein Individuum sich
innerhalb seines subjektiven Deutungssystems bewegt oder innerhalb sozialer Deutungssysteme (Sprachspiele), zunächst nicht von Belang. Ja, im
Prinzip verstellt die methodologisch individualistische Orientierung geradezu den Blick auf die Tatsache, daß jeweils beide Sinnsysteme gleichzeitig
und interagierend zur Verhaltensorientierung genutzt werden, als auch
daß bestimmte ökonomische Prozesse (kooperatives Handeln, Sozialhandeln) gar nicht durch die Interpretationen einzelner Individuen, sondern
nur durch die in einer Sprachspielpraxis miteinander verwobenen Inter-

---

[4] Vgl. zum Konzept der Interaktionsrituale auch Goffmann (1996)

pretationen mehrerer Individuen erzeugt werden können.[5] Verhalten wird nicht allein nach seinem erwarteten, direkten subjektiven Erfolg ausgewählt. Aufgrund der massiven sozialen Abhängigkeiten wird die individuelle Verhaltenssteuerung von routinisierten Orientierungen dominiert, die auf die Adäquanz in Sprachspielen und auf *soziale* Erfolgsträchtigkeit ausgerichtet sind.

Als Konsequenz der sprachintegrierten kognitionstheoretischen Erkenntnisse ergibt sich die Empfehlung, von einer streng Individuum-zentrierten ökonomischen Theorieorientierung zu einer Verständigungsorientierung, also einer sprachspielorientierten Ökonomik, überzugehen.[6] **Wirtschaften, d.h. alles Wirtschaften aller Menschen aller Zeiten und Orte, ist dann als identisch zu sehen mit der Gesamtheit aller gespielten ökonomischen Sprachspiele.**

Der Übergang zu einer sprachspielorientierten Ökonomik ergibt sich vor allem aus zwei Gründen. Zum einen zwingt die Wissenschaftspraxis, d.h. die codierte Explizierung des geschaffenen „Wissens", daß ÖkonomInnen sich zur Interpretation ökonomischer Phänomene letztlich ihrer gelernten sprachlichen Interpretationskonstrukte bedienen müssen. Wir müssen also sprachliche „Netze auswerfen" und können in ihnen nur das einfangen, was sich in *diesen* Maschen verfängt, bzw., um im Bild zu bleiben, fangen nur die Fische, die an unseren Köder und an sonstigen Fanggeräte anbeißen. Unsere jeweiligen subjektiven Sinnsysteme und unsere individuelle Kreativität des kognitiven Fischens in ökonomischen Gewässern kann dazu genutzt werden, bereits bestehende Netze zu verändern, so daß bisher unbekannte Phänomene „entdeckt" werden können. Oder man leiht sich Netze anderer „Fischer", um so neue, andere Phänomene einzufangen, sprich: indem man Erklärungsmuster als Metaphern anderer Wissenschaftsdisziplinen in die ökonomische Theorie importiert (wie z.B. Evolutorik, Kybernetik usw.). Damit soll zum Ausdruck gebracht werden,

---

[5] Ein ähnliches Argument zum methodologischen Individualismus findet sich bei Hodgson (1988) S. 53-72, der betont, daß zur Erklärung individuellen ökonomischen Verhaltens die situativen kulturellen und institutionellen Hintergründe ebenso herangezogen werden müssen, wie der autonome Wille und Absichten des einzelnen Subjekts. Füllt man den Institutionenbegriff mit der in Kapitel 5 erläuterten Bedeutung, landet man direkt bei einer sprachspielorientierten Ökonomik, die individuelles Verhalten als Zusammenspiel (Dialog) von Subjekt und Sprachspielgemeinschaft versteht und zu erklären versucht.

[6] Peter Winch forderte bereits 1974 auch unter Bezug auf die Wittgensteinsche Sprachphilosophie allgemein den Übergang zur Sprachspielorientierung für alle Sozialwissenschaften, ohne dies jedoch für Einzelwissenschaften zu konkretisieren. Vgl. Winch (1974)

daß bestehende Sprachspiele zwar immer die Restriktion der von WissenschaftlerInnen interpretierbaren ökonomischen Phänomene sind, aber
daß diese Sprachspiele auch nicht vollkommen starr und unveränderlich
sind. Subjektive Sinnsysteme von WissenschaftlerInnen können dabei die
Ökonomik in dem Maße beeinflussen, in dem deren kreative Neudeutung
einer codierten Explizierung (d.h. Intersubjektivierung) zugänglich gemacht werden können. Inwieweit so etwas als Wirtschaftswissenschaft akzeptiert wird, restringiert allerdings auch die Akzeptanz durch die scientific communities.

Daß die Wissenschaftspraxis ÖkonomInnen dazu zwingt, sich zur
Interpretation ökonomischer Wirklichkeiten sprachlicher Deutungen zu
bedienen[7], könnte zur Folge haben, daß ökonomische Interpretationen der
Wirtschaftssubjekte[8] „falsch" re-interpretiert werden. Beispielsweise weil
die Wirtschaftssubjekte sich in subjektiven oder nicht reflektierten Deutungssystemen oder in Sprachspielen anderer Sprachspielgemeinschaften
orientieren, die an die wissenschaftlichen Zeichenverwendungen nicht anschlußfähig wären. Andererseits läßt sich die „Wahrheit" oder „Falsch-
heit" einer wissenschaftlichen Deutung nicht nur an der Zustimmung oder
Kongruenz zu den Interpretationen der beobachteten Wirtschaftssubjekte
messen, da diesen ihre eigenen Sprachspielregeln zum Teil nicht bewußt
sind (Know-how), oder weil eine wissenschaftliche Interpretation vielleicht Tabus der Selbstbeschreibung der Wirtschaftssubjekte bricht. Gerade wenn WirtschaftswissenschaftlerInnen die Beziehung zwischen ökonomischer Lebensform und eingebetteten Sprachspielen erforschen wollen, kann Zustimmung und Kongruenz nicht als Qualitätskriterium der
Theorie verwendet werden. Allein der pragmatische Erfolg, den die
Orientierung an einer solchen Theorie ermöglicht, kann mit fundamentaler Unsicherheit andeuten, ob die WissenschaftlerIn die betreffende historische Situation erreicht.

Der zweite Grund für eine konsequente wirtschaftswissenschaftliche
Sprachspielorientierung ist die im vierten Kapitel erörterte dominante Bedeutung indirekter sozialer Verhaltenssteuerung für ökonomische Verhaltensweisen von Menschen. Einerseits führt die soziale Lebensweise von
Menschen (in Gruppen) zu einer Sozialisierung individueller Kognitionspraxis in gruppenspezifische Interpretationen. Zum anderen beinhaltet diese Sozialisierung, daß das lernende Wirtschaftssubjekt in ar-

---

[7] in systemtheoretischer Sprechweise „Beobachtungen 2. Ordnung"
[8] in systemtheoretischer Sprechweise „Beobachtungen 1. Ordnung"

beitsteilige Wirtschaftsweisen eingeübt wird, da Arbeitsteilung im ökonomischen Verhalten nahezu aller menschlicher Gemeinschaften vorherrscht. Arbeitsteiliges Wirtschaften *kann* Interaktionsverhalten implizieren (bei gewaltsam erzwungener Arbeitsteilung oder strukturell gekoppelten Wirtschaftsweisen), *muß* sich aber immer auf ein Minimum an Verständigungspraxis gründen, wenn es eine dauerhafte Wirtschaftsweise sein soll, bei der sich die Beteiligten gegenseitig von zu lernenden Tätigkeiten und Kognitionen entlasten. Die Festigung von Verständigungsritualen, die eine Abstimmung der arbeitsteiligen Produktionsprozesse aufeinander und auf die Wünsche der (Letzt-)Verwender ermöglichen, ist letztlich die Voraussetzung dafür, daß eine Gruppe die Vorteile ökonomischer Arbeitsteilung überhaupt nutzen kann. Insofern werden die einzelnen Wirtschaftssubjekte in ihren ökonomischen kognitiven Interpretationen sowohl von der sozial gelernten Deutungspraxis dominiert als auch in ihrer Ausübung ökonomischer Tätigkeiten an die Durchführung ökonomischer Sprachspiele ihrer Bezugsgruppen gebunden sein. Deshalb müssen zum Verstehen und Erklären ökonomischer Phänomene die Sprachspiele rekonstruiert werden, innerhalb derer sich die Wirtschaftssubjekte kognitiv und praktisch orientieren.[9]

Dieses Argument läßt sich zu folgenden beiden Thesen zusammenfassen:

Schwache These der ökonomischen Relevanz von Sprache:

Es gibt ökonomische Verhaltensweisen, die nur als sprachliche Verständigungspraxis realisiert werden können.[10] *es gilt bereits Vorschungs- ansätze*

Starke These der ökonomischen Relevanz von Sprache:

Integration von Sprache in ökon. Theoriebildung.

Ökonomisches Verhalten einzelner Wirtschaftssubjekte wird zum größten Teil im Rahmen einer Interpretationspraxis orientiert und gesteuert, die innerhalb einer sozialen Verständigungspraxis gelernt wurde und die das

---

[9] Der sprachspielorientierte Ökonomieansatz schließt also auch an die These an, daß das Verhalten menschlicher Individuen faktisch nur in seiner Eingebettetheit in soziale Interaktionen und Verständigungen begriffen werden kann. Insofern schließt ein sprachspielorientierter Ökonomieansatz direkt an die Konzepte der Embeddedness ökonomischen Handelns in die Regeln und Institutionen der für das Wirtschaftssubjekt relevanten Netzwerke (i.S. von „Gruppe" bzw. „Sprachspielgemeinschaft") an. Vgl. Granovetter (1973, 1985), Grabherr (1993, 1994), Messner (1995)

[10] Das gilt z.B. für Transaktionen, vgl. Abschnitt 6.2

subjektive Deutungssystem in weitgehendem Maß überformt und dominiert.[11] *hier B.A. aufbauen!*

Die vorliegende Arbeit zeigt auf, daß und warum die unhinterfragte
ökonomische Annahme der dreifachen Neutralität von Sprache aufgegeben werden muß, und daß sowohl die schwache als auch die starke These
der ökonomischen Relevanz von Sprache gilt. ÖkonomInnen, die sich zu
einer Integration nicht-neutraler sprachlicher Phänomene entscheiden
wollen, können im Prinzip zwischen zwei Vorgehensweisen wählen. Entweder sie verfolgen die schwache These und beschäftigen sich mit den
Charakteristika ökonomischer Sprachhandlungen. Ansätze für solche
ökonomischen Forschungen gibt es bereits insbesondere dort, wo die Unwahrscheinlichkeit des Gelingens von Verständigung deutlich, sprich:
problematisch, hervortritt, z.B. einerseits im Bereich interkultureller Wirt-
schaftskommunikation innerhalb Multinationaler Unternehmen oder bei
internationalen Kooperationen und Marktbeziehungen, andererseits im
Bereich der Wirtschaftspolitik, wo die abweichenden Sprachkulturen (und
Lebensformen) verschiedener Interessengemeinschaften Wissensbeschaf-
fung und diskursive Problemlösungen erschweren.

Der zweite Weg basiert – wie in dieser Arbeit – auf der Integration der
starken These der ökonomischen Relevanz von Sprache in ökonomische
Theoriebildung. Dieser versteht die Wirtschaftspraxis von Menschen als
fundamental in Sprachspielen gelernt, ausgeübt und evoluierend. Die Eingebettetheit der ökonomischen Sprachpraxis in die ökonomischen Lebensformen von Gruppen und Gesellschaften sowie deren Vernetztheit
mit der restlichen sozialen Sprachspielpraxis ist dann der Ausgangspunkt
der wissenschaftlichen Erforschung sowohl sprachlicher als auch nicht
unmittelbar Zeichen verwendender ökonomischer Prozesse. Wählt man
diesen zweiten Weg, um empirische Sprachspielpraktiken von Wirt-
schaftsgemeinschaften zu erforschen, weitet sich schnell die Komplexität
von Modellen aus. Exogene Größen werden endogenisiert. Und die strenge Trennung der Disziplinen wird aufgehoben.

---

[11] Es ist jedoch zu beachten, daß für ökonomische Verständigungshandlungen andere
Erfolgsbedingungen gelten als für rein technologisches oder interagierendes ökonomisches Handeln, selbst wenn auch letzteres an sozialer Interpretationspraxis orientiert ist.
Denn das menschliche Verständigungsgegenüber zeigt aufgrund der hohen Freiheitsgrade seiner Verhaltenssteuerungsprozesse und der Möglichkeit kreativer Neudeutungen
wesentlich unregelmäßigere Verhaltensweisen als die sogenannten „natürlichen" Umwelten.

Nun ist es ja so, daß die Gruppenspezifität der Interpretationspraxis von Wirtschaftssubjekten in die Ökonomik unter dem Schlagwort „Kultur" bereits Einzug gehalten hat. Mit „Kultur" wird hierbei ein Konzept zwischen vollkommener universaler Gleichheit und vollkommener intersubjektiver Unterschiedlichkeit (Subjektivität) bezeichnet. Problematisch ist, daß der ökonomische Kulturbegriff in der Regel ein theorieloser ist.[12] Folglich wird die Zugehörigkeit zu unterschiedlichen Kulturen lediglich an „evident" beobachteten Differenzen festgemacht, ohne die eigenen Kriterien für „hinreichend ähnlich" und „schon zu unterschiedlich" sicher und begründet angeben zu können. Üblich sind zudem schablonenartige Kulturbegriffe, z.B. regional abgegrenzte nationale Kulturen („die" deutsche, chinesische, schweizer usw. Kultur) oder ethnische, an Blutsbanden ansetzende Volkskulturen („die" Kultur der Kurden, Juden, Buren, Sizilianer usw.), bei denen die Homogenität der Kulturmitglieder scheinbar nicht mehr erklärt werden braucht.[13] Grundsätzlich kann das Kulturkonzept sowohl additiv als auch synthetisch bestimmt werden, indem entweder ein Bündel ganz bestimmter, definierter Verhaltenseigentümlichkeiten oder die spezifische Gleichartigkeit der Verhaltensmuster über verschiedene Themenbereiche hinweg als Kriterium für die Zugehörigkeit zu einem Kulturkreis gewertet werden.[14] Allerdings wird innerhalb der Ökonomik auf konkrete Abgrenzungen und Bestimmungen von Kulturen in der Regel verzichtet und auf ein gemeinsames Vorverständnis vertraut. Damit

[12] Dies gilt nicht für die Kulturwissenschaften (Kulturanthropologie, Cultural Studies, Ethnologie usw.), in der allerdings eine Vielzahl ganz unterschiedlicher Kultur-Konzepte nebeneinander existieren. Da die Vielfalt dieser Ansätze hier nicht in ihrer Gänze erörtert, überprüft und auf ihre Stimmigkeit mit dem vorgeschlagenen Kulturkonzept erläutert werden können, vgl. als kritischen Überblick zu Kulturtheorien Hermann-Pillath (1999), Wimmer (1996), Maletzke (1996), Koch (1989); Für einen kulturtheoretischen Ansatz, der sich kritisch mit der Kulturspezifität von intersubjektiv verfügbarer „Bedeutung" auseinandersetzt, vgl. Strauss, Quinn (1997)

[13] Gerade vor dem Hintergrund der sogenannten Postmodernisierung von Gesellschaften und Individualisierungstendenzen sind solche nationalen und ethnischen Kulturkonzepte problematisch geworden. Vgl. Zima (1997), Swingewood (1998) und Koslowski (1987), zum Einfluß von Individualisierung auf gesellschaftliche „Kultur" vgl. Friedrichs (1998) und Keupp (1995)

[14] Einen additive Kulturbegriff vertritt z.B. Hirschberg (1965): „Kultur ist die Summe der von einem Volk hervorgebrachten und tradierten [..] Werte sowie seiner Kenntnisse und Handfertigkeiten, Verhaltensweisen, Sitten und Wertungen, Einrichtungen und Organisationen, die in ihrer strukturellen Verbundenheit [..] den Lebensinhalt eines Volkes in einem bestimmten Zeitraum repräsentieren." Vivelo (1981) betont dagegen die innere Verbundenheit, Geordnetheit des funktionalen *Ganzen* „Kultur".

ist der Kulturbegriff unoperational. Ein weiteres Problem entsteht durch die „Anomalie", daß Wirtschaftssubjekte nicht streng und eindeutig an *einen* Kulturkreis gebunden sein müssen (Doppelzugehörigkeit, Mischkulturen) und unter Verfolgung ökonomischer Zwecke z.T. vielfältige kulturelle Sprachvermögen aufbauen können, um transkulturelle Operationen durchzuführen sowie als Übersetzer, Mittler tätig werden. Insofern scheint „Kultur" nicht die restriktive Wirkung zu haben, welche die starren Kulturschablonen suggerieren. Problematisch aus ökonomischer Sicht ist außerdem, daß auch innerhalb der Kulturwissenschaften und der auf einzelne „Kulturkreise" oder Länder spezialisierten Einzelwissenschaften weder einheitliche noch durch weitgehenden Konsens gesicherte Kulturdefinitionen und Methoden existieren, welche die ÖkonomInnen zur kulturvergleichenden Wirtschaftsforschung anwenden könnten.

Das Konzept des Sprachspiels ist für die Ökonomik als Forschungsmethode deshalb vorzuziehen. Denn es macht die Eigentümlichkeit und Spezifität ökonomischer Lebensformen direkt an ökonomischen und außerökonomischen (regularisierten) Verständigungen fest. Mit dieser eindeutigen Ausrichtung auf sozio- und kognitiv-linguistische Phänomene zur Erklärung gruppenspezifischer ökonomischer Praxis ist auch das methodische Vorgehen klarer definiert. Die Komplexität sprachspiel-ökonomischer Forschung der starken Nicht-Neutralitätsthese wird dadurch gemindert, daß die Ergebnisse außer-ökonomischer Linguistikforschung und der linguistisch orientierten Ethnomethodologie integriert werden können.[15] Gerade der Umstand, daß sich das handelnde Wirtschaftssubjekt in der ökonomischen Situation gleichzeitig innerhalb mehrerer Sprachspielgemeinschaften bewegen kann und sein Verhalten auf diese hin orientiert, macht das Sprachspielkonzept griffiger für reale Praxisforschung als die starreren Kulturkonzepte. Sowohl funktional als auch ethnisch oder nach bestimmten Interessengruppen ausdifferenzierte Sprachspielgemeinschaften („Kulturen") können dann in die Erklärung ökonomischen Verhaltens einbezogen werden. Sogenanntes transkulturelles ökonomisches Handeln ist nicht mehr eine Anomalie, sondern das Ergebnis eines Lernprozesses, in dem spezifisches Sprachvermögen bisher fremder Sprachgemeinschaften aufgebaut wurde.

Innerhalb der vorliegenden Arbeit wurde die Erklärung und Begründung geliefert, warum in der Ökonomik die starke These der ökonomischen Relevanz von Sprache vertreten werden sollte. In diesem Sinne wer-

---

[15] Vgl. bspw. Dittmar (1997), Wierzbicka (1991), Jäger (1993), Garfinkel (1967, 1986)

den in diesem Abschnitt 6.1 allgemeine Implikationen einer sprachintegrierten Ökonomik erläutert. Für die transaktionstheoretischen Analysen
in Abschnitt 6.2 reicht grundsätzlich auch die schwache These ökonomischer Relevanz von Sprache aus, da hier ökonomische Phänomene auf ihre
Sprachförmigkeit hin analysiert werden. *für B.1 doch schwache These?*

6.1.1 Typen ökonomischer Sprachspiele

Da ökonomische Praxis nun als Gesamtheit ökonomischer Sprachspiele
definiert wurde, fächern sich wirtschaftliche Phänomene in eine unüberschaubare Vielzahl und Mannigfaltigkeit von Sprachspielen in Raum, Zeit
und verschiedenen Sprachspielgemeinschaften auf.

Betrachtet man allein die Vielzahl verschiedener Kulturen, mittels derer
weltweit das je zentrale Grundnahrungsmittel an die Verbraucher gelangt
und gelangte, wird diese Mannigfaltigkeit gleich deutlich: handelt es sich
bei dem Grundnahrungsmittel um Brot, Weizen, Gerste, Reis, Mais, Kar-
toffeln oder anderes und warum? Gibt es eine hohe Variantenzahl und
Qualitätsspektrum von Grundnahrungsmitteln oder eine sehr monotone
Ernährung? Welche anderen Nahrungsmittel werden noch dazu kombiniert und wieviel verbraucht man davon? Welche Teile der Bevölkerung
haben die Möglichkeit, das Nahrungsmittel im Eigenanbau zu erwirtschaften, wer muß und wer will es durch Kauf, Tausch, Geschenk, Zuwei-
sung usw. erhalten und warum? Wer hat Wissen über die Herstellung und
wer über die Weiterverarbeitung, die Allokation, Verteilung und Zubereitung des Nahrungsmittels? Wie und auf wen sind die Eigentumsrechte
an den Produktions-, Transaktions- und Konsummitteln des Grundnahrungsmitteln verteilt? Dient es allein der Ernährung oder ist es auch Teil
religiöser Riten? In welche kulturellen Rituale der Nahrungsaufnahme ist
das Nahrungsmittel eingebunden und gibt es unterschiedliche Sitten für
unterschiedliche Personengruppen der Gemeinschaft? Wird das Gut über
Märkte transagiert: welche und wieviele Marktteilnehmer gibt es? Sind die
Marktteilnehmer einander anonym oder gibt es stabile Abnehmerbezie-
hungen – und zwischen welchen Gruppen? Stehen die Geldpreise fest oder
werden sie ausgehandelt? Wovon hängen sie ab, in welcher Währung wird
tarifiert und warum? Wie ist der Grundnahrungspreis in der gesamten
Preisstruktur eingegliedert? Schwankt er in seinem relativen Wert stark
oder nicht? Gilt das Law of One Price oder gibt es Preisdiskriminierungen?

Und wie werden Diskriminierungen durchgesetzt? Finden sich Käufer und Verkäufer an einem Ort zusammen? Wer hat welche Wege auf sich zu nehmen? Innerhalb eines Haushalts: wer sorgt für den Erwerb, wer für die Zubereitung des Grundnahrungsmittels, wer bezahlt, wer verbraucht, wie geht die Verteilung vor sich, welche reziproken Leistungen erhält wer von wem in diesem Zusammenhang? Welche Gruppen bilden eine Erwerbsgemeinschaft (Kern-, Großfamilie, Clan, Einzelperson)? usw.

Bei der Beantwortung all dieser Fragen sollte deutlich geworden sein, daß für unterschiedliche Bevölkerungsgruppen zu unterschiedlichen Zeiten ganz verschiedene Antworten zu geben sind. Dabei bietet das Beispiel den Vorteil, daß notwendigerweise alle Menschen in Sprachspiele der Versorgung mit Grundnahrungsmitteln eingebunden sind, während viele ökonomische Sprachspiele sich nur in bestimmten Gruppen finden (z.B. Aktienspekulation). Diese Vielfalt ökonomischer Sprachspiele des Grundnahrungserwerbs kann als Mannigfaltigkeit raum-zeitlich-personen-spezifischer ökonomischer Sprachspielstile oder Sprachspielkulturen[16] bezeichnet werden, innerhalb derer ganz unterschiedliche Rationalitäten (Erfolgsorientierungen) handlungsleitend wirksam werden können. Lebendige ökonomische Praxis ist folglich nicht universal, sondern immer sprachspielkulturspezifisch. Eine getrennte Betrachtung von Ökonomie

Def. Kultur.

[16] Der Kulturbegriff ist innerhalb des Sprachspielkonzepts wie folgt abzugrenzen: Menschen haben genau dann eine gemeinsame *Kultur*, wenn sie *in ihren Lebensformen übereinstimmen*. Folglich sind auch Sprachspielgemeinschaften Mitglieder einer gemeinsamen Kultur, da Sprachspiele nur im Falle ihrer Einbettung in eine gemeinsame Lebensform eine funktionierende, stabile Verständigungspraxis konstituieren können. Eine Kultur ist eine konkrete, inhaltlich bestimmte Form der geteilten Lebensform und der darin eingebetteten Sprachspielpraxis, also das *So*-Leben (-Handeln, -Sprechen, -Interagieren), die Art und Weise des (Inter-) Agierens in bestimmten Arten von Kontexten. Da in modernen Gesellschaften nicht alle Lebensbereiche innerhalb *einer* Gruppierung ausgehandelt werden, ist es zur eindeutigen Kennzeichnung des Kulturbegriffs notwendig, Kultur als konkrete, inhaltlich bestimmte Form einer *thematisch begrenzten* übereinstimmenden Lebensform zu definieren, z.B. die Gruß-Kultur eines bestimmten Dorfes oder einer Jugendgang. Diese Kulturdefinition entspricht ungefähr der von Maturana von Kultur als „eine menschliche Lebensweise [...], ein geschlossenes [..] bestimmtes Netzwerk von Konversationen [, das] eine bestimmte Konfiguration von Koordinationen von Handlungen und Emotionen (eine bestimmte Verflechtung von Sprachhandlung und Emotionieren) [ist. (...) Eine Kultur entsteht,] sobald ein geschlossenes Netzwerk von Konversationen als die Lebensweise einer menschlichen Gemeinschaft bewahrt zu werden beginnt, und verschwindet oder verändert sich, wenn dieses Netzwerk von Konversationen nicht mehr bewahrt wird." Maturana, Verden-Zöller (1997) S. 24

und Kultur ist nicht möglich.[17] Ökonomische Praxis ist vielfältiger und pluralistischer als bisherige ökonomische Theorien oder statistische Verfahren es wahrnehmen und erfassen (können).

Da nun der Blick für die unüberschaubare Mannigfaltigkeit ökonomischer Sprachspielpraxis geschärft wurde, ist auch deutlich, daß ökonomische Theorien Unterscheidungen einführen müssen, mit deren Hilfe ökonomische Sprachspiele kategorisiert und Wirkungsbeziehungen innerhalb und zwischen Sprachspielen analysiert werden können. Faktum ist, daß die von TheoretikerInnen eingeführten Unterscheidungen zur Thematisierung ökonomischer Sprachspielpraxis immer durch deren jeweiligen Interessenfokus bestimmt sind. Zum Beispiel habe ich einleitend Sprachspiele, in denen die Wirtschaftssubjekte sprachliche Worte äußern, von solchen unterschieden, in denen keine sprachlichen Zeichen geäußert werden. Eine solche Unterscheidung ist im Rahmen einer Forschung relevant, in der die Bedeutung sprachlicher Phänomene für Wirtschaftsprozesse untersucht wird. In anderen ökonomischen Ansätzen findet sich eine solche Unterscheidung nicht, da die übliche Neutralitätsannahme von Sprache dies als irrelevante Eigenschaft impliziert. In ähnlicher Weise können ökonomische Theorien, die von der Neutralität des Geldes ausgehen, Aktivitäten geldpolitischer Institutionen ignorieren und brauchen Realtauschtransaktionen nicht von Handel gegen Geld zu unterscheiden, wie dies bspw. in der realen Außenwirtschaftstheorie der Fall ist.

Der Umstand, daß sprachlich formulierte wissenschaftliche Theorien notwendig eliptischer Natur sind (vgl. 4.3.2) und daß die von Wirtschaftssubjekten geäußerten Verhaltensweisen zugleich in erheblicher Weise vieldeutig sind (vgl. 5.2.5), hat zur Folge, daß wissenschaftliche Rekonstruktionen ökonomischer Sprachspiele niemals vollständig sein können. Selbst wenn man die Gesamtheit unterschiedlicher ökonomischer Paradigmen addierte, wären nicht alle Sprachspiele erfaßbar.

Eine vollständige deskriptive Theorie ökonomischer Sprachspiele ist nicht möglich, da diese nicht nur die Gemeinsamkeiten aller Sprachspiele (z.B. Tausch gegen Geld) verallgemeinern dürfte, sondern auch die Außenseite der verallgemeinernden Wahrnehmung, nämlich die spezifischen Unterschiede real praktizierter Sprachspiele erfassen müßte. Daß mit der Erfassung von Unterschieden an irgendeinem Punkt aufgehört wird, ist bei allen statistischen Verfahren zur „Erhebung ökonomischer

---

[17] Eine kritische Haltung zur nicht hinterfragten Trennung von Kultur und Ökonomie vertreten auch Timm (2000) S. 364, Bourdieu (1983) S. 184.

Daten" festzustellen. Der Wunsch nach weltweiter Standardisierung ökonomischen Datenmaterials bewirkt zusätzlich, daß inter- und intranationale Unterschiede ökonomischer Sprachspielpraxis ausgeblendet werden. Ein Beispiel hierfür ist die Sozialproduktermittlung, welche die Wertschöpfung im informellen Sektor, der in Entwicklungsländern häufig eine große Rolle spielt, oder in Eigenarbeit (Produktion in Haushalten) nicht erfaßt und so die relativen Produktionsleistungen von Volkswirtschaften „falsch" abbildet.[18] Bei den bisher erfaßten empirischen „ökonomischen Daten", die zur Überprüfung und Anwendung ökonomischer Theorien verwendet werden, muß deshalb sehr genau überprüft werden, inwiefern sie überhaupt den Bedeutungen entsprechen, die das statistische Erhebungsverfahren unterstellt. Werden z.B. fast alle Transaktionen, bei denen die Gegenleistung in Geld erbracht wird, als Markttransaktion erfaßt (VGR), so bleiben Tauschtransaktionen (wie z.B. in Tauschringen, Netzwerken oder unter Freunden), schattenwirtschaftliche Wertschöpfungen[19] und Eigenarbeit außen vor, und ob Wettbewerb erzeugende Marktregeln (Preisvergleich, Feilschen usw.) befolgt wurden, fällt auch außer Betracht.

Auch eine vollständige positive Theorie ökonomischer Sprachspiele ist nicht möglich, da die Mannigfaltigkeit der Verwobenheiten ökonomischer Sprachspiele untereinander und mit nicht-ökonomischen Sprachspielen so komplex ist, daß die genauen Wirkungsbeziehungen und Interdependenzen nicht vollständig erfaßt, geschweige denn quantifiziert werden könnten. Zudem kann die Explikation von Theorien über ökonomische Wirkungszusammenhänge, wenn sie von den Wirtschaftssubjekten rezipiert wird, dazu führen, daß sich die Wirtschaftssubjekte unter „Kenntnis" dieser Wirkungszusammenhänge anders orientieren. Da sich also die komplexen Wirkungszusammenhänge bereits aufgrund der Kommunikation über interpretierte Wirkungszusammenhänge verändern können, ist deren vollständige Erfassung bereits durch den diskursiv bewirkten Veränderungsprozeß unmöglich.

Eine vollständige normative Theorie ökonomischer Sprachspiele ist schon aufgrund der Einmaligkeit von Menschen unmöglich. Was der einzelne Mensch als interessant oder problematisch empfindet und so zum Thema seiner ökonomischen Forschung macht, liegt in seiner individuel-

---

[18] Vgl. Buchheim (1994)

[19] Der informale Sektor und Countertrademöglichkeiten können insbesondere für Entwicklungsimpulse in Entwicklungsländern sehr bedeutsam sein. Vgl. de Soto (1992), Berriane, Hopfinger (1997), Fletcher (1996)

len Geschichte begründet. Und sei es, daß diese Geschichte ihm die Thematiken interessant erscheinen läßt, die in aktuellen ökonomischen Zeitschriften oder in der Politik diskutiert werden oder die ihm sein Doktorvater aufdrängt. Obwohl der normative Fokus eines ökonomischen Theorieansatzes immer selektiv ist, könnte man die Gesamtheit normativer Interessenleitgedanken als vollständige Repräsentation aller möglichen Problematisierungen von Ökonomie annehmen. Dieser optimistische Ansatz übersieht jedoch, daß diese normativen Leitgefühle erstens selten in Diskursen integriert werden können, normative Theorien also als fragmentarische Ideen nebeneinander stehen. Zweitens wird die Zukunftsoffenheit sozio-ökonomischer Entwicklungen und deren normative Bewertungen übersehen. Drittens gelten in jeder Kultur Tabugrenzen für die codifizierte Explikation bestimmter normativer Leitgefühle, die deshalb auch als Leitideen wissenschaftlicher Theoriebildung verschleiert oder vermieden werden müssen.

Trotz und wegen der Unmöglichkeit einer vollständigen theoretischen Erfassung ökonomischer Sprachspielpraxis ist es möglich, Typen unterschiedlicher ökonomischer Sprachspiele zu unterscheiden.

6.1.1.1 Bedeutungsdimensionen ökonomischer Sprachspiele

Nach Schulz von Thun und Watzlawick verständigen sich SprachspielteilnehmerInnen simultan über mindestens fünf Dimensionen von Bedeutungen, wobei pro Dimension u.U. mehrere Bedeutungen kommuniziert werden können: Sachebene, Selbstkundgabe, Beziehungsaussage und Appell sowie die Unterscheidung von Kommunikation und Meta-Kommunikation.

Die Sachebene ökonomischer Sprachspiele bezieht sich auf das Verfügbarmachen und Sichern von Vermögen. Eine **vermögen**sorientierte Betrachtung würde die Gesamtheit ökonomischer Sprachspiele beispielsweise einteilen in Sprachspiele der Einkommensentstehung, Einkommensverteilung, Einkommensumverteilung und Einkommensverwendung sowie der Vermögenssicherung.

Steht der Güterraum im Vordergrund der Betrachtung, unterteilt man in Produktions-, Transaktions-, Konsum- und Destruktions- oder Reproduktionssprachspiele, je nachdem, welche **Aktivitäten** die Wirtschaftssubjekte mit dem „Ding" bzw. der „Leistung" durchführen. Allerdings beschränkt sich die ökonomische Theorie in der Regel auf die Bereiche Produktion, Transaktion, Konsum. Man kann auch, z.b. für strukturtheoretische Betrachtungen, mehr oder weniger fein nach den **Güterarten**, um die es geht, unterteilen, also in Sprachspiele bezüglich Nahrungsmitteln, Textilien, Maschinen, Verkehrsmittel, Versicherungen, Pflege, Gesetze und so weiter.

Auf der Selbstausdruckebene können Sprachspiele unterschieden werden nach ihren **teilnehmenden AkteurInnen**. Solche Theorien deuten die ökonomische Praxis nach den je unterschiedlichen Orientierungskriterien und rollenspezifischen Aktivitäten der Sprachspielteilnehmer, bspw. Unternehmen, Haushalte, private und staatliche Akteure (Regierung, Parlament, Bürokratie, Parteien, Interessengruppen usw.), inländische, ausländische Akteure, Arbeitgeber, Arbeitnehmer, Stakeholder, Shareholder, Prinzipale und Agenten oder Berufsgruppen, Ethnien, Geschlechter, Altersgruppen.[20] Hierbei kann der Kommunikationsstil einzelner Akteure des Akteurtyps thematisiert werden, z.b. das konkrete Unternehmen X als Summe der Sprachspiele, die dieses Unternehmen konstituieren (für die Fallstudie bezüglich der Unternehmenskultur von X), oder die Kommunikationsweisen *aller* Akteure dieses Akteurtyps (innerhalb eines bestimmten Zeitraums und einer Region), um in einer vergleichenden Analyse Branchenspezifika, spezifische Aktivitätsarten und Erfolgskriterien usw. herauszuarbeiten. Interessanterweise scheint sich die Fokussierung ökonomischer Sprachspielpraxis in ersten Ansätzen vor allem in der Analyse von Unternehmen als Netzwerk von Konversationen zu implementieren. Dies kommt sowohl in einer kommunikationsorientierten Unternehmensforschung und -beratung zum Ausdruck[21] als auch in evolutorischen (oder wirtschaftssoziologischen) Ansätzen, die das monolithische Unternehmenskonzept auf seine Emergenz aus sozialen Verständigungsprozessen zurückführen wollen.[22] Auch eine der wenigen sprachspielorientierten empirisch-ökonomischen Forschungen bezieht sich auf die konstituierenden Sprachpraktiken in Organisationen.[23]

---

[20] Vgl. z.B. Schlicht (1998), der die Unternehmung als Team darstellt, das sich aus „interlocking social roles, embodied in job descriptions" (S. 223) konstituiert. Von der Interaktion rollenspezifischer Akteure zu einer sprachspieltheoretischen Herangehensweise ist es bei Schlichts Custom-basierten Ansatz nur noch ein kleiner Schritt.

[21] Vgl. z.B. Tsoukas (1996), Bruhn (1997) oder Baecker (1999) S. 113-125

[22] Vgl. etwa Witt (2000)

[23] Vgl. die ethnomethodologisch inspirierte Studie von Boden (1994). Auch in der Linguistik sind die wenigen ökonomisch orientierten Untersuchungen unternehmensbezogen.

Zum anderen kann aber auch die **Beziehungsebene** von Sprachspielen fokussiert werden, indem die typischerweise daran beteiligten Akteurtypen und deren komplementäre Rollen analysiert werden. Käufer-Verkäufer in Kauftransaktionen, allgemeiner: Anbieter-Nachfrager, Mieter-Vermieter, Arbeitgeber-Arbeitnehmer, Staat-Bürger, konkreter: Polizist-Demonstrant, Angeklagter-Anwalt-Staatsanwalt-Richter, Recht setzende bzw. Recht durchführende Seite, Finanzbeamter X-Steuerzahler Y, oder Beziehungen zwischen Kreditnehmern und Kreditgebern, oder innerhalb eines privaten Haushalts z.B.: FamilienarbeiterIn-ErwerbstätigeR. Innerhalb der Transaktionskostentheorie werden bspw. Transaktionsregime innerhalb der Bandbreite anonymer Spotmärkte-Netzwerke-Hierarchie unterschieden, je nach dem Ausmaß der Einseitigkeit und Spezifität von Vorleistungen, die zur Durchführung der Transaktion nötig wären. Diese Transaktionsregime unterscheiden sich nach den Mitteln, mit denen (zwischen rationalen Wirtschaftssubjekten) Vertrauen in der jeweiligen Transaktionsbeziehung geschaffen werden kann. Andererseits kann bei Vorliegen von Vertrauensbeziehungen anderen Ursprungs (z.B. ethnisches Sozialkapital, gemeinsame Schulzeit, regionale Herkunft und ähnliches) die gleiche Transaktion auch innerhalb von schwächer bindenden Transaktionsregimes durchgeführt werden.[24]

Geht man auf die Appellebene ökonomischer Verständigungen, so lassen sich Sprachspiele nach Arten der **Machtausübungen** unterscheiden. Während innerhalb von Unternehmen ganz unterschiedliche Arten von Führungsstilen sowohl bei der Machtausübung von unten nach oben als auch von oben nach unten zum Tragen kommen, kann sich der Gewaltmonopolist Staat eines wesentlich breiteren Spektrums von Macht- und Sanktionsmitteln bedienen. Da Markttransaktionen der Vertragsfreiheit unterliegen, muß die Machtausübung zwischen Marktakteuren wiederum oftmals subtiler und unterschwelliger vor sich gehen, als innerhalb von Organisationen, innerhalb derer Machtdifferentiale durch die Routinetendenzen von Kognitionsprozessen leichter zu stabilen Herrschaftsstrukturen gerinnen können. Es ist dabei immer zu fragen, wie die Machtausübung gelingt. Welche Regeln gibt es, nach denen Aufforderung und kor-

---

Vgl. Paschek (2000), Meier, C. (1997), Pothmann (1997), Bungarten (1994), Zerfaß (1996), Derieth (1995), Müller (1997)

[24] Interessant sind hier auch Transaktionssituationen, in denen die Komplementarität von Transaktionsvermögen nicht von Anfang an gegeben sind, also interkulturelle ökonomische Verständigung. Vgl. z.B. Kale, Barnes (1992), Fletcher (1996)

rekte, gewünschte Verhaltensantwort verknüpft sind. Auch die Rollen-
ebene der beteiligten Personen ist hierbei unter Umständen spezifizierend
einzubeziehen, um zu klären, welche Rollenattribute Herrschaft stabilisieren und welche nicht.

Jedes ökonomische Sprachspiel kann wiederum in ökonomische oder
nicht-ökonomische **Meta-Sprachspiele** eingebunden werden. Beispielsweise wird in der Theorie des Signalings davon ausgegangen, daß ein
Wirtschaftssubjekt die Aktion X (Investition am teuren Standort
Deutschland) nicht nur in der Bedeutung X ausführt, sondern indem es X
ausführt, noch bestimmte zusätzliche Bedeutungen Y, Z (Marktführer,
gute finanzielle Basis, Vertrauenswürdigkeit usw.) zum Ausdruck bringen
will. Die mit Signalingbotschaften gemeinten Interpretationen werden
i.d.R. nicht explizit codifiziert, sondern nur vermittels anderer Tätigkeiten
geäußert. Ein Beispiel für die Institutionalisierung von expliziten codierten
Metasprachspielen ist die Installation von Qualitätszirkeln in Unternehmen, in denen die in den Unternehmenssprachspielen erzeugten Qualitäten diskursiv interpretiert (und weiterentwickelt) werden sollen. Nicht-
ökonomische Meta-Sprachspiele, in die ökonomische Sprachspiele eingebunden sein können, sind bspw. moralische (wenn Erdbebenopfer eines
anderen Landes ökonomische Transfers erhalten), rechtliche (Bußgelder)
oder emotionale (Verschenken von Gütern und Leistungen als Ausdruck
von Liebe und Freundschaft). Umgekehrt können auch nicht-ökonomische Sprachspiele in ökonomische Metasprachspiele eingebunden sein und
so zu sinngemäß ökonomischen Sprachspielen werden, bspw. wenn
jemand in einen bestimmten Golfclub eintritt und das Golfspielen nutzt,
um Kontakte zu potentiellen Geschäftspartnern aufzubauen (Netzwerke).

Schaut man sich die wirtschaftswissenschaftliche Literatur an, stellt
man zwar fest, daß ökonomische Sprachspiele in jeder der fünf Dimensionen unterschieden werden, aber daß selten alle fünf Dimensionen ökonomischer Verständigungen in ihrem Zusammenspiel fokussiert werden.
Zwar unterscheidet bspw. das neoklassische Marktmodell formal die Akteure Anbieter und Nachfrager, deren rollenspezifisches Verhalten ist aber
allein durch die Technologie, Präferenzen und übrige Preisstruktur determiniert. Individuelle Unterschiede im Kommunikationsverhalten kommen nicht zum Tragen. Machtausübung ist allein aufgrund der Zahlen-
relation von Anbietern und Nachfragern zueinander möglich. Der Grund-
einwand hermeneutisch-ökonomischer Ansätze lautet hier deshalb, daß in
neoklassischen Marktmodellen eigentlich gar keine Verständigungen bzw.

Interaktionen der Akteure vorkommen, weshalb das Zustandekommen von Markttransaktionen unerklärt bleibt.

Ein weiteres Beispiel für fragmentierende Theorien ökonomischer Sprachspiele sind solche, die das Verhalten bestimmter Akteurtypen thematisieren, ohne diese Verhaltensweisen als Teil von Verständigungshandlungen zu erkennen, welche ja immer von der gelingenden Verständigung zwischen beiden Kommunikationsseiten abhängen. Optimiert man z.B. das Produktions- und Konsumverhalten eines einzelnen Wirtschaftssubjekts, so wird immer unterstellt, daß die Transaktionsbereitschaft der jeweiligen Verhandlungspartner zu vollständig spezifizierten, fixierten Bedingungen feststeht, bekannt ist und unabhängig von bestimmten Eigenarten des Individuums sowie jenseits der Zeit aufrecht erhalten wird.

Um Mißverständnisse zu vermeiden: es wird nicht kritisiert, daß ökonomische Theorien selektiv und abstrahierend bestimmte Aspekte ökonomischer Verständigungen herausgreifen. Denn erstens müssen sie abstrahieren und zweitens gibt es heute differenziertere Theorien, die unterschiedliche Rollenverständnisse innerhalb des Unternehmens- oder Konsumentensektors oder auch ein breiteres Spektrum von Transaktionsarten kategorisieren.[25] Wenn aber von den jeweils anderen Dimensionen und dem situativen Kontext ökonomischer Verständigungen abstrahiert wird, sind die Determinanten des Gelingens solcher Verständigungen unbestimmt und Niveau und Struktur der ausgewählten empirischen Phänomene unerklärbar.

6.1.1.2 Sprachfunktionen

Eine weitere Typisierung ökonomischer Sprachspiele kann nach Sprachfunktionen vorgenommen werden. Bereits einleitend   (Abschnitt 1.4) wurden die fünf Funktionen, denen Sprache dient, erörtert: die epistemische und kognitive Funktion, pragmatische Funktion, Beziehungsfunktion, Koordinationsfunktion, Identitätsfunktion und Reflektionsfunktion.

Diese Funktionen sind nicht substitutiver Natur. Statt dessen sind aufgrund der Mehrdimensionalität von Sprache in jedem Sprechakt alle diese Wirkungsebenen – mehr oder weniger stark – enthalten. Ökonomische Sprachspiele lassen sich nun danach typisieren, welche Sprachfunktionen

---

[25] Etwa die Marktprozeßtheorie, Institutionentheorien oder wirtschaftsethnologische und -soziologische Forschungen.

in der Sprechsituation im Vordergrund stehen. Diese funktional ausgerichtete Typisierung kommt der wirtschaftswissenschaftlichen Praxis entgegen, die Ganzheitlichkeit der Sprechaktsituation zugunsten einer partiellen, interessegeleiteten Theoriebetrachtung zu ignorieren (zu dieser Kritik siehe Abschnitt 6.1.1.1). Andererseits kommt diese Art von „Partialbetrachtung" den sprachlichen Charakteristika entgegen. Das heißt, es ist zu erwarten, daß die Musterähnlichkeiten (und Unterschiede) ökonomischer Sprachspiele stark durch die jeweils dominanten Sprachfunktionen geprägt sind, nicht nur (oder weniger stark als erwartet) entsprechend der wirtschaftswissenschaftlich kategorisierten Tätigkeitstypen.

Die **epistemische und kognitive Funktion** betont die wirklichkeitskonstituierende Kraft von Sprache, welche auch die Handlungsorientierung einschließt. Diese Funktion ist in jedem (ökonomischen) Sprachspiel beteiligt, da die Dominanz von Sprache für kognitive Orientierungen ja in den gespeicherten kognitiven Prozeßstrukturen stabilisiert sind. Jedoch ist zu erwarten, daß diese Dominanz insbesondere für ökonomische Tätigkeiten gegeben ist, die primär in sozialen, interaktiven Situationen stattfinden (Transaktionen, kommunikative Produktion, gemeinschaftlicher Konsum usw.) oder in diesen erlernt werden. Eine geringere Rolle spielt sie dagegen in ökonomischen Tätigkeiten, in denen der einzelne in längeren Perioden unabhängig von anderen und vor allem körperlich operiert. Beispiel hierfür wären landwirtschaftliche, handwerkliche, sportliche oder industriell körperliche Tätigkeiten soweit innerhalb der jeweiligen Tätigkeitsschritte tatsächlich keine Koordination mit anderen Personen erforderlich ist, sofern die kognitiven Interpretationsroutinen nicht extrem durch den sozialen Lernprozeß sprachlich strukturiert sind oder eine solche Strukturierung durch Koordinationssprachspiele erfolgt, in die diese Tätigkeitsmuster eingebunden sind. In solchen sprachlich weniger dominierten Tätigkeiten hat das basale Bedeutungssystem und die direkte-individuelle Steuerungsebene (sowie die darunter liegenden Ebenen) einen weitgehenden, dominanten Einfluß auf die Steuerung ökonomischen Verhaltens.

Erforscht man nun ökonomische Lebensformen unter dem Aspekt der stärkeren oder weniger starken Dominanz der kognitiven Funktion von Sprache, so ist die ökonomische Praxis in ein Kontinuum sprachunabhängiger bis sprachdominierter Prozesse und Phänomene einzuteilen. Der Einfluß der kognitiven Funktion von Sprache durch die *wissenschaftliche* Strukturierung der beobachteten ökonomischen Phänomene wird bei den sprachunabhängigeren Phänomenen um so größer sein, da die hier bei den Wirtschaftssubjekten wirksamen Interpretationen weitgehend tacit knowledge sein *müssen*, während sie es bei sprachabhängigeren Phänomenen korrespondierend zum jeweiligen Reflektionsgrad der Wirtschaftssubjekte sein *können*.

Von besonderer Bedeutung ist die kognitive Funktion von Sprache in ökonomischen Prozessen aber immer dort, wo die AkteurInnen gegenseitig die kognitive Orientierungspraxis beeinflussen und gestalten wollen. Hinsichtlich der kognitiven Sprachfunktion sind folglich insbesondere jene ökonomische Sprachspiele interessant, in denen Bildung, Aus-, Fort- und Weiterbildung geschieht, in denen Wirtschaftssubjekte in Gruppen einsozialisiert werden (Einarbeitungsphasen in Organisationen), in denen sich Gruppen bilden, Erziehungsprozesse, in denen vor allem Konsumverhalten, Präferenzen, Lernverhalten insgesamt sowie Kommunikationsverhalten stark geprägt werden, außerdem der gesamte Bereich der Beeinflussung von Meinungs- und Willensbildungsprozessen, der sowohl eher einseitig werbender Natur sein kann (Marketing, Wahlkampf) als auch starken Verhandlungscharakter tragen kann, wenn mehrere Parteien mit ähnlich starken, aber differierenden Interessen aufeinandertreffen (z.B. Teamarbeit, Tarifverhandlungen, kooperative wirtschaftspolitische Prozesse).[26]

Die kognitive Sprachfunktion ist aus ökonomischer Sicht folglich immer dann dominierendes Thema, wenn kognitive Orientierungen in Bewegung geraten, ungefestigt sind, neu gelernt werden. Dazu mehr im Folgenden. Zum anderen ist diese Sprachfunktion aber auch dominierendes Thema, wenn das *Erleben* kognitiver Prozesse im Vordergrund steht, ohne daß eine Verhaltensneuorientierung erreicht werden soll. Dies ist etwa im Bereich der Unterhaltung der Fall, reger Austausch über Dinge und Phänomene, die für die alltägliche Lebenspraxis höchst irrelevant sind, deren kognitives Erleben jedoch die Neugier befriedigt oder sonstige angenehme Gefühle (Schauder, Erleichterung) weckt. Die Unterhaltungsindustrie und der Informationssektor haben diesen Bereich der kognitiven Anregung zu einem professionalisierten Produkt mit erheblichen Umsätzen entwickelt. Aber auch die marktferne Produktion solcher Sprachspiele ist ein erheblicher Teil ökonomischer Praxis. Auch unter Abwesenheit von Bildungs- und Entwicklungsintentionen können hierbei dennoch Bestände von Interpretationsvermögen entwickelt oder entwertet werden, die ökonomisch relevant sind. Deshalb hierzu mehr.

---

[26] Vgl. zu politischen Verhandlungslösungen Callies, Striegnitz (1991)

Kognitive Neu- und Umstrukturierungsphasen (Lernen und Organisationsentwicklung) verlaufen erfahrungsgemäß sehr unterschiedlich, können zu erheblichen Konflikten führen, dauern länger oder kürzer als erwünscht, haben gewünschte und unerwünschte Ergebnisse und Kostenverläufe. Die wirtschaftswissenschaftliche Beratung ist entsprechend gefragt, zur Effektivierung und Qualitätssteigerung solcher Lern- und Entwicklungsprozesse beizutragen. Es existieren entsprechend reichlich Beratungsangebote und Theoriezweige, die sich mit der Erforschung solcher Prozesse vor allem im Bereich der Pädagogik, Betriebswirtschaft und Organisationssoziologie beschäftigen. Eine volkswirtschaftliche Erforschung dieser kognitiven Neu- und Umstrukturierungsphasen müßte einen breiteren Fokus verfolgen. Das Forschungsinteresse ist hier nicht von den Interessenschwerpunkten der jeweiligen Organisation bzw. deren Führungskräften geleitet, sondern es richtet sich auf die Erklärung von Regelmäßigkeiten, die Lern- und Gruppenentwicklungsprozesse je nach beteiligten Personen (ethnische, soziale, funktionale, regionale Herkunft), Kommunikationsstilen, Situationsstruktur (einzelne lernen/alle lernen), Bildungs- bzw. Entwicklungsthema, Machtkonstellationen, verbundene Sanktionsmöglichkeiten usw. haben. An solchen kognitiven Lern- und Entwicklungstheorien interessieren aus volkswirtschaftlicher Sicht sowohl der Vergleich der kognitiven Strukturierungspraktiken (z.B. unter Zeit-, Effektivitäts-, Nutzen- und Kostenerwägungen) als auch die positiven und negativen Wirkungen des Zusammenspiels der unterschiedlichen kognitiven Umstrukturierungspraktiken in der Volkswirtschaft.

Die **pragmatische Funktion** von Sprache, welche den Einfluß von Sprache für die Handlungsorientierung von Wirtschaftssubjekten bezeichnet, steht in engem Zusammenhang mit der kognitiven Sprachfunktion, da die Äußerung ökonomischen Verhaltens lediglich der Ausdruck der kognitiven Orientierung von Wirtschaftssubjekten ist. Nun lassen sich ökonomische Sprachspiele danach unterscheiden, wie spezifisch und eng begrenzt die Verhaltensantworten sind, die als korrektes Verstehen im Sprachspiel erlaubt sind. Je spezifischer der konkrete situative Appell, desto dominanter tritt die pragmatische Funktion von Sprache in Erscheinung. Die oben erwähnten Unterhaltungssprachspiele oder Freizeitsituationen oder künstlerische „Events" können in dieser Hinsicht pragmatisch sehr weit und flexibel sein (es gibt aber auch sehr eng regulierte „Vergnügungen" in diesem Bereich). Ökonomische Verständigungen im Erwerbsleben zeichnen sich in der Regel dadurch aus, daß die pragmatische Funktion relativ eng definiert ist, da ansonsten Friktionen entstehen und die Zeitgewinne von festen Routinisierungen nicht genutzt werden können. Insgesamt gilt, daß jede Form ökonomischer Sozialhandlungen, die also nur durch abgestimmte, kollektive Tätigkeiten hervorgebracht werden können, in einer stärkeren Regulierung auf der pragmatischen Ebene resultieren. Die Flexibilisierung solcher strengen pragmatischen Regulierungen sind dagegen immer dann notwendig, wenn organisationales oder individuelles Lernen nötig wird (bisherige Orientierungen sind nicht länger erfolgreich) oder gewünscht wird (um ein Satisfizierungsniveau zu steigern oder weil neue Erfolgskriterien maßgeblich werden). Auch kreative und innovative Prozesse zeichnen sich durch eine hohe pragmatische Flexibilität aus, entsprechend muß diese pragmatische Weitläufigkeit für kreative, innovative ökonomische Prozesse gegeben sein. Die soziale Sanktionierungspraxis und das allgemeine Sprachverhalten in solchen Situationen ist diesen Erfordernissen angepaßt.

Wirtschaftswissenschaftliche Theorien, die bei der Erforschung ökonomischer Lebensformen die pragmatische Sprachfunktion in den Vordergrund stellen, untersuchen also die Spezifika von Sprachspielen mit hoher bis geringer pragmatischer Flexibilität und Spezifität und verfolgen die Fragestellung, ob, inwieweit und unter welchen Bedingungen solche Pragmatik flexibilisiert, respektive enger spezifiziert wird, werden kann und sollte. Auch interessiert die Unterschiedlichkeit von Persönlichkeitsstrukturen, warum also manche Wirtschaftssubjekte insgesamt flexiblere (Künstler, Innovatoren), andere hingegen inflexiblere (Spezialisten, Traditionalisten, KämpferInnen) Kommunikationsstile aufweisen; oder allgemein die Frage, in welchen Situolekten welche pragmatische Flexibilität und Spezifität nach welchen Erfolgskriterien wünschenswert ist und wie sie erreicht werden kann.

Da Sprache Interaktionsmedium ist, prägen sich in ökonomischen Sprachspielen zwischenmenschliche Beziehungen aus, ob nun gewünscht oder nicht. Die **Beziehungsfunktion** von Sprache ist in ökonomischer Sprachspielpraxis immer dann von dominanter Bedeutung, wenn die Art der Beziehung zwischen den Wirtschaftssubjekten Restriktion für die Möglichkeit der ökonomischen Vermögensbildung und -sicherung ist. Unter den Begriff der Beziehung könnte allgemein die Frage fallen, ob die Wirtschaftssubjekte genügend und das passende komplementäre rollenspezifische Interpretationsvermögen aufweisen, um bestimmte Sprachspiele gemeinsam realisieren zu können. In diesem Sinne stünde vor allem die **Koordinationsfunktion** von Sprache im Vordergrund des Interesses. Hier würden ökonomische Sprachspiele danach untersucht, inwieweit die Koordination ökonomischer Interpretationen in und zwischen Gruppen erreicht wird und wie und unter welchen Bedingungen Koordinationsprobleme, z.b. die Konflikte um sogenannte Externalitäten, durch Sprachspielpraxis gelöst werden oder nicht. Ökonomische Sprachspiele werden hier etwa nach bestimmten Koordinationscharakteristika in marktliche, hierarchische und Netzwerk- bzw. Verhandlungslösungen oder private, öffentliche und staatliche Koordinationen unterschieden.[27] Wir sind gewöhnt, gelingende Koordination als positive, stabilisierte Lösungsmuster von Konflikten zu betrachten. Neben einer für alle Seiten vorteilhaften Kooperation kann die Koordinationsfunktion sich auch in stabilisierten Herrschaftsstrukturen ausdrücken, in denen die Beziehungen der Beteiligten zwar durch komplementäre Rollen und Sprachspielvermögen charakterisiert sind, aber die Koordination nicht von allen gleichermaßen positiv bewertet wird.

Die Beziehungsfunktion von Sprache geht über die Frage nach gelingender Koordination hinaus. Da durch Sprachverhalten Beziehung entsteht und ausgedrückt wird, stellt sich die Frage, in welchen ökonomischen Sprachspielen welche Beziehungsarten dominieren. Eine besondere Beziehungsqualität ist „Vertrauen", welches ja auch in der Geldtheorie[28], Dienstleistungstheorie[29] und Transaktionstheorie[30] eine essentielle Bedeutung zugesprochen wird. Beziehung kann Teil produzierter und transagierter Güter sein, ist in jedem Fall Teil der Produktions-, Transaktions- und teilweise der Konsumtechnologie und kann Restriktion sein, also die Ursache dafür, daß bestimmte ökonomische Aktivitäten stattfinden (Vertrauen bei riskanten Transaktionen, Teilen von Informationen) oder daß sie gerade *nicht* stattfinden (Freundschaftsbeziehungen als Ursache, Wettbewerbsverhalten zu unterlassen). Beziehungen bestimmter Qualität können also Bedingung der Möglichkeit oder Ursache der Unmöglichkeit bestimmter Transaktionen sein. Diese Zusammenhänge aufzudecken sowie zu erforschen und zu erklären, ob und wie welche Art von Beziehungen

---

[27] Vgl. auch Ouchi (1980)

[28] Vgl. Steinwand (1991), Dodd (1994), Frankel (1977), Cohen (1998)

[29] Vgl. Küpers (1999)

[30] Vgl. Albach (1980), Bidault, Delay Termoz (1997), Buskens (1999), Engelmann (2000), Ewaldt, Schwarz (1999), Gambetta (1988), Menkhoff (1995), Pieper (2000), Ripperger (1999)

zwischen welchen Menschen entstehen und geschaffen werden können, ist eine Frage, die wirtschaftswissenschaftlich interessant ist. Wobei Vertrauen nur eine Art von Beziehungsqualität ist.[31] Auch die Frage nach Machtbeziehungen kann unter Fokussierung der Beziehungsfunktion von Sprache verfolgt werden.

Insgesamt bietet sich an, die Beziehungsfunktion von Sprache mit der sozialwissenschaftlichen und ökonomischen Netzwerk- und Sozialkapitalforschung zu verbinden.[32] Gerade die Vernetzung durch Verständigungskontakte und die Zugehörigkeit von Wirtschaftssubjekten zu gemeinsamen Sprachspielgruppen begründen Netzwerkverbindungen und Potentiale für Netzwerktätigkeiten. Gerade weil die Grundlagen und Grenzen des Funktionierens von Netzwerken bisher kaum empirisch erforscht sind und eher rationalistische „Erklärungen" den Phänomenen übergestülpt werden, bietet die Fokussierung der Beziehungsdimension ökonomischer Verständigungen und Interaktionen einen guten Ansatz, die „ties" und „linkages" von Netzwerken auch nicht-rationalistisch, nämlich durch Sprachspielbeziehungen, darin enthalten auch Machtbeziehungen, und den Rückbezug auf dem jeweiligen Sprachspiel eigene Rationalität und Handlungslogiken empirisch zu erklären.[33]

Die **Identitätsfunktion** von Sprache beinhaltet, daß der menschliche Selbstausdruck zu einem bedeutenden Teil durch sprachliche Aktivitäten realisiert wird. In diesem Sinn kommen hier Identitäten durch Eigentümlichkeiten der Sprachspielpraxis zum Ausdruck.[34] Identität spielt in ökonomischen Prozessen immer dort eine Rolle, wo Individuen oder Organisationen für andere oder für sich selbst wiedererkennbar sind oder sein sollen. Wiedererkennbarkeit ist eine Grundvoraussetzung für Vertrauensbeziehungen und Kundenbindungen, weshalb die Schaffung von Identitä-

---

[31] „Beziehungsarbeit" kann allgemein zur Erreichung bestimmter Beziehungsqualitäten eingesetzt werden und ist als solche Teil ökonomischer Praxis. Vgl. hierzu Brehm (2001), Hochschild (1990)

[32] Vgl. zu Sozialkapitalansätzen Dasgupta, Serageldin (2000), Wall et al. (1998), Kranton (1996), Kali (1999)

[33] Netzwerke auf der Sprachspielebene zu analysieren, hätte den Vorteil, daß jede Art von Beziehung beobachtet werden könnte. In der ökonomischen Literatur herrscht die Überzeugung vor, daß Netzwerke immer funktionieren und produktive Ergebnisse bringen. Bedingungen des Gelingens oder Scheiterns von Netzwerken analysieren bspw. Fürst, Schubert (1998). Vgl. für eine gründliche und kritische Einführung in die ökonomische Netzwerkforschung Messner (1995)

[34] Vgl. genauer zu theoretischen Konzepten von „Identität" Ohlmeier (2000), Buchinger (2000), Nellesen (2000)

ten (Marken, Unternehmensimage, glaubwürdige Ausstrahlung) als Restriktion für Transaktionen und Kooperationen wirken kann. Aber auch wenn der Vertrauensfaktor keine essentielle Rolle spielt, ist die Wiedererkennbarkeit eine Bedingung für die Stabilität und dauerhafte Anwendbarkeit von Interpretationsvermögen über andere Wirtschaftssubjekte. Zum dritten wird die Identitätsfunktion von Sprache genutzt, um Identitäten anderer aufzubauen und zu verändern. Die Sozialisierung in ein bestimmtes Kommunikationsverhalten in Unternehmen oder anderen Organisationen ermöglicht dem einzelnen nur ein bestimmtes Spektrum an Identität, das er/sie dort zeigen und entfalten kann. Insbesondere firmenverbindliche Ausdrucksformen, z.B. im Kundenumgang oder Miteinander (Unternehmenskultur), sind nicht nur Restriktion des Einzelnen, sondern auch Standardisierung von Gruppen, so daß Gruppenidentitäten zum Ausdruck gebracht werden können. Auch im Marketing läßt sich das Beeinflussen von und Anknüpfen an Identität beobachten. Indem die Konsumenten eines Produkts als spezifische Identitätstypen dargestellt werden, die sich mit den realen und Wunschidentitäten der Kunden decken, wird über die Identifikation ein Konsumwunsch erzeugt (z.B. Werbung für Parfüm, Autos, Zigaretten). Selbstausdruck und Identitätserleben ist auch Teil von produzierten Gütern und Dienstleistungen. Bestimmte Konsumstile werden als identitätsstiftend erlebt. Statuseigenschaften werden über Güter und Leistungen ausgelebt und gezeigt (z.B. Luxusgüter). Und die dialogische Entwicklung von Selbstausdruck und Selbsterleben wird als Dienstleistungsprodukt von Coachs, Persönlichkeitsentwicklern, Beratern oder Therapeuten angeboten.

Unterscheidet man ökonomische Sprachspielpraxis also nach dem Kriterium der Identitätsfunktion von Sprache, lassen sie sich einteilen in solche, in denen Selbstausdruck und/oder Wiedererkennbarkeit von hoher ökonomischer Relevanz und Thema der sprachlichen Interaktion ist, und andere, in denen es eher eine untergeordnete Rolle spielt. Die sprachliche Identitätsfunktion ist eng mit der Beziehungsfunktion verbunden, da Identitäten auch Teil von Rollenverhalten sind und für die Stabilität von Beziehung notwendige Voraussetzung sind. Umgekehrt gilt, daß menschliche Identitäten auch weitgehend dialogisch erworben und entwickelt werden, so daß Beziehungen Voraussetzung für die Entwicklung von Identität sind.

Kommen wir zuletzt zur **Reflektionsfunktion** von Sprache. Während individuelles und soziales Interagieren zum Teil auch ohne die orale oder schriftliche Äußerung sprachlicher Zeichen von statten gehen kann, ist Sprache das einzige Medium, in dem kollektiv über das was geschieht oder imaginierbar ist, reflektiert werden kann. Die sprachliche Reflektionsfunktion ist innerhalb der ökonomischen Sprachspielpraxis deshalb immer dann dominierend, wenn Diskurse *über* soziale Interaktion und sonstige Phänomene geführt werden. Zum ersten betrifft dies jegliche Systeme von Berichtswesen und Dokumentationen (inneres/äußeres Rechnungswesen, Unternehmensgeschichten, staatliche Haushaltspläne, private Hauswirtschaftsbücher usw.). Berichte und Dokumentationen sind Teil einer reflektierenden Sprachspielpraxis, die in der Regel das Beschriebene nicht nur zur Kenntnis nimmt, sondern als Anhaltspunkte zur Orientierung zukünftigen Verhaltens verwendet. In Antizipation pragmatischer Deutungen werden ökonomische Berichte und Dokumentationen deshalb in der Regel nicht primär als „wahre" Beschreibungen verfaßt, sondern als politische Argumentationen in kollektiven Erörterungs- und Entscheidungsprozessen.[35]

Die Explikation von Interpretationsvermögen in Sprache (Reflektion) spielt zum Zweiten in Planungsprozessen von Gruppen eine Rolle. Damit eine Gruppe ihr zukünftiges Verhalten ex ante koordinieren kann und phantasievoll mögliche zukünftige Handlungssituationen erörtern kann, muß diese situationsferne Zukunft im Hier und Jetzt der Gruppe sprachlich verfügbar gemacht werden. Der Umgang mit Unsicherheiten über die Zukunft oder über das Verhalten anderer Wirtschaftssubjekte wird deshalb in Sprachspielen erarbeitet, in denen die Reflektionsfunktion von Sprache im Vordergrund steht.

Zum Dritten, eng damit verwandt, dominiert die Reflektionsfunktion häufig in Lern- und sozialen Entwicklungssituationen, da hier Handlungszusammenhänge und Verhaltensregeln expliziert werden müssen. Allerdings lassen sich hier auch eher „abrichtungsähnliche", wenig reflektierende Lehrformen finden, je wichtiger körperlicher Interaktionsfolgen sind und je weniger das bewußte Verstehen für die Beherrschung der Interpretationspraxis eine Rolle spielt.

Das Kontinuum ökonomischer Sprachspielpraxis verläuft hinsichtlich der Reflektionsfunktion also zwischen Sprachspielen, in denen „nur" agiert wird, und solchen, in denen auch über Aktivitäten reflektiert wird. Dabei ist zu beachten, daß beliebig viele Ebenen der Meta-Reflektion (Reflektion über Reflektion über Reflektion usw.) möglich sind. Da Wissen-

---

[35] Vgl. Barlösius, Köhler (1999)

schaftlerInnen durch ihre „Wahrheitsorientierung" den politisch-pragmatischen Aspekt ökonomischer Sprachspiele tendenziell unterschätzen, ist gerade die Erforschung von Machtausübung in reflexierenden ökonomischen Sprachspielen von zentralem Interesse.

6.1.1.3 Kommunikationsmedien

Eine weitere Typisierung ökonomischer Sprachspiele kann am Kommunikationsmedium ansetzen, das die jeweilige ökonomische Sprachspielsituationen charakterisiert. Genauer sind Kommunikationsmedien charakterisiert durch ihr je typisches konventionalisiertes Kommunikationsmittel (z.B. natürliche, gesprochene Sprache), die verwendeten Kommunikationstechniken (z.B. Telefon, Video, Print) und dem sozialen System, in dem die Kommunikation ökonomisch, sozial, technisch, juristisch usw. organisiert ist (spezifische Sprachspielgemeinschaften und ihre Regeln).[36] Die Unterscheidung nach Kommunikationsmedien ist insofern wichtig, als die kommunikationstheoretische Erkenntnis „the medium is the message" die maßgebliche Beteiligung der Kommunikationsmedien an der Bedeutungsgenerierung deutlich gemacht hat. Unterschiedliche Kommunikationstechniken konstituieren ganz unterschiedliche Situationstypen, an die sich die Sprachspielpraxis in Abwandlung bestehender Sprachspiele anpaßt. Die raum-zeitliche Koinzidenz der Verständigungspartner in der face-to-face-Kommunikation ist dann zu unterscheiden von zeit- und ortversetzter Kommunikation, etwa via Schrift und Bild (Brief, Fax, email, Plakat, Zeitung, Buch), reine Klangübertragung (Telefon, Funk) oder kombinierte Bild und Ton-Übertragung (Fernsehen). Diese Medien unterscheiden sich nicht nur hinsichtlich der zeit-räumlichen Koinzidenz, sondern in zentraler Weise hinsichtlich der Sinne und Effektoren, welche die Verständigungspartner zur Interpretation der vom anderen geäußerten Zeichen nutzen können. Während in der face-to-face-Kommunikation alle Sinne und Effektoren genutzt werden können, sind alle anderen Situationen in bestimmter Weise reduziert. Damit eine hohe Geschwindigkeit und Eindeutigkeit der Kommunikation gewährleistet bleibt, müssen für die ausgefallenen Kommunikationskanäle dann in anderen Sinnesbereichen Redundanzen und spezifizierende Zeichen erzeugt werden. Auch der wirksame Einsatz von Macht, z.B. physisches Drohpotential oder ol-

---

[36] Vgl. Schmidt (1992) S. 306

faktorisches Lockpotential, ist bei bestimmten Medien stark reduziert, kann durch verstärkte z.B. verbale Expressivität auch nur zum Teil ersetzt werden. Eine genauere wissenschaftliche Durchdringung, welche Kommunikationen mit welchen Kommunikationsmedien möglich sind und welche nicht, könnte dazu beitragen, offenstehende Fragen der Ökonomik zu klären. Beispielsweise stellte sich im Zuge der Entwicklung von Internet- und Videokonferenztechnologien die Frage, inwieweit virtuelle, global agierende Unternehmen möglich sind. Die neuen Technologien ermöglichen jedoch eine geringere Kontrollintensität als etwa die direkte Kommunikation, so daß das Principal-Agent-Problem in solchen rein technologie-vermittelten Organisationsbindungen verstärkt auftritt und u.U. die Kooperation ganz verhindert. In diesem Sinne könnten wirtschaftswissenschaftliche Theorien allgemein analysieren, für welche ökonomischen Kooperationen, Arbeitsaufgaben und Arbeitsstile eine solche technisch vermittelte Kommunikation hinreicht und geeignet ist, bzw. welche Medien für welche Kooperationen am besten passen. Ähnlich läßt sich für wirtschaftspolitische Anwendung fragen, welche kommunikativen Mittel für die Kommunikationen zwischen PolitikerInnen und BürgerInnen (PolitikerInnen und Bürokratie usw.) in Bezug auf welche wirtschaftspolitische Problemstellung jeweils am besten geeignet sind, etwa Runde Tische[37], Bürgerbefragungen, Direktabstimmungen oder durch Meinungsumfragen gestützte repräsentativ-demokratische Verfahren.

Ein weiterer zentraler Aspekt ist, inwieweit die durch das Kommunikationsmedium strukturierte Situation Interaktion und direktes Feedback ermöglicht. Da Kommunikationen nur bei erfolgter, wahrgenommener Verhaltensantwort abgeschlossen sind, hängt das Gelingen von Verständigungen sowohl von der Zeit ab, die zwischen Äußerung und Perzeption der Verhaltensantwort vergeht (Telefon schneller als Brief), als auch davon, inwieweit das Medium eine Interaktion mit der sendenden Instanz überhaupt zuläßt. Während telefonisch aufgrund der zeitlichen Koinzidenz schnelle Antworten möglich sind, sind die meisten sogenannten Medien wie Fernsehen, Printmedien, Rundfunk, Kino nicht auf den Erhalt direkter Verhaltensantworten angelegt. Durch eine mangelnde Kontrolle der erfolgenden Verhaltensantworten sind Einbahnstraßenmedien nicht geeignet, spezifische Verhaltensweisen einzuüben, eher schon werden Unterlassungshandlungen eingeübt, da die Aufnahme von Botschaften durch diese Medien eine weitgehende körperliche Reglosigkeit erfordert. Indi-

---

[37] Vgl. hierzu eine Analyse der Grenzen und Eignungsbedingungen von Kirsch (1999)

rekte Kommunikationen über Automaten oder Eingaberaster, lassen dagegen nur genau spezifizierte Verhaltensantworten zu, während alle anderen als nicht-existent interpretiert werden. Hätten ÖkonomInnen ein besseres theoretisches Wissen über die Wirkungsqualitäten und die appellative Effizienz ihrer jeweiligen Kommunikationsmedien, könnten beispielsweise neue, differenziertere Argumente in die Debatte um Transaktionskostenunterschiede kommunikativ verschieden organisierter Marktformen eingebracht werden.[38]

Außerdem ist zu fragen, inwieweit und welche Sozialhandlungen durch bestimmte Kommunikationsmedien ausgeschlossen werden. Sind bei räumlich separierten Kommunikationspartnern nur sekundäre Sprachspiele (Sprechen über.../ Informationsaustausch) möglich oder auch primäre Sprachspiele (Sprechen/Agieren in...)? Zeit-räumliche Koinzidenz der Akteure ermöglicht, daß die Beteiligten ihre Aktionen direkt, koordiniert und aufeinander bezogen durchführen können, worin eine gemeinsame Umgestaltung materiell-energetischer Zustände direkt enthalten ist (z.B. einer hält den Gegenstand, den der andere bearbeitet). Koinzidieren die Kommunikationsorte der Beteiligten nicht, ist die Möglichkeit eines solchen Zusammenwirkens dadurch restringiert, ob und wie die entfernte Person über Technologien verfügt, mit denen sie materiell-energetisch auf den räumlichen Bereich der anderen einwirken kann. Gewöhnlicher ist bei der Nutzung zeit- und/oder ortsferner Medien, daß technisch separierbare Tätigkeiten in ihrer zeitlichen Reihenfolge koordiniert werden und so zu einer Sozialhandlung integriert werden, auf welche die einzelnen Aktivitäten sinnhaft bezogen werden. Durch die mangelhafte Beobachtbarkeit der räumlich entfernten Aktivitäten besteht bei fern-koordinierten Sozialhandlungen ein Kontrollproblem, das nur durch Vertrauen, Vertrauensäquivalente oder aufwendigere Kontrollsysteme gelöst werden kann. Grundsätzlich können also über *alle* Medien individuelle Verhaltensweisen aufeinander abgestimmt und Sozialhandlungen koordiniert werden. Bei fehlender raum-zeitliche Koinzidenz müssen die Aktivitäten der Individuen jedoch technisch separierbar sein. Die Ausdehnung eines gemeinsamen raum-zeitlichen Bezugssystems hängt von der Ausdehnung des zu gestaltenden Wirklichkeitsbereichs ab, in den die Akteure gezielt und wirkungsvoll eingreifen können (z.B. Sichtweite oder Kanalisationssystem einer Großstadt).

---

[38] Vgl. zum Beispiel zu der aktuellen ökonomischen Debatte um die Einschätzung der sogenannten „New Economy" etwa Durth (2000), Zerdick et al. (1999)

Mit einem fundierten Wissen über die spezifischen Reichweiten, Qualitäten und Restriktionen von Kommunikationsmedien für ökonomische Prozesse sind qualifiziertere Prognosen über mögliche Richtungen und Grenzen des Globalisierungsprozesses möglich sowie über volkswirtschaftstheoretische Technologiefolgen neuer Kommunikationsmedien. Insgesamt wird dadurch mehr Verständnis über den Zusammenhang zwischen Kommunikationsformen und ökonomischer Sprachspielthematik geschaffen, das auch für Beratungszwecke (Organisationsentwicklung, Fusions-/Mergerproblematik, Markttypen usw.) genutzt werden kann. In der Ökonomik werden Kommunikationsmedien bisher selten thematisiert, was vermutlich auf den Mangel an theoretischem Rüstzeug einer „sprachneutralisierten" Wissenschaftsdisziplin zurückzuführen ist.

6.1.1.4 Unabhängigkeit

Ökonomische Sprachspiele lassen sich viertens bezüglich ihrer Abhängigkeiten von weiteren Sprachspielen charakterisieren. Da Sprache als Netzwerk untereinander verwandter Sprachspiele und Ähnlichkeiten von Zeichenverwendungen aufgebaut ist, sind Sprachspiele grundsätzlich in gewisser Weise voneinander abhängig, indem sie sich gegenseitig stabilisieren und abstützen. Sprachspiele, in denen bestimmte Zeichenverwendungsregeln gelernt werden, stützen andere, in denen diese Regeln angewendet oder variiert werden. Der gleichartige Sprachgebrauch in der dieser bestimmten Sinnsphäre übt die Regelkompetenz auch für andere semantische Bereiche.

Mit der Abhängigkeit oder Unabhängigkeit von ökonomischen Sprachspielen ist hier jedoch ein weitergehendes Phänomen gemeint. Ein ökonomisch sehr relevantes Beispiel hierfür ist die Abhängigkeit von Transaktionen, die gegen Geldleistungen durchgeführt werden. In diesem Fall ist das einzelne konkrete Transaktionssprachspiel von der gesamten Geldverwendungspraxis ihrer Währungsgemeinschaft abhängig, da der Sinn, den die Geldleistung aus Sicht der TransagentInnen hat, durch diese gesamte soziale Praxis gegeben ist. Wird gegen Geld transagiert, wird der Gegenwert in Bezug auf Geldwertentwicklung und Konvertibilität (Wiedereinsetzbarkeit als Transaktionsmittel) bestimmt. Die Geldverwendungspraxis des einzelnen Wirtschaftssubjekts hängt grundsätzlich von seiner Interpretation der übrigen Geldverwendungspraktiken von Wirtschaftssubjekten ab, und paßt sich an diese individuell-erfolgsorientiert an.

Individuelle Deutungen „der" je aktuellen kollektiven Bedeutung von Geld werden in einem unvollendbaren, individuell geprägten Erfahrungsprozeß gelernt, sind insofern subjektiv selektierend und verändern sich mit neuen, abweichenden Erfahrungen oder kreativen Neudeutungen. Es können sich auch Interpretationsgemeinschaften bilden, in denen diskursiv gemeinsame Deutungen von Geld entwickelt werden. In einer Volkswirtschaft werden die Deutungen der sozialen Geldverwendungspraxis aufgrund der großen Mitglieder- und Gruppenanzahl intersubjektiv nur partiell überlappen.

Da Geld seinen Wert nur durch die Qualität möglicher Folgetransaktionen erhält, verständigt sich ein gegen Geld transagierendes Wirtschaftssubjekt nicht nur mit seinen TransaktionspartnerInnen über die beidseitigen Geldinterpretationen, sondern antizipierend auch mit denen zukünftiger, möglicher TransaktionspartnerInnen. Selbst wenn die beiden an der konkreten Transaktion beteiligten Seiten Vertrauen in ihre Währung hätten, könnte die Erwartung oder Vermutung eines Mißtrauens zukünftiger TransaktionspartnerInnen in diese Währung entweder die jetzige Transaktion scheitern lassen oder eine schnelle Umschichtung des Vermögens in andere Assets zur Folge haben. In einer Geldwirtschaft sind also alle Sprachspiele, in denen Geld verwendet wird, untereinander abhängig. Zwar ist nicht jede geldverwendende Verständigung ihrem Sinn nach auf *alle* anderen Geldsprachspiele *gleich* eng bezogen, aber in ihren Erfolgsbedingungen mit ihnen interdependent. Und aus Sicht der transagierenden Wirtschaftssubjekte sind die übrigen, je individuell kognitiv konstruierten Geldsprachspiele der maßgebliche Sinnhorizont, vor dem sie ihre Geldverwendungspraxis orientieren. Insofern können einzelne geldbezogene Verständigungen nicht aus der jeweiligen Kultur der Geldverwendung herausgelöst werden. Dies gilt für alle Kulturen der Geldpraxis, die, wie ethnologische und anthropologische Forschungen zeigen, sehr unterschiedlich sein können.[39]

Ein weiteres Beispiel für die Abhängigkeit ökonomischer Sprachspiele ist die ausdifferenzierende Arbeitsteilung. Innerhalb von Wertschöpfungsketten bestehen vertikale Abhängigkeiten zwischen den je eigenständigen Sprachspielgemeinschaften, die auf einzelne Wertschöpfungssegmente spezialisiert sind, und den nachfolgenden, leistungsempfangenden

---

[39] Vgl. zu diesen Forschungen Mauss (1999), Malinowski (1922) sowie Iwai (1997) und die dort zitierten Studien, als empirische Untersuchung aktueller Geldverwendungskulturen Steinwand (1991), Kulke (2001)

oder -gebenden Segmenten. Die spezialisierten Sprachspielpraktiken befinden sich in ko-evolutiven Prozessen, in denen die jeweils anderen
Sprachspiele als Selektionsumgebung der einzelnen Sprachspielgemeinschaft fungieren. Dies gilt sowohl wenn dieser Koevolutionsprozeß über
Marktkommunikationen als auch wenn er in Kommunikationen innerhalb von Organisationen oder in Netzwerken abläuft. Transaktionssprachspiele zwischen spezialisierten Wertschöpfungssegmenten können sich
aber sehr stark unterscheiden hinsichtlich der Informationen und interpretierbaren Phänomene, welche die beteiligten Parteien im Zuge des
Transaktionsprozesses voneinander erhalten können. Die beliebte ökonomische Fiktion, in den Preis-Mengen-Strukturen seien alle notwendigen
Informationen enthalten,[40] ist dabei nur begrenzt gültig. Denn die Wirtschaftssubjekte müssen selbst differenzierte Vorstellungen über die (Veränderungen der) Wünsche, Bedarfe und Interpretationen der abhängigen
SprachspielpartnerInnen haben – ob nun bewußt oder unbewußt, um sich
an dieser spezifisch konstruierten Selektionsumgebung orientieren zu
können. Der kommunikative Austausch abhängiger SprachspielpartnerInnen hierüber, auch wenn er ressourcenintensiv ist, kann bei entsprechend offener Kommunikationssituation gezielt erfolgsträchtige Neu-
orientierungen ermöglichen, während das blinde Hypothesenbilden, allein
an veränderte Preis-Mengen-Strukturen rückgekoppelt, erhebliche Kosten
mißlungener Versuche mit sich führen kann.[41]

Je länger die Wertschöpfungskette ist und auf je mehr selbständige
Sprachspielgemeinschaften die Wertschöpfung verteilt wird, mit desto
mehr Personen muß eine Abstimmung der Handlungs- und Verfügungs-
weisen an Gütern, Leistungen und Kontextelementen erreicht werden. Die
indirekte Kommunikation über mehrstufige Vermittlerpositionen kann
dabei zu stark veränderten Uminterpretationen der Wünsche, Bedarfe und
Interpretationen abhängiger SprachspielerInnen führen. Eine gelingende
Weitergabe von „Informationen" ist deshalb nicht ohne weiteres gegeben.
Zumal Informationen in unserem Sinne (Abschnitt 4.4.2) nur vermittelt
werden können, wenn die kommunizierenden Personen tatsächlich gemeinsame, übereinstimmende Interpretationsvermögen aufbauen und
weiterentwickeln. In der Theorie des Social Capitals findet sich die Unterscheidung in „more or less inclusive communities", je nach der Zahl

[40] Vgl. etwa von Hayek (1969c) S. 257 f.
[41] Vgl. die kritische Auseinandersetzung mit der These „Wettbewerb als Hypothesentest"
von Kerber (1996) bei Männel (1996)

kommunikativer Verbindungen (linkages), die zwischen Gruppen einer (lokalen) Gesellschaft bestehen, und der Intensität und Integriertheit der Kommunikationen untereinander (Synergy). Der Inklusivitätsgrad und d.h. eigentlich die Kommunikationsfähigkeit und Intensität der Kommunikation lokaler Gesellschaften wird hier beispielsweise als Infrastrukturbedingung für gelingende lokale (Wirtschafts-)Politik und unternehmerische Erfolge (Standortfaktor) diskutiert.[42]

Die weitverzweigten Abhängigkeiten von Sprachspielen in großen, arbeitsteiligen Wirtschaftsgesellschaften und die Ausdifferenzierung ganz unterschiedlicher Sprachspielpraktiken und Lebensformen entsteht in voller Wucht das Hayek'sche Wissensproblem, allerdings bieten die Funktionsbedingungen von Sprache – auch nicht unter marktwirtschaftlichem Regelwerk – keine Hoffnungsgarantie, daß durch eine gelingende gute oder hinreichende Kommunikation die Interessen und Bedürfnisse aller voneinander abhängigen Sprachspielgemeinschaften sinnvoll und annähernd gleichberechtigt aufeinander abgestimmt werden können.[43] Spezialisierungsprozesse und die damit einhergehende Ausdifferenzierung von Sprachspielgemeinschaften generiert auch spezialisierte Lebensformen mit ihren je eigenen Erfolgskriterien und Rationalitäten. Nur wenn es gelingt, die Rationalitäten abhängiger anderer Sprachspiele in die kognitiven Orientierungen der jeweiligen spezialisierten SprachspielerInnen zu integrieren, so daß diese die Rationalitätenkonflikte polyfunktionalen Handelns in sich und ihren Organisationen lösen müssen, nur dann kann die Zerstörungskomponente im schöpferisch-zerstörenden ökonomischen Evolutionsprozeß gering gehalten werden. Die strukturelle Koppelung der Sprachspiele sollte also direkt auf der Sprachspielebene, d.h. in den Kognitionsapparaten der Sprachspielenden eingebaut sein, nicht nur über physische Kopplungen.

Eine dritte Abhängigkeit besteht zwischen ökonomischen Sprachspielen und Recht setzenden und -durchsetzenden Sprachspielgemeinschaften. Indem beispielsweise staatliche oder mit Gewaltvormachten ausgestattete Akteure bestimmte Regelstandards für Eigentumsrechte oder Ritualmerkmale von Eigentumsübertragungen festlegen, werden Wirtschaftssubjekte,

[42] Vgl. Flora (1998), Warner (1999), Woolcock (1998) und Hofferth, Iceland (1998)

[43] Vgl. etwa die Hypothese von Zintl (1983) S. 174-197, daß marktwirtschaftliche Regelsysteme zwar tendenziell die Freiheit von Konsumenten und deren Güterauswahl unterstützen, daß aber die Freiheit der Produzierenden bezüglich Technologie- und Organisationswahl durch Preiswettbewerb eher eingeschränkt wird.

die ihre Transaktionen und ihre Eigentümer durch diese Sprachspielgemeinschaft sichern lassen wollen, diese Regelstandards implementieren.
Ersetzen Wirtschaftssubjekte persönliche Vertrauensbeziehungen durch
das Vertrauen in Rechtssysteme, so werden die direkten ökonomischen
Verständigungen, etwa in Kooperationen und Transaktionen, ihrem Sinn
nach von der Sprachspielpraxis der ökonomischen Akteure mit den
Rechtsinstanzen abhängig. Neben staatlichen Instanzen kann dies auch für
die Aktivitäten von Verbänden gelten, die beispielsweise die Einführung
von technischen und Prozeßstandards beschließen oder flächendeckende
Tarifverhandlungen durchführen.

Es gilt grundsätzlich, daß jede Aufteilung der Produktion von sinnhaft
aufeinander bezogenen Aktivitäten ein Erfordernis der kommunikativen
Abstimmung nach sich zieht. Dies mündet in der Bemühung, standardisierte Sprachspielvermögen zu erzeugen, z.B. über eine homogenisierte
Bildungspolitik, standardisierte Sprachverwendung in den Medien oder
von BehördenvertreterInnen, da so zwar auch das Spektrum kommunizierter Themen eingeschränkt wird, aber gelingende Verständigung leichter möglich ist. Es ist grundsätzlich ein Spannungsfeld von Standardisie-
rungsbemühungen und Destandardisierungs-, d.h. Spezialisierungsten-
denzen zu beobachten, das durch den Wunsch nach Kontrolle der kom-
plex-interdependenten Erfolgsvariablen und Effektivierung koordinieren-
der Kommunikation einerseits sowie nach Entlastung der kognitiven Kapazitäten andererseits gespeist wird.[44]

6.1.2 Ökonomische Funktionen und Restriktivität von Sprache

Da der Untersuchungsgegenstand der Ökonomik hier als die Gesamtheit
ökonomischer Sprachspiele definiert wurde, ist zu schließen, daß das
„Funktionieren" von Wirtschaften durch die Funktionseigenschaften
sprachlicher Prozesse, wie sie in Kapitel 5 erläutert wurden, determiniert
und restringiert sind. Sprache hat dann insofern eine ökonomische
„Funktion", als sie das fundamentale Medium der Praxis sozio-ökonomischen Handelns ist, also des Wirtschaftens sozial lebender Menschen, insbesondere des arbeitsteiligen Wirtschaftens aller Menschen. Sprachliche

[44] Vgl. zu den Beobachtungen von Standardisierungs- und Destandardisierungsprozessen
moderner Sprachen Mattheier, Radtke (1997)

Verständigung und sprachdominierte Interpretation sind als die Ursache dafür zu erkennen, daß ökonomische Prozesse bestimmter historisch-geographischer Gemeinschaften genau *so* und nicht anders ablaufen.

Diese Determinierung sozio-ökonomischer Strukturen und Prozesse durch Sprache darf allerdings nicht damit gleichgesetzt werden, daß Sprache notwendig eine „positive" Funktion für Wirtschaften erfüllt, daß sie also zum sozialen Wohlergehen beiträgt, effiziente Wirtschaftsstrukturen hervorbringt und was dergleichen ökonomische Normvorstellungen mehr sein könnten. Die Sprachgebundenheit menschlicher Lebensweisen ist ein Faktum, das nicht besteht, *weil* dadurch bestimmte ökonomische Prozesse ermöglicht oder erleichtert werden. Es besteht nicht, *weil* Sprachlichkeit bestimmte ökonomische Funktionen erfüllt. Es ist ein Umstand der zur menschlichen Art dazugehört, ohne daß die Wissenschaft bis heute sicher geklärt hätte, warum die menschliche Sprachverwendung tatsächlich im Laufe der Evolution emergiert ist.[45] Nur wenn gezeigt werden könnte, daß Sprechtätigkeit tatsächlich zur Sicherung des Überlebens entwickelt wurde und keine nicht-ausselektierte Variation darstellt, dann wäre die Entwicklung von Sprache im Sinne der hier vertretenen Ökonomiedefinition tatsächlich als ökonomische Tätigkeit zu interpretieren.

Dennoch läßt sich Sprache, d.h. die Sprachlichkeit bestimmter ökonomischer Tätigkeiten und die weitgehende Sprachgebundenheit menschlicher Orientierungen, auch in ökonomisch-funktionaler Weise deuten. Grundsätzlich hat Sprache aus ökonomischer Sicht immer den Doppelcharakter, der bereits in der Institutionentheorie herausgearbeitet wurde: sprachgebundene Interpretationen sind sowohl „enabler", „empowerments" als auch „constraints".[46] Gelingende sprachliche Verständigung kann dazu genutzt werden ökonomische Aktivitäten zu realisieren, kann aber auch dazu führen, daß ökonomische Aktivitäten unterlassen oder behindert werden. Das gleiche gilt für nicht-gelingende sprachliche Verständigung. Beispielsweise kann nicht-gelingende Verständigung einen Wissens-Spillover verhindern, Imitationen von Konkurrenten bleiben aus und die Pionierrenten sind hinreichend lang geschützt, um Innovationsanreize darzustellen. Andererseits kann das Mißlingen von Verständigung (z.B. bei interkulturellen Transaktionsbeziehungen) auch Anlaß sein, daß ein

---

[45] Vgl. Zimmer (1995) S. 164-185, der verschiedene Hypothesen zur Sprachevolution wiedergibt, oder Keller (1994) sowie der Sonderband „Die Evolution der Sprachen" Spektrum der Wissenschaften (2000)

[46] Vgl. Campbell (1998) S. 382

Wirtschaftssubjekt professionell Sprachvermögen aufbaut, um zum Gelingen zukünftiger Kommunikationen beizutragen. Die Begriffe „Funktion" und „Restriktivität" verweisen darauf, daß die allgemeine Sprachgebundenheit ökonomischer Prozesse sowohl bestimmte Phänomene ermöglicht als auch andere Phänomene unmöglich macht. Was möglich und was unmöglich ist hängt aufgrund des radikalen Kulturrelativismus des Sprachspielkonzepts allerdings von der spezifischen Sprachpraxis ab, die eine konkrete Wirtschaftsgemeinschaft realiter ausübt. Ermöglichtes und Restringiertes ist also interkulturell verschieden. Insofern wäre die Art und Bewertung der ökonomischen Funktionen von Sprache jeweils für die spezifische Sprachspielpraxis zu ermitteln.

Wie sich bereits bei der Unterscheidung ökonomischer Sprachspiele nach Sprachfunktionen (Abschnitt 6.1.1.2) zeigte, müssen hierzu auch die Denkwelten bestimmter ökonomischer Theoriegebäude integriert werden. Epistemische und kognitive Funktion, pragmatische, Beziehungs-, Koordinations-, Identitäts- und Reflektionsfunktion von Sprache sind in den verschiedenen Theorieansätzen je nach ihren Prämissen unterschiedlich relevant und können im ökonomischen Sinne als förderlich oder behindernd interpretiert werden. Beispielsweise wirkt die Identitätsfunktion von Sprache im Sinne der Signaling-Theorie Transaktionen ermöglichend, während die Theorie vollkommener Konkurrenz sie als Ursache von Marktunvollkommenheit interpretieren könnte.

Von den genannten am Funktionieren von Sprache orientierten Sprachfunktionen schließen insbesondere die epistemisch-kognitive und die Koordinationsfunktion von Sprache an den üblichen wirtschaftswissenschaftlichen Fragestellungen an.

Die zentrale ungelöste ökonomische Frage, wie die Wirtschaftssubjekte sich subjektiv oder intersubjektiv, mental in ihren Wirklichkeiten orientieren können (siehe Kapitel 3), ist mittels der in Kapitel 4 gefundenen Ergebnisse beantwortbar: Sprache ist die dominante Ursache für die Art, das Repertoire, die Lernweisen und die Gruppenspezifität der Orientierungen von Wirtschaftssubjekten. Sprache erfüllt also eine epistemisch-kognitive Funktion, die aufgrund ihrer Gruppenspezifität zugleich restriktiv wirkt.

Daß die pragmatische Funktion dabei nicht von der epistemisch-kognitiven Sprachfunktion getrennt werden kann, hebt die traditionelle Leib-Seele-Dichotomie bzw. die Getrenntheit von Wissens- und Handelns-Ebene in der Ökonomik auf. Sprachlich gelernte Interpretationsroutinen greifen in die direkte-individuelle Orientierung des Subjekts ein, überdecken und substituieren sie und erweitern sie. Aber die ökonomische Interpretationspraxis ist dann durch das bis dahin jeweils gelernte gruppenspezifische Sprachspielvermögen und Rollenrepertoire darin restringiert. Insbesondere die Auswahl von Wirtschaftssubjekten, mit denen Verständigung möglich ist, wird durch die Komplementaritätsbedingung von Sprachspielvermögen limitiert.

Die epistemisch-kognitive Wirkung von Sprache läßt sich innerhalb des Faktorkonzepts der Ökonomik deuten. Sprachspielvermögen wäre im Sinne von Human- und Sozialkapital zu interpretieren, dessen Bestand und Qualität der Zusammensetzung für die Art und Höhe der volkswirtschaftlichen Wertschöpfung verantwortlich gemacht wird. Allerdings ist die epistemisch-kognitive Sprachfunktion nicht automatisch ein Faktor, der vermehrend auf die Wertschöpfung wirkt, sondern kann durch seine Restriktivität mindernd wirken oder wertschöpfungsneutral sein. Damit ist auch noch mal auf die Schwäche der Human- und Sozialkapitalansätze verwiesen, in denen prinzipiell eine positive ökonomische Wirkung dieser Faktoren unterstellt wird. Versucht man Human- und Sozialkapital zu quantifizieren, so werden in der Regel nur Anteile oder Aspekte des Interpretationsvermögens von Wirtschaftssubjekten herausgegriffen, deren positive Wirkung auf die gesamtwirtschaftliche Wertschöpfung bereits als erwiesen angenommen wird, z.B. Schulbildung, gute Erziehung in der Familie. Betrachtet man jedoch die gesamte epistemisch-kognitive Sprachfunktion, müssen auch negative Aspekte, etwa die begrenzte Reichweite und Geschlossenheit von Sprachspielgemeinschaften in der Quantifizierung berücksichtigt werden. Daran wird deutlich, daß es von dem Deutungskontext abhängt, wie ein und dasselbe Interpretationsvermögen eines Wirtschaftssubjekts zu bewerten ist. Beispielsweise ändert sich die zugeschriebene Bewertung von Human- oder Sozialkapital von Migranten mit deren Standort. Eine bestimmte medizinische Ausbildung würde bspw. im Heimatland als hohe Qualifizierung gelten, im industrialisierten Zielland wird die gleiche Ausbildung als nicht standardgemäß interpretiert, so daß die MigrantIn dem Arbeitsmarkt als niedrig qualifiziert zugeführt wird. Die verstärkte Kommunikation und Gemeinschaft von ZuwanderInnen untereinander wird als Ghettoisierung und mangelnder Integrationswille interpretiert, daß das verfügbare Sprachvermögen seinen Wert aber nur in einer Gruppe komplementärer Sprachvermögen behalten und entfalten kann, wird dabei ignoriert.

Die Interpretation von Sprachvermögen als Human- und Sozialkapital ist insofern nur als Anknüpfung an bestehende ökonomische Konzepte zu verstehen, die im Sinne der vorliegenden Theorie verändert werden müßten. Kognitiv-pragmatisches Sprachvermögen kann sowohl positiv als auch negativ auf situativ verfolgte Erfolgskriterien hinwirken. Es ist in seiner Anwendung nicht auf produktive Aktivitäten begrenzt, sondern wird ebenso im Bereich der Transaktion, Konsum, Destruktion, Spekulation und Sicherung eingesetzt. Hierbei kann es auch zu einer Vermischung dieser traditionell getrennten Sphären kommen. Im Konzept der Prosumentenschaft wird etwa angedeutet, daß die KonsumentIn selbst an der Produktion wertschöpfend beteiligt ist, etwa wenn sie mit den ProduzentInnen zusammen das gewünschte Produkt kreativ konzipiert.[47] Sprachvermögen, das für konsumtive oder außerökonomische Zwecke genutzt wird, kann auch im Produktions- oder Transaktionsbereich eingesetzt werden, dabei kann es zu Synergieeffekten kommen oder das Sprachvermögen des einen Bereichs (etwa Liberalisierung, Toleranz und Demokratisierung im Freizeitbereich) kann sich als produktivitätsmindernd im anderen Bereich auswirken (mangelnde Bereitschaft im Unternehmen Hierarchien zu akzeptieren[48]). Der Begriff des kognitiven (sprachdominierten) Interpretationsvermögens geht folglich über die streng produktionsorientierten, positiv-funktional verstandenen Human- und Sozialkapitalbegriffe hinaus.

Neben der epistemisch-kognitiven Sprachfunktion knüpft auch die Koordinationsfunktion von Sprache eng an ökonomische Fragestellungen an. Wie in Kapitel 2 und 3 gezeigt wurde, unterscheidet die Ökonomik zwar Koordinationsmechanismen, etwa Märkte, Netzwerke und Hierarchien (bzw. als Medien: Preise, Verhandlungen, Zwang und Abstimmungen/ Wahlen), jedoch sind die Funktionsweisen dieser Koordinationstypen nicht geklärt. Die vorliegende Arbeit hat gezeigt, daß ökonomische Koordinationen primär durch sprachliche Verständigungen sowie durch sprachlich dominierte, kognitiv gedeutete Interaktionen realisiert werden. Die Existenz gelingender Sprachspielpraxis erfüllt für Ökonomien deshalb eine ermöglichende Funktion, insofern Sprachspiele der Abstimmung und Koordination von Sozialhandlungen sowie zum Austausch von Interpretationen dienen. Gleichzeitig ist sie auch restriktiv, denn koordinierte Sozialhandlungen und „Wissens"austausch ist auf das Vorliegen oder die

---

[47] Vgl. zum Konzept des Prosumenten Toffler (1980), Klaus (1984), Banks (1998), Jarre (1987)

[48] Vgl. zu diesem Beispiel Brandes, Weise (1995)

Möglichkeit des Erlernens komplementärer Sprachspielvermögen der beteiligten Wirtschaftssubjekte begrenzt. Sprachlichkeit ökonomischer Aktivität schafft folglich Inklusion *und* Exklusion. Die Mitglieder der Sprachspielgemeinschaft partizipieren an den Koordinations-, Kooperationserfolgen und den kollektiven Lernprozessen der Gemeinschaft. Dies impliziert automatisch Verteilungswirkungen zwischen Mitgliedern und Nicht-Mitgliedern der Sprachspielgemeinschaft.[49]

Die Möglichkeit der interindividuellen Intersubjektivierung von Kognitionsinhalten durch sprachliche Verständigung ist ökonomisch gewünscht, weil dadurch in standardisierter Weise, nach gelernten Unterscheidungsurteilen auf Wirklichkeitsaspekte Bezug genommen werden kann und so die Einigung über Pläne sozialen und Sozialhandelns überhaupt erst möglich ist. Zentrale Sprachspielbereiche sind hierbei Transaktionen (siehe Abschnitt 6.2) und kooperatives Handelns etwa in Unternehmen oder bezüglich sogenannter öffentlicher Güter oder im Bereich der Planung zukünftiger soziale Prozesse. Insbesondere die Verteilung von Handlungs- und Verfügungsrechten in Gesellschaften sowie die Umverteilungsregeln von Rechten sind solche zu intersubjektivierenden Interpretationen und Sozialhandlungen, die nur durch sprachliche Verständigung konstituiert und stabilisiert werden können.

Obwohl gelingende Verständigung eine conditio sine qua non für die Koordination ökonomischen Handelns ist, ermöglicht sie doch sehr unterschiedliche Koordinationsarten, je nach Art des gespielten Sprachspiels, wovon Zentralverwaltungswirtschaften, Märkte usw. nur einige allgemeine Typen sind. Das Ausmaß an ökonomischem Erfolg und positiven Entwicklungschancen, die durch sprachliche Verhaltenskoordination in verschiedensten Sprachspielen möglich sind, wird sehr unterschiedlich beurteilt. Die sprachliche Koordinationsfunktion ist insofern restriktiv, als die Realisierung eines spezifischen Koordinationssprachspiels andere Koordinationen zur gleichen Zeit ausschließt. Auch schränkt das begrenzte Koordinationssprachspielvermögen der Wirtschaftssubjekte und die Bedingung der Komplementarität ihrer Vermögen die Art möglicher ökonomischer Koordinationen ein. Zudem ist zu beachten, daß die sprachliche Koordinationsfunktion auch außerhalb ökonomischer Sinnbereiche wirksam

---

[49] Gerade in den Ansätzen der Social Capital-Theorie, in denen Sprache teilweise als ein Kapitalbestandteil interpretiert wird, findet die Spezifität und Exklusivität des Sprachvermögens des jeweiligen Wirtschaftssubjekts Erwähnung. Vgl. Flora (1998), Warner (1999), Woolcock (1998)

ist. Die Rationalitätsbedingungen primär nicht-ökonomischer Sprachspiele können dann dazu führen, daß die Koordination aus ökonomischer
Hinsicht als „ineffizient" oder „verschwenderisch" beurteilt wird. Ein Beispiel hierfür ist die These, daß das Management von Non-Profit-Organi-
sationen im psycho-, sozialen bzw. gesundheitlichen Bereich nicht professionell und wirtschaftlich genug arbeite. Es läßt sich jedoch zeigen, daß die
Werte und Ziele, die von diesen Organisationen produziert werden, auch
die Form und Abläufe der Organisationsstruktur prägen müssen, um pro-
duzierbar zu sein. Die Struktur- und Prozeßerfordernisse, die durch den
Organisationszweck, die Rationalität dieser Lebensform, determiniert
sind, werden durch die im Profit-Bereich üblichen Rationalisierungs- und
Effizienzorientierungsprogramme jedoch häufig außer Kraft gesetzt. Koordinationen, die von ökonomischer Theorie als vorteilhaft beurteilt werden, müssen dies aus der Eigenlogik nicht-ökonomischer Organisationen
nicht sein, sie können inkompatibel sein.[50]

   Daß Sprache Beziehungsmedium ist, in dem auch Identität gebildet
wird, ist aus ökonomischer Sicht vor allem für die zeitliche und semantische Stabilität ökonomischer Strukturen und Prozesse relevant. Machtbeziehungen, Vertrauensbeziehungen und mehr oder weniger starke Bei-
standsverpflichtungen aus Bindungen müssen als Ursache vieler ökonomischer Kooperations-, Transaktions- und gegenseitigen Sicherungsaktivitäten anerkannt werden. Vertragliche reziproke ökonomische Prozesse
sind in ein Geflecht von Beziehungsaspekten eingebunden, welche die
scheinbare Reziprozität als Teil bestehender Machtsalden oder emotionaler Verbundenheit entlarven kann. Daß auch die Beziehungsfunktion von
Sprache ermöglichende und restringierende Wirkungen hat, zeigt sich
etwa darin, daß Vertrauensbeziehungen Transaktionen auch bei Quali-
tätsunsicherheiten möglich macht. Andererseits sind bestimmte ökonomische Beziehungen oftmals gerade unter eng verbundenen Personen nicht
möglich, wenn beispielsweise der Konsumwunsch oder die berufliche Neigung (z.B. Prostitution) den Wertvorstellungen und Rollenerwartungen
befreundeter oder verwandter Personen widerspricht, so daß Tabubrüche
und Peinlichkeiten einen Ansehensverlust verursachen und die Beziehungen destabilisieren. Das heißt, das Vorliegen bestimmter Beziehungstypen

---

[50] Vgl. hierzu Simsa (1999), zur besonderen Rationalität des Dritten Sektors im Spannungsfeld der Wirtschaft vgl. Strachwitz (1998), Anheier, Seibel, Zimmer (1997), Schuppert (1989)

ist Bedingung der Möglichkeit spezifischer ökonomischer Aktivitäten oder verhindert die Realisierung bestimmter ökonomischer Aktivitäten.

Man könnte nun annehmen, daß die Standardisierung und Anonymisierung ökonomischer Kommunikationen, etwa in Aktienbörsen oder im e-commerce, ohne nennenswerte Bindung abläuft. Dennoch findet auch hier Beziehung statt. Allerdings sind die Beteiligten hier in ihrem Rollenrepertoire, mit dem sie ihre individuelle Identität zum Ausdruck bringen dürfen, stark durch die sozialen Standards der Sprachspielsituation eingegrenzt.

Die Identitätsfunktion von Sprache ist insofern für ökonomische Prozesse funktional, da sie (schnelles) Wiedererkennen ermöglicht. Insbesondere läßt sich schnell an den sprachlichen Verhaltensäußerungen erkennen, ob die KommunikationspartnerIn über komplementäres Sprachspielvermögen verfügt oder nicht. Wird Komplementarität festgestellt, kann elliptisch, also schneller, kommuniziert werden. Bei Wiedererkennen von komplementären Sprachspielvermögen können Routinen genutzt und entwickelt werden, so daß vor allem schnelle und sichere Verständigung möglich wird. Umgekehrt impliziert das Erkennen nicht-komplementärer Sprachspielvermögen, daß entweder ein gemeinsames Sprachspiel entwickelt werden muß (Lernen, Investition in Sozialkapital) oder auf ökonomische Verständigung verzichtet werden muß. Neben der Indizierung komplementärer Sprachspielvermögen, bewirkt die Identitätsfunktion von Sprache aber auch, daß Eigenschaften, Wertorientierungen und Verhaltensroutinen der Sprechenden offenbart werden, die andere hinsichtlich ihrer Eignung für bestimmte ökonomische Kooperationen interpretieren können. Sprachliche Selbstbeschreibung ist dabei allerdings häufig der Gefahr des Lügens unterworfen (s.u.).

Sprachspielpraxis weist also insgesamt einen hohen Grad an Spezifität auf. Da diese Spezifität, mit der die kognitive Orientierung in bestimmten Situationsfeldern (mittels Kognitionsroutinen) geregelt ist, auch mit einer spezifisch strukturierenden Konstruktion von Situationsfeldern verbunden ist, können Wirtschaftssubjekte sich in diesen Situationsfeldern nicht in beliebiger Weise orientieren. Die Situationsfelder sind semantisch sozusagen spezifisch belegt. Spezifische Sprachspielvermögen befähigen das Wirtschaftssubjekt zwar, sich in bestimmten Situationen (und mit bestimmten anderen Menschen) genau *so* zu verhalten. Aber seine Möglichkeiten, die Situation *anders* zu interpretieren, sind sehr beschränkt. Neuinterpretationen sind dann nur durch partielle Variationen in der Zeit möglich oder durch Erlernen neuer Sprachspiele, die allerdings entweder an andere Sprachspielgemeinschaften gebunden sind oder die frühere kognitive Orientierung verdrängen. Das Verfügen über bestimmte Sprachspielvermögen schließt also das Verfügen über andere Sprachspielvermögen aus. Die ökonomische Vielsprachigkeit von Wirtschaftssubjekten ist aufgrund begrenzter kognitiver Kapazitäten, Langsamkeit von Sprachspielwandel und begrenzter Zahl von Bezugssprachspielgemeinschaften eingeschränkt. Allerdings sind die Wirtschaftssubjekte auch in unterschiedlicher Weise dazu talentiert und motiviert.

Indem die Komplementarität von Sprachspielvermögen für das Gelingen ökonomischer Verständigungen essentiell ist, werden auch Bezüge zur Standardisierungsökononomik und Netzwerkökonomik aufgeworfen.[51] Wäre aus ökonomischer Sicht nicht zu empfehlen, daß alle Wirtschaftssubjekte ein standardisiertes Sprachspielvermögen aufbauen sollten, damit möglichst alle füreinander als potentielle Kooperations- und TransaktionspartnerInnen bereit stehen? Sicher gibt es standardisierungsökonomische Gründe, eine gemeinsame Lingua Franca zu fordern[52] und auch staatlicherseits auf die Homogenisierung bestimmter ökonomischer Sprachspiele hinzuarbeiten.[53] Gleichzeitig gibt es aber auch historische und ökonomische Gründe, die erwarten lassen, daß eine vollkommene Sprachstandardisierung ausbleiben wird. Ein historischer Grund ist die Unmöglichkeit einen vollkommenen Generationenbruch durchzuführen. Da Kinder durch ihre unmittelbaren Familien in Sprache sozialisiert werden, wird die weltweite sprachliche Pluralität fortbestehen, denn die Elterngeneration wird nicht mit einem Schlag das notwendige standardisierte Sprachvermögen lernen und lehren können, so daß die Kindergeneration immer auch in der alten Sprachpraxis aufwachsen wird. Der vollständige Übergang auf die fremde Einheitssprache wird vor allem in Gesellschaften beobachtet, die durch hochgradige Vielsprachigkeit gekennzeichnet sind,

---

[51] Die Standardisierungsökonomik begründet die Effizienz von standardisierten Lösungen ja in der Regel mit dem Bestehen von Netzwerkexternalitäten und Kollektivguteigenschaften. Vgl. Kindleberger (1983), Economides (1996), Blankart, Knieps (1992)

[52] Allerdings ist eine Lingua Franca (oder auch Pidgin- und Kreolsprachen) in der Regel ausschließlich auf den ökonomischen Bereich des Handels beschränkt. Vgl. Coulmas (1992) S. 201. Vgl. zum Phänomen der Lingua Franca umfassender und mit empirischen Beispielen Coulmas (1992) S. 196-254

[53] Vgl. den Sammelband von Tietzel (1994), der insbesondere die Standardisierungsargumente für den Kommunikationsgüterbereich untersucht. Zu den Möglichkeiten staatlicher Sprachstandardisierung vgl. Blankart, Knieps (1993a), Coulmas (1985), Werneburg (2001)

oder wo Sprachgemeinschaften an der Praktizierung ihrer ursprünglichen Sprache machtvoll gehindert werden (z.b. die Tuareg oder Berbervölker, die in arabische Sprachkulturen gezwungen werden).[54] Zum anderen ist die ökonomische Arbeitsteilung und die durch sie bewirkte Ausdifferenzierung der Lebensformen selbst Ursache dafür, daß sich Sprachspielpraktiken auseinander entwickeln. Denn Sprachpraxis bildet sich vor allem so aus, daß eine viable Orientierung in der gemeinsamen Lebensform möglich ist. Eine staatlich normierte Sprechweise, die diese Viabilität einschränkt, kann deshalb höchstens unter massivem Zwang durchgesetzt werden.[55] Drittens besteht das Problem der Pfadabhängigkeiten.[56] Aufgrund der Zukunftsoffenheit ökonomischer Entwicklung ist ungewiß, ob der einmal ausgewählte Sprachstandard tatsächlich derjenige ist, in dem sich alle aktuellen und möglichen zukünftigen ökonomischen Praktiken am besten realisieren lassen. Aus ökonomischer Sicht ist deshalb die Diversität von ökonomischer Sprachpraxis zu empfehlen, da sie zumindest die Chancen der Anpassungsfähigkeit an zukünftige Situationen erhöht und die Diversität des Innovationenraums erhöht. Schließlich ist zu erwähnen, daß sich auch empirisch neben Standardisierungstendenzen eher eine sprachliche Destandardisierung beobachten läßt.[57]

Auch wenn Sprache hier kurz in den standardisierungsökonomischen Termini erörtert wurde, muß zur Vorsicht bei der Übernahme dieses theoretischen Instrumentariums geraten werden. Wie für den Bereich Externer Effekte bereits erläutert, verdeckt auch die Annahme objektiv vorliegender Netzwerkexternalitäten, daß es sich bei dieser Theorie um eine Umverteilungsrhetorik handelt. Bevor also die Plausibilität der Forderung standardisierten ökonomischen Sprachvermögens kritiklos angenommen wird, muß überlegt werden, ob ein konsensuelles Verfahren denkbar ist, Kriterien zur Auswahl *des* besten ökonomischen Sprachstandards festzulegen. Denn nicht nur die Zahl derzeitiger Nutzer ist dabei relevant, sondern auch die Effektivität mit der ökonomisches Verhalten in der jeweiligen Sprache organisiert werden kann. Werden keine intersubjektiven Kriterien gefunden, muß davon ausgegangen werden, daß die Investition zur Bil-

---

[54] Vgl. Coulmas (1992) S. 200

[55] Eindrückliches literarisches Beispiel hierfür ist das „Neusprech" in „1984" von George Orwell. Aber es lassen sich auch reale Beispiele in den meisten totalitären Regimen finden (z.B. Drittes Reich, DDR).

[56] Vgl. Blankart, Knieps (1993b)

[57] Vgl. ausführlich die Diskussion in Lüdi (1994)

dung kompatiblen ökonomischen Sprachspielvermögens zu Lasten der weniger Mächtigen umverteilt werden soll. Standardisierungsökonomik ist folglich ein normatives Theoriekonzept. Selbstverständlich können auch WirtschaftswissenschaftlerInnen Vorschläge in den Umverteilungsdiskurs einbringen, nach welchen Kriterien eine Sprachstandardisierung zu bewerten ist, jedoch sollte die normative Diktion solcher Argumente für den Fall Sprache nicht hinter einer technischen Rhetorik versteckt werden.

Der doppelte Charakter des enabling und constraining kommt bei sprachlicher Verständigung nicht nur durch die Gruppenrelativität (Inklusion/Exklusion) und semantische Spezifität zum Ausdruck, sondern auch dadurch, daß Verständigung gelingen kann, aber auch scheitern kann. Die grundsätzliche, wenn auch beschränkte Freiheit des individuellen Kognitionsapparates einer Sprachspielpraxis zu folgen, sie zu variieren oder den korrekten Anschluß zu verweigern, hat zur Konsequenz, daß das Mißlingen von Sprachspielen nicht nur durch inkompatible Sprachspielvermögen, sondern auch abweichende Sprachspielmotivationen und kognitive Interessen verursacht wird. Wie gezeigt, erfüllt auch das gezielte Verhindern gelingender Verständigung ökonomische Funktionen. Denn wenn sprachliche Verständigung ein produktiver Vorgang ist, entstehen automatisch Opportunitätskosten entgangener Verständigungen. Die Entscheidung für das Abbrechen einer Kommunikation oder einer Sprachspieltradition kann Bedingung für den Beginn einer anderen Verständigung sein, die das jeweilige Wirtschaftssubjekt als größeren Vermögenszuwachs bzw. situativen Erfolg wertet. Obwohl man also sagen kann, gelingende Sprache ermöglicht Koordination, Wissensproduktion und Konfliktlösung, so ist doch hinzuzufügen, daß jede gelingende Kommunikation auch die Verweigerung von Kommunikation, also scheiternde Verständigung, mit anderen ausgeschlossenen Wirtschaftssubjekten impliziert. Da gerade der Abbruch von festen routinisierten Verständigungsbeziehungen die Voraussetzung für das Erlernen neuer Verständigungen ist, ist auch in der evolutionären Betrachtung sowohl das Gelingen als auch das Scheitern von Verständigung eine ökonomisch bedeutsame Funktionseigenschaft von Sprache.

In Bezug auf die ökonomische Funktionalität und Restriktivität von Sprache ist neben den eigentlichen Sprachfunktionen auch auf die Möglichkeit situationsferner Kommunikation einzugehen. Der Umstand, daß durch sprachliche Zeichenverwendung der Handlungskontext des Hier-und-Jetzt um fiktive, unwahre, ferne und zukünftige Elemente angereichert werden kann, ermöglicht eine Vielfalt ökonomischer Phänomene, die nur in sprachlichen Interaktionen möglich sind. Es wurde bereits am Beispiel der Lüge gezeigt, daß eine gelingende lügnerische Kommunikation letztlich eine einseitig scheiternde Verständigung impliziert. Das Funktionieren von Lügensprachspielen ist aus ökonomischer Sicht häufig als problematisch beurteilt worden, da es sowohl unbewußt unfreiwillige Transaktionen bewirkt als auch Transaktionen und damit bestimmte Formen und Grade arbeitsteiliger Produktion restringieren kann. Gerade das Problem, daß lügnerische nur unvollkommen von aufrichtigen Sprachspielen unterschieden werden können, führt dazu, daß die ökonomische Wirkung sprachlicher Prozesse nicht sofort und nicht unbedingt eindeutig als positiv funktional oder restringierend beurteilt werden kann.

Situationsferne Kommunikation ermöglicht in ihrem fiktiven und phantasievollen Aspekt aber auch intersubjektiv neue Wirklichkeitsdeutungen zu erschaffen, die neue Interessenfoki impliziert und so neue Problemdeutungs- und Problemlösungsprozesse in Gang setzt, so daß letztlich neue sozio-ökonomische Wirklichkeiten entstehen, die vorher keiner für möglich gehalten hätte.

Zum dritten ermöglicht situationsferne Kommunikation aber auch einfach eine sozial koordinierte Sozialverhaltensweise hervorzubringen, die sich durch zeitlich, räumlich und von der Zahl der beteiligten Personen sehr ausgedehnte und komplex differenzierte Muster der Kooperation auszeichnet. Die Fähigkeit von Menschen, Situationen nicht nur nach der Reichweite der Sinnesorgane wahrzunehmen, sondern sich gegenseitig fiktive oder vergegenwärtigte Situationen zu gestalten und kognitiv zu erzeugen, wurde außerdem in seiner ökonomischen Funktionalität oben dahingehend beurteilt, daß schnelle und flexible Orientierungen auch in neuen Situationen schneller möglich sind, die ein Wirtschaftssubjekt noch nicht aus eigener Erfahrung kennt.

Zuletzt ist auf die Bedeutung von Sprache als Reflektionsinstrument einzugehen. Gerade weil Wirtschaftssubjekte situationsfern kommunizieren können, nehmen sie das Verhalten zeit-räumlich entfernter Kooperationspartner nicht wahr, so daß das gegenseitige Berichten einen hohen Stellenwert einnimmt. Das innerbetriebliche Rechnungswesen, die staatliche Dokumentation von Rechtsprechung, politischen Instrumenten, die statistische Erfassung ökonomischer Daten, wissenschaftliche Theorien, all diese Formen sekundärer Beschreibung ökonomischer Sprachpraxis nehmen mittlerweile einen großen Teil wirtschaftlicher Prozesse ein. Dabei hat unsere Darlegung der notwendigen Nicht-Neutralität von Sprache gezeigt, daß jeder Versuch, ökonomische Praxis sprachlich zu beschreiben, eine versuchte Machtausübung und Beeinflussung anderer Wirtschaftssubjekte ist. Sprachliche Beschreibungssysteme werden in der Regel als Grundlage für ökonomische Entscheidungen, insbesondere für solche mit hoher räumlicher, zeitlicher und personeller Reichweite, verwendet (oder z.B. auch als Grundlage der Besteuerung). Die sprachliche Funktionseigenschaft der Nicht-Neutralität von Sprache impliziert, daß reine Beschreibungen nicht möglich sind, sondern daß jeglicher Beschreibung eine Beschreibungspolitik zugrunde liegt. Dabei ist es eine noch ausstehende Aufgabe der Ökonomik, die genauen rhetorischen Wirkungen und Grenzen des Diskursinstruments Sprache noch zu erforschen.

Die Reflektionsfunktion von Sprache bewirkt in ökonomischen Belangen nicht nur die situationsferne Verständigung über Wirklichkeitsaspekte (Berichten, Planen), sondern ermöglicht auch einen bewertenden Diskurs über die Sinnhaftigkeit und Zweckmäßigkeit gegebener und möglicher Wirklichkeiten. Aus diesen Bewertungsdiskursen entstehen immer dann Impulse zu einer Umorientierung und Entwicklung der Sprachgemeinschaft, wenn die Bewertung Mängel, Unzufriedenheiten und Mißstände konstatiert. Neben spontanen Variationen ökonomischer Interpretationsmuster können also auch bewußte kollektive Reflektionskommunikationen Auslöser von Entwicklungsprozessen ökonomischer Sprachspiele sein.

Das phantasievolle und lügnerische Entwickeln von Möglichkeiten erlaubt nicht nur die Reflektion möglicher Wirklichkeiten, sondern auch das gedankliche Durchleben und Orientierung innerhalb dieser imaginierten Wirklichkeiten. Das situationsferne Lernen von kognitiven Orientierungen in Situationen, die eintreten können, wurde bereits in Kapitel 5 als ökonomisch funktionale Vermögensbildung gewürdigt, welche schnelle Orientierung in breiten Spektren vorher nur imaginär erlebter Situationen ermöglicht.

Sprache kann insofern auch eine Innovationsfunktion zugeschrieben werden, die für den evolutorischen Prozeß ökonomischer Entwicklung grundlegend ist. Durch die Zwei-Ebenen-Struktur, in der das kognitive Interpretationssystem durch die Sprachlichkeit angelegt ist, können kreative Variationen grundsätzlich sowohl auf der basalen als auch auf der sprachlichen Bedeutungsebene stattfinden. Gerade in der gegenseitigen Inspiration der beiden Ebenen liegt ein kreativitätsschaffendes Moment, das über die spontane Variation durch veränderte Kontextkonstellationen und durch die bestehenden Freiheitsgrade menschlicher Kognition hinausgeht. Variiert der Kognitionsapparat Interpretationen auf der basalen Deutungsebene, müssen immer dann neue sprachgebundene Deutungen für die Innovation gefunden werden, wenn die Variation innerhalb der sozio-ökonomischen Verständigungspraxis bedeutsam ist oder wird. Das Werben für neue Produkte, die Anleitung ko-operierender Wirtschaftssubjekte in ein neues Aktionsmuster oder die kollektive Diskussion über eine Umverteilung von Handlungsrechten sind Prozesse, in denen die Neuerung sich automatisch auch in einem Veränderungsprozeß kollektiver Sprachspielpraxis niederschlägt. Umgekehrt bietet Sprache die Möglichkeit, sehr leicht kognitive Umkombinationen von Interpretationen oder Interpretationsbestandteilen vorzunehmen. Da mittels grammatischer Regeln aus den gegebenen Zeichen(typen) nahezu beliebig viele grammatisch korrekte Sätze gebildet werden können, sind Neukombinationen auf der Basis bestehender Kognitionsregeln leicht möglich. Indem die mit den Zeichen verbundenen Engramme und Syntagmen aktiviert werden, entsteht im Gehirn eine Vorstellung einer zumindest grammatikalisch möglichen Wirklichkeit. Wenn solche Variationen kognitiven Plausibilitätsüberprüfungen standhalten, als Lösungen ökonomischer Probleme interpretiert werden und so für das Wirtschaftssubjekt einen ökonomischen Sinn gewinnen, kann von der sprachlichen Ebene ein kreativer Impuls auf die verknüpfte, neukombinierte basale Deutungsebene übergehen. Insofern flexibilisiert die kognitive Sprachlichkeit die Interpretationsmöglichkeiten von Wirtschaftssubjekten zusätzlich. Die Innovationsfunktion von Sprache ist andererseits aber eingeschränkt, weil die Sanktionspraxis in Sprachgemeinschaften Variationen zur Sicherung der Verständigung teilweise selektiert.

Es ist also zusammenzufassen, daß Sprache in der prozessual erzeugten ökonomischen Wirklichkeit Verständigung, Wissensaustausch, sozio-ökonomische Evolution sowohl ermöglicht als auch begrenzt, da Sprachhandeln auch das Scheitern von Kommunikation, Exklusion zur Entwicklung neuer Sprachspielvermögen, lügnerisches Sprachhandeln und machtgeleitete Diskurse einschließt.

Die Grenzen ökonomischer Funktionalität von Sprache sind dabei durch die Struktur und das Gesamtniveau des sprachlichen Interpretationsvermögens eines Wirtschaftssubjekts sowie das Vorliegen und den Grad von Komplementarität und Übereinstimmung der Sprachvermögen aller beteiligten Wirtschaftssubjekte bestimmt. Um gelingende Verständigung zu realisieren, welches die Grundlage vor allem der pragmatischen, Kooperations-, Reflektions- und Beziehungsfunktion ist, muß insbesondere die Benennungspraxis der Kommunizierenden übereinstimmen. Komplementäre Sprachvermögen sind dann solche, die zwar Wirklichkeitsphänomene in gleicher Weise typisieren, perzipierend strukturieren und konzeptionieren, aber diese Perzeptionen mit unterschiedlichen pragmatischen Bedeutungen verbinden. Für TeilnehmerInnen komplementärer Sprachspiele haben gleiche Perzeptionen folglich verschiedene Bedeutungen.[58]

Zum Schluß ist anzumerken, daß auch die Verschiedenartigkeit von Sprachvermögen Bedingung der Möglichkeit ökonomischer Funktionalität von Sprache sein kann. Sprechakte, die perzipierenden Wirtschaftssubjekten neu und fremd erscheinen, binden schnell eine hohe kognitive Aufmerksamkeit, eine Funktionseigenschaft von Sprache, die beispielsweise im Marketingbereich ausgenutzt werden kann. Auch für die ökonomische Nutzung der Identitätsfunktion von Sprache kann die Eigenartigkeit (im wahrsten Sinne des Wortes) und Andersartigkeit der individuellen Äußerungen als Aufmerksamkeitsattraktor genutzt werden. Damit das Interesse aber nicht zu schnell abnimmt und in ökonomische Sprachspielpraxis überführt werden kann, muß die Unterschiedlichkeit der Sprachvermögen begrenzt sein (nicht-komplementäres besteht neben komplementärem Vermögen) und ein beiderseitiges Interesse zur Entwicklung gemeinsamer Sprachspiele bestehen.

6.1.3 Sprachspielwandel und ökonomische Evolution

Wird Ökonomik als sprachspielbezogene Wissenschaft betrieben, handelt es sich bei ihr notwendig um ein evolutorisches Konzept, da die menschliche Verständigungspraxis in ihrem stetigen autopoietischen Selbstreproduktionsprozeß evolutorischen Entwicklungsprinzipien unterworfen ist.

---

[58] Intersubjektiv identische Kognitionen der Mitglieder eines Arbeitsteams/eines Unternehmens sind nicht unbedingt die Gewähr für deren besonders hohe Effektivität und Produktivität. Auch in der Komplementarität der Interpretationsvermögen von Teams oder Kooperationsgemeinschaften kann der Schlüssel zu einer höheren Produktivität liegen. Vgl. Prat (1996), Beck et al. (1999), Thomas (1999), Schulz-Hardt et al. (1999), Zeutschel (1999), Stumpf (1999)

Theorie ist evo-lutorisch (handwritten marginal note)

Evolutorisch ist eine ökonomische Theorie dann zu nennen, wenn sie ökonomische Phänomene aus einem Variations-Selektions-Schema heraus erklärt, wirtschaftliche Entwicklungen in der Zeit fokussiert und grundsätzlich entwicklungsoffen ist, d.h. keine „natürlichen" Entwicklungsgesetzmäßigkeiten ex ante unterstellt, sondern immer in Relation zur je relevanten (sich verändernden) Selektionsumgebung des betrachteten Phänomens erklärt.[59] Es werden dann viable[60] (zeitlich stabile und gemessen am sprachspielspezifischen Rationalitätskriterium erfolgreiche) Varianten einer „Population" ökonomischer Interpretationen oder ganzer Sprachspiele vor dem Hintergrund einer spezifizierten Selektionsumgebung analysiert und erklärt. Da sozio-ökonomische Selektionsumgebungen nicht nur den relativ stabilen natürlichen Gesetzmäßigkeiten, sondern auch aufgrund von Kreativität und Willkür flexibleren Verhaltensregelmäßigkeiten von Menschen folgen, sind Evolutionsgegenstand und Selektionsumwelt in einem kumulativen Ko-Evolutionsprozeß begriffen. Ökonomische Akteure sind sowohl selbst Erzeuger von Interpretationen, die sich in ihrer Selektionsumwelt bewähren sollen, als auch durch ihre explizierten Interpretationen Teil der sozio-ökonomischen Selektionsumgebung, in der sich die Interpretationen anderer Individuen und ihre eigenen bewähren müssen.

Die komplexen Regelsysteme, aus denen sich ökonomische Sprachspiele konstituieren, sind weder in ihren Eigenschaften konstant, noch ist deren Anwendungsbereich eindeutig, außer durch die je geltende, durch Sanktionierung angeglichene Interpretationspraxis festgelegt. Ökonomische Sprachspiele dauern fort, indem sie sich in einem autopoietischen Prozeß immer wieder neu, aber mit hoher Selbstähnlichkeit erschaffen.[61] In dieser autopoietischen Reproduktion entstehen Verständigungsvariationen einerseits, weil die Kommunikationssituationen niemals ganz identisch sind, weil die Beteiligten in anderen Sprachspielen neue Erfahrungen gesammelt haben, deren Bedeutungen eventuell zu Umdeutungen im jetzigen Sprachspiel führen, und andererseits aufgrund kreativer Einfälle der Beteiligten, die auf den grundsätzlich gegebenen Freiheitsgrad des Kognitionsapparates zurückzuführen sind. Werden diese Variationen

---

[59] Vgl. zu einer Abgrenzung ökonomischer Evolutorik Hesse (1998a; 1998b, 1990), Leschke, Wessling (1994), Hanappi (1992), Schlicht (1997), Kerber (1994), umfassend zum Paradigma Herrmann-Pillath, Lehmann-Waffenschmidt (2001)

[60] Vgl. zum Viabilitätsbegriff genauer bei Penz (1999) Kapitel 3

[61] Vgl. zum konstruktivistischen Konzept der Autopoiese Varela (1987)

nicht durch die Verständigungspartner sanktioniert, kann sich ein langsamer Wandel der Sprachspielpraxis in Gang setzen. Diese Langsamkeit
spontanen ökonomischen Sprachspielwandels ist auf die Routinetendenzen des Kognitionsapparates zurückzuführen, wobei sich diese Wirkung in Sprachspielen insofern potenziert, als die jeweiligen Verständigungspartner als zusätzliche Selektionsinstanz gegen zu starke Interpre-
tationsvariationen wirken. In arbeitsteiligen Ökonomien muß die Kreativität des einzelnen immer auch eine veränderte Interpretationspraxis
anderer Gruppen- oder Gesellschaftsmitglieder erzeugen können, um sich
als Evolutionsschritt etablieren zu können. Gerade weil die Komplementarität von Sprachspielvermögen i.d.R. die Bedingung ökonomischer Funktionalität von Sprache ist, wirkt die existentielle Bedeutung gelingender
ökonomischer Sprachspielpraxis stabilisierend und verlangsamend auf den
Sprachspielwandel zurück.

Neben dem gleichsam schleichenden Wandel von Sprachspielpraxis
lassen sich im Einzelnen auch größere Änderungssprünge beobachten,
wenn beispielsweise ein bestimmtes Sprachspiel nicht mehr gespielt wird
und so individuell und sozial in Vergessenheit gerät oder wenn zunächst
über Metaphern-Importe Kulturen und Rationalitätskriterien eines ganz
anderen, sinnfernen Sprachspiels in ein bestehendes Sprachspiel integriert
werden, so daß dessen Kultur revolutioniert wird. Solchen Änderungs-
sprüngen müssen massive Veränderungen der Lebensumwelt, insbesondere auch der ökonomischen Gegebenheiten oder starke, zentralisierte
Machtausübungen zu Grunde liegen, da sich eine kollektiv synchroni-
sierte, sprunghafte Veränderung erheblicher Anteile von Sprachspielpraxis
aus den genannten Gründen nicht spontan ergeben.[62] Am Beispiel von
Güterinnovationen wird das leicht deutlich. Hier kommt nicht spontan
aus dem Nichts plötzlich ein vollkommen neues Produkt auf den Markt.
Statt dessen läßt sich in der Regel ein längerer Entwicklungsprozeß innovativer Güter nachzeichnen, in dem eine Menge Vorstufen versucht werden, von denen manche weiter variiert und manche verworfen werden, bis
letztlich „die" Innovation als vorläufig hinreichend befriedigende Lösung
den NutzerInnen zur Verfügung gestellt wird. Außerdem lassen sich
Innovationen in aller Regel als Neu- und Umkombinationen bereits bestehender Dinge und Tätigkeiten und Kontextspezifika beschreiben, so daß
das Neue lediglich als ungewohnte Interpretation großteils gewohnter
Phänomene gesehen werden muß. Diese Vorstellung prägte bereits bei

---

[62] Vgl. für empirische Beispiele solcher Sprachentwicklungen Coulmas (1992) S. 196-277

Shackle „Novelty is the transformation of existing knowledge, its reinterpretation; in some degree necessarily its denial and refutation."[63]

Innerhalb des Evolutionsprozesses der Sprachspielpraxis lassen sich einerseits differenzierende, andererseits integrierende Tendenzen beobachten. Differenzierungen treten auf, wenn zwischen Subgruppen einer Sprachgemeinschaft Kommunikationsbarrieren entstehen oder aufgebaut werden. Beispielsweise indem eine Gruppe an einen entfernt liegenden Ort auswandert oder sich temporär getrennt von den anderen mit abweichenden Tätigkeiten beschäftigt, wenn eine Mauer oder politische Grenze zwischen zwei Gruppen gezogen wird oder Exklusions- oder Separierungsverhalten gegen bestimmte Mitglieder betrieben wird. Die getrennten Sprachspielgruppen werden im langsamen Sprachwandel unterschiedliche Varianten ausselektieren, die den Eigenarten und Machtstrukturen der jeweils Beteiligten am passendsten erscheinen.

Verstärkt wird eine solche Ausdifferenzierung, wenn die getrennten Gruppen unter sehr unterschiedlichen Umweltbedingungen operieren müssen. Werden die Gruppen nur räumlich separiert, kann innerhalb der jeweiligen Gruppe eine integrierte Sprachspielpraxis aufrechterhalten werden. Beispiel für solche langsamen Differenzierungen sind regionale Dialekte. Hält die räumliche Separierung immer nur kurz an und findet zwischendurch intensiver Austausch mit den je anderen über die separat ausgeübte Praxis statt, so wird die Ausdifferenzierung nur schwach sein, da die gegenseitige Anschlußfähigkeit immer wieder gesichert wird. Nimmt die separat verbrachte Zeit aber erheblichen Anteil ein und weichen diese Sprachspielpraktiken hinsichtlich Erfolgskriterien, Umweltbedingungen, Typen beteiligter Akteure sehr stark voneinander ab, kann sich eine weitreichende Ausdifferenzierung von Sprachspielpraxis auch innerhalb einer Gesellschaft ergeben, wie etwa in großen Unternehmen bzw. allgemein in modernen, hoch arbeitsteiligen Gesellschaften, in denen die Mitglieder in ihren Lebensformen nur partiell überlappen. Ausdifferenzierte Sprachspiele innerhalb einer Gesellschaft bei Exklusivität vieler Sprachspielgruppierungen[64] können eine beschleunigte Sprachspielevolution bewirken. Denn auch im flüchtigen Kontakt mit Mitgliedern andersartiger Sprachspielgemeinschaften kann ein Eindruck von deren spezifischen Kommu-

---

[63] Shackle (1972) S. 26. Vgl. zum Phänomen des Neuen auch Blaseio (1986), Knoblauch (1996), Groys (1992) und Hesse (1990)
[64] Exklusivität meint: mangels Interpretationskompetenz und Zugangserlaubnis kann nicht jeder bei jedem mitspielen.

nikationsstilen und Problemlösungsregeln entstehen, der – ob korrekt oder falsch interpretiert – Anlaß zu kreativen Veränderungen eigener Sprachspielpraktiken werden kann.

Integrationstendenzen innerhalb der Sprachspiele einer Gesellschaft äußern sich in einer erhöhten Selbstähnlichkeit, Homogenität und/oder Stimmigkeit der unterschiedlichen Sprachspielpraktiken. Integrierend wirkt erstens, daß die einzelnen Personen immer Mitglieder einer Vielzahl von Sprachspielgemeinschaften sind. Die Person kann und wird das Interpretationskönnen der je anderen Sprachspiele und die dort erworbenen Kommunikationsstile auch im je aktuellen Sprachspiel einbringen und nutzen, da die kognitiven Routinetendenzen bei jeder perzipierten Musterähnlichkeit vereinheitlichend wirksam werden können. Zudem hängen die Erfolgswahrscheinlichkeiten des einen Sprachspiels auch von den Tätigkeiten in anderen Sprachspielen ab, so daß die Person gleichzeitig auch die Erfordernisse anderer Sprachspiele in ihrer Orientierung berücksichtigen muß. Beispiel hierfür ist die politische Diffamierung Oskar Lafontaines für seine angeblichen Kontakte zum Rotlichtmilieu, für die seine Eignung als Politiker in Frage gestellt wurde, oder der Umstand, daß der Kontakt mit gesundheitsschädlichen Chemikalien im Arbeitsprozeß zu Beeinträchtigungen im Freizeitbereich führen kann, wobei umgekehrtes für den Kontakt mit netten KollegInnen am Arbeitsplatz gelten kann. Andererseits kann ein hocherfolgreicher Berufsclown im sonstigen Leben auch sehr ernsthaft sein, Personen können ihre unterschiedlichen Persönlichkeitskomponenten also z.T. auch wirksam über verschiedene Aktivitätsfelder verteilen.

Zum zweiten entstehen Integrationstendenzen durch zentrale Machtinstanzen, die sich für Homogenisierungen von Sprachspielpraxis aktiv und sanktionierend einsetzen. Beispiel hierfür sind die staatlich standardisierte Schulbildungspraxis, Verhalten homogenisierende Funktionen religiöser Gruppen, staatliche Regulierungen von Wirtschaftsformen sowie der Versuch, einheitliche Kontexte wirtschaftlichen Handelns zu schaffen, z.B. standardisierte Architekturen, Raumordnungspolitik oder vorgeschriebene Rechnungslegungspraktiken. Ein anderes eindrückliches Beispiel ist die vereinheitlichende Kultur von McDonalds. Indem die Produkte, die räumliche Gestaltung der Filialen, die Arbeitsorganisation, die Standortwahl usw. weltweit standardisiert durchgesetzt wurden, wird eine ganze überregionale Arbeits- und Konsumkultur verbreitet, die wiederum auf die lokalen Sprachspiele zurückwirken. Ähnliches gilt auch für viele andere Franchisekonzepte und standardisierte Unternehmensketten.

Drittens wirkt die Abhängigkeit von Sprachspielen untereinander integrierend auf den sprachlichen Evolutionsprozeß, da zumindest einige der Sprachspielenden selbst das Interesse an Integretation verfolgen. Insbesondere in arbeitsteiligen Gesellschaften, in denen NutzerInnen von Gütern oft nur sehr indirekt, über viele Mittler mit produzierenden Personen kommunizieren, ist die integrierende Wirkung der gegenseitigen Abhängigkeit nur unter hohem Aufwand zu erzielen. Wer diesen Aufwand leisten muß, hängt von den Machtverhältnissen ab. Bestehende Abhängigkeiten sind bei einem sehr hohen Ausdifferenzierungsgrad sowie großen Zahlen unterschiedlicher beteiligter Personen nur sehr schwer in Abstimmung zu bringen. Denn die unterschiedlichen Kommunikationsstile der Beteiligten selektieren orientiert an ihren je spezifischen Interessen, so daß der Erwerb von Interpretationsvermögen anderer Sprachspielgemeinschaften die Voraussetzung ist für eine gesteigerte Komplementarität von Sprachspielpraxis.

Aus ökonomischer Sicht ist aufgrund dieser Vernetztheit die Evolution der gesamten Sprachspielpraxis relevant. Ökonomische Sprachspiele unterliegen sowohl intern erzeugten Evolutionsprozessen als auch werden sie durch den Wandel anderer gesellschaftlicher Sprachspiele verändert, etwa Familienkulturen, Entwicklung in Bildung, Rechtssystem, Religion, Aufgeschlossenheit für Kontakte mit fremden Sprachspielen, und wirken selbst auf diese zurück. Dieser aufgrund der Vielzahl beteiligter Personen gigantische Koevolutionsprozeß aller Sprachspielarten impliziert für die ökonomische Wissenschaft nicht nur einen hoch komplexen Untersuchungsgegenstand, sondern einen, der sich in ständiger Veränderung befindet. Der zwar Trägheitsmomente aufweist, aber nicht durch strenge Gesetzmäßigkeiten beschrieben werden kann.[65]

Ökonomische Theorie muß deshalb versuchen, den evolutionären Charakter ihres Untersuchungsgegenstandes zu integrieren. Eine erste Möglichkeit ist, den universalen Geltungsanspruch ökonomischer Theorien

---

[65] Gerade das komplexe Zusammenspiel der Vielzahl von Sprachspielen impliziert, daß diese Trägheit nicht einfach auf das ökonomische Konzept der Pfadabhängigkeit (vgl. Blankart, Knieps (1993b)) reduziert werden kann. Denn die grundsätzliche Sprachlernfähigkeit von Menschen und die Vielzahl verknüpfter und parallel existierender ökonomischer Sprachspiele bewirkt, daß auswegslose Lock-In-Effekte in natürlichen Sprachen nicht vorkommen können, in von Menschen zwingend etablierten künstlichen Sprachsystemen dagegen schon.

aufzugeben und die Personengruppen und Zeiträume, für die ein Erklärungsansatz gelten soll, anzugeben. Um höhere Allgemeinheitsgrade von
Theorien zu erreichen, müßten deren Geltung für weitere Zeiträume und
Personenkreise empirisch erst gezeigt werden. Das würde zunächst zumindest die Rhetorik, aber auch den Konkretheitsgrad ökonomischer
Theorie maßgeblich verändern. Zum zweiten kann man die Prozesse ökonomischen Wandels direkt zum Untersuchungsgegenstand erklären, wie
dies etwa innerhalb der evolutorischen Ökonomik oder Theorien institutionellen Wandels geschieht. Hier müssen allerdings neben den (in Sprache gedeuteten) physischen Invarianzen noch stärker die Regelmäßigkeiten des Sprachspielwandels als Determinanten des sozioökonomischen
Evolutionsprozesses integriert werden.[66] Wichtig ist hierbei, ökonomischen Sprachspielwandel als ergebnisoffenen und strukturflexiblen Prozeß
zu gewärtigen. Da sich insbesondere die als Errungenschaften von heute
gepriesenen Entwicklungen als die Flüche und Hemmnisse von morgen
erweisen können, empfiehlt es sich, auf normative Kriterien zur Beschreibung von Entwicklungen weitestmöglich zu verzichten.[67] Und so man
denn auf eine normative Bewertung bisheriger Entwicklungen über die
eigene Sprachkulturgemeinschaft hinaus nicht verzichten will, sollte man
dies auch deutlich kennzeichnen, um kolonialisierende Theorieanwen-
dungen in der Wirtschaftspolitik zu vermeiden[68].

Insgesamt ist eine evolutorische Theorie sich wandelnder ökonomischer Sprachspiele konkreter, praxisbezogener, geschichtsorientiert und
ihrer eigenen Grenzen bewußt. Jede Beschreibung des Sprachspielwandels
weist ihren spezifischen selektierenden Interessenfokus auf, weshalb sie
den Ausschnitt wahrnehmungsmöglicher Probleme und Problemlösungen
beschränkt. Zukünftige ökonomische Sprachspiele sind nur begrenzt prognostizierbar und können aufgrund der fundamentalen Zukunftsun-
sicherheit als Orientierung und damit Self-fulfilling-Prophecy genutzt

---

[66] Auf evolutorischer Seite versucht in letzter Zeit bspw. Nooteboom (1999) eine Integration in ökonomische Evolutionsmodelle.

[67] Vgl. deshalb den nicht-normativen Entwicklungsbegriff bei Hesse (1987) S. 195 ff.

[68] Als Negativbeispiel ist hier auf North (1992) zurückzukommen, der letztlich die US-
amerikanische ökonomische Kultur als die beste charakterisiert und den Evolutionsrück-
stand anderer Volkswirtschaften auf deren ideologische Verblendung zurückführt. Eine
endogene Entwicklung ökonomischer Sprachspiele zu hohem Pro-Kopf-Vermögen, die
nicht mit einem hohen, nach standardisierten Methoden ermittelten BSP einhergeht, ist
aus seiner Sicht nicht vorstellbar. Ebenso findet sich bei Goyal (1996) die implizite Vorstellung eines objektiven Effizienzmaßes, mit dessen Hilfe auch die Effizienz eines
Sprachstandards gemessen werden könne.

werden. Entwickeln ÖkonomInnen in diesem Sinne „therapeutische Neubeschreibungen" ökonomischer Sprachspiele – etwa zur Beratung wirtschaftspolitischer oder ökonomischer Akteure –, so müssen die Interpretationsvermögen der konkreten Personen, die das entworfene Sprachspiel „aufführen" sollen, immer mit berücksichtigt werden, zumindest falls die TheoretikerInnen Interesse am „Therapieerfolg" haben.

Prognostizierbarkeit ökonomischer Sprachspielpraxis ist grundsätzlich möglich aufgrund von Trägheitsmomenten. Diese Trägheit wird einerseits durch die kognitiven Routinetendenzen verursacht und resultiert in der Macht der Gewohnheit: solange die meisten Gesellschaftsmitglieder routinegeleitet weiter agieren, ändern sich viele Ergebnisvariablen trotz einzelner Variationen nicht maßgeblich. Zum zweiten entsteht Entwicklungsträgheit durch die soziale und ökonomische Abhängigkeiten der Menschen untereinander. Diese Abhängigkeiten machen gelingende Verständigung zu einem wertvollen ökonomischen Vermögen, weshalb ein Auseinanderdriften von Sprachspielvermögen durch kreative Variationen sanktionierend bekämpft wird. Dies kann als Macht der Gemeinschaft oder des Netzwerks bezeichnet werden. Zum dritten ist zu beachten, daß die kreativen Neuerungen dezentral in Individuen entstehen. Wenn die Variation zu einer veränderten Sprachspielpraxis einer großen Zahl anderer Wirtschaftssubjekte führen würde, kann die Macht der Masse der Diffusion der Variation entgegenwirken. Trotz dieser Trägheitsmächte ist Prognostizierbarkeit ökonomischer Prozesse und Evolution nur begrenzt möglich, zum einen weil Variationen permanent auftreten und sich zum Teil durchsetzen können, zum anderen weil sich die natürlichen und sozialen Selektionsumgebungen verändern und zum dritten weil Machtpositionen und Machtinstrumente genutzt werden können, um Variationen eine größere Durchsetzungschance zu verschaffen.

6.2 Sprachgebundenheit von Transaktionen

Nachdem nun allgemeine Konsequenzen einer sprachspiel-orientierten Wirtschaftswissenschaft erörtert wurden, wird nun für das konkrete Phänomen der ökonomischen Transaktion gezeigt, daß und warum Transaktionen notwendig durch Sprachspielpraxis realisiert werden müssen. Durch die genaue Analyse des ökonomischen Phänomens Transaktion wird auch die Rolle von Sprache in ökonomischen Prozessen insgesamt deutlicher.

Zu Beginn des Kapitels wurde zwischen ökonomischen Sprachhandlungen und solchen Individualhandlungen, denen sprachgeleitete kognitive Interpretationen zugrunde liegen, unterschieden (starke und schwache These ökonomischer Relevanz von Sprache). Wenn Menschen während ihres Tuns keine sprachlichen Zeichen äußern oder sich auf diese beziehen, liegt für den Beobachter die Annahme nah, daß es sich nicht um eine sprachliche Aktivität handelt. Im Zuge der vorliegenden Arbeit wurde jedoch gezeigt, daß auch bei diesen scheinbar nicht-sprachlichen Aktivitäten deren kognitive Eingebundenheit in Sprachspielpraxis als Restriktion ökonomischen Handelns behandelt werden muß. Bei ökonomischen Aktivitäten, die ganz offensichtlich Teil von Sprachspielhandlungen sind, muß nicht nur deren kognitive Einbindung in die weitere Sprachspielpraxis berücksichtigt werden, sondern ihre gesamten Funktions- und Erfolgsbedingungen sind durch die Charakteristika gelingender Verständigung bestimmt. Art und Umfang realer ökonomischer Sprachhandlungen hängen deshalb von den in Kapitel 5 erörterten sprachlichen Funktionsbedingungen ab. Wenn in diesem Abschnitt nun gezeigt wird, daß es sich bei *ökonomischen Transaktionen* notwendig um *sprachliche Verständigungsaktivitäten* handelt, impliziert dies, daß Wesen und Funktionsbedingungen von Sprache für die Wirtschaftswissenschaft nicht mehr irrelevant sein kann.

Transaktionen sind laut Commons die „ultimate unit of economic investigation"[69]. Sie beschäftigen ÖkonomInnen, weil sie ein notwendiges Implikat arbeitsteiliger Wirtschaftsweisen sind, mit denen wir uns üblicherweise beschäftigen. Die Art und Weise, wie und in welcher institutionalisierten Form Transaktionen ablaufen, gilt als Restriktion für Art und Volumen möglicher Transaktionen in einer Gemeinschaft pro Zeiteinheit. Dies wird wiederum als Restriktion für den möglichen Grad der Arbeitsteilung in dieser Gemeinschaft angesehen und damit auch für das Ausmaß, in dem Spezialisierungsgewinne der Arbeitsteilung ausgenutzt werden können. Transaktionen sind zwar nur ein Teil der gesamten Vermögensgenerierung und -verteilung einer Gemeinschaft, aber ein zentraler Teil, da sie Niveau und Struktur des Wirtschaftsprozesses der gesamten Gruppe determinieren.

---

[69] Commons (1931) S. 652

[handwritten: [E] sind xx, die unter Gebrauch v. sprache...]

These: Transaktionen sind ökonomische Prozesse, die unter Gebrauch von Sprache vollzogen werden müssen.

Im Folgenden soll diese These begründet werden, indem zunächst der etwas verschwommene Begriff der Transaktion definiert und differenziert wird (6.2.1 und 6.2.2). Anschließend werden die „Dinge", die Gegenstand einer Transaktion werden können, nämlich Güter und Leistungen, analysiert und innerhalb des mikroökonomischen Modells des 4. Kapitels rekonstruiert (6.2.3). Schließlich wird gezeigt, welchen Beitrag Sprache zur Überwindung von Distanzen im Zuge von Transaktionen leistet (6.2.4). Transaktionen sind nicht allein auf Sprachspielpraxis reduzierbar. Deshalb werden neben den essentiellen sprachlichen Restriktionen für die Realisierung von Transaktionen auch andere Restriktionen, wie Motivation, Ressourcen, Vertrauen, erläutert, die allerdings zum Teil ihrerseits vom Sprachvermögen und Sprachhandeln abhängig sind (6.2.5). Nachdem das Phänomen der Machtausübung in ökonomischen Sprachspielen anhand der Transaktion konkretisiert wurde (6.2.6), werden die Transaktionsfähigkeiten und Transaktionseigenschaften von Sprache abschließend zusammengefaßt (6.2.7).

[handwritten: 1.) Def (E) 3.) in konfrontierung mit Modelle 2.) Zsh. (E) & π 4.) sprache → D anderer Resourcen (Motivation, Vertrauen ...?)]

6.2.1 Definition des Transaktionsbegriffs

„Eine Transaktion findet statt, wenn ein Gut oder eine Leistung über eine technisch trennbare Schnittstelle hinweg übertragen wird. Eine Tätigkeitsphase wird beendet; eine andere beginnt."[70] Neben dieser technischen Seite der Ressourcenübertragung bei Williamson findet sich Commons Betonung der rechtlichen Seite: Eine Transaktion ist für ihn „die zwischen Einzelpersonen stattfindende Entäußerung und Erwerbung der Rechte zukünftigen Eigentums an physischen Sachen."[71] Die physisch-technische und rechtliche Dimension der Transaktion werden in der Transaktionskostenökonomik als zwar verwandte, aber separate Phänomene angesehen.[72]

---

[70] Williamson (1990) S. 1

[71] Commons (1934) S. 58, zitiert in der Übersetzung von Richter, Furubotn (1999) S. 48

[72] Vgl. Richter, Furubotn (1999) S. 48, als Beispiel für die Trennung von physischem Transfer und Eigentumsrechtübertragung vgl. Herrmann-Pillath (2001) S. 512 ff.

Bereits an den beiden genannten Definitionen werden drei Charakteristika der Transaktion deutlich:

1. **Verwendungsarten**: Im Zuge der Transaktion wird ein Gut/Leistungen einer neuen Verwendung zugeführt. Eine Verwendungsart besteht in einer bestimmten Tätigkeit, die mit dem Gut/Leistung durchgeführt wird.

2. **Distanz**: Im Zuge der Transaktion muß das Gut/Leistung die Distanz zwischen den Verwendungsarten überwinden, die durch den Begriff der „technisch trennbaren Schnittstelle" definiert ist. Es kann sich um kognitive und/oder räumliche und/oder rechtliche Distanzen handeln. Nur wenn eine solche Distanz vorliegt, besteht eine technisch trennbare Schnittstelle, über die eine Transaktion zumindest versucht werden kann durchzuführen.

3. **Personen**: Im Zuge einer Transaktion wechselt(n) die Person(en), die mit dem Gut/Leistung Tätigkeiten durchführen (können). Damit wechselt auch die Situation der ausgeübten Verfügungsrechte.

Hier wird die Unschärfe der ökonomischen Definition der zwei Seiten der Transaktion deutlich. Nach der Williamson'schen Definition kann eine Transaktion auch dann durchgeführt werden, wenn die Personen nicht wechseln (nur Charakteristikum 1 und 2). In diesem Falle wäre mit einer Transaktion keine Veränderung der *Verteilung*, sondern lediglich der *Ausübung* von Eigentumsrechten verbunden. Hingegen kann bei Commons eine Transaktion auch dann durchgeführt werden, wenn die Verwendungsart sich von ihrem Sinn her nicht ändert (nur Charakteristikum 2 und 3). Es sei denn, man ginge davon aus, daß das Schleppen eines Sackes Reis durch Person X *immer* eine andere Tätigkeit ist, als das Schleppen desselben Sackes Reis durch eine beliebige Person Y. Doch selbst wenn sich die Verfügungsarten der TransaktionspartnerInnen von ihrem Sinn her nicht unterscheiden, so muß doch eine rechtliche und/oder körperlicher Distanz zwischen den Personen vermittels einer Art Übergabe überwunden werden.

Man kann nun die Transaktion allgemein am Begriff der Distanz festmachen und sagen: im Zuge einer Transaktion überwindet ein Gut oder eine Leistung eine

- semantische und/oder

- physische und/oder

– interpersonell-rechtliche Distanz.

Gerade diese „und/oder"-Lösung entspricht der schwammigen Handhabung innerhalb der Transaktionskostenökonomik, obwohl dort implizit meist eine rechtliche Wirkungsebene von Transaktionen angenommen wird.

Im Sinne der vorliegenden Arbeit wird die Position vertreten, daß der Transaktionsbegriff nur dann Sinn ergeben kann, wenn im Zuge der Transaktion eine Veränderung der Eigentumsrechtverteilung vor sich geht, wenn also auch die verfügenden Personen wechseln. Findet kein Eigentumsrechtsverteilung statt, sind die semantischen oder physischen Distanzüberwindungen als Andersverwendungen zu bezeichnen. Daß hier Eigentumsrechtumverteilungen als notwendiges Definitionsmerkmal von Transaktionen bestimmt werden, wird wie folgt begründet.

Was bei Williamson als rein physischer, kognitionsunabhängiger Transferierungsakt interpretiert wird, muß vor dem Hintergrund des sprachintegrierten mikroökonomischen Modells vielmehr als Übergang von einer pragmatischen Deutung zu einer nächsten Deutung (durch wahrnehmende Subjekte) verstanden werden. Eine „technisch trennbare Schnittstelle", über die hinweg eine Übergabe geschieht, liegt nicht einfach vor, sondern es ist eine Frage dessen, ob Wirtschaftssubjekte eine Schnittstelle trennend zu erzeugen versuchen und aus welchem Grund wer dies tut. Die Grenzen einer Tätigkeit(sphase) sind nicht einfach objektiv gegeben, sondern die kognitive Unterscheidung von Tätigkeitsarten und -phasen hängt von der Deutungspraxis und den Lebensformen der Subjekte ab, die diese Aktivitäten durchführen. Gerade die Bewegung des Taylorismus hat gezeigt, daß die Stückelung produktiver Tätigkeitsprozesse in Phasen mit unterschiedlichen Tätigkeiten relativ und nicht fest ist. Die veränderte Tiefe der Differenzierung wurde gerade durch den tayloristischen Reorganisationswunsch interpretierend *erzeugt*. Da die Grenze der Differenzierung im Prinzip durch den Trade-off von interpersonellen Transferkosten (Umrüstkosten) und dynamischen Spezialisierungsgewinnen bestimmt wurde, waren die Tätigkeitsgrenzen letztlich nicht unabhängig vom normativen Ziel der tayloristischen Methode. Nun kann man zwar feststellen, daß die Anwendung universaler, weil angeborener Gestaltprinzipien bei der kognitiven Stückelung motorischer Bewegungen für intersubjektiv ähnliche, abgrenzende Interpretationen sorgen kann. Für weniger konkret physische Leistungen stimmen die Interpretationen/ -sgrenzen jedoch weniger überein. Auch können solche Stückelungen immer nur in Bezug auf einen standardisierten Produktionsablauf vorgenommen werden. Innerhalb einer lernenden Organisation oder bei künstlerischen Produkten muß sich auch „die" sinnvolle Art der Stückelung erst im Zuge der jeweiligen Produktion ergeben, wobei die Einmaligkeit der Prozesse eine solche Analyse zusätzlich erschweren würde.

Die Grenzen von Tätigkeitsphasen im Williamsonschen Sinne müssen als semantische Grenzen verstanden werden. Welche Aktivitäten und Situationsmerkmale noch der Tätigkeitsphase X zugeordnet werden und welche nicht, hängt von der semantischen Praxis der Bezeichnung von Tätigkeiten ab und kann sich von Sprachspiel zu Sprachspiel unterscheiden. Wird einE Azubi in bestimmte Tätigkeiten eingelernt, werden die Prozeßschritte in der Regel semantisch wesentlich stärker untergliedert, differenzierter gezeigt und benannt, als wenn eingearbeitete ArbeitnehmerInnen untereinander über den Prozeß reden. In letzterem Fall wird die Unterscheidung von Tätigkeiten und Tätigkeitsphasen grober ausfallen, er werden nur die im Gesamtprozeß für bedeutsam gehaltenen Tätigkeiten hervorgehoben und „technisch separierbare Schnittstellen" werden immer da angesiedelt werden, wo Tätigkeitsmuster oder kontextspezifische Merkmale sich in erheblicher Weise verändern und spezifische neue Situationsmerkmale auftreten. Beispielsweise würden bei der Holzbearbeitung Phasen des Feilens von denen des Raspelns nach den Werkzeugen unterschieden, die dabei in Benutzung sind, ohne daß in einer solchen Phase tatsächlich ununterbrochen mit der Feile gearbeitet werden müßte. Theoretisch könnte die Phase des Feilens immer dann als beendet gelten, wenn die feilende Person innehält und den Oberflächenglättungsprozeß unterbricht, da hier eine Schnittstelle zu einer neuen Tätigkeit oder einer neuen BearbeiterIn technisch separiert werden könnte. Praktisch wird man diese Tätigkeit jedoch erst dann als beendet ansehen, wenn die feilende Person ihr Erfolgskriterium, z.B. einen bestimmten Glättungsgrad, erfüllt sieht. Nicht das technisch Mögliche, sondern das praktisch Relevante oder Übliche wird also die Schnittstellen definieren, an denen von einer Verwendungsart eines Gutes auf eine andere übergegangen wird.

Fassen wir das bisher Diskutierte zusammen, dann wird das Individuum unter Verwendung subjektiver Sinnsysteme diejenigen Tätigkeiten bzw. Tätigkeitsphasen unterscheiden, die maßgebliche Musterunterschiede aufweisen; wobei diese Tätigkeiten nicht unbedingt als separate oder technisch separierbare Teile einer Gesamttätigkeit *empfunden* werden müssen[73]. Unter Anwendung intersubjektiver Interpretationssysteme wird das Individuum einer sozialen Praxis der Unterscheidung von Tätigkeitsphasen folgen, wobei es aus den wahrgenommenen Situationsmerkmalen erschließen muß, welcher Sprachspielpraxis es sinnvollerweise folgen wird. Das Wissen um die Möglichkeit feinerer, groberer oder andersartiger Unterscheidungen einer Tätigkeitssequenz wird für die praktische Orientierung in der Situation nicht unbedingt relevant sein, obwohl solche Unterscheidungen stärkere Markierungen für Neukombinationen von Tätigkeiten im Zuge umorganisierter wirtschaftlicher Prozesse sein werden, als die der subjektiv gedeuteten Unterscheidungen. Die Überprüfung der technischen Separierbarkeit von Schnittstellen ist Teil eines anderen Sprachspiels als das der Durchführung von Tätigkeiten über solche Schnittstellen hinweg. Sofern keine technische Schnittstelle innerhalb einer sozialen Wirtschaftspraxis definiert, thematisiert oder problematisiert wird, sind Tätigkeitsunterschiede innerhalb der Praxis Einzelner irrelevant. Es kann dann von *einfacheren, komplexeren* oder *ihrem Sinn nach unterschiedlichen Tätigkeiten* gesprochen werden. Arten von Tätigkeiten und die Übergänge (Schnittstellen) zwischen ihnen sind also nicht objektiv unterscheidbar, sondern in der Regel Ergebnis einer Unterscheidungspraxis im Zuge der Organisation von Arbeitsteilung.

Definition: Unter dem Begriff der ökonomischen Transaktion werden hier deshalb die impliziten und expliziten Interpretationsaktivitäten zusammengefaßt, die für ein Gut oder eine Leistung zur Überwindung der semantischen, physisch-materiellen, raum-zeitlichen und rechtlichen Distanz zwischen Transaktionspartnern durchgeführt werden.

Transaktionsaktivitäten können von Produktions-, Nutzungs- oder Konsumaktivitäten nicht immer trennscharf unterschieden werden, da sie ihrem Sinn nach aufeinander bezogen sind.

Bei physischen Gütern setzt man den Beginn der Transaktionsleistungen in der Regel dort an, wo sich die Objekteigenschaften des Gutes nicht mehr ändern, sondern lediglich der räumliche, semantische Kontext sowie

---

[73] Nimmt man als Beispiel die Tätigkeit des Bogenschießens, so gehören die Tätigkeiten des Spannung Lösens, Bogen Sinken Lassens und Hinterhersehen, nachdem der Pfeil abgeschossen wurde, sicher als Phasen dazu. Werden sie aber technisch und personell separiert, sind sie ihrem Sinn nach nicht mehr dem Bogenschießen zuzuordnen. Auch kann man den gespannten Bogen an eine andere Person übergeben, die dann weiterspannt und abschießt; die technische Separierbarkeit innerhalb dieser Tätigkeitsphase würde jedoch nicht verdecken, daß die Phase ihrem Sinn nach nicht abgeschlossen ist.

die zur Verfügung berechtigten Personen. Allerdings wird im Zuge des Produktionsprozesses die Gestaltung der Objekteigenschaften des Gutes von den ex ante (in Transaktionsbeziehungen) festgelegten oder vermuteten Wünschen und Restriktionen der potentiellen Transaktionspartner abhängig sein. Insofern ist auch hier der Produktionsprozeß seinem Sinn und seiner Gestaltung nach nicht von der Transaktions-, Konsum- und Destruktionsphase getrennt. Bei der Produktion von Dienstleistungen, bei denen die Produktion und physische Transaktion zeitlich zusammenfallen (z.B. Massage, Haarschnitt, Beratung), ist ein Unterscheidungskriterium von Produktions- und Transaktionsleistungen noch schwieriger zu finden.[74] Unter Umständen werden ein und dieselben Tätigkeiten interpretierend beiden Sprachspielen zugeordnet (Vieldeutigkeit). Wir werden darauf zurückkommen, daß die Transaktionspartner im Zuge der Transaktion der durch Arbeitsteilung möglich gewordenen Spezialisierung auf bestimmtes Interpretationsvermögen entgegenwirken und sie – integrierend – überwinden müssen. Transaktionssprachspiele sind also grundsätzlich eingebettet in weitere ökonomische Sprachspiele und ihrem Sinn nach auf diese bezogen. Trotz dieser sinnhaften Abhängigkeit differenzieren sich Transaktionssprachspiele aus und können u.U. zur Selektionsumgebung für die abhängigen Sprachspiele werden.

Wenn man die hier gegebene Definition akzeptiert, daß Transaktionen sich aus allen auf ein Gut bezogenen Interpretationen zusammensetzt, die der Überwindung semantischer, raum-zeitlicher und rechtlicher Distanzen zwischen Transaktionspartnern dienen, ist auch deutlich, daß jeder Transaktion eine konkrete Beziehung zwischen konkreten Personen zugrundeliegt.[75] Welche Distanzen zwischen den beteiligten Personen zu überwinden sind und wie diese Distanzen überwunden werden können, hängt also *immer von der konkreten Konstellation der beteiligten Personen* ab.

---

[74] Vgl. Küpers (1999) Abschnitt 3.3

[75] Selbst für die als eher anonym charakterisierten Marktbeziehungen konstatiert Meyer (2000) S. 151: „An sich gibt es keine völlig unpersönlichen Marktbeziehungen. Alle Geschäfte werden durch Personen mit anderen Personen abgewickelt."

6.2.2 Arten von Transaktionen

Transaktionen sind notwendig **sozial-komplementäre Prozesse**, in denen die Transaktionstätigkeiten der einen Seite mit komplementären Tätigkeiten der je anderen Transaktionspartner verknüpft sind. Es sind also Sozialhandlungen, die nur unter Beteiligung von mehr als einer Person realisiert werden können.[76] Beispielsweise kann die Transaktion des Schenkens nur dann durchgeführt werden, wenn die gebenden Aktivitäten des/der Schenkenden mit annehmenden Aktivitäten des/der Beschenkten verbunden sind. Die Transaktion des Stehlens kann nur gelingen, wenn der Bestohlene die stehlenden Aktivitäten des anderen nicht verhindert. Im Kauf sind kaufende einerseits mit verkaufenden Aktivitäten andererseits verbunden. Diese Komplementarität von Tätigkeiten verdeutlicht, daß es sich bei Transaktionen um Sozialhandlungen handelt, also solchen Handlungen, die nur unter Beteiligung von mindestens zwei Personen durchgeführt werden können.

Während das Prinzip der Komplementarität für alle Transaktionen gilt, lassen sich Transaktionen danach unterscheiden, welche Art der Gerichtetheit sie aufweisen. Bei **einseitigen Transaktionen**, wie dem Schenken, Geben, Nehmen, Stehlen, Enteignen, dem Erzwingen einer Handlung, stehen abnehmenden Verfügungsrechten auf der einen Seite, zunehmende Verfügungsrechte auf der anderen Seite gegenüber. Bei **gegenseitigen Transaktionen** verzeichnen beide Transaktionsseiten *sowohl* zunehmende *als auch* abnehmende Verfügungsrechte. Typische gegenseitige Transaktionen sind Kaufen, Tauschen, Mieten, Leihen, Leasen, Einstellen eines Mitarbeiters. Gegenseitige Transaktionen können auch komplexe und indirekte Tauschbeziehungen zwischen mehreren Parteien beinhalten, bspw. wenn die Mitglieder eines Stammes ihre Arbeitsergebnisse an den Häuptling abgeben, der diese dann wieder an die Mitglieder zurück umverteilt (Pooling)[77] oder wenn in Tauschringen die Notwendigkeit der double coincidence of wants durch indirekten Tausch überwunden wird.

Es wäre ein Fehler, einseitige und gegenseitige Transaktionen anhand der **Reziprozität** von Leistungen unterscheiden zu wollen. Reziprozität beinhaltet eine ungefähre, von den Beteiligten empfundene wertmäßige Äquivalenz von Zuwendungen in einem bestimmten Zeitraum. Wenn beim Kauf einem Gütertransfer zeitnah ein Geldtransfer gegenübersteht,

---

[76] Vgl. Lenke, Lutz, Sprenger (1995) S. 122

[77] Vgl. zu diesem Beispiel Sahlins (1999)

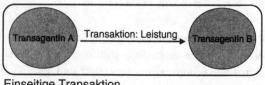

Einseitige Transaktion

Gegenseitige Transaktion

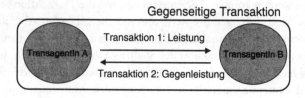

Abbildung 6.1: Einseitige und gegenseitige Transaktion

muß eine wertmäßige Äquivalenz der Leistungen also durchaus nicht sofort gegeben sein (z.B. Rabatt zur langfristigen Kundenbindung). Zum anderen impliziert die in allen menschlichen Gesellschaften empirisch beobachtbare Norm der Reziprozität einen weitläufigen Reziprozitätszusammenhang von TransaktionspartnerInnen. Bei einseitigen Transaktionen entsteht deshalb eine Dankesschuld, die innerhalb eines konventionalisierten Zeitraums vom Empfänger zu vergelten ist, entweder durch umgekehrte einseitige Transaktionen oder die GeberIn begünstigende gegenseitige Transaktionen.[78] Beispiele für solche reziproken Verpflichtungen, die zu einem späteren Zeitpunkt eingelöst oder eingefordert werden, sind typischerweise im Bereich der Nachbarschaftshilfe, im Generationenvertrag, in Freundschafts- und Familienbeziehungen zu finden. Aber auch in der Lohntheorie finden sich Argumentationen, daß Arbeitnehmer leistungsungerechte Reallöhne akzeptieren, um trotz schwankender Auslastung der Produktion eine zeitlich *stabile* Einkommenshöhe zu erhalten. Auch das Recht, eine unfreiwillige Vermögensminderung mit Bestrafungshandlungen zu sanktionieren, kann als Ausdruck des Reziprozitätsprinzips gewertet werden. Reziprozität ist also in der Regel für einseitige *und* gegenseitige Transaktionen gegeben; sie werden sich meist (müssen aber nicht) hinsichtlich der Konkretisierung von Art, Umfang und Zeitpunkt der reziproken Leistungen unterscheiden.

[78] Vgl. Cialdini (1993) S. 35-39, Gouldner (1960)

Desweiteren sind freiwillige von unfreiwilligen Transaktionen zu unterscheiden. Insbesondere für die Ökonomik ist die Freiwilligkeit ökonomischer Transaktionen der Ausgangspunkt ihrer Untersuchungen, da Vertragsfreiheit als Garant dafür gilt, daß die Individuen sich allein an ihren persönlichen Präferenzen orientieren können. Absolute Restriktionen, wie Unteilbarkeiten oder autonomer Konsum, markieren dann Ausnahmebereiche, in denen die Optimalität des marginalen Gleichgewichtsmechanismus nicht mehr vollständig wirksam werden kann.

Realiter ist die Abgrenzung freiwilliger von unfreiwilligen Transaktionen jedoch schwierig. Als **unfreiwillig** lassen sich solche Transaktionen charakterisieren, in die mindestens eine Transaktionsseite nur unter drohender oder angewendeter Gewalt oder unter Nötigung einwilligt. **Freiwillig** sind entsprechend alle anderen Transaktionen unter Abwesenheit von Gewalt. Als gewaltsam ist ein Verhalten zu charakterisieren, das nicht nur den anderen zu einem bestimmten Tun oder Unterlassen zu bringen versucht (Machtausübung), sondern den/die anderen auch zugleich möglichst aller alternativen, abwehrenden, verweigernden Handlungsmöglichkeiten zu berauben versucht. Da unter Gewalt nicht nur körperliche, psychische und sexuelle, sondern auch strukturelle Gewalt fällt, ist die Einteilung empirischer Transaktionen nach ihrer Freiwilligkeit nur sehr schwer möglich. Es kann dann nicht mehr Kriterium sein, daß die GewalttäterInnen sich der Gewaltausübung bewußt sind. Eine weitere Relativierung entsteht bei der Frage, inwieweit das Unterlassen von Gegenwehr gegen Gewalt als implizite Einwilligung und damit Freiwilligkeit zu interpretieren ist, und ob die Gewalterleidenden, die in der Situation mögliche Handlungsalternativen einfach nicht wahrnehmen, nur nicht genug kognitive Mühe zur Gegenwehr aufgebracht haben. In Bezug auf sexuelle und körperliche Gewalt sind solche Überlegungen i.d.R. der blanke Zynismus, in Bezug auf strukturelle Gewalt hingegen werden solche Überlegungen allen Ernstes vertreten, wenn bspw. „die" Arbeitslosen einfach als arbeitsscheu „entlarvt" werden, die erschwerten Karrierechancen von Frauen auf deren Mangel an Ehrgeiz und Führungswillen zurückgeführt werden.

Während Kaufen, Tauschen, Leihen, Schenken, Mieten usw. in der Regel als freiwillige Transaktionen gelten, werden Rauben, Stehlen, Enteignen, Zwingen, Sklavenhaltung als unfreiwillige Transaktionen angesehen. Geben oder Nehmen kann man nicht unbedingt ex ante hinsichtlich ihrer Freiwilligkeit einordnen, da das Nehmen vielleicht vom Eigentümer akzeptiert wird. Gerade wenn asymmetrische Informationen vorliegen, kann auch eine freiwillige Transaktion sich ex post als unfreiwillig herausstellen („wenn ich das gewußt hätte, hätte ich das Ding nicht gekauft!"). Da selbst Sprache im 5. Kapitel als versuchte Machtausübung charakterisiert wurde, müßte zur genauen Unterscheidung geprüft werden können, wo die Überredung aufhört und die Überzeugung anfängt.

Gerade weil Sprache an Transaktionsprozessen notwendig beteiligt ist und ihrem Wesen nach versuchte Machtausübung ist, kann die Unterscheidung freiwilliger und unfreiwilliger Transaktionen nur schwer gezogen werden. Mit Sicherheit ist Vertragsfreiheit kein Garant für die Freiwilligkeit aller Verträge, wie bereits die vorangegangenen Erläuterungen plausibel zeigen. Insofern muß auch die traditionelle Annahme der Ökonomik, daß Markttransaktionen immer die Präferenzen der Beteiligten korrekt zum Ausdruck bringen, in Frage gestellt werden. Da mit einem geringeren Grad an Freiwilligkeit auch ein geringerer Grad wertmäßiger Äquivalenz durchgesetzt werden kann, wird damit auch der Zusammenhang von Werten und Preisen durchbrochen. Von einer freiwilligen Transaktion ist nach den Ausführungen, die in den folgenden Abschnitten vorgenommen werden, immer dann zu sprechen, wenn die rechtlichen Transaktionsdistanzen durch die kommunikative Einigung der Beteiligten über die Transaktion erreicht wird. Bei unfreiwilligen Transaktionen führt die aktive UmverteilerIn von Eigentumsrechten keine kommunikative Einigung herbei. Da die rechtliche Interpretation dann von den Beteiligten je unabhängig durchgeführt werden muß, können diese auseinanderklaffen, die Distanz wird u.U. nicht überwunden, z.B. wenn der/die andere die Umverteilung zunächst nicht bemerkt.

In diesem Zusammenhang ist auf den Begriff der Externen Effekte zurückzukommen. Externe Effekte sind die vermögenswirksamen Ergebnisse individueller, umverteilender Aktivitäten und Unterlassungshandlungen zwischen Wirtschaftssubjekten. In der vorgenommenen Definition von Transaktionen, ist der Externe Effekt eine Transaktion, die nicht über Märkte stattfindet. In der Regel handelt es sich um unfreiwillige Transaktionen, da die Einwilligung der Betroffenen nicht kommunikativ erwirkt wird. Während die Betroffenen im Falle sog. positiver Externalitäten die Umverteilung zu dulden und akzeptieren bereit sind, bewerten sie die Vermögenswirkung bei negativen Externalitäten als unerwünscht (unabhängig davon, ob das Vermögen steigt oder sinkt, da mit Vermögen auch (un)gewünschte Pflichten verbunden sein können). Externe Effekte können also als die räumlichen und rechtlichen Umverteilungswirkungen von weder marktförmigen, noch staatlich erzwungenen Transaktionen definiert werden sowie als die individuellen und gemeinsamen Wissensvermögen, die in Transaktionen allgemein produziert werden. Der Übergang zu einer transaktionsbezogenen Definition externer Effekte bestimmt diese Wirkungen automatisch als Teil eines Diskurses von Vermögens- und Rechteumverteilung. Es impliziert zudem, daß die technische und soziale Interdependenz individueller Handlungen nur dann ökonomisch thematisiert wird, wenn es als Transaktion (nicht z.b. als Naturkatastrophe) wahrgenommen wird und eine ökonomische Vermögenswirkung zugeschrieben wird.

Einfacher als freiwillige von unfreiwilligen Transaktionen zu unterscheiden, ist es, **legale** von **illegalen** Transaktionen zu unterscheiden, da es in allen sozialen Gruppen oder Gesellschaften immer ein Rechtssystem gibt, das eine solche Unterscheidungspraxis ausübt. Im deutschen Rechtssystem sind bspw. nur solche unfreiwilligen Transaktionen legal, bei denen die Gewalt vom Gewaltmonopolisten ausgeübt wird (z.B. staatliche Enteignung, Beschlagnahmung, Festnahme, Bußgelder, Steuern). Umgekehrt werden nicht alle freiwilligen Transaktionen als legal anerkannt (z.T. Prostitution, Schwarzarbeit). Die monopolistische Verteilung von Gewaltausübung innerhalb einer Gesellschaft ist allerdings nicht die einzige Möglichkeit (Faustrecht, private Leibwächter). Und es können mehrere Gruppen innerhalb einer Gesellschaft existieren, die den alleinigen Anspruch auf die Unterscheidung legaler und illegaler Transaktionen erheben (z.B. Religionsgemeinschaften, Ideologen, Putschisten). Auch eventuelle Unterschiede der Legalitätsdefinition von formalen und informalen Rechtssystemen müssen berücksichtigt werden. Obwohl moderne Staaten als Gewaltmonopolisten verstanden werden, wenden staatliche Akteure doch in der Vielzahl ihrer Transaktionen keine direkte Gewalt anwenden und beispielsweise Instrumente der „moral persuasion" (Überredung) und kooperativen Wirtschaftspolitik (Runde Tische[79]) zum Tragen kommen, kann bereits die allseits bekannte Möglichkeit der Sanktionsgewalt als Gewaltandrohung interpretiert werden und eine unterschwellige Unfreiwilligkeit staatlicher Transaktionen vermuten lassen.

Weitere Unterscheidungen von Transaktionsarten wären nach typischen Charakteristika der Transaktionssituation, nach verwendeten Transaktionstechnologien (face-to-face-Kommmunikation, Telefon, Post, Fax, Internet, Verkehrsmittel usw.), beteiligten Personentypen usw. möglich,

---

[79] Vgl. zu deren Grenzen und Möglichkeiten Kirsch (1999)

diese Unterscheidungen wurden aber bereits in Abschnitt 6.1 für ökonomische Sprachspiele allgemein eingeführt. Die prominente ökonomische Unterscheidung in Transaktionen über Märkte, Netzwerke oder Hierarchien sei hier nur genannt, da sie für das hier verfolgte Argumentationsziel zunächst nicht relevant ist.

Untersuchungsgegenstand der Ökonomik sind also realiter praktizierte ökonomische Transaktionen einseitiger oder gegenseitiger, freiwilliger oder unfreiwilliger sowie legaler oder illegaler Natur. Markttheorien beziehen sich allerdings mit Vorliebe auf gegenseitige, freiwillige, legale Transaktionen, die zudem i.d.R. als geldvermittelt angenommen werden. Daß diese Transaktionen der ökonomische Normalfall sind, müßte allerdings erst gezeigt werden. Nach den hier erörterten Argumenten wird die Zweifelhaftigkeit dieses Postulats deutlich geworden sein.

6.2.3 Güter und Leistungen

Es soll nun näher darauf eingegangen werden, um was es sich bei dem Gegenstand ökonomischer Transaktionen handelt. Nur wenn deutlich ist, daß ein Gut nicht einfach nur ein physisches Ding ist, das im Raum verschoben wird, kann auch das Phänomen „Transaktion" richtig verstanden werden.

Williamson wie auch Commons beziehen sich in ihren Definitionen auf physische, also materiell-energetische Güter. Jedoch können auch Leistungen bzw. nach heutigem Verständnis immaterielle Güter Gegenstände von Transaktionen sein. Der Begriff des **Gutes** soll hier für alle physischen transagierten Dinge gebraucht werden, also materielle und energetische Entitäten, die eine räumliche und zeitliche Erstreckung haben. Immobile Güter, wie landwirtschaftliche Nutzfläche oder bebauter Boden fallen hierunter genauso wie mobile Güter, z.B. Bücher, Äpfel oder Werkzeugmaschinen. Der Begriff der **Leistung** wird dagegen für spezifische Tätigkeitsmuster von einer oder mehreren Personen verwendet.[80] Wird die

---

[80] Wir schließen uns hier nicht der allgemein üblichen Lehrbuchdefinition an, die „Gut" als Oberbegriff für materielle Waren und immaterielle Dienstleistungen einsetzt. Vgl. z.B. Woll (1990) S. 49. Einerseits weil der Begriff des Gutes alltagssprachlich stark mit physischen (mobilen) Gütern konnotiert ist, andererseits weil die Unterscheidung in physische Güter und Leistungen stärker darauf hinweist, daß nicht nur Transaktionen über Märkte betrachtet werden, zumal die Unterscheidungskriterien für innerhalb des Unternehmenssektors verwendete Faktoren und Güter volkswirtschaftstheoretisch nicht hinreichend geklärt sind. Vgl. hierzu Herrmann-Pillath (2001) S. 564-631

Leistung über Märkte transagiert, handelt es sich um Dienstleistungen, innerhalb von Unternehmen und öffentlichen Organisationen um unternehmerische oder auch Arbeitsleistungen. Leistungen in privaten Organisationen und Gruppen (Haushalten) haben, da sie in der ökonomischen Theorie ausgeblendet werden, bisher keine eigene Bezeichnung, aber auch hier werden Leistungen erbracht, etwa im Rahmen von Konsumarbeit, Reproduktionsleistungen und Eigenarbeit.[81]

Der Alltagsverstand konnotiert in der Regel, daß ein Gut Objektcharakter hat. Es kann von der Transaktion und den TransaktionspartnerInnen getrennt betrachtet werden und ändert zwar u.U. seine räumliche Lage oder zeitliche Position (noch nicht erbrachte vs. erbrachte Leistung), wird aber in seinen Qualitäten nicht durch die Transaktion selbst bestimmt, sondern durch die Produktion oder die nutzenden Personen). Diese objekthafte Konstruktion eines „Gutes" wird im Zuge der Sprachspielorientierung hinfällig.

Aus ökonomischer Sicht wird etwas zu einem Gut oder einer Leistung, wenn es von Wirtschaftssubjekten als Mittel der Bedürfnisbefriedigung verstanden und nachgefragt wird.[82] Jenseits dieser abstrakten theoretischen Definition werden konkrete Güter des ökonomischen Güterraums als *Bündel bestimmter Eigenschaften* eines Dings oder einer Person definiert, welche sie zu der jeweiligen Bedürfnisbefriedigung (einer weiteren Person) befähigen. Aus objektivistischer Sicht scheint das Ding diesen Bestand an Eigenschaften aufzuweisen und der Mensch das durch Eigenschaften spezifizierte Ding zur Nutzung nachzufragen. Die aus der Absatzwirtschaft entwickelte Qualitätstheorie sowie daran anschließend die Erkenntnisse des Dienstleistungsmarketing kommen dagegen zu dem Ergebnis, daß solche Gütereigenschaften nicht als objektiv gegebene Eigenschaften verstanden werden können, sondern als subjektive Zuschreibungen von Gütereigenschaften durch Menschen.[83]

Aus der kognitionstheoretischen Sicht des vierten Kapitels muß dazu übergegangen werden, nicht ein Ding als Gut oder Leistung zu bezeichnen, sondern den **Gebrauch, den bestimmte Personen von diesem Ding machen**, also die regelmäßige Umgangspraxis bestimmter Menschen mit bestimmten Dingen oder Ereignissen. Wie gezeigt wurde, ist diese Um-

---

[81] Vgl. Wolf (1995), Jarre (1987)

[82] Vgl. die allgemeine Definition des Gutbegriffs in volkswirtschaftlichen Lehrbüchern, z.B. Woll (1990) S. 49, oder Tietz (1989) S. 11, Scharf (1994) S. 5 ff.

[83] Vgl. Tietz (1989) S. 11 f., Klaus (1984), Küpers (1999) Abschnitt 3.2

gangspraxis in aller Regel keine vollkommen subjektive, individuelle, sondern eine sozial gelernte. Wie oben definiert spricht man von **Gütern**,
wenn das in spezifischer Weise verwendete „Ding" physischer Natur ist,
und von **Leistungen**, wenn das „Ding" ein bestimmtes Tätigkeitsmuster
mindestens einer Person ist, wobei diese Tätigkeiten auch auf die Verwendung bestimmter physischer Dinge bezogen sein können (z.B. Stanzen,
Hämmern, Haareschneiden). Für viele Güter gilt, daß ihre konstitutiven
Interpretationen nur in sehr spezifischen materiell-energetischen, personellen und semantischen Kontexten durchgeführt werden können oder
konventionell durchgeführt werden. Von ihrer Kontextspezifität lenkt
jedoch der Umstand ab, daß die kognitive Aufmerksamkeit im Zuge des
Gebrauchs in der Regel auf das „Ding" konzentriert ist und das innere Erleben (Wohlgefühl, instrumentelle Nützlichkeit etc.) ursächlich dem
„Ding" zugeschrieben wird. Es ist auf die gestaltbildenden Eigenschaften
des Kognitionsapparates zurückzuführen, daß die Interpretationen und
deshalb auch die verwendeten elliptischen sprachlichen Zeichen an die mit
der größten Aufmerksamkeit versehenen „Figuren" assoziiert werden,
auch wenn diese stark von ihren spezifischen Hintergründen abhängen.

Definiert man Güter und Leistungen als Bündel (regelmäßiger[84]) Interpretationspraxis bestimmter „Dinge", dann sind diese Güterinterpretationen in folgender Hinsicht zu charakterisieren:

1. **Arten von „Dingen":** Gewöhnlich unterscheidet die Ökonomik Güterinterpretationen nach den jeweiligen „Dingen", auf die sie sich beziehen, also bestimmte Gestalten physischer Objekte, Tätigkeitsmuster,
   Kontextspezifika. Da die Arten der Verwendung, die einem Wirtschaftssubjekt mit einem spezifischen „Ding" gelingen, auch von dessen
   Eigenschaften restringiert werden, ist diese Unterscheidung beispielsweise für die Feststellung der Unabhängigkeit bestimmter Güter- und
   Leistungssprachspiele voneinander (z.B. Marktabgrenzung) notwendig.
   Die Klassifizierung von Güterinterpretationen nach deren (kognitiv
   konstruierten) Eigenschaften darf allerdings nicht als objektivistische
   Güterdefinition verstanden werden (s.o.). Vielmehr sind die *Ge-
   brauchsarten*, also die gesamte Interpretationspraxis, von verschiedenartigen „Dingen" miteinander zu vergleichen und unterscheidend zu

---

[84] Eigentlich ist es nicht notwendig, daß eine bestimmte „Ding"-Interpretation mehrmals
durchgeführt wird. Auch einmalige Interpretationen können Teil der Güterbedeutung
sein. In der Regel werden die wiederholten und intersubjektiv gelehrten Interpretationen
jedoch überwiegen.

charakterisieren, etwa die Herstellung, typische Transaktionsmodalitäten, Handhabungen und Einsatzbereiche eines Kopierers mit denen eines Apfels, eines Grundstücks, einer Schuhreparatur oder einer Website. Bei der Charakterisierung von Gütern nach „Dingen" handelt es sich um abstrahierende Vergleiche und Verallgemeinerungen, bei denen semantische Grenzen konkreter Lebensformen (Sprachspielgrenzen) abzustecken versucht werden. Die Bezeichnung und Charakterisierung eines jeweiligen „Dings" reicht zur Rekonstruktion der ökonomischen Bedeutungsaspekte (im Sinne einer Interpretations- und Handlungspraxis) nicht aus.

2. **Thematik**: Je nach der Art des Gebrauchs, den Wirtschaftssubjekte von einem Gut oder einer Leistung machen, lassen sich diese Interpretationsregeln aufteilen in verfügbar machende, Produktions-, Transaktions- (Veräußerungs-, Einigungs- und Aneignungsregeln), konsumtive, investive und spekulative Gebrauchsregeln sowie Aufbewahrungs-, Destruktions- und Reproduktionsregeln.

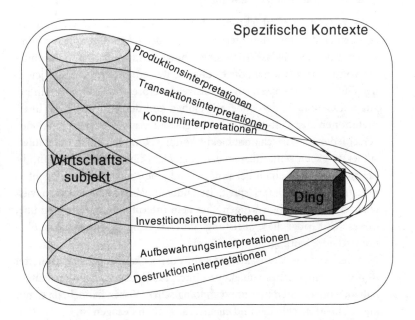

Abbildung 6.2: Güter- und Leistungsinterpretationen

Diese Interpretationen werden jeweils von einzelnen Individuen durchgeführt, gespeichert und bei ähnlichen Situationsmerkmalen zur Wiederholung empfohlen. Bei allen Interpretationen ist das emotionale Zentrum des einzelnen als normative Instanz tätig und bestimmt, wie positiv oder negativ und vor welchem spezifischen Sinnhorizont das Individuum das „Ding" bewertet. In dieser Hinsicht können sich die einzelnen Interpretationen durchaus unterscheiden, so daß sich eine durchaus komplexe (emotionale) Bedeutung des „Dings" für das Individuum ergeben kann. Innerhalb der normativ bewerteten pragmatischen Interpretationen des jeweiligen „Dings" wird auch die Art der Beziehung von Interpretierendem, „Ding" und Kontext erlebt und bestimmt. Auch die Persönlichkeit des jeweiligen Selbst kommt im interpretierenden Umgang mit „Ding" und Kontext zum Ausdruck. Die so charakterisierte Art von Interpretationsregeln konstituieren die thematisch-spezifische Gut-Bedeutung einer Ware oder Leistung für ein Wirtschaftssubjekt. Güterbedeutungen sind folglich situationsspezifisch, d.h. vom Kontext und aktivierten emotionalen Orientierungen der Wirtschaftssubjekte abhängig.

3. **Subjektivität-Intersubjektivität**: Interpretationen von Gütern und Leistungen sind immer die Interpretationen des Kognitionsapparates einzelner Personen. Jedes Wirtschaftssubjekt verfügt über ein bestimmtes Set von Interpretationen, die es üblicherweise mit Bezug auf das jeweilige Gut aktiv praktiziert sowie passives Interpretationsvermögen in Bezug auf Gebrauch, den andere Personen von dem Gut machen (Interpretationen der Güterinterpretationen anderer). Die Interpretationen verschiedener Wirtschaftssubjekte können komplementär oder intersubjektiv gleich sein, müssen sich aber nicht überlappen. Das Gut, die Leistung, die den einen bekannt ist und eine große Rolle in der interpretativen Alltagspraxis spielt, ist anderen Wirtschaftssubjekten vielleicht unbekannt. Sie verfügen über kein Interpretationsvermögen über dieses „Gut" oder diese „Leistung" und das Ding hat für sie keine ökonomische Bedeutung.

Nehmen wir die Transaktionsregeln aus, so kann auch ein isolierter Robinson ein solches subjektives Interpretationsvermögen an Gütern haben, wobei es sich hier um technologisches Wissen handelt, da es nur auf Nicht-Menschliches und eigene Tätigkeiten bezogen ist.

Sobald ein Wirtschaftssubjekt jedoch in Gruppen lebt, werden seine möglichen Güter-Interpretationen durch seine soziale Umwelt in doppelter Weise beeinflußt: in Form von sozialen Handlungsregeln oder in Form von Handlungsrechten (zu Handlungrechten vgl. den nächsten Punkt (4)).

Im interagierenden Zusammenspiel können sich gemeinsame, aufeinander abgestimmte Tätigkeitsmuster entwickeln, die als soziale Interpretationspraxis im Zusammenhang mit physischen Dingen und Leistungen gefestigt wird. Solche ritualisierten Sozialhandlungen in Bezug auf Güter können als soziale Handlungs- und Verfügungsregeln bezeichnet werden. Insbesondere Transaktionsregeln sind immer soziale Handlungsregeln, da an Übergaberitualen mindestens zwei Personen beteiligt sein müssen. Aber auch Produktions- und Gebrauchsregeln usw. können soziale Verfügungsregeln sein, vor allem dann, wenn eine Tätigkeit die Kräfte und Fähigkeiten eines einzelnen übersteigt, sonstige Kooperationsvorteile gesehen werden (Spaß, Zeitgewinn, Qualitätsgewinn usw.) oder gemeinsame Nutzungen einfach üblich sind. Insbesondere Dienstleistungen, also Leistungen, die an anderen Personen, deren Besitztümern oder in deren Auftrag erbracht werden, konstituieren ihre Bedeutung aus sozialen Handlungsregeln. Soziale Interpretationsvermögen an Gütern können sich aus intersubjektiv komplementären und intersubjektiv gleichen Interpretationen zusammensetzen. Während das Gelingen individueller Interpretationen von der Vermögensausstattung (kognitives, materielles usw.) des Einzelnen abhängt, muß bei sozialem Interpretationsvermögen auch ein komplementäres Interpretationsvermögen anderer gegeben sein sowie deren Bereitschaft, die Sozialhandlung durchzuführen. Zur Erwirkung dieser Bereitschaft, zur Überprüfung, ob die Komplementarität der Interpretationsvermögen besteht, und zum lehrenden Erzeugen solcher komplementären Vermögen wird sprachliche Verständigung eingesetzt, weshalb soziale Güterinterpretationsvermögen in aller Regel Teil einer gemeinsamen Sprachspielpraxis sind (ansonsten: regelmäßige Interaktionspraxis).

Der Grad der intersubjektiven Überlappung individueller Güter- und Leistungsinterpretationen innerhalb einer Gruppe oder Gesellschaft kann immer nur (wenn überhaupt) zeitpunktbezogen festgestellt werden. Da die Wirtschaftssubjekte in einem permanenten Interaktions- und Verständigungsprozeß begriffen sind, in dem sie einander Güter- und Leistungsinterpretationen lehren, lernen, imitieren, neu erfinden, einige anwenden, andere nicht, verändert sich die Verteilung subjektiver und intersubjektiver Interpretationsvermögen permanent.

4. **Rechte**: Handlungs- und Verfügungsrechte sind eine besondere Art von sozialen Güter- und Leistungsinterpretationen.[85] Der Begriff der **Eigentumsrechte** (Property Rights) ist der Oberbegriff für Rechte, bestimmte kontextspezifische Tätigkeitsmuster (Handlungsrechte) oder kontextspezifische Tätigkeiten mit physischen Gütern oder menschlichen Leistungen (Verfügungsrechte) durchzuführen. Eigentumsrechte definieren die Interpretationen von Gütern und Leistungen, die bestimmte Klassen von Gruppenmitgliedern mit bestimmten „Dingen" korrekterweise durchführen dürfen oder nicht durchführen dürfen, also erlaubte Handlungsmöglichkeiten.

Die soziale Bezugseinheit ist für das einzelne Wirtschaftssubjekt also einerseits relevant, weil – wie gezeigt – soziale Gut- und Leistungsinterpretationen nur innerhalb der jeweiligen Gruppe mit gemeinsamen Sprachspielregeln realisiert werden können. Zum anderen ist die soziale Umwelt aber relevant, weil sie den einzelnen (oder mehrere) an der Realisierung seiner individuellen oder sozialen Handlungs- und Verfügungsregeln hindern kann. Somit wird der Wert, den ein Individuum aus seinem Interpretationsvermögen realisieren kann, nicht nur durch seinen Bestand an Interpretationen und die Bereitschaft anderer, soziale Interpretationen durchzuführen, bestimmt, sondern auch dadurch, inwieweit andere die Durchführung dieser Interpretationen zulassen und nicht verhindern. Ein Gut oder eine Leistung bedeutet also nicht allein alles, was eine Gruppe von Menschen mit dem „Ding" zu tun in der Lage sind, sondern gewinnt eine zusätzliche Bedeutungsdimension dadurch, daß bestimmte dieser Tätigkeiten erlaubt, korrekt, toleriert sind, während andere verboten sind und sanktioniert werden.

Die Verhaltensweisen anderer restringieren die Erfolgsaussichten eigener Interpretationen. Bereits wegen solcher möglichen Behinderungen individuellen ökonomischen Tuns ist jede Handlungsregel des Individuums auf die Duldung durch das relevante Kollektiv angewiesen. Damit hat jede Gut-Interpretationsregel nicht nur technologische, sondern auch soziale Bedeutungsaspekte, selbst wenn diese Interpretation primär keine Sozialhandlung ist. Im Prinzip beansprucht jedes Indivi-

[85] Allerdings sind Property Rights umfassende Regelsysteme und nicht nur auf Eigentumsrechte an Gütern und Leistungen bezogen. Vgl. Hesse (1987) S. 197 und Hesse (1983)

duum, wenn es eine Handlungs- oder Verfügungsregel an einem Gut oder einer Leistung anwendet, ein Recht, dies zu tun.[86] Wenn die Bezugsgruppe Güter-Interpretationen des Individuums duldet bzw. Sanktionen unterläßt, ist die schwächste Form eines Handlungsrechts des Individuums an diesem Ding definiert. „Schwach" deshalb, weil eine Gruppe die Interpretation insbesondere dann duldet, wenn sie für irrelevant, uninteressant, unwichtig erachtet wird und nicht in Konflikt zu Interpretationen anderer steht.

Treten nun Konflikte zwischen den Interpretationen einzelner Gruppenmitglieder auf, entsteht ein starker Bedarf zur Regelung von Handlungsrechten. Konflikte können einerseits in zeitlicher (zwei Nutzungsarten sind nicht gleichzeitig möglich), andererseits in qualitativer Hinsicht bestehen (die eine Nutzungsart verändert das Ding in seiner Zusammensetzung so, daß anschließend bestimmte andere Tätigkeiten damit nicht mehr möglich sind). Der Einzelne kann versuchen, die Duldung seiner Handlungsregeln mit Gewalt, List oder Beharrlichkeit zu erzwingen. Allerdings geht das Faustrecht als System zur Verteilung von Handlungsrechten mit hohen Instabilitäten und Unsicherheit einher und weist eine Tendenz zu unkooperativem Verhalten auf. Insofern werden die Interessenkonflikte um Güter und Leistungen bei Menschen innerhalb des Machtsystems der Gruppe reguliert. Solche Regulierungen bestimmen, welche Personen oder Personentypen unter welchen Bedingungen von der Gruppe berechtigt werden, in Bezug auf ein physisches Ding oder eine Leistung bestimmte Interpretationen durchzuführen.[87] Eine solche Berechtigung impliziert, daß alle anderen die jeweiligen Berechtigten auch nicht daran hindern dürfen. Die soziale Verteilung von Handlungsrechten regelt folglich das Verhalten einer gesamten sozialen Gruppe in Bezug auf spezifische Interpretationspraktiken einzelner. Handlungsrechte regulieren folglich die sozialen Interpretationen individueller Handlungsregeln in Bezug auf Güter.[88]

---

[86] Schlicht (1998) S. 175 führt ethologische Forschungen an, die belegen, daß Eigentumsansprüche nicht notwendig sozialer Natur sind.

[87] Vgl. bspw. die Regelungsprozesse für Allmendenutzungen, Ostrom (1994)

[88] Property Rights sind also emergentes Phänomen der jeweiligen Verteilungs-Sprachspielpraxis. Sie werden durch normative Sprachspielaktivitäten durchgesetzt und stabilisiert, die nur zu einem kleinen Teil durch professionelle Sanktionierer (z.B. staatliche bestellte Richter, Polizeiwesen) durchgeführt werden. Vgl. zum Zusammenhang von Property Rights und Normen Okruch (1999) S. 136-140. Im Verständnis der vorliegenden Arbeit sind Eigentumsrechte und Normen allerdings als *soziale Praxis* zu verstehen.

Zentrale „Dinge", deren Gebrauch regelmäßig kollektive Konflikte hervorruft, sind erstens Raum, weshalb Landnutzungsrechte in allen Gemeinschaften und Gesellschaften stark reguliert werden, zweitens die Leistungen von Menschen, weshalb der Umgang der Menschen untereinander restringiert wird (wer darf wem was antun oder von ihm einfordern: Leibeigenschaft, Familienrecht, Kinderschutz, Schutz vor Ausbeutung, Gewalt usw.), und drittens mobile materiell-energetische Gegenstände, Phänomene und Lebewesen (z.B. Nahrungsquellen, Handwerkszeug, Prestigeobjekte, Jagd- und Haustiere).

Handlungs- und Verfügungsrechte sind somit eine Sprachspielpraxis, die innerhalb einer mehr oder weniger großen Gruppe Geltung hat. Diese Sprachspielpraxis der Verteilung von Property Rights kann sowohl reines Interaktions-Know-how sein (informale Rechte, Konventionen), aber es kann auch in Form codifizierten, reflektiven Wissens expliziert sein (formale Rechte), wobei die informalen und formalen Rechte nicht notwendig übereinstimmen müssen. In größeren Gesellschaften, die aus einer Vielzahl von Sprachspielgemeinschaften (Gruppen) besteht, existieren innerhalb des gesellschaftlichen Machtgefüges bestimmte Sprachspielgemeinschaften, die zur Definition und Um-Verteilung von Eigentumsrechten in der Gruppe autorisiert sind (ob nun durch Gewalt, in einem demokratischen Prozeß oder wie auch immer), und diese innerhalb aller Gruppen durchzusetzen versuchen. Die Existenz und Ausübung einer bestimmten Verteilung von Handlungs- und Verfügungsrechten ist Ergebnis der spontanen Selbstorganisation und Evolution der Sanktionierung von Güter- und Leistungsinterpretationen in Gruppen. Staatliche bzw. zentralisierte Garanten der Verteilung von Handlungs- und Verfügungsrechten sind nicht notwendig, in den heutigen bzw. größeren Gesellschaften jedoch üblich.

Nach den bisherigen Erörterungen sind „Güter" Bündel je individueller Interpretationen von „Dingen", die von einem Kollektiv in zugelassene und nicht-erlaubte, sanktionierbare Interpretationsmöglichkeiten eingeteilt werden. Impliziert die kollektive Verteilung von Handlungs- und Verfügungsrechten, daß allen Kollektivmitgliedern oder zumindest den regulierenden Instanzen auch alle individuellen Interpretationen der je anderen bekannt sein müssen? Nein, eine solche Zentralisierung individuellen Interpretationsvermögens ist in einigermaßen ausdifferenzierten Gesellschaften nicht möglich, aber auch nicht nötig. Eine Umgangsweise mit diesem Problem ist die Negativ-Regulierung, die lediglich spezifische Handlungsregeln verbietet, oder Positiv-Regeln, die spezifische Interpretationen vorschreibt. Zum anderen können Bedingungen spezifiziert werden, unter denen Interpretationen zu untersagen sind. Drittens dient die laufende Rechtsprechung dazu, nur in Konfliktfällen spezifische Konkretisierungen vornehmen zu müssen, ob bestimmte Interpretationen erlaubt sind oder nicht, weshalb viele Konflikte dezentral in der Alltagspraxis und durch Gewohnheitsrecht gelöst werden. Intersubjektiviertes Wissen muß lediglich über die Handlungsrechte an bestimmten Gütern bestehen, nur beschränkt jedoch über die je individuellen Handlungsregeln. Insofern haben jeweils Individuen Interpretationsvermögen an Gütern, nicht jedoch ein Kollektiv. Die kollektive Regulierung von Handlungsrechten an Gütern beeinflußt lediglich den *Wert*, also die Erfolgschancen der individuellen Interpretationsvermögen. Das Zusammenspiel von Eigentumsregeln und Eigentumsrechten wird in der Abbildung 6.3, zusammenfassend dargestellt.

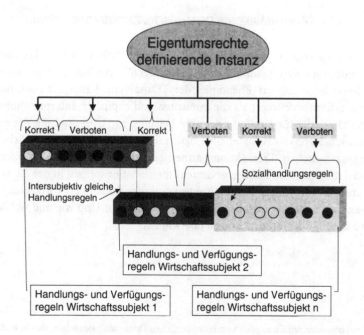

Abbildung 6.3: Interpretationen: Regeln und Rechte

Es ist also zu unterscheiden zwischen Verfügungs- bzw. Handlungs**regeln** und Verfügungs- bzw. Handlungs**rechten**. Verfügungs- bzw. Handlungsregeln definieren, was einzelne oder mehrere Mitglieder einer sozialen Einheit mit bestimmten physischen Objekten oder Leistungen in bestimmten Kontexten zu tun vermögen und gewöhnlich tun. Verfügungsoder Handlungsrechte hingegen bestimmen, welche dieser möglichen individuellen und sozialen Verhaltensregeln durch die Machtinstanzen einer sozialen Einheit als korrekte pragmatische Interpretationen zugelassen und nicht sanktioniert werden. Regeln und Rechte determinieren das ökonomische Vermögen, über das ein Wirtschaftssubjekt in einem bestimmten Zeitraum verfügen kann. Dieses ökonomische Vermögen ist ein sozial reguliertes Interpretationsvermögen. Da es sich um pragmatisches Interpretationsvermögen handelt, sind auch die realen physischen, sozialen und symbolischen Dinge, über die verfügt wird, Teil des Interpretationsvermögens.

6.2.4 Überwindung von Distanzen im Zuge der Transaktion

Die im vorangegangenen Abschnitt erläuterte Definition von Transaktionsgegenständen („Güter" und „Leistungen") ermöglicht nun einen anderen Blick auf das Phänomen der Transaktion. Unter 6.2.1 wurden Transaktionen definiert als die impliziten und expliziten Interpretationsaktivitäten, die für ein Gut oder eine Leistung zur Überwindung der semantischen, physisch-materiellen bzw. raum-zeitlichen[89] und rechtlichen Distanz zwischen Transaktionspartnern durchgeführt werden. Insofern sind Transaktionen Teil der gesamten Interpretationspraxis, in der die Bedeutungen von Gütern und Leistungen praktisch konstruiert wird. Welche Distanzen bestehen zwischen Transaktionspartnern? Und wie und welche sind im Zuge der Transaktion zu überwinden?

---

[89] Im Folgenden wird nur noch von raum-zeitlichen Distanzen gesprochen, da die Materialität, der energetische Gehalt von Gütern und die räumliche Ausdehnungs- und Beanspruchungsstruktur von Leistungen lediglich Ausdruck ihrer raum-zeitlichen Qualität sind. Vgl. hierzu auch die Behälter-Raum-Vorstellung bei Blotevogel (1995) S. 734

6.2.4.1 Semantische Distanzen

Wenn ein Transaktionspartner in Bezug auf konkrete Aspekte des Transaktionsgegenstandes, der Transaktionspartner, des Transaktionsprozesses oder Transaktionskontextes einen Mangel an Interpretationsvermögen hat, liegt eine semantische Distanz vor. Der Begriff der „semantischen" Distanz wird gewählt, da das Wirtschaftssubjekt über bestimmte Bedeutungen nicht verfügt, die es bisher nicht kognitiv-interpretierend erzeugt hat bzw. erzeugen konnte. Welche Bedeutungen allerdings für den Einzelnen relevant sind und welche bereits ex ante als Wissensmangel empfunden werden, ergibt sich – im Sinne Wittgensteins – aus der Pragmatik, also aus den ökonomischen Lebensformen des jeweiligen Wirtschaftssubjekts. Obwohl die semantische Lücke also letztlich pragmatisch bestimmt ist oder wird, halten wir an dem Begriff der semantischen Distanz fest, da es sich hier um positives Wissen über Wirklichkeitsaspekte handelt. Die pragmatische Konsequenz, die der oder die Einzelne aus diesem Wissen oder seinem Fehlen zieht, sind Transaktions-Interpretationen und als solche Teil der Überwindung von Transaktionsdistanzen insgesamt. Solche Wissensmängel können sich auf Handlungsmöglichkeiten, Art, Qualität, Ort, Menge usw. möglicher Güter und Leistungen oder Gegenleistungen, übliche Tauschäquivalente (Leistungs-/Gegenleistungsrelation, Preisstrukturen) beziehen, auf Person, Aufenthaltsort, Transaktionsbereitschaft, Ehrlichkeit, Zuverlässigkeit, Eigentumsverhältnisse usw. derzeitiger möglicher Transaktionspartner und auf Transaktionsregeln, Arten und Verteilungsregeln von Handlungs- und Verfügungsrechten, denen mögliche TransaktionspartnerInnen und man selbst folgen wird.

Es ist für die Realisierung einer Transaktion nicht notwendig, daß die individuellen Interpretationsvermögen der TransaktionspartnerInnen vollständig zur Deckung gebracht werden, daß also alle Seiten voneinander wissen, in welchen Bedeutungen sie das Gut, die Leistung üblicherweise gebrauchen oder gebrauchen wollen. In jedem Fall muß aber Common Knowledge über die zu transagierenden Dinge sowie die jeweiligen unmittelbaren TransaktionspartnerInnen bestehen. Und die TransaktionspartnerInnen müssen ein gelingendes Sprachspiel mit komplementären Übereignungs- und Annahmeregeln entwickeln, innerhalb derer sie sich über die spezifizierten Umverteilungen von Eigentumsrechten an konkret bestimmten Gütern/Leistungen und eventuellen Gegenleistungen *einigen* können.

Desweiteren wird diejenige TransagentIn, die Verfügungsrechte an dem Gut oder der Leistung erwirbt, über die bisherigen Bedeutungen, in denen es verwendet wurde, dann Wissen erwerben wollen, wenn diese Verwendungen, z.B. Produktionsinterpretationen, zu Güterqualitäten beitrugen, die aus der unmittelbaren sinnlichen Wahrnehmung nicht erschlossen werden können. Die veräußernde TransagentIn wird sich umgekehrt für die zukünftigen Verwendungen durch das erwerbende Wirtschaftssubjekt interessieren, wenn diese ihre eigene Vermögensposition verschlechtern könnten (z.B. Verkauf einer Waffe, die der Käufer gegen den Verkäufer einsetzt, um die Ladenkasse zu plündern, oder Aufbau eines Konkurrenzunternehmens mit Hilfe des veräußerten Maschinenparks) oder wenn sie daraus die Dringlichkeit der Bedürfnisse des anderen ermessen kann und so ihren Verhandlungsspielraum erweitern kann. Personen, die ihren Lebensunterhalt aus dem Veräußern von Dingen und Leistungen ihres Verfügungsbereichs erwirtschaften, sind sowohl an den Interpretationen möglicher Zulieferer als auch an denen möglicher Abnehmer interessiert, da sie nur so Vermittlerdienste generieren können, denen beide Seiten immer wieder zustimmen wollen. In jedem Fall wird die Transaktionsseite, zu deren Ungunsten ein Machtdifferential besteht (z.B. weil sie mehr Interesse am Erwerb oder der Veräußerung eines Dings hat als die Gegenseite), tendentiell mehr Anstrengungen unternehmen, um korrekte Interpretationen der Güter- und Leistungsinterpretationen der Gegenseite zu erlangen.

Semantische Distanzen können zum Teil also unabhängig von der jeweiligen konkreten TransaktionspartnerIn überwunden werden. Die in der Transaktionskostentheorie häufig erwähnten Such- und Informationskosten referieren zu einem großen Teil auf solche Aktivitäten und Kommunikationen, in denen z.B. allgemeines Wissen über Güterräume, Wissen über konkrete andere Wirtschaftssubjekte, übliche Transaktionsmodalitäten usw. erworben werden. Gerade die Sozialisierung in bestimmte Konsummuster, ökonomische Orientierungsvorlieben, produktive Fertigkeiten und politische Verhaltensweisen in der Familie, engeren Freundes- und Feindeskreisen und der näheren Umgebung übt mit dem Individuum einen großen Teil der Güter- und Leistungsinterpretationen ein. Andere Interpretationen, welche die konkrete gewünschte Transaktion betreffen, können nur mittels Verständigung zwischen den konkreten TransaktionspartnerInnen gegenseitig gelernt werden.

Bei gegenseitigen Transaktionen, bei denen die Gegenleistung in Geld erbracht wird, müssen beide Transaktionsseiten zudem Wissen über die kollektive Interpretationspraxis mit dieser Währung bzw. Geld an sich haben, denn nur dann sind begründetes Vertrauen in die Wertstabilität, Konvertibilität (in weitere Güter oder Leistungen) und Reichweite der Geldleistung möglich. Bei geldvermittelten Transaktionen stehen die konkreten TransaktionspartnerInnen deshalb in semantischer Abhängigkeit von der jeweiligen Währungsgemeinschaft. Die jetzige Transaktion ist in ihrem Sinn dann immer abhängig von zukünftigen Transaktionen und der zukünftigen Geldgebrauchspraxis anderer.

Eine ähnliche Einbettung in kollektive Sprachspielpraktiken liegt bei Transaktionen vor, wenn sich die TransagentInnen das persönliche Vertrauen in unmittelbare Transaktionspartner durch Systemvertrauen in kollektive Rechtssysteme ersetzen und sich auf deren Durchsetzung von Verträgen verlassen. Dann ist das konkrete Transaktionshandeln semantisch auch von der jeweiligen Rechtsgemeinschaft des Wirtschaftssubjekts abhängig und seinem Sinn nach auf diese Rechtsetzungs- und Rechtdurchsetzungsprachspiele bezogen. Das Wirtschaftssubjekt muß dann interpretierend einschätzen können, ob das Recht durchsetzende Kollektiv auch im Falle seiner konkreten Transaktionspartner zu effektivem Schutz in der Lage ist.

Von einer semantischen „Distanz" zu sprechen, muß insofern metaphorisch sein, als diese Entfernungen vor allem ex ante nicht meßbar sind. Welche Meßkriterien sollte man auch anlegen: beispielsweise die Zeit des kognitiven Lernprozesses oder der Grad der Neuheit, Andersartigkeit der gelernten Interpretationen oder den Kalorienverbrauch im Zuge der Kognitionsprozesse?

Zwei Problemebenen bestehen, will man eine solche Distanzmessung vornehmen: zum einen, daß es sich um einen zukunftsoffenen Prozeß handelt, zum anderen wie die Anfangs- und Endpunkte der Distanzüberwindung definiert werden sollen. Zukunftsoffenheit besagt, daß ein Wirtschaftssubjekt, wenn es semantische Distanzen überwindet, dies nicht sinnhaft und absichtlich auf eine bestimmte zukünftige Transaktion hin tun muß, obwohl es dieses Wissen dafür vielleicht benötigt. Es kann auch mit der Absicht einer bestimmten Transaktion beginnen, semantische Distanzen abzubauen; wenn es ihm aber nicht gelingt, zu einer Transaktionseinigung zu gelangen, lag die Distanz aber nicht innerhalb einer realen, sondern nur einer imaginären Transaktion vor. Oder alle nötigen semanti-

schen Distanzen werden überwunden, die Transaktion gelingt und wird
abgeschlossen, aber das Wirtschaftssubjekt „entdeckt" im Nachhinein
neue Bedeutungen der Transaktion, welche die semantische Lücke wieder
in ganz neuem Maß erscheinen lassen, z.B. daß ein erworbenes Haus as-
bestverseucht ist oder genau in der Windrichtung eines Kohlekraftwerks
steht, daß das vom Transaktionspartner angenommene Geld aus illegalen
Waffen- oder Drogengeschäften stammt, Falschgeld ist oder die Währung
einen extremen Kursverlust erleidet, daß die Transaktionspartner kurz vor
dem Konkurs stehen und eigene Forderungen nicht mehr entschädigt
werden oder Ersatzteile nicht mehr bezogen werden können. Da man nie
genau, vollständig und bewußt weiß, was man im Zuge bestimmter Transaktionsaktivitäten wirklich wissen sollte und was nicht, ist auch die semantische Distanz nicht zu ermessen, die man überwinden muß, sollte,
wird und kann.

Die andere Frage ist, wie man die Anfangs- und Endpunkte des Di-
stanzüberwindungsprozesses festlegen sollte. Zum einen besitzt man vor
einer Transaktion bereits einiges Erfahrungswissen über die Güterart allgemein oder darüber, nach welchen Regeln Transaktionen korrekt abgewickelt werden; sollte der Erwerb dieses Wissens, der für die Realisierung
der Transaktion ja verwendet wird, als Teil der semantischen Distanz angesehen werden oder nur die konkreten Interpretationen des konkreten
Transaktionsaktes? Andererseits werden im konkreten Transaktionsakt
immer auch allgemeine Interpretationen gelernt, die wiederum in zukünftigen Situationen genutzt werden können.

Semantische Distanzen bestehen nicht nur individuell, sondern in Bezug auf das notwendig zu erzeugende Common Knowledge auch intersubjektiv, zwischen den TransaktionspartnerInnen. Aber auch die gegenseitige Angleichung und Komplementarisierung von Interpretationen der
Transaktion bis zur Einigung kann in ihrer semantischen Distanz nicht
ermessen werden. Es kann lediglich bestimmt werden, ob die semantische
Distanz hinreichend überwunden wird und ein gemeinsames, gelingendes
Transaktionssprachspiel entwickelt wird oder eben nicht.[90]

[90] Innerhalb raumwirtschaftlicher Theorien kommen semantische Distanzen z.B. unter
der Bezeichnung „psychische Distanz" (vgl. Linnemann (1966)) oder „cultural unfamila-
rity" (vgl. Frankel (1997) S. 45) vor. Beide Begriffe greifen nicht weit genug, denn die
kulturelle Fremdheit mit dem Transaktionspartner ist nur ein Teil der semantischen
Entfernung zur Transaktion. Und der Begriff der Psyche konnotiert in der Regel nicht die
Handlungspraxis, die mit dem hier verwendeten Interpretationsbegriff inbegriffen ist.

6.2.4.2 Raum-zeitliche Distanzen

Bei einer Transaktion werden vier Arten raum-zeitlicher Distanzen überwunden: 1) Die EmpfängerIn zusätzlicher Eigentumsrechte bewegt sich von ihrer ursprünglichen räumlichen Distanz zum Transaktionsgegenstand in diejenige Nähe, die sie zur Realisierung ihrer ökonomischen Interpretationen an dem Gut oder der Leistung benötigt. 2) Umgekehrt vergrößert die VeräußerIn von Eigentumsrechten die räumliche Distanz zum Transaktionsgegenstand soweit es nötig (rivalisierende Nutzung) und vertraglich vereinbart ist. 3) Zwischen dem Zeitpunkt vor Beginn und dem Zeitpunkt nach Realisierung der Umverteilung von Eigentumsrechten wird eine zeitliche Distanz überwunden. Im engeren Sinne umfaßt diese zeitliche Transaktionsdistanz nur die Zeit der vertraglichen Einigung (Prozeß der rechtlichen Reinterpretation des Transaktionsgegenstandes). Im weiteren Sinne sind aber auch die Zeiträume der praktischen Durchführung von Transaktionsvereinbarungen eingeschlossen (Prozeß der praktischen ökonomisch-rechtlichen Reinterpretation des Transaktionsgegenstandes). 4) Zwischen den TransaktionspartnerInnen wird in einem bestimmten Zeitraum räumliche Distanz in dem Maße überwunden, daß eine sprachliche Verständigung über die Transaktion möglich ist.

Die Anordnung von Gegenständen und Menschen im Raum determinieren und begrenzen die Möglichkeiten, welche Person von welcher Leistung und von welchem Gut welche Verwendung machen kann. Unter Menschen ist nicht nur die Markierung von Territorien und Einflußbereichen üblich, innerhalb derer die jeweilige TerritorialbesetzerIn besondere Nutzungs- und Handlungsvorrechte hat.[91] Auch ist es üblich, Eigentumsrechte, die man an Gegenständen, Leistungen oder Leistungsträgern hat, durch deren Relationierung zum Eigentümer im sozial gestalteten Raum zu zeigen.

Um an einem Gut oder einer Leistung die gewünschten ökonomischen Interpretationen realisieren zu können, müssen sich die jeweiligen physischen Gegenstände oder Leistungsträger in einer spezifischen, zur Nutzung erforderlichen, räumlichen Nähe zu den Rezeptionsorganen und Effektoren des Interpretierenden befinden. Ein Wirtschaftssubjekt, das ein Stück Brot konsumieren will, muß das Brot seinem Körper materiell zuführen können. Will es eine Reparaturleistung an einer Maschine in seinem Besitz entgegennehmen, muß die DienstleisterIn in die Nähe der Ma-

---

[91] Vgl. Schlicht (1998)

schine gelangen können und die BesitzerIn muß die erfolgte Reparatur
durch kognitive Interpretation der Maschine überprüfen können. Eine BeraterIn, die ihre Beratungsleistung realisieren will, muß mit den Berate-
nen, über welche Kommunikationsmedien auch immer, in Verständi-
gungskontakt treten.

Wird ein Gut oder eine Leistung transagiert, ändert sich die Verteilung
der Nutzungs- und Handlungsrechte. Entsprechend müssen die TransaktionspartnerInnen auch die räumliche Distanz zwischen „Ding" und
TransagentInnen so verändern, daß die neu gewonnenen Nutzungsrechte
realisiert werden können. Ein Wirtschaftssubjekt, das ein immobiles Gut,
z.B. Land, zur landwirtschaftlichen Nutzung erwirbt, muß die eigene
räumliche Distanz (und die seiner HelferInnen) zu dem Grundstück vollständig überwinden. (Will es nur auf die Grundstückspreise spekulieren,
muß es das nicht.) Bei der vollständigen Übereignung mobiler Güter wird
das Gut in der Regel in die territoriale Einflußzone des neuen Eigentümers
verbracht. Wird nur eine zeitweise Überlassung zur Nutzung vereinbart,
muß dies nicht, kann aber der Fall sein. Die EigentümerIn kann eine
Nutzung innerhalb ihres Territoriums vorschreiben, wie dies meist bei der
Nutzung von Produktionsmitteln innerhalb von Unternehmen der Fall ist.
Auch beim Erwerb des Rechtes auf spezifische Leistungen anderer Personen hängt es von den jeweiligen TransagentInnen ab, wer welche räumliche Distanz zu wem überwindet. Ob die KundIn sich selbst zum Friseur
oder zur Anwältin begibt, ob die Bank ihre Mitteilung über auftragsgemäß
erworbenes Aktienvermögen schriftlich per Post übermittelt, ob die
Lehrerin nach Hause kommt (z.B. per Funk) oder der Schüler in die
Schule usw., all dies hängt davon ab, auf welche räumliche Distanzüber-
windungen sich die TransagentInnen einigen und welche zur Realisierung
der jeweils gewünschten Interpretationen notwendig und sinnvoll sind.
Wird Eigentum nur zur Vermögenshaltung erworben, z.B. Geld- oder
Aktienvermögen, Patente, Immobilien, Schmuck, ist räumliche Nähe von
Eigentümer und Eigentum nicht unbedingt erforderlich. Lediglich der
Eigentumsanspruch muß jederzeit durchsetzbar sein, und die ander-
weitige, vom Eigentümer untersagte Nutzung des Gutes oder der Leistung/
Leistungsträger kann wirksam unterbunden werden.[92]

---

[92] Ein alltägliches Beispiel ist hierfür die Lagerung von Finanzvermögen bei der Bank oder
der ungenutzte Land- und Bautenbesitz. Räumlich entferntere Aufbewahrung von Vermögen wird aber meist nur praktiziert, wenn es auch dort vor Wertminderung oder Ent-
eignungshandlungen geschützt ist.

Transportleistungen, also Tätigkeiten zur Überwindung räumlicher Distanzen, sind diejenigen Transaktionsaktivitäten, die in der ökonomischen Theorie am ehesten betrachtet und empirisch erfaßt werden, beispielsweise wenn es um den Einfluß von Distanzen auf Außen- oder Binnenhandelsstrukturen geht.[93] Räumliche Distanz muß aber nicht nur durch Güter oder Leistungsträger überwunden werden, sondern auch von den TransagentInnen zum Zwecke des Abschlusses der Transaktionsvereinbarung. Neben der eigenen körperlichen Mobilität können hierzu auch Transporttechnologien (Verkehrsmittel) sowie raumüberwindende Verständigungstechnologien (Telefon, Internet, Brief, Videokonferenzen etc.) und Stellvertreterpersonen eingesetzt werden.

6.2.4.3 Rechtliche Distanzen

Rechtliche „Distanzen" konstituieren sich aus der Entfernung der prätransaktionellen Verteilung von Eigentumsrechten zu der durch die Transaktion bewirkten neuen Eigentumsrechtsverteilung. Das Kollektiv, auf das sich die Definition und Verteilung von Handlungs- und Verfügungsrechten jeweils bezieht, muß immer die jeweiligen Transaktionsparteien umfassen, schließt aber auch deren jeweilige rechtliche Bezugsgruppen und eventuellen rechtsetzenden Instanzen mit ein. Wenn Wirtschaftssubjekte also den Übergang zu einer neuen Eigentumsverteilung inszenieren, folgen sie dabei in der Regel den informellen und/oder formalen Sprachspielregeln, die in ihrer Rechtsgemeinschaft Geltung haben.[94] Stammen die Transaktionsparteien aus verschiedenen Rechtsgemeinschaften und sind sich dessen bewußt, werden u.U. andere Sprachspiele entwickelt und genutzt, falls der Rechtsbeistand der eigenen Gruppe die Transaktion nicht wirksam absichern kann.[95] Die rechtliche Distanz zwischen prä- und post-transaktioneller Verteilung besteht also für beide Seiten gleichermaßen, jedoch können sich die Seiten unterscheiden hinsichtlich der

---

[93] Vgl. hierzu etwa Gravity-Modelle Frankel (1997) S. 40-45

[94] Wenn sie diesen Regeln nicht folgen, begeben sie sich erstens außerhalb der Stabilisierungsmacht der Gruppe und geraten zweitens tendentiell in Konflikt mit Gruppenregeln, so daß die Gruppe(n) in die Transaktionspraxis der Parteien (sanktionierend) einzuwirken versucht.

[95] Vgl. zur räumlich-personellen Ausdehnung von Rechtssystem und deren Reichweite bei Transaktionen zwischen Angehörigen verschiedener Rechtssysteme – nationalstaatliche Perspektive: Behrens (1999), - für Gruppen sogenannter „primitiver Gesellschaften": Sahlins (1999)

Eigentumsrechtsverteilung, die sie ex ante durch die Transaktion zu erreichen *beabsichtigen*.

Gibt es in einer Gruppe ein stabilisiertes Rechtssystem, dann bestehen verschiedenste ritualisierte Übergangssprachspiele, mit denen Gruppenmitglieder den Übergang zu einer spezifischen neuen Eigentumsrechtsverteilung durchführen und zugleich gegenseitig und dritten gegenüber demonstrieren können.[96] Die Regeln der Übergangssprachspiele werden sich unterscheiden je nach der Art von Eigentumsübergang, der durchgeführt werden soll: verzichtet die vorherige EigentümerIn A vollständig auf ihre bisherigen Nutzungsrechte und überträgt diese vollständig auf die neue EigentümerIn B? Erhält B eng oder schwach eingeschränkte Nutzungsrechte? Handelt es sich um kollektives Eigentum, an dem A B nur die Nutzung überläßt? Welche Nutzungen von Seiten B's sind erlaubt und welche nicht? Diese Fragen machen deutlich, daß es nicht nur eine standardisierte Form des Eigentums gibt, das bei Transaktionen immer und vollständig übereignet wird. Deshalb differenzieren sich verschiedene Arten von Property Rights sowohl für verschiedene Arten von Gütern und Leistungen als auch für ein und denselben Typ „Ding" aus. Bei Transaktionen ist die Festlegung von Art und Reichweite solcher Rechtsübergänge zentraler Gegenstand. Da die Verteilung von Handlungs- und Verfügungsrechten Gegenstand kollektiv durchgesetzter, also intersubjektiver Interpretationen ist, bewegen sich TransagentInnen des Kollektivs innerhalb der konventionalisierten und standardisierten Sprachspielregeln, die zur Realisierung von Eigentumsumverteilungen gelten. Konflikte, die bei Abweichungen von solchen Regelstandards auftreten, werden von den kollektiven sanktionierenden Instanzen entschieden.

TransagentInnen überwinden rechtliche Distanzen also, indem sie standardisierte Übergangssprachspiele praktizieren, in denen sie sich gegenseitig und anderen durch eine bestimmte Abfolge von Sprechakten und Verhaltensmustern ihre Umverteilungsabsichten und ihr Einverständnis zu bestimmten, ausgehandelten Bedingungen signalisieren. Sprachspiele des Eigentumsübergangs sind notwendigerweise Verständigungen, da erst das handelnd explizierte Einverständnis beider Seiten die Sozialhandlung „Transaktion" komplettiert. Da Einverständnis ein Ereignis des inneren Erlebens ist, kann es von anderen Personen nur durch eindeutig verständliche Äußerungen wahrgenommen werden. Es muß folg-

---

[96] Gennep (1986) stellt fest, daß Übergangsprozesse in Gruppen grundsätzlich bestimmten mehr oder weniger streng ritualisierten Mustern folgen.

lich durch sprachliche Verständigung im sozialen Raum erzeugt werden. Im Zuge der Transaktion muß also Common Knowledge über die zu erreichende Eigentumsrechtsverteilung produziert werden. Da sprachliche Verständigungen, wie in Kapitel 4 gezeigt, aber grundsätzlich eliptisch sind, sind solche Transaktionsverträge immer auch impliziter, unausgesprochener Natur. Ob die TransagentInnen sich also wirklich geeinigt bzw. bei ihrer Einigung verstanden haben, zeigt sich nur daran, ob im Laufe der Zeit Irritationen, unerwartete Handlungs- und Verfügungsregeln aus Sicht der TransagentInnen oder Dritter auftreten. Daß Common Knowledge über die neue Eigentumsrechtsverteilung erzeugt wird, kann deshalb nur dadurch festgestellt werden, daß das inszenierte sprachliche Übergangsritual gelingt. Dazu werden die TransagentInnen innerhalb des Verständigungsprozesses immer wieder interpretieren, ob die Verhaltensantworten des/der anderen mit den von ihr als korrekt erwarteten übereinstimmt.

Da rechtliche Distanzen nun als kommunikative Übergangsprozesse zu neuen Eigentumsrechtsverteilungen definiert sind, stellt sich die Frage, ob und wie solche rechtlichen Distanzen meßbar sind. Da es sich um Verständigungs*prozesse* handelt, könnte man sie an ihrer zeitlichen Dauer der Distanzüberwindung messen. Allerdings besteht kein eindeutiges und auch kein proportionales Verhältnis zwischen Dauer und Ausmaß der rechtlichen Distanz. Manche TransagentInnen nutzen die Übergangsrituale bspw. auch zur Beziehungspflege und lassen sich deshalb viel Zeit, während andere sehr komplexe rechtliche Distanzen in kurzer Zeit aushandeln und überwinden können. Gehören TransagentInnen unterschiedlichen Rechtsgemeinschaften an, kann man tendentiell von größeren rechtlichen Distanzen zwischen ihnen ausgehen, da sie vielleicht nicht auf ihre standardisierten Verständigungen zurückgreifen, oder weil diese zunächst mißlingen und neue Rechtsübergänge entwickelt werden müssen. Allerdings können diese transkulturellen Verständigungen auch sehr schnell gelingen, z.B. wenn der erste Versuch gelingt, wenn die Übergangsrituale der Kulturen sehr ähnlich sind oder wenn die TransagentInnen zum wiederholten Male eine ähnliche Transaktion durchführen.

Auch ist – wie bei den semantischen Distanzen – schwer zu entscheiden, ob vorangegangenes Lernen kollektiver Eigentumsübergangsrituale als Teil des Prozesses zur Überwindung rechtlicher Distanzen einer spezifischen Transaktion gesehen werden müssen. Denn zweifellos ist es kognitiv wesentlich einfacher und schneller, auf Kognitionsroutinen zur

Orientierung in Transaktionssituationen zurückzugreifen, als kognitive Orientierungen in Tabula-Rasa-Situationen durchzuführen (vgl. Kapitel 4). Da die gespeicherten Routinen von Tabula-Rasa-Situationen und sonstigen vergangenen Erfahrungen aber Teil des Identifikations- und Orientierungsprozesses sind, müßte der Prozeß ihres Erwerbs streng genommen mit eingeschlossen werden. Die zeitliche Dauer der Überwindung rechtlicher Distanzen kann deshalb auch hier kein sinnvolles Maß darstellen. Auch die Zukunftsoffenheit des Transaktionsprozesses, also der Umstand, daß TransagentInnen nicht von Anfang an genau diese Transaktion abzuschließen beabsichtigen müssen, macht eine „Ausmessung" der zu überwindenden rechtlichen Distanz problematisch. Allein die Tatsache, *daß* es zu einer Umverteilung von Eigentumsrechten kommt, indiziert, daß eine rechtliche Distanz überwunden werden muß. Unter welchen Umständen es dazu kommt, welche Arten von Eigentumsrechtsumverteilungen praktiziert werden und durch welche Transaktionsrituale diese rechtlichen Übergänge praktisch realisiert werden, das sind die Fragen, die diesbezüglich relevant sind.

6.2.4.4 Distanzüberwindung durch Interpretation

Es wurden nun die Charakteristika von semantischen, raum-zeitlichen und rechtlichen Distanzen erläutert, die im Zuge von Transaktionen zu überwinden sind. Alle drei Arten von Distanzen können nur durch die aktive Durchführung von Interpretationen überwunden werden. Individuen müssen also spezifische Kognitionsprozesse durchführen, um Transaktionen zu realisieren. Davon *müssen* Teile als sprachliche und sprachgebundene Interpretationen durchgeführt werden, andere Teile *können* auch nicht-sprachlicher Natur sein, obwohl sie aufgrund der Dominanz von Sprache meist sprachbeeinflußt sein werden.

Ein Teil der für eine Transaktion konstitutiven Kognitionen muß sich in Abfolge und Kombination zu gelingenden sprachlichen Verständigungen der TransaktionspartnerInnen ergänzen. Dieser Teil umfaßt all jene Transaktionselemente, über die gemeinsames Wissen hergestellt werden muß, also die Einigung bestimmter Personen über eine spezifische Umverteilung an Eigentumsrechten, bezogen auf eine konkret bestimmte Art, Qualität und Menge von Dingen sowie ein komplementäres, raum-zeitliches Verhaltensmuster, in dem diese Einigung realisiert wird.

Andere Teile der zur Realisierung der Transaktion notwendigen Kognitionen können auch unabhängig von den konkreten TransaktionspartnerInnen durchgeführt werden, beispielsweise indem man Qualitäten des Transaktionsgegenstandes via eigene sinnliche Wahrnehmungen erkundet, sofern die bisherigen Eigentümer dies zulassen, oder indem man sich bei anderen Wirtschaftssubjekten, die mit den geplanten TransaktionspartnerInnen oder LeistungsträgerInnen bereits Transaktions- und andere Erfahrungen gesammelt haben, über deren Eigenschaften, Vorlieben und Vermögen erkundigt oder solche Transaktionen interpretierend beobachtet.

Finden Transaktionen im Zuge von Wettbewerbspraxis statt – was ja bei weitem nicht für alle Markt- oder sonstigen Transaktionen gilt –, gehören z.B. Kommunikationen mit verschiedenen potentiellen TransagentInnen zum Sprachspiel dazu, um im Vergleich die Transaktionsbedingungen zu ermitteln, zu denen man satisfizierend transagieren möchte. Gerade in der Theorie der asymmetrischen Informationen gibt es unterschiedliche Vorschläge, wie man abhängig und unabhängig von TransaktionspartnerInnen wichtige Interpretationen durchführen kann, um möglichst glaubwürdige Informationen zu erlangen. Auch innerhalb der Theorie der Nachbarschaftseffekte und technological spillovers, in der die wachstums- und innovationsfördernde Wirkung der räumlichen Nähe von Wirtschaftssubjekten postuliert wird, werden informelle Gespräche von Arbeitnehmern unterschiedlicher Unternehmen, Arbeitsplatzwechsel zwischen ortsnahen Unternehmen oder die sinnliche Wahrnehmung von lokal beobachtbaren Wirtschaftspraktiken als Ursachen der Wissensreproduktion über Unternehmensgrenzen hinweg genannt. Es wird argumentiert, daß diese Kanäle der Re-Produktion von Interpretationsvermögen funktionieren, insbesondere wenn es sich um nicht reflektiertes oder codifizierbares Wissen handelt, nur innerhalb bestimmter räumlicher Reichweiten wirksam sind. Hingegen breite sich codifizierbares Wissen schneller aus,[97] was allerdings nur dann gilt, wenn auch zuverlässige „Wahrheits"-überprüfungsmethoden verbreitet sind.

Allgemein gesagt müssen die semantischen, raum-zeitlichen und rechtlichen Distanzen im Zuge einer Transaktion also durch kognitive Interpretationsaktivitäten der beteiligten Transaktionsparteien überwunden werden. Konkret handelt es sich hierbei erstens um subjektive Kognitionen bezogen auf Transaktionsgegenstände, mögliche Transaktionspartne-

---

[97] Vgl. Maskell, Malmberg (1999), Krugman (1991)

rInnen und deren Bedingungen, sowie Transaktionskontexte. Zweitens um komplexe, zu Verständigungen zusammengesetzte Interpretationen der TransaktionspartnerInnen, die sich zu komplementären Transaktionssprachspielen ergänzen müssen, damit die Transaktion gelingt. Drittens können Teile dieser Interpretationen (direkte Wahrnehmung im Hier-und-Jetzt) durch die Äußerung und den Erwerb codifizierten Wissens bezüglich Dingen, Personen und Situationsmerkmalen ersetzt werden. Viertens können Interpretationen codifizierter oder nicht-codifizierter Interpretationen von Transaktionselementen auch durch Beobachtung oder Kommunikation mit dritten Personen erworben werden.

Bei der Interpretation codifizierter Interpretationen besteht allerdings immer die Möglichkeit der Lüge, weshalb Vertrauen oder Vertrauensäquivalente (z.B. rechtlich durchgesetzte Nachbesserungs- oder Rücknahmepflichten) notwendige Bedingung zur Nutzung dieser Kommunikationsweisen sind. Zuverlässige Informationen über den Transaktionsgegenstand sind unabhängig von der Vertrauenswürdigkeit des Partners insbesondere dann schwer im Hier-und-Jetzt des Transaktionssprachspiels zu erwerben,

– wenn die Leistung noch nicht existiert (Sonderanfertigung) oder

– dem Nachfrager bisher unbekannt war (Innovationen),

– im Hier-und-Jetzt nicht sinnlich wahrnehmbar ist (Abwesenheit, Verpackung),

– verborgene Qualitäten hat, die erst im Ge- oder Verbrauch sinnlich erfahrbar werden (Dienstleistungen, Geschmack einer Frucht, Zuverlässigkeit, Glaubwürdigkeit) und die vom Verfügenden leicht verborgen werden können,

– und wenn die relevanten Qualitäten der Leistung zudem eher abstrakter, denn konkreter Art sind (da diesbezügliche Interpretationen intersubjektiv und interkulturell weit differieren können).

Innerhalb des Transaktionssprachspiels „Wissen" darüber zu erlangen, was wer wann wo und wie zuverlässig tun wird, um die besprochene Transaktion zu realisieren, ist grundsätzlich problematisch, je weniger Erfahrungswissen über die Glaubwürdigkeit des je anderen bereits besteht. Vertrauen gründet sich auf die intuitive Erwartung gleichbleibender Lebensstile, auf die Konstanz von Identität und kann realiter auch einfach in das Gegenüber projiziert werden. Vertrauen wird über Beziehungsprozesse entwickelt.

Die codifizierte Äußerung nicht-wahrer Interpretationen, also Tatsachenaussagen über unsichere Zukunftsereignisse oder Äußerungen von Phantasien, sind jedoch nicht immer problematisch, sondern in der Regel fundamentaler Bestandteil von Transaktionen. So beeinflussen die Phantasiegeschichten der Werbung beispielsweise die Lust und Bereitschaft von Wirtschaftssubjekten, bestimmte Dinge oder Leistungen zu erwerben oder Tätigkeiten durchzuführen. Und das Sprechen über mögliche Zukunftsszenarien und das eigene Handeln darin, engt die Spielräume der tatsächlich eintretenden Zukunftsaktionen oft ein, insbesondere wenn die Wirtschaftssubjekte Abmachungen, Einigung und Absichtserklärungen über ihre zukünftigen Verhaltensweisen äußern.

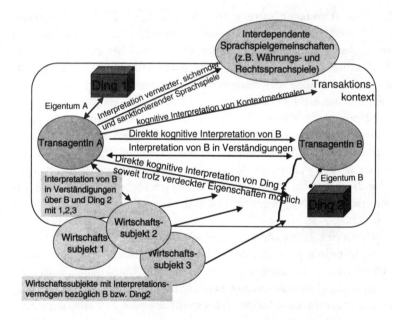

Abbildung 6.4: Überwindung von Transaktionsdistanzen durch Interpretation[98]

[98] Die Abbildung zeigt, durch welche Arten von Interpretationen A Transaktionsdistanzen zu B überwindet. Daß B gleichzeitig mit Hilfe der gleichen Interpretationsarten die

Angesichts der erörterten Distanzen und den Wegen zu ihrer Überwindung im Zuge der Transaktion ist nun deutlich geworden, daß der Transaktions*prozeß*, der zur Realisierung einer Transaktion nötig ist, ein Interpretations- und Verständigungsprozeß ist, der insbesondere bezüglich der Eigentumsrechtsumverteilung kulturellen Gepflogenheiten von Sprachspielpraxis folgen muß sowie in Bezug auf die konkreten Transaktionsgegenstände, -bedingungen und TransaktionspartnerInnen ein Mindestmaß an Common Knowledge herstellen muß.

6.2.5 Sprachliche und andere Restriktionen von Transaktionen

Um eine Transaktion zu realisieren, müssen sich TransaktionspartnerInnen finden, denen es gelingt, die semantischen, raum-zeitlichen und rechtlichen Distanzen zu überwinden, die sich zwischen ihnen auftun. Der Transaktionsprozeß ist also sowohl ein Such- und Entdeckungsprozeß, da die Art und „Größe" der Distanzen, die zwischen den PartnerInnen bestehen, ex ante nicht bekannt sind. Er ist aber auch ein Distanzüberwindungsprozeß, zu dessen Durchführung sowohl bestehendes Interpretationsvermögen eingesetzt als auch neues gebildet wird. Manche Distanzen sind entdeckt – nicht unbedingt bewußt – durch die Interpretation, mit denen sie überwunden werden. Andere werden entdeckt (z.B. Unwissen über die technische Zuverlässigkeit eines Gebrauchtwagens) und z.B. aus Mißtrauen nicht überwunden, so daß die Transaktion aus diesem Grund scheitert.

Damit eine Transaktion realisiert wird, müssen sowohl Such- und Entdeckungsprozeß als auch Distanzüberwindungsprozeß erfolgreich durchgeführt werden. Es bestehen aber vier Arten von Restriktionen, welche die Möglichkeit einer erfolgreichen Durchführung beschränken: Erstens muß es TransagentInnen gelingen, sich explizit über die Transaktion zu einigen, zweitens müssen beide Transaktionsseiten motiviert sein, sich zu einigen und ihre Ressourcen für die Realisierung der Transaktion einzusetzen, drittens bedarf es Ressourcen und viertens Vertrauen zur Durchführung der Transaktion.

Transaktionsdistanzen zu A überwindet, ist aus Übersichtlichkeitsgründen in der Graphik nicht enthalten.

6.2.5.1 Einigung

Freiwillige Transaktionen bedürfen einer Einigung der TransagentInnen über die Transaktion.[99] Insbesondere um rechtliche Distanzen zu überwinden, bedarf es der Einigung der TransagentInnen über die Eigentumsrechtsumverteilung, die sie bezüglich konkreter Transaktionsgegenstände vornehmen wollen. Die Beteiligten werden in semantischer Hinsicht komplementäre Transaktionsregeln in Bezug auf bestimmte physische Dinge oder bestimmte Leistungen und Personen anwenden oder erst entwickeln. Hierin müssen auch Handlungsregeln der raum-zeitlichen Realisierung der Transaktion enthalten sein, und die Regeln werden sich den je kollektiv geltenden Sprachspielen für die Umverteilung von Eigentumsrechten mehr oder weniger anpassen.[100]

Daß eine Einigkeit der TransagentInnen über die Transaktion besteht, können die Beteiligten nur feststellen, indem sie sich miteinander darüber verständigen. Denn wie das jeweils andere Wirtschaftssubjekt die Situation interpretiert, ob und welcher Übertragung von Rechten es genau zustimmt, welche Aktivitäten es mit dem Ding genau durchführen will und wird, all dies sind zunächst einmal Kognitionsprozesse, die also innerhalb des Kognitionsapparates ablaufen. Solange Wirtschaftssubjekte ihre impliziten Interpretationen nicht auch (elliptisch) explizieren, sind sie für andere nicht wahrnehmbar und interpretierbar. Die Explikation von Einigungsverhalten ist nur als Verständigungsverhalten denkbar. Die beiden Transaktionsseiten müssen sich ihr Einverständnis mit der Durchführung der spezifischen Transaktion signalisieren und dazu *müssen* sie verbalsprachliche Zeichen oder symbolische, in ihrer Bedeutung intersubjektiv stabilisierte Gesten verwenden.[101] Das Signalisieren von Einwilligung in die Transaktion kann zeitlich und pragmatisch identisch sein mit der Durchführung des ritualisierten Transaktionshandlungsmusters. Wenn die Vertragserfüllung dem Einigungsprozeß jedoch zeitlich nachgelagert ist, ist die Verwendung von verbalsprachlichen Zeichen unumgänglich, da nur so

---

[99] Auch bei unfreiwilligen Transaktionen kann durchaus Einigkeit (intersubjektive Übereinstimmung) darüber bestehen, welche Transaktion stattgefunden hat, sie ist aber nicht notwendig.

[100] Vgl. zur Bedeutung der „Willenseinigung" als zentrale Komponente von Verträgen Nanz (1985)

[101] Bei unfreiwilligen Transaktionen kann die Sozialhandlung auch im Sinne einer Interaktion vollzogen werden, da über das Gelingen der Transaktion letztlich durch Gewalt entschieden wird.

im Hier-und-Jetzt die kognitive Aufmerksamkeit gegenseitig auf situationsferne Transaktionselemente gelenkt werden kann.

Die Einigung zur Realisierung der Sozialhandlung „Transaktion" ist also notwendig ein Akt sprachlicher Verständigung. Da die Einigung zugleich auch eine sine qua non der Transaktion ist, kann man an dieser Stelle feststellen, daß das ökonomische Phänomen Transaktion seinem fundamentalen Kern nach eine spezifische Art gelingenden Sprachspiels sein muß, obwohl Teile der Interpretationen im Zuge von Transaktionen auch nicht-sprachlicher Natur sein können.

Damit die Einigung über eine Transaktion stattfindet, müssen aber auch die drei weiteren Faktoren hinreichend verfügbar sein.

6.2.5.2 Motivation

Um die gegenseitige Einigung auf eine bestimmte Transaktion bewirken zu können, bedürfen die TransagentInnen der beidseitigen *Bereitschaft*, der Transaktion zuzustimmen bzw. sie durchzuführen. Führt man sich noch einmal vor Augen, wie der kognitive Verhaltenssteuerungsprozeß abläuft (vgl. Kapitel 4), dann wird deutlich, daß Transaktionsverhalten nur durchgeführt werden kann, wenn es erstens nicht durch Reflexverhalten oder dezentrale Steuerungssysteme behindert wird (z.B. Schlaf oder eine Herzattacke) und wenn zweitens die selektive Aufmerksamkeit und das emotionale Interesse auf die Transaktion ausgerichtet wird. Aufmerksamkeit und Interesse für spezifische Transakteure oder Transaktionen sind offensichtlich nicht immer und jederzeit gegeben. Nur wenn sich TransagentInnen finden, die gleichermaßen zu einer Einigung auf eine bestimmte Transaktion bereit sind (was hier mit „motiviert" gemeint ist), können sie transagieren. Die Motivation ist zwar notwendige, aber nicht hinreichende Bedingung, da ja auch Ressourcen und faktisch gelingende Einigung gegeben sein müssen.

Wirtschaftssubjekte agieren vermögensorientiert und sind nicht nur durch die Aussicht auf den sofortigen genußvollen Gebrauch eines Gutes oder einer Leistung zu Transaktionen zu motivieren. Dies unterstellt etwa der Smith'sche Fall des frierenden Bäckers, der auf den hungrigen Schneider trifft, und die beide schnell zu einer gegenseitigen Transaktion bereit sind. Erfolgskriterien, die ein Wirtschaftssubjekt zu Transaktionen motivieren können, sind nicht nur der Wunsch, derzeit aktivierte Bedürfnisse durch die Transaktion bzw. das zu erwerbende oder zu überlassende

Gut/Leistung zu befriedigen, Notlagen zu beseitigen, sondern auch der Wunsch, Vermögen zu mehren, für unsichere zukünftige Bedürfnisse vorzusorgen, sich der Beziehung zu Transaktionspartnern zu widmen und diese zu verbessern oder nicht zu verschlechtern (Investition in Sozialkapital), nicht mehr benötigtes oder gewünschtes Eigentum loszuwerden, für andere zu sorgen oder ihnen bei deren Erfolgszielen zu helfen (Freunde, Familie usw.), der Wunsch anzugeben (Statuskauf oder Statusgeschenke), Lust am Risiko (Wetten, Aktienspekulation), Gewohnheit, Beendigung von Langeweile durch Tätigkeit und so weiter. Es kann also die Aktivität ganz vieler verschiedener Motivationen die Ursache dafür sein, daß ein Wirtschaftssubjekt sich in Interpretationen begibt, die Teil einer Transaktion sind oder werden könnten.[102]

Die Motivationen unterschiedlicher Wirtschaftssubjekte, sich in Transaktionsaktivitäten zu begeben, können zwar, aber müssen weder zueinander passen (z.B. wollen vielleicht alle haben und nicht geben oder umgekehrt), noch müssen komplementäre Motivationen zum gleichen Zeitpunkt aktiviert sein. Reale Wirtschaftssubjekte nehmen deshalb (im Gegensatz zur Theorie) die Aufmerksamkeit, das Interesse und die Wünsche möglicher TransaktionspartnerInnen nicht einfach als gegeben an. Sondern diejenigen, die zum gegebenen Zeitraum hinreichend zu transagieren motiviert sind, versuchen, andere aktiv zu motivieren, damit sie mit ihnen die gewünschten Sozialhandlungen durchführen.[103]

Die gegenseitige Einflußnahme und Motivierung im Zuge von Transaktions-Kommunikationen ist dabei eingebettet in die gesamte dynamische Architektur von Machtdifferentialen in einer Gesellschaft. Nach Elias ist Macht eine Struktureigenschaft aller menschlicher Beziehungen. Er verortet Quellen von Macht dort, wo eine Person über Dinge verfügt/verfügen kann, die für eine andere Person von Wert sind. Realiter verfügen alle Personen über irgendwelche Dinge, also Güter oder Leistungen, die für andere Personen wertvoll sind, ob nun direkt durch eigene Verfügungsrechte, oder indirekt, indem sie Beziehungen zu anderen Personen nutzen können, die Verfügungsrechte besitzen. Bezüglich zweier Personen

---

[102] Turner, S. (2000) S. 69 ff., nennt professionellen Kaufmotivatoren fünf Motivationsfelder: 1. möglicher Produktnutzen, die Möglichkeit, 2. sich durch die Transaktion normkompatibel zu verhalten oder 3. (Wunsch-) Individualität zu artikulieren, 4. die (Re-) Konditionierung bestehender oder neuer Konsum- und Bewertungsgewohnheiten oder 5. Erzeugung emotionaler Bindungen an den Transaktionsgegenstand.

[103] Vgl. zu einer sozialpsychologischen Analyse unterschiedlicher motivierender Überredungsstrategien Cialdini (1993)

A und B besteht dann insgesamt ein Machtsaldo zugunsten von Person A,
wenn A direkt oder indirekt über Dinge verfügen kann, die für B wertvoller sind, als B's Verfügungsraum für A.[104] Machtsalden bestehen nicht
objektiv aufgrund gegebener Eigentumsrechtsverteilungen, sondern intersubjektiv in den Kognitionsapparaten der jeweiligen Personen. Je nach
ihren aktuellen Motivationen und ihrem Wissen über die eigene und des
anderen Verfügungsmöglichkeiten bestehen ganz unterschiedliche Machtsalden, sie ändern sich also in der Zeit und dem jeweiligen Bestand und
aktivierten Interpretationsvermögen.

In dem Moment, wo B z.B. ein stärkeres Interesse an einer Transaktion
hat als A, besteht also ein Machtsaldo zugunsten A's. Ein solcher Machtsaldo führt dazu, daß die Aktivitäten zur Steigerung von A's Interesse an
der Transaktion tendentiell von B ausgeführt werden. Im Zuge dieser
Aktivitäten kann es B gelingen, die Machtsalden zu verschieben, z.B.
indem sie A's Interpretation des möglichen Werts der Transaktion (erhö-
hend) verändert oder indem B A in Kenntnis von für A wertvollen Dingen
bringt, über die B verfügt, oder indem B Schwachpunkte in A's Sprachspielvermögen entdeckt, die sie ausnutzen kann.

Wenn Wirtschaftssubjekte im Zuge von Transaktionsaktivitäten gegenseitig auf ihre Motivationen Einfluß nehmen, handelt es sich also um
Machthandlungen mit dem Ziel, aktuell bestehende Machtsalden zu verändern.

Die Palette möglicher Aktivitäten zur Motivation von Transaktionshandlungen sind jedem geläufig. Das Werben um Aufmerksamkeit für die
Existenz und Qualität eines bestimmten Gutes, einer Leistung, einer
Marke, eines bestimmten Leistungsträgers, Anbieters oder Nachfragers
usw. ist in heutigen industrialisierten Volkswirtschaften allgegenwärtig.
Werbung und Marketing operiert dabei nicht nur „informativ", um anzu-
zeigen, wo welche Transaktionspartner und Transaktionsgegenstände
wann zu finden sind, sondern auch explizit appellativ, indem direkte Ver-
haltensaufforderungen vorgemacht oder ausgesprochen werden, und an-
regend, indem versucht wird, bereits in der Kommunikationssituation angenehme Gefühle auszulösen, die dann kognitiv mit den Transaktionselementen (Personen, Gegenstände, Situation, Transaktion selbst) assoziiert
werden. Um das Interesse des anderen an genau diesem Transaktionspartner und/oder genau diesen Transaktionsgegenständen usw. dauerhaft zu
binden und so die veränderten Machtsalden zu festigen, muß sich das

[104] Vgl. Elias (1971) S. 76-82

Wirtschaftssubjekt wiedererkennbar machen, eine persönliche Beziehung eingehen und damit die Anonymität zumindest in gewissem Umfang einschränken.[105] Es muß den umworbenen A überzeugen, daß ein konkretes, mit B durchzuführendes Verhaltensmuster (Transaktion) für A nicht nur möglich, sondern auch in seiner kognitiven Orientierung als Erfolg (nach A's Kriterien) zu werten ist. B erreicht das erste Teilziel, wenn es ihm gelingt, mit A in Verständigungsaktivitäten zu treten, also Kontakt herzustellen. Der zweite Erfolg ist, wenn es B gelingt, in dieser Verständigung die spezifische Transaktionsthematik zu bearbeiten; der dritte ist erreicht, wenn eine Einigung erreicht wird, und der vierte, wenn die Transaktion im einverständigen Sinne beider Seiten realisiert werden kann. Motivationsaktivitäten sind aus B's Sicht dann erfolgreich, wenn B zumindest teilweise in die Verfügung über Dinge und Leistungen gelangt ist, die seinen negativen Machtsaldo begründeten.

Die Mittel, mit denen die gegenseitige Motivation gelingt, können und sollen aufgrund ihrer Vielfältigkeit hier nicht abschließend erörtert werden. Dazu bieten Absatz- und Marketingliteratur oder z.T. Signalingtheorien genug Beispiele, allerdings i.d.R. beschränkt auf Fälle, in denen Machtsalden zuungunsten der Anbieter von Gütern und Leistungen bestehen, sowie auf Transaktionen mit vollständigem Eigentumsübergang, zu Wettbewerbsbedingungen und mit direkter reziproker Gegenleistung – meist in Form von Geld.[106]

Ähnliche Aktivitäten des Umwerbens finden sich aber auch in anderen Transaktionssituationen, etwa wenn Nachfrager die Anbieter zu Transaktionen zu motivieren versuchen. Auch *einseitige* Transaktionen können von der Geberseite *oder* der empfangenden Seite initiiert werden. Da einseitige Transaktionen nur eine ungefähre und oft zeitferne Reziprozität bewirken, bieten sie sich eher für wertmäßig kleinere Gefälligkeiten oder bei Bestehen engerer Bindungen an, da hier das Schadensrisiko gering ist und eine Vertrauensgrundlage für spätere Reziprozität gegeben ist. Zu gegenseitigen Transaktionen sind Wirtschaftssubjekte aufgrund der direkten Reziprozität leichter zu motivieren, insbesondere wenn einander fremde Wirtschaftssubjekte transagieren sollen, da der Eindruck erzeugt wird,

---

[105] Vgl. Meyer (2000) S. 151; Vgl. ausführlich zu Theorien und Praxis von Public Relations, in die das Marketing eingeordnet werden kann, Avenarius (1995)

[106] Vgl. beispielhaft als Literatur für allgemeine Umwerbungskünste Turner, S. (2000), Bruhn (1997) und Scharf-Schubert (1994), für zielgruppenspezifische Motivationskünste Zanger, Griese (2000), für transkulturelles Marketinghandeln Usunier (2000).

der andere gewinne wertmäßig netto hinzu, ohne eine ungewisse Verpflichtung gegenüber einem Fremden in die Zukunft mitzuschleppen. Neben den Versuchen der Werbewirtschaft und professionellen „Transaktionsüberrednern" (Händler, Verkäufer, Makler usw.), die potentiellen Partner gleichsam im Guten zur Transaktion zu motivieren, wird innerhalb bestehender festerer Bindungen auch mit Argumenten operiert, die Unlust erzeugen können, etwa das ewige Nörgeln von Familienmitgliedern, damit man ihnen dies oder jenes überläßt oder besorgt, oder der Einsatz von Instrumenten des Arbeitskampfes zwischen Arbeitnehmern und Arbeitgebern. Allerdings werden die eher auf Erzeugung angenehmer Motivationen ausgerichteten Aktivitäten von Marktakteuren in ihrer Gesamtheit mittlerweile auch oft als unangenehm erlebt, da sie Aufmerksamkeitskapazitäten binden und einen großen Teil öffentlicher Räume und symbolischer Bereiche besetzen, welche dann außerhalb der Transaktionssphäre kaum noch nutzbar sind.[107] Das einzelne Wirtschaftssubjekt besitzt grundsätzlich die Freiheit, nicht innerhalb der ihm angebotenen Transaktionssprachspiele zu antworten. Insofern kann der Kognitionsapparat gegenüber bestimmten, Aufmerksamkeit heischenden Reizen und Kommunikationsangeboten abstumpfen, selbst wenn diese angeborene Reiz-Reaktionsschemata stimulieren, die schwerer in neue Deutungen (z.B. „handlungsirrelevant") integriert werden können.

Selbst wenn sich Wirtschaftssubjekte treffen, die beide bereits zu ähnlichen Transaktionen motiviert sind, so erfordert es doch weitere Kommunikationen, in denen beide Seiten eine spezifische Motivation zu Transaktionshandlungen in ihrem jeweiligen Sinne zu erwirken versuchen. Die in der Ökonomik sogenannten Such-, Informations- und Verhandlungsprozesse sind also keine, die einfach eine sozio-ökonomische Wirklichkeit zu entdecken suchen, wie sie ist, sondern die dazugehörigen Aktivitäten versuchen diese sozio-ökonomische Wirklichkeit auch zu beeinflussen, zu gestalten und zu motivieren. Sie versuchen, eine Wirklichkeit zu generieren, wie die beteiligten Wirtschaftssubjekte sie sich wünschen. Da diese Wünsche nicht unbedingt ex ante harmonieren, sind Transaktionsaktivitäten darauf ausgerichtet, kommunikativ konfligierende Interessen anderer zu zerstören und durch harmonierende zu ersetzen. In diesem gleichermaßen produktiven und zerstörenden Wirklichkeitsentdeckungsprozeß wird ökonomische Wirklichkeit durch die Wirtschaftssubjekte zugleich erfahren und hervorgebracht.

---

[107] Vgl. Franck (1998) S. 49-74, Klein (2000), Turner, S. (2000)

Aktivitäten zur Erregung und Bindung von Aufmerksamkeit und zur Erzeugung von Motivationen zu spezifischen Transaktionen erfordern Zeit, Ressourcen und gelingende Verständigung mit Wirtschaftssubjekten, die aufgrund ihrer individuellen Unterschiede auf verschiedenste Weisen motivierbar sind. Insofern ist auch die transaktionsnotwendige Bedingung *Motivation* an die Restriktion *Ressourcen* gebunden. Zum anderen sind konkrete Motivationsaktivitäten in ihrem Erfolg davon abhängig, daß sie auf die spezifische situative Motivationsstruktur potentieller TransaktionspartnerInnen ausgerichtet sind. Sie werden durch die Freiheit der anderen, Sprachspielanschluß zu verweigern, beschränkt. Der Umstand, daß kognitive Aufmerksamkeit knapp, daß gewünschte Motivationen anderer nicht immer gegeben sind und daß positive Machtsalden Menschen dazu bringen, einander zu umwerben, wird von ÖkonomInnen oft zum Anlaß genommen, das Bestehen eines Marktes für Aufmerksamkeit, für Information usw. zu behaupten.[108] Die Marktmetapher ist jedoch nur beschränkt geeignet, da Aufmerksamkeit eine Beziehungsqualität ist, die nur im Ausnahmefall nach Marktregeln produziert wird.

6.2.5.3 Ressourcen

Um eine Transaktion realisieren zu können, müssen die TransagentInnen über bestimmte Ressourcen verfügen, da der Transaktionsprozeß selbst in der Zeit, unter Energieaufwand und unter Verwendung und Bezug auf ökonomische Güter und Leistungen vollzogen wird. Über folgende Ressourcen müssen die Wirtschaftssubjekte hinreichend verfügen: erstens über zeitliche Spielräume, zweitens das nötige Interpretations- und komplementäres (Transaktions-)Sprachspielvermögen, drittens über physisches Vermögen und viertens u.U. über Finanzvermögen. Die Vermögensarten können entweder bereits vor Beginn des Transaktionsprozesses bestehen und darin angewandt werden oder im Zuge desselben erst produziert und angewendet werden.

– **Zeitliche Ressourcen** sind nötig, da Transaktionsprozesse, bzw. die kognitiven Interpretations- und Äußerungsleistungen, welche zu ihrer Realisierung notwendig sind, Zeit verbrauchen. Je mehr neues Wissen ein- oder beidseitig aufgebaut und eventuell auf seine Viabilität überprüft werden muß, je größere raum-zeitliche Distanzen zu überwinden sind[109] und je problematischer sich die gegenseitige Motivation zur Einigung erweist, desto mehr Zeit wird zur Realisierung von Transaktionen nötig sein. Dennoch ist der Zeitbedarf von Transaktionen nicht streng proportional zum aufzubauenden Interpretationsvermögen, da die Akteure die erforderliche Zeit auch selbst beeinflussen können. Beispielsweise können Wirtschaftssubjekte den Zeitverbrauch im Zuge von Transaktionen auch aus anderen Motivationen heraus erhöhen, etwa um Beziehungspflege zu betreiben, Traditionen zu folgen (orientalische Verhandlungsrituale) oder weil ihnen das Verhandlungsspiel Genuß bereitet. Oder eine Transaktionsseite kann ihr Wissen um den Umstand, daß die andere Seite nur geringe zeitliche Spielräume zur Verfügung hat, dazu nutzen, um durch Verzögerung des Transaktionsprozesses Macht auszuüben und die anderen zur Einwilligung in schlechtere Transaktionsbedingungen zu bringen. Wie groß die zeitlichen Spielräume sind, die Wirtschaftssubjekte für bestimmte Transaktionen haben oder ihnen einräumen, hängt von verschiedensten Einflußgrößen ab und ist selten fix gegeben.

Zum einen kann es in den Eigenheiten des zu transagierenden Gegenstandes liegen, daß es innerhalb einer bestimmten Frist oder zu bestimmten Zeitpunkten transagiert werden muß, etwa weil es verderblich ist, seine Nutzungsmöglichkeiten eingeschränkt werden (Keimfähigkeit von Samen, Brüchigkeit von Textilien, Ausbleichen von Farbe), der Leistungsträger seine Fähigkeiten entlernt (abnehmende Körperkraft, Vergessen, mangelnde Übung). Zum anderen kann es an der Dringlichkeit der Bedürfnisse der TransagentInnen liegen (Hunger, Durst usw.) oder Dritter, die dringliche Forderungen an TransagentInnen haben (fällige Schulden, Versorgungspflichten usw.). Außerdem kann die Transaktion ihrem Sinn nach von anderen zeitlich inflexiblen Aktivitäten oder Ereignissen abhängen und deshalb mit geringen zeitlichen Spielräumen verbunden sein (eine Anlage, die zur Fertigung bestimmter Terminaufträge benötigt wird, ein Geschenk, das zu einem bestimmten Termin übergeben werden soll; Sandsäcke, die vor Eintreffen der Hochwasserflut gestapelt sein sollen; Schulbücher, die zu Beginn des Schuljahrs zur Verfügung stehen sollen; politische Maß-

---

[109] Natürlich darf man hier nicht die „objektiven" Distanzen z.B. in Metern gemessen nehmen, sondern muß die Raumüberwindung pro Zeiteinheit, die bei Verwendung bestimmter Raumüberwindungstechnologien (zu Fuß, per Fahrrad, Auto, Flugzeug, Bahn, Fax, Internet usw.) vorliegt, ansetzen.

nahmen, die vor dem Wahltermin effektiv realisiert sein müssen usw.). Zusätzlich hängt das zeitliche Budget für die einzelne Transaktion auch davon ab, wieviel und welche Zeit das Wirtschaftssubjekt sich für *andere* Aktivitäten und Ereignisse offenhalten muß oder will. Diejenige Transaktionsseite, die den geringeren zeitlichen Spielraum für den Einigungsprozeß erübrigt, restringiert dessen Dauer für beide Seiten und kann so auch das Gelingen der Transaktion verhindern. In Transaktionskommunikationen, bei denen die TransagentInnen persönlichen Kontakt an einem gemeinsamen Ort- und Zeitpunkt benötigen (z.B. Pflegedienstleistungen), kann sich die Zeitrestriktion als noch problematischer erweisen. Die Probleme des zeitlichen Matching steigern sich außerdem, je mehr Personen an der Transaktion beteiligt sind.

– Wirtschaftssubjekte müssen nicht nur die nötige Zeit für die Transaktion erübrigen können, sondern sie müssen auch spezifisches, zueinander komplementäres **Sprachspielvermögen** besitzen, um die Sozialhandlung *Transaktion* durchführen und die Einigung über Eigentumsrechtsübertragungen realisieren zu können. Liegt ein hinreichend komplementäres Sprachspielvermögen für die jeweilige Transaktion vor, sind die TransagentInnen in der Lage, einander weitgehend zu verstehen, d.h. die geäußerten Interpretationen anderer weitgehend erfolgreich zu reinterpretieren und korrekt zu beantworten. Dies betrifft sowohl Verständigungen bezüglich Qualitäten von Transaktionsgegenständen, Transaktionsbedingungen, den Transaktionskontext und die TransaktionspartnerInnen selbst als auch Sprachspielvermögen, mittels dessen die anderen wirksam zur Transaktionseinigung motiviert werden können. Zum Sprachspielvermögen gehört auch das reflexive Vermögen, die Authentizität und Aufrichtigkeit von GesprächspartnerInnen einzuschätzen, sowie die Sprachspielregeln von Wahrheits- und Lügensprachspielen korrekt zu beherrschen. Verfügen die TransaktionspartnerInnen von Beginn des Transaktionsprozesses an über hinreichendes und komplementäres Sprachspielvermögen, so kann ihr Kognitionsapparat dieses zur Durchführung der zur Überwindung von Transaktionsdistanzen nötigen Interpretationen direkt anwenden. Der Rückgriff auf gespeicherte, situationsähnliche Interpretationen ermöglicht die Nutzung von Routineprozessen und so die schnelle und relativ sichere Orientierung der TransagentInnen in der Situation. Solche vollkommen durchroutinisierten Transaktionssituationen bestehen in der

Regel nur für sehr regelmäßige Transaktionen fester Personen, die in kurzen zeitlichen Intervallen in einem weitgehend stabil bleibenden Transaktionskontext stattfinden (z.B. X kauft jeden Morgen zwei Brötchen zu 80 Pfennig an Y's Kiosk). Jedoch verursacht auch hier die kognitive Kreativität und menschliche Fähigkeit des Zweifelns sowie die Assoziation anderer, veränderlicher Ereignisse, daß die Beteiligten immer wieder neue, einander überraschende Deutungen in den Prozeß einbringen.

Muß das Sprachspielvermögen erst im Zuge der Transaktion aufgebaut werden, bindet der Transaktionsprozeß mehr zeitliche und knappe kognitive Ressourcen, z.B. wenn ein für mindestens eine Seite innovatives Gut, Leistung, eine neue Art von Transaktionstechnologie (z.B. via Internet) zur Transaktion ansteht, wenn die TransagentInnen verschiedenen Sprachspielkulturen angehören, einander noch fremd sind und ihr Zeichengebrauch nicht harmoniert oder wenn die rechtliche Situation unsicher ist. Ob und wie leicht das erforderliche Sprachspielvermögen produziert werden kann, hängt dann wiederum von den Lehr- und Lernfähigkeiten der beteiligten Akteure ab, sowie deren Lernbereitschaft und ob sie die nötigen zeitlichen und kognitiven Ressourcen dafür aufbringen können und wollen.

Beide Fälle, die ex ante vollkommenen, passenden Sprachspielvermögen, als auch das vollständige Fehlen von erfolgswirksamem Sprachspielvermögen, sind Extremfälle, die in Reinkultur selten vorzufinden sind. Vielmehr bringen die Wirtschaftssubjekte immer ein Grundvermögen an Sprachspielkönnen mit, das für manche Transaktionsarten mehr, für andere weniger geeignet und ausbaubedürftig ist, mit dem das Verstehen, Einschätzen und Beeinflussen mancher TransaktionspartnerInnen besser gelingt als bei anderen. Auch haben manche Wirtschaftssubjekte insgesamt oder für bestimmte Transaktionstypen (z.B. hochwertige Transaktionsgegenstände) ein höheres Bedürfnis nach Komplementarität von Sprachspielvermögen als andere.

Im ökonomischen Transaktionsalltag wird insofern immer wieder in Transaktionen neues Sprachspielvermögen aufgebaut, anderes spezifiziert, entwertet oder entlernt. Es wird immer bestehendes Sprachspielvermögen angewendet und neues, insbesondere spezifisches Sprachspielvermögen aufgebaut. In der Regel wird die Investition in Sprachspielvermögen stärker von den TransagentInnen geleistet, zu deren

Ungunsten Machtsalden bestehen, es sei denn, es gelingt ihnen, die anderen zum Lernen zu motivieren.

– **Physisches Vermögen** ist in mehrerlei Hinsicht für Transaktionen notwendig. Zum einen sind Wirtschaftssubjekte physische Wesen und müssen die Interpretationen und Verhaltensäußerungen, welche die Transaktion konstituieren, körperlich hervorbringen. Sind die Konzentrationsfähigkeit oder körperlichen Energien geschwächt, ist das Wirtschaftssubjekt motorisch nicht fähig, bestimmte Transaktionsleistungen durchzuführen, sei es mangels Übung oder weil zu bewegende Dinge zu schwer, zu klein oder ähnliches sind, scheitert die Transaktion an physischen Restriktionen. Auch die zu transagierende Leistung kann vom persönlichen physischen Vermögen der TransaktionspartnerInnen abhängen, indem sie Ergebnis des Einsatzes physischer Kapazitäten ist. Ist die BeraterIn mit den Gedanken woanders, kann sie die Leistung nur eingeschränkt vollbringen, bricht sich die KonzertpianistIn die Arme, fällt das Konzert aus, hat die MaurerIn schwache Muskeln und keine Kondition, braucht die Leistungserbringung wesentlich mehr Zeit und so weiter.

Zum anderen benötigen Transaktionen aber auch den Einsatz und die Verwendung materiell-energetischer, mobiler oder immobiler Dinge (einschließlich Raum), über den die TransagentInnen verfügen können und dürfen. Ist das zu transagierende Gut nicht im Verfügungsbereich der Beteiligten und kann auch nicht verfügbar gemacht werden, scheitert die Transaktion.[110] Bedarf die Leistungserstellung oder die Transaktion des Gutes (Transport, Übergabe usw.) physischer Hilfsmittel wie Werkzeuge, Transportgeräte, Straßen, Landkarten, Vertragsurkunden, Unterschriftsgeräte, Verpackungsmaterial, Kühlungssysteme und ähnliches, dann wird auch die Verfügbarkeit dieser nicht selbst zur Transaktion anstehenden physischen Ressourcen als Restriktion der Transaktion wirksam.

Da die Bedeutungen von Gütern und Leistungen teilweise stark von spezifischen Kontexten abhängen, kann auch die Verfügbarkeit physischer Kontextelemente restriktiv wirken, bspw. die Münchner Oktoberfestwiese für das frisch angezapfte Wiesenfestbier, das Grundbuchamt für Eigentumsrechtsübertragungen an Grund und Boden, die In-

---

[110] Nicht jeder ist so geschickt wie die „Schneider" im Märchen „Des Kaisers neue Kleider", denen der Verkauf gänzlich materieloser Textilien glückte.

frastruktur der Börse für Börsentransaktionen und ähnliches. Soweit auch hier temporär, räumlich oder personenabhängig eingeschränkte Verfügungsrechte an diesen Kontextelementen bestehen, sind auch die Transaktionsmöglichkeiten in dieser Hinsicht beschränkt.

– **Finanzvermögen** wird hier als gesonderte Vermögensrestriktion genannt, da finanzielle Mittel in vielen heutigen Transaktionssprachspielen eine große Rolle spielen. Geld wird als Transaktionsgegenstand bzw. Gegenleistung eingesetzt, oder es kann als Schmiergeld verwendet werden, um Transaktionspartner zur Transaktion zu motivieren; es kann als Symbol für die allgemeine Vertrauenswürdigkeit der TransagentIn eingesetzt werden oder, wie auch manche physischen Vermögensassets, als Sicherheit eingesetzt werden. Muß der Zutritt zu bestimmten Transaktionskontexten mit Finanzmitteln erkauft werden (z.B. Clubs, Vereine, Unternehmen) oder sind die genutzten Transaktionsmedien auf solche beschränkt, die nur gegen Finanzmittel nutzbar sind (Internet, Telefon, Verkehrsmittel usw.), dann besteht eine mittelbare finanzielle Restriktion der Transaktion. Wer eine Transaktion nicht finanzieren kann, weil im spezifischen Zeitraum die Liquidität fehlt, weil die gewünschte Konvertibilität des Vermögensassets nicht gegeben ist oder weil die TransaktionspartnerIn den jeweiligen Vermögensassets nicht vertraut, kann die Transaktion nicht durchgeführt werden.

– Mit **sozialem Vermögen** sind hier Forderungen und Nutzungsrechte an Leistungen und Tätigkeiten von anderen Personen gemeint, die zum Zeitraum der Transaktion bestehen. Im Rahmen weitläufiger Reziprozität und fester Bindungen bestehen Verpflichtungsverhältnisse, die der Gläubiger im Rahmen bestimmter Regeln einfordern kann. Gleichzeitig bestehen auch Verpflichtungen des Wirtschaftssubjekts gegenüber anderen Personen. Forderungen an die Transaktionspartner und an Dritte im Zuge der Transaktion können beispielsweise genutzt werden, um sich glaubhafte Informationen zu beschaffen, an günstige Transportmöglichkeiten zu kommen, um Stellvertreter einzusetzen, Bürgen zu benennen, um die guten Beziehungen Dritter zum potentiellen Transaktionspartner auszunutzen (Empfehlungen, Vorabinformationen, leichtere Motivation durch Dritte), um günstig das Eigentum dieser Personen zu nutzen oder um durch hohe Personenzahl dem anderen Macht und Stärke zu demonstrieren. Eigene Verpflichtungen an andere (negatives soziales Vermögen) können hingegen dazu führen, daß man in entscheidenden Zeiträumen für Transaktionen nicht verfügbar ist oder daß man gezwungen ist, in schlechtere Transaktionsbedingungen einzuwilligen, als man eigentlich möchte. Soziales Vermögen ist also von Sprachspielvermögen zu unterscheiden, da letzteres die grundsätzlichen Kommunikationsmöglichkeiten von Personen kennzeichnet, während soziales Vermögen die beziehbaren und geschuldeten ökonomischen Leistungen umfaßt, die zu einem bestimmten Zeitpunkt aus Beziehungsgeschichten von Wirtschaftssubjekten begründet sind. Soziales Vermögen ist auch *nur ein Teil* des Sozialkapitals eines Wirtschaftssubjektes, welches ja das gesamte Interpretationsvermögen umfaßt, das für ökonomische Aktivitäten im sozialen Raum erfolgswirksam eingesetzt werden kann.

Die genannten Ressourcenarten sind keine starren Restriktionen für Transaktionen. Flexibilität entsteht vor allem dadurch, daß die einzelnen Ressourcenarten teilweise gegeneinander substituiert werden können. Hat ein Wirtschaftssubjekt ein knappes zeitliches Budget, aber das passende soziale Vermögen, dann kann es einen Stellvertreter aktiv werden lassen. Verfügt es selbst über geringes physisches Vermögen (z.B. geringe körperliche Kräfte), kann es vielleicht durch erhöhten Zeitinput die Transaktionsleistung doch durchführen. Finanzielles Vermögen kann in physisches Vermögen umgeschichtet werden und umgekehrt. Und auch hilfreiche Personen können durch finanzielles Vermögen oder durch die Anwendung von Sprachspielvermögen angeworben werden. Bei Bourdieu finden sich die hier als „Ressourcen" unterschiedenen Vermögensarten unter einem (etwas anders) ausdifferenzierten Kapitalbegriff (ökonomisches, kulturelles, soziales bzw. symbolisches Kapital). Auch er geht davon aus, daß die Kapitalsorten, entsprechend dem Stand der jeweiligen gesellschaftlichen Kräfteverhältnisse, gegeneinander konvertierbar sind.[111] Trotz der **teilweisen Substitutionsfähigkeit** von transaktionsnotwendigen Ressourcen und der nicht streng deterministischen Ressourcenerfordernisse, gibt es aber auch für die konkrete Transaktion spezifische Budgetlimits, die ein Wirtschaftssubjekt nicht unterschreiten darf, wenn es die Transaktion realisieren will. Da die Ressourcen, die eine Transaktion erfordert, nicht ex ante bekannt sind, sondern zumindest teilweise erst im Such- und Entdeckungsprozeß der Transaktion erkennbar werden und von den Wirtschaftssubjekten beeinflußt werden können, begeben sich Wirtschaftssubjekte oft auch in Transaktionsversuche, die aufgrund der Bud-

---

[111] Vgl. Bourdieu (1983) S. 184 ff., Bourdieu (1987) S. 209 f.

getrestriktionen letztlich scheitern. Bis zu diesem Zeitpunkt sind aber durchaus schon Ressourcen verbraucht worden. Die neu hinzugewonnenen Interpretationen durch solche Transaktionsversuche können aber teilweise für zukünftige Transaktionen eingesetzt werden und verschieben für diese die Budgetrestriktion des Wirtschaftssubjekts nach außen.

Die zu einem bestimmten Zeitpunkt gegebenen Ressourcen restringieren nicht nur, welche Transaktion unter direktem Einsatz dieser Ressourcen realisiert werden können, sondern auch, ob im Zuge der Transaktion die notwendigen Ressourcen noch produziert und Interpretationsvermögen aufgebaut werden können.

6.2.5.4 Vertrauen

Vertrauen ist ein Phänomen, das mit den oben erläuterten Restriktionen eng verbunden ist. Einerseits kann Vertrauen dazu führen, daß ein Wirtschaftssubjekt sich leichter zu einer Transaktion motivieren läßt, da es mit der TransaktionspartnerIn geringe Transaktionsrisiken verbindet und vermutet, daß diese ihr keine negativen Überraschungen bereiten will. Andererseits kann Vertrauen dazu beitragen, daß eine Transaktion geringere Ressourcen verbraucht, da ein Wirtschaftssubjekt aufgrund von Vertrauen auf die Beschaffung und „Wahrheits"-Überprüfung bestimmter Interpretationen verzichtet. Zum Dritten läßt es sich vielleicht schneller und leichter auf eine Einigung ein, weil es darauf vertraut, daß sich auch die impliziten Teile der Einigung im Zweifelsfall zu seiner Zufriedenheit durchsetzen lassen.

Innerhalb der Transaktionskostenökonomik wird Vertrauen als zentrale Bedingung für Transaktionen unter der Bedingung von Unsicherheit angenommen.[112] Luhmann stellt Vertrauen als einen Mechanismus dar, um die ständig wachsende (und kognitiv nicht mehr vollständig beherrschbare) Komplexität moderner Umwelten zu reduzieren.[113] Funktional scheint also klar zu sein, was Vertrauen ist: es entlastet den Kognitionsapparat und ermöglicht soziales Handeln, obwohl Menschen einan-

---

[112] Vgl. Richter, Furubotn (1999) S. 24, 29 ff., Ripperger (1999), Grünärml (1998). Vertrauen wird nicht nur für Markttransaktionen als relevante Restriktion anerkannt, sondern auch innerhalb von Organisationen, obwohl hier durch die Längerfristigkeit von Transaktions- und Kooperationsbeziehungen leichtere Kontroll- und Sanktionierungsmöglichkeiten gegeben sind. Vgl. Kramer (1999) und Kramer, Tyler (1996)

[113] Vgl. Luhmann (1973)

der keine deterministischen Maschinen sind, obwohl Menschen lügen können und obwohl eine fundamentale Unsicherheit über Stabilität und Veränderlichkeit von Situationsvariablen besteht. Wie Vertrauen allerdings „funktioniert", warum wer vertraut und wie Vertrauen abgegrenzt werden sollte, ist teilweise unbestimmt oder wird verschieden gehandhabt.[114]

Vertrauen ist für die Realisierung von Transaktionen in dreierlei Bedeutung als Restriktion wirksam. Ganz allgemein, in einem nicht-normativen Sinn meint Vertrauen das Handeln in der Erwartung, daß sich satisfizierender Erfolg einstellt, also Vertrauen in den eigenen Kognitionsapparat, Vertrauen, daß die eigene Interpretation eine erfolgreiche Orientierung ist und sein wird. Die Prozeßeigenschaften des Kognitionsapparates (Identifikation von Situationen durch „Wiedererkennen" von Ähnlichkeiten zu früheren Situationen) drängen dem Individuum ganz „automatisch" die Erwartung auf, daß ein Objekt sich selbst gleich bleibt, Prozeßregelmäßigkeiten immer wieder gleich ablaufen und auch daß andere Individuen sich situativ immer wieder gleich verhalten. Diese eingebaute Grundannahme stabiler Regeln von Wirklichkeit kann Verhaltensweisen erzeugen, die wie Vertrauen in die Stabilität von Wirklichkeit wirken.

Zweifel tritt immer dann auf, wenn die ausgeführte Interpretation keinen satisfizierenden Erfolg bewirkt. Das Vertrauen in die vorher interpretierten Regelmäßigkeiten ist enttäuscht, neue werden konstruiert, Situationsbedingungen spezifiziert, bis zuverlässige viable Interpretationen gefunden sind. Die Routinetendenzen des Kognitionsapparates implizieren also eine Art „Vertrauen", eine Gewißheit, daß alles Ähnliche sich ähnlich verhalten wird wie zuvor.[115] Bei häufig enttäuschtem Vertrauen in die eigenen Kognitionsfähigkeiten kann sich allerdings auch die Routinisierung des Zweifelns etablieren, mit dem Ergebnis verminderter Handlungsfähigkeit. Man könnte auch denken, daß diese naive, unreflektierte Macht der Gewohnheit, die auf das baut, was man schon weiß, durch den Vertrauensbegriff überbewertet ist. Da aber auf Basis dieser regelgeleiteten

---

[114] Auch Coleman (1984) verweist auf diese bestehende Erklärungslücke und vertritt die These, daß Vertrauen sozial organisiert, also durch organisiertes Handeln sozialer Personen geschaffen wird.

[115] Daß dieses Grundvertrauen in die eigenen Interpretationen vor dem Mißtrauen etabliert ist, wird auch in Wittgensteins Abhandlung „Über Gewißheit" (1990b) erörtert. Kurz zusammengefaßt lautet die These dort (ebd. §115, S. 144): „Wer an allem zweifeln wollte, der würde auch nicht bis zum Zweifel kommen. Das Spiel des Zweifelns selbst setzt schon die Gewißheit voraus."

Kognitionen das Neue, Unbekannte und Unähnliche in Transaktionssituationen gleichsam überdeckt und in den Gestalt-Hintergrund abgeschoben wird, ist die implizite Regelstabilität *eine* Basis für das Vertrauen von Wirtschaftssubjekten, sich trotz Unsicherheiten in Transaktionshandlungen zu begeben.[116]

Gerade in Situationen, die aus Sicht des Individuums einen hohen Tabula-Rasa-Gehalt haben, weist Vertrauen auf eine andere Komponente hin, nämlich den Mut zu handeln, wenn man *nicht* weiß und keinen Grund zur Annahme hat, daß die Wirklichkeit eine ist, in der das bestimmte Handeln erfolgreich sein wird.[117] Handlungen werden nicht nur ausgelöst, weil sie unter dem Vertrauen auf die Stabilität von Wirklichkeit als erfolgreich vermutet werden und so der Unsicherheit durch Wandel in der Zeit entgegenwirken. Sondern sie werden auch ausgelöst, obwohl man *keinen Grund hat*, anzunehmen, daß sie erfolgreich sein werden: man handelt eben einfach so.[118] Und sei es, weil die bekannten Alternativen mit der begründeten Erwartung von Mißerfolg verbunden sind. Neben dem durch Erfahrungen mit ähnlichen Situationen *begründeten* Vertrauen besteht also auch das *unbegründete* Vertrauen in unähnlichen, unbekannten Situationen „das Richtige" zu tun und erfolgreich zu agieren. Dieses mutige Vertrauen ist eine „riskante Vorleistung" im Luhmann'schen Sinne[119], gleichgültig, ob es Menschen oder nicht-menschlichen Umwelten entgegengebracht wird. Je komplexer die Situationen, in denen Wirtschaftssubjekte sich orientieren, desto häufiger verzichten sie (falls sie überhaupt dazu neigen) auf die reflektierte vollständige denkende Vorabüberprüfung der Erfolgswirksamkeit ihrer Interpretation.[120] Dies schon allein deshalb,

---

[116] Siegenthaler (1993) Kapitel 8, betont, daß es für Wirtschaftssubjekte einen hohen Wert hat, in ihre Regeln vertrauen zu können. In Krisenzeiten, in denen die bisherigen Regeln nicht mehr die erwarteten Erfolge erzielen lassen, erbringen sie folglich erhöhte Anstrengungen, um wieder zuverlässige Regeln zu entwickeln. (Sein Regelbegriff entspricht in etwa dem unserer „Sprachspielregeln".)

[117] Vgl. zu der Diktion, daß Vertrauen eine Wissen/Nichtwissen-Kategorie sei und Wissen über noch nicht sicher Gewußtes vorwegnimmt, Baecker (2000)

[118] Vgl. hierzu auch Wittgenstein (1990a) §217, S. 350: „‚Wie kann ich einer Regel folgen?' – wenn das nicht eine Frage nach den Ursachen ist, so ist es eine nach der Rechtfertigung dafür, daß ich *so* nach ihr handle. Habe ich die Begründungen erschöpft, so bin ich nun auf dem harten Felsen angelangt, und mein Spaten biegt sich zurück. Ich bin dann geneigt zu sagen: ‚So handle ich eben.'"

[119] Vgl. Luhmann (1973) S. 20 f.

[120] Liegt eigenes Erfahrungswissen vor, so differenzieren die neuronalen Interferenzen Handlungssituationen und deren Erfolgsbedingungen auch unbewußt aus. Soll aber das

weil die Durchdringung der komplizierten Wechselwirkungen nicht bewußt möglich ist. Insofern wird Vertrauen als „Proxy für die mangelnde kognitive Kapazität"[121] eingesetzt.

In der Regel ist diese Approximierung aber keine bewußte Entscheidung, unter Unsicherheit zu vertrauen. Sondern Vertrauen ist eine eingebaute Verhaltenstendenz des Kognitionsapparates im Umgang mit noch unbekannten Selektionsumwelten des Organismus. Diese Verhaltenstendenz verstärkt sich selbst, wenn die riskanten Interpretationen im Erfahrungsverlauf des Wirtschaftssubjekts eher durch Viabilität und Erfolgssatisfizierung bestätigt werden, und verringert sich zu mißtrauischem Verhalten, wenn der Erfahrung nach riskantes Vertrauen in Umweltstabilität und kooperatives Verhalten anderer häufig oder mit sehr negativen Folgen enttäuscht wird.[122] Schweer nennt diese vom subjektiven Erfahrungsschatz geprägte, intersubjektiv differierende Neigung zu vertrauen oder zu mißtrauen „individuelle Vertrauenstendenz". Er weist darauf hin, daß diese Tendenzen in unterschiedlichen Situationstypen signifikant stärker oder schwächer ausgeprägt sind. In der Transaktionssituation treffen also nicht nur Personen mit unterschiedlichen individuellen Vertrauenstendenzen zusammen. Sondern die Transaktion selbst kann zusätzlich einen Situationskontext begründen, der die individuelle Vertrauenstendenz eher stärkt oder schwächt.

Ein Teil der Motivationsleistung besteht also nicht nur darin Wunschgefühle zu erzeugen, sondern auch gegenseitig das Vertrauen zu wecken oder zu stärken, sich in die ungewisse Transaktionsleistung zu begeben.

Die dritte Bedeutungskomponente des Vertrauensbegriffs bezieht sich nur auf Vertrauens*beziehungen* zwischen Personen und ist in einem normativen Sinn aufgeladen. Eine Person hat dann zu einer anderen Person Vertrauen, wenn sie erwartet, daß die andere die Sprachspielregeln korrekt befolgen wird, daß sie ihr keinen Schaden zufügen wird und daß sie „gut" handeln wird im Sinne des Moralempfindens der Person oder deren Bezugsgruppe. Da der anderen Person mit dieser moralisch aufgeladenen Vertrauensbeziehung auch besondere Eigenschaften zugeschrieben wer-

kodifiziert reinterpretierte Erfahrungswissen anderer Menschen in die Kognition integriert werden, so muß eine phantasierte Wirklichkeit entwickelt werden, in denen die neuronalen Interferenzen orientierend wirksam werden können. Wie angemessen die Selektionsbedingungen der äußeren Handlungswirklichkeit dabei vor- bzw. nachempfunden werden, ist ex ante nicht bestimmbar.

[121] Albach (1980) S. 8
[122] Vgl. Schweer (1998)

den und ein besonderes Verhalten entgegengebracht wird (Abbau von
Schutzbarrieren), ist der Gegenpart zur einseitigen Vertrauensleistung die
Vertrauenswürdigkeit des anderen. Vertrauenswürdige Personen enttäu-
schen das in sie gesetzte Vertrauen nicht und schaden den Vertrauenden
(gemessen an deren Erfolgs- und Schadenskriterien) nicht, nicht vorsätzlich, nicht bewußt und nicht ohne guten Grund, den letztere vielleicht akzeptieren würden.[123]

Auch das moralisch aufgewertete Vertrauen wird in Transaktionssituationen sowohl begründet als auch grundlos geschenkt. Vertrauensgründe
sind die positiven Erfahrungen, die das Wirtschaftssubjekt oder Personen
seines Vertrauens mit den Transaktionspartnern oder mit Personen,
denen er/sie ähnelt, gemacht hat,[124] die Sicherheit, daß die eigene Bezugsgruppe Moral-Hazard-Verhalten des Transaktionspartners effektiv sanktionieren wird, enge Beziehungen zum Transaktionspartner, innerhalb
derer ein (dichtes) Netz gegenseitiger Abhängigkeiten besteht (Familie,
Freunde, Arbeitsteam, Dorfgemeinschaft usw.) oder die Fähigkeit, lügnerisches Verhalten relativ schnell und zuverlässig einschätzen zu können.
Andere Wirtschaftssubjekte produzieren sich die Basis für begründetes
Vertrauen im Zuge der Transaktionsvorbereitung selbst, indem sie die
TransaktionspartnerInnen Vertrauenstests unterziehen, Fangfragen stellen
und ähnliches.

Moralisches Vertrauen spielt in Transaktionssituationen besonders
dann eine Rolle, wenn die Transaktionspartner den anderen einseitig schä-
digen können, ohne daß der andere dies entsprechend sanktionieren oder
verhindern kann, insbesondere wenn die Schädigungsmöglichkeiten vor
der Einigung nicht sicher eingeschätzt werden können. Dies ist in der
Regel dann der Fall, wenn sich das Gelingen der Verständigungen zur
Schließung der semantischen, raum-zeitlichen und rechtlichen Distanz
erst nach der Einigung überprüfen läßt. Unsicherheit über versteckte
Qualitäten und fehlendes (Erfahrungs-)Wissen über die Neigung und

---

[123] Daß ÖkonomInnen Vertrauen z.T. mit einer moralischen Komponente aufladen, ver-
rät schon der Begriff des „moral-hazard"-Verhaltens, der für vertrauenenttäuschendes
Verhalten verwendet wird.

[124] Mit der Investition in Produkt- und Firmen-Marken trägt die AnbieterIn dazu bei, daß
sie wiedererkennbar ist. Die NachfragerIn ist dann in der Lage, verschiedene Erfahrungen
miteinander zu assoziieren. Da diese aktive Produktion von Vertrauen auch Ressourcen
erfordert, im Gedächtnis der NachfragerInnen durch Entlernprozesse aber „Abnutzungs-
erscheinungen" unterliegt, plädieren Meffert, Burmann (1999), daß Marken, als semantisches Transaktionskapital, steuerrechtlich auch abschreibungsfähig sein sollten.

Kompetenzen des anderen, Lügen-Sprachspiele zu spielen, sind dabei die vorrangigen Distanzen, die nur durch moralisches Vertrauen überbrückt werden können. Fehlt dem Wirtschaftssubjekt, das sich in die einseitige, spezifische Vorleistung begibt, sowohl die Möglichkeit eines adäquaten Selbstschutzes, adäquater Sanktionen oder Sanktionsgemeinschaften als auch das Vertrauen, der Mut, dem anderen wohlmeinendes und korrektes Verhalten zuzutrauen, scheitert die Transaktion an dieser Vertrauensrestriktion.

Sprachaktivitäten sind dabei vertrauensfördernde Maßnahmen, da sie Kontakt herstellen (Ausrichtung von Aufmerksamkeit auf die Sprachartikulierenden) und damit in der Situation Beziehung ermöglichen, die zuvor noch nicht bestand. In der so hergestellten Beziehung besteht für die TransaktionspartnerInnen Gelegenheit, unmittelbar Erfahrungen mit den Interaktions- und Verständigungsregeln der je anderen zu sammeln, ohne daß bereits Eigentumsrechte umverteilt werden müssen. Sprachlich gemeinsam konstruierte fiktive Zukünfte können genutzt werden, um die möglichen Verhaltensantworten der anderen zu erkunden oder deren Vertrauenswürdigkeit zu testen. Außerdem rufen die verwendeten Zeichen in den Hörenden, sofern sie diesbezügliche Sprachvermögen haben, Erinnerungen wach und erzeugen eine Verbindung der jetzigen, vielleicht mit starken Unsicherheiten behafteten Situation mit vertrauten Ereignissen oder Phantasien in der Vergangenheit.

Da Sprache *immer* an vergangene Kommunikationen anschließt, wird durch Sprachäußerungen die erfahrene Vergangenheit orientierungsleitend in die Gegenwart integriert. So werden mögliche Gründe wachgerufen, sich in der jetzigen Situation so oder anders zu orientieren. Je nach den Erinnerungen, welche die andere im Zeichen empfangenden Wirtschaftssubjekt evoziert, wird sie eher Gründe zum moralischen Vertrauen oder zum Mißtrauen wachrufen.

Die sprachliche Verständigung transponiert aber nicht nur Vertrautes aus der Vergangenheit in die Gegenwart, sondern macht auch die Zukunft bereits in der Gegenwart vertraut. Entwerfen die TransagentInnen sprachlich gemeinsam einen Ablauf ihrer jeweiligen zur potentiellen Transaktion zu leistenden Aktivitäten, so erleben sie diese imaginierten zukünftigen Ereignisse durch deren Vergegenwärtigung *bereits jetzt*. Selbst wenn die Transaktion nur in der kognitiv erzeugten Vorstellung gelang und als Erfolg erlebt wurde, so scheint das Transaktionshandeln, wenn es tatsächlich gemäß der bereits fiktiv erzeugten Interpretationen motorisch expliziert

wird, erstens vertraut, weil gespeicherte Engramme Identifikation auslösen. Zweitens scheint die zukünftige Situation bekannt, obwohl sie natürlich neu ist und mit allen möglichen Unsicherheiten behaftet, da die vor-
imaginierten Deutungsmuster als Prototyp zur Interpretation verwendet
werden. Ist die Situation nur hinreichend ähnlich, wird sie im Sinne des
Prototypen „erkannt"; entsprechend wird die mittels des erfundenen Refe-
renzpunktes konstruierte Situation als bereits bekannte erscheinen. Insofern Sprache also Vertrautes evoziert, das in der Situation noch nicht gegeben sein muß, wird aktuelle und zukünftige Unsicherheit durch kognitiv
erzeugte Sicherheiten abgebaut bzw. ersetzt.[125]

Spielen die TransagentInnen jedoch sehr ungleiche Sprachspiele, verwenden unterschiedliche Gestik, Mimik und sprachliche Zeichen, schlägt
die vertrauenserzeugende Wirkung von Sprache tendentiell in das Gegenteil um. Je sprachkulturfremder die soziale Umgebung ist, in der ein Wirtschaftssubjekt agiert, um so vertrauter werden ihm andere Mitglieder des
eigenen Kulturkreises erscheinen (Kontrastprinzip[126]), was das Entstehen
von sozialen und ökonomischen Netzwerken von ethnischen Minderheiten in einer Gesellschaft begünstigt.[127] Allerdings kann schon das eigene
Sprechen gelungene Kommunikationen der Vergangenheit evozieren, die
bereits ein Gefühl der Vertrautheit und Sicherheit erzeugen können. Und
auch die Körpermerkmale und die grundsätzliche Struktur der Spracharti-
kulation von Menschen unterscheiden sich über unterschiedliche, un-
kompatible Sprachspielgemeinschaften nicht so stark, als das nicht ver-
trauensstärkende Impulse ausgelöst werden könnten. Aber tendentiell ist
die sprachliche Generierung von Vertrauen bei solchen TransaktionspartnerInnen erschwert.

---

[125] Boscolo et al. (1990) stellen die bedeutsame Rolle von sprachlichen Neu- und Umdeutungen für therapeutische Veränderungsprozesse dar. Solche „Schlüsselwörter", die
Veränderung ermöglichen, finden aber auch in nicht-therapeutischen Kontexten, wie
politischen oder Transaktionssituationen, Verwendung. Vgl. hierzu auch Fischer (1990)
und Retzer (1990)

[126] Vgl. Cialdini (1993) S. 30 f.

[127] Dies gilt um so mehr, wenn die ethnische Gruppe aufgrund ihrer Fremdartigkeit geringere Transaktionschancen gewärtigt und ihre Eigentumsrechte stark eingeschränkt
sind, wie etwa bei den jüdischen Händlernetzwerken im Europa der vergangenen Jahrhunderte. In kulturell homogeneren Gesellschaften kann die Sicherung von Vertrauenswürdigkeit durch Netzwerkbeziehungen auch auf ein mangelndes Systemvertrauen in
staatliche Transaktionssicherungen zurückzuführen sein. Vgl. hierzu für China Menkhoff
(1995)

Vertrauen ist also eine Restriktion, welche die Realisierung von Transaktionen verhindern kann. Ist aber hinreichend Vertrauen gegeben, kann es den Ressourcenbedarf der Transaktion senken, da erstens auf Sicherungsaktivitäten verzichtet wird und da zweitens eher eliptisch kommuniziert wird, weil man auf die Übereinstimmung in den impliziten Vertragsteilen vertraut und so Zeit spart. Zum anderen lassen sich Wirtschaftssubjekte auf Motivationsversuche durch Personen, denen sie vertrauen, bereitwilliger ein. Einigungen, insbesondere auf riskante Transaktionen, sind insofern bei Personen mit höherer individueller Vertrauenstendenz bzw. zwischen Personen, die eine vertrauensvolle Beziehung aufbauen können, leichter, d.h. mit geringerem ökonomischen Aufwand, zu erreichen.

Abbildung 6.5 faßt noch einmal das Spannungsfeld zwischen Distanzen, Interpretationen und Restriktionen ökonomischer Transaktionen zusammen. Der Begriff der Distanz zeigt an, daß eine Transaktion ein Prozeß ist, der nur durch die Umverteilungen ex ante bestehender Verteilungen von Interpretationsvermögen, räumlichen Strukturen und Handlungs- und Verfügungsrechten realisiert werden kann. Die Distanz zwischen diesen vorher und nachher gegebenen Verteilungszuständen wird durch sprachliche und nicht-sprachliche Interpretationen der Beteiligten überwunden. Die distanzentdeckenden und distanzüberwindenden Interpretationen sind als Transaktionsleistungen zu bezeichnen.

Damit Transaktionsleistungen tatsächlich zur Realisierung der Transaktion führen können, dürfen bestimmte Restriktionen nicht unterschritten werden. Die TransagentInnen müssen sich über die konkrete Transaktion einigen. Hierzu werden alle drei Arten von Transaktionsdistanzen überwunden. Semantisch wird geklärt, um was es sich bei der konkreten Transaktion handelt (Wissenserzeugung). Räumliche Nähe wird erzeugt, um sich überhaupt verständigen zu können. Rechtliche Distanzen überwindet die Einigung, indem die gegenseitige Rechtsübertragung durchgeführt wird. Damit die Einigungsleistungen durchgeführt werden, bedarf es der beidseitigen Motivation zur Transaktion sowie des (gegenseitigen) Vertrauens.

Sowohl Motivation als auch Vertrauen können bereits vor der Transaktion bestehen, können aber auch erst erzeugt werden. Hierbei spielen motivierende Verständigungen und die Erfahrung komplementären und gleichen Sprachvermögens eine maßgebliche Rolle. Die Transaktionssubjekte müssen über hinreichende Ressourcen verfügen, um die Distanz

überwindenden Interpretationen durchführen und entstehende Transaktionskosten finanzieren zu können. Eine zentrale Vermögensart ist dabei Sprachlernvermögen und komplementäres Sprachvermögen der Beteiligten, da sie für den essentiellen Einigungsakt limitational ist. Während
der Einsatz dieser Ressource vor allem kognitive Kapazität, Zeit und körperliche Selbsterhaltungsenergie erfordert, können im Zuge bestimmter
Distanzüberwindungen auch weitere finanzielle, physische usw. Ressourcen notwendig werden, wenn es die bestehenden Transaktionsrituale erfordern.

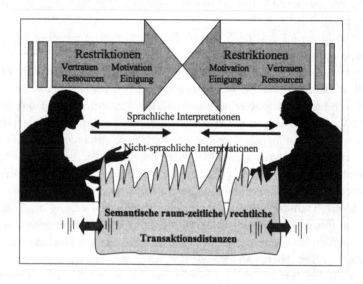

Abbildung 6.5: Transaktionsrestriktionen und Transaktion

6.2.6 Machtausübung in Transaktionen

6.2.6.1 Ökonomische Gesichter sprachlicher Macht

Einleitend in Abschnitt 1.5 sowie in Abschnitt 5.3.6.2 wurde festgestellt,
daß es zu den grundlegenden Funktionsbedingungen von Sprache gehört,
daß Sprachhandeln Machtausübung versucht. Es soll nun am Beispiel von

Transaktionssprachspielen überlegt werden, wie sprachliche Machtausübung hier Gestalt annimmt und sich verfestigen kann.

Grundsätzlich nennen ÖkonomInnen nur solche Verhaltensweisen Machtausübung, wenn ein positiver Machtsaldo zugunsten der AkteurIn vorliegt und ihre versuchten Machtausübungen auch gelingen, d.h. nicht durch die Abwehr, Abwendung oder Gegenmachtausübung des Widerparts verhindert werden.[128] Da Macht aber in einem Kräftefeld zwischen Personen entsteht, folglich Beziehungseigenschaft ist, wird dem Phänomen der Macht in der vorliegenden Arbeit der gesamte *Prozeß* der versuchten Machtausübung, der Machtdurchsetzung und Machtabwehr zugeordnet. Wirtschaftssubjekte kennen immer nur Ausschnitte von Machtsalden. Ausmaß, Positivität oder Negativität und Gesamtheit aller (situativ relevanten) bestehenden Machtsalden zwischen Wirtschaftssubjekten müssen in Interaktions- und Verständigungsprozessen erst gesucht, interpretierend entdeckt und ausgelotet werden. Neben dem Entdeckungsprozeß selbst werden Größe und Vorzeichen von Machtsalden sowohl durch die Entdeckung von Alternativen beeinflußt als auch durch die Entwicklung neuer Machtausübungsvermögen.[129]

Machtsalden wurden oben bereits als Ursache der Motivation zu transagieren charakterisiert. Die Rolle von Machtphänomenen in der Transaktion ist aber eine wesentlich umfassendere. Da Sprechakte versuchte Machtausübungen sind, sind auch die sprachlichen Verständigungsprozesse, die zur Realisierung der Transaktion notwendig sind, mit Machtausübung verbunden. Machtphänomene sind also nicht nur motivationale Ursache für Transaktionsversuche, sondern sind Teil des Verständigungsgeschehens, mit dem die Transaktion gestaltet und durchgeführt wird.

Das Phänomen der Macht gehört in der Volkswirtschaftslehre zu den eher ausgeblendeten Themen. Machtbeziehungen in der Hierarchie von Unternehmen werden als durch Eigentum an den Produktionsmitteln legitimiert oder in Bürokratien als durch den politischen Prozeß legitimiert verstanden und aufgrund ihrer Legitimität nicht als problematisch eingestuft. Macht scheint in diesem Sinne die Funktion zu erfüllen, daß Organisationen sich durch ein qua Macht gesteuertes und geordnetes Zusammenspiel der Aktivitäten ihrer Mitglieder konstituieren können. Sie ist Mittel für eine spezifische organisationale Produktionstechnologie und in-

---

[128] Vgl. Elias (1971) S. 76-82
[129] Die Gründung von Macht auf Machtsalden *und* Alternativenspielräume betont auch Kerber (1989) S. 447-450

sofern funktional und aus volkswirtschaftlicher Sicht anscheinend unproblematisch. Aus betriebswirtschaftlicher Sicht, etwa im Rahmen von Führungs- und Managementlehre, oder organisations-, gruppen und familiensoziologischer Sicht werden solche Machtbeziehungen hingegen stärker problematisiert, etwa wenn sich die Machtausübung von oben nach unten nicht effektiv durchsetzen läßt und so Restrukturierungsprozesse nicht umgesetzt werden können oder wenn permanente einseitige Machtdifferentiale zu Ausbeutungs- und Mißbrauchstatbeständen führen.[130]

Machtphänomene im Transaktionsbereich außerhalb von Organisationen oder Gruppen sind hingegen traditionell von volkswirtschaftlichem Interesse. Machtausübung in Transaktionsprozessen wird hier als negativ und wohlfahrtsmindernd beurteilt. Die staatliche Garantie der Vertragsfreiheit und das Recht auf freie Berufswahl soll in einem ersten Schritt sicherstellen, daß Wirtschaftssubjekte ihre Transaktionen freiwillig und nicht gezwungen durch die Machtausübung der jeweiligen Transaktionspartner abschließen. Daß Märkte Konkurrenz erzeugen und dem einzelnen Wirtschaftssubjekt Alternativen zu Transaktionspartnern bieten, die Macht auf sie ausüben wollen, wird gerade als der zentrale volkswirtschaftliche Vorteil marktwirtschaftlicher Systeme postuliert. Marktwirtschaften werden als Macht diffundierende Systeme eingeschätzt und anerkannt. Probleme können dennoch entstehen, wenn Märkte die Machtdifferentiale nicht für alle Beteiligten gleichermaßen abbauen. Wurden zunächst extrem ungleichmäßige Verhältnisse von Anbieter- und Nachfragerzahlen zueinander als Indikatoren für bestehende Machtdifferentiale angenommen, diskutierte die Wettbewerbstheorie intensiv, welche Zahlenverhältnisse zur „optimalen" Wettbewerbsintensität beitragen würde.

Diesem Bereich sind auch die Diskussionen zur Vermachtung der Arbeitsmärkte zuzuordnen. Ein hoher Korporationsgrad der Arbeitnehmerseite wird in den mittlerweile chronischen Unterbeschäftigungssituationen einerseits als Countervailing Power zur Arbeitgebermacht eingestuft. Andererseits wird die Zentralisierung von Tarifverhandlungen über die Unternehmensebene insofern als macht-problematisch bewertet, als die Arbeitgeberrepräsentanten nicht die Interessen aller Unternehmen gleichmäßig vertreten, z.B. zugunsten großer, zahlungskräftiger Unternehmen und zuungunsten kleiner oder zahlungsschwacher Unternehmen verhandeln.

---

[130] Vgl. Sofsky, Paris (1994)

Neben Machtbeziehungen *zwischen* AnbieterInnen und NachfragerInnen, thematisiert die Wettbewerbstheorie auch Machtbeziehungen der AnbieterInnen (respektive NachfragerInnen) *untereinander*. Wenn einzelne MarktteilnehmerInnen Marktzutritts- oder Marktaustrittsbarrieren selbst erzeugen, aufrechterhalten und kontrollieren können, wird die Macht diffundierende Kraft des Marktes endogen eingeschränkt. Solche endogenen und persistenten Machtquellen sind – so die normative Aussage – von wettbewerbspolitischen Akteuren abzubauen. Aus innovationspolitischer Sicht wird hingegen der temporäre Schutz von solchen endogenen Machtquellen empfohlen, die sich auf den Wissensvorsprung innovativer Pionierunternehmen gründen.[131]

Ein anderes Macht-Problemfeld wird im Bereich langfristiger Vertragsbeziehungen behandelt. Liegen asymmetrische „Informationen" vor und muß die eine Marktseite spezifische Investitionen in die Transaktionsbeziehung tätigen, so liegt ein potentielles Machtdifferential vor, das zur einseitigen Verschlechterung der Transaktionsbeziehungen genutzt werden kann. Diese Problematik spezifischer Investitionen, asymmetrischer Informationen und Principal-Agent-Beziehungen wird jedoch nicht unter dem Stichwort „Macht" abgehandelt, sondern letztlich wird die besondere Struktur der Situation dafür verantwortlich gemacht, daß das individuell rationale Verhalten zu Schlechterstellung anderer Transaktionspartner führen kann. Nur besondere moralische Qualitäten bringen ein solches Wirtschaftssubjekt dazu, sein individuell rationales Verhalten zu unterlassen und moralisch vertrauenswürdig zu bleiben. Da ÖkonomInnen sich ungern auf den freiwilligen Machtverzicht von Wirtschaftssubjekten verlassen, plädieren sie grundsätzlich dafür, die Situationsstruktur durch institutionelle Arrangements und effektive Anreizsysteme abzuändern.

Insgesamt ist die Thematisierung von Macht in der Ökonomik wenig populär, da der ökonomische „Normalfall" entweder aus funktionaler, legitimierter Machtausübung oder aus der Abwesenheit von Machtdifferentialen in freiwilligen Marktbeziehungen besteht. Insofern sind auch die Ursachen und Funktionsbedingungen, auf denen Machtausübung beruht, ökonomisch letztlich nicht vollständig erforscht.

Die Machtfrage konkret für Transaktionsprozesse stellt sich allein schon deshalb, weil Transaktionssituationen grundsätzlich durch Machtsalden entstehen und in ihrem Verlauf durch sprachliches Machthandeln definiert werden. Das Bedürfnis, über Dinge zu verfügen, an denen der

---

[131] Vgl. Klodt (1995)

andere Eigentumsrechte hat, oder Verfügungsmöglichkeiten und -rechte an Dingen loszuwerden, über die man nicht mehr verfügen möchte, erzeugt sofort einen negativen Machtsaldo zu den Personen, denen man die veränderte Verteilung von Eigentumsrechten zumuten möchte. Der Wunsch, daß eine andere Person bestimmte Aktivitäten durchführen oder unterlassen möge und das Transaktionsritual mitmachen möge, ist die Motivation, aus der Wirtschaftssubjekte Transaktionsverhalten beginnen. Allerdings ist der weitere Transaktionsverlauf dann davon geprägt, ob und welche zusätzlichen Machtsalden zwischen den Beteiligten bestehen oder im Prozeß erzeugt werden können. Solche weiteren Machtsalden können aus dem Bedürfnis nach Anerkennung, Aufmerksamkeit, Zuwendung, Zustimmung, aus dem koinzidierenden Wunsch nach Verfügungsrechtübergang entstehen oder aufgrund von Reziprozitätsnormen aus früheren Leistungen bestehen. Die Erzeugung von Machtsalden innerhalb des Motivationsprozesses wurde bereits unter 6.2.5.2 erörtert. Durch die in der Transaktionseinigung festgelegten Transaktionsbedingungen und Verlaufspläne können weitere Machtsalden erzeugt werden, etwa indem eine Seite zeitlich vor der anderen spezifische Leistungen durchführt, ohne die Gegenleistung sicher einfordern zu können. Allerdings erbringen TransagentInnen mit jedem Transaktions*versuch*, auch wenn er nicht in eine gelingende Transaktion mündet, bereits Vorleistungen in Form von kognitiven und zeitlichen Ressourcen. Der Ressourcenverbrauch für scheiternde Transaktionsverständigungen sind jedoch versunkene Kosten, die offenbar deshalb nicht gewertet werden, weil kein legitimierter Anspruch auf Kompensation solcher riskanter Vorleistungen besteht.

Einerseits sind Transaktionen also grundsätzlich durch Machtgefälle verursacht, die durch spontane Bedürfnisse oder langfristige Bedarfe entstehen, welche nur durch Verfügen über Leistungen, Güter oder Unterlassungshandlungen *anderer* Wirtschaftssubjekte befriedigt werden können. Zum anderen werden Transaktionen aber selbst durch Machthandlungen realisiert. Die soziale Komplementarität von Transaktionen erfordert für deren Realisierung spezifische Aktivitäten des Mit-Machens aller beteiligten Transaktionsseiten, das erst in sprachlichen Verständigungsversuchen erwirkt werden muß. Macht wird also benötigt, um überhaupt gemeinsam eine Sozialhandlung zu produzieren. Gelingende Machtausübung liegt dabei nicht nur dann vor, wenn eine TransagentIn sich vergleichsweise hohe

Vermögenszuwächse durch die Transaktion sichern kann.[132] Und auch nicht jede Transaktion, in der eine Seite die Transaktionsbedingungen weitgehend einseitig bestimmen kann, wird von den Mit-Machenden als Zwang oder Verhaltensbeschränkung erlebt.[133]

Das komplexe Zusammenspiel von Machtausübungen in Transaktionen ist eingebettet in historisch entstandene und stabilisierte Machtstrukturen sozialer Gruppierungen. Entsprechend können bereits bestehende Machtdifferentiale in einer Transaktion als soziale Ressource genutzt werden, entweder um Druckmittel gegen den Transaktionspartner zu erzeugen, um rhetorisch begabte (mächtige) Stellvertreter einzusetzen, zuverlässige Informationsquellen zu nutzen oder um dem Transaktionspartner als Tauschäquivalent Zugang zu den eigenen sozialen Ressourcen anzubieten. Herrschaftsstrukturen erzeugen also tendentiell einen Bias für Transaktionsstrukturen, die zu den Herrschaftsstrukturen kongruent verlaufen. Solange die Mächtigen über diejenigen Vermögen (Güter, Leistungen) verfügen, über welche die weniger Mächtigen verfügen möchten, können erstere die Transaktionsbedingungen zu ihren eigenen Gunsten gestalten und die gesamte Vermögensverteilung stabilisieren. Nur wenn es den weniger Mächtigen gelingt, in die Verfügung von nachgefragten Gütern und Leistungen zu gelangen, kann eine Umorganisation von Vermögens- und Herrschaftsstrukturen stattfinden. Ein solcher Fall kann insbesondere bei innovativen Gütern und Leistungen erzeugt werden, wenn hierfür die Produktionsmittel noch nicht angeeignet sind. Beispiel hierfür ist die Innovation von Geld- und Finanzmarktgütern, fossile Ressourcen, die im Zuge der Industrialisierung zu nachgefragten Gütern wurden sowie staatliche Neuorganisationen von Bodenrechten.

Insgesamt sind die Gesichter ökonomischer Macht, also die Rhetoriken, die erfolgreiche Machtausübung in Transaktionen bewirken können, je nach Art der Beteiligten Personen, Transaktionstypen, -gegenstände und -situationen und bestehender Herrschaftsstrukturen sehr spezifisch. Entsprechend besteht starker Forschungsbedarf zur systematischen empirischen Erforschung spezifischer Machtstile in Transaktionen. Im folgenden

---

[132] Die sogenannte Übervorteilung wird relativ zu den in Sprachspielgemeinschaften üblichen Wertrelationen von Tauschäquivalenten und üblichen Transaktionsformen ermittelt. Von einseitig besonders vorteilhaften Arrangements wird im Sinne ökonomischen „Rationalismus" auf das Vorliegen von Macht und strategischen Verhaltens zurück geschlossen, es kann aber auch Unkenntnis der üblichen Wertrelationen, Großzügigkeit, Gutmütigkeit oder ein Irrtum vorliegen.

[133] Vgl. Kerber (1989) S. 447

Abschnitt soll stellvertretend für viele weitere Aspekte und Strategien nur erörtert werden, wie durch die Standardisierung von Sprachspielregeln Macht in Transaktionen ausgeübt werden kann.

6.2.6.2 Standardisierung und Machtausübung in Transaktionen

Transaktionsprozesse wurden in den bisherigen Erläuterungen als sehr offene soziale Verständigungen behandelt, in denen die beteiligten Wirtschaftssubjekte sich prinzipiell frei auf soziale Transaktionsregeln einigen können bzw. diese in einem Prozeß der spontanen Selbstorganisation emergieren können. Diese unterstellte prinzipielle Unbestimmtheit, welche Form eine Transaktion genau annehmen kann, ist insbesondere dem Umstand geschuldet, daß sich möglichst alle Arten empirisch realisierter Transaktionen unter der gegebenen Charakterisierung wiederfinden sollten. Realiter ist die grundsätzliche Flexibilität und Offenheit von Transaktionen jedoch eingeschränkt, da sich über die lang- und kurzfristige Evolution von (Wirtschafts-)Gesellschaften bestimmte Transaktionsformen, und das heißt Transaktionssprachspiele, ausdifferenzieren und institutionell verfestigen. Dieses Phänomen kann als *Standardisierung von Transaktionen* bezeichnet werden. Menschen finden immer bereits ein institutionalisiertes Transaktionssprachspielgefüge vor, werden in dieses sozialisiert und tragen durch kreative Variationen zum Wandel dieser Sprachspielpraxis in der historischen Zeit bei.

Nun sind Sprachspielregeln keine zwingenden Gesetze, sondern weisen immer einen bestimmten Grad an Flexibilität und Veränderungspotential auf (Ausnahme: Automaten). Aber der Grad der Variationsfähigkeit und Offenheit von Sprachspielpraxis ist sehr unterschiedlich. Je flexibler TransagentInnen sich kommunikativ aufeinander einstellen und Regeln erfinden „as they go along"[134], desto eher sind Verständigungen möglich, in denen die Akteure eine authentische Einigung auf der Basis ihres aktuellen Machtverhältnisses, ihrer aktuellen Bedürfnisse und Wertungen erarbeiten. Andererseits impliziert das authentische Aushandeln im Hier und jetzt auch, daß a) um so mehr kognitive Kapazität für Orientierungen gebunden wird, b) tendenziell um so mehr Zeitressourcen verbraucht werden, c) um so mehr Sprachspielvermögen in der Transaktion aufgebaut werden muß, d) um so schlechter ein Stellvertreter eingesetzt werden kann

---

[134] Vgl. Wittgenstein (1990a) § 83, S. 287

und e) physische Ressourcen vielleicht um so flexibler verfügbar sein müssen. Der Vorteil authentischer Verständigung kann also nur um den Preis erhöhter Ressourcenbindung und Ressourcenverbrauchs erreicht werden. Insofern haben Individuen mit knapper Ressourcenausstattung oder mit dem Wunsch, möglichst viele Transaktionen durchzuführen, Interesse daran, Transaktionssprachspiele zu standardisieren, um für die einzelne standardisierte Transaktion geringe Ressourcenrestriktionen zu haben.

Die Einflußmöglichkeiten von Wirtschaftssubjekten auf die Transaktionsstandards sind aber selten chancengleich verteilt. Da die Art der standardisierten Transaktionsregeln maßgeblich die möglichen Transaktionselemente (TeilnehmerInnen, Situation, Verhaltensweisen, Rollenspezifika, Transaktionsgegenstände, Wertäquivalente usw.) einschränken, können diejenigen, welche die Chance haben, die Standards zu beeinflussen, diese in ihrem spezifischen Transaktions- und Vermögensinteresse prägen.[135] Die Ausbildung von Standards ist also immer durch eine Manifestierung von Machthandlungen gekennzeichnet. Grundsätzlich wird derjenige leichter standardisierte Transaktionsroutinen ausbilden, der die gleichartige Transaktion häufiger ausführt, z.B. professionelle Transakteure. Gelingt es ihnen, die Transaktionsverständigung durch ihre Routinen zu steuern, dann wird auch der weniger routinierte Transaktionspartner in den Standard eingepaßt. Das routinisierte Wirtschaftssubjekt hat sozusagen einen „Heimvorteil" innerhalb des Sprachspiels und operiert von diesem ausgehend.

Neben der Häufigkeit spielt auch die Möglichkeit eine Rolle, das Transaktionssetting zu gestalten. Auch hier kann ein Heimvorteil aufgebaut werden, indem das eigene Territorium genutzt und optimal zur Motivation möglicher TransaktionspartnerInnen gestaltet wird, etwa das klassische Chefzimmerszenario zur Einschüchterung von MitarbeiterInnen und fremden Einkäufern oder die Animation in sogenannten „Einkaufsparadiesen". Transportable Transaktionssettings sind etwa das Auftreten, Outfit und Sprachstil der TransagentInnen, des Internetauftritts, eines Versandkataloges oder eines Telefontransakteurs.

Zusätzlich zum First-or-Frequently-Mover-Advantage spielt aber die Machtposition der jeweiligen TransagentInnen die größte Rolle. Das vorhandene Repertoire zur Artikulation und wirksamen Ausübung von

---

[135] Da die kognitive Orientierung aber nicht unbedingt bewußt und ökonomisch rational arbeitet, können die ausgeprägten Standards aber auch von ganz anderen Leitorientierungen geprägt sein.

Macht (auch Rhetorik genannt), das Verfügen über die dazugehörige Vermögensausstattung sowie die flexible Anwendung von Machtverhalten, das jeweils auf die *spezifischen* Transaktionspartner effektiv wirkt, ermöglicht es, eine Standardisierung von Transaktionssprachspielen nach den eigenen Wünschen durchzusetzen. Wie oben gesehen, können zwischen TransagentInnen hinsichtlich verschiedener Aspekte auch verschiedene Machtsalden bestehen, mal positiv, mal negativ. Insofern kann man nicht einfach sagen, die kürzere Marktseite bestimmt die Transaktionsstandards. Da sucht z.B. ein Unternehmen dringend eine ArbeitnehmerIn und hat täglich hohe Opportunitätskosten (Überstunden, Leerlaufzeiten usw.), und eine der wenigen BewerberInnen hat aufgrund des sozialen Sicherungssystems keine große Notwendigkeit, diese Stelle anzunehmen. Trotz des negativen Machtsaldos des Unternehmens kann es diesem gelingen, die BewerberIn zu einem Abschluß bei einem sehr niedrigen Gehalt zu überreden, wenn deren Machtvermögen in der Gehaltsverhandlung gering ist (geringes Selbstwertgefühl, Behinderung durch Normen, kein Pokerface usw.).

Das Aufbauen von standardisierten Transaktionssprachspielen kann zwar beiden Seiten Vorteile bieten, da die Ressourcenerfordernisse für Folgetransaktionen sinken. Hier soll nicht die normative institutionenökonomische Diktion verfolgt werden, die in jeder Routinisierung von Prozessen einen Effizienzgewinn vermutet. Denn Standardisierungen werden erstens um den „Preis" durchgesetzt, daß zunächst jeder in die spezifische Sprachspielpraxis eingelernt werden muß (set-up-costs) und zweitens um den Preis gesunkener Authentizität und Flexibilität in der Responsivität auf Veränderungen der Selektionsumgebung. Da also nicht sicher ist, daß Standardisierungen von Transaktionssprachspielen total betrachtet zu Effizienzsteigerungen führen, kann die Motivation zur Standardisierung neben den Routinisierungstendenzen der Kognitionsapparate auch in Möglichkeiten zur Machtmanifestierung gesehen werden. Diejenige, die größere Einflußchancen auf die Standards hat, kann neben dem grundsätzlichen Absenken auch eine *Umlenkung* von Transaktionskosten auf die potentiellen PartnerInnen bewirken.[136]

Richtet sich beispielsweise ein Händler ein festes Ladengeschäft mit festen Öffnungszeiten ein, senkt er zwar für alle die Kosten der Information, wann er wo sein Angebot unterbreitet. Andererseits bürdet er den

---

[136] Vgl. auch oben, Abschnitt 6.1.2, die Diskussion zur Nutzung standardisierungsökonomischer Theorieinstrumente für Sprache.

Kunden die Annäherungskosten auf. Verschenkt jemand seine Beratungsleistung nur auf Anfrage und per Telefon (Telefonseelsorge), dann kann diese Leistung nur von Menschen erworben werden, die über Telefone verfügen, sie bedienen können, die Nummer herausfinden und die initiativ werden, also selbst zur Transaktion motiviert sind. Die physische Gestaltung der Transaktionsumgebung, die Art, wie Güter und Leistungsangebote dargeboten werden, symbolisch repräsentiert oder physisch anwesend, die farbliche, geruchliche und architektonische Gestaltung, ein standardisiertes Auftreten der TransagentInnen (Berufskleidung, bestimmte Kontaktaufnahmerituale), all das schafft eingeschränkte Bewegungsspielräume für die Wirtschaftssubjekte, die dem Beginn einer Transaktionsbeziehung nicht abgeneigt sind. Zum Beispiel zwingt die (weltweit standardisierte) Raumgestaltung von Ikea die KundInnen durch die gesamte Wohnartikelausstellung zu gehen, zweifellos in der Absicht, latente Kauflust und Interessen zu wecken und zu intensivieren. Das standardisierte Ambiente und die uniformierten Mitarbeiter von Fast-Food-Ketten geben bereits eine räumliche Struktur der Transaktionsbeziehung vor. Da es überall gleich abläuft, erzeugt die standardisierte Situation (über das Ähnlichkeitsprinzip der Kognition) auch Sicherheit und Vertrauen, wo die TransagentInnen noch keine eigenen Erfahrungen gemacht haben.

Für industrialisierte Volkswirtschaften ist die Automatisierung die bedeutendste Form der Standardisierung. Ein Beispiel für eine automatisierende Transaktionstechnologie ist die Fließbandfertigung. Ein Fließband standardisiert die raum-zeitliche Distanzüberwindung bei der Transaktion von Verfügungsrechten an (zu produzierenden) Gütern zwischen ArbeiterInnen eines Unternehmens. Der Takt des Fließbandes bestimmt die genaue Dauer, in der die jeweilige ArbeiterIn über das Gut verfügen kann, während die genaue Verfügungsweise, der Bearbeitungsschritt, den sie mit dem Gut machen soll, durch weisungsbefugte Organisationsmitglieder in direkter Kommunikation vermittelt wird. Die befristete Verfügungsdauer geht einher mit genauen Zeitpunkten, in denen die ArbeiterIn transagiert, d.h. neue Verfügungsobjekte entgegennimmt und das jetzige abgibt. Dabei übernimmt das Fließband die Übergabe- und Transportleistung. Die Standardisierung des Transaktionsprozesses ist insofern eine manifestierte Machtausübung, als die Technologie der ArbeiterIn die raum-zeitlichen Transaktionsbedingungen gleichsam diktiert. Die ArbeiterIn hat keinen Verhandlungsspielraum, kann entweder in der üblichen Weise anschließen oder die Kommunikation abbrechen, da das Fließband nur in einer fi-

xierten Semantik programmiert ist. Allerdings ist diese fixierte Teilsemantik in das weitere organisationale Sprachgefüge fest eingefügt, denn erstens
muß die ArbeiterIn sprachspielend in den Umgang mit der Transaktionstechnologie Fließband eingeübt werden und zweitens wird ein fehlerhaftes
Transaktionsverhalten der ArbeiterIn nicht vom Fließband verstehend erkannt, sondern immer von anderen *Menschen*, die zu dieser Interpretation
in der Lage sind.

Die immer weitergehende Automatisierung der industriellen Fertigung
stellt im Prinzip den Versuch dar, den Einfluß der Vieldeutigkeit menschlicher Kommunikation zu reduzieren. Da automatisierte Prozesse festgelegten Reiz-Erkennungs-Reaktions-Schemata folgen, können beliebig viele
Automatisierungsschritte aneinander gehängt werden, wenn die Reaktion
des einen als Reiz des anderen automatisierten Prozesses programmiert
wird. Auch fest definierte Erfolgskontrollschritte, also begrenzte Reflektionsvermögen können in solche Automatenkommunikationen eingebaut
werden. Durch Automaten standardisierte Transaktionen und Transformationen stabilisieren, wenn die Technik zuverlässig funktioniert, die Erwartungen des Prinzipals. Sie haben keine Interpretationsspielräume, ihre
Transaktionseinigungen sind programmiert festgelegt, die zur Transaktion
nötigen Ressourcenmengen (Energie, Betriebsstoffe usw.) variieren minimal. Automatisierte Transaktionen sind folglich leichter kalkulierbar und
kreativen Neuerungen, individuellen Interpretationseigenheiten und
Motivationsschwankungen menschlicher Kognitionsapparate enthoben.
Und je weiter die technischen Möglichkeiten ausgedehnt werden, um so
flexiblere und ausdifferenziertere Kommunikationssysteme von Automaten werden erzeugt. Der Vorteil, aus dem Unternehmen Arbeit gegen
Kapital substituieren, liegt also nicht allein in den geringeren Faktorkosten
(insbesondere Energiekosten!), sondern auch in der großen Eindeutigkeit
von Automatenkommunikationen und der höheren Erwartungssicherheit
über die ablaufenden Transaktions- und Transformationsprozesse. Diese
Vorteile müssen aber die mit Automatisierung einhergehenden Nachteile
aufwiegen: hohe Kapitalbindung, mangelnde Kreativität, hohe Arbeitskosten für Automatisierungsprogrammierer, Umprogrammierer und Kontrolleure, Kommunikationskosten für Konflikte mit der verbleibenden Arbeitnehmerschaft und große Kosten, die Fertigungsorganisation auf neue
Kommunikationsstandards umzustellen.

Die Bedeutung der Unwahrscheinlichkeit gelingender Kommunikation
für die seit Jahrzehnten zunehmenden Rationalisierungstendenzen darf

nicht unterschätzt werden. Insbesondere mit der gestiegenen Freiheitlichkeit und Demokratisierung in der Gesellschaft sinkt die Bereitschaft von ArbeitnehmerInnen, sich in die von ArbeitgeberInnen diktierten Arbeitsstrukturen ein- und unterzuordnen.[137] Auch die Individualisierungstendenzen und postmoderne Ausdifferenzierung von Lebensformen führt dazu, daß Sprachspielvermögen interindividuell immer stärker auseinanderdriften. Daraus folgt, daß Variationen vorgegebener Interpretationen häufiger auftreten und ausprobiert werden, daß die Einlernzeiten in gemeinsame Sprachspiele steigen, während die akzeptierten Sanktionsmittel weniger werden, daß also letztlich die Wahrscheinlichkeit mißlingender Kommunikation steigt und die Erwartungssicherheit der OrganisatorInnen sinkt. Automatisierung konstituiert nicht nur deshalb eine stabilisierte Machtausübung gegenüber ArbeitnehmerInnen, weil sie in sehr festgelegter Weise an die Kommunikationen von Automaten anschließen müssen, sondern impliziert auch die normative Kraft faktischer Machtausübung, da automatisierte Fertigungsprozesse einseitig diktierte Strukturen aufweisen.

Neben der Automatisierung industrialisierter Fertigungsprozesse, werden auch im Dienstleistungsbereich automatisierte Transaktionen durchgeführt. Mit der Installation von Verkaufsautomaten an einem festen Standort, oktroyiert ein Anbieter seinen potentiellen TransaktionspartnerInnen die genaue räumliche Situation und Atmosphäre, in der die Transaktion stattfinden soll. Außerdem aber bietet er eine standardisierte Kommunikationsoberfläche an. Der Automat kann nur in einer genau definierten Reihenfolge vorgehen, bestimmte Fragen stellen und nur sehr spezifische Antworten „verstehen", d.h. in bestimmter Weise beantworten. Dabei muß der Automat seine Sprachspielregeln auch kodifiziert explizieren, um eine sinnvolle Kommunikation zu ermöglichen. Potentielle TransaktionspartnerInnen haben nur die Alternative, das standardisierte Sprachspielregularium zu akzeptieren, zu lernen und auszuführen oder auf die Transaktion zu verzichten. Ein höherer Freiheitsspielraum entsteht letztlich nur durch eine größere Zahl von (standardisierten) Gütern, die von dem Automaten erworben werden können. Auch hier können wieder Vor- und Nachteile automatisierter Transaktionsverständigung aufgeführt werden. Schließlich senkt die Automatisierung, wenn das programmierte Verkaufssprachspiel erst gelernt ist, Verständigungszeiten, weist hohe Eindeutigkeit auf und ist aufgrund geringer Energiekosten oft billiger zu

---

[137] Vgl. Brandes, Weise (1995)

finanzieren als rund-um-die-Uhr-Arbeitsplätze. Andererseits ist der Automat inflexibel, z.T. nur teuer auf neue Produkte oder Verfahren umzustellen. Vor allem aber entgeht der AnbieterIn die Möglichkeit, Einblick in die Semantik der NachfragerInnen zu nehmen. Da nur standardisierte Antworten zugelassen sind, können die Gründe für ein Abbrechen der Kommunikation durch die NachfragerIn nicht ermittelt werden. Veränderte Bedürfnisse, Wünsche und Lebensformen können nur durch zusätzliche Studien und Kommunikationen ermittelt werden, während solche Interpretationen bei direkten Transaktionskommunikationen (ob nun schriftlich, mündlich, ortsidentisch oder nicht) zum Teil nebenbei entdeckt werden können.

Die geringe und fest formatierte Kontaktoberfläche von Verkaufsautomaten bietet also nicht nur Vorteile. Die Lern-, Such- und Verhandlungskosten des standardisierten Sprachspiels werden zum größten Teil den NachfragerInnen aufgebürdet, während die AnbieterInnen die Entwicklung und Durchsetzung des Transaktionsstandards finanzieren. Kreativität, Individualität und Freiheitsspielräume sind in automatisierte Verkaufsprozesse nicht einzubringen. Insofern kann eine Automatisierung nur dann durchgesetzt werden und langfristig rentabel sein, wenn es auch gelingt, eine standardisierte Nachfrage für das standardisierte Produkt zur erzeugen. Dies hat immer dann geringe Erfolgschancen, wenn die TransaktionspartnerIn mit ihrem Partner nicht nur intersubjektive Interpretationen über die Transaktion selbst, sondern auch über die Transaktionsgegenstände produzieren will und wenn die Kontextualität der jeweils weiteren Güter- oder Leistungsverwendung für die TransagentInnen jeweils von Belang sind. Nehmen die NachfragerInnen und die AnbieterInnen also einen Prosumentenstatus ein, macht die einseitige Machtausübung der Automatisierung von Transaktionskommunikationen die Transaktion unmöglich.

Mit den dargestellten Beispielen der Machtausübung in automatisierten Transaktionssprachspielen sollten lediglich Aspekte des Machthandelns in Transaktionen herausgegriffen werden, die vielen Menschen im Alltag gar nicht als solches auffallen. Dabei sollte auch deutlich geworden sein, daß machtvolle Standardisierung nicht immer und eindeutig als ethisch verwerflich, ökonomisch effizient oder ineffizient eingeschätzt wird. Neben der Stabilisierung von Erwartungen und gesenktem Ressourcenbedarf für standardisierte Transaktionskommunikationen muß eben immer auch die neue Verteilung der aufzubringenden Ressourcen sowie die Flexibilität,

Innovationsfähigkeit und Authentizität des jeweiligen Transaktionssettings betrachtet werden.

6.2.7 Transaktionsfähigkeit(en) von Sprache

Die Überschrift dieses Abschnittes ist eigentlich irreführend, da Sprache, als Nicht-Lebewesen keine eigenen Fähigkeiten haben kann. Sie wurde aber gewählt, weil Menschen – unterschiedliche und in unterschiedlichem Maße gemeinsame – sprachliche Fähigkeiten haben, die sie zur Realisierung von Transaktionen befähigen. Es sollen nun die analysierten Bedeutungen von Sprache für ökonomische Transaktionen kurz zusammengefaßt werden.

1. **Transaktionsmedium:** Sprache ist das Medium, in dem Wirtschaftssubjekte ökonomische Transaktionen realisieren. Insbesondere die Einigung über konkrete Umverteilungen von Eigentumsrechten ist an sprachliche Verständigung gebunden.

2. **Soziale Bedeutungskreation und Bedeutungspublikation:** Durch Sprachspielinteraktionen wird ein Großteil der Bedeutungen von Gütern und Leistungen (Handlungs- und Verfügungsregeln und Eigentumsrechte) zwischen Wirtschaftssubjekten gelehrt und intersubjektiv verbindlich gemacht, sowohl bezüglich Konsum, Produktion als auch Transaktion und sonstigen Verfügungsbereichen von Gütern und Leistungen. Die Praxis der bezüglich Güter und Leistungen gespielten ökonomischen Sprachspiele gestalten insofern auch die semantischen Kontexte, in denen Transaktionen durchgeführt werden.

3. **Ursache von Transaktionsdistanzen:** Mangelnde und divergierende Sprachspielvermögen bedingen weitgehend Existenz und Ausmaß semantischer, raum-zeitlicher und rechtlicher Distanzen, die im Zuge einer Transaktion zu überwinden sind.

4. **(„Produktions"-)Mittel zur Überwindung von Transaktionsdistanzen:** Sprachliche Verständigung muß notwendig zur Einigung über Transaktionen eingesetzt werden, zudem kann sie zur Erzeugung von Vertrauen, zur Motivation und zur Produktion transaktionsnotwendiger Ressourcen eingesetzt werden. Zudem sind aufgrund der sprachlichen Dominanz von Kognitionsprozessen auch nicht direkt für Trans-

aktionsverständigungen durchgeführte Interpretationen von Sprachspielpraktiken beeinflußt. Soweit TransagentInnen sprachlich die sozialen Wirklichkeiten (Umverteilung von Eigentumsrechten) erzeugen,
die Voraussetzung für Transaktionen sind, handelt es sich bei der
sprachlichen Überwindung von Transaktionsdistanzen um einen produktiven Akt, eine Vorleistung zur Transaktion.[138]

5. **Verständigungsressource**: Wirtschaftssubjekte, die ein umfangreiches
   Sprachspielvermögen besitzen, können sich sehr flexibel und mit hoher
   Gelingenswahrscheinlichkeit mit Mitgliedern sehr unterschiedlicher
   Sprachspielgemeinschaften verständigen. Hohe Sprachspielkompetenzen erleichtern eine schnelle Komplementarisierung der Sprechakte der
   TransagentInnen. Dies kann sowohl transaktionsnotwendige Ressourcen reduzieren als auch für die Transaktionshäufigkeit in Wirtschafts-
   gemeinschaften insgesamt essentiell sein. Hohe Sprachspielkompetenzen kann den „Vermögenden" sowohl große Transaktionserfolge einbringen als auch sie zu Vermittlern, „Dolmetschern" zwischen weniger
   sprachspielkompetenten Wirtschaftssubjekten prädestinieren – eine
   Leistung, die selbst wieder Transaktionsgegenstand sein kann.

6. **Soziale Ressource**: Die Zugehörigkeit zu einer bestimmten Sprachspielgemeinschaft, z.B. einer Rechts- oder Währungsgemeinschaft, stellt
   aus Sicht von TransagentInnen eine soziale Ressource dar, weil Siche-
   rungs- und Sanktionierungsaktivitäten delegiert werden können und
   durch die Standardisierung von Transaktionsprozessen weniger Ressourcen für Abstimmung, Produktion gemeinsamer, koordinierter
   Handlungspläne erforderlich sind.

7. **Signalisierung von ökonomischen Sprachstilen und Kulturen**: Indem
   TransagentInnen Sprachaktivitäten ausführen, explizieren sie Interpretationen, die Muster ihrer typischen Kognitionsmechanismen und
   die Sprachstile der Gemeinschaften, in die sie sozialisiert sind, aufweisen. Da Sprache ganzheitlich funktioniert und schon kleine Textmen-
   gen Hinweise auf die gesamte Sprachpraxis geben kann, macht sich das
   Wirtschaftssubjekt sprachverwendend für andere erkennbar, wiederer-

---

[138] Der Wertschöpfungscharakter von Transaktionsleistungen ist deshalb logisch nur
schwer von dem der sog. Transformationsleistungen zu trennen, insbesondere wenn
immer mehr Transaktionsleistungen als eigenständige Transaktionsgegenstände vermarktet werden und ihre Leistungserbringung spätestens dann als „Produktion" gewertet
wird. Vgl. zu diesem Argument auch ausführlich Herrmann-Pillath (2000).

kennbar und auch seine Bezugsgruppen, mit denen es Lebensformen und Sprachspielpraktiken teilt.[139] Da kognitive Verarbeitungsregeln meist übergreifend für die Orientierung in unterschiedlichsten Sinnsphären angewendet werden, lassen sich aus dem explizierten Sprachstil auch Erwartungen und Phantasien über sonstige Verhaltensregelmäßigkeiten extrapolieren.

8. **Lügen- und Zuverlässigkeitsdetektor:** Nicht jede Art des Lügens ist problematisch für Transaktionsprozesse, dennoch lassen sich problematische Lügen, welche die Realisierung des vereinbarten Sozialverhaltens behindern könnten, durch Sprachaktivitäten aufdecken. Einerseits lassen sich aus dem Sprachstil (siehe Punkt 7) direkt Hypothesen über lügnerische und unplausible Aspekte von Äußerungen ableiten, da es beispielsweise verräterische körperliche Anzeichen für Lügenverhalten geben kann (Vermeiden von Augenkontakt, Erröten, Schwitzen usw.).[140] Andererseits können Testfragen, die Überprüfung von Assoziationen und spontanen Äußerungen zu fiktiven Situationen und Transaktionsszenarien Anhaltspunkte liefern, über die Aufrichtigkeit und Kooperationsbereitschaft der TransaktionspartnerIn.[141] Allerdings muß diejenige, die sprachliche Lügendetektoren anwendet, auch deren Sprachspielregeln kennen, um zielsicher Signale für unaufrichtiges Verhalten aufzuspüren.

9. **Machtquelle:** Aufgrund der Funktionseigenschaften von Sprache sind die Sprachaktivitäten im Zuge von Transaktionen immer versuchte Machtausübungen. Auch gibt es jeweils abgestimmt auf bestimmte Personen, spezifische Transaktionstypen und -situationen Sprachstile, mit deren spezifischer Machtrhetorik TransaktionspartnerInnen effizient überzeugt werden können. Um Sprache als Machtmittel nutzen zu können, bedarf es allerdings spezifischer Macht-Sprachvermögen sowie

---

[139] Diese Art des Signalings wird z.B. vom Bundeskriminalamt verwendet, um aus dem Sprachstil von Erpresserbriefen deren UrheberInnen zu ermitteln, vgl. Willmann (2000), aber auch von Arbeitgebern, die aus der mit bestimmten Gruppen geteilten Sprachkultur (z.B. südländischem Akzent, Unterschichtslang resp. gehobener Stil) auch auf gleiche Arbeitsstile (Faulheit, Fleiß, Bildungsgrad, Intelligenz etc.) schließen. Diese Gepflogenheit, Vorurteile gegen Gruppen als Statistiken zu nutzen, greift auch schon Akerlof (1970) auf.

[140] Vgl. Sommer (1994) S. 126-157

[141] Hierzu zählen fiktive Fragen von Krankenversicherungen, ob AntragstellerInnen einer ärztlichen Voruntersuchung zustimmen würden, oder die Erörterung von potentiellen Arbeitgebern, wie BewerberInnen die Kinderfrage zu organisieren denken.

der Fähigkeit, situativ einschätzen zu können, welche Rhetoriken für welche TransaktionspartnerInnen am besten wirksam sind.

10. **Selektionsumgebung**: Die übrige Sprachspielpraxis, in die Transaktionssprachspiele eingebettet sind, konstituiert bedeutende Teile der Selektionsumgebung, die den individuell empfundenen Erfolg von Transaktionshandlungen determiniert. Insbesondere die über Transaktionsregeln und -rechte hinausgehenden übrigen Deutungsfelder von zu transagierenden Gütern oder Leistungen strukturieren die Sinnhorizonte, vor denen bestimmte Transaktionsarrangements „Sinn machen" oder eben nicht. Aber auch andere abhängige Sprachspiele, wie die der relevanten Rechts- und Währungsgemeinschaft oder ethischer und ästhetischer Bezugsgruppen beeinflussen die Interpretationen von TransagentInnen hinsichtlich der Orientierungen und Verhaltensweisen, die sie als sinnvoll bzw. erfolgreich einstufen können.

Zuletzt sollen die Transaktionsfähigkeiten von Sprache noch dahingehend betrachtet werden, daß bestimmte sprachliche Aktivitäten ja auch selbst als Gegenstand ökonomischer Transaktionen fungieren können.[142] Hierbei handelt es sich um ein komplexeres Phänomen, als bisweilen angenommen wird. Denn es werden nur diejenigen Sprachleistungen betrachtet, die als Güter vermarktet werden können, jedoch keine Totalanalyse der Vermögenswirkungen *aller*, auch nicht-marktfähiger Sprachleistungen durchgeführt. Unfreiwillige Transaktionen ökonomischer Sprachleistungen bestehen z.B. darin, daß ein Wirtschaftssubjekt von einem anderen zugetextet wird, wobei letzteres das als einen Vermögenszuwachs erlebt, weil es sich gerne produziert, und ersteres Wohlergehensverluste erleidet, aber zu höflich ist oder gehindert wird, sich dem Redefluß des anderen zu entziehen. Diese einseitige und unfreiwillige Transaktion hat zwar ökonomische Bedeutung, taucht in ökonomischen Wertschöpfungs- und Verteilungsstatistiken aber nicht auf. Einerseits weil kein monetäres Äquivalent gezahlt wird, andererseits weil diese Art der Enteignung/Bereicherung konventionell nicht als ökonomischer Leistungsprozeß interpretiert wird.

Ein anderes Beispiel ist die (sprachspielende) Sozialisierung in Sprachspiele durch Bildungseinrichtungen. Bildung wird von ÖkonomInnen eindeutig als Investitionsgut (in Humankapital) interpretiert. Andererseits werden die emotionalen, sozialen und ökonomischen Abhängigkeiten

---

[142] Vgl. McCloskeys und Klamers (1995) These, daß mindestens ein Viertel des Bruttosozialprodukts aus der Veräußerung von Sprachleistungen besteht.

Minderjähriger dazu ausgenutzt, ihnen Transaktionsgegenstände und Situationsbedingungen der Bildungstransaktion zuzumuten, auf die sie bis auf minimale Wahlfreiheiten und Verweigerungsmöglichkeiten keinerlei gestaltenden Einfluß nehmen können. In welchem Umfang die Investition in Bildung sich für die LeistungsempfängerInnen lohnt, erweist sich erst ex post. Menschen werden hier also zur Aufwendung hoher Ressourcen und Vertrauensmengen mehr oder weniger gezwungen, ohne daß dies notwendig Vermögenszuwächse garantiert.

Nimmt man marktliche Transaktionen sprachlicher Leistungen als Beispiel, so stellt man fest, daß nicht alle Sprachaktivitäten als Leistungen verkauft werden können. Einerseits muß das sprachliche Gut bzw. Leistung den TransagentInnen in ihren Eigenschaften oder Wirkungen vorab bekannt bzw. partiell definiert sein, da die TransaktionspartnerInnen i.d.R. nur dann vorab zu Gegenleistungen motiviert werden können. Dies ist notwendig, da das geistige Eigentum an der sprachlichen Leistung, wenn sie erstmal im Kognitionsapparat des anderen reproduziert und gespeichert ist, nur schwer geschützt werden kann. Die abstrakte Phantasie von der möglichen vermögensstiftenden Sprachleistung einer Person X muß allerdings auch erst erzeugt werden. Dies erfordert Vertrauen oder gute Erfahrungen (auch anderer), also Reputationskapital, zuverlässige Signalinstrumente (Titel, Diplom, Zulassung als Rechtsanwalt usw.) oder Talentproben.

Zum anderen können (z.B. staatliche) Machtorganisationen, u.U. unter Aufbringung hoher Kontrollkosten, geistiges Eigentum schützen und unrechtmäßige Wissensnutzer sanktionieren. So werden durch Patent- und Lizenzrecht die Verkäufe von sprachlich kodifizierten Wissensgütern möglich und aus Sicht der Beteiligten wirtschaftlich adäquat vergütet. Manchen Wirtschaftssubjekten gelingt es also, bestimmte Sprachleistungen zu verknappen, rechtlich zu schützen und nur gegen Gegenleistungen zu veräußern, andere erbringen ihre „Leistungen" im Überfluß und unentgeltlich.

Als drittes ist bei sprachlichen Transaktionsleistungen zu beachten, daß die LeistungsträgerIn nur dann dauerhaft von der Veräußerung ihrer Sprachleistungen leben kann, wenn sie erstens immer wieder neue, für viele andere interessante Sprechakte erfindet (z.B. Bücher mit hohen Auflagen publiziert) oder wenn die Rentabilität ihres Sprachvermögens durch die Weitergabe an andere nicht sinkt. Letzteres kann dann der Fall sein, wenn die Gesprächssituation konsumtiv erworben wird (z.B. Unterhaltung), wenn die EmpfängerIn der Sprachleistung die Leistung selbst nicht kompetent reproduzieren kann (z.B. Lehren, Therapie) oder wenn die EmpfängerIn das sprachlich erforderte Interpretationskönnen in ganz anderen ökonomischen Kontexten und Selektionsumgebungen anwendet, welche von denen der LeistungsträgerIn unabhängig sind (z.B. Beratung oder arbeitsteilige Kooperation in Organisationen). Sprachliche Güter, für die das nicht gilt, werden tendentiell auch als einseitige Transaktionen erbracht und konventionell nicht als ökonomische Güter wahrgenommen.

Wenn heute also oft von der Wissens- und Informationsgesellschaft die Rede ist,[143] in der in steigendem Maß Wissensgüter produziert, transagiert, investiert und konsumiert werden, so ist also festzustellen, daß diese erstens in jedem Fall nur durch die Komplementarisierung von Sprachvermögen sowie durch aktive Sprachspielpraxis transagiert werden können. Zum zweiten können nicht für die Erbringung jeglicher sprachlichen Leistungen in gleicher Weise Wertäquivalente eingefordert werden. Hierzu besteht jedoch noch reichlich Forschungsbedarf, da die Vermögenswirkungen eines großen Teils ökonomisch relevanter sprachlicher Verständigungsaktivitäten, die jenseits der üblichen Transaktionskanäle (Markt, Organisation, Staat) transagiert, sprich: verstehend reproduziert werden, in bisherigen ökonomischen Theorien ausgeblendet werden.

Damit enden die Erörterungen, welche allgemeinen Konsequenzen die Integration sprachlicher Phänomene in ökonomische Theorien haben, sowie die detaillierte Analyse der Sprachlichkeit ökonomischer Transaktionen. Für weitere Forschungsprojekte, die mit der ökonomischen Wirkungsanalyse von Sprache stärker in die Tiefe der einzelnen Themenfelder gehen können, wurden hoffentlich genügend Anregungen gegeben.

nicht drin: Internet (neue Medien)
→ Vll. noch reinbringen bei π.

Überschrift: ?
"Analyse der Sprachlichkeit von Erwartungen

---

[143] Vgl. etwa Willke (1998), Dumort, Dryden (1997)

7 Resümee

„Oft, wenn es erst durch Jahre durchgedrungen, erscheint es in vollendeter Gestalt."

(Goethe, Faust, Vorspiel auf dem Theater)

7.1 Erreichtes

Die vorliegende Arbeit ist zwar durchaus durch Jahre durchgedrungen. Ihre „Gestalt" kann sich jedoch nicht der Perfektion des Gesagten rühmen oder daß das Thema abschließend, in allen Konsequenzen, die ganze Ökonomie durchdringend behandelt worden wäre. Die „Vollendung" dieser Arbeit besteht leider nur in der allem Lebendigen anhaftenden Vorläufigkeit eines Endpunktes, an dem die Autorin der Überzeugung ist, die wichtigsten Aspekte herausgearbeitet zu haben. Am Ende der Arbeit angekommen, stellen sich die geleisteten Forschungsbemühungen als ein *Anfang* der Erkundung der Bedeutung von Sprache für die Ökonomie und Wirtschaftswissenschaft heraus. Am Ende dieses Anfangs soll nun resümiert werden: was wurde erreicht und welche Forschungen stehen noch aus?

Im Laufe der Forschungsarbeit ließ sich immer wieder erleben, daß ÖkonomInnen im persönlichen Gespräch zwar immer sehr interessiert auf das hier untersuchte Forschungsthema reagieren, daß aber andererseits in den ökonomischen Publikationen eine weitgehende Sprachblindheit beziehungsweise die Annahme der Neutralität und Irrelevanz von Sprache für die Ökonomik vorherrscht. Dieser Umstand machte deutlich, daß es nicht einfach genügte, das Modell einer sprachintegrierten Ökonomik zu entwerfen. Diese wäre zwar (falls überhaupt) als neuartig und vielleicht interessant rezipiert worden, jedoch wäre sie paradigmatisch so quer zu den bestehenden ökonomischen Fragestellungen erschienen, daß sie als heterodoxer Non-Mainstream schnell an den Rand „des" ökonomischen Diskurses hätte verwiesen werden können. Auch die Nähe zu anderen, kommunikationsorientierten Disziplinen hätte die Randständigkeit und den „Soft-Fact-Charakter" dieses Ansatzes aus Sicht „harter" ÖkonomInnen verstärkt.

Daß eine Idee neu ist, reicht – wie auch die kognitionstheoretischen Erörterungen gezeigt haben – nicht aus, um nachhaltiges Interesse zu
wecken. Deshalb war es im Rahmen der Arbeit wichtig zu zeigen, daß die
Anerkennung der Nicht-Neutralität von Sprache und die Integration von
Sprache in den ökonomischen Untersuchungsbereich zur Lösung von Er-
klärungsproblemen beitragen kann, welche die Ökonomik aktuell hat und
bisher nicht befriedigend zu lösen im Stande ist.

[handschriftliche Randnotiz: Neuwe der Arbeit]

Wichtige Ziele der Arbeit waren deshalb zunächst,

1. eine grundlegende Sensibilisierung für die Fragestellung zu schaffen,

2. die implizite Annahme der Neutralität von Sprache innerhalb der wirtschaftswissenschaftlichen Praxis darstellend zu rekonstruieren und

3. die offenen ökonomischen Erklärungslücken zu zeigen, zu deren
   Schließung die Integration von Sprache in die Ökonomik beitragen
   kann.

Zur Verwirklichung dieser Ziele wurde zuerst allgemein die These der impliziten ökonomischen Neutralitätsannahmen von Sprache eingeführt und
erläutert (Kapitel 1). Zur weiteren Sensibilisierung für die Relevanz von
Sprache innerhalb der Ökonomik wurden anschließend ökonomie-externe
und ökonomie-interne Argumente aufgeführt. Als ökonomie-externes Argument wurde auf die wissenschaftstheoretische Forderung nach interdisziplinärer Konsistenz verwiesen. Die in Kapitel 2 dargestellten Entwicklungen von Erkenntnistheorie, Sprachphilosophie und Wissenschaftstheorie zeigen, daß und warum diese Disziplinen „Wirklichkeit" nicht mehr als
neutral sprachlich abbildbar annehmen und nicht-neutrale Sprache als das
zentrale Medium sozialer (wissenschaftlicher und auch ökonomischer)
Handlungs- und Wahrnehmungspraxis anerkennen. Da dieser state of the
art auf der Ebene der sprachlichen und philosophischen Vorstrukturierung der Ökonomik Geltung beansprucht, schließt dies im Rahmen einer
interdisziplinären Konsistenz der Wissenschaften die Annahme dreifach
neutraler Sprache innerhalb der Ökonomik aus.[1] Die Konsequenzen, die
aus diesen ökonomie-externen Argumenten zu ziehen sind, beinhalten
eine Integration nicht-neutraler sprachlicher Verständigungsphänomene
sowohl in das Selbst-Bewußtsein der sprachgebundenen, wirtschaftswissenschaftlichen Forschungspraxis als auch die Rekonstruktion des ökonomischen Untersuchungsgegenstandes als ökonomische Sprachpraxis.

---

[1] Vgl. hierzu die „interne Struktur der Wissenschaft" bei Hesse (1979)

Ökonomische Theoriekonzepte, die dies ansatzweise bereits realisieren, wurden als erste Indizien eines linguistic turn in der Ökonomik dargestellt. *—○ Mental Models.*

Die ökonomie-internen Argumentationen in Kapitel 3 zeigten über die Beispiele verschiedenster ökonomischer Forschungsansätze hinweg, daß die Existenz und Möglichkeit des interindividuellen Austauschs von Wissen sowie von sozialem Handeln zwar vorausgesetzt wird und Grundbaustein der meisten ökonomischen Theorien ist. Aber ÖkonomInnen können bisher nicht erklären, wie und unter welchen Bedingungen Wissensaustausch, Lernen und Sozialhandeln gelingt, noch, wann und warum es nicht gelingt (z.B. Lügen). So unterschiedlich die einzelnen Theorieansätze in ihren Thematiken, Ausrichtungen und Grundannahmen sind, gemeinsam ist ihnen, daß Sprachlichkeit von Wirtschaftssubjekten und Sprachgebundenheit ökonomischer Prozesse nicht als wirksame Erklärungsgrundlage herangezogen wird.[2] Parallel zur kritischen Rekonstruktion der implizit neutral-sprachlichen ökonomischen Theorien wurden die Möglichkeiten angesprochen, wie die lokalisierten Erklärungslücken durch die Fokussierung sprachlicher Verständigung als Medium ökonomischen Verhaltens zu schließen wären.

Da das Aufzeigen von bestehenden Blinden Flecken und Erklärungslücken nur den Durst weckt, aber nicht löscht, bestand die eigentliche zentrale Zielsetzung der Arbeit darin,

1. den ökonomischen Untersuchungsgegenstand als die Gesamtheit aller ökonomischen Sprachspiele zu umreißen,

2. ein sprachintegriertes mikroökonomisches Modell zur Erklärung des Verhaltens von Wirtschaftssubjekten aufzustellen,

3. Funktionsbedingungen des zentralen ökonomischen Orientierungsmediums Sprache darzustellen,

4. ökonomische Grundbegriffe vor dem Hintergrund einer sprachspielorientierten Ökonomik zu rekonstruieren und

5. erste Konsequenzen einer auf Sprachspiele ausgerichteten Ökonomik zu erarbeiten.

---

[2] Mit Ausnahme von Denzau, North, deren Kommunikationsmodell allerdings, wie gezeigt, seinerseits Schwächen aufweist, vgl. Abschnitt 3.5. *—○ Mental Models. (Shared)*

Um den Untersuchungsgegenstand der Ökonomik als die Gesamtheit aller ökonomischen Sprachspiele postulieren zu können, mußte gezeigt werden, was Sprachspiele sind, wie sie funktionieren und welche Eigenschaften sie aufweisen. Dazu wurde in zwei Schritten vorgegangen: erstens eine Erklärung, wie Sprache in die epistemische und handelnde Orientierung der einzelnen handelnden Person hineinwirkt (Kapitel 4), und zweitens eine Analyse, wie Sprache als Verständigungssystem von Gemeinschaften funktioniert (Kapitel 5).

Kapitel 4 greift die primär mikroökonomische Perspektive des Kapitel 3 auf. Innerhalb eines kognitionstheoretischen Verhaltensteuerungsmodells wurde gezeigt, wie Sprache, Sprachlichkeit und sprachliches Verhalten innerhalb des *einzelnen* Wirtschaftssubjektes Wissen und Verhalten steuert und restringiert. Die Fokussierung des Modells auf das sich kognitiv orientierende Individuum wird allerdings automatisch zu einer Perspektive auf soziale Gemeinschaften, da das einzelne Individuum durch die Perzeption sozialer Umwelten und durch die indirekte soziale Ebene des kognitiven Steuerungskomplexes an Interaktions- und Sprachspielgemeinschaften gebunden ist und spezifisch an die sozialen Selektionsumgebungen angepaßte, viable Interpretationen entwickelt. Das sprachintegrierte mikroökonomische Modell erklärt pragmatische Interpretationen sozialer Subjekte, die Ursachen zeitlicher Invarianzen dieser Interpretationen, deren maßgeblicher Sinnbezug auf soziale Bezugsgruppen sowie die Ursachen des langsamen Wandels ökonomischer Sprachspielpraxis. Trotz der Fokussierung des Individuums müssen also zur Erklärung seines konkreten ökonomischen Verhaltens seine situativen Bezugsgemeinschaften integriert werden. Und zwar wirken diese Gemeinschaften nicht in Form starrer institutioneller Gesetzmäßigkeiten in das individuelle Verhalten hinein, sondern das Wirtschaftssubjekt erlebt sich in der konkreten ökonomischen Situation im – von Sprachspielregeln geleiteten – Dialog mit seinen relevanten Bezugsgemeinschaften.

Das sprachintegrierte Modell des kognitiven Interpretationsprozesses arbeitet also als Erklärungssystem für *soziale Subjekte.* Das Verhalten kollektiver Akteure kann nach diesem System nicht holistisch als ein Akteur konstruiert werden. Die genaue Analyse der Struktur- und Prozeßregelmäßigkeiten von Sprache als sozialem (Inter-)Aktionssystem wird deshalb im Kapitel 5 geleistet. Es zeigt sich als Konsequenz, daß allgemeine Aussagen über soziale Wirtschaftspraxis nur durch die abstrahierende Analyse von Gemeinsamkeiten konkreter, höchst differierender ökonomischer

Sprachspielpraxis möglich sind. Außerdem wird, wie in Kapitel 3 bereits angedeutet, deutlich, in welchen ökonomischen Aktionsfeldern sprachliche Verständigung zentral ist, insoweit nämlich das Gelingen oder Scheitern ökonomischer Sprachspiele Art, Synergie des Zusammenspiels und das Niveau wirtschaftlicher Prozesse determiniert.

Das Studium sprachlicher Funktionsregelmäßigkeiten in konkreten Sprachspielgemeinschaften bietet dann eine Theoriegrundlage für Erklärung und Beratung, wenn Wirtschaftssubjekte a) die interindividuelle Intersubjektivierung von Bewußtseinsinhalten bzw. mentalen Orientierungen anstreben, b) (ex ante) *gemeinsames*, also kollektives *Handeln* abstimmen und koordinieren, c) sich auf ein bestimmtes Muster interaktiven Verhaltens *einigen* und d) wenn Wirtschaftssubjekte (versuchen,) einander (zu) belügen.

Kapitel 5 bewegt sich mit seinen sprachtheoretischen Ausführungen und den wirtschaftswissenschaftlichen Konsequenzen streng auf der Ebene sozialen Verhaltens, da Sprachhandlungen wesensmäßig versuchte Sozialhandlungen sind. Sprachspielökonomik bezieht sich mikroökonomisch deshalb immer auf mindestens zwei AkteurInnen. Das kognitionstheoretische Modell von Kapitel 4 integriert die anderen AkteurInnen in Form der gespeicherten Interaktions- und Verständigungsregeln sowie als situativ wahrgenommene, interpretierte und kreativ phantasierte soziale Kognitionsgegenstände.

Will man das Verhalten kollektiver Akteure bzw. vieler Akteure, die kollektiv interagieren, erklären, muß die Gesamtheit der Sprachspielpraxis der Kollektivmitglieder betrachtet werden, aus der die Gesamtheit ökonomischer Verhaltensweisen der Kollektivmitglieder erwächst. Je größer und aufgabenkomplexer die Organisation ist, desto eher differenzieren sich sehr kulturungleiche Sprachspielgemeinschaften heraus, weshalb sich die theoretische Figur *eines* homogenen, repräsentativen Akteurs verbietet. Denn während ein Individuum nur sehr begrenzt gleichzeitig Aktivitäten ausführen kann, die ihrem Sinn nach konfligieren, ist dies *verschiedenen* Individuen innerhalb von Organisationen sehr leicht möglich. Hier kann ein sinnintegriertes Handeln zur Erreichung einigermaßen harmonisierter Erfolgsziele nur durch *kommunikativ durchgesetzte* Interpretationsregeln geschaffen werden. Homogene Rationalitäten und kognitive Interpretationsstile in Organisationen und Stimmigkeit organisationalen individuellen Verhaltens ist folglich nicht ex ante gegeben, auch wird es den Kollektivmitgliedern nicht durch ein präexistentes Kommunikationssystem aufgezwungen. Statt dessen entsteht es in einem Entwicklungsprozeß organisationaler Sprachspielpraxis, in dem bestimmte Personen durch sprachliches Machthandeln mehr Einfluß auf die entstehenden Sprachspielregelmäßigkeiten nehmen können als andere. Insbesondere Individuen, die als Minderheiten in gewachsene Organisationssprachspiele eintreten, werden eher eingelernt, als daß sie die kollektiven Sprachspielregeln schnell und massiv ändern könnten, es sei denn alle engeren Sprachspielpartner werden voneinander separiert, so daß neue Selektionsumgebungen entstehen. Trotz hoher kreativer Potentiale individueller Kognitionsapparate führt die soziale Einbindung in sanktionierende, personell stabile Sprachspielgemeinschaften eher zu einer Verlangsamung der Entwicklung neuer Interpretationsroutinen.

In Kapitel 4 und 5 werden zentrale ökonomische Begriffe vor dem Hintergrund der sprach- und verhaltenstheoretischen Erörterungen neu definiert bzw. neu abgegrenzt. Da sprachliche Prozesse insbesondere für die Intersubjektivität mentaler Orientierungen von Wirtschaftssubjekten sowie für die Hervorbringung kooperativer und koordinierter ökonomischer Verhaltenspraxis relevant sind, stellte sich das Erfordernis einer Neudefinition insbesondere für ökonomische Begriffe, die in diesem Zusammenhang schlagwortartig als Quasi-Erklärungen (ohne weitere theoretische Unterfütterung) herhalten müssen, wie: Institutionen, Wissen, Information, Präferenzen, Handeln bzw. soziales Handeln.

Durch das sprachintegrierte allgemeine Verhaltenssteuerungsmodell und die Analyse der Charakteristika und Funktionsweisen von Sprache, ist ein allgemeiner Erklärungsansatz für ökonomisches Verhalten von Menschen gegeben. Zur Erklärung konkreter ökonomischer Aktivitäten und Phänomene muß aber die Verständigungs- und Interaktionspraxis von personell und raum-zeitlich abgegrenzten Sprachspielgemeinschaften rekonstruiert werden, innerhalb derer die jeweiligen Wirtschaftssubjekte sich sowohl als Konstituenten der Sprachspielpraxis (soziales Wesen) als auch als kreative Neukonstrukteure von (Sprachspiel-)Praxis einbringen. Die vorliegende Arbeit hat darauf verzichtet, selbst eine empirische Studie solcher konkreten ökonomischen Sprachspiele durchzuführen, und statt dessen die methodischen und allgemein theoretischen Grundlagen für eine solche Empirie bereitgestellt und begründet.

Im Kapitel 6 werden deshalb einige *allgemeine* Konsequenzen einer sprachintegrierten Ökonomik erörtert. Es wird die Vielfältigkeit realer ökonomischer Sprachspiele aufgezeigt, nach welchen Kriterien Unterscheidungen ökonomischer Sprachspiele eingeführt werden können bzw. sollten, welche ökonomischen Funktionen sie erfüllen und welche ökonomischen Restriktionen sie aufwerfen können sowie wie Sprachwandel an der Hervorbringung des Prozesses kurz- und langfristiger ökonomischer Evolution beteiligt ist.

Aufgrund der Weitläufigkeit der Konsequenzen einer sprachintegrierten Ökonomik werden sie anhand eines Beispiels intensiver analysiert: die fundamentale, notwendige Sprachlichkeit der zentralen Aspekte von Transaktionsprozessen wird ausführlich dargestellt und begründet. Am Fall der Transaktion wird deutlich, daß Sprache nicht nur *eine* Funktion erfüllt, etwa als Medium des Transaktionseinigungsprozesses zu dienen, sondern daß sprachliche Phänomene in ganz mannigfaltigen Aspekten, Funktionen und Restriktionen wirksam werden.

In Konklusion einer sprachspielorientierten ökonomischen Theorie plädiert die Verfasserin für einen radikalen linguistic turn der Wirtschaftswissenschaft und einem wissenschaftlichen bottom-up-Verfahren der Generierung allgemeiner Theorieaussagen aus kulturvergleichender Forschung realer Wirtschaftssprachspielpraxis. Da der Kognitionsapparat der WissenschaftlerInnen dazu tendiert, kognitiv und kreativ konstruierte Muster, Strukturen und Prozesse in „die" beobachtete Wirklichkeit nicht nur hinein zu interpretieren, sondern sie auch – durch die Theorie-Brille betrachtet – bestätigt zu finden,[3] werden häufig „allgemeine" ökonomische Phänomene allein aufgrund von Plausibilitätsüberlegungen entwickelt, ohne eine Überprüfung an den Sinnsystemen realer Wirtschaftssubjekte vorzunehmen. Ein „Bottom-up-Verfahren" dagegen versucht, anhand von raum-zeitlich, personell und auf bestimmte Sinnbereiche begrenzten Fallstudien empirisch praktizierte ökonomische Sprachspielregeln, ihre Rationalitäten und die Selektionsumgebungen ihrer zeitlichen Wandlungsprozesse zu rekonstruieren. Einerseits können durch den Vergleich ökonomischer Sprachspielkulturen, der ja über die Überprüfung der Anschlußfähigkeiten der jeweiligen Sprachspiele durchgeführt wird, abstrahierend allgemeine Charakteristika ökonomischer Sprachspiele herausgearbeitet werden. Dies ist auf eine breite empirische Basis von Beschreibungen ökonomischer Sprachspiele angewiesen, die bisher nur in rudimentären Ansätzen existiert. Außerdem sind die Sprachspielbeschreibungen aufgrund

---

[3] Diese anthropologisch konstante menschliche Eigenart, bestätigende „Informationen" präferiert wahrzunehmen, wird als „Konfirmationsbias" bezeichnet. Vgl. Schulz-Hardt et al. (1999)

der Eliptizität von Sprache durch die Interessenfoki der jeweiligen Wissenschaftler geprägt, grundsätzlich verkürzend und tendentiell intersubjektiv unterschiedlich.

Neben der kulturvergleichenden Generierung von allgemeinen Theorieaussagen muß aus volkswirtschaftstheoretischer Perspektive auch das Zusammenspiel sinnhaft abhängiger ökonomischer Sprachspiele in seiner Gesamtheit untersucht werden. Die Frage nach der Effizienz von Wirtschaftssystemen, die seit langem im Mittelpunkt wirtschaftswissenschaftlicher Interessen steht, ist hierbei nur *eine* Möglichkeit. Da die heutigen großen Wirtschaftsgesellschaften sich aus einer unglaublichen Komplexität von Sprachspielnetzwerken, die einander jeweils Selektionsumgebung sind, konstituieren, wäre es allerdings grundlos optimistisch, wenn man annähme, hierbei schnell und begründet zu „realistischen" Aussagen über effiziente Sprachspielsysteme zu gelangen.

Es muß akzeptiert werden, daß unterschiedliche Sprachspielgemeinschaften inkommensurable ökonomische und nicht-ökonomische Rationalitäten (Erfolgsorientierungen) parallel verfolgen, die in ihrer parallelen und konfligierenden Gesamtheit die wirksamen Wohlfahrtskriterien von Gesellschaften konstituieren. Die Ausdifferenzierung verschiedenartiger ökonomischer Sprachspielsysteme, wie etwa von sogenannten Entwicklungsländern, industrialisierten und transformierenden Volkswirtschaften, kann dabei eine viable Anpassung an die je gesellschaftsspezifischen Wohlfahrtskriterien darstellen, auf die hin die allgemeine Stimmigkeit der mannigfaltigen ökonomischen Sprachspiele eines Wirtschaftssystems zu überprüfen ist. Eine radikal kulturrelativistische Sprachspielökonomik kann ein kulturübergreifendes Effizienz- und Wohlfahrtskriterium (wie etwa das BSP/Kopf) weder ex ante unterstellen, noch Entwicklungsvorsprünge oder -rückstände an einem solchen ungeprüften aufoktroyierten Kriterium feststellen.

Statt dessen muß die kulturspezifische Stimmigkeit und Rationalität ökonomischer Sprachspielnetzwerke in ihrem Zusammenspiel erkundet werden. Wenn der Grad der Stimmigkeit bzw. der Abgestimmtheit unterschiedlicher Sprachspielpraktiken aufeinander erhöht werden soll, dann geschieht dies einerseits in einem „blinden" Koevolutionsprozeß, in dem Sprachspielgemeinschaften, von ihren Interessen geleitet, machtausübend die Kontexte der anderen zu steuern versuchen. Andererseits begibt sich jede wirtschaftswissenschaftliche Beratung zur „Effizienz-„ bzw. Wohlfahrtssteigerung in einen gesellschaftlichen Diskurs, in dem in sekundären

Sprachspielen neue Sprachspielnetzwerke phantasievoll entwickelt und gemäß der jeweiligen Diskurspraxis durch die jeweiligen Machtkonfigurationen selektierend durchgesetzt werden.[4]

Volkswirtschaftstheoretische Analyse im Zuge einer sprachintegrierten Ökonomik ist deshalb aufgrund mangelnder empirischer Basis, extrem hoher Komplexität großer Sprachspielgesellschaften und radikalem Kulturrelativismus ökonomischer Semantik eine große Herausforderung. Man kann deshalb leicht Verständnis für die derzeitige wirtschaftswissenschaftliche Praxis aufbringen, die sich im Sinne therapeutischer Neubeschreibungen bewegt und nicht wirklich den Anspruch einer realitätsnahen Theorie, sondern den einer inspirierenden neuen Sicht verfolgt, der eventuell die politischen oder ökonomischen Akteure zu einem wohlfahrtsverbessernden (aus wessen Sicht?) Handeln inspiriert. Konsistenz und Vollständigkeit von Theorie wird in diesem Sinne nicht erreicht, aber auch gar nicht erst angestrebt. Allerdings ist die positive, z.B. effizienzsteigernde Wirkung und die Güte der wissenschaftlichen Beschreibung auch nicht mehr begründbar.

Um schließlich mit einem Bild den Beitrag zur Wirtschaftswissenschaft zu beschreiben, der mit der vorliegenden Arbeit geleistet werden soll: Das Ende der metaphysischen Tradition[5], also der Abschied von der Möglichkeit eines objektiven Zugangs zur denkunabhängig gegebenen Wirklichkeit, hinterläßt den Menschen und insbesondere die WissenschaftlerIn als gleichsam in der Luft hängendes Wesen, das weder weiß, warum es nicht fliegt, noch, warum es nicht abstürzt. Traditionelle ökonomische Referenzsysteme wie beispielsweise die Gleichgewichtstheorie, Ungleichgewichtstheorie oder Euckens Ordo-Prinzip entwerfen im Grunde Vorstellungen darüber, wie die Erde beschaffen ist, auf der Wirtschaftssubjekte sich bewegen, und ignorieren dabei, daß diese gar nicht auf festem Grund stehen. Die radikal subjektivistischen Fundierungen ökonomischer Theorien dagegen nehmen an, es sei unmöglich festzustellen (zumindest verfügen sie konsistenterweise nicht über ein nicht-subjektives Zeichensystem, in dem diese Feststellung getroffen werden könnte), ob Subjekte tatsächlich in einem *gemeinsamen* Raum zwischen Himmel und Erde agieren und sich überhaupt strukturell koppeln können. In der vorliegenden Arbeit wurde

---

[4] Die Diskursabhängigkeit von Effizienzvorstellungen wird schon allein bei der Frage deutlich, welche Input- und Output-Größen in Effizienzmessungen berücksichtigt werden. Vgl. hierzu in Bezug auf die „Effizienz" technischen Fortschritts Hesse (1987)

[5] Vgl. Schulz (1972)

statt dessen das Regelsystem der Sprache als der Körper dargestellt, mit
dessen Hilfe wir uns in der Luft bewegen und aufrecht halten können,
ohne wirklich zu wissen, woraus Himmel und Erde gemacht sind, zwischen denen wir unsere viablen (und nicht-viablen) ökonomischen Verhaltensweisen realisieren. Sprache ist das letzte und festeste mögliche Fundament wissenschaftlichen Erkennens und Theoretisierens, wie auch ökonomischen Interpretierens und sozialen Verhaltens. Dies wurde nicht nur
im Rahmen einer konsistenten, selbstreferentiellen Theorie gezeigt, sondern auch referierend auf nicht-ökonomische und ökonomische Wissenschaften begründet. Welche Bedeutung die LeserInnen dieses Buches allerdings einer sprachfundierten Ökonomik zukünftig zukommen lassen,
liegt, so muß konsequenterweise gesagt werden, in Ihren Verstehenspro-
zessen (und Ihrer Kreativität) begründet.

7.2 Ausstehendes

Neben dem in der Arbeit Geleisteten soll nun zum Schluß die grundsätzliche Frage nach der Empirie gestellt werden, da diese bisher nur durch
Hinweis auf empirische Beispiele integriert wurde.

Die vorliegende Arbeit hat sich der Frage nach der Bedeutung von
Sprache für das Wirtschaften bisher in einer theoretischen Weise genähert
und die spezifische Rolle von Sprache durch logische Analyse und durch
die Rezeption der empirischen Arbeit anderer WissenschaftlerInnen (z.B.
Kognitionswissenschaft, Sozio- und Ethnolinguisten, sonstige Sozial- und
Sprachwissenschaften) erkundet und abgesteckt.

Grundsätzlich wäre es wünschenswert gewesen und war auch in der ursprünglichen Konzeption der Arbeit so geplant, durch eine empirische
Studie der ökonomischen Sprachspielpraxis zu einer Beschreibung ökonomischer Prozesse als Kommunikationsprozesse zu gelangen und daraus
Schlußfolgerungen für die ökonomische Theorie zu ziehen. Eine primär in
Feldforschungen operierende Arbeit erwies sich aus mehreren Gründen
im Zuge der Beschäftigung mit dem Thema immer weniger als eine realisierbare und sinnvolle Vorgehensweise.

1. Eine empirische Studie ökonomischer Sprachspielpraxis kann, wie gezeigt wurde, notwendigerweise immer nur eine **Fallstudie** der Kommunikationen einer räumlich, historisch und personell abgegrenzten

[handschriftliche Notiz:] Vorteil: abgrenzen für B.A. möglich, keine allgemeine Theorie gesucht.

Sprachspielgemeinschaft sein. Eine Fallstudie ist von ihrem Fokus und ihrer Methodik her aus Zeitgründen so beschränkt, daß eine umfassende Rekonstruktion der Sprachspielgrammatik der ausgewählten Gruppierung unmöglich ist, so daß Schlußfolgerungen für eine *allgemeine* Theorie der Ökonomik nur in geringem Maße zu erwarten gewesen wären. Auch der geringe räumliche, personelle und zeitliche Umfang von Sprachspielpraxis, die von einer *Einzelforscherin* untersucht werden kann, würde nur auf einen Bruchteil der in der umfassenden theoretischen Analyse aufgestellten Thesen rekurrieren.

2. Die Ökonomie ist von der Sprachlichkeit ökonomischer Prozesse in so fundamentaler Weise und auf so vielen Weisen und Ebenen betroffen, und die WirtschaftswissenschaftlerInnen messen aufgrund ihrer Überzeugung von der dreifachen Neutralität der Sprache dieser Thematik so wenig Relevanz bei, daß eine hochspezifische Fallstudie das Neutralitätsdogma nicht hätte antasten können. Es wäre zu befürchten gewesen, daß eine Einzelfallstudie einen ganz bestimmten Aspekt der Bedeutung von Sprache für das Wirtschaften in den Vordergrund rücken würde und so die Allgemeinheit der theoretischen Ausführungen in der Wahrnehmung der Leserschaft verblassen lassen würde. Dies war nicht gewünscht. *[handschriftliche Notiz:]* → Vorteil für B.A.: Anwendung d. Theorie

3. Ein grundsätzliches Problem ist die allgemein **dünne empirische Basis** der Erforschung ökonomischer Sprachspielpraxis.[6] Wäre diese Basis breiter, so hätte eine fokussierte Einzelfallstudie auf eben dieser Basis doch zu allgemeineren Erkenntnissen über die Rolle von Sprache in der Ökonomie führen können. Die anfängliche Hoffnung, es lägen in den Nachbardisziplinen umfangreiche und vielfältige sozio- und ethnolinguistische Studien zu ökonomischen Sprachspielen vor, erwies sich als unbegründet. Selbstverständlich gibt es in den Sprachwissenschaften reichhaltige empirische Arbeiten. Diese werden jedoch oft mit einem

[6] Nachfolgend ersehen Sie nahezu alles, was an empirischen Studien zu finden war. Vgl. die ethnomethodologische Untersuchung von Organisationskommunikationen von Boden (1994), zu Kreditbeziehungen Steinwand (1991) sowie in Teilen Coulmas (1992), als frühes ökonomisches Beispiel Pohl (1971), diskurstheoretische **Analysen von Ar**beitsmarktverhalten Uske (1995) und Kreft, Uske (1997) sowie zur **Wahrnehmung von** Arbeitsmarktpolitik Heschl (1989), Bredehöft (1994), als linguistische, die Unternehmensebene fokussierende Analysen Paschek (2000), Meier, C. (1997), Pothmann (1997), Bungarten (1994), Zerfaß (1996), Derieth (1995), Müller (1997), Raeithel (1991), Motamedi (1995), Wever, Besig (1995), eine interkulturelle linguistische Analyse des Begriffs „Arbeit" Hermanns, Zhao (1996)

gänzlich anderen Interessenschwerpunkt durchgeführt und liefern deshalb für die Fragestellung ökonomischer Verständigungen wenige oder nur sehr unkonkrete Anhaltspunkte. Außerhalb der Sprachwissenschaften gibt es einige ethnologische, kulturwissenschaftliche, soziologische und auch ökonomische empirische Arbeiten, die sich implizit mit Sprachspielen und Spezifika von Sprachspielgemeinschaften beschäftigen. Aufgrund des allgemeinen Dogmas der Neutralität von Sprache sind häufig weder die Methodologie noch die konkreten Forschungsergebnisse direkt auf die Kommunikationsprozesse bezogen, sondern immer auf die als „dahinter" liegend und „eigentlich" angesehenen Handlungen ausgerichtet.[7] Daß sprachliches Handeln selbst echtes Handeln und nicht nur (neutrales) Mittel zum Zweck ist, daß die Bedeutungshaltigkeit von Handlungen nicht an eine von Sprache getrennte Sinnsphäre gekoppelt sein kann und daß Handlungen selbst Zeichencharakter haben, wird aufgrund des Neutralitätsdogmas in solchen empirischen Studien selten offenbar. Trotz dieser blinden Flecken sind Erforschungen über Verhaltensregelmäßigkeiten, kulturelle Eigenheiten, Konflikt- und Kooperationsmodi, Institutionen usw. auch für die Erforschung ökonomischer Sprachspiele brauchbare Anhaltspunkte für Empirie. Um sich allerdings verständigen zu können und um tatsächlich auf Zeichenbasis Einigungen vornehmen zu können (Transaktionen, kollektive Handlungspläne), müssen Gruppen allerdings nicht nur irgendwie übereinstimmende Verhaltensweisen aufweisen, sondern gemeinsame Sprachspiele spielen bzw. entwickeln können. Ob dies in dem je empirisch untersuchten Fall gegeben ist, läßt sich oft nicht oder nur nach sorgfältiger Überprüfung feststellen, weshalb auch sozialwissenschaftliche Empirie nur bedingt zur Fundierung einer ökonomischen Theorie geeignet ist, die sich mit der Rolle von Sprache in der Ökonomik befaßt. Ohne die Erkenntnisse einer breiteren empirischen Basis läßt sich eine empirisch fundierte *volkswirtschaftliche* Theorie ökonomischer Sprachspiele nicht konstruieren. Allenfalls erste Anhaltspunkte für eine streng kultur-relative mikroökonomische Theorie lassen sich finden.

---

[7] Vgl. etwa die frühen Arbeiten von Mauss (1999), Malinowski (1922), Sahlins (1999). Eine interessante Arbeit, die – leider ohne expliziten Rekurs auf Sprache – die Zusammenhänge von (kollektiven) mentalen Orientierungen und struktureller Regionalentwicklung untersucht, ist Helbrecht et al. (1991)

4. Ein Ausnahmebereich der bisher dünnen empirischen Basis ist die Politik. Nicht zuletzt aufgrund der Frankfurter Schule und Habermas' Theorie kommunikativen Handelns findet sich eine größere Menge von Untersuchungen zur Kommunikation in der politischen Sphäre, die sich allerdings seltener speziell auf *wirtschafts*politische Thematiken beziehen. Vielmehr wird vor allem der allgemeine Kommunikationsprozeß zwischen Bürger und Politikern, der Prozeß der Generierung öffentlicher Meinung sowie die sprachbasierte Machtausübung von staatlichen Akteuren betrachtet.[8] Die Existenz einer schmalen Fraktion einer „Theorie der kommunikativen Wirtschaftspolitik" um die Schweizer Meier, Mettler, Haudenschildt, Ernst belegt[9], daß die Frankfurter Erkenntnis der Nicht-Neutralität von Sprache in politischen Prozessen doch zumindest in der schwachen, nämlich auf den wirtschaftspolitischen Bereich beschränkten Form in die Ökonomik importiert werden konnte. Es liegt nahe, im Anschluß an die Schweizer Theoretiker, mit einer auf Deutschland bezogenen empirischen Erforschung wirtschaftspolitischer Sprachspiele zu beginnen. Problematisch ist hierbei, daß die kommunikative Selbsterzeugung der wirtschaftlichen Sphäre dann wieder ganz außerhalb des Blickfeldes geriete. Auch gerät das empirische Projekt sehr umfangreich, wenn man versucht, die vielschichtigen Wechselwirkungen zwischen dem Sprachspiel einer spezifischen Politikmaßnahme und den vielfältigen politischen und ökonomischen Sprachspielpraktiken zu erfassen, welche als „Durchführung einer wirtschaftspolitischen Maßnahme" bezeichnet werden. Eine solche Fallstudie wäre von ihrem Umfang her angemessen, um einige wichtige Aspekte der Bedeutung von Sprache für die Ökonomik herauszuarbeiten, ist für EinzelforscherInnen aber zu umfangreich.

5. Wie sich gezeigt hat, ist Sprache in ganz vielschichtiger Weise und in mehreren Dimensionen für ökonomische Prozesse von Bedeutung. Das Herausgreifen eines sehr begrenzten dieser Aspekte für eine empirische

---

[8] Vgl. Bergsdorf (1978), Holly (1990), van den Daele, Neidhardt (1996), Bußhoff (1997), Klein (1989, 1996), Kopperschmidt (1995), Bredehöft (1994), Elspaß (1998), Liedtke, Wengeler, Böke (1991), Langenbucher (1986), A. Dörner (1997), Bleses, Offe, Peter (1997), D. Braun (1997), Donsbach, Jarren et al. (1993), vgl. auch politikwissenschaftlich motivierte, neuere Ansätze, die ökonomische bzw. wirtschaftspolitische Themen aufgreifen: Nadeau, Niemi, Fan, Amato (1999), Campbell (1998), Swaffield (1998), Scammell (1999), Sarcinelli (1998), Calliess, Striegnitz (1991)

[9] Vgl. Meier, Mettler (1988), Meier, Haudenschild (1991), Meier, Slembeck (1998), Ernst (1986), vgl. zu deutschen theoretischen Ansätzen Ebert (1999).

Untersuchung hätte diese Vielschichtigkeit nicht zeigen können. Um das Interesse der WirtschaftswissenschaftlerInnen für das Thema Sprache überhaupt zu wecken und das massive Dogma der Neutralität von Sprache anzugehen, ist eine vielschichtigere, allgemeine Theorie von der Bedeutung von Sprache für das Wirtschaften sicher geeigneter, zumal dies den üblichen Regeln des ökonomischen Wissenschaftssprachspiels stärker entspricht.

Trotz dieser Gründe, die letztlich gegen eine eigene empirische Studie im Rahmen dieser Arbeit sprachen, ist der Aufbau einer umfassenden empirischen Tradition zur theoriekonsistenten Erforschung ökonomischer Sprachspiele äußerst wünschenswert und zur Fundierung und zum weiteren Ausbau der hier entwickelten Thesen notwendig. *Hier B.A. aussehen*

Bereits im Abschnitt 7.1 wurden die Probleme erörtert, die sich im Gegensatz zu betriebswirtschaftlicher bzw. gruppenorientierter Kommunikationsforschung für eine sprachspielfundierte Ökonomik ergeben. Es wird nicht nur eine extrem breite empirische Basis über national-, lokal- oder global-ökonomische Sprachspielpraxis benötigt. Es besteht zusätzlich das Problem der Analyse der hochkomplexen Interdependenzen zwischen ökonomischen (und nicht-ökonomischen) Sprachspielen großer arbeitsteilig vernetzter Wirtschaftsgesellschaften. Der hier geschaffene theoretische Rahmen bietet aber die Möglichkeit, auch methodisch sehr unterschiedliche empirische Fallstudien zu einer „Datenbasis" zu integrieren. Aufgrund der hier begründeten Dringlichkeit sprachorientierter ökonomischer Forschung lassen sich die Probleme einer volkswirtschaftlichen Sprachspielforschung nicht als Begründung eines gänzlichen Verzichts darauf anführen.

Von der Methodik kann grundsätzlich auf die bereits bewährten empirischen Forschungsinstrumente der Ethnomethodologie, des symbolischen Interaktionismus, der Hermeneutik und Soziolinguistik (hier: Diskursanalyse und Konversationsanalyse) zurückgegriffen werden.[10] Die Einrichtung interdisziplinärer (ökonomischer und soziolinguistischer) Forschungsgruppen ist für diesen Zweck eine Forschungserleichterung.

Neben der grundsätzlich noch ausstehenden empirischen Seite wären auch noch intensivere Analysen des sprachlichen Machthandelns in ökonomischen Sprachspielen wünschenswert gewesen. Auch die Thematisie-

---

[10] Vgl. Lamnek (1995a) S. 46-55, 71-92, Hymes (1979), Garfinkel (1967; 1986) Jäger (1993; 1994), Knuf, Schmitz (1975; 1980), Schütze (1978), Weingarten et al. (1979)

rung kooperativen ökonomischen Handelns (Produktions- und Konsumsektor) sowie wirtschaftspolitischen Handelns (neben Transaktionsverhalten) wäre ein interessanter Themenschwerpunkt. Spezielle Kulturfoki, etwa die kulturvergleichende Analyse von Sprachspielpraxis des ersten (privat), zweiten (staatlich) und dritten (intermediären) Wirtschaftssektors, ethnischer, gender- oder altersspezifischer ökonomischer Sprachspiele sind Ansatzpunkte weiterer Erörterungen.

Was im Rahmen einer hermeneutisch orientierten Arbeit zur Bedeutung von Sprache in der Ökonomik grundsätzlich dazu gehören würde, wäre die Reflektion der Sprachspielpraxis der Autorin selbst. Die Frage, warum der vorliegende Text so und nicht anders geschrieben wurde, ließe sich selbst anhand der Rekonstruktion der Sprachspielpraktiken, in welche die Autorin eingebunden und sozialisiert ist, sowie ihrer kreativen und routinegeleiteten Kognitionsprozesse beantworten. Da ich aber von dem so und nicht anders geschriebenen Theoriegebäude nicht ablenken will, überlasse ich die Reflektion dieser Frage der Phantasie und den Nachfragen der LeserInnen.

Literaturverzeichnis

Ahrns, Hans-Jürgen; Feser, Hans-Dieter (1997): Wirtschaftspolitik, 7. Aufl., München, Wien

Akerlof, George A. (1970): The Market for Lemons: Quality Uncertainty and the Market Mechanism, in: Quarterly Journal of Economics, Vol. 84, S. 488-500

Albach, Horst (1980): Vertrauen in der ökonomischen Theorie, in: Zeitschrift für die gesamte Staatswissenschaft, Bd. 136, Nr. 1, S. 2-11

Albert, Hans (1969): Traktat über kritische Vernunft, 2. Aufl., Tübingen

Alchian, Armen A. (1950): Uncertainty, Evolution, and Economic Theory, in: Journal of Political Economy, Vol. 58, S. 211-21

Almond, G. (1958): A Comparative Study of Interest Groups and the Political Process, in: American Political Science Review, Vol. 52(1), S. 270-282

Amann, Erwin (1999): Evolutionäre Spieltheorie, Heidelberg

Annett, John (1994): Motor Skills, in: Colman, Andrew M., ed. (1994), Vol. 1, S. 434-453

Anheier, H.; Priller, E.; Seibel, W.; Zimmer, A. (1997): Der Dritte Sektor in Deutschland, Berlin

Apel, Karl-Otto (1979): Die Erklären-Verstehen-Kontroverse in transzendentalpragmatischer Sicht, Frankfurt/Main

Argyris, Chris; Schön, Donald A. (1978): Organizational Learning, London

Arrow, Kenneth J. (1951): Social Choice and Individual Values, New York

Arrow, Kenneth J. (1962): The economic implications of learning by doing, in: Review of Economic Studies, Vol. 29, S. 155-173

Arrow, Kenneth J. (1994): Methodological Individualism and Social Knowledge, in: American Economic Review, Papers and Proceedings, Vol. 84, S. 1-9

Arthur, W. Brian (1990): A Learning Algorithm that Mimics Human Learning, Santa Fe Institute Economics Research Program, Working Paper 90-026

Arthur, W. Brian (1992): On Learning and Adaptation in the Economy, Institute for Economic Research Discussion Paper Nr. 854, Queen's University

Austin, J.L. (1962): How to Do Things with Words, Oxford

Austin, J.L. (1972): Zur Theorie der Sprechakte, Stuttgart

Auwärter, M.; Kirsch, E.; Schröter, M., Hrsg. (1976): Kommunikation, Interaktion, Identität, Frankfurt/Main

Avenarius, Horst (1995): Public Relations, Darmstadt

Axelrod, Robert (1984): The Evolution of Cooperation, New York, Hammondsworth

Axelrod, Robert (1986): An Evolutionary Approach to Norms, in: American Political Science Review, Vol. 80, S. 1095-1111

Bacharach, Michael O. (1986): The Problem of Agents' Beliefs in Economic Theory, in: Baranzani, Mauro; Scazzieri, R., eds. (1986): Foundations of Economics, Oxford, S. 175-203

Bacharach, Michael O. (1989): The Role of „Verstehen" in Economic Theory, in: Ricerche Economiche, Vol. XLIII, Nr. 1-2, S. 129-150

Bacharach, Michael; Bernasconi, Michele (1997): The Variable Frame Theory of Focal Points: An Experimental Study, in: Games and Economic Behavior, Vol. 19, S. 1-45

Backhouse, Roger E. (1992): The Constructivist Critique of Economic Methodology, in: Methodus, Vol. 4, S. 65-82

Backhouse, Roger E., ed. (1994a): New directions in economic methodology, London, New York

Backhouse, Roger E. (1994b): The Lakatosian Legacy in Economic Methodology, in: ders., ed. (1994a), S. 173-191

Backhouse, Roger E. (1994c): Introduction: New Directions in Economic Methodology, in: ders., ed. (1994a), S. 1-24

Baddeley, Alan (1994): Memory, in: Colman (1994), S. 281-301

Baecker, Dirk (1999): Organisation als System, Frankfurt /Main

Baecker, Dirk (2000): Theorien und Praktiken des Nichtwissens, discussion paper Studium Fundamentale, Universität Witten/Herdecke, Witten

Banks, E. (1998): The Prosumer and the Productivity Paradox, How prosumers can enhance the quality of services in a low-growth economy, in: Social Policy Vol. 28, Nr. 4, S. 10-14

Banks, Jeffrey S. (1991): Signaling Games in Political Science, Chur

Barlösius, Eva; Köhler, Barbara Maria (1999): Öffentlich Bericht erstatten – Repräsentationen gesellschaftlich umkämpfter Sachverhalte, in: Berliner Journal für Soziologie, Nr. 4, S. 549-565

Barro, Robert J. (1981): The Equilibrium Approach to Business Cycles, in: ders., ed. (1981): Money Expectations and Business Cycles, New York

Baruzzi, Arno (1985): Alternative Lebensform?, Freiburg, München

Bateson, Gregory (1972): Die logischen Kategorien von Lernen und Kommunikation, in: ders. (1981): Ökologie des Geistes: anthropologische, psychologische, biologische und epistemologische Perspektiven, Frankfurt/Main, S. 362-399

Bateson, Gregory; Ruesch, Jürgen (1995): Kommunikation, Heidelberg

Bazerman, Charles (1993): Money talks: the Rhetorical Project of the Wealth of Nations, in: Henderson, W.; Dudley-Evans, T.; Backhouse, R., eds. (1993), S. 173-199

Bazerman, Max H.; Samuelson, W.F. (1983): I Won the Auction but Don't Want the Prize, in: Journal of Conflict Resolution, Vol. 27, S. 618-634

Beck, D.; Fisch, R.; Bergander, W.; Fischer, M. (1999): Zur Funktion unterschiedlicher Gruppenrollen für die Zusammenarbeit in Gruppen, in: Gruppendynamik, Jg. 30(2), S. 175-190

Beck, Ulrich (1997): Was ist Globalisierung?, Frankfurt/Main

Becker, Gary S.; Stigler, George J. (1977): De Gustibus Non Est Disputandum, in: American Economic Review, Vol. 67, S. 76-90

Becker, O.; Bolle, F. (1996): Expectations in Economics: Rational or not? in: Jahrbuch für Ökonomie und Gesellschaft, Bd. 13: Experiments in Economics, Frankfurt/Main, S. 88-119

Behrens, Peter (1999): Rechtliche Strukturen der Weltwirtschaft aus konstitutionenökonomischer Perspektive, in: Jahrbuch für Neue Politische Ökonomie Bd. 18, Tübingen, S. 9-39

Benton, Raymond Jr. (1990): A hermeneutic approach to economics: if economics is not science, and if it is not merely mathematics, then what could it be?, in: Samuels, Warren J., ed. (1990), S. 65-89

Berg, J.; Dickhaut, J.W.; McCabe, K.A. (1995): Trust, Reciprocity, and Social History, in: Games and Economic Behavior, Vol. 10, S. 122-142

Berger, Hartwig (1975) Ansätze einer soziolinguistischen Basistheorie, in: Wiggershaus, Rolf, Hrsg. (1975), S. 253-299

Berger, Peter L.; Luckmann, Thomas (1995): Modernität, Pluralismus und Sinnkrise, Gütersloh

Berger, Peter L.; Luckmann, Thomas (1999): Die gesellschaftliche Konstruktion der Wirklichkeit, 16. Aufl., Frankfurt/Main

Bergmann, Gustav (1964): Logic and Reality, Madison

Bergsdorf, Wolfgang (1978): Politik und Sprache, München u.a.

Berriane, Mohamed; Hopfinger, Hans (1997): Informeller Handel an internationalen Grenzen, in: Geographische Rundschau, Bd. 49, Nr. 9, S. 529-534

Bianchi, Marina, ed. (1998): The active consumer – novelty and surprise in consumer choice, London u.a.

Bicchieri, Cristina (1995):The Epistemic Foundations of Nash Equilibrium, in: Little, Daniel, ed. (1995): On the Reliability of Economic Models, Boston, Dordrecht, London, S. 91-146

Bidault, Francis; Delay Termoz, Roger, eds. (1997): Trust: firm and society, Basingstoke, Hampshire u.a.

Bikhchandani, Sushil; Hirshleifer, David; Welch, Ivo (1998): Learning from the Behaviour of Others: Conformity, Fads, and Informational Cascades, in: Journal of Economic Perspectives, Vol. 12, Nr. 3, S. 151-170

Black, Fischer (1986): Noise, in: Journal of Finance, Vol. 41, S. 529-543

Blankart, Charles B.; Knieps, Günter (1992): Netzökonomik, in: Jahrbuch für Neue Politische Ökonomie, Bd. 11, Tübingen, S. 73-87

Blankart, Charles B.; Knieps, Günter (1993a): State and Standards, in: Public Choice, Vol. 77, S. 39-55

Blankart, Charles B.; Knieps, Günter (1993b): Network Evolution, in: Wagener, Hans-Jürgen, ed. (1993): On the Theory and Policy of Systemic Change, Heidelberg, New York, S. 43-50

Blaseio, Helmuth (1986): Das Kognos-Prinzip, Berlin

Blaug, Mark (1992): The Methodology of Economics: How Economists Explain, 2. Aufl., Cambridge (1. Aufl. erschienen 1980)

Bleses, Peter; Offe, Claus; Peter, Edgar (1997): Öffentliche Rechtfertigungen auf dem parlamentarischen „Wissensmarkt" – Argumentstypen und Rechtfertigungsstrategien in sozialpolitischen Bundestagsdebatten, in: Politische Vierteljahresschrift, 38. Jg., Nr. 3, S. 498-529

Blinder, Alan S. (1991): Why are Prices Sticky?, in: American Economic Review, Papers and Proceedings, Vol. 81, S. 89-96

Bloor, David (1997): Wittgenstein, Rules and Institutions, London, New York

Blotevogel, H.H. (1995): Raum, in: Handwörterbuch der Raumordnung, Akademie für Raumforschung und Landesplanung, Hannover, S. 733-740

Boback, Peter (1995): „Übersetzung" und „Nicht-Übersetzung" als Modus kultureller Selbstreferenz, in: Zeitschrift für Literaturwissenschaft und Linguistik Nr. 97, S. 73-85

Boden, Deirdre (1994): The Business of Talk: Organizations in Action, Cambridge, Oxford

Böke, Karin; Jung, M.; Wengeler, M., Hrsg. (1996): Öffentlicher Sprachgebrauch, Opladen

Boettke, Peter J. (1990): Interpretive Reasoning and the Study of Social Life, in: Methodus, Vol. 2(2), S. 35-45

Boettke, Peter J. (1994): Introduction, in: ders., ed. (1994): The Elgar Companion to Austrian Economics, Aldershot Hants, S. 1-6

Boettke, Peter J. (1995): Individuals and institutions, in: Prychitko, David L., ed. (1995a), S. 19-35

Bohnet, Iris; Frey, Bruno S. (1994): Direct-Democratic Rules – The Role of Discussion, in: Kyklos, Vol. 47, Nr. 3, S. 341-354

Bohnet, Iris; Frey, Bruno S. (1995): Ist Reden Silber und Schweigen Gold?, in: Zeitschrift für Wirtschafts- und Sozialwissenschaften, Bd. 115, S. 169-209

Boland, Lawrence A. (1982): The Foundations of Economic Method, London

Boland, Lawrence A. (1994): Scientific Thinking without Scientific Method, in: Backhouse, Roger E. ed. (1994a), S. 154-172

Boland, Lawrence A. (1997): Critical Economic Methodology: A Personal Odyssey, London

Boland, Lawrence A. (2001): Towards a useful methodology discipline, in: Journal of Economic Methodology, Vol. 8, Nr. 1, S. 3-10

Bommes, Michael (1993): Migration und Sprachverhalten, Wiesbaden

Boscolo, Luigi et al. (1990): Sprache und Veränderung, in: Familiendynamik, 15. Jg., Heft 3, S. 107-123

Boulding, Kenneth E. (1974): The Communication of Legitimacy, in: ders., ed. (1974): Collected Papers – Toward a General Social Science, Vol. 4, Boulder, S. 239-243

Bourdieu, Pierre (1976): Entwurf einer Theorie der Praxis, Frankfurt/Main

Bourdieu, Pierre (1983): Ökonomisches Kapital, kulturelles Kapital, soziales Kapital, in: Kreckel, Reinhard, Hrsg. (1983): Soziale Ungleichheiten, Göttingen, S. 183-198

Bourdieu, Pierre (1987): Die feinen Unterschiede, Frankfurt/Main

Bowles, Samuel (1998): Endogenous Preferences: the Cultural Consequences of Markets and other Economic Institutions, in: Journal of Economic Literature, Vol. 36, S. 75-111

Brams, Steven (1990): Negotiation Games: Applying Game Theory to Bargaining and Arbitration, New York

Brams, Steven (1993): Theory of Moves, in: American Scientist, Vol. 81, S. 562-570

Brams, Steven (1994): Theory of Moves, Cambridge U.K.

Brams, Steven; Mattli, Walter (1993): Theory of moves: overview and examples, in: Conflict Management and Peace Science, Vol. 12, Nr. 2, S. 1-39

Brandes, Wolfgang; Weise, Peter (1995): Arbeitsleistung von Arbeitsgruppen als Prozeß der Selbstorganisation, in: Ökonomie und Gesellschaft, Jahrbuch 12: Soziale Kooperation, Frankfurt/Main, New York, S. 263-302

Braun, E., Hrsg. (1996): Der Paradigmenwechsel in der Sprachphilosophie, Darmstadt

Braun, Dietmar (1997): Der Einfluß von Ideen und Überzeugungssystemen auf die politische Problemlösung, in: Politische Vierteljahresschrift, 38. Jg., Heft 3, S. 797-818

Braczyk, Hans-Joachim; Cooke, Philip; Heidenreich, Martin, eds. (1998): Regional Innovation Systems, London, Bristol/Pennsylvania

Bredehöft, Sonja (1994): Diskurse über Arbeitslosigkeit, Wiesbaden

Brehm, Marion (2001): Emotionsarbeit und emotionale Kompetenz, in: WiSt, Nr. 7, S. 350-354

Breton, Albert (1974): The Economic Theory of Representative Government, London

Bretschger, Lucas (1999): Knowledge diffusion and the development of regions, in: Annals of Regional Science, Vol. 33, S. 251-268

Bretzke, W. (1978): Die Formulierung von Entscheidungsproblemen als Entscheidungsproblem, in: Die Betriebswirtschaft, Jg. 38, S. 135-143

Bruhn, Manfred (1997): Kommunikationspolitik: Grundlagen der Unternehmenskommunikation, München

Bubner, Rüdiger (1982): Handlung, Sprache und Vernunft, Frankfurt/Main

Buchanan, James M. (1991): The Domain of Constitutional Economics, in: ders., ed. (1991): The Economics and the Ethics of Constitutional Order, Ann Arbor, S. 51-64

Buchheim, Christoph (1994): Industrielle Revolutionen – langfristige Wirtschaftsentwicklung in Großbritannien, Europa und in Übersee, München

Buchinger, Kurt (2000): Skizzen zur Frage der Identität, in: Gruppendynamik, Nr. 4, S. 383-407

Bull, P., Frederikson, L. (1994): Non-Verbal Communication, in: Colman (1994), Vol. 2, S. 852-872

Bungarten, Theo, Hrsg. (1994): Kommunikationsprobleme in und von Unternehmungen – Wege zu ihrer Erkennung und Lösung, Opladen

Burkart, Roland (1998): Kommunikationswissenschaft, 3. Aufl., Wien, Köln, Weimar

Buskens, Vincent Willem (1999): Social networks and trust, Amsterdam

Busse, Winfried (1975): Funktionen und Funktion der Sprache, in: Schlieben-Lange, Brigitte, Hrsg. (1975): Sprachtheorie, Hamburg, S. 207-240

Bußhoff, Heinrich (1997): Politische Argumentation, Baden-Baden

Bußmann, H. (1990): Lexikon der Sprachwissenschaft, 2. Auflage, Stuttgart

Cagan, Phillip (1956): The monetary dynamics of hyperinflation, in: Friedman, Milton, ed. (1956): Studies in the Quantity Theory of Money, Chicago

Caldwell, B.J. (1991): Clarifying Popper, in: Journal of Economic Literature, Vol. 29, S. 1-33

Caldwell, B.J., ed. (1993): The Philosophy and Methodology of Economics, Vol. I.-III., Aldershot, Hampshire

Caldwell, B.J.; Coats, A.W. (1984): The rhetoric of economics: a comment on McCloskey, in: Journal of Economic Literature, Vol. 22, Nr. 2, S. 575-578

Calliess, Jörg; Striegnitz, Meinfried, Hrsg. (1991): Um den Konsens streiten, Loccumer Protokolle 12/89, Loccum

Calvin, W.H. (1993): Die Symphonie des Denkens: Wie aus Neuronen Bewußtsein entsteht, München, Wien

Calvin, W.H.; Ojemann, G.A. (1995): Einsicht ins Gehirn. Wie Denken und Sprache entstehen, München, Wien

Camerer, C.F. (1997): Progress in Behavioral Game Theory, in: Journal of Economic Perspectives, Vol. 11(4), S. 167-188

Camerer, C.F.; Ho, T.-H. (1997): Experience-Weighted Attraction Learning in Games: A Unifying Approach, California Institute of Technology Working Paper Nr. 1003/97

Camerer, C.F., Lovallo, D. (1996): Optimism and Reference-Group Neglect in Experiments on Business Entry. California Institute of Technology Working Paper Nr. 975/96

Campbell, John L. (1998): Institutional analysis and the role of ideas in political economy, in: Theory and Society, Vol. 27, S. 377-409

Carlton, C.W. (1983): Equilibrium Fluctuations When Price and Delivery Lag Clear the Market, in: Bell Journal of Economics, Vol. 14, S. 562-572

Carlton, C.W. (1986): The Rigidity of Prices, in: American Economic Review, Vol. 76, S. 637-658

Carlton, C.W. (1989): The Theory and the Facts of How Markets Clear: Is Industrial Organization Valuable for Understanding Macroeconomics?, in: Schmalensee, R.; Willig, R.D., eds. (1986): Handbook of Industrial Organization, Vol. 1, Amsterdam, S. 909-946

Chomsky, N.A. (1973): Aspekte der Syntax-Theorie, Frankfurt/Main

Chomsky, N.A. (1980): Rules and representation, New York

Chomsky, N.A. (1986): Knowledge of Language: Its Nature, Origin and Use, New York

Churchland, Paul (1989): A Neurocomputational Perspective: The Nature of Mind and the Structure of Science, Cambridge

Churchland, Paul (1997): Die Seelenmaschine, Heidelberg, Berlin, Oxford

Cialdini, Robert B. (1993): Überzeugen im Handumdrehen: wie und warum sich Menschen beeinflussen und überzeugen lassen, 2. Aufl., München.

Ciompi, Luc (1997): Die emotionalen Grundlagen des Denkens: Entwurf einer fraktalen Affektlogik, Göttingen

Clark, Andy; Karmiloff-Smith, Annette (1993): The Cognizer's Innards: A Psychological and Philosphical Perspective on the Development of Thought, in: Mind and Language, Vol. 8, Nr. 4, S. 487 ff.

Cohen, Benjamin J. (1998): The Geography of Money, Ithaca, London

Coleman, James S. (1984): Introducing Social Structure into Economic Analysis, in: American Economic Review, Papers and Proceedings Vol. 74(2), S. 84-88

Colman, Andrew M., ed. (1994): Companion Encyclopedia of Psychology, Vol. 1-2, London, New York

Commons, John R. (1931): Institutional Economics, in: American Economic Review, Vol. 21, S. 648-657

Commons, John R. (1934): Institutional Economics, Madison, WI

Converse, P.E. (1964): The Nature of Belief Systems in Mass Publics, in: Apter, D.E., ed. (1964): Ideology and Discontent, New York, S. 206-261

Cooper, R.; DeJong, D.; Forsythe, R.; Ross, T. (1993): Forward Induction in the Battle-of-the-Sexes Games, in: American Economic Review, Vol. 63, S. 1303-1316

Coseriu, Eugenio (1988): Sprachkompetenz. Grundzüge einer Theorie des Sprechens, Tübingen

Coulmas, Florian (1985): Sprache und Staat, Berlin

Coulmas, Florian (1992): Die Wirtschaft mit der Sprache, Frankfurt/Main

Cranach, Mario von (1983): Über die bewußte Repräsentation handlungsbezogener Kognitionen, in: Montada, L.; Reusser, K.; Steiner, G., Hrsg. (1983): Kognition und Handeln, Stuttgart, S. 64-76

Crawford, Vincent P. (1995): Adaptive Dynamics in Coordination Games, in: Econometrica, Vol. 63, S. 103-143

Daele, Wolfgang van den; Neidhardt, F. (1996): Kommunikation und Entscheidung: Politische Funktionen öffentlicher Meinungsbildung und diskursiver Verfahren, Berlin

Damasio, Antonio R. (2000): Ich fühle, also bin ich, 2. Aufl., München

Danto, Arthur (1963): What We Can Do, in: Journal of Philosophy, Vol. 60, S. 435-445

Danto, Arthur (1965): Basic Actions, in: American Philosophical Quarterly, Vol. 2, S. 141-148

Darwin, Charles (2000): Der Ausdruck der Gemütsbewegungen bei den Menschen und den Tieren, kritische Edition, Eichborn Verlag, Frankfurt/Main

Dasgupta, Partha; Serageldin, Ismail, eds. (2000): Social Capital: A Multifaceted Perspective, Washingten D.C.

Dauses, August (1995): Semantik, Sprache und Denken, Stuttgart

Davidson, Donald (1990): Handlung und Ereignis, Frankfurt/Main

Davidson, Donald (1993): Der Mythos des Subjektiven, Philosophische Essays, Stuttgart

Dawes, Robyn M.; van de Kragt, Alphons J.C.; Orbell, John M. (1990): Cooperation for the Benefit of Us – Not Me, or My Conscience, in: Mansbridge, Jane J., ed. (1990): Beyond Self-Interest, Chicago, London, S. 97-110

Dawid, H. (1996): Adaptive Learning by Genetic Algorithms, Berlin

Day, R. (1993): Bounded Rationality and the Coevolution of Market and State, in: Day, R.; Eliasson, G.; Wihlborg, C., eds. (1993): The Markets for Innovation, Ownership, and Controll, North-Holland, Amsterdam, S. 57-79

de Marchi, Neil, ed. (1988): The Popperian Legacy in Economics, Cambridge

de Marchi, Neil, ed. (1992): Post-Popperian Methodology of Economics, Boston, Dordrecht, London

Denzau, A.T.; North, D.C. (1994): Shared Mental Models: Ideologies and Institutions, in: Kyklos, Vol. 47, Nr. 1, S. 3-31

Derieth, Anke (1995): Unternehmenskommunikation: eine Analyse zur Kommunikationsqualität von Wirtschaftsorganisationen, Opladen

Derrida, Jaques (1972): Die Schrift und die Differenz, Frankfurt/Main

Derrida, Jaques (1974): Grammatologie, Frankfurt/Main

Derrida, Jaques (1986): Positionen, Graz

Dilthey, Wilhelm (1883): Einleitung in die Geisteswissenschaften. Versuch einer Grundlegung für das Studium der Gesellschaft und der Geschichte, Leipzig, Berlin

di Trocchio, F. (2001): Newtons Koffer, Hamburg

Dittmar, Norbert (1997): Grundlagen der Soziolinguistik, Tübingen

Dixit, Avinash K.; Nalebuff, Barry J. (1997): Spieltheorie für Einsteiger, Stuttgart

Dodd, Nigel (1994): The Sociology of Money – Economics, Reason, and Contemporary Society, Cambridge

Dörner, Dietrich (1999): Bauplan für die Seele, Reinbek bei Hamburg

Dörner, Andreas (1997): Medien als politische Identätsgeneratoren. Zur Inszenierung des Republikanismus in der amerikanischen Medienkultur, in: Politische Vierteljahresschrift, 38. Jg., Heft 3, S. 3-27

Donsbach, Wolfgang; Jarren, Otfried; Kepplinger, Hans M.; Pfetsch, Barbara (1993): Beziehungsspiele. Medien und Politik in der öffentlichen Diskussion, Gütersloh

Dosi, Giovanni (1993): Evolutionäre Ansätze zu Innovationen, Marktprozessen und Instituionen sowie einige Konsequenzen für die Technologiepolitik, in: Meyer-Krahmer, F., Hrsg. (1993): Innovationsökonomie und Technologiepolitik, Heidelberg, S. 68-99

Dosi, Giovanni et.al., eds. (1988): Technical change in economic theory, London, New York

Dosi, Giovanni; Egidi, M. (1991): Substantive and procedural uncertainty. An exploration of economic behavior in changing environments, in: Journal of Evolutionary Economics, Vol. 1, S. 145-168

Dow, Sheila E. (2001): Methodology in a pluralist environment, in: Journal of Economic Methodology, Vol. 8, Nr. 1, S. 33-40

Dowling, John E. (1992): Neurons and Networks: An Introduction to Neuroscience, Cambridge Mass.

Downs, Anthony. (1968): Ökonomische Theorie der Demokratie, Tübingen

Dumort, Alain; Dryden, John (1997): The Economics of the Information Society, Brüssel, Luxemburg

Dunning, J.H. (1993): Multinational Enterprises and the Global Economy, Reading MA.

Durth, Rainer (2000): Transaktionskosten und „Neue Ökonomie", in: WiSt, Heft 11, S. 637-639

Ebeling, Richard M. (1990): What is a price? Explanation and understanding, in: Lavoie, Don, ed. (1990), S. 177-194

Ebeling, Richard M. (1995): Cooperation in anonymity, in: Prychitko, David L., ed. (1995a) S. 81-92

Ebert, Werner (1999): Wirtschaftspolitik aus evolutorischer Perspektive, Hamburg

Economides, Nicholas (1996): The Economics of networks, in: International Journal of Industrial Organization, Vol. 14, S. 673-699

Eimer, Martin (1996): Wahrnehmung und Aufmerksamkeit, in: Roth, Gerhard; Prinz, Wolfgang, Hrsg. (1996): Kopf-Arbeit: Gehirnfunktionen und kognitive Leistungen, Heidelberg, Berlin, Oxford, S. 281-308

Elias, Norbert (1971): Was ist Soziologie?, 2. Aufl., München

Elsner, Wolfram (1998): Theorie Kooperativer Strukturpolitik, in: ders., Engelhardt, W.W.; Glastetter, W., Hrsg. (1998): Ökonomie in gesellschaftlicher Verantwortung, Berlin, S. 421-452

Elspaß, Stephan (1998): Phraseologie in der politischen Rede: Untersuchungen zur Verwendung von Phraseologismen, phraseologischen Modifikationen und Verstößen gegen die phraseologische Norm in ausgewählten Bundestagsdebatten, Opladen

Elster, Jon (1998): Emotions and Economic Theory, in: Journal of Economic Literature, Vol. 36, S. 47-74

Engelmann, Dirk (2000): Trust and trustworthiness, Aachen

Engels, Eve-Marie (1989): Erkenntnis als Anpassung? Eine Studie zur Evolutionären Erkenntnistheorie, Frankfurt/Main

Ermert, Karl (1986): Wissenschaft – Sprache – Gesellschaft. Über Kommunikationsprobleme zwischen Wissenschaft und Öffentlichkeit und Wege zu deren Überwindung, Rehburg-Loccum

Ernst, Mario (1986): Demokratische Wirtschaftspolitik – Ein kommunikationsorientierter Ansatz politischer Ökonomie, Bern et.al.

Ertel, S.; Kemmler, L.; Stadtler, N., Hrsg. (1995): Gestalttheorie in der modernen Psychologie, Darmstadt

Esser, Hartmut (1996): Die Definition der Situation, in: Kölner Zeitschrift für Soziologie und Sozialpsychologie, Jg. 48, S. 1-34

Ewaldt, Jörn; Schwarz, Rainer (1999): Trust and distrust in long term business relationships, paper presented for the 17th International Conference of the System Dynamics Society Systems Thinking for the Next Millennium, Wellington, New Zealand, 20-23 July 1999, Cottbus

Falkner, Wolfgang (1997): Verstehen, Mißverstehen und Mißverständnisse, Tübingen

Fehl, Ulrich (1987): Unternehmertheorie, Unternehmertypen und Marktanalyse, in: Borchert, M.; Fehl, U.; Oberender, P., Hrsg. (1987): Markt und Wettbewerb, Bern, Stuttgart, S. 17-37

Ferber, R. (1993): „Lebensform" oder „Lebensformen"? Zwei Addenda zur Kontroverse zwischen N. Garver und R. Haller, in: Puhl, K., Hrsg. (1993): Akten des 15. Internationalen Wittgenstein-Symposiums II, S. 270-276

Festinger, Leon (1983): Theorie der kognitiven Dissonanz, Bern

Feyerabend, Paul K. (1974): Kuhns Struktur wissenschaftlicher Revolutionen – ein Trostbüchlein für Spezialisten?, in: Lakatos, Imre; Musgrave, A., Hrsg. (1974), S. 191-222

Feyerabend, Paul K. (1976): Wider den Methodenzwang, Frankfurt/Main

Feyerabend, Paul K. (1979): Erkenntnis für freie Menschen, Frankfurt/Main

Feyerabend, Paul K. (1984): Wissenschaft als Kunst, Frankfurt/Main

Fiehler, Reinhard; Timm, Caja, Hrsg. (1998): Sprache und Kommunikation im Alter, Opladen

Finke, Peter (1979): Grundlagen einer linguistischen Theorie, Braunschweig, Wiesbaden

Fiol, C.M., Lyles, M.A. (1985)f: Organizational Learning, in: Academy of Management Review, Vol. 10(4), S. 803-813

Fischer, Hans Rudi (1990): Sprachspiele und Geschichten, Zur Rolle der Sprache in der Therapie, in: Familiendynamik, 15. Jg., Heft 3, S. 190-211

Fisher, Irving (1930): Theory of Interest, New York

Fletcher, Richard (1996): Network Theory and Countertrade Transactions, in: International Business Review, Bd. 5, Nr. 2, S. 167-189

Flora, Jan L. (1998): Social Capital and Communities of Place, in: Rural Sociology, Vol. 63(4), S. 481-506

Foulcault, Michel (1969): Wahnsinn und Gesellschaft, Frankfurt/Main

Foulcault, Michel (1971) Die Ordnung der Dinge, Frankfurt/Main

Foulcault, Michel (1973): Archäologie des Wissens, Frankfurt/Main

Foulcault, Michel (1976): Überwachen und Strafen, Frankfurt/Main

Franck, Georg (1998): Ökonomie der Aufmerksamkeit, München, Wien

Frank, M., Hrsg. (1994): Analytische Theorien des Selbstbewußtseins, Frankfurt/Main

Frankel, Jeffrey A. (1997): Regional Trading Blocs in the World Economic System, (with: E. Stein, E., Wei, S.-J.), Washington

Frankel, S. (1977): Two Philosophies of Money – The Conflict of Trust and Authority, New York

Frankfurt, H.G. (1981): Willensfreiheit und der Begriff der Person, in: Bieri, P., Hrsg. (1981): Analytische Philosophie des Geistes, Königstein, S. 287-302

Freel, Mark S. (1998): Evolution, innovation and learning: evidence from case studies, in: Entrepreneurship & Regional Development, Vol. 10, S. 137-149

Frey, Bruno S. (2001): Why economists disregard economic methodology, in: Journal of Economic Methodology, Vol. 8(1), S. 41-47

Frey, B.S.; Bohnet, I. (1997): Identification in Democratic Society, in: Journal of Socio-Economics, Vol. 26(1), S. 25-38

Frey, B.S.; Kirchgässner, G. (1994): Demokratische Wirtschaftspolitik, 2. Aufl., München

Frey, G. (1967): Die Mathematisierung unserer Welt, Stuttgart, Berlin, Köln, Mainz

Friedman, Milton (1974): The Methodology of Positive Economics, in: ders.: Essays in Positive Economics", Chicago, 8. Aufl. (1.Aufl. 1953), S. 3-43

Friedrichs, Jürgen, Hrsg. (1998): Die Individualisierungsthese, Opladen

Fritsch, B. (1963): Diskussionsbeitrag in: Beckerath, E. von et al., Hrsg. (1963): Probleme der normativen Ökonomik und der wirtschaftspolitischen Beratung, Schriften des Vereins für Socialpolitik, NF, Bd. 29, Berlin, S. 545

Fromm, S. (1978): Kants transzendentale Deduktion im Lichte der Wittgensteinschen Spätphilosophie, Dissertation im FB Philosophie, Universität Kiel

Fuchs, Stephan; Wingens, Matthias (1986): Sinnverstehen als Lebensform, in: Geschichte und Gesellschaft 12. Jg., S. 477-501

Fudenberg, Drew; Levine, David K. (1998): The Theory of Learning in Games, Cambridge MA

Fürst, Dietrich; Schubert, Herbert (1998): Regionale Akteursnetzwerke, in: Raumforschung und Raumordnung, Heft 5/6-1998, S. 352-361

Gadamer, Hans-Georg (1960): Wahrheit und Methode, Tübingen

Gambetta, Diego, ed. (1988): Trust, making and breaking cooperative relations, New York, NY [u.a.]

Gans, Brigitte (1996): Mediation, Schriftenreihe zur ökologischen Kommunikation, Bd. 3, 2. Aufl., München

Garfinkel, Harold (1967): Studies in Ethnomethodology, Englewood Cliffs

Garfinkel, Harold, ed. (1986): Ethnomethodological studies of work, London, New York

Garver, N. (1984): Die Lebensform in Wittgensteins Philosophischen Untersuchungen, in: Grazer Philosophische Studien, Band 21, S. 33-54

Garver, Newton (1999): Die Unbestimmtheit der Lebensform, in: Lütterfelds, Roser (1999) S. 37-52

Gennep, Arnold van (1986): Übergangsriten, Frankfurt/Main

Gentner, D.; Stevens, A. L., eds. (1983): Mental Models, Hillsdale, New Jersey, London

Gerrard, B. (1991): Keynes's General Theory: interpreting the interpretations, in: Economic Journal, Vol. 101, S. 276-287

Gerrard, B. (1993): Keynes's General Theory: interpreting the interpretations, in: Henderson, W.; Dudley-Evans, T.; Backhouse, R., eds. (1993) S. 51-63

Gilbert, D.T. (1991): How Mental Systems Believe, in: American Psychologist, Vol. 46, S. 107-119

Gilbert, D.T.; Tafarodi, R.W.; Malone, P.S. (1993): You Can't Not Believe Everything You Read, in: Journal of Personality and Social Psychology, Vol. 65, S. 221-233

Glock, Hans-Johann (1996): A Wittgenstein Dictionary, Oxford

Gödel, Kurt (1931): Diskussion zur Grundlegung der Mathematik, in: Carnap, R.; Reichenbach, H., Hrsg. (1931): Erkenntnis, Bd. 2, Leipzig, S. 135-151

Goffman, Erving (1996): Interaktionsrituale, 4. Aufl., Frankfurt/Main

Goldfarb, Robert S. (1995): The economist-as-audience needs a methodology of plausible inference, in: Journal of Economic Methodology, Vol. 2(2), S. 201-221

Goldfarb, Robert S. (1997): Now you see it, now you don't: ermerging contrary results in economics, in: Journal of Economic Methodology, Vol. 4(2), S. 221-244

Goodman, Paul (1971): Speaking and Language. Defense of Poetry, New York

Goschke, Thomas (1996): Lernen und Gedächtnis: Mentale Prozesse und Gehirnstrukturen, in: Roth, Gerhard; Prinz, Wolfgang, Hrsg. (1996): Kopf-Arbeit: Gehirnfunktionen und kognitive Leistungen, Heidelberg, Berlin, Oxford, S. 359-410

Gottburgsen, Anja (2000): Stereotype Muster des sprachlichen Doing Gender, Opladen

Gottinger, Hans (1982): Computational Costs and Bounded Rationality, in: Studies in Contemporary Economics, Vol. 2, S. 223-238

Gouldner, A. W. (1960): The Norm of Reciprocity: A Preliminary Statement, in: American Sociological Review, Vol. 25, S. 161-178

Goyal, Sanjeev (1996): Interaction Structure and Social Change, in: Journal of Institutional and Theoretical Economics, Vol. 152, S. 473-494

Grabherr, Gernot, ed. (1993): The Embedded Firm, London

Grabherr, Gernot (1994): Lob der Verschwendung, Berlin

Granovetter, M. (1973): The Strength of Weak Ties, in: American Journal of Sociology, Vol. 6, S. 1360-1380

Granovetter, Mark (1985): Economic Action and Social Structure: The Problem of Embeddedness, in: American Journal of Sociology, Vol. 91, S. 481-501

Graumann, C.F., Hrsg. (1965): Denken, Köln, Berlin

Grossman, Sanford J. (1989): The informational role of prices, Cambridge MA

Groys, Boris (1992): Über das Neue, München, Wien

Grünärml, Frohmund (1998): Vertrauen und Glaubwürdigkeit – aus der Sicht des Ökonomen, in: List Forum für Wirtschafts- und Finanzpolitik Nr. 24, Heft 3, S. 279-289

Güth, Werner (1999): Spieltheorie und ökonomische (Bei)Spiele, 2. Aufl., Berlin [u.a.]

Haakonssen, Knud (1981): The Science of a Legislator. The Jurisprudence of David Hume and Adam Smith, Cambridge

Habermas, Jürgen (1995): Theorie des kommunikativen Handelns, Band 1: Handlungsrationalität und gesellschaftliche Rationalisierung, Band 2: Zur Kritik der funktionalistischen Vernunft, Frankfurt/Main

Hahn, A. (1988): Kann der Körper ehrlich sein? in: Gumbrecht, H.U.; Pfeiffer, K.L., Hrsg. (1988): Materialität der Kommunikation, Frankfurt/Main, S. 666-679

Halimi, Serge (1999): „Politischer Berater – ein Metier ohne Grenzen", in: Le Monde diplomatique vom 6.8.1999, S. 6-7

Haller, Rudolf, Hrsg. (1981): Sprache und Erkenntnis als soziale Tatsache, Wien

Haller, Rudolf (1984) Lebensform oder Lebensformen? – Eine Bemerkung zu Newton Garvers Interpretation von „Lebensform", in: Grazer Philosophische Studien, Bd. 21, S. 55-63

Hanappi, Gerhard (1992): Evolutionism in Natural Sciences and Social Sciences: On Basic Concepts of Evolutionary Economics, in: Methodus, Vol. 4, Nr. 1, S. 110-117

Hands, D. Wade (1985): Karl Popper and economic methodology: a new look, in: Economics and Philosophy, Vol. 1, S. 303-335

Hands, D. Wade (1991a): Popper, the rationality principle and economic explanation, in: Shaw, G.K., ed. (1991): Economics, Culture and Education, Aldershot, S. 100-119

Hands, D. Wade (1991b): The problem of excess content: economics, novelty, and a long Popperian tale, in: Blaug, M.; de Marchi, N., eds. (1991): Appraising Economic Theories: Studies in the Methodology of Scientific Research Programs, Aldershot, S. 58-75

Hands, D. Wade (1993): Popper and Lakatos in Economic Methodology, in: Mäki, Uskali; Gustafsson, B.; Knudsen, C., eds. (1993), S. 61-75

Hands, D. Wade (1996): Karl Popper on the myth of the framework: lukewarm Popperians +1, unrepentant Popperians –1, in: Journal of Economic Methodology, Vol. 3, S. 317-347

Hanusch, H., Cantner, U. (1993): Neuere Ansätze in der Innovationstheorie und der Theorie des Technischen Wandels - Konsequenzen für eine Industrie- und Technologiepolitik, in: Meyer-Krahmer, F., Hrsg. (1993): Innovationsökonomie und Technologiepolitik, Heidelberg, S. 11-46

Harsaae, Erik (1994): Verwendung der hermeneutischen Methode in der Ökonomie, in: Homo Oeconomicus, Jg. 11, Nr. 1, S. 99-111

Harsanyi, J.C. (1982): Morality and the Theory of Rational Behavior, in: Sen, A.; Williams, B., eds. (1982): Utilitarianism and beyond, Cambridge, S. 39-62

Hassenstein, B. (1965): Biologische Kybernetik, Heidelberg

Haucap, Justus; Wey, Christian (1999): Standortwahl als Franchising Problem, in: Jahrbuch für Neue Politische Ökonomie, Bd. 18, Tübingen, S. 311-332

Hayek, F.A. von (1952): Die Verwertung des Wissens in der Gesellschaft, in: ders. (1952): Individualismus und wirtschaftliche Ordnung, Erlenbach-Zürich, S. 103-121

Hayek, F.A. von (1962): Rules, Perception and Intelligibility, in: ders. (1967): Studies in Philosophy, Politics and Economics, London u. Henley, S. 43-65

Hayek, F.A. von (1963): Arten der Ordnung, in: ORDO, Jg. 14, S. 3-20

Hayek, F.A. von (1969a): Die Ergebnisse menschlichen Handelns, aber nicht menschlichen Entwurfs, in: ders.: Freiburger Studien. Gesammelte Aufsätze, Tübingen, S. 97-107

Hayek, F.A. von (1969b): Bemerkungen über die Entwicklung von Systemen und Verhaltensregeln, in: ders.: Freiburger Studien. Gesammelte Aufsätze, Tübingen, S. 145-160

Hayek, F.A. von (1969c): Wettbewerb als Entdeckungsverfahren, in: ders.: Freiburger Studien. Gesammelte Aufsätze, Tübingen, S. 249-265

Hayek, F.A. von (1974): The Pretence of Knowledge, Nobel Memorial Lecture, reprinted 1989 in: American Economic Review, Vol.79(6), S. 3-7

Hayner, Priscilla B. (2001): Unspeakable Truths, New York, London

Hedberg, B.L.T.; Nystrom, P,C.; Starbuck, W.H. (1976): Camping on seesaws: Prescriptions for a self-designing organization, in: Administrative Science Quarterly, Vol. 21, S. 41-65

Heiner, Ronald A. (1983): The Origins of Predictable Behavior, in: American Economic Review, Vol. 73, S. 560-595

Heiner, Ronald A. (1988): The Necessity of Imperfect Decisions, in: Journal of Economic Behaviour and Organizations, Vol. 10, S. 29-55

Heintz, B., Nadai, E. (1998): Geschlecht und Kontext, in: Zeitschrift für Soziologie, Bd. 27, Nr. 2, S. 75-93

Hejl, Peter M. (1991): Konstruktion der sozialen Konstruktion: Grundlinien einer konstruktivistischen Sozialtheorie, in: Schmidt, Siegfried J., Hrsg. (1991), S. 303-339

Helbrecht, Ilse; Danielzyk, Rainer; Butzin, Bernhard (1991): Wahrnehmungsmuster und Bewußtseinsformen als qualitative Faktoren der Regionalentwicklung: Fallstudie Ruhrgebiet, in: Raumforschung und Raumordnung, Heft 4, S. 229-236

Henderson, R.M.; Clark, K.B. (1990): Architectural innovation: The reconstruction of existing product technologies and the failure of established firms, in Administrative Science Quarterly, Vol. 35, S. 9-30

Henderson, W.; Dudley-Evans, T.; Backhouse, R., eds. (1993): Economics and Language, London, New York

Herder-Dorneich, P.; Groser, M. (1977): Ökonomische Theorie des politischen Wettbewerbs, Göttingen

Hermanns, Fritz (1987): Handeln ohne Zweck, in: Liedtke, Frank; Keller, Rudi, Hrsg. (1987), S. 71-105

Hermanns, Fritz; Zhao, Miaogen (1996): „Arbeit" in China und in Deutschland, in: Wierlacher, A.; Stötzel, G., Hrsg. (1996): Blickwinkel – Kulturelle Optik und interkulturelle Gegenstandskonstitution, Düsseldorf, S. 413-436

Herrmann-Pillath, Carsten (1997): Wettbewerb als ontologische Universalie: Natürliche Arten, wettbewerbliche Interaktionen und Internalisierung, in: Fehl, Ulrich; Delhaes, Karl von, Hrsg. (1997): Dimensionen des Wettbewerbes.

Seine Rolle in der Entstehung und Ausgestaltung von Wirtschaftsordnungen, Stuttgart, Jena, New York, S. 321-356

Herrmann-Pillath, Carsten (1999): Was ist und wie betreibt man wirtschaftskulturelle Transformationsforschung?, Wittener Diskussionspapiere Heft Nr. 40, Fakultät für Wirtschaftswissenschaft, Universität Witten/Herdecke, Juli 1999, Witten

Herrmann-Pillath, Carsten (2000): Why there is no such thing like transaktion costs, after all, Wittener Diskussionspapiere Heft Nr. 56, Fakultät für Wirtschaftswissenschaft, Universität Witten/Herdecke, März 2000, Witten

Herrmann-Pillath, Carsten (2001): Kritik der reinen Theorie des internationalen Handels, Band 1: Transaktionstheoretische Grundlagen, Marburg

Herrmann-Pillath, Carsten; Lehmann-Waffenschmidt, Marco, Hrsg. (erscheint 2001): Handbuch der Evolutorischen Ökonomik, Bd. 1 u. 2, Berlin

Heschl, Fritz (1989): Die Konstruktion von ökonomischer Realität am Beispiel der Arbeitslosigkeit, Forschungsbericht Nr. 31, Universitäten Linz und Graz

Hesse, Günter (1979): Staatsaufgaben, Baden-Baden

Hesse, Günter (1982): Die Entstehung industrialisierter Volkswirtschaften, Tübingen

Hesse, Günter (1983): Zur Erklärung der Änderung von Handlungsrechten mit Hilfe ökonomischer Theorie, in: Schüller, A., Hrsg. (1983): Property Rights und ökonomische Theorie, München, S. 79-109

Hesse, Günter (1987): Innovationen und Restriktionen, in: Borchert, M.; Fehl, U.; Oberender, P., Hrsg. (1987): Markt und Wettbewerb, Bern, Stuttgart, S. 195-226

Hesse, Günter (1990): Evolutorische Ökonomik oder Kreativität in der Theorie, in: Witt, Ulrich, Hrsg. (1990): Studien zur Evolutorischen Ökonomik, Band I, Berlin, S. 49-73

Hesse, Günter (1992): Innovative Anpassung in sozio-ökonomischen Systemen – Ein Beispiel: Landnutzungssysteme und Handlungsrechte bezüglich Boden, in: Biervert, B.; Held, M., Hrsg. (1992): Evolutorische Ökonomik – Neuerungen, Normen, Institutionen, Frankfurt/Main, S. 110-142

Hesse, Günter (1997): Effiziente Institutionen und wirtschaftlicher „Rückschritt", in: von Delhaes, K.; Fehl, U., Hrsg. (1997): Dimensionen des Wettbewerbs, Stuttgart, S. 379-396

Hesse, Günter (1998a): Langfristiger sozio-ökonomischer Wandel, in: Das Wirtschaftsstudium, Heft 10/98, S. 1210-1238

Hesse, Günter (1998b): Evolutionsökonomik, Friedrich-Schiller-Universität Jena, Diskussionspapier der Wirtschaftswissenschaftlichen Fakultät Reihe B, Nr. 98/8, Jena

Hesse, Günter (1998c): Geschichtswissenschaft und Evolutorische Ökonomik: Einige Überlegungen zu ihrer Komplementarität, in: Mörke, O.; North, M., Hrsg. (1998): Die Entstehung des modernen Europa 1600-1900, Köln, Weimar, Wien, S. 93-120

Heuss, Ernst (1965): Allgemeine Markttheorie, Tübingen

Hintikka, M.B.; Hintikka, J. (1990): Untersuchungen zu Wittgenstein, Frankfurt/ Main

Hirschberg, W. (1965): Wörterbuch der Völkerkunde, Stuttgart

Hirschman, Alfred O. (1970): Exit, Voice, and Loyalty – Responses to Decline in Firms, Organizations, and States, Cambridge MA, London

Hirschman, Alfred O. (1988): Engagement und Enttäuschung – Über das Schwanken der Bürger zwischen Privatwohl und Gemeinwohl, Frankfurt/Main

Hirschman, Alfred O. (1995a): Social Conflicts as Pillars of Democratic Market Societies, in: ders., Hrsg. (1995): A Propensity to Self-Subversion, Cambridge MA, London, S. 231-248

Hirschman, Alfred O. (1995b): Exit, Voice, and the Fate of the German Democratic Republic, in: ders., Hrsg. (1995): A Propensity to Self-Subversion, Cambridge MA, London, S. 9-44

Hirshleifer, Jack (1982): Evolutionary Models in Economics and Law: Cooperation vs. Conflict Strategies, in: Research in Law and Economics, Vol. 4, S. 1-60

Hirshleifer, Jack (1989): Time, Uncertainty and Information, Oxford, New York

Hirst, Paul (1997): The global economy – myths and realities, in: International Affairs, Vol. 73(3), S. 409-425

Hitzler, Ronald; Honer, Anne, Hrsg. (1997): Sozialwissenschaftliche Hermeneutik, Opladen

Hjelmslev, Louis; Barth, Erhard, Hrsg. (1974): Aufsätze zur Sprachwissenschaft, Stuttgart

Hochschild, Arlie Russell (1990): Das gekaufte Herz. Zur Kommerzialisierung der Gefühle, Frankfurt/Main

Hockett, Charles F. (1966): The Problem of Universals in Language, in: Greenberg, J.H., ed. (1966): Universals of Language, Cambridge MA, S. 1-29

Hodgson, Geoffrey M. (1988): Economics and institutions, Cambridge

Hodgson, Geoffrey M. (1997): The ubiquity of habits and rules, in: Cambridge Journal of Economics, Vol. 21, S. 663-684

Hodgson, Geoffrey M. (1998): The Approach of Institutional Economics, in: Journal of Economic Literature, Vol. 36, S. 166-192

Hofferth, Sandra L.; Iceland, John (1998): Social Capital in Rural and Urban Communities, in: Rural Sociology, Vol. 63(4), S. 574-598

Hofstadter, Douglas R. (1979): Gödel, Escher, Bach, Hassocks Sussex

Holland, J.H. (1975): Adaptation in natural and artificial systems, Ann Arbor, Michigan

Holland, J.H.; Holyoak, K.J.; Nisbett, R.E.; Thagard, P.R. (1986): Induction: Processes of Inference, Learning, and Discovery, Cambridge MA

Holler, Manfred J.; Illing, Gerhard (2000): Einführung in die Spieltheorie, 4. Aufl., Berlin [u.a.]

Hollis, Martin (1991): Rationalität und soziales Verstehen, Frankfurt/Main

Holly, Werner (1990): Politikersprache: Inszenierungen und Rollenkonflikte im informellen Sprachhandeln eines Bundestagsabgeordneten, Berlin

Horwitz, Steven (1994): Subjectivism, in: Boettke, Peter J., ed. (1994): The Elgar Companion to Austrian Economics, Aldershot Hants, S. 17-22

Horwitz, Steven (1995): Monetary exchange as an extra-linguistic social communication process, in: Prychitko, David L., ed. (1995a), S. 154-175

Hutchison, T.W. (1937): Theoretische Ökonomie als Sprachsystem, in: Zeitschrift für Nationalökonomie, Bd. 8, Wien 1937, wiederabgedruckt in: Albert, H., Hrsg. (1964): Theorie und Realität, Tübingen, S. 273-286

Hymes, Dell (1979): Soziolinguistik: Zur Ethnographie der Kommunikation, Frankfurt/Main

Imbusch, Peter, Hrsg. (1998): Macht und Herrschaft, Opladen

Ingham, Geoffrey (1996): Some recent changes in the relationship between economics and sociology, in: Cambridge Journal of Economics, Vol. 20, S. 243-275

Irrgang, Bernhard (1993): Lehrbuch der evolutionären Erkenntnistheorie, München, Basel

Iwai, Katsuhito (1997): The Evolution of Money, University of Tokyo, Discussion Paper Nr. 97-F37, erscheint in: Pagano, U.; Nicita, A., eds. (2000) The Evolution of Economic Diversity, London

Jacob, R. (1995): Krankheitsbilder und Deutungsmuster, Opladen

Jäger, Siegfried (1993): Kritische Diskursanalyse, Duisburg

Jäger, Siegfried (1994): Text- und Diskursanalyse, 5. Aufl., Duisburg

Jakobson, Roman (1979): Aufsätze zur Linguistik und Poetik, Frankfurt/Main

Jarre, Jan, Hrsg. (1987): Konsum jenseits des Marktes, Loccum

Jerdee, T.H.; Rosen, B. (1974): Effects of Opportunity to Communicate and Visibility of Individual Decisions on Behavior in the Common Interest, in: Journal of Applied Psychology, Vol.59, S. 712-716

Johnson-Laird, P.N.; Byrne, R.M.L. (1991): Deduction, Howe

Kalai, Ehud; Lehrer, Ehud (1990): Bayesian Learning and Nash Equilibrium, mimeo, Department of Managerial Economics and Decision Sciences, Northwestern University

Kale, Sudhir H.; Barnes, John W. (1992): Understanding the Domain of Cross-National Buyer-Seller Interactions, in: Journal of International Business Studies, S. 101-132

Kali, Raja (1999): Endogenous Business Networks, in: Journal of Law, Economics and Organization, Vol. 15(3), S. 615-636.

Kallmeyer, Werner, Hrsg. (1994): Kommunikation in der Stadt, 4 Bände, Berlin, New York

Kasenbacher, Karl (1999): Die Systeme des Bewußtseins, in: Gruppendynamik, 30. Jg., Heft 4, S. 397-400

Kaufmann, Franz-Xaver (1999): Kritik des neutralen Geldes, in: Geschichte und Gesellschaft, Bd. 25, S. 226-251

Kay, P.; McDaniel, C.D. (1978): The Linguistic Significance of the Meaning of Basic Color Terms, in: Language, Vol.54, S. 610-646

Keller, Rudi (1994): Sprachwandel – von der unsichtbaren Hand in der Sprache, 2. Aufl., Tübingen

Keppler, Angela (1994): Tischgespräche, 2. Aufl., Frankfurt/Main

Kerber, Wolfgang (1989): Evolutionäre Marktprozesse und Nachfragemacht, Baden-Baden

Kerber, Wolfgang (1994): Evolutorischer Wettbewerb. Zu den theoretischen institutionellen Grundlagen der Wettbewerbsordnung, Freiburg, unveröffentlichte Habilitationsschrift (wird 2002 in stark überarbeiteter Form erscheinen)

Kerber, Wolfgang (1996): Recht als Selektionsumgebung für evolutorische Wettbewerbsprozesse, in: Priddat, Birger P.; Wegner, Gerhard, Hrsg. (1996): Zwischen Evolution und Institution, Marburg, S. 301-330

Kern, L.; Nida-Rümelin, J. (1994): Logik kollektiver Entscheidungen, München

Kesting,Stefan (1999): Diskurs und Macht, Pfaffenweiler

Keupp, Heiner (1995): Zerstören Individualisierungsprozesse die solidarische Gesellschaft, in: Universitas Nr. 2/95, S. 149-157

Key, Mary R. (1977): Nonverbal Comunication, Metuchen

Kienzle, B.; Pape, H., Hrsg. (1991): Dimensionen des Selbst, Frankfurt/Main

Kincaid, Harold (1995): Philosophical Foundations of the Social Sciences: Analysing Controversies in Social Research, Cambridge

Kindleberger, Charles P. (1983): Standards as Public, Collective and Privat Goods, in: Kyklos, Vol. 36(3), S. 377-396

Kirman, Alan P. (1992): Whom or What Does the Representative Individual Represent?, in: Journal of Economic Perspectives, Vol. 6(2), S. 117-136

Kirsch, Guy (1995): Die Kontinuität des Selbst in einer nichtkontinuierlichen Zeit, in: Biervert, B.; Held, Martin, Hrsg. (1995): Zeit in der Ökonomik: Perspektiven für die Theoriebildung, Frankfurt/Main, New York, S. 169-189

Kirsch, Guy (1997): Neue Politische Ökonomie, 4. Auflage, Düsseldorf

Kirsch, Guy (1999): Runde Tische: Stabilisatoren oder Störelemente einer liberalen Ordnung, in: WISU, Nr 8-9/1999, S. 1149-1156

Klamer, Arjo (1984): The New Classical Macroeconomics: Conversations with New Classical Macroeconomists and their Opponents, Brighton

Klamer, Arjo (2001): Making sense of economists: from falsification to rhetoric and beyond, in: Journal of Economic Methodology, Vol. 8(1), S. 60-75

Klamer, Arjo; McCloskey, Donald N.; Solow, Robert M., ed. (1988): The Consequences of Economic Rhetoric, Cambridge, New York

Klappholz, Kurt; Agassi, Joseph (1959): Methodological prescriptions in economics, in: Economica, Vol. 26, S. 60-74

Klaus, Peter G. (1984): Auf dem Weg zu einer Betriebswirtschaftslehre der Dienstleistung. Der Interaktionsansatz, in: Die Betriebswirtschaft, 44. Jg., Nr. 3, S. 467-475

Klein, B.; Leffler, K.B. (1981): The Role of Market Forces in Assuring Contractual Performance, in: Journal of Political Economy, Vol. 89, S. 615-641

Klein, Josef, Hrsg. (1989): Politische Semantik: bedeutungsanalytische und sprachkritische Beiträge zur politischen Sprachverwendung, Opladen

Klein, Josef, Hrsg. (1996): Wörter in der Politik, Opladen

Klein, Naomi (2000): No Logo, München

Kleinschmidt, Harald (1988): Wordhord onleac. Bemerkungen zur Geschichte der sprechsprachlichen Kommunikation im Mittelalter, in: Historisches Jahrbuch, S. 37-62

Klodt, Henning (1995): Grundlagen der Forschungs- und Technologiepolitik, München

Klopstech, A.; Selten, R. (1984): Formale Konzepte eingeschränkt rationalen Verhaltens, in: Todt, H., Hrsg. (1984): Normengeleitetes Verhalten in den Sozialwissenschaften, Berlin, S. 11-34

Kluckhohn, Clyde et al. (1967): Value and Value-Orientation in the Theory of Action: An Exploration in Definition and Classification, in: Parsons, T.; Schils, E.A., eds. (1967): Toward a General Theory of Action, 6. Aufl., Cambridge, S. 388-433

Kluwe, R.H. (1996): Gedächtnis, in: Strube, G. et al., Hrsg. (1996), S. 195-209

Knight, Frank H. (1921): Risk, Uncertainty, and Profit, Chicago

Knoblauch, Thomas (1996): Die Möglichkeit des Neuen – Innovationen in einer lernenden Unternehmung, Stuttgart

Knuf, Joachim, Schmitz, Heinrich W. (1975): Ethnographie der Kommunikation, IPK-Forschungsberichte Nr. 49, Hamburg

Knuf, Joachim, Schmitz, Heinrich W. (1980): Ritualisierte Kommunikation und Sozialstruktur, Forschungsberichte des Instituts für Kommunikationsforschung und Phontik der Universität Bonn Nr. 72, Hamburg

Koch, Lambert T. (1996): Evolutorische Wirtschaftspolitik, Tübingen

Koch, Lambert T. (1998): Kognitive Determinanten der Problementstehung und -behandlung im wirtschaftspolitischen Prozeß, in: Zeitschrift für Wirtschafts- und Sozialwissenschaften, Bd. 118, S. 597-622

Koch, Walter, ed. (1989): The Nature of Culture, Bochum

Köck, Wolfram K. (1991): Kognition – Semantik – Kommunikation, in: Schmidt, Siegfried J., Hrsg. (1991), S. 340-373

Kogut, B.; Zander, U. (1996): What Do Firms Do? Coordination, Identity and Learning, in: Organization Science, Vol. 7, S. 502-518

Koller, Hans-Christoph (1996): Der pädagogische Diskurs und sein Verhältnis zu anderen Diskursarten, in: Luhmann, N.; Schorr, K. E., Hrsg. (1996): Zwischen System und Umwelt, Frankfurt/Main, S. 110-143

Kopperschmidt, Josef, Hrsg. (1995): Politik und Rhetorik: Funktionsmodelle politischer Rede, Opladen

Koslowski, Peter (1987): Die postmoderne Kultur, München

Krämer, Sybille (2001): Sprache, Sprechakt, Kommunikation. Sprachtheoretische Positionen des 20. Jahrhunderts, Frankfurt/Main

Kramer, Roderick M. (1999): Trust and Distrust in Organizations, in: Annual Review of Psychology, Vol. 50, S. 569-598

Kramer, Roderick M.; Tyler, Tom R., eds. (1996): Trust in Organizations. Frontiers of Theory and Research, Thousand Oakes, London, New Delhi

Kranton, Rachel E. (1996): Reciprocal Exchange: A Self-Sustaining System, in: American Economic Review, Vol. 86(4), S.830-851.

Kreft, Ursula; Uske, Hans (1997): Wieviele Arbeitslose verträgt der Standort Deutschland?, in: Disselnkötter, A.; Jäger, S.; Kellershohn, H.; Slobodzian, S., Hrsg. (1997): Evidenzen im Fluss, Duisburg S. 42-62

Kremer, Marlene (1987): Zur Grammatik der Gesellschaftswissenschaften, in: Reucher, Theo, Hrsg. (1987), S. 296-365

Kreps, David M. (1990): A course in microeconomic theory, Princeton, N.J.

Kripke, S.A. (1987): Wittgenstein über Regeln und Privatsprache, Frankfurt/ Main

Krogh, Georg von; Roos, Johan (1995): A Perspective on Knowledge, Competence and Strategy, in: Personnel Review, Vol. 24(3), S. 56-76

Krohn, Wolfgang; Küppers, Günter, Hrsg. (1992): Emergenz: Die Entstehung von Ordnung, Organisation und Bedeutung, Frankfurt/Main

Krugman, Paul (1991):Geography and Trade, Leuven, Cambridge

Kruse, P. (1988): Stabilität – Instabilität – Multistabilität. Selbstorganisation und Selbstreferentialität in kognitiven Systemen, in: Delfin, Jg. 6, Nr. 3, S. 35-57

Kruse, P.; Stadler M. (1990): Stability and instability in cognitive systems: Multistability, suggestion and psychosomatic interaction, in: Haken, H.; Stadler, M., eds. (1990): Synergetics of Cognition, Berlin

Kruse, P.; Stadler, M. (1992): Zur Emergenz psychischer Qualitäten, in: Krohn, Wolfgang; Küppers, Günter, Hrsg. (1992), S. 134-160

Kubon-Gilke, Gisela (1997): Verhaltensbindung und die Evolution ökonomischer Institutionen, Marburg

Küpers, Wendelin (1999): Phänomenologie der Dienstleistungsqualität, Wiesbaden

Kuhn, Thomas S. (1993): Die Struktur wissenschaftlicher Revolutionen, 12. Aufl. der 2. ergänzten Aufl. von 1969, Frankfurt/Main

Kulke, Ulli (2001): Insel der Steinreichen, in: mare, Nr. 24, Februar/März (2001), S. 10-28

Kuran, Timur (1997): Leben in Lüge, Tübingen

Lachmann, Ludwig M. (1986): The Market as an Econonomic Process, Oxford

Lachmann, Ludwig M. (1990): Austrian Economics: A Hermeneutic Approach, in: Lavoie, Don, ed. (1990), S. 134-146

Laibson, D. (1996): A Cue-Theory of Consumption, unveröffentlichtes Manuskript, Harvard University Department of Economics

Lakatos, Imre (1971): Replies to Critics, in: Buck, B.C.; Cohen, R.S., eds. (1971): Boston Studies in the Philosophy of Science, Dordrecht

Lakatos, Imre (1974a): Falsifikation und die Methodologie wissenschaftlicher Forschungsprogramme, in: Lakatos, Imre; Musgrave, A., Hrsg. (1974), S. 89-189

Lakatos, Imre (1974b): Die Geschichte der Wissenschaft und ihrer rationalen Rekonstruktionen, in: Lakatos, Imre; Musgrave, A., Hrsg. (1974), S. 271-311

Lakatos, Imre; Musgrave, A., Hrsg. (1974): Kritik und Erkenntnisfortschritt, Braunschweig

Lamnek, Siegfried (1981): Formale Logik, sozialwissenschaftliche Hypothesen und statistische Korrelation, in: Interview und Analyse, 9/1981, S. 369-376

Lamnek, Siegfried (1995a): Qualitative Sozialforschung, Band 1 Methodologie, 3. Aufl., Weinheim

Lamnek, Siegfried (1995b): Qualitative Sozialforschung, Band 2 Methoden und Techniken, 3. Aufl., Weinheim

Lange, Bernd-Peter (1996): Ökonomie der Kommunikation, in: Wittkämper, Gerhard W.; Kohl, Anke, Hrsg. (1996), S. 131-145

Langenbucher, W.R., Hrsg. (1986): Politische Kommunikation: Grundlagen, Strukturen, Prozesse, Wien

Langlois, R.N.; Robertson, P.L. (1995): Firms, markets and economic change, London

Lavoie, Don, ed. (1990): Economics and hermeneutics, New York

Lavoie, Don (1994): The interpretative turn, in: Boettke, Peter J., ed. (1994): The Elgar Companion to Austrian Economics, Aldershot, S. 54-62

Lawson, Tony (1994): Why are so many economists so opposed to methodology? in: Journal of Economic Methodology, Vol. 1(1), S. 105-133

Ledyard, John (1995): Public Goods Experiments, in: Kagel, J.; Roth, A., eds. (1995): Handbook of Experimental Economics, Princeton, S 111-194

Leijonhufvud, Axel (1993): Towards a Not-Too-Rational Macroeconomics, in: Southern Economic Journal, Vol. 60, S. 1-13

Leijonhufvud, Axel (1997): Models and theories, in: Journal of Economic Methodology, Vol. 4(2), S. 193-198

Lenk, Hans (1993): Interpretationskonstrukte: zur Kritik der interpretatorischen Vernunft, Frankfurt/Main

Lenke, Nils; Lutz, Hans-Dieter; Sprenger, Michael (1995): Grundlagen sprachlicher Kommunikation, Fink Verlag: München

Leschke, Martin; Wessling, Ewald (1994): Evolutorik versus Neoklassik. Eine Analyse auf der Basis der Theorie wissenschaftlicher Forschungsprogramme, in: Homo Oeconomicus, Jg. 11, Nr. 2, S. 254-292

Levelt, Willem J.M. (1994): Psycholinguistics, in: Colman, Andrew M., ed. (1994), Vol. 1, S. 319-337

Lévi-Strauss, Claude (1967): Strukturale Anthropologie, Frankfurt/Main

Lévi-Strauss, Claude (1971-75): Mythologica, 5 Bände, Frankfurt/Main

Lewis, D. (1969): Convention, Cambridge MA

Liedtke, F., Keller, R., Hrsg. (1987): Kommunikation und Kooperation, Tübingen

Liedtke, F.; Wengeler, M.; Böke, K., Hrsg. (1991): Begriffe besetzen: Strategien des Sprachgebrauchs in der Politik, Opladen

Lindahl, E. (1919): Die Gerechtigkeit der Besteuerung, Lund

Lindenberg, Siegwart (1993): Framing, Empirical Evidence, and Applications, in: Jahrbuch für Neue Politische Ökonomie, Tübingen, Bd. 12, S. 11-38

Lindsay, P.H.; Norman, D.A. (1972): Human Information Processing, 8. Aufl., New York

Linnemann, Hans (1966): An Econometric Study of International Trade Flows, Amsterdam

Loewenstein, G. (1996): Out of Control: Visceral Influences on Behavior, in: Organizational Behavior and Human Decision Process, Vol. 65, S. 272-292

Lohmann, Karl R. (1996): Die Bedeutung von Institutionen. Modelltheoretische Überlegungen, in: Priddat, Birger P.; Wegner, Gerhard, Hrsg. (1996): Zwischen Evolution und Institution – neue Ansätze in der ökonomischen Theorie, Marburg, S. 145-186

Lorange, Peter; Chkravarthy, Bala; Roos, Johan; Van de Ven, Andrew, eds. (1993): Implementing Strategic Processes: Change, Learning and Co-operation, Oxford, Cambridge Mass.

Lorenz, Konrad (1941): Kants Lehre vom Apriorischen im Lichte gegenwärtiger Biologie, Blätter für Deutsche Philosophie 15, 1941/42, S. 94-125

Lorenz, Konrad (1987): Die Rückseite des Spiegels. Versuch einer Naturgeschichte menschlichen Erkennens, 9. Aufl., München

Lucas, R.E. Jr. (1988): On the mechanics of economic development, in: Journal of Monetary Economics, Vol. 22, S. 3-22

Lüdi, Georges, Hrsg. (1994): Sprachstandardisierung, Freiburg/Schweiz

Lütterfelds, Wilhelm; Roser, Andreas (1999): Der Konflikt der Lebensformen in Wittgensteins Philosophie der Sprache, Frankfurt/Main

Luhmann, Niklas (1973): Vertrauen – Ein Mechanismus der Reduktion sozialer Komplexität, 2. Aufl., Stuttgart

Luhmann, Niklas (1993): Das Recht der Gesellschaft, Frankfurt/Main

Luhmann, Niklas (1997): Die Gesellschaft der Gesellschaft, Frankfurt/Main, 2 Bände

Lyotard, Jean-Francois (1985): ›Nach‹ Wittgenstein, in: ders.: Grabmal des Intellektuellen, Graz, S. 68-74

Lyotard, Jean-Francois (1986): Das postmoderne Wissen, Graz, Wien

Lyotard, Jean-Francois (1989): Der Widerstreit, 2. Aufl., München

Machlup, Fritz (1962): Production and Distribution of Knowledge in the United States, Princeton

Mackscheidt, K; Steinhausen, J. (1977): Finanzpolitik II: Grundfragen versorgungspolitischer Eingriffe, Tübingen Düsseldorf

Madison, G.B. (1994): Phenomenology and economics, in: Boettke, Peter J., ed. (1994): The Elgar Companion to Austrian Economics, Aldershot, S. 38-47

Mäki, Uskali (1989): On the Problem of Realism in Economics, in: Ricerche Economiche, Vol. 43, S. 176-198

Mäki, Uskali (1995): Diagnosing McCloskey, in: Journal of Economic Literature, Vol. 33, S. 1300-1318

Mäki, Uskali (2000): Performance against Dialogue, or Answering and Really Answering: A Participant Observers' Reflections on the McCloskey Conversation, in: Journal of Economic Issues, Vol. 34(1), S. 43-59

Mäki, Uskali; Gustafsson, B.; Knudsen, C., eds. (1993): Rationality, institutions and economic methodology, London, New York

Männel, Beate (1996): Erklärungsmusterimporte in der evolutorischen Ökonomik, in: Priddat, Birger P.; Wegner, Gerhard, Hrsg. (1996): Zwischen Evolution und Institution, Marburg, S. 331-366

Männel, Beate (1999): Die Grenzen des Rational Choice-Paradigmas vor dem Hintergrund der Pluralisierung der Lebenswelten – Untersucht am Beispiel der Entscheidung über die Pflege eines pflegebedürftigen Elternteils, Wittener Diskussionspapiere Heft Nr. 41, Fakultät für Wirtschaftswissenschaft, Universität Witten/Herdecke, August 1999, Witten

Mahner, Martin; Bunge, Mario (1997): Foundations of Biophilosophy, Berlin, Heidelberg, New York

Maletzke, G. (1996): Interkulturelle Kommunikation, Opladen

Malinowski, B. (1922): Argonauts of the Western-Pacific, London

March, J. (1991): Exploration and exploitation in organizational learning, in: Organization Science, Vol. 2(1)

Maskell, P.; Malmberg, A. (1999): Localised learning and industrial competitiveness, in: Cambridge Journal of Economics, Vol. 23, S. 167-185

Massing, Peter, Hrsg. (1997): Gesellschaft neu verstehen: aktuelle Gesellschaftstheorien und Zeitdiagnosen, Schwalbach/Ts.

Mattheier, Klaus J., Radtke, Edgar, Hrsg. (1997): Standardisierung und Destandardisierung europäischer Nationalsprachen, Frankfurt/Main

Maturana, Humberto R. (1985): Erkennen: Die Organisation und Verkörperung von Wirklichkeit, 2. Aufl., Braunschweig, Wiesbaden

Maturana, Humberto R. (1991): Kognition, in: Schmidt, Siegfried J., Hrsg. (1991), Frankfurt/Main, S. 89-118

Maturana, H.R.; Varela, F.R. (1987): Der Baum der Erkenntnis, die biologischen Wurzeln des menschlichen Erkennens, 2. Aufl., Bern, München

Maturana, H.R., Verden-Zöller, G. (1997): Liebe und Spiel. Die vergessenen Grundlagen des Menschseins, 3. Aufl., Heidelberg

Mauss, Marcel (1999): Die Gabe. Form und Funktion des Austauschs in archaischen Gesellschaften, Frankfurt/Main (erstmals erschienen: 1923/24)

Mayer, Thomas (1999): The domain of hypotheses and the realism of assumptions, in: Journal of Economic Methodology, Vol. 6(3), S. 319-330

Mayer, Thomas (2001): Improving communications in economics: a task for methodologists, in: Journal of Economic Methodology, Vol. 8(1), S. 77-84

McCloskey, Donald N. (1983): The Rhetoric of Economics, in: Journal of Economic Literature, Vol. 21, S. 481-517

McCloskey, Donald N. (1985): The Rhetoric of Economics, Madison, Wisconsin, Brighton

McCloskey, Donald N. (1990): If you're so smart. The narrative of economic expertise, Chicago

McCloskey, Donald N. (1991): Economic Science: A Search Through the Hyperspace of Assumptions? in: Methodus, Vol. 3, Nr. 1, S. 6-16

McCloskey, Donald N. (1994): Knowledge and Persuasion in Economics, Cambridge UK

McCloskey, Donald N., Klamer, Arjo (1995): One Quarter of GDP Is Persuasion, in: American Economic Review, Papers and Proceedings, Vol. 85(2), S. 191-195

McDaniel, Tanga; Rutström, Elisabet; Williams, Melonie (1994): Incorporating Fairness into Game Theory and Economics: An Experimental Test with Incentive Compatible Belief Elicitation, University of South Carolina, Dep. of Economics Working Paper, March 1994

McGuiness, Brian (1981): Der sogenannte Realismus in Wittgensteins *Tractatus*, in: Haller, Rudolf, Hrsg. (1981), S. 23-34

Meffert, Heribert; Burmann, Christoph (1999): Abnutzbarkeint und Nutzungsdauer von Marken, in: Jahrbuch der Absatz- und Verbrauchsforschung, Nr. 3/99, S. 244-263

Meier, Alfred; Haudenschild, C. (1991): Der wirtschaftspolitische Problemlösungsprozess, Chur, Zürich

Meier, Alfred; Mettler, D. (1988): Wirtschaftspolitik: Kampf um Einfluss und Sinngebung, Stuttgart

Meier, Alfred; Slembeck, T. (1998): Wirtschaftspolitik, 2. Aufl., München, Wien

Meier, Christoph (1997): Arbeitsbesprechungen, Opladen

Meiselman, David (1962): The Term Structure of Interest Rates, Englewood Cliffs NJ

Menkhoff, Thomas (1995): Vertrauen und chinesisches Wirtschaftshandeln in Singapur, in: Soziologus, Jg. 45, Nr. 1, S. 59-84

Menzel, R.; Roth, G. (1996): Verhaltensbiologische und neuronale Grundlagen des Lernens und des Gedächtnisses, in: Roth, Gerhard; Prinz, Wolfgang, Hrsg. (1996): Kopf-Arbeit: Gehirnfunktionen und kognitive Leistungen, Heidelberg, Berlin, Oxford, S. 239-277

Messner, Dirk (1995): Die Netzwerkgesellschaft, Köln

Metzger, W. (1954): Psychologie, Darmstadt

Meyer, Wilhelm (2000): Der Wohlstand der Nationen und die Moral der Wirtschaftssubjekte, in: ORDO, Bd. 51, S. 127-167

Meyer-Kramer, F. (1993): Innovationsökonomie und Technologiepolitik, Heidelberg

Mill, John Stewart (1852): Grundsätze der politischen Ökonomie, 2 Bände, Hamburg

Mises, Ludwig von (1949): Human Action: A Treatise on Economics, London

Modigliani, F.; Sutch, R. (1966): Innovations in interest rate policy, in: American Economic Review, Papers and Proceedings, Vol. 56, S. 178-197

Morscher, Edgar (1981): Inwiefern ist Sprache ein soziales Phänomen, in: Haller, Rudolf, Hrsg. (1981), S. 119-124

Motamedi, Susanne (1995): Verstehen und Verständlichkeit, Wiesbaden

Mühlen Achs, Gitta (1993): Wie Katz und Hund, München

Müller, Ursula (1979): Reflexive Soziologie und empirische Sozialforschung, Frankfurt/Main

Müller, Andreas P. (1997): „Reden ist Chefsache": Linguistische Studien zu sprachlichen Formen sozialer Kontrolle in innerbetrieblichen Arbeitsbesprechungen, Tübingen

Münch, D., Hrsg. (1992): Kognitionswissenschaft – Grundlagen, Probleme, Perspektiven, Frankfurt/Main

Müsseler, J.; Aschersleben, G.; Prinz, W. (1996): Die Steuerung von Handlungen, in: Roth, Gerhard; Prinz, Wolfgang, Hrsg. (1996): Kopf-Arbeit: Gehirnfunktionen und kognitive Leistungen, Heidelberg, Berlin, Oxford, S. 309-358

Myerson, G. (1994): Rhetoric, Reason and Society, London, Thousand Oaks

Nadeau, R.; Niemi, R.G.; Fan, D.P.; Amato, T. (1999): Elite Economic Forecasts, Economic News, Mass Economic Judgments, and Presidential Approval, in: Journal of Politics, Vol. 61(1), S. 109-135

Nagel, E.; Newman, J.R. (1979): Der Gödelsche Beweis, München, Wien

Nanz, Klaus-Peter (1985): Die Entstehung des allgemeinen Vertragsbegriffs im 16. bis 18. Jahrhundert, München

Nash, John (1951): Non-cooperative Games, in: Annals of Mathematics, Vol. 54, S. 286-295

Neale, Margaret A.; Bazerman, Max H. (1985): The Effects of Framing and Negotiator Overconfidence on Bargaining Behaviors and Outcomes, in: Academy of Management Journal, Vol. 28, S. 34-49

Neale, Margaret A.; Bazerman, Max H. (1991): Cognition and Rationality in Negotiations, New York

Neale, W.C. (1993): Institutions, in: Hodgson, G.M.; Samuels, W.J.; Tool, M.R., eds. (1993): The Elgar Companion to Institutional and Evolutionary Economics, Vol. 1, Aldershot, S. 402-406

Nellesen, Lothar (2000): Strategien zur Identitätsbildung, in: Gruppendynamik, Nr. 4/00, S. 419-437

Nelson, Richard R. (1995): Recent Evolutionary Theorizing about Economic Change, in: Journal of Economic Literature, Vol. 33, S. 48-90

Nelson, Richard R.; Winter, Sidney G. (1994): Neoclassical vs. Evolutionary Theories of Economic Growth: Critique and Prospectus, in: Economic Journal, Vol. 104, S. 886-905

Neumann-Braun, K., Deppermann, A. (1998): Ethnographie der Kommunikationskulturen Jugendlicher, in: Zeitschrift für Soziologie, Bd. 27, Nr 4, S. 239-255

Nicholls, J.G.; Martin, A.R.; Wallace, B.G., eds. (1992): From Neuron to Brain: A Cellular and Molecular Approach to the Function of the Nervous System, 3. Aufl., Sunderland Mass.

Niesen, Peter W. (1991): Gemeinschaft, Normativität, Praxis – Debatte zu L. Wittgensteins Regelbegriff, in: Protosoziologie, Heft 1/91, S. 87-99

Noll, Werner (1979): Finanzwissenschaft, München

Nonaka, Ikujiro; Toyama, Ryoko; Konno, Noboru (2000): SECI, *Ba* and Leadership: a Unified Model of Dynamic Knowledge Creation, in: Long Range Planning, Vol. 33, S. 5-34

Nooteboom, Bart (1999): From Evolution to Language and Learning, Paper for the workshop on the Evolution of Evolutionary Economics, Brisbane July 1999, Groningen

North, Douglass C. (1991): Institutions, in: Journal of Economic Perspectives, Vol. 5, S. 97-112

North, Douglass C. (1992): Institutionen, institutioneller Wandel und Wirtschaftsleistung, Tübingen

Oberender, Peter (1988): Internationaler Handel und Marktökonomie: Eine markttheoretische Fundierung des internationalen Handels, in: Hamburger Jahrbuch für Wirtschafts- und Gesellschaftspolitik, Bd. 33, S. 41-61

Oberender, Peter, Hrsg. (1989): Marktökonomie – Marktstruktur und Wettbewerb in ausgewählten Branchen der Bundesrepublik Deutschland, München

OECD (1996): Globalization of Industry: Overview and Sector Reports, Paris

Oeser, E. (1988): Der wissenschaftliche Realismus, in: Oeser, E.; Bonet, E., Hrsg. (1988), S. 11-42

Oeser, E.; Bonet, E., Hrsg. (1988): Das Realismusproblem, Wien

Oevermann, U. et al. (1979): Die Methodologie einer „objektiven Hermeneutik" und ihre allgemeine forschungslogische Bedeutung in den Sozialwissenschaften, in: Soeffner, H.-G., Hrsg. (1979): Interpretative Verfahren in den Sozial- und Textwissenschaften, Stuttgart

Ohlmeier, Dieter (2000): Identität im Wandel – aus psychoanalytischer Sicht, in: Gruppendynamik, Nr. 4/00, S. 317-382

Okruch, Stefan (1999): Innovation und Diffusion von Normen, Berlin

Olson, Mancur (1985): Die Logik des kollektiven Handelns, 2. Aufl., Tübingen

Opp, K.D. (1970): Methodologie der Sozialwissenschaften, Einführung in Probleme ihrer Theoriebildung, Reinbek

Osherson, D., ed. (1990): An Invitation to Cognitive Science, Vol. 1-3, Cambridge MA

Ostrom, Elinor (1994): Governing the Commons, Cambridge

O'Sullivan, Patrick J. (1987): Economic Methodology and Freedom to Choose, London, Boston

Ouchi, W.G. (1980): Markets, Bureaucracies and Clans, in: Administrative Science Quarterly, Vol. 25, S. 129-141

Paschek, Laurin (2000): Sprachliche Strategien in Unternehmenskrisen, Wiesbaden

Pelikán, Pavel (1969): Language As a Limiting Factor for Centralization, in: American Economic Review, Vol. 59, S. 625-631

Penz, Reinhard (1999): Legitimität und Viabilität, Marburg

Pettit, P. (1991): Decision Theory and Folk Psychology, in: Bacharach, B.; Hurley, S., eds. (1992): Foundation of Decision Theory, Oxford, S. 147-175

Piaget, Jean (1954): The construction of reality in the child, New York

Piaget, Jean (1972): Sprechen und Denken des Kindes, Düsseldorf

Piaget, Jean (1992): Biologie und Erkenntnis, Frankfurt/Main

Piattelli-Palmarini, M., ed. (1980): Language and Learning: the Debate beween Jean Piaget and Noam Chomsky, London

Picot, A.; Reichwald, R.; Wigand, R.T. (1996): Die grenzenlose Unternehmung: Information, Organisation und Management, Wiesbaden

Pieper, Joachim (2000): Vertrauen in Wertschöpfungspartnerschaften, eine Analyse aus Sicht der neuen Institutionenökonomie, Wiesbaden

Pingle, Mark (1992): Costly optimization: An experiment, in: Journal of Economic Behaviour and Organization, Vol. 17, S. 3-30

Pinker, Steven (1984): Language Learnability and Language Development, Cambridge Mass.

Pinker, Steven (1996): Der Sprachinstinkt, München

Plotkin, H. C., ed. (1982): Learning, Development, and Culture. Essays in Evolutionary Epistemology, Chichester, New York, Brisbane et al.

Pöppel, Ernst (1988): Grenzen des Bewußtseins, 2. Aufl., München

Pöppel, Ernst, Edingshaus, Anna-Lydia (1994): Geheimnisvoller Kosmos Gehirn, München

Pohl, Reinhard (1971): Geldtheoretische Analysen der Deutschen Bundesbank als Elemente einer Strategie der Überredung: Ein Beitrag zu Theorie und Praxis nationalökonomischer Sprachkritik, Berlin

Polanyi, M. (1985): Implizites Wissen, Frankfurt/Main

Pomerantz, J.R.; Kubovy, M. (1986): Theoretical approaches to perceptual organization: Simplicity and likelihood principles, in: Boff, K.R.; Kaufman, L.; Thomas, J.P., eds. (1986): Handbook of perception and human performance, Vol. 2: Cognitive processes and performance, New York, S. 1-46

Pommerehne, Werner W. (1987): Präferenzen für öffentliche Güter, Tübingen

Popper, Karl R. (1963): Conjectures and Refutations, London

Popper, Karl R. (1973): Logik der Forschung, 5. Aufl., Tübingen (Erstveröffentlichung 1934)

Popper, Karl R. (1974): Die Normalwissenschaft und ihre Gefahren, in: Lakatos, Imre; Musgrave, A., Hrsg. (1974), S. 51-57

Popper, Karl R. (1984): Objektive Erkenntnis: ein evolutionärer Entwurf, 4. Aufl., Hamburg

Posner, M.I., ed. (1989): Foundations of Cognitive Science, Cambridge MA

Pothmann, Achim (1997): Diskursanalyse von Verkaufsgesprächen, Opladen

Prat, Andrea (1996): Shared Knowledge versus Diversified Knowledge in Teams, in: Journal of the Japanese and International Economies, Vol. 10, S. 181-195

Priddat, Birger P. (1999): Präferenz und Semantik: Kommunikation als Interpretation ökonomischer Kontexte: Das Beispiel Kultur und Ökonomie, Wittener Diskussionspapiere, Fakultät für Wirtschaftswissenschaft, Heft Nr. 47, Witten, Oktober 1999

Priddat, Birger P. (2000): „Communication of the Constraints on Action" K.J. Arrow über Kommunikation, in: Jahrbücher für Nationalökonomie und Statistik, Bd. 220, Nr. 4, S. 453-470

Priddat, Birger P. (2001): Verstehende Methode, in: Herrmann-Pillath, Carsten; Lehmann-Waffenschmidt, Marco, Hrsg. (erscheint 2001), Bd. 1, S. 204-209

Prychitko, David L., ed. (1995a): Individuals, Institutions, Interpretations, Aldershot

Prychitko, David L. (1995b): Why Hermeneutics ?, in: ders., ed.(1995a), S. 1-5

Putnam, Hilary (1982): Vernunft, Wahrheit und Geschichte, Frankfurt/Main

Quine, Willard v.O. (1980): Wort und Gegenstand, Stuttgart

Radlow, R.; Weidner, M. (1966): Unenforced commitments in „cooperative" and „noncooperative" non-constant-sum games, in: Journal of Conflict Resolution, Vol. 10, S. 497-505

Radner, R. (1982): Equilibrium Under Uncertainty, in: Arrow, K.J.; Intriligator, M.D., eds. (1982): Handbook of Mathematical Economics, Vol. II, Amsterdam, Kapitel 20, S. 923-1006

Radnitzky, G. (1974): Vom möglichen Nutzen der Forschungstheorie, in: Neue Hefte für Philosophie, Nr. 6/7

Raeithel, Arne (1991): Zur Ethnographie der kooperativen Arbeit, in: Oberquelle, Horst, Hrsg. (1991): Kooperative Arbeit und Computerunterstützung, Göttingen, Stuttgart, S. 99-111

Reiss, Steven (2000): Who am I? The 16 Basic Desires that Motivates our Behavior and Define our Personality, New York

Retzer, A. (1990): Zur Theorie und Praxis der Metapher, in: Familiendynamik, 15. Jg., Heft 3, S. 125-145

Reucher, Theo, Hrsg. (1987): Grammatik des Sozialen, Tübingen

Richter, R.; Furubotn, E.G. (1999): Neue Institutionenökonomik, 2. Aufl., Tübingen

Riedl, Rupert (1984): Die Strategie der Genesis. Naturgeschichte der realen Welt, München

Ripperger, Tanja (1999): Die Effizienz des Vertrauensmechanismus bei der Organisation internationaler Transaktionen, in: Jahrbuch für Neue Politische Ökonomie, Bd. 18, S. 255-291

Romer, Paul M. (1986): Increasing returns and long-run growth, in: Journal of Political Economy, Vol. 94, S. 1002-1037

Romer, Paul M. (1987): Growth based on increasing returns due to specialization, in: American Economic Review, Papers and Proceedings, Vol. 77, S. 56-62

Romer, Paul M. (1990): Endogenous technical change, in: Journal of Political Economy, Vol. 98, S. 71-102

Rorty, Richard, ed. (1967): The Linguistic Turn, Chicago, London

Rorty, Richard (1981): Der Spiegel der Natur: eine Kritik der Philosophie, Frankfurt/Main

Rorty, Richard (1985): Le Cosmopolitisme sans émancipation, En réponse à Jean-Francois Lyotard, in: Critique, No. 456, S. 569-580

Rorty, Richard (1989): Kontingenz, Ironie und Solidarität, Frankfurt/Main

Rorty, Richard (1991): Philosophical Papers, Vol. I.: Objectivity, Relativism and Truth, Cambridge

Rorty, Richard (1992): Philosophical Papers, Vol. II.: Essays on Heidegger and others, Cambridge

Rosenberg, Alexander (1988): Economics is too important to be left to the rhetoricians, in: Economics and Philosophy, Vol. 4(1), S. 129-149

Ross, L.; Nisbett, R.E. (1991): The person and the situation, Philadelphia PA

Roth, A. E.; Erev, I. (1995): Learning in Extensive-Form Games: Experimental Data and Simple Dynamic Models in the Intermediate Term, in: Games and Economic Behavior, Vol. 8, S. 164-212

Roth, Gerhard (1985): Die Selbstreferentialität des Gehirns und die Prinzipien der Gestaltwahrnehmung, Gestalt Theory, Vol. 7, S. 228-244

Roth, Gerhard (1991): Erkenntnis und Realität: Das reale Gehirn und seine Wirklichkeit, in: Schmidt, Siegfried J., Hrsg. (1991), S. 229-255

Roth, Gerhard (1992): Kognition: Die Entstehung von Bedeutung im Gehirn, in: Krohn, Wolfgang; Küppers, Günter, Hrsg. (1992), S. 104-133

Rozin, P.; Nemeroff, C. (1990): The Laws of Sympathetic Magic: a Psychological Analysis of Similarity and Contagion, in: Stigler, J.W.; Shweder, R.A.; Herdt, G., eds. (1990): Cultural psychology: Essays on comparative human development, Cambridge, S. 205-232

Ruccio, David F. (1998): Deconstruction, in: Davis, John B.; Hands, D. Wade; Mäki, Uskali, eds. (1998): The handbook of economic methodology, Cheltenham, Northampton, S. 89-93

Rudd, Jeremy (2000): Empirical Evidence on Human Capital Spillovers, Board of Governors of the Federal Reserve System, Finance and Economics Discussion Paper No. 2000-46, Washington

Sager, Sven Frederik (1981): Sprache und Beziehung, Tübingen

Sahlins, Marshall D. (1999): Zur Soziologie des primitiven Tauschs, in: Berliner Journal für Soziologie, Nr. 2/99, S. 149-178

Salanié, Bernard (1998): The Economics of Contracts, Cambridge MA, London

Samuels, Warren J., ed. (1990): Economics as discourse: an analysis of the language of economists, Dordrecht

Samuelson, Paul A. (1954): The Pure Theory of Public Expenditure, in: Review of Economics and Statistics, Vol. 36, S. 387-389

Sapir, Edward (1961): Die Sprache. Eine Einführung in das Wesen der Sprache, München

Sarcinelli, Ulrich (1998): Repräsentation oder Diskurs? Zu Legitimität und Legitimitätswandel durch politische Kommunikation, in: Zeitschrift für Politikwissenschaft, Jg. 8, Nr. 2, S. 547-567

Saussure, F. de (1967): Grundfragen der allgemeinen Sprachwissenschaft, Berlin

Savage, L.J. (1954): The Foundations of Statistics, New York

Savigny, Eicke von (1988): Wittgensteins „Philosophische Untersuchungen". Ein Kommentar für Leser, Bd. 1, Frankfurt/Main

Scammell, Margaret (1999): Political Marketing: Lessons for Political Science, in: Political Studies, S. 718-739

Scharf, Andreas; Schubert, Bernd (1995): Marketing, Stuttgart

Schatzki, T. (1996): Social Practices, Cambridge, New York

Schelling, T. (1960): The Strategy of Conflict, Cambridge MA

Schlicht, Ekkehart (1984): Cognitive Dissonance in Economics, in: Gesellschaft für Wirtschafts- und Sozialwissenschaften, Bd. 141, S. 61-81

Schlicht, Ekkehart (1997): Patterned Variation: The Role of Psychological Dispositions in Social and Institutional Evolution, in: Journal of Institutional and Theoretical Economics, Vol. 153, S. 722-736

Schlicht, Ekkehart (1998): On Custom in the Economy, Oxford

Schlobinski, Peter; Heins, Niels-Christian, Hrsg. (1998): Jugendliche und „ihre" Sprache, Opladen

Schmidt, Josef (1992): Parteien in der Interessenvermittlung: Widerlager oder Verstärker von Verteilungskoalitionen, in: Schubert, Klaus, Hrsg. (1992), S. 169-185

Schmidt, Siegfried J., Hrsg. (1991): Der Diskurs des radikalen Konstruktivismus, 4. Aufl., Frankfurt/Main

Schmidt, Siegfried J. (1992): Über die Rolle von Selbstorganisation beim Sprachverstehen, in: Krohn, Wolfgang; Küppers, Günter, Hrsg. (1992), S. 293-333

Schnabl, H. (1972): Sprache und Gehirn – Elemente der Kommunikation, München

Schoemaker, P.J. (1982): The Expected Utility Model: Its Variants, Purposes, Evidence and Limitations, in: Journal of Economic Literature, Vol. 20, S. 529-563

Schön, Donald A. (1978): Generative Metaphor: A Perspective on Problem Setting in Social Policy, in: Ortony, A., ed. (1978): Metaphor and Thought, Cambridge

Schön, Donald A. (1983): The Reflective Practicioner. How Professionals Think in Action, New York

Schön, Donald A.; Rein, Martin (1994): Frame Reflection: toward the resolution of intractable policy controversies, New York

Scholz, Oliver R. (1999): Verstehen und Rationalität, Frankfurt/Main

Schotter, A. (1981): The Economic Theory of Social Institutions, Cambridge Mass.

Schröder, Eberhard (1989): Vom konkreten zum formalen Denken: individuelle Entwicklungsverläufe von der Kindheit zum Jugendalter, Bern, Stuttgart, Toronto

Schubert, Klaus, Hrsg. (1992): Leistungen und Grenzen politisch-ökonomischer Theorie, Darmstadt

Schütz, Alfred (1971): Gesammelte Aufsätze, Bd. I: Das Problem der sozialen Wirklichkeit, Den Haag

Schütz, Alfred (1974): Der sinnhafte Aufbau der sozialen Welt, Frankfurt/Main

Schütz, Alfred (1982): Das Problem der Relevanz, Frankfurt/Main

Schütz, Alfred; Luckmann, Thomas (1979): Strukturen der Lebenswelt, Bd. 1, Frankfurt/Main

Schütz, Alfred; Luckmann, Thomas (1984): Strukturen der Lebenswelt, Bd. 2, Frankfurt/Main

Schütze, F. (1978): Was ist „kommunikative Sozialforschung"?, in: Gärtner, A.; Hering, S., Hrsg. (1978): Modellversuch „soziale Studiengänge" an der GH Kassel, Materialien 12: Regionale Sozialforschung, Kassel, S. 117-131

Schulz, W. (1972): Philosophie in der veränderten Welt, Pfullingen

Schulz-Hardt, Stefan; Frey, Dieter; Fago, Christiane; Kici, Güler (1999): Selektive Informationssuche und Gruppenheterogenität: Der Einfluß verschiedener

Formen der Gruppenheterogenität auf Selbstbestätigungsprozesse bei Entscheidungen, in: Gruppendynamik, Jg. 30 (2), S. 161-174

Schulz von Thun, Friedemann (1994): Miteinander reden, Bd. 1, Hamburg

Schulz von Thun, Friedemann (1998): Miteinander reden, Bd. 3, Hamburg

Schumpeter, Joseph A. (1987): Theorie der wirtschaftlichen Entwicklung, 7. Aufl., Berlin

Schuppert, G. F. (1989): Markt, Staat, Dritter Sektor – oder noch mehr? Sektorspezifische Steuerungsprobleme ausdifferenzierter Staatlichkeit, in: Ellwein, T.; Hesse, J.; Mayntz, R.; Scharpf, F., Hrsg. (1989): Jahrbuch zur Staats- und Verwaltungswissenschaft, Bd. 3, Baden-Baden, S.47-87

Schweer, M.K.W. (1998): Vertrauen, Landau

Searle, John M. (1990): Sprechakte: ein sprachphilosophischer Essay, 4. Aufl., Frankfurt/Main

Seebaß, G. (1981) Das Problem von Sprache und Denken, Frankfurt/Main

Selten, R. (1990): Bounded Rationality, in: Journal of Institutional and Theoretical Economics, Vol. 146, S. 649-658

Selten, R. (1991): Evolution, Learning, and Economic Behavior, in: Games and Economic Behavior, Vol. 3, S. 3-24

Semin, Gün R.; Fiedler, Klaus, eds. (1992): Language, Interaction and Social Cognition, London et al.

Sen, Amartya (1970): Collective Choice and Social Welfare, Cambridge

Sen, Amartya (1974): Choice, Orderings and Morality, in: Körner, S., ed. (1974): Practical Reason, Oxford, S. 54-67

Sen, Amartya (1977): Rational Fools: A Critique of the Behavioral Foundations of Economic Theory, in: Philosophy and Public Affairs, Vol. 6(4), S. 317-344

Sen, Amartya (1991): Economic Methodology: Heterogeneity and Relevance, in: Methodus, Vol. 3, S. 67-79

Senghaas, Dieter (1998): Zivilisierung wider Willen, Frankfurt/Main

Shackle, G.L.S. (1972): Epistemics and Economics, Cambridge

Shane, Scott A. (1992): The Effect of Cultural Differences in Perceptions of Transaction Costs on National Differences in the Preferences for Licensing, in: Management International Review, Vol. 32(4), S. 295-311

Shannon, C.E., Weaver, W. (1949): The Mathematical Theory of Communication, Urbana

Shiller, Robert J. (1978): Rational Expectations and the Dynamic Structure of Macroeconomic Models: A Critical Review, in: Journal of Monetary Economics, Vol. 4, S. 1-44

Shiller, Robert J. (1988): Expectations, in: Eatwell, John; Milgate, Murray; Newman, Peter, eds. (1988): The New Palgrave Dictionary of Economics, Vol. 2, London, S. 224-229

Shiller, Robert J. (1990): Speculative Prices and Popular Models, in: Journal of Economic Perspectives, Vol. 4(2), S. 55-65

Shiller, Robert J. (2000): Irrational Exuberance, Princeton NJ

Shleifer, Andrei; Summers, Lawrence H. (1990): The Noise Trader Approach to Finance, in: Journal of Economic Perspectives, Vol. 4(2), S. 19-33

Siegenthaler, Hansjörg (1993): Regelvertrauen, Prosperität und Krisen, Tübingen

Siegenthaler, Hansjörg (1997): Learning and its Rationality in a Context of Fundamental Uncertainty, in: Journal of Institutional and Theoretical Economics, Vol, 153, S. 748-761

Siegmund-Schulze, N. (1998): Von wegen Baby-Hirn, in: bild der wissenschaft, Nr. 10/98, S. 74-75

Simon, H.A. (1955): A Behavioral Theory of Rational Choice, in: Quaterly Journal of Economics, Vol. 69, S. 99-118

Simon, Herbert A. (1957): Models of Man, New York

Simon, Herbert A. (1976): From Substantive to Procedural Rationality, in: Latsis, S.J., ed. (1976): Method and Appraisal in Economics, Cambridge, London et al.

Simon, Herbert A. (1979): Rational Decision Making in Business Organizations, in: American Economic Review, Vol. 69, S. 493-513

Simon, Herbert A. (1982): Models of Bounded Rationality, 2 Bände, Cambridge

Simon, Herbert A. (1983): Reason in Human Affairs, Stanford

Simsa, Ruth (1999): Zwischen Wirtschaft und Werten. Nonprofit-Organisationen als spezifisches Feld für Training und Beratung, in: Gruppendynamik, 30. Jg., Nr. 4, S. 337-352

Skirbekk, G., Hrsg. (1992): Wahrheitstheorien, 6. Aufl., Frankfurt/Main

Sofsky, W.; Paris, R. (1994): Figurationen sozialer Macht: Autorität – Stellvertretung – Koalition, Frankfurt/Main

Solow, Robert M. (1988): Comments from inside economics, in: Klamer, Arjo; McCloskey, Donald; Solow, Robert M., eds. (1988), S. 31-37

Sommer, Volker (1994): Lob der Lüge, München

de Soto, Hernando (1992): Marktwirtschaft von unten. Die unsichtbare Revolution in Entwicklungsländern, Zürich

Spektrum der Wissenschaften (2000): Die Evolution der Sprachen, Dossier 1/2000, Heidelberg

Spence, A. M. (1973): Job Market Signalling, in: Quarterly Journal of Economics, Vol. 87, S. 355-374

Spence, A. M. (1974): Market Signalling: Information Transfer in Hiring and Related Screening Processes, Cambridge MA

Stedje, Antje (1994): Deutsche Sprache gestern und heute, 2. Aufl., München

Steinwand, Dirk (1991): Sicherheit und Vertrauen. Ländliche Verschuldung und informelle Kreditbeziehungen in Thailand, Saarbrücken u.a.

Stigler, George J. (1961): The Economics of Information, in: Journal of Political Economy, Vol. 69, S. 213-235

Stoecker, Ralf, ed. (1993): Reflecting Davidson, Berlin, New York

Strachwitz, Rupert Graf, Hrsg. (1998): Dritter Sektor – Dritte Kraft, Düsseldorf

Strauss, C.; Quinn, N. (1997): A cognitive theory of cultural meaning, Cambridge

Strawson, Peter F. (1974): Bedeutung und Wahrheit, in: ders. (1974): Logik und Linguistik, München

Streit, Manfred (1991): Theorie der Wirtschaftspolitik, 4. Aufl., Düsseldorf

Strube, G.; Becker, B.; Freksa, C.; Hahn, U.; Opwis, K.; Palm, G., Hrsg. (1996): Wörterbuch der Kognitionswissenschaft, Stuttgart

Stumpf, S. (1999): Wann man von Synergie in Gruppen sprechen kann: Eine Begriffsanalyse, in: Gruppendynamik, Jg. 30(2), S. 191-206

Sturm, Roland (1995): Politische Wirtschaftslehre, Opladen

Sugden, Robert (1989): Spontaneous Order, in: Journal of Economic Perspectives, Vol. 3(4), S. 85-97

Sutter, T.; Charlton, M., Hrsg. (1994): Soziale Kognition und Sinnstruktur, Oldenburg

Swaffield, Simon (1998): Contextual meanings in policy discourse: A case study of language use concerning resource policy in the New Zealand high country, in: Policy Science, Vol. 31, S. 199-224

Swingewood, Alan (1998): Cultural theory and the problem of modernity, London, New York

Taylor, Ch. (1989): Sources of the Self. The Making of the Modern Identity, Cambridge, Mass.

Taylor, C. (1992): Negative Freiheit, Frankfurt/Main

Thomas, A. (1999): Gruppeneffektivität: Balance zwischen Heterogenität und Homogenität, in: Gruppendynamik, Jg. 30(2), S. 117-129

Thomas, W.I., Thomas, D.S. (1928): The Child in America. Behavior Problems and Programs, New York

Tietz, Udo (1995): Sprache und Verstehen in analytischer und hermeneutischer Sicht, Berlin

Tietzel, Manfred, Hrsg. (1994): Ökonomik der Standardisierung, in: Homo Oeconomicus, Bd. XI, Nr. 3, München

Timm, Elisabeth (2000): Kritik der „ethnischen Ökonomie", in: PROKLA Zeitschrift für kritische Sozialwissenschaft, Heft 120, 30. Jg., Nr. 3, S. 363-376

Toffler, Alvin (1980): The Third Wave, Boston

Tomlinson, H. (1989): After truth: post-modernism and the rhetoric of science, in: Lawson, H.; Appignanesi, L., eds. (1989): Dismantling Truth, London

Trömel-Plötz, Senta, Hrsg. (1994): Gewalt durch Sprache, Frankfurt/Main

Trömel-Plötz, Senta, Hrsg. (1996): Frauengespräche: Sprache der Verständigung, Frankfurt/Main

Tsoukas, Haridimos (1996): The Firm as a Distributed Knowledge System: A Constructionist Approach, in: Strategic Management Journal, Vol. 17 (Winter Special Issue), S. 11-25

Tuchtfeld, E. (1971a): Moral Suasion in der Wirtschaftspolitik, in: Hoppmann, E., Hrsg. (1971): Konzertierte Aktion – Kritische Beiträge zu einem Experiment, Frankfurt/Main, S. 19-68

Tuchtfeld, E. (1971b): Zielprobleme in der modernen Wirtschaftspolitik, Tübingen

Tulving, E. (1985): How many memory systems are there?, in: American Psychologist Vol. 40, S. 358-398

Turner, Jonathan (2000): The Formation of Social Capital, in: Dasgupta, Partha; Serageldin, Ismail, eds. (2000), S. 94-146

Turner, Sebastian (2000): Spring! Das Geheimnis erfolgreicher Werbung, Mainz

Tversky, Amos; Kahneman, Daniel (1986): Rational Choice and the Framing Decisions, in: Journal of Business, Vol. 59(4), S. 251-278

Tversky, Amos; Kahneman, Daniel (1991): Loss Aversion and Riskless Choice: A Reverence Dependend Model, in: Quarterly Journal of Economics, Vol. 106(4), S. 1039-1060

Uske, Hans (1995): Das Fest der Faulenzer, Duisburg

Usunier, Jean-Claude (2000): Marketing across cultures, 3. Aufl., Harlow u.a.

Varela, Francisco J. (1987): Autonomie und Autopoiese, in: Schmidt, Siegfried J., Hrsg. (1991), S. 119-132

Veblen, Thorstein B. (1990): Why is Economics Not an Evolutionary Science?, in: ders., ed. (1990): The Place of Science in Modern Civilization and Other Essays, New Brunswick, S. 56-81 (ursprünglich veröffentlicht in: Quarterly Journal of Economics, July 1898, S. 373-397)

Vernon, Raymond (1979): The Product Cycle Hypothesis in a New International Environment, in: Oxford Bulletin of Economics and Statistics, Vol. 41, S. 255-267

Vielmetter, Georg (1998): Die Unbestimmtheit des Sozialen, Frankfurt/Main, New York

Vivelo, F.R. (1981): Handbuch der Kulturanthropologie, Stuttgart

Vollmer, Gerhard (1985): Was können wir wissen?, Bd. 1: Die Natur der Erkenntnis, Stuttgart

Vollmer, Gerhard (1987): Evolutionäre Erkenntnistheorie. Angeborene Erkenntnisstrukturen im Kontext von Biologie, Psychologie, Linguistik, Philosophie und Wissenschaftstheore, 4. Aufl. Stuttgart

Voß, Gerd-Günther (1991): Lebensführung als Arbeit: Über die Autonomie der Person im Alltag der Gesellschaft, Stuttgart

Wall, E.; Ferrazzi, G.; Schryuer, F. (1998): Getting the Goods on Social Capital, in: Rural Sociecty, Vol. 63, Nr. 2, S. 300-322

Waarden, Frans van (1992): Zur Empirie kollektiven Handelns: Geschichte und Struktur von Unternehmerverbänden, in: Schubert, Klaus, Hrsg. (1992), S. 139-168

Warner, Mildred (1999): Social Capital Construction and the Role of the Local State, in: Rural Sociology, Vol. 64(3), S. 373-393

Watzlawick, P. (1976): Wie wirklich ist die Wirklichkeit?, München

Weber, Max (1972): Wirtschaft und Gesellschaft, 5. rev. Auf., erstmals erschienen 1921, Studienausgabe, Tübingen

Weber, Max (1973a): Wissenschaft als Beruf, in: ders. (1973c): Gesammelte Aufsätze zur Wissenschaftslehre, 4. Aufl., Tübingen

Weber, Max (1973b): Die „Objektivität" sozialwissenschaftlicher und sozialpolitischer Erkenntnis, in: ders. (1973c): Gesammelte Aufsätze zur Wissenschaftslehre, 4. Aufl., Tübingen

Weber, Max (1973c): Gesammelte Aufsätze zur Wissenschaftslehre, 4. Aufl., Tübingen

Weber, Max (1992): Soziologie – Universalgeschichtliche Analysen – Politik, 6. Aufl., Stuttgart

Weber, Thomas (2001): Schattenspiele im Kern, in: Frankfurter Allgemeine Zeitung, 22.06.2001, Nr. 142, S. 44

Weingarten, E.; Sack, F.; Schenkein, J., Hrsg. (1979): Ethnomethodologie, Beiträge zu einer Soziologie des Alltagshandelns, 2. Aufl., Frankfurt/Main

Weizsäcker, C.F. von (1977): Der Garten des Menschlichen, München, Wien

Welsch, Wolfgang (1995): Vernunft, Frankfurt/Main

Wendel, H.J. (1990): Moderner Relativismus, Tübingen

Werneburg, Brigitte (2001): Kuck mal, wer was spricht, in: die tageszeitung, 6.2.2001, S. 13

Wessling, Ewald (1991): Individuum und Information. Die Erfassung von Information und Wissen in ökonomischen Handlungstheorien, Tübingen

Wever, Ulrich A.; Besig, Hans-Michael (1995): Unternehmenskommunikation in der Praxis, Frankfurt/Main, New York

Whorf, Benjamin Lee (1963): Sprache – Denken – Wirklichkeit, Reinbek

Wicksell, Knut (1896): Finanztheoretische Untersuchungen nebst Darstellung und Kritik des Steuerwesens Schwedens, Jena

Wiener, N. (1992): Kybernetik: Regelung und Nachrichtenübertragung im Lebewesen und in der Maschine, Düsseldorf

Wierzbicka, Anna (1991): Cross-Cultural Pragmatics, Berlin, New York

Wiesenthal, Helmut (1990): Unsicherheit und Multiple-Self-Identität: Eine Spekulation über die Voraussetzungen strategischen Handelns, Max-Planck-Institut für Gesellschaftsforschung, MPIFG Discussion Paper 90/2, April 1990, Köln

Wiesenthal, Helmut (1998): „Kooperative Verfahren" versus innovative Konstellationen: Zur Komplexität politischer Verhandlungen unter dem Einfluß des

Globalisierungsprozesses, Beitrag zur Tagung „Kooperative Politikverfahren" der Universität Witten/Herdecke, 8.-10. Oktober 1998, unveröffentlichtes Manuskript, Berlin

Williamson, Oliver E. (1990): Die ökonomischen Institutionen des Kapitalismus, Tübingen

Willke, H. (1996): Systemtheorie II, Interventionstheorie. Grundzüge einer Theorie der Intervention in komplexe Systeme, Stuttgart

Willke, H. (1998): Organisierte Wissensarbeit, in: Zeitschrift für Soziologie, Bd. 27, Nr. 3, S. 161-177

Willmann, Urs (2000): Beleidigen Sie bitte nicht Ihre und meine Intelligens, in: Die Zeit, Nr.49/2000, Rubrik „Leben"

Wimmer, Andreas (1996): Kultur. Zur Reformulierung eines sozialanthropologischen Grundbegriffs, in: Kölner Zeitschrift für Soziologie und Sozialpsychologie, 48 Jg., Nr. 3, S. 401-425

Winch, Peter (1974): Die Idee der Sozialwissenschaft und ihr Verhältnis zur Philosophie, Frankfurt/Main

Windhoff-Héritier, A. (1989): Wirksamkeitsbedingungen politischer Instrumente, in: Ellwein, T.; Hesse, J.; Mayntz, R.; Scharpf, F., Hrsg. (1989): Jahrbuch zur Staats- und Verwaltungswissenschaft, Bd. 3, Baden-Baden, S. 89-117

Witt, Ulrich (1985): Economic Bavior and Biological Evolution: Some Remarks on the Sociobiology Debate, in: Journal of Institutional and Theoretical Economics, Vol. 141, S. 365-389

Witt, Ulrich (1987): Individualistische Grundlagen der evolutorischen Ökonomik, Tübingen

Witt, Ulrich, ed. (1992): Explaining Process and Change, Ann Arbor

Witt, Ulrich (2000): Changing Cognitive Frames – Changing Organizational Forms: An Entrepreneurial Theory of Organizational Development, in: Industrial and Corporate Change, Vol. 9(4), S. 744-756

Witt, Ulrich, ed. (2001): Economic Growth – What happens on the demand side?, Journal of Evolutionary Economics, Vol. 11(1), Special Issue

Wittgenstein, Ludwig (1976): Cause and Effect: Intuitive Awareness, in: Philosophia, Vol. 6, S. 392-445

Wittgenstein, Ludwig (1990a): Werkausgabe Band 1: Tractatus logico-philosophicus (Tractatus), Philosophische Untersuchungen (PU), 7. Aufl., Frankfurt/Main

Wittgenstein, Ludwig (1990b): Werkausgabe Band 8: Bemerkungen über die Farben, Über Gewißheit, Zettel, Vermischte Bemerkungen, 4. Aufl., Frankfurt/Main

Wittgenstein, Ludwig (1991a): Werkausgabe Band 4: Philosophische Grammatik, 4. Aufl., Frankfurt/Main

Wittgenstein, Ludwig (1991b): Werkausgabe Band 6: Bemerkungen über die Grundlagen der Mathematik, 4. Aufl., Frankfurt/Main

Wittgenstein, Ludwig (1991c): Werkausgabe Band 7: Bemerkungen über die Philosophie der Psychologie, Letzte Schriften über die Philosophie der Psychologie, 5. Aufl., Frankfurt/Main

Wittkämper, Gerhart W.; Kohl, Anke, Hrsg. (1996): Kommunikationspolitik, Darmstadt

Wolf, Sabine (1995): Neue Bewertungen: Der „kleine Unterschied" und noch immer keine Folgen für die ökonomische Theorie?, in: Grenzdörfer, Klaus; Biesecker, Adelheid; Heide, Holger; Wolf, Sabine, Hrsg. (1995): Neue Bewertungen in der Ökonomie, Pfaffenweiler, S. 36-50

Woll, Arthur (1990): Allgemeine Volkswirtschaftslehre, 10. Aufl., München

Woolcock, Michael (1998): Social capital and economic development: Toward a theoretical synthesis and policy framework, in: Theory and Society, Vol.27, S. 151-208

Wuketits, F.M. (1981): Biologie und Kausalität. Biologische Ansätze zur Kausalität, Determination und Freiheit, Berlin, Hamburg

Wuketits, F.M. (1988): Das Realismusproblem in der Evolutionären Erkenntnistheorie, in: Oeser, E.; Bonet, E., Hrsg. (1988) S. 43-53

Young, Frank W.; Young, Ruth (1973): Comparative Studies of Community Growth, Morgantown WV: Rural Sociological Society, Monograph Nr. 2

Zanger, Cornelia; Griese, Kai-Michael (2000): Beziehungsmarketing mit jungen Zielgruppen, München

Zapf, W. et al. (1987): Individualisierung und Sicherheit. Untersuchungen zur Lebensqualität in der Bundesrepublik Deutschland, Müchen

Zauner, A. (1998): NPOs in systemtheoretischer Sicht, in: Badelt, C., Hrsg. (1998): Handbuch der Non-Profit-Organisation, Stuttgart, S. 119-139

Zerdick, A., Picot, A., Schrape, K., Artopé, A., Goldhammer, K., Lange, U., Vierkant, E., Silverstone, R. (1999): European Communcation Council Report: Die Internet-Ökonomie. Strategien für die digitale Wirtschaft, Berlin, Heidelberg

Zerfaß, Ansgar (1996): Unternehmensführung und Öffentlichkeitsarbeit, Opladen

Zeutschel, U. (1999): Interkulturelle Synergie auf dem Weg: Erkenntnisse aus deutsch/U.S.-amerikanischen Problemlösegruppen, in: Gruppendynamik, Jg. 30(2), S. 131-159

Zima, Peter (1997): Moderne – Postmoderne, Tübingen, Basel

Zimmer, Dieter (1995): So kommt der Mensch zur Sprache, 2. Aufl., München

Zintl, R. (1983): Individualistische Theorien und die Ordnung der Gesellschaft, Berlin